中國國家圖書館編

國家圖書館藏敦煌遺書

第五十六册　北敦〇四一〇一號——北敦〇四二〇〇號

北京圖書館出版社

圖書在版編目(CIP)數據

國家圖書館藏敦煌遺書·第五十六册/中國國家圖書館編;任繼愈主編.—北京:北京圖書館出版社,2007.4

ISBN 978-7-5013-3208-3

Ⅰ.國… Ⅱ.①中…②任… Ⅲ.敦煌學—文獻 Ⅳ.K870.6

中國版本圖書館CIP數據核字(2007)第035890號

書　　名	國家圖書館藏敦煌遺書·第五十六册
著　　者	中國國家圖書館編　任繼愈主編
責任編輯	徐　蜀　孫　彥
封面設計	李　璀

出　　版	北京圖書館出版社 (100034　北京西城區文津街7號)
發　　行	010-66139745　66151313　66175620　66126153 66174391(傳真)　66126156(門市部)
E-mail	cbs@nlc.gov.cn(投稿)　btsfxb@nlc.gov.cn(郵購)
Website	www.nlcpress.com
經　　銷	新華書店
印　　刷	北京文津閣印務有限責任公司

開　　本	八開
印　　張	59.25
版　　次	2007年5月第1版第1次印刷
印　　數	1-250册(套)

書　　號	ISBN 978-7-5013-3208-3/K·1435
定　　價	990.00圓

編輯委員會

主　　編　任繼愈
常務副主編　方廣錩
副 主 編　李際寧　張志清
編委（按姓氏筆畫排列）　王克芬　王姿怡　吳玉梅　胡新英　陳　穎　黄　霞（常務）　劉玉芬

出版委員會

主　任　詹福瑞
副主任　陳　力
委　員（按姓氏筆畫排列）　李　健　姜　紅　郭又陵　徐　蜀　孫　彦

攝製人員（按姓氏筆畫排列）

于向洋　王富生　王遂新　谷韶軍　張　軍　張紅兵　張　陽　曹　宏　郭春紅　楊　勇　嚴　平

原件修整人員（按姓氏筆畫排列）

朱振彬　杜偉生　李　英　胡玉清　胡秀菊　張　平　劉建明

目錄

老…道者大乘相復
次善男子苦者現相集者轉相滅者除相道
者能除相復次善男子苦者有三相苦苦相
行苦相壞苦相集者二十五有滅者滅二十五
有道者脩戒定慧復次善男子有漏法者有二
種有因有果无漏法者亦有二種有因有果
有漏果者是則名苦有漏因者則名為集无
漏果者則名為滅无漏因者則名為道復次
善男子八相名苦所謂生苦老苦病苦死苦
愛別離苦怨憎會苦求不得苦五盛陰苦能
生如是八苦法者是名為因无有如是八法
之處是名為滅十力四无所畏三念處大悲
是名為道善男子生者出相所謂五種一者
初生二者至終三者增長四者出胎五者種
類生何等為老老有二種一念念老二終身
老復有二種一增長老二滅壞老是名為老
云何為病病謂四大毒虵互不調適亦有二
種一者身病二者心病身病有五一者因水

BD04101號　大般涅槃經（北本）卷一二

類生何等為老老有二種一念念老二終身
老復有二種一增長老二滅壞老是名為老
云何為病病謂四大毒虵互不調適亦有二
種一者身病二者心病身病有五一者因水
二者因風三者因熱四者雜病五者客病客
病有四一者非分強作二者忘誤墮落三者
刀杖瓦石四者鬼魅所著心病亦有四種一
者踊躍二者恐怖三者憂愁四者愚癡復次
善男子身心之病凡有三種何等為三一者
業報二者不得遠離惡對三者時節代謝生
如是等因緣名字受分別病因緣者風等諸
病名字者心悶肺脹上氣咳逆心驚下利受
分別者頭痛目痛手足等痛是名為病何等
為死死者捨所受身捨所受身亦有二種一
命盡死二外緣死命盡死者亦有三種一者
命盡非是福盡二者福盡非是命盡三者福
命俱盡外緣死者復有三種一者非分自害
死二者橫為他死三者俱死又有三種死一
放逸死二破戒死三壞命根死何等名為放
逸死耶若有誹謗大乘方等般若波羅蜜是
名放逸死何等名為破戒死耶毀犯去來現
在諸佛所制禁戒是名破戒死何等名為壞
命根死捨五陰身是名壞命根死如是名曰
死為大苦何等名為愛別離苦所愛之物破
壞離散所愛之物破壞離散亦有二種一者

BD04101號　大般涅槃經（北本）卷一二

名[illegible]
在諸佛所制禁戒是名破戒死何等名為壞
命根死捨五陰身是名壞命根死如是名曰
死為大苦何等名為愛別離苦所愛之物破
壞離散所愛之物破壞離散〻有二種一者
人中五陰壞二者天中五陰壞如是人天所
愛五陰分別挍計有无量種是名愛別離苦
何等名為怨憎會苦所不愛者而共聚集所
不愛者而共聚集復有三種所謂地獄畜生
餓鬼如是三趣分別挍計有无量種如是則
名怨憎會苦何等名為求不得苦求不得苦
復有二種一者所希望處求不能得二者多
役功力不得果報如是則名求不得苦何等
名為五盛陰苦五陰苦者生苦老苦病苦死
苦愛別離苦怨憎會苦求不得苦是故名為
五盛陰苦迦葉生之根本凡有如是七種之
苦老苦乃至五盛陰苦迦葉夫衰老者非一
切有佛及諸天一向定无人中不定或有或
无迦葉三果受身无不有生老不必定是故
一切生為根本迦葉世間衆生顛倒覆心貪
著生相厭患老死迦葉菩薩不尒觀其初生
已見過患迦葉如有女人入於他舍是女端
正顏貌瓌麗以好瓔珞莊嚴其身主人見已
即便問言汝字何等繫屬於誰女人答言我
身即是功德大天主人問言汝所至處為何
所作女人答言我所至處能与種種金銀瑠
璃頗梨真珠珊瑚虎珀車𤦲馬瑙象馬車乘

著生相厭患老死迦葉菩薩不尒觀其初生
已見過患迦葉如有女人入於他舍是女端
正顏貌瓌麗以好瓔珞莊嚴其身主人見已
即便問言汝字何等繫屬於誰女人答言我
身即是功德大天主人問言汝所至處為何
所作女人答言我所至處能与種種金銀瑠
璃頗梨真珠珊瑚虎珀車𤦲馬瑙象馬車乘
奴婢僕使主人聞已心生歡喜踊躍无量我
今福德故令汝来至我舍宅即便燒香散華
供養恭敬礼拜復於門外更見一女其形醜
陋衣裳弊壞多諸垢膩皮膚皴裂其色艾白
見已問言汝字何等繫屬誰家女人答言我
字黑闇復問何故名為黑闇女人答言我所
行處能令其家所有財寶一切衰耗主人聞
已即持利刀作如是言汝若不去當斷汝命
女人答言汝甚愚癡无有智慧主人問言云
何名為癡无智慧女人答言汝舍中者即是
我姉我常與姉進止共俱汝若驅我〻當驅
彼主人還入問功德天外有一女云是汝妹
實為是不功德天言實是我妹我與此妹行
住共俱未曾相離隨所住處我常作好彼常
作惡我常利益彼常作衰若愛我者〻應愛
彼若見恭敬〻應敬彼主人即言若有如是
好惡事者我俱不用各隨意去是時二女俱
共相將還其所至命時主人見其還去心生
歡喜踊躍无量是時二女復共相將至一貧

已即持利刀作如是言汝若不去當斷汝命
女人荅言汝甚愚癡无有智慧主人問言云
何名為癡无智慧女人荅言汝舍中者即是
我姊我常與姊進止共俱汝若驅我〻當驅
彼主人還入問功德天外有一女云是汝妹
實為是不功德天言實是我妹我與此妹行
住共俱未曽相離隨所住處我常作好彼常
作惡我常利益彼常作衰若愛我者〻應愛
彼若見恭敬〻應敬彼主人即言若有如是
好惡事者我俱不用各隨意去是時二女俱
共相將還其所至佘時主人見其還去心生
歡喜踊躍无量是時二女復共相將至一貧
家貧人見已心生歡喜即請之言從今已去
顧汝二人常住我家功德天言我等先已為
他所驅汝復何緣俱請我住貧人荅言汝今
念我我以汝故復當敬彼是故俱請令住我
家迦葉菩薩摩訶薩〻復如是不願生天以
生當有老病死故是以俱棄曽无愛心凡夫
愚人不知老病死等過患是故貪愛生死二
法復次迦葉如婆羅門多稚童子為飢所逼

摩訶般若波羅蜜經三慧品第六十九　　卅一

須菩提白佛言世尊菩薩摩訶薩云何行般若波羅蜜云何生般若波羅蜜云何脩般若波羅蜜佛言色寂滅故色空故色虛誑故色不堅實故應行般若波羅蜜受想行識亦如是如汝問云何生般若波羅蜜如虛空生故應生般若波羅蜜如汝問云何脩般若波羅蜜脩諸法破壞故應脩般若波羅蜜須菩提言世尊行般若波羅蜜生般若波羅蜜脩般若波羅蜜應幾時佛言從初發意乃至坐道場應行應生應脩般若波羅蜜須菩提白佛言世尊次第心應行般若波羅蜜佛言常不捨薩婆若心不令餘念得入為行般若波羅蜜為生般若波羅蜜為脩般若波羅蜜若心心數法不行故為行般若波羅蜜為生般若波羅蜜為脩般若波羅蜜須菩提白佛言世尊菩薩摩訶薩脩般若波羅蜜當得薩婆若

捨薩婆若心不念餘念得入為行般若波羅
蜜為生般若波羅蜜為脩般若波羅蜜若心
心數法不行故為行般若波羅蜜為生般若
波羅蜜為脩般若波羅蜜須菩提白佛言世
尊菩薩摩訶薩脩般若波羅蜜當得薩婆若
不佛言不也世尊不脩般若波羅蜜得薩婆若
不佛言不也世尊脩不脩得薩婆若不佛言不
也世尊非脩非不脩得薩婆若不佛言不世尊
若不尒云何當得薩婆若佛言菩薩摩訶薩
得薩婆若如如相世尊云何如如相如實際
云何如實際如法性云何如法性如我性衆
生性壽命性世尊云何我性衆生性壽命性
佛告須菩提於汝意云何我衆生壽命法
可得不須菩提言不可得佛言若我衆生壽
命不可得云何當說有我性衆生性壽命性
命不可得云何當說有我性衆生性壽命性
若般若波羅蜜中不說有一切法當得一切
種智須菩提言世尊但般若波羅蜜是不可
說禪波羅蜜乃至檀波羅蜜亦不可說佛告
須菩提般若波羅蜜不可說檀波羅蜜乃至
一切法若有為若無為若聲聞法若辟支佛
法若菩薩法若佛法亦不可說世尊若一切
法不可說云何說是地獄是畜生是餓鬼是
人是天是須陁洹是斯陁含阿那含阿羅漢
辟支佛是諸佛佛告須菩提於汝意云何是
衆生名字實可得不世尊不可得佛言若衆

法若菩薩法若佛法亦不可說世尊若一切
法不可說云何說是地獄是畜生是餓鬼是
人是天是須陁洹是斯陁含阿那含阿羅漢
辟支佛是諸佛佛告須菩提於汝意云何是
衆生名字實可得不世尊不可得佛言若衆
生不可得云何當說有地獄餓鬼畜生人天
須陁洹乃至佛如是須菩提菩薩摩訶薩行
般若波羅蜜時應當學一切法不可說須菩
提言世尊菩薩摩訶薩行般若波羅蜜時應
學色受想行識乃至應學一切種智佛告須
菩提菩薩摩訶薩學般若波羅蜜時應學
色不增不減乃至應學一切種智不增不減須
菩提言世尊云何色不增不減學乃至一切
種智不增不減學佛言不生不滅故學世尊
云何名不生不滅學佛言不起不作諸行業
若有若無故世尊云何不起不作諸行業若
有若無佛言觀諸法自相空故世尊云何應
觀諸法自相空佛言應觀色色相空應觀受
想行識識相空應觀眼眼相空乃至意色乃
至法眼識界乃至意識界意識界相空應觀
內空內空相空乃至應觀自相空自相空相
空應觀四禪四禪相空乃至滅受想定滅受
想定相空應觀四念處四念處相空乃至阿
耨多羅三藐三菩提阿耨多羅三藐三菩提
相空如是須菩提菩薩行般若波羅蜜時應
行諸法自相空世尊若色色相空乃至阿耨

空應觀四禪四禪相空乃至滅受
想定相空應觀四念處四念處相空乃至阿
耨多羅三藐三菩提阿耨多羅三藐三菩提
相空如是須菩提菩薩行般若波羅蜜時應
行諸法自相空世尊若色色相空乃至阿耨
多羅三藐三菩提阿耨多羅三藐三菩提相
空云何菩薩摩訶薩應行般若波羅蜜佛言
不行是名行般若波羅蜜世尊云何不行是
行般若波羅蜜佛言般若波羅蜜不可得故
菩薩不可得行亦不可得行者行法行處亦
不可得故是名菩薩摩訶薩行般若波
羅蜜一切諸戲論不可得故世尊若不行是菩
薩摩訶薩行般若波羅蜜初發意菩薩云何
行般若波羅蜜須菩提菩薩從初發意以來
應行空無所得法是菩薩用無所得法故布
施持戒忍辱精進禪定以無所得法故脩智
慧乃至一切種智亦如是須菩提白佛言世尊
云何名有所得云何名無所得佛告須菩提
諸有二者是有所得無有二者是無所得世
尊何等是二有所得何等是不二無所得佛
言眼色為二乃至意法為二乃至阿耨多羅
三藐三菩提佛為二是名為二世尊從有所
得中無所得從無所得中無所得佛言不從
有所得中無所得不從無所得中無所得須
菩提有所得無所得平等是名無所得如是
須菩提菩薩摩訶薩於有所得無所得平等
法中應學須菩提菩薩摩訶薩如是學般若

得中無所得從無所得中無所得佛言不從
有所得中無所得不從無所得中無所得須
菩提有所得無所得平等是名無所得如是
須菩提菩薩摩訶薩於有所得無所得平等
法中應學須菩提菩薩摩訶薩如是學般若
波羅蜜是名無所得者無有過失須菩提白
佛言世尊若菩薩行般若波羅蜜不行有所
得不行無所得云何從一地至一地得一切種
智佛告須菩提菩薩摩訶薩行般若波羅蜜
時不住有所得中從一地至一地何以故有
所得中住不能從一地至一地何以故須菩
提無所得即是般若波羅蜜相無所得是阿
耨多羅三藐三菩提相無所得亦是行般若
波羅蜜者相須菩提菩薩摩訶薩應如是行
般若波羅蜜須菩提白佛言世尊若般若波
羅蜜不可得阿耨多羅三藐三菩提亦不可
得行般若波羅蜜者亦不可得云何菩薩摩
訶薩分別諸法相是色是受想行識乃至是
阿耨多羅三藐三菩提佛告須菩提菩薩摩
訶薩行般若波羅蜜時不得色不得受想行
識乃至不得阿耨多羅三藐三菩提世尊若
菩薩摩訶薩行般若波羅蜜色不可得乃至
阿耨多羅三藐三菩提不可得云何具足檀
波羅蜜乃至具足般若波羅蜜入菩薩法位
中入已淨佛國土成就眾生得一切種智得
一切種智已轉法輪作佛事度眾生生死佛

諸乃至不得阿耨多羅三藐三菩提世尊若
菩薩摩訶薩行般若波羅蜜色不可得乃至
阿耨多羅三藐三菩提不可得云何具足檀
波羅蜜乃至具足般若波羅蜜入菩薩法位
中入已淨佛國土成就衆生得一切種智得
一切種智已轉法輪作佛事度衆生生死佛
告須菩提菩薩摩訶薩不為色故行般若波
羅蜜乃至不為阿耨多羅三藐三菩提故行
般若波羅蜜須菩提白佛言世尊菩薩為何
事故行般若波羅蜜佛言無所為故行般若
波羅蜜何以故一切諸法無所為無所作般
若波羅蜜亦無所為無所作阿耨多羅三藐
三菩提亦無所為無所作菩薩亦無所為無
所作如是須菩提菩薩摩訶薩應行般若波
羅蜜無所為無所作須菩提白佛言世尊若
諸法無所為無所作不應分別有三乘聲聞
辟支佛佛乘佛告須菩提諸法無所為無所
作無有分別有所為有所作中有分別何以
故凡夫愚人不聞聖法著五受陰所謂色受
想行識著檀波羅蜜乃至著阿耨多羅三藐
三菩提是人念有是色得是色乃至念有是
阿耨多羅三藐三菩提得是阿耨多羅三藐
三菩提是菩薩作是念我當得阿耨多羅三
藐三菩提我當度衆生生死須菩提我以五
眼觀尚不得色乃至阿耨多羅三藐三菩提
是狂愚人無目而欲得阿耨多羅三藐三
菩提度衆生生死須菩提白佛言世尊

三菩提是菩薩作是念我當得阿耨多羅三
藐三菩提我當度衆生生死須菩提我以五
眼觀世不得色乃至阿耨多羅三藐三菩提
是狂愚人無目而欲得阿耨多羅三藐三
菩提度衆生生死須菩提白佛言世尊
若佛以五眼觀不見衆生生死中可度者今
世尊云何得阿耨多羅三藐三菩提分別衆
生有三聚正定邪定不定須菩提我得阿耨
多羅三藐三菩提初不得衆生三聚若正
定若邪定若不定須菩提以衆生無法有法
想我以除其妄著世俗法故非第一義世尊
非住第一義得阿耨多羅三藐三菩提耶佛
言不也世尊住顛倒得阿耨多羅三藐三菩
提耶佛言不也世尊若不住第一義中得亦
不住顛倒中得將無世尊不得阿耨多羅三
藐三菩提耶佛言不也我實得阿耨多羅三
藐三菩提無所住若有為相若無為相須菩
提譬如佛所化人不住有為相不住無為相
化人亦有來有去亦坐亦立須菩提是化人
若行檀波羅蜜行尸羅波羅蜜羼提波羅蜜
毗梨耶波羅蜜禪波羅蜜般若波羅蜜行
四禪四無量心四無色定五神通行四念處
乃至行八聖道分入空三昧無相三昧無作
三昧行内空乃至無法有法空行八背捨九
次第定佛十力四無所畏四無㝵智大慈大
悲得阿耨多羅三藐三菩提轉法輪是化人

乃至行八聖道分入空三昧無相三昧無作
三昧行內空乃至無法有法空行八背捨九
次苐定佛十力四無所畏四無㝵智大慈大
悲得阿耨多羅三藐三菩提轉法輪是化人
化作無量衆生有三聚須菩提於汝意云何
是化人行檀波羅蜜乃至有三聚衆生不須
菩提言不也須菩提佛亦如是知諸法如化
如化人度化衆生無有實衆生可度如是須
菩提言不也須菩提佛亦如是知諸法如化
如化人度化衆生無有實衆生可度如是須
菩提菩薩摩訶薩行般若波羅蜜如佛所化
人行須菩提白佛言世尊若一切法如化佛與
化人有何等差別佛告須菩提佛與化人無
有差別何以故佛能有所作化人亦能有所
作世尊若無佛化人獨能有所作不佛言能
有所作須菩提言世尊亦何無佛化人能有
所作須菩提辟如過去有佛名須扇多爲欲
度菩薩故化作佛已而自滅度是化佛住半
劫作佛事授應菩薩行者記已滅度一切世
間衆生知佛實滅度須菩提化人實無生無
滅如是須菩提菩薩行般若波羅蜜當信如
諸法如化世尊若佛佛所化人無差別者云
何佛令布施清淨如人供養佛是衆生乃至無
餘涅洹福德不盡若供養化佛是人乃至無
餘涅洹福德亦應不盡耶佛告須菩提佛以

諸法如化世尊若佛佛所化人無差别者云
佛令布施清淨如人供養佛是衆生乃至無
餘涅槃福德不盡若供養化佛是人乃至無
餘涅槃福德亦應不盡耶佛告須菩提佛以
相因緣乃至畢苦其福不盡須菩提置是
敬心念佛若有善男子善女人但以一華散虛
空中念佛乃至畢苦其福不盡須菩提置是
敬心念佛散華念佛若有人一稱南無佛乃至
畢苦其福不盡如是須菩提佛福田中種其
福無量以是故須菩提當知佛與化佛無有
差别諸法相無異故須菩提菩薩摩訶薩
應如是行般若波羅蜜入諸法實相中是諸
法實相不應壞所謂般若波羅蜜相乃至阿
耨多羅三藐三菩提相須菩提白佛言世尊
若諸法實相不應壞佛何以壞諸法相言是
色受想行識是內法是外法是善法是不善
法是有漏是無漏法是世間是出世間是有
諍法是無諍法是有為法是無為法等世尊
將無壞諸法相佛告須菩提不也以名字相
故示諸法欲令衆生解佛不壞法法相須菩
提白佛言世尊若以名字相故說諸法令衆
生解世尊諸一切法以無名無相云何以名
相示衆生欲令解佛告須菩提隨世俗法有
名相實無著處須菩提如凡人聞苦著名隨

故亦諸法欲令衆生解佛不壞法法相須菩
提白佛言世尊若以名字相故説諸法令衆
生解世尊諸一切法以無名無相云何以名
相示衆生欲令解佛告須菩提隨世俗法有
名相實無著處須菩提如凡人聞苦著名隨
相須菩提諸佛及弟子不著名不隨相須菩
提若名著名相著相空亦應著空無相亦應
著無相無作亦應著無作實際亦應著實
際法性亦應著法性無為性亦應著無為性須
菩提是一切法但有名相是法不住名相中
如是須菩提菩薩摩訶薩但名相中住應行
般若波羅蜜是名相中亦不應著世尊若一
切有為法但名相者菩薩摩訶薩為誰故發
阿耨多羅三藐三菩提心受種種懃苦菩薩
行道時布施持戒行忍辱懃苦精進入禪定
脩智慧行四禪四無量心四無色定四無處
乃至八聖道分行空行無相行無作行佛十
力乃至具足大悲佛言如須菩提所説若一切
有為法但名相者菩薩摩訶薩為誰故行菩
薩道須菩提若有為法但名相等是名相名
相相空以是故菩薩摩訶薩行菩薩道得一
切種智得一切種智已轉法輪轉法輪已以三
乘法度脱衆生是名相亦無生亦無滅無
住異
尒時須菩提白佛言世尊世尊説一切種智
佛告須菩提我説一切種智須菩提言佛説

切種智得一切種智已轉法輪轉法輪已以三
乘法度脫衆生是名相亦無生亦無滅無
任異
尒時須菩提白佛言世尊說一切種智
佛告須菩提我說一切種智須菩提言佛說
一切智說道種智說一切種智是三種智有
何差別佛告須菩提薩婆若是一切聲聞辟
支佛智道種智是菩薩摩訶薩智一切種智
是諸佛智須菩提白佛言世尊何因緣故薩
婆若是聲聞辟支佛智佛告須菩提一切名
所謂內外法是聲聞辟支佛能知不能用一切
道一切種須菩提言世尊何因緣故道種智是
諸菩薩摩訶薩智佛告須菩提一切道菩薩
摩訶薩應知若聲聞道辟支佛道菩薩道
應具足智亦應用是道度脫衆生亦不實
際作證須菩提白佛言世尊如佛說菩薩摩
訶薩應具足諸道不應以是道實際作證耶佛
告須菩提是菩薩未淨佛國土未成就衆生是
時不應實際作證須菩提白佛言世尊菩薩
住道中應實際作證佛言不也世尊住非道
中實際作證佛言不也世尊住道非道實
際作證佛言不也世尊住非道非道實際
作證佛言不也世尊菩薩摩訶薩住何處應
實際作證佛告須菩提於汝意云何汝住道
中不受諸法故漏盡心得解脫不須菩提言
不也世尊汝住非道漏盡心得解脫不不也

BD04102號　摩訶般若波羅蜜經卷三一　（14–11）

中實際作證佛言不也世尊住道非道實
際作證佛言亻也世尊住非道非非道實際
作證佛言不也世尊菩薩摩訶薩住何處應
實際作證佛告須菩提於汝意云何汝住道
中不受諸法故漏盡心得解脫不須菩提言
不也世尊汝住非道漏盡心得解脫不不也
世尊汝住道非道漏盡心得解脫不不也世
尊汝住非道亦非非道漏盡心得解脫不不
也世尊我無所住不受諸法漏盡心得解脫佛
告須菩提菩薩摩訶薩亦如是無所住應實
際作證須菩提言世尊云何為一切種智相
佛言一相故名一切種智所謂一切法寂滅
相復次諸法行類相貌名字顯示說佛如實
知以是故名一切種智須菩提白佛言世尊
一切智道種智一切種智是三種智結斷有
差別有盡有餘不佛言煩惱斷無差別諸
佛煩惱習一切悉斷聲聞辟支佛煩惱習不悉
斷世尊是諸人不得無為法得斷煩惱邪佛
言不也世尊無為法中可得差別不佛言不
也世尊若無為法中不可得差別何以故說
是人煩惱習斷是人煩惱習不斷佛告須菩
提習非煩惱是聲聞辟支佛身口有似婬欲
瞋恚愚癡相凡夫愚人為之得罪是三毒習
諸佛無有須菩提白佛言世尊若道無法涅
槃亦無法何以故分別說是須陁洹是斯陁
含是阿那含是阿羅漢是辟支佛是菩薩是

瞋恚愚癡相凡夫愚人為之得罪是三毒習
諸佛無有須菩提白佛言世尊若道無法涅
槃亦無法何以故分別說是須陁洹是斯陁
含是阿那含是阿羅漢是辟支佛是菩薩是
佛佛告須菩提是皆以無為法而有差別是
須陁洹是斯陁含是阿那含是阿羅漢是辟
支佛是菩薩是佛世尊實以無為法故分別
有須陁洹乃至佛佛告須菩提世間言說故
有差別非第一義第一義中無有分別說何
以故第一義中無言說道斷結故說後際須
菩提言世尊諸法自相空中前際不可得何
況說後際佛告須菩提如是如是諸法自相
空中無有前際何況有後際無有是處須
菩提以衆生不諸法自相空故為說是前際
是後際諸法自相空中前際後際不可得如
是須菩提菩薩摩訶薩應以自相空法行般
若波羅蜜須菩提若菩薩行自相空法則無
所著若內法若外法若內外法若有為法若
無為法若聲聞法辟支佛法若佛法須菩提
白佛言常說般若波羅蜜般若波羅蜜何義
故名般若波羅蜜佛言得第一義度一切法到
彼岸以是義故名般若波羅蜜復次須菩提
諸佛菩薩辟支佛阿羅漢用是般若波羅蜜
得度彼岸以是義故名般若波羅蜜復次須
菩提分別籌量破壞一切法乃至微塵是中
不得堅實以是義故名般若波羅蜜復次須

是須菩提菩薩摩訶薩應以自相空法行般
若波羅蜜須菩提若菩薩行自相空法則無
所著若內法若外法若內外法若有為法若
無為法若聲聞法辟支佛法若佛法須菩提
白佛言常說般若波羅蜜般若波羅蜜何義
故名般若波羅蜜佛言得第一義度一切法到
彼岸以是義故名般若波羅蜜復次須菩提
諸佛菩薩辟支佛阿羅漢用是般若波羅蜜
得度彼岸以是義故名般若波羅蜜復次須
菩提分別籌量破壞一切法乃至微塵是中
不得堅實以是義故名般若波羅蜜復次須
菩提諸法如法性實際皆入般若波羅蜜中
以是義故名般若波羅蜜復次須菩提是中
以義故名般若波羅蜜復次須菩提是故
般若波羅蜜無有法若合若散若有色若
無色若可見若不可見若有對若無對若
有漏若無漏若有為若無為何以故是般若波羅

大寶積經云　七寶者　一者輪寶　千輻不減轂輞具
足自然而作　雅廣七附而來應之
二者白象寶六牙具足七枝拄地白如雪山自然而至
三者馬寶其色紺艷而來應之此馬能呈至食北
四天下周遍八方盡大海際還住本處
四者珠寶如大人髀純青琉璃其光照耀周匝八方各
一由旬　五者長者寶豐饒財寶巨富無量隨
王所念皆能辦之自然而應
六者玉女寶形容端正微妙第一不長不短不黑不白
身之諸毛孔出栴檀香口氣淨潔如青蓮花其香大
出能覆面形色細薄如赤銅鍱身體柔軟猶如天骨
冬溫夏涼其心慈心常出愛語以手觸王心所念之處
七者兵寶自然而出勇猛策謀武略第一預知王心七日
所念之善知四兵鬪戰之法未集令集未發令發千乎
具足勇健端正能除怨敵

大薩遮尼乾子經第五卷中入說有十自在　一者命自在
二者心自在　三者物自在　四者業自在　五者生自在　六者如意

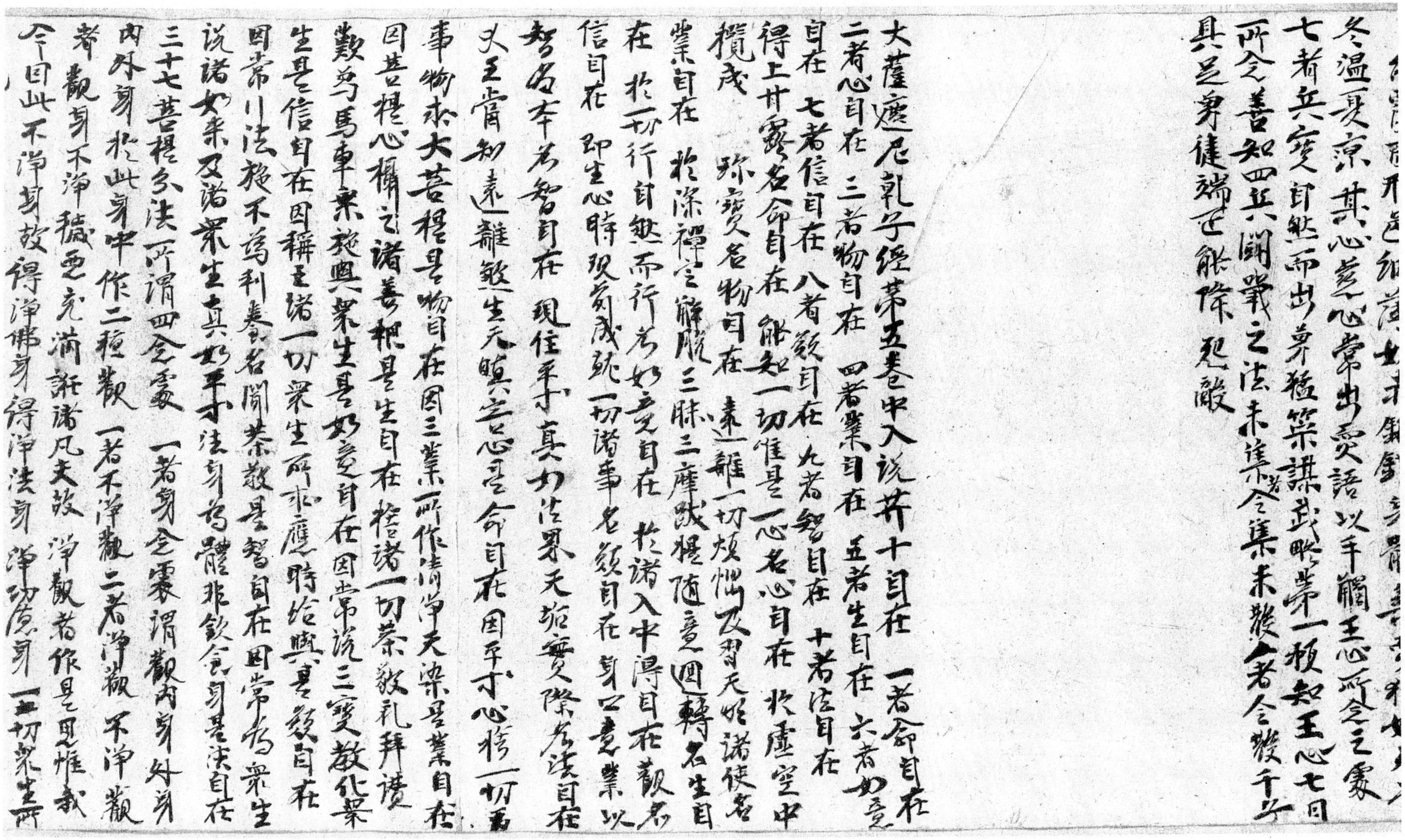
冬溫夏涼，其心慈心，常出愛語，以手觸王，心所念之處
七者兵寶，自然而出，勇猛策謀，武略第一，知王心，七曰
所念善知，四兵鬪戰之法，未集令集，未發令發，千之
具足，勇健端正，能除怨敵
大薩遮尼乾子經第五卷中入說卅十自在　一者命自在
二者心自在　三者物自在　四者業自在　五者生自在　六者如意
自在　七者信自在　八者願自在　九者智自在　十者法自在
得上甘露名命自在　能知一切惟是一心名心自在　於虛空中
攬成珍寶名物自在　遠離一切煩惱及習氣諸使名
業自在　於深禪定解脫三昧三摩跋提隨意迴轉名生自
在　於一切行自然而行名如意自在　於諸入中得自在觀名
信自在　即生心時現前成就一切諸事名願自在　身口意業以
智爲本名智自在　現住平等真如法界無始無際名法自在
又王肯初遠離殺生，無瞋害心，是命自在　因平等心於一切眾
事物求大菩提，是物自在　因三業所作清淨，無染是業自在
因菩提心攝之諸善根，是生自在　於諸一切恭敬禮拜讚
歎，爲馬車乘施與眾生，是如意自在　因常說三寶教化眾
生，是信自在　因稱王諸一切眾生所求，應時給與，是願自在
因常以法施，不為利養名聞恭敬，是智自在　因常爲眾生
說諸如來及諸眾生真如平等法身，是法自在
三十七菩提分法，所謂四念處　一者身念處，謂觀內身、外身、
內外身，於此身中作二種觀　一者不淨觀　二者淨觀　不淨觀
者，觀身不淨，穢惡充滿，誑諸凡夫故　淨觀者，作是思惟，我
今因此不淨身故，得淨佛身，得淨法身，淨功德身　一切眾生所

BD04102號背 1　諸經法數鈔（擬）　（14–2）

[illegible]
說諸如來及諸衆生真如平等法身為體非飲食身是法自在
三十七菩提分法 所謂四念處 一者身念處 謂觀內身外身
內外身於此身中作二種觀 一者不淨觀 二者淨觀 不淨觀
者觀身不淨穢惡充滿誑諸凡夫故 淨觀者作是思惟我
今因此不淨身故得淨佛身得淨法身淨功德身一切衆生所
樂見身作是觀已能淨二 一者无常 二者常 云何无常觀
身无常畢竟當死 如是觀已不為身故造諸惡業邪命自活
當為此身脩三堅法 脩身堅法 脩命堅法 脩財堅法 如是觀已
遠離一切身口意業曲〻正直心 云何為常 觀因无常故得
功德身因无常故不斷佛種法種僧種 何以故 脩身念處觀察
一切衆生之身畢竟成就諸佛法身 以是法身故得是觀 故得
平等心 无分別心 不起欲漏有漏无明漏 成一切智 是名身念處
受念處者 謂觀內受外受內外受 於是受中作二種觀 謂當
常无常 起慈悲心 觀諸衆生若受樂時生於貪心 若受苦
時生於瞋心 若受不苦不樂時生於癡心 作是思惟 有受皆
苦 畢竟樂者斷一切受 即是常樂 隨所受生常生一切苦
心悲心 若自若他受樂受時遠離染心生於慈心 若受苦時觀
三惡道中遠離瞋心生於悲心 若受不苦不樂受時離无明
心生於捨心 觀一切受无常无我 見受樂者即知是苦 見是苦
者如癰如瘡 見受不苦不樂受者是寂靜 觀於樂受即知无
常 觀於苦受即知是空 觀不苦不樂受時即知无我 如是觀
者名受念處
心念處者 謂觀內心外心內外心 於是心中作二種觀 謂无常
觀者 觀於自身菩提之性不忘不失正念不亂 如是觀心 又觀
所發菩提之心 是心性者生已即滅 念念不住 不在內入不在外
入不在內外入不在陰中 亦不在界中 作是思惟 如是心緣為異
不異 若心異緣則一時中有於二心 若心即緣不應復能觀於
自心 亦如指端不能自觸 心亦如是 作是觀已見心无住无常處異
即知是心非從緣生非不緣生 非常非斷 非內非外 非有无菩

入不在內外入不在陰中亦不在界中作是思惟如是心緣為異
不異若心異緣則一時中有於二心若心即緣不應復能觀於
自心亦如指端不能自觸心亦如是作是觀已見心无住无常變異
即知是心非從緣生非不緣生非常非斷非內非外非有无者
提之心亦復如是心非色不可觀見如幻如化无所罣礙自心
觀已觀諸一切衆生心性如自心性如自心相一切衆生心性心相亦々
復如是知自心空觀一切衆生心亦空知自心平等觀諸衆生心性平
等亦復如是々名心念處
法念處者謂觀內法外法內外法於是法中作二種觀謂常
无常以佛見一切法至坐道場未曾中夬觀諸法時不見一法
乃至不見一微細諸相離空无相无願无作无生无滅无物不見一
切法乃至微細相不入十二因緣者見法非法无非是法云何為法
謂无我乃至无人是名為法云何非法謂我見乃至斷見有无見
是名非法一切法是法非法何以故觀空无相无願是名一切法是法
我慢憍慢我及我所攝取諸見是名一切法作如是觀諸法性
已不見有法非穢因非出道因若不如是來言諸若是名滅法
出者從緣滅者從緣如是觀時觀於三行所謂惡行善行不
動行於三行中常行福行行十善法為淨三業淨身業者
為求諸佛三十二相八十種好他不能害故淨口業者所說法衆生樂
聞故淨心業者於諸衆生其心平等常入禪定故如是方便
觀法念處諸離一切相障菩提垢不著常見不著斷見行
中道見如是中道見如世間智慧所不能見不可宣說不可
顯示无有相貌无色无處无取无捨清淨寂靜不可眼見
乃至不可觸々亦无至處不在世間出世不出世間不可宣說非
多非少非常非常斷非相非非相非覺非々覺非虛非實
非此非彼非有非无非有為法非行非々行非生非死是名中道
不以五眼觀法念處何以故如是三眼无相貌故是故觀法以法眼觀
惡心不著不失諸法是名法念處　又脩四念處得四種離法觀
身不淨出離淨倒觀受是苦出離樂倒觀心无常出離常

BD04102號背1　諸經法數鈔（擬）　（14–4）

顯亦无色相貌无色无處无取无捨清淨寂靜不可眼見
乃至不可觸觸亦无至處不在世間出世不出世間不可宣說非
多非少非常非常斷非相非非相非覺非非覺見非虛非實
非此非彼非有非无非色非法非行非非行非生非死是名中道
不以五眼觀法念處何以故如是三眼无相貌故是故觀法以法眼觀
而心不著不失諸法是名法念處　又脩四念處得四種離法觀
身不淨出離淨倒觀受是苦出離樂倒觀心无常出離常
倒觀法无我出離我倒觀身念處離於摶食觀受念處離
於觸食觀心念處離於識食觀法念處離於思食如是成
就念處是故我言无色過失　云何四正勤謂四精進遮二種惡
法集二種善法善性成就心住善法未生惡法及已生惡不以精
進令滅未生善法已生善法不以精進令生何以故瞿曇於无
量世常脩善性一切善性一切惡法自然滿足惡法者謂非戒聚伴
非定聚伴非慧聚伴於四念處觀時離諸懈怠心五蓋煩惱
覆障心眼離於信等五種善根是諸惡法未生不生已生即滅
勤精進故善法者謂等善根未生令生已生增廣勤精進
故是名四正勤法　又王當知瞿曇瞿曇畢竟成就是故我言
无色過失

十住毗婆沙第一卷說十地　地者是菩薩善根階級住處
第一地菩薩在初地始得善法味心多歡喜名歡喜地
第二地中行十善道離諸垢故名離垢地　第三地中廣
博多學聞為眾說法能照明故名為明地　第四地中布
施持戒多聞轉增威德盛故名為焰地　第五地中功德
力盛一切諸魔不能壞故名難勝地　第六地中障魔事
已諸菩薩道皆現在前名現前地　第七地中去三界遠近
法王位故名深遠地　第八地中若天魔沙門婆羅門无能
動其願故名不動地　第九地中其慧轉明調柔增
上名善慧地　第十地中菩薩於十方无量世界能一時雨法

力盛一切諸魔不能壞故名難勝地　第六地中[illegible]魔事
已諸菩薩皆現在前名現前地　第七地中去三界遠近
法王位故名深遠地　第八地中若天魔波旬婆羅門无能
動其願故名不動地　第九地中其慧轉明調柔增
上名善慧地　第十地中菩薩於十方无量世界能一時雨法
雨如劫燒已普澍大雨名法雲地

上生礼　請佛作梵九字
与我阿[illegible]力　如來加持力　与法界力　普供養虛空而住
[illegible]儀已畢　三婆傳　[illegible]羅[illegible]　三遍
供養一切恭敬　作梵　嘆佛
正遍知者二足尊　天人世間無与等　十方世尊甚希有
无上最勝良福田　其供養者生天上　稽首[illegible]大精進
梅怛[illegible]　夜[illegible]哩羅　數多[illegible]　[illegible]多係[illegible]　沙[illegible]
[illegible]　梅怛[illegible]　夜[illegible]　[illegible]　[illegible]耶　三摩
佐[illegible]

BD04102 號背 1　諸經法數鈔（擬）　（14–6）
BD04102 號背 2　上生禮

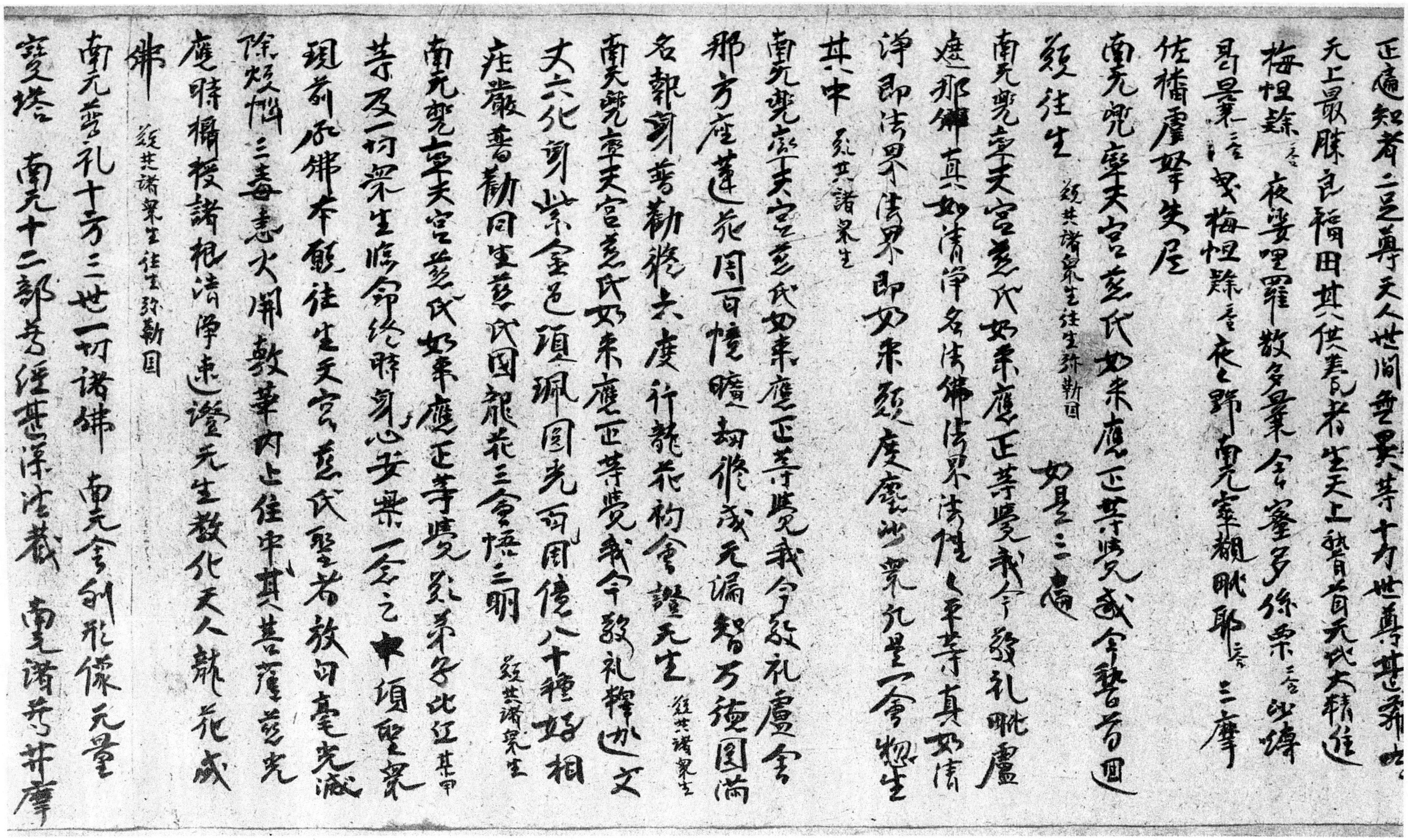
正遍知者二足尊天人世間無異等十方世尊甚希有
无上最勝良福田其供養者生天上稽首无比大精進
梅怛䴵二合夜娑哩羅散多業二合鑒多係栗二合娑嚩
訶畧業二合梅怛䴵二合夜野南无密䶢眺耶二合三摩
佐播摩娑失尼
南无兜率天宫慈氏如来應正等覺我今稽首迴
願往生 願共諸衆生往生彌勒國 如是三遍
南无兜率天宫慈氏如来應正等覺我今發礼毗盧
遮那佛真如清淨名法佛法界法性平等真如清
淨即法界法界即如来願度塵沙衆无量一念惣生
其中 願共諸衆生
南无兜率天宫慈氏如来應正等覺我今發礼盧舍
那方座蓮花周百億曠劫修成无漏智万德圓滿
名報身普勸修六度行龍花初會證无生 願共諸衆生
南无兜率天宫慈氏如来應正等覺我今發礼釋迦文
丈六化身紫金色頂珮圓光百億八十種好相
莊嚴普勸同生慈氏國龍花三會悟三明 願共諸衆生
南无兜率天宫慈氏如来應正等覺願弟子比丘其甲
等及一切衆生臨命終時身心安樂一念之中須聖衆
現前承佛本願往生天宫慈氏聖者放白毫光滅
除煩惱三毒志大開教華內上住中其菩薩慈光
應時攝授諸根清淨速證无生教化天人龍花成
佛 願共諸衆生往生彌勒國
南无普礼十方三世一切諸佛 南无舍利形像无量
寶塔 南无十二部尊經甚深法藏 南无諸尊菩薩摩

BD04102號背2　上生禮

（14–7）

佛　發此諸衆生往生彌勒國
南无普礼十方三世一切諸佛　南无金剎形像无量
寶塔　南无十二部尊經甚深法藏　南无諸尊菩薩摩
訶薩衆　南无聲聞緣覺礼一切賢聖僧
普為四恩三有及法界衆生悉願斷除三鄣　歸
命礼懺悔
唵　薩嚩婆嚩薩普吒那賀曩襪羅(二合)野薩嚩訶(三遍)
志心懺悔　我今四生三界罪心如初日照濃霜罪
深深不住並虛空三業无數皆清淨普令法界諸
有情速往內宮永安樂　懺悔已志心歸命頂礼大悲彌勒
尊佛　志心發願
願我等從今日乃至證菩提願隨我大師慈氏如
來龍花初會得授道記發此願已志心歸命頂
礼大悲彌勒尊佛　念慈氏菩薩四念
南无三滿多沒䭾喃　阿日揩曳野　薩嚩薩吽　社
夜　弩識多　薩嚩加賀　一處世界梵三般保常
莫慈閻浮境憂悲饒多苦煎愛河長流沒溺愍
火鎮燒無寧殿花當發慈尊法正宜勸諸修道
者同結上生緣　也
瑜伽佛　金剛頂金剛界大募茶羅毗盧遮
那如來自受用身內證眷屬法身異名佛

BD04102 號背 2　上生禮

者同结上生縁

瑜伽佛　金剛頂金剛界大蔓荼羅毗盧遮

那以來自受用身內證眷屬法身異名佛

以波振鈴傳法語恒沙佛剎普諸知聞奉此會

云召十方九遣海會背雲集　我從過世流轉

於生死今對大聖尊盡心而懺悔　如諸佛所懺

我今亦如是願承加持力衆生悉清淨

一心歸禮盡十方法界常住三寶　是諸衆皆各

踴躍嚴持香花如法供養　以我功德力如來加

持力及以法界力普供養而住　普供養真言

曩謨三滿多沒䭾喃　薩嚩怛欠嗢那囉識諦

薩頗囉四鍐識識曩劍娑嚩賀

契香散花　唵薩嚩怛他蘖哆吠波布怛銘迦

薩目怛囉薩頗囉峯三摩叓　唵薩嚩怛他蘖

哆寶澁波布怛銘伽薩目棎囉薩頗囉峯三

摩叓　唵薩嚩怛他蘖哆你波布怛銘伽薩

目棎囉薩頗囉峯三摩叓　唵薩嚩怛他蘖

哆靈默布怛銘伽薩目棎囉　薩頗囉峯三摩

叓

[redacted]

次誦迦摩攞讚　伽摩

羅目去　伽摩羅咎王曩伽麼羅蘖曩伽麼

目㮈囉薩頗囉拏三摩曳 唵薩嚩怛他孽多
哆𡨚䍐布怛鉢伽薩目㮈囉 薩頗囉拏三摩
曳[redacted]
[redacted] 次誦迦摩攞讚 伽摩
攞目佉 伽摩攞 跢左曩 伽麼攞薩曩 伽麼
攞賀薩哆 伽麼攞婆毋𩖎 伽麼攞伽麼攞
三婆嚩左 迦攞麼攞乞叉攞曩曩曩謨窣堵帝
我大薄伽梵 正覺十方尊 出生大蓮花王 深遂住三昧
物持勝鬘冠 光焰衆圍遶 剎竪執劍 本寂以虛空
從本初正覺 毅冒蓦箕羅 安中生秘密 大悲胎藏生
佛切諸海秘蜜甚深瑜伽劫讚揚難盡
一心敬礼金剛界真言宮中毗盧遮那如來道場衆
會奉獻己身承事供養願遍照如來与金剛
薩埵等十方諸佛同時放光雲集灌頂寶冠瓔
絡殊妙莊嚴得授已記後坐道場摩正等覺歸命
礼法淨法身毗盧遮那佛 一心敬礼真言宮中阿
閦如來捨身請求加護從諸覺心乃至道場毅如來与
金剛薩埵并十地并而加持今金堅固不退歸命礼
金剛堅固自性身阿閦佛 一心敬礼真言宮中寶
生如來捨身請求灌頂從初發心乃至卅提越如來
与十方佛持虛空藏摩尼寶瓶同時灌頂為三界
法王位歸命礼福德莊嚴聚身寶生佛 一心礼毅

金剛薩埵菩薩十地菩薩而加持之令堅固不退歸命禮
金剛堅固自性身阿閦佛　一心敬禮真言宮中寶
生如來捨身請求灌頂從初發心乃至菩提證如來
與十方佛持虛空藏摩尼寶瓶同時灌頂爲三界
法王位歸命禮福德莊嚴聚身寶生佛　一心禮發
真言宮中阿彌陀如來捨身請求妙三摩地法門於一乞
門中復能成就无量諸三摩地法門得此門已自爲
觀自在主歸命禮受用智慧身阿彌陀佛
一心敬禮真言宮中不空成就如來當捨已身與一切
衆生種種大願如來與毗首羯磨菩薩加持以一
如來成所作智寂工事業同時成就歸命禮作變
化身不空成就佛　一心敬禮一切如來大圓鏡智金剛波
羅蜜菩薩平等性智寶波羅蜜菩薩妙觀察智法波羅
蜜菩薩成所作智羯磨波羅蜜菩薩出生盡虛空遍
法界同一體性金剛界生身一切菩薩摩訶薩
一心敬禮一切如來菩提心金剛薩埵菩薩金剛王菩薩金剛愛
菩薩金剛善哉菩薩等盡虛空遍法界同一體性金剛
界生身一切菩薩摩訶薩　一心敬禮一切如來福德藥
金剛藏菩薩金剛光菩薩金剛幢菩薩金剛笑菩薩等
盡虛空遍法界同一體性金剛界色身一切菩薩摩
訶薩　一心敬禮一切如來智慧門金剛法菩薩金剛利菩薩
金剛因菩薩金剛語菩薩等盡虛空遍法界同一體性
金剛界生身一切菩薩摩訶薩　一心敬禮一切如來大精
進金剛業菩薩金剛護菩薩金剛牙菩薩金剛拳菩薩等盡

金剛因菩薩金剛語菩薩等盡虛空遍法界同一體性
金剛界生身一切菩薩摩訶薩　一心敬禮一切如來大精
進金剛業菩薩金剛護菩薩金剛牙菩薩金剛拳菩薩等盡
虛空遍法界同一體性金剛界生身一切菩薩摩訶薩
一心敬禮一切如來遍悅心金剛喜菩薩大覺金剛鬘
薩埵菩薩妙法音金剛歌菩薩神通業金剛舞
菩薩等盡虛空遍法界同一體性金剛界生身
一切菩薩摩訶薩　一心敬禮一切如來真如薰金剛
焚香菩薩勝莊嚴金剛散花菩薩常普照金剛燈
燈菩薩戒清涼金剛塗香菩薩等盡虛空遍法界
同一體性金剛界生身一切菩薩摩訶薩　一心敬禮
一切如來四攝智金剛鉤菩薩善引智金剛索菩薩
堅固智金剛鏁菩薩歡喜智金剛鈴菩薩等盡虛空
遍法界同一體性金剛界生身一切菩薩摩訶
薩　一心敬禮盡十方界法界五智三身一切諸佛　一心敬禮秘密瑜伽隨類妙章句甚深般若
秘密藏於八萬四千修多羅智海　一心敬禮盡十方
法界金剛薩埵諸大菩薩　普爲五類諸天世主
大際世出世無諸善知識道場施主盡勞餘
界衆生普願斷除諸障歸命懺悔
唵薩婆嚩薩普陀頗覺賀曩嚩羅野薩嚩
訶三遍　志心懺悔　由此敵身方便故現能現

BD04102 號背 3　瑜伽佛

（14–12）

男□性諸普發斷除諸障明命懺悔
唵薩婆嚩薩婆吒頞曩賀曩嚩羅野薩嚩
訶三遍
志心懺悔 由此敬身方便攺現
多種身復於十方海佛土合掌瑚跪識諸過
始輪迴諸中身口意業所生罪以佛所懺
悔我今除懺亦如是懺悔以敢命礼清淨法身毗
盧遮那佛 志心勸請 復願諸佛坐道樹
已身各請轉法輪一切世燈坐道場覺眼開
敷照三有我今瑚跪先勸請轉於无上轉法輪
輪所有如來三界主臨般無餘涅槃者我今勸
請令久住不捨悲願救世間 勸請已歸命礼清
淨法身毗盧遮那佛 志心隨喜 又應發勸
喜心隨喜一切福知聚諸佛菩薩妙衆中金剛
三業所生福緣覺聲聞及有情所集善根盡
隨喜隨已歸命礼大悲毗盧遮那佛 志心迴向
懺悔勸請隨喜福 惡我才文尖菩提心諸佛井
妙法眾常為善友不厭捨離於八難生無難宿
命住智相嚴身遠離愚迷心具悲智悉發滿足
波羅蜜富樂豐饒生勝族眷屬廣多恒熾盛四
无礙辯十自在六通諸禪悉圓滿如金剛幢及普
賢願讚迴向亦如是歸命礼大悲毗盧遮那佛
曩謨沒馱野 但羅未耶 曩謨達磨野 馱羅彌 曩
謨僧伽野 摩訶諦 惡諦嗟毗 散彌 惡達多耶謨
篤娑賦吒 跋羅娑 麼訶尊業罪悉諦嚩嚩 但曩

[illegible]
喜心隨喜一切福知聚諸佛菩薩妙衆中金剛
三業所生福緣覺聲聞及有情所集善根盡
隨喜隨已歸命礼大悲毗盧遮那佛　至心迴向
懺悔勸請隨喜福　然我寸文尖卄禮心諸佛井
妙中衆常爲善支不敢捨離於八難生（死）無難宿
命住智相嚴身爲離愚迷心具悲智悉發滿足
波羅蜜富樂豐饒生勝（聖）族眷屬廣多恒熾盛四
無礙辯十自在六通諸禪悉圓滿如金剛幢及普
賢願讚迴向亦如是歸命礼大光毗盧遮那佛
曩謨没馱野俱羅未　那謨達摩野馱囉彌　曩
謨僧伽野　摩訶諦悉諦嚩毗數須慈達多那謨
烏蒭瑟吒陀羅尼　摩訶曼荼羅悉諦嚩囉怛曩
素嚩囉左嚩日囉伽梵　摩訶摩尼阿弥多葉婆嚩
㘑　那謨窣堵帝　了也　又不久折然
心奉請東方主常住真言宮中蓮花部金剛界大悲阿閦佛
心奉請南方主常（住）真言宮中蓮花部金剛界大悲寶生佛
心奉請西方主常住真言宮中蓮花部金剛界大悲蓮花敬愛住
世身阿弥陀佛　心奉請北方作主常住真言宮中蓮花
部金剛界大悲勢首羯摩波羅部成所作智身不空
成就佛　此卷了也

聞記
惑障解脫一味
性乃清淨故煩惱除
是時初斷藏識習滅法障
大慧我依本法住作是密語
有說先具如是諸文字故
有妄念不待思慮然後說法
習離二種死除二種障大慧
等七習氣為因是剎那住離
法大慧如來藏者生死流轉及是涅槃苦
之因凡愚不知妄著於空大慧變化如來金剛
力士常隨衛護非真實佛真實如來離諸
根量二乘外道所不能知住現法樂成就智
忍不假金剛力士所護一切化佛不從業生非
即是佛亦非非佛辟如陶師衆事和合而有
所作化佛亦尒衆相具足而演說法然不能
說自證聖智所行之境復次大慧諸凡愚人
見六識滅起於斷見不了藏識起於常見大
慧自心分別是其本際故不可得離此分

BD04103號　大乘入楞伽經卷六　(22–1)

所作化佛亦尒衆相具足而演說法然不能
說自證聖智所行之境復次大慧諸凡愚人
見六識滅起於斷見不了藏識起於常見大
慧自心分別是其本際故不可得離此分
別即得解脫四種習斷離一切過尒時世尊
重說頌言
三乘及非乘　无有佛涅槃　悉授如來記　說離衆過惡
成就究竟智　及无餘涅槃　誘進怯劣人　依此密意說
諸佛所得智　演說如是道　唯此更非餘　故彼无涅槃
欲色有諸見　如是四種習　意識所從生　藏意亦在中
見意識眼等　无常故說斷　迷意藏起常　邪智謂涅槃
大乘入楞伽經斷食肉品第八
尒時大慧菩薩摩訶薩復白佛言世尊願為
我說食不食肉功德過失我及諸菩薩摩訶
薩知其義已為未來現在報習所熏食肉衆
生而演說之令捨肉味求於法味於一切衆
生起大慈心更相親愛如一子想住菩薩地
得阿耨多羅三藐三菩提或二乘地暫時止
息究竟當成无上正覺世尊路迦耶等諸外
道輩起有无見執著斷常尚有遮禁不聽食
肉何況如來應正等覺大悲含育世所依怙
而許自他俱食肉耶善哉世尊具大慈悲哀
愍世間普觀衆生猶如一子願為解說食肉
過惡不食功德令我及與諸菩薩等聞已奉
行廣為他說尒時大慧菩薩重說頌言

BD04103號　大乘入楞伽經卷六　(22–2)

而許自他俱食肉耶善哉世尊具大慈悲哀
愍世間普觀衆生猶如一子願為解說食肉
過惡不食功德令我及與諸菩薩等聞已奉
行廣為他說尒時大慧菩薩重說頌言
菩薩摩訶薩　志求无上覺　酒肉及與葱　為食為不可
愚夫貪嗜肉　臭穢无名稱　與彼惡獸同　云何而不食
食者有何過　不食有何德　唯願最勝尊　為我具開演
尒時佛告大慧菩薩摩訶薩言大慧諦聽諦
聽善思念之吾當為汝分別解說大慧一切
諸肉有无量緣菩薩於中當生悲愍不應噉
食我今為汝說其少分大慧一切衆生從无
始來在生死中輪迴不息靡不曾作父母兄
弟男女眷屬乃至朋友親愛侍使易生而受
鳥獸等身云何於中取之而食大慧菩薩摩
訶薩觀諸衆生同於己身念肉皆從有命中
來云何而食大慧諸羅剎等聞我此說尚應
斷肉況樂法人大慧菩薩摩訶薩在在生處
觀諸衆生皆是親屬乃至慈念如一子想是
故不應食一切肉大慧衢路市肆諸賣肉人
或將犬馬人牛等肉為求利故而販鬻之如是
雜穢云何可食大慧一切諸肉皆是精血汙
穢所成求清淨人云何取食大慧食肉之
人衆生見之悉皆驚怖脩慈心者云何食肉
大慧譬如獵師及旃陁羅捕魚網鳥諸惡人
等狗見驚吠獸見奔走空飛水住一切衆生

BD04103號　大乘入楞伽經卷六　（22–3）

穢所成求清淨人云何取食大慧食肉之
人衆生見之悉皆驚怖脩慈心者云何食肉
大慧譬如獵師及旃陁羅捕魚網鳥諸惡人
等狗見驚吠獸見奔走空飛水住一切衆生
若有見之咸作是念此人氣息猶如羅剎
今來至此必當殺我為護命故悉皆走避食
肉之人亦復如是是故菩薩為脩慈行不應
食肉大慧夫食肉者身體臭穢惡名流布賢聖
善人不用親狎是故菩薩不應食肉大慧夫
血肉者衆仙所棄群聖不食是故菩薩不應
食肉大慧菩薩為護衆生信心令於佛法不
生譏謗以慈愍故不應食肉大慧若我弟子
食噉於肉令諸世人悉懷譏謗而作是言云何
沙門脩淨行人棄捨天仙所食之味猶如惡
獸食肉滿腹遊行世間令諸衆生悉懷驚怖
壞清淨行失沙門道是故當知佛法之中无
調伏行菩薩慈愍為護衆生不令生於如
是之心不應食肉大慧如燒人肉其氣臭穢
與燒餘肉等无差別云何於中有食不食是故
一切樂清淨者不應食肉大慧諸善男女
冢間樹下阿蘭若處寂靜脩行或住慈心或
持呪術或求解脫或趣大乘以食肉故一切
善法不得成就是故菩薩欲利自他不應食
肉大慧夫食肉者見其形色則已生於貪滋
味心菩薩慈念一切衆生猶如己身云何見

BD04103號　大乘入楞伽經卷六　（22–4）

持呪術或求解脫或趣大乘以食肉故一切
善法不得成就是故菩薩欲利自他不應食
肉大慧夫食肉者見其形色則已生於貪滋
味心菩薩慈念一切衆生猶如己身云何見
之而作食想是故菩薩不應食肉大慧夫食
肉者諸天遠離口氣常臭睡夢不安覺已
憂悚夜叉惡鬼奪其精氣心多驚怖食不知
足增長疾病易生瘡癬恒被諸蟲之所唼食
不能於食深生猒離大慧我常說言凡所食噉
作子肉想餘食尚然云何而聽弟子食肉大
慧肉非美好肉不清淨生諸罪惡敗諸功德
諸仙聖人之所棄捨云何而許弟子食邪若
言許食此人謗我大慧淨美食者應知則是
秔米粟米大小麦豆蘇油石蜜如是等類此
是過去諸佛所許我所稱說我種姓中諸善
男女心懷淨信久植善根於身命財不生貪
著慈愍一切猶如己身如是之人之所應食非
諸惡習虎狼性者心所愛重大慧過去有王
名師子蘇陁娑耽著肉味食種種肉如是不
已遂至食人臣民不堪悉皆離叛亡失國位
受大苦惱大慧釋提桓因處天王位以於過去
食肉餘習變身爲鷹而逐於鴿我時作王名
曰尸毗愍念其鴿自割身肉以代其命大慧
帝釋餘習尚惱衆生況餘無慙常食肉者當
知食肉自惱惱他是故菩薩不應食肉大慧
昔有一王[illegible]

BD04103號　大乘入楞伽經卷六　（22–5）

食肉餘習變身爲鷹而逐於鴿我時作王名
曰尸毗愍念其鴿自割身肉以代其命大慧
帝釋餘習尚惱衆生況餘無慙常食肉者當
知食肉自惱惱他是故菩薩不應食肉大慧
昔有一王乘馬遊獵馬驚奔逸入於山險既
無歸路又絕人居有牝師子與同遊處遂行
穢行生諸子息其最長者名曰斑足後得作
王領七億家食肉餘習非肉不食初食禽獸
後乃至人所生男女悉是羅剎轉此身已復
生師子豺狼虎豹鵰鷲等中欲求人身終不
可得況出生死涅槃之道大慧夫食肉者有
如是等無量過失斷而不食獲大功德凡愚
不知如是損益是故我今爲汝開演凡是肉
者悉不應食大慧凡殺生者多爲人食若人
不食亦無殺事是故食肉與殺同罪奇哉世
間貪著肉味人身有肉尚取食之況於鳥獸
有不食者以貪味故廣設方罕羅网罟處
處安施水陸飛行皆被殺害設自不食爲貪
價直而作是事大慧世復有人心無慈愍專
行慘暴猶如羅剎若見衆生其身充盛便生
肉想言此可食大慧世無有肉非是自殺亦非
他殺心不疑殺而可食者以是義故我許聲
聞食如是肉大慧未來之世有愚癡人於
我法中而爲出家妄說毗尼壞亂正法誹謗
於我言聽食肉亦自曾食大慧我若聽許

BD04103號　大乘入楞伽經卷六　（22–6）

他殺心不起煞而可食者，以是義故我許聲
聞食如是肉。大慧！未來之世有愚癡人於
我法中而爲出家，妄說毗尼，壞亂正法，誹謗
於我，言聽食肉，亦自曾食。大慧！我若聽許
聲聞食肉，我則非是住慈心者、脩觀行者、行
頭陁者、趣大乘者。云何而勸諸善男子及善
女人於諸衆生生一子想，斷一切肉？大慧！我於
諸處說遮十種，許三種者，是漸禁斷，令其脩
學。今此經中，自死他煞，凡是肉者，一切悉斷。大
慧！我不曾許弟子食肉，亦不現許，亦不當
許。大慧！凡是肉食，於出家人悉是不淨。大慧！
若有癡人謗言如來聽許食肉，亦自食者，當
知是人惡業所纏，念當永墮不饒益處。大慧！
我之所有諸聖弟子尚不食於凡夫段食，況
食血肉不淨之食？大慧！聲聞、緣覺及諸菩
薩尚唯法食，豈況如來？大慧！如來法身非雜
食身。大慧！我已斷除一切煩惱，我已浣滌一切
習氣，我已善擇諸心智慧，大悲平等普觀
衆生，猶如一子，云何而許聲聞弟子食於子
肉？何況自食？作是說者，无有是處。尒時世尊
重說頌言：
悉曾爲親屬　衆穢所成長　恐怖諸含生　是故不應食
一切肉與葱　韭蒜及諸酒　如是不淨物　脩行者遠離
亦常離麻油　及諸穿孔牀　以彼諸細蟲　於中大驚怖
飲食生放逸　放逸生邪覺　從覺生於貪　是故不應食

悉曾爲親屬　衆穢所成長　恐怖諸含生　是故不應食
一切肉與葱　韭蒜及諸酒　如是不淨物　脩行者遠離
亦常離麻油　及諸穿孔牀　以彼諸細蟲　於中大驚怖
飲食生放逸　放逸生邪覺　從覺生於貪　是故不應食
邪覺生貪故　心爲貪所醉　心醉長愛欲　生死不解脫
爲利煞衆生　以財取諸肉　二俱是惡業　死墮叫喚獄
不想不煞求　此三種名淨　世无如是肉　食者我訶責
更互相食噉　死墮惡獸中　臭穢而癲狂　是故不應食
獵師旃荼羅　屠兒羅刹娑　此等種中生　斯皆食肉報
食已无慚愧　生生常癲狂　諸佛及菩薩　聲聞所嫌惡
象脅與大雲　涅槃央掘摩　及此楞伽經　我皆制斷肉
先說見聞疑　已斷一切肉　以其惡習故　愚者妄分別
如貪障解脫　肉等亦復然　若有食之者　不能入聖道
未來世衆生　於肉愚癡說　言此淨无罪　佛聽我等食
淨食尚如藥　猶如子肉想　是故脩行者　知量而行乞
食肉背解脫　及違聖表相　令衆生生怖　是故不應食
安住慈心者　我說常厭離　師子及虎狼　應共同遊止
若於酒肉等　一切皆不食　必生賢聖中　豐財具智慧

大乘入楞伽經陁羅尼品第九

尒時佛告大慧菩薩摩訶薩言：大慧！過去未
來現在諸佛爲欲擁護持此經者，皆爲演說
楞伽經呪，我今亦說，汝當受持。即說呪曰：
怛姪他一　都吒都吒都騃反下同二　杜吒杜吒三　鉢吒鉢
吒四　葛吒葛吒五　阿摩黎阿摩黎六　毗摩黎毗摩黎七
你謎你謎八　呬謎呬謎九　緈肰可反謎緈謎十　葛

怛姪他一 都吒都吒都眹反下同二 柱吒柱吒三 鉢吒鉢
吒四 葛吒葛吒五 阿麼䗍阿麼䗍六 毗麼䗍毗麼䗍七
你謎你謎八 呬謎呬謎九 䋵眹可反 謎䋵謎十 葛
䗍葛䗍十一 揭囉葛䗍十二 阿吒末吒十三 析吒咄吒
十四 者者擿䦆反三合 吒薩普二合十五 吒十 葛地稚計反下同 頼地十六
鉢地十七 呬謎呬謎十八 苐謎苐謎十九 析䗍析䗍二十
鉢制鉢制廿一 畔苐畔苐廿二 䋐制滿制廿三 黠
豕戶反下同 柰去聲下同 䗍廿四 柱茶䗍廿五 鉢柰䗍廿六
遏計遏計廿七 末計末計廿八 斫結䗍斫結䗍二合廿九
地依字呼 謎地謎卅 呬謎呬謎卅一 黠黠黠卅二 揞苦雄
揞揞揞卅三 柱柱柱柱卅四 柱肅二 柱肅柱肅卅五 莎
婆訶卅六
大慧未來世中若有善男子善女人受持讀
誦爲他解說此陁羅尼當知此人不爲一切
人與非人諸鬼神等之所得便若有人卒

廿八
中於惡爲其誦念一百八遍即時惡疾毒
中於惡爲其誦念一百八遍即時惡鬼疾走
而去大慧我更爲汝說陁羅尼即說呪曰
怛姪他一 鉢頭迷二 鉢頭摩苐鞞三 醯去聲下同 醯去聲
泥醯祢醯泥四 主䗍主羅主䗍五 肅䗍肅羅肅䗍
六 庚䗍庚羅庚䗍七 䟦䗍䟦羅䟦䗍八 䐐上聲呼
苐䐐苐九 畔遮末苐十 鉢囉二合 末苐十一 尼羅
遮䗍十二 莎婆訶
大慧若有善男子善女人受持讀誦爲他解
說此陁羅尼不爲一切天龍藥叉人非人等

BD04103 號　大乘入楞伽經卷六　（22–9）

六 庚䗍庚羅庚䗍七 䟦䗍䟦羅䟦䗍八 䐐上聲呼
苐䐐苐九 畔遮末苐十 鉢囉二合 末苐十一 尼羅
遮䗍十二 莎婆訶
大慧若有善男子善女人受持讀誦爲他解
說此陁羅尼不爲一切天龍藥叉人非人等
諸惡鬼神之所得便我爲禁止諸羅刹故說
此神呪若持此呪則爲受持入楞伽經一切
文句悉已具足
大乘入楞伽經偈頌品第十之一
尒時世尊欲重宣此脩多羅中諸廣義故
而說頌言
諸法不堅固　皆從分別生　以分別即空　所分別非有
由虛妄分別　是則有識生　八九識種種　如海衆波浪
習氣常增長　槃根堅固依　心隨境界流　如鐵於磁石
衆生所依性　遠離諸尋伺　及離智所知　轉依得解脫
得如幻三昧　超過於十地　觀見心王時　想識皆遠離
尒時心轉依　是則爲常住　在於蓮花宮　幻境之所起
旣住彼宮已　自在无功用　利益諸衆生　如衆色摩尼
无有爲无爲　唯除妄分別　愚夫迷執取　如石女夢子
應知補伽羅　蘊界諸緣等　悉空无自性　无生有非有
我以方便說　而實无有相　愚夫妄執取　能相及所相
一切知非知　一切非一切　愚夫所分別　佛无覺自他
諸法如幻夢　无生无自性　以皆性空故　有无不可得
我唯說一性　離於妄尋伺　自性无有二　衆聖之所行
如四大不調　變吐見螢光　所見皆非有　世間亦如是

BD04103 號　大乘入楞伽經卷六　（22–10）

一切知非知　一切非一切　愚夫所分別　佛无覺自他
諸法如幻夢　无生无自性　以皆性空故　有无不可得
我唯說一性　離於妄尋伺　自性无有二　衆聖之所行
如四大不調　變吐見螢光　所見皆非有　世間亦如是
猶如幻所現　草木瓦礫等　彼幻无所有　諸法亦如是
非取非所取　非縛非所縛　如幻如陽焰　如夢亦如翳
若欲見真實　離諸分別取　應脩真實觀　見佛必无疑
世間等於夢　色資具亦尒　若能如是見　身為世所尊
三界由心起　迷惑妄所見　離妄无世間　知已轉染依
愚夫之所見　妄謂有生滅　智者如實觀　不生亦不滅
當行无分別　遠離心心法　住色究竟天　離諸過失處
於彼成正覺　具力通自在　及諸勝三昧　現化於此城
化身无量億　遍遊一切處　令愚夫得聞　如響難思法
遠離初中後　亦離於有无　非多而現多　不動而普遍
說衆生身中　所覆之真性　迷惑令幻有　非幻為迷惑
由心迷惑故　一切皆悉有　以此相繫縛　藏識起世間
如是諸世間　唯有假施設　諸見如暴流　行於人法中
若能如是知　是則轉所依　乃為我真子　成就隨順法
愚夫所分別　堅濕煖動法　假名无有實　亦无相所相
身形及諸根　皆以八物成　凡愚妄計色　迷惑身籠檻
凡愚妄分別　因緣和合生　不了真實相　流轉於三有
識中諸種子　能現心境界　愚夫起分別　妄計於二取
无明愛及業　諸心依彼生　以是我了知　為依他起性
妄分別有物　迷惑心所行　此分別都无　迷妄計為有
心為諸緣縛　生起於衆生　諸緣若遠離　我說无所見
已離於衆緣　自相所分別　身中不復起　我為无所行

BD04103號　大乘入楞伽經卷六　（22–11）

識中諸種子　能現心境界　愚夫起分別　妄計於二取
无明愛及業　諸心依彼生　以是我了知　為依他起性
妄分別有物　迷惑心所行　此分別都无　迷妄計為有
心為諸緣縛　生起於衆生　諸緣若遠離　我說无所見
已離於衆緣　自相所分別　身中不復起　我為无所行
衆生心所起　能取及所取　所見皆无相　愚夫妄分別
顯示阿賴耶　殊勝之藏識　離於能所取　我說為真如
蘊中无有人　无我无衆生　生唯是識生　滅亦唯識滅
猶如畫高下　雖見无所有　諸法亦如是　雖見而非有
如乾闥婆城　亦如熱時燄　所見恒如是　智觀不可得
因緣及譬喻　以此而立宗　乾城夢火輪　陽燄日月光
火燄毛等喻　以此顯无生　世分別皆空　迷惑如幻夢
見諸有不生　三界无所依　內外亦如是　成就无生忍
得如幻三昧　及以意生身　種種諸神通　諸力及自在
諸法本无生　空无有自性　迷惑諸因緣　而謂有生滅
愚夫妄分別　以心而現心　及現於外色　而實无所有
如定力觀見　佛像與骨鎖　及分析大種　假施設世間
身資及所住　此三為所取　意取及分別　此三為能取
迷惑妄計者　以能所分別　但隨文字境　而不見真實
行者以慧觀　諸法无自性　是時住无相　一切皆休息
如以墨塗雞　无智者妄取　實无有三乘　愚夫不能了
若見諸聲聞　及以辟支佛　皆大悲菩薩　變化之所現
三界唯是心　分別二自性　轉依離人法　是則為真如
日月燈光燄　大種及摩尼　无分別作用　諸佛亦如是
諸法如毛輪　遠離生住滅　亦離常无常　染淨亦如是
如瞖陁觀藥　見地作金色　而實彼地中　本无有金相

BD04103號　大乘入楞伽經卷六　（22–12）

三界唯是心 分別二自性 轉依離人法 是則爲真如
日月燈光燄 大種及摩尼 无分別作用 諸佛亦如是
諸法如毛輪 遠離生住滅 亦離常无常 染淨亦如是
如着陁翳藥 見地作金色 而實彼地中 本无有金相
愚夫亦如是 无始迷亂心 妄取諸有實 如幻如陽燄
應觀一種子 與非種同印 一種一切種 是名心種種
淨種子爲一 轉依爲非種 平等同法印 悉皆无分別
種種諸種子 能感諸趣生 種種衆雜苦 名一切種子
觀諸法自性 迷惑不待遣 物性本无生 了知即解脫
定者觀世閒 衆色由心起 无始心迷惑 實无色无心
如幻與乾城 毛輪及陽燄 非有而現有 諸法亦如是
一切法不生 唯迷惑所見 以從迷妄生 愚妄計著二
由種種習氣 生諸波浪心 若彼習斷時 心浪不復起
心緣諸境起 如畫依於壁 不尒虛空中 何不起於畫
若緣少分相 令心得生者 心既從緣起 唯心義不成
心性本清淨 猶若淨虛空 令心還取心 由習非異因
執着自心現 令心而得起 所見實非外 是故說唯心
藏識說名心 思量以爲意 能了諸境界 是則名爲識
心常爲无記 意具二種行 現在識通具 善與不善等
證乃无之時 起地及諸剎 亦越於心量 而住无相界
所見有與无 及以種種相 皆是諸愚夫 顛倒所執着
智若離分別 物有則相違 由心故无色 是故无分別
諸根猶如幻 境界悉如夢 能作及所作 一切皆非有
世諦一切有 第一義則无 諸法无性性 說爲第一義
於无自性中 因諸言說故 而有物起者 是名爲俗諦

BD04103號 大乘入楞伽經卷六 （22–13）

所見有與无 及以種種相 皆是諸愚夫 顛倒所執着
智若離分別 物有則相違 由心故无色 是故无分別
諸根猶如幻 境界悉如夢 能作及所作 一切皆非有
世諦一切有 第一義則无 諸法无性性 說爲第一義
於无自性中 因諸言說故 而有物起者 是名爲俗諦
若无有言說 所起物亦无 世諦中无有 有言无事者
顛倒虛妄法 而實不可得 若倒是有者 則无无自性
以有无性故 而彼顛倒法 一切諸所有 是皆不可得
惡習熏於心 所現種種相 迷惑謂心外 妄取諸色像
分別无分別 分別是可斷 无分別能見 實性證真空
无明熏於心 所現諸衆生 如幻烏馬等 及樹葉爲金
猶如翳目者 迷惑見毛輪 愚夫亦如是 妄取諸境界
分別所分別 及起分別者 轉所轉轉因 因此六解脫
由於妄計故 无地无諸諦 亦无諸剎土 化佛及二乘
心起一切法 一切處及身 心性實无相 无智取種種
分別迷惑相 是名依他起 相中所有名 是則爲妄計
諸緣法和合 分別於名相 此等皆不生 是則圓成實
十方諸剎土 衆生菩薩中 所有法報佛 化身及變化
皆從无量壽 極樂界中出 於方廣經中 應知密意說
所有佛子說 及諸導師說 悉是化身說 非是實報佛
諸法无有生 彼亦非非有 如幻亦如夢 如化如乾城
種種由心起 種種由心脫 心起更非餘 心滅亦如是
以衆生分別 所現虛妄相 唯心實无境 離分別解脫
由无始積集 分別諸戲論 惡習之所熏 起此虛妄境
妄計自性故 諸[illegible]皆无生 依[illegible]緣起 衆生迷分別

BD04103號 大乘入楞伽經卷六 （22–14）

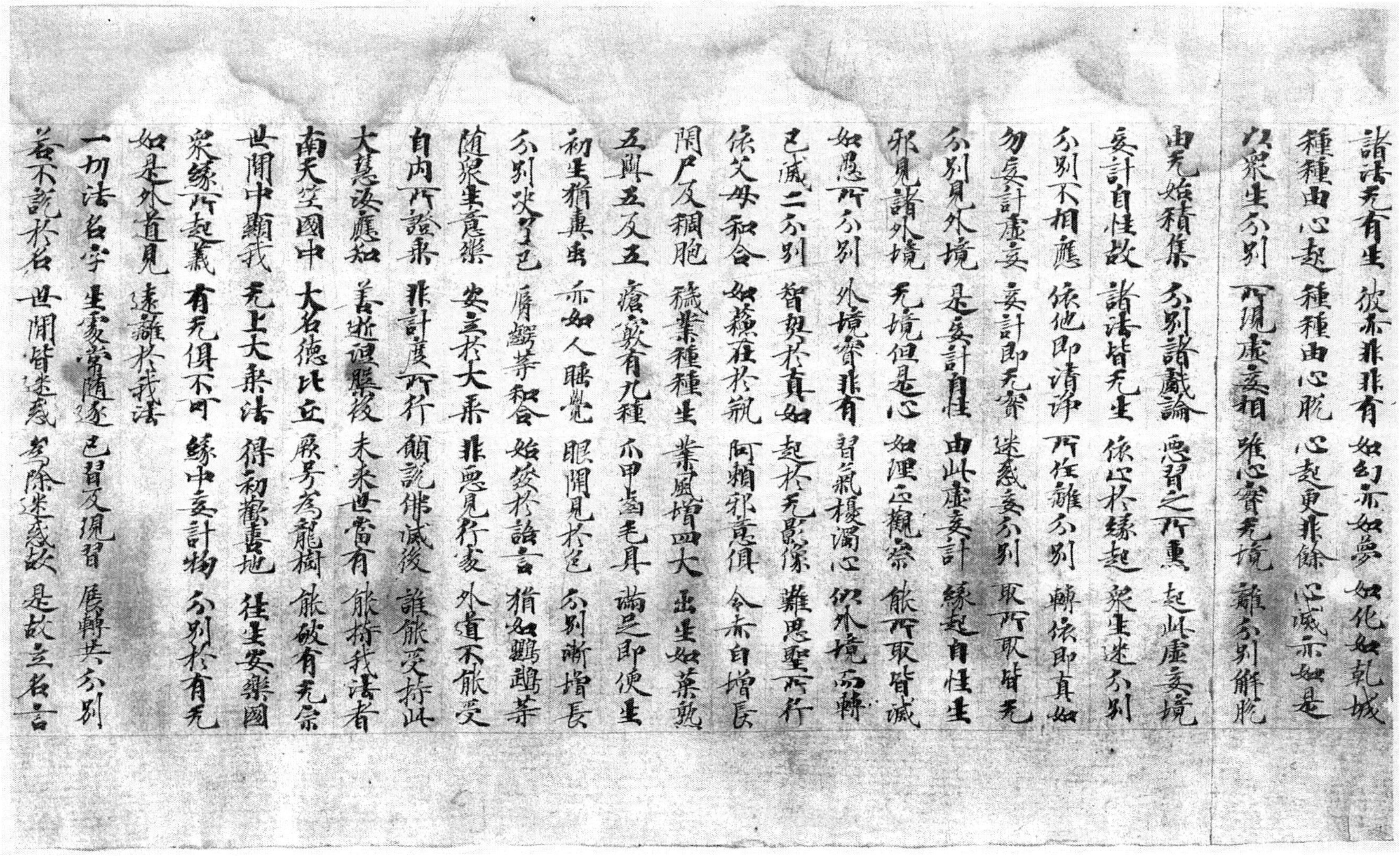
諸法无有生　彼亦非非有　如幻亦如夢　如化如乾城
種種由心起　種種由心脫　心起更非餘　心滅亦如是
以衆生分別　所現虛妄相　唯心實无境　離分別解脫
由无始積集　分別諸戲論　惡習之所熏　起此虛妄境
妄計自性故　諸法皆无生　依止於緣起　衆生迷分別
分別不相應　依他即清淨　所住離分別　轉依即真如
勿妄計虛妄　妄計即无實　迷惑妄分別　取所取皆无
分別見外境　是妄計自性　由此虛妄計　緣起自性生
邪見諸外境　无境但是心　如理正觀察　能所取皆滅
如愚所分別　外境實非有　習氣擾濁心　似外境而轉
已滅二分別　智契於真如　起於无影像　難思聖所行
依父母和合　如蘇在於瓶　阿賴邪意俱　令赤白增長
閉尸及稠胞　穢業種種生　業風增四大　出生如菓熟
五與五及五　瘡竅有九種　爪甲齒毛具　滿足即便生
初生猶糞虫　亦如人睡覺　眼開見於色　分別漸增長
分別決了已　脣齶等和合　始發於語言　猶如鸚鵡等
隨衆生意樂　安立於大乘　非惡見行處　外道不能受
自內所證乘　非計度所行　願說佛滅後　誰能受持此
大慧汝應知　善逝涅槃後　未來世當有　能持我法者
南天竺國中　大名德比丘　厥號爲龍樹　能破有无宗
世間中顯我　无上大乘法　得初歡喜地　往生安樂國
衆緣所起義　有无俱不可　緣中妄計物　分別於有无
如是外道見　遠離於我法
一切法名字　生處常隨逐　已習及現習　展轉共分別
若不說於名　世間皆迷惑　爲除迷惑故　是故立名言

BD04103號　大乘入楞伽經卷六　（22–15）

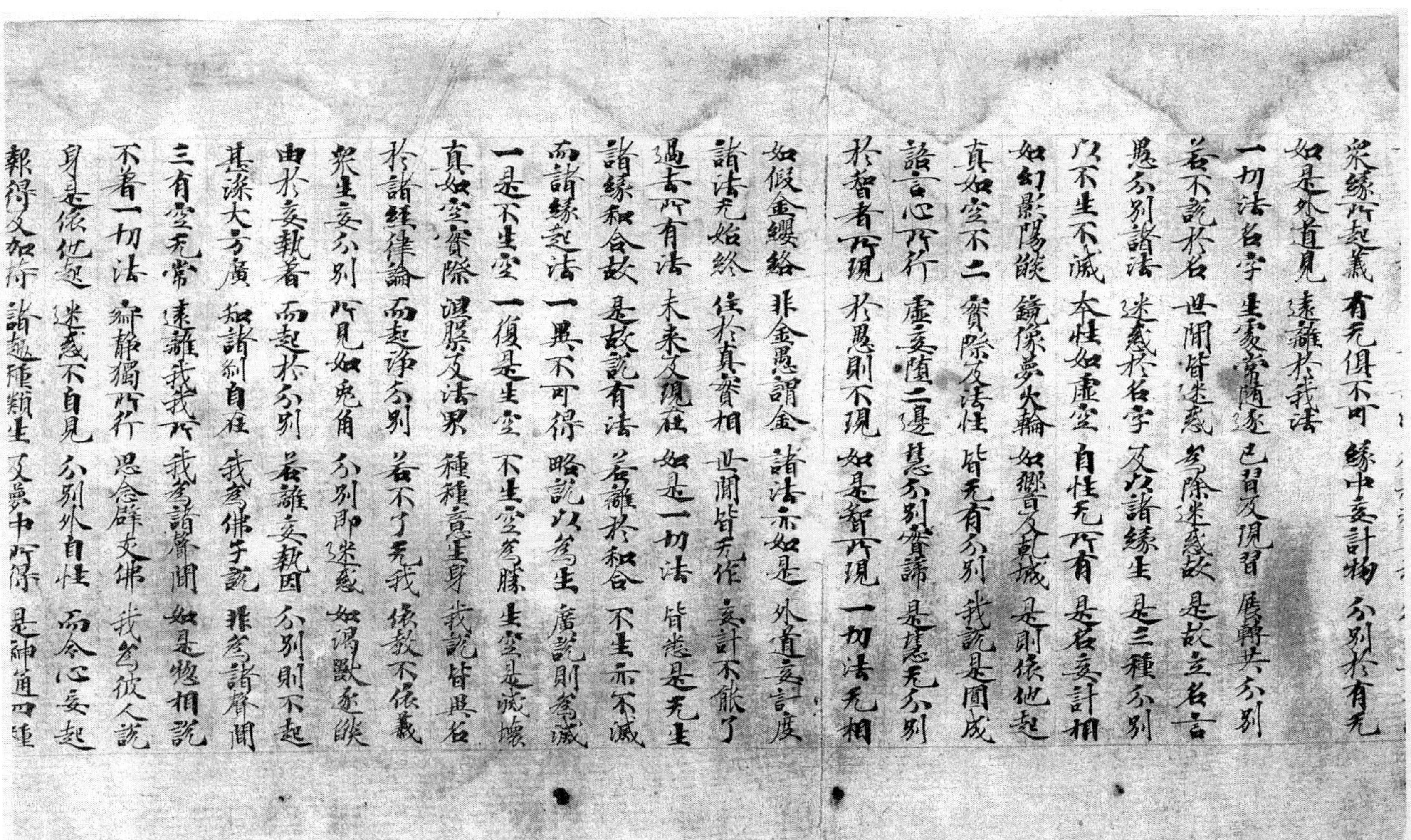
衆緣所起義　有无俱不可　緣中妄計物　分別於有无
如是外道見　遠離於我法
一切法名字　生處常隨逐　已習及現習　展轉共分別
若不說於名　世間皆迷惑　爲除迷惑故　是故立名言
愚分別諸法　迷惑於名字　及以諸緣生　是三種分別
以不生不滅　本性如虛空　自性无所有　是名妄計相
如幻影陽焰　鏡像夢火輪　如響及乾城　是則依他起
真如空不二　實際及法性　皆无有分別　我說是圓成
語言心所行　虛妄墮二邊　慧分別實諦　是慧无分別
於智者所現　於愚則不現　如是智所現　一切法无相
如假金瓔珞　非金愚謂金　諸法亦如是　外道妄言度
諸法无始終　住於真實相　世間皆无作　妄計不能了
過去所有法　未來及現在　如是一切法　皆悉是无生
諸緣和合故　是故說有法　若離於和合　不生亦不滅
而諸緣起法　一異不可得　略說以爲生　廣說則爲滅
一是不生空　一復是生空　不生空爲勝　生空是滅壞
真如空實際　涅槃及法界　種種意生身　我說皆異名
於諸經律論　而起淨分別　若不了无我　依教不依義
衆生妄分別　所見如兔角　分別即迷惑　如渴獸逐焰
由於妄執着　而起於分別　若離妄執因　分別則不起
甚深大方廣　知諸剎自在　我爲佛子說　非爲諸聲聞
三有空无常　遠離我我所　我爲諸聲聞　如是總相說
不着一切法　寂靜獨所行　思念辟支佛　我爲彼人說
身是依他起　迷惑不自見　分別外自性　而令心妄起
報得及加持　諸趣種類生　及夢中所得　是神通四種

BD04103號　大乘入楞伽經卷六　（22–16）

三有空无常 遠離我我所 我為諸聲聞 如是總相說
不著一切法 寂靜獨所行 思念辟支佛 我為彼人說
身是依他起 迷惑不自見 分別外自性 而令心妄起
報得及加持 諸趣種類生 及夢中所得 是神通四種
夢中之所得 及以佛威力 諸趣種類等 皆非報得通
習氣熏於心 似物而影起 凡愚未能悟 是故說為生
隨於妄分別 外相幾時有 尒所時增妄 不見自心迷
何以說有人 而不說所見 无所見而見 為誰去何說
心體自本清 意及諸識俱 習氣常熏故 而作諸濁亂
藏識捨於身 意乃求諸趣 識迷似境界 見已而貪取
所見唯自心 外境不可得 若脩如是觀 捨妄念真如
諸定者境界 業及佛威力 此三不思議 難思智所行
過未補伽羅 虛空及涅槃 我隨世俗說 真諦離文字
二乘及外道 同依心諸見 迷惑於唯心 妄分別外境
羅漢辟支佛 及以佛菩提 種子堅成就 夢佛灌其頂
心幻趣寂靜 何為說有无 何處及為誰 何故願為說
迷惑於唯心 故說幻有无 生滅相相應 相所相平等
分別名意識 及與五識俱 如影像暴流 從心種子起
若心及與意 諸識不起者 即得意生身 亦得於佛地
諸緣及蘊界 人法之自相 皆心假施設 如夢及毛輪
觀世如幻夢 依止於真實 真實離諸相 亦離因相應
聖者內所證 常住於无念 迷惑因相應 執世間為實
一切戲論滅 迷惑則不生 隨有迷分別 癡心常現起
諸法空无性 而是常无常 生論者所見 非是无生論
一異俱不俱 自然及自在 時微塵勝性 緣分別世間

BD04103號　大乘入楞伽經卷六　（22–17）

觀世如幻夢 依止於真實 真實離諸相 亦離因相應
聖者內所證 常住於无念 迷惑因相應 執世間為實
一切戲論滅 迷惑則不生 隨有迷分別 癡心常現起
諸法空无性 而是常无常 生論者所見 非是无生論
一異俱不俱 自然及自在 時微塵勝性 緣分別世間
識為生死種 有種故有生 如畫依於壁 了知即便滅
譬如見幻人 而有幻生死 凡愚亦如是 癡故起繫縛
內外二種法 及以彼因緣 脩行者觀察 皆住於无相
習氣不離心 亦不與心俱 雖為習所纏 心相无差別
心如白色衣 意識習為垢 垢習之所污 令心不顯現
我說如虛空 非有亦非无 藏識亦如是 有无皆遠離
意識若轉依 心則離濁亂 我說心為佛 覺了一切法
永斷三相續 亦離於四句 有无皆捨離 諸有恒如幻
前七地心起 故有二自性 餘地及佛地 悉是圓成實
欲色无色界 及以於涅槃 於彼一切身 皆是心境界
隨其有所得 是則迷惑起 若覺自心已 迷惑則不生
我立二種法 諸相及以證 以四種理趣 方便說成就
見種種名相 是迷惑分別 若離於名相 性淨聖所行
隨能所分別 則有妄計相 若離彼分別 自性聖所行
心若解脫時 則常恒真實 種性及法性 真如離分別
以有清淨心 而有雜染現 无淨則无染 真諦聖所行
世間從緣生 增長於分別 觀彼如幻夢 是時即解脫
種種惡習氣 與心和合故 眾生見外境 不覩心法性
心性本清淨 不生諸迷惑 迷從惡習起 是故不見心
唯迷惑即真 真實非餘處 以諸行非行 非餘處見故

BD04103號　大乘入楞伽經卷六　（22–18）

心性本清淨　不生諸迷惑　迷從惡習起　是故不見心
唯迷惑即真　真實非餘處　以諸行非行　非餘處見故
若觀諸有為　遠離相所相　以離衆相故　見世唯自心
安住於唯心　不分別外境　住真如所緣　超過於心量
若超過心量　亦超於无相　以住无相者　不見於大乘
行寂无功用　淨脩諸大願　及我最勝智　无相故不見
應觀心所行　亦觀智所行　觀見慧所行　於相无迷惑
心所行苦諦　智所行是集　餘二及佛地　皆是慧所行
得果與涅槃　及以八聖道　覺了一切法　是佛清淨智
眼根及色境　空明與作意　故令從藏識　衆生眼識生
取者能所取　名事俱无有　无因妄分別　是為无智者
名義手不生　名義別亦尒　計因无因生　不離於分別
妄謂住實諦　隨見施設說　一性五不成　捨離於諦義
戲論於有无　應起此等魔　以見无我故　不妄求諸有
計作者為常　呪術興諍論　實諦離言說　而見寂滅法
依於藏識故　而得有意轉　心意為依故　而有諸識生
虛妄所立法　及心性真如　定者如是觀　道達唯心性
觀意與相事　不念常无常　及以生不生　不分別二義
從於阿賴耶　生起於諸識　終不於一義　而生二種心
由見自心故　非空非言說　若不見自心　為見網所轉
諸緣无有生　諸根无所有　无貪无蘊界　亦无諸有為
本无諸業報　无作无有為　執著本来无　无縛亦无脫
无有无記法　法非法皆无　非時非涅槃　法性不可得
非佛非真諦　非因亦非果　非倒非涅槃　非生亦非滅

BD04103號　大乘入楞伽經卷六　（22-19）

諸緣无有生　諸根无所有　无貪无蘊界　亦无諸有為
本无諸業報　无作无有為　執著本来无　无縛亦无脫
无有无記法　法非法皆无　非時非涅槃　法性不可得
非佛非真諦　非因亦非果　非倒非涅槃　非生亦非滅
亦无十二支　邊无邊非有　一切見皆斷　我說是唯心
煩惱業與身　及業所得果　皆如燄如夢　如乾闥婆城
以住唯心故　諸相皆捨離　以住唯心故　能見於斷常
涅槃无諸蘊　无我亦无相　以入於唯心　轉依得解脫
惡習為因故　外現於大地　及以諸衆生　唯心无所見
身資土影像　衆生習所現　心非是有无　習氣令不顯
垢現於淨中　非淨現於垢　如雲翳虛空　心不現亦尒
妄計性為有　於緣起則无　以妄計迷執　緣起无分別
非所造皆色　有色非所造　夢幻燄乾城　此等非所造
若於緣生法　謂實及不實　此人決之依　一異等諸見
聲聞有三種　願生與變化　及離貪瞋等　從於法所生
菩薩亦三種　未有諸佛相　思念於衆生　而現佛形像
衆生心所現　皆從習氣生　種種諸影像　如星雲日月
若大種是有　可有所造生　大種无性故　无能相所相
大種是能造　地等是所造　大種本无生　故无所造色
假實等諸色　及幻所起色　夢色乾城色　燄色為第五
一闡提五種　種性五亦然　五乘及非乘　涅槃有六種
諸蘊二十四　諸色有八種　佛有二十四　佛子有二種
法門有百八　聲聞有三種　諸佛剎唯一　佛一亦復然
解脫有三種　心流注有四　无我有六種　所知亦有四
遠離於作者　及離諸見過　內自證不動　是无上大乘

BD04103號　大乘入楞伽經卷六　（22-20）

諸蘊二十四　諸色有八種　佛有二十四　佛子有二種
法門有百八　聲聞有三種　諸佛剎唯一　佛一亦復然
解脫有三種　心流注有四　无我有六種　所知亦有四
遠離於作者　及離諸見過　內自證不動　是无上大乘
生及與不生　有八種九種　一念與漸次　證得宗唯一
无色界八種　禪差別有六　辟支諸佛子　出離有七種
三世悉无有　常无常亦无　作業及果報　皆如夢中事
諸佛本不生　為聲聞佛子　心恒不能見　如幻等法故
故於一切剎　從兜率入胎　初生及出家　不從生處生
為流轉眾生　而說於涅槃　諸諦及諸剎　隨機令覺悟
世間洲樹林　无我外道行　禪乘阿賴耶　果境不思議
星宿月種類　諸王諸天種　乾闥夜叉種　皆因業愛生
不思變易死　猶與習氣俱　若死永盡時　煩惱網已斷
財穀與金銀　田宅及僮僕　象馬牛羊等　皆悉不應畜
不臥穿孔牀　亦不泥塗地　金銀銅鉢等　皆悉不應畜
土石及與鐵　螺及頗梨器　滿於摩竭量　隨鉢故聽畜
常以青等色　牛糞泥菓葉　染白氎娑等　令作袈裟色
四指量刀子　刃如半月形　為以割截衣　脩行者聽畜
勿學工巧明　亦不應賣買　若須使淨人　此法我所說
常守護諸根　善解經律義　不押諸俗人　是名修行者
樹下及巖穴　野屋與冢間　草庵及露地　脩行者應住
冢間及餘處　三衣常隨身　若闕衣服時　未施者應受
乞食出遊行　前視一尋地　攝念而行乞　猶如蜂採花
丙眾所集處　眾雜比丘尼　活命與落交　皆不應乞食
諸王及王子　大臣與長者　脩行者乞食　皆不應親近

BD04103 號　大乘入楞伽經卷六　（22–21）

冢間及餘處　三衣常隨身　若闕衣服時　未施者應受
乞食出遊行　前視一尋地　攝念而行乞　猶如蜂採花
丙眾所集處　眾雜比丘尼　活命與落交　皆不應乞食
諸王及王子　大臣與長者　脩行者乞食　皆不應親近
生家及死家　親友所愛家　僧尼和雜處　脩行者不食
寺中煙不斷　常作種種食　及故為所造　脩行者不食
行者觀世間　能相與所相　皆悉離生滅　亦離於有无

大乘入楞伽經卷第六

BD04103 號　大乘入楞伽經卷六　（22–22）

而以遊行　亦未為難　於我滅後　若自書持
若使人書　是則為難　若以大地　置足甲上
昇於梵天　亦未為難　佛滅度後　於惡世中
暫讀此經　是則為難　假使劫燒　擔負乾草
入中不燒　亦未為難　我滅度後　若持此經
為一人說　是則為難　若持八万　四千法藏
十二部經　為人演說　令諸聽者　得六神通
雖能如是　亦未為難　於我滅後　聽受此經
問其義趣　是則為難　若人說法　令千万億
无量无數　恒沙衆生　得阿羅漢　具六神通
雖有是益　亦未為難　於我滅後　若能奉持
如斯經典　是則為難　我為佛道　於无量土
從始至今　廣說諸經　而於其中　此經第一
若有能持　則持佛身　諸善男子　於我滅後
誰能護持　讀誦此經　今於佛前　自說誓言
此經難持　若暫持者　我則歡喜　諸佛亦然
如是之人　諸佛所歎　是則勇猛　是則精進
是名持戒　行頭陁者　則為疾得　无上佛道

BD04104號　妙法蓮華經卷四　（5–1）

從始至今　廣說諸經　而於其中　此經第一
若有能持　則持佛身　諸善男子　於我滅後
誰能護持　讀誦此經　今於佛前　自說誓言
此經難持　若暫持者　我則歡喜　諸佛亦然
如是之人　諸佛所歎　是則勇猛　是則精進
是名持戒　行頭陁者　則為疾得　无上佛道
能於來世　讀持此經　是真佛子　住淳善地
佛滅度後　能解其義　是諸天人　世間之眼
於恐畏世　能須臾說　一切天人　皆應供養

妙法蓮華經提婆達多品第十二

尒時佛告諸菩薩及天人四衆吾於過去无量劫中求法華經无有懈惓於多劫中常作國王發願求於无上菩提心不退轉為欲滿足六波羅蜜勤行布施心无悋惜象馬七珎國城妻子奴婢僕從頭目髓腦身肉手足不惜軀命時世人民壽命无量為於法故捐捨國位委政太子擊鼓宣令四方求法誰能為我說大乘者吾當終身供給走使時有仙人來白王言我有大乘名妙法華若不違我當為宣說王聞仙言歡喜踊躍即隨仙人供給所須採菓汲水拾薪設食乃至以身而為床座身心无惓于時奉事經於千歲為於法故精勤給侍令无所乏尒時世尊欲重宣此義而說偈言

我念過去劫　為求大法故　雖作世國王　不貪五欲樂
搥鍾告四方　誰有大法者　若為我解說　身當為奴僕

BD04104號　妙法蓮華經卷四　（5–2）

座身心无惓于時奉事經於千歲為於法故
精勤給侍令无所乏尒時世尊欲重宣此義
而說偈言
我念過去劫　為求大法故　雖作世國王　不貪五欲樂
搥鍾告四方　誰有大法者　若為我解說　身當為奴僕
時有阿私仙　來白於大王　我有微妙法　世間所希有
若能脩行者　吾當為汝說　時王聞仙言　心生大喜悅
即便隨仙人　供給於所須　採薪及菓蓏　隨時恭敬與
情存妙法故　身心无懈惓　普為諸衆生　勤求於大法
亦不為己身　及以五欲樂　故為大國王　勤求獲此法
遂致得成佛　今故為汝說
佛告諸比丘尒時王者則我身是時仙人者
今提婆達多是由提婆達多善知識故令我
具足六波羅蜜慈悲喜捨三十二相八十種
好紫磨金色十力四无所畏四攝法十八不
共神通道力成等正覺廣度衆生皆因提婆
達多善知識故告諸四衆提婆達多却後過
无量劫當得成佛号曰天王如來應供正遍
知明行足善逝世間解无上士調御丈夫天
人師佛世尊世界名天道時天王佛住世二
十中劫廣為衆生說於妙法恒河沙衆生得
阿羅漢果无量衆生發緣覺心恒河沙衆生
發无上道心得无生忍至不退轉時天王佛
般涅槃後正法住世二十中劫全身舍利起
七寶塔高六十由旬縱廣四十由旬諸天人

BD04104號　妙法蓮華經卷四　（5–3）

十中劫廣為衆生說於妙法恒河沙衆生得
阿羅漢果无量衆生發緣覺心恒河沙衆生
發无上道心得无生忍至不退轉時天王佛
般涅槃後正法住世二十中劫全身舍利起
七寶塔高六十由旬縱廣四十由旬諸天人
民悉以雜華末香燒香塗香衣服瓔珞幢幡
寶蓋伎樂歌頌礼拜供養七寶妙塔无量衆
生得阿羅漢果无量衆生悟辟支佛不可思議
衆生發菩提心至不退轉佛告諸比丘未來
世中若有善男子善女人聞妙法華經提婆
達多品淨心信敬不生疑惑者不墮地獄餓
鬼畜生生十方佛前所生之處常聞此經若
生人天中受勝妙樂若在佛前蓮華化生於
時下方多寶世尊所從菩薩名曰智積白多
寶佛當還本土釋迦牟尼佛告智積曰善男
子且待須臾此有菩薩名文殊師利可與相
見論說妙法可還本土尒時文殊師利坐千
葉蓮華大如車輪俱來菩薩亦坐寶華從於
大海娑竭龍宮自然踊出住虛空中詣靈鷲
山從蓮華下至於佛所頭面敬礼二世尊足
脩敬已畢往智積所共相慰問却坐一面智
積菩薩問文殊師利仁往龍宮所化衆生其
數幾何文殊師利言其數无量不可稱計非
口所宣非心所測且待須臾自當有證所言
未竟无數菩薩坐寶蓮華從海踊出詣靈鷲

BD04104號　妙法蓮華經卷四　（5–4）

積菩薩問文殊師利仁往龍宮所化衆生其
數幾何文殊師利言其數无量不可稱計非
口所宣非心所測且待須臾自當有證所言
未竟无數菩薩坐寶蓮華從海踊出詣靈鷲
山住在虛空此諸菩薩皆是文殊師利之所
化度具菩薩行皆共論說六波羅蜜本聲聞
人在虛空中說聲聞行今皆脩行大乘空義
文殊師利謂智積曰於海教化其事如是尒
時智積菩薩以偈讚曰
大智德勇健　化度无量衆　今此諸大會　及我皆已見
演暢實相義　開闡一乘法　廣度諸群生　令速成菩提
文殊師利言我於海中唯常宣說妙法華經
智積問文殊師利言此經甚深微妙諸經中
寶世所希有頗有衆生勤加精進脩行此經
速得佛不文殊師利言有娑竭羅龍王女年
始八歲智慧利根善知衆生諸根行業得陁
羅尼諸佛所說甚深秘藏悉能受持深入禪
定了達諸法於剎那頃發菩提心得不退轉
辯才无礙慈念衆生猶如赤子功德具足心
念口演微妙廣大慈悲仁讓志意和雅能至
菩提智積菩薩言我見釋迦如來於无量劫

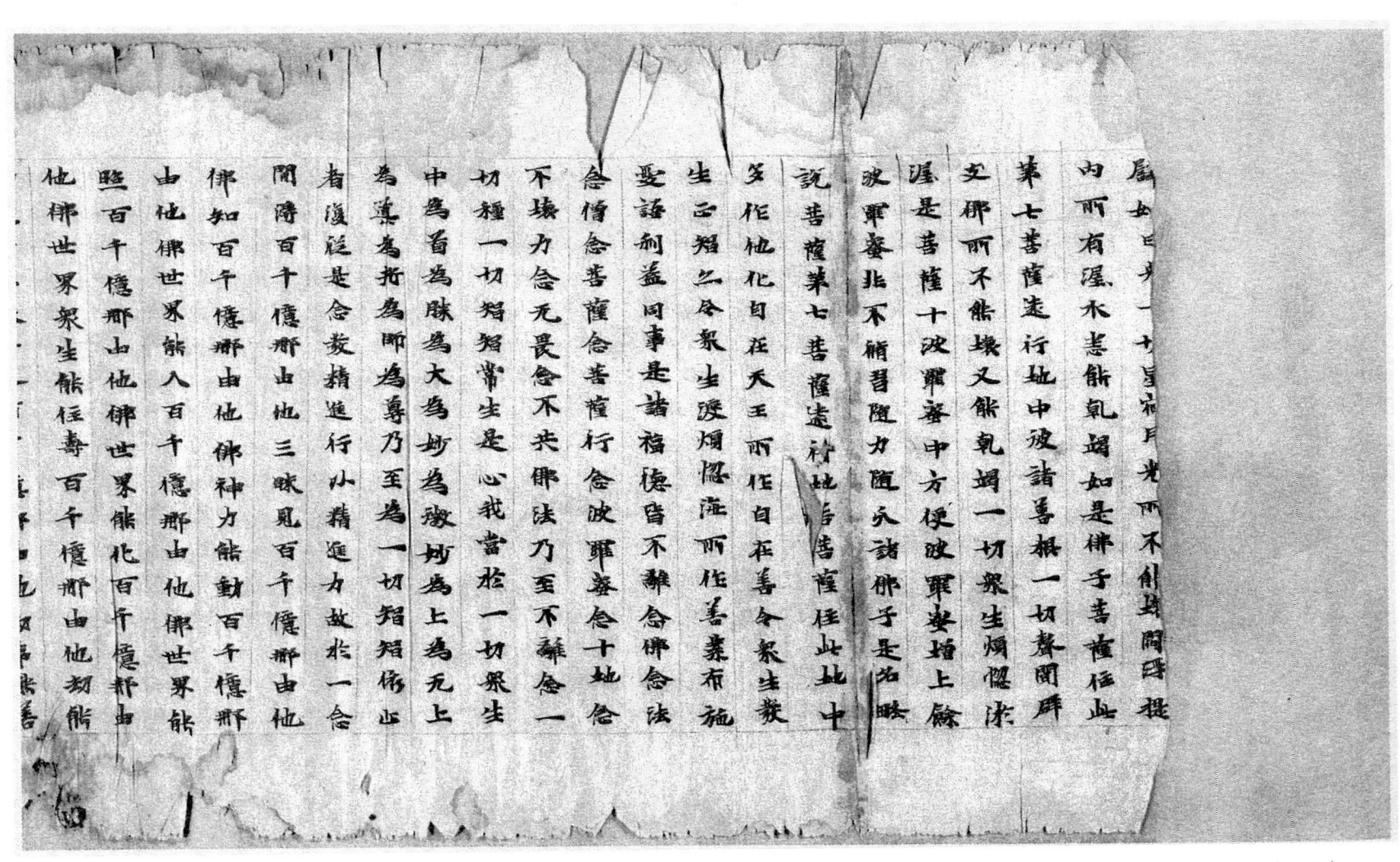

BD04104號　妙法蓮華經卷四　（5–5）

屬女已上一切皇后所不能壞閻[illegible]提
內所有濕木悉能乾竭如是佛子菩薩住此
第七菩薩遠行地中破諸善根一切聲聞辟
支佛所不能壞又能乾竭一切衆生煩惱泥
濕是菩薩十波羅蜜中方便波羅蜜增上餘
波羅蜜非不脩習隨力隨分諸佛子是名略
說菩薩第七菩薩遠行地若菩薩住此地中
多作他化自在天王所作自在善令衆生發
生正智之令衆生度煩惱海所作善業布施
愛語利益同事是諸福德皆不離念佛念法
念僧念菩薩念菩薩行念波羅蜜念十地念
不壞力念无畏念不共佛法乃至不離念一
切種一切智智常生是心我當於一切衆生
中為首為勝為大為妙為微妙為上為无上
為導為將為帥為尊乃至為一切智智依止
者復從是念發精進行以精進力故於一念
間得百千億那由他三昧見百千億那由他
佛知百千億那由他佛神力能動百千億那
由他佛世界能入百千億那由他佛世界能
照百千億那由他佛世界能化百千億那由
他佛世界衆生能住壽百千億那由他劫能

BD04105號　十地經論卷九　（3–1）

中為首為勝為大為妙為微妙為上為无上
為導為將為師為尊乃至為一切智智依止
者復從是念發精進行以精進力故於一念
間得百千億那由他三昧見百千億那由他
佛知百千億那由他佛神力能動百千億那
由他佛世界能入百千億那由他佛世界能
照百千億那由他佛世界能化百千億那由
他佛世界眾生能住壽百千億那由他劫能
知過去未來世各百千億那由他劫事能善
入百千億那由他法門能變身為百千億那
由他於一一身能示百千億那由他菩薩以
為眷屬若以願力自在勝上菩薩願力過於
此數示種種神通或身或光明或神通或眼
或境界或音聲或行或莊嚴或加或信或
業是諸神通乃至无量百千万億那由他劫
不可數知
論曰守護諸佛正法者於三千大千世界中
得為大師故循方便行滿足故彼守護上首
故制蓋眾生故法忍轉顯此地釋名應知如
經是菩薩復能制蓋眾生故法忍轉淨故循
行功用盡至故名為遠行地一切眾寶具足
莊嚴寶金翳者示現一切菩提分法方便行
功用滿足故此地中諸善根轉勝明淨示現
如經譬如本寶金乃至一切聲聞辟支佛所
不能壞故日光翳者如前地說此地勝故如
經佛子譬如日光乃至又能乾竭一切眾生

BD04105號　十地經論卷九　（3–2）

入百千億那由他法門能變身為百千億那
由他於一一身能示百千億那由他菩薩以
為眷屬若以願力自在勝上菩薩願力過於
此數示種種神通或身或光明或神通或眼
或境界或音聲或行或莊嚴或加或信或
業是諸神通乃至无量百千万億那由他劫
不可數知
論曰守護諸佛正法者於三千大千世界中
得為大師故循方便行滿足故彼守護上首
故制蓋眾生故法忍轉顯此地釋名應知如
經是菩薩復能制蓋眾生故法忍轉淨故循
行功用盡至故名為遠行地一切眾寶具足
莊嚴寶金翳者示現一切菩提分法方便行
功用滿足故此地中諸善根轉勝明淨示現
如經譬如本寶金乃至一切聲聞辟支佛所
不能壞故日光翳者如前地說此地勝故如
經佛子譬如日光乃至又能乾竭一切眾生
[illegible]餘如前說

BD04105號　十地經論卷九　（3–3）

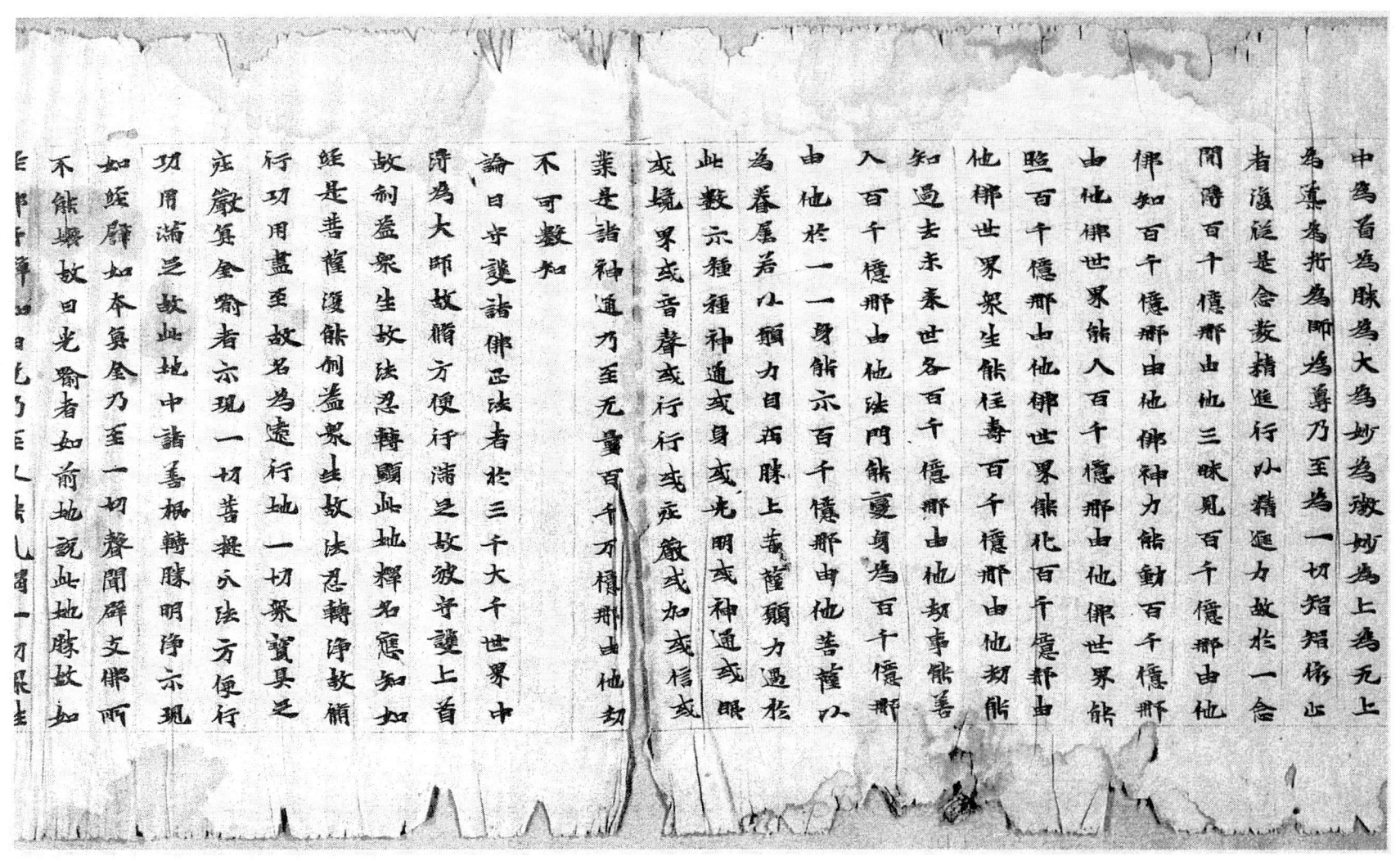

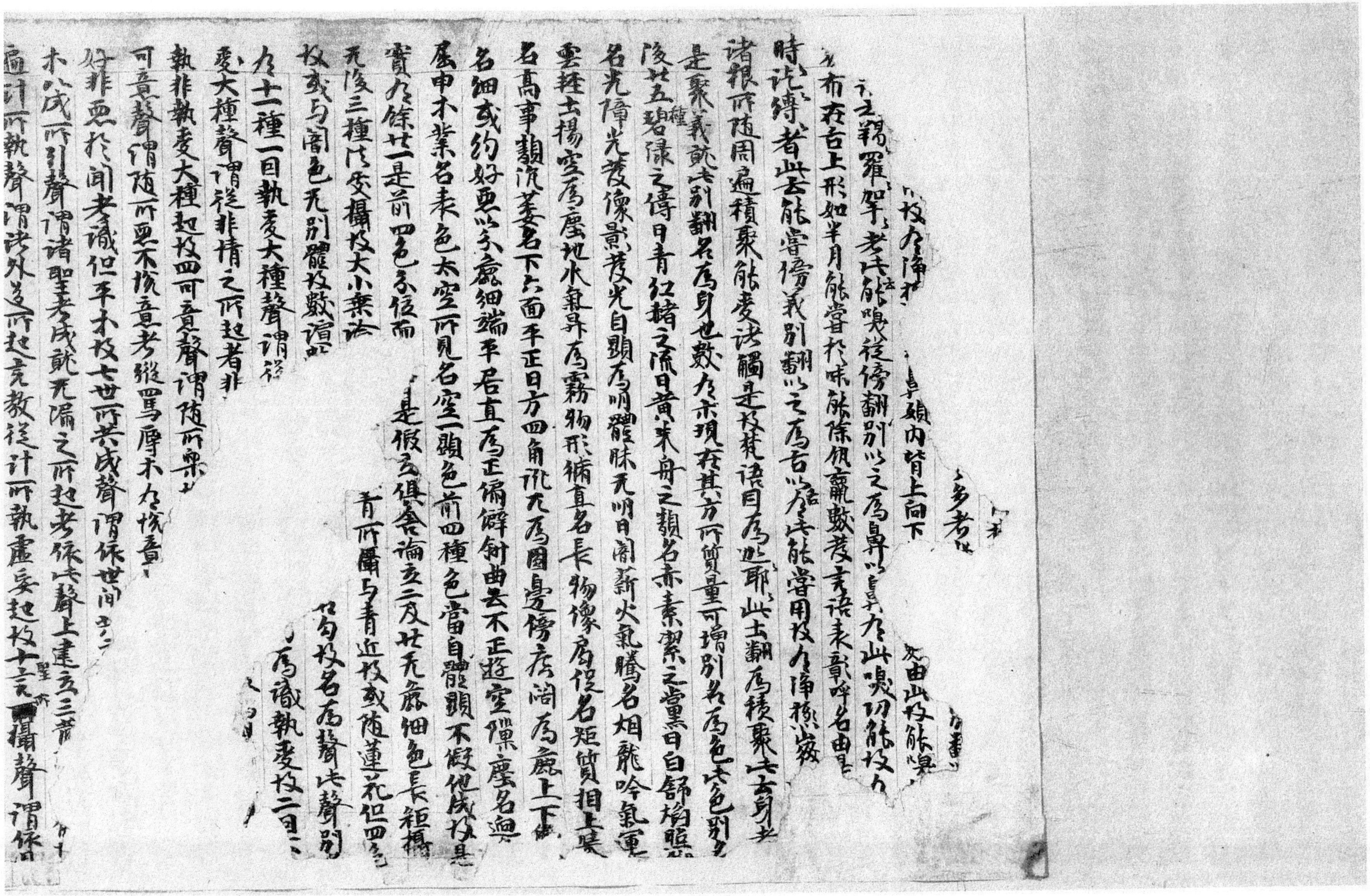

…故名淨…　…鼻娘內皆上向下　…多者…　…由此故能嗅…

云主鞞羅罕者此能嗅從傍翻別以之為鼻以鼻為此嗅功能故名

云布在舌上形如半月能嘗於味能除飢羸數發言語表彰呼名由是

時說縛者此云能嘗傍義別翻以之為舌以舌能嘗用故名淨根嚴

諸根所隨周遍積聚能發諸觸是故梵語目為迦耶此云翻為積聚此云身是

是聚義並是別翻名為身也數名亦現在其方所質量可增別名為色此色別名

後廿五種碧綠之儔日青紅赭之流日黃朱丹之類名赤素潔之黨日白鴿焰照…

名光障光發像蔽發光自顯為明體昧無明日闇薪火氣騰名烟龍吟氣運…

雲鋪去揚空為塵地水氣昇為霧物形補直名長物像居從名短質相上長

名高事類沉萎名下六面平正日方四角施無為圓邊傍居闊為麁上下…

名細或約好惡以分麁細端平居直為正編僻斜曲去不正遊空隟塵名迴

居申木葉名表色太空所見名空一顯色前四種色當自體顯不假他成故是

實乃餘廿一是前四色分位而……是假立俱舍論立二及廿元麁細色長短積

無後三種法处攝故大小乘法……青所攝与青近故或隨蓮花但四色

故或与闇色无別體故數這……名句故名為聲此聲別

乃十一種一日執受大種聲謂從……為識執受故二日…

受大種聲謂從非情之所起者非

執非執受大種起故四可意聲謂隨所樂

可意聲謂隨所惡不稱意者彩罵辱不乃稱意

好非惡於聞者識但平不故七世所共成聲謂係世間言

不以成所引聲謂諸聖者成就無漏之所起者係此聲上建立三者

遍計所執聲謂諸外道所起危教從計所執虛妄起故十一聖所攝聲謂係…

BD04106號　大乘百法明門論開宗義記

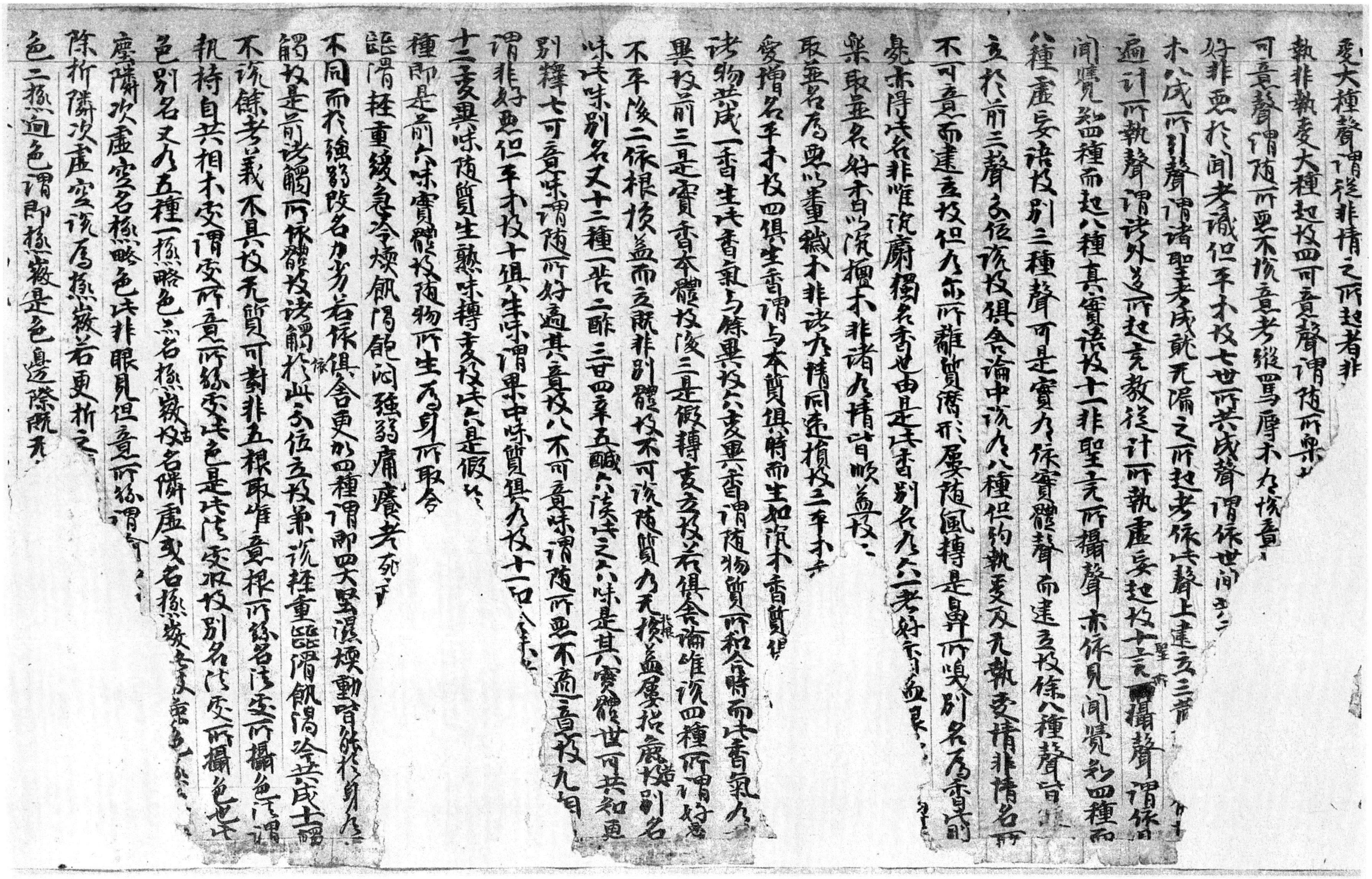

BD04106 號　大乘百法明門論開宗義記　（11–2）

不說能者之義不具於...
執持自共相未受謂受所意之所緣受此色是法法處所攝色也
色別名又有五種一極略色亦名極微故名隣虛或名極微...
塵隣次虛空名極略色此非眼見但意之所緣謂...
除析隣次虛空說為極微若更析之...
色二極迥色謂即極微是色邊際既无...
此与極略體雖无別而義有異是故別分二受所...
受諸惡不律儀等及從善友發善思能所變別解脫律儀此二所生无表之色
雖依思能善惡種立由從色生又防色故是故名為所受引色四遍計所起色謂
遍計心所執實有我法之色此无本質獨有影像似色相現若与五識同時意
緣本質色所起相分是性境故非此色攝獨頭意識影像色相故名遍計...
五自在所生色自在菩薩聲聞不及諸凡夫定自在者...
青黃色不相分或變為八五塵相分以為金銀...
自在所生色也前四是假唯觀心不...
有部皆說是實然法處色唯說一種...
色不說餘者義不具故如是所說十一種色...所...離心別有
而唯識說皆是本識隨量大小頓現一相非由極微合成一物皆五蘊中色蘊所攝
並是積聚義等性故十二處中十處攝隨應有彼生門義故非意根者非...
識故十八界中十界攝是能生本種類義故既蘊處界通因果位...
位有說佛具有色根境故說无蘊亦非有義故若在果位唯无漏...
淨故能變淨識非有漏故說有漏者隨小乘...
相分故其能變識是有漏故由見相分
其實順益法故若有漏色性...
惡故名受法色有无不定若在佛身...
亦實无隨俗亦有假想惠故諸遍緣假實法故佛常發起諸善思能或并八...
諸色无斷滅故得大自在悲能轉變其自在色決定有故若在因位三乘...
者隨其所應五種皆有有漏心時起計執故有四色相如應准知若...
心者亦有五種未得定者容有遍計受所引色以計執心常不斷故
五起故其前二色准是善取唯從定心之所起故受所引...
所引起故遍計起色通其三性是影攝
識相是通果故界地等義如理應思
次釋第四不相應行於中有二初...

BD04106號　大乘百法明門論開宗義記

（11–3）

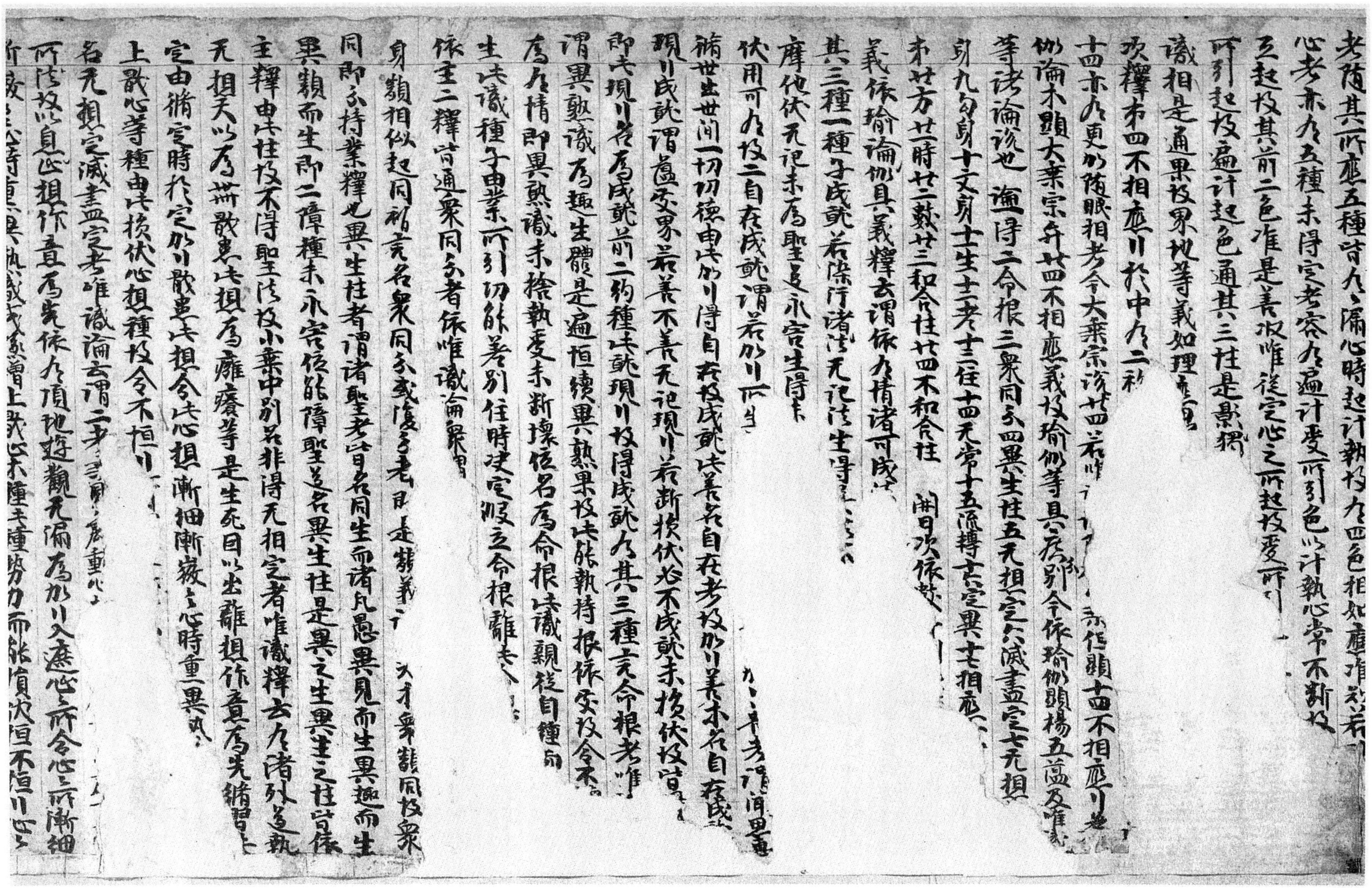

BD04106 號　大乘百法明門論開宗義記　　（11–4）

定由循定時於定加行猒患此想令此心想漸漸微〔心〕……心時重……
上猒心等種由此損伏心想種故令不恒行……
名无想定滅盡定者唯識論云謂二乘……重心心所
所法故止息想作意為先依有頂地遊觀无漏為加行入遮心心所令心心所漸細
漸微微心時重熏異熟識成極增上猒心等種此種勢力而能損伏恒不恒行心心
所法依此分位假立此定由定能令恒不恒行心心所皆滅名滅盡定无相可知者即
无想天異熟果體故唯識論名異熟為求无想果入无想定此定異故種亦是異熟
所熏成種招彼異熟果依斯麁動想心不行依此分位而立彼名句等
不行名无想定果時由報想心不起名无想可知故可知定二體
主釋也言名身者梵云南摩此譯為名是歸趣義歸
名詮自性五蘊論云名者諸法自性增語如說人天眼耳等若唯一名但稱為名
若至二名即為名身三名已上是多名身名之身故依主釋也下句文等亦准此名身
者即是聚集故言句身者梵云鉢陀此譯為跡如見象跡以表於象如是四句
表於頌文隨義傍翻以之為句唯識等云句者即是詮差別義五蘊等云句是諸
法差別增語如說諸行无常等如婆沙等句有五種今依大乘句有二種一集法
滿足句即當婆沙受中句攝但集法名不長不短滿足八字即成一句不須義圓
取字滿足二顯義周圓句即攝婆沙餘之四句不定字數隨短長不顯義周圓即
名一句故有短長故復句別言文身者謂即是字梵云便闍此譯為文即是曲以
語云惡剎羅此翻為字即是條讀不擬文字是一故唯云文即是字此乃是前
名句所依由依文字有名句故故唯識云為二所依古翻經人翻為味者以便美韻
而目四法文形扇味以文同故錯譯為味若依小乘皆別有性唯无記唯是有漏今
大乘宗此三皆是聲上假立无別體性若隨所詮假通三性隨所依說皆同於聲
所言生者是即諸法初現起位五蘊論云於眾同分本无今有是生自性唯識
論云生表有法先非有故所言老者即是異義諸行變異說名老故唯識論
云即此相續轉變名異所言住者五蘊論云即是諸行生位暫停唯識
生已相似相續名住言无常者五蘊論云等亦名為滅諸行起已暫有還无
不同无為是其常有不同兔角是其常无有非常有无非常无故有為
法名曰无常非於无位方立无常表此後无說滅相故此下十種小乘不立
隨是分緣所攝不相應中是故不說唯識論中亦不釋也言流轉者謂有
為法因果相續不絕斷故顯揚論云謂即諸行因果相續不斷住也言定
異者无始時來因果種子決定差別无雜亂相故顯揚云謂諸因果各決定
……顯揚……者謂因果相稱住言

法名曰无常非於无位方立无常表此後无說滅相故此下十種小乘不立
隨是分緣所攝不相應中是故不說唯識論中亦不釋也言流轉者謂有
為法因果相續不絕斷故顯揚論云謂即諸行因果相續不斷性也言定
異者無始時來因果種子決定差別無雜亂相故顯揚云謂諸因果各決
性言相應者即此因果無始時來不相違故性顯揚云諸行因果相稱性言
勢速者諸行因果流轉速疾性故顯揚云謂即諸行流轉迅疾性言次第
者即是因果不俱轉故故顯揚云謂即諸行一一次第性言方者色行分齊
顯揚論云謂即諸色境分齊性瑜伽說三謂上下傍所言時者有其三義
一由日輪出沒勢力安立顯示時節差別二由諸行生滅勢力安立顯示世俗
差別瑜伽依此說時有三謂去來今所言數者五蘊論云謂於諸行隨增齊
量顯揚論云謂於諸行一十百千各差別性言和合者五蘊論云謂有為法緣會
之際顯揚亦云諸行緣會性不和合者五蘊論云謂即諸行因果乖離顯揚
論云諸行緣乖性如是所說不相應行雖名數異有廿四種依八位而假立建如
瑜伽論對法亦說一善不善增減分位建立一種謂即是得此依三性色心之所
可成就位假建立故二唯依心不行分位建立三種謂即二定無想異熟由散心
種令六七識斷滅分位而假立故三依色心住時分位建立一種謂即命根依
異熟種令識持身住執受時而假建立四依色心相似分位建立一種謂衆
同分此依有情人天五趣隨類無別而假立故五依色心流轉分位建立四種謂
即四相表有為法本無今有已有還無而假立故六依色心言說分位建立三
種謂名句文此依色心詮召於法音韻屈曲而假立故七唯依心不得分位建
立一種謂異生性依見惑種令心心所不成聖道而假立故八依色心因果分
位建立十種謂流轉等此依因果勢力諸相隨彼彼分位而假立故當知四種
唯依心立廿通依色心假說由此亦通凡聖位有故唯識論所引經說補特
伽羅成就善惡聖者成就十無學法又說異生不成就聖法諸阿羅漢
不成就煩惱成不成言得非得故亦說隨在聖同分故其滅盡定聖者得
故因果等法通凡聖故五蘊之中皆行蘊所攝說此是皆不相應行故名是法
定法界所攝餘不攝者皆此攝故諸餘門義如理應思　論第五無為
法略有六種　開曰次下第五所四顯示門於中有二初總標舉數後
[illegible]

故因果亦法通凡聖故五蘊之中皆门蘊所攝説此是皆不相應门攝故然是法
實法界所攝餘不攝者皆此攝故諸餘门義如理應思　論亦五无為
法略有六種　開曰次下亦五所四顯示门於中有三初總標舉數後
依數別弁列然此初也言无為者有其二義一業煩惱所不為故二生住不
不遷動故若有後義名具前義若有前義或闕後義二義俱闕唯是有
為二義皆具唯名无為若唯初義有无為具由此應作四句分別一唯有
為即五取蘊二唯无為即真如理三具二義即諸聖道四二俱非即无漏蘊
今此六種是真无為是不生滅真常法故小集論説若法生滅住異可
知是有為義有為相違是无為義六无為者帶數釋也然无為數大小經
論從一至八所説有異若依小乘一切有宗如俱舍論説有三種一所謂虛空擇
非擇滅皆異色心有實體性若經部亦説三或九皆非實有涅槃不叙
今依大乘從三至八多少不同若涅槃經亦立三種一謂卅二謂虛空三非智
緣滅若五蘊論及掌珍論立四无為所謂虛空擇非擇滅及真如性唯
識及此説六无為謂虛空亦名如下列瑜伽雜集立八无為又開如真无以
為三種為善不善无記異故所以如是諸教異者理實无為體无差殊
而顯詮略開合異明為顯詮開總別俱説故顯揚論開為八種三性真如
无別體故總合為一故説六種復次不動乃其二義若暫足伏者非擇
滅收若永害者即擇滅攝四義別説故開為六斷伏隨明故合為四性擇別
故雖四義殊皆攝性故有三種由斯諸數皆不相違　論一虛空二擇滅
三非擇滅四不動五想受滅六真如　開曰此依數弁列也此六无為唯識不
具今引諸論共釋之為言虛空者无障导義小乘唯約无色所顯故俱
舍云虛空但為无导為性由无障故色於中行雜集瑜伽大同俱舍大宗
通約五蘊无説故般若經仏地論云五蘊无受説為虛空不能导物故名
虛无色亦故説之為空虛即是空持業釋也言擇滅者是離繫義婆沙
論云擇者是惠滅是彼果擇所得滅故名擇滅此中滅果有其二種一由或盡
故集論云是離繫果者永害隨眠故五蘊論云由煩惱對治故諸蘊畢竟
不生顯揚論云有漏諸行畢竟不起二由理故唯識顯論滅諸煩惱究竟證
會故云擇滅擇之滅故依主釋也非擇滅者非離繫義婆沙論云不由擇力

BD04106號　大乘百法明門論開宗義記

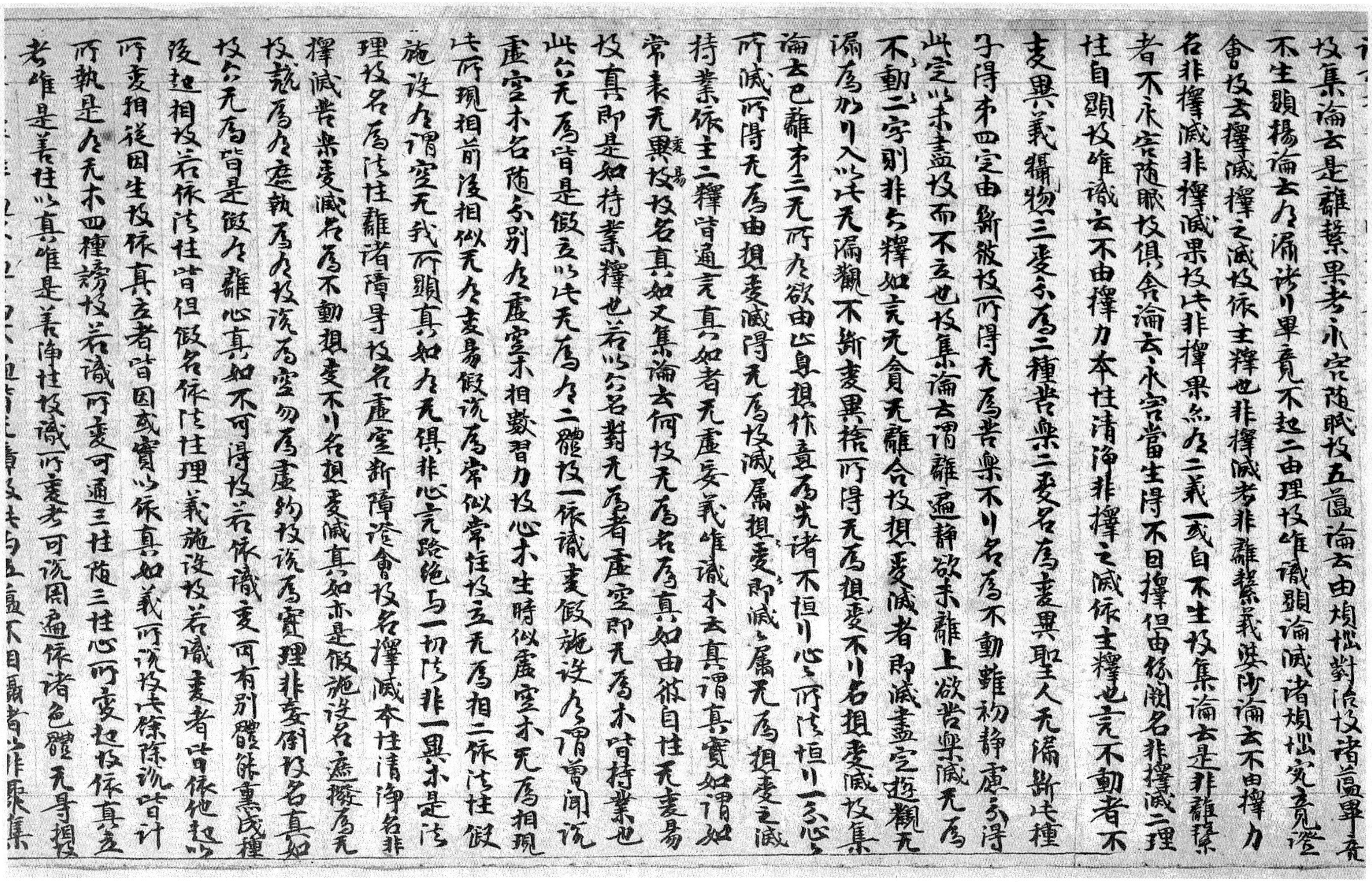
故集論云是離繫果者，永害隨眠故五蘊論云由煩惱對治故諸蘊畢竟
不生顯揚論云乃漏諸行畢竟不起二由理故唯識顯論滅諸煩惱究竟證
會故云擇滅擇之滅故依主釋也非擇滅者非離繫義要論云不由擇力
名非擇滅非擇滅果故此非擇果系乃二義一或自不生故集論云是非離繫
者不永害隨眠故俱舍論云永害當生得不因擇但由缺緣名非擇滅二理
性自顯故唯識云不由擇力本性清淨非擇之滅依主釋也言不動者不
動異六義攝物三受分為二種苦樂二受名為受異聖人無漏斷此種
子得第四定由斷欲故所得無為苦樂不行名為不動雖初靜慮分得
此定以未盡故而不立也故集論云謂離遍淨欲未離上欲苦樂滅無為
不動二字明非六釋如言無貪無離合故想受滅者即滅盡定遊觀無
漏為加行入此無漏觀不斷受異捨所得無為想受不行名想受滅故集
論云已離第三无所有欲由止息想作意為先諸不恒行心心所法恒行一分心心
所滅所得无為由想受滅得无為故滅屬想受即滅滅屬无為想受之滅
持業依主二釋皆通言真如者无虛妄義唯識亦云真謂真實如謂如
常表无異（變易）故故名真如又集論云何故无為名為真如由彼自性无變易
故真即是如持業釋也若以六名對无為者虛空即无為亦皆持業也
此六无為皆是假立以此无為乃二體故一依識變假施設乃謂曾聞說
虛空等名隨分別乃虛空等相數習力故心等生時似虛空等无為相現
此所現相前後相似无乃變易假說為常似常住故立无為相二依法性假
施設乃謂空无我所顯真如乃无俱非心言路絕与一切法非一異等是法
理故名為法性離諸障得故名虛空斷障證會故名擇滅本性清淨名非
擇滅苦樂受滅名為不動想受不行名想受滅真如亦是假施設名遮撥為无
故說為乃遮執為乃故說為空勿為虛妄故說為實理非妄倒故名真如
故六无為皆是假乃離心真如不可得故若依識變可有別體能熏成種
後起相故若依法性皆但假名依法性理義施設故若識變者皆依他起以
所變相從因生故依真立者皆因或實以依真如義所說故此餘除說皆計
所執是乃无者四種謗故若識所變可通三性隨三性心所變起故依真立
者唯是善性以真唯是善淨性故識所變者可說因遍依諸色體无別相故

BD04106號　大乘百法明門論開宗義記　（11–8）

[illegible]
所變相從因生故依真立者皆因或實以依真如義所說故此條條說皆計
所執是分无亦四種謗故若識所變可通三性隨三性心所變起故依真立
者唯是善性以真唯是善淨性故識所變者可說因遍依諸色體无尋攝
依真立者非遍不遍〻与不遍皆无障故此与五蘊不相攝者以非聚集
蘊積法故而於法界法處攝者分生長門種族義故更分別義如理應
思
論言无我者略有二種　開曰上來已釋一切法竟次下亦二頭
其无我於中有二初標牒舉數後依辨列也若小乘宗明一无我以一切法皆執
為實補特伽羅我是无故今大乘宗顯二无我以一切法皆從緣起離此无別
能作者故既離諸法无別我相補特伽羅我相无也說一切法皆无自性念
念无常非自在故即一切法非亦實我故即說為法无我也然般若經說四
无我謂无我人衆生壽者能斷金剛說八无我謂无有情命者士夫補
特伽羅意生儒童作者受者大般若經說十三種於前八上更加无
我生者養者知者見者此亦皆依前无我說彼經自所說无法相亦乃至
蘊皆不可得則是此中法无我義諸教同異皆不相違　論一者
補特伽羅无我二者法无我　開曰此依數并列也此二无我唯識具明
略列唯識論文以釋然无我者對我相立由所執我有二種相故說无
我有此二名故應先二并種我相補特伽羅此譯有二〻若隨俗譯名之
為人隨經典翻名之為趣故新舊譯有此二殊法者即是執持之義
我者乃是主宰為名自在割斷名為主宰外道或執一切諸法有別
實我是能作者即是補特羅伽我相凡夫或執色等諸蘊皆有自在
相是能生等即是此中法我相也今佛法中顯我相无是故此中顯二无
我若離諸法有別實我應一切法皆實常住如能作者无變滅故〻瑜
伽云謂離一切緣生行外別有實我不可得故若即諸法名為我者即
一切法系非无常以是自在實我相故〻瑜伽云為即一切緣生諸行性非實
我是无常故而此人法二无我義亦如俱舍唯識亦說此中人法皆稱无我
即對人法皆我相論而唯識中我与法別種我〻相為有情命者亦法種〻相
為蘊處界亦此依實義彼約相增以主宰義約人增故偏就有情顯其
我相故二空之理我法有殊若執實有自在常住即一切法我義亦通是故
[illegible]

我是无常故而此人法二无我義應如俱舍唯識不說此中人法皆稱无我
即對人法皆我相論而唯識中我与法別種我々相爲有情命者等法種々相
爲蘊處界等此依實義故約相增以主宰義約人增故偏就有情顯其
我相故二空理我法有殊若執實有自在常住即一切法我義亦通是故
无我通於人法若尔何故有其二執依斯聖教說我相耶答依妄似我相
此二我相雖在內識而由分別似外境生如患夢者患夢力故心似種々外境相
現緣此執爲實有我相此二我相各有二種一者俱生二者分別俱生我執
无始時來虛妄熏習內因力故恒与身俱不待邪教及邪分別任運而
起故名俱生此復二種一常相續在第七識緣第八識起自心相執爲實
我二有間斷在第六識緣識所變五取蘊相或總或別起自心相執爲
實我此二我執細故難斷後於道中數々脩習勝空觀方能除滅分別
我執亦由現在外緣力故非与身俱要待邪教及邪分別然後方起
故名分別唯在第六意識中有此亦二種一緣邪教所說蘊相起自心相
分別計度執爲實我二緣邪教所說有我自性等相起自心相分別
計度執爲實我此二我執麤故易斷入初地時觀一切法二空真如即
能除滅如是所說二種我相自心外法或有或无自心內法一切皆有是
故二執皆緣自心所現自法執爲我相若離自心實不可得故人及法皆
无我爲人法二我義乃无邊恐文繁廣就略而述樂博聞者尋
廣論文

大乘百法明门論開宗義記一卷

彥論文
大乘百法明門論開宗義記一卷

BD04106號　大乘百法明門論開宗義記

（11–11）

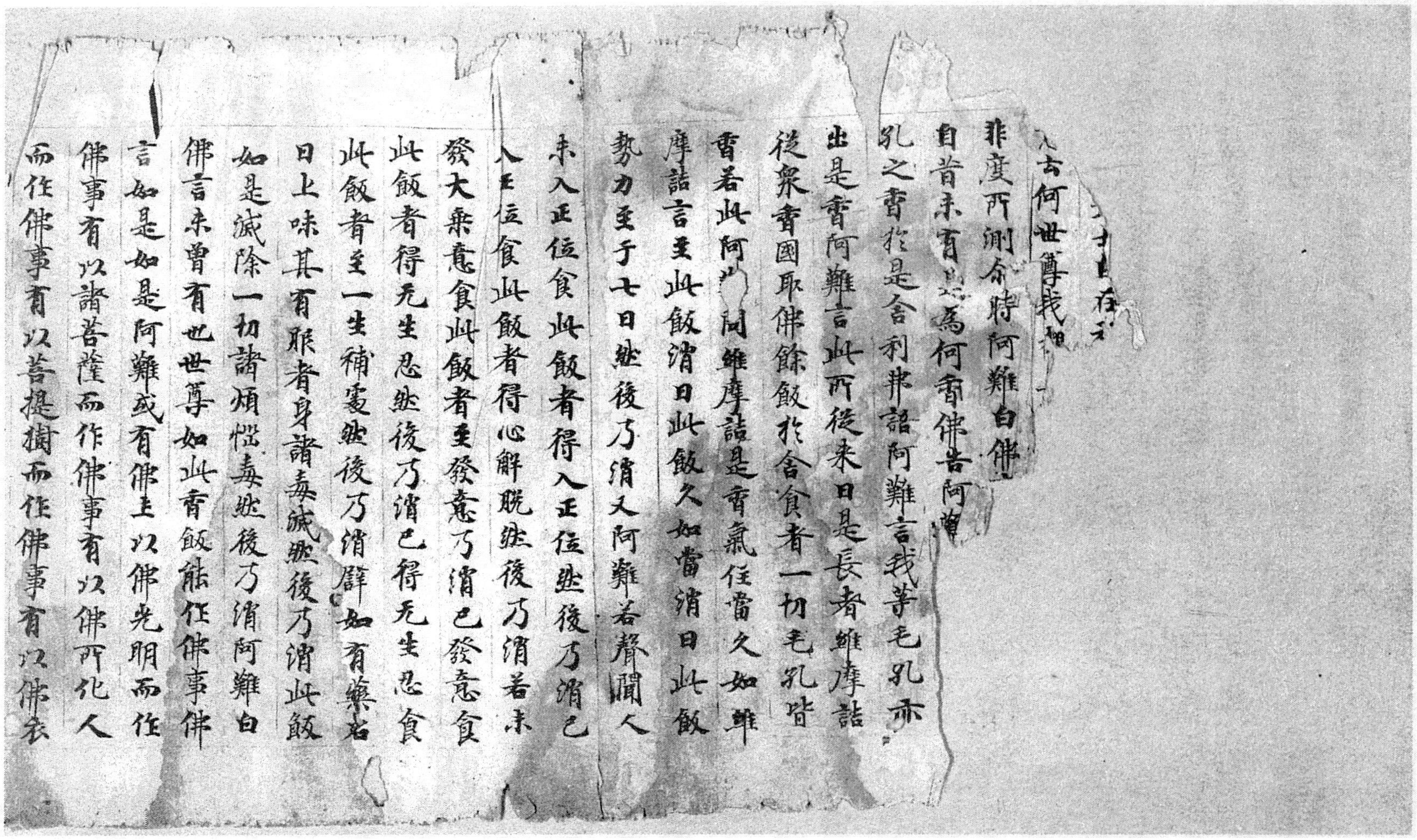

古何世尊我
非度所測尒時阿難白佛
自昔未有是為何香佛告阿難
孔之香於是舍利弗語阿難言我等毛孔亦
出是香阿難言此所從來曰是長者維摩詰
從衆香國取佛餘飯於舍食者一切毛孔皆
香若此阿難問維摩詰是香氣住當久如維
摩詰言至此飯消曰此飯久如當消曰此飯
勢力至于七日然後乃消又阿難若聲聞人
未入正位食此飯者得入正位然後乃消已
入正位食此飯者得心解脫然後乃消若未
發大乘意食此飯者至發意乃消已發意食
此飯者得无生忍然後乃消已得无生忍食
此飯者至一生補處然後乃消譬如有藥名
曰上味其有服者身諸毒滅然後乃消此飯
如是滅除一切諸煩惱毒然後乃消阿難白
佛言未曾有也世尊如此香飯能作佛事佛
言如是如是阿難或有佛土以佛光明而作
佛事有以諸菩薩而作佛事有以佛所化人
而作佛事有以菩提樹而作佛事有以佛衣

BD04107 號　維摩詰所說經卷下　（16–1）

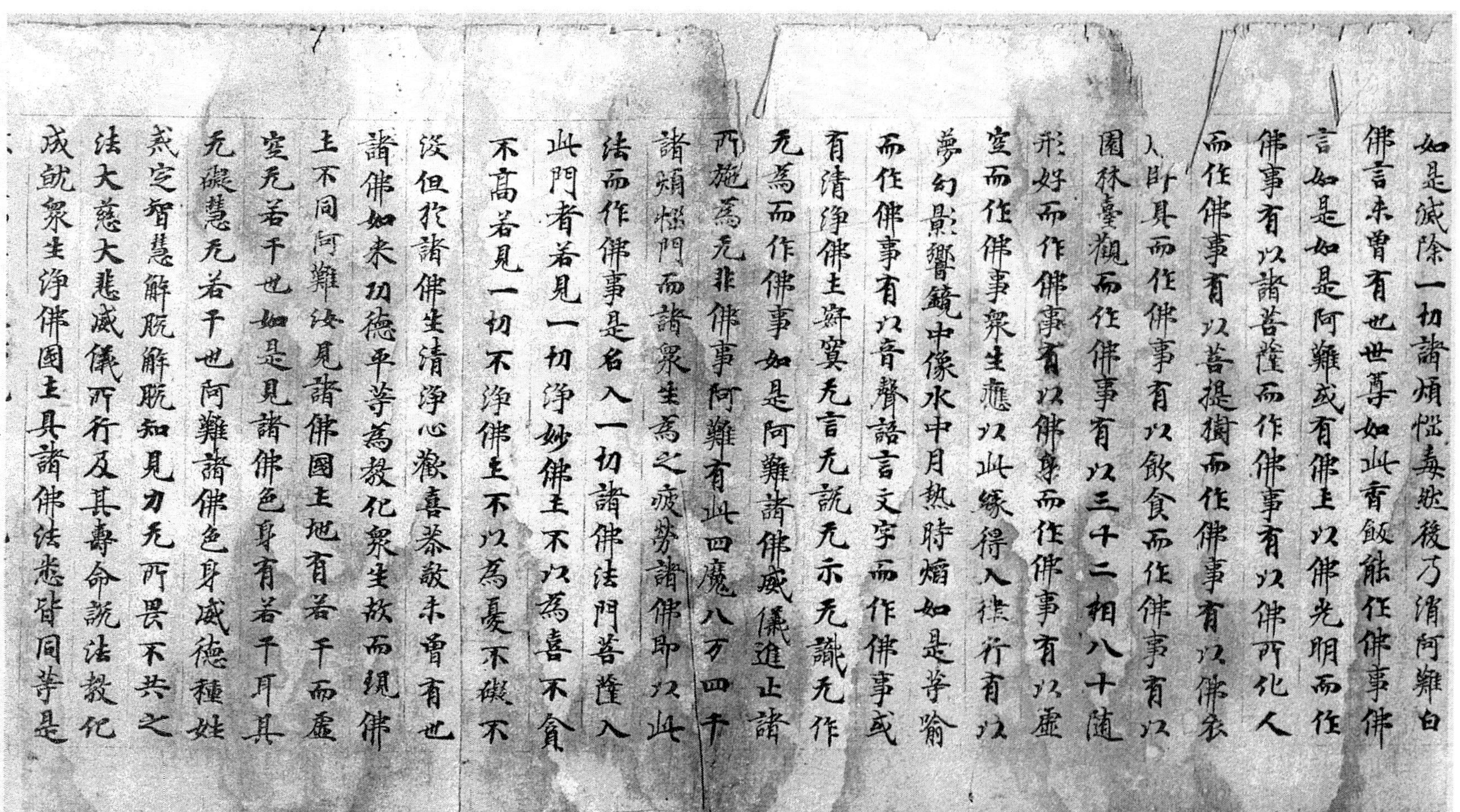

如是滅除一切諸煩惱毒然後乃消阿難白
佛言未曾有也世尊如此香飯能作佛事佛
言如是如是阿難或有佛土以佛光明而作
佛事有以諸菩薩而作佛事有以佛所化人
而作佛事有以菩提樹而作佛事有以佛衣
服卧具而作佛事有以飲食而作佛事有以
園林臺觀而作佛事有以三十二相八十隨
形好而作佛事有以佛身而作佛事有以虛
空而作佛事衆生應以此緣得入律行有以
夢幻影響鏡中像水中月熱時焰如是等喻
而作佛事有以音聲語言文字而作佛事或
有清淨佛土寂寞无言无說无示无識无作
无為而作佛事如是阿難諸佛威儀進止諸
所施為无非佛事阿難有此四魔八万四千
諸煩惱門而諸衆生為之疲勞諸佛即以此
法而作佛事是名入一切諸佛法門菩薩入
此門者若見一切淨妙佛土不以為喜不貪
不高若見一切不淨佛土不以為憂不礙不
沒但於諸佛生清淨心歡喜恭敬未曾有也
諸佛如來功德平等為教化衆生故而現佛
土不同阿難汝見諸佛國土地有若干而虛
空无若干也如是見諸佛色身有若干耳其
无礙慧无若干也阿難諸佛色身威德種姓
戒定智慧解脫解脫知見力无所畏不共之
法大慈大悲威儀所行及其壽命說法教化
成就衆生淨佛國土具諸佛法悉皆同等是

BD04107 號　維摩詰所說經卷下　（16–2）

空无若干也如是見諸佛色身有若干耳其
无礙慧无若干也阿難諸佛色身威德種姓
戒定智慧解脫解脫知見力无所畏不共之
法大慈大悲威儀所行及其壽命說法教化
成就衆生淨佛國土具諸佛法悉皆同等是
故名爲三藐三佛陁名爲多陁阿伽度名爲
佛陁阿難若我廣說此三句義汝以劫壽不
能盡受正使三千大千世界滿中衆生皆如
阿難多聞第一得念揔持此諸人等以劫之
壽亦不能受如是阿難諸佛阿耨多羅三藐
三菩提无有限量智慧辯才不可思議阿難
白佛言我從今已往不敢自謂以爲多聞佛告
阿難勿起退意所以者何我說汝於聲聞中
爲最多聞非謂菩薩且止阿難其有智者不
應限度諸菩薩也一切海淵尚可測量菩薩
禪定智慧揔持辯才一切功德不可量也阿
難汝等捨置菩薩所行是維摩詰一時所現
神通之力一切聲聞辟支佛於百千劫盡力
變化所不能作
尒時衆香世界菩薩來者合掌白佛言世尊
我等初見此土生下劣想今自悔責捨離是
心所以者何諸佛方便不可思議爲度衆生
故隨其所應現佛國異唯然世尊願賜少法
還於本土當念如來佛告諸菩薩有盡无盡
解脫法門汝等當學何謂爲盡謂有爲法何
謂无盡謂无爲法如菩薩者不盡有爲不住
无爲何謂不

還於本土當念如來佛告諸菩薩有盡无盡
解脫法門汝等當學何謂爲盡謂有爲法何
謂无盡謂无爲法如菩薩者不盡有爲不住
无爲何謂不盡有爲謂不離大慈不捨大
悲深發一切智心而不忽忘教化衆生終不
猒惓於四攝法常念慎行護持正法不惜軀
命種諸善根无有疲猒志常安住方便迴向
求法不懈說法无悋勤供諸佛故入生死而
无所畏於諸榮辱心无憂喜不輕未學敬學
如佛墮煩惱者令發正念於遠離樂不以爲
貴不著己樂慶於彼樂在諸禪定如地獄想
於生死中如園觀想見來求者爲善師想捨
諸所有具一切智想見毀戒人起救護想諸
波羅蜜爲父母想道品之法爲眷屬想發行善
根无有齊限以諸淨國嚴飾之事成己佛土
行不限施具足相好除一切惡淨身口意淨
故生死无數劫意而有勇聞佛无量德志而不
惓以智慧劒破煩惱賊出陰界入荷負衆生
永使解脫以大精進摧伏魔軍常求无念實
相智慧行少欲知足而不捨世法不壞威儀而
能隨俗起神通慧引導衆生得念揔持所聞
不忘善別諸根斷衆生疑以樂說辯演法无
礙淨十善道受天人福脩四无量開梵天道
勸請說法隨喜讚善得佛音聲身口意善得
佛威儀深脩善法所行轉勝以大乘教成菩
薩僧心无放逸不失衆善行如此法是名菩

不忘善別諸根斷衆生疑以樂說辯演法无
礙淨十善道受天人福脩四无量開梵天道
勸請說法隨喜讚善得佛音聲身口意善得
佛威儀深脩善法所行轉勝以大乘教成菩
薩僧心无放逸不失衆善行如此法是名菩
薩不盡有為何謂菩薩不住无為謂脩學空
不以空為證脩學无相无作不以无相无作
為證脩學无起不以无起為證觀於无常而
不猒善本觀世間苦而不惡生死觀於无我
而誨人不惓觀於寂滅而不永寂滅觀於遠
離而身心脩善觀无所歸而歸趣善法觀於
无生而以生法荷負一切觀於无漏而不斷
諸漏觀无所行而以行法教化衆生觀於空
无而不捨大悲觀正法位而不隨小乘觀諸
法虛妄无牢无人无主无相本願未滿而不
虛福德禪定智慧脩如此法是名菩薩不住
无為又具福德故不住无為具智慧故不盡
有為大慈悲故不住无為滿本願故不盡有
為集法藥故不住无為隨授藥故不盡有為
知衆生病故不住无為滅衆生病故不盡有
為諸正士菩薩已脩此法不盡有為不住无
為是名盡无盡解脫法門汝等當學尒時彼
諸菩薩聞說是法皆大歡喜以衆妙華若干
種色若干種香散遍三千大千世界供養於
佛及此經法并諸菩薩已稽首佛足歎未曾
有言釋迦牟尼佛乃能於此善行方便言已

BD04107 號　維摩詰所說經卷下　（16–5）

諸菩薩聞說是法皆大歡喜以衆妙華若干
種色若干種香散遍三千大千世界供養於
佛及此經法并諸菩薩已稽首佛足歎未曾
有言釋迦牟尼佛乃能於此善行方便言已
忽然不現還到彼國
見阿閦佛品第十二
尒時世尊問維摩詰汝欲見如來為以何等
觀如來乎維摩詰言如自觀身實相觀佛亦
然我觀如來前際不來後際不去今則不住
不觀色不觀色如不觀色性不觀受想行識
不觀識如不觀識性非四大起同於虛空六
入无積眼耳鼻舌身心已過不在三界三垢
已離順三脫門三明與无明等不一相不異
相不自相不他相非无相非取相不此岸不
彼岸不中流而化衆生觀於寂滅亦不永滅
不此不彼不以此不以彼不可以智知不可
以識識无晦无明无名无相无強无弱非淨
非穢不在方不離方非有為非无為无示无
說不施不慳不戒不犯不忍不恚不進不怠
不定不亂不智不愚不成不欺不來不去不
出不入一切言說道斷非福田非不福田非
應供養非不應供養非取非捨非有相非无
相同真際等法性不可稱不可量過諸稱量
非大非小非見非聞非覺非知離衆結縛等
諸智同衆生於諸法无分別一切无失无濁
无惱无作无起无生无滅无畏无憂无喜无

BD04107 號　維摩詰所說經卷下　（16–6）

應供養非不應供養非取非捨非有相非无
相同真際等法性不可稱不可量過諸稱量
非大非小非見非聞非覺非知離衆結縛等
諸智同衆生於諸法无分別一切无失无濁
无惱无作无起无生无滅无畏无憂无喜无
猒无著无已有无當有无今有不可以一切
言說分別顯示世尊如来身為若此作如是
觀以斯觀者名為正觀若他觀者名為邪觀
尒時舍利弗問維摩詰汝於何沒而来生此
維摩詰言汝所得法有沒生乎舍利弗言无
沒生也若諸法无沒生相云何問言汝於何
沒而来生此於意云何譬如幻師幻作男女
寧沒生邪舍利弗言无沒生也汝豈不聞佛
說諸法如幻相乎荅曰如是若一切法如幻
相者云何問言汝於何沒而来生此舍利弗
沒者為虛誑法壞敗之相生者為虛誑法相
續之相菩薩雖沒不盡善本雖生不長諸惡
是時佛告舍利弗有國名妙喜佛号无動是
維摩詰於彼國沒而来生此舍利弗言未曾
有也世尊是人乃能捨清淨土而来樂此多
怒害處維摩詰語舍利弗於意云何日光出
時與冥合乎荅曰不也日光出時則无衆冥
維摩詰言夫日何故行閻浮提荅曰欲以明
照為之除冥維摩詰言菩薩如是雖生不淨
佛土為化衆生不與愚闇而共合也但滅衆
生煩惱闇耳

BD04107 號　維摩詰所說經卷下　（16–7）

時與冥合乎荅曰不也日光出時則无衆冥
維摩詰言夫日何故行閻浮提荅曰欲以明
照為之除冥維摩詰言菩薩如是雖生不淨
佛土為化衆生不與愚闇而共合也但滅衆
生煩惱闇耳
是時大衆渴仰欲見妙喜世界无動如来及
其菩薩聲聞之衆佛知一切衆會所念告維
摩詰言善男子為此衆會現妙喜國无動如
来及諸菩薩聲聞之衆衆皆欲見於是維摩
詰心念吾當不起于坐接妙喜國鐵圍山川
溪谷江河大海泉源須弥諸山及日月星宿
天龍鬼神梵天等宮并諸菩薩聲聞之衆城
邑聚落男女大小乃至无動如来及菩提樹
諸妙蓮華能於十方作佛事者三道寶階從
閻浮提至忉利天以此寶階諸天来下悉為
礼敬无動如来聽受經法閻浮提人亦登其
階上昇忉利見彼諸天妙喜世界成就如是
无量功德上至阿迦膩吒天下至水際以右
手斷取如陶家輪入此世界猶持華鬘示一
切衆作是念已入於三昧現神通力以其右
手斷取妙喜世界置於此土彼得神通菩薩
及聲聞衆并餘天人俱發聲言唯然世尊誰
取我去願見救護无動佛言非我所為是維
摩詰神力所作其餘未得神通者不覺不知
己之所往妙喜世界雖入此土而不增減於
是世界亦不迫隘如本无異

BD04107 號　維摩詰所說經卷下　（16–8）

取我去顛見救護无動佛言非我所為是維
摩詰神力所作其餘未得神通者不覺不知
己之所往妙喜世界雖入此土而不增減於
是世界亦不迫隘如本无異
尒時釋迦牟尼佛告諸大衆汝等且觀妙喜
世界无動如來其國嚴飾菩薩行淨弟子清
白皆曰唯然已見佛言若菩薩欲得如是清
淨佛土當學无動如來所行之道現此妙喜
國時娑婆世界十四那由他人發阿耨多羅
三藐三菩提心皆願生於妙喜佛土釋迦牟
尼佛即記之曰當生彼國時妙喜世界於此
國土所應饒益其事訖已還復本處舉衆皆
見佛告舍利弗汝見此妙喜世界及无動佛
不唯然已見世尊願使一切衆生得清淨土
如无動佛獲神通力如維摩詰世尊我等快
得善利得見是人親近供養其諸衆生若今
現在若佛滅後聞此經者亦得善利況復聞
已信解受持讀誦解說如法修行若有手得
是經典者便為已得法寶之藏若有讀誦解
釋其義如說修行則為諸佛之所護念其有
供養如是人者當知則為供養於佛其有書
持此經卷者當知其室則有如來若聞是經
能隨喜者斯人則為取一切智若能信解此
經乃至一四句偈為他說者當知此人即是
受阿耨多羅三藐三菩提記

BD04107號　維摩詰所說經卷下　（16–9）

持此經卷者當知其室則有如來若聞是經
能隨喜者斯人則為取一切智若能信解此
經乃至一四句偈為他說者當知此人即是
受阿耨多羅三藐三菩提記
法供養品第十三
尒時釋提桓因於大衆中白佛言世尊我雖
從佛及文殊師利聞百千經未曾聞此不可
思議自在神通決定實相經典如我解佛所
說義趣若有衆生聞是經法信解受持讀誦
之者必得是法不疑何況如說修行斯人則
為閉衆惡趣開諸善門常為諸佛之所護念
降伏外學摧滅魔怨修治菩提安處道場履
踐如來所行之跡世尊若有受持讀誦如說
修行者我當與諸眷屬供養給事所在聚落
城邑山林曠野有是經處我亦與諸眷屬聽
受法故共到其所其未信者當令生信其已
信者當為作護佛言善哉善哉天帝如汝所
說吾助尒喜此經廣說過去未來現在諸佛
不可思議阿耨多羅三藐三菩提是故天帝
若善男子善女人受持讀誦供養是經者則
為供養去來今佛天帝正使三千大千世界
如來滿中譬如甘蔗竹葦稻麻叢林若有善
男子善女人或一劫或減一劫恭敬尊重讚
歎供養奉諸所安至諸佛滅後以一一全身
舍利起七寶塔縱廣一四天下高至梵天表
剎莊嚴以一切華香瓔珞幢幡伎樂微妙第

BD04107號　維摩詰所說經卷下　（16–10）

男子善女人或一劫或減一劫恭敬尊重讚
歎供養奉諸所安至諸佛滅後以一一全身
舍利起七寶塔縱廣一四天下高至梵天表
刹莊嚴以一切華香瓔珞幢幡伎樂微妙第
一若一劫若減一劫而供養之於天帝意云
何其人植福寧為多不釋提桓因言多矣世
尊彼之福德若以百千億劫說不能盡佛告
天帝當知是善男子善女人聞是不可思議
解脫經典信解受持讀誦脩行福多於彼所
以者何諸佛菩提皆從是生菩提之相不可
限量以是因緣福不可量
佛告天帝過去無量阿僧祇劫時世有佛号
曰藥王如來應供正遍知明行足善逝世間
解無上士調御丈夫天人師佛世尊世界曰
大莊嚴劫曰莊嚴佛壽二十小劫其聲聞僧
三十六億那由他菩薩僧有十二億天帝是
時有轉輪聖王名曰寶蓋七寶具足主四天
下王有千子端正勇健能伏怨敵尒時寶蓋
與其眷屬供養藥王如來施諸所安至滿五
劫過五劫已告其千子汝等亦當如我以深
心供養於佛於是千子受父王命供養藥王
如來復滿五劫一切施安其王一子名曰月
蓋獨坐思惟寧有供養殊過此者以佛神力
空中有天曰善男子法之供養勝諸供養即
問何謂法之供養天曰汝可往問藥王如來
當廣為汝說法之供養即時月蓋王子行詣

BD04107 號　維摩詰所說經卷下　（16–11）

如來復滿五劫一切施安其王一子名曰月
蓋獨坐思惟寧有供養殊過此者以佛神力
空中有天曰善男子法之供養勝諸供養即
問何謂法之供養天曰汝可往問藥王如來
當廣為汝說法之供養即時月蓋王子行詣
藥王如來稽首佛足却住一面白佛言世尊
諸供養中法供養勝云何為法供養佛言善
男子法供養者諸佛所說深經一切世間難
信難受微妙難見清淨無染非但分別思惟
之所能得菩薩法藏所攝陁羅尼印印之至
不退轉成就六度善分別義順菩提法衆經
之上入大慈悲離衆魔事及諸邪見順因緣
法無我無人無衆生無壽命空無相無作無
起能令衆生坐於道場而轉法輪諸天龍神
乾闥婆等所共歎譽能令衆生入佛法藏攝
諸賢聖一切智慧說衆菩薩所行之道依於
諸法實相之義明宣無常苦空無我寂滅能
救一切毀禁衆生諸魔外道及貪着者能使
怖畏諸佛賢聖所共稱歎背生死苦示涅槃
樂十方三世諸佛所說若聞如是等經信解受
持讀誦以方便力為諸衆生分別解說顯示
分明守護法故是名法之供養又於諸法如
說脩行隨順十二因緣離諸邪見得無生忍
決定無我無有衆生而於因緣果報無違無
諍離諸我所依於義不依語依於智不依識
依了義經不依不了義經依於法不依人隨

BD04107 號　維摩詰所說經卷下　（16–12）

說脩行隨順十二因緣離諸邪見得无生忍
決定无我无有衆生而於因緣果報无違无
諍離諸我所依於義不依語依於智不依識
依了義經不依不了義經依於法不依人隨
順法相无所入无所歸无明畢竟滅故諸行
亦畢竟滅乃至生畢竟滅故老死亦畢竟滅
作如是觀十二因緣无有盡相不復起見是
名最上法之供養
佛告天帝王子月蓋從藥王佛聞如是法得
柔順忍即解寶衣嚴身之具以供養佛白佛
言世尊如來滅後我當行法供養守護正法
願以威神加哀建立令我得降魔怨脩菩薩
行佛知其深心所念而記之曰汝於末後守
護法城天帝時王子月蓋見法清淨聞佛授
記以信出家脩集善法精進不久得五神通
通菩薩道得陁羅尼无斷辯才於佛滅後以
其所得神通揔持辯才之力滿十小劫藥王
如來所轉法輪隨而分布月蓋比丘以守護
法勤行精進即於此身化百萬億人於阿耨
多羅三藐三菩提立不退轉十四那由他人
深發聲聞辟支佛心无量衆生得生天上天
帝時王寶蓋豈異人乎今現得佛号寶焰如
來其王千子即賢劫中千佛是也從迦羅鳩
孫䭾為始得佛最後如來号曰樓至月蓋比
丘則我身是如是天帝當知此要以法供養
於諸供養為上為最第一无比是故天帝當

BD04107 號　維摩詰所說經卷下　（16–13）

帝時王寶蓋豈異人乎今現得佛号寶焰如
來其王千子即賢劫中千佛是也從迦羅鳩
孫䭾為始得佛最後如來号曰樓至月蓋比
丘則我身是如是天帝當知此要以法供養
於諸供養為上為最第一无比是故天帝當
以法之供養供養於佛
囑累品第十四
於是佛告弥勒菩薩言弥勒我今以是无量
億阿僧祇劫所集阿耨多羅三藐三菩提法
付囑於汝如是輩經於佛滅後末世之中汝
等當以神力廣宣流布於閻浮提无令斷絕
所以者何未來世中當有善男子善女人及
天龍鬼神乾闥婆羅剎等發阿耨多羅三藐
三菩提心樂于大法若使不聞如是等經則
失善利如此輩人聞是等經必多信樂發希
有心當以頂受隨諸衆生所應得利而為廣
說弥勒當知菩薩有二相何謂為二一者好
於雜句文飾之事二者不畏深義如實能入
若好雜句文飾事者當知是為新學菩薩若
於如是无染无著甚深經典无有恐畏能入
其中聞已心淨受持讀誦如說脩行當知是
為久脩道行弥勒復有二法名新學者不能
決定於甚深法何等為二一者所未聞深經
聞之驚怖生疑不能隨順毀謗不信而作是
言我初不聞從何所來二者若有護持解說
如是深經者不肯親近供養恭敬或時於中

BD04107 號　維摩詰所說經卷下　（16–14）

決定於甚深法何等為二一者所未聞深經
聞之驚怖生疑不能隨順毀謗不信而作是
言我初不聞從何所來二者若有護持解說
如是深經者不肯親近供養恭敬或時於中
說其過惡有此二法當知是新學菩薩為自
毀傷不能於深法中調伏其心弥勒復有二
法菩薩雖信解深法猶自毀傷而不能得无
生法忍何等為二一者輕慢新學菩薩而不
教誨二者雖解深法而取相分別是為二法
弥勒菩薩聞說是已白佛言世尊未曾有世
如佛所說我當遠離如斯之惡奉持如來无
數阿僧祇劫所集阿耨多羅三藐三菩提法
若未來世善男子善女人求大乘者當令手
得如是等經與其念力使受持讀誦為他廣
說世尊若後末世有能受持讀誦為他說者
當知是為弥勒神力之所建立佛言善哉善
哉弥勒如汝所說佛助尒喜於是一切菩薩
合掌白佛我等亦於如來滅後十方國土廣
宣流布阿耨多羅三藐三菩提復當開導諸
說法者令得是經
尒時四天王白佛言世尊在在處處城邑聚
落山林曠野有是經卷讀誦解說者我當率
諸官屬為聽法故往詣其所擁護其人面百
由旬令无伺求得其便者是時佛告阿難受
持是經廣宣流布阿難言唯然我已受持要
者世尊當何名斯經佛言阿難是經名為維

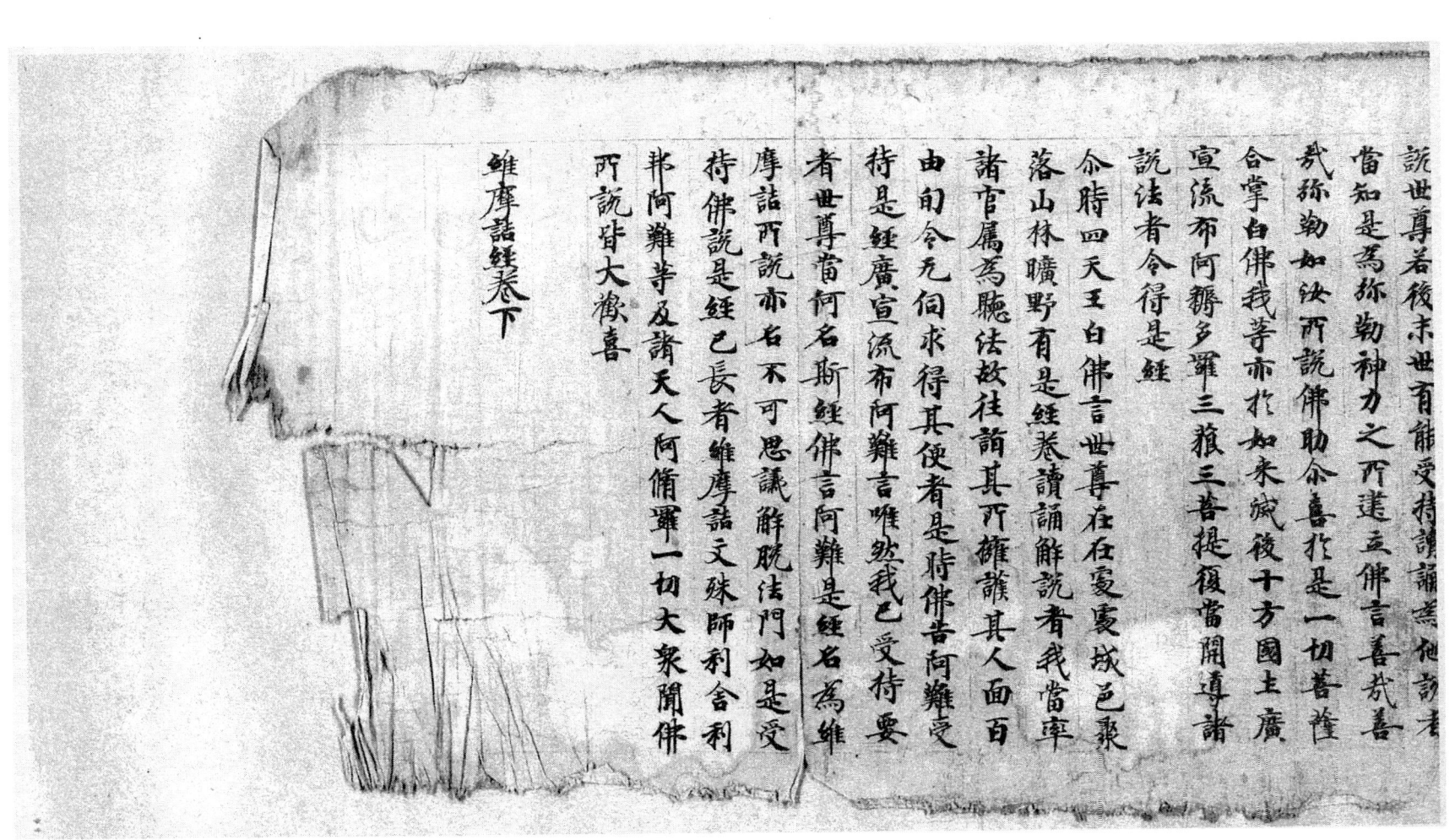

BD04107號　維摩詰所說經卷下　（16–15）

說世尊若後末世有能受持讀誦為他說者
當知是為弥勒神力之所建立佛言善哉善
哉弥勒如汝所說佛助尒喜於是一切菩薩
合掌白佛我等亦於如來滅後十方國土廣
宣流布阿耨多羅三藐三菩提復當開導諸
說法者令得是經
尒時四天王白佛言世尊在在處處城邑聚
落山林曠野有是經卷讀誦解說者我當率
諸官屬為聽法故往詣其所擁護其人面百
由旬令无伺求得其便者是時佛告阿難受
持是經廣宣流布阿難言唯然我已受持要
者世尊當何名斯經佛言阿難是經名為維
摩詰所說亦名不可思議解脫法門如是受
持佛說是經已長者維摩詰文殊師利舍利
弗阿難等及諸天人阿脩羅一切大眾聞佛
所說皆大歡喜

維摩詰經卷下

BD04107號　維摩詰所說經卷下　（16–16）

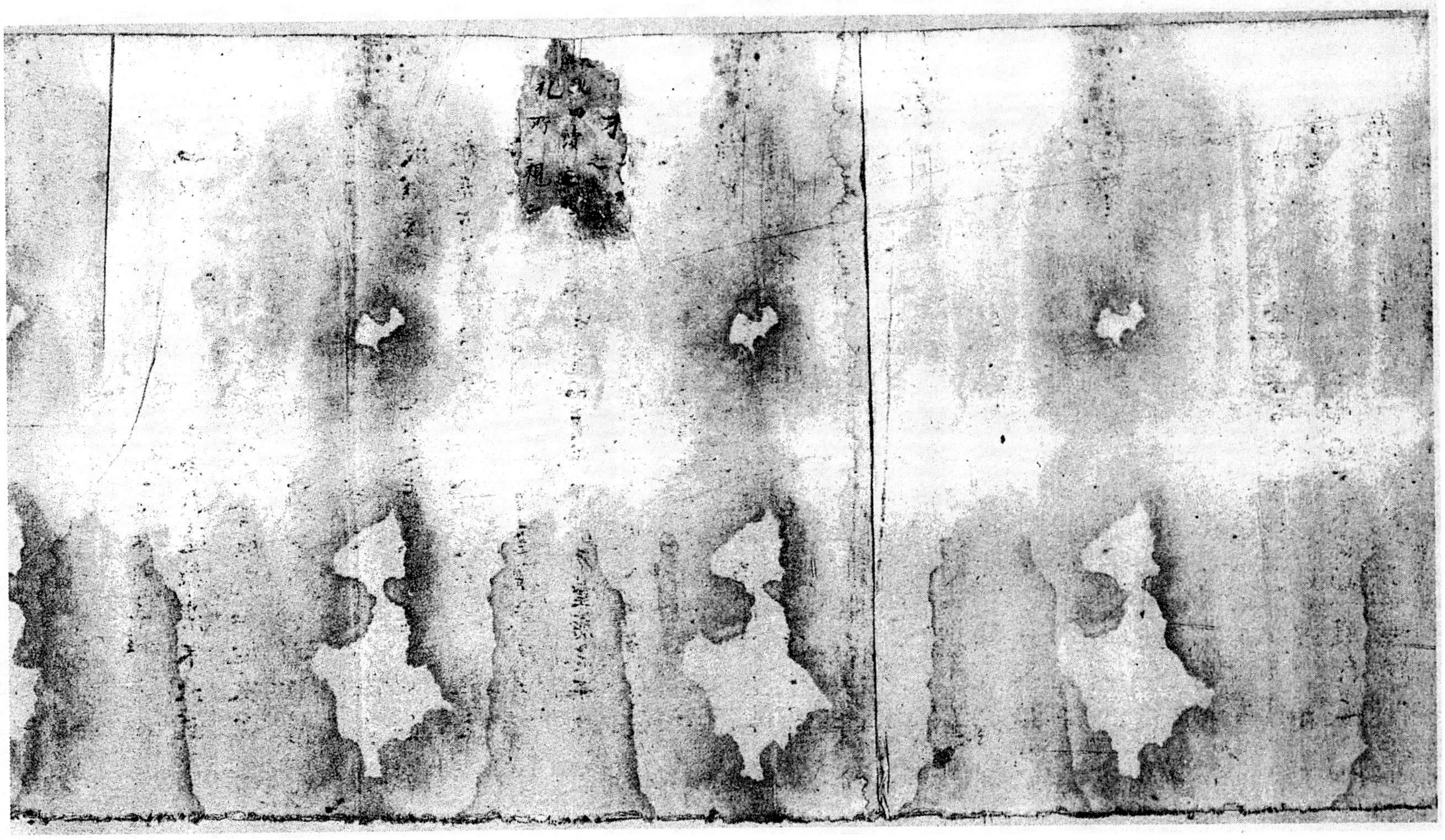

BD04107號背　尚書·夏書·禹貢　　（1–1）

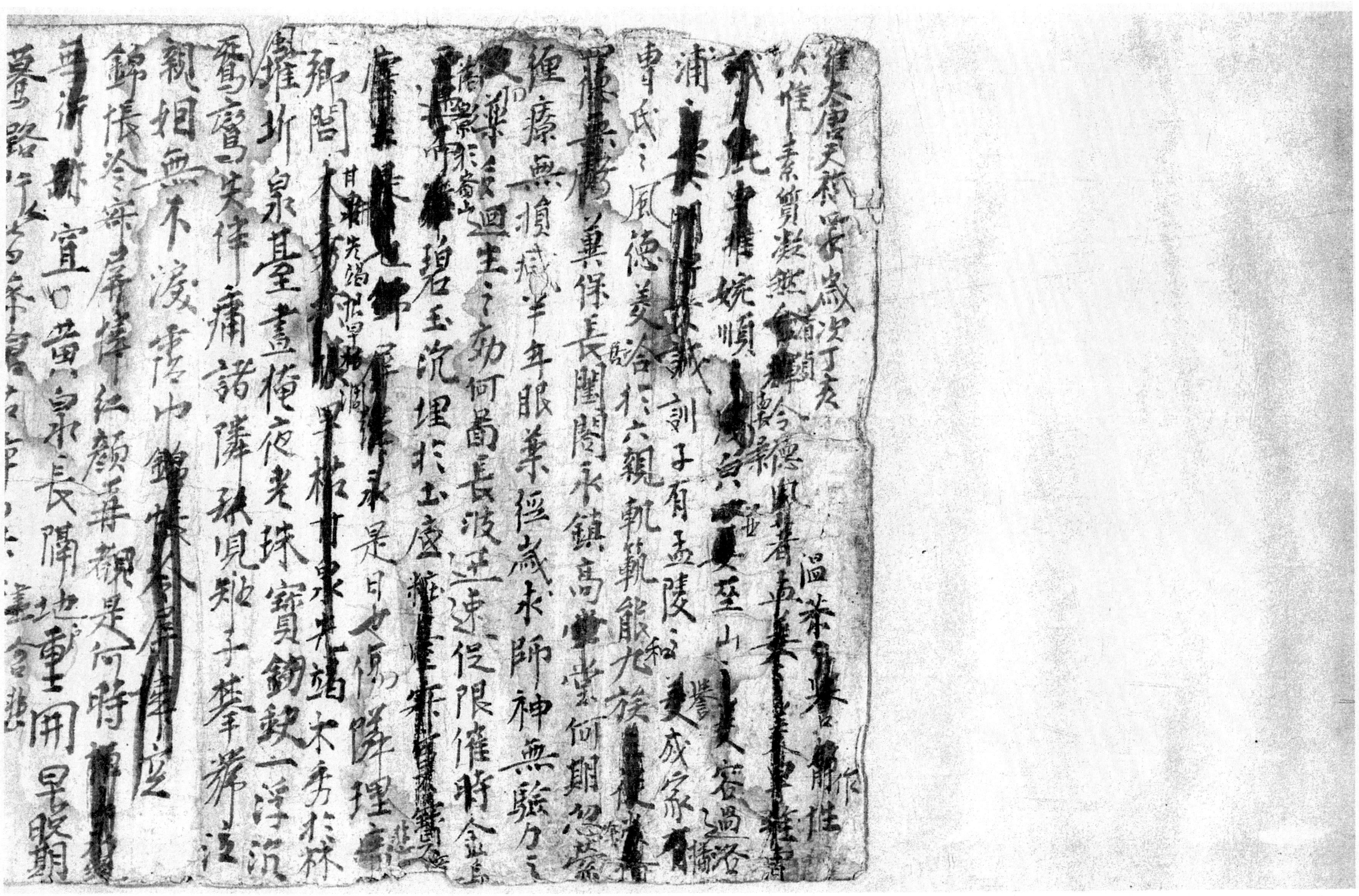

BD04108號1　祭亡夫人文稿（擬）

（4–1）

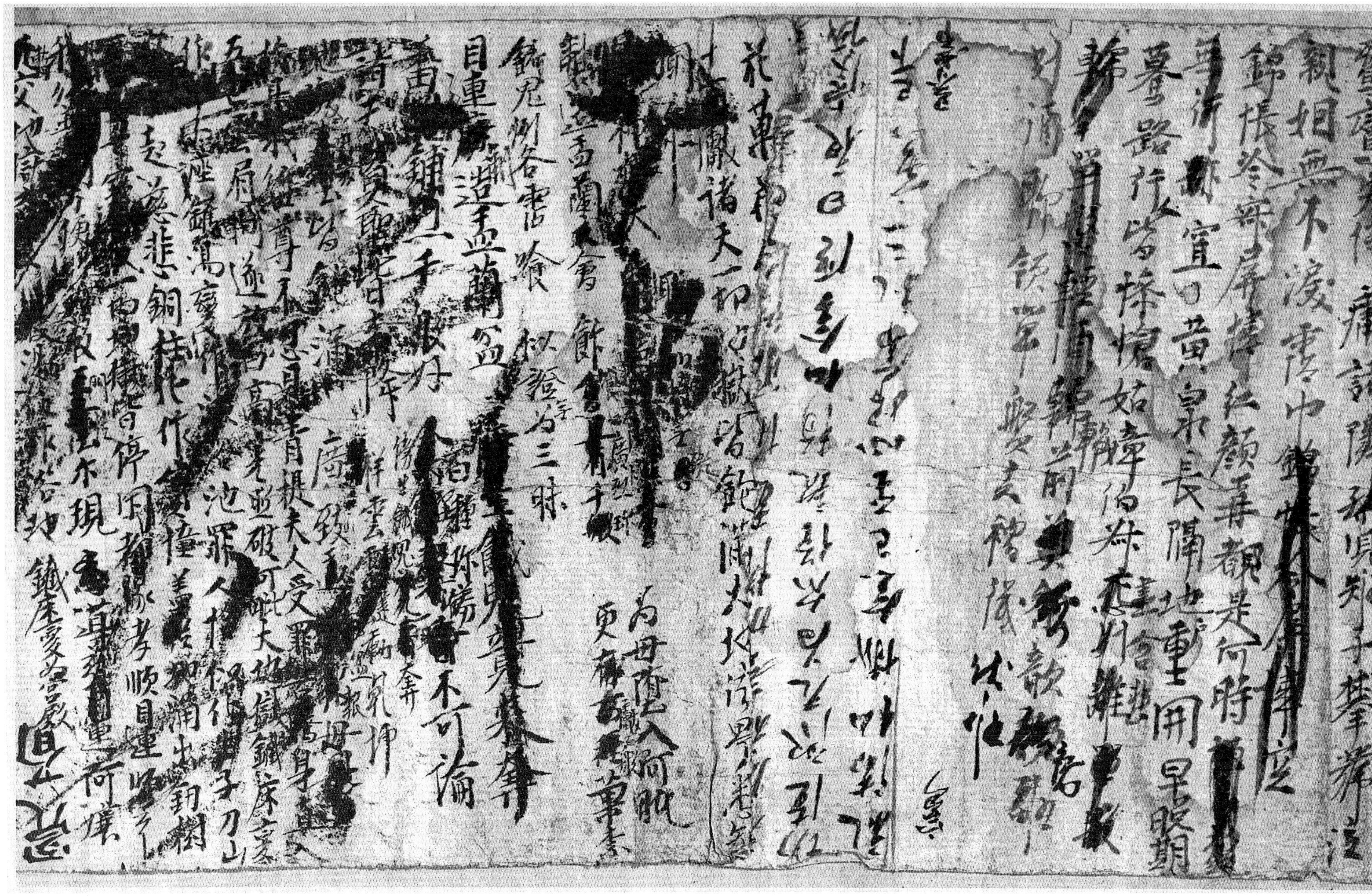

BD04108 號 1　祭亡夫人文稿（擬）

BD04108 號 2　禮懺文（擬）

BD04108 號 3　目連救母變文（擬）

（4–2）

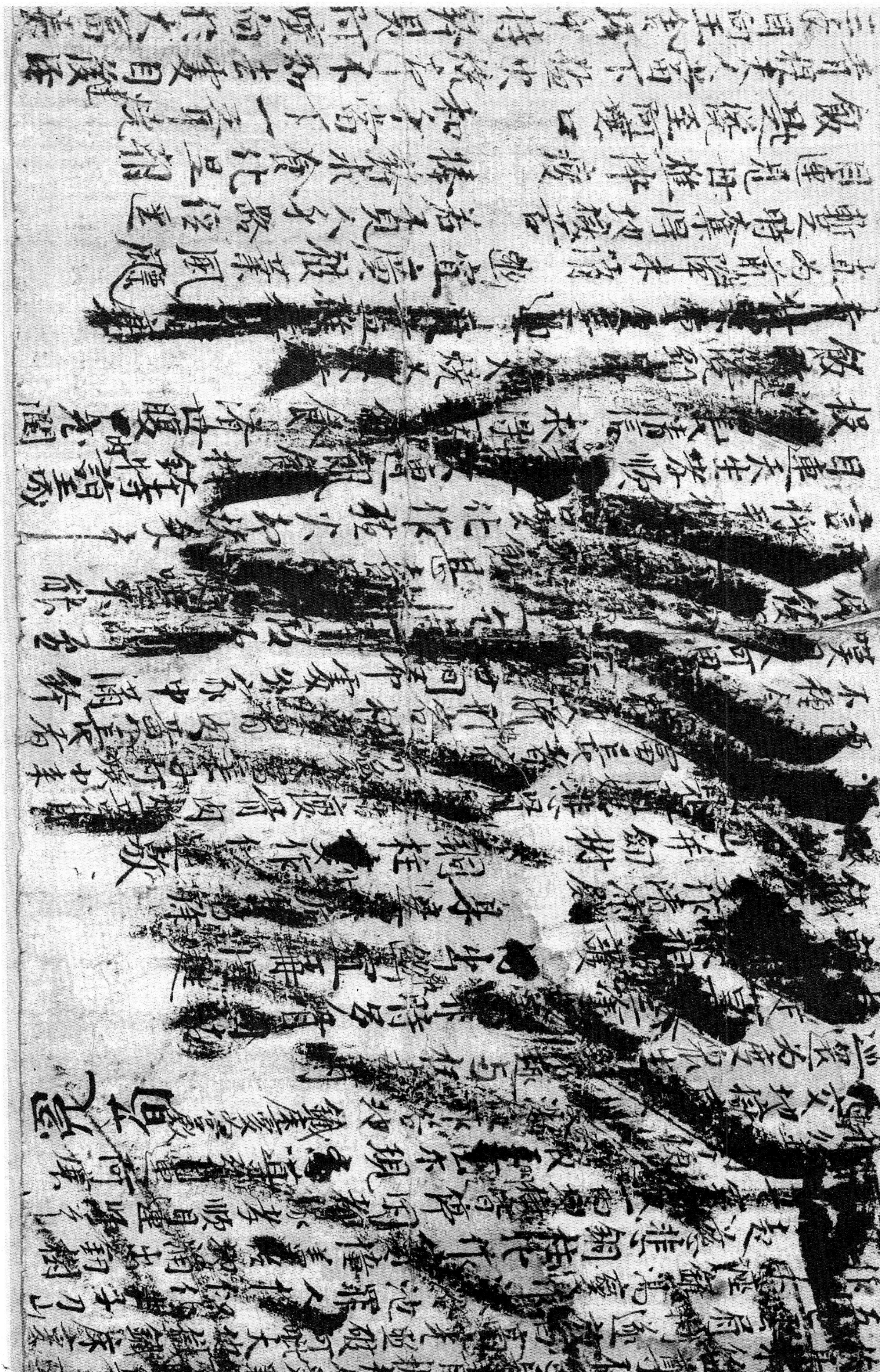

BD04108號3　目連救母變文（擬）

（4–3）

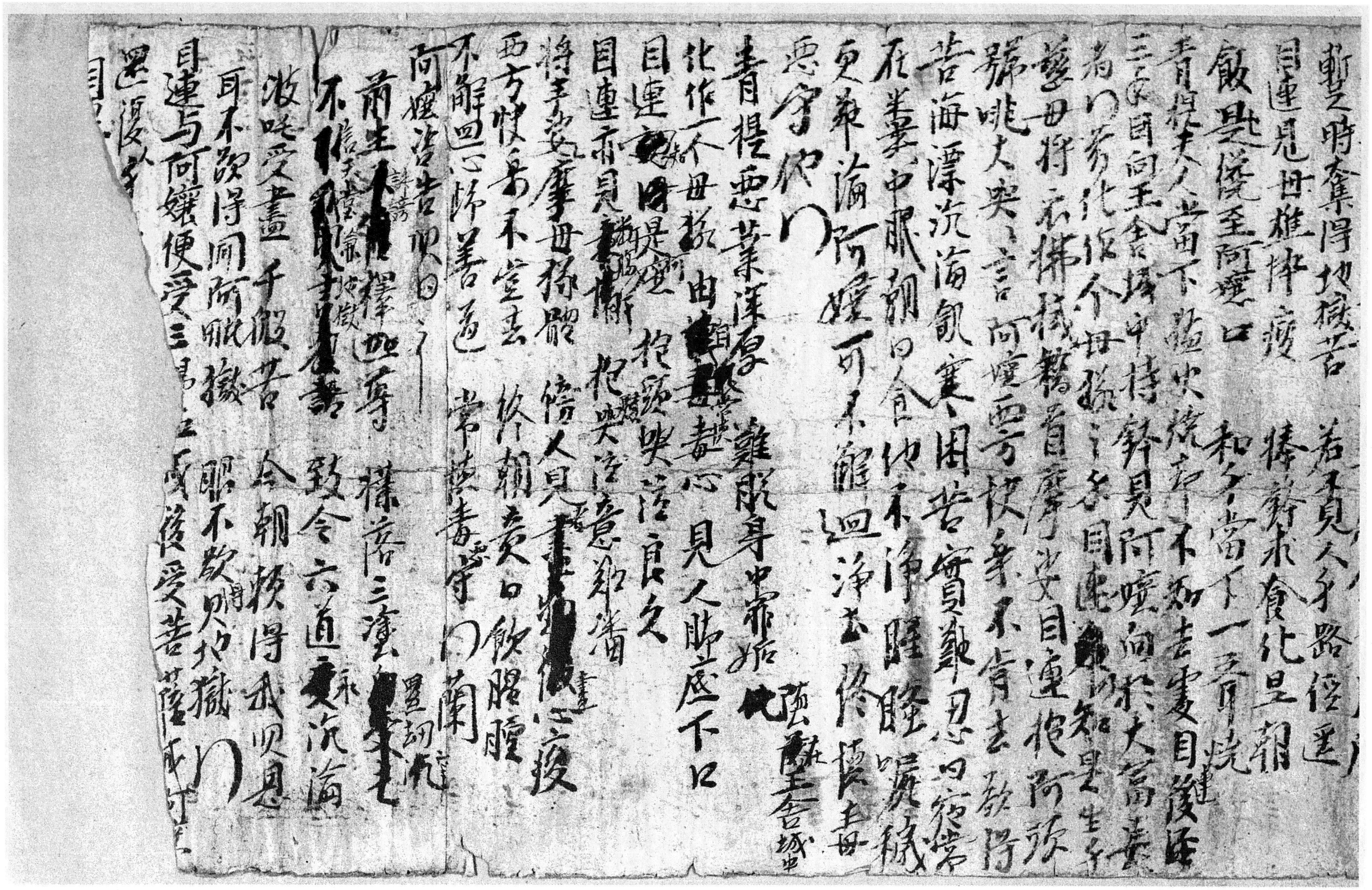

BD04108號3 目連救母變文（擬）　　（4-4）

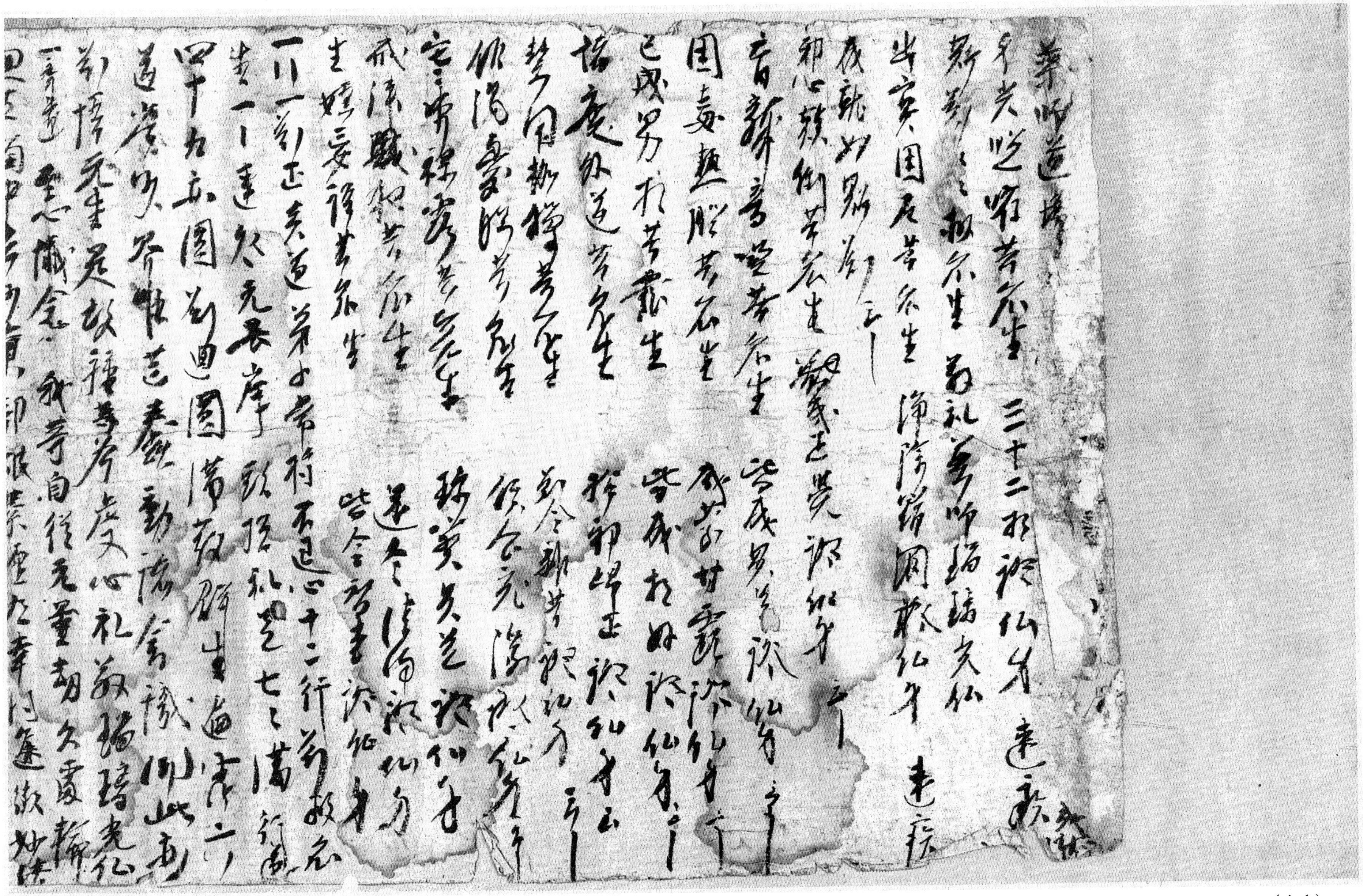

BD04108號背1　藥師道場文（擬）

（4–1）

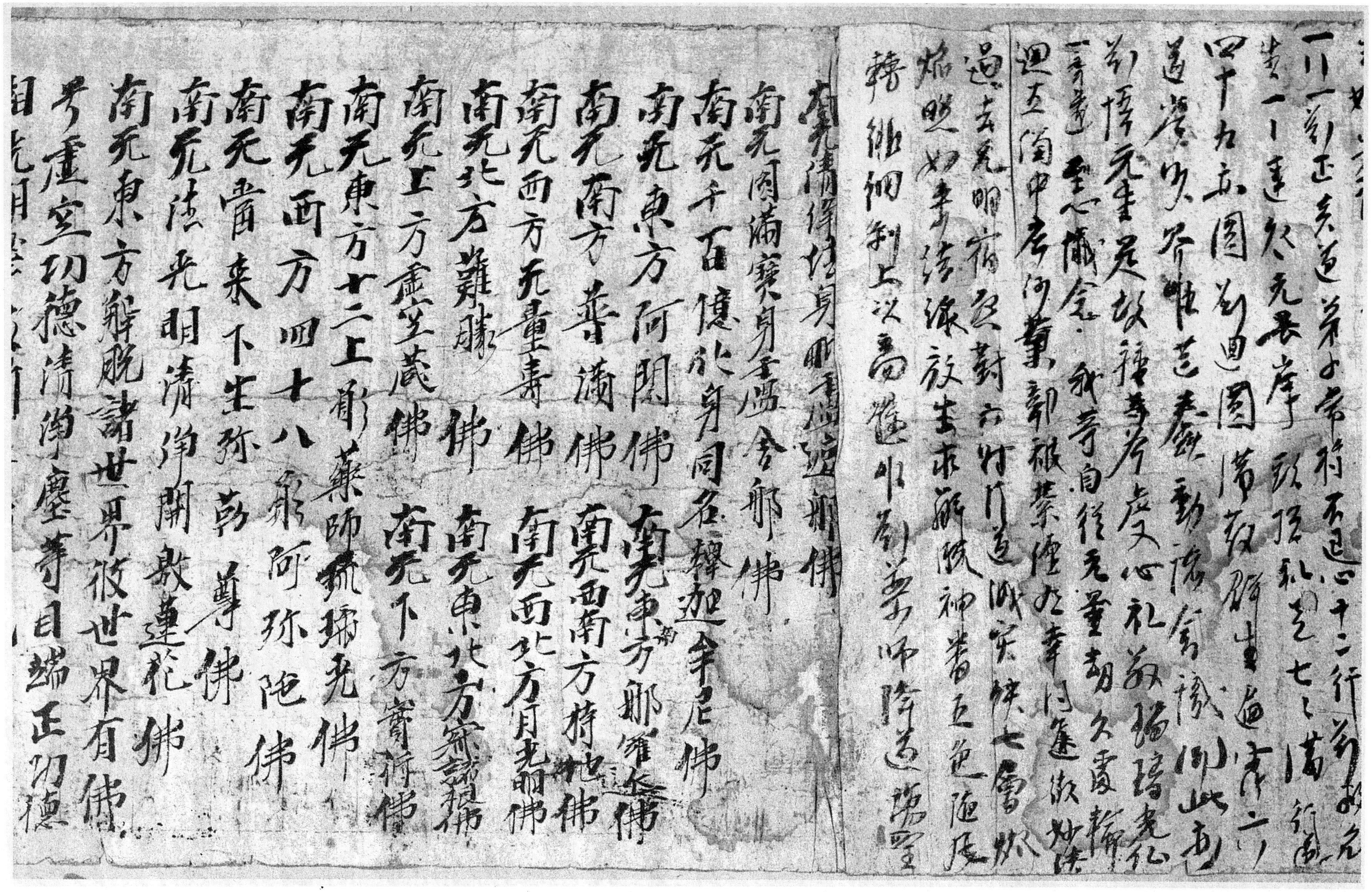

BD04108號背1　藥師道場文（擬）
BD04108號背2　七階禮懺文（擬）

（4–2）

……阿彌陀佛
南无當來下生彌勒尊佛
南无法光明清淨開敷蓮花佛
南无東方解脫諸世界彼世界有佛
号虛空功德清淨微塵等目端正功德
相光明華波頭摩瑠璃光寶體香
最上香供養訖以種種莊嚴頂䯻无
量无邊日月光明願力莊嚴變化莊嚴
法界出生无障导王如來
南无寂相日月光明華蓮寶蓮花堅
如金剛身毘盧遮那无障礙眼圓滿
十方放光照一切佛剎相王如來
南无過現未來盡十方虛空界一切諸佛
菩薩上界諸天龍梵八部帝主人王眾
劫師僧所生父母道場施主及法界眾生
並願斷除諸障歸命禮懺悔　至心懺悔
一切業障海皆從妄相生若欲懺悔者
端坐觀實相眾罪如霜露惠日能消除
是故應至心勤懺六根罪懺悔已歸命
禮三寶　至心發願　願眾等生生值諸
佛世世恒聞解脫音弘誓平等度眾生
畢竟速成无上道發願已歸命禮三寶
眾罪皆懺悔諸佛盡隨喜禮佛及功德願
成无上道去來現在佛於諸眾生最勝
无量功德海歸依合掌禮
寅朝禮懺

BD04108號背2　七階禮懺文（擬）

（4–3）

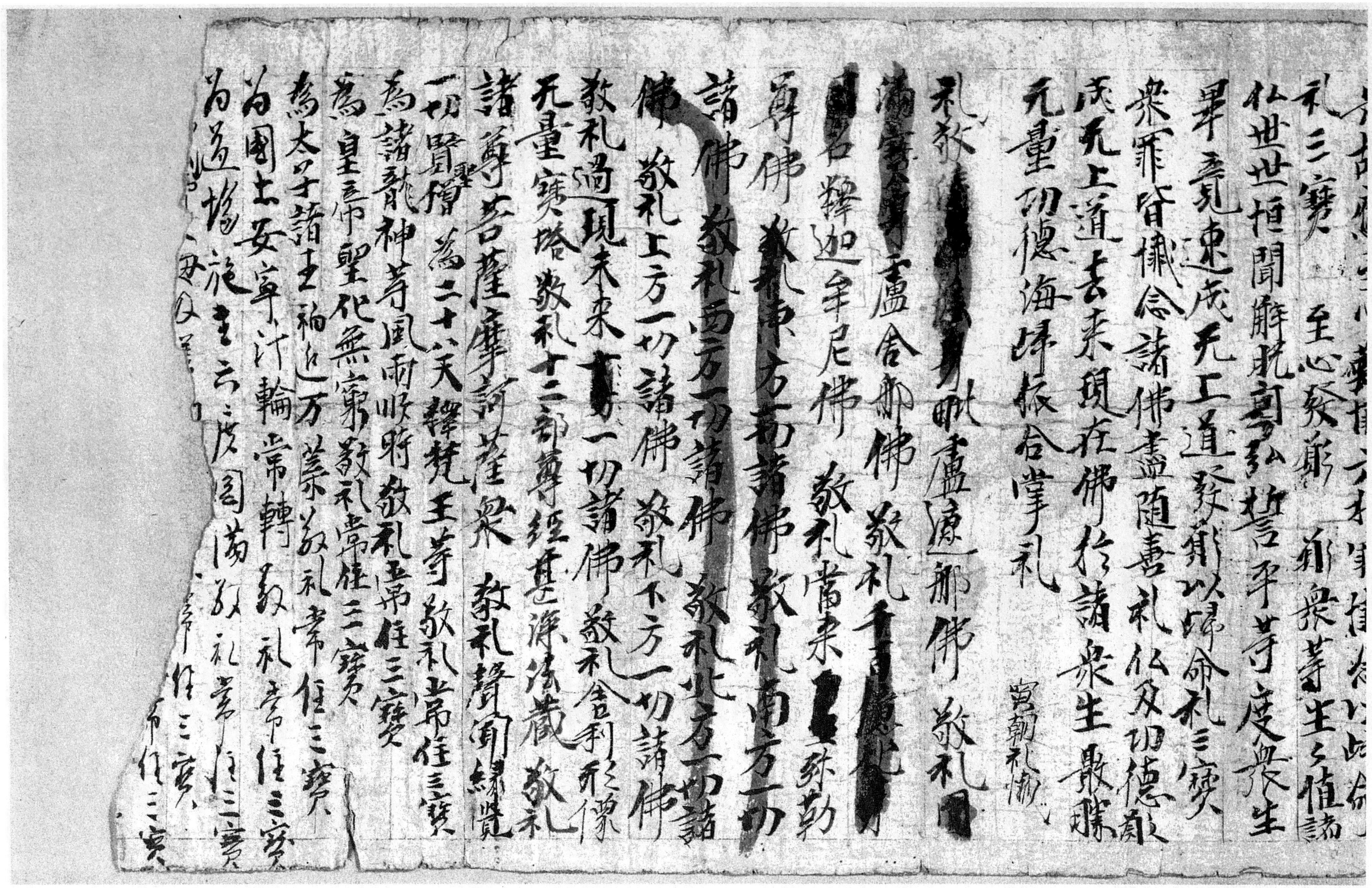

BD04108 號背 2　七階禮懺文（擬）　（4–4）

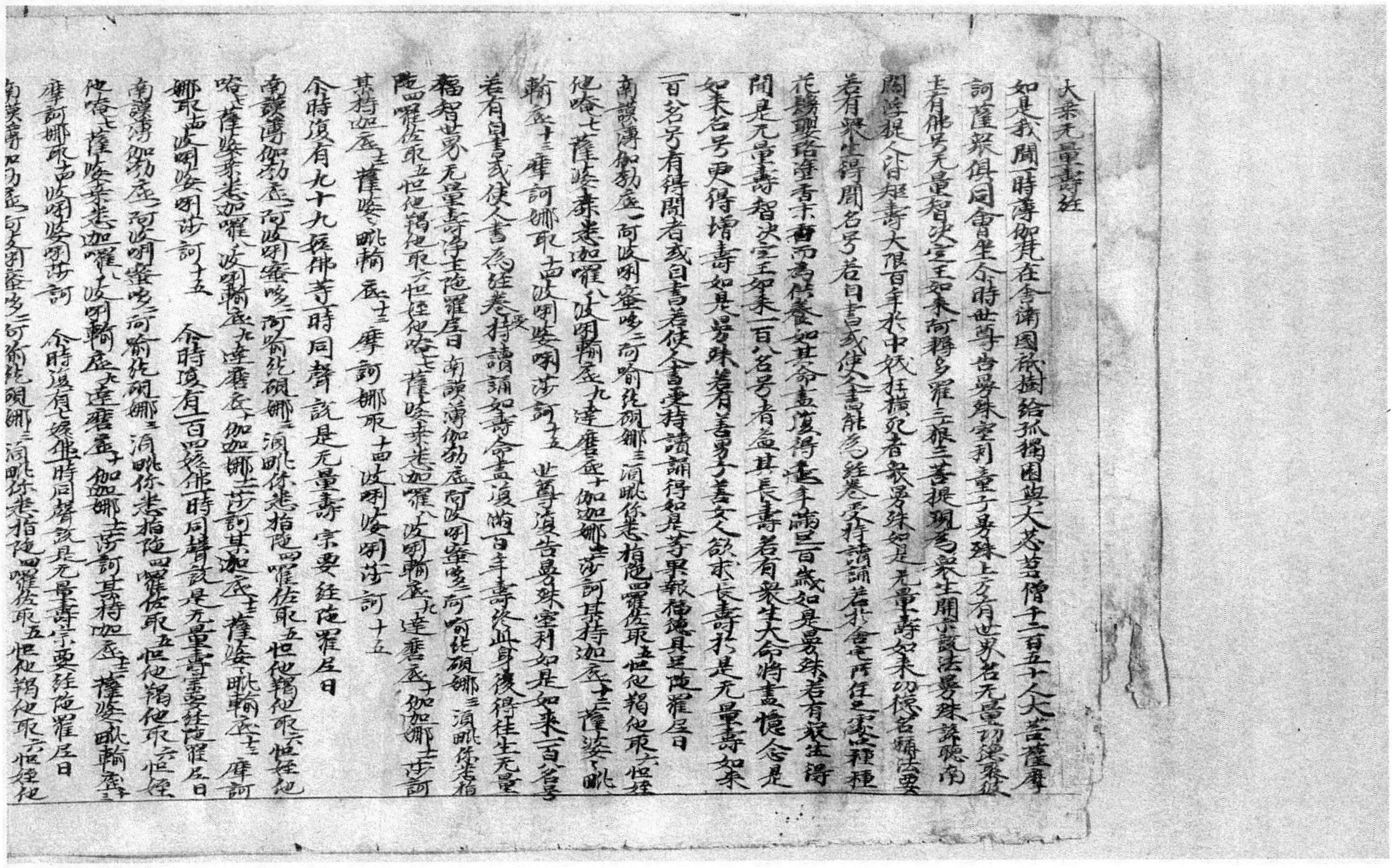
大乘无量壽經
如是我聞一時薄伽梵在舍衛國祇樹給孤獨園與大苾芻僧千二百五十人大菩薩摩
訶薩衆俱同會坐尒時世尊告曼殊室利童子曼殊上方有世界名无量功德聚彼
土有佛号无量智決定王如來阿耨多羅三藐三菩提現爲衆生開示說法曼殊諦聽南
閻浮提人皆短壽大限百年於中夭枉横死者衆曼殊如是无量壽如來功德名稱法要
若有衆生得聞名号若自書或使人書能爲經卷受持讀誦若於舍宅所住之處以種種
花鬘瓔珞塗香末香而爲供養如其命盡復得延年滿足百歲如是曼殊若有衆生得
聞是无量壽智決定王如來一百八名号者益其長壽若有衆生大命將盡憶念是
如來名号更得增壽如是曼殊若有善男子善女人欲求長壽者於是无量壽如來
一百八名号有得聞者或自書若使人書受持讀誦得如是等果報福德具足陁羅尼曰
南謨薄伽勃底一阿波唎蜜哆二阿喻紇硯娜三須毗你悉指陁四囉佐耶五怛他羯他耶六怛姪
他唵七薩婆桑悉迦囉八波唎輸底九達磨底十伽迦娜十一莎訶其持迦底十二薩婆䫂毗
輸底十三摩訶娜耶十四波唎婆唎莎訶十五 世尊復告曼殊室利如是如來一百名号
若有自書或使人書爲經卷受持讀誦如壽命盡復滿百年壽終之身後得往生无量
福智世界无量壽淨土陁羅尼曰 南謨薄伽勃底一阿波唎蜜哆二阿喻紇硯娜三須毗你悉指
陁四囉佐耶五怛他羯他耶六怛姪他唵七薩婆桑悉迦囉八波唎輸底九達磨底十伽迦娜十一莎訶
其持迦底十二 薩婆䫂毗輸底十三 摩訶娜耶十四 波唎婆唎莎訶十五
尒時復有九十九俱胝佛等時同聲說是无量壽 宗要經陁羅尼曰
南謨薄伽勃底一阿波唎蜜哆二阿喻紇硯娜三須毗你悉指陁四囉佐耶五怛他羯他耶六怛姪他
唵七薩婆桑悉迦囉八波唎輸底九達磨底十伽迦娜十一莎訶其迦底十二 薩婆䫂毗輸底十三 摩訶
娜耶十四波唎婆唎莎訶十五 尒時復有一百四俱胝佛時同聲說是无量壽宗要經陁羅尼曰
南謨薄伽勃底一阿波唎蜜哆二阿喻紇硯娜三須毗你悉指陁四囉佐耶五怛他羯他耶六怛姪
他唵七薩婆桑悉迦囉八波唎輸底九達磨底十伽迦娜十一莎訶其持迦底十二 薩婆䫂毗輸底十三
摩訶娜耶十四波唎婆唎莎訶 尒時復有七俱胝佛時同聲說是无量壽宗要經陁羅尼曰
南謨薄伽勃底一阿波唎蜜哆二阿喻紇硯娜三須毗你悉指陁四囉佐耶五怛他羯他耶六怛姪他

BD04109 號　無量壽宗要經　（5–1）

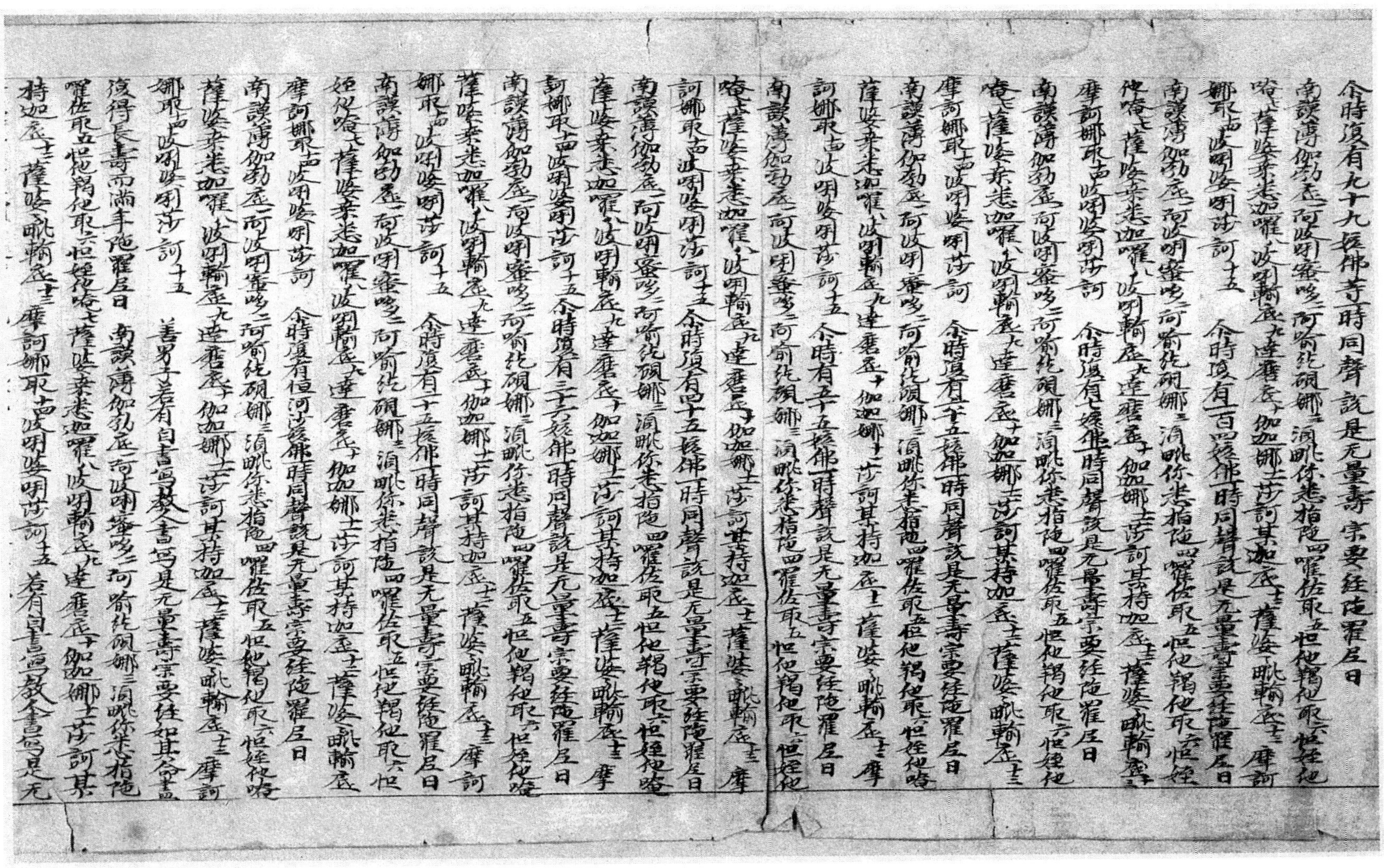
尒時復有九十九俱胝佛等時同聲說是无量壽 宗要經陁羅尼曰
南謨薄伽勃底一阿波唎蜜哆二阿喻紇硯娜三須毗你悉指陁四囉佐耶五怛他羯他耶六怛姪他
唵七薩婆桑悉迦囉八波唎輸底九達磨底十伽迦娜十一莎訶其迦底十二薩婆䫂毗輸底十三摩訶
娜耶十四波唎婆唎莎訶十五 尒時復有一百四俱胝佛時同聲說是无量壽宗要經陁羅尼曰
南謨薄伽勃底一阿波唎蜜哆二阿喻紇硯娜三須毗你悉指陁四囉佐耶五怛他羯他耶六怛姪
他唵七薩婆桑悉迦囉八波唎輸底九達磨底十伽迦娜十一莎訶其持迦底十二薩婆䫂毗輸底十三
摩訶娜耶十四波唎婆唎莎訶 尒時復有七俱胝佛時同聲說是无量壽宗要經陁羅尼曰
南謨薄伽勃底一阿波唎蜜哆二阿喻紇硯娜三須毗你悉指陁四囉佐耶五怛他羯他耶六怛姪他
唵七薩婆桑悉迦囉八波唎輸底九達磨底十伽迦娜十一莎訶其持迦底十二薩婆䫂毗輸底十三
摩訶娜耶十四波唎婆唎莎訶 尒時復有五十五俱胝佛時同聲說是无量壽宗要經陁羅尼曰
南謨薄伽勃底一阿波唎蜜哆二阿喻紇硯娜三須毗你悉指陁四囉佐耶五怛他羯他耶六怛姪他唵
七薩婆桑悉迦囉八波唎輸底九達磨底十伽迦娜十一莎訶其持迦底十二薩婆䫂毗輸底十三摩
訶娜耶十四波唎婆唎莎訶十五 尒時有卆十五俱胝佛一時同聲說是无量壽宗要經陁羅尼曰
南謨薄伽勃底一阿波唎蜜哆二阿喻紇硯娜三須毗你悉指陁四囉佐耶五怛他羯他耶六怛姪他
唵七薩婆桑悉迦囉八波唎輸底九達磨底十伽迦娜十一莎訶其持迦底十二薩婆䫂毗輸底十三摩
訶娜耶十四波唎婆唎莎訶十五 尒時復有四十五俱胝佛一時同聲說是无量壽宗要經陁羅尼曰
南謨薄伽勃底一阿波唎蜜哆二阿喻紇硯娜三須毗你悉指陁四囉佐耶五怛他羯他耶六怛姪他唵
七薩婆桑悉迦囉八波唎輸底九達磨底十伽迦娜十一莎訶其持迦底十二薩婆䫂毗輸底十三摩
訶娜耶十四波唎婆唎莎訶十五 尒時復有三十六俱胝佛一時同聲說是无量壽宗要經陁羅尼曰
南謨薄伽勃底一阿波唎蜜哆二阿喻紇硯娜三須毗你悉指陁四囉佐耶五怛他羯他耶六怛
姪他唵七薩婆桑悉迦囉八波唎輸底九達磨底十伽迦娜十一莎訶其持迦底十二薩婆䫂毗輸底十三
摩訶娜耶十四波唎婆唎莎訶 尒時復有二十五俱胝佛時同聲說是无量壽宗要經陁羅尼曰
南謨薄伽勃底一阿波唎蜜哆二阿喻紇硯娜三須毗你悉指陁四囉佐耶五怛他羯他耶六怛姪他唵
七薩婆桑悉迦囉八波唎輸底九達磨底十伽迦娜十一莎訶其持迦底十二薩婆䫂毗輸底十三摩訶
娜耶十四波唎婆唎莎訶十五 尒時復有恒河沙俱胝佛時同聲說是无量壽宗要經陁羅尼曰
南謨薄伽勃底一阿波唎蜜哆二阿喻紇硯娜三須毗你悉指陁四囉佐耶五怛他羯他耶六怛姪他唵
七薩婆桑悉迦囉八波唎輸底九達磨底十伽迦娜十一莎訶其持迦底十二薩婆䫂毗輸底十三摩訶
娜耶十四波唎婆唎莎訶十五 善男子若有自書寫教人書寫是无量壽宗要經如其命盡
復得長壽而滿百年陁羅尼曰 南謨薄伽勃底一阿波唎蜜哆二阿喻紇硯娜三須毗你悉指陁
四囉佐耶五怛他羯他耶六怛姪他唵七薩婆桑悉迦囉八波唎輸底九達磨底十伽迦娜十一莎訶其
持迦底十二薩婆䫂毗輸底十三摩訶娜耶十四波唎婆唎莎訶十五 若有自書寫教人書寫是无

BD04109 號　無量壽宗要經　（5–2）

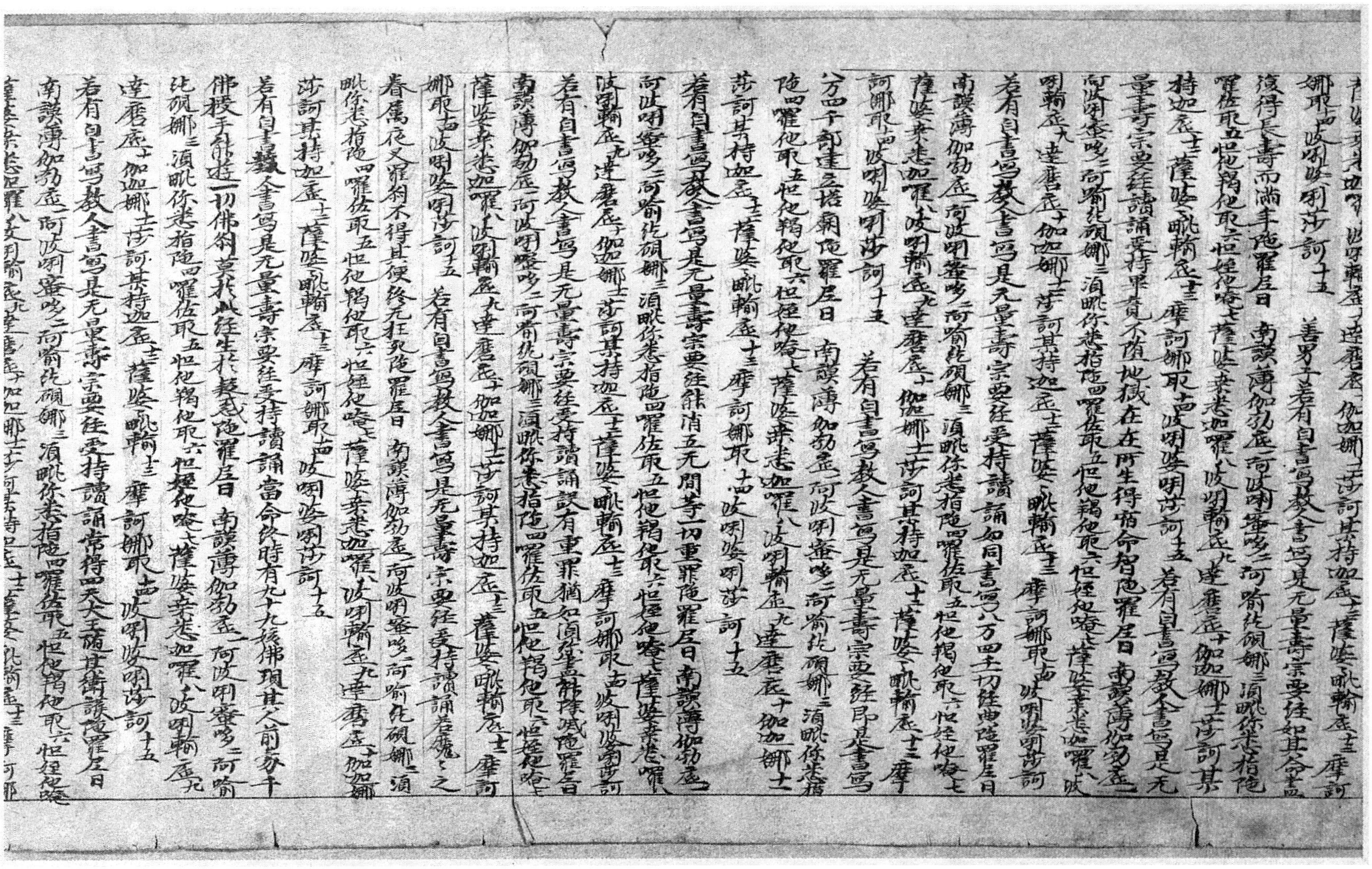
[illegible]輸底九達磨底十伽伽娜十一莎訶其持迦底十二薩婆毗輸底十三摩訶
娜耶十四波唎婆唎莎訶十五　善男子若有自書寫教人書寫是无量壽宗要經如其命盡
復得長壽而滿手陁羅尼曰　南謨薄伽勃底一阿波唎蜜哆二阿喻紇硯娜三須毗你悉指陁
囉佐耶五怛他揭他耶六怛姪他唵七薩婆桑悉迦囉八波唎輸底九達磨底十伽伽娜十一莎訶其
持迦底十二薩婆毗輸底十三摩訶娜耶十四波唎婆唎莎訶十五　若有自書寫教人書寫是无
量壽宗要經讀誦受持畢竟不墮地獄在在所生得宿命智陁羅尼曰　南謨薄伽勃底一
阿波唎蜜哆二阿喻紇硯娜三須毗你悉指陁四囉佐耶五怛他揭他耶六怛姪他唵七薩婆桑悉迦囉八波
唎輸底九達磨底十伽伽娜十一莎訶其持迦底十二薩婆毗輸底十三摩訶娜耶十四波唎婆唎莎訶
若有自書寫教人書寫是无量壽宗要經受持讀誦如同書寫八万四千一切經典陁羅尼曰
南謨薄伽勃底一阿波唎蜜哆二阿喻紇硯娜三須毗你悉指陁四囉佐耶五怛他揭他耶六怛姪他唵七
薩婆桑悉迦囉八波唎輸底九達磨底十伽伽娜十一莎訶其持迦底十二薩婆毗輸底十三摩
訶娜耶十四波唎婆唎莎訶十五　若有自書寫教人書寫是无量壽宗要經即是書寫
八万四千部建立塔廟陁羅尼曰　南謨薄伽勃底一阿波唎蜜哆二阿喻紇硯娜三須毗你悉指
陁四囉佐耶五怛他揭他耶六怛姪他唵七薩婆桑悉迦囉八波唎輸底九達磨底十伽伽娜十一
莎訶其持迦底十二薩婆毗輸底十三摩訶娜耶十四波唎婆唎莎訶十五
若有自書寫教人書寫是无量壽宗要經能消五无間等一切重罪陁羅尼曰　南謨薄伽勃底一
阿波唎蜜哆二阿喻紇硯娜三須毗你悉指陁四囉佐耶五怛他揭他耶六怛姪他唵七薩婆桑悉迦囉八
波唎輸底九達磨底十伽伽娜十一莎訶其持迦底十二薩婆毗輸底十三摩訶娜耶十四波唎婆唎莎訶
若有自書寫教人書寫是无量壽宗要經受持讀誦設有重罪猶如須彌盡能摧滅陁羅尼曰
南謨薄伽勃底一阿波唎蜜哆二阿喻紇硯娜三須毗你悉指陁四囉佐耶五怛他揭他耶六怛姪他唵七
薩婆桑悉迦囉八波唎輸底九達磨底十伽伽娜十一莎訶其持迦底十二薩婆毗輸底十三摩訶
娜耶十四波唎婆唎莎訶十五　若有自書寫教人書寫是无量壽宗要經受持讀誦若魔魔之
眷屬夜叉羅剎不得其便終无狂死陁羅尼曰　南謨薄伽勃底一阿波唎蜜哆二阿喻紇硯娜三須
毗你悉指陁四囉佐耶五怛他揭他耶六怛姪他唵七薩婆桑悉迦囉八波唎輸底九達磨底十伽伽娜十一
莎訶其持迦底十二薩婆毗輸底十三摩訶娜耶十四波唎婆唎莎訶十五
若有自書教人書寫是无量壽宗要經受持讀誦當命終時有九十九垓佛現其人前為十
佛授手能遊一切佛剎莫於此經生於疑惑陁羅尼曰　南謨薄伽勃底一阿波唎蜜哆二阿喻
紇硯娜三須毗你悉指陁四囉佐耶五怛他揭他耶六怛姪他唵七薩婆桑悉迦囉八波唎輸底九
達磨底十伽伽娜十一莎訶其持迦底十二薩婆毗輸底十三摩訶娜耶十四波唎婆唎莎訶十五
若有自書寫教人書寫是无量壽宗要經受持讀誦常得四天大王隨其衛護陁羅尼曰
南謨薄伽勃底一阿波唎蜜哆二阿喻紇硯娜三須毗你悉指陁四囉佐耶五怛他揭他耶六怛姪他唵七
薩婆桑悉迦囉八波唎輸底九達磨底十伽伽娜十一莎訶其持迦底十二薩婆毗輸底十三摩訶耶

BD04109 號　無量壽宗要經　（5–3）

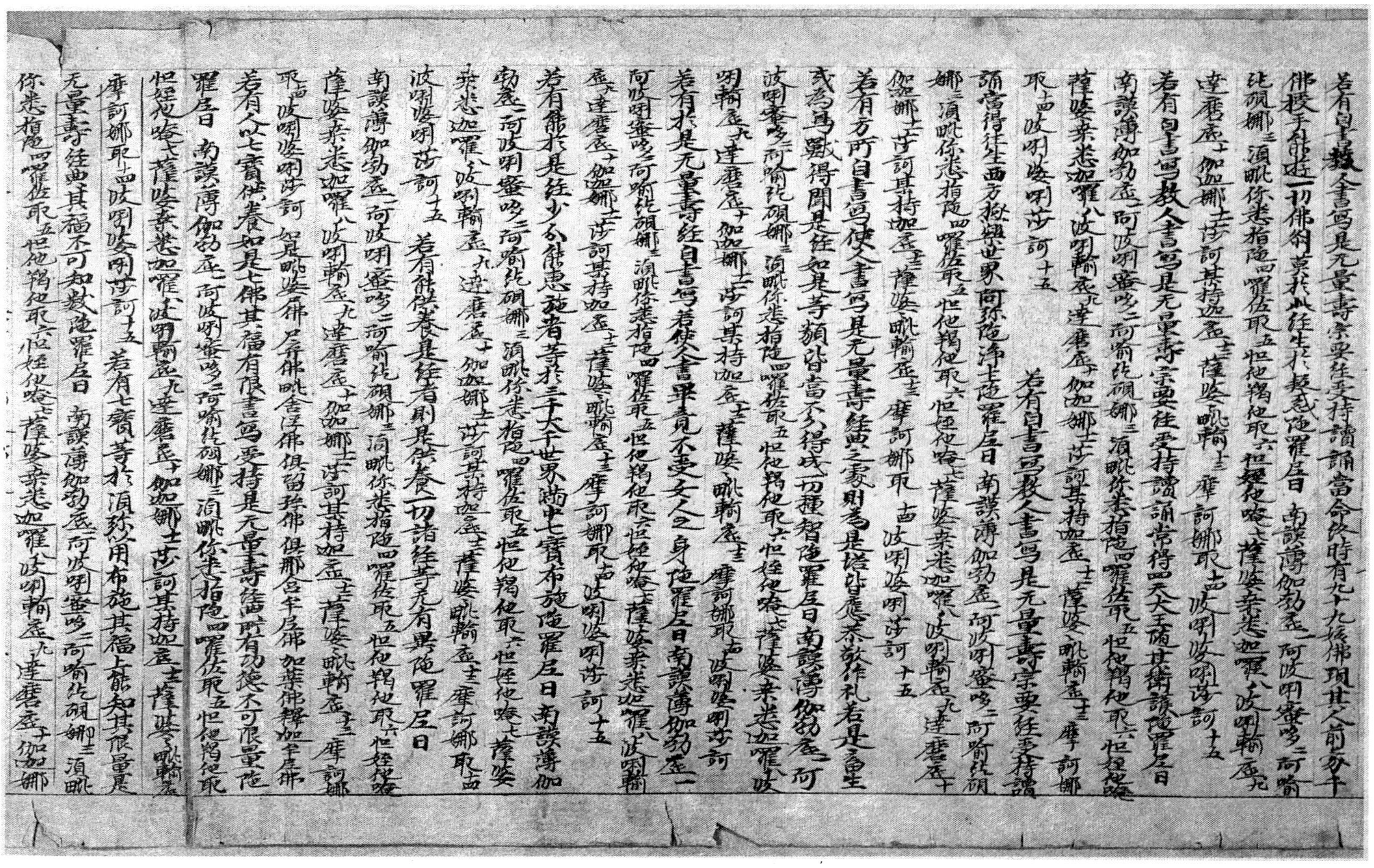
若有自書教人書寫是无量壽宗要經受持讀誦當命終時有九十九垓佛現其人前為十
佛授手能遊一切佛剎莫於此經生於疑惑陁羅尼曰　南謨薄伽勃底一阿波唎蜜哆二阿喻
紇硯娜三須毗你悉指陁四囉佐耶五怛他揭他耶六怛姪他唵七薩婆桑悉迦囉八波唎輸底九
達磨底十伽伽娜十一莎訶其持迦底十二薩婆毗輸底十三摩訶娜耶十四波唎婆唎莎訶十五
若有自書寫教人書寫是无量壽宗要經受持讀誦常得四天大王隨其衛護陁羅尼曰
南謨薄伽勃底一阿波唎蜜哆二阿喻紇硯娜三須毗你悉指陁四囉佐耶五怛他揭他耶六怛姪他唵七
薩婆桑悉迦囉八波唎輸底九達磨底十伽伽娜十一莎訶其持迦底十二薩婆毗輸底十三摩訶娜
耶十四波唎婆唎莎訶十五　若有自書寫教人書寫是无量壽宗要經受持讀
誦當得往生西方極樂世界阿彌陁淨土陁羅尼曰　南謨薄伽勃底一阿波唎蜜哆二阿喻紇硯
娜三須毗你悉指陁四囉佐耶五怛他揭他耶六怛姪他唵七薩婆桑悉迦囉八波唎輸底九達磨底十
伽伽娜十一莎訶其持迦底十二薩婆毗輸底十三摩訶娜耶十四波唎婆唎莎訶十五
若有方所自書寫使人書寫是无量壽經典之處則為是塔皆應恭敬作禮若是畜生
或為鳥獸得聞是經如是等類皆當不久得成一切種智陁羅尼曰　南謨薄伽勃底一阿
波唎蜜哆二阿喻紇硯娜三須毗你悉指陁四囉佐耶五怛他揭他耶六怛姪他唵七薩婆桑悉迦囉八波
唎輸底九達磨底十伽伽娜十一莎訶其持迦底十二薩婆毗輸底十三摩訶娜耶十四波唎婆唎莎訶
若有於是无量壽經自書寫若使人書畢竟不受女人之身陁羅尼曰　南謨薄伽勃底一
阿波唎蜜哆二阿喻紇硯娜三須毗你悉指陁四囉佐耶五怛他揭他耶六怛姪他唵七薩婆桑悉迦囉八波唎輸
底九達磨底十伽伽娜十一莎訶其持迦底十二薩婆毗輸底十三摩訶娜耶十四波唎婆唎莎訶十五
若有能於是經少分能惠施者等於三千大千世界滿中七寶布施陁羅尼曰　南謨薄伽
勃底一阿波唎蜜哆二阿喻紇硯娜三須毗你悉指陁四囉佐耶五怛他揭他耶六怛姪他唵七薩婆
桑悉迦囉八波唎輸底九達磨底十伽伽娜十一莎訶其持迦底十二薩婆毗輸底十三摩訶娜耶十四
波唎婆唎莎訶十五　若有能供養是經者則是供養一切諸經等无有異陁羅尼曰
南謨薄伽勃底一阿波唎蜜哆二阿喻紇硯娜三須毗你悉指陁四囉佐耶五怛他揭他耶六怛姪他唵七
薩婆桑悉迦囉八波唎輸底九達磨底十伽伽娜十一莎訶其持迦底十二薩婆毗輸底十三摩訶娜
耶十四波唎婆唎莎訶　如毗婆尸佛尸棄佛毗舍浮佛俱留孫佛俱那含牟尼佛迦葉佛釋迦牟尼佛
若有人以七寶供養如是七佛其福有限書寫受持是无量壽經所有功德不可限量陁
羅尼曰　南謨薄伽勃底一阿波唎蜜哆二阿喻紇硯娜三須毗你悉指陁四囉佐耶五怛他揭他耶六
怛姪他唵七薩婆桑悉迦囉八波唎輸底九達磨底十伽伽娜十一莎訶其持迦底十二薩婆毗輸底
摩訶娜耶十四波唎婆唎莎訶十五　若有七寶等於須彌用布施其福上能知其限量是
无量壽經典其福不可知數陁羅尼曰　南謨薄伽勃底一阿波唎蜜哆二阿喻紇硯娜三須毗
你悉指陁四囉佐耶五怛他揭他耶六怛姪他唵七薩婆桑悉迦囉八波唎輸底九達磨底十伽伽娜

BD04109 號　無量壽宗要經　（5–4）

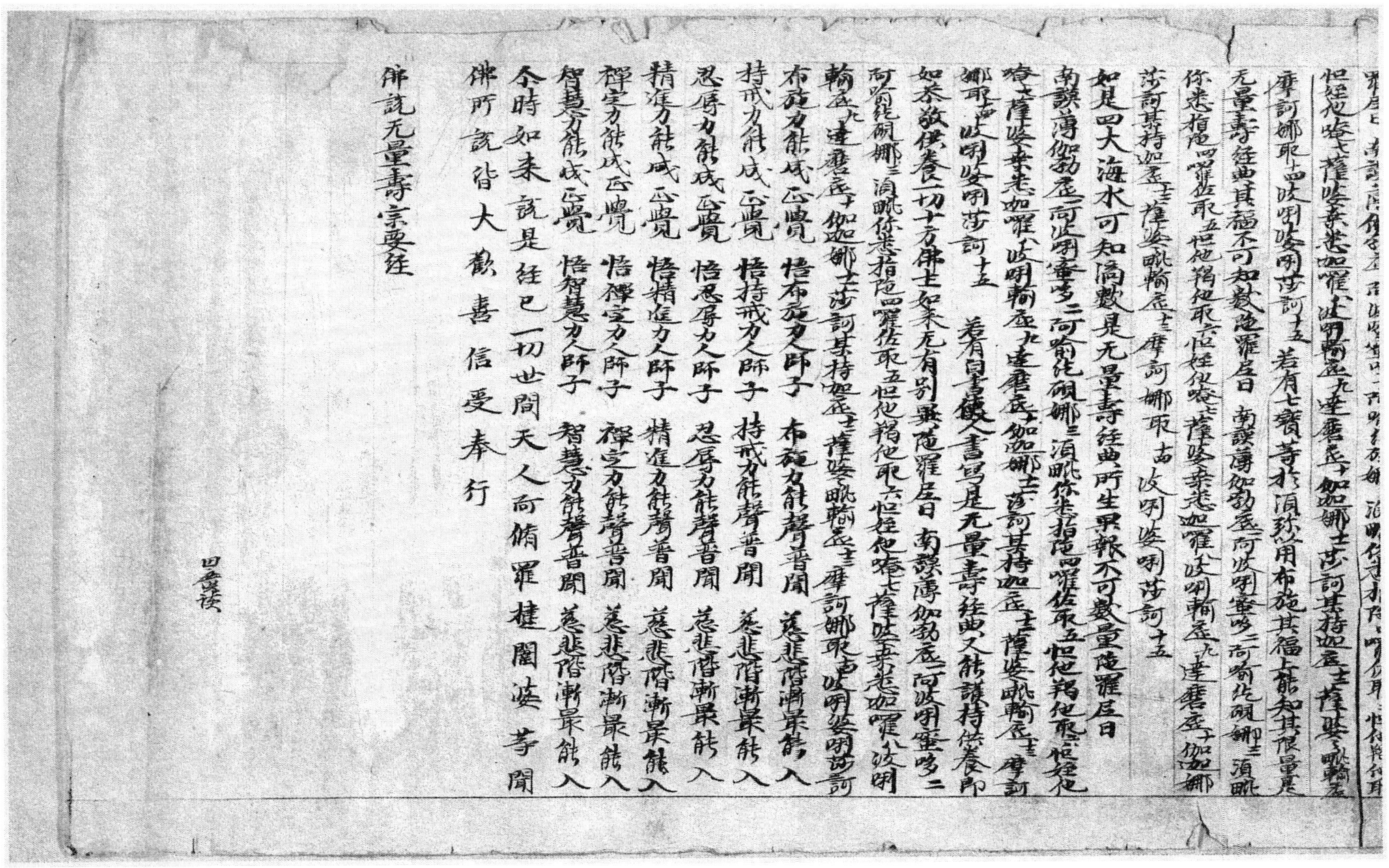

BD04109 號　無量壽宗要經　　（5–5）

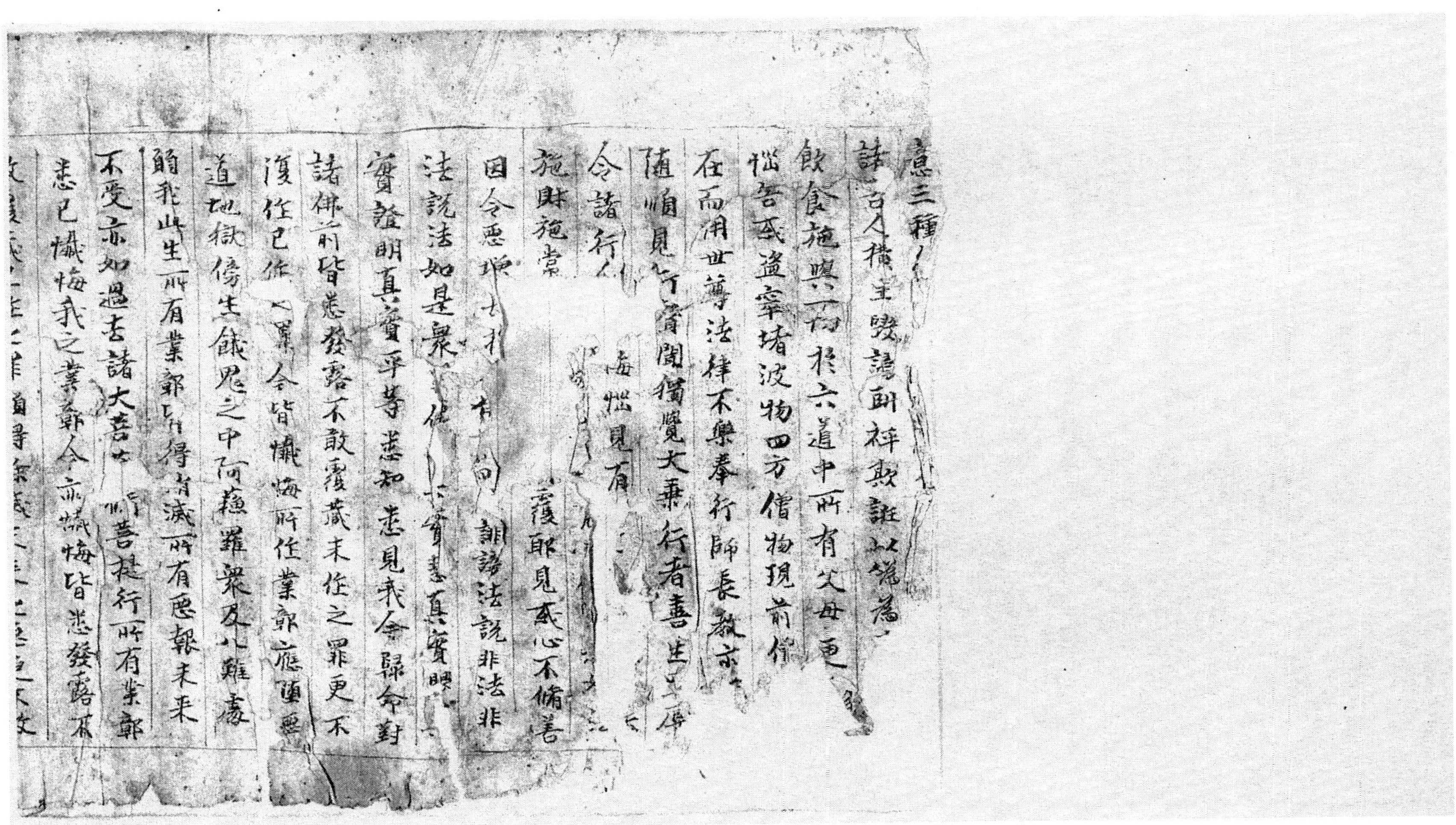

BD04110 號　金光明最勝王經卷三　　（16–1）

復作已作今皆懺悔所作業鄣應墮惡
道地獄傍生餓鬼之中阿蘇羅衆及八難處
願我此生所有業鄣皆得消滅所有惡報未來
不受亦如過去諸大菩薩修菩提行所有業鄣
悉已懺悔我之業鄣今亦懺悔皆悉發露不
敢覆藏已作之罪願得除滅未來之惡更不敢
造亦如未來諸大菩薩修菩提行所有業鄣
悉皆懺悔我之業鄣皆亦懺悔咸悉發露不
敢覆藏已作之罪願得除滅未來之罪更不
敢造亦如現在十方世界諸菩薩修菩提
行所有業鄣悉亦懺悔我之業鄣今亦懺
悔皆發露不敢覆藏已作之罪願得除滅未
來之惡更不敢造
善男子以是因緣若有造罪一剎那中不得
覆藏何況一日一夜乃至多時若有犯罪欲
求清淨心懷慚愧信於未來必有惡報生大
恐怖應如是懺如人被火燒頭燒衣救令速滅
火若未滅心不得安若人犯罪亦復如是即
應懺悔令速除滅若有願生富樂之家多
饒財寶復欲發意修習大乘亦應懺悔滅除
業鄣欲生豪貴婆羅門種剎帝利家及轉輪
王七寶具足亦應懺悔除滅業鄣
善男子若有欲生四天王衆三十三天夜摩天
覩史多天樂變化天他化自在天亦應懺悔
滅除業障若欲生梵衆梵輔大梵天少光
无量光極光淨天少淨天无量淨天遍淨天无雲

BD04110號　金光明最勝王經卷三　（16–2）

王七寶具足亦應懺悔除滅業鄣
善男子若有欲生四天王衆三十三天夜摩天
覩史多天樂變化天他化自在天亦應懺悔
滅除業障若欲生梵衆梵輔大梵天少光
无量光極光淨天少淨天无量淨天遍淨天无雲
福生廣果无煩无熱善現天善見色究竟天應
亦懺悔滅除業鄣若欲求預流果一來果不
還果阿羅漢果亦應懺悔除滅業障若欲願
求三明六通聲聞獨覺自在菩提至究竟地
求一切智智淨智不思議智不動智三藐三
菩提正遍智者亦應懺悔除滅業鄣何以
故善男子一切諸法從因緣生如來所說異
相生異相滅因緣異故如是過去諸法皆
已滅盡所有業鄣无復遺餘是諸行法未得
現生而今得生未來業鄣更不復起何以故
善男子一切法空如來所說无有我人衆生
壽者亦无生滅亦无行法善男子一切諸法
皆依於本亦不可說何以故過一切相故若有
善男子善女人如是入於微妙真理生信敬
心是名无衆生而有於本以是義故說於懺
悔滅除業鄣
善男子若人成就四法能除業障永得清淨云
何爲四一者不起邪心正念成就二者於甚深
理不生誹謗三者於初行菩薩起一切智心
四者於諸衆生起慈无量是謂爲四尒時
世尊而說頌曰

BD04110號　金光明最勝王經卷三　（16–3）

悔滅除業鄣
善男子若人成就四法能除業障永得清淨云
何為四一者不起邪心正念成就二者於甚深
理不生誹謗三者於初行菩薩起一切智心
四者於諸衆生起慈无量是謂為四尒時
世尊而說頌曰
專心護三業　不誹謗深法　作一切智想　慈心淨業障
善男子有四業障難可滅除云何為四一者於
菩薩律儀犯極重惡二者於大乘經心生誹
謗三者於自善根不能增長四者貪著三有
无出離心復有四種對治業障云何為四一者
於十方世界一切如來至心親近說一切罪二者
為一切衆生勸請諸佛說深妙法三者隨喜
一切衆生所有功德四者所有一切功德善
根悉皆迴向阿耨多羅三藐三菩提尒時天
帝釋白佛言世尊世間所有男子女人於
大乘行有能行者有不行者云何能得
隨喜一切衆生功德善根佛言善男子若
有衆生雖於大乘未能修習然於晝夜六
時偏袒右肩右膝著地合掌恭敬一心專念作
隨喜時得福无量應作是言十方世界一切
衆生現在修行施戒心慧我今皆悉深生
隨喜由作如是隨喜福故必當獲得尊重
殊勝无上无等最妙之果如是過去未來一切
衆生所有善根皆悉隨喜又於現在初行

BD04110號　金光明最勝王經卷三　（16–4）

衆生現在修行施戒心慧我今皆悉深生
隨喜由作如是隨喜福故必當獲得尊重
殊勝无上无等最妙之果如是過去未來一切
衆生所有善根皆悉隨喜又於現在初行
菩薩發菩提心所有功德過百大劫行菩薩
行有大功德獲无生忍至不退轉一生補處如
是一切功德之藴皆悉至心隨喜讚歎過去未
來一切菩薩所有功德隨喜讚歎亦復如是
復於現在十方世界一切諸佛應正遍知證妙
菩提為度无邊諸衆生故轉无上法輪行
无礙法施擊法鼓吹法螺建法幢雨法雨哀
愍勸化一切衆生咸令信受皆蒙法施悉得
充足无盡安樂又復所有菩薩聲聞獨覺功
德積集善根若有衆生未具如是諸功德
者悉令具足我皆隨喜如是過去未來諸佛
菩薩聲聞獨覺所有功德亦皆至心隨喜
讚歎善男子如是隨喜當得无量功德之聚
如恒河沙三千大千世界所有衆生皆斷煩
惱成阿羅漢若有善男子善女人盡其形
壽常以上妙衣服飲食卧具醫藥而為供
養如是功德不及如前隨喜功德千分之一何以
故供養功德有數有量不攝一切諸功德故隨
喜功德无量无數能攝三世一切功德是故若
人欲求增長勝善根者應修如是隨喜功德
若有女人願轉女身為男子者亦應修習
隨喜功德必得隨心現成男子尒時天帝釋

BD04110號　金光明最勝王經卷三　（16–5）

養如是功德不及如前隨喜功德千分之一何以
故供養功德有數有量不攝一切諸功德故隨
喜功德无量无數能攝三世一切功德是故若
人欲求增長勝善根者應脩如是隨喜功德
若有女人願轉女身為男子者亦應脩習
隨喜功德必得隨心現成男子尒時天帝釋
白佛言世尊已得隨喜功德勸請功德唯願為
說欲令未來一切菩薩當轉法輪現在菩薩
脩行故佛告帝釋若有善男子善女人願求
阿耨多羅三藐三菩提者應當脩行聲聞
獨覺大乘之道是人當於晝夜六時如前威
儀一心專念作如是言我今歸依十方一切諸佛
世尊已得阿耨多羅三藐三菩提未轉无上法
輪欲捨報身入涅槃者我皆至誠頂礼勸
請轉大法輪雨大法雨然大法燈照明理趣施无
礙法莫般涅槃久住於世度脫安樂一切衆
生如前所說乃至无盡安樂我今以此勸請
功德迴向阿耨多羅三藐三菩提如過去未
來現在諸大菩薩勸請功德迴向菩提我
亦如是勸請功德迴向无上正等菩提善男
子假使有人以三千大千世界中七寶供養如
來若復有人勸請如來轉大法輪所得功德
其福勝彼何以故彼是財施此是法施善
男子且置三千大千世界七寶布施若人以
滿恒河沙數大千世界七寶供養一切諸佛
勸請功德亦勝於彼由其法施有五勝利何等

BD04110 號　金光明最勝王經卷三　（16–6）

來若復有人勸請如來轉大法輪所得功德
其福勝彼何以故彼是財施此是法施善
男子且置三千大千世界七寶布施若人以
滿恒河沙數大千世界七寶供養一切諸佛
勸請功德亦勝於彼由其法施有五勝利何等
為五一者法施兼利自他財施不尒二者法
施能令衆生出於三界財施之福不出欲界
三者法施能淨法身財施但唯增長於色
四者法施无窮財施有盡五者法施能斷无
明財施唯伏貪愛是故善男子勸請功德
无量无邊難可譬喻如我昔菩薩道時勸請
諸佛轉大法輪由彼善根是故今日一切帝
釋梵諸王等勸請於我轉大法輪善男子
請轉法輪為欲度脫安樂諸衆生故我於
往昔為菩提行勸請如來久住於世莫般
涅槃依此善根我得十力四无所畏四无礙
辯大慈大悲證得无數不共之法我當入於
无餘涅槃我之正法久住於世我法身者清
淨无比種種妙相无量智慧无量自在无量
功德難可思議一切衆生皆蒙利益百千万
說不能盡法身攝藏一切諸法一切諸法不
攝法身法身常住不墮常見雖復斷滅亦非
斷見能破衆生種種異見能生衆生種種
真見能解一切衆生之縛无縛可解能植衆
生諸善根本未成熟者令成熟已成熟者令解
脫无住无動遠離闇鬧寂靜无為自在安樂過

BD04110 號　金光明最勝王經卷三　（16–7）

攝法身常住不隨常見雖復斷滅亦非
斷見能破衆生種種異見能生衆生種種
真見能解一切衆生之縛无縛可解能植衆
生諸善根未成熟者令成熟已成熟者令解
脫无作无動遠離閙靜无爲自在安樂過
於三世能現三世出於聲聞獨覺之境諸大
菩薩之所脩行一切如來體无有異此等皆
由勸請功德善根力故如是法身我今已得
是故若有欲得阿耨多羅三藐三菩提者
於諸經中一句一頌爲人解說功德善根尚無
限量何況勸請如來轉大法輪久住於世
莫般涅槃
時天帝釋復白佛言世尊若善男子善女人
爲求阿耨多羅三藐三菩提故脩三乘道
所有善根云何迴向一切智佛告天帝善男
子若有衆生欲求菩提脩三乘道所有善
根願迴向者當於晝夜六時慇重至心作如
是說我從无始生死以來於三寶所脩行成
就所有善根乃至施與傍生一摶之食或以
善言和解諍訟或受三歸及諸學處復懺悔
勸請隨喜行有善根我今作意悉皆攝取
迴施一切衆生无悔恡心是解脫分善根所
攝如佛世尊之所知見不可稱量无礙清淨如是
所有功德善根悉以迴施一切衆生不住相心
不捨相心我亦如是功德善根悉以迴施一切
衆生願皆獲得如意之手搖空出寶滿

BD04110號　金光明最勝王經卷三　（16–8）

迴施一切衆生无悔恡心是解脫分善根所
攝如佛世尊之所知見不可稱量无礙清淨如是
所有功德善根悉以迴施一切衆生不住相心
不捨相心我亦如是功德善根悉以迴施一切
衆生願皆獲得如意之手搖空出寶滿
衆生願富樂无盡智慧无窮妙法辯才悉
皆无滯共諸衆生同證阿耨多羅三藐
三菩提得一切智因此善根更復出生
无量善法亦皆迴向无上菩提又如過去諸大
菩薩脩行之時功德善根悉皆迴向一切種智
現在未來亦復如是然我所有功德善根亦
皆迴向阿耨多羅三藐三菩提是諸善根願共
一切衆生俱成正覺如餘諸佛坐於道場菩
提樹下不可思議无礙清淨住於无盡法藏
陁羅尼首楞嚴定破魔波旬无量兵衆應
見覺知應可通達如是一切一刹那中悉皆照
了於後夜中獲甘露法證甘露義我及衆
生願皆同證如是妙覺猶如
无量壽佛　勝光佛　妙光佛　阿閦佛
功德善光佛　師子光明佛　百光明佛　網光明佛
寶相佛　寶炎佛　燄明佛　燄盛光明佛
吉祥上王佛　微妙聲佛　妙莊嚴佛　法幢佛
上勝身佛　可愛色身佛　光明遍照佛　梵淨王佛
上性佛
如是等如來應正遍知過去未來及以現
在十方現應化得阿耨多羅三藐三菩提轉无上

BD04110號　金光明最勝王經卷三　（16–9）

寶相佛　寶炎佛　焰明佛　焰盛光明佛
吉祥上王佛　微妙聲佛　妙莊嚴佛　法幢佛
上勝身佛　可愛色身佛　光明遍照佛　梵淨王佛
上性佛
如是等如來應正遍知過去未來及以現
在示現應化得阿耨多羅三藐三菩提轉无上
法輪為度衆生我亦如是廣說如上
善男子若有淨信男子女人於此金光明最
勝經王滅業障品受持讀誦憶念不忘為他
廣說得无量无邊大功德聚譬如三千大千世
界所有衆生一時皆得成就人身得人身已
成獨覺道若有男子女人盡其形壽恭敬
尊重四事供養一一獨覺各施七寶如須彌
山此諸獨覺入涅槃後皆以珍寶起塔供
養其塔高廣十二踰繕那以諸花香寶幢幡
蓋常為供養善男子於意云何是人所獲功德
寧為多不天帝釋言甚多世尊善男子若復
有人於此金光明微妙經典衆經之王滅業障
品受持讀誦憶念不忘為他廣說所獲功德
於前所說供養功德百分不及一百千万億分
及至校量譬喻所不能及何以故是善男
子善女人住正行中勸請十方一切諸佛轉无上
法輪皆為諸佛歡喜讚歎善男子如我所
說一切施中法施為勝是故善男子於三寶所
設諸供養不可為比勸受三歸持一切戒无有
毀犯三業不定不可為比一切世界一切衆生

BD04110號　金光明最勝王經卷三　（16–10）

子善女人住正行中勸請十方一切諸佛轉无上
法輪皆為諸佛歡喜讚歎善男子如我所
說一切施中法施為勝是故善男子於三寶所
設諸供養不可為比勸受三歸持一切戒无有
毀犯三業不定不可為比一切世界一切衆生
隨力隨能隨所願樂於三乘中勸發菩提心
不可為比於三世中一切世界所有衆生皆
得无礙速令成就无量功德不可為比三世
剎土一切衆生令无障礙得三菩提不可為比
三世剎土一切衆生勸令速出四惡道苦不
可為比三世剎土一切衆生勸令除滅極重
惡業不可為比一切苦惱解脫不可為比一
切怖畏苦惱逼切皆令得解不可為比三世
佛前一切衆生所有功德勸令隨喜發菩提願
不可為比勸除惡行罵辱之業一切功德
皆願成就所在生中勸請供養尊重讚歎一
切三寶勸請衆生淨修福行成滿菩提不可
為比是故當知勸請一切世界三寶勸請滿
足六波羅蜜勸請轉於无上法輪勸請住世
經无量劫演說无量甚深妙法功德甚深
无能比者
尒時天帝釋及恒河女神无量梵王四大天衆
從座而起偏袒右肩右膝著地合掌頂礼
白佛言世尊我等皆得聞是金光明最
勝王經今悉受持讀誦通利為他廣說依此
法住何以故世尊我等欲求阿耨多羅三藐

BD04110號　金光明最勝王經卷三　（16–11）

尒時天帝釋及恒河女神無量梵王四大天王
從座而起偏袒右肩右膝著地合掌頂礼
白佛言世尊我等皆得聞是金光明最
勝王經今悉受持讀誦通利為他廣說依此
法住何以故世尊我等欲求阿耨多羅三藐
三菩提隨順此義種種勝相如法行故尒時梵
王及天帝釋等於說法處皆以種種曼陀羅花
而散佛上三千大千世界地皆大動一切天鼓
及諸音樂不鼓自鳴放金色光遍世界出妙
音聲時天帝釋白佛言世尊此等皆是金
光明經威神之力慈悲普救種種利益種種
增長菩薩善根滅諸業障佛言如是如是
如汝所說何以故善男子我念往昔過无量百
千阿僧祇劫有佛名寶王大光照如來應
正遍知出現於世住世六百八十億劫尒時寶
王大光照如來為欲度脫人天釋梵沙門婆羅
門一切衆生令安樂故當出現時初會說法
度百千億億万衆皆得阿羅漢果諸漏已
盡三明六通自在无㝵於第二會復度九十
千億億万衆皆得阿羅漢果諸漏已盡三
明六通自在无㝵於第三會復度九十八千
千万衆皆得阿羅漢果圓滿如上
善男子我於尒時作女人身名福寶光明於
第三會親近世尊受持讀誦是金光明經為
他廣說求阿耨多羅三藐三菩提故時彼世
尊為我受記福寶光明女於未來世當得

千万衆皆得阿羅漢果圓滿如上
善男子我於尒時作女人身名福寶光明於
第三會親近世尊受持讀誦是金光明經為
他廣說求阿耨多羅三藐三菩提故時彼世
尊為我授記福寶光明女於未來世當得
作佛号釋迦牟尼如來應正遍知明行足善
逝世間解无上士調御丈夫天人師佛世尊
捨女人身後從是以來越四惡道生人天中受
上妙樂八十四百千生作轉輪王至于今日得
成正覺名稱普聞遍滿世界時會大衆忽
然皆見寶王大光照如來轉无上法輪說微
妙法善男子去此索訶世界東方過百千恒河
沙數佛土有世界名寶莊嚴其寶王大光照
如來今現在彼未般涅槃說微妙法廣化群
生汝等見者即是彼佛
善男子若有善男子善女人聞是寶王大
光照如來名号者於菩薩地得不退轉至大
涅槃若有女人聞是佛名者臨命終時得見
彼佛來至其所即見佛已究竟不復受女身
善男子是金光明微妙經典種種利益種種
增長菩薩善根滅諸業障善男子若有苾
芻苾芻尼鄔波索迦鄔波斯迦隨在何處為
人講說是金光明微妙經典於其国土皆獲
四種福利善根云何為四一者国王无病離諸災
厄二者壽命長遠无有障礙三者无諸怨敵
兵衆勇健四者安隱豐樂正法流通何以故如

諸菩薩善根滅諸業障善男子若有苾
芻苾芻尼鄔波索迦鄔波斯迦隨在何處為
人講說是金光明微妙經典於其國土皆獲
四種福利善根云何為四一者國王无病離諸災
厄二者壽命長遠无有障礙三者无諸怨敵
兵衆勇徤四者安隱豐樂正法流通何以故如
是人王常為釋梵四王藥叉之衆共守護故
尒時世尊告大衆曰善男子是事實不是時
无量釋梵四王及藥叉衆俱時同聲荅世尊
言如是如是若有國王講宣讀誦此妙經王是
諸國王我等四王常來擁護行住共俱其王
若有一切災障及諸怨敵我等四王皆使消殄
憂愁疾疫亦令除差增益壽命感應禎
祥所願隨心恒生歡喜我等亦能令其國
中所有軍兵悉皆勇健佛言善哉善哉
善男子如汝所說汝當備行何以故是諸
國王如法行時一切人民隨王脩習如法行者
汝等皆蒙色力勝利宮殿光明眷屬強盛時釋
梵等白佛言如是世尊佛言若有講誦此
妙經典流通之處於其國中大臣輔相有四種利益
云何為四一者更相親穆尊重愛念二者常為
人王心所愛重亦為沙門婆羅門大國小國之
所遵敬三者輕財重法不求世利善名普
聞衆所欽仰四者壽命延長安隱快樂是
名四益若有國王宣說是經沙門婆羅門
得四種勝利云何為四一者衣服飲食卧具

BD04110號　金光明最勝王經卷三　（16–14）

云何為四一者更相親穆尊重愛念二者常為
人王心所愛重亦為沙門婆羅門大國小國之
所遵敬三者輕財重法不求世利善名普
聞衆所欽仰四者壽命延長安隱快樂是
名四益若有國王宣說是經沙門婆羅門
得四種勝利云何為四一者衣服飲食卧具
醫藥无所乏少二者皆得安心思惟讀誦三
者依於山林得安樂住四者隨心所願皆得滿
足是名四種勝利若有國王宣說是經一切人
民皆得豐樂无諸疾病商估往還多獲寶
貨具足勝福是名種種功德利益
尒時釋梵四天王及諸大衆白佛言世尊如
是經典甚深之義若現在者當知如來卅
七種助菩提法住世未滅若是經典滅盡之
時正法亦滅佛言如是如是善男子是故
汝等於此金光明經一句一頌一品一部皆
當一心正讀誦正聞持正思惟正脩習
為諸衆生廣宣流布長夜安樂福利无
无邊時諸大衆聞佛說已咸蒙勝益
歡喜受持

金光明經卷第三

最勝王經

BD04110號　金光明最勝王經卷三　（16–15）

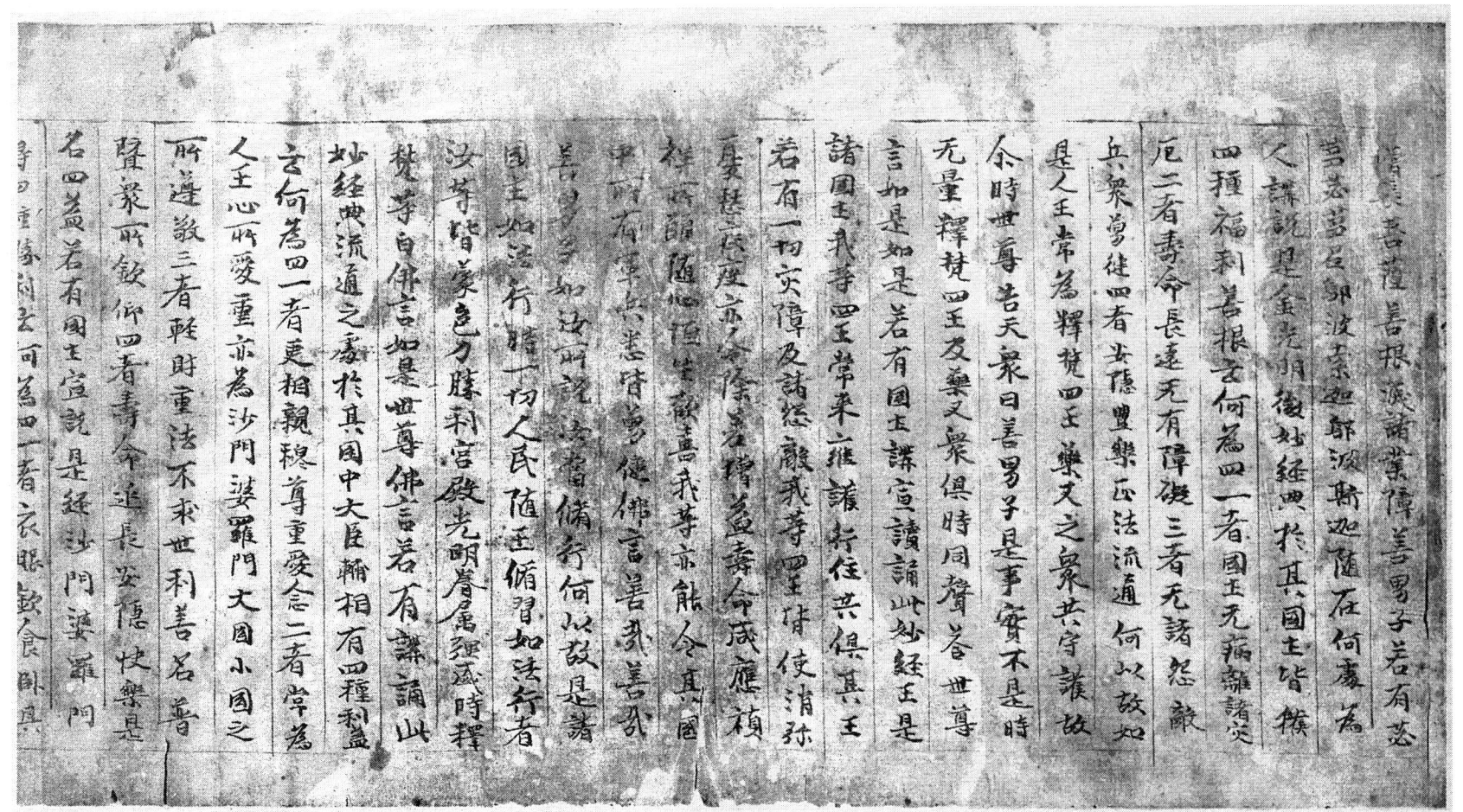

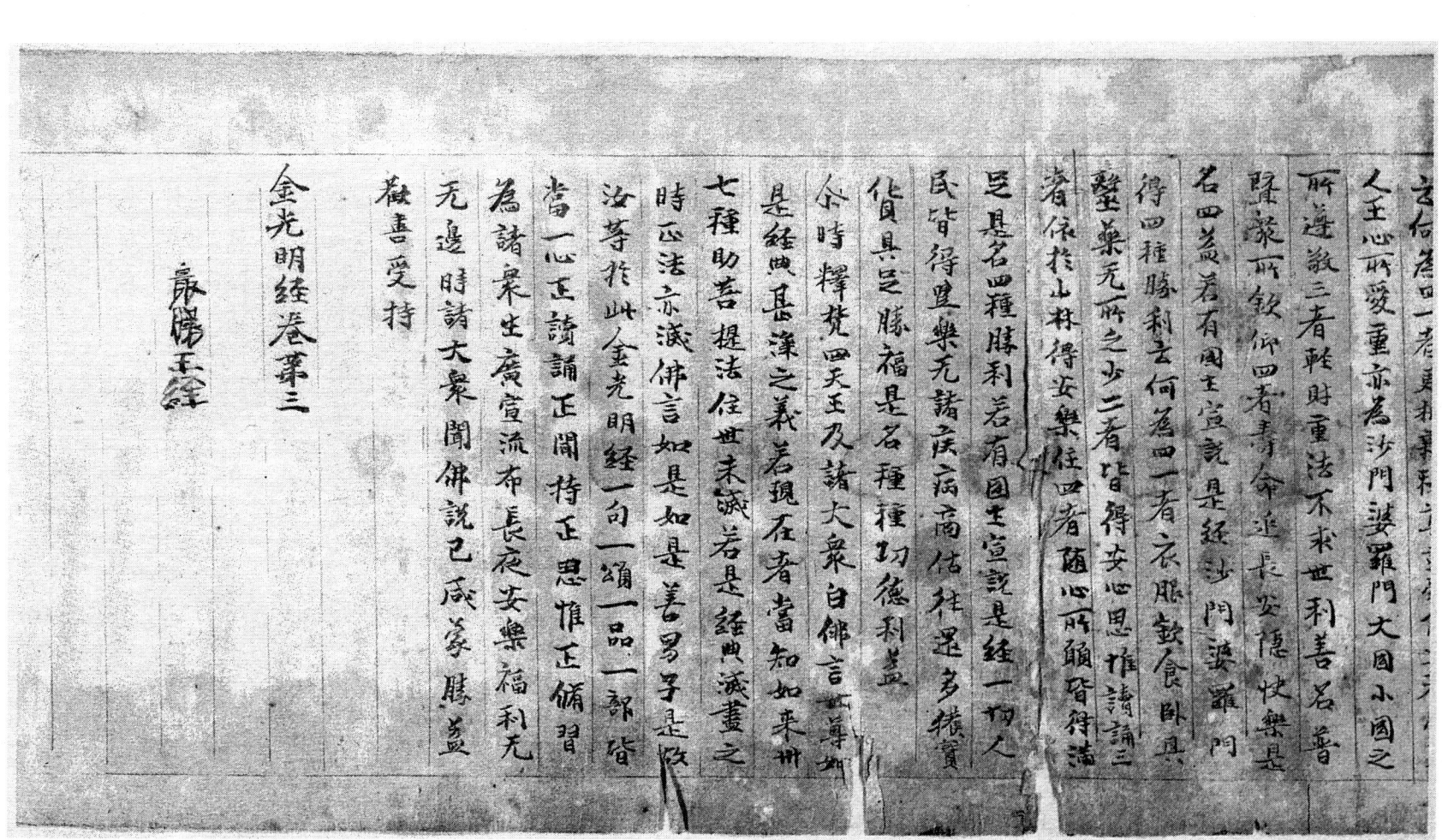

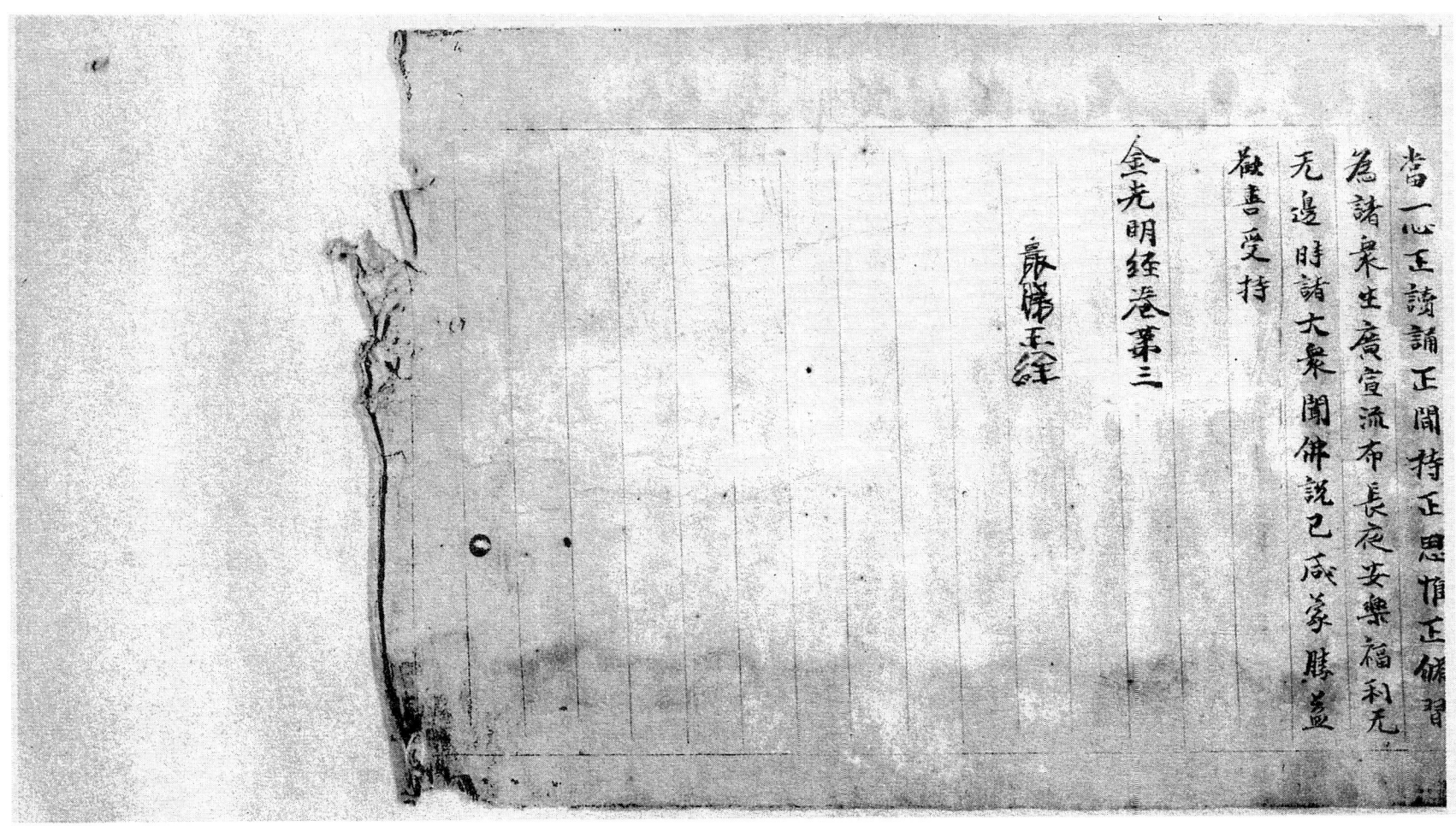

當一心正讀誦正聞持正思惟正修習
為諸衆生廣宣流布長夜安樂福利无
无邊時諸大衆聞佛說已咸蒙勝益
歡喜受持
金光明經卷第三
最勝王經

BD04110 號　金光明最勝王經卷三　（16–16）

金光明最勝王經

BD04110 號背　雜寫　（1–1）

…上正等菩
脩無上正等菩提
自性空是諸佛無上正等
自性即非自性若非自性即是淨戒波羅蜜
於此淨戒波羅蜜多諸佛無上正等菩提
可得彼我無我亦不可得所以者何此中
尚無諸佛無上正等菩提可得何況有彼我
與無我汝若能脩如是淨戒是脩淨戒波羅
蜜多復作是言汝善男子應脩淨戒波羅蜜
多不應觀諸佛無上正等菩提若淨若不淨
何以故諸佛無上正等菩提諸佛無上正等
菩提自性空是諸佛無上正等菩提自性即
非自性若非自性即是淨戒波羅蜜多於此
淨戒波羅蜜多諸佛無上正等菩提不可得
彼淨不淨亦不可得所以者何此中尚無諸
佛無上正等菩提可得何況有彼淨與不淨
汝若能脩如是淨戒是脩淨戒波羅蜜多憍
尸迦是善男子善女人等作此等說是為宣
說真正淨戒波羅蜜多
時天帝釋復白佛言世尊云何諸善男子善
女人等說無所得布施波羅蜜多名說真正

BD04111 號　大般若波羅蜜多經卷一六二　（18–1）

彼淨不淨亦不可得所以者何此中尚無諸
佛無上正等菩提可得何況有彼淨與不淨
汝若能脩如是淨戒是脩淨戒波羅蜜多憍
尸迦是善男子善女人等作此等說是為宣
說真正淨戒波羅蜜多
時天帝釋復白佛言世尊云何諸善男子善
女人等說無所得布施波羅蜜多名說真正
布施波羅蜜多佛言憍尸迦若善男子善女
人等為發無上菩提心者宣說布施波羅蜜
多作如是言汝善男子應脩布施波羅蜜多
不應觀色若常若無常不應觀受想行識若
常若無常何以故色色自性空受想行識受
想行識自性空是色自性即非自性是受想
行識自性亦非自性若非自性即是布施波
羅蜜多於此布施波羅蜜多色不可得彼常
無常亦不可得受想行識皆不可得彼常無
常亦不可得所以者何此中尚無色等可得
何況有彼常與無常汝若能脩如是布施是
脩布施波羅蜜多復作是言汝善男子應脩
布施波羅蜜多不應觀色若樂若苦不應觀
受想行識若樂若苦何以故色色自性空受
想行識受想行識自性空是色自性即非自
性是受想行識自性亦非自性若非自性即
是布施波羅蜜多於此布施波羅蜜多色不
可得彼樂與苦亦不可得受想行識皆不可
得彼樂與苦亦不可得所以者何此中尚無
色等可得何況有彼樂之與苦汝若能脩如

BD04111 號　大般若波羅蜜多經卷一六二　（18–2）

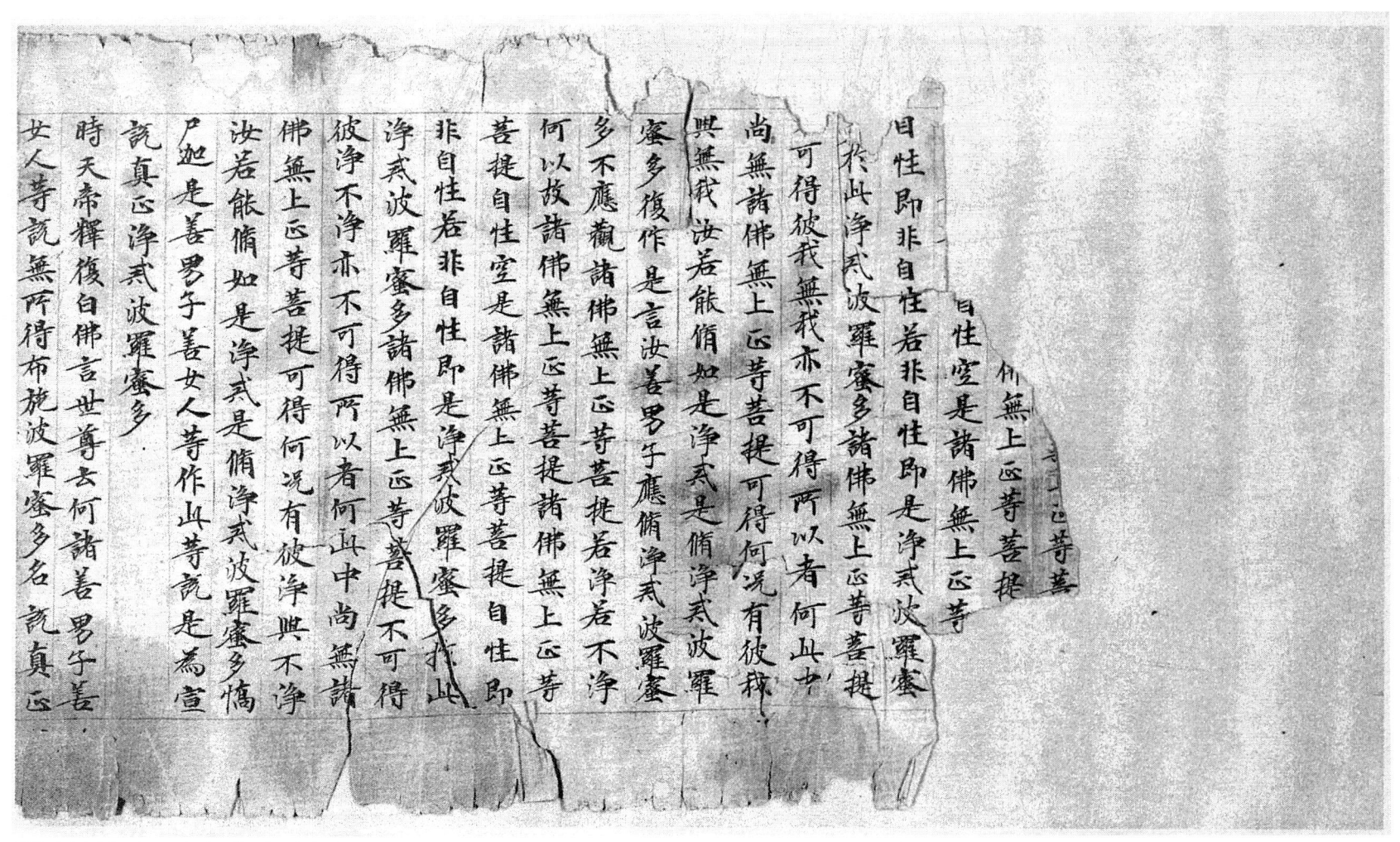

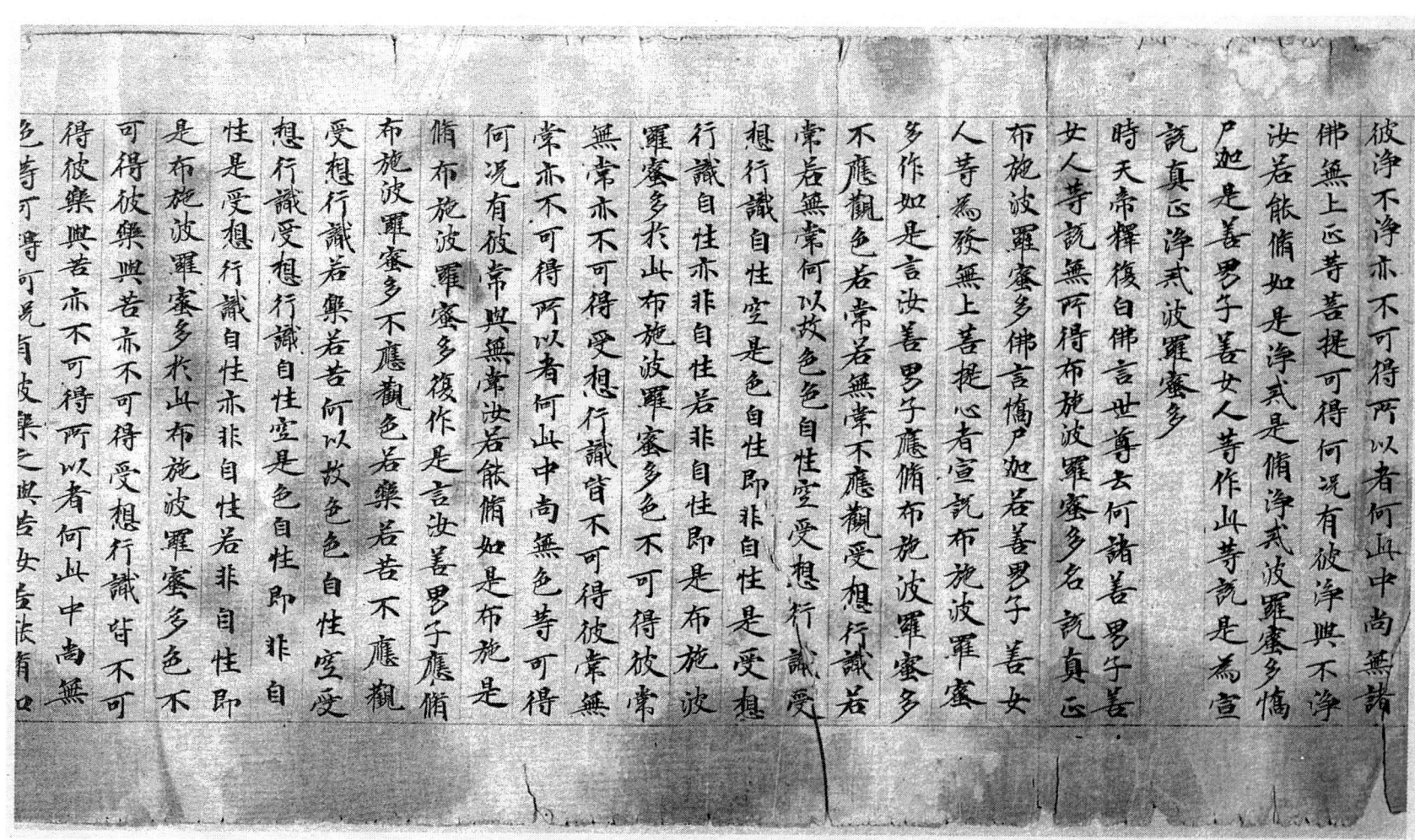

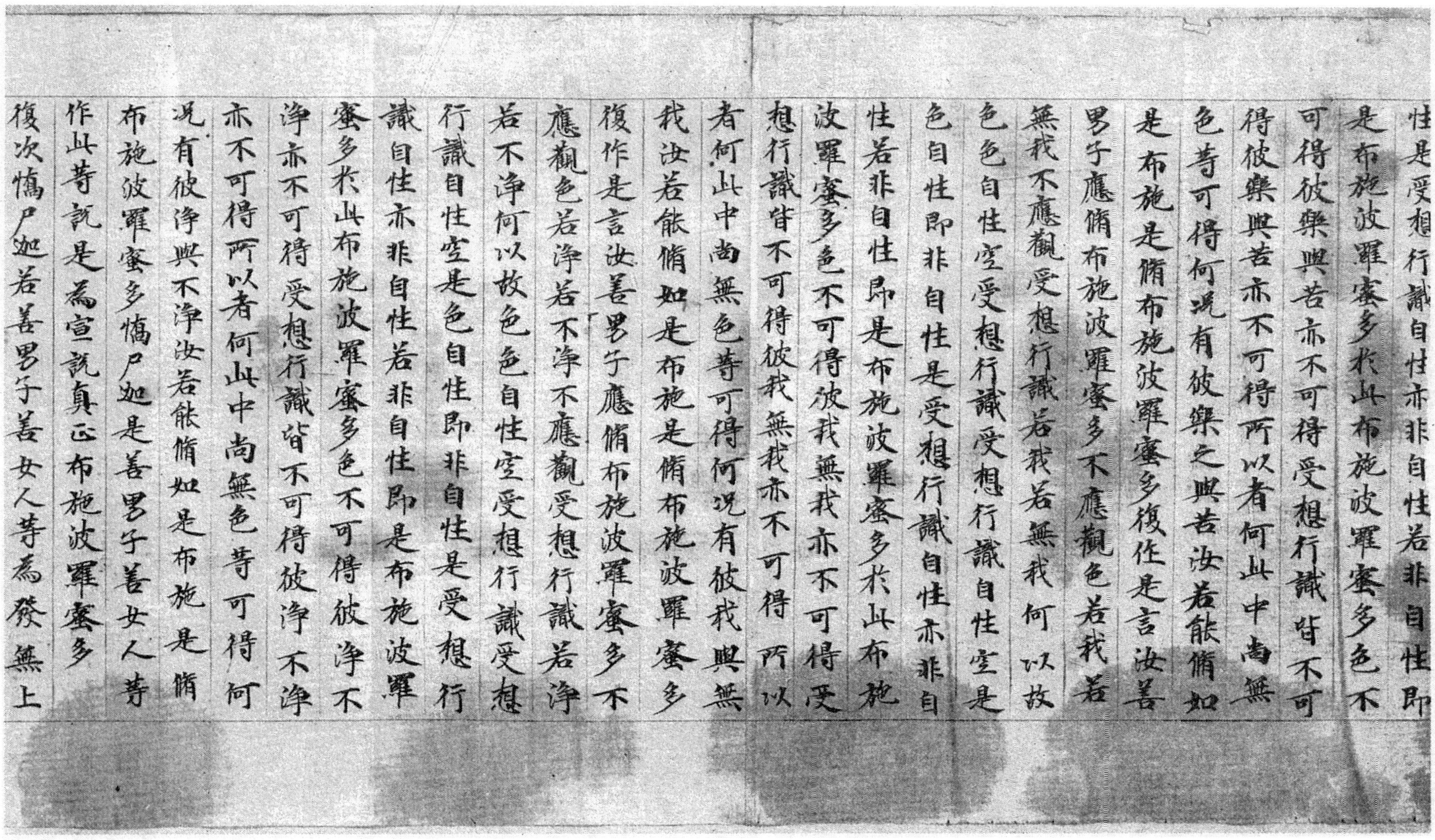
性是受想行識自性亦非自性若非自性即
是布施波羅蜜多於此布施波羅蜜多色不
可得彼樂與苦亦不可得受想行識皆不可
得彼樂與苦亦不可得所以者何此中尚無
色等可得何況有彼樂之與苦汝若能脩如
是布施是脩布施波羅蜜多復作是言汝善
男子應脩布施波羅蜜多不應觀色若我若
無我不應觀受想行識若我若無我何以故
色色自性空受想行識受想行識自性空是
色自性即非自性是受想行識自性亦非自
性若非自性即是布施波羅蜜多於此布施
波羅蜜多色不可得彼我無我亦不可得受
想行識皆不可得彼我無我亦不可得所以
者何此中尚無色等可得何況有彼我與無
我汝若能脩如是布施是脩布施波羅蜜多
復作是言汝善男子應脩布施波羅蜜多不
應觀色若淨若不淨不應觀受想行識若淨
若不淨何以故色色自性空受想行識受想
行識自性空是色自性即非自性是受想行
識自性亦非自性若非自性即是布施波羅
蜜多於此布施波羅蜜多色不可得彼淨不
淨亦不可得受想行識皆不可得彼淨不淨
亦不可得所以者何此中尚無色等可得何
況有彼淨與不淨汝若能脩如是布施是脩
布施波羅蜜多憍尸迦是善男子善女人等
作此等說是為宣說真正布施波羅蜜多
復次憍尸迦若善男子善女人等為發無上

BD04111號　大般若波羅蜜多經卷一六二　（18-3）

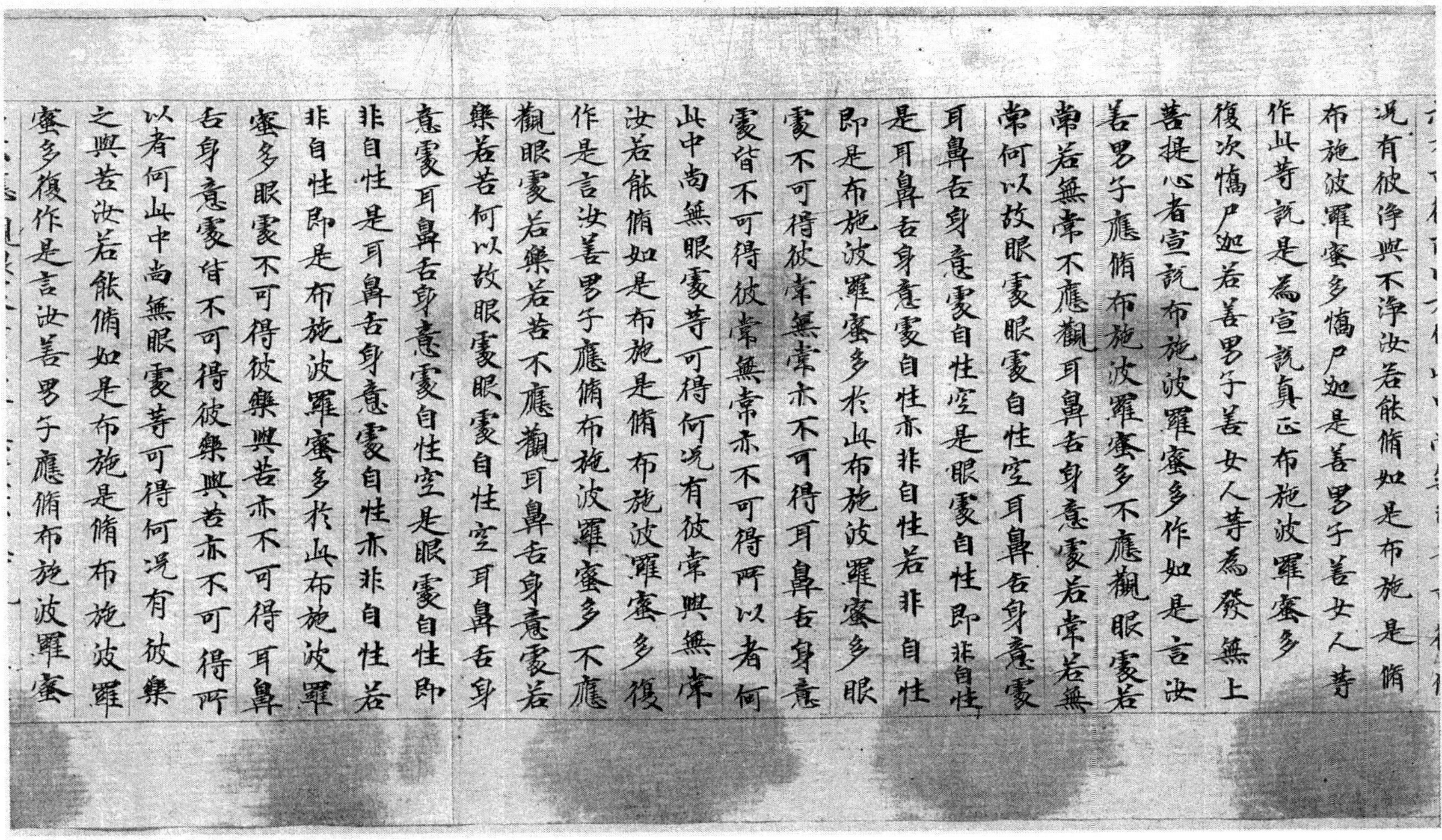
況有彼淨與不淨汝若能脩如是布施是脩
布施波羅蜜多憍尸迦是善男子善女人等
作此等說是為宣說真正布施波羅蜜多
復次憍尸迦若善男子善女人等為發無上
菩提心者宣說布施波羅蜜多作如是言汝
善男子應脩布施波羅蜜多不應觀眼處若
常若無常不應觀耳鼻舌身意處若常若無
常何以故眼處眼處自性空耳鼻舌身意處
耳鼻舌身意處自性空是眼處自性即非自性
是耳鼻舌身意處自性亦非自性若非自性
即是布施波羅蜜多於此布施波羅蜜多眼
處不可得彼常無常亦不可得耳鼻舌身意
處皆不可得彼常無常亦不可得所以者何
此中尚無眼處等可得何況有彼常與無常
汝若能脩如是布施是脩布施波羅蜜多復
作是言汝善男子應脩布施波羅蜜多不應
觀眼處若樂若苦不應觀耳鼻舌身意處若
樂若苦何以故眼處眼處自性空耳鼻舌身
意處耳鼻舌身意處自性空是眼處自性即
非自性是耳鼻舌身意處自性亦非自性若
非自性即是布施波羅蜜多於此布施波羅
蜜多眼處不可得彼樂與苦亦不可得耳鼻
舌身意處皆不可得彼樂與苦亦不可得所
以者何此中尚無眼處等可得何況有彼樂
之與苦汝若能脩如是布施是脩布施波羅
蜜多復作是言汝善男子應脩布施波羅蜜

BD04111號　大般若波羅蜜多經卷一六二　（18-4）

舌身意處皆不可得彼樂與苦亦不可得所
以者何此中尚無眼處等可得何況有彼樂
之與苦汝若能脩如是布施是脩布施波羅
蜜多復作是言汝善男子應脩布施波羅蜜
多不應觀眼處若我若無我不應觀耳鼻舌
身意處若我若無我何以故眼處眼處自性
空耳鼻舌身意處耳鼻舌身意處自性空是
眼處自性即非自性是耳鼻舌身意處自性
亦非自性若非自性即是布施波羅蜜多於
此布施波羅蜜多眼處不可得彼我無我亦
不可得耳鼻舌身意處皆不可得彼我無我
亦不可得所以者何此中尚無眼處等可得
何況有彼我與無我汝若能脩如是布施是
脩布施波羅蜜多復作是言汝善男子應脩
布施波羅蜜多不應觀眼處若淨若不淨不
應觀耳鼻舌身意處若淨若不淨何以故眼
處眼處自性空耳鼻舌身意處耳鼻舌身意
處自性空是眼處自性即非自性是耳鼻舌
身意處自性亦非自性若非自性即是布施
波羅蜜多於此布施波羅蜜多眼處不可得
彼淨不淨亦不可得耳鼻舌身意處皆不可
得彼淨不淨亦不可得所以者何此中尚無
眼處等可得何況有彼淨與不淨汝若能脩
如是布施是脩布施波羅蜜多憍尸迦是善
男子善女人等作此等說是為宣說真正布
施波羅蜜多
復次憍尸迦若善男子善女人等為發無上

BD04111號　大般若波羅蜜多經卷一六二　（18–5）

如是布施是脩布施波羅蜜多憍尸迦是善
男子善女人等作此等說是為宣說真正布
施波羅蜜多
復次憍尸迦若善男子善女人等為發無上
菩提心者宣說布施波羅蜜多作如是言汝
善男子應脩布施波羅蜜多不應觀色處若
常若無常不應觀聲香味觸法處若常若無
常何以故色處色處自性空聲香味觸法處
聲香味觸法處自性空是色處自性即非自
性是聲香味觸法處自性亦非自性若非自
性即是布施波羅蜜多於此布施波羅蜜多
色處不可得彼常無常亦不可得聲香味觸
法處皆不可得彼常無常亦不可得所以者
何此中尚無色處等可得何況有彼常與無
常汝若能脩如是布施是脩布施波羅蜜多
復作是言汝善男子應脩布施波羅蜜多不
應觀色處若樂若苦不應觀聲香味觸法處
若樂若苦何以故色處色處自性空聲香味
觸法處聲香味觸法處自性空是色處自性
即非自性是聲香味觸法處自性亦非自性
若非自性即是布施波羅蜜多於此布施波
羅蜜多色處不可得彼樂與苦亦不可得聲
香味觸法處皆不可得彼樂與苦亦不可得
所以者何此中尚無色處等可得何況有彼
樂之與苦汝若能脩如是布施是脩布施波
羅蜜多復作是言汝善男子應脩布施波羅
蜜多不應觀色處若我若無我不應觀聲香

BD04111號　大般若波羅蜜多經卷一六二　（18–6）

樂之與苦汝若能脩如是布施是脩布施波
羅蜜多復作是言汝善男子應脩布施波羅
蜜多不應觀色處若我若無我不應觀聲香
味觸法處若我若無我何以故色處色處自
性空聲香味觸法處聲香味觸法處自性空
是色處自性即非自性是聲香味觸法處自
性亦非自性若非自性即是布施波羅蜜多
於此布施波羅蜜多色處不可得彼我無我
亦不可得聲香味觸法處皆不可得彼我無
我亦不可得所以者何此中尚無色處等可
得何況有彼我與無我汝若能脩如是布施
是脩布施波羅蜜多復作是言汝善男子應
脩布施波羅蜜多不應觀色處若淨若不淨
不應觀聲香味觸法處若淨若不淨何以故
色處色處自性空聲香味觸法處聲香味觸
法處自性空是色處自性即非自性是聲香
味觸法處自性亦非自性若非自性即是布
施波羅蜜多於此布施波羅蜜多色處不可
得彼淨不淨亦不可得聲香味觸法處皆不
可得彼淨不淨亦不可得所以者何此中尚
無色處等可得何況有彼淨與不淨汝若能
脩如是布施是脩布施波羅蜜多憍尸迦是
善男子善女人等作此等說是為宣說真正
布施波羅蜜多
復次憍尸迦若善男子善女人等為發無上
菩提心者宣說布施波羅蜜多作如是言汝

BD04111號　大般若波羅蜜多經卷一六二　（18–7）

布施波羅蜜多
復次憍尸迦若善男子善女人等為發無上
菩提心者宣說布施波羅蜜多作如是言汝
善男子應脩布施波羅蜜多不應觀眼界若
常若無常不應觀色界眼識界及眼觸眼觸
為緣所生諸受若常若無常何以故眼界眼
界自性空色界眼識界及眼觸眼觸為緣所
生諸受色界乃至眼觸為緣所生諸受自性
空是眼界自性即非自性是色界乃至眼觸
為緣所生諸受自性亦非自性若非自性即
是布施波羅蜜多於此布施波羅蜜多眼界
不可得彼常無常亦不可得色界乃至眼觸
為緣所生諸受皆不可得彼常無常亦不可
得所以者何此中尚無眼界等可得何況有
彼常與無常汝若能脩如是布施是脩布施
波羅蜜多復作是言汝善男子應脩布施波
羅蜜多不應觀眼界若樂若苦不應觀色界
眼識界及眼觸眼觸為緣所生諸受若樂若
苦何以故眼界眼界自性空色界眼識界及
眼觸眼觸為緣所生諸受色界乃至眼觸為
緣所生諸受自性空是眼界自性即非自性
是色界乃至眼觸為緣所生諸受自性亦非
自性若非自性即是布施波羅蜜多於此布
施波羅蜜多眼界不可得彼樂與苦亦不可
得色界乃至眼觸為緣所生諸受皆不可得
彼樂與苦亦不可得所以者何此中尚無眼
界等可得何況有彼樂與苦汝若能脩如

BD04111號　大般若波羅蜜多經卷一六二　（18–8）

施波羅蜜多眼界不可得彼樂與苦亦不可
得色界乃至眼觸為緣所生諸受皆不可得
彼樂與苦亦不可得所以者何此中尚無眼
界等可得何況有彼樂之與苦汝若能脩如
是布施是脩布施波羅蜜多復作是言汝善
男子應脩布施波羅蜜多不應觀眼界若我
若無我不應觀色界眼識界及眼觸眼觸為
緣所生諸受若我若無我何以故眼界眼界
自性空色界眼識界及眼觸眼觸為緣所生
諸受色界乃至眼觸為緣所生諸受自性空
是眼界自性即非自性是色界乃至眼觸為
緣所生諸受自性亦非自性若非自性即是
布施波羅蜜多於此布施波羅蜜多眼界不
可得彼我無我亦不可得色界乃至眼觸為
緣所生諸受皆不可得彼我無我亦不可得
所以者何此中尚無眼界等可得何況有彼
我與無我汝若能脩如是布施是脩布施波
羅蜜多復作是言汝善男子應脩布施波羅
蜜多不應觀眼界若淨若不淨不應觀色界
眼識界及眼觸眼觸為緣所生諸受若淨若
不淨何以故眼界眼界自性空色界眼識界
及眼觸眼觸為緣所生諸受色界乃至眼觸
為緣所生諸受自性空是眼界自性即非自
性是色界乃至眼觸為緣所生諸受自性亦
非自性若非自性即是布施波羅蜜多於此
布施波羅蜜多眼界不可得彼淨不淨亦不
可得色界乃至眼觸為緣所生諸受皆不可

BD04111號　大般若波羅蜜多經卷一六二　（18–9）

為緣所生諸受自性空是眼界自性即非自
性是色界乃至眼觸為緣所生諸受自性亦
非自性若非自性即是布施波羅蜜多於此
布施波羅蜜多眼界不可得彼淨不淨亦不
可得色界乃至眼觸為緣所生諸受皆不可
得彼淨不淨亦不可得所以者何此中尚無
眼界等可得何況有彼淨與不淨汝若能脩
如是布施是脩布施波羅蜜多憍尸迦是善
男子善女人等作此等說是為宣說真正布
施波羅蜜多
復次憍尸迦若善男子善女人等為發無上
菩提心者宣說布施波羅蜜多作如是言汝
善男子應脩布施波羅蜜多不應觀耳界若
常若無常不應觀聲界耳識界及耳觸耳觸
為緣所生諸受若常若無常何以故耳界耳
界自性空聲界耳識界及耳觸耳觸為緣所
生諸受聲界乃至耳觸為緣所生諸受自性
空是耳界自性即非自性是聲界乃至耳觸
為緣所生諸受自性亦非自性若非自性即
是布施波羅蜜多於此布施波羅蜜多耳界
不可得彼常無常亦不可得聲界乃至耳觸
為緣所生諸受皆不可得彼常無常亦不可
得所以者何此中尚無耳界等可得何況有
彼常與無常汝若能脩如是布施是脩布施
波羅蜜多復作是言汝善男子應脩布施波
羅蜜多不應觀耳界若樂若苦不應觀聲界

BD04111號　大般若波羅蜜多經卷一六二　（18–10）

爲緣所生諸受皆不可得彼常無常亦不可
得所以者何此中尚無耳界等可得何況有
彼常與無常汝若能脩如是布施是脩布施
波羅蜜多復作是言汝善男子應脩布施波
羅蜜多不應觀耳界若樂若苦不應觀聲界
耳識界及耳觸耳觸爲緣所生諸受若樂若
苦何以故耳界耳界自性空聲界耳識界及
耳觸耳觸爲緣所生諸受聲界乃至耳觸爲
緣所生諸受自性空是耳界自性即非自性
是聲界乃至耳觸爲緣所生諸受自性亦非
自性若非自性即是布施波羅蜜多於此布
施波羅蜜多耳界不可得彼樂與苦亦不可
得聲界乃至耳觸爲緣所生諸受皆不可得
彼樂與苦亦不可得所以者何此中尚無耳
界等可得何況有彼樂之與苦汝若能脩如
是布施是脩布施波羅蜜多復作是言汝善
男子應脩布施波羅蜜多不應觀耳界若我
若無我不應觀聲界耳識界及耳觸耳觸爲
緣所生諸受若我若無我何以故耳界耳界
自性空聲界耳識界及耳觸耳觸爲緣所生
諸受聲界乃至耳觸爲緣所生諸受自性空
是耳界自性即非自性是聲界乃至耳觸爲
緣所生諸受自性亦非自性若非自性即是
布施波羅蜜多於此布施波羅蜜多耳界不
可得彼我無我亦不可得聲界乃至耳觸爲
緣所生諸受皆不可得彼我無我亦不可得
所以者何此中尚無耳界等可得何況有彼

BD04111號　大般若波羅蜜多經卷一六二　（18–11）

是耳界自性即非自性是聲界乃至耳觸爲
緣所生諸受自性亦非自性若非自性即是
布施波羅蜜多於此布施波羅蜜多耳界不
可得彼我無我亦不可得聲界乃至耳觸爲
緣所生諸受皆不可得彼我無我亦不可得
所以者何此中尚無耳界等可得何況有彼
我與無我汝若能脩如是布施是脩布施波
羅蜜多復作是言汝善男子應脩布施波羅
蜜多不應觀耳界若淨若不淨不應觀聲界
耳識界及耳觸耳觸爲緣所生諸受若淨若
不淨何以故耳界耳界自性空聲界耳識界
及耳觸耳觸爲緣所生諸受聲界乃至耳觸
爲緣所生諸受自性空是耳界自性即非自
性是聲界乃至耳觸爲緣所生諸受自性亦
非自性若非自性即是布施波羅蜜多於此
布施波羅蜜多耳界不可得彼淨不淨亦不
可得聲界乃至耳觸爲緣所生諸受皆不可
得彼淨不淨亦不可得所以者何此中尚無
耳界等可得何況有彼淨與不淨汝若能脩
如是布施是脩布施波羅蜜多憍尸迦是善
男子善女人等作此等說是爲宣說真正布
施波羅蜜多
復次憍尸迦若善男子善女人等爲發無上
菩提心者宣說布施波羅蜜多作如是言汝
善男子應脩布施波羅蜜多不應觀鼻界若
常若無常不應觀香界鼻識界及鼻觸鼻觸
爲緣所生諸受若常若無常何以故鼻界鼻

BD04111號　大般若波羅蜜多經卷一六二　（18–12）

施波羅蜜多
復次憍尸迦若善男子善女人等為發無上
菩提心者宣說布施波羅蜜多作如是言汝
善男子應脩布施波羅蜜多不應觀鼻界若
常若無常不應觀香界鼻識界及鼻觸鼻觸
為緣所生諸受若常若無常何以故鼻界鼻
界自性空香界鼻識界及鼻觸鼻觸為緣所
生諸受香界乃至鼻觸為緣所生諸受自性
空是鼻界自性即非自性是香界乃至鼻觸
為緣所生諸受自性亦非自性若非自性即
是布施波羅蜜多於此布施波羅蜜多鼻界
不可得彼常無常亦不可得香界乃至鼻觸
為緣所生諸受皆不可得彼常無常亦不可
得所以者何此中尚無鼻界等可得何況有
彼常與無常汝若能脩如是脩者是脩布施
波羅蜜多復作是言汝善男子應脩布施波
羅蜜多不應觀鼻界若樂若苦不應觀香界
鼻識界及鼻觸鼻觸為緣所生諸受若樂若
苦何以故鼻界鼻界自性空香界鼻識界及
鼻觸鼻觸為緣所生諸受香界乃至鼻觸為
緣所生諸受自性空是鼻界自性即非自性
是香界乃至鼻觸為緣所生諸受自性亦非
自性若非自性即是布施波羅蜜多於此布
施波羅蜜多鼻界不可得彼樂與苦亦不可
得香界乃至鼻觸為緣所生諸受皆不可得
彼樂與苦亦不可得所以者何此中尚無鼻
界等可得何況有彼樂之與苦汝若能脩如

BD04111 號　大般若波羅蜜多經卷一六二　（18–13）

是香界乃至鼻觸為緣所生諸受自性亦非
自性若非自性即是布施波羅蜜多於此布
施波羅蜜多鼻界不可得彼樂與苦亦不可
得香界乃至鼻觸為緣所生諸受皆不可得
彼樂與苦亦不可得所以者何此中尚無鼻
界等可得何況有彼樂之與苦汝若能脩如
是脩者是脩布施波羅蜜多復作是言汝善
男子應脩布施波羅蜜多不應觀鼻界若我
若無我不應觀香界鼻識界及鼻觸鼻觸為
緣所生諸受若我若無我何以故鼻界鼻界
自性空香界鼻識界及鼻觸鼻觸為緣所生
諸受香界乃至鼻觸為緣所生諸受自性空
是鼻界自性即非自性是香界乃至鼻觸為
緣所生諸受自性亦非自性若非自性即是
布施波羅蜜多於此布施波羅蜜多鼻界不
可得彼我無我亦不可得香界乃至鼻觸為
緣所生諸受皆不可得彼我無我亦不可得
所以者何此中尚無鼻界等可得何況有彼
我與無我汝若能脩如是脩者是脩布施波
羅蜜多復作是言汝善男子應脩布施波羅
蜜多不應觀鼻界若淨若不淨不應觀香界
鼻識界及鼻觸鼻觸為緣所生諸受若淨若
不淨何以故鼻界鼻界自性空香界鼻識界
及鼻觸鼻觸為緣所生諸受香界乃至鼻觸
為緣所生諸受自性空是鼻界自性即非自
性是香界乃至鼻觸為緣所生諸受自性亦
非自性若非自性即是布施波羅蜜多於此

BD04111 號　大般若波羅蜜多經卷一六二　（18–14）

不淨何以故鼻界鼻界自性空香界鼻識界
及鼻觸鼻觸為緣所生諸受香界乃至鼻觸
為緣所生諸受自性空是鼻界自性即非自
性是香界乃至鼻觸為緣所生諸受自性亦
非自性若非自性即是布施波羅蜜多於此
布施波羅蜜多鼻界不可得彼淨不淨亦不
可得香界乃至鼻觸為緣所生諸受皆不可
得彼淨不淨亦不可得所以者何此中尚無
鼻界等可得何況有彼淨與不淨汝若能脩
如是布施是脩布施波羅蜜多憍尸迦是善
男子善女人等作此等說是為宣說真正布
施波羅蜜多
復次憍尸迦若善男子善女人等為發無上
菩提心者宣說布施波羅蜜多作如是言汝
善男子應脩布施波羅蜜多不應觀舌界若
常若無常不應觀味界舌識界及舌觸舌觸
為緣所生諸受若常若無常何以故舌界舌
界自性空味界舌識界及舌觸舌觸為緣所
生諸受味界乃至舌觸為緣所生諸受自性
空是舌界自性即非自性是味界乃至舌觸
為緣所生諸受自性亦非自性若非自性即
是布施波羅蜜多於此布施波羅蜜多舌界
不可得彼常無常亦不可得味界乃至舌觸
為緣所生諸受皆不可得彼常無常亦不可
得所以者何此中尚無舌界等可得何況可
彼常與無常汝若能脩如是布施是脩布施
波羅蜜多復作是言汝善男子應脩布施波

BD04111號　大般若波羅蜜多經卷一六二　（18–15）

不可得彼常無常亦不可得味界乃至舌觸
為緣所生諸受皆不可得彼常無常亦不可
得所以者何此中尚無舌界等可得何況可
彼常與無常汝若能脩如是布施是脩布施
波羅蜜多復作是言汝善男子應脩布施波
羅蜜多不應觀舌界若樂若苦不應觀味界
舌識界及舌觸舌觸為緣所生諸受若樂若
苦何以故舌界舌界自性空味界舌識界及
舌觸舌觸為緣所生諸受味界乃至舌觸為
緣所生諸受自性空是舌界自性即非自性
是味界乃至舌觸為緣所生諸受自性亦非
自性若非自性即是布施波羅蜜多於此布
施波羅蜜多舌界不可得彼樂與苦亦不可
得味界乃至舌觸為緣所生諸受皆不可得
彼樂與苦亦不可得所以者何此中尚無舌
界等可得何況有彼樂之與苦汝若能脩如
是布施是脩布施波羅蜜多復作是言汝善
男子應脩布施波羅蜜多不應觀舌界若我
若無我不應觀味界舌識界及舌觸舌觸為
緣所生諸受若我若無我何以故舌界舌界
自性空味界舌識界及舌觸舌觸為緣所生
諸受味界乃至舌觸為緣所生諸受自性空
是舌界自性即非自性是味界乃至舌觸為
緣所生諸受自性亦非自性若非自性即是
布施波羅蜜多於此布施波羅蜜多舌界不
可得彼我無我亦不可得味界乃至舌觸為
緣所生諸受皆不可得彼我無我亦不可得

BD04111號　大般若波羅蜜多經卷一六二　（18–16）

諸受味界乃至舌觸為緣所生諸受自性空
是舌界自性即非自性是味界乃至舌觸為
緣所生諸受自性亦非自性若非自性即是
布施波羅蜜多於此布施波羅蜜多舌界不
可得彼我無我亦不可得味界乃至舌觸為
緣所生諸受皆不可得彼我無我亦不可得
所以者何此中尚無舌界等可得何況有彼
我與無我汝若能脩如是布施是脩布施波
羅蜜多復作是言汝善男子應脩布施波羅
蜜多不應觀舌界若淨若不淨不應觀味界
舌識界及舌觸舌觸為緣所生諸受若淨若
不淨何以故舌界舌界自性空味界舌識界
及舌觸舌觸為緣所生諸受味界乃至舌觸
為緣所生諸受自性空是舌界自性即非自
性是味界乃至舌觸為緣所生諸受自性亦
非自性若非自性即是布施波羅蜜多於此
布施波羅蜜多舌界不可得彼淨不淨亦不
可得味界乃至舌觸為緣所生諸受皆不可
得彼淨不淨亦不可得所以者何此中尚無
舌界等可得何況有彼淨與不淨汝若能脩
如是布施是脩布施波羅蜜多憍尸迦是善
男子善女人等作此等說是為宣說真正布
施波羅蜜多

大般若波羅蜜多經卷第一百六十二

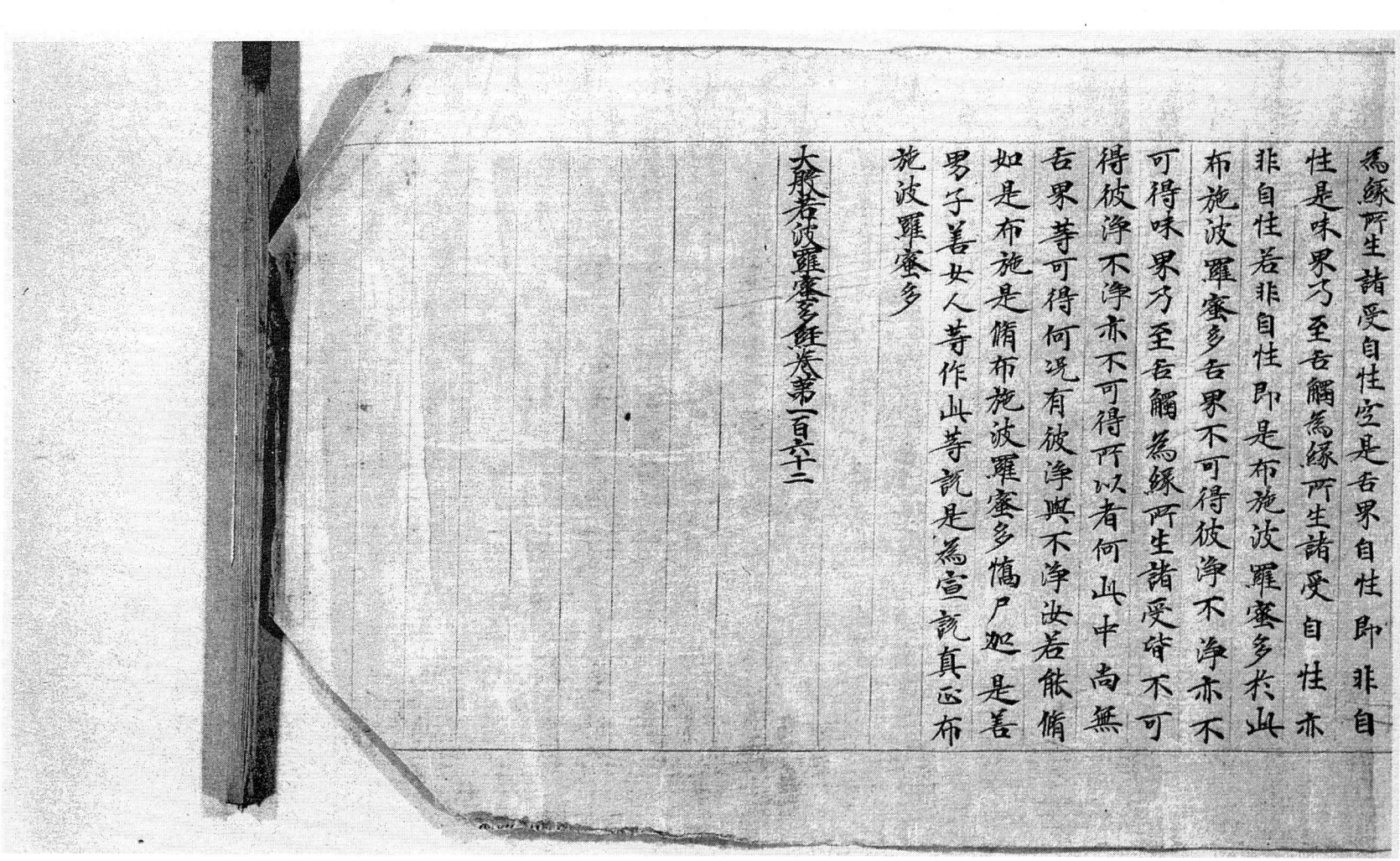

BD04111號　大般若波羅蜜多經卷一六二　（18–17）

為緣所生諸受自性空是舌界自性即非自
性是味界乃至舌觸為緣所生諸受自性亦
非自性若非自性即是布施波羅蜜多於此
布施波羅蜜多舌界不可得彼淨不淨亦不
可得味界乃至舌觸為緣所生諸受皆不可
得彼淨不淨亦不可得所以者何此中尚無
舌界等可得何況有彼淨與不淨汝若能脩
如是布施是脩布施波羅蜜多憍尸迦是善
男子善女人等作此等說是為宣說真正布
施波羅蜜多

大般若波羅蜜多經卷第一百六十二

BD04111號　大般若波羅蜜多經卷一六二　（18–18）

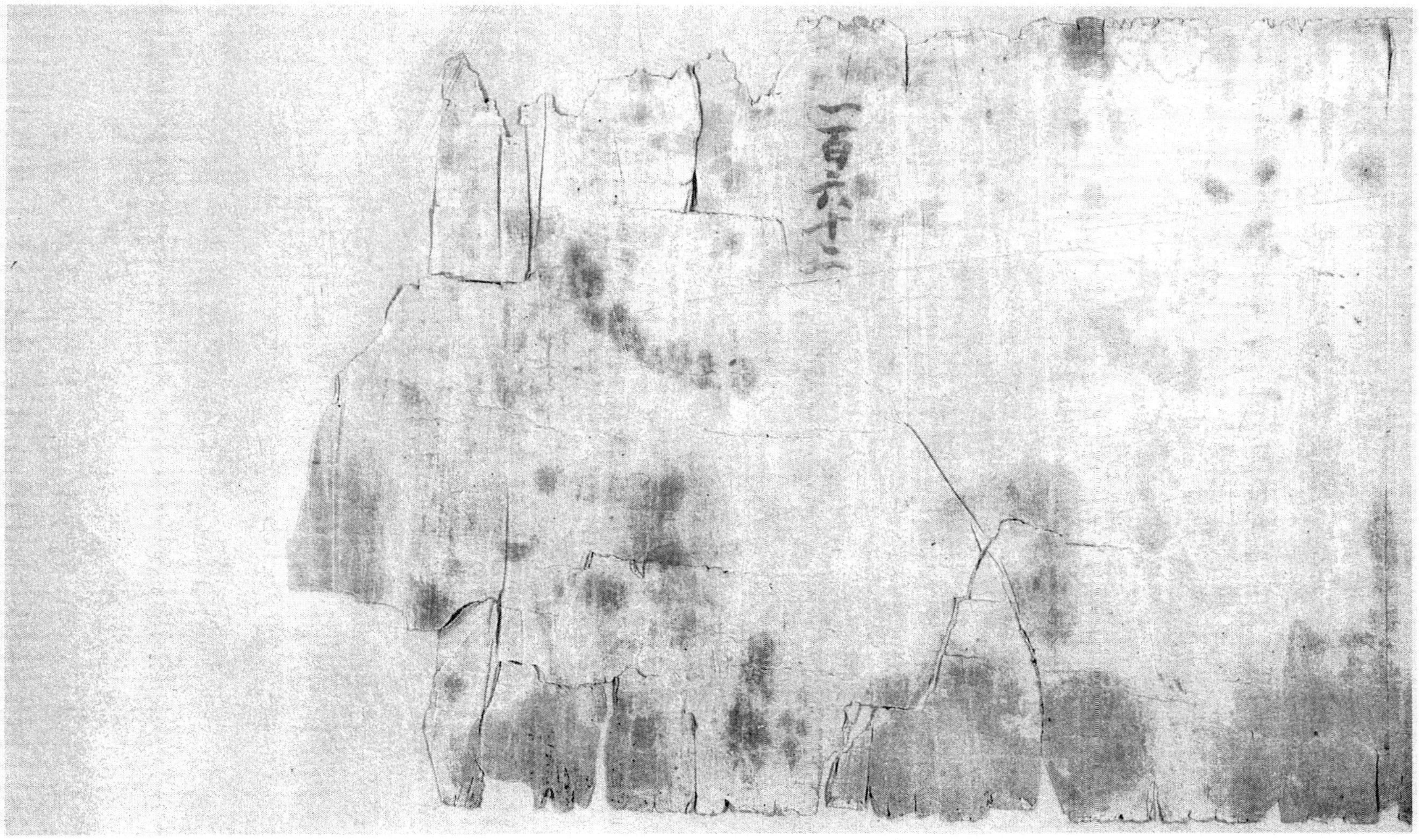

BD04111 號背　勘記　　　　（1–1）

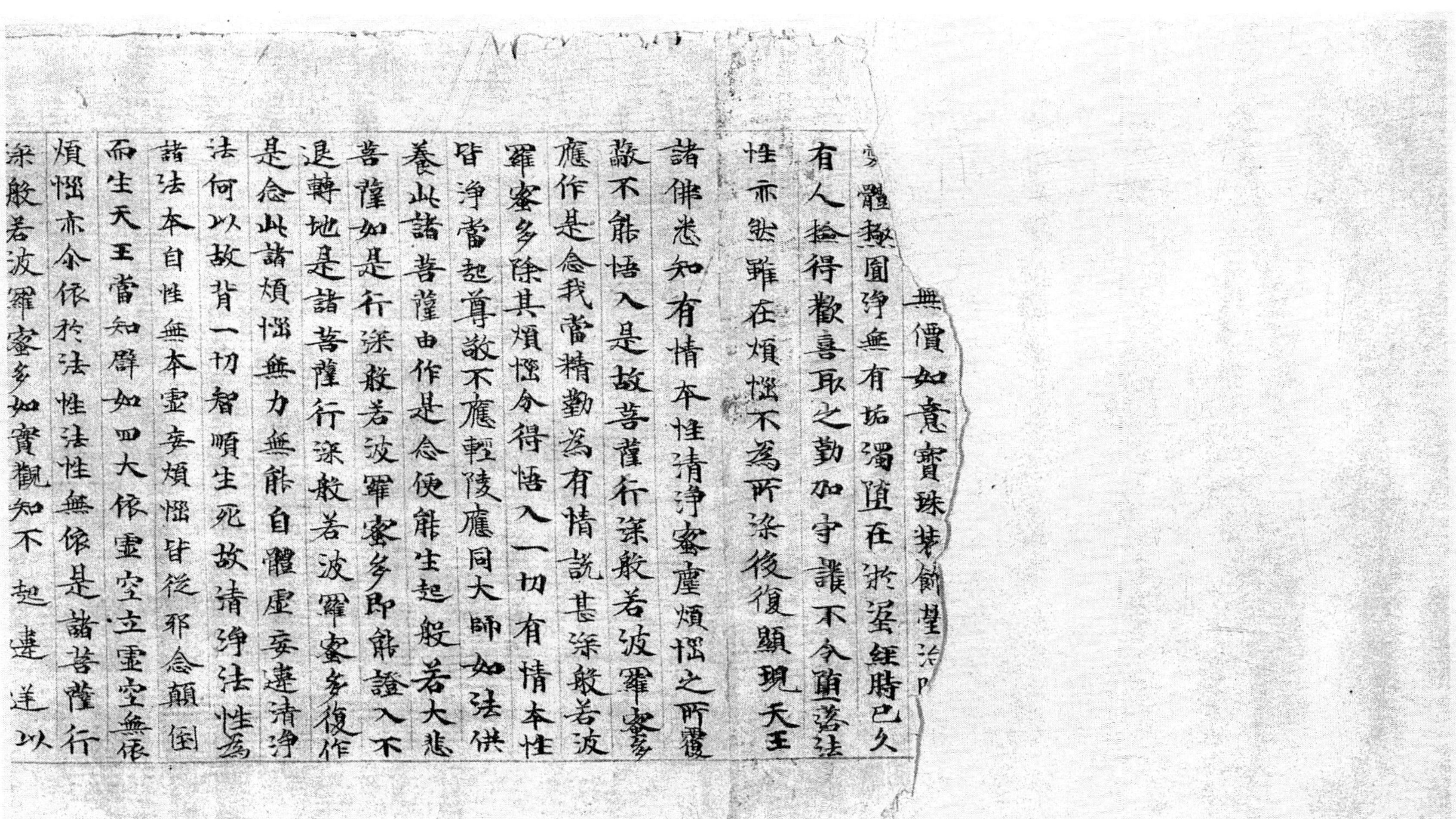

無價如意寶珠瑩飾瑩治
□體類圓淨無有垢濁墮在淤泥經時已久
有人拾得歡喜取之勤加守護不令墮落法
性亦然雖在煩惱不為所染後復顯現天王
諸佛悉知有情本性清淨客塵煩惱之所覆
蔽不能悟入是故菩薩行深般若波羅蜜多
應作是念我當精勤為有情說甚深般若波
羅蜜多除其煩惱令得悟入一切有情本性
皆淨當起尊敬不應輕陵應同大師如法供
養此諸菩薩由作是念便能生起般若大悲
菩薩如是行深般若波羅蜜多即能證入不
退轉地是諸菩薩行深般若波羅蜜多復作
是念此諸煩惱無力無能自體虛妄違清淨
法何以故背一切智順生死故清淨法性為
諸法本自性無本虛妄煩惱皆從邪念顛倒
而生天王當知譬如四大依虛空立虛空無依
煩惱亦爾依於法性法性無依是諸菩薩行
深般若波羅蜜多如實觀知不起違逆以

BD04112 號　大般若波羅蜜多經卷五六九　　　　（21–1）

法何以故背一切智順生死故清淨法性
諸法本自性無本虛妄煩惱皆從邪念顛倒
而生天王當知譬如四大依虛空立虛空無依
煩惱亦尒依於法性法性無依是諸菩薩行
深般若波羅蜜多如實觀知不起違逆以
隨順故煩惱不生煩惱不生是諸菩薩觀察煩惱不生
染著謂作是念若自染著去何說法令他出
離是故菩薩斷滅著心如實說教解有情縛
是諸菩薩復作是念若生死中有一煩惱能
益有情我則攝受悲無是事故應斷滅是諸
菩薩復作是念如昔諸佛行深般若波羅蜜
多斷諸煩惱我亦應尒何以故諸佛如來昔
在因地亦如是學成菩提故是諸菩薩由此
二緣方便善巧觀知法性如是法性無量無
邊為諸煩惱之所隱覆隨生死流沉沒六趣
長夜輪轉隨有情故名有情性天王當知諸
菩薩摩訶薩行深般若波羅蜜多起猒離
心除五境欲滅諸分別脩無上道是時此性名
為出離起一切苦故名寂靜是究竟法世所
樂求一切種智常住微妙曰此法性能得自
在受法王位天王當知諸菩薩摩訶薩行深
般若波羅蜜多初中後位觀察法性一切平
等本來寂靜不為諸法之所罣礙猶如虛空
不為色礙是諸菩薩行深般若波羅蜜多如
實觀知諸佛所說一切妙行如量脩行法性
功德不可具說無有二相過一異境平等一
相尋伺不行菩薩如是行深般若波羅蜜多
除二相我相法相一切異生為執所縛不

BD04112號　大般若波羅蜜多經卷五六九　　（21-2）

般若波羅蜜多初中後位觀察法性一切平
等本來寂靜不為諸法之所罣礙猶如虛空
不為色礙是諸菩薩行深般若波羅蜜多如
實觀知諸佛所說一切妙行如量脩行法性
功德不可具說無有二相過一異境平等一
相尋伺不行菩薩如是行深般若波羅蜜多
能除二相我相法相一切異生為執所縛不
識不見不得法性是諸菩薩行深般若波羅
蜜多則能通達如是法性在諸有情無二無
別何以故諸法真如無異相故天王當知諸
菩薩摩訶薩行深般若波羅蜜多依此法性
脩諸善根來入三有饒益有情雖現無常而
非真實何以故是諸菩薩行深般若波羅蜜
多如實觀知真法性故具足方便大悲願力
不捨有情二乘異生既無如是大願力是
故不見圓淨法性不能如實饒益有情天王
當知諸菩薩摩訶薩行深般若波羅蜜多
能如是觀真淨法性一切聖者如實悟入無能
脩者無所脩法無能行者無所行法無心無
心所無業無異熟無苦無樂如是觀者名得
平等無異遠離隨順廣大無我我所無高無
下真實無盡常住明淨所以者何一切聖法
由此成就曰是性故顯現聖者諸佛如來無
邊功德不共之法從此性生由是性出一切
聖者戒定慧品從此性生諸佛菩薩甚深般
若波羅蜜多從此性出是性寂靜過諸名相
性是真實遠離顛倒性不變異故稱真如
境故名勝義非有非無非常非斷非生

BD04112號　大般若波羅蜜多經卷五六九　　（21-3）

聖者戒定慧品從此性生諸佛菩薩甚深般
若波羅蜜多從此性出是性寂靜過諸名相
性是真實遠離顛倒性不變異故稱真如是
聖智境故名勝義非有非無非常非斷非生
死非涅槃非染非淨離一離異無相無名天
王當知此諸菩薩復作是念法性離相諸法
離相無二無別何以故諸法離相即法性離
相法性離相即有情離相有情離相即法界
離相法界離相即諸法離相如是離相求不
可得法性真如有情真如無二無別有情真
如法性真如無二無別法性真如諸法真如
無二無別諸法真如諸佛真如無二無別法
性真如三世真如不相違過去真如未來
真如不相違未來真如現在真如不相違
違現在真如過去真如不相違三世真如
即蘊界處真如蘊界處真如即染淨真如染
淨真如即生死涅槃真如生死涅槃真如即
一切法真如天王當知真如名為無異無變
無生無諍自性真實以無諍故說名真如如
實知見諸法不生諸法雖生真如不動真如
雖生諸法而真如不生是名法身清淨不變
如虛空無等等一切三界無有一法所能及
者遍有情身無與等者清淨離垢本來不染
自性明淨自性不生自性不起在心意識非
心意識性即是空無相無願遍虛空界諸有
情處一切平等無量無邊不異不別非色受
想行識不離色受想行識非地水火風大不

BD04112 號　大般若波羅蜜多經卷五六九　（21–4）

者遍有情身無與等者清淨離垢本來不染
自性明淨自性不生自性不起在心意識非
心意識性即是空無相無願遍虛空界諸有
情處一切平等無量無邊不異不別非色受
想行識不離色受想行識非地水火風大不
離地水火風大無生不離生雖達生死不順
涅槃眼不能見耳不能聞鼻不能嗅舌不能
嘗身不能覺意不能知不在心意識不離心
意識天王當知是名法性諸菩薩摩訶薩行
深般若波羅蜜多以能通達此法性故脩行
清淨能於三千大千世界諸贍部洲城邑聚
落亦現色身所現身者非色非相而現色相
雖非六根所行境界而化有情常無休息為
說此身無常無我是苦非淨知諸有情有染
靜性故為亦現無量種身方便善巧令彼受
化知一切身都無作者亦無受者如木石等
而為有情說清淨行菩薩如是行深般若波
羅蜜多通達法性即得自在無有移動而趣
智業遊戲神通種種亦現安住自在而能亦
現種種威儀自在能趣一切相智皆悉通達
一切法性天王當知甚深般若波羅蜜多如
是自在是無盡相遍一切處無色現色自在
遍觀諸有情心見如實心性自在憶念無邊
無數劫相續不斷自在變化住解脫相自在
漏盡為有情故不證漏盡自在出世是聖智
境自在甚深聲聞獨覺不能測量自在堅牢
魔不能壞坐菩提座成就佛法最為第一自
在隨順轉妙法輪自在調化一切有情自在

BD04112 號　大般若波羅蜜多經卷五六九　（21–5）

無數劫相續不斷自在變化住解脫相自在
漏盡為有情故不證漏盡自在出世是聖智
境自在甚深聲聞獨覺不能測量自在堅牢
魔不能壞坐菩提座伏䰟佛法最為第一自
在隨順轉妙法輪自在調化一切有情自在
受位得法自在天王當知諸菩薩摩訶薩行
深般若波羅蜜多如實通達甚深法性得是
自在修是自在即得一切靜慮解脫等持等
至不繫三界所以者何遠離一切虛妄分別
煩惱繫縛顛倒執相若欲受生於生自在遠
離繫縛若欲現滅於滅自在隨其生處恒攝
大乘成熟佛法能於十方推（求）佛法竟不可
得知一切法同一佛法非常非斷何以故推
求此法不可得故以如實理求不可得此法
不可說有說無亦無名相過此境界若離名
相即是平等若法平等即無執著無可執著
是法真實若著真實即是虛妄以不著故即
非虛妄無所滯著心即無礙無礙即無障無
障即無諍若法無諍即同虛空不繫三界若
一切處無所繫屬是法無色無相無形若法
無色無相無形應知是法隨彼境界而離能
知亦離所知何以故是中無有少法可覺少
法能覺是名菩薩行深般若波羅蜜多通
達平等天王當知諸菩薩摩訶薩行深般若
波羅蜜多觀察發起大慈大悲大喜大捨都不
見我不見有情乃至不見知者見者雖行布
施而無所捨雖持淨戒而離戒相雖脩安忍

BD04112 號　大般若波羅蜜多經卷五六九　（21–6）

法能覺是名菩薩行深般若波羅蜜多通
達平等天王當知諸菩薩摩訶薩行深般若
波羅蜜多觀察發起大慈大悲大喜大捨都不
見我不見有情乃至不見知者見者雖行布
施而無所捨雖持淨戒而離戒相雖脩安忍
而心無盡雖脩精進而離其相雖脩靜慮而
無所竄雖修般若而無所緣雖修念住而無
所取雖修正斷而心平等雖脩神足而離戲
論雖脩根力而不分別有情諸根及離僁失
雖脩覺支而無分別雖脩道支而無功用雖
脩淨信而無所著自然智慧憶念諸法平等
智心脩諸妙行定無分別心觀察妙慧无上息
心脩奢摩地無所見心脩毗鉢舍那無所念
心脩佛隨念通達法界平等之心脩法隨念
無所住心脩僧隨念本心清淨教化有情不
起分別法界之心攝一切法如虛空心嚴淨
佛土無所得心得無生忍無進退心得不退
轉遠離相心不見有相三界平等心莊嚴菩
提座無所覺心知一切法雖轉法輪不見說
聽雖現涅槃而知生死本性平等天王當知
諸菩薩摩訶薩行深般若波羅蜜多如是觀
法不見能觀不見所觀即時能得遊戲自在
何以故自心清淨能見一切有情淨故天王
當知譬如虛空遍滿一切是諸菩薩行深般
若波羅蜜多心亦如是說此法時衆中八万
四千天人俱發無上正等覺心三万二千菩
薩得無生法忍八万四千有情遠塵離垢生

BD04112 號　大般若波羅蜜多經卷五六九　（21–7）

何以故自心清淨能見一切有情淨故天王
當知譬如虛空遍滿一切是諸菩薩行深般
若波羅蜜多心亦如是說此法時衆中八万
四千天人俱發無上正等覺心三万二千菩
薩得無生法忍八万四千有情遠塵離垢生
淨法眼一万二千苾芻諸漏永盡
尒時佛告最勝天王言天王當知諸菩薩摩訶
薩行深般若波羅蜜多心得清淨深如大海
福得智慧不可測量能現出世諸功德寶有
情用之乃至菩提無有竭盡菩薩福德亦復
不減猶如大海多出衆寶菩薩智慧甚深難
入聲聞獨覺無能涉者亦如大海小獸不入
菩薩智慧廣大無邊何以故無着無住無色
無相菩薩智慧從初至後次第轉深初菩提
心後一切智菩薩法尒不與煩惱惡友共住
世間智慧若入菩薩智慧海中一相一味所
謂無相趣一切智無分別味菩薩智慧觀一
切法不見增減何以故通達平等深法性故
菩薩所有大慈悲力不違本願一切聖者之
所依處為諸有情永劫說法無有窮盡天王
菩薩行深般若波羅蜜多通達如是甚深法
性天王菩薩善能通達世俗諦法雖說諸色
而非實有推求此色終不取着受想行識亦
復如是雖說地界而非實有推求地界終不
取着水火風空識界亦復如是雖說眼處而
非實有推求眼處終不取着耳鼻舌身意
處亦復如是雖說色處而非實有推求色處
終不取着聲香味觸法處亦復如是雖復說

取着水火風空識界亦復如是雖說眼處而
非實有推求眼處終不取着耳鼻舌身意
處亦復如是雖說色處而非實有推求色處
終不取着聲香味觸法處亦復如是雖復說
我而非實有推求此我終不取着有情乃至
知者見者亦復如是雖說世間而非實有推求
世間終不取着雖說世法而非實有推求世
法終不取着雖說佛法而非實有推求佛法
終不取着雖說菩提而非實有推求菩提終
不取着天王當知凡有言說名世俗諦此非真
實若無世俗即不可說有勝義諦是諸菩
薩通達世俗諦不違勝義諦由通達故知一
切法無生無滅無成無壞無此無彼遠離語
言文字戲論天王當知勝義諦者離言寂靜
聖智境界無變壞法若佛出世若不出世性
相常住是名菩薩通達勝義尒時最勝便白
佛言若一切法無生無滅自性空離云何有
佛出現世間及轉法輪云何菩薩於無生法
而見有生佛告最勝天王當知諸法無滅是
故無生何以故性不變故但由世俗見有生
滅皆是虛妄非真實有若諸菩薩行深般若
波羅蜜多方便善巧見因緣法知世俗諦空
無所有不見堅實非有似有如幻如夢如響
如像如光影如陽焰如變化事如尋香城搖
動不安從因緣起是諸菩薩以妙般若觀諸
法空廣說乃至從因緣起作是思惟此等諸
法今見有生有住有滅何因緣生何因緣滅
既思惟已即如實知無明因緣故生諸行衣

如像如光影如陽焰如變化事如尋香城搖
動不安從因緣起是諸菩薩以妙般若觀諸
法空廣說乃至從因緣起作是思惟此等諸
法今見有生有住有滅何因緣生何因緣滅
既思惟已即如實知無明因緣故生諸行依
行生滅廣說乃至由有故生生即有老老故
有死及愁歎苦憂惱是故脩行為斷無明無
明若斷餘十一支展轉隨滅如身若斷命等
隨滅天王當知邪見外道為求解脫但欲斷
死不知斷生若法不生即無有滅譬如有人
塊擲師子師子逐人而塊自息菩薩亦尒但
斷其生而死自滅犮唯逐塊不知逐人塊終
不息外道亦尒不知斷生終不離死菩薩如
是行深般若波羅蜜多善知因緣諸法生滅
天王當知諸菩薩摩訶薩行深般若波羅蜜
多知緣生法空無所有不起我慢生富貴家
不起豪富尊貴二慢生貧賤家自知宿業不
甚清淨得果下劣心起猒離便求出家作如
是念如我此身雜業所得更脩淨業令自清
淨使他亦尒自既求度亦復度他自求出離
亦解他縛以是因緣便起精進遠離懈怠障
道思法皆應斷除助道善法皆應增長勤脩
精進作是思惟我負重擔應當自滅一切煩
惱度脫有情不應懈怠是諸菩薩親近師長
多聞少聞有智無智持戒破戒俱生佛想恭
敬同覺思惟我今依師學習脩善未滿應令
滿已煩惱未盡應斷令盡守護善法捨離不
善具一切智慄慈世間大悲福田煩惱寂靜

多聞少聞有智無智持戒破戒俱生佛想恭
敬同覺思惟我今依師學習脩善未滿應令
滿已煩惱未盡應斷令盡守護善法捨離不
善具一切智慄慈世間大悲福田煩惱寂靜
天人師者是我大師善得勝利一切天人皆
事法主以為大師是諸菩薩作是思惟佛說
淨戒設為身命亦不毀犯如世尊說隨順佛
教即供養佛婆羅門等種種飲食信心施與
如法受用不令彼人空無果報食者施者俱
得利益婆羅門等以沙門名而於菩薩作福
田想菩薩應當如理如量脩行正法即令顯
現沙門功得福田功德菩薩如是自行化他
未嘗休癈是諸菩薩行深般若波羅蜜多如
是脩行則能隨順一切世間見瞋恚者生下
劣心見憍慢者起無我想見邪曲者起正真
想見誑語者起如實言於惡言者常說愛語
見剛強者亦現柔和見瘯毒者則生慈忍見
耶法者則生大慈見苦惱者則生大悲見慳
嫉者則行布施此諸菩薩行深般若波羅蜜
多如是隨順世間智故生淨佛土何以故持
戒無缺離諸雜穢脩平等心於有情所具大
善根不著名利有清淨信無所希望勤行
精進不生懈怠脩諸靜慮離散乱法以微妙慧
而習多聞諸根無缺具足剎智常脩大慈遠
離瞋惱以是因緣生淨佛土尒時眾勝便白
佛言如佛所說脩戒等法生淨佛土為要脩
修為隨修一生淨佛土佛告眾勝天王當知

而習多聞諸根無缺具足利智常脩大慈遠
離瞋惱以是因緣生淨佛土尒時衆勝便白
佛言如佛所說脩戒等法生淨佛土為要脩
脩為隨脩一生淨佛土佛告衆勝天王當知
若有菩薩於前所說種種法中淨脩一行即
脩衆法如是一行亦生淨土何以故一一行中
具衆行故是諸菩薩生淨佛土不為貽汙何
以故是諸菩薩造作佛像脩塋僧園佛制多
前香泥塗地燒香供養或布妙華或以香湯
灌洗佛像於僧園內掃灑泥塗父母師僧慈
心供侍同學善友及諸沙門以平等心恭敬
供養持此善根與有情共迴向無上正等菩
提令諸有情皆得清淨菩薩如是即得離欲
何以故心無取著不染朋黨背諸境界遠離
愛緣於欲境心不愛染佛所說戒如實脩行
於四供養少欲喜足趣得支身心常怖畏
恒樂寂靜遠離之法如是菩薩不著俗事即
得淨命無僞威儀詐語謟施主前終不
為現安庠徐步視前六肘不顧左右邪命威
儀無施主時即便縱誕又對施主不為利養
出順彼意細語美言無施主時語便麁鄙見
他行施心實起貪而言不須不得便惱語現
少欲心多貪利是諸菩薩無如是等求利之
相若見施主終不發言三衣弊壞什物闕少
或須毉藥又對施主終不發言某甲施主施
我此物彼人謂我持戒多聞大悲心淨雖尒
讚歎我無此德唯勤脩善報施主恩是諸菩

BD04112號　大般若波羅蜜多經卷五六九　（21–12）

相若見施主終不發言三衣弊壞什物闕少
或須毉藥又對施主終不發言某甲施主施
我此物彼人謂我持戒多聞大悲心淨雖尒
讚歎我無此德唯勤脩善報施主恩是諸菩
薩不對白衣自讚毀他而求名利見施餘人
不生瞋惱終不諂曲而以取財不詐親善害
他取物不希他辱戲弄取財施主擬施若所
讚人或說法者或復大衆或未別擬或施未
決菩薩終不入中取分若受施財終不執著
此是我物此是我有尋當迴施諸餘沙門或
婆羅門師僧父母及餘貧乏平等受用若財
物盡不以為憂少日不得心無苦惱是諸菩
薩若受他施若迴施他二俱清淨行清淨故
心不疲勞何以故是諸菩薩為利有情久處
生死而不猒患若有魔事衆苦逼切心無退
轉若人欲行二乘之道即為說法不憚劬勞
菩薩自脩菩提分法終無猒倦此諸菩薩如
是精進則能隨順佛正教行何以故此諸菩薩
遠離放逸心常謹慎善自攝身不造諸惡語
意亦尒雖處現在恒懼未來斷諸惡法令永
不起言必附理常說法教非法不言棄雜
穢業脩純淨行不毀佛教遠離煩惱不淨之
法是則讃持如來正教諸惡不善皆斷離之
此諸菩薩如是隨順清淨佛教若見有情舒
顏含咲遠離嚬蹙所以者何心離穢濁諸根清
淨離瞋恚垢內無恨結菩薩如是即得多聞
觀察生死能如實知貪瞋癡火燒然迷亂

BD04112號　大般若波羅蜜多經卷五六九　（21–13）

法是則謗持如來正教諸惡不善皆斷離之
此諸菩薩如是隨順清淨佛教若見有情舒
顏含笑遠離顰蹙所以者何心離穢濁諸根清
淨離瞋恚垢內無恨結菩薩如是即得多聞
觀察生死能如實知貪瞋癡火燒然迷亂
亦如實覺有為無常一切行苦諸法無我世間
有情執著戲論又如實覺一切法中唯有涅
槃寂為寂靜聞他說法即能思義傳以授人
發大悲起堅固念若不聞法即無思修是
故聞慧如衆字本一切智慧因之而生既得
多聞則護正法若未來世正法滅時有諸有
情樂勤修行不值法炬無人為說甚深法要
菩薩尒時即為宣暢甚深般若波羅蜜多令
諸有情修戒定慧因而讚曰汝善男子能於
如是正法滅時發菩提心求無上覺為欲利
樂一切有情如是般若波羅蜜多甚深經典
三世諸佛之所行處汝若勤修大覺非遠何
以故甚深般若波羅蜜多與大菩提不相離
故如人種藥其苗已秀當知是人穫菓不久
菩薩亦尒求大菩提得聞般若波羅蜜多當
知去佛決定非遠善男子等若有捨離甚深
般若波羅蜜多更依餘經求無上覺若能證
得必無是處譬如王子捨其父王更就餘人
求為太子決不可得菩薩亦尒求一切智必
因般若波羅蜜多若依餘經定不能得譬如
犢子若欲須乳必依其母若就餘牛則不可
得菩薩亦尒求大菩提要依般若波羅蜜多

因般若波羅蜜多若依餘經定不能得譬如
犢子若欲須乳必依其母若就餘牛則不可
得菩薩亦尒求大菩提要依般若波羅蜜多
若依餘法必不能證天王當知諸菩薩摩訶
薩親近般若波羅蜜多為法王子相好嚴身
諸根無缺行佛行處覺佛所覺求證一切智
慳有情善能通達佛所說教常修梵行遠
離染濁守護諸佛一切智城是諸菩薩為法
王子釋梵護世皆共尊重何以故行菩薩道
已得不退一切惡魔不能傾動安住佛法通達
一切空平等理不信外緣如是安住佛法智慧
不與聲聞獨覺等共超過世間住無生忍是
諸菩薩能如實知一切有情貪瞋癡品上中下
異亦如實知善及堅固心品差別如實知已
各各為說諸對治門如是善能化有情類是
諸菩薩若有有情應見佛身而得度者即現
佛身而為說法見菩薩身而得度者現菩薩
身而為說法見獨覺身而得度者現獨覺身
而為說法見聲聞身而得度者現聲聞身而
為說法若見釋梵婆羅門剎帝利長者居士
等身而得度者即皆現之而為說法菩薩如
是行深般若波羅蜜多方便善巧化諸有情
令得度脫是諸菩薩心性慈和正直柔善無
諸諂曲嫉妒垢穢心常清淨離麁惡語多行
忍辱親狎有情菩薩如是行深般若波羅蜜
多在處安樂所以者何具足正見及清淨見
清淨之行所行境界與心相應若心相違惡

諸諂曲嫉妬垢穢心常清淨離麁惡語多行
忍辱親狎有情菩薩如是行深般若波羅蜜
多在處安樂所以者何具足正見及清淨見
清淨之行所行境界與心相應若心相違惡
不善法境界穢處斯則不行是諸菩薩見同
學人深心歡喜若財若法皆共受用唯行佛
道唯佛為師菩薩如是在處安樂具諸攝法
而攝有情以利益施若安樂施無盡施攝諸
有情以利益語若有義語若如法語若不異
語攝諸有情以財利益平等若身利益平等
若命利益平等若資具利益平等攝諸有情
天王當知利益施者即是法施安樂施者即
是財施無盡施者即示正道利益語者令生
善法有義語者令見正理如法語者隨順佛
教不異語者說如實法財利益平等者謂可
飲食及衣服等身利益平等者如以攝衛利
益己身令他亦尒命利益平等者謂諸珍寶
名為外命資具利益平等者謂象馬等一切
淨財是諸菩薩行深般若波羅蜜多自行與
他皆悉同等是諸菩薩受生端正常能脩習
寂靜威儀不為威儀清淨威儀眾所樂見內
外溫善觀者無猒能悅人意一切有情咸所
愛重其有見者皆發善心瞋忿者見心則和
解此諸菩薩如是端正堪為依止等諸有情
煩惱滅能引有情出離生死無邊曠野能度
有情世間險難無眷屬者為作親友煩惱病
者為作良醫無救護者為作救護無歸依者

BD04112號　大般若波羅蜜多經卷五六九　（21–16）

愛重其有見者皆發善心瞋忿者見心則和
解此諸菩薩如是端正堪為依止等諸有情
煩惱滅能引有情出離生死無邊曠野能度
有情世間險難無眷屬者為作親友煩惱病
者為作良醫無救護者為作救護無歸依者
為作歸依無明有情為作法炬如是菩薩為
諸有情作所依止善療眾病如藥樹王如有
樹王名為善見根莖枝葉及諸花菓色香味
觸皆能療病此諸菩薩亦復如是從初發心
乃至究竟常為有情療煩惱病菩薩多有福
德智慧諸有見聞眾病皆愈是諸菩薩功
德相應隨力所堪供養三寶有病者皆施
醫藥若見飢渴即施飲食若寒凍者即施
衣服教軌範盡心承事同學法人合掌恭敬
造僧住處給施園田隨有資財時時與所
有僕隸如法料理聞有名德梵志沙門脩正行
者時時諮覲此諸菩薩能生眾善有巧方便
化度有情住此佛土身不動搖而趣無邊諸
佛世界佛菩薩所諮受正法或現供養無量
如來或現脩習助菩提分或現供養初成佛
者或現自身成等正覺或現為眾轉妙法輪
或現涅槃作大饒益或應度者為現化身皆
令得見推得利樂雖作如是種種佛事而不
作意亦無分別尒時寂勝便白佛言世尊云
何此諸菩薩作種種化無分別心佛言天王
譬如日月雖照一切而不分別我發光明能
有所照然有情類自業勢力感得日月晝夜
迴照此諸菩薩亦復如是雖現化身而無分

BD04112號　大般若波羅蜜多經卷五六九　（21–17）

作意亦無分別尒時最勝便白佛言世尊云
何此諸菩薩作種種化無分別心佛言天王
譬如日月雖照一切而不分別我發光明能
有所照然有情類自業勢力感得日月晝夜
巡照此諸菩薩亦復如是雖現化身而無分
別何以故有情各有宿世善業菩薩昔發處
有情願由此願力隨彼所念即現化身故無
分別此諸菩薩方便善巧能作如是饒益有情
事速趣無上正等菩提何以故此諸菩薩布
施圓滿持戒清淨無穿缺雜戒品清淨過諸
聲聞及獨覺等具足安忍精進靜慮般若巧
便妙願力智及諸如來不共功德超諸聲聞
獨覺地故天王當知菩薩初地乃至十地行
深般若波羅蜜多脩如是行能證無上正等
菩提說是法時二萬天子遠塵離垢生淨法
眼三万菩薩得無生忍八万四千諸天及人
俱發無上正等覺心無量百千諸健達縛及
緊捺洛遶鷲峯山歡喜合掌讚歎如來無
量百千諸藥叉衆遶鷲峯山歡喜合掌雨衆
妙華而供養佛十方無量殑伽沙等諸佛世界
各有無量菩薩來集讚歎如來世尊善為諸
菩薩說甚深般若波羅蜜多由是般若波羅
蜜多得有人天四向四果及有獨覺道與菩
提亦有菩薩十地十度如來十力四無所畏
四無礙解大慈大悲大喜大捨十八佛不共
法一切相智一切智等無邊佛法皆由般若
波羅蜜多而得成辦如世間事皆依虛空虛
空無依甚深般若波羅蜜多亦復如是為衆

BD04112 號　大般若波羅蜜多經卷五六九　（21–18）

提亦有菩薩十地十度如來十力四無所畏
四無礙解大慈大悲大喜大捨十八佛不共
法一切相智一切智等無邊佛法皆由般若
波羅蜜多而得成辦如世間事皆依虛空虛
空無依甚深般若波羅蜜多亦復如是為衆
法本而自無依願令我等於當來世為諸菩
薩摩訶薩等宣說般若波羅蜜多如今世尊
所說無異作是語已持諸香花奉散如來及
諸衆會時有無量鷲峯山中舊住天神及餘
集者空中讚曰希有世尊我等憶念無量諸
佛已曾於此鷲峯山中為諸大衆宣說般若
波羅蜜多如今無異尒時最勝便白佛言空
中天神寧有智慧知佛境界久近差別言無
量佛已曾於此宣說般若波羅蜜多佛言天
王此天神衆皆是安住不可思議解脫菩薩
是故能知過去佛境久近差別天王我昔為
菩薩時亦曾生彼天神趣中見無量佛證得
無上正等菩提為諸衆會宣說妙法乃至涅
槃我常敬礼合掌讚歎何以故彼天神趣壽
量長遠見聞往昔無邊事故尒時衆中有一
天子名日光得即從座起偏覆左肩右膝著
地合掌向佛白言世尊諸佛菩薩應居淨土
云何世尊出現於此穢惡充滿堪忍世界佛
告光得天子當知諸佛如來所居之處皆無
雜穢即是淨土於是如來以神通力令此三
千大千世界地平如掌瑠璃所成無諸山陵
堆阜荊棘處處皆有寶聚香花軟草泉

BD04112 號　大般若波羅蜜多經卷五六九　（21–19）

告光得天子當知諸佛如來所居之處皆無
雜穢即是淨土於是如來以神通力令此三
千大千世界地平如掌瑠璃所成無諸山陵
堆阜荊棘處處皆有寶聚香花美草泉
池八功德水七寶階陛花草木咸說菩薩不
退法輪無諸異生聲聞獨覺雖有菩薩從十方
來不聞餘聲唯常聞說甚深般若波羅蜜多
處處蓮華如車輪量青紅赤白衆寶莊嚴
諸花臺中皆有菩薩結跏趺坐思惟大乘見
此如來處大集會為菩薩衆說甚深法無量
百千釋梵護世供養讚歎恭敬圍遶尒時光得
見斯事已踊躍歡喜讚歎佛言甚奇世尊希
有善逝如來所說真實不虛諸佛如來所居
之處皆無雜穢即是淨土如佛所說其義無
二有情薄福見淨為穢世尊若善男子善女
人等得聞般若波羅蜜多功德名字甚為希
有況能書寫受持讀誦為他演說佛告光得
天子當知若善男子善女人等無量大劫以
無礙心施諸有情種種財物有善男子善女
人等以清淨信書寫此經轉施他人受持讀
誦所獲功德甚多於前何以故財施有竭法
施無窮何以故財施但能得世間果人天樂
果曾得還失今雖暫得而後必退若以法施
得未曾得所謂涅槃定無退義設有教化
三千大千世界有情皆令安住十善業道若
善男子善女人等以淨信心受持讀誦甚深般
若波羅蜜多為他演施功德勝彼無量無邊

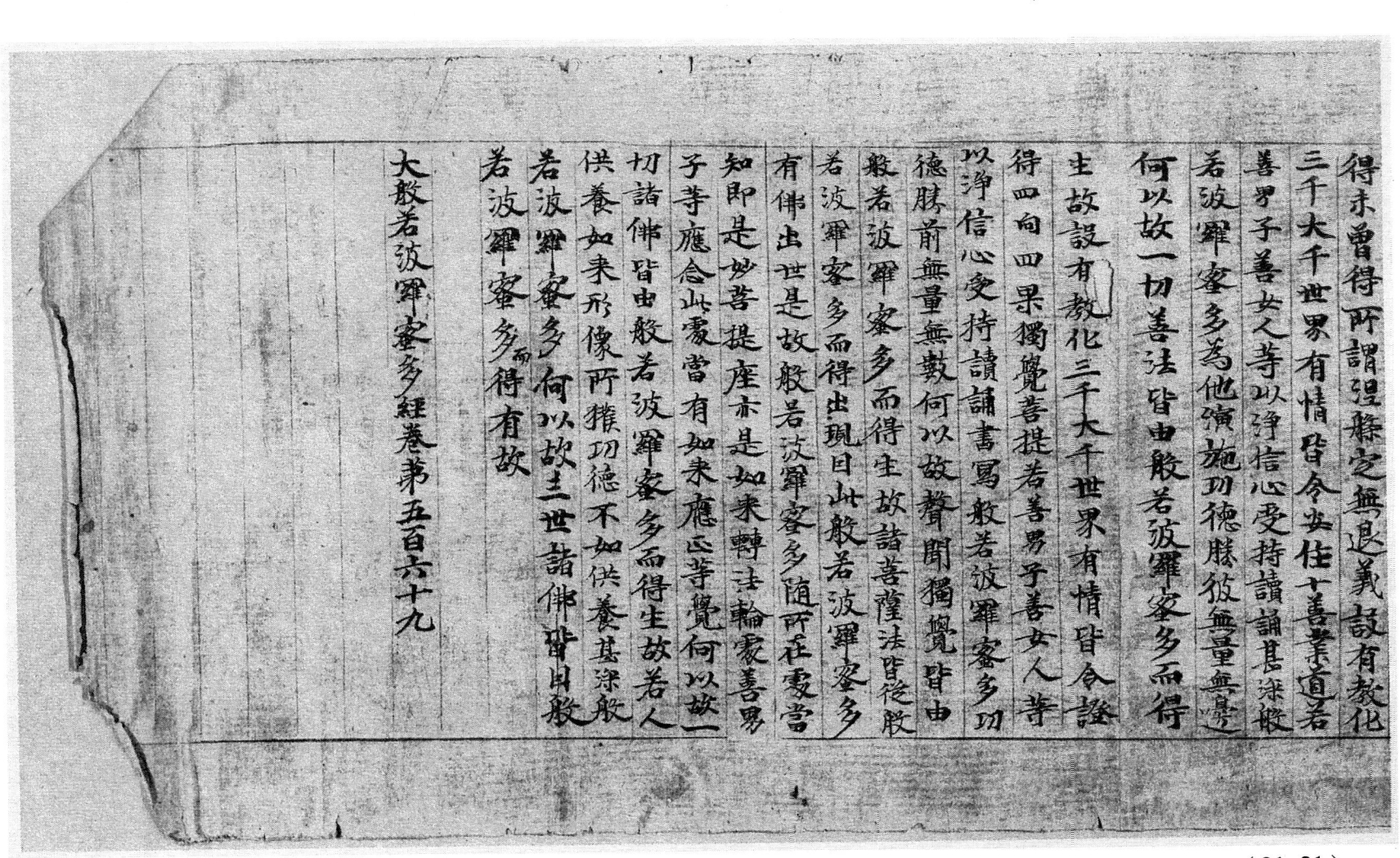

BD04112號　大般若波羅蜜多經卷五六九　（21–20）

得未曾得所謂涅槃定無退義設有教化
三千大千世界有情皆令安住十善業道若
善男子善女人等以淨信心受持讀誦甚深般
若波羅蜜多為他演施功德勝彼無量無邊
何以故一切善法皆由般若波羅蜜多而得
生故設有教化三千大千世界有情皆令證
得四向四果獨覺菩提若善男子善女人等
以淨信心受持讀誦書寫般若波羅蜜多功
德勝前無量無數何以故聲聞獨覺皆由
般若波羅蜜多而得生故諸菩薩法皆從般
若波羅蜜多而得出現因此般若波羅蜜多
有佛出世是故般若波羅蜜多隨所在處當
知即是妙菩提座亦是如來轉法輪處善男
子等應念此處當有如來應正等覺何以故一
切諸佛皆由般若波羅蜜多而得生故若人
供養如來形像所獲功德不如供養甚深般
若波羅蜜多何以故三世諸佛皆由般
若波羅蜜多而得有故

大般若波羅蜜多經卷第五百六十九

BD04112號　大般若波羅蜜多經卷五六九　（21–21）

BD04112號背　勘記　（1–1）

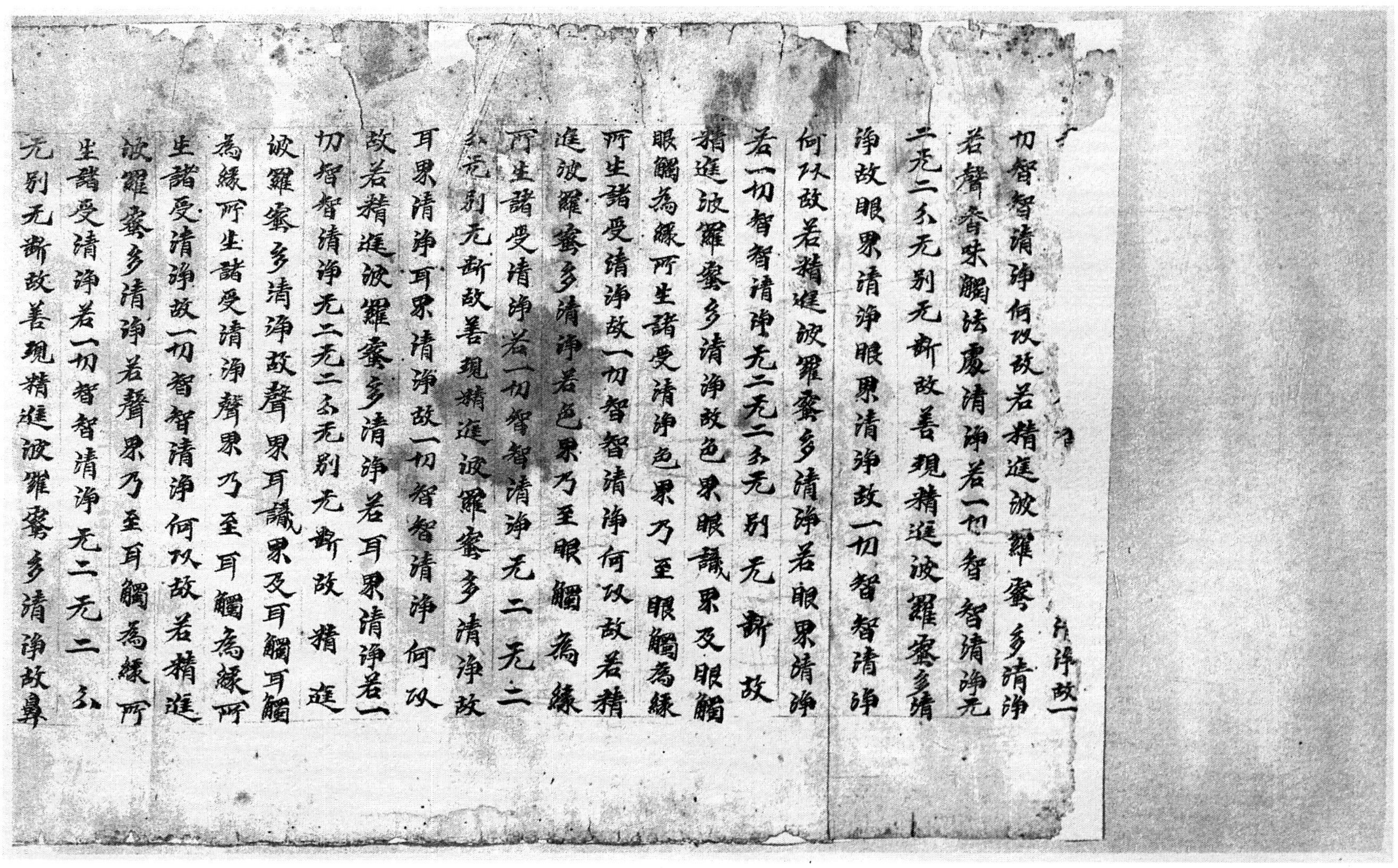

淨故一
切智智清淨何以故若精進波羅蜜多清淨
若聲香味觸法處清淨若一切智智清淨无
二无二分无別无斷故善現精進波羅蜜多清
淨故眼界清淨眼界清淨故一切智智清淨
何以故若精進波羅蜜多清淨若眼界清淨
若一切智智清淨无二无二分无別无斷故
精進波羅蜜多清淨故色界眼識界及眼觸
眼觸為緣所生諸受清淨色界乃至眼觸為緣
所生諸受清淨故一切智智清淨何以故若精
進波羅蜜多清淨若色界乃至眼觸為緣
所生諸受清淨若一切智智清淨无二无二
分无別无斷故善現精進波羅蜜多清淨故
耳界清淨耳界清淨故一切智智清淨何以
故若精進波羅蜜多清淨若耳界清淨若一
切智智清淨无二无二分无別无斷故精進
波羅蜜多清淨故聲界耳識界及耳觸耳觸
為緣所生諸受清淨聲界乃至耳觸為緣所
生諸受清淨故一切智智清淨何以故若精進
波羅蜜多清淨若聲界乃至耳觸為緣所
生諸受清淨若一切智智清淨无二无二分
无別无斷故善現精進波羅蜜多清淨故鼻

BD04113號　大般若波羅蜜多經卷二〇六　（2–1）

進波羅蜜多清淨若色界乃至眼觸為緣
所生諸受清淨若一切智智清淨无二无二
分无別无斷故善現精進波羅蜜多清淨故
耳界清淨耳界清淨故一切智智清淨何以
故若精進波羅蜜多清淨若耳界清淨若一
切智智清淨无二无二分无別无斷故精進
波羅蜜多清淨故聲界耳識界及耳觸耳觸
為緣所生諸受清淨聲界乃至耳觸為緣所
生諸受清淨故一切智智清淨何以故若精進
波羅蜜多清淨若聲界乃至耳觸為緣所
生諸受清淨若一切智智清淨无二无二分
无別无斷故善現精進波羅蜜多清淨故鼻
界清淨鼻界清淨故一切智智清淨何以故
若精進波羅蜜多清淨若鼻界清淨若一切
智智清淨无二无二分无別无斷故精進波
羅蜜多清淨故香界鼻識界及鼻觸鼻觸為
緣所生諸受清淨香界乃至鼻觸為緣所生
諸受清淨故一切智智清淨何以故若精進
波羅蜜多清淨若香界乃至鼻觸為緣所生
諸受清淨若一切智智清淨无二无二分无
別无斷故善現精進波羅蜜多清淨故舌界
清淨舌界清淨故一切智智清淨何以故若
精進波羅蜜多清淨若舌界清淨若一切智

BD04113號　大般若波羅蜜多經卷二〇六　（2–2）

大般若波羅蜜多經卷第三百五十二
初分多問不二品第六十一之二　三藏法
佛言善現甚深般若波羅蜜多於色不思惟一
切相亦不思惟一切所緣如是不思惟色於
受想行識不思惟一切相亦不思惟一切所
緣如是不思惟受想行識甚深般若波羅
蜜多於眼處不思惟一切相亦不思惟一切
所緣如是不思惟眼處於耳鼻舌身意處
不思惟一切相亦不思惟一切所緣如是不思
惟耳鼻舌身意處甚深般若波羅蜜多於色
處不思惟一切相亦不思惟一切所緣如是
不思惟色處於聲香味觸法處不思惟一切
相亦不思惟一切所緣如是不思惟聲香味
觸法處甚深般若波羅蜜多於眼界不思惟
一切相亦不思惟一切所緣如是不思惟眼
界於耳鼻舌身意界不思惟一切相亦不思

BD04114號　大般若波羅蜜多經卷三五二　（2–1）

切相亦不思惟一切所緣如是不思惟色於
受想行識不思惟一切相亦不思惟一切所
緣如是不思惟受想行識甚深般若波羅
蜜多於眼處不思惟一切相亦不思惟一切
所緣如是不思惟眼處於耳鼻舌身意處
不思惟一切相亦不思惟一切所緣如是不思
惟耳鼻舌身意處甚深般若波羅蜜多於色
處不思惟一切相亦不思惟　一切所緣如是
不思惟色處於聲香味觸法處不思惟一切
相亦不思惟一切所緣如是不思惟聲香味
觸法處甚深般若波羅蜜多於眼界不思惟
一切相亦不思惟一切所緣如是不思惟眼
界於耳鼻舌身意界不思惟一切相亦不思
惟一切所緣如是不思惟耳鼻舌身意界甚
深般若波羅蜜多於色界不思惟一切相亦
不思惟一切所緣如是不思惟色界於聲香
味觸法界不思惟一切相亦不思惟一切所
緣如是不思惟聲香味觸法界甚深般若波
羅蜜多於眼識界不思惟一切相亦不思惟
一切所緣如是不思惟眼識界於耳鼻舌身
意識界不思惟一切相亦不思惟一切所緣如
是不思惟耳鼻舌身意識界甚深般若波
羅蜜多於眼觸不思惟一切相亦不思惟一

BD04114號　大般若波羅蜜多經卷三五二　　（2–2）

若人散亂心　乃至以一華　供養於畫像　漸見无數佛
或有人禮拜　或復但合掌　乃至舉一手　或復小低頭
以此供養像　漸見无量佛　自成无上道　廣度无數眾
入无餘涅槃　如薪盡火滅　若人散亂心　入於塔廟中
一稱南无佛　皆已成佛道　於諸過去佛　在世或滅後
若有聞是法　皆已成佛道　未來諸世尊　其數无有量
是諸如來等　亦方便說法　一切諸如來　以无量方便
度脫諸眾生　入佛无漏智　若有聞法者　无一不成佛
諸佛本誓願　我所行佛道　普欲令眾生　亦同得此道
未來世諸佛　雖說百千億　无數諸法門　其實為一乘
諸佛兩足尊　知法常无性　佛種從緣起　是故說一乘
是法住法位　世間相常住　於道場知已　導師方便說
天人所供養　現在十方佛　其數如恒沙　出現於世間
安隱眾生故　亦說如是法　知第一寂滅　以方便力故
雖示種種道　其實為佛乘　知眾生諸行　深心之所念
過去所習業　欲性精進力　及諸根利鈍　以種種因緣
譬喻亦言辭　隨應方便說　今我亦如是　安隱眾生故
以種種法門　宣示於佛道　我以智慧力　知眾生性欲
方便說諸法　皆令得歡喜　舍利弗當知　我以佛眼觀
見六道眾生　貧窮无福慧　入生死險道　相續苦不斷
深著於五欲　如犛牛愛尾　以貪愛自蔽　盲瞑无所見

BD04115號　妙法蓮華經卷一　　（4–1）

雖亦種種道 其實為佛乘 知衆生諸行 深心之所念
過去所習業 欲性精進力 及諸根利鈍 以種種因緣
譬喻亦言辭 隨應方便說 今我亦如是 安隱衆生故
以種種法門 宣示於佛道 我以智慧力 知衆生性欲
方便說諸法 皆令得歡喜 舍利弗當知 我以佛眼觀
見六道衆生 貧窮无福慧 入生死險道 相續苦不斷
深著於五欲 如犛牛愛尾 以貪愛自蔽 盲瞑无所見
不求大勢佛 及與斷苦法 深入諸邪見 以苦欲捨苦
為是衆生故 而起大悲心 我始坐道場 觀樹亦經行
於三七日中 思惟如是事 我所得智慧 微妙最第一
衆生諸根鈍 著樂癡所盲 如斯之等類 云何而可度
尒時諸梵王 及諸天帝釋 護世四天王 及大自在天
并餘諸天衆 眷屬百千万 恭敬合掌礼 請我轉法輪
我即自思惟 若但讚佛乘 衆生沒在苦 不能信是法
破法不信故 墜於三惡道 我寧不說法 疾入於涅槃
尋念過去佛 所行方便力 我今所得道 亦應說三乘
作是思惟時 十方佛皆現 梵音慰喻我 善哉釋迦文
第一之導師 得是无上法 隨諸一切佛 而用方便力
我等亦皆得 最妙第一法 為諸衆生類 分別說三乘
少智樂小法 不自信作佛 是故以方便 分別說諸果
雖復說三乘 但為教菩薩 舍利弗當知 我聞聖師子
深淨微妙音 稱南无諸佛 復作如是念 我出濁惡世
如諸佛所說 我亦隨順行 思惟是事已 即趣波羅柰
諸法寂滅相 不可以言宣 以方便力故 為五比丘說
是名轉法輪 便有涅槃音 及以阿羅漢 法僧差別名
從久遠劫來 讚示涅槃法 生死苦永盡 我常如是說
舍利弗當知 我見佛子等 志求佛道者 无量千万億

BD04115號　妙法蓮華經卷一　（4–2）

雖復說三乘 但為教菩薩 舍利弗當知 我聞聖師子
深淨微妙音 稱南无諸佛 復作如是念 我出濁惡世
如諸佛所說 我亦隨順行 思惟是事已 即趣波羅柰
諸法寂滅相 不可以言宣 以方便力故 為五比丘說
是名轉法輪 便有涅槃音 及以阿羅漢 法僧差別名
從久遠劫來 讚示涅槃法 生死苦永盡 我常如是說
舍利弗當知 我見佛子等 志求佛道者 无量千万億
咸以恭敬心 皆來至佛所 曾從諸佛聞 方便所說法
我即作是念 所以出於世 為說佛慧故 今正是其時
舍利弗當知 鈍根小智人 著相憍慢者 不能信是法
今我喜无畏 於諸菩薩中 正直捨方便 但說无上道
菩薩聞是法 疑網皆已除 千二百羅漢 悉亦當作佛
如三世諸佛 說法之儀式 我今亦如是 說无分別法
諸佛興出世 懸遠值遇難 正使出于世 說是法復難
无量无數劫 聞是法亦難 能聽是法者 斯人亦復難
譬如優曇華 一切皆愛樂 天人所希有 時時乃一出
聞法歡喜讚 乃至發一言 則為已供養 一切三世佛
是人甚希有 過於優曇華 汝等勿有疑 我為諸法王
普告諸大衆 但以一乘道 教化諸菩薩 无聲聞弟子
汝等舍利弗 聲聞及菩薩 當知是妙法 諸佛之秘要
以五濁惡世 但樂著諸欲 如是等衆生 終不求佛道
當來世惡人 聞佛說一乘 迷惑不信受 破法墮惡道
有慚愧清淨 志求佛道者 當為如是等 廣讚一乘道
舍利弗當知 諸佛法如是 以万億方便 隨宜而說法
其不習學者 不能曉了此
汝等既已知 諸佛世之師 隨宜方便事 无復諸疑惑
心生大歡喜 自知當作佛

BD04115號　妙法蓮華經卷一　（4–3）

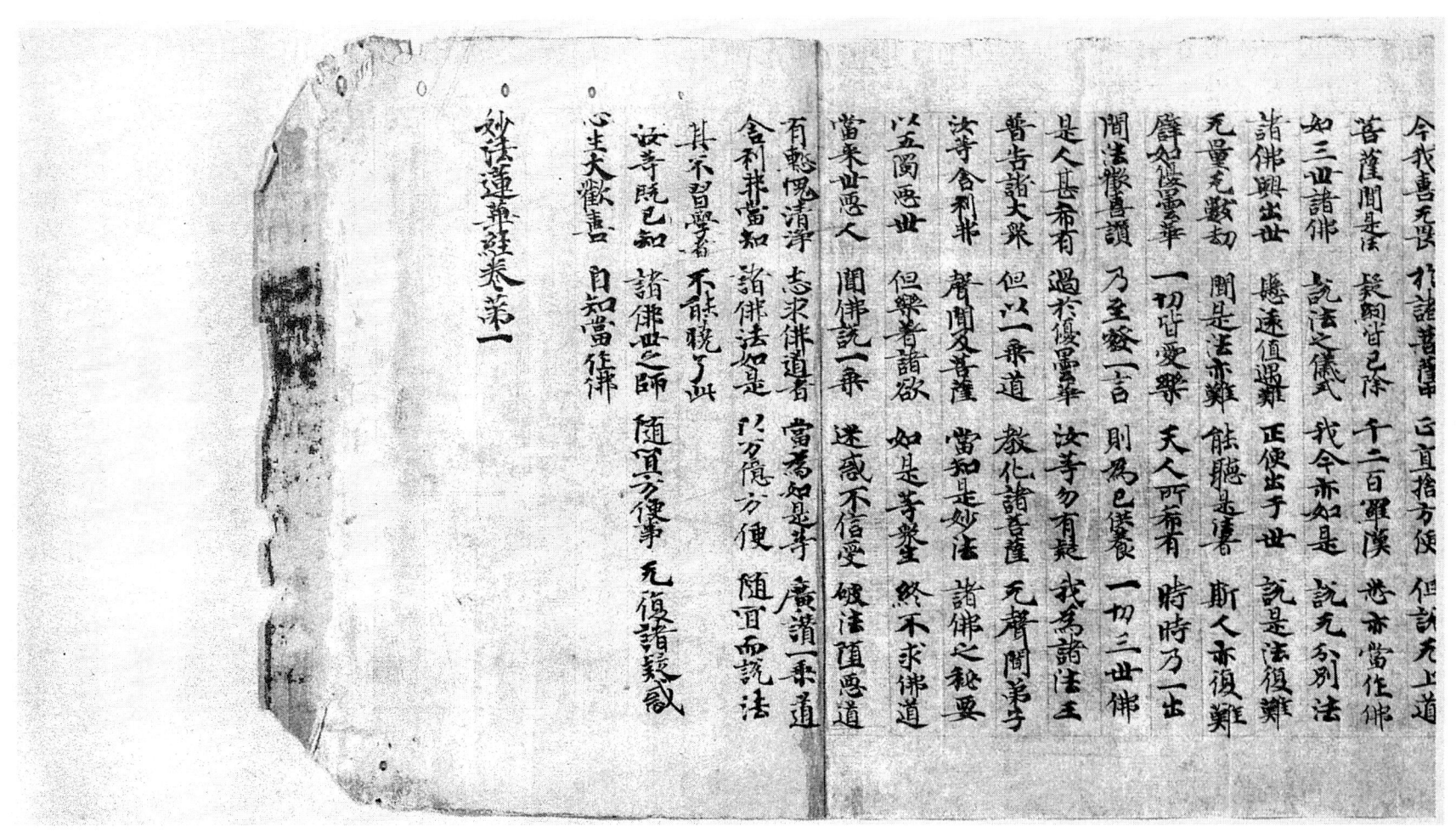

今我喜无畏　於諸菩薩中　正直捨方便　但說无上道
菩薩聞是法　疑網皆已除　千二百羅漢　悉亦當作佛
如三世諸佛　說法之儀式　我今亦如是　說无分別法
諸佛興出世　懸遠值遇難　正使出于世　說是法復難
无量无數劫　聞是法亦難　能聽是法者　斯人亦復難
譬如優曇華　一切皆愛樂　天人所希有　時時乃一出
聞法歡喜讚　乃至發一言　則為已供養　一切三世佛
是人甚希有　過於優曇華　汝等勿有疑　我為諸法王
普告諸大衆　但以一乘道　教化諸菩薩　无聲聞弟子
汝等舍利弗　聲聞及菩薩　當知是妙法　諸佛之祕要
以五濁惡世　但樂著諸欲　如是等衆生　終不求佛道
當來世惡人　聞佛說一乘　迷惑不信受　破法墮惡道
有慚愧清淨　志求佛道者　當為如是等　廣讚一乘道
舍利弗當知　諸佛法如是　以万億方便　隨宜而說法
其不習學者　不能曉了此
汝等既已知　諸佛世之師　隨宜方便事　无復諸疑惑
心生大歡喜　自知當作佛

妙法蓮華經卷第一

BD04115號　妙法蓮華經卷一　（4–4）

言以是因緣得菩提心何者是
世尊即於菩提現在心不可得未来心不可
得過去心不可得離於菩提菩提心亦不可
得菩提者不可言說心亦无色相无有事
業非可造作衆生亦不可得亦不可知世尊
云何諸法甚深之義而可得知
善男子如是如是菩提微妙事業造作
皆不可得離菩提菩提心亦不可得菩提
者不可說心亦不可說无色相无事業一切衆
生亦不可得何以故菩提及心同真如故能
證所證皆平等故非无諸法而可了知善男
子菩薩摩訶薩如是知者乃得名為通達
諸法善說菩提及菩提心菩提心者非過去
非未来非現在心亦如是衆生亦如是於中二
相實不可得何以故以一切法皆无生故菩
提不可得菩提名亦不可得衆生衆生名不
可得聲聞聲聞名不可得獨覺獨覺名不
可得菩薩菩薩名不可得佛佛名不可得行
非行不可得行非行名不可得以不可得故
於一切寂靜法中而得安住此依一切功德善

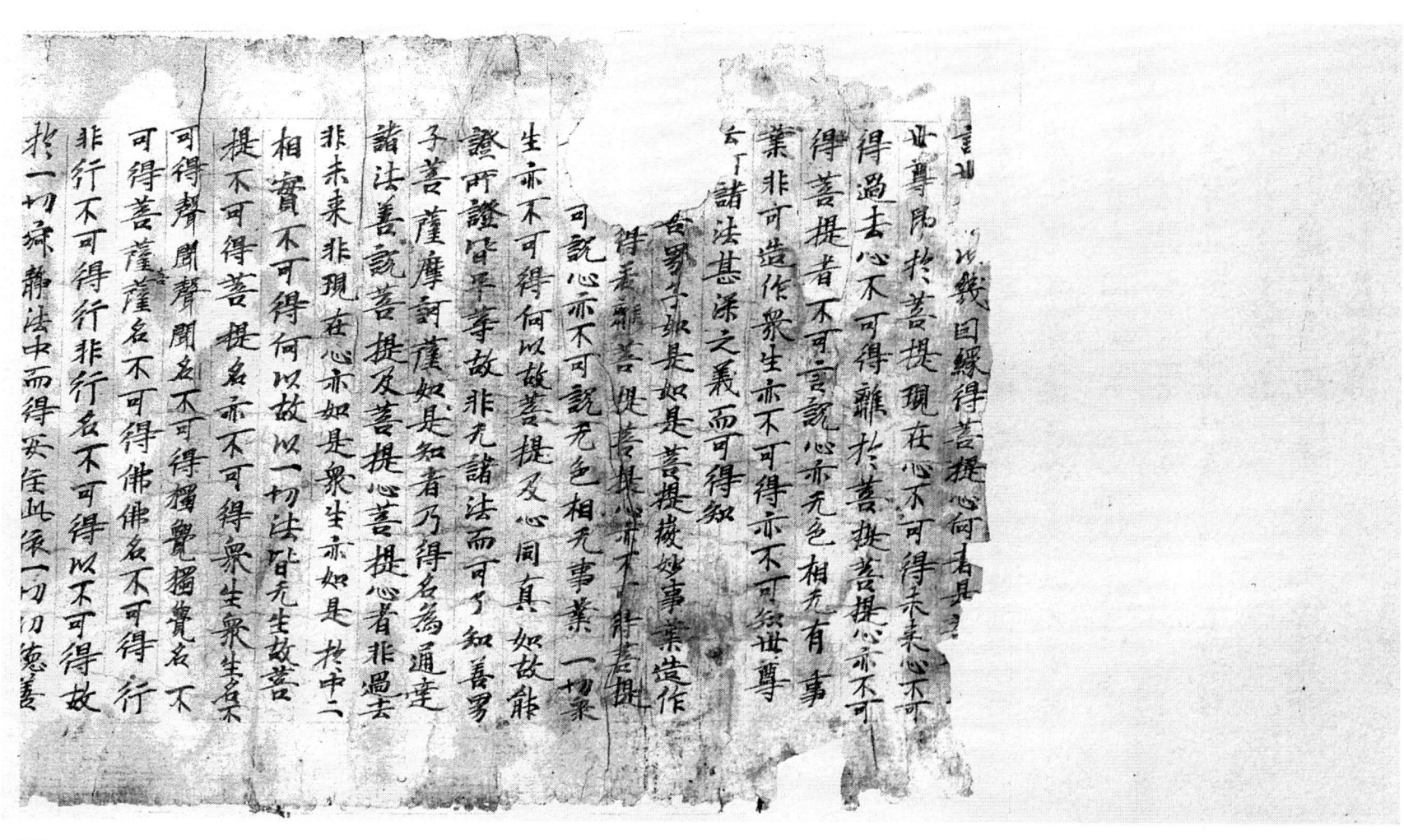

BD04116號　金光明最勝王經卷四　（4–1）

提不可得善提名亦不可得衆生衆生名不
可得聲聞聲聞名不可得獨覺獨覺名不
可得菩薩菩薩名不可得佛佛名不可得行
非行不可得行非行名不可得以不可得故
於一切寂靜法中而得安住此依一切功德善
根而得生起
善男子譬如寶須弥山王饒益一切此菩提
心利衆生故是名第一布施波羅蜜因善男
子譬如大地持衆物故是名第二持戒波羅
蜜因譬如師子有大威力獨步无畏離驚怖
故是名第三忍辱波羅蜜因譬如風輪那羅
延力勇壯速疾心不退故是名第四勤策波
羅蜜因譬如七寶樓觀有四階道清涼之風
來吹四門受安隱樂靜慮法藏求滿足故是
名第五靜慮波羅蜜因譬如日輪光耀熾
盛此心速能破滅生死无明闇故是名第六智
慧波羅蜜因譬如商主能令一切心願滿足
此心能度生死險道獲功德寶故是名第七
方便勝智波羅蜜因譬如淨月圓滿无翳
此心能於一切境界清淨具足故是名第八願
波羅蜜因譬如轉輪聖王主兵寶臣隨意自
在此心善能莊嚴淨佛國土无量功德廣利
群生故是名第九力波羅蜜因譬如虛空及
轉輪聖王此心能於一切境界无有障礙於
一切處皆得自在至灌頂位故是名第十智
波羅蜜因善男子是名菩薩摩訶薩十種菩
提心因如是十因汝當修學

BD04116 號　金光明最勝王經卷四　（4–2）

在此心善能莊嚴淨佛國土无量功德廣利
群生故是名第九力波羅蜜因譬如虛空及
轉輪聖王此心能於一切境界无有障礙於
一切處皆得自在至灌頂位故是名第十智
波羅蜜因善男子是名菩薩摩訶薩十種菩
提心因如是十因汝當修學
善男子依五種法菩薩摩訶薩成就布施波
羅蜜云何為五一者信根二者慈悲三者无
求欲心四者攝受一切衆生五者願求一切智
智善男子是名菩薩摩訶薩成就布施波
羅蜜善男子復依五法菩薩摩訶薩成就持
戒波羅蜜云何為五一者三業清淨二者不為
一切衆生作煩惱因緣三者閉諸惡道開
善趣門四者過於聲聞獨覺之地五者一切
功德皆悉滿足善男子是菩薩摩訶薩成就
持戒波羅蜜善男子復依五法菩薩摩訶
薩成就忍辱波羅蜜云何為五一者能伏貪
瞋煩惱二者不惜身命不求安樂止息之想
三者思惟往業遭苦能忍四者發慈悲心成
就衆生諸善根故五者為得甚深无生法忍
善男子是名菩薩摩訶薩成就忍辱波羅蜜
善男子復依五法菩薩摩訶薩成就勤策波
羅蜜云何為五一者與諸煩惱不樂共住二
者福德未具不受安樂三者於諸難行苦行
之事不生厭心四者以大慈悲攝受利益方便
成熟一切衆生五者願求不退轉地善男子
是名菩薩摩訶薩成就勤策波羅蜜善男子

BD04116 號　金光明最勝王經卷四　（4–3）

羅蜜云何為五一者與諸煩惱不樂共住二
者福德未具不受安樂三者於諸難行苦行
之事不生厭心四者以大慈悲攝受利益方便
成熟一切衆生五者願求不退轉地善男子
是名菩薩摩訶薩成就勤策波羅蜜善男子
復依五法菩薩摩訶薩成就靜慮波羅蜜
云何為五一者於諸善法攝令不散故二者
常願解脫不著二邊故三者願得神通成就
衆生諸善根故四者為淨法界蠲除心垢故
五者為斷衆生煩惱根本故善男子是名菩
薩摩訶薩成就靜慮波羅蜜善男子復依五
法菩薩摩訶薩成就智慧波羅蜜云何為五
一者常於一切諸佛菩薩及明智者供養親
近不生厭背二者諸佛如來說甚深法心常
樂聞无有厭足三者真俗勝智樂善分別四
者見修煩惱咸速斷除五者世間伎術五明
之法皆悉通達善男子是名菩薩摩訶薩成
就智慧波羅蜜善男子復依五法菩薩摩
訶薩成就方便波羅蜜云何為五者於一切
衆生意樂煩惱心行差別悉皆通達二者无
諸法對治之門心皆曉了三者大慈悲定

BD04116 號　金光明最勝王經卷四　（4–4）

像法亦住二十小劫國界嚴飾无諸穢惡瓦
礫荊棘便利不淨其土平正无有高下坑坎
堆阜琉璃為地寶樹行列黃金為繩以界道
側散諸寶華周遍清淨其國菩薩无量千億
諸聲聞衆亦復无數无有魔事雖有魔及魔
民皆護佛法尒時世尊欲重宣此義而說偈言
告諸比丘　我以佛眼　見是迦葉　於未來世
過无數劫　當得作佛　而於來世　供養奉覲
三百万億　諸佛世尊　為佛智慧　淨脩梵行
供養最上　二足尊已　脩集一切　无上之慧
於最後身　得成為佛　其土清淨　琉璃為地
多諸寶樹　行列道側　金繩界道　見者歡喜
常出好香　散衆名華　種種奇妙　以為莊嚴
其地平正　无有丘坑　諸菩薩衆　不可稱計
其心調柔　逮大神通　奉持諸佛　大乘經典
諸聲聞衆　无漏後身　法王之子　亦不可計
乃以天眼　不能數知　其佛當壽　十二小劫
正法住世　二十小劫　像法亦住　二十小劫
光明世尊　其事如是
尒時大目揵連須菩提摩訶迦栴延等皆
悉悚慄一心合掌瞻仰世尊目不暫捨即共同
聲而說偈言

BD04117 號　妙法蓮華經卷三　（22–1）

乃以天眼　不能數知　其佛當壽　十二小劫
正法住世　二十小劫　像法亦住　二十小劫
光明世尊　其事如是
尒時大目揵連須菩提摩訶迦栴延等皆
悉悚慄一心合掌瞻仰世尊目不蹔捨即共同
聲而說偈言
大雄猛世尊　諸釋之法王　哀愍我等故　而賜佛音聲
若知我深心　見為授記者　如以甘露灑　除熱得清凉
如從飢國來　忽遇大王膳　心猶懷疑懼　未敢即便食
若復得王教　然後乃敢食　我等亦如是　每惟小乘過
不知當云何　得佛无上慧　雖聞佛音聲　言我等作佛
心常懷憂懼　如未敢便食　若蒙佛授記　尒乃得安樂
大雄猛世尊　常欲安世間　願賜我等記　如飢須教食
尒時世尊知諸大弟子心之所念告諸比丘
是須菩提於當來世奉覲三百万億那由他
佛供養恭敬尊重讚歎常脩梵行具菩薩道
於㝡後身得成為佛号曰名相如來應供正
遍知明行足善逝世間解无上士調御丈夫
天人師佛世尊劫名有寶國名寶生其土平
正頗梨為地寶樹莊嚴无諸丘坑沙礫荊蕀
便利之穢寶華覆地周遍清淨其土人民皆
處寶臺珎妙樓閣聲聞弟子无量无邊筭數
譬喻所不能知諸菩薩衆无數千万億那由
他佛壽十二小劫正法住世二十小劫像法
亦住二十小劫其佛常處虛空為衆說法度
脫无量菩薩及聲聞衆尒時世尊欲重宣此

BD04117號　妙法蓮華經卷三

(22–2)

處寶臺珎妙樓閣聲聞弟子无量无邊筭數
譬喻所不能知諸菩薩衆无數千万億那由
他佛壽十二小劫正法住世二十小劫像法
亦住二十小劫其佛常處虛空為衆說法度
脫无量菩薩及聲聞衆尒時世尊欲重宣此
義而說偈言
諸比丘衆　今告汝等　皆當一心　聽我所說
我大弟子　須菩提者　當得作佛　号曰名相
當供无數　万億諸佛　隨佛所行　漸具大道
㝡後身得　三十二相　端正姝妙　猶如寶山
其佛國土　嚴淨第一　衆生見者　无不愛樂
佛於其中　度无量衆　其佛法中　多諸菩薩
皆悉利根　轉不退輪　彼國常以　菩薩莊嚴
諸聲聞衆　不可稱數　皆得三明　具六神通
住八解脫　有大威德　其佛說法　現於无量
神通變化　不可思議　諸天人民　數如恒沙
皆共合掌　聽受佛語　其佛當壽　十二小劫
正法住世　二十小劫　像法亦住　二十小劫
尒時世尊復告諸比丘衆我今語汝是大迦
旃延於當來世以諸供具供養奉事八千億
佛恭敬尊重諸佛滅後各起塔廟高千由旬
縱廣正等五百由旬皆以金銀琉璃車𤦲馬
瑙真珠玫瑰七寶合成衆華瓔珞塗香末香
燒香繒蓋幢幡供養塔廟過是已後當復供
養二万億佛亦復如是供養是諸佛已具菩
薩道當得作佛号曰閻浮那提金光如來應

BD04117號　妙法蓮華經卷三

(22–3)

瑠真珠玫瑰七寶合成衆華瓔珞塗香末香
燒香繒蓋幢幡供養塔廟過是已後當復供
養二万億佛亦復如是供養是諸佛已具菩
薩道當得作佛号曰閻浮那提金光如來應
供正遍知明行足善逝世間解无上士調御
丈夫天人師佛世尊其土平正頗梨為地寶
樹莊嚴黄金為繩以界道側妙華覆地周遍
清淨見者歡喜无四惡道地獄餓鬼畜生阿
脩羅道多有天人諸聲聞衆及諸菩薩无量
万億莊嚴其國佛壽十二小劫正法住世二
十小劫像法亦住二十小劫尒時世尊欲重
宣此義而說偈言
諸比丘衆　皆一心聽　如我所說　真實无異
是迦旃延　當以種種　妙好供具　供養諸佛
諸佛滅後　起七寶塔　亦以華香　供養舍利
其最後身　得佛智慧　成等正覺　國土清淨
度脫无量　万億衆生　皆為十方　之所供養
佛之光明　无能勝者　其佛号曰　閻浮金光
菩薩聲聞　斷一切有　无量无數　莊嚴其國
尒時世尊復告大衆我今語汝是大目揵連
當以種種供具供養八千諸佛恭敬尊重諸
佛滅後各起塔廟高千由旬縱廣正等五百
由旬以金銀琉璃車𤦲馬瑙真珠玫瑰七寶
合成衆華瓔珞塗香末香燒香繒蓋幢幡以
用供養過是已後當復供養二百万億諸佛
亦復如是當得成佛号曰多摩羅跋旃檀香

BD04117號　妙法蓮華經卷三　（22–4）

合成衆華瓔珞塗香末香燒香繒蓋幢幡以
用供養過是已後當復供養二百万億諸佛
亦復如是當得成佛号曰多摩羅跋旃檀香
如來應供正遍知明行足善逝世間解无上
士調御丈夫天人師佛世尊劫名喜滿國名
意樂其土平正頗梨為地寶樹莊嚴散真珠
華周遍清淨見者歡喜多諸天人菩薩聲聞
其數无量佛壽二十四小劫正法住世四十
小劫像法亦住四十小劫尒時世尊欲重宣
此義而說偈言
我此弟子　大目揵連　捨是身已　得見八千
二百万億　諸佛世尊　為佛道故　供養恭敬
於諸佛所　常脩梵行　於无量劫　奉持佛法
諸佛滅後　起七寶塔　長表金刹　華香伎樂
而以供養　諸佛塔廟　漸漸具足　菩薩道已
於意樂國　而得作佛　号多摩羅　旃檀之香
其佛壽命　二十四劫　常為天人　演說佛道
聲聞无量　如恒河沙　三明六通　有大威德
菩薩无數　志固精進　於佛智慧　皆不退轉
佛滅度後　正法當住　四十小劫　像法亦尒
我諸弟子　威德具足　其數五百　皆當授記
於未來世　咸得成佛　我及汝等　宿世因緣
吾今當說　汝等善聽

妙法蓮華經化城喻品第七

佛告諸比丘乃往過去无量无邊不可思議
阿僧祇劫尒時有佛名大通智勝如來應供

BD04117號　妙法蓮華經卷三　（22–5）

吾今當說　汝等善聽

妙法蓮華經化城喻品第七

佛告諸比丘乃往過去无量无邊不可思議
阿僧祇劫爾時有佛名大通智勝如來應供
正遍知明行足善逝世間解无上士調御丈
夫天人師佛世尊其國名好成劫名大相諸
比丘彼佛滅度已來甚大久遠譬如三千大
千世界所有地種假使有人磨以為墨過於
東方千國土乃下一點大如微塵又過千國
土復下一點如是展轉盡地種墨於汝等意
云何是諸國土若算師若算師弟子能得邊
際知其數不不也世尊諸比丘是人所經國
土若點不點盡末為塵一塵一劫彼佛滅度
已來復過是數无量无邊百千万億阿僧祇
劫我以如來知見力故觀彼久遠猶若今日
爾時世尊欲重宣此義而說偈言

我念過去世　无量无邊劫　有佛兩足尊　名大通智勝
如人以力磨　三千大千土　盡此諸地種　皆悉以為墨
過於千國土　乃下一塵點　如是展轉點　盡此諸塵墨
如是諸國土　點與不點等　復盡末為塵　一塵為一劫
此諸微塵數　其劫復過是　彼佛滅度來　如是无量劫
如來无导智　知彼佛滅度　及聲聞菩薩　如見今滅度
諸比丘當知　佛智淨微妙　无漏无所导　通達无量劫

佛告諸比丘大通智勝佛壽五百卌万億那由
由他劫其佛本坐道場破魔軍已垂得阿耨
多羅三藐三菩提而諸佛法不現在前如是

BD04117號　妙法蓮華經卷三　（22–6）

如來无导智　知彼佛滅度　及聲聞菩薩　如見今滅度
諸比丘當知　佛智淨微妙　无漏无所导　通達无量劫

佛告諸比丘大通智勝佛壽五百卌万億那由
由他劫其佛本坐道場破魔軍已垂得阿耨
多羅三藐三菩提而諸佛法不現在前如是
一小劫乃至十小劫結加趺坐身心不動而諸
佛法猶不在前爾時忉利諸天先為彼佛
於菩提樹下敷師子座高一由旬佛於此坐
當得阿耨多羅三藐三菩提適坐此座時諸
梵天王雨衆天華面百由旬香風時來吹去
萎華更雨新者如是不絕滿十小劫供養於
佛乃至滅度常雨此華四王諸天為供養佛
常擊天鼓其餘諸天作天伎樂滿十小劫至
于滅度亦復如是諸比丘大通智勝佛過十
小劫諸佛之法乃現在前成阿耨多羅三藐
三菩提其佛未出家時有十六子其第一者
名曰智積諸子各有種種珍異玩好之具聞
父得成阿耨多羅三藐三菩提皆捨所珍往
詣佛所諸母涕泣而隨送之其祖轉輪聖王
與一百大臣及餘百千万億人民皆共圍繞
隨至道場咸欲親近大通智勝如來供養恭
敬尊重讚歎到已頭面禮足遶佛畢已一心
合掌瞻仰世尊以偈頌曰

大威德世尊　為度衆生故　於无量億歲　爾乃得成佛
諸願已具足　善哉吉无上　世尊甚希有　一坐十小劫
身體及手足　靜然安不動　其心常憺怕　未曾有散亂
究竟永寂滅　安住无漏法　今者見世尊　安隱成佛道

BD04117號　妙法蓮華經卷三　（22–7）

敬尊重讚歎到已頭面礼足遶佛畢已一心
合掌瞻仰世尊以偈頌曰
大威德世尊　為度衆生故　於无量億歲　尒乃得成佛
諸願已具足　善哉吉无上　世尊甚希有　一坐十小劫
身體及手足　靜然安不動　其心常憺怕　未曾有散乱
究竟永寂滅　安住无漏法　今者見世尊　安隱成佛道
我等得善利　稱慶大歡喜　衆生常苦惱　盲冥无導師
不識苦盡道　不知求解脫　長夜增惡趣　減損諸天衆
從冥入於冥　永不聞佛名　今佛得最上　安隱无漏道
我等及天人　為得最大利　是故咸稽首　歸命无上尊
尒時十六王子偈讚佛已勸請世尊轉於法
輪咸作是言世尊說法多所安隱憐愍饒益
諸天人民重說偈言
世雄无等倫　百福自莊嚴　得无上智慧　願為世間說
度脫於我等　及諸衆生類　為分別顯示　今得是智慧
若我等得佛　衆生亦復然　世尊知衆生　深心之所念
亦知所行道　又知智慧力　欲樂及脩福　宿命所行業
世尊悉已知　當轉无上輪
佛告諸比丘大通智勝佛得阿耨多羅三藐
三菩提時十方各五百万億諸佛世界六種
震動其國中間幽冥之處日月威光所不能
照而皆大明其中衆生各得相見咸作是言
此中云何忽生衆生又其國界諸天宮殿乃
至梵宮六種震動大光普照遍滿世界勝諸
天光尒時東方五百万億諸國土中梵天宮
殿光明照曜倍於常明諸梵天王各作是念

BD04117號　妙法蓮華經卷三　（22–8）

此中云何忽生衆生又其國界諸天宮殿乃
至梵宮六種震動大光普照遍滿世界勝諸
天光尒時東方五百万億諸國土中梵天宮
殿光明照曜倍於常明諸梵天王各作是念
今者宮殿光明昔所未有以何因緣而現此
相是時諸梵天王即各相詣共議此事而彼
衆中有一大梵天王名救一切為諸梵衆而
說偈言
我等諸宮殿　光明昔未有　此是何因緣　宜各共求之
為大德天生　為佛出世間　而此大光明　遍照於十方
尒時五百万億國土諸梵天王與宮殿俱各
以衣裓盛諸天華共詣西方推尋是相見大
通智勝如來處于道場菩提樹下坐師子座
諸天龍王乾闥婆緊那羅摩睺羅伽人非人
等恭敬圍遶及見十六王子請佛轉法輪即
時諸梵天王頭面礼佛遶百千匝即以天華
而散佛上其所散華如須弥山并以供養佛
菩提樹其菩提樹高十由旬華供養已各以
宮殿奉上彼佛而作是言唯見哀愍饒益我
等所獻宮殿願垂納處時諸梵天王即於佛
前一心同聲以偈頌曰
世尊甚希有　難可得值遇　具无量功德　能救護一切
天人之大師　哀愍於世間　十方諸衆生　普皆蒙饒益
我等所從來　五百万億國　捨深禪定樂　為供養佛故
我等先世福　宮殿甚嚴飾　今以奉世尊　唯願哀納受
尒時諸梵天王偈讚佛已各作是言唯願世

BD04117號　妙法蓮華經卷三　（22–9）

天人之大師 哀愍於世間 十方諸衆生 普皆蒙饒益
我等所從來 五百万億國 捨深禪定樂 爲供養佛故
我等先世福 宮殿甚嚴飾 今以奉世尊 唯願哀納受
尒時諸梵天王偈讚佛已各作是言唯願世
尊轉於法輪度脫衆生開涅槃道時諸梵天
王一心同聲而說偈言
世雄兩足尊 唯願演說法 以大慈悲力 度苦惱衆生
尒時大通智勝如來默然許之又諸比丘東
南方五百万億國土諸大梵王各自見宮殿
光明照曜昔所未有歡喜踊躍生希有心即
各相詣共議此事而彼衆中有一大梵天王
名曰大悲爲諸梵衆而說偈言
是事何因緣 而現如此相 我等諸宮殿 光明昔未有
爲大德天生 爲佛出世間 未曾見此相 當共一心求
過千万億土 尋光共推之 多是佛出世 度脫苦衆生
尒時五百万億諸梵天王與宮殿俱各以衣
裓盛諸天華共詣西北方推尋是相見大通
智勝如來處于道場菩提樹下坐師子座諸
天龍王乾闥婆緊那羅摩睺羅伽人非人等
恭敬圍遶及見十六王子請佛轉法輪時諸
梵天王頭面禮佛遶百千匝即以天華而散
佛上所散之華如須弥山并以供養佛菩提
樹華供養已各以宮殿奉上彼佛而作是言
唯見哀愍饒益我等所獻宮殿願垂納處尒
時諸梵天王即於佛前一心同聲以偈頌曰
聖主天中天 迦陵頻伽聲 哀愍衆生者 我等今敬礼

BD04117號 妙法蓮華經卷三 （22–10）

佛上所散之華如須弥山并以供養佛菩提
樹華供養已各以宮殿奉上彼佛而作是言
唯見哀愍饒益我等所獻宮殿願垂納處尒
時諸梵天王即於佛前一心同聲以偈頌曰
聖主天中天 迦陵頻伽聲 哀愍衆生者 我等今敬礼
世尊甚希有 久遠乃一現 一百八十劫 空過无有佛
三惡道充滿 諸天衆減少 今佛出於世 爲衆生作眼
世間所歸趣 救護於一切 爲衆生之父 哀愍饒益者
我等宿福慶 今得值世尊
尒時諸梵天王偈讚佛已各作是言唯願世
尊哀愍一切轉於法輪度脫衆生時諸梵天
王一心同聲而說偈言
大聖轉法輪 顯示諸法相 度苦惱衆生 令得大歡喜
衆生聞是法 得道若生天 諸惡道減少 忍善者增益
尒時大通智勝如來默然許之又諸比丘南
方五百万億國土諸大梵王各自見宮殿光
明照曜昔所未有歡喜踊躍生希有心即各
相詣共議此事以何因緣我等宮殿有此光
曜而彼衆中有一大梵天王名曰妙法爲諸
梵衆而說偈言
我等諸宮殿 光明甚威曜 此非无因緣 是相宜求之
過於百千劫 未曾見此相 爲大德天生 爲佛出世間
尒時五百万億諸梵天王與宮殿俱各以衣裓
盛諸天華共詣北方推尋是相見大通智
勝如來處于道場菩提樹下坐師子座諸天
龍王乾闥婆緊那羅摩睺羅伽人非人等恭

BD04117號 妙法蓮華經卷三 （22–11）

過於百千劫　未曾見此相　為大德天生　為佛出世間
尒時五百万億諸梵天王與宮殿俱各以衣裓
盛諸天華共詣北方推尋是相見大通智
勝如来處于道場菩提樹下坐師子座諸天
龍王乾闥婆緊那羅摩睺羅伽人非人等恭
敬圍遶及見十六王子請佛轉法輪時諸梵
天王頭面礼佛遶百千匝即以天華而散佛
上所散之華如須弥山并以供養佛菩提樹
華供養已各以宮殿奉上彼佛而作是言唯
見哀愍饒益我等所獻宮殿願垂納處尒時
諸梵天王即於佛前一心同聲以偈頌曰
世尊甚難值　破諸煩惱者　過百三十劫　今乃得一見
諸飢渴衆生　以法雨充滿　昔所未曾覩　元量智慧者
如優曇波羅　今日乃值遇　我等諸宮殿　蒙光故嚴飾
世尊大慈悲　唯願垂納受
尒時諸梵天王偈讚佛已各作是言唯願世
尊轉於法輪令一切世間諸天魔梵沙門
婆羅門皆獲安隱而得度脫時諸梵天王一
心同聲以偈頌曰
唯願天人尊　轉元上法輪　擊于大法鼓　而吹大法螺
普雨大法雨　度元量衆生　我等咸歸請　當演深遠音
尒時大通智勝如来嘿然許之西南方乃至
下方亦復如是
尒時上方五百万億國土諸大梵王皆悉自
覩所止宮殿光明威曜昔所未有歡喜踊躍
生希有心即各相詣共議此事以何因緣我

BD04117號　妙法蓮華經卷三　（22–12）

尒時大通智勝如来嘿然許之西南方乃至
下方亦復如是
尒時上方五百万億國土諸大梵王皆悉自
覩所止宮殿光明威曜昔所未有歡喜踊躍
生希有心即各相詣共議此事以何因緣我
等宮殿有斯光明而彼衆中有一大梵天王
名曰尸棄為諸梵衆而說偈言
今以何因緣　我等諸宮殿　威德光明曜　嚴飾未曾有
如是之妙相　昔所未聞見　為大德天生　為佛出世間
尒時五百万億諸梵天王與宮殿俱各以衣
裓盛諸天華共詣下方推尋是相見大通智
勝如来處于道場菩提樹下坐師子座諸天
龍王乾闥婆緊那羅摩睺羅伽人非人等恭
敬圍遶及見十六王子請佛轉法輪時諸梵
天王頭面礼佛遶百千匝即以天華而散佛
上所散之華如須弥山并以供養佛菩提樹
華供養已各以宮殿奉上彼佛而作是言唯
見哀愍饒益我等所獻宮殿願垂納處時諸
梵天王即於佛前一心同聲以偈頌曰
善哉見諸佛　救世之聖尊　能於三界獄　勉出諸衆生
普智天人尊　哀愍群萌類　能開甘露門　廣度於一切
於昔元量劫　空過元有佛　世尊未出時　十方常闇冥
三惡道增長　阿脩羅亦盛　諸天衆轉減　死多墮惡道
不從佛聞法　常行不善事　色力及智慧　斯等皆減少
罪業因緣故　失樂及樂想　住於邪見法　不識善儀則
不蒙佛所化　常墮於惡道　佛為世間眼　久遠時乃出

BD04117號　妙法蓮華經卷三　（22–13）

普智天人尊 哀愍群萌類 能開甘露門 廣度於一切
於昔无量劫 空過无有佛 世尊未出時 十方常闇冥
三惡道增長 阿脩羅亦盛 諸天衆轉減 死多墮惡道
不從佛聞法 常行不善事 色力及智慧 斯等皆減少
罪業因緣故 失樂及樂想 住於邪見法 不識善儀則
不蒙佛所化 常墮於惡道 佛為世間眼 久遠時乃出
哀愍諸衆生 故現於世間 超出成正覺 我等甚欣慶
及餘一切衆 喜歎未曾有 我等諸宮殿 蒙光故嚴飾
今以奉世尊 唯垂哀納受 願以此功德 普及於一切
我等與衆生 皆共成佛道
尒時五百万億諸梵天王偈讚佛已各白佛
言唯願世尊轉於法輪多所安隱多所度脫
時諸梵天王而說偈言
世尊轉法輪 擊甘露法鼓 度苦惱衆生 開示涅槃道
唯願受我請 以大微妙音 哀愍而敷演 无量劫集法
尒時大通智勝如來受十方諸梵天王及十
六王子請即時三轉十二行法輪若沙門婆
羅門若天魔梵及餘世間所不能轉謂是苦
是苦集是苦滅是苦滅道及廣說十二因緣
法无明緣行行緣識識緣名色名色緣六入
六入緣觸觸緣受受緣愛愛緣取取緣有有
緣生生緣老死憂悲苦惱无明滅則行滅行
滅則識滅識滅則名色滅名色滅則六入滅
六入滅則觸滅觸滅則受滅受滅則愛滅愛
滅則取滅取滅則有滅有滅則生滅生滅則
老死憂悲苦惱滅佛於天人大衆之中說是
法時六百万億那由他人以不受一切法故

BD04117 號　妙法蓮華經卷三　（22–14）

滅則識滅識滅則名色滅名色滅則六入滅
六入滅則觸滅觸滅則受滅受滅則愛滅愛
滅則取滅取滅則有滅有滅則生滅生滅則
老死憂悲苦惱滅佛於天人大衆之中說是
法時六百万億那由他人以不受一切法故
而於諸漏心得解脫皆得深妙禪定三明六
通具八解脫第二第三第四說法時千万億
恒河沙那由他等衆生亦以不受一切法故
而於諸漏心得解脫從是已後諸聲聞衆无
量无邊不可稱數尒時十六王子皆以童子
出家而為沙弥諸根通利智慧明了已曾供
養百千万億諸佛淨脩梵行求阿耨多羅三
藐三菩提俱白佛言世尊是諸无量千万億
大德聲聞皆已成就世尊亦當為我等說阿
耨多羅三藐三菩提法我等聞已皆共脩學
世尊我等志願如來知見深心所念佛自證
知尒時轉輪聖王所將衆中八万億人見十
六王子出家亦求出家王即聽許尒時彼佛
受沙弥請過二万劫已乃於四衆之中說是
大乘經名妙法蓮華教菩薩法佛所護念說
是經已十六沙弥為阿耨多羅三藐三菩提
故皆共受持諷誦通利說是經時十六菩薩
沙弥皆悉信受聲聞衆中亦有信解其餘衆
生千万億種皆生疑惑佛說是經於八千劫
未曾休廢說此經已即入靜室住於禪定八
万四千劫是時十六菩薩沙弥知佛入室寂
然禪定各昇法座亦於八万四千劫為四部

BD04117 號　妙法蓮華經卷三　（22–15）

生千万億種皆生疑惑佛說是經於八千劫
未曾休廢說此經已即入靜室住於禪定八
万四千劫是時十六菩薩沙弥知佛入室寂
然禪定各昇法座亦於八万四千劫為四部
眾廣說分別妙法華經一一皆度六百万億
那由他恒河沙等眾生示教利喜令發阿耨
多羅三藐三菩提心大通智勝佛過八万四
千劫已從三昧起往詣法座安詳而坐普告
大眾是十六菩薩沙弥甚為希有諸根通利
智慧明了已曾供養无量千万億數諸佛於
諸佛所常脩梵行受持佛智開示眾生令入
其中汝等皆當數數親近而供養之所以者
何若聲聞辟支佛及諸菩薩能信是十六菩
薩所說經法受持不毀者是人皆當得阿耨
多羅三藐三菩提如來之慧佛告諸比丘是
十六菩薩常樂說是妙法華經一一菩薩所
化六百万億那由他恒河沙等眾生世世所
生與菩薩俱從其聞法悉皆信解以此因緣
得值四万億諸佛世尊于今不盡諸比丘我
今語汝彼佛弟子十六沙弥今皆得阿耨多
羅三藐三菩提於十方國土現在說法有无
量百千万億菩薩聲聞以為眷屬其二沙弥
東方作佛一名阿閦在歡喜國二名須弥頂
東南方二佛一名師子音二名師子相南方
二佛一名虛空住二名常滅西南方二佛一
名帝相二名梵相西方二佛一名阿弥陀二

BD04117號　妙法蓮華經卷三　　（22–16）

東方作佛一名阿閦在歡喜國二名須弥頂
東南方二佛一名師子音二名師子相南方
二佛一名虛空住二名常滅西南方二佛一
名帝相二名梵相西方二佛一名阿弥陀二
名度一切世間苦惱西北方二佛一名多摩
羅跋栴檀香神通二名須弥相北方二佛一
名雲自在二名雲自在王東北方佛名壞一
切世間怖畏第十六我釋迦牟尼佛於娑婆
國土成阿耨多羅三藐三菩提諸比丘我等
為沙弥時各各教化无量百千万億恒河沙
等眾生從我聞法為阿耨多羅三藐三菩提
此諸眾生于今有住聲聞地者我常教化阿
耨多羅三藐三菩提是諸人等應以是法漸
入佛道所以者何如來智慧難信難解尒時
所化无量恒河沙等眾生者汝等諸比丘及
我滅度後未來世中聲聞弟子是也我滅度
後復有弟子不聞是經不知不覺菩薩所行
自於所得功德生滅度想當入涅槃我於餘
國作佛更有異名是人雖生滅度之想入於
涅槃而於彼土求佛智慧得聞是經唯以佛
乘而得滅度更无餘乘除諸如來方便說法
諸比丘若如來自知涅槃時到眾又清淨信
解堅固了達空法深入禪定便集諸菩薩及
聲聞眾為說是經世間无有二乘而得滅度
唯一佛乘得滅度耳比丘當知如來方便深
入眾生之性知其志樂小法深著五欲為是

BD04117號　妙法蓮華經卷三　　（22–17）

諸比丘若如來自知涅槃時到衆又清淨信
解堅固了達空法深入禪定便集諸菩薩及
聲聞衆為說是經世間无有二乘而得滅度
唯一佛乘得滅度耳比丘當知如來方便深
入衆生之性知其志樂小法深著五欲為是
等故說於涅槃是人若聞則便信受譬如五
百由旬險難惡道曠絕无人怖畏之處若有
多衆欲過此道至珎寶處有一導師聰慧明
達善知險道通塞之相將導衆人欲過此難
所將人衆中路懈退白導師言我等疲極而
復怖畏不能復進前路猶遠今欲退還導師
多諸方便而作是念此等可愍云何捨大珎
寶而欲退還作是念已以方便力於險道中
過三百由旬化作一城告衆人言汝等勿怖
莫得退還今是大城可於中止隨意所作若
入是城快得安隱若能前至寶所亦可得去
是時疲極之衆心大歡喜歎未曾有我等今
者免斯惡道快得安隱於是衆人前入化城
生已度想生安隱想尒時導師知此人衆既
得止息无復疲惓即滅化城語衆人言汝等
去來寶處在近向者大城我所化作為止息
耳諸比丘如來亦復如是今為汝等作大導
師知諸生死煩惱惡道險難長遠應去應度
若衆生但聞一佛乘者則不欲見佛不欲親
近便作是念佛道長遠久受懃苦乃可得成
佛知是心怯弱下劣以方便力而於中道為

耳諸比丘如來亦復如是今為汝等作大導
師知諸生死煩惱惡道險難長遠應去應度
若衆生但聞一佛乘者則不欲見佛不欲親
近便作是念佛道長遠久受懃苦乃可得成
佛知是心怯弱下劣以方便力而於中道為
止息故說二涅槃若衆生住於二地如來尒
時即便為說汝等所作未辦汝所住地近於
佛慧當觀察籌量所得涅槃非真實也但是
如來方便之力於一佛乘分別說三如彼導
師為止息故化作大城既知息已而告之言
寶處在近此城非實我化作耳尒時世尊欲
重宣此義而說偈言
大通智勝佛　十劫坐道場　佛法不現前　不得成佛道
諸天神龍王　阿脩羅衆等　常雨於天華　以供養彼佛
諸天擊天鼓　并作衆伎樂　香風吹萎華　更雨新好者
過十小劫已　乃得成佛道　諸天及世人　心皆懷踊躍
彼佛十六子　皆與其眷屬　千万億圍遶　俱行至佛所
頭面禮佛足　而請轉法輪　聖師子法雨　充我及一切
世尊甚難值　久遠時一現　為覺悟群生　震動於一切
東方諸世界　五百万億國　梵宮殿光曜　昔所未曾有
諸梵見此相　尋來至佛所　散華以供養　并奉上宮殿
請佛轉法輪　以偈而讚歎　佛知時未至　受請默然坐
三方及四維　上下亦復尒　散華奉宮殿　請佛轉法輪
世尊甚難值　願以大慈悲　廣開甘露門　轉无上法輪
无量慧世尊　受彼衆人請　為宣種種法　四諦十二緣
无明至老死　皆從生緣有　如是衆過患　汝等應當知

請佛轉法輪　以偈而讚歎　佛知時未至　受請默然坐
三方及四維　上下亦復爾　散華奉宮殿　請佛轉法輪
世尊甚難值　願以大慈悲　廣開甘露門　轉无上法輪
无量慧世尊　受彼衆人請　為宣種種法　四諦十二緣
无明至老死　皆從生緣有　如是衆過患　汝等應當知
宣暢是法時　六百万億姟　得盡諸苦際　皆成阿羅漢
第二說法時　千万恒沙衆　於諸法不受　亦得阿羅漢
從是後得道　其數无有量　万億劫筭數　不能得其邊
時十六王子　出家作沙弥　皆共請彼佛　演說大乘法
我等及營從　皆當成佛道　願得如世尊　慧眼第一淨
佛知童子心　宿世之所行　以无量因緣　種種諸譬喻
說六波羅蜜　及諸神通事　分別真實法　菩薩所行道
說是法華經　如恒河沙偈　彼佛說經已　靜室入禪定
一心一處坐　八万四千劫　是諸沙弥等　知佛禪未出
為无量億衆　說佛无上慧　各各坐法座　說是大乘經
於佛宴寂後　宣揚助法化　一一沙弥等　所度諸衆生
有六百万億　恒河沙等衆　彼佛滅度後　是諸聞法者
在在諸佛土　常與師俱生　是十六沙弥　具足行佛道
今現在十方　各得成正覺　爾時聞法者　各在諸佛所
其有住聲聞　漸教以佛道　我在十六數　曾亦為汝說
是故以方便　引汝趣佛慧　以是本因緣　今說法華經
令汝入佛道　慎勿懷驚懼　譬如險惡道　迥絕多毒獸
又復无水草　人所怖畏處　无數千万衆　欲過此險道
其路甚曠遠　經五百由旬　時有一導師　強識有智慧
明了心決定　在險濟衆難　衆人皆疲惓　而白導師言
我等今頓乏　於此欲退還　導師作是念　此輩甚可愍

BD04117號　妙法蓮華經卷三　（22–20）

其有住聲聞　漸教以佛道　我在十六數　曾亦為汝說
是故以方便　引汝趣佛慧　以是本因緣　今說法華經
令汝入佛道　慎勿懷驚懼　譬如險惡道　迥絕多毒獸
又復无水草　人所怖畏處　无數千万衆　欲過此險道
其路甚曠遠　經五百由旬　時有一導師　強識有智慧
明了心決定　在險濟衆難　衆人皆疲惓　而白導師言
我等今頓乏　於此欲退還　導師作是念　此輩甚可愍
如何欲退還　而失大珎寶　尋時思方便　當設神通力
化作大城郭　莊嚴諸舍宅　周匝有園林　渠流及浴池
重門高樓閣　男女皆充滿　即作是化已　慰衆言勿懼
汝等入此城　各可隨所樂　諸人既入城　心皆大歡喜
皆生安隱想　自謂已得度　導師知息已　集衆而告言
汝等當前進　此是化城耳　我見汝疲極　中道欲退還
故以方便力　權化作此城　汝今勤精進　當共至寶所
我亦復如是　為一切導師　見諸求道者　中路而懈廢
不能度生死　煩惱諸險道　故以方便力　為息說涅槃
言汝等苦滅　所作皆已辦　既知到涅槃　皆得阿羅漢
爾乃集大衆　為說真實法　諸佛方便力　分別說三乘
唯有一佛乘　息處故說二　今為汝說實　汝所得非滅
為佛一切智　當發大精進　汝證一切智　十力等佛法
具三十二相　乃是真實滅　諸佛之導師　為息說涅槃
既知是息已　引入於佛慧

妙法蓮華經卷第三

BD04117號　妙法蓮華經卷三　（22–21）

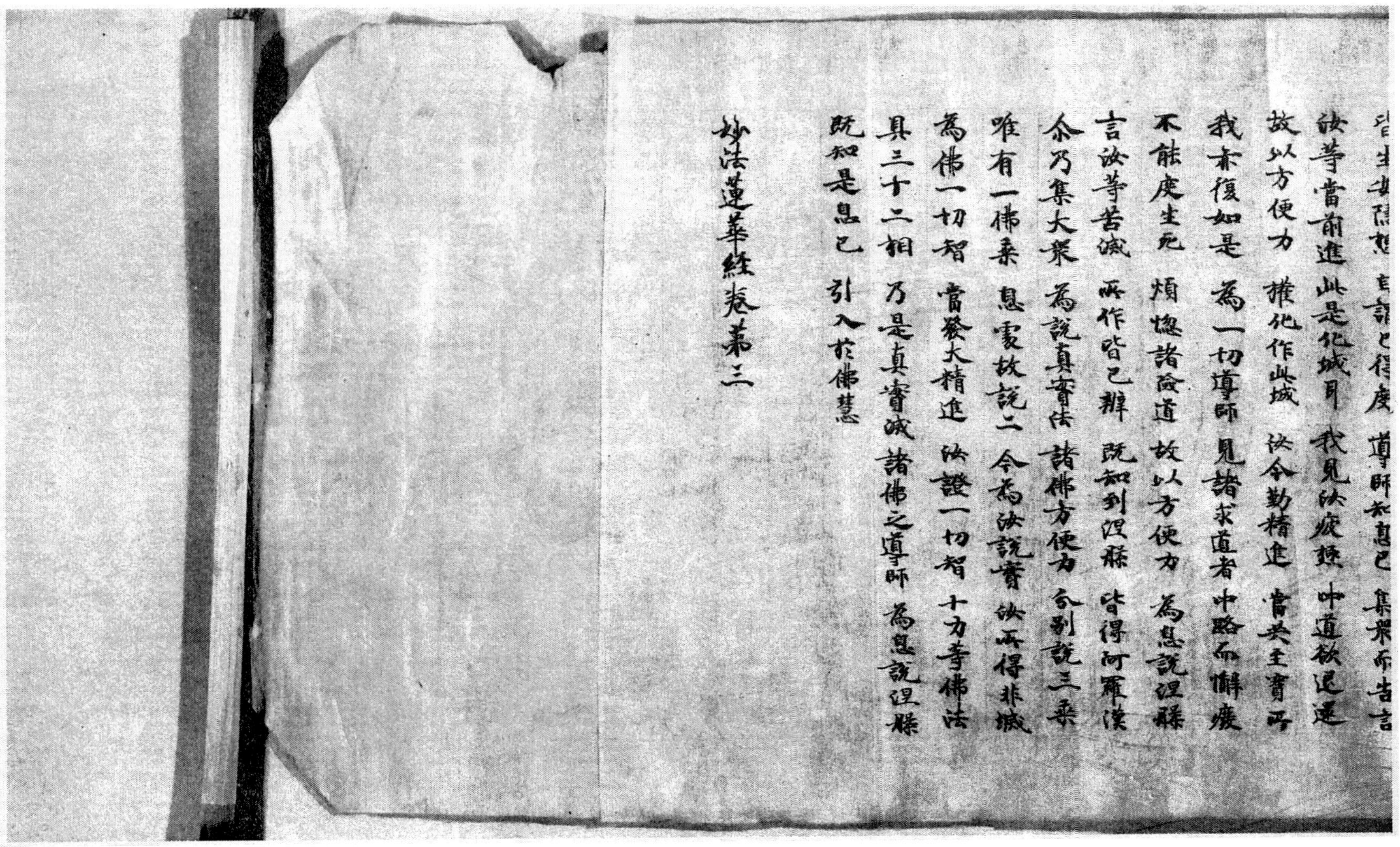

皆生安隱想　自謂已得度　導師知息已　集衆而告言
汝等當前進　此是化城耳　我見汝疲極　中道欲退還
故以方便力　權化作此城　汝今勤精進　當共至寶所
我亦復如是　為一切導師　見諸求道者　中路而懈廢
不能度生死　煩惱諸險道　故以方便力　為息說涅槃
言汝等苦滅　所作皆已辦　既知到涅槃　皆得阿羅漢
尒乃集大衆　為說真實法　諸佛方便力　分別說三乘
唯有一佛乘　息處故說二　今為汝說實　汝所得非滅
為佛一切智　當發大精進　汝證一切智　十力等佛法
具三十二相　乃是真實滅　諸佛之導師　為息說涅槃
既知是息已　引入於佛慧

妙法蓮華經卷第三

BD04117 號　妙法蓮華經卷三　（22–22）

BD04118 號背　大般若波羅蜜多經卷三五六護首　（1–1）

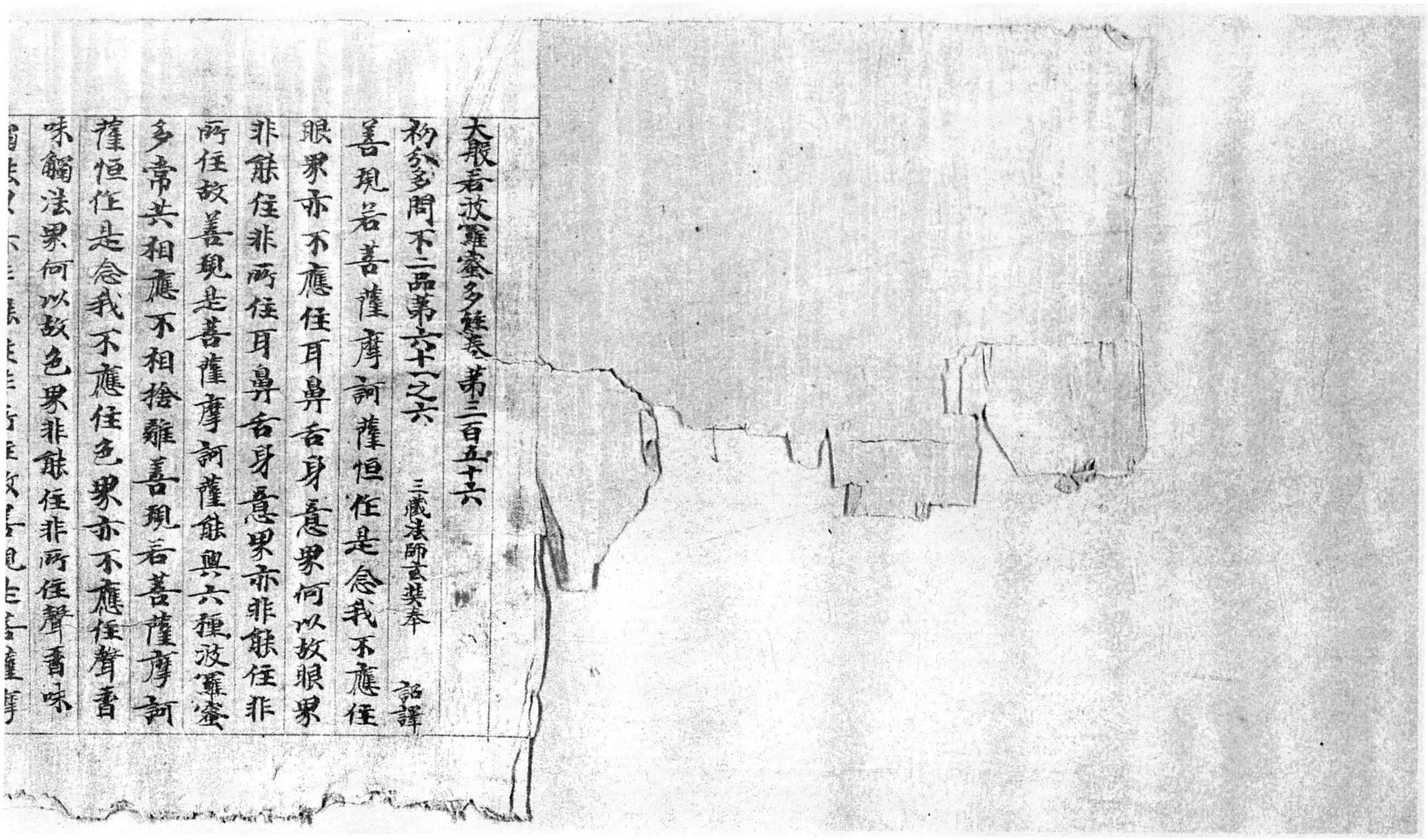

大般若波羅蜜多經卷第三百五十六
初分多問不二品第六十一之六　三藏法師玄奘奉　詔譯
善現若菩薩摩訶薩恒住是念我不應住
眼界亦不應住耳鼻舌身意界何以故眼界
非能住非所住耳鼻舌身意界亦非能住非
所住故善現是菩薩摩訶薩能與六種波羅蜜
多常共相應不相捨離善現若菩薩摩訶
薩恒住是念我不應住色界亦不應住聲香
味觸法界何以故色界非能住非所住聲香味
觸法界亦非能住非所住故善現是菩薩摩

BD04118 號　大般若波羅蜜多經卷三五六　（2–1）

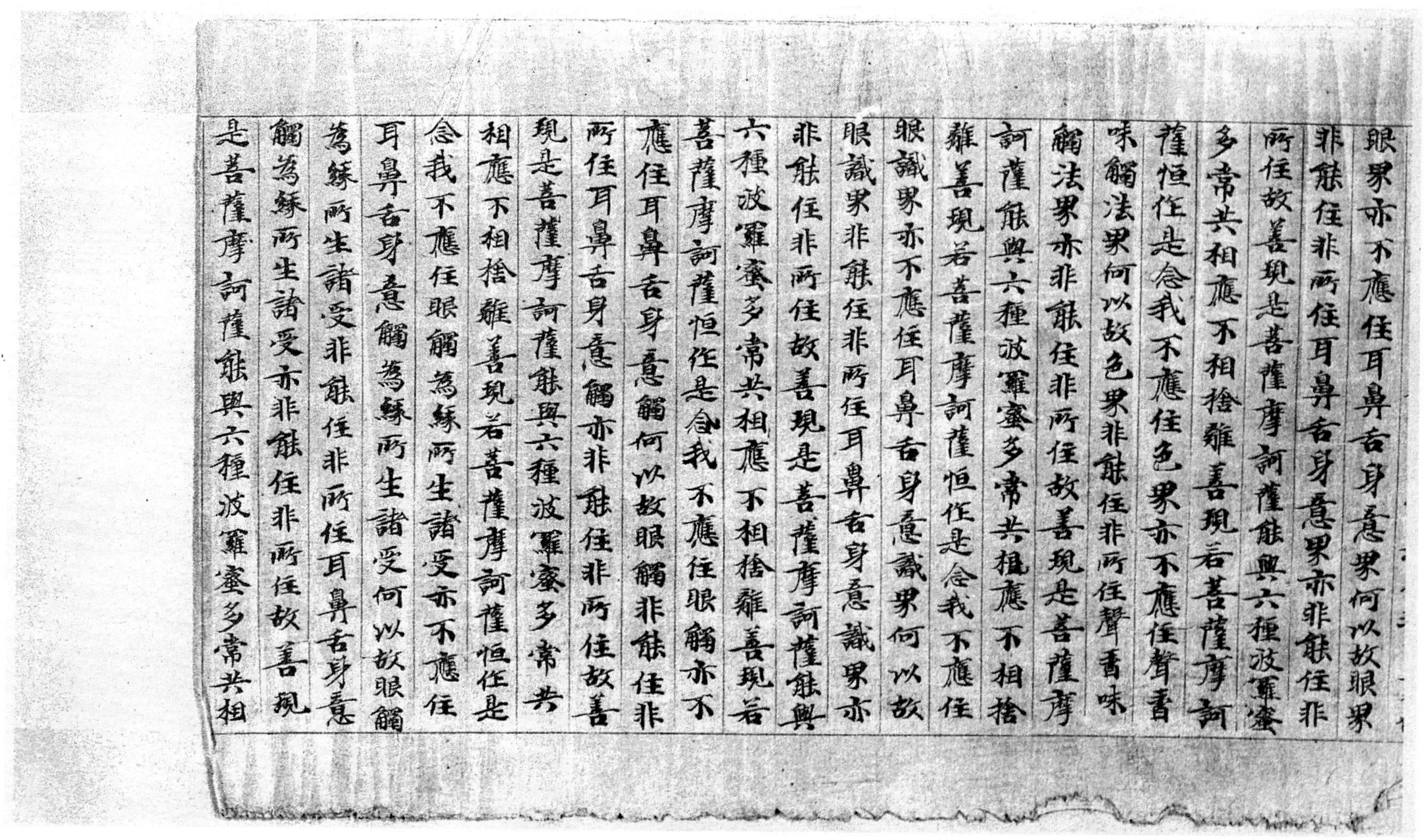

眼界亦不應住耳鼻舌身意界何以故眼界
非能住非所住耳鼻舌身意界亦非能住非
所住故善現是菩薩摩訶薩能與六種波羅蜜
多常共相應不相捨離善現若菩薩摩訶
薩恒住是念我不應住色界亦不應住聲香
味觸法界何以故色界非能住非所住聲香味
觸法界亦非能住非所住故善現是菩薩摩
訶薩能與六種波羅蜜多常共相應不相捨
離善現若菩薩摩訶薩恒住是念我不應住
眼識界亦不應住耳鼻舌身意識界何以故
眼識界非能住非所住耳鼻舌身意識界亦
非能住非所住故善現是菩薩摩訶薩能與
六種波羅蜜多常共相應不相捨離善現若
菩薩摩訶薩恒住是念我不應住眼觸亦不
應住耳鼻舌身意觸何以故眼觸非能住非
所住耳鼻舌身意觸亦非能住非所住故善
現是菩薩摩訶薩能與六種波羅蜜多常共
相應不相捨離善現若菩薩摩訶薩恒住是
念我不應住眼觸為緣所生諸受亦不應住
耳鼻舌身意觸為緣所生諸受何以故眼觸
為緣所生諸受非能住非所住耳鼻舌身意
觸為緣所生諸受亦非能住非所住故善現
是菩薩摩訶薩能與六種波羅蜜多常共相

BD04118 號　大般若波羅蜜多經卷三五六　（2–2）

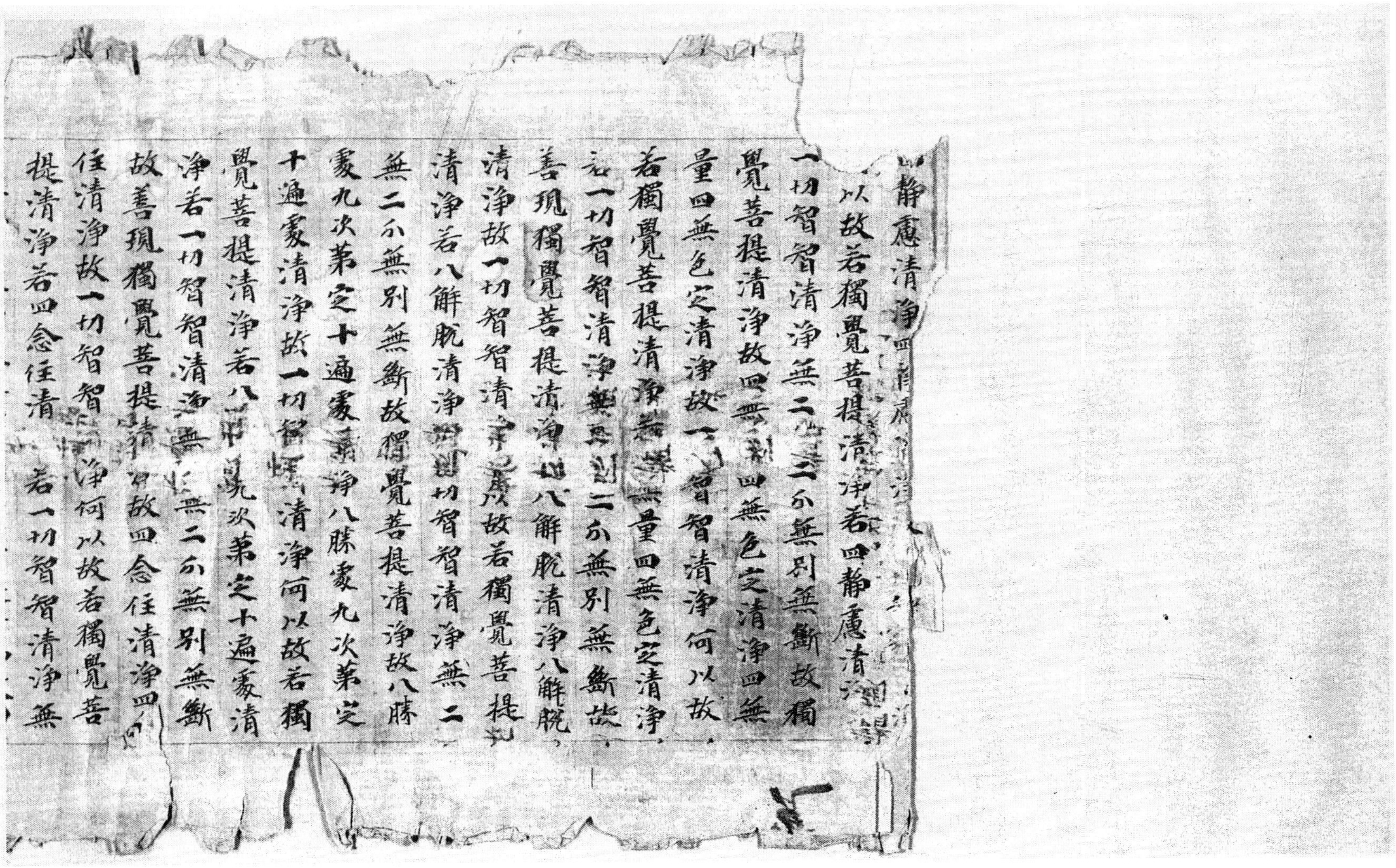
靜慮清淨四靜慮清淨
以故若獨覺菩提清淨若四靜慮清淨
一切智智清淨無二無二分無別無斷故獨
覺菩提清淨故四無量四無色定清淨四無
量四無色定清淨故一切智智清淨何以故
若獨覺菩提清淨若四無量四無色定清淨
若一切智智清淨無二無二分無別無斷故
善現獨覺菩提清淨故八解脫清淨八解脫
清淨故一切智智清淨何以故若獨覺菩提
清淨若八解脫清淨若一切智智清淨無二
無二分無別無斷故獨覺菩提清淨故八勝
處九次第定十遍處清淨八勝處九次第定
十遍處清淨故一切智智清淨何以故若獨
覺菩提清淨若八勝處九次第定十遍處清
淨若一切智智清淨無二無二分無別無斷
故善現獨覺菩提清淨故四念住清淨四
住清淨故一切智智清淨何以故若獨覺菩
提清淨若四念住清淨 若一切智智清淨無

BD04119 號 A　大般若波羅蜜多經（兌廢稿）卷二四三　（2–1）

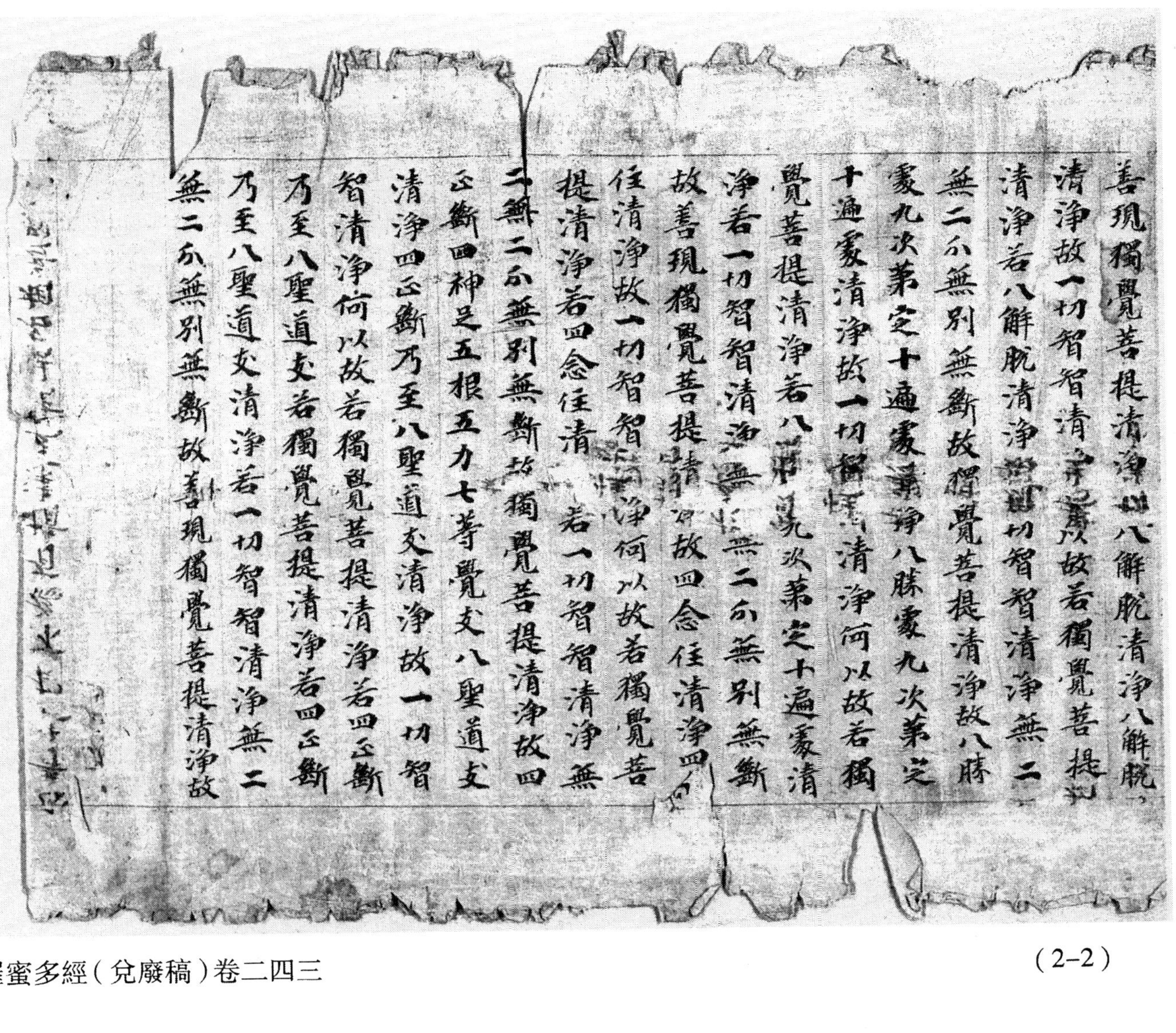
善現獨覺菩提清淨故八解脫清淨八解脫
清淨故一切智智清淨何以故若獨覺菩提
清淨若八解脫清淨若一切智智清淨無二
無二分無別無斷故獨覺菩提清淨故八勝
處九次第定十遍處清淨八勝處九次第定
十遍處清淨故一切智智清淨何以故若獨
覺菩提清淨若八勝處九次第定十遍處清
淨若一切智智清淨無二無二分無別無斷
故善現獨覺菩提清淨故四念住清淨四
住清淨故一切智智清淨何以故若獨覺菩
提清淨若四念住清淨 若一切智智清淨無
二無二分無別無斷故獨覺菩提清淨故四
正斷四神足五根五力七等覺支八聖道支
清淨四正斷乃至八聖道支清淨故一切智
智清淨何以故若獨覺菩提清淨若四正斷
乃至八聖道支若獨覺菩提清淨若四正斷
乃至八聖道支清淨若一切智智清淨無二
無二分無別無斷故善現獨覺菩提清淨故

BD04119 號 A　大般若波羅蜜多經（兌廢稿）卷二四三　（2–2）

卅三至卅四袟義經

BD04119 號 A 背　勘記　　　　（1–1）

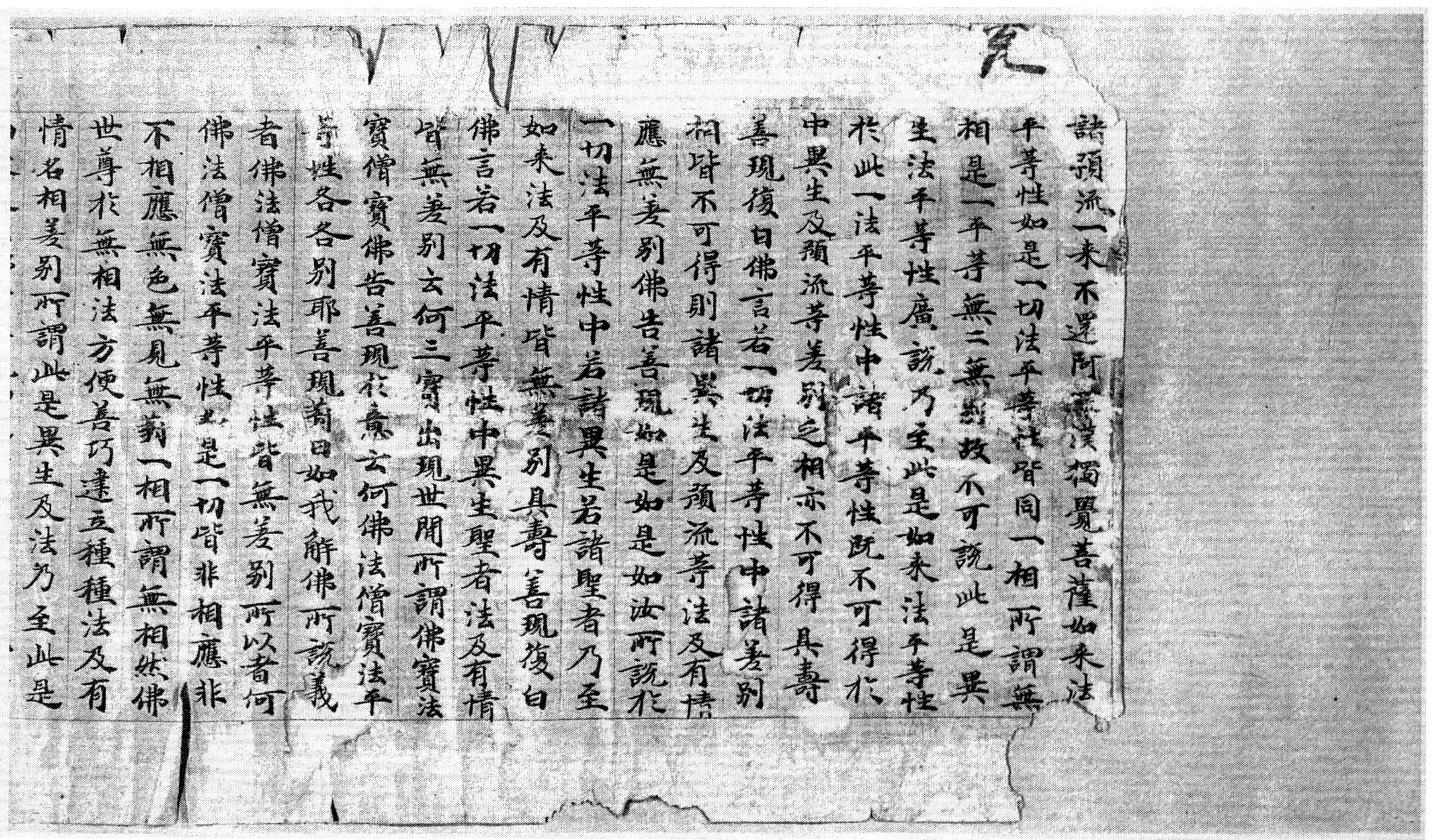
兑

諸預流一來不還阿羅漢獨覺菩薩如來法
平等性如是一切法平等性皆同一相所謂無
相是一平等無二無别故不可説此是異
生法平等性廣説乃至此是如來法平等性
於此一法平等性中諸平等性既不可得於
中異生及預流等差别之相亦不可得具壽
善現復白佛言若一切法平等性中諸差别
相皆不可得則諸異生及預流等法及有情
應無差别佛告善現如是如是如汝所説於
一切法平等性中若諸異生若諸聖者乃至
如來法及有情皆無差别具壽善現復白
佛言若一切法平等性中異生聖者法及有情
皆無差别云何三寶出現世間所謂佛寶法
寶僧寶佛告善現於意云何佛法僧寶法平
等性各各别耶善現對曰如我解佛所説義
者佛法僧寶法平等性皆無差别所以者何
佛法僧寶法平等性如是一切皆非相應非
不相應無色無見無對一相所謂無相然佛
世尊於無相法方便善巧建立種種法及有
情名相差别所謂此是異生及法乃至此是

BD04119 號 B　大般若波羅蜜多經（兑廢稿）卷四七八　　　　（2–1）

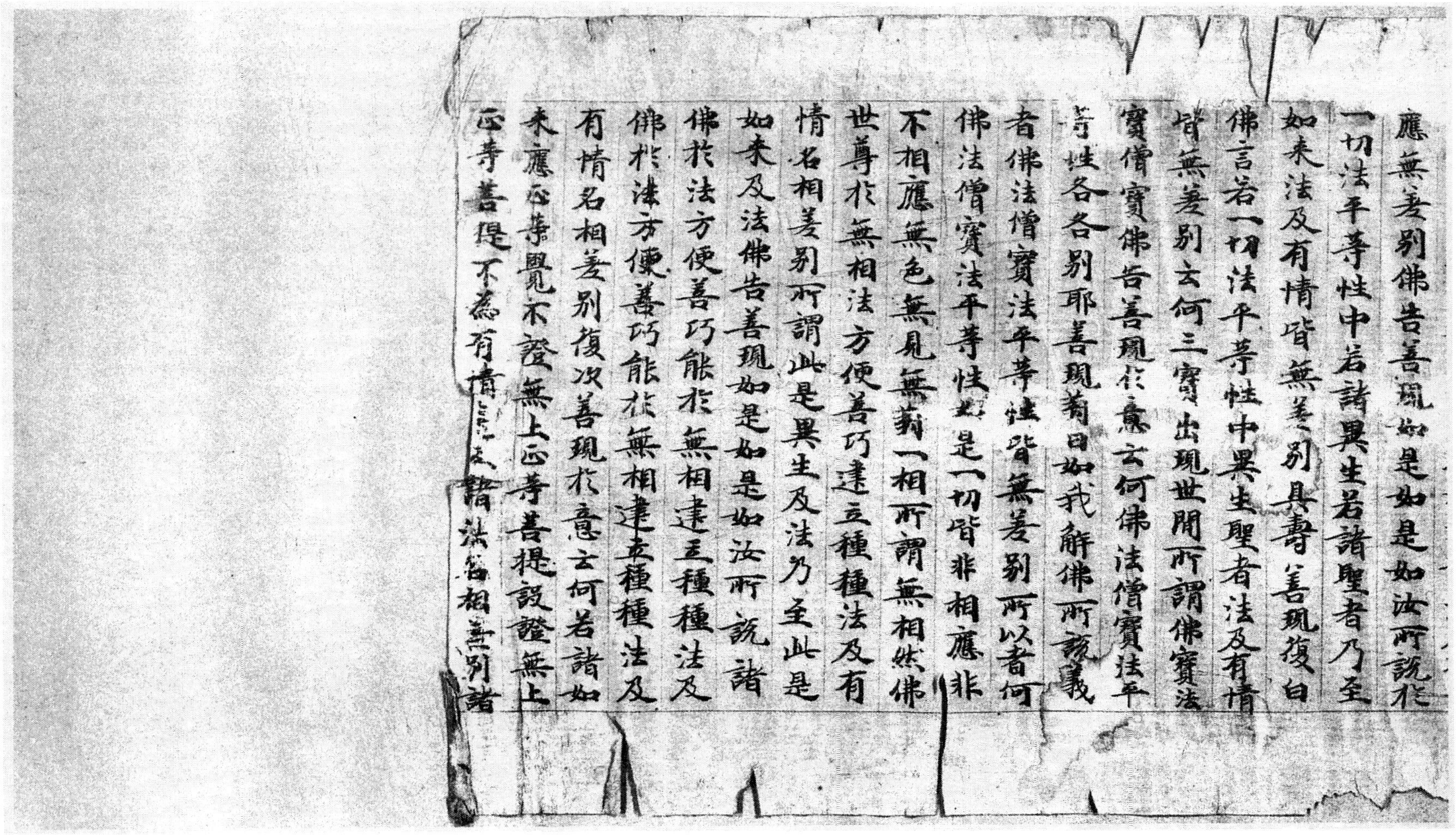
應無差別佛告善現如是如是如汝所說於
一切法平等性中若諸異生若諸聖者乃至
如來法及有情皆無差別具壽善現復白
佛言若一切法平等性中異生聖者法及有情
皆無差別云何三寶出現世間所謂佛寶法
寶僧寶佛告善現於意云何佛法僧寶法平
等性各各別耶善現對曰如我解佛所說義
者佛法僧寶法平等性皆無差別所以者何
佛法僧寶法平等性如是一切皆非相應非
不相應無色無見無對一相所謂無相然佛
世尊於無相法方便善巧建立種種法及有
情名相差別所謂此是異生及法乃至此是
如來及法佛告善現如是如是如汝所說諸
佛於法方便善巧能於無相建立種種法及
佛於法方便善巧能於無相建立種種法及
有情名相差別復次善現於意云何若諸如
來應正等覺不證無上正等菩提設證無上
正等菩提不為有情[illegible]說諸法相差別諸

BD04119 號 B　大般若波羅蜜多經（兑廢稿）卷四七八　（2–2）

第卅九袟

BD04119 號 B 背　勘記　（1–1）

微塵如來說世界非世界是名世界須菩提
於意云何可以卅二相見如來不不也世尊
何以故如來說卅二相即是非相是名卅二
相須菩提若有善男子善女人以恒河沙等
身命布施若復有人於此經中乃至受持四
句偈等為他人說其福甚多
尒時須菩提聞說是經深解義趣涕淚悲泣
而白佛言希有世尊佛說如是甚深經典我從
昔來所得慧眼未曾得聞如是之經世尊若
復有人得聞是經信心清淨則生實相當知是
人成就第一功德世尊是實相者則是非相
是故如來說名實相世尊我今得聞如是經
典信解受持不足為難若當來世後五百歲
其有衆生得聞是經信解受持是人則為第
一希有何以故此人无我相无人相衆生相壽者
相所以者何我相即是非相人相衆生相壽者
相即是非相何以故離一切諸相則名諸佛佛
告須菩提如是如是若復有人得聞是經不驚
不怖不畏當知是人甚為希有何以故須菩提
如來說第一波羅蜜非第一波羅蜜是名第
[illegible]

BD04120號　金剛般若波羅蜜經　（6–1）

相所以者何我相即是非相人相衆生相壽者
相即是非相何以故離一切諸相則名諸佛佛
告須菩提如是如是若復有人得聞是經不驚
不怖不畏當知是人甚為希有何以故須菩提
如來說第一波羅蜜非第一波羅蜜是名第
一波羅蜜須菩提忍辱波羅蜜如來說非忍
辱波羅蜜何以故須菩提如我昔為歌利王
割截身體我於尒時无我相无人相无衆生
相无壽者相何以故我於往昔節節支解時
若有我相人相衆生相壽者相應生瞋恨須
菩提又念過去於五百世作忍辱仙人於尒所
世无我相无人相无衆生相无壽者相是故
須菩提菩薩應離一切相發阿耨多羅三藐
三菩提心不應住色生心不應住聲香味觸
法生心應生无所住心若心有住則為非住是
故佛說菩薩心不應住色布施須菩提菩薩
為利益一切衆生應如是布施如來說一切諸
相即是非相又說一切衆生則非衆生須菩提
如來是真語者實語者如語者不誑語者不異語
者須菩提如來所得法此法无實无虛須菩提若
菩薩心住於法而行布施如人入闇則无所見若
菩薩心不住法而行布施如人有目日光明照見種種
色須菩提當來之世若有善男子善女人能於此經受持讀
誦則為如來以佛智慧悉知是人悉見是人皆得成就无量无邊功德
須菩提若有善男子善女人初日分以恒河
沙等身布施中日分復以恒河沙等身布施

BD04120號　金剛般若波羅蜜經　（6–2）

菩薩心住於法而行布施如人入闇則无所見若
菩薩心不住法而行布施如人有目日光明照見種種
色須菩提當來之世若有善男子善女人能於此經受持讀
誦則為如來以佛智慧悉知是人悉見是人皆得成就无量无邊功德
須菩提若有善男子善女人初日分以恒河
沙等身布施中日分復以恒河沙等身布施
後日分亦以恒河沙等身布施如是無量百
千万億劫以身布施若復有人聞此經典信
心不逆其福勝彼何況書寫受持讀誦為人
解說須菩提以要言之是經有不可思議不
可稱量無邊功德如來為發大乘者說為發
最上乘者說若有人能受持讀誦廣為人說
如來悉知是人悉見是人皆成就不可量不
可稱無有邊不可思議功德如是人等則為
荷擔如來阿耨多羅三藐三菩提何以故須
菩提若樂小法者著我見人見衆生見壽者
見則於此經不能聽受讀誦為人解說須菩
提在在處處若有此經一切世間天人阿脩
羅所應供養當知此處則為是塔皆應恭敬
作礼圍遶以諸華香而散其處
復次須菩提善男子善女人受持讀誦此經
若為人輕賤是人先世罪業應墮惡道以今
世人輕賤故先世罪業則為消滅當得阿耨
多羅三藐三菩提須菩提我念過去無量阿
僧祇劫於燃燈佛前得值八百四千万億那
由他諸佛悉皆供養承事無空過者若復有

BD04120 號　金剛般若波羅蜜經　（6–3）

世人輕賤故先世罪業則為消滅當得阿耨
多羅三藐三菩提須菩提我念過去無量阿
僧祇劫於燃燈佛前得值八百四千万億那
由他諸佛悉皆供養承事無空過者若復有
人於後末世能受持讀誦此經所得功德於
我所供養諸佛功德百分不及一千万億分
乃至筭數譬喻所不能及須菩提若善男子
善女人於後末世有受持讀誦此經所得功
德我若具說者或有人聞心則狂亂狐疑不
信須菩提當知是經義不可思議果報亦不
可思議
尒時須菩提白佛言世尊善男子善女人發
阿耨多羅三藐三菩提心云何應住云何降
伏其心佛告須菩提善男子善女人發阿耨
多羅三藐三菩提者當生如是心我應滅度
一切衆生滅度一切衆生已而無有一衆生實
滅度者何以故若菩薩有我相人相衆生相
壽者相則非菩薩所以者何須菩提實無有
法發阿耨多羅三藐三菩提者須菩提於意
云何如來於燃燈佛所有法得阿耨多羅三
藐三菩提不不也世尊如我解佛所說義佛
於燃燈佛所無有法得阿耨多羅三藐三菩
提佛言如是如是須菩提實無有法如來得
阿耨多羅三藐三菩提須菩提若有法如來
得阿耨多羅三藐三菩提燃燈佛則不與我
受記汝於來世當得作佛号釋迦牟尼以實
無有法得阿耨多羅三藐三菩提是故燃燈

BD04120 號　金剛般若波羅蜜經　（6–4）

提佛言如是須菩提實無有法如来得
阿耨多羅三藐三菩提須菩提若有法如来
得阿耨多羅三藐三菩提燃燈佛則不與我
受記汝於来世當得作佛号釋迦牟尼以實
無有法得阿耨多羅三藐三菩提是故燃燈
佛與我受記作是言汝於来世當得作佛号
釋迦牟尼何以故如来者即諸法如義若有
人言如来得阿耨多羅三藐三菩提須菩提
實無有法佛得阿耨多羅三藐三菩提須菩
提如来所得阿耨多羅三藐三菩提於是中
無實無虚是故如来說一切法皆是佛法須
菩提所言一切法者即非一切法是故名一
切法須菩提譬如人身長大須菩提言世尊
如来說人身長大則為非大身是名大身須
菩提菩薩亦如是若作是言我當滅度無量
衆生則不名菩薩何以故須菩提無有法名
為菩薩是故佛說一切法無我無人無衆生
無壽者須菩提若菩薩作是言我當莊嚴佛
土是不名菩薩何以故如来說莊嚴佛土者
即非莊嚴是名莊嚴須菩提若菩薩通達無
我法者如来說名真是菩薩
須菩提於意云何如来有肉眼不如是世尊
如来有肉眼須菩提於意云何如来有天眼
不如是世尊如来有天眼須菩提於意云何
如来有慧眼不如是世尊如来有慧眼須菩
提於意云何如来有法眼不如是世尊如来
有法眼須菩提於意云何如来有佛眼不如

BD04120號　金剛般若波羅蜜經　（6–5）

菩提所言一切法者即非一切法是故名一
切法須菩提譬如人身長大須菩提言世尊
如来說人身長大則為非大身是名大身須
菩提菩薩亦如是若作是言我當滅度無量
衆生則不名菩薩何以故須菩提無有法名
為菩薩是故佛說一切法無我無人無衆生
無壽者須菩提若菩薩作是言我當莊嚴佛
土是不名菩薩何以故如来說莊嚴佛土者
即非莊嚴是名莊嚴須菩提若菩薩通達無
我法者如来說名真是菩薩
須菩提於意云何如来有肉眼不如是世尊
如来有肉眼須菩提於意云何如来有天眼
不如是世尊如来有天眼須菩提於意云何
如来有慧眼不如是世尊如来有慧眼須菩
提於意云何如来有法眼不如是世尊如来
有法眼須菩提於意云何如来有佛眼不如
是世尊如来有佛眼須菩提於意云何恒河
中所有沙佛說是沙不如是世尊如来說是
沙須菩提於意云何如一恒河中所有沙有

BD04120號　金剛般若波羅蜜經　（6–6）

清淨…故若一切相智清淨
…智清淨若一切智智清淨无二无
无別无斷故一切相智清淨故道相
道相智清淨故一切智智清淨何
切相智清淨若道相智清淨若一
淨无二无二分无別无斷故
清淨故一切陁羅尼門清淨
清淨故一切智智清淨何
清淨若一切陁羅尼門清淨若一切智…
淨无二无二分无別无斷故一切相智清淨
故一切三摩地門清淨一切三摩地門清淨
故一切智智清淨何以故若一切相智清淨
若一切三摩地門清淨若一切智智清淨无
二无二分无別无斷故
善現一切相智清淨故預流果清淨預流果
清淨故一切智智清淨何以故若一切相智
清淨若預流果清淨若一切智智清淨无二
无二分无別无斷故一切相智清淨故一來
不還阿羅漢果清淨一來不還阿羅漢果清
淨故一切智智清淨何以故若一切相智清
淨若一來不還阿羅漢果清淨若一切智智

BD04121 號　大般若波羅蜜多經卷二四〇　（5–1）

善現一切相智清淨故預流果清淨預流果
清淨故一切智智清淨何以故若一切相智
清淨若預流果清淨若一切智智清淨无二
无二分无別无斷故一切相智清淨故一來
不還阿羅漢果清淨一來不還阿羅漢果清
淨故一切智智清淨何以故若一切相智清
淨若一來不還阿羅漢果清淨若一切智智
清淨无二无二分无別无斷故善現一切相
智清淨故獨覺菩提清淨獨覺菩提清淨
故一切智智清淨何以故若一切相智清淨若
獨覺菩提清淨若一切智智清淨无二无二
分无別无斷故善現一切相智清淨故一切
菩薩摩訶薩行清淨一切菩薩摩訶薩行清
淨故一切智智清淨何以故若一切相智清
淨若一切菩薩摩訶薩行清淨若一切智智
清淨无二无二分无別无斷故善現一切相
智清淨故諸佛无上正等菩提清淨諸佛无
上正等菩提清淨故一切智智清淨何以故
若一切相智清淨若諸佛无上正等菩提清
淨若一切智智清淨无二无二分无別无斷故
復次善現一切陁羅尼門清淨故色清淨色
清淨故一切智智清淨何以故若一切陁羅
尼門清淨若清淨若一切智智清淨无二
无二分无別无斷故一切陁羅尼門清淨故
受想行識清淨受想行識清淨故一切智智
清淨何以故若一切陁羅尼門清淨若受想
行識清淨若一切智智清淨无二无二分无
別无斷故善現一切陁羅尼門清淨故眼處

BD04121 號　大般若波羅蜜多經卷二四〇　（5–2）

无二分无別无斷故一切陁羅尼門清淨故
受想行識清淨受想行識清淨故一切智智
清淨何以故若一切陁羅尼門清淨若受想
行識清淨若一切智智清淨无二无二分无
別无斷故善現一切陁羅尼門清淨故眼處
清淨眼處清淨故一切智智清淨何以故若
一切陁羅尼門清淨若眼處清淨若一切智
智清淨无二无二分无別无斷故一切陁羅
尼門清淨故耳鼻舌身意處清淨耳鼻舌身
意處清淨故一切智智清淨何以故若一切
陁羅尼門清淨若耳鼻舌身意處清淨若一
切智智清淨无二无二分无別无斷故善現
一切陁羅尼門清淨故色處清淨色處清淨
故一切智智清淨何以故若一切陁羅尼門
清淨若色處清淨若一切智智清淨无二无
二分无別无斷故一切陁羅尼門清淨故聲
香味觸法處清淨聲香味觸法處清淨故一
切智智清淨何以故若一切陁羅尼門清淨
若聲香味觸法處清淨若一切智智清淨无
二无二分无別无斷故善現一切陁羅尼門
清淨故眼界清淨眼界清淨故一切智智清
淨何以故若一切陁羅尼門清淨若眼界清
淨若一切智智清淨无二无二分无別无斷
故一切陁羅尼門清淨故色界眼識界及眼
觸眼觸為緣所生諸受清淨色界乃至眼觸
為緣所生諸受清淨故一切智智清淨何以
故若一切陁羅尼門清淨若色界乃至眼觸
為緣所生諸受清淨若一切智智清淨无二

BD04121號　大般若波羅蜜多經卷二四〇　(5–3)

故一切陁羅尼門清淨故色界眼識界及眼
觸眼觸為緣所生諸受清淨色界乃至眼觸
為緣所生諸受清淨故一切智智清淨何以
故若一切陁羅尼門清淨若色界乃至眼觸
為緣所生諸受清淨若一切智智清淨无二
无二分无別无斷故善現一切陁羅尼門清
淨故耳界清淨耳界清淨故一切智智清淨
何以故若一切陁羅尼門清淨若耳界清淨
若一切智智清淨无二无二分无別无斷故
一切陁羅尼門清淨故聲界耳識界及耳觸
耳觸為緣所生諸受清淨聲界乃至耳觸為
緣所生諸受清淨故一切智智清淨何以故
若一切陁羅尼門清淨若聲界乃至耳觸為
緣所生諸受清淨若一切智智清淨无二无
二分无別无斷故善現一切陁羅尼門清淨
故鼻界清淨鼻界清淨故一切智智清淨何
以故若一切陁羅尼門清淨若鼻界清淨若
切智智清淨无二无二分无別无斷故一切
陁羅尼門清淨故香界鼻識界及鼻觸鼻觸
為緣所生諸受清淨香界乃至鼻觸為緣
所生諸受清淨故一切智智清淨何以故若
一切陁羅尼門清淨若香界乃至鼻觸為緣
所生諸受清淨若一切智智清淨无二无二
分无別无斷故善現一切陁羅尼門清淨故
舌界清淨舌界清淨故一切智智清淨何以
故若一切陁羅尼門清淨若舌界清淨若一
切智智清淨无二无二分无別无斷故一切陁
羅尼門清淨故味界舌識界及舌觸舌觸為

BD04121號　大般若波羅蜜多經卷二四〇　(5–4)

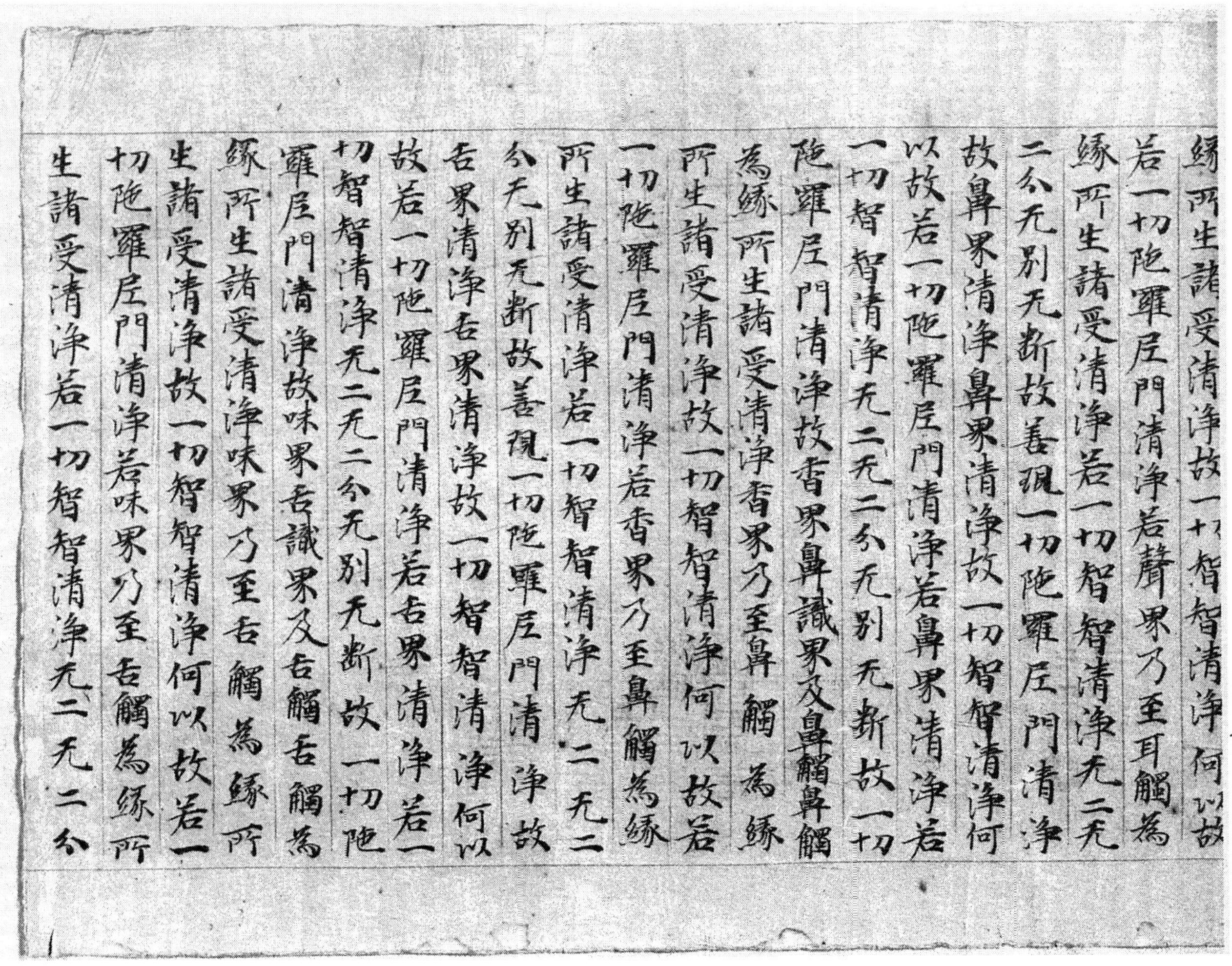
緣所生諸受清淨故一切智智清淨何以故
若一切陁羅尼門清淨若聲界乃至耳觸為
緣所生諸受清淨若一切智智清淨无二无
二分无別无斷故善現一切陁羅尼門清淨
故鼻界清淨鼻界清淨故一切智智清淨何
以故若一切陁羅尼門清淨若鼻界清淨若
一切智智清淨无二无二分无別无斷故一切
陁羅尼門清淨故香界鼻識界及鼻觸鼻觸
為緣所生諸受清淨香界乃至鼻觸為緣
所生諸受清淨故一切智智清淨何以故若
一切陁羅尼門清淨若香界乃至鼻觸為緣
所生諸受清淨若一切智智清淨无二无二
分无別无斷故善現一切陁羅尼門清淨故
舌界清淨舌界清淨故一切智智清淨何以
故若一切陁羅尼門清淨若舌界清淨若一
切智智清淨无二无二分无別无斷故一切陁
羅尼門清淨故味界舌識界及舌觸舌觸為
緣所生諸受清淨味界乃至舌觸為緣所
生諸受清淨故一切智智清淨何以故若一
切陁羅尼門清淨若味界乃至舌觸為緣所
生諸受清淨若一切智智清淨无二无二分

BD04121號　大般若波羅蜜多經卷二四〇　（5–5）

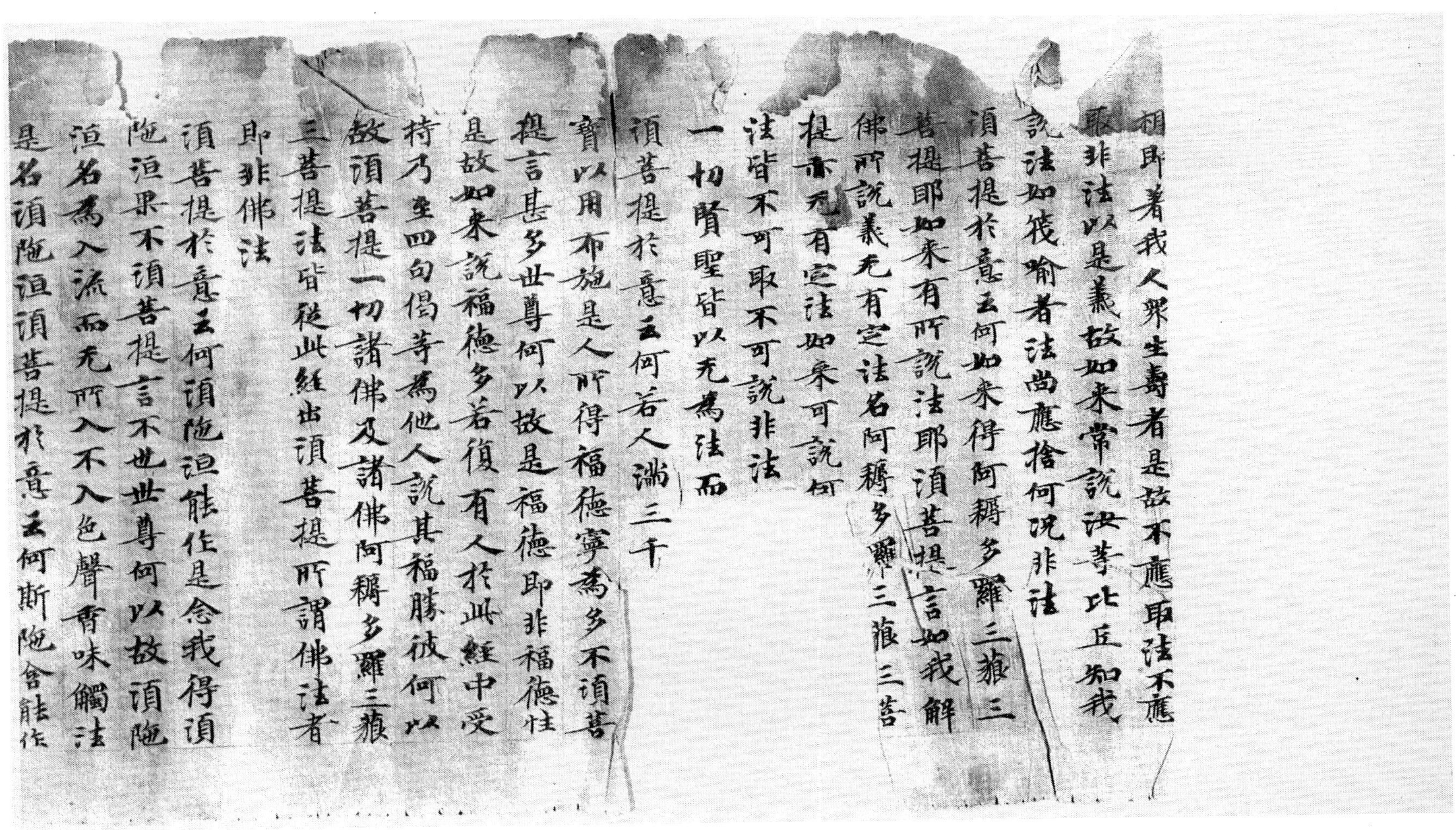
相即著我人衆生壽者是故不應取法不應
取非法以是義故如來常說汝等比丘知我
說法如筏喻者法尚應捨何況非法
須菩提於意云何如來得阿耨多羅三藐三
菩提耶如來有所說法耶須菩提言如我解
佛所說義无有定法名阿耨多羅三藐三菩
提亦无有定法如來可說何
法皆不可取不可說非法非
一切賢聖皆以无為法而
須菩提於意云何若人滿三千
寶以用布施是人所得福德寧為多不須菩
提言甚多世尊何以故是福德即非福德性
是故如來說福德多若復有人於此經中受
持乃至四句偈等為他人說其福勝彼何以
故須菩提一切諸佛及諸佛阿耨多羅三藐
三菩提法皆從此經出須菩提所謂佛法者
即非佛法
須菩提於意云何須陁洹能作是念我得須
陁洹果不須菩提言不也世尊何以故須陁
洹名為入流而无所入不入色聲香味觸法
是名須陁洹須菩提於意云何斯陁含能作

BD04122號　金剛般若波羅蜜經　（4–1）

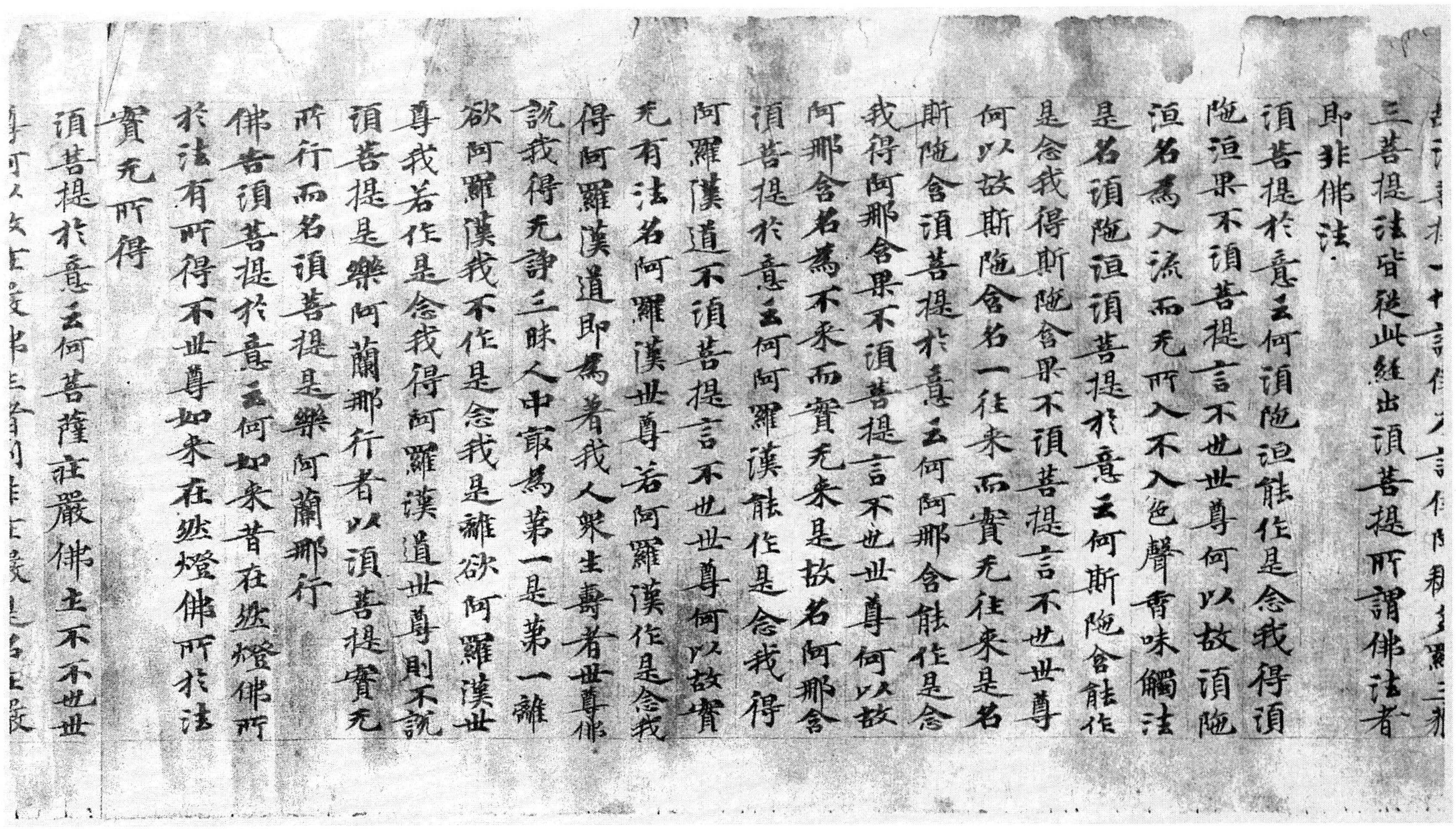
三菩提法皆從此經出須菩提所謂佛法者
即非佛法
須菩提於意云何須陁洹能作是念我得須
陁洹果不須菩提言不也世尊何以故須陁
洹名為入流而无所入不入色聲香味觸法
是名須陁洹須菩提於意云何斯陁含能作
是念我得斯陁含果不須菩提言不也世尊
何以故斯陁含名一往来而實无往来是名
斯陁含須菩提於意云何阿那含能作是念
我得阿那含果不須菩提言不也世尊何以故
阿那含名為不来而實无来是故名阿那含
須菩提於意云何阿羅漢能作是念我得
阿羅漢道不須菩提言不也世尊何以故實
无有法名阿羅漢世尊若阿羅漢作是念我
得阿羅漢道即為著我人衆生壽者世尊佛
說我得无諍三昧人中最為第一是第一離
欲阿羅漢我不作是念我是離欲阿羅漢世
尊我若作是念我得阿羅漢道世尊則不說
須菩提是樂阿蘭那行者以須菩提實无
所行而名須菩提是樂阿蘭那行
佛告須菩提於意云何如来昔在然燈佛所
於法有所得不世尊如来在然燈佛所於法
實无所得
須菩提於意云何菩薩莊嚴佛土不不也世

BD04122 號　金剛般若波羅蜜經　（4–2）

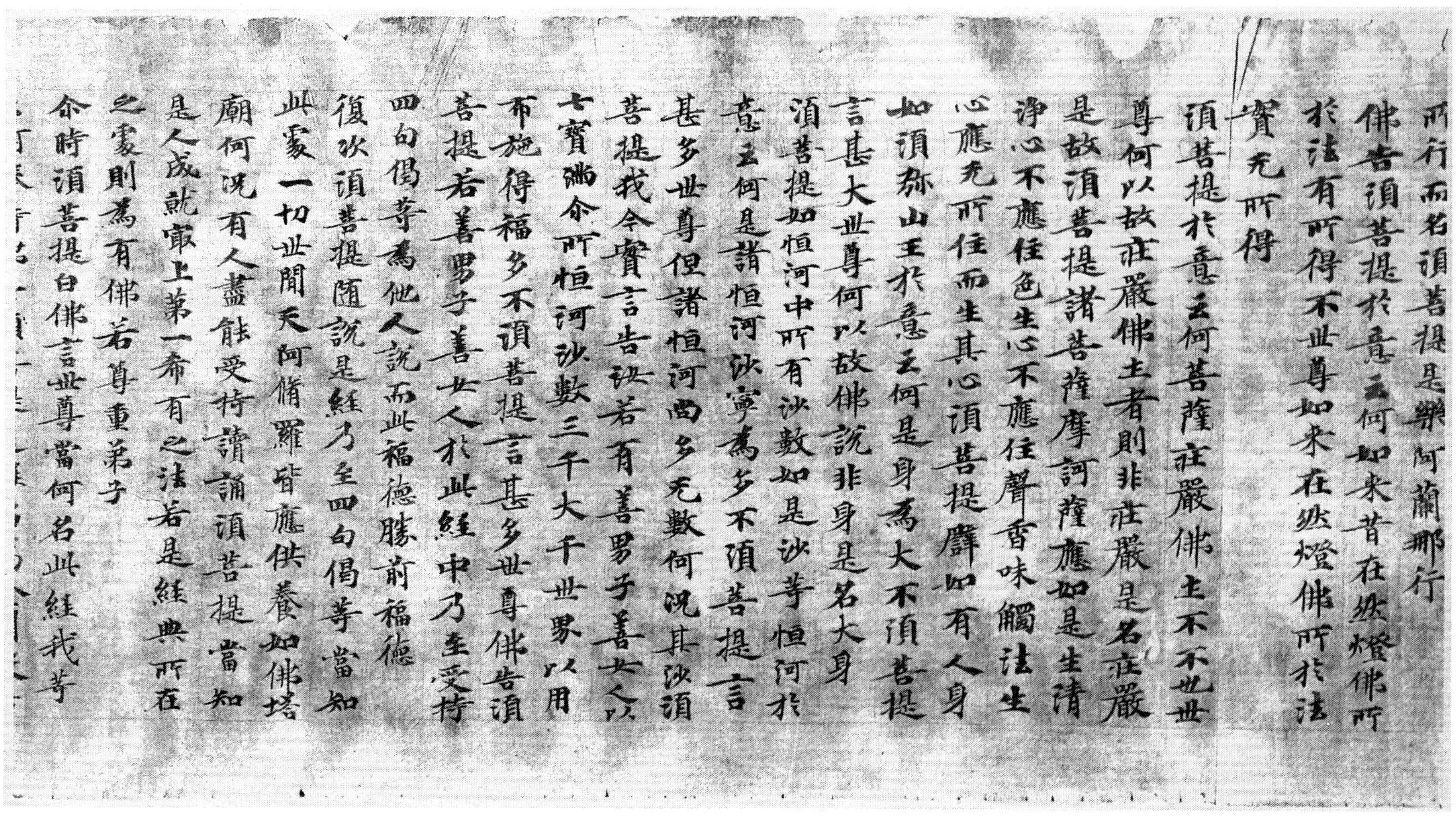
所行而名須菩提是樂阿蘭那行
佛告須菩提於意云何如来昔在然燈佛所
於法有所得不世尊如来在然燈佛所於法
實无所得
須菩提於意云何菩薩莊嚴佛土不不也世
尊何以故莊嚴佛土者則非莊嚴是名莊嚴
是故須菩提諸菩薩摩訶薩應如是生清
淨心不應住色生心不應住聲香味觸法生
心應无所住而生其心須菩提譬如有人身
如須弥山王於意云何是身為大不須菩提
言甚大世尊何以故佛說非身是名大身
須菩提如恒河中所有沙數如是沙等恒河於
意云何是諸恒河沙寧為多不須菩提言
甚多世尊但諸恒河尚多无數何況其沙須
菩提我今實言告汝若有善男子善女人以
七寶滿尒所恒河沙數三千大千世界以用
布施得福多不須菩提言甚多世尊佛告須
菩提若善男子善女人於此經中乃至受持
四句偈等為他人說而此福德勝前福德
復次須菩提隨說是經乃至四句偈等當知
此處一切世間天阿脩羅皆應供養如佛塔
廟何況有人盡能受持讀誦須菩提當知
是人成就最上第一希有之法若是經典所在
之處則為有佛若尊重弟子
尒時須菩提白佛言世尊當何名此經我等

BD04122 號　金剛般若波羅蜜經　（4–3）

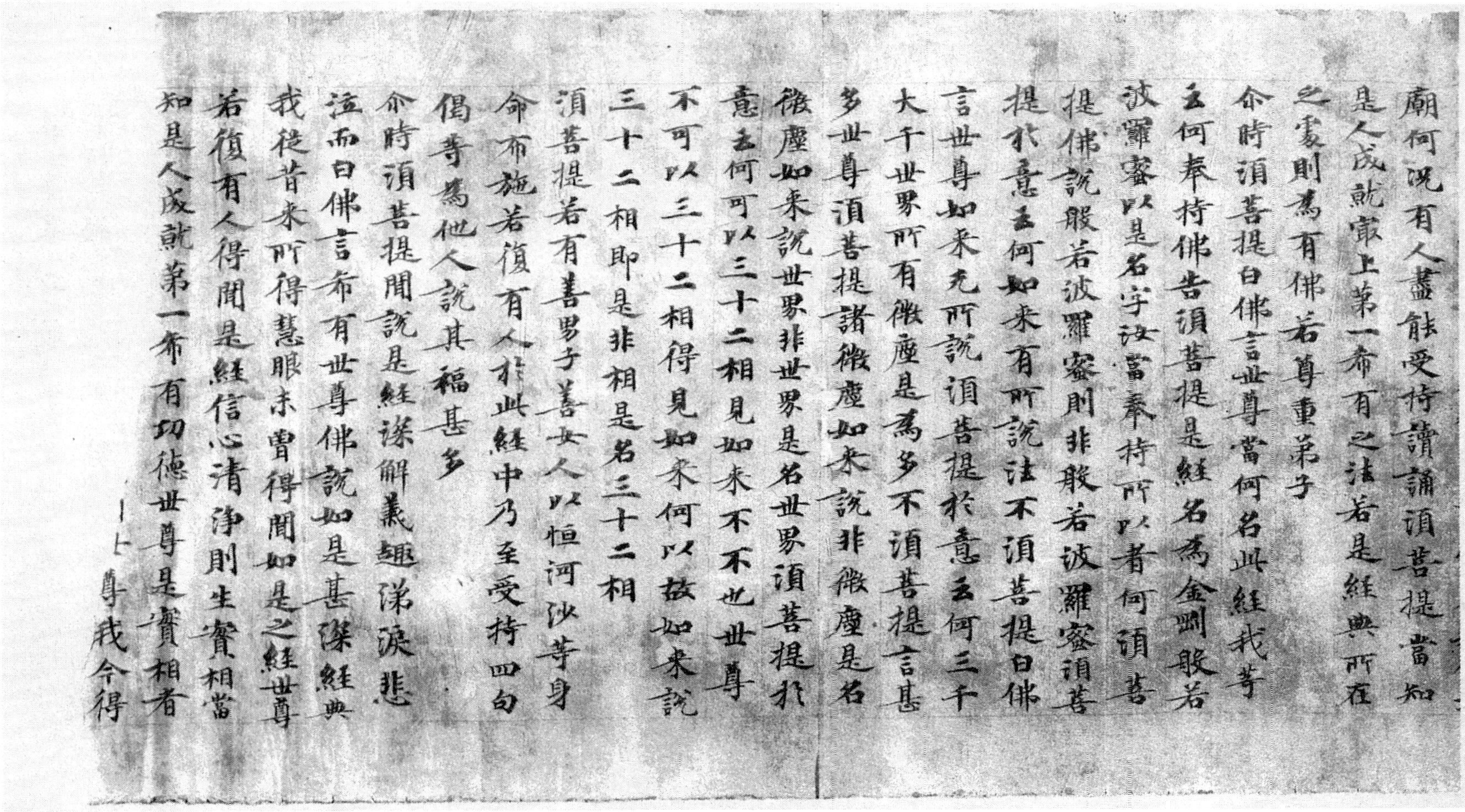

廟何況有人盡能受持讀誦須菩提當知
是人成就最上第一希有之法若是經典所在
之處則為有佛若尊重弟子
尒時須菩提白佛言世尊當何名此經我等
云何奉持佛告須菩提是經名為金剛般若
波羅蜜以是名字汝當奉持所以者何須菩
提佛說般若波羅蜜則非般若波羅蜜須菩
提於意云何如來有所說法不須菩提白佛
言世尊如來无所說須菩提於意云何三千
大千世界所有微塵是為多不須菩提言甚
多世尊須菩提諸微塵如來說非微塵是名
微塵如來說世界非世界是名世界須菩提於
意云何可以三十二相見如來不不也世尊
不可以三十二相得見如來何以故如來說
三十二相即是非相是名三十二相
須菩提若有善男子善女人以恒河沙等身
命布施若復有人於此經中乃至受持四句
偈等為他人說其福甚多
尒時須菩提聞說是經深解義趣涕淚悲
泣而白佛言希有世尊佛說如是甚深經典
我從昔來所得慧眼未曾得聞如是之經世尊
若復有人得聞是經信心清淨則生實相當
知是人成就第一希有功德世尊是實相者
世尊我今得

BD04122 號　金剛般若波羅蜜經　（4–4）

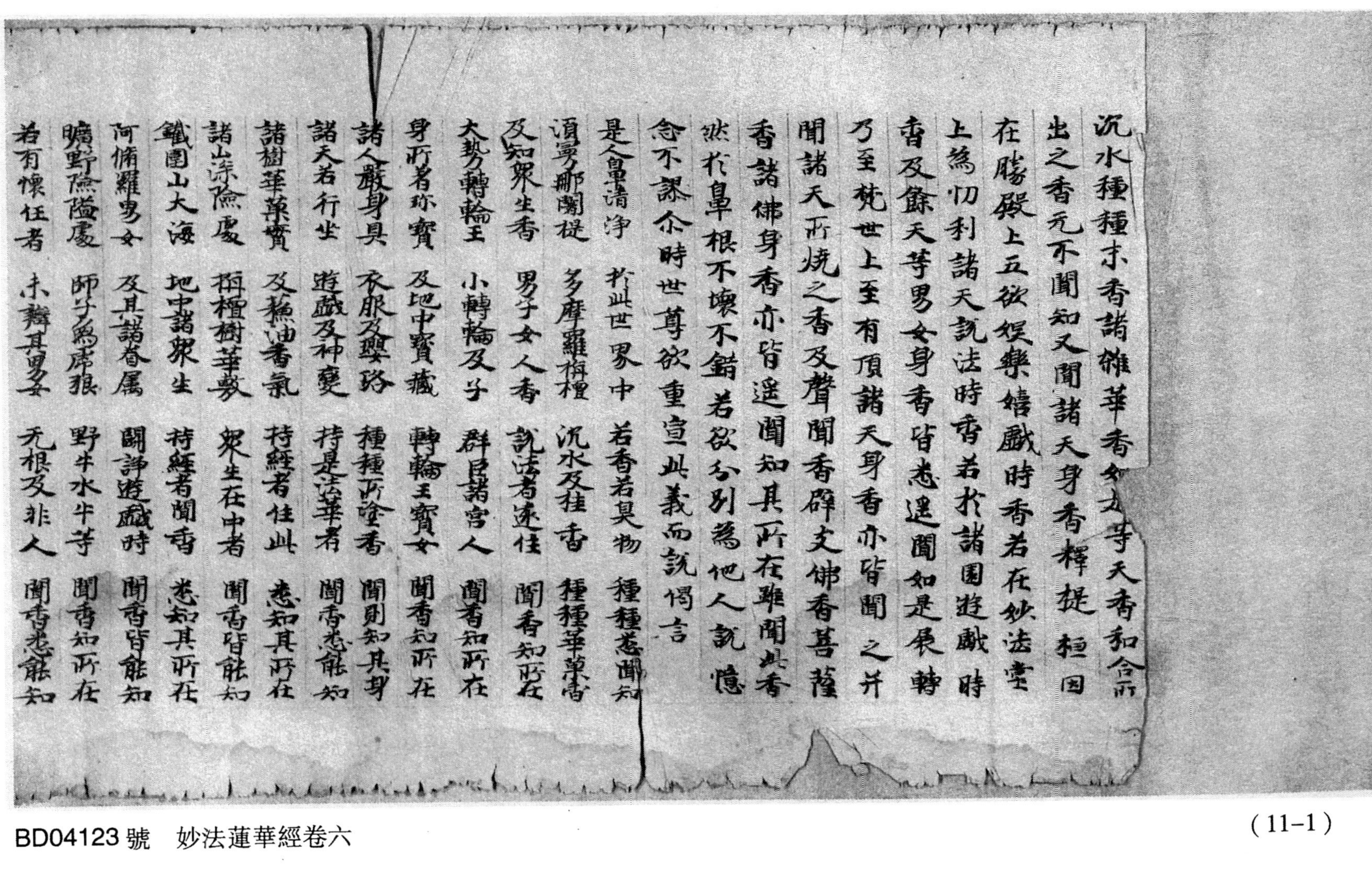

沉水種種末香諸雜華香如是等天香和合所
出之香无不聞知又聞諸天身香釋提桓因
在勝殿上五欲娛樂嬉戲時香若在妙法堂
上為忉利諸天說法時香若於諸園遊戲時
香及餘天等男女身香皆悉遙聞如是展轉
乃至梵世上至有頂諸天身香亦皆聞之并
聞諸天所燒之香及聲聞香辟支佛香菩薩
香諸佛身香亦皆遙聞知其所在雖聞此香
然於鼻根不壞不錯若欲分別為他人說憶
念不謬尒時世尊欲重宣此義而說偈言
是人鼻清淨　於此世界中　若香若臭物　種種悉聞知
須曼那闍提　多摩羅栴檀　沉水及桂香　種種華菓香
及知眾生香　男子女人香　說法者遠住　聞香知所在
大勢轉輪王　小轉輪及子　群臣諸宮人　聞香知所在
身所著珎寶　及地中寶藏　轉輪王寶女　聞香知所在
諸人嚴身具　衣服及瓔珞　種種所塗香　聞則知其身
諸天若行坐　遊戲及神變　持是法華者　聞香悉能知
諸樹華菓實　及蘇油香氣　持經者住此　悉知其所在
諸山深嶮處　栴檀樹華敷　眾生在中者　聞香皆能知
鐵圍山大海　地中諸眾生　持經者聞香　悉知其所在
阿脩羅男女　及其諸眷屬　鬪諍遊戲時　聞香皆能知
曠野嶮隘處　師子象虎狼　野牛水牛等　聞香知所在
若有懷妊者　未辯其男女　无根及非人　聞香悉能知

BD04123 號　妙法蓮華經卷六　（11–1）

諸山深險處　栴檀樹華敷　衆生在中者　聞香皆能知
鐵圍山大海　地中諸衆生　持經者聞香　悉知其所在
阿脩羅男女　及其諸眷屬　鬪諍遊戲時　聞香皆能知
曠野險隘處　師子象虎狼　野牛水牛等　聞香知所在
若有懷妊者　未辯其男女　无根及非人　聞香悉能知
以聞香力故　知其初懷妊　成就不成就　安樂產福子
以聞香力故　知男女所念　染欲癡恚心　亦知脩善者
地中衆伏藏　金銀諸珍寶　銅器之所盛　聞香悉能知
種種諸瓔珞　无能識其價　聞香知貴賤　出處及所在
天上諸華等　曼陀曼殊沙　波利質多樹　聞香悉能知
天上諸宮殿　上中下差別　衆寶華莊嚴　聞香悉能知
天園林勝殿　諸觀妙法堂　在中而娛樂　聞香悉能知
諸天若聽法　或受五欲時　來往行坐臥　聞香悉能知
天女所著衣　好華香莊嚴　周旋遊戲時　聞香悉能知
如是展轉上　乃至於梵世　入禪出禪者　聞香悉能知
光音遍淨天　乃至于有頂　初生及退沒　聞香悉能知
諸比丘衆等　於法常精進　若坐若經行　及讀誦經法
或在林樹下　專精而坐禪　持經者聞香　悉知其所在
菩薩志堅固　坐禪若讀誦　或為人說法　聞香悉能知
在在方世尊　一切所恭敬　愍衆而說法　聞香悉能知
衆生在佛前　聞經皆歡喜　如法而脩行　聞香悉能知
雖未得菩薩　无漏法生鼻　而是持經者　先得此鼻相
復次常精進若善男子善女人受持是經若
讀若誦若解說若書寫得千二百舌功德若
好若醜若美不美及諸苦澀物在其舌根皆
變成上味如天甘露无不美者若以舌根於
大衆中有所演說出深妙聲能入其心皆令

BD04123 號　妙法蓮華經卷六　（11–2）

讀若誦若解說若書寫得千二百舌功德若
好若醜若美不美及諸苦澀物在其舌根皆
變成上味如天甘露无不美者若以舌根於
大衆中有所演說出深妙聲能入其心皆令
歡喜快樂又諸天子天女釋梵諸天聞是深
妙音聲有所演說言論次第皆悉來聽及諸
龍龍女夜叉夜叉女乾闥婆乾闥婆女阿脩
羅阿脩羅女迦樓羅迦樓羅女緊那羅緊那
羅女摩睺羅伽摩睺羅伽女為聽法故皆來
親近恭敬供養及比丘比丘尼優婆塞優婆
夷國王王子群臣眷屬小轉輪王大轉輪王
七寶千子內外眷屬乘其宮殿俱來聽法以
是菩薩善說法故婆羅門居士國內人民盡
其形壽隨侍供養又諸聲聞辟支佛菩薩諸
佛常樂見之是人所在方面諸佛皆向其處
說法悉能受持一切佛法又能出於深妙法
音尒時世尊欲重宣此義而說偈言
是人舌根淨　終不受惡味　其有所食噉　悉皆成甘露
以深淨妙音　於大衆說法　以諸因緣喻　引導衆生心
聞者皆歡喜　設諸上供養　諸天龍夜叉　及阿脩羅等
皆以恭敬心　而共來聽法　是說法之人　若欲以妙音
遍滿三千界　隨意即能至　大小轉輪王　及千子眷屬
合掌恭敬心　常來聽受法　諸天龍夜叉　羅剎毗舍闍
亦以歡喜心　常樂來供養　梵天王魔王　自在大自在
如是諸天衆　常來至其所　諸佛及弟子　聞其說法音
常念而守護　或時為現身
復次常精進若善男子善女人受持是經若

BD04123 號　妙法蓮華經卷六　（11–3）

合掌恭敬心 常来聽受法 諸天龍夜叉 羅剎毗舍闍
亦以歡喜心 常樂来供養 梵天王魔王 自在大自在
如是諸天衆 常来至其所 諸佛及弟子 聞其說法音
常念而守護 或時為現身
復次常精進若善男子善女人受持是經若
讀若誦若解說若書寫得八百身功德得清
淨身如淨琉璃衆生憙見其身淨故三千大
千世界衆生生時死時上下好醜生善處惡
處悉於中現及鐵圍山大鐵圍山弥樓山摩
訶弥樓山等諸山及其中衆生悉於中現下
至阿鼻地獄上至有頂所有及衆生悉於中
現若聲聞辟支佛菩薩諸佛說法皆於身中
現其色像尒時世尊欲重宣此義而說偈言
若持法華者 其身甚清淨 如彼淨琉璃 衆生皆憙見
又如淨明鏡 悉見諸色像 菩薩於淨身 皆見世所有
唯獨自明了 餘人所不見 三千世界中 一切諸群萌
天人阿脩羅 地獄鬼畜生 如是諸色像 皆於身中現
諸天等宮殿 乃至於有頂 鐵圍及弥樓 摩訶弥樓山
諸大海水等 皆於身中現 諸佛及聲聞 佛子菩薩等
若獨若在衆 說法悉皆現 雖未得无漏 法性之妙身
以清淨常體 一切於中現
復次常精進若善男子善女人如来滅後受
持是經若讀若誦若解說若書寫得千二百
意功德以是清淨意根乃至聞一偈一句通
達无量无邊之義解是義已能演說一句一
偈至於一月四月乃至一歲諸所說法隨其
義趣皆與實相不相違背若說俗閒經書治

BD04123號　妙法蓮華經卷六　（11–4）

復次常精進若善男子善女人如来滅後受
持是經若讀若誦若解說若書寫得千二百
意功德以是清淨意根乃至聞一偈一句通
達无量无邊之義解是義已能演說一句一
偈至於一月四月乃至一歲諸所說法隨其
義趣皆與實相不相違背若說俗閒經書治
世語言資生業等皆順正法三千大千世界
六趣衆生心之所行心所動作心所戲論皆悉
知之雖未得无漏智慧而其意根清淨如
此是人有所思惟籌量言說皆是佛法无不
真實亦是先佛經中所說尒時世尊欲重宣
此義而說偈言
是人意清淨 明利无穢濁 以此妙意根 知上中下法
乃至聞一偈 通達无量義 次第如法說 月四月至歲
是世界內外 一切諸衆生 若天龍及人 夜叉鬼神等
其在六趣中 所念若干種 持法華之報 一時皆悉知
十方无數佛 百福莊嚴相 為衆生說法 悉聞能受持
思惟无量義 說法亦无量 終始不忘錯 以持法華故
悉知諸法相 隨義識次第 達名字語言 如所知演說
此人有所說 皆是先佛法 以演此法故 於衆无所畏
持法華經者 意根淨若斯 雖未得无漏 先有如是相
是人持此經 安住希有地 為一切衆生 歡喜而愛敬
能以千万種 善巧之語言 分別而說法 持法華經故
妙法蓮華經常不輕菩薩品第二十
尒時佛告得大勢菩薩摩訶薩汝今當知若
比丘比丘尼優婆塞優婆夷持法華經者若
有惡口罵詈誹謗獲大罪報如前所說其所

BD04123號　妙法蓮華經卷六　（11–5）

能以千万種　善巧之語言　分別而說法　持法華經故
妙法蓮華經常不輕菩薩第二十
尒時佛告得大勢菩薩摩訶薩汝今當知若
比丘比丘尼優婆塞優婆夷持法華經者若
有惡口罵詈誹謗獲大罪報如前所說其所
得功德如向所說眼耳鼻舌身意清淨得大
勢乃往古昔過无量无邊不可思議阿僧祇
劫有佛名威音王如來應供正遍知明行足
善逝世間解无上士調御丈夫天人師佛世
尊劫名離衰國名大成其威音王佛於彼世
中為天人阿脩羅說法為求聲聞者說應四
諦法度生老病死究竟涅槃為求辟支佛者
說應十二因緣法為諸菩薩因阿耨多羅三
藐三菩提說應六波羅蜜法究竟佛慧得大
勢是威音王佛壽四十万億那由他恒河沙
劫正法住世劫數如一閻浮提微塵像法住
世劫數如四天下微塵其佛饒益衆生已然
後滅度正法像法滅盡之後於此國土復有
佛出亦号威音王如來應供正遍知明行足
善逝世間解无上士調御丈夫天人師佛世
尊如是次第有二万億佛皆同一号最初威
音王如來既已滅度正法滅後於像法中增
上慢比丘有大勢力尒時有一菩薩比丘名
常不輕得大勢以何因緣名常不輕是比丘
凡有所見若比丘比丘尼優婆塞優婆夷皆
悉礼拜讚歎而作是言我深敬汝等不敢輕
慢所以者何汝等皆行菩薩道當得作佛而
是比丘不專讀誦經典但行礼拜乃至遠見

上慢比丘有大勢力尒時有一菩薩比丘名
常不輕得大勢以何因緣名常不輕是比丘
凡有所見若比丘比丘尼優婆塞優婆夷皆
悉礼拜讚歎而作是言我深敬汝等不敢輕
慢所以者何汝等皆行菩薩道當得作佛而
是比丘不專讀誦經典但行礼拜乃至遠見
四衆亦復故往礼拜讚歎而作是言我不敢
輕於汝等汝等皆當作佛故四衆之中有生
瞋恚心不淨者惡口罵詈是无智比丘從何
所來自言我不輕汝而與我等受記當得作
佛我等不用如是虛妄受記如此經歷多
年常被罵詈不生瞋恚常作是言汝當作佛
說是語時衆人或以杖木瓦石而打擲之避
走遠住猶高聲唱言我不敢輕於汝等汝等
皆當作佛以其常作是語故增上慢比丘比
丘尼優婆塞優婆夷号之為常不輕是比丘
臨欲終時於虛空中具聞威音王佛先所說
法華經二十千万億偈悉能受持即得如上
眼根清淨耳鼻舌身意根清淨得是六根清
淨已更增壽命二百万億那由他歲廣為人
說是法華經於時增上慢四衆比丘比丘尼
優婆塞優婆夷輕賤是人為作不輕名者見
其得大神通力樂說辯力大善寂力聞其所
說皆信伏隨從是菩薩復化千万億衆令住
阿耨多羅三藐三菩提命終之後得值二千
億佛皆号日月燈明於其法中說是法華經
以是因緣復值二千億佛同号雲自在燈王

億佛皆号日月燈明於其法中說是法華經
以是因緣復值二千億佛同号雲自在燈王
於此諸佛法中受持讀誦為諸四眾說此經
典故得是常眼清淨耳鼻舌身意諸根清淨
於四眾中說法心无所畏得大勢是常不輕
菩薩摩訶薩供養如是若干諸佛恭敬尊重
讚嘆種諸善根於後復值千万億佛亦於諸
佛法中說是經典功德成就當得作佛得大
勢於意云何尒時常不輕菩薩豈異人乎則
我身是若我於宿世不受持讀誦此經為他
人說者不能疾得阿耨多羅三藐三菩提我
於先佛所受持讀誦此經為人說故疾得阿
耨多羅三藐三菩提得大勢彼時四眾比丘
比丘尼優婆塞優婆夷以瞋恚意輕賤我故
二百億劫常不值佛不聞法不見僧千劫於
阿鼻地獄受大苦惱畢是罪已復遇常不輕
菩薩教化阿耨多羅三藐三菩提得大勢於
汝意云何尒時四眾常輕是菩薩者豈異人
乎今此會中跋陀婆羅等五百菩薩師子月
等五百比丘尼思佛等五百優婆塞皆於阿
耨多羅三藐三菩提不退轉者是得大勢當
知是法華經大饒益諸菩薩摩訶薩能令至
於阿耨多羅三藐三菩提是故諸菩薩摩訶
薩於如來滅後常應受持讀誦解說書寫是
經尒時世尊欲重宣此義而說偈言
過去有佛 号威音王 神智无量 將導一切
天人龍神 所共供養 是佛滅後 法欲盡時

BD04123號　妙法蓮華經卷六　(11-8)

知是法華經大饒益諸菩薩摩訶薩能令至
於阿耨多羅三藐三菩提是故諸菩薩摩訶
薩於如來滅後常應受持讀誦解說書寫是
經尒時世尊欲重宣此義而說偈言
過去有佛 号威音王 神智无量 將導一切
天人龍神 所共供養 是佛滅後 法欲盡時
有一菩薩 名常不輕 時諸四眾 計著於法
不輕菩薩 往到其所 而語之言 我不輕汝
汝等行道 皆當作佛 諸人聞已 輕毀罵詈
不輕菩薩 能忍受之 其罪畢已 臨命終時
得聞此經 六根清淨 神通力故 增益壽命
復為諸人 廣說是經 諸著法眾 皆蒙菩薩
教化成就 令住佛道 不輕命終 值无數佛
說是經故 得无量福 漸具功德 疾成佛道
彼時不輕 則我身是 時四部眾 著法之者
聞不輕言 汝當作佛 以是因緣 值无數佛
此會菩薩 五百之眾 并及四部 清信士女
今於我前 聽法者是 我於前世 勸是諸人
聽受斯經 第一之法 開示教人 令住涅槃
世世受持 如是經典 億億万劫 至不可議
時乃得聞 是法華經 億億万劫 至不可議
諸佛世尊 時說是經 是故行者 於佛滅後
聞如是經 勿生疑惑 應當一心 廣說此經
世世值佛 疾成佛道
妙法蓮華經如來神力品第二十一
尒時千世界微塵等菩薩摩訶薩從地踊出
者皆於佛前一心合掌瞻仰尊顏而白佛言

BD04123號　妙法蓮華經卷六　(11-9)

世世値佛　疾成佛道
妙法蓮華經如來神力品第二十一
尒時千世界微塵等菩薩摩訶薩從地踊出
者皆於佛前一心合掌瞻仰尊顔而白佛言
世尊我等於佛滅後世尊分身所在國土滅
度之處當廣說此經所以者何我等亦自欲
得是真淨大法受持讀誦解說書寫而供養
之尒時世尊於文殊師利等无量百千万億
舊住娑婆世界菩薩摩訶薩及諸比丘比丘
尼優婆塞優婆夷天龍夜叉乾闥婆阿脩羅
迦樓羅緊那羅摩睺羅伽人非人等一切衆
前現大神力出廣長舌上至梵世一切毛孔
放於无量无數色光皆悉遍照十方世界衆
寶樹下師子座上諸佛亦復如是出廣長舌
放无量光釋迦牟尼佛及寶樹下諸佛現神
力時滿百千歲然後還攝舌相一時謦欬俱
共彈指是二音聲遍至十方諸佛世界地皆
六種震動其中衆生天龍夜叉乾闥婆阿脩
羅迦樓羅緊那羅摩睺羅伽人非人等以佛
神力故皆見此娑婆世界无量无邊百千万
億衆寶樹下師子座上諸佛及見釋迦牟尼
佛共多寶如來在寶塔中坐師子座又見无
量无邊百千万億菩薩摩訶薩及諸四衆恭
敬圍繞釋迦牟尼佛既見是已皆大歡喜得
未曾有即時諸天於虛空中高聲唱言過此
无量无邊百千万億阿僧祇世界有國名娑
婆是中有佛名釋迦牟尼今為諸菩薩摩訶

BD04123號　妙法蓮華經卷六　（11-10）

得是真淨大法受持讀誦解說書寫而供養
之尒時世尊於文殊師利等无量百千万億
舊住娑婆世界菩薩摩訶薩及諸比丘比丘
尼優婆塞優婆夷天龍夜叉乾闥婆阿脩羅
迦樓羅緊那羅摩睺羅伽人非人等一切衆
前現大神力出廣長舌上至梵世一切毛孔
放於无量无數色光皆悉遍照十方世界衆
寶樹下師子座上諸佛亦復如是出廣長舌
放无量光釋迦牟尼佛及寶樹下諸佛現神
力時滿百千歲然後還攝舌相一時謦欬俱
共彈指是二音聲遍至十方諸佛世界地皆
六種震動其中衆生天龍夜叉乾闥婆阿脩
羅迦樓羅緊那羅摩睺羅伽人非人等以佛
神力故皆見此娑婆世界无量无邊百千万
億衆寶樹下師子座上諸佛及見釋迦牟尼
佛共多寶如來在寶塔中坐師子座又見无
量无邊百千万億菩薩摩訶薩及諸四衆恭
敬圍繞釋迦牟尼佛既見是已皆大歡喜得
未曾有即時諸天於虛空中高聲唱言過此
无量无邊百千万億阿僧祇世界有國名娑
婆是中有佛名釋迦牟尼今為諸菩薩摩訶

BD04123號　妙法蓮華經卷六　（11-11）

若善男子善女人於法華經乃至一句受持
讀誦解說書寫種種供養經卷華香瓔
珞末香塗香燒香繒蓋幢幡衣服伎樂合掌
恭敬是人一切世間所應瞻奉應以如來供養
而供養之當知此人是大菩薩成就阿耨多
羅三藐三菩提哀愍衆生願生此間廣演分
別妙法華經何況盡能受持種種供養者藥
王當知是人自捨清淨業報於我滅度後愍
衆生故生於惡世廣演此經若是善男子善
女人我滅度後能竊為一人說法華經乃至
一句當知是人則如來使如來所遣行如來
事何況於大衆中廣為人說藥王若有惡人
以不善心於一劫中現於佛前常毀罵佛其
罪尚輕若人以一惡言毀呰在家出家讀誦
法華經者其罪甚重藥王其有讀誦法華經
者當知是人以佛莊嚴而自莊嚴則為如來
肩所荷擔其所至方應隨向礼一心合掌恭
敬供養尊重讚歎華香瓔珞末香塗香燒香
繒蓋幢幡衣服餚饍作諸伎樂人中上供而

BD04124號　妙法蓮華經卷四 （4–1）

法華經者其罪甚重藥王其有讀誦法華經
者當知是人以佛莊嚴而自莊嚴則為如來
肩所荷擔其所至方應隨向礼一心合掌恭
敬供養尊重讚歎華香瓔珞末香塗香燒香
繒蓋幢幡衣服餚饍作諸伎樂人中上供而
供養之應持天寶而以散之天上寶聚應以
奉獻所以者何是人歡喜說法須臾聞之即
得究竟阿耨多羅三藐三菩提故尒時世尊
欲重宣此義而說偈言
若欲住佛道　成就自然智　常當勤供養　受持法華經
其有欲疾得　一切種智慧　當受持是經　并供養持者
若有能受持　妙法華經者　當知佛所使　愍念諸衆生
諸有能受持　妙法華經者　捨於清淨土　愍衆故生此
當知如是人　自在所欲生　能於此惡世　廣說无上法
應以天華香　及天寶衣服　天上妙寶聚　供養說法者
吾滅後惡世　能持是經者　當合掌礼敬　如供養世尊
上饌衆甘美　及種種衣服　供養是佛子　兾得須臾聞
若能於後世　受持是經者　我遣在人中　行於如來事
若於一劫中　常懷不善心　作色而罵佛　獲无量重罪
其有讀誦持　是法華經者　須臾加惡言　其罪復過彼
有人求佛道　而於一劫中　合掌在我前　以无數偈讚
由是讚佛故　得无量功德　歎美持經者　其福復過彼
於八十億劫　以最妙色聲　及以香味觸　供養持經者
如是供養已　若得須臾聞　則應自欣慶　我今獲大利
藥王今告汝　我所說諸經　而於此經中　法華最第一
尒時佛復告藥王菩薩摩訶薩我所說經典
无量千萬億已說今說當說而於其中此法華

BD04124號　妙法蓮華經卷四 （4–2）

於八十億劫 以最妙色聲 及以香味觸 供養持經者
如是供養已 若得須臾聞 則應自欣慶 我今獲大利
藥王今告汝 我所說諸經 而於此經中 法華最第一
尒時佛復告藥王菩薩摩訶薩我所說經典
无量千億已說今說當說而於其中此法華
經最為難信難解藥王此經是諸佛秘要之
藏不可分布妄授與人諸佛世尊之所守護
從昔已來未曾顯說而此經者如來現在猶
多怨嫉況滅度後藥王當知如來滅後其能
書持讀誦供養為他人說者如來則為以衣
覆之又為他方現在諸佛之所護念是人有大
信力及志願力諸善根力當知是人與如來共
宿則為如來手摩其頭藥王在在處處若說
若讀若誦若書若經卷所住處皆應起七
寶塔極令高廣嚴飾不須復安舍利所
以者何此中已有如來全身此塔應以一切華
香瓔珞繒蓋幢幡伎樂歌頌供養恭敬尊重
讚歎若有人得見此塔礼拜供養當知是等
皆近阿耨多羅三藐三菩提藥王多有人在
家出家行菩薩道若不能得見聞讀誦書持
供養是法華經者當知是人未善行菩薩道
若有得聞是經典者乃能善行菩薩之道其
有衆生求佛道者若見若聞是法華經聞已
信解受持者當知是人得近阿耨多羅三藐
三菩提
藥王譬如有人渴乏須水於彼高原穿鑿求

BD04124 號　妙法蓮華經卷四　（4–3）

信解受持者當知是人得近阿耨多羅三藐
三菩提
藥王譬如有人渴乏須水於彼高原穿鑿求
之猶見乾土知水尚遠施功不已轉見濕土
遂漸至泥其心決定知水必近菩薩亦復如
是若未聞未解未能修習是法華經當知是
人去阿耨多羅三藐三菩提尚遠若得聞解
思惟修習必知得近阿耨多羅三藐三菩提
所以者何一切菩薩阿耨多羅三藐三菩提
皆屬此經此經開方便門示真實相是法華
經藏深固幽遠无人能到今佛教化成就菩
薩而為開示藥王若有菩薩聞是法華經驚
疑怖畏當知是為新發意菩薩若聲聞人聞
是經驚疑怖畏當知是為增上慢者藥王若
有善男子善女人如來滅後欲為四衆說是
法華經者云何應說是善男子善女人入如
來室著如來衣坐如來座尒乃應為四衆廣
說斯經如來室者一切衆生中大慈悲心是
如來衣者柔和忍辱心是如來座者一切法
空是安住是中然後以不懈怠心為諸菩薩
及四衆廣說是法華經藥王我於餘國遣化
人為其集聽法衆亦遣化比丘比丘尼優婆
塞優婆夷聽法是諸化人聞法信受隨順不

BD04124 號　妙法蓮華經卷四　（4–4）

不遠離亦不覩集滅道聖諦若常若无常
若樂若苦若我若无我若淨若不淨若寂靜
若不寂靜若遠離若不遠離善現菩薩摩訶薩
行深般若波羅蜜多時不覩四靜慮若常若
无常若樂若苦若我若无我若淨若不淨若
寂靜若不寂靜若遠離若不遠離亦不覩四
无量四无色定若常若无常若樂若苦若我
若无我若淨若不淨若寂靜若不寂靜若遠
離若不遠離善現菩薩摩訶薩行深般若波
羅蜜多時不覩八解脫若常若无常若樂若
苦若我若无我若淨若不淨若寂靜若不寂
靜若遠離若不遠離亦不覩八勝處九次第
定十遍處若常若无常若樂若苦若我若无
我若淨若不淨若寂靜若不寂靜若遠離
若不遠離善現菩薩摩訶薩行深般若波羅
多時不覩四念住若常若无常若樂若苦若

BD04125 號　大般若波羅蜜多經卷三五五　（1–1）

无明此二无明障於初地微細學處誤犯无
明發起種種業行无明此二无明障於二地
未得令得愛著无明能障殊勝惣持无明
二无明障於三地味著等至喜悅无明微妙
淨法愛樂无明此二无明障於四地欲樂生死
无明希趣涅槃无明此二无明障於五地觀
行流轉无明麤相現前无明此二无明障於
六地微細諸相現行无明作意欣樂无相无
明此二无明障於七地於无相觀功用无
明執相自在无明此二无明障於八地於所說
義及名句文此二无量未善巧无明於詞辯
才不隨意无明此二无明障於九地於大神
通未得自在變現无明微細秘密未能悟
解事業无明此二无明障於十地於一切境微
細所知障礙无明極細煩惱麤重无明此二
无明障於佛地
善男子菩薩摩訶薩於初地中行施波羅蜜
於第二地行戒波羅蜜於第三地行忍波羅
蜜於第四地行勤波羅蜜於第五地行定波
[illegible]

BD04126 號　金光明最勝王經卷四　（5–1）

細所知障礙无明於細煩惱麁重无明此二
无明障於佛地
善男子菩薩摩訶薩於初地中行施波羅蜜
於第二地行戒波羅蜜於第三地行忍波羅
蜜於第四地行勤波羅蜜於第五地行定波
羅蜜於第六地行慧波羅蜜於第七地行方
便勝智波羅蜜於第八地行願波羅蜜於第
九地行力波羅蜜於第十地行智波羅蜜
善男子菩薩摩訶薩最初發心攝受能生妙
寶三摩地第二發心攝受能生可愛樂三摩地
第三發心攝受能生難動三摩地第四發心
攝受能生不退轉三摩地第五發心攝受能
生寶花三摩地第六發心攝受能生日圓光
焰三摩地第七發心攝受能生一切願如意
成就三摩地第八發心攝受能生現前證住
三摩地第九發心攝受能生智藏三摩地第十
發心攝受能生勇進三摩地善男子是名菩
薩摩訶薩十種發心善男子菩薩摩訶薩
於此初地得陁羅尼名依功德力尒時世尊
即說呪曰
怛姪他　晡律你曷奴喇剃
獨虎獨虎獨虎　耶跋蘇利瑜
阿婆婆薩底（丁里反下皆同）・耶跋旃達羅
調怛底　多跋達洛叉湯
憚荼鉢唎訶藍　矩嚕莎訶
善男子此陁羅尼是過一恒河沙數諸佛所
說為護初地菩薩故若有誦持此陁羅尼呪者

獨虎獨虎獨虎　耶跋蘇利瑜
阿婆婆薩底（丁里反下皆同）・耶跋旃達羅
調怛底　多跋達洛叉湯
憚荼鉢唎訶藍　矩嚕莎訶
善男子此陁羅尼是過一恒河沙數諸佛所
說為護初地菩薩故若有誦持此陁羅尼呪者
得脫一切怖畏所謂虎狼師子惡獸之類一切
惡鬼人非人等怨賊災橫及諸苦惱解脫
五障不忘念初地
善男子菩薩摩訶薩於第二地得陁羅尼名
善安樂住
怛姪他　嗢篤（入聲下同）里
質里質里　嗢篤羅篤羅（引）喃
鑊覩繕覩嗢篤里　虎嚕虎嚕莎訶
善男子此陁羅尼是過二恒河沙數諸佛所說
為護二地菩薩故若有誦持此陁羅尼呪者
脫諸怖畏惡獸惡鬼人非人等怨賊災橫
及諸苦惱解脫五障不忘念二地
善男子菩薩摩訶薩於第三地得陁羅尼名
難勝力
怛姪他　憚宅枳　般宅枳
羯喇撥高喇撥　雞由哩憚撥里莎訶
善男子此陁羅尼是過三恒河沙數諸佛所說
為護三地菩薩故若有誦持此陁羅尼呪者
脫諸怖畏惡獸惡鬼人非人等怨賊災橫
及諸苦惱解脫五障不忘念三地
善男子菩薩摩訶薩於第四地得陁羅尼名

為護三地菩薩故若有誦持此陁羅尼呪者
脫諸怖畏獸惡鬼人非人等怨賊災横
及諸苦惱解脫五障不忘念三地
善男子菩薩摩訶薩於第四地得陁羅尼名
大利益
怛姪他　室唎室唎
陁須你陁須你　陁哩陁哩你
室唎室唎你　毗舍羅波世波娋娜
毗陁須帝莎訶
善男子此陁羅尼是過四恒河數諸佛所説
為護四地菩薩故若有誦持此陁羅尼呪
者脫諸怖畏惡獸惡鬼人非人等怨賊災横及
諸苦惱解脫五障不忘念四地
善男子菩薩摩訶薩於第五地得陁羅尼名
種種功德莊嚴
怛姪他　訶哩訶哩你
遮哩遮哩你　羯喇摩引你
僧羯喇摩引你　三婆山你瞻跋你
悉耽婆你謨漢你　辟闍步陛莎訶
善男子此陁羅尼是過五恒河沙數諸佛所
説為護五地菩薩摩訶薩故若有誦持此陁
羅尼呪者脫諸怖畏惡獸惡鬼人非人等怨
賊災横及諸苦惱解脫五障不忘念五地
善男子菩薩摩訶薩於第六地得陁羅尼名
圓滿智
怛姪他　毗徒哩毗徒哩

BD04126號　金光明最勝王經卷四　（5–4）

室唎室唎你　毗舍羅波世波娋娜
毗陁須帝莎訶
善男子此陁羅尼是過四恒河數諸佛所説
為護四地菩薩故若有誦持此陁羅尼呪
者脫諸怖畏惡獸惡鬼人非人等怨賊災横及
諸苦惱解脫五障不忘念四地
善男子菩薩摩訶薩於第五地得陁羅尼名
種種功德莊嚴
怛姪他　訶哩訶哩你
遮哩遮哩你　羯喇摩引你
僧羯喇摩引你　三婆山你瞻跋你
悉耽婆你謨漢你　辟闍步陛莎訶
善男子此陁羅尼是過五恒河沙數諸佛所
説為護五地菩薩摩訶薩故若有誦持此陁
羅尼呪者脫諸怖畏惡獸惡鬼人非人等怨
賊災横及諸苦惱解脫五障不忘念五地
善男子菩薩摩訶薩於第六地得陁羅尼名
圓滿智
怛姪他　毗徒哩毗徒哩

BD04126號　金光明最勝王經卷四　（5–5）

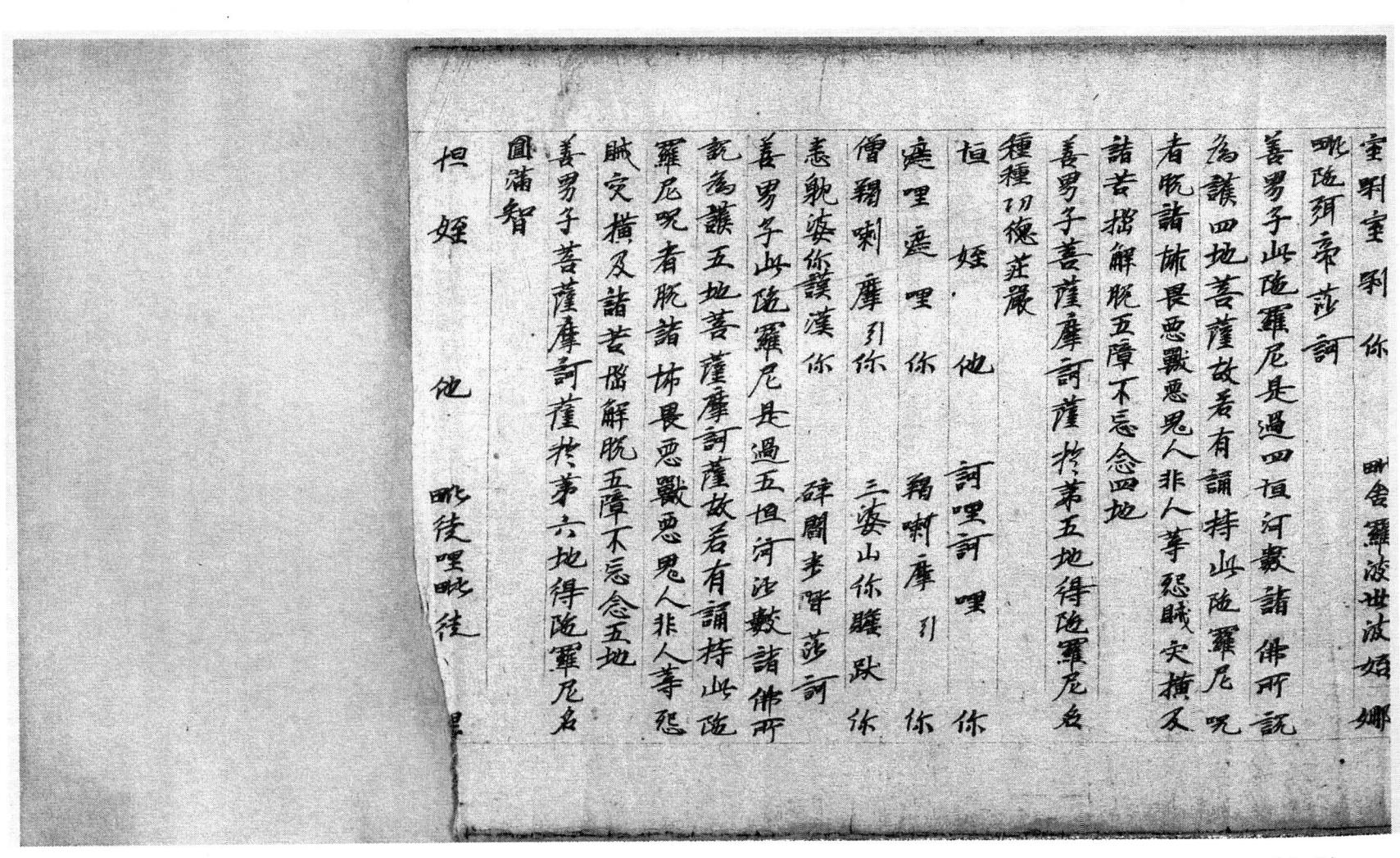

亦神通若我若无我何以故五眼五眼自性
空六神通六神通自性空是五眼自性即非
自性是六神通自性亦非自性若非自性即
是精進波羅蜜多於此精進波羅蜜多五眼
不可得彼我无我亦不可得六神通不可得
彼我无我亦不可得所以者何此中尚无五
眼等可得何况有彼我與无我汝若能脩如
是精進是脩精進波羅蜜多復作是言汝善
男子應脩精進波羅蜜多不應觀五眼若淨
若不淨不應觀六神通若淨若不淨何以故
五眼五眼自性空六神通六神通自性空是
五眼自性即非自性是六神通自性亦非自
性若非自性即是精進波羅蜜多於此精進
波羅蜜多五眼不可得彼淨不淨亦不可得
六神通不可得彼淨不淨亦不可得所以者
何此中尚无五眼等可得何况有彼淨與不
淨汝若能脩如是精進是脩精進波羅蜜多
憍尸迦是善男子善女人等作此等說是為
宣說真正精進波羅蜜多
復次憍尸迦若善男子善女人等為發无上
菩提心者宣說精進波羅蜜多作如是言汝
善男子應脩精進波羅蜜多不應觀佛十力

BD04127 號　大般若波羅蜜多經卷一五四　（2–1）

男子應脩精進波羅蜜多不應觀五眼若淨
若不淨不應觀六神通若淨若不淨何以故
五眼五眼自性空六神通六神通自性空是
五眼自性即非自性是六神通自性亦非自
性若非自性即是精進波羅蜜多於此精進
波羅蜜多五眼不可得彼淨不淨亦不可得
六神通不可得彼淨不淨亦不可得所以者
何此中尚无五眼等可得何况有彼淨與不
淨汝若能脩如是精進是脩精進波羅蜜多
憍尸迦是善男子善女人等作此等說是為
宣說真正精進波羅蜜多
復次憍尸迦若善男子善女人等為發无上
菩提心者宣說精進波羅蜜多作如是言汝
善男子應脩精進波羅蜜多不應觀佛十力
若常若无常不應觀四无所畏四无礙解大
慈大悲大喜大捨十八佛不共法若常若无
常何以故佛十力佛十力自性空四无所畏
四无礙解大慈大悲大喜大捨十八佛不共
法四无所畏乃至十八佛不共法自性空是
佛十力自性即非自性是四无所畏乃至十
八佛不共法自性亦非自性若非自性即是

BD04127 號　大般若波羅蜜多經卷一五四　（2–2）

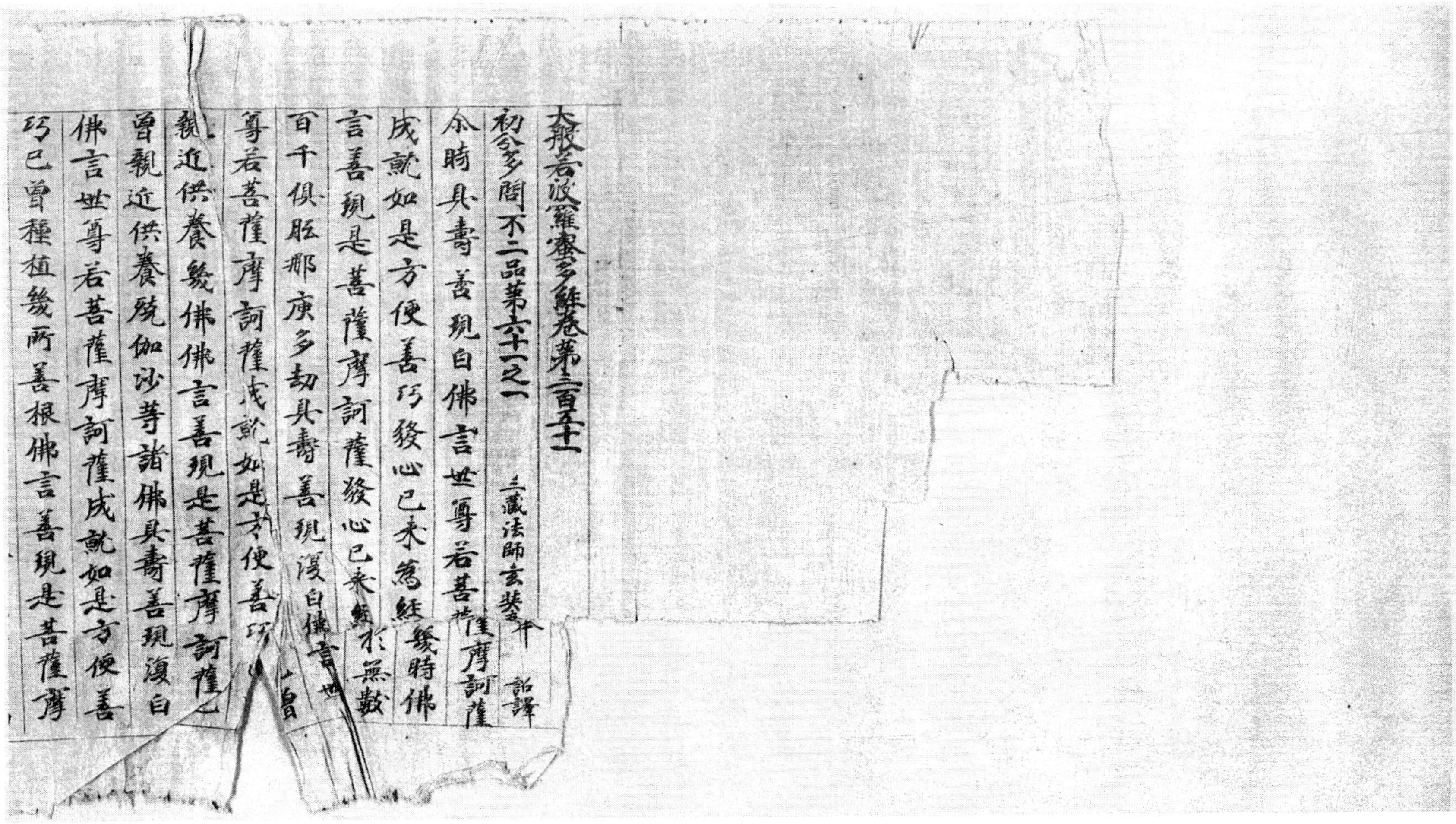
大般若波羅蜜多經卷第三百五十一
初分多問不二品第六十一之一　三藏法師玄奘奉　詔譯
尒時具壽善現白佛言世尊若菩薩摩訶薩
成就如是方便善巧發心已來爲經幾時佛
言善現是菩薩摩訶薩發心已來經於無數
百千俱胝那庾多劫具壽善現復白佛言世
尊若菩薩摩訶薩成就如是方便善巧已
親近供養幾佛佛言善現是菩薩摩訶薩已
曾親近供養殑伽沙等諸佛具壽善現復白
佛言世尊若菩薩摩訶薩成就如是方便善
巧已曾種植幾所善根佛言善現是菩薩摩

BD04128號　大般若波羅蜜多經卷三五一　（2–1）

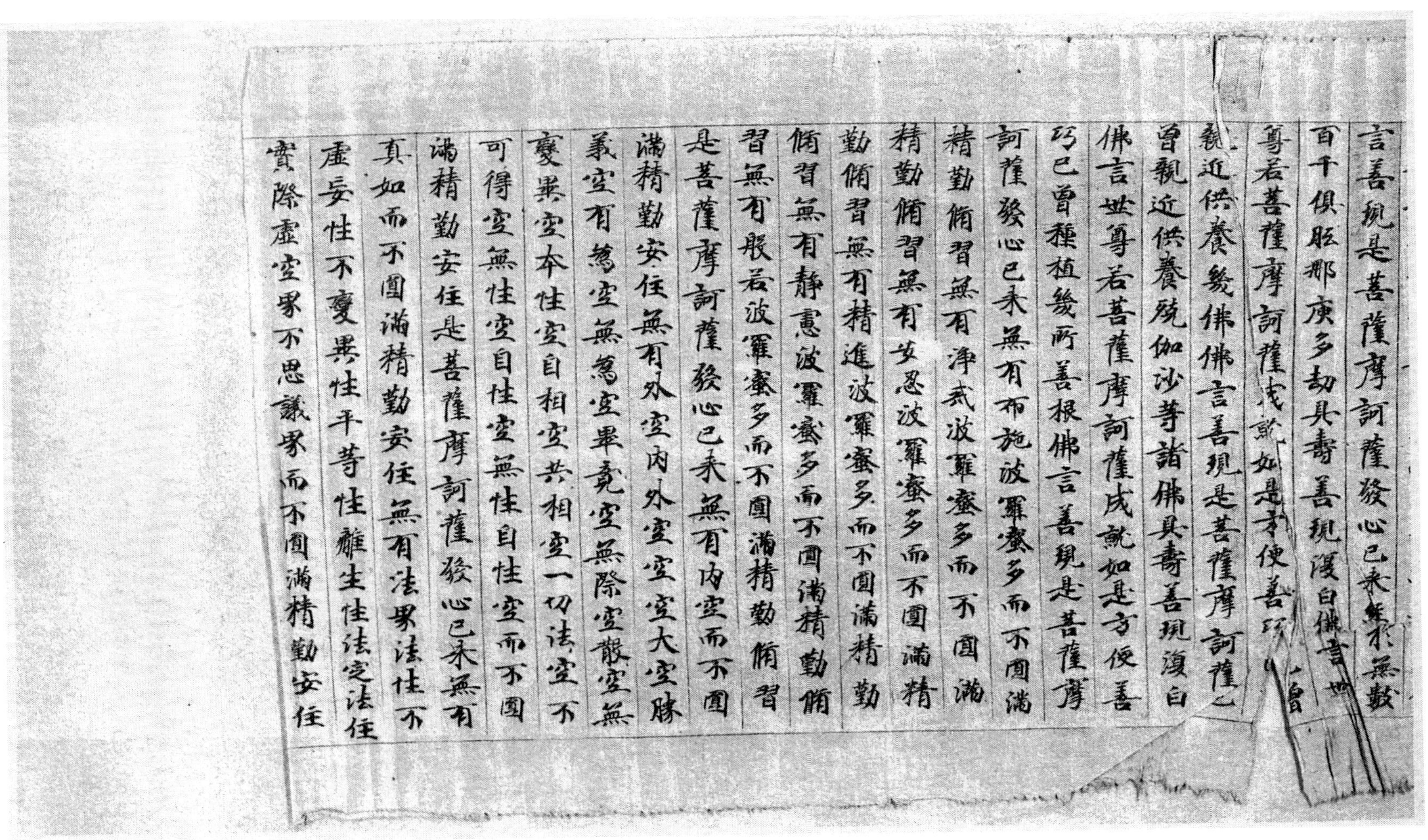
言善現是菩薩摩訶薩發心已來經於無數
百千俱胝那庾多劫具壽善現復白佛言世
尊若菩薩摩訶薩成就如是方便善巧已
親近供養幾佛佛言善現是菩薩摩訶薩已
曾親近供養殑伽沙等諸佛具壽善現復白
佛言世尊若菩薩摩訶薩成就如是方便善
巧已曾種植幾所善根佛言善現是菩薩摩
訶薩發心已來無有布施波羅蜜多而不圓滿
精勤脩習無有淨戒波羅蜜多而不圓滿
精勤脩習無有安忍波羅蜜多而不圓滿精
勤脩習無有精進波羅蜜多而不圓滿精勤
脩習無有靜慮波羅蜜多而不圓滿精勤脩
習無有般若波羅蜜多而不圓滿精勤脩習
是菩薩摩訶薩發心已來無有內空而不圓
滿精勤安住無有外空內外空空空大空勝
義空有爲空無爲空畢竟空無際空散空無
變異空本性空自相空共相空一切法空不
可得空無性空自性空無性自性空而不圓
滿精勤安住是菩薩摩訶薩發心已來無有
真如而不圓滿精勤安住無有法界法性不
虛妄性不變異性平等性離生性法定法住
實際虛空界不思議界而不圓滿精勤安住

BD04128號　大般若波羅蜜多經卷三五一　（2–2）

真如乃至不思議界無二無二分故世尊云何
以香界鼻識界及鼻觸鼻觸為緣所生
諸受無二為方便無生為方便無所得為方便
迴向一切智智安住真如法界法性不虛妄性
不變異性平等性離生性法定法住實際虛
空界不思議界慶喜香界鼻識界及鼻觸
鼻觸為緣所生諸受香界鼻識界及鼻觸鼻
觸為緣所生諸受性空何以故以香界鼻識界
及鼻觸鼻觸為緣所生諸受性空與彼真如
乃至不思議界無二無二分故慶喜由此故
說以鼻界等無二為方便無生為方便無所
得為方便迴向一切智智安住真如乃至不
思議界世尊云何以舌界無二為方便無生
為方便無所得為方便迴向一切智智安住
真如法界法性不虛妄性不變異性平等性
離生性法定法住實際虛空界不思議界慶
喜舌界舌界性空何以故以舌界性空與彼
真如乃至不思議界無二無二分故世尊云何
以味界舌識界及舌觸舌觸為緣所生諸

BD04129號　大般若波羅蜜多經卷一一四　（2–1）

及鼻觸鼻觸為緣所生諸受性空與彼真如
乃至不思議界無二無二分故慶喜由此故
說以鼻界等無二為方便無生為方便無所
得為方便迴向一切智智安住真如乃至不
思議界世尊云何以舌界無二為方便無生
為方便無所得為方便迴向一切智智安住
真如法界法性不虛妄性不變異性平等性
離生性法定法住實際虛空界不思議界慶
喜舌界舌界性空何以故以舌界性空與彼
真如乃至不思議界無二無二分故世尊云何
以味界舌識界及舌觸舌觸為緣所生諸
受無二為方便無生為方便無所得為方便
迴向一切智智安住真如法界法性不虛妄
性不變異性平等性離生性法定法住實際
虛空界不思議界慶喜味界舌識界及舌觸
舌觸為緣所生諸受味界舌識界及舌觸舌
觸為緣所生諸受味界舌識界及舌觸舌
觸為緣所生諸受性空何以故以味界舌識
界及舌觸舌觸為緣所生諸受性空與彼真
如乃至不思議界無二無二分故慶喜由此

BD04129號　大般若波羅蜜多經卷一一四　（2–2）

法可說是名說法
須菩提白佛言世尊佛得阿耨多羅三藐三
菩提為无所得耶如是如是須菩提我於阿
耨多羅三藐三菩提乃至无有少法可得是
名阿耨多羅三藐三菩提復次須菩提是法
平等无有高下是名阿耨多羅三藐三菩提
以无我无人无衆生无壽者脩一切善法則得
阿耨多羅三藐三菩提須菩提所言善法者
如來說非善法是名善法須菩提若三千大
千世界中所有諸須弥山王如是等七寶聚
有人持用布施若人以此般若波羅蜜經乃
至四句偈等受持讀誦為他人說於前福
德百分不及一百千万億分乃至筭數譬喻
所不能及
須菩提於意云何汝等勿謂如來作是念我
當度衆生須菩提莫作是念何以故實无有
衆生如來度者若有衆生如來度者如來則
有我人衆生壽者須菩提如來說有我者則
非有我而凡夫之人以為有我須菩提凡夫
者如來說則非凡夫

BD04130號　金剛般若波羅蜜經　（4–1）

須菩提於意云何汝等勿謂如來作是念我
當度衆生須菩提莫作是念何以故實无有
衆生如來度者若有衆生如來度者如來則
有我人衆生壽者須菩提如來說有我者則
非有我而凡夫之人以為有我須菩提凡夫
者如來說則非凡夫
須菩提於意云何可以卅二相觀如來不須
菩提言如是如是以卅二相觀如來佛言須
菩提若以卅二相觀如來者轉輪聖王則是
如來須菩提白佛言世尊如我解佛所說義
不應以卅二相觀如來尒時世尊而說偈言
若以色見我　以音聲求我　是人行耶道　不能見如來
須菩提汝若作是念如來不以具足相故得
阿耨多羅三藐三菩提須菩提莫作是念如
來不以具足相故得阿耨多羅三藐三菩提
須菩提汝若作是念發阿耨多羅三藐三菩
提者說諸法斷滅相莫作是念何以故發阿
耨多羅三藐三菩提者於法不說斷滅相須
菩提若菩薩以滿恒河沙等世界七寶布施
若復有人知一切法无我得成於忍此菩薩
勝前菩薩所得功德須菩提以諸菩薩不受
福德故須菩提白佛言世尊云何菩薩不受
福德須菩提菩薩所作福德不應貪著是故
說不受福德須菩提若有人言如來若來若
去若坐若卧是人不解我所說義何以故如
來者无所從來亦无所去故名如來
須菩提若善男子善女人以三千大千世界碎

BD04130號　金剛般若波羅蜜經　（4–2）

福德須菩提菩薩所作福德不應貪著是故
説不受福德須菩提若有人言如來若來若
去若坐若卧是人不解我所説義何以故如
來者无所從來亦无所去故名如來
須菩提若善男子善女人以三千大千世界碎
為微塵於意云何是微塵衆寧為多不甚
多世尊何以故若是微塵衆寧有者佛則不
説是微塵衆所以者何佛説微塵衆則非
微塵衆是名微塵衆世尊如來所説三千大
千世界則非世界是名世界何以故若世界實
有者則是一合相如來説一合相則非一合相
是名一合相須菩提一合者則是不可説但
凡夫之人貪著其事須菩提若人言佛説我
見人見衆生見壽者見須菩提於意云何
是人解我所説義不世尊是不解如來所説
義何以故世尊説我見人見衆生見壽者見
即非我見人見衆生見壽者見是名我見人
人衆生見壽者見須菩提發阿耨多羅三藐
三菩提心者於一切法應如是知如是見如是
信解不生法相須菩提所言法相者如來説
即非法相是名法相須菩提若有人以滿无量
阿僧祇世界七寶持用布施若有善男子
善女人發菩薩心者持於此經乃至四句
偈等受持讀誦為人演説其福勝彼云何
為人演説不取於相如如不動何以故
一切有為法　如夢幻泡影　如露亦如電　應作如是觀
佛説是經已長老須菩提及諸比丘比丘尼

BD04130號　金剛般若波羅蜜經　（4–3）

即非我見人見衆生見壽者見是名我見人
人衆生見壽者見須菩提發阿耨多羅三藐
三菩提心者於一切法應如是知如是見如是
信解不生法相須菩提所言法相者如來説
即非法相是名法相須菩提若有人以滿无量
阿僧祇世界七寶持用布施若有善男子
善女人發菩薩心者持於此經乃至四句
偈等受持讀誦為人演説其福勝彼云何
為人演説不取於相如如不動何以故
一切有為法　如夢幻泡影　如露亦如電　應作如是觀
佛説是經已長老須菩提及諸比丘比丘尼
優婆塞優婆夷一切世間天人阿脩羅聞
佛所説皆大歡喜信受奉持
金剛般若波羅蜜經

BD04130號　金剛般若波羅蜜經　（4–4）

人現世口中常出青蓮華香身毛孔中常出
牛頭栴檀香所得功德如上所說是故宿王
華以此藥王菩薩本事品囑累於汝我滅度
後後五百歲中廣宣流布於閻浮提無令斷
絕惡魔魔民諸天龍夜叉鳩槃茶等得其便
也宿王華汝當以神通之力守護是經所以
者何此經則為閻浮提人病之良藥若人有
病得聞是經病即消滅不老不死宿王華汝
若見有受持是經者應以青蓮華盛滿末香
供散其上散已作是念言此人不久必當取
草坐於道場破諸魔軍當吹法螺擊大法鼓
度脫一切眾生老病死海是故求佛道者見
有受持是經典人應當如是生恭敬心說是
藥王菩薩本事品時八万四千菩薩得解一
切眾生語言陁羅尼多寶如來於寶塔中讚
宿王華菩薩言善哉善哉宿王華汝成就不
可思議功德乃能問釋迦牟尼佛如此之事
利益無量一切眾生
妙法蓮華經妙音菩薩品第廿四
尒時釋迦牟尼佛放大人相肉髻光明及放
[illegible]

BD04131 號　妙法蓮華經（八卷本）卷七　（8–1）

宿王華菩薩言善哉善哉宿王華汝成就不
可思議功德乃能問釋迦牟尼佛如此之事
利益無量一切眾生
妙法蓮華經妙音菩薩品第廿四
尒時釋迦牟尼佛放大人相肉髻光明及放
眉間白毫相光遍照東方百八万億那由他
恒河沙等諸佛世界過是數已有世界名淨
光莊嚴其國有佛号淨華宿王智如來應供
正遍知明行足善逝世間解無上士調御丈
夫天人師佛世尊為無量無邊菩薩大眾恭
敬圍繞而為說法釋迦牟尼佛白毫光明遍
照其國尒時一切淨光莊嚴國中有一菩薩
名曰妙音久已殖眾德本供養親近無量百
千万億諸佛而悉成就甚深智慧得妙幢相
三昧法華三昧淨德三昧宿王戲三昧無緣
三昧智印三昧解一切眾生語言三昧集一
切功德三昧清淨三昧神通遊戲三昧慧炬
三昧莊嚴王三昧淨光明三昧淨藏三昧不
共三昧日旋三昧得如是百千万億恒河沙
等諸大三昧釋迦牟尼佛光照其身即白淨
華宿王智佛言世尊我當往詣娑婆世界礼
拜親近供養釋迦牟尼佛及見文殊師利法
王子菩薩藥王菩薩勇施菩薩宿王華菩薩
上行意菩薩莊嚴王菩薩藥上菩薩尒時淨
華宿王智佛告妙音菩薩汝莫輕彼國生下
劣想善男子彼娑婆世界高下不平土石諸

BD04131 號　妙法蓮華經（八卷本）卷七　（8–2）

華宿王智佛言世尊我當往詣娑婆世界礼
拜親近供養釋迦牟尼佛及見文殊師利法
王子菩薩藥王菩薩勇施菩薩宿王華菩薩
上行意菩薩莊嚴王菩薩藥上菩薩尒時淨
華宿王智佛告妙音菩薩汝莫輕彼國生下
劣想善男子彼娑婆世界高下不平土石諸
山穢惡充滿佛身卑小諸菩薩衆其形亦小
而汝身四万二千由旬我身六百八十万由
旬汝身第一端正百千万福光明殊妙是故
汝往莫輕彼國若佛菩薩及國土生下劣想
妙音菩薩白其佛言世尊我今詣娑婆世界
皆是如來之力如來神通遊戲如來功德智
慧莊嚴於是妙音菩薩不起于座身不動搖
而入三昧以三昧力於耆闍崛山去法座不
遠化作八万四千衆寶蓮華閻浮檀金為莖
銀為葉金剛為鬚甄叔迦寶以為其臺尒時
文殊師利法王子見是蓮華而白佛言世尊
是何因緣先現此瑞有若干千万蓮華閻浮
檀金為莖白銀為葉金剛為鬚甄叔迦寶
以為其臺尒時釋迦牟尼佛告文殊師利是
妙音菩薩摩訶薩欲從淨華宿王智佛國與
八万四千菩薩圍繞而來至此娑婆世界供
養親近礼拜於我亦欲供養聽法華經文殊
師利白佛言世尊是菩薩種何善本脩何功
德而能有是大神通力行何三昧願為我等

BD04131號　妙法蓮華經（八卷本）卷七　（8–3）

八万四千菩薩圍繞而來至此娑婆世界供
養親近礼拜於我亦欲供養聽法華經文殊
師利白佛言世尊是菩薩種何善本脩何功
德而能有是大神通力行何三昧願為我等
說是三昧名字我等亦欲勤脩行之行此三
昧乃能見是菩薩色相大小威儀進止唯願
世尊以神通力彼菩薩來令我得見尒時釋
迦牟尼佛告文殊師利此久滅度多寶如來
當為汝等而現其相時多寶佛告彼菩薩善
男子來文殊師利法王子欲見汝身于時妙
音菩薩於彼國沒與八万四千菩薩俱共發
來所經諸國六種震動皆悉雨於七寶蓮花
百千天樂不鼓自鳴是菩薩目如廣大青蓮
華葉正使和合百千万月其面貌端正復過
於此身真金色無量百千功德莊嚴威德熾
盛光明照曜諸相具足如那羅延堅固之身
入七寶臺上昇虛空去地七多羅樹諸菩薩
衆恭敬圍繞而來詣此娑婆世界耆闍崛山
到已下七寶臺以價直百千瓔珞持至釋迦
牟尼佛所頭面礼足奉上瓔珞而白佛言世
尊淨華宿王智佛問訊世尊少病少惱起居
輕利安樂行不四大調和不世事可忍不衆
生易度不無多貪欲瞋恚愚癡嫉妬慳慢不
無不孝父母不敬沙門邪見不善心不攝五
情不世尊衆生能降伏諸魔怨不久滅度多
寶如來在七寶塔中來聽法不又問訊多寶

BD04131號　妙法蓮華經（八卷本）卷七　（8–4）

生易度不無多貪欲瞋恚愚癡嫉妬慳慢不
無不孝父母不敬沙門邪見不善心不攝五
情不世尊衆生能降伏諸魔怨不久滅度多
寶如來在七寶塔中來聽法不又問訊多寶
如來安隱少惱堪忍久住不世尊我今欲見
多寶佛身唯願世尊示我令見尒時釋迦牟
尼佛語多寶佛是妙音菩薩欲得相見時多
寶佛告妙音言善哉善哉汝能爲供養釋迦
牟尼佛及聽法華經并見文殊師利等故來
至此
尒時花德菩薩白佛言世尊是妙音菩薩種
何善根脩何功德有是神力佛告花德菩薩
過去有佛名雲雷音王多陁阿伽度阿羅呵
三藐三佛陁國名現一切世間劫名憙見妙
音菩薩於万二千歲以十万種伎樂供養雲
雷音王佛并奉上八万四千七寶鉢以是因
緣果報今生淨花宿王智佛國有是神力華
德於汝意云何尒時雲雷音王佛所妙音菩
薩伎樂供養奉上寶器者豈異人乎今此妙
音菩薩摩訶薩是華德是妙音菩薩已曾供
養親近無量諸佛久殖德本又值恒河沙等
百千万億那由他佛華德汝但見是妙音菩
薩其身在此而是菩薩現種種身處處爲諸
衆生說是經典或現梵王身或現帝釋身或
現自在天身或現大自在天身或現天大將

BD04131號　妙法蓮華經（八卷本）卷七　（8–5）

百千万億那由他佛華德汝但見是妙音菩
薩其身在此而是菩薩現種種身處處爲諸
衆生說是經典或現梵王身或現帝釋身或
現自在天身或現大自在天身或現天大將
軍身或現毗沙門身或現轉輪聖王身或現
諸小王身或現長者身或現居士身或現宰
官身或現婆羅門身或現比丘比丘尼優婆
塞優婆夷身或現長者居士婦女身或現宰官
婦女身或現婆羅門婦女身或現童男童
女身或現天龍夜叉乾闥婆阿脩羅迦樓羅
緊那羅摩睺羅伽人非人等身而說是經諸
有地獄餓鬼畜生及衆難處皆能救濟乃至
於王後宮變爲女身而說是經華德是妙音
菩薩能救護娑婆世界諸衆生者是妙音菩
薩如是種種變化現身在此娑婆國土爲諸
衆生說是經典於神通變化智慧無所損減
是菩薩以若干智慧明照娑婆世界令一切
衆生各得所知於十方恒河沙世界中亦復
如是若應以聲聞形得度者現聲聞形而爲
說法應以辟支佛形得度者現辟支佛形而
爲說法應以菩薩形得度者現菩薩形而爲
說法應以佛形得度者即現佛形而爲說法
如是種種隨所應度而爲現形乃至應以滅
度而得度者示現滅度花德妙音菩薩摩訶
薩成就大神通智慧之力其事如是

BD04131號　妙法蓮華經（八卷本）卷七　（8–6）

者說法應以菩薩形得度者現菩薩形而為
說法應以佛形得度者即現佛形而為說法
如是種種隨所應度而為現形乃至應以滅
度而得度者示現滅度花德妙音菩薩摩訶
薩成就大神通智慧之力其事如是
尒時花德菩薩白佛言世尊是妙音菩薩深
種善根世尊是菩薩住何三昧而能如是在
所變現度脫衆生佛告花德菩薩善男子其
三昧名現一切色身妙音菩薩住是三昧中
能如是饒益無量衆生說是妙音菩薩品時
與妙音菩薩俱來者八万四千人皆得現一
切色身三昧此娑婆世界無量菩薩亦得是
三昧及陁羅尼尒時妙音菩薩摩訶薩供養
釋迦牟尼佛及多寶佛塔已還歸本土所經
諸國六種震動雨寶蓮華作百千万億種種
伎樂既到本國與八万四千菩薩圍繞至淨
華宿王智佛所白佛言世尊我到娑婆世界
饒益衆生見釋迦牟尼佛及見多寶佛塔礼
拜供養又見文殊師利法王子菩薩及見藥
王菩薩得勤精進力菩薩勇施菩薩等亦令
是八万四千菩薩得現一切色身三昧說是
妙音菩薩來往品時四万二千天子得無生
法忍華德菩薩得法華三昧

妙法蓮華經卷第七

BD04131 號　妙法蓮華經（八卷本）卷七　（8–7）

切色身三昧此娑婆世界無量菩薩亦得是
三昧及陁羅尼尒時妙音菩薩摩訶薩供養
釋迦牟尼佛及多寶佛塔已還歸本土所經
諸國六種震動雨寶蓮華作百千万億種種
伎樂既到本國與八万四千菩薩圍繞至淨
華宿王智佛所白佛言世尊我到娑婆世界
饒益衆生見釋迦牟尼佛及見多寶佛塔礼
拜供養又見文殊師利法王子菩薩及見藥
王菩薩得勤精進力菩薩勇施菩薩等亦令
是八万四千菩薩得現一切色身三昧說是
妙音菩薩來往品時四万二千天子得無生
法忍華德菩薩得法華三昧

妙法蓮華經卷第七

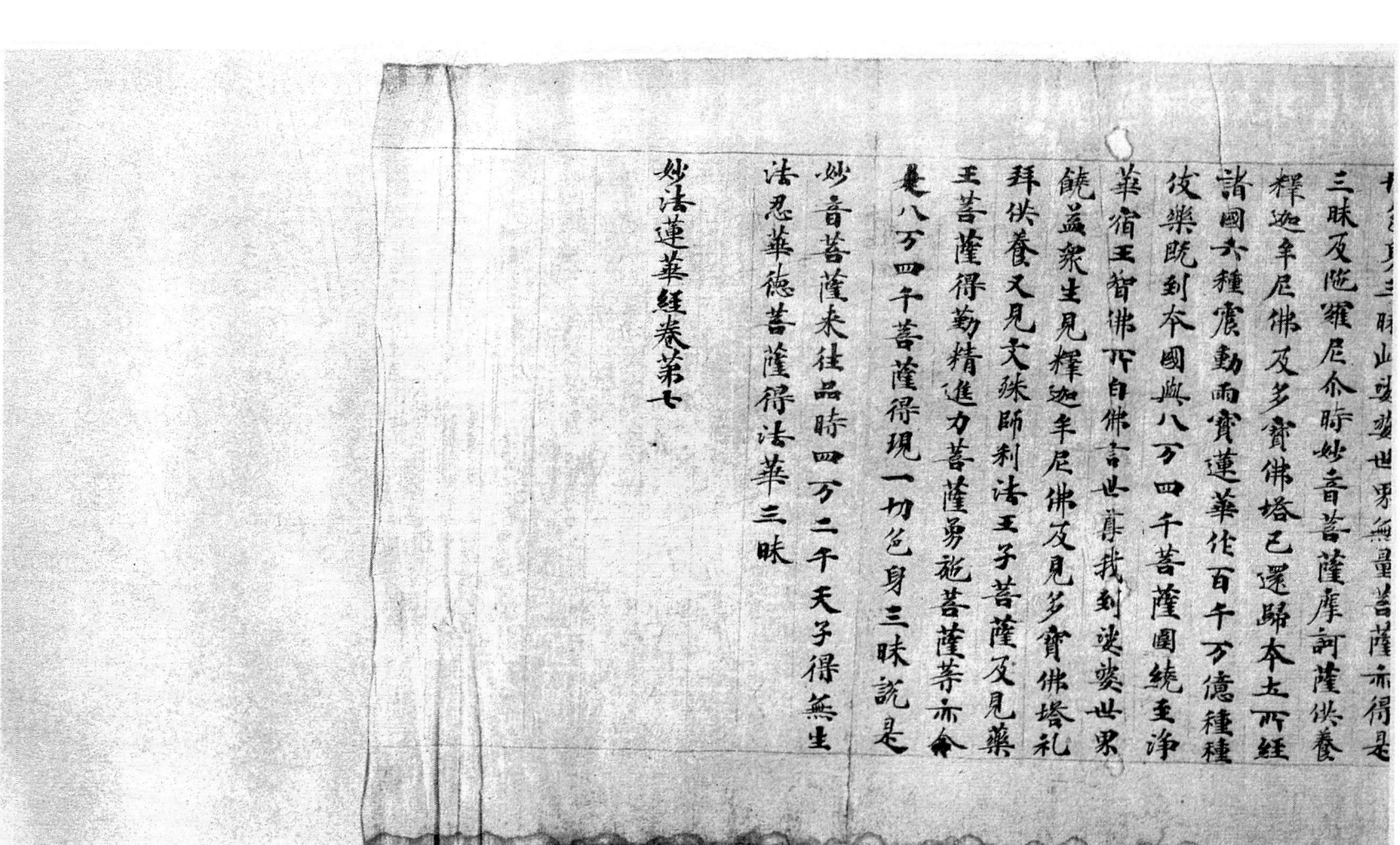

BD04131 號　妙法蓮華經（八卷本）卷七　（8–8）

者或自說我是不信者或
報恩者或自說我是食吐者
受者如來亦[illegible]如此者[illegible]
爲隨宜所說
善通達如來隨宜說
亦衆生善業色身果報故若聞
受諸佛法法身故若聞佛說法亦信受諸
願文字衆生故若聞佛不說法亦信受諸法
空生以不可說故若聞有涅槃亦信受滅
所起煩惱故若聞无涅槃亦信受諸法
无生滅相故若聞有衆生亦信受入世諦門
故若聞无衆生亦信受入第一義故梵天菩
薩如是善知如來隨宜所說於諸音聲无畏
无畏亦能利益无量衆生
世尊何謂方便佛言如來爲衆生說有布施得
大富持戒得生天忍辱得端政精進得具諸
功德禪定得法喜智慧得捨諸煩惱多聞得
智慧故行十善道得人天福樂故慈悲喜捨

BD04132號　思益梵天所問經卷二

（18–1）

薩如是善知如來隨宜所說於諸音聲无畏
无畏亦能利益无量衆生
世尊何謂方便佛言如來爲衆生說有布施得
大富持戒得生天忍辱得端政精進得具諸
功德禪定得法喜智慧得捨諸煩惱多聞得
智慧故行十善道得人天福樂故慈悲喜捨
得生梵世故禪定得如實智慧故如實智
慧得道果故學地得无學地故辟支佛地得
消諸供養故佛地得无量智慧故涅槃得滅
一切苦惱故梵天我如是方便爲衆生讃說
是法如來實不得我人衆生壽命者亦不可
得施亦不得慳亦不得持戒亦不得毀戒亦不
得忍辱亦不得瞋恚亦不得精進亦不得懈怠
亦不得禪定亦不得亂心亦不得智慧亦不
得智慧果亦不得菩提亦不得涅槃亦不得
苦亦不得樂梵天若衆生聞是法者懃行精
進是人爲何利故懃行精進不得是法若須
陁洹果斯陁含果阿那含果阿羅漢果辟支
佛道阿耨多羅三藐三菩提乃至无餘涅
槃亦復不得梵天是名如來方便說法菩薩
於此方便諸法中應懃精進令諸衆生得於
法利世尊何謂法門佛言眼是解脫門耳鼻
舌身意是解脫門所以者何眼空无我无我
所性自離耳鼻舌身意空无我无我所性自
離梵天當知是諸入皆入是解脫門正行則不虛
誑故色聲香味觸法亦復如是一切諸法皆

BD04132號　思益梵天所問經卷二

（18–2）

所性自離耳鼻舌身意空无我无我所性自
離梵天當知是諸入皆入是解脫門正行則不虛
誑故色聲香味觸法亦復如是一切諸法皆
入是門所謂空門无相門无作門无生門无
滅門无所從来門无所從去門无退門无起
門性常清淨門離自體門又梵天如来於一
切文字中亦是解脫門所以者何諸文字无
合无用故梵天當知如来於一切文字中說聖
諦說解脫門如来所說法无有垢一切諸法
皆入解脫令住涅槃是名如来說法入於法
門菩薩於此法門應當備學
世尊何謂大悲佛言如来以卅二種大悲救
護衆生何等卅二一切諸法无我而衆生不
信不解如来於此而起大悲一切法无衆生
而衆生說有衆生如来於此而起大悲一切
法无壽命者而衆生說有壽命者如来於此
而起大悲一切法无人而衆生說有人如来
於此而起大悲一切法无所有而衆生住於
有見如来於此而起大悲一切法无住而衆
生有住如来於此而起大悲一切法无歸處
而衆生樂於歸處如来於此而起大悲一切
法非我所而衆生著於我所如来於此而起
大悲一切法无所屬而衆生計有所屬如来
於此而起大悲一切法无取相而衆生有取
相如来於此而起大悲一切法无生而衆生

BD04132號　思益梵天所問經卷二　（18–3）

而衆生樂於歸處如来於此而起大悲一切
法非我所而衆生著於我所如来於此而起
大悲一切法无所屬而衆生計有所屬如来
於此而起大悲一切法无取相而衆生有取
相如来於此而起大悲一切法无生而衆生
住於有生如来於此而起大悲一切法无退
生而衆生住於退生如来於此而起大悲一
切法无垢而衆生著垢如来於此而起大悲
一切法離染而衆生有染如来於此而起大
悲一切法離瞋而衆生有瞋如来於此而起
大悲一切法離癡而衆生有癡如来於此而
起大悲一切法无所從来而衆生著有所從
来如来於此而起大悲一切法无所去而衆
生著於後生如来於此而起大悲一切法无
起而衆生計有所起如来於此而起大悲一
切法无戲論而衆生著於戲論如来於此而
起大悲一切法空而衆生隨於有見如来於
此而起大悲一切法无相而衆生著於有相
如来於此而起大悲一切法无住而衆生著
於有作如来於此而起大悲世間常共瞋恨
諍競如来於此而起大悲世間常邪見顛倒
行於邪道欲令住於正道如来於此而起大
悲世間貪饕无有猒足手相陵奪欲令衆生
住於聖財信戒聞施慧等如来於此而起大
悲衆生是產業妻子恩愛之僕於此危脆之

BD04132號　思益梵天所問經卷二　（18–4）

行於邪道欲令住於正道如来於此而起大
悲世間貪饕无有猒足手相陵奪欲令衆生
住於聖財信戒聞施慧菩如来於此而起大
悲衆生是産業妻子恩愛之㨾於此危脆之
物生堅固想欲令衆生知悉无常如来於此
而起大悲衆生身為怨賊貪著養育以為親
友欲為衆生作真知識令畢衆苦究竟湼槃
如来於此而起大悲衆生好行耶諂邪命自
活欲令衆生行於正命如来於此而起大悲
衆生樂著衆苦不淨居家欲令衆生出於三
界如来於此而起大悲一切諸法從因緣有
而衆生於聖解脫生於懈怠我當為說精
進令樂解脫如来於此而起大悲衆生棄捨家
上无寻智慧求於聲聞辟支佛道欲引尊之
令發大心緣於佛法如来於此而起大悲梵
天如来如是於諸衆生行此卅二種大悲是
故如来名為行大悲者若菩薩於衆生中常
能脩集此大悲心則為入阿惟越致為大福
田威德具足常能利益一切衆生說是大悲
法門品時三万二千人皆發阿耨多羅三藐三
菩提心八千菩薩得无生法忍
尒時網明菩薩摩訶薩白佛言世尊思益梵
天云何聞是大悲法門而不喜悅思益梵天言
善男子若識在二法則有喜悅若識在无二
實際法中則无喜悅譬如幻人見幻獻事无

菩提心八千菩薩得无生法忍
尒時網明菩薩摩訶薩白佛言世尊思益梵
天云何聞是大悲法門而不喜悅思益梵天言
善男子若識在二法則有喜悅若識在无二
實際法中則无喜悅譬如幻人見幻獻事无
所喜悅菩薩知諸法相如是則於如来若說
法若神通亦无喜悅又善男子如佛所化人
聞佛說法亦不喜不悅菩薩知諸法與化无
異於如来所不加喜悅於餘衆生无下劣想
網明言梵天汝令見諸法如幻相耶梵天言
若人分別諸法者汝當問之網明言汝令於
何處行梵天言一切凡夫行處吾於彼行網
明言凡夫人行貪欲瞋恚愚癡身見疑網我
我所等行於邪道汝於是處行耶梵天言善
男子汝欲得凡夫法決定相耶網明言我尚
不欲決定得凡夫何况凡夫法善男子若是
法无决定者寧有貪欲瞋恚愚癡法耶網明
言无也善男子一切法離貪恚癡相行相亦
如是善男子凡夫行賢聖行皆无二无差別
善男子一切行非行一切說非說一切道非
道網明言何為一切行非行梵天言善男子
若人千万億劫行道於法性不增不減是故
言一切行非行何謂一切說非說梵天言善
男子如来以不可說相說一切法是故言一切
說非說何謂一切道非道梵天言以无所至
故一切道非道

道網明言何爲一切行非行梵天言善男子
若人千万億劫行道於法性不增不減是故
言一切行非行何謂一切説非説梵天言善
男子如來以不可説相説一切法是故言一切
説非説何謂一切道非道梵天言以无所至
故一切道非道
尒時世尊讚思益梵天言善哉善哉説諸法
相應當如是網明菩薩謂梵天言汝説一切
凡夫行處吾於彼行者則有行相梵天言若
我有所生處應有行相網明言汝若不生云
何教化衆生梵天言佛所化生吾如彼生網
明言佛所化生无有生處梵天言寧可見不
網明言以佛力故見梵天言我生亦如是以
業力故網明言汝於起業中行耶梵天言我
不起於業中行網明言云何言以業力故梵
天言如業性力亦如是是二不出於如
尒時舍利弗白佛言世尊若有能入是菩薩
随宜所説法中者得大功德所以者何世尊
乃至聞是上人名字尚得大利何况聞其所
説譬如有樹不依於地在虛空中而現根茎
枝葉花菓甚爲希有此人行相亦復如是不
住一切法而於十方現有行有生死亦有如
是智慧辯才世尊若有善男子善女人聞
是智慧自在力者其誰不發阿耨多羅三藐三
菩提心
尒時有一菩薩名曰普華在會中坐謂長老

BD04132 號　思益梵天所問經卷二　（18–7）

枝葉花菓甚爲希有此人行相亦復如是不
住一切法而於十方現有行有生死亦有如
是智慧辯才世尊若有善男子善女人聞
是智慧自在力者其誰不發阿耨多羅三藐三
菩提心
尒時有一菩薩名曰普華在會中坐謂長老
舍利弗仁者已得法性佛亦稱汝於智慧人
中爲第一何以不能現如是智慧辯才自
在力耶舍利弗言普華佛諸弟子随其智力
能有所説普華言舍利弗法性有多少耶舍
利弗言无也普華言汝何以言佛諸弟子随
其智力能有所説舍利弗言随所得法而有
所説普華言汝證法性无量相耶舍利弗言
然普華言汝云何言随所得法而有所説如
法性无量相得亦如是如得説亦如是何以
故法性无量故舍利弗言法性非得相普華
言若法性非得相者汝云法性得解脱耶舍
利弗言不也普華言何故尒耶舍利弗言若
出法性得解脱者則壞法性普華言是故舍
利弗如仁者得道法性亦尒舍利弗言我爲
聴來非爲説也普華言一切法皆入法性此
中寧有説有聴者不舍利弗言不也普華言
若然者汝何故言我爲聴來非爲説耶舍利
弗言佛説二人得福无量一者專精説法二
者一心聴受是故汝今應説我當聴受普華
言汝入滅盡定能聴法耶舍利弗言入滅盡

BD04132 號　思益梵天所問經卷二　（18–8）

中寧有說有聽者不舍利弗言不也普華言
若然者汝何故言我爲聽法来非爲說耶舍利
弗言佛說二人得福无量一者專精說法二
者一心聽受是故汝今應說我當聽受普華
言汝入滅盡定能聽法耶舍利弗言入滅盡
定无有二行而聽法也普華言汝信佛說一
切法是滅盡相不舍利弗言然一切法皆滅
盡相我信是說普華言若然者舍利弗常不
能聽法所以者何一切法常滅盡相舍利弗
言汝能不起于定而說法耶普華言頗有一
法非是定耶舍利弗言无也普華言是故當
知一切凡夫常在於定舍利弗言以何定故
一切凡夫常在定耶普華言以不壞法性三
昧故舍利弗言若然者凡夫聖人无有差別
普華言如是如是我不欲令凡夫聖人有差
別也所以者何聖人无所斷凡夫无所生是
二法不出法性平等之相舍利弗言何等是
諸法平等相普華言如舍利弗所得知見舍
利弗汝生賢聖法耶荅言不也汝滅凡夫法
耶荅言不也汝得賢聖法耶荅言不也汝見
凡夫法耶荅言不也舍利弗汝何知見說言
得道耶荅言汝不聞凡夫如即是漏盡解脫
如漏盡解脫如即是无餘涅槃如舍利弗是
如名不異如不壞如應以是如知一切法
尒時舍利弗白佛言世尊辟如大火一切諸
炎皆是燒相如是諸善男子所說皆入法

BD04132號　思益梵天所問經卷二　（18–9）

得道耶荅言汝不聞凡夫如即是漏盡解脫
如漏盡解脫如即是无餘涅槃如舍利弗是
如名不異如不壞如應以是如知一切法
尒時舍利弗白佛言世尊辟如大火一切諸
炎皆是燒相如是諸善男子所說皆入法
性佛告舍利弗如汝所言是諸善男子所說
法皆入法性尒時網明菩薩謂舍利弗佛說
仁者於智慧人中爲最第一以何智慧得第
一耶舍利弗言所謂聲聞因緣得解以是智
慧說我於中爲第一耳非謂菩薩網明言智
慧是戲論相耶荅言不也網明言智慧非平
等相耶荅言是也網明言今仁者得平等智
慧云何說智慧有量荅言善男子以法性相
故智慧无量隨入法性多少故智慧有量網
明言无量法終不作有量仁者何故說智慧
有量耶時舍利弗嘿然不荅
尒時長老大迦葉承佛聖旨白佛言世尊是
網明菩薩以何因緣号網明乎佛告網明善
男子現汝福報光明令諸天人一切世間皆
得歡喜具有福德因緣者當發菩提心於是
網明即受佛教偏袒右肩從右手赤白莊嚴
掘指間放大光明普照十方无量无邊阿僧
祇佛國皆悉通達其中地獄畜生餓鬼盲聾
瘖瘂手足拘躄者病苦痛貪欲瞋恚愚癡裸
形醜陋貧窮飢渴囚閉繫閉困厄垂死慳貪
破戒瞋恚懈怠亂念无慧少於聞見无慚无

BD04132號　思益梵天所問經卷二　（18–10）

祇佛國皆悉通達其中地獄畜生餓鬼盲聾
瘖啞手足拘癖者病苦痛貪欲瞋恚愚癡裸
形醜陋貧窮飢渴囹圄繫閉困厄垂死墜貪
破戒瞋恚懈怠妄念无慧少於聞見无慚无
愧墮邪疑網如是等衆生遇斯光者皆得快
樂无有衆生爲貪欲瞋恚愚癡嫉妬憂愁懷
恨等之所惱也其在佛前大會之衆菩薩摩
訶薩天龍夜叉乾闥婆等及比丘比丘尼優
婆塞優婆夷衆是諸衆生同一金色與佛无
異有卌二相八十隨形好无見頂者皆坐寶蓮
華坐寶交露蓋羅覆其上等无差別諸會
衆生皆得快樂辟如菩薩入發喜莊嚴三昧
時諸大衆得未曾有各各相見如佛无異不
見佛身大爲已身爲小又以光明力故尋時
下方有四菩薩從地踊出合掌而立欲共礼
佛作是念言何者真佛我欲礼敬即聞空中
聲日是網明菩薩光明之力一切大衆同一金
色與佛无異時四菩薩發希有心作如是
言令此衆會其色无異一切諸法亦復如是
若我此言誠實无虛世尊釋迦牟尼當現異
相令我今得供養礼事即時佛以華蓮寶師
子坐上昇虛空高一多羅樹於是四菩薩頭
面礼佛足作如是言如來智慧不可思議網
明菩薩福德本願亦不可思議能故如是无
量光明
尒時佛告網明菩薩言善男子汝今已作佛

BD04132號　思益梵天所問經卷二　（18–11）

面礼佛之作如是言如來智慧不可思議網
明菩薩福德本願亦不可思議能故如是无
量光明
尒時佛告網明菩薩言善男子汝今已作佛
事令无量衆生住於佛道可攝光明於是網
明即受佛教還攝光明攝光明已此諸大衆
威儀色相還復如故見佛坐本師子坐上
尒時長老大迦葉白佛言世尊此四菩薩從
何所來四菩薩言我等從下方世界來大迦葉
言其國何名佛号何等四菩薩言國名現諸
寶莊嚴佛号一寶蓋今現在說法大迦葉言
其國佛土去此幾何四菩薩言佛自知之大
迦葉言汝等何故來此四菩薩言是網明菩
薩光明照彼我等遇之即聞釋迦牟尼佛名
及網明菩薩是故我等今來見佛并網明上人
大迦葉白佛言世尊一寶蓋佛現諸寶莊
嚴世界去此幾何佛言去此七十二恒河沙
佛土大迦葉言世尊是菩薩從彼發來幾
時至此佛言如一念傾於彼不現忽然而至
大迦葉言世尊此諸菩薩光明遠照神通速
疾甚爲希有今是網明菩薩光明遠照是四
菩薩發來速疾佛言迦葉如汝所說菩薩摩
訶薩所行不可思議一切聲聞辟支佛所不
能及
尒時長老大迦葉謂網明菩薩言善男子汝

BD04132號　思益梵天所問經卷二　（18–12）

菩薩發來速疾佛言迦葉如汝所說菩薩摩
訶薩所行不可思議一切聲聞辟支佛所不
能及
尒時長老大迦葉謂網明菩薩言善男子汝
現无明照此大會皆作金色以何因緣網明
言長老大迦葉可問世尊當爲汝說即時大
迦葉以此白佛佛言迦葉是網明菩薩成佛時
其會大衆同一金色咸共信樂一切智慧其
佛國土乃至无聲聞辟支佛名唯有清淨諸
菩薩摩訶薩會大迦葉白佛言世尊生彼菩
薩當知如佛佛言（亦无有異）如汝所說生彼菩薩當知
如佛於是會中四万四千人皆發阿耨多羅
三藐三菩提心已願生彼國白佛言世尊若
網明菩薩得成佛時我等當生其國
尒時長老大迦葉白佛言世尊網明菩薩幾
時當得阿耨多羅三藐三菩提佛言迦葉汝
自問網明幾時當得阿耨多羅三藐三菩提
於是大迦葉問網明菩薩言善男子仁者幾
時當得阿耨多羅三藐三菩提網明言大迦葉
若有問幻所化人幾時當得阿耨多羅三
藐三菩提是幻人當云何答大迦葉言善男
子幻所化人无决定相當何所答網明言
大迦葉一切諸法亦如幻所化人无决定相
誰可問言汝幾時當成阿耨多羅三藐三
菩提大迦葉言善男子幻所化人離於自相无
異无別无所志願汝亦如是耶若如是者汝

BD04132號　思益梵天所問經卷二　（18–13）

大迦葉一切諸法亦如幻所化人无决定相
誰可問言汝幾時當成阿耨多羅三藐三
菩提大迦葉言善男子幻所化人離於自相无
異无別无所志願汝亦如是耶若如是者汝
云何能利益无量衆生網明言阿耨多羅三
藐三菩提即是一切衆生性一切衆生性即
是幻性幻性即是一切法性於是法中我不
見有利不見无利大迦葉言善男子汝今不
令衆生住菩提耶網明言諸佛菩提有住相
耶大迦葉言无也網明言是故我不令衆生
住於菩提亦不令住聲聞辟支佛道大迦葉
言善男子汝今欲趣何所網明言我所趣如
如趣大迦葉言如无所趣亦无有轉網明言
如如无趣无轉一切法住如相故我无趣无
轉大迦葉言若无趣无轉汝云何教化衆生
網明言大迦葉若人發願則是不能教化衆
生若人於法有轉是亦不能教化衆生大迦
葉言善男子汝不轉衆生生死耶網明言我
尚不得衆生生死何況於生死中而轉衆生
大迦葉言汝不令衆生得涅槃耶網明言我
尚不見涅槃何況教化衆生令住涅槃大迦
葉言善男子若不得生死不得涅槃何故
令无量衆生行於菩提此豈不爲滅度衆生
耶網明言若菩薩得生死分別涅槃因衆生
行菩提此則不應說爲菩薩大迦葉言善男

BD04132號　思益梵天所問經卷二　（18–14）

葉言善男子若不得生死不得涅槃何故
令无量衆生行於菩提此豈不為滅度衆生
耶網明言若菩薩得生死分別涅槃因衆生
行菩提此則不應說為菩薩大迦葉言善男
子汝今於何處行網明言我非生死中行非
涅槃中行亦不以衆生相行大迦葉如汝所
問汝何處行者如佛所化人行處吾於彼行
大迦葉言佛所化人无有行處網明言當知
一切衆生所行亦如是相大迦葉言佛所化
化人无貪无恚无癡若一切衆生所行如是
相者衆生貪恚癡從何所起網明言我今問
汝隨意荅我大迦葉汝今寧有貪恚癡不荅
言无也網明言是貪恚癡盡滅耶荅言不也
網明言若大迦葉今无貪恚癡亦不盡滅者
汝等貪恚癡於何所耶荅言善男子凡夫從
顛倒起妄想分別生貪恚癡耳賢聖法中善
知顛倒實性故无妄想分別是以无貪恚癡
大迦葉於汝意云何若法從顛倒起是法為
實為虛妄耶荅言是法虛妄非是實耶網明
言若法非實可令實耶荅言不耶網明言若
法非實仁者欲於是中得貪恚癡耶荅言不
也網明言若然者何所是貪恚癡能惱衆生
者荅言善男子若尒者一切法從本已來離
貪恚癡相網明言以是故我說一切法相如佛
所化說是法時四万四千菩薩得柔順法忍

BD04132 號　思益梵天所問經卷二　（18–15）

也網明言若然者何所是貪恚癡能惱衆生
者荅言善男子若尒者一切法從本已來離
貪恚癡相網明言以是故我說一切法相如佛
所化說是法時四万四千菩薩得柔順法忍
尒時長老大迦葉白佛言世尊若網明菩薩
所見衆生不應復畏墮三惡道若聞網明所說
法者魔不得便若為網明所教化者不畏
墮聲聞辟支佛道世尊願說網明功德莊嚴
國土佛言迦葉是網明菩薩在在國土遊行
之處利益无量衆生迦葉汝見網明所放光
明不荅言已見佛言若三千大千世界滿中
芥子尚可筭數令網明光明令諸衆生住菩
提者不可數也迦葉是網明菩薩所放光明
饒益尚尒何況說法汝今諦聽我當粗略說
其功德迦葉是網明菩薩過七百六十万阿
僧祇劫當得作佛号普光自在王如來應供
正遍知世界名日集妙功德其佛趣菩提樹
時國中諸魔魔民悉皆正定於阿耨多羅三
藐三菩提其佛國土以真瑠璃寶為地地平如
掌柔濡細滑如迦陵伽衣處處皆以衆寶莊
嚴无三惡道亦无八難其國廣長皆以妙寶
蓮花色香具好以為校飾普光自在王如來
有无量菩薩僧善脩无量法門得无量自
在神通皆以光明莊嚴其身得諸陁羅尼藏无
閡辯才善能說法光明神力皆悉通達能破
魔怨慚愧念慧諸妙功德以脩其心彼佛國

BD04132 號　思益梵天所問經卷二　（18–16）

有无量菩薩僧善脩无量法門得无量自
在神通皆以光明莊嚴其身得諸陁羅尼藏无
閡辯才善能說法光明神力皆悉通達能破
魔怨慚愧念慧諸妙功德以脩其心彼佛國
土无有女人其諸菩薩皆於寶蓮華中結跏
趺坐自然化生以禪樂為食諸所須物經行
之處房舍牀榻園林浴池應念即至迦葉是
普光自在王如來不以文字說法但放光明
照諸菩薩光觸其身即得无生法忍復照十
方通達无导令諸衆生得離煩惱又其光明
常出世二種清淨法音何等卅二謂諸法空
无衆生見故諸法无相離分別故諸法无作出
三界故諸法離欲性寂滅故諸法離瞋无有
礙故諸法離癡无闇冥故諸法无所從來本
无性故諸法无所去无所至故諸法不住无
所依故諸法過三世去來現在无所有故諸
法无異其性一故諸法不生離於報故諸法
无業業報作者不可得故諸法不作无所起
故諸法无起无為性故諸法无為離生滅故
諸法真不從和合生故諸法實一道法門故
法无衆生衆生不可得故諸法无我第一義
故諸法鈍无所知故諸法離增愛故諸法離
煩惱无有熱故諸法无垢性不汙故諸法一
相離欲際故諸法離相常定故諸法住實際
性不壞故諸法如相不分別故諸入法性遍
入法故諸法无緣諸緣不合故諸法是菩提

三界故諸法離欲性寂滅故諸法離瞋无有
礙故諸法離癡无闇冥故諸法无所從來本
无性故諸法无所去无所至故諸法不住无
所依故諸法過三世去來現在无所有故諸
法无異其性一故諸法不生離於報故諸法
无業業報作者不可得故諸法不作无所起
故諸法无起无為性故諸法无為離生滅故
諸法真不從和合生故諸法實一道法門故
法无衆生衆生不可得故諸法无我第一義
故諸法鈍无所知故諸法離增愛故諸法離
煩惱无有熱故諸法无垢性不汙故諸法一
相離欲際故諸法離相常定故諸法住實際
性不壞故諸法如相不分別故諸入法性遍
入法故諸法无緣諸緣不合故諸法是菩提
如實見故諸法是涅槃无因緣故迦葉是普
光自在王如來光明常出如是清淨法音亦能
令諸菩薩施作佛事其佛國土无有魔事
佛壽无量向僧祇劫大迦葉白佛言若人欲
得清淨佛土者應取如網明菩薩所脩一切
功德具足清淨國土如是迦葉是網明菩薩

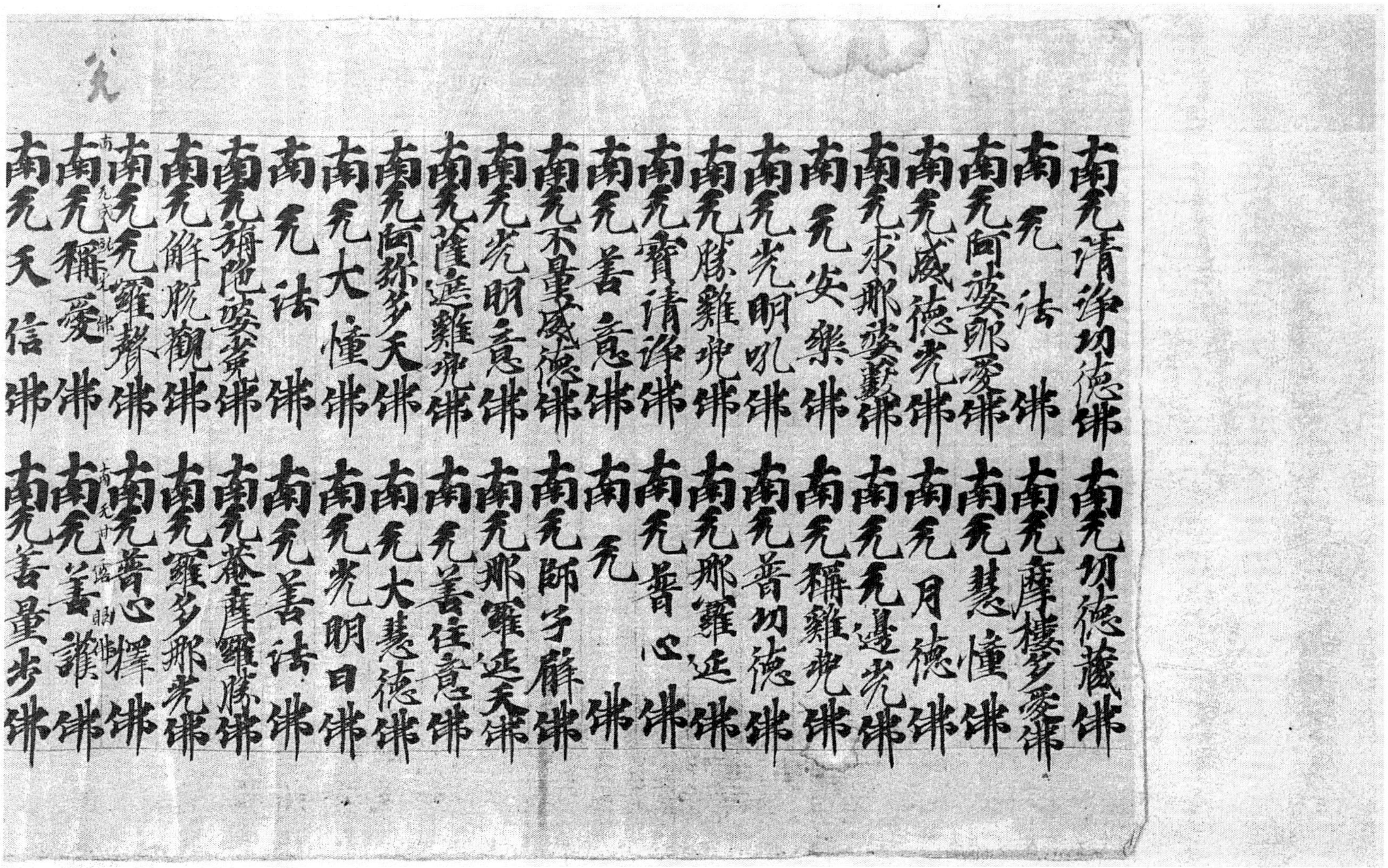

南无清淨功德佛　南无切德藏佛
南无法佛　南无摩樓多愛佛
南无阿婆耶愛佛　南无慧幢佛
南无威德光佛　南无月德佛
南无求那婆藪佛　南无无邊光佛
南无安樂佛　南无稱雞兜佛
南无光明吼佛　南无普功德佛
南无勝雞兜佛　南无那羅延佛
南无寶清淨佛　南无普心佛
南无善意佛　南无　佛
南无不量威德佛　南无師子鮮佛
南无光明意佛　南无那羅延天佛
南无薩遮雞兜佛　南无善住意佛
南无阿弥多天佛　南无大慧德佛
南无大幢佛　南无光明日佛
南无法佛　南无善法佛
南无蒱陀婆黄佛　南无蒱摩羅勝佛
南无解脱觀佛　南无羅多那光佛
南无羅鬚佛　南无普心擇佛
南无稱愛佛　南无善讓佛
南无天信佛　南无善量步佛

BD04133號　佛名經（十六卷本　兑廢稿）卷一三　（2–1）

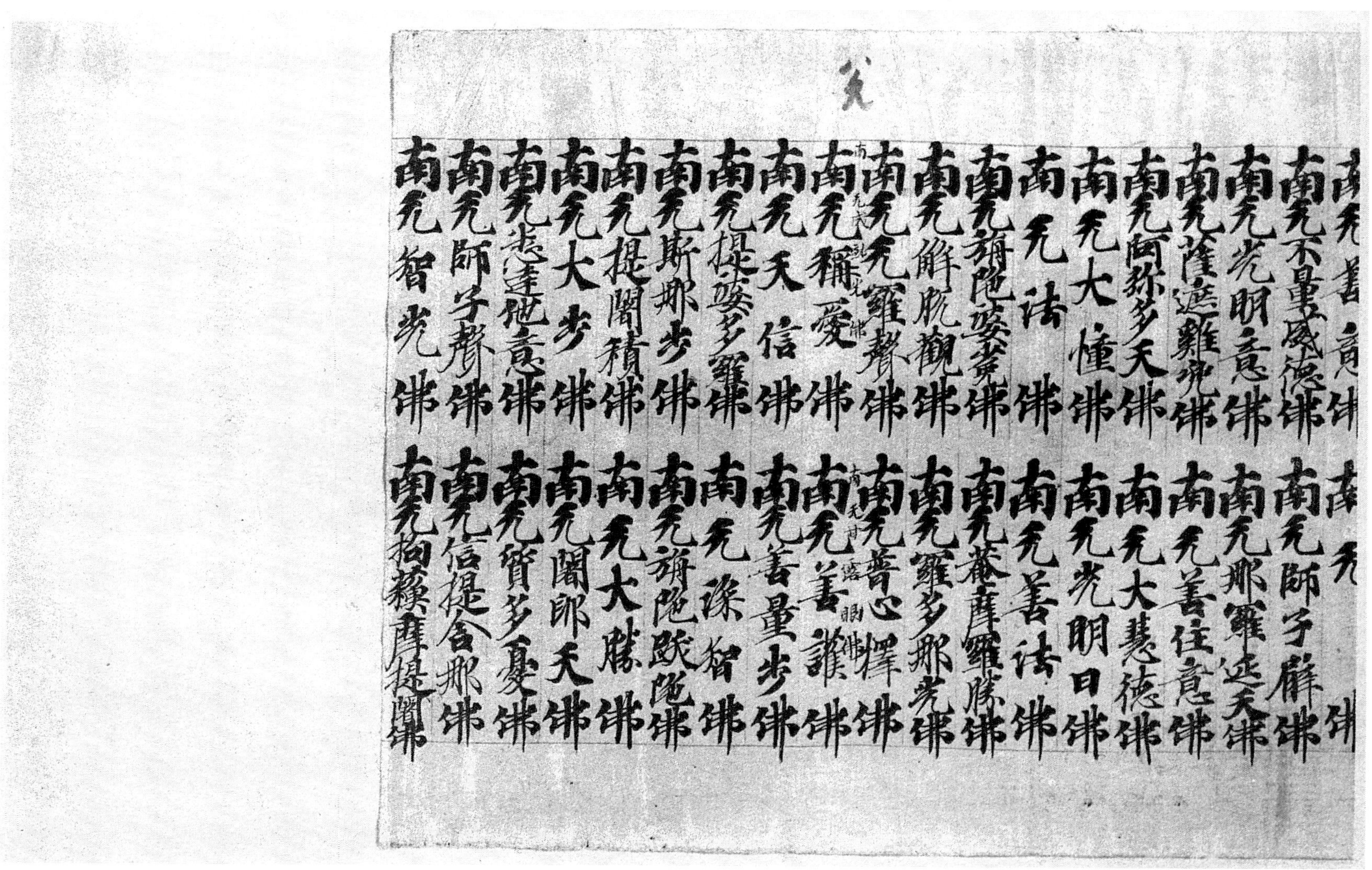

南无善意佛　[illegible]
南无不量威德佛　南无師子鮮佛
南无光明意佛　南无那羅延天佛
南无薩遮雞兜佛　南无善住意佛
南无阿弥多天佛　南无大慧德佛
南无大幢佛　南无光明日佛
南无法佛　南无善法佛
南无蒱陀婆黄佛　南无蒱摩羅勝佛
南无解脱觀佛　南无羅多那光佛
南无羅鬚佛　南无普心擇佛
南无稱愛佛　南无善讓佛
南无天信佛　南无善量步佛
南无提婆多羅佛　南无孫智佛
南无斯那步佛　南无蒱陀跋陀佛
南无提闍積佛　南无大勝佛
南无大步佛　南无闍郎天佛
南无悲達陀意佛　南无質多憂愛佛
南无師子鬚佛　南无信提舍那佛
南无智光佛　南无拘蘇摩提闍佛

BD04133號　佛名經（十六卷本　兑廢稿）卷一三　（2–2）

量諸
出入自在四者於諸波羅蜜多皆願能行
熟滿足五者一切佛法皆願子逮攝受无遺
善男子是名菩薩摩訶薩成就方便勝智
羅蜜善男子復依五法菩薩摩訶薩成
就願波羅蜜云何為五一者於一切法從本業
波羅蜜云何為五一者於一切法從本以來不
生不滅非有非无心得安住二者觀一切法
最妙理趣離垢清淨心得安住三者過一切
相心本真如无作无作不異不動心得安住
四者為欲利益諸衆生事於俗諦中心得
安住五者於本奢摩他毗鉢舍那同時運行心
得安住善男子是名菩薩摩訶薩成就願波
羅蜜善男子復依五法菩薩摩訶薩成就
力波羅蜜云何為五一者以正智力能了一切衆
生心行善惡二者能令一切衆生入於甚
深微妙之法三者一切衆生輪迴生死隨其
緣業如實了知四者於諸衆生三種根性以
正智力能分別知五者於諸衆生如理為說
令種善根成熟度脫皆是智力故善男子
是名菩薩摩訶薩成就力波羅蜜善男子復

BD04134號　金光明最勝王經卷四　（4–1）

生心行善惡二者能令一切衆生入於甚
深微妙之法三者一切衆生輪迴生死隨其
緣業如實了知四者於諸衆生三種根性以
正智力能分別知五者於諸衆生如理為說
令種善根成熟度脫皆是智力故善男子
是名菩薩摩訶薩成就力波羅蜜善男子復
依五法菩薩摩訶薩成就智波羅蜜云何為
五一者能於諸法分別善惡二者於黑白法遠
離攝受三者能於生死涅槃不厭不喜四
者具福智行至究竟處五者受勝灌頂能得
諸佛不共法等及一切智智善男子是名菩薩
摩訶薩成就智波羅蜜善男子何者是波羅
蜜義所謂脩習勝利是波羅蜜義滿足无量
大甚深智是波羅蜜義行非行法心不執著
是波羅蜜義生死過失涅槃功德正覺正觀
是波羅蜜義愚人智人皆悉攝受是波羅蜜
義能現種種珍妙法寶是波羅蜜義无礙
解脫智慧滿足是波羅蜜義法界衆生界正分
別知是波羅蜜義施等及智能令至不退轉
是波羅蜜義无生法忍能令滿足是波羅蜜
義一切衆生功德善根能令成熟是波羅蜜
義能於菩提成佛十力四无所畏不共法等
皆悉成就是波羅蜜義生死涅槃了无二相
是波羅蜜義濟度一切是波羅蜜義一切外
道來相詰難善能解釋令其降伏是波羅
蜜義能轉十二妙行法輪是波羅蜜義无所著
无所見无患累是波羅蜜多義
善男子初地菩薩是相先現三千大千世界

BD04134號　金光明最勝王經卷四　（4–2）

皆悉成就是波羅蜜義生死涅槃了无二相
是波羅蜜義濟度一切是波羅蜜義一切外
道來相詰難善能解釋令其降伏是波羅
蜜義能轉十二妙行法輪是波羅蜜義无所著
无所見无患累是波羅蜜多義
善男子初地菩薩是相先現三千大千世界
无量无邊種種寶藏无不盈滿菩薩悉見善
男子二地菩薩是相先現三千大千世界地平
如掌无量无邊種種妙色清淨珎寶莊嚴
之具菩薩悉見善男子三地菩薩是相先現
自身勇健甲仗莊嚴一切怨賊皆能摧伏菩
薩悉見善男子四地菩薩是相先現四方風
輪種種妙花悉皆散灑充布地上菩薩悉見
善男子五地菩薩見相先現有妙寶女衆
寶瓔珞周遍嚴身首冠花以為其飾菩薩悉
見善男子六地菩薩是相先現七寶花池有
四階道金沙遍布清淨无穢八功德水皆悉
盈滿嗢鉢羅花拘物頭花分陀利花隨處莊
嚴於花池所遊戲快樂清涼无比菩薩悉
見善男子七地菩薩是相先現於菩薩前有
衆生應墮地獄以菩薩力便得不墮无有損傷
亦无恐怖菩薩悉見善男子八地菩薩是相
相先現於身兩邊有師子王以為衛護一切
衆獸悉皆怖畏菩薩悉見善男子九地菩薩
是相先現轉輪聖王无量億衆圍繞供養頂
上白蓋无量衆寶之所莊嚴菩薩悉見善男
子十地菩薩是相先現如來之身金色晃耀

BD04134 號　金光明最勝王經卷四　（4–3）

衆獸悉皆怖畏菩薩悉見善男子九地菩薩
是相先現轉輪聖王无量億衆圍繞供養頂
上白蓋无量衆寶之所莊嚴菩薩悉見善男
子十地菩薩是相先現如來之身金色晃耀
无量淨光悉皆圓滿有无量億梵王圍繞恭
敬供養轉於无上微妙法輪菩薩悉見
善男子云何初地名為歡喜謂初證得出世
之心昔所未得而今始得於大事用如其所
願悉皆成就生極歡喜是故最初名為歡喜
諸微細垢犯戒過失皆得清淨是故二地名
為无垢无量智慧三昧光明不可傾動无能
摧伏聞持陀羅尼以為根本是故三地名為
明地以智慧火燒諸煩惱增長光明脩行覺
品是故四地名為焰地脩行方便勝智自在
極難行故見脩煩惱難伏是故五地名為
難勝行法相續了了顯現无相思惟皆悉
現前是故六地名為現前无漏无間无相思
惟解脫三昧遠脩行故是地清淨无有障礙
是故七地名為遠行无相思惟脩得自在諸
煩惱行不能令動是故八地名為不動說一
切法種種差別皆得自在无患无累增長智
慧自在无礙是故九地名為善慧法身如虛
空智慧如大雲皆能遍滿覆一切是故第
十名為法雲
善男子執著有相我法无明怖畏生死惡

BD04134 號　金光明最勝王經卷四　（4–4）

香積佛品第十
於是舍利弗心念日時欲至此諸菩薩當於
何食時維摩詰知其意而語言佛說八解脫
仁者受行豈雜欲食而聞法乎若欲食者
且待須臾當令汝等未曾有食時維摩詰
即入三昧以神通力示諸大衆上方界分過四十二
恒河沙佛土有國名衆香佛号香積今現在
其國香氣比於十方諸佛世界人天之香最
為第一彼土无有聲聞辟支佛名唯有清
淨大菩薩衆佛為說法其界一切皆以香作
樓閣經行香地苑園皆香其食香氣周流
十方无量世界時彼佛與諸菩薩方共坐食有
諸天子皆号香嚴悉發阿耨多羅三藐三菩
提心供養彼佛及諸菩薩此諸大衆莫不目
見時維摩詰問衆菩薩諸仁者誰能致彼佛
飯以文殊師利威神力故咸皆默然維摩詰
言[illegible]衆无乃可恥文殊師利日如
佛所言勿輕未學於是維摩詰不起于座於
居衆會前化作菩薩相好光明威德殊勝蔽
於衆會而告之日汝往上方界分度如四十二恒

BD04135號　維摩詰所說經卷下　（23–1）

諸天子皆号香嚴悉發阿耨多羅三藐三菩
提心供養彼佛及諸菩薩此諸大衆莫不目
見時維摩詰問衆菩薩諸仁者誰能致彼佛
飯以文殊師利威神力故咸皆默然維摩詰
言[illegible]衆无乃可恥文殊師利日如
佛所言勿輕未學於是維摩詰不起于座於
居衆會前化作菩薩相好光明威德殊勝蔽
於衆會而告之日汝往上方界分度如四十二恒
河沙土有國名衆香佛号香積與諸菩薩
方共坐食汝往到彼如我辭日維摩詰稽首
世尊足下致敬无量問訊起居少病少惱氣力
安不願得世尊所食之餘當於娑婆世界施
作佛事令此樂小法者得弘大道亦使如來
名聲普聞時化菩薩即於會前昇于上方
舉衆皆見其去到衆香界礼彼佛足又聞其
言維摩詰稽首世尊足下致敬无量問訊起
居少病少惱氣力安不願得世尊所食之餘
欲於娑婆世界施作佛事使此樂小法者得
弘大道亦使如來名聲普聞彼諸大士見化
菩薩歎未曾有今此上人從何所來娑婆世
界為在何許云何名為樂小法者即以問佛佛
告之日下方度如四十二恒河沙佛土有世界
名娑婆佛号釋迦牟尼今現在於五濁惡世為
樂小法衆生敷演道教彼有菩薩名維摩詰
住不可思議解脫為諸菩薩說法故遣化來
稱揚我名并讚此土令彼菩薩增益功德

BD04135號　維摩詰所說經卷下　（23–2）

知大道亦使如来名聲普聞
菩薩歎未曽有今此上人從何所来娑婆世
界為在何許云何名為樂小法者即以問佛佛
告之曰下方度如四十二恒河沙佛土有世界
名娑婆佛号釋迦牟尼今現在於五濁悪世為
樂小法衆生敷演道教彼有菩薩名維摩詰
住不可思議解脫為諸菩薩說法故遣化来
稱揚我名并讃此土令彼菩薩增益功德彼
菩薩言其人何如乃作是化徳力无畏神足
若斯佛言甚大一切十方皆遣化往施作佛事
饒益衆生於是香積如来以衆香鉢盛滿香
飯與化菩薩時彼九百万菩薩俱發聲言我
欲詣娑婆世界供養釋迦牟尼佛并欲見維
摩詰等諸菩薩衆佛言可往攝汝身香无令
彼諸衆生起惑著心又當捨汝本形勿使彼國
求菩薩道者而自鄙恥又汝於彼莫懷輕賤而
作礙想所以者何十方國土皆如虚空又諸佛
為欲化諸樂小法者不盡現其清淨土耳
時化菩薩既受鉢飯與彼九百万菩薩俱
承佛威神及維摩詰力於彼世界忽然不現
須臾之間至維摩詰會維摩詰即作九百
万師子之座嚴好如前諸菩薩皆坐其上時化
菩薩以滿鉢飯與維摩詰飯香普薫毗耶離
城及三千大千世界時毗耶離婆羅門居士等
聞是香氣身意快然歎未曽有於是長者
主月蓋從八万四千人来入維摩詰舍見其

BD04135號　維摩詰所説經卷下　（23–3）

承佛威神及維摩詰力於彼世界忽然不現
須臾之間至維摩詰會維摩詰即作九百
万師子之座嚴好如前諸菩薩皆坐其上時化
菩薩以滿鉢飯與維摩詰飯香普薫毗耶離
城及三千大千世界時毗耶離婆羅門居士等
聞是香氣身意快然歎未曽有於是長者
主月蓋從八万四千人来入維摩詰舍見其
室中菩薩甚多諸師子座高廣嚴好皆大歡
喜礼衆菩薩及大弟子却住一面諸地神虚
空神及欲色界諸天聞此香氣亦皆来入維
摩詰會時維摩詰語舍利弗等諸大聲聞仁
者可食如来甘露味飯大悲所薫无以限意
食之使不消也有異聲聞念是飯少而此大
衆人人當食化菩薩曰勿以聲聞小德小智
稱量如来无量福慧四海有竭此飯无盡使
一切人食揣若須弥乃至一劫猶不能盡所
以者何无盡戒定智慧解脫解脫知見功德
具足者所食之餘終不可盡於是鉢飯悉飽
衆會猶故不賜其諸菩薩聲聞天人食此飯
者身安快樂譬如一切樂莊嚴國諸菩薩也
又諸毛孔皆出妙香亦如衆香國土諸樹
之香尒時維摩詰問衆香菩薩香積如来以何
說法彼菩薩曰我土如来无文字說但以衆
香令諸天人得入律行菩薩各各坐香樹下
聞斯妙香即獲一切德藏三昧得是三昧者
菩薩所有功德皆悉具足彼諸菩薩問維摩

BD04135號　維摩詰所説經卷下　（23–4）

之香尒時維摩詰問衆香菩薩香積如來何
說法彼菩薩曰我土如來无文字說但以衆
香令諸天人得入律行菩薩各各坐香樹下
聞斯妙香即獲一切德藏三昧得是三昧者
菩薩所有功德皆悉具足彼諸菩薩問維摩
詰今世尊釋迦牟尼以何說法維摩詰言此
土衆生剛強難化故佛爲說剛強之語以調伏
之言是地獄是畜生是餓鬼是諸難處是愚
人生處是身耶行是身耶行報是口耶行
是口耶行報是意耶行是意耶行報是煞生
是煞生報是不與取是不與取報是耶婬是
耶婬報是妄語是妄語報是兩舌是兩舌
報是惡口是惡口報是无義語是无義語報是
貪嫉是貪嫉報是瞋惱是瞋惱報是耶見是
耶見報是慳悋是慳悋報是毀戒是毀戒報
是瞋恚是瞋恚報是懈怠是懈怠報是乱意
是亂意報是愚癡是愚癡報是結戒是持戒
是犯戒是應作是不應作是鄣礙不鄣礙
是得罪是離罪是淨是垢是有漏是无漏是
耶道是正道是有爲是无爲是世間是涅槃
以難化之人心如猿猴故以若干種法制御其
心乃可調伏譬如象馬憹悷不調加諸楚毒
乃至徹骨然後調伏如是剛强難化衆生故
以一切苦切之言乃可入律彼諸菩薩聞說
是已皆曰未曾有也如世尊釋迦牟尼佛隱
其无量自在之力乃以貧所樂法度脫衆

BD04135 號　維摩詰所說經卷下　（23–5）

心乃可調伏譬如象馬憹悷不調加諸楚毒
乃至徹骨然後調伏如是剛强難化衆生故
以一切苦切之言乃可入律彼諸菩薩聞說
是已皆曰未曾有也如世尊釋迦牟尼佛隱
其无量自在之力乃以貧所樂法度脫衆
生斯諸菩薩亦能勞謙以无量大悲生是佛
土維摩詰言此土菩薩於諸衆生大悲堅
固誠如所言然其一世饒益衆生多於彼國
百千劫行所以者何此娑婆世界有十事善
法諸餘淨土之所无有何等爲十以布施攝
貧窮以淨戒攝毀禁以忍辱攝瞋恚以精進
攝懈怠以禪定攝亂意以智慧攝愚癡說
除難法度八難者以大乘法度樂小乘者以
諸善根濟无德者常以四攝成就衆生是爲十
彼菩薩曰菩薩成就幾法於此世界行无瘡
疣生于淨土維摩詰言菩薩成就八法於此
世界行无瘡疣生于淨土何等爲八饒益衆
生而不望報代一切衆生受諸苦惱所作功
德盡以施之等心衆生謙下无礙於諸菩薩
視之如佛所未聞經聞之不疑不與聲聞而
相違背不嫉彼供不高已利而於其中調伏
其心常省己過不訟彼短恒以一心求諸功
德是爲八維摩詰文殊師利於大衆中說是
法時百千天人皆發阿耨多羅三藐三菩提
心十千菩薩得无生法忍

BD04135 號　維摩詰所說經卷下　（23–6）

相違背不嫉彼供不高己利而於其中調伏
其心常省己過不訟彼短恒以一心求諸功
德是爲八維摩詰文殊師利於大衆中説是
法時百千天人皆發阿耨多羅三藐三菩提
心十千菩薩得无生法忍
菩薩行品第十一
是時佛説法於菴羅樹園其地忽然廣博嚴
事一切衆會皆作金色阿難白佛言世尊以
何因緣有此瑞應是處忽然廣博嚴事一切
衆會皆作金色佛告阿難是維摩詰文殊師
利與諸大衆恭敬圍遶發意欲来故先爲此
瑞應於是維摩詰語文殊師利可共見佛與
諸菩薩礼事供養文殊師利言善哉行矣今
正是時維摩詰即以神力持諸大衆并師子
座置於右掌往詣佛所到已著地稽首佛足
右繞七匝一心合掌在一面立其諸菩薩即
皆避座稽首佛足亦繞七匝於一面立諸大
弟子釋梵四天王等亦皆避座稽首佛足在
一面立於是世尊如法慰問諸菩薩已各令復
座即皆受教衆坐已定佛語舍利弗汝見菩
薩大士自在神力之所爲乎唯然已見於汝
意云何世尊我覩其爲不可思議悲意所啚
非度所測尒時阿難白佛言世尊今所聞香
自昔未有是爲何香佛告阿難是彼菩薩
毛孔之香於是舍利弗語阿難言我等毛孔
亦出是香阿難言此所從来曰是長者維摩
詰從衆香國取佛餘飯於舍食者一切毛孔皆

薩大士自在神力
意云何世尊我覩其爲不可思議悲意所啚
非度所測尒時阿難白佛言世尊今所聞香
自昔未有是爲何香佛告阿難是彼菩薩
毛孔之香於是舍利弗語阿難言我等毛孔
亦出是香阿難言此所從来曰是長者維摩
詰從衆香國取佛餘飯於舍食者一切毛孔皆
香若此阿難問維摩詰是香氣住當久如維
摩詰言至此飯消曰此飯久如當消曰此飯
勢力至于七日然後乃消又阿難若聲聞人
未入正位食此飯者得入正位然後乃消已
入正位食此飯者得心解脱然後乃消若未
發大乘意食此飯者至發意乃消已發意
食此飯者得无生忍然後乃消已得无生忍
食此飯者至一生補處然後乃消譬如有藥
名曰上味其有服者身諸毒滅然後乃消此
飯如是滅除一切諸煩惱毒然後乃消阿難
白佛言未曽有也世尊如此香飯能作佛事佛
言如是如是阿難或有佛土以佛光明而作
佛事有以諸菩薩而作佛事有以佛所化人
而作佛事有以菩提樹而作佛事有以佛衣
服卧具而作佛事有以飯食而作佛事有以
園林臺觀而作佛事有以三十二相八十隨
形好而作佛土有以佛身而作佛事有以虚
空而作佛事衆生應以此緣得入律行有以
夢幻影響鏡中像水中月熱時焰如是等

服卧具而作佛事有以飯食而作佛事有以
園林臺觀而作佛事有以三十二相八十隨
形好而作佛事有以佛身而作佛事有以虛
空而作佛事衆生應以此緣得入律行有以
夢幻影響鏡中像水中月熱時焰如是等
喻而作佛事又以音聲語言文字而作佛事或
有清淨佛土寂漠无言无說无示无識无作
无爲而作佛事如是阿難諸佛威儀進止諸所
施爲无非佛事阿難有此四魔八万四千諸煩
惱門而諸衆生爲之疲勞諸佛即以此法而
作佛事是名入一切諸佛法門菩薩入此門
者若見一切淨妙佛土不以爲喜不貪不
高若見一切不淨佛土不以爲憂不㝵不沒
但於諸佛生清淨心歡喜恭敬未曾有也諸
佛如來功德平等爲教化衆生故而現佛土
不同阿難汝見諸佛國土地有若干而虛空
也无若干也如是見諸佛色身有若干耳其无
㝵慧无若干也阿難諸佛色身威德種姓戒
定智慧解脫解脫知見力无所畏不共之法大
慈大悲威儀所行及其壽命說法教化成
就衆生淨佛國土具諸佛法悉皆同等是故
名爲三藐三佛陁名爲多陁阿伽度名爲佛
陁阿難若我廣說此三句義汝以劫壽不能
盡受正使三千大千世界滿中衆生皆如阿
難多聞第一得念總持此諸人等以劫之壽
亦不能受如是阿難諸佛阿耨多羅三藐三

BD04135號　維摩詰所說經卷下　（23-9）

陁阿難若我廣說此三句義汝以劫壽不能
盡受正使三千大千世界滿中衆生皆如阿
難多聞第一得念總持此諸人等以劫之壽
亦不能受如是阿難諸佛阿耨多羅三藐三
菩提无有限量智慧辯才不可思議阿難白
佛言我從今已往不敢自謂以爲多聞佛告
阿難勿起退意所以者何我說汝於聲聞中
爲最多聞非謂菩薩且止阿難其有智者不
應限度諸菩薩也一切海淵尚可測量菩薩
禪定智慧總持辯才一切功德不可量也阿
難汝等捨置菩薩所行是維摩詰一時所現
神通之力一切聲聞辟支佛於百千劫盡力
變化所不能作
尒時衆香世界菩薩來者合掌白佛言世尊
我等初見此土生下劣想今自悔責捨離是心
所以者何諸佛方便不可思議爲度衆生故
隨其所應現佛國異唯然世尊願賜少法還
於彼土當念如來佛告諸菩薩有盡无盡
解脫法門汝等當學何謂爲盡謂有爲法何
謂无盡謂无爲法如菩薩者不盡有爲不住
无爲何謂不盡有爲謂不離大慈不捨大悲
深發一切智心而不忽忘教化衆生終不猒倦
於四攝法常念順行護持正法不惜軀命
種諸善根无有疲猒志常安住方便迴向求
法不懈說法无悋勤供諸佛故入生死而无

BD04135號　維摩詰所說經卷下　（23-10）

法[illegible]一切智心而不忽忘教化衆生終不厭倦
於四攝法常念順行護持正法不惜軀命
種諸善根无有疲猒志常安住方便迴向求
法不懈說法无悋勤供諸佛故入生死而无
所畏於諸榮辱心无憂喜不輕未學敬學如
佛墮煩惱者令發正念於遠離樂不以為貴
不著己樂慶於彼樂在諸禪定如地獄想於
生死中如園觀想見來者為善師想捨諸
所有具一切智想見毀戒人起救護想諸波
羅蜜為父母想道品之法為眷屬想發行善
根无有齊限以諸淨國嚴飾之事成己佛土
開門大施具足相好除一切惡淨身口意淨生
死无數劫意而有勇聞佛无量德志而不倦
以智慧劒破煩惱賊出陰界入荷負衆生永使
解脫以大精進摧伏魔軍常求无念實相
智慧行出世間法少欲知足而不捨世法於出
世間法求之无猒不壞威儀而能隨俗起
神通慧引導衆生得念總持所聞不忘
善別諸根斷衆生疑以樂說辯演法
无礙淨十善道受天人福脩四无量開梵天
道勸請說法隨喜讚善得佛音聲身口意
善行佛威儀深脩善法所行轉勝以大乘教成
菩薩僧心无放逸不失衆善行如此法是名
菩〃不盡有為何謂菩薩不住无為謂脩學
空不以為證脩學无想无作不以无相无
作為證脩學无起不以无起為證觀於无常
而不猒善本觀世間苦而不惡生死觀於无

BD04135 號　維摩詰所說經卷下　（23–11）

菩薩僧心无放逸不失衆善行如此法是名
菩〃不盡有為何謂菩薩不住无為謂脩學
空不以為證脩學无想无作不以无相无
作為證脩學无起不以无起為證觀於无常
而不猒善本觀世間苦而不惡生死觀於无
我而誨人不倦觀於寂滅不不永寂滅觀於
遠離而身心脩善觀无所歸而趣善法觀於
无　以生法荷負一切觀於无漏不不斷諸
漏觀无所行而以行法教化衆生觀於空无
而不捨大悲觀正法位而不隨小乘觀諸法
虛妄无牢无人无主无相本願未滿而　不
虛福德禪定智慧脩如此法是名菩薩不住
无為又具福德故不住无為具智慧故不盡
有為大慈悲故不住无為滿本願故不盡有
為　法藥故不住无為隨授藥故不盡有為
知衆生病故不住无為滅衆生病故不盡有
為諸正士菩薩已脩此法不盡有為不住无
為是名盡无盡解脫法門汝等當學尒時彼
諸菩薩聞說是法皆大歡喜以衆妙華若干
種色若干種香遍散三千大千世界供養於
佛及此經法并諸菩薩已稽首佛足歎未
曾〃言釋迦牟尼佛乃能於此善行方便
言　然不現還到彼國
見阿閦佛品第十二
尒時世尊問維摩詰汝欲見如來為以何等
觀如來乎維摩詰言如自觀身實相觀佛亦

BD04135 號　維摩詰所說經卷下　（23–12）

曾言釋迦牟尼佛乃能於此善行方便
言　然不現還到彼國
見阿閦佛品第十二
尒時世尊問維摩詰汝欲見如來為以何等
觀如來乎維摩詰言如自觀身實相觀佛亦
然我觀如來前際不來後際不去今則不住
不觀色不觀色如不觀色性不觀受想行識
不觀識如不觀識性非四大起同於虛空六
入无積眼耳鼻舌身心已過不在三界三垢
已離順三脫門三明與无明等不一相不異
相不自相不他相非无相非取相不此岸不
彼岸不中流而化衆生觀於寂滅亦不永滅
不此不彼不以此不以彼不可以智知不可以
識識无晦无明无名无相无強不弱非淨非
穢不在方不離方非有為非无為无示无
說不施不慳不戒不犯不忍不恚不進不怠
不定不亂不智不愚不誠不欺不來不去不
出不入一切言語道斷非福田非不福田非
應供養非不應供養非取非捨非有相非无相
同真際等法性不可稱不可量過諸稱量非
大非小非見非聞非覺非知離衆結縛等諸
智同衆生於諸法无分別一切无失无濁无
惱无作无起无生无滅无畏无憂无喜无猒
无著无已有无當有无今有不可以一切言
說分別顯示世尊如來身為若此也作如是觀
以斯觀者名為正觀若他觀者名為耶觀

BD04135號　維摩詰所說經卷下　（23–13）

大非小非見非聞非覺非知離衆結縛等諸
智同衆生於諸法无分別一切无失无濁无
惱无作无起无生无滅无畏无憂无喜无猒
无著无已有无當有无今有不可以一切言
說分別顯示世尊如來身為若此也作如是觀
以斯觀者名為正觀若他觀者名為耶觀
尒時舍利弗問維摩詰汝於何沒而來生此
維摩詰言汝所得法有沒生乎舍利弗言无
沒生也若諸法无沒生相云何問言汝於何
沒而來生此於意云何譬如幻師幻作男女寧
沒生耶舍利弗言无沒生也汝豈不聞佛說
諸法如幻相乎荅曰如是若一切法如幻相
者云何問言汝於何沒而來生此舍利弗沒
者為虛誑法壞敗之相生者為虛誑法相
續之相菩薩雖沒不盡善本雖生不長諸惡
是時佛告舍利弗有國名妙喜佛号无動
是維摩詰於彼國沒而來生此舍利弗言未
曾有也世尊是人乃能捨清淨佛土而來樂此
多怒害處維摩詰語舍利弗於意云何日光出
時與冥合乎荅曰不也日光出時則无衆冥
維摩詰言夫日何故行閻浮提荅曰欲以明
照為之除冥維摩詰言菩薩如是雖生不淨
佛土為化衆生不與愚闇而共合也但滅衆
生煩惱闇耳是時大衆渴仰欲見妙喜
世界不動如來及其菩薩聲聞之衆佛知一切
衆會所念告維摩詰言善男子為此衆會

BD04135號　維摩詰所說經卷下　（23–14）

生煩惱閙耳是時大衆渴仰欲見妙喜
世界不動如来及其菩薩聲之衆佛知一切
衆會所念告維摩詰言善男子爲此衆會
現妙喜國不動如来及諸菩薩聲聞之衆衆
皆欲見於維摩詰心念吾當不起于座接妙
喜國鐵圍山川溪谷江河大海泉源須弥諸山
及日月星宿天龍鬼神梵天宮等并諸菩薩
聲聞之衆城邑聚落男女大小乃至无動如
来及菩提樹諸妙蓮華能於十方作佛事者
三道寶階從閻浮提至忉利天以此寶階諸
天来下悉爲礼敬无動如来聽受經法閻浮
提人亦登其階上昇忉利見彼諸天妙喜世
界成就如是无量功德上至阿迦膩吒天下至
水際以右手斷取如陶家輪入此世界猶持
華鬘示一切衆作是念已入於三昧現神通
力以其右手斷取妙喜世界置於此土彼得
神通菩薩及聲聞衆并餘天人俱發聲言
唯然世尊誰取我去願見救護无動佛言非
我所爲是維摩詰神力所作其餘未得神通
者不覺不知已之所往妙喜世界雖入此土而
不增減於是世界亦不迫隘如本无異
尒時釋迦牟尼佛告諸大衆汝等且觀妙喜世
界无動如来其國嚴飾菩薩行淨弟子清白
皆曰唯然已見佛言若菩薩欲得如是清淨
佛土當學无動如来所行之道現此妙喜國
時娑婆世界十四那由他人發阿耨多羅三藐

界无動如来其國嚴飾菩薩行淨弟子清白
皆曰唯然已見佛言若菩薩欲得如是清淨
佛土當學无動如来所行之道現此妙喜國
時娑婆世界十四那由他人發阿耨多羅三藐
三菩提心皆願生於妙喜佛土釋迦牟尼
佛即記之曰當生彼國時妙喜世界於此國
土所應饒益其事訖已還復本處衆皆見
佛告舍利弗汝見此妙喜世界及无動佛
不唯然已見世尊願使一切衆生得清淨土如
无動佛獲神通力如維摩詰世尊我等快
得善利得見是人親近供養其諸衆生若
今現在若佛滅後聞此経者亦得善利况復
聞已信解受持讀誦解說如法脩行若有手
得是經典者使爲已得法寶之藏若有讀誦解
釋其義如說脩行則為諸佛之所護念其有
供養如是人者當知則爲供養於佛其有書
持此経卷者當知其室則有如来若聞是経
能隨喜者斯人則爲取一切智若能信解此
経乃至一四句偈爲他說者當知此人即是
受阿耨多羅三藐三菩提記
法供養品第十三
尒時釋提桓因於大衆中白佛言世尊我雖
從佛及文殊師利聞百千経未曾聞此不可
思議自在神通决定實相經典如我解佛所
說義趣若有衆生聞是経法信解受持讀誦
之者必得是法不疑何况如說脩行斯人則

尒時釋提桓因於大衆中白佛言世尊我雖
從佛及文殊師利聞百千経未曾聞此不可
思議自在神通決定實相経典如我解佛所
說義趣若有衆生聞是経法信解受持讀誦
之者必得是法不疑何況如說脩行斯人則
為閉衆惡趣開諸善門常為諸佛之所護念
降伏外學摧滅魔怨脩治菩提安處道場履
踐如來所行之跡世尊若有受持讀誦如說
脩行者我當與諸眷屬供養給事所在聚
落城邑山林曠野有是経處我亦與諸眷屬
聽受法故共到其所其未信者當令生信其已
信者當為作護佛言善哉善哉天帝如汝所
說吾助尒喜此経廣說過去未來現在諸佛
不可思議阿耨多羅三藐三菩提是故天帝
若善男子善女人受持讀誦供養是経者則
為供養去來今佛天帝正使三千大千世界
如來滿中譬如甘蔗竹葦稻麻叢林若有善
男子善女人或一劫或減一劫恭敬尊重讚
歎供養奉諸所安至諸佛滅後以一一全身
舍利起七寶塔縱廣一四天下高至梵天表
剎莊嚴以一切華香瓔珞幢幡妓樂微妙第
一若一劫若減一劫而供養之於天帝意云
何其人植福寧為多不釋提桓因言多矣世
尊彼之福德若以百千億劫說不能盡佛告
天帝當知是善男子善女人聞是不可思議
解脫経典信解受持讀誦脩行福多於彼所

何其人植福寧為多不釋提桓因言多矣世
尊彼之福德若以百千億劫說不能盡佛告
天帝當知是善男子善女人聞是不可思議
解脫経典信解受持讀誦脩行福多於彼所
以者何諸佛菩提皆從是生菩提之相不可
限量以是因緣福不可量佛告天帝過去无
量阿僧祇劫時世有佛号曰藥王如來應供
正遍知明行足善逝世間解无上士調御丈
夫天人師佛世尊世界曰大莊嚴劫曰莊嚴
佛壽二十小劫其聲聞僧三十六億那由他
菩薩僧有十二億天帝是時有轉輪聖王名
曰寶蓋七寶具足主四天下王有千子端正
勇健能伏怨敵尒時寶蓋與其眷屬供養
藥王如來施諸所安至滿五劫過五劫已告其
千子汝等亦當如我以深心供養於佛於是
千子受父王命供養藥王如來復滿五劫一
切施安其王一子名曰月蓋獨坐思惟寧有
供養殊過此者以佛神力空中有天曰善男
子法之供養勝諸供養即問何謂法之供養
天曰汝可往問藥王如來當廣為汝說法之供
養即時月蓋王子行詣藥王如來稽首佛
足却住一面白佛言世尊諸供養中法供養
勝云何為法之供養佛言善男子法供養者
諸佛所說深経一切世間難信難受微妙難
見清淨无染非但分別思惟之所能得菩薩
法藏所攝陀羅尼印印之至不退轉成就六

足却住一面白佛言世尊諸供養中法供養
勝云何為之法供養佛言善男子法供養者
諸佛所說深経一切世間難信難受微妙難
見清淨无染非但分別思惟之所能得菩薩
法藏所攝陁羅尼印印之至不退轉成就六
度善分別義順菩提法衆経之上入大慈悲
離衆魔事及諸耶見順因緣法无我无人无
衆无壽命空无相无作无起能令衆生坐於
道場而轉法輪諸天龍神乾闥婆等所共嘆
譽能令衆生入佛法藏攝諸賢聖一切智慧
說衆菩薩所行之道依於諸法實相之義明
宣无常苦空无我寂滅之法能救一切毀禁
衆生諸魔外道及貪著者能使怖畏諸佛
賢聖所共稱嘆背生死苦示涅槃樂十方三世
諸佛所說若聞如是等経信解受持讀誦以方
便力為諸衆生分別解說顯示分明守護法故
是名法之供養又於諸法如說脩行隨順十二
因緣離諸耶見得无生忍決定无我无有衆
生而於因緣果報无違无諍離諸我所依於義
不依語依於智不依識依了義経不依不了
義経依於法不依人隨順法相无所入无所
歸无明畢竟滅故諸行亦畢竟滅乃至生畢
竟滅故老死亦畢竟滅作如是觀十二因緣无
有盡相不復起見是名最上法之供養佛告
天帝王子月蓋從藥王佛聞如是法得柔順
忍即解寶衣嚴身之具以供養佛白佛言

BD04135號　維摩詰所說經卷下　（23–19）

竟滅故老死亦畢竟滅作如是觀十二因緣无
有盡相不復起見是名最上法之供養佛告
天帝王子月蓋從藥王佛聞如是法得柔順
忍即解寶衣嚴身之具以供養佛白佛言
世尊如來滅後我當行法供養守護正法願
以威神加哀建立令我得降魔怨能菩薩行
佛知其深心所念而記之曰汝於末後守護法
城天帝時王子月蓋見法清淨聞佛授記
以信出家脩集善法精進不久得五神通具
菩薩道得陁羅尼无斷辯才於佛滅後以其
所得神通捴持辯才之力滿十小劫藥王如来
所轉法輪隨而分布月蓋比丘以護持法勤
行精進即於此身化百万億人於阿耨多羅
三藐三菩提立不退轉十四部那由他人深發
聲聞辟支佛心无量衆生得生天上天帝時
王寶蓋豈異人乎今現得佛号寶焰如来其
王千子即賢劫中千佛是也從迦羅鳩村孫馱
為始得佛最後如来号曰樓至月蓋比丘則我
身是也如是天帝當知此要以法供養於諸
供養為上為最第一无比是故天帝當以法
之供養供養於佛

囑累品第十四

於是佛告弥勒菩薩言弥勒我今以是无量
億阿僧祇劫所集阿耨多羅三藐三菩提法
付囑於汝如是輩経於佛滅後末世之中汝等
當以神力廣宣流布於閻浮提无令斷絕所

BD04135號　維摩詰所說經卷下　（23–20）

囑累品第十四
於是佛告弥勒菩薩言弥勒我今以是无量
億阿僧祇劫所集阿耨多羅三藐三菩提法
付囑於汝如是輩経於佛滅後末世之中汝等
當以神力廣宣流布於閻浮提无令斷絶所
以者何未来世中當有善男子善女人及天
龍鬼神乹闥婆羅刹等發阿耨多羅三藐三
菩提心樂于大法若使不聞如是等經則失善
利如此輩人聞是等経必多信樂發希有心當
以頂受隨諸衆生所應得利而為廣說
弥勒當知菩薩有二相何謂為二一者好於
雜句文飾之事二者不畏深義如實能入若
好雜句文飾事者當知是為新學菩薩若於
如是无染无著甚深経典无有恐畏能入其
中聞已心淨受持讀誦如說脩行當知是為久
脩道行弥勒復有二法名新學者不能決定
於甚深法何等為二一者所未聞深経聞
之驚怖生疑不能隨順毀謗不信而作是言
我初不聞從何所来二者若有護持解說
如是深経者不肯親近供養恭敬或時於
中說其過惡有此二法當知是新學菩薩為
自毀傷不能於深法中調伏其心弥勒復有
二法菩薩雖信解深法猶自毀傷而不能得
无生法忍何等為二一者輕慢新學菩薩而不
教誨二者雖解深法而取相分別是為二法弥
勒菩薩聞說是已白佛言世尊未曾有也如

自毀傷不能於深法中調伏其心弥勒復有
二法菩薩雖信解深法猶自毀傷而不能得
无生法忍何等為二一者輕慢新學菩薩而不
教誨二者雖解深法而取相分別是為二法弥
勒菩薩聞說是已白佛言世尊未曾有也如
佛所說我當遠離如斯之惡奉持如来无數
阿僧祇劫所集阿耨多羅三藐三菩提法若
未来世中善男子善女人求大乘者當令手
得如是等経與其念力使受持讀誦為他
廣說世尊若後末世有能受持讀誦為他說
者當知是弥勒神力之所建立佛言善哉善
哉弥勒如汝所說佛助介喜於是一切菩薩
合掌白佛言我等亦於如来滅後十方國
土廣宣流布阿耨多羅三藐三菩提復當開
導諸說法者令得是経介時四天王白佛言
世尊在在處處城邑聚落山林曠野有経卷
讀誦解說者我當率諸官屬為聽法故往詣
其所擁護其人面百由旬令无伺求得其便
者是時佛告阿難受持是経廣宣流布阿難
言唯我已受持要者世尊當何名斯経佛
告阿難是経名為維摩詰所說亦名不可思
議解脫法門如是受持佛說是経已長者維
摩詰文殊師利舍利弗阿難等及諸天人阿脩羅
等一切大衆聞佛所說皆大歡喜作礼而去
維摩詰経卷下

言唯我已受持要者世尊當何名斯經佛
告阿難是經名為維摩詰所說亦名不可思
議解脫法門如是受持佛說是經已長者維
摩詰文殊師利舍利弗阿難等及諸天人阿脩羅
等一切大衆聞佛所說皆大歡喜作礼而去
維摩詰經卷下

BD04135 號　維摩詰所說經卷下　（23–23）

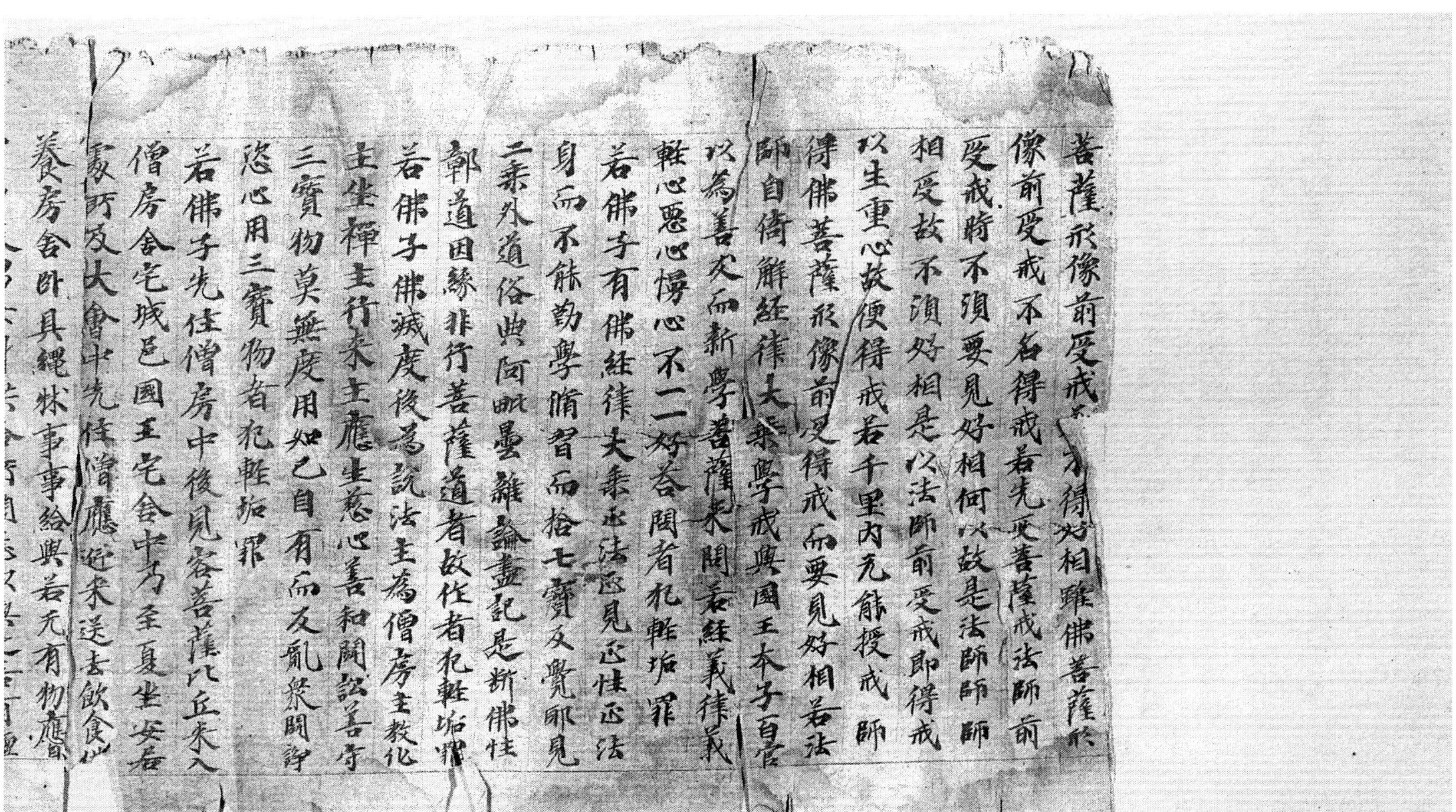

菩薩形像前受戒[illegible]不得好相雖佛菩薩形
像前受戒不名得戒若先受菩薩戒法師前
受戒時不須要見好相何以故是法師師師
相受故不須好相是以法師前受戒即得戒
以生重心故便得戒若千里內无能授戒師
得佛菩薩形像前受得戒而要見好相若法
師自倚解經律大乘學戒與國王太子百官
以為善友而新學菩薩來問若經義律義
輕心惡心慢心不一一好答問者犯輕垢罪
若佛子有佛經律大乘法正見正性正法
身而不能勤學脩習而捨七寶反學邪見
二乘外道俗典阿毗曇雜論書記是斷佛性
鄣道因緣非行菩薩道者故作者犯輕垢罪
若佛子佛滅度後為說法主為僧房主教化
主坐禪主行來主應生慈心善和鬪諍善守
三寶物莫無度用如己自有而反亂衆鬪諍
恣心用三寶物者犯輕垢罪
若佛子先住僧房中後見客菩薩比丘來入
僧房舍宅城邑國王宅舍中乃至夏坐安居
處所及大會中先住僧應迎來送去飲食供
養房舍卧具繩牀事事給與若无有物應賣
[illegible]

BD04136 號　梵網經盧舍那佛說菩薩心地戒品第十卷下　（5–1）

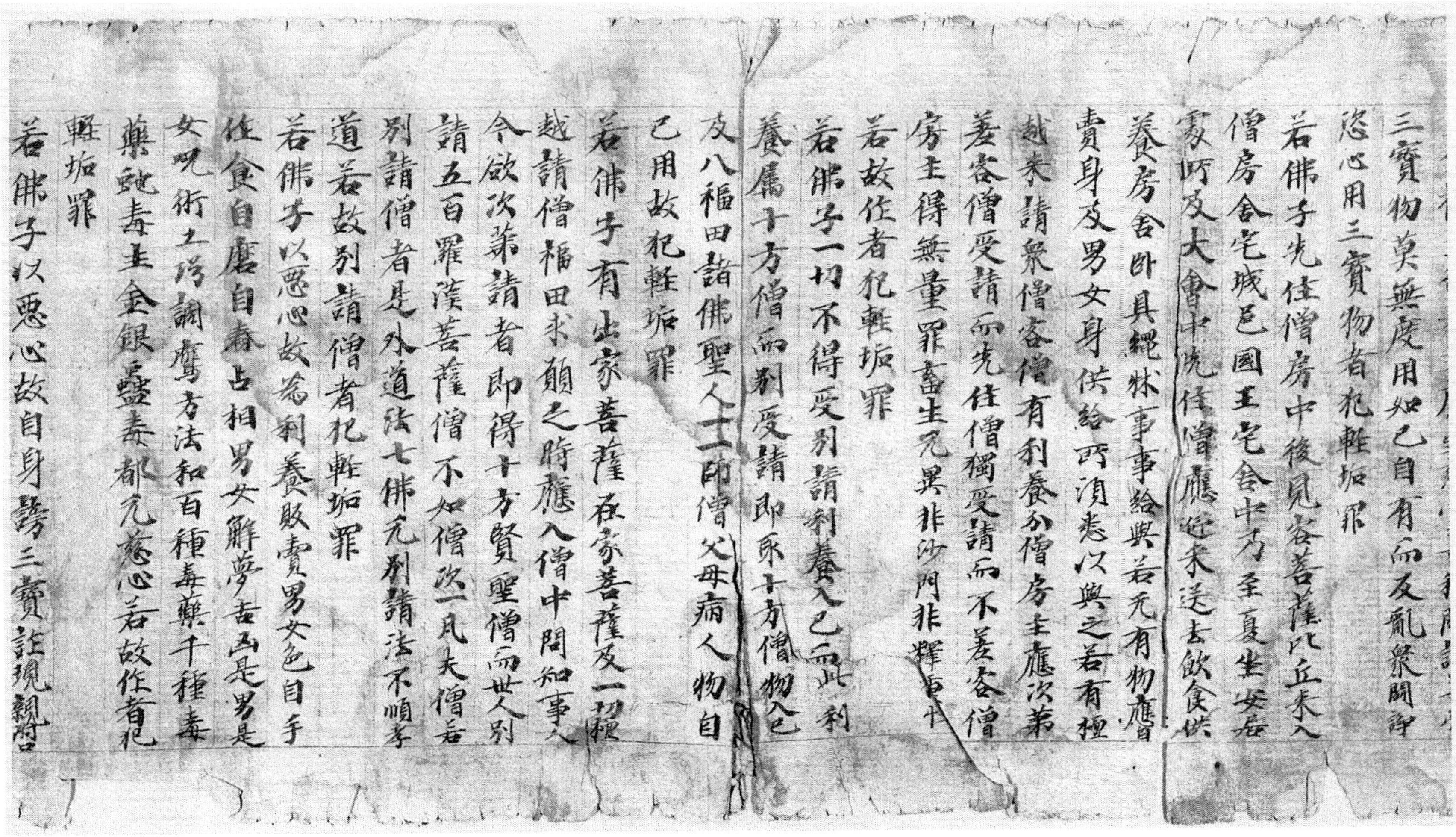
三寶物莫無度用如己自有而反亂衆鬬諍
恣心用三寶物者犯輕垢罪
若佛子先住僧房中後見客菩薩比丘來入
僧房舍宅城邑國王宅舍中乃至夏坐安居
處所及大會中先住僧應迎來送去飲食供
養房舍卧具繩牀事事給與若无有物應賣
責身及男女身供給所須悉以與之若有檀
越來請衆僧客僧有利養分僧房主應次第
差客僧受請而先住僧獨受請而不差客僧
房主得無量罪畜生无異非沙門非釋種性
若故作者犯輕垢罪
若佛子一切不得受別請利養入己而此利
養屬十方僧而別受請即取十方僧物入己
及八福田諸佛聖人一一師僧父母病人物自
己用故犯輕垢罪
若佛子有出家菩薩在家菩薩及一切檀
越請僧福田求願之時應入僧中問知事人
今欲次第請者即得十方賢聖僧而世人別
請五百羅漢菩薩僧不如僧次一凡夫僧若
別請僧者是外道法七佛无別請法不順孝
道若故別請僧者犯輕垢罪
若佛子以惡心故為利養販賣男女色自手
作食自磨自舂占相男女解夢吉凶是男是
女呪術工巧調鷹方法和百種毒藥千種毒
藥蛇毒生金銀蠱毒都无慈心若故作者犯
輕垢罪
若佛子以惡心故自身謗三寶詐現親附

BD04136號　梵網經盧舍那佛說菩薩心地戒品第十卷下　（5–2）

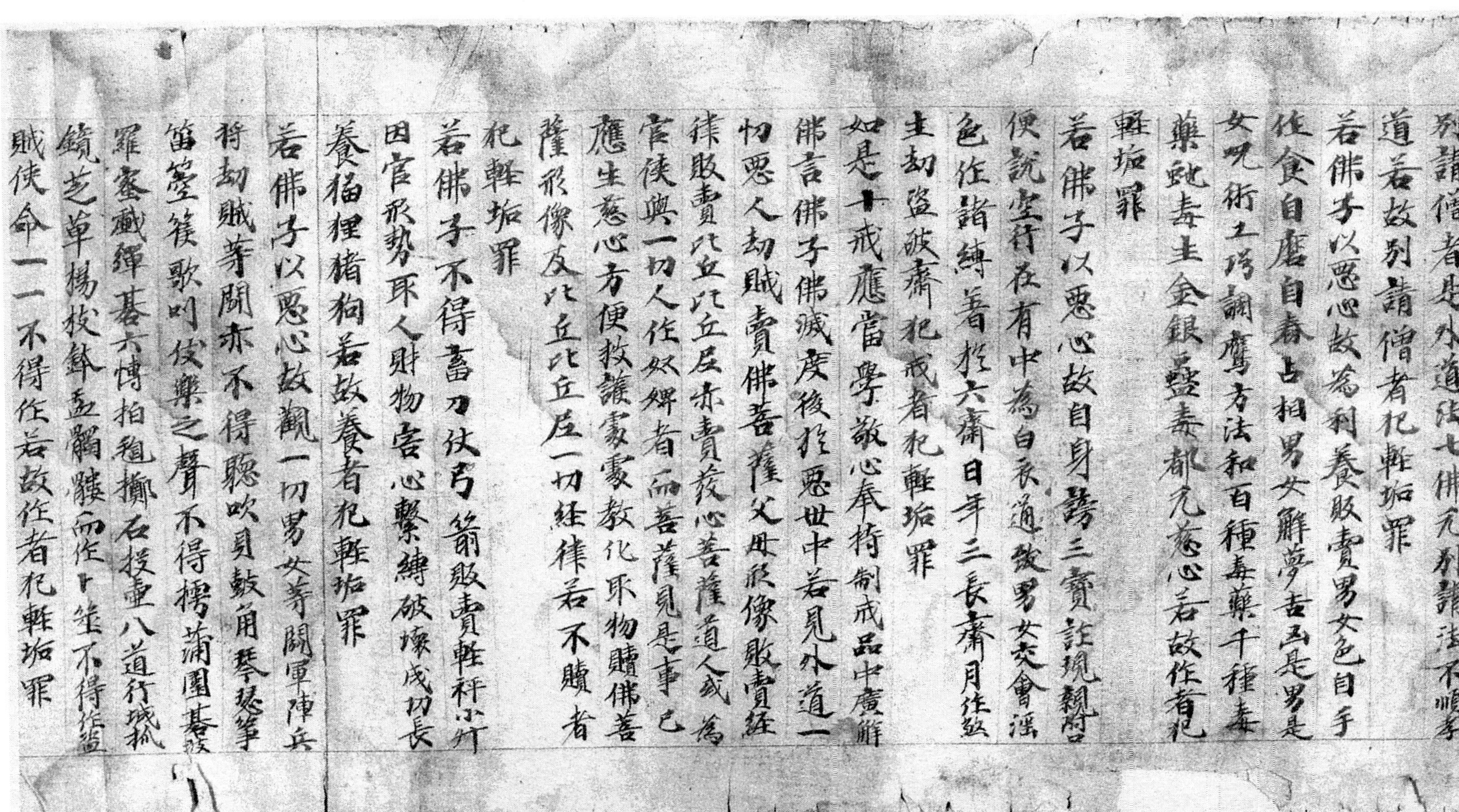
別請僧者是外道法七佛无別請法不順孝
道若故別請僧者犯輕垢罪
若佛子以惡心故為利養販賣男女色自手
作食自磨自舂占相男女解夢吉凶是男是
女呪術工巧調鷹方法和百種毒藥千種毒
藥蛇毒生金銀蠱毒都无慈心若故作者犯
輕垢罪
若佛子以惡心故自身謗三寶詐現親附
便說空行在有中為白衣通致男女交會淫
色作諸縛著於六齋日年三長齋月作殺
生劫盜破齋犯戒者犯輕垢罪
如是十戒應當學敬心奉持制戒品中廣解
佛言佛子佛滅度後於惡世中若見外道一
切惡人劫賊賣佛菩薩父母形像販賣經
律販賣比丘比丘尼亦賣發心菩薩道人或為
官使與一切人作奴婢者而菩薩見是事已
應生慈心方便救護處處教化取物贖佛菩
薩形像及比丘比丘尼一切經律若不贖者
犯輕垢罪
若佛子不得畜刀杖弓箭販賣輕秤小斗
因官形勢取人財物害心繫縛破壞成功長
養猫狸猪狗若故養者犯輕垢罪
若佛子以惡心故觀一切男女等鬬軍陣兵
將劫賊等鬬亦不得聽吹貝鼓角琴瑟箏
笛箜篌歌叫伎樂之聲不得樗蒱圍碁
羅塞戲彈碁六博拍毱擲石投壺八道行城爪
鏡芝草楊枝鉢盂髑髏而作卜筮不得作盜
賊使命一一不得作若故作者犯輕垢罪

BD04136號　梵網經盧舍那佛說菩薩心地戒品第十卷下　（5–3）

養猫狸猪狗若故養者犯輕垢罪
若佛子以惡心故觀一切男女等闘軍陣兵
將劫賊等闘亦不得聽吹貝鼓角琴瑟箏
笛箜篌歌叫伎樂之聲不得樗蒲圍碁波
羅塞戲彈碁六博拍毱擲石投壺八道行城爪
鏡芝草楊枝鉢盂髑髏而作卜筮不得作盜
賊使命一一不得作若故作者犯輕垢罪
若佛子護持禁戒行住坐臥日夜六時讀誦
是戒猶如金剛如帶持浮囊欲渡大海如草
繫比丘常生大乘信自知我是未成之佛諸
佛是已成之佛發菩提心念念不去心若起
一念二乘外道心者犯輕垢罪
若佛子常應發一切願孝順父母師僧三寶
常願得好師同學善友知識常教我大乘經
律十發趣十長養十金剛十地使我開解如
法修行堅持佛戒寧捨身命念念不去心若
一切菩薩不發是願者犯輕垢罪
若佛子發十大願已持佛禁戒作是願言
寧以此身投大熾然猛火大坑刀山終不毀
犯三世諸佛經律與一切女人作不淨行
復作是願寧以熱鐵羅網千重周迊纏身終
不以破戒之身受信心檀越一切衣服
復作是願寧以此口吞熱鐵丸及大流猛火
經百千劫終不以破戒之口食信心檀越百
味飲食
復作是願寧以此身臥大猛火羅網熱鐵地
上終不以破戒之身受信心檀越百種牀坐
復作是願寧以此身受三百鉾刺經一劫二

BD04136號　梵網經盧舍那佛說菩薩心地戒品第十卷下　（5–4）

味飲食
復作是願寧以此身臥大猛火羅網熱鐵地
上終不以破戒之身受信心檀越百種牀坐
復作是願寧以此身受三百鉾刺經一劫二
劫終不以破戒之身受信心檀越百味醫藥
復作是願寧以此身投熱鐵鑊經百千劫終
不以破戒之身受信心檀越千種房舍屋宅
園林田宅
復作是願寧以鐵鎚打碎此身從頭至足令
如微塵終不以此破戒之身受信心檀越恭
敬禮拜
復作是願寧以百千熱鐵刀鉾挑其兩目終
不以此破戒之心視他好色
復作是願寧以百千鐵錐遍身撥刺耳根
經一劫二劫終不以破戒之心聽好音聲
復作是願寧以百千刃刀割去其鼻終不以
破戒之心貪嗅諸香
復作是願寧以百千刃刀割斷其舌終不以
破戒之心食人百味淨食
復作是願寧以利斧斬斫其身終不以破戒
之心貪著好服
復作是願願一切衆生悉得成佛而菩薩若
不發是願者犯輕垢罪
若佛子常應二時頭陀冬夏坐禪結夏安居
常用楊枝澡豆三衣瓶鉢坐具錫杖

BD04136號　梵網經盧舍那佛說菩薩心地戒品第十卷下　（5–5）

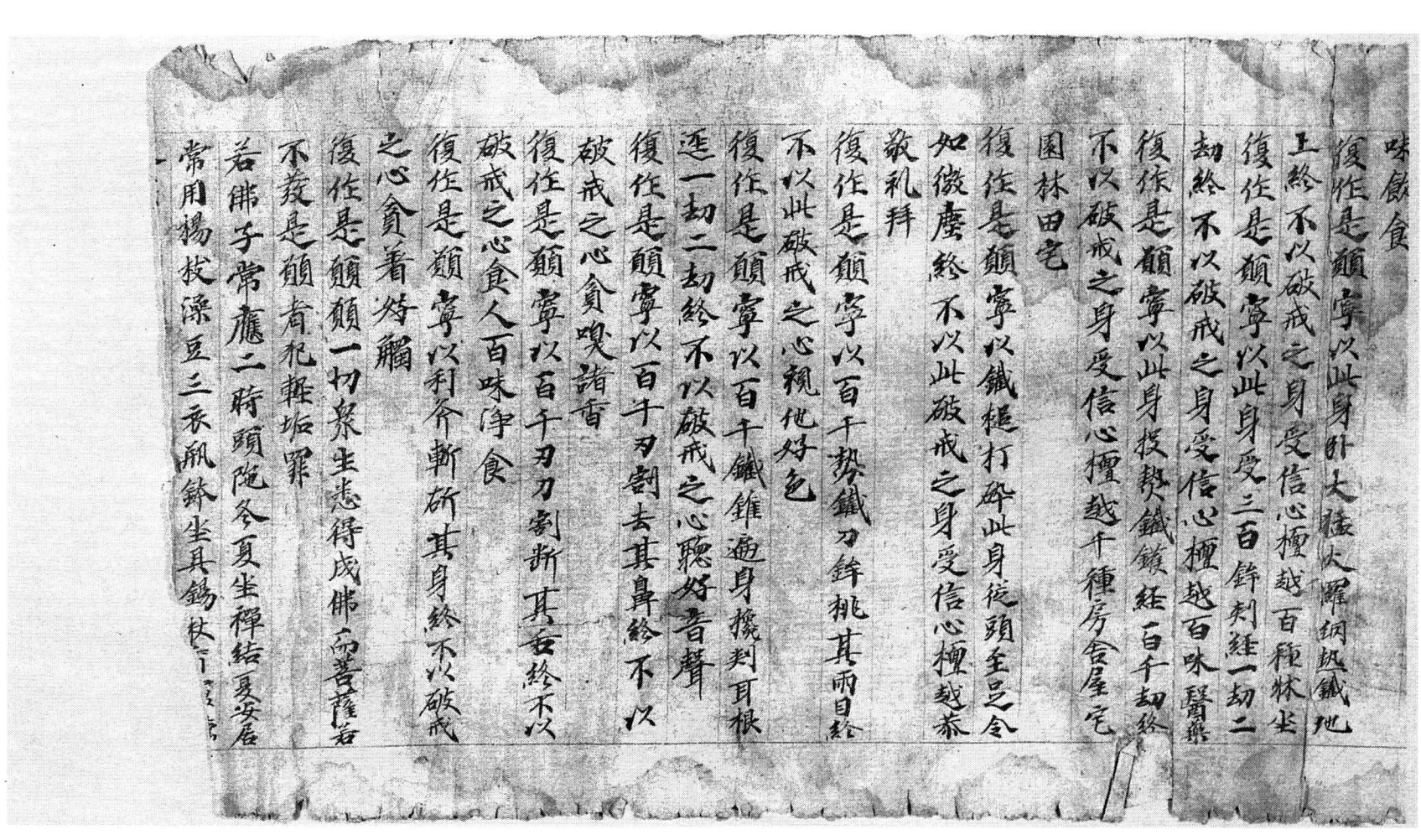

BD04136號背　殘文書（擬）　　　　（2–1）

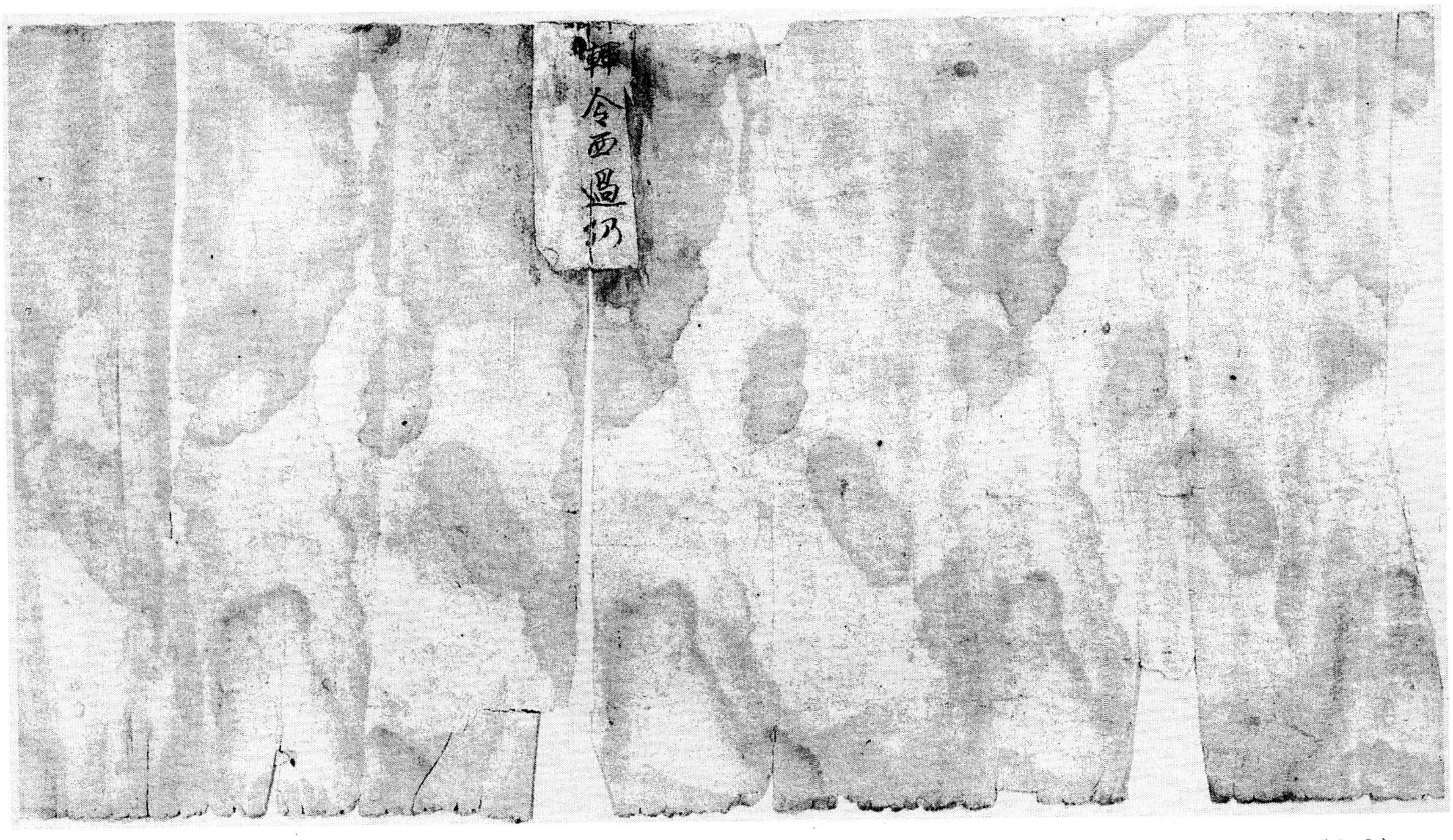

BD04136號背　殘文書（擬）　　　　（2–2）

上妙衣服飲食臥具醫藥隨其所須種種資
具供養攝受世尊若善男子善女人等能以
如是法施財施教誡教授供養攝受彼菩薩
摩訶薩是善男子善女人等所獲功德甚多
於前何以故世尊彼菩薩摩訶薩要由如是
法施財施教誡教授供養攝受速證無上正
等菩提尒時具壽善現告天帝釋言善哉善
哉憍尸迦汝乃能勸勵教菩薩摩訶薩復能
攝受彼菩薩摩訶薩亦能讚助彼菩薩摩訶
薩汝今已作佛聖弟子所應作事何以故憍
尸迦一切如來諸聖弟子為欲利樂諸有情
故方便勸勵彼菩薩摩訶薩令速趣無上正
等菩提以法施財施教誡教授供養攝受勸
加讚助彼菩薩摩訶薩令速證無上正等菩
提所以者何一切如來聲聞獨覺世間勝事
由彼菩薩摩訶薩故而得出現何以故憍尸
迦若無菩薩摩訶薩發起無上正等覺心則
無菩薩摩訶薩能學六波羅蜜多乃至十八
佛不共法若無菩薩摩訶薩學六波羅蜜多
乃至十八佛不共法則無菩薩摩訶薩證得

BD04137 號　大般若波羅蜜多經卷四三二　（7–1）

由彼菩薩摩訶薩故而得出現何以故憍尸
迦若無菩薩摩訶薩發起無上正等覺心則
無菩薩摩訶薩能學六波羅蜜多乃至十八
佛不共法若無菩薩摩訶薩學六波羅蜜多
乃至十八佛不共法則無菩薩摩訶薩證得
無上正等菩提若無菩薩摩訶薩證得無上
正等菩提則無如來聲聞獨覺世間勝事憍
尸迦由有菩薩摩訶薩發起無上正等覺心
便有菩薩摩訶薩能學六波羅蜜多乃至
十八佛不共法由有菩薩摩訶薩學六波
羅蜜多乃至十八佛不共法便有菩薩摩訶
薩證得無上正等菩提由有菩薩摩訶薩證
得無上正等菩提轉妙法輪能斷地獄傍生
鬼界亦能損減阿素洛黨增天人衆便有
剎帝利大族婆羅門大族長者大族居士大
族出現世間亦有四大王衆天乃至非想非
非想處天出現世間復有布施波羅蜜多乃
至般若波羅蜜多內空乃至無性自性空四
念住廣說乃至十八佛不共法出現世間復
有聲聞乘獨覺乘正等覺乘出現世間
第二分隨喜迴向品第卌七
尒時慈氏菩薩摩訶薩白具壽善現言大德
若菩薩摩訶薩以無所得而為方便於諸有
情所有功德隨喜俱行諸福業事若菩薩摩
訶薩以無所得而為方便持此隨喜俱行諸
福業事與一切有情平等共有迴向無上正
等菩提是[illegible]

BD04137 號　大般若波羅蜜多經卷四三二　（7–2）

尒時慈氏菩薩摩訶薩白具壽善現言大德
若菩薩摩訶薩以無所得而為方便於諸有
情所有功德隨喜俱行諸福業事若菩薩摩
訶薩以無所得而為方便持此隨喜俱行諸
福業事與一切有情平等共有迴向無上正
等菩提若餘有情隨喜迴向諸福業事若諸
異生聲聞獨覺諸福業事所謂施性戒性脩
性三福業事若四念住乃至八聖道支若三
解脫門八解脫九次第定四無礙解六神通
等諸福業事是菩薩摩訶薩所有隨喜迴向
功德於彼異生聲聞獨覺諸福業事為最為
勝為尊為高為妙為微妙為上為無上無
等無等等何以故大德以諸異生脩福業事
但為令己自在安樂聲聞獨覺脩福業事
但為自調伏為自寂靜為自涅槃諸菩薩摩
訶薩所有隨喜迴向功德普為一切有情調
伏寂靜般涅槃故
尒時具壽善現問慈氏菩薩摩訶薩言大
士是菩薩摩訶薩隨喜迴向心普緣十方無
數無量無邊世界一一世界無數無量無邊
諸佛已涅槃者從初發心至得無上正等菩提
如是展轉入無餘依涅槃界後乃至法滅於
其中間所有六波羅蜜多相應善根及与聲
聞獨覺菩薩一切有情若共不共無數無量
無邊佛法相應善根若彼異生弟子所有施
性戒性脩性三福業事若彼聲聞弟子所有

BD04137號　大般若波羅蜜多經卷四三二　（7-3）

諸佛已涅槃者從初發心至得無上正等菩提
如是展轉入無餘依涅槃界後乃至法滅於
其中間所有六波羅蜜多相應善根及与聲
聞獨覺菩薩一切有情若共不共無數無量
無邊佛法相應善根若彼異生弟子所有施
性戒性脩性三福業事若彼聲聞弟子所有
學無學無漏善根若諸如來應正等覺所成
戒蘊定蘊慧蘊解脫蘊解脫智見蘊及為
利樂一切有情大慈大悲大喜大捨無數
無量無邊佛法及彼諸佛所說正法若依彼
法精勤脩學得預流果一來不還阿羅漢
果得獨覺菩提得入菩薩正性離生及餘菩
薩摩訶薩行如是所有一切善根及餘有情
於諸如來應正等覺聲聞菩薩諸弟子眾若
現住世若涅槃後所種善根是諸善根一切
合集現前隨喜既隨喜已復以如是隨喜俱
行諸福業事與一切有情平等共有迴向無上
正等菩提願我以此善根與一切有情同共
引發無上菩提如是所起隨喜迴向於餘所
起諸福業事為最為勝為尊為高為妙為微
妙為上為無上無等無等等於意云何慈氏
大士彼菩薩摩訶薩緣如是事起隨喜迴向
心為有如是所緣事如彼菩薩摩訶薩所取相
不尒時慈氏菩薩摩訶薩答具壽善現言大
德彼菩薩摩訶薩緣如是事起隨喜迴向心
實無如是所緣事如彼菩薩摩訶薩所取相

BD04137號　大般若波羅蜜多經卷四三二　（7-4）

妙爲上爲無上無等無等等於意云何慈氏
大士彼菩薩摩訶薩緣如是事起隨喜迴向
心爲有如是所緣事如彼菩薩摩訶薩所取相
不尒時慈氏菩薩摩訶薩報具壽善現言大
德彼菩薩摩訶薩緣如是事起隨喜迴向心
實無如是所緣事如彼菩薩摩訶薩所取相
時具壽善現謂慈氏菩薩摩訶薩言大士若
無所緣事如所取相者彼菩薩摩訶薩隨喜
迴向心以取相爲方便普緣十方無數無量無
邊世界一一世界無數無量無邊諸佛已
涅槃者從初發心乃至法滅所有善根及弟
子等所有善根一切合集現前隨喜迴向無
上正等菩提如是所起隨喜迴向將非顛倒
如於無常謂常於苦謂樂於無我謂我於不
淨謂淨是想顛倒心顛倒見顛倒此於無相
而取其相亦應如是大士如所緣事實無所
有隨喜迴向心亦如是諸善根等亦如是無
上菩提亦如是布施淨戒安忍精進靜慮般
若波羅蜜多亦如是廣說乃至十八佛不共
法亦如是大士若如所緣事實無所有隨喜
迴向心亦如是諸善根等亦如是無上菩提
亦如是六波羅蜜多亦如是乃至十八佛不
共法亦如是者何等是所緣何等是事何等
是隨喜迴向心何等是諸善根等何等是無
上菩提何等是六波羅蜜多乃至十八佛不共
法而彼菩薩摩訶薩緣如是事起隨喜心迴
向無上正等菩提時慈氏菩薩摩訶薩報具

BD04137 號　大般若波羅蜜多經卷四三二　（7–5）

共法亦如是者何等是所緣何等是事何等
是隨喜迴向心何等是諸善根等何等是無
上菩提何等是六波羅蜜多乃至十八佛不共
法而彼菩薩摩訶薩緣如是事起隨喜心迴
向無上正等菩提時慈氏菩薩摩訶薩報具
壽善現言大德若菩薩摩訶薩久脩學六波
羅蜜多已曾供養無量諸佛宿殖善根久發
大願爲諸善友之所攝受善學諸法自相空
義是菩薩摩訶薩能於所緣事隨喜迴向
心諸善根等無上菩提諸佛世尊及一切法
皆不取相而能發起隨喜之心迴向無上正
等菩提如是所起隨喜迴向以非二非不二爲
方便非有相非無相爲方便非有所得非無
所得爲方便非染非淨爲方便非生非滅爲方
便於所緣事乃至無上正等菩提能不取相
不取相故非顛倒攝若有菩薩未久脩學六
波羅蜜多未曾供養無量諸佛未宿殖善根
未久發大願未多善友之所攝受未於一切
法善學自相空是諸菩薩於所緣事隨喜迴
向諸善根等無上菩提諸佛世尊及一切法
猶取其相起隨喜心迴向無上正等菩提如
是所起隨喜迴向以取相故猶顛倒攝非真
隨喜迴向無上正等菩提
復次大德不應爲彼新學大乘諸菩薩等及
對其前宣說般若波羅蜜多乃至布施波
羅蜜多內空乃至無性自性空四念住廣說

BD04137 號　大般若波羅蜜多經卷四三二　（7–6）

猶取其相起隨喜心迴向無上正等菩提如
是所起隨喜迴向以取相故猶顛倒攝非真
隨喜迴向無上正等菩提
復次大德不應為彼新學大乘諸菩薩等及
對其前宣說般若波羅蜜多乃至布施波
羅蜜多內空乃至無性自性空四念住廣說
乃至十八佛不共法及一切法自相空義何
以故大德新學大乘諸菩薩等於如是法雖
有少分信敬愛樂而彼聞已尋皆忘失驚怖
疑惑生毀謗故若不退轉諸菩薩摩訶薩或
曾供養無量諸佛宿殖善根久發大願為多
善友所攝受者應對其前為彼廣說分別開
示一切般若波羅蜜多乃至布施波羅蜜多
內空乃至無性自性空四念住廣說乃至十
八佛不共法及一切法自相空義何以故大
德以不退轉諸菩薩摩訶薩及曾供養無
量諸佛宿殖善根久發大願為多善友所攝
受者若聞此法皆能受持終不忘失亦不驚
怖疑惑毀謗大德諸菩薩摩訶薩應以如是
隨喜俱行諸福業事迴向無上正等菩提
爾時具壽善現白慈氏菩薩摩訶薩言大士
諸菩薩摩訶薩應以如是隨喜俱行諸福業

BD04137號　大般若波羅蜜多經卷四三二　（7–7）

時天冠大王　告迦
是時大迦葉　白彼天冠王　菩薩有十
聲聞无定智　如黑山搖動　雖離戲分別　尚染習氣泥
彼捨諸習氣　心淨當成佛
汝於微細境　其心已通達　種種世論中　明了而決定
善於諸地相　及佛清淨法　汝在宮殿中　眷屬所圍遶
清淨而嚴好　譬如盛滿月　能於脩觀行　自在之衆中
聞我界丈夫　云何從心起　汝及諸佛子　咸應一心聽
如其諸界內　心名為丈夫　諸界因此生　是義我當說
津潤生於水　炎盛生於火　動搖諸作業　因斯起風界
從於色分齊　有地及虛空　境界與諸習　識生而會聚
眼及於色等　相狀各不同　此為生廣門　諸有恒相續
爾時摩尼寶藏自在宮中持進菩薩與无量
菩薩俱從座而起稽首作礼持諸妙供而以供
養金剛藏尊復張寶網彌覆其上同聲讚曰
善哉善哉而說頌言
尊者住法雲　善入於佛地　能為諸菩薩　開示如來境
爾時大樹緊那羅王并諸妹女復持種種妙好
供具以為供養供養畢已偈讚之曰

BD04138號　大乘密嚴經（地婆訶羅本）卷下　（7–1）

養金剛藏尊復張寶網彌覆其上同聲讚曰
善哉善哉而說頌言
尊者住法雲　善入於佛地　能為諸菩薩　開示如來境
尒時大樹緊那羅王并諸婇女復持種種妙好
供具以為供養供養畢已倡讚之曰
善哉金剛藏　得无所畏者　為我等開演　如來微妙法
今此摩尼殿　清淨甚吉祥
尒時聖者觀自在菩薩慈氏菩薩得大勢菩
薩文殊師利菩薩寶髻菩薩天冠菩薩摠持
王菩薩一切義成菩薩如是等菩薩摩訶薩
及餘无量脩觀行者皆是佛子有大威德善
能開示觀行之心悉從座起手相觀察向金
剛藏菩薩摩訶薩而說偈言
惟願金剛尊　顯示於法眼　尊者善地相　一切咸綜知
如來常念持　佛子所宗敬　今此大力眾　同心而勸請
瑜伽自在者　願示於密嚴　普令諸世間　得所未曾有
此法甚清淨　遠離於言說　化佛諸菩薩　經中未開演
諸聖現法樂　見真无漏界　自覺智所行　清淨甚无比
具足眾三昧　及以陀羅尼　諸自在解脫　意生身十種
嚴淨佛國土　不可思議數　佛及諸菩薩　身量如微塵
乃至如毛端　百分中之一　密嚴佛國土　諸土中最勝
如是觀行者　來生於是間　此皆何所因　佛子願宣說
尒時金剛藏菩薩摩訶薩三十二相八十種
好莊嚴其身為欲宣示无分別離分別先佛
法眼如師子王普觀眾會知其智力堪能聽

BD04138號　大乘密嚴經（地婆訶羅本）卷下　　（7–2）

乃至如毛端　百分中之一　密嚴佛國土　諸土中最勝
如是觀行者　來生於是間　此皆何所因　佛子願宣說
尒時金剛藏菩薩摩訶薩三十二相八十種
好莊嚴其身為欲宣示无分別離分別先佛
法眼如師子王普觀眾會知其智力堪能聽
受即以梵聲迦陵伽聲廣長舌相清美之聲
其聲決定眾所悅可无有麁獷調柔簡暢鍵
羅摩聲烏拖多聲悉利多聲離沙婆聲般遮
摩聲畔嵐彌僧度略等聲皆悉具足无量功
德而共相應不令聽者其心迷著善能了達
音聲之相一切天人乾闥婆等莫不欣樂金
剛藏菩薩摩訶薩口无言說以本願力於其
身上眉額項鼻乃至肩膝猶如變化自然而
出如是之音為諸大眾演說法眼譬如鵝王
群鵝翼從在沙汀上素潔嚴好金剛藏大精
進者住於自在清淨之宮諸佛子眾所共圍
遶嚴潔亦尒如空中朗月光映眾星金剛藏
菩薩亦復如是處師子座映蔽一切諸脩行
者如月與光无有差別佛與金剛菩薩亦復
如是等无有異尒時如實見菩薩摩訶薩住
脩行地眾中上首從座而起合掌恭敬觀諸
菩薩說是偈言
嗚呼大乘法　微妙不思議　如來之境界　佛子應頂禮
无思離垢法　希有甚難遇　一切國土中　諸佛所觀察
大乘真實義　清淨无等倫　遠離諸分別　轉依之妙道

BD04138號　大乘密嚴經（地婆訶羅本）卷下　　（7–3）

脩行地衆中上首　從座而起合掌恭敬觀　諸
菩薩說是偈言
嗚呼大乘法　微妙不思議　如來之境界　佛子應頂礼
无思離垢法　希有甚難遇　一切國土中　諸佛所觀察
大乘真實義　清淨无等倫　遠離諸分別　轉依之妙道
八種識境界　諸自性不同　五法及无我　差別而開示
五種習所纏　生諸惡分別　見此微妙法　清淨如真金
得於清淨者　即住佛種姓　如來姓微妙　非外道聲聞
一切國土中　密嚴為最上　種姓成就已　而來生此國
尊者金剛藏　已得何三昧　所說清淨法　是何三昧境
尒時會中有无量菩薩衆皆音作礼而說偈言
大智金剛藏　願為我開演　住何三昧中　而能說是法
此諸佛子等　一切皆願聞
尒時金剛藏菩薩大无畏者普觀衆會智慧
之力為住聽受不思議法為不住邪諦觀察
已知諸佛子堪受斯法即說偈言
汝等諸佛子　咸應一心聽　我今為汝說　轉依之妙道
我所得三昧　名大乘威德　菩薩住是中　能演清淨法
亦見拘胝剎　所有諸如來　塵數那由他　在前而讚歎
善哉汝所說　此是瑜伽道　我等諸如來　皆行此三昧
於斯得自在　清淨成正覺　未曾有一佛　非此三昧生
是故此三昧　思惟不能及
若有諸菩薩　住是三昧中　即住不思議　諸佛之境界
證於自智境　及見於諸佛　變化百千億　乃至如微塵
內證之妙理　諸佛所安住　此法无諸相　遠離於聲色

BD04138號　大乘密嚴經（地婆訶羅本）卷下　（7–4）

於斯得自在　清淨成正覺　未曾有一佛　非此三昧生
是故此三昧　思惟不能及
若有諸菩薩　住是三昧中　即住不思議　諸佛之境界
證於自智境　及見於諸佛　變化百千億　乃至如微塵
內證之妙理　諸佛所安住　此法无諸相　遠離於聲色
名從於相生　相從因緣起　此二生分別　諸法性如如
於斯善觀察　是名為正智
名為遍計性　相是依他起　名相二俱遣　是為第一義
藏識住於身　隨處而流轉　習氣如山積　染意之所纏
末那有二門　意識同時起　五境現前轉　諸識身和合
猶如有我人　住在於身內　藏識瀑流水　境界風所飄
種種識浪生　相續恒不斷
佛及諸菩薩　能知法无我　已得成如來　復為人宣說
分析於諸蘊　見人无我性　不知无有法　是說為聲聞
菩薩善能觀　人法二无我　觀已即便捨　不住於真際
若住於真際　便捨大悲心　功業悉不成　不得成正覺
希有難思智　普利諸群生
如蓮出淤泥　色相甚嚴潔　諸天聖人等　見之生愛敬
如是佛菩薩　出於生死泥　成佛體清淨　諸天所欣仰
從初菩薩位　或作轉輪王　天主阿脩羅　乾闥婆王等
了悟大乘者　獲於如是身　漸次而脩行　決定得成佛
是故諸佛子　宜應一心學
世間諸衆生　染淨等諸法　皆依於藏識　為因而得生
此因勝无比　證實者宗亦　非與於能作　自在等相似
世尊說此識　為除諸習氣　了知解脫已　此亦无所得

BD04138號　大乘密嚴經（地婆訶羅本）卷下　（7–5）

了悟大乘者　獲於如是身　漸次而脩行　決定得成佛
是故諸佛子　宜應一心學
世間諸衆生　染淨等諸法　皆依於藏識　為因而得生
此因勝无比　證實者宗承　非與於能作　自在等相似
世尊說此識　為除諸習氣　了知解脫已　此亦无所得
賴耶有可得　解脫非是常
如來清淨藏　亦名无垢智　常住无始終　離四句言說
佛說如來藏　以為阿賴耶　惡慧不能知　藏即賴耶識
如來清淨藏　世間阿賴耶　如金與指環　展轉无差別
譬如巧金師　以淨好真金　造作指嚴具　欲以莊嚴指
其相異衆物　說名為指環
現樂諸聖人　證於自智境　切德轉增勝　自共无能說
現法諸定者　了境唯是識　得第七地已　轉滅不復生
心識之所行　一切諸境界　所見雖差別　但識无有境
瓶衣等衆物　境界悉皆无　心變似境生　謂能取所取
譬如星月等　依須彌運行　諸識亦復然　恒依賴耶轉
當知賴耶識　即名為密嚴　譬如好真金　光色常充滿
自證清淨境　非分別境界　性與分別離　不可得分別
體實而是常　定者能觀見　意識所行境　但縛於凡夫
聖見悉清淨　譬如陽焰等
尒時世尊說是經已金剛藏等无量菩薩摩
訶薩及從他方來此會者无央數衆聞佛所
說皆大歡喜信受奉行

大乘密嚴經卷下

BD04138號　大乘密嚴經（地婆訶羅本）卷下　（7–6）

其相異衆物　說名為指環
現樂諸聖人　證於自智境　切德轉增勝　自共无能說
現法諸定者　了境唯是識　得第七地已　轉滅不復生
心識之所行　一切諸境界　所見雖差別　但識无有境
瓶衣等衆物　境界悉皆无　心變似境生　謂能取所取
譬如星月等　依須彌運行　諸識亦復然　恒依賴耶轉
當知賴耶識　即名為密嚴　譬如好真金　光色常充滿
自證清淨境　非分別境界　性與分別離　不可得分別
體實而是常　定者能觀見　意識所行境　但縛於凡夫
聖見悉清淨　譬如陽焰等
尒時世尊說是經已金剛藏等无量菩薩摩
訶薩及從他方來此會者无央數衆聞佛所
說皆大歡喜信受奉行

大乘密嚴經卷下

BD04138號　大乘密嚴經（地婆訶羅本）卷下　（7–7）

金光明經序品第一
如是我聞一時佛在王舍大城耆闍崛山是時
如來遊於无量甚深法性諸佛行處過諸
菩薩所行清淨是金光明諸經之王若有聞
者則能思惟无上微妙甚深之義如是經
典常為四方四佛世尊之所護持東方阿閦
南方寶相西方无量壽北方微妙聲我今當
說懺悔等法所生功德為无有上能壞一切
諸苦盡不善業
一切種智 而為根本 无量功德 之所莊嚴
滅除諸苦 與无量樂 諸根不具 壽命損減
貧窮困苦 諸天捨離 親厚鬪訟 王法所加
各各忿諍 財物損耗 愁憂恐怖 惡星災異
衆邪蠱道 變怪相續 臥見惡夢 晝夜愁惱
當淨洗浴 聽是經典 至心清淨 著淨潔衣
專聽諸佛 甚深行處 是經威德 能悉滅除
如是諸惡 令其寂滅 護世四王 將諸官屬
并及无量 夜叉之衆 悉來擁護 持是經者
大辯天神 尼連河神 鬼子母神 地神堅牢
大梵尊天 三十三天 大神龍王 緊那羅王
迦樓羅王 阿脩羅王 與其眷屬 悉共至彼
[illegible]

BD04139號　金光明經卷一　（6–1）

專聽諸佛 甚深行處 是經威德 能悉滅除
如是諸惡 令其寂滅 護世四王 將諸官屬
并及无量 夜叉之衆 悉來擁護 持是經者
大辯天神 尼連河神 鬼子母神 地神堅牢
大梵尊天 三十三天 大神龍王 緊那羅王
迦樓羅王 阿脩羅王 與其眷屬 悉共至彼
擁護是人 晝夜不離
我今所說 諸佛世尊 甚深秘密 微妙行處
億百千劫 甚難得值 若得聞經 若為他說
若心隨喜 若設供養 如是之人 於无量劫
常為諸天 八部所敬 如是脩行 生功德者
得不思議 无量福聚 亦為十方 諸佛世尊
深行菩薩 之所護持 著淨衣服 以上妙香
慈心供養 常不遠離 身意清淨 无有垢穢
歡喜悅豫 深樂是典 若得聽聞 當知善得
人身人道 及以正命 若聞懺悔 執持在心
是上善根 諸佛所讚
金光明經壽量品第二
尒時王舍城中有菩薩摩訶薩名曰信相
已曾供養過去无量億那由他百千諸佛種
諸善根是信相菩薩作是思惟何因何緣釋
迦如來壽命短促方八十年復更念言如佛所
說有二因緣壽命得長何等為二一者不
煞二者不害而我世尊於无量百千億那
由他阿僧祇劫脩不煞戒具足十善飲食惠施
不可限量乃至己身骨髓肉血充足飽滿飢餓
衆生況餘飲食大士如是至心念佛思是義

BD04139號　金光明經卷一　（6–2）

迦如來壽命短促方八十年復更念言如佛所
說有二因緣壽命得長何等爲二一者不
煞二者不害而我世尊於无量百千億那
由他阿僧祇劫脩不煞戒具足十善飲食惠施
不可限量乃至已身骨髓肉血充足飽滿飢餓
衆生况飲餘食大士如是至心念佛思是義
時其室自然廣博嚴事天紺琉璃種種衆
寶雜廁間錯以成其地猶如如來所居淨土
有妙香氣過諸天香烟雲垂布遍滿其室其
室四面各有四寶上妙高坐自然而出純以天衣
而爲敷具是妙坐上各有諸佛所受用華衆寶
合成於蓮蓮上有四如來東方名阿閦南方名
寶相西方名无量壽北方名微妙聲是四如
來自然而坐師子座上放大光明照王舍城及
此三千大千世界乃至十方恒河沙等諸佛
世界雨諸天華作天伎樂尒時三千大千
世界所有衆生以佛神力受天快樂諸根
不具即得具足舉要言之一切世間所有利益
未曾有事悉具足出現
尒時信相菩薩見是諸佛及希有事歡喜
踊躍恭敬合掌向諸世尊至心念佛作是思
惟釋迦如來无量功德唯壽命中心生疑惑
云何如來壽命如是方八十年尒時四佛以
正遍知告信相菩薩善男子汝今不應思量
如來壽命短促何以故善男子我等不見
諸天世人魔衆梵衆沙門婆羅門人及非
人有能思筭如來壽量如是齊限唯除如來
時四如來將欲宣暢釋迦文佛所得壽命欲

BD04139 號　金光明經卷一　（6–3）

正遍知告信相菩薩善男子汝今不應思量
如來壽命短促何以故善男子我等不見
諸天世人魔衆梵衆沙門婆羅門人及非
人有能思筭如來壽量如是齊限唯除如來
時四如來將欲宣暢釋迦文佛所得壽命欲
色界天諸龍鬼神乾闥婆阿脩羅迦樓羅緊
那羅摩睺羅伽及无量百千億那由他菩薩
摩訶薩以佛神力悉來聚集信相菩薩摩訶
薩室尒時四佛於大衆中略以偈喻說釋迦
如來所得壽量而作頌曰
一切諸水　可知滴數　无有能數　釋尊壽命
諸須彌山　可知斤兩　无有能量　釋尊壽命
一切大地　可知塵數　无有能筭　釋尊壽命
虛空界分　尚可盡邊　无有能計　釋尊壽命
不可計劫　億百千万　佛壽如是　无量无邊
以是因喻　故說二乘　不害物命　施食无量
是故大士　壽不可計　无量无邊　亦无齊限
是故汝今　不應於佛　无量壽命　而生疑惑
尒時信相菩薩摩訶薩聞是四佛宣說如來
壽命无量深心信解歡喜踊躍說是如來壽
命品時无量无邊阿僧祇衆生發阿耨多羅
三藐三菩提心時四如來忽然不現
金光明經懺悔品第三
尒時信相菩薩即於其夜夢見金鼓其狀殊
大其明普照喻如日光復於光中得見十方
无量无邊諸佛世尊衆寶樹下坐瑠璃座與
无量百千眷屬圍繞而爲說法見有一人似

BD04139 號　金光明經卷一　（6–4）

金光明經懺悔品第三
尒時信相菩薩即於其夜夢見金鼓其狀殊
大其明普照喻如日光復於光中得見十方
无量无邊諸佛世尊衆寶樹下坐瑠璃座與
无量百千眷屬圍繞而為説法見有一人似
婆羅門以桴擊鼓出大音聲其聲演説懺悔
偈頌時信相菩薩從夢寤已至心憶念夢中
所聞懺悔偈頌過夜至旦出王舍城尒時亦
有无量无邊百千衆生與菩薩俱往耆闍崛
山至於佛所至佛所已頂礼佛足右遶三匝
却坐一面敬心合掌瞻仰尊顔以其夢中
所説金鼓及聞懺悔偈頌向如來説
昨夜所夢　至心憶持　夢見金鼓　妙色光曜
其光大盛　明喻於日　遍照十方　恒河世界
又因此光　得見諸佛　衆寶樹下　坐瑠璃座
无量大衆　圍遶説法
見婆羅門　擊是金鼓　其鼓音中　説如是偈
是大金鼓　所出妙音　悉能滅除　三世諸苦
地獄餓鬼　畜生諸苦　貧窮困厄　及諸有苦
是鼓所出　微妙之音　能除衆生　諸苦所逼
斷衆怖畏　令得无懼　猶如諸佛　得无所畏
諸佛聖人　所成功德　離於生死　到大智岸
如是衆生　所得功德　定及助道　猶如大海
是鼓所出　如是妙音　令衆生得　梵音深遠
證佛无上　菩提勝果　轉无上輪　微妙清淨
住壽无量　不思議劫　演説正法　利益衆生
能害煩惱　消除諸苦　貪瞋癡等　悉令寂滅

BD04139號　金光明經卷一　（6–5）

却坐一面敬心合掌瞻仰尊顔以其夢中
所説金鼓及聞懺悔偈頌向如來説
昨夜所夢　至心憶持　夢見金鼓　妙色光曜
其光大盛　明喻於日　遍照十方　恒河世界
又因此光　得見諸佛　衆寶樹下　坐瑠璃座
无量大衆　圍遶説法
見婆羅門　擊是金鼓　其鼓音中　説如是偈
是大金鼓　所出妙音　悉能滅除　三世諸苦
地獄餓鬼　畜生諸苦　貧窮困厄　及諸有苦
是鼓所出　微妙之音　能除衆生　諸苦所逼
斷衆怖畏　令得无懼　猶如諸佛　得无所畏
諸佛聖人　所成功德　離於生死　到大智岸
如是衆生　所得功德　定及助道　猶如大海
是鼓所出　如是妙音　令衆生得　梵音深遠
證佛无上　菩提勝果　轉无上輪　微妙清淨
住壽无量　不思議劫　演説正法　利益衆生
能害煩惱　消除諸苦　貪瞋癡等　悉令寂滅
若有衆生　處在地獄　大火熾燃　燒炙其身
若聞金鼓　微妙音聲　所出言教　即尋礼佛
亦令衆生　得知宿命　百生千生　千万億生
令心正念　諸佛世尊　亦聞无上　微妙之言

BD04139號　金光明經卷一　（6–6）

故得於佛道是故菩薩名无所得復次善男
子无所得者名方等經菩薩讀誦如是經故
得大涅槃是故菩薩名无所得有所得者名
十一部經菩薩不脩純說方等大乘經典是
故菩薩名无所得復次善男子无所有者名
為虛空世間无物名為虛空菩薩得是虛空
三昧无所見故是故菩薩名无所得有所得
者名生死輪一切凡夫輪迴生死故有所見
菩薩永斷一切生死是故菩薩名无所得復
次善男子菩薩摩訶薩无所得者名常樂我
淨菩薩摩訶薩見佛性故得常樂我淨是故
菩薩名无所得有所得者名无常无樂无我
无淨菩薩摩訶薩斷是无常无樂无我无淨
是故菩薩名无所得復次善男子无所得者
名第一義空菩薩摩訶薩觀第一義空悉无
所見是故菩薩名无所得有所得者名為五
見菩薩永斷是五見故得第一義空是故菩
薩名无所得復次善男子无所得者名為阿
耨多羅三藐三菩提菩薩摩訶薩得阿耨多
羅三藐三菩提時悉无所見是故菩薩名无
所得有所得者名為聲聞緣覺菩提菩薩永

BD04140 號　大般涅槃經（北本）卷一七　（7–1）

所見是故菩薩名无所得有所得者名為五
見菩薩永斷是五見故得第一義空是故菩
薩名无所得復次善男子无所得者名為阿
耨多羅三藐三菩提菩薩摩訶薩得阿耨多
羅三藐三菩提時悉无所見是故菩薩名无
所得有所得者名為聲聞緣覺菩提菩薩永
斷二乘菩提是故菩薩名无所得善男子汝
之所問亦无所得我之所說亦无所得若說
有得是魔眷屬非我弟子迦葉菩薩摩訶薩
白佛言世尊為我說是菩薩无所得時无量
衆生斷有相心以是事故我敢諮啓无所得
義今如是等无量衆生離魔眷屬為佛弟子
迦葉菩薩白佛言世尊如來先為純陀說偈
本有今无　本无今有　三世有法　无有是處
世尊是義云何佛言善男子我為化度諸衆
生故而作是說亦為聲聞辟支佛故而作是
說亦為文殊師利法王子故而作是說不但
正為純陀一人說是偈也時文殊師利將欲
問我我知其心而為說之我既說已文殊師
利即得解了迦葉菩薩言世尊如文殊等詎
有幾人能了是義唯願如來更為大衆廣分
別說善男子諦聽諦聽今當為汝重敷演之
言本有者我昔本有无量煩惱以煩惱故現
在无有大般涅槃言本无者本无般若波羅
蜜以无般若波羅蜜故現在具有諸煩惱結
若有沙門若婆羅門若天若魔若梵若人說
言如來去來現在有煩惱者无有是處復次

BD04140 號　大般涅槃經（北本）卷一七　（7–2）

言本有者我昔本有无量煩惱以煩惱故現
在无有大般涅槃言本无者本无般若波羅
蜜以无般若波羅蜜故現在具有諸煩惱結
若有沙門若婆羅門若天若魔若梵若人説
言如來去來現在有煩惱者无有是處復次
善男子言本有者我本有父母和合之身是
故現在无有金剛微妙法身言本无者我身
本无三十二相八十種好以本无有三十二
相八十種好故現在具有四百四病若有沙
門若婆羅門若天若魔若梵若人説言如來
去來現在有病苦者无有是處復次善男子
言本有者我昔本有无常无我无樂无淨以
有无常无我无樂无淨故現在无有阿耨多
羅三藐三菩提言本无者本不見佛性以不
見故无常樂我淨若有沙門若婆羅門若天
若魔若梵若人説言如來去來現在无常樂
我淨者无有是處復次善男子言本有者本
有凡夫脩苦行心謂得阿耨多羅三藐三菩
提以是事故現在不能破壞四魔言本无者
本无有六波羅蜜以本无有六波羅蜜故脩
行凡夫苦行之心謂得阿耨多羅三藐三菩
提若有沙門若婆羅門若天若魔若梵若人
説言如來去來現在有苦行者无有是處復
次善男子言本有者我昔本有雜食之身以
有食身故現在无有无邊之身言本无者本
无三十七助道法以无三十七助道法故現
在具有雜食之身若有沙門若婆羅門若天

BD04140號　大般涅槃經（北本）卷一七　　（7–3）

説言如來去來現在有苦行者无有是處復
次善男子言本有者我昔本有雜食之身以
有食身故現在无有无邊之身言本无者本
无三十七助道法以无三十七助道法故現
在具有雜食之身若有沙門若婆羅門若天
若魔若梵若人説言如來去來現在有雜食
身者无有是處復次善男子言本有者我昔
本有一切法中取著之心以是事故現在无
有畢竟空定言本无者我本无有中道實義
以无中道真實義故於一切法則有著心若
有沙門若婆羅門若天若魔若梵若人説言
如來去來現在説一切法是有相者无有是
處復次善男子言本有者我初得阿耨多羅
三藐三菩提時有諸鈍根聲聞弟子以有鈍
根聲聞弟子故不得演説一乘之實言本无
者本无利根人中象王迦葉菩薩等以无利
根迦葉菩薩等故隨宜方便開示三乘若有沙門
若婆羅門若天若魔若梵若人説言如來去
來現在畢竟演説三乘法者无有是處復次
善男子言本有者我本説言却後三月於娑
羅雙樹當般涅槃是故現在不得演説大方
等典大般涅槃言本无者本昔无有文殊師
利大菩薩等以无有故現在説言如來无常
若有沙門若婆羅門若天若魔若梵若人説
言如來去來現在是无常者无有是處善男
子如來普為諸衆生故雖知諸法説言不知
雖見諸法説言不見有相之法説言无相无
[illegible]

BD04140號　大般涅槃經（北本）卷一七　　（7–4）

若有沙門若婆羅門若天若魔若梵若人說
言如來去來現在是无常者无有是處善男
子如來普為諸衆生故雖知諸法說言不知
雖見諸法說言不見有相之法說言无相无
相之法說言有相實有无常說言有常實有
有常說言无常我樂淨等亦復如是三乘之
法說言一乘一乘之法隨宜說三略相說廣
廣相說略四重之法說偷羅遮偷羅遮法說
為四重犯說非犯非犯說犯輕罪說重重罪
說輕何以故如來明見衆生根故善男子如
來雖作是說終无虛妄何以故虛妄之語即
是罪過如來悉斷一切罪過云何當有虛妄
語耶善男子如來雖无虛妄之言若知衆生
因虛妄說得法利者隨宜方便則為說之善
男子一切世諦若於如來即是第一義諦何
以故諸佛世尊為第一義故說於世諦亦令
衆生得第一義諦若使衆生不得如是第一
義者諸佛終不宣說世諦善男子如來有時
演說世諦衆生謂佛說第一義諦有時說於
第一義諦衆生謂佛說於世諦是則諸佛甚
深境界非是聲聞緣覺所知善男子是故汝
先不應難言菩薩摩訶薩无所得也菩薩常
得第一義諦云何難言无所得也迦葉復言
世尊第一義諦亦名為道亦名菩提亦名涅
槃若有菩薩言有得道菩提涅槃即是无常
何以故法若常者則不可得猶如虛空誰有
得者世尊如世間物本无今有名為无常道

BD04140號　大般涅槃經（北本）卷一七　　（7–5）

得第一義諦云何難言无所得也迦葉復言
世尊第一義諦亦名為道亦名菩提亦名涅
槃若有菩薩言有得道菩提涅槃即是无常
何以故法若常者則不可得猶如虛空誰有
得者世尊如世間物本无今有名為无常道
亦如是道若可得則名无常法若常者无得
无生猶如佛性无得无生世尊夫道者非色
非不色不長不短非高非下非生非滅非赤
非白非青非黃非有非无云何如來說言可
得菩提涅槃亦復如是佛言如是如是善男
子道有二種一者常二者无常菩提之相亦
有二種一者常二者无常涅槃亦尒外道道
者名為无常內道道者名之為常聲聞緣覺
所有菩提名為无常菩薩諸佛所有菩提名
之為常外解脫者名為无常內解脫者名之
為常善男子道與菩提及以涅槃悉名為常
一切衆生常為无量煩惱所覆无慧眼故不
能得見而諸衆生為欲見故修戒定慧以修
行故見道菩提及以涅槃是名菩薩得道菩
提及涅槃也道之性相實不生滅以是義故
不可捉持善男子道者雖无色像可見稱量
可知而實有用善男子如衆生心雖非是色
非長非短非麤非細非縛非解非是見法而
亦是有以是義故我為須達說言長者心為
城主長者若不護心則不護身口若護心者
則護身口以不善護是身口故令諸衆生到
三惡趣護身口者則令衆生得人天涅槃得
名真實其不得者名不真實善男子道與菩

BD04140號　大般涅槃經（北本）卷一七　　（7–6）

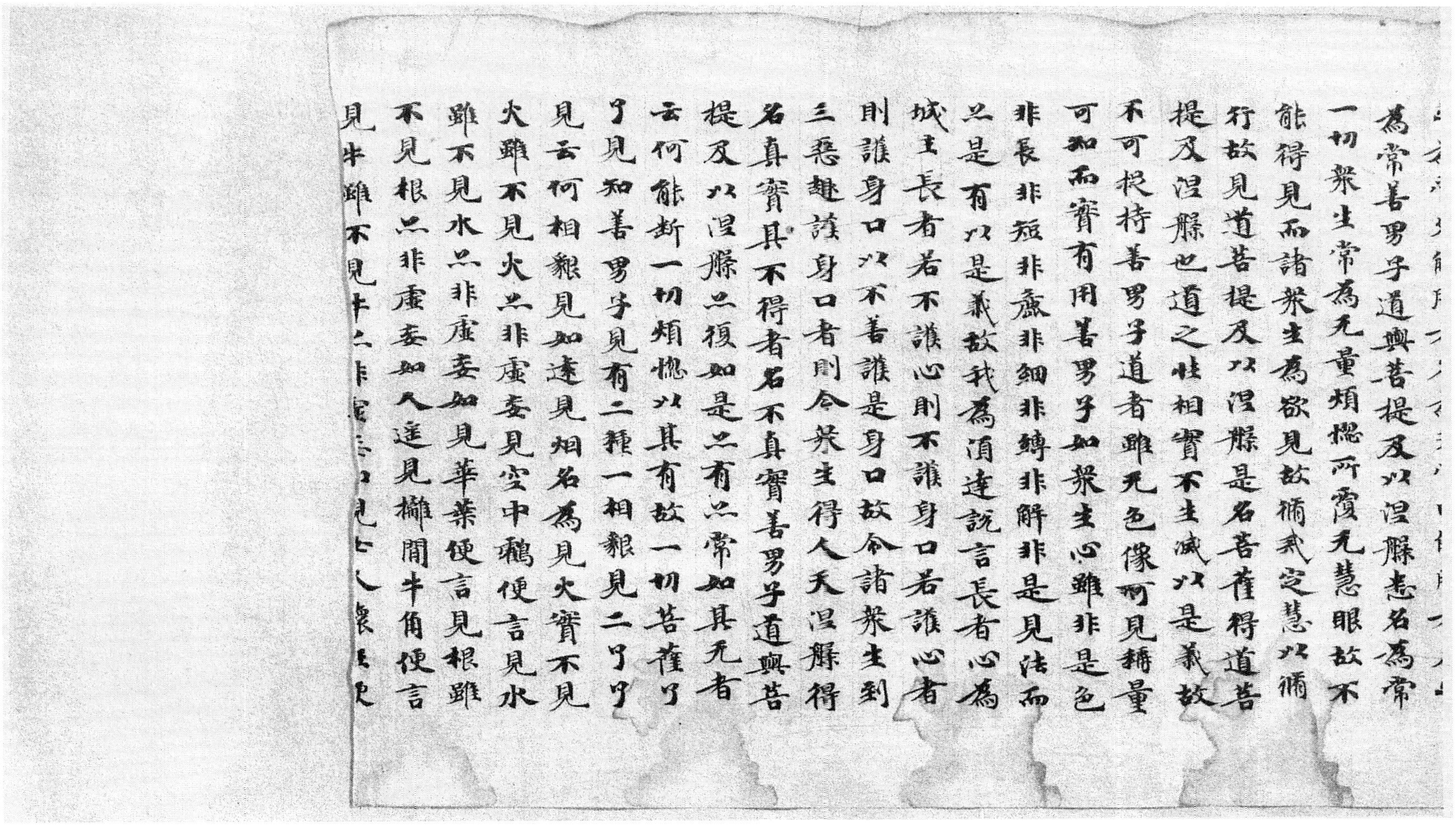

為常善男子道與菩提及以涅槃悉名為常
一切衆生常為无量煩惱所覆无慧眼故不
能得見而諸衆生為欲見故脩戒定慧以脩
行故見道菩提及以涅槃是名菩薩得道菩
提及涅槃也道之性相實不生滅以是義故
不可捉持善男子道者雖无色像可見稱量
可知而實有用善男子如衆生心雖非是色
非長非短非麁非細非縛非解非是見法而
亦是有以是義故我為須達說言長者心為
城主長者若不護心則不護身口若護心者
則護身口以不善護是身口故令諸衆生到
三惡趣護身口者則令衆生得人天涅槃得
名真實其不得者名不真實善男子道與菩
提及以涅槃亦復如是亦有亦常如其无者
云何能斷一切煩惱以其有故一切菩薩了
了見知善男子見有二種一相貌見二了了
見云何相貌見如遠見烟名為見火實不見
火雖不見火亦非虛妄見空中鶴便言見水
雖不見水亦非虛妄如見華葉便言見根雖
不見根亦非虛妄如人遙見籬間牛角便言
見牛雖不見牛亦非虛[illegible]

BD04140號　大般涅槃經（北本）卷一七　　（7–7）

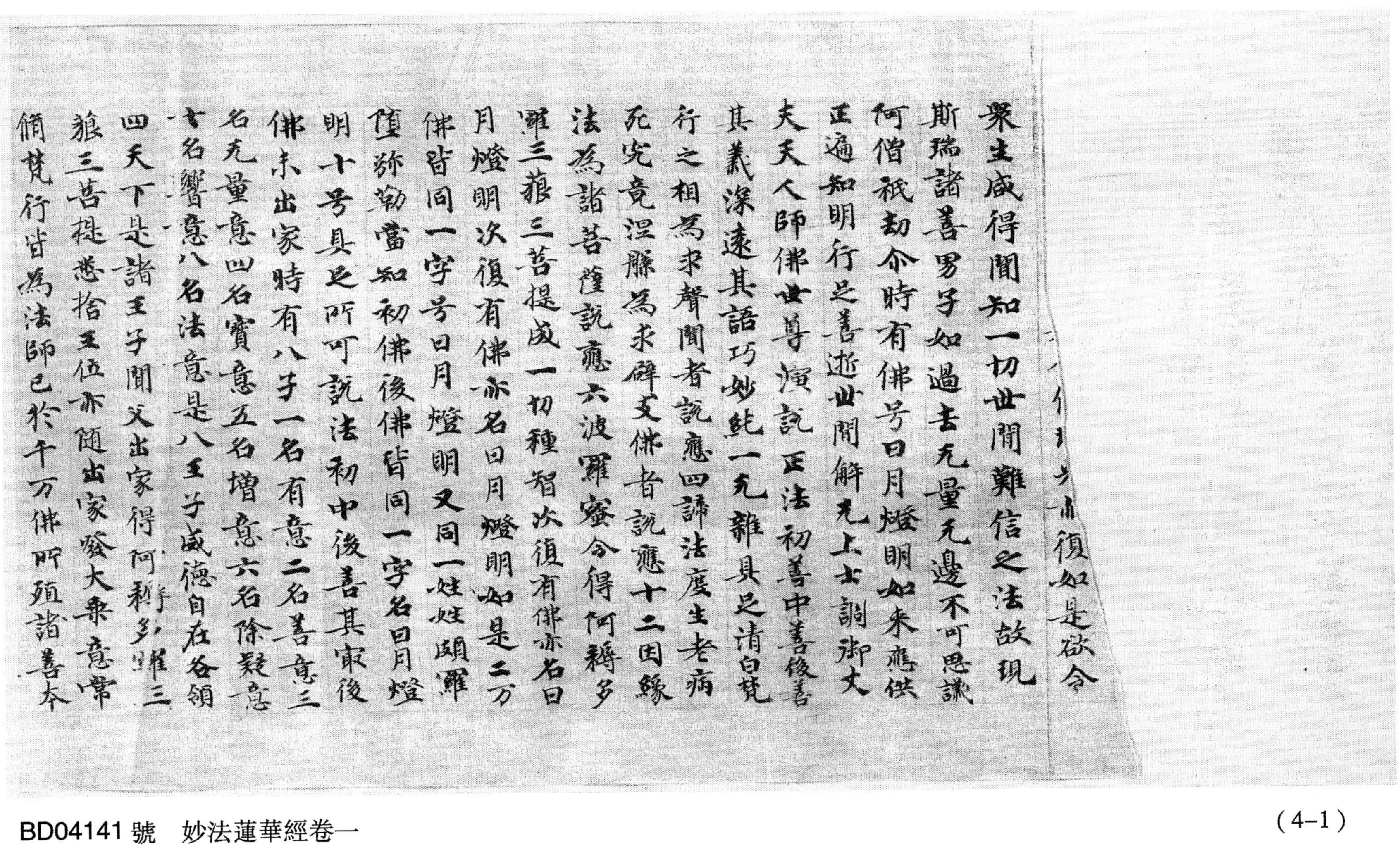

衆生咸得聞知一切世間難信之法故現
斯瑞諸善男子如過去无量无邊不可思議
阿僧祇劫尒時有佛号日月燈明如來應供
正遍知明行足善逝世間解无上士調御丈
夫天人師佛世尊演說正法初善中善後善
其義深遠其語巧妙純一无雜具足清白梵
行之相為求聲聞者說應四諦法度生老病
死究竟涅槃為求辟支佛者說應十二因緣
法為諸菩薩說應六波羅蜜令得阿耨多
羅三藐三菩提成一切種智次復有佛亦名日
月燈明次復有佛亦名日月燈明如是二万
佛皆同一字号日月燈明又同一姓姓頗羅
墮彌勒當知初佛後佛皆同一字名日月燈
明十号具足所可說法初中後善其最後
佛未出家時有八子一名有意二名善意三
名无量意四名寶意五名增意六名除疑意
七名響意八名法意是八王子威德自在各領
四天下是諸王子聞父出家得阿耨多羅三
藐三菩提悉捨王位亦隨出家發大乘意常
脩梵行皆為法師已於千万佛所殖諸善本

BD04141號　妙法蓮華經卷一　　（4–1）

名无量意四名寶意五名增意六名除疑意
七名響意八名法意是八王子威德自在各領
四天下是諸王子聞父出家得阿耨多羅三
藐三菩提悉捨王位亦随出家發大乘意常
脩梵行皆為法師已於千万佛所殖諸善本
是時日月燈明佛說大乘經名无量義教菩
薩法佛所護念說是經已即於大衆中結加
趺坐入於无量義處三昧身心不動是時天
雨曼陁羅華摩訶曼陁羅華曼殊沙華摩訶
曼殊沙華而散佛上及諸大衆普佛世界六
種震動尒時會中比丘比丘尼優婆塞優婆夷
天龍夜叉乾闥婆阿脩羅迦樓羅緊那羅摩
睺羅伽人非人及諸小王轉輪聖王等是諸
大衆得未曾有歡喜合掌一心觀佛尒時
如來放眉間白毫相光照東方万八千佛土
靡不周遍如今所見是諸佛土弥勒當知尒
時會中有二十億菩薩樂欲聽法是諸菩薩
見此光明普照佛土得未曾有欲知此光所
為因緣時有菩薩名曰妙光有八百弟子是
時日月燈明佛從三昧起因妙光菩薩說大
乘經名妙法蓮華教菩薩法佛所護念六十
小劫不起于座時會聽者亦坐一處六十小
劫身心不動聽佛所說謂如食頃是時衆中
无有一人若身若心而生懈惓日月燈明佛
於六十小劫說是經已即於梵魔沙門婆羅
門及天人阿脩羅衆中而宣此言如來於今
日中夜當入无餘涅槃時有菩薩名曰德藏

BD04141 號　妙法蓮華經卷一

（4–2）

劫身心不動聽佛所說謂如食頃是時衆中
无有一人若身若心而生懈惓日月燈明佛
於六十小劫說是經已即於梵魔沙門婆羅
門及天人阿脩羅衆中而宣此言如來於今
日中夜當入无餘涅槃時有菩薩名曰德藏
日月燈明佛即授其記告諸比丘是德藏菩
薩次當作佛号曰淨身多陁阿伽度阿羅訶
三藐三佛陁佛授記已便於中夜入无餘涅
槃佛滅度後妙光菩薩持妙法蓮華經滿八
十小劫為人演說日月燈明佛八子皆師妙
光妙光教化令其堅固阿耨多羅三藐三菩
提是諸王子供養无量百千万億佛已皆成
佛道其最後成佛者名曰燃燈八百弟子中
有一人号曰求名貪著利養雖復讀誦衆經
而不通利多所忘失故号求名是人亦以種
諸善根因緣故得值无量百千万億諸佛供
養恭敬尊重讚歎弥勒當知尒時妙光菩薩
豈異人乎我身是也求名菩薩汝身是也今
見此瑞與本无異是故惟忖今日如來當說大
乘經名妙法蓮華教菩薩法佛所護念尒時
文殊師利於大衆中欲重宣此義而說偈言
我念過去世　无量无數劫　有佛人中尊　号日月燈明
世尊演說法　度无量衆生　无數億菩薩　令入佛智慧
佛未出家時　所生八王子　見大聖出家　亦随脩梵行
時佛說大乘　經名无量義　於諸大衆中　而為廣分別
佛說此經已　即於法座上　跏趺坐三昧　名无量義處
天雨曼陁華　天鼓自然鳴　諸天龍鬼神　供養人中尊

BD04141 號　妙法蓮華經卷一

（4–3）

[illegible]

世尊演說法　度无量眾生　无數億菩薩　令入佛智慧
佛未出家時　所生八王子　見大聖出家　亦隨修梵行
時佛說大乘　經名无量義　於諸大眾中　而為廣分別
佛說此經已　即於法座上　跏趺坐三昧　名无量義處
天雨曼陀華　天鼓自然鳴　諸天龍鬼神　供養人中尊
一切諸佛土　即時大震動　佛放眉間光　現諸希有事
此光照東方　万八千佛土　示一切眾生　生死業報處
有見諸佛土　以眾寶莊嚴　琉璃頗梨色　斯由佛光照
及見諸天人　龍神夜叉眾　乾闥緊那羅　各供養其佛
又見諸如來　自然成佛道　身色如金山　端嚴甚微妙
如淨瑠璃中　內現真金像　世尊在大眾　敷演深法義
一一諸佛土　聲聞眾无數　因佛光所照　悉見彼大眾
或有諸比丘　在於山林中　精進持淨戒　猶如護明珠
又見諸菩薩　行施忍辱等　其數如恒沙　斯由佛光照
又見諸菩薩　深入諸禪定　身心寂不動　以求无上道
又見諸菩薩　知法寂滅相　各於其國土　說法求佛道
尒時四部眾　見日月燈佛　現大神通力　其心皆歡喜
各各自相問　是事何因緣　天人所奉尊　適從三昧起
讚妙光菩薩　汝為世間眼　一切所歸信　能奉持法藏
如我所說法　唯汝能證知　世尊既讚歎　令妙光歡喜
說是法華經　滿六十小劫　不起於此座　所說上妙法
是妙光法師　悉皆能受持　佛說是法華　令眾歡喜已
尋即於是日　告於天人眾　諸法實相義　已為汝等說
我今於中夜　當入於涅槃　汝一心精進　當離於放逸
諸佛甚難值　億劫時一遇　世尊諸子等　聞佛入涅槃

BD04141 號　妙法蓮華經卷一　（4–4）

[illegible]羅蜜經
如是我聞一時佛在舍衛國秖樹給孤獨園
與大比丘眾千二百五十人俱尒時世尊食
時著衣持鉢入舍衛大城乞食於其城中次
第乞已還至本處飯食訖收衣鉢洗足
敷座而坐時長老須菩提在大眾中即從
起偏袒右肩右膝著地合掌恭敬而白佛言
希有世尊如來善護念諸菩薩善付囑諸
菩薩世尊善男子善女人發阿耨多羅三藐
三菩提心應云何住云何降伏其心佛言善哉
善哉須菩提如汝所說如來善護念諸菩薩
善付囑諸菩薩汝今諦聽當為汝說善男子
善女人發阿耨多羅三藐三菩提心應如是住
如是降伏其心唯然世尊願樂欲聞
佛告須菩提諸菩薩摩訶薩應如是降伏其
心所有一切眾生之類若卵生若胎生若濕生
若化生若有色若无色若有想若无想若
非有想若非无想我皆令入无餘涅槃而滅
度之如是滅度无量无數无邊眾生實无眾
生得滅度者何以故須菩提若菩薩有我相

BD04142 號　金剛般若波羅蜜經　（16–1）

佛告須菩提諸菩薩摩訶薩應如是降伏其
心所有一切衆生之類若卵生若胎生若濕生
若化生若有色若无色若有想若无想若
非有想若非无想我皆令入无餘涅槃而滅
度之如是滅度无量无數无邊衆生實无衆
生得滅度者何以故須菩提若菩薩有我相
人相衆生相壽者相即非菩薩
復次須菩提菩薩於法應无所住行於布施
所謂不住色布施不住聲香味觸法布施須
菩提菩薩應如是布施不住於相何以故若
菩薩不住相布施其福德不可思量須菩提
於意云何東方虛空可思量不不也世尊須
菩提南西北方四維上下虛空可思量不不
也世尊須菩提菩薩无住相布施福德亦復
如是不可思量須菩提菩薩但應如所教住
須菩提於意云何可以身相見如來不不也
世尊不可以身相得見如來何以故如來所
說身相即非身相佛告須菩提凡所有相皆
是虛妄若見諸相非相則見如來
須菩提白佛言世尊頗有衆生得聞如是言
說章句生實信不佛告須菩提莫作是說如
來滅後後五百歲有持戒脩福者於此章句
能生信心以此爲實當知是人不於一佛二佛
三四五佛而種善根已於无量千万佛所而
種善根聞是章句乃至一念生淨信者須
菩提如來悉知悉見是諸衆生得如是无

BD04142號　金剛般若波羅蜜經　（16–2）

來滅後後五百歲有持戒脩福者於此章句
能生信心以此爲實當知是人不於一佛二佛
三四五佛而種善根已於无量千万佛所而
種善根聞是章句乃至一念生淨信者須
菩提如來悉知悉見是諸衆生得如是无
量福德何以故是諸衆生无復我相人相
衆生相壽者相无法相亦无非法相何以故
是諸衆生若心取相則爲著我人衆生壽者
若取法相即著我人衆生壽者何以故若取
非法相即著我人衆生壽者是故不應取法
不應取非法以是義故如來常說汝等比丘
知我說法如筏喻者法尚應捨何況非法
須菩提於意云何如來得阿耨多羅三藐三
菩提耶如來有所說法耶須菩提言如我解
佛所說義无有定法名阿耨多羅三藐三菩
提亦无有定法如來可說何以故如來所說
法皆不可取不可說非法非非法所以者何
一切賢聖皆以无爲法而有差別
須菩提於意云何若人滿三千大千世界七
寶以用布施是人所得福德寧爲多不須菩
提言甚多世尊何以故是福德即非福德性
是故如來說福德多若復有人於此經中受
持乃至四句偈等爲他人說其福勝彼何以
故須菩提一切諸佛及諸佛阿耨多羅三藐
三菩提法皆從此經出須菩提所謂佛法者
即非佛法

BD04142號　金剛般若波羅蜜經　（16–3）

是故如來說福德多若復有人於此經中受
持乃至四句偈等為他人說其福勝彼何以
故須菩提一切諸佛及諸佛阿耨多羅三藐
三菩提法皆從此經出須菩提所謂佛法者
即非佛法
須菩提於意云何須陁洹能作是念我得須
陁洹果不須菩提言不也世尊何以故須陁
洹名為入流而无所入不入色聲香味觸法
是名須陁洹須菩提於意云何斯陁含能作
是念我得斯陁含果不須菩提言不也世尊
何以故斯陁含名一往來而實无往來是名
斯陁含須菩提於意云何阿那含能作是念
我得阿那含果不須菩提言不也世尊何以
故阿那含名為不來而實无來是故名阿那
含須菩提於意云何阿羅漢能作是念我得
阿羅漢道不須菩提言不也世尊何以故實
无有法名阿羅漢世尊若阿羅漢作是念我
得阿羅漢道即為著我人衆生壽者世尊佛
說我得无諍三昧人中最為第一是第一離
欲阿羅漢我不作是念我是離欲阿羅漢世
尊我若作是念我得阿羅漢道世尊則不說
須菩提是樂阿蘭那行者以須菩提實无所
行而名須菩提是樂阿蘭那行
佛告須菩提於意云何如來昔在然燈佛所
於法有所得不世尊如來在然燈佛所於法實

BD04142號　金剛般若波羅蜜經　（16–4）

行而名須菩提是樂阿蘭那行
佛告須菩提於意云何如來昔在然燈佛所
於法有所得不世尊如來在然燈佛所於法實
无所得須菩提於意云何菩薩莊嚴佛土不
不也世尊何以故莊嚴佛土者則非莊嚴是
名莊嚴是故須菩提諸菩薩摩訶薩應如
是生清淨心不應住色生心不應住聲香味
觸法生心應无所住而生其心須菩提譬如
有人身如須弥山王於意云何是身為大不
須菩提言甚大世尊何以故佛說非身是名
大身
須菩提如恒河中所有沙數如是沙等恒河
於意云何是諸恒河沙寧為多不須菩提言
甚多世尊但諸恒河尚多无數何況其沙須
菩提我今實言告汝若有善男子善女人以
七寶滿尒所恒河沙數三千大千世界以用布
施得福多不須菩提言甚多世尊佛告須
菩提若善男子善女人於此經中乃至受持
四句偈等為他人說而此福德勝前福德復
次須菩提隨說是經乃至四句偈等當知此
處一切世間天人阿脩羅皆應供養如佛塔
廟何況有人盡能受持讀誦須菩提當知是
人成就最上第一希有之法若是經典所在
之處則為有佛若尊重弟子
尒時須菩提白佛言世尊當何名此經我等

BD04142號　金剛般若波羅蜜經　（16–5）

廟何況有人盡能受持讀誦須菩提當知是
人成就最上第一希有之法若是經典所在
之處則為有佛若尊重弟子
尒時須菩提白佛言世尊當何名此經我等
云何奉持佛告須菩提是經名為金剛般若
波羅蜜以是名字汝當奉持所以者何須菩
提佛說般若波羅蜜則非般若波羅蜜須菩
提於意云何如來有所說法不須菩提白佛
言世尊如來无所說須菩提於意云何三千
大千世界所有微塵是為多不須菩提言甚
多世尊須菩提是諸微塵如來說非微塵是
名微塵如來說世界非世界是名世界須菩
提於意云何可以卅二相見如來不不也世
（不可以三十二相得見如來）
尊何以故如來所說卅二相即是非相是名
卅二相須菩提若有善男子善女人以恒河
沙等身命布施若復有人於此經中乃至受
持四句偈等為他人說其福甚多
尒時須菩提聞說是經深解義趣涕淚悲泣
而白佛言希有世尊佛說如是甚深經典我
從昔來所得慧眼未曾得聞如是之經世尊
若復有人得聞是經信心清淨則生實相當
知是人成就第一希有功德世尊是實相者
則是非相是故如來說名實相世尊我今得
聞如是經典信解受持不足為難若當來世
後五百歲其有衆生得聞是經信解受持是
人則為第一希有何以故此人无我相人相衆

BD04142 號　金剛般若波羅蜜經　（16–6）

知是人成就第一希有功德世尊是實相者
則是非相是故如來說名實相世尊我今得
聞如是經典信解受持不足為難若當來世
後五百歲其有衆生得聞是經信解受持是
人則為第一希有何以故此人无我相人相衆
生相壽者相所以者何我相即是非相人相衆
生相壽者相即是非相何以故離一切諸相
則名諸佛佛告須菩提如是如是若復有
人得聞是經不驚不怖不畏當知是人甚
為希有何以故須菩提如來說第一波羅蜜
非第一波羅蜜是名第一波羅蜜
須菩提忍辱波羅蜜如來說非忍辱波羅蜜
何以故須菩提如我昔為歌利王割截身體
我於尒時无我相无人相无衆生相无壽者
相何以故我於往昔節節支解時若有我相
人相衆生相壽者相應生瞋恨須菩提又念
過去於五百世作忍辱仙人於尒所世无我
相无人相无衆生相无壽者相是故須菩提
菩薩應離一切相發阿耨多羅三藐三菩提
心不應住色生心不應住聲香味觸法生心
應生无所住心若心有住則為非住是故佛
說菩薩心不應住色布施須菩提菩薩為利
益一切衆生應如是布施如來說一切諸相
即是非相又說一切衆生則非衆生須菩提
如來是真語者實語者如語者不誑語者
不異語者須菩提如來所得法此法无實无

BD04142 號　金剛般若波羅蜜經　（16–7）

益一切衆生應如是布施如來說一切諸相
即是非相又說一切衆生則非衆生須菩提
如來是真語者實語者如語者不誑語者
不異語者須菩提如來所得法此法无實无
虛須菩提若菩薩心住於法而行布施如人
入闇則无所見若菩薩心不住法而行布施
如人有目日光明照見種種色須菩提當來
之世若有善男子善女人能於此經受持讀誦
則為如來以佛智慧悉知是人悉見是人皆
得成就无量无邊功德
須菩提若有善男子善女人初日分以恒河
沙等身布施中日分復以恒河沙等身布施
後日分亦以恒河沙等身布施如是无量百
千万億劫以身布施若復有人聞此經典信
心不逆其福勝彼何況書寫受持讀誦為人
解說須菩提以要言之是經有不可思議不
可稱量无邊功德如來為發大乘者說為發
最上乘者說若有人能受持讀誦廣為人說
如來悉知是人悉見是人皆得成就不可量不
可稱无有邊不可思議功德如是人等則為
荷擔如來阿耨多羅三藐三菩提何以故須
菩提若樂小法者著我見人見衆生見壽者
見則於此經不能聽受讀誦為人解說須菩
提在在處處若有此經一切世間天人阿脩
羅所應供養當知此處則為是塔皆應恭

BD04142 號　金剛般若波羅蜜經　（16–8）

菩提若樂小法者著我見人見衆生見壽者
見則於此經不能聽受讀誦為人解說須菩
提在在處處若有此經一切世間天人阿脩
羅所應供養當知此處則為是塔皆應恭
敬作礼圍遶以諸花香而散其處
復次須菩提善男子善女人受持讀誦此經
若為人輕賤是人先世罪業應墮惡道以今
世人輕賤故先世罪業則為消滅當得阿耨
多羅三藐三菩提須菩提我念過去无量阿
僧祇劫於然燈佛前得值八百四千万億那
由他諸佛悉皆供養承事无空過者若復
有人於後末世能受持讀誦此經所得功德於
我所供養諸佛功德百分不及一千万億分
乃至筭數譬喻所不能及須菩提若善男子
善女人於後末世有受持讀誦此經所得功
德我若具說者或有人聞心則狂亂狐疑不
信須菩提當知是經義不可思議果報亦不
可思議
尒時須菩提白佛言世尊善男子善女人發
阿耨多羅三藐三菩提心云何應住云何降
伏其心佛告須菩提善男子善女人發阿耨
多羅三藐三菩提者當生如是心我應滅度
一切衆生滅度一切衆生已而无有一衆生
實滅度者何以故若菩薩有我相人相衆生
相壽者相則非菩薩所以者何須菩提實无

BD04142 號　金剛般若波羅蜜經　（16–9）

多羅三藐三菩提者當生如是心我應滅度
一切衆生滅度一切衆生已而无有一衆生
實滅度者何以故若菩薩有我相人相衆生
相壽者相則非菩薩所以者何須菩提實无
有法發阿耨多羅三藐三菩提者須菩提於
意云何如來於然燈佛所有法得阿耨多羅
三藐三菩提不不也世尊如我解佛所說義
佛於然燈佛所實无有法得阿耨多羅三藐
三菩提佛言如是如是須菩提實无有法如
來得阿耨多羅三藐三菩提須菩提若有法
如來得阿耨多羅三藐三菩提者然燈佛則
不與我受記汝於來世當得作佛号釋迦牟
尼以實无有法得阿耨多羅三藐三菩提是
故然燈佛與我受記作是言汝於來世當得
作佛号釋迦牟尼何以故如來者即諸法如
義若有人言如來得阿耨多羅三藐三菩提
須菩提實无有法佛得阿耨多羅三藐三菩
提須菩提如來所得阿耨多羅三藐三菩提
於是中无實无虛是故如來說一切法皆是
佛法須菩提所言一切法者即非一切法是
故名一切法須菩提譬如人身長大須菩提
言世尊如來說人身長大則為非大身是名
大身須菩提菩薩亦如是若作是言我當滅
度无量衆生則不名菩薩何以故須菩提實
无有法名為菩薩是故佛說一切法无我无
人无衆生无壽者須菩提若菩薩作是言我

BD04142 號　金剛般若波羅蜜經　（16–10）

大身須菩提菩薩亦如是若作是言我當滅
度无量衆生則不名菩薩何以故須菩提實
无有法名為菩薩是故佛說一切法无我无
人无衆生无壽者須菩提若菩薩作是言我
當莊嚴佛土是不名菩薩何以故如來說莊
嚴佛土者即非莊嚴是名莊嚴須菩提若菩
薩通達无我法者如來說名真是菩薩
須菩提於意云何如來有肉眼不如是世尊
如來有肉眼須菩提於意云何如來有天眼
不如是世尊如來有天眼須菩提於意云何
如來有慧眼不如是世尊如來有慧眼須菩
提於意云何如來有法眼不如是世尊如來
有法眼須菩提於意云何如來有佛眼不如
是世尊如來有佛眼
須菩提於意云何恒河中所有沙佛說是沙
不如是世尊如來說是沙須菩提於意云何
如一恒河中所有沙有如是等恒河是諸恒
河所有沙數佛世界如是寧為多不甚多世
尊佛告須菩提尒所國土中所有衆生若干
種心如來悉知何以故如來說諸心皆為非
心是名為心所以者何須菩提過去心不可
得現在心不可得未來心不可得須菩提
於意云何若有人滿三千大千世界七寶以
用布施是人以是因緣得福多不如是世
尊此人以是因緣得福甚多須菩提若福
德有實如來不說得福德多以福德无故

BD04142 號　金剛般若波羅蜜經　（16–11）

得現在心不可得未來心不可得須菩提
於意云何若有人滿三千大千世界七寶以
用布施是人以是因緣得福多不如是世
尊此人以是因緣得福甚多須菩提若福
德有實如來不說得福德多以福德无故
如來說得福德多
須菩提於意云何佛可以具足色身見不
不也世尊如來不應以具足色身見何以故如
來說具足色身即非具足色身是名具足色
身須菩提於意云何如來可以具足諸相見
不不也世尊如來不應以具足諸相見何以
故如來說諸相具足即非具足是名諸相具
足須菩提汝勿謂如來作是念我當有所說
法莫作是念何以故若人言如來有所說法
即為謗佛不能解我所說故須菩提說法者
无法可說是名說法須菩提白佛言世尊佛
得阿耨多羅三藐三菩提為无所得耶如是
如是須菩提我於阿耨多羅三藐三菩提乃
至无有少法可得是名阿耨多羅三藐三菩
提復次須菩提是法平等无有高下是名阿
耨多羅三藐三菩提以无我无人无眾生无
壽者脩一切善法則得阿耨多羅三藐三菩
提須菩提所言善法者如來說非善法是名
善法須菩提若三千大千世界中所有諸須
弥山王如是等七寶聚有人持用布施若人
以此般若波羅蜜經乃至四句偈等受持讀

BD04142 號　金剛般若波羅蜜經　（16–12）

壽者脩一切善法則得阿耨多羅三藐三菩
提須菩提所言善法者如來說非善法是名
善法須菩提若三千大千世界中所有諸須
弥山王如是等七寶聚有人持用布施若人
以此般若波羅蜜經乃至四句偈等受持讀
誦為他人說於前福德百分不及一百千
万億分乃至筭數譬喻所不能及
須菩提於意云何汝等勿謂如來作是念我
當度眾生須菩提莫作是念何以故實无有
眾生如來度者若有眾生如來度者如來則
有我人眾生壽者須菩提如來說有我者則
非有我而凡夫之人以為有我須菩提凡夫
者如來說則非凡夫須菩提於意云何可以
卅二相觀如來不須菩提言如是如是以卅
二相觀如來佛言須菩提若以卅二相觀如
來者轉輪聖王則是如來須菩提白佛言世
尊如我解佛所說義不應以卅二相觀如來
尒時世尊而說偈言
若以色見我　以音聲求我　是人行邪道　不能見如來
須菩提汝若作是念如來不以具足相故得
阿耨多羅三藐三菩提須菩提莫作是念
如來不以具足相故得阿耨多羅三藐三菩
提須菩提汝若作是念發阿耨多羅三藐三
菩提心者說諸法斷滅（相）莫作是念何以故發
阿耨多羅三藐三菩提心者於法不說斷滅
相須菩提若菩薩以滿恒……

BD04142 號　金剛般若波羅蜜經　（16–13）

如來不以具足相故得阿耨多羅三藐三菩
提須菩提汝若作是念發阿耨多羅三藐三
菩提心者說諸法斷滅相莫作是念何以故發
阿耨多羅三藐三菩提心者於法不說斷滅
相須菩提若菩薩以滿恒河沙等世界七寶
布施若復有人知一切法无我得成於忍此菩
薩勝前菩薩所得功德須菩提以諸菩薩不
受福德故須菩提白佛言世尊云何菩薩不
受福德須菩提菩薩所作福德不應貪著是
故說不受福德須菩提若有人言如來若來
若去若坐若卧是人不解我所說義何以故
如來者无所從來亦无所去故名如來
須菩提若善男子善女人以三千大千世界
碎為微塵於意云何是微塵衆寧為多不
甚多世尊何以故若是微塵衆實有者佛則
不說是微塵衆所以者何佛說微塵衆則非
微塵衆是名微塵衆世尊如來所說三千大
千世界則非世界是名世界何以故若世界
實有者則是一合相如來說一合相則非一
合相是名一合相須菩提一合相者則是不
可說但凡夫之人貪著其事
須菩提若人言佛說我見人見衆生見壽者
見須菩提於意云何是人解我所說義不世
尊是人不解如來所說義何以故世尊說我
見人見衆生見壽者見即非我見非我見人

BD04142號　金剛般若波羅蜜經　（16–14）

可說但凡夫之人貪著其事
須菩提若人言佛說我見人見衆生見壽者
見須菩提於意云何是人解我所說義不世
尊是人不解如來所說義何以故世尊說我
見人見衆生見壽者見即非我見非我見人
見衆生見壽者見是名我見人見衆生見壽
者見須菩提發阿耨多羅三藐三菩提心者
於一切法應如是知如是見如是信解不生
法相須菩提所言法相者如來說即非法相
是名法相須菩提若有人以滿无量阿僧祇
世界七寶持用布施若有善男子善女人發
菩薩心者持於此經乃至四句偈等受持讀
誦為人演說其福勝彼云何為人演說不取
於相如如不動何以故
一切有為法　如夢幻泡影　如露亦如電　應作如是觀
佛說是經已長老須菩提及諸比丘比丘尼
優婆塞優婆夷一切世間天人阿脩羅聞佛
所說皆大歡喜信受奉行

金剛般若波羅蜜經

BD04142號　金剛般若波羅蜜經　（16–15）

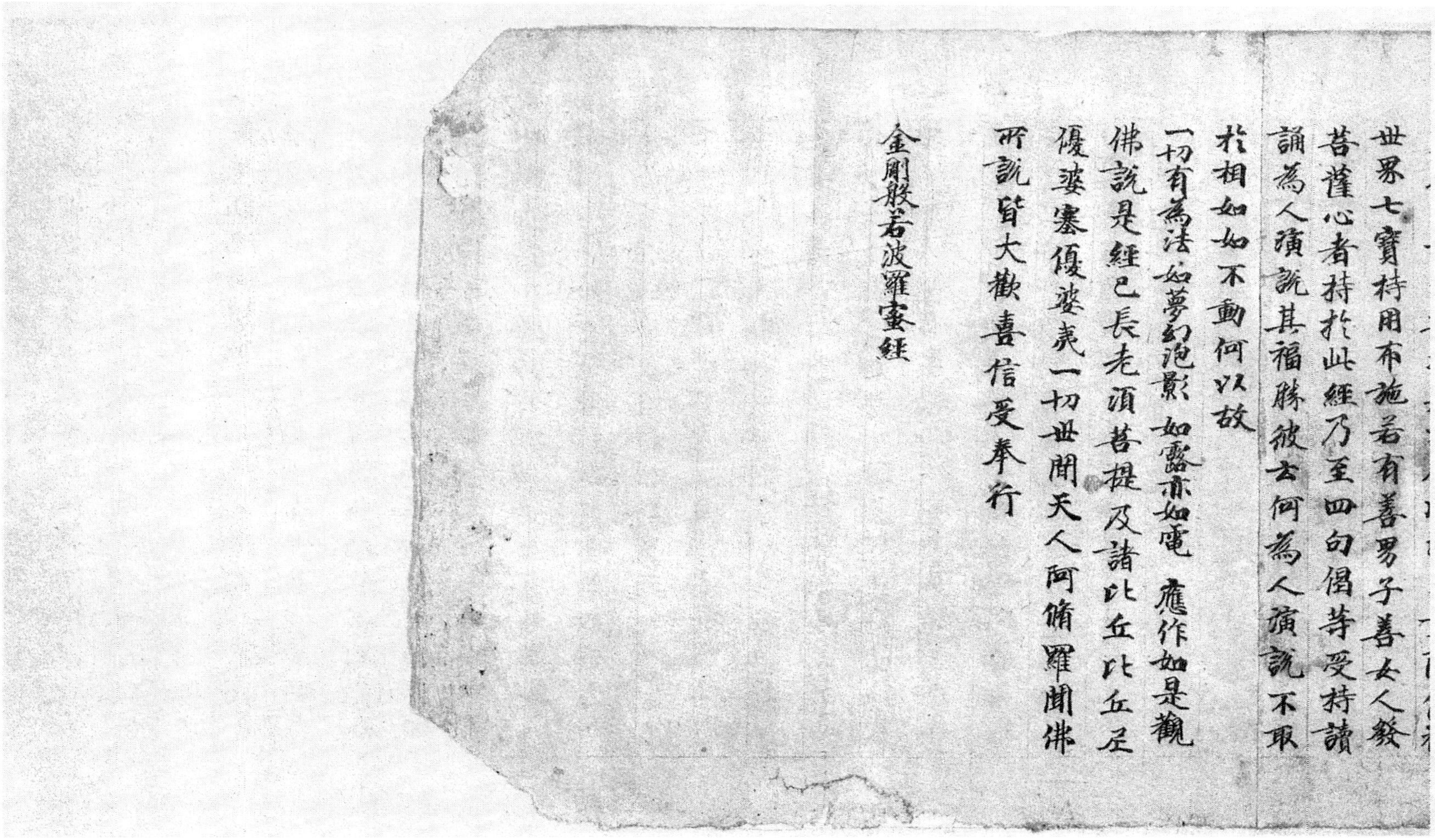

世界七寶持用布施若有善男子善女人發
菩薩心者持於此經乃至四句偈等受持讀
誦為人演說其福勝彼云何為人演說不取
於相如如不動何以故
一切有為法　如夢幻泡影　如露亦如電　應作如是觀
佛說是經已長老須菩提及諸比丘比丘尼
優婆塞優婆夷一切世間天人阿脩羅聞佛
所說皆大歡喜信受奉行
金剛般若波羅蜜經

BD04142 號　金剛般若波羅蜜經　（16–16）

說一切眾生悉有佛性佛性者豈非我耶以
是義故我不說斷一切眾生不見佛性故无
常无我无樂无淨如是則名說斷見也時諸
梵志聞說佛性即是我故即發阿耨多羅三
藐三菩提心尋時出家修菩提道一切飛鳥
水陸之屬亦發无上菩提之心既發心已尋
得捨身善男子是佛性者實非我也為眾生
故說名為我善男子如來有因緣故故說无
我為我真實无我雖作是說无有虛妄善男
子有因緣故說我為无我而實有我為世界
故雖說无我而无虛妄佛性无我如來說我
以是常故如來是我而說无我得自在故尒
時師子吼菩薩摩訶薩言世尊若一切眾生
悉有佛性如金剛力士者以何義故一切眾
生不能得見佛言善男子譬如色法雖有青
黃赤白之異長短質像盲者不見雖復不見
亦不得言无青黃赤白長短質像何以故盲
雖不見有目見故佛性亦尒一切眾生雖不
能見十住菩薩見少分故如來全見十住菩
薩所見佛性如夜見色如來所見如晝見色

BD04143 號　大般涅槃經（北本）卷二七　（5–1）

黄赤白[illegible]長短質像者不見[illegible]不見
亦不得言无青黄赤白長短質像何以故盲
雖不見有目見故佛性亦尒一切衆生雖不
能見十住菩薩見少分故如来全見十住菩
薩所見佛性如夜見色如来所見如晝見色
善男子譬如瞎者見色不了有善良醫而為
治目以藥力故得了了見十住菩薩亦復如
是雖見佛性不能明了以首楞嚴三昧力故
能得明了善男子若有人見一切諸法无常
无我无樂无淨見非一切法无常无樂无我
无淨如是之人不見佛性一切者名為生死
非一切者名為三寶聲聞緣覺見一切法无常
无我无樂无淨非一切法亦見无常无我无樂
无淨以是義故不見佛性十住菩薩見一切法
无常无我无樂无淨非一切法分見常樂我
淨以是義故十分之中得見一分諸佛世尊
見一切法无常无我无樂无淨非一切法見
常樂我淨以是義故見於佛性如觀掌中阿
摩勒菓以是義故首楞嚴定名為畢竟善男
子譬如初月雖不可見不得言无佛性亦尒
一切凡夫雖不得見亦不得言无佛性也善
男子佛性者所謂十力四无所畏大悲三念
處一切衆生悉有三種破煩惱故然後得見
一闡提等破一闡提然後能得十力四无所
畏大悲三念處以是義故我常宣說一切衆

BD04143 號　大般涅槃經（北本）卷二七　（5–2）

男子佛性者所謂十力四无所畏大悲三念
處一切衆生悉有三種破煩惱故然後得見
一闡提等破一闡提然後能得十力四无所
畏大悲三念處以是義故我常宣說一切衆
生悉有佛性善男子十二因緣一切衆生等
共有之亦內亦外何等十二過去煩惱名為
无明過去業者則名為行現在世中初始受
胎是名為識入胎五分四根未具名為名色
具足四根未名觸時是名六入未別苦樂是
名為觸染習一愛是名為受習近五欲是名
為愛內外貪求是名為取為內外事起身口
意業是名為有現在世識名未來生現在名
色六入觸受名未來世老病死也是名十二
因緣善男子一切衆生雖有如是十二因緣
或有未具如歌羅羅時死則无十二從生乃
至老死得具十二色界衆生无三種受三種
觸三種愛无有老病亦得名為具足十二无
色衆生无色乃至无有老死亦得名為具足
十二以定得故故名衆生平等具有十二因
緣善男子佛性亦尒一切衆生定當得成阿
耨多羅三藐三菩提故是故我說一切衆生
悉有佛性善男子雪山有草名為忍辱牛若
食之則出醍醐更有異草牛若食者則无醍
醐雖无醍醐不可說言雪山之中无忍辱草
佛性亦尒雪山者名為如來忍辱草者名大

BD04143 號　大般涅槃經（北本）卷二七　（5–3）

緣善男子佛性亦尒一切衆生定當得成阿
耨多羅三藐三菩提故是故我說一切衆生
悉有佛性善男子雪山有草名為忍辱牛若
食之則出醍醐更有異草牛若食者則无醍
醐雖无醍醐不可說言雪之山中无忍辱草
佛性亦尒雪山者名為如來忍辱草者名大
涅槃異草者名十二部經衆生若能聽受諮
啟大般涅槃則見佛性十二部中雖不聞有
不可說言无佛性也善男子佛性者亦色非
色非色非非色亦相非相非相非非相亦一
非一非一非非一非常非斷非非常非非斷
亦有亦无非有非无亦盡非盡非盡非非盡
亦因亦果非因非果亦義非義非義非非義
亦字非字非字非非字云何為色金剛身故
云何非色十八不共非色法故云何非色非
非色非色无定相故云何為相三十二相故
云何非相一切衆生相不見故云何非相非
非相相非相不決定故云何為一一切衆生
悉一乘故云何非一說三乘故云何非一非非
一无數法故云何非常從緣見故云何非斷
離斷見故云何非非常非非斷无終始故云何
為有一切衆生悉皆有故云何為无從善方
便而得見故云何非有非无虛空性故云何
名盡得首楞嚴三昧力故云何非盡以其常
故云何非盡非非盡一切盡相斷故云何為

BD04143號　大般涅槃經（北本）卷二七　（5–4）

非一非一非非一非常非斷非非常非非斷
亦有亦无非有非无亦盡非盡非盡非非盡
亦因亦果非因非果亦義非義非義非非義
亦字非字非字非非字云何為色金剛身故
云何非色十八不共非色法故云何非色非
非色非色无定相故云何為相三十二相故
云何非相一切衆生相不見故云何非相非
非相相非相不決定故云何為一一切衆生
悉一乘故云何非一說三乘故云何非一非非
一无數法故云何非常從緣見故云何非斷
離斷見故云何非非常非非斷无終始故云何
為有一切衆生悉皆有故云何為无從善方
便而得見故云何非有非无虛空性故云何
名盡得首楞嚴三昧力故云何非盡以其常
故云何非盡非非盡一切盡相斷故云何為
因以了因故云何為果果決定故云何非因非
果以其常故云何名義悉能攝取義无身故

BD04143號　大般涅槃經（北本）卷二七　（5–5）

如是大乘爲何所住
如是大乘都無所住所以者何以一切
無所住何以故諸法住處不可得故善現如
是大乘以無所得而爲方便住無所住善現
如法界非住非不住所以者何以法界自性
無住無不住何以故法界自性法界自性空
故大乘亦尒非住非不住善現如真如實際
不思議界安隱界寂靜界斷界離界滅界非
住非不住所以者何以真如自性[illegible]
自性無住無不住何以故真如[illegible]自
性空乃至滅界自性滅界自性空故大乘亦
尒非住非不住善現如色非住非不住所以
者何以色自性無住無不住何以故色自性
色自性空故大乘亦尒非住非不住善現如
受想行識非住非不住所以者何受想行識
自性無住無不住何以故受想行識自性受
想行識自性空故大乘亦尒非住非不住善
現如眼處非住非不住所以者何以眼處自
性無住無不住何以故眼處自性眼處自性
空故大乘亦尒非住非不住善現如耳鼻舌
身意處非住非不住所以者何以耳鼻舌身

BD04144 號　大般若波羅蜜多經卷四一七　（13–1）

自性無住無不住何以故受想行識自性受
想行識自性空故大乘亦尒非住非不住善
現如眼處非住非不住所以者何以眼處自
性無住無不住何以故眼處自性眼處自性
空故大乘亦尒非住非不住善現如耳鼻舌
身意處非住非不住所以者何以耳鼻舌身
意處自性無住無不住何以故耳鼻舌身意
處自性耳鼻舌身意處自性空故大乘亦尒
非住非不住善現如色處非住非不住所以
者何以色處自性無住無不住何以故色處
自性色處自性空故大乘亦尒非住非不住
善現如聲香味觸法處非住非不住所以者
何以聲香味觸法處自性無住無不住何以
故聲香味觸法處自性聲香味觸法處自性
空故大乘亦尒非住非不住善現如眼界非
住非不住所以者何以眼界自性無住無不
住何以故眼界自性眼界自性空故大乘亦
尒非住非不住善現如耳鼻舌身意界非住
非不住所以者何以耳鼻舌身意界自性無
住無不住何以故耳鼻舌身意界自性耳鼻
舌身意界自性空故大乘亦尒非住非不住
善現如色界非住非不住所以者何以色界
自性無住無不住何以故色界自性色界自
性空故大乘亦尒非住非不住善現如聲香
味觸法界非住非不住所以者何以聲香味
觸法界自性無住無不住何以故聲香味觸
法界自性聲香味觸法界自性空故大乘亦

BD04144 號　大般若波羅蜜多經卷四一七　（13–2）

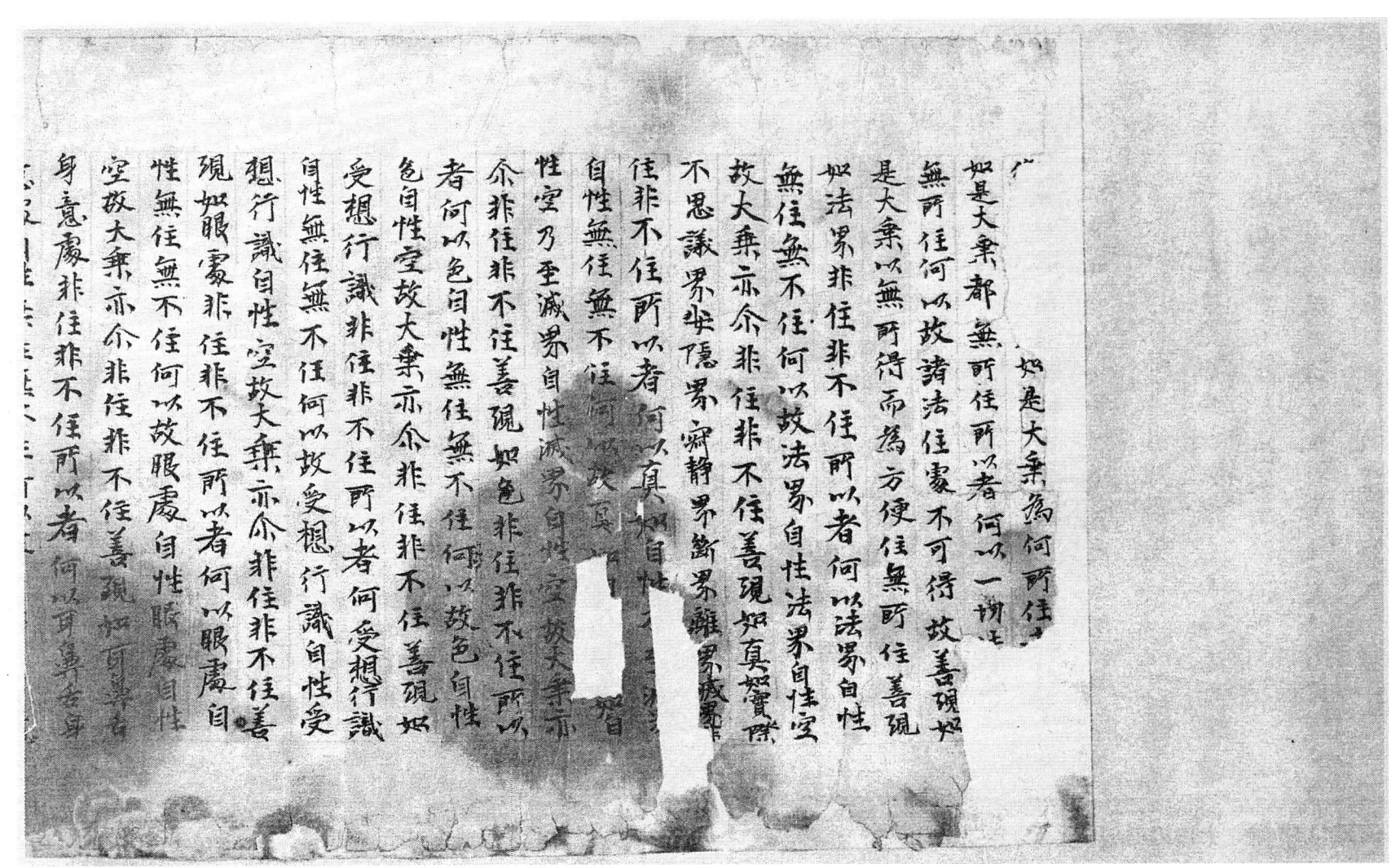

善現如色界非住非不住所以者何以色界
自性無住無不住何以故色界自性色界自
性空故大乘亦尒非住非不住善現如聲香
味觸法界非住非不住所以者何以聲香味
觸法界自性無住無不住何以故聲香味觸
法界自性聲香味觸法界自性空故大乘亦
尒非住非不住善現如眼識界非住非不住
所以者何以眼識界自性無住無不住何以
故眼識界自性眼識界自性空故大乘亦尒
非住非不住善現如耳鼻舌身意識界非住
非不住所以者何以耳鼻舌身意識界無住
無不住何以故耳鼻舌身意識界自性耳鼻
舌身意識界自性空故大乘亦尒非住非不
住善現如眼觸非住非不住所以者何以眼
觸自性無住無不住何以故眼觸自性眼觸
自性空故大乘亦尒非住非不住善現如耳
鼻舌身意觸非住非不住所以者何以耳鼻
舌身意觸自性無住無不住何以故耳鼻舌
身意觸自性耳鼻舌身意觸自性空故大乘
亦尒非住非不住善現如眼觸為緣所生諸
受非住非不住所以者何以眼觸為緣所生
諸受自性無住無不住何以故眼觸為緣所
生諸受自性眼觸為緣所生諸受自性空故
大乘亦尒非住非不住善現如耳鼻舌身意
觸為緣所生諸受非住非不住所以者何以
耳鼻舌身意觸為緣所生諸受自性無住無
不住何以故耳鼻舌身意觸為緣所生諸受
自性耳鼻舌身意觸為緣所生諸受自性空

BD04144 號　大般若波羅蜜多經卷四一七　（13–3）

生諸受自性眼觸為緣所生諸受自性空故
大乘亦尒非住非不住善現如耳鼻舌身意
觸為緣所生諸受非住非不住所以者何以
耳鼻舌身意觸為緣所生諸受自性無住無
不住何以故耳鼻舌身意觸為緣所生諸受
自性耳鼻舌身意觸為緣所生諸受自性空
故大乘亦尒非住非不住善現如夢境非住
非不住所以者何以夢境自性無住無不住
何以故夢境自性夢境自性空故大乘亦尒
非住非不住善現如幻事陽焰響像光影空
華變化非住非不住所以者何以幻事乃至
變化自性無住無不住何以故幻事乃至變
化自性幻事乃至變化自性空故大乘亦尒
非住非不住善現如布施波羅蜜多非住非
不住所以者何以布施波羅蜜多自性無住
無不住何以故布施波羅蜜多自性布施波
羅蜜多自性空故大乘亦尒非住非不住善
現如淨戒安忍精進靜慮般若波羅蜜多非
住非不住所以者何以淨戒安忍精進靜慮
般若波羅蜜多自性無住無不住何以故淨
戒安忍精進靜慮般若波羅蜜多自性淨戒
安忍精進靜慮般若波羅蜜多自性空故大
乘亦尒非住非不住善現如內空非住非不
住所以者何以內空自性無住無不住何以
故內空自性內空自性空故大乘亦尒非住
非不住善現如外空內外空空空大空勝義
空有為空無為空畢竟空無際空散空無變異空
本性空自共相空一切法空不可得空無性

BD04144 號　大般若波羅蜜多經卷四一七　（13–4）

住所以者何以內空自性無住無不住何以
故內空自性內空自性空故大乘亦尒非住
非不住善現如外空內外空空空大空勝義
空有為空無為空畢竟空無際空散空無變異空
本性空自共相空一切法空不可得空無性
空自性空無性自性空非住非不住所以者
何以外空乃至無性自性空自性無住無不
住何以故外空乃至無性自性空自性外空
乃至無性自性空自性空故大乘亦尒非住
非不住善現如四念住非住非不住所以者
何以四念住自性無住無不住何以故四念
住自性四念住自性空故大乘亦尒非住非
不住善現如四正斷四神足五根五力七等
覺支八聖道支非住非不住所以者何以四
正斷乃至八聖道支自性無住無不住何以
故四正斷乃至八聖道支自性四正斷乃至
八聖道支自性空故大乘亦尒非住非不住
善現乃至如佛十力非住非不住所以者何
以佛十力自性無住無不住何以故佛十力
自性佛十力自性空故大乘亦尒非住非不
住善現如四無所畏四無礙解大慈大悲大
喜大捨十八佛不共法非住非不住所以者
何以四無所畏乃至十八佛不共法自性無
住無不住何以故四無所畏乃至十八佛不
共法自性四無所畏乃至十八佛不共法自
性空故大乘亦尒非住非不住善現如預流
者惡趣生非住非不住所以者何以預流者
惡趣生自性無住無不住何以故預流者惡

共法自性四無所畏乃至十八佛不共法自
性空故大乘亦尒非住非不住善現如預流
者惡趣生非住非不住所以者何以預流者
惡趣生自性無住無不住何以故預流者惡
趣生自性預流者惡趣生自性空故大乘亦
尒非住非不住善現如一來者頻來生不還
者欲界生大菩薩自利生阿羅漢獨覺槃
後有生非住非不住所以者何以一來者頻來
生自性乃至如來後有生自性無住無不住
何以故一來者頻來生自性乃至如來後有
生自性一來者頻來生自性乃至如來後有
生自性空故大乘亦尒非住非不住善現如
預流非住非不住所以者何以預流自性無
住無不住何以故預流自性預流自性空故
大乘亦尒非住非不住善現如一來不還阿
羅漢獨覺菩薩如來非住非不住所以者何
以一來乃至如來自性無住無不住何以故一
來乃至如來自性一來乃至如來自性空故
大乘亦尒非住非不住善現如名字假想施
設言說非住非不住所以者何以名字假想
施設言說自性無住無不住何以故名字假
想施設言說自性名字假想施設言說自性
空故大乘亦尒非住非不住善現如無生無
滅無染無淨無相無為非住非不住所以者
何以無生無滅無染無淨無相無為自性無
住無不住何以故無生無滅無染無淨無
相無為自性無生無滅無染無淨無相

空故大乘亦尒非住非不住善現如無生無
滅無染無淨無相無為非住非不住所以者
何以無生無滅無染無淨無相無為自性無
住無不住何以故無生無滅無染無淨無
相無為自性無生無滅無染無淨無相
無為自性空故大乘亦尒非住非不住善現
由此因緣如是大乘雖無所住而以無二為
方便故住無所住
復次善現汝問誰復乘是大乘而出者善
現都無乘是大乘出者何以故善現若所乘乘
若能乘者若時若處如是一切皆無所有不
可得故所以者何以一切法皆無所有都不
可得如何可言有所乘乘有能乘者乘時乘
處故不可說實有乘是大乘出者何以故善
現我無所有不可得故乘大乘者亦不可得
所以者何畢竟淨故如是有情乃至見者亦
無所有不可得故乘大乘者亦不可得所以
者何畢竟淨故善現法界無所有不可得故
乘大乘者亦不可得所以者何畢竟淨故真
如實際不思議界安隱界等亦無所有不可
得故乘大乘者亦不可得所以者何畢竟淨
故善現色無所有不可得故乘大乘者亦不
可得所以者何畢竟淨故受想行識亦無所
有不可得故乘大乘者亦不可得所以者何
畢竟淨故善現眼處無所有不可得故乘大
乘者亦不可得所以者何畢竟淨故耳鼻舌
身意處亦無所有不可得故乘大乘者亦不
可得所以者何畢竟淨故善現色處無所有

BD04144 號　大般若波羅蜜多經卷四一七　（13–7）

有不可得故乘大乘者亦不可得所以者何
畢竟淨故善現眼處無所有不可得故乘大
乘者亦不可得所以者何畢竟淨故耳鼻舌
身意處亦無所有不可得故乘大乘者亦不
可得所以者何畢竟淨故善現色處無所有
不可得故乘大乘者亦不可得所以者何畢
竟淨故聲香味觸法處亦無所有不可得故
乘大乘者亦不可得所以者何畢竟淨故善
現眼界無所有不可得故乘大乘者亦不可
得所以者何畢竟淨故耳鼻舌身意界亦無
所有不可得故乘大乘者亦不可得所以者
何畢竟淨故善現色界無所有不可得故乘
大乘者亦不可得所以者何畢竟淨故聲香
味觸法界亦無所有不可得故乘大乘者亦
不可得所以者何畢竟淨故善現眼識界無
所有不可得故乘大乘者亦不可得所以者
何畢竟淨故耳鼻舌身意識界亦無所有不
可得故乘大乘者亦不可得所以者何畢竟
淨故善現眼觸無所有不可得故乘大乘者
亦不可得所以者何畢竟淨故耳鼻舌身意
觸亦無所有不可得故乘大乘者亦不可得
所以者何畢竟淨故善現眼觸為緣所生諸
受無所有不可得故乘大乘者亦不可得所
以者何畢竟淨故耳鼻舌身意觸為緣所生
諸受亦無所有不可得故乘大乘者亦不可
得所以者何畢竟淨故善現布施波羅蜜多
無所有不可得故乘大乘者亦不可得所以

BD04144 號　大般若波羅蜜多經卷四一七　（13–8）

以者何畢竟淨故耳鼻舌身意觸為緣所生
諸受亦無所有不可得故乘大乘者亦不可
得所以者何畢竟淨故善現布施波羅蜜多
無所有不可得故乘大乘者亦不可得所以
者何畢竟淨故淨戒安忍精進靜慮般若波
羅蜜多亦無所有不可得故乘大乘者亦不
可得所以者何畢竟淨故善現內空無所有
不可得故乘大乘者亦不可得所以者何畢
竟淨故外空內外空空空大空勝義空有為
空無為空畢竟空無際空散空無變異空本性空
自共相空一切法空不可得空無性空自性空
無性自性空亦無所有不可得故乘大乘
者亦不可得所以者何畢竟淨故善現四念
住無所有不可得故乘大乘者亦不可得所
以者何畢竟淨故四正斷四神足五根五力
七等覺支八聖道支亦無所有不可得故乘
大乘者亦不可得所以者何畢竟淨故善現
乃至佛十力無所有不可得故乘大乘者亦
不可得所以者何畢竟淨故四無所畏四無
礙解大慈大悲大喜大捨十八佛不共法亦
無所有不可得故乘大乘者亦不可得所以
者何畢竟淨故善現預流者無所有不可得
故乘大乘者亦不可得所以者何畢竟淨故
一來不還阿羅漢獨覺菩薩如來亦無所有
不可得故乘大乘者亦不可得所以者何畢
竟淨故善現預流果無所有不可得故乘大
乘者亦不可得所以者何畢竟淨故一來不

BD04144號　大般若波羅蜜多經卷四一七　（13–9）

一來不還阿羅漢獨覺菩薩如來亦無所有
不可得故乘大乘者亦不可得所以者何畢
竟淨故善現預流果無所有不可得故乘大
乘者亦不可得所以者何畢竟淨故一來不
還阿羅漢果獨覺菩提一切菩薩摩訶薩行
諸佛無上正等菩提亦無所有不可得故乘
大乘者亦不可得所以者何畢竟淨故善現
一切智無所有不可得故乘大乘者亦不可
得所以者何畢竟淨故道相智一切相智亦
無所有不可得故乘大乘者亦不可得所以
者何畢竟淨故善現無生無滅無染無淨無
相無為無所有不可得故乘大乘者亦不可
得所以者何畢竟淨故善現前後中際無所
有不可得故乘大乘者亦不可得所以者何
畢竟淨故善現若往若來無所有不可得故
乘大乘者亦不可得所以者何畢竟淨故善
現若行若住無所有不可得故乘大乘者亦
不可得所以者何畢竟淨故善現若死若生
無所有不可得故乘大乘者亦不可得所以
者何畢竟淨故善現若增若減無所有不可
得故乘大乘者亦不可得所以者何畢竟淨
故復次善現此中何法不可得故說不可得
善現此中法界不可得故說不可得真如實
際不思議界安隱界等亦不可得故說不可
得所以者何以法界等非己可得非當可得
非現可得畢竟淨故善現布施波羅蜜多不
可得故說不可得淨戒乃至般若波羅蜜多
亦不可得故說不可得所以者何以布施波

BD04144號　大般若波羅蜜多經卷四一七　（13–10）

際不思議界安隱界等亦不可得故說不可
得所以者何以法界等非已可得非當可得
非現可得畢竟淨故善現布施波羅蜜多不
可得故說不可得淨戒乃至般若波羅蜜多
亦不可得故說不可得所以者何以布施波
羅蜜多等非已可得非當可得非現可得畢
竟淨故善現內空不可得故說不可得外空
乃至無性自性空亦不可得故說不可得所
以者何以內空等非已可得非當可得非現
可得畢竟淨故善現四念住不可得故說不
可得四正斷乃至八聖道支亦不可得故說不
可得所以者何以四念住等非已可得 非當
可得非現可得畢竟淨故善現乃至佛十力
不可得故說不可得四無所畏乃至十八佛
不共法亦不可得故說不可得所以者何以
佛十力等非已可得非當可得非現可得畢
竟淨故善現預流者不可得故說不可得一
來乃至如來亦不可得故說不可得所以者
何以預流者等非已可得非當可得非現可
得畢竟淨故善現預流果不可得故說不可
得一來果乃至諸佛無上正等菩提亦不可
得故說不可得所以者何以預流果等 非已
可得非當可得非現可得畢竟淨故善現無
生無滅無染無淨無相無為不可得故說不
可得所以者何以無生等 非已可得非當可
得非現可得竟淨故善現初地不可得故
說不可得乃至第十地亦不可得故說不可
得所以者何以初地等非已可得非當可得

BD04144 號　大般若波羅蜜多經卷四一七　（13–11）

可得所以者何以無生等 非已可得非當可
得非現可得竟淨故善現初地不可得故
說不可得乃至第十地亦不可得故說不可
得所以者何以初地等非已可得非當可得
非現可得畢竟淨故善現此中云何十地 謂
淨觀地種姓地第八地具見地薄地離欲地
已辦地獨覺地菩薩地如來地是為十地善
現內空中初地不可得故說不可得乃至無
性自性空中初地不可得故說不可得內空
中第二地乃至第十地不可得故說不可得
乃至無性自性空中第二地乃至第十地不
可得故說不可得所以者何以於此中初地
等非已可得非當可得非現可得畢竟淨故
善現內空中成熟有情不可得故說不可得
乃至無性自性空中成熟有情不可得故說
不可得所以者何以於此中成熟有性非已
可得非當可得非現可得畢竟淨故善現內
空中嚴淨佛土不可得故說不可得乃至無
性自性空中嚴淨佛土不可得故說不可得
所以者何以於此中嚴淨佛土非已可得 非
當可得非現可得畢竟淨故善現內空中五
眼不可得故說不可得乃至無性自性空中
五眼不可得故說不可得所以者何以於此
中五眼非已可得非當可得非現可得畢竟
淨故如是善現諸菩薩摩訶薩脩行般若
波羅蜜多時雖觀諸法皆無所有都不可得
畢竟淨故無乘大乘而出住者然無所得而為
方便乘於大乘從三界生死中出至一 切智

BD04144 號　大般若波羅蜜多經卷四一七　（13–12）

善現以空中成熟有情不可得故說不可得
乃至無性自性空中成熟有情不可得故說
不可得所以者何以於此中成熟有性非已
可得非當可得非現可得畢竟淨故善現內
空中嚴淨佛土不可得故說不可得乃至無
性自性空中嚴淨佛土不可得故說不可得
所以者何以於此中嚴淨佛土非已可得　非
當可得非現可得畢竟淨故善現內空中五
眼不可得故說不可得乃至無性自性空中
五眼不可得故說不可得所以者何以於此
中五眼非已可得非當　可得非現可得畢竟
淨故如是善現諸菩薩摩訶薩脩行般若
波羅蜜多時雖觀諸法皆無所有都不可得
畢竟淨故無乘大乘而出住者然無所得而為
方便乘於大乘從三界生死中出至一　切智
智中住窮未來際利樂有性
第二分超勝品第二
尒時具壽善現白佛言世尊言大乘大乘者
超勝一切世間天人阿素洛等衆尊衆勝衆
上衆妙世尊如是大乘與虛空等猶如虛空

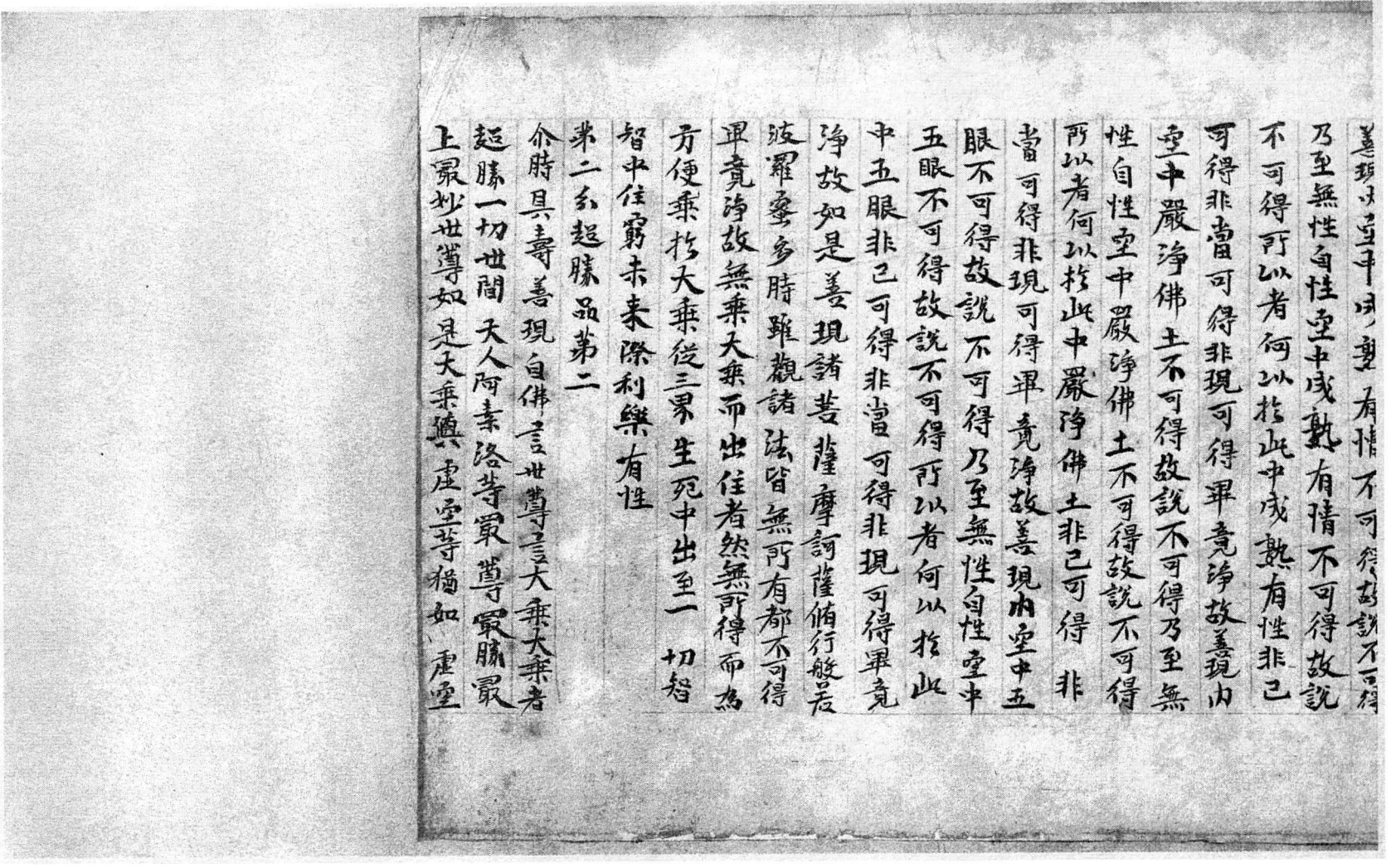

BD04144 號　大般若波羅蜜多經卷四一七　（13–13）

世
逮菩根善說法要辯
菩薩法式悉知諸佛
魔遊戲神通其慧
佛聖旨詣彼問疾於
釋梵四天王咸作是
維摩詰共談必說妙
聲聞百千天人皆欲
諸菩薩大弟子衆及
耶離大城尒時長者
利與大衆俱來即以
有及諸侍者唯置一
既入其室見其室空
維摩詰言善來文殊
相而見文殊師利言
來者去已更不去所
去者无所至所可見
居士是疾寧可忍不

BD04145 號　維摩詰所說經卷中　（28–1）

相而見文殊師利言如
来若去已更不去所以
去者无所至所可見者
居士是疾寧可忍不
尊能勤致問无量居士
久如當云何滅維摩詰
生以一切衆生病是故
則我病滅所以者何
有生死則有病若衆
須病譬如長者唯有
病若子病愈父母亦愈菩薩如是於諸
愛之若子衆生病則菩薩病衆生病愈菩薩
亦愈又言是疾何所因起菩薩疾者以大悲
起文殊師利言居士此室何以空无侍者維
摩詰言諸佛國土亦復皆空又問以何為空
荅曰以空空又問空何用空荅曰以无分別
空故空又問空可分別耶荅曰分別亦空又
問空當於何求荅曰當於六十二見中求又
問六十二見當於何求荅曰當於諸佛解脫
中求又問諸佛解脫當於何求荅曰當於一
切衆生心行中求又仁所問何无侍者一切
衆魔及諸外道皆吾侍也所以者何衆魔者
樂生死菩薩於生死而不捨外道者樂諸見
菩薩於諸見而不動文殊師利言居士所疾
為何等相維摩詰言我病无形不可見又問
此病身合耶心合耶荅曰非身合身相離故

BD04145號　維摩詰所說經卷中　（28–2）

衆魔及諸外道皆吾侍也所以者何衆魔者
樂生死菩薩於生死而不捨外道者樂諸見
菩薩於諸見而不動文殊師利言居士所疾
為何等相維摩詰言我病无形不可見又問
此病身合耶心合耶荅曰非身合身相離故
亦非心合心如幻故又問地大水大火大風
大於此四大何大之病荅曰是病非地大亦
不離地大水火風大亦復如是而衆生病從
四大起以其有病是故我病尒時文殊師利
問維摩詰言菩薩應云何慰喻有疾菩薩維
摩詰言說身无常不說猒離於身說身有苦
不說樂於涅槃說身无我而說教導衆生說
身空寂不說畢竟寂滅說悔先罪而不說入
於過去以己之疾愍於彼疾當識宿世无數
劫苦當念饒益一切衆生憶所脩福念於淨
命勿生憂惱常起精進當作醫王療治衆病
菩薩應如是慰喻有疾菩薩令其歡喜文殊
師利言居士有疾菩薩云何調伏其心維摩
詰言有疾菩薩應作是念今我此病皆從前
世妄想顛倒諸煩惱生无有實法誰受病者
所以者何四大合故假名為身四大无主身亦
无我又此病起皆由著我是故於我不應生
著既知病本即除我想及衆生想當起法想
應作是念但以衆法合成此身起唯法起滅
唯法滅又此法者各不相知起時不言我起
滅時不言我滅彼有疾菩薩為滅法相當作

BD04145號　維摩詰所說經卷中　（28–3）

著既知病本即除我想及衆生想當起法想
應作是念但以衆法合成此身起唯法起滅
唯法滅又此法者各不相知起時不言我起
滅時不言我滅彼有疾菩薩為滅法想當作
是念此法想者亦是顛倒顛倒者是即大患
我應離之云何為離離我我所云何離我我
所謂離二法云何離二法謂不念内外諸法
行於平等云何平等謂我等涅槃等所以者
何我及涅槃此二皆空以何為空但以名字
故空如此二法无決定性得是平等无有餘
病唯有空病空病亦空是有疾菩薩以无所
受而受諸受未具佛法亦不滅受而取證也
設身有苦念惡趣衆生起大悲心我既調伏
亦當調伏一切衆生但除其病而不除法為
斷病本而教導之何謂病本謂有攀緣從有
攀緣則為病本何所攀緣謂之三界云何斷
攀緣以无所得若无所得則无攀緣何謂无
所得謂二見何謂二見謂内見外見是无所
得文殊師利是為有疾菩薩調伏其心為斷
老病死苦是菩薩菩提若不如是已所脩治
為无慧利譬如勝怨乃可為勇如是兼除老
病死者菩薩之謂也彼有疾菩薩應復作是
念如我此病非真非有衆生病亦非真非有
作是觀時於諸衆生若起愛見大悲即應
捨離所以者何菩薩斷除客塵煩惱而起大
悲愛見悲者則於生死有疲猒心若能離此

BD04145號　維摩詰所說經卷中　（28–4）

念如我此病非真非有衆生病亦非真非有
作是觀時於諸衆生若起愛見大悲即應
捨離所以者何菩薩斷除客塵煩惱而起大
悲愛見悲者則於生死有疲猒心若能離此
无有疲猒在在所生不為愛見之所覆也所
生无縛能為衆生說法解縛如佛所說若自
有縛能解彼縛无有是處若自无縛能解彼
縛斯有是處是故菩薩不應起縛何謂縛何
謂解貪著禪味是菩薩縛以方便生是菩薩
解又无方便慧縛有方便慧解无慧方便縛
有慧方便解何謂无方便慧縛謂菩薩以愛
見心莊嚴佛土成就衆生於空无相无作法
中而自調伏是名无方便慧縛何謂有方便
慧解謂不以愛見心莊嚴佛土成就衆生於
空无相无作法中以自調伏而不疲猒是名
有方便慧解何謂无慧方便縛謂菩薩住貪
欲瞋恚邪見等諸煩惱而殖衆德本是名无
慧方便縛何謂有慧方便解謂離諸貪欲瞋
恚邪見等諸煩惱而殖衆德本迴向阿耨多
羅三藐三菩提心是名有慧方便解文殊師
利彼有疾菩薩應如是觀諸法又復觀身无
常苦空非我是名為慧雖身有疾常在生死
饒益一切而不猒惓是名方便又復觀身身不
離病病不離身是病是身非新非故是名為
慧設身有疾而不永滅是名方便文殊師利
有疾菩薩應如是調伏其心不住其中亦復

BD04145號　維摩詰所說經卷中　（28–5）

饒益一切而不猒惓是名方便又復觀身身不
離病病不離身是病是身非新非故是名為
慧設身有疾而不永滅是名方便文殊師利
有疾菩薩應如是調伏其心不住其中亦復
不住不調伏心所以者何若住不調伏心是
愚人法若住調伏心是聲聞法是故菩薩不
當住於調伏不調伏心離此二法是菩薩行
在於生死不為污行住於涅槃不永滅度是
菩薩行非凡夫行非賢聖行是菩薩行非垢
行非淨行是菩薩行雖過魔行而現降衆魔
是菩薩行求一切智无非時求是菩薩行雖
觀諸法不生而不入正位是菩薩行雖觀十
二緣起而入諸耶見是菩薩行雖攝一切衆
生而不愛著是菩薩行雖樂遠離而不依身
心盡是菩薩行雖行三界而不壞法性是菩
薩行雖行於空而殖衆德本是菩薩行雖行
无相而度衆生是菩薩行雖行无作而現受
身是菩薩行雖行无起而起諸善法是菩薩
行雖行六波羅蜜而遍知衆生心心數法是
菩薩行雖行六通而不盡漏是菩薩行雖行
四无量心而不貪著生於梵世是菩薩行雖
行禪定解脫三昧而不隨禪生是菩薩行雖
行四念處而不永離身受心法是菩薩行雖
行四正勤而不捨身心精進是菩薩行雖行
四如意足而得自在神通是菩薩行雖行五
根而分別衆生諸根利鈍是菩薩行雖行五

行禪定解脫三昧而不隨禪生是菩薩行雖
行四念處而不永離身受心法是菩薩行雖
行四正勤而不捨身心精進是菩薩行雖行
四如意足而得自在神通是菩薩行雖行五
根而分別衆生諸根利鈍是菩薩行雖行五
力而樂求佛十力是菩薩行雖行七覺分而
分別佛之智慧是菩薩行雖行八正道而樂
行无量佛道是菩薩行雖行止觀助道之法
而不畢竟墮於寂滅是菩薩行雖行諸法不
生不滅而以相好莊嚴其身是菩薩行雖現
聲聞辟支佛威儀而不捨佛法是菩薩行雖
隨諸法究竟淨相而隨所應為現其身是菩
薩行雖觀諸佛國土永寂如空而現種種清
淨佛土是菩薩行雖得佛道轉於法輪入
於涅槃而不捨於菩薩之道是菩薩行說
是語時文殊師利所將大衆其中八千天子
皆發阿耨多羅三藐三菩提心

不思議品第六

尒時舍利弗見此室中无有牀坐作是念斯
諸菩薩大弟子衆當於何坐長者維摩詰知
其意語舍利弗言云何仁者為法來耶求牀
坐耶舍利弗言我為法來非為牀坐維摩詰
言唯舍利弗夫求法者不貪軀命何況牀坐
夫求法者非有色受想行識之求非有界入
之求非有欲色无色之求唯舍利弗夫求法
者不著佛求不著法求不著衆求夫求法者

言唯舍利弗夫求法者不貪軀命何況床坐
夫求法者非有色受想行識之求非有界入
之求非有欲色无色之求唯舍利弗夫求法
者不著佛求不著法求不著衆求夫求法者
无見苦求无斷集求无造盡證脩道之求所
以者何法无戲論若言我當見苦斷集證滅
脩道是則戲論非求法也唯舍利弗法名寂
滅若行生滅是求生滅非求法也法名无染
若染於法乃至涅槃是則染著非求法也法
无行處若行於法則是行處非求法也法无
取捨若取捨法則是取捨非求法也法无處
所若著處所是則著處非求法也法名无相
若隨相識是則求相非求法也法不可住若
住於法是則住法非求法也法不可見聞覺
知若行見聞覺知是則見聞覺知非求法也
法名无為若行有為是求有為非求法也是
故舍利弗若求法者於一切法應无所求說
是語時五百天子於諸法中得法眼淨
尒時長者維摩詰問文殊師利仁者遊於无
量千万億阿僧祇國何等佛土有好上妙功
德成就師子之坐文殊師利言居士東方度
三十六恒河沙國有世界名須弥相其佛号
須弥燈王今現在彼佛身長八万四千由旬
其師子座高八万四千由旬嚴飾第一於是
長者維摩詰現神通力即時彼佛遣三万二
千師子座高廣嚴淨來入維摩詰室諸菩薩

三十六恒河沙國有世界名須弥相其佛号
須弥燈王今現在彼佛身長八万四千由旬
其師子座高八万四千由旬嚴飾第一於是
長者維摩詰現神通力即時彼佛遣三万二
千師子座高廣嚴淨來入維摩詰室諸菩薩
大弟子釋梵四天王等昔所未見其室廣博
悉苞容三万二千師子座无所妨閡於毗耶
離城及閻浮提四天下亦不迫迮悉見如故
尒時維摩詰語文殊師利就師子坐與諸菩
薩上人俱坐當自立身如彼坐像其得神通
菩薩即自變形為四万二千由旬坐師子座
諸新發意菩薩及大弟子皆不能昇尒時維
摩詰語舍利弗就師子座舍利弗言居士此
座高廣吾不能昇維摩詰言唯舍利弗為須
弥燈王如來作礼乃可得坐於是新發意菩
薩及大弟子即為須弥燈王如來作礼便得
坐師子座舍利弗言居士未曾有也如是小
室乃容受此高廣之座於毗耶離城无所妨
閡又於閻浮提聚落城邑及四天下諸天龍
王鬼神宮殿亦不迫迮維摩詰言唯舍利弗
諸佛菩薩有解脫名不可思議若菩薩住是
解脫者以須弥之高廣內芥子中无所增減
須弥山王本相如故而四天王忉利諸天不
覺不知己之所入唯應度者乃見須弥入芥
子中是名不可思議解脫法門又以四大海
水入一毛孔不嬈魚鼈黿鼉水性之屬而彼

解脫者以須弥之高廣內芥子中无所增減
須弥山王本相如故而四天王忉利諸天不
覺不知己之所入唯應度者乃見須弥入芥
子中是名不可思議解脫法門又以四大海
水入一毛孔不嬈魚鼈黿鼉水性之屬而彼
大海本相如故諸龍鬼神阿脩羅等不覺不
知己之所入於此衆生亦无所嬈又舍利弗
住不可思議解脫菩薩斷取三千大千世界
如陶家輪著右掌中擲過恒河沙世界之外
其中衆生不覺不知己之所往又復還置本
處都不使人有往來想而此世界本相如故
又舍利弗或有衆生樂久住世而可度者菩
薩即演七日以為一劫令彼衆生謂之一劫
或有衆生不樂久住而可度者菩薩即促一
劫以為七日令彼衆生謂之七日又舍利弗
住不可思議解脫菩薩以一切佛土嚴飾之
事集在一國示於衆生又菩薩以一佛土衆
生置之右掌飛到十方遍示一切而不動本
處又舍利弗十方衆生供養諸佛之具菩薩
於一毛孔皆令得見又十方國土所有日月
星宿於一毛孔普使見之又舍利弗十方世
界所有諸風菩薩悉能吸著口中而身无損
外諸樹木亦不摧折又十方世界劫盡燒時
以一切火內於腹中火事如故而不為害又於
下方過恒河沙等諸佛世界取一佛土舉著
上方過恒河沙无數世界如持針鋒舉一棗
[illegible]

BD04145 號　維摩詰所說經卷中　(28–10)

界所有諸風菩薩悉能吸著口中而身无損
外諸樹木亦不摧折又十方世界劫盡燒時
以一切火內於腹中火事如故而不為害又於
下方過恒河沙等諸佛世界取一佛土舉著
上方過恒河沙无數世界如持針鋒舉一棗
葉而无所嬈又舍利弗住不可思議解脫菩
薩能以神通現作佛身或現辟支佛身或現
聲聞身或現帝釋身或現梵王身或現世主
身或現轉輪王身又十方世界所有衆聲上
中下音皆能變之令作佛聲演出无常苦空
无我之音及十方諸佛所說種種之法皆於
其中普令得聞舍利弗我今略說菩薩不可
思議解脫之力若廣說者窮劫不盡是時大
迦葉聞說菩薩不可思議解脫法門嘆未曾
有謂舍利弗譬如有人於盲者前現衆色像
非彼所見一切聲聞聞是不可思議解脫法
門不能解了為若此也智者聞是其誰不發
阿耨多羅三藐三菩提心我等何為永絶其
根於此大乘以如敗種一切聲聞聞是不可
思議解脫法門皆應號泣聲震三千大千世
界一切菩薩應大欣慶頂受此法若有菩薩
信解不可思議解脫法門者一切魔衆无如之
何大迦葉說是語時三万二千天子皆發阿
耨多羅三藐三菩提心尒時維摩詰語大迦
葉仁者十方无量阿僧祇世界中作魔王者
多是住不可思議解脫菩薩以方便力教化

BD04145 號　維摩詰所說經卷中　(28–11)

信解不可思議解脫門者一切魔衆无如之
何大迦葉說是語時三万二千天子皆發阿
耨多羅三藐三菩提心尒時維摩詰語大迦
葉仁者十方无量阿僧祇世界中作魔王者
多是住不可思議解脫菩薩以方便力教化
衆生現作魔王又迦葉十方无量菩薩或有
人從乞手足耳鼻頭目髓腦血肉皮骨聚落
城邑妻子奴婢象馬車乘金銀琉璃車𤦲馬
𤥭珊瑚虎珀真珠珂貝衣服飲食如此乞者
多是住不可思議解脫菩薩以方便力而往
試之令其堅固所以者何住不可思議解脫
菩薩有威德力故行逼迫示諸衆生如是難事凡夫
下劣无有力勢不能如是逼迫菩薩譬如龍
象蹴踏非驢所堪是名住不可思議解脫菩
薩智慧方便之門

觀衆生品第七

尒時文殊師利問維摩詰言菩薩云何觀於
衆生維摩詰言譬如幻師見所幻人菩薩觀衆
生為若此如智者見水中月如鏡中見其
面像如熱時炎如呼聲響如空中雲如水聚
沫如水上泡如芭蕉堅如電久住如第五大
如第六陰如第七情如十三入如十九界菩
薩觀衆生為若此如无色界色如燋穀牙如
須陁洹身見如阿那含入胎如阿羅漢三毒
如得忍菩薩貪恚毀禁如佛煩惱習如盲者
見色如入滅定出入息如空中鳥跡如石女

如第六陰如第七情如十三入如十九界菩
薩觀衆生為若此如无色界色如燋穀牙如
須陁洹身見如阿那含入胎如阿羅漢三毒
如得忍菩薩貪恚毀禁如佛煩惱習如盲者
見色如入滅定出入息如空中鳥跡如石女
兒如化人煩惱如夢所見已寤如滅度者受
身如无烟之火菩薩觀衆生為若此
文殊師利言若菩薩作是觀者云何行慈維
摩詰言菩薩作是觀已自念我當為衆生說
如斯法是則真實慈也行寂滅慈无所生故
行不熱慈无煩惱故行等之慈等三世故行
无諍慈无所起故行不二慈内外不合故行
不壞慈畢竟盡故行堅固慈心无毀故行清
淨慈諸法性淨故行无邊慈如虛空故行阿羅漢
慈破結賊故行菩薩慈安衆生故行如來慈
得如相故行佛之慈覺衆生故行自然慈无
因得故行菩提慈等一味故行无比慈斷諸
愛故行大悲慈導以大乘故行无猒慈觀空
无我故行法施慈无遺惜故行持戒慈化毀
禁故行忍辱慈護彼我故行精進慈荷負衆
生故行禪定慈不受味故行智慧慈无不知
時故行方便慈一切示現故行无隱慈直心
清淨故行深心慈无雜行故行无誑慈不虛假
故行安樂慈令得佛樂故菩薩之慈為若此也
文殊師利又問何謂為悲答曰菩薩所作功
德皆與一切衆生共之何謂為喜答曰有所
饒益歡喜无悔何謂為捨答曰所作福祐无所

[illegible]
故行安樂慈令得佛樂故菩薩之慈為若此也
文殊師利又問何謂為悲荅曰菩薩所作功
德皆與一切衆生共之何謂為喜荅曰有所
饒益歡喜无悔何謂為捨荅曰所作福祐无
所悕望文殊師利又問生死有畏菩薩當何
所依維摩詰言菩薩於生死畏中當依如來
功德之力文殊師利又問菩薩欲依如來功
德之力當於何住荅曰菩薩欲依如來功德
力者當住度脫一切衆生又問欲度衆生當
何所除荅曰欲度衆生除其煩惱又問欲除
煩惱當何所行荅曰當行正念又問云何行
於正念荅曰當行不生不滅又問何法不生
何法不滅荅曰不善不生善法不滅又問善
不善孰為本荅曰身為本又問身孰為本荅
曰欲貪為本又問欲貪孰為本荅曰虛妄分
別為本又問虛妄分別孰為本荅曰顛倒想
為本又問顛倒想孰為本荅曰无住為本又
問无住孰為本荅曰无住則无本文殊師利
從无住本立一切法
時維摩詰室有一天女見諸大人聞所說法
便現其身即以天華散諸菩薩大弟子上華
至諸菩薩即皆墮落至大弟子便著不墮一
切弟子神力去華不能令去尒時天問舍利
弗何故去華荅曰此華不如法是以去之天
曰勿謂此華為不如法所以者何是華无所
分別仁者自生分別想耳若於佛法出家有

便現其身即以天華散諸菩薩大弟子上華
至諸菩薩即皆墮落至大弟子便著不墮一
切弟子神力去華不能令去尒時天問舍利
弗何故去華荅曰此華不如法是以去之天
曰勿謂此華為不如法所以者何是華无所
分別仁者自生分別想耳若於佛法出家有
所分別為不如法若无所分別是則如法觀諸
菩薩華不著者以斷一切分別想故譬如人
畏時非人得其便如是弟子畏生死故色聲
香味觸得其便已離畏者一切五欲无能為
也結習未盡華著身耳結習盡者華不著
也舍利弗言天止此室其已久如荅曰我止
此室如耆年解脫舍利弗言止此久耶天曰
耆年解脫亦何如久舍利弗嘿然不荅天曰
如何耆舊大智如嘿荅曰解脫者无所言說
故吾於是不知所云天曰言說文字皆解脫
相所以者何解脫者不內不外不在兩間文
字亦不內不外不在兩間是故舍利弗无離
文字說解脫也所以者何一切諸法皆解脫
相舍利弗言不復以離婬怒癡為解脫乎天
曰佛為增上慢人說離婬怒癡為解脫耳
若无增上慢者佛說婬怒癡性即是解脫舍
利弗言善哉善哉天女汝何所得以何為證
辯乃如是天曰我无得无證故辯如是所以
者何若有得有證者則於佛法為增上慢
舍利弗問天汝於三乘為何志求天曰以聲
聞法化衆生故我為聲聞以因緣法化衆生

利弗言善哉善哉天女汝何所得以何為證
辯乃如是天曰我无得无證故辯如是所以
者何若有得有證者則於佛法為增上慢
舍利弗問天汝於三乘為何志求天曰以聲
聞法化衆生故我為聲聞以因緣法化衆生
故我為辟支佛以大悲化衆生故我為大乘
舍利弗如人入瞻蔔林唯嗅瞻蔔不嗅餘香
如是若入此室但聞佛功德之香不樂聞聲
聞辟支佛功德香也舍利弗其有釋梵四天
王諸天龍鬼神等入此室者聞斯上人講說
正法皆樂佛功德之香發心而出舍利弗吾止
此室十有二年初不聞說聲聞辟支佛法但
聞菩薩大慈大悲不可思議諸佛之法舍利
弗此室常現八未曾有難得之法何等為八
此室常以金色光照晝夜无異不以日月所
照為明是為一未曾有難得之法此室入者
不為諸垢之所惱也是為二未曾有難得之
法此室常有釋梵四天王他方菩薩來會不
絕是為三未曾有難得之法此室常說六波
羅蜜不退轉法是為四未曾有難得之法此
室常作天人第一之樂絃出无量法化之聲
是為五未曾有難得之法此室有四大藏衆
寶積滿周窮濟乏求得无盡是為六未曾有
難得之法此室釋迦牟尼佛阿弥陀佛阿閦
佛寶德寶炎寶月寶嚴難勝師子嚮一切利
成如是等十方无量諸佛是上人念時即皆
[illegible]

BD04145號　維摩詰所說經卷中　（28–16）

寶積滿周窮濟乏求得无盡是為六未曾有
難得之法此室釋迦牟尼佛阿弥陀佛阿閦
佛寶德寶炎寶月寶嚴難勝師子嚮一切利
成如是等十方无量諸佛是上人念時即皆
為來廣說諸佛秘要法藏說已還去是為七
未曾有難得之法此室一切諸天嚴飾宮殿
諸佛淨土皆於中現是為八未曾有難得之
法舍利弗此室常現八未曾有難得之法誰
有見斯不思議事而復樂於聲聞法乎
舍利弗言汝何以不轉女身天曰我從十二
年來求女人相了不可得當何所轉譬如幻
師化作幻女若有人問何以不轉女身是人
為正問不舍利弗言不也幻无定相當何所
轉天曰一切諸法亦復如是无有定相云何
乃問不轉女身即時天女以神通力變舍利
弗令如天女天自化身如舍利弗而問言何
以不轉女身舍利弗以天女像而荅言我今
不知何轉而變為女身天曰舍利弗若能轉
此女身則一切女人亦當能轉如舍利弗非
女而現女身一切女人亦復如是雖現女身
而非女也是故佛說一切諸法非男非女即
時天女還攝神力舍利弗身還復如故天問
舍利弗女身色相今何所在舍利弗言女身
色相无在无不在天曰一切諸法亦復如是
无在无不在夫无在无不在者佛所說也舍
利弗問天汝於此沒當生何所天曰佛化所

BD04145號　維摩詰所說經卷中　（28–17）

舍利弗女身色相今何所在舍利弗言女身
色相无在无不在天曰一切諸法亦復如是
无在无不在夫无在无不在者佛所說也舍
利弗問天汝於此沒當生何所天曰佛化所
生吾如彼生曰佛化所生非沒生也天曰衆
生猶然无沒生也舍利弗問天汝久如當得
阿耨多羅三藐三菩提天曰如舍利弗還為
凡夫我乃當成阿耨多羅三藐三菩提舍利
弗言我作凡夫无有是處天曰我得阿耨多
羅三藐三菩提亦无是處所以者何菩提无
住處是故无有得者舍利弗言今諸佛得阿
耨多羅三藐三菩提已得當得如恒河沙皆
謂何乎天曰皆以世俗文字數故說有三世
非謂菩提有去來今天曰舍利弗汝得阿羅
漢道耶曰无所得故而得天曰諸佛菩薩亦
復如是无所得故而得尒時維摩詰語舍利
弗是天女曾已供養九十二億佛已能遊戲
菩薩神通所願具足得无生忍住不退轉以
本願故隨意能現教化衆生

佛道品第八

尒時文殊師利問維摩詰言菩薩云何通達
佛道維摩詰言若菩薩行於非道是為通達
佛道又問云何菩薩行於非道答曰若菩薩
行五无間而无惱恚至于地獄无諸罪垢至
于畜生无有无明憍慢等過至于餓鬼而具
足功德行色无色界道不以為勝示行貪欲

佛道又問云何菩薩行於非道答曰若菩薩
行五无間而无惱恚至于地獄无諸罪垢至
于畜生无有无明憍慢等過至于餓鬼而具
足功德行色无色界道不以為勝示行貪欲
離諸染著示行瞋恚於諸衆生无有恚閡示
行愚癡而以智慧調伏其心示行慳貪而捨
内外所有不惜身命示行毀禁而安住淨戒
乃至小罪猶懷大懼示行瞋恚而常慈忍示
行懈怠而懃脩功德示行亂意而常念定示
行愚癡而通達世間出世間慧示行諂偽而
善方便隨諸經義示行憍慢而於衆生猶如
橋梁示行諸煩惱而心常清淨示入於魔而
順佛智慧不隨他教示入聲聞而為衆生說
未聞法示入辟支佛而成就大悲教化衆生
示入貧窮而有寶手功德无盡示入形殘而
具諸相好以自莊嚴示入下賤而生佛種姓
中具諸功德示入羸劣醜陋而得那羅延身
一切衆生之所樂見示入老病而永斷病根
超越死畏示有資生而恒觀无常實无所貪
示有妻妾婇女而常遠離五欲淤泥現於訥
鈍而成就辯才揔持无失示入耶濟而以正
濟度諸衆生現遍入諸道而斷其因緣現於
涅槃而不斷生死文殊師利菩薩能如是行
於非道是為通達佛道
於是維摩詰問文殊師利何等為如來種文
殊師利言有身為種无明有愛為種貪恚癡

鈍而成就辯才總持无失示入耶濟而以正
濟度諸衆生現遍入諸道而斷其因緣現於
涅槃而不斷生死文殊師利菩薩能如是行
於非道是為通達佛道
於是維摩詰問文殊師利何等為如來種文
殊師利言有身為種无明有愛為種貪恚癡
為種四顛倒為種五蓋為種六入為種七識
處為種八耶法為種九惱處為種十不善道
為種以要言之六十二見及一切煩惱皆是
佛種曰何謂也荅曰若見无為入正位者不
能復發阿耨多羅三藐三菩提心譬如高原
陸地不生蓮華卑濕汙泥乃生此華如是見
无為法入正位者終不復能生於佛法煩惱
泥中乃有衆生起佛法耳又如殖種於空終
不得生糞壤之地乃能滋茂如是入无為正
位者不生佛法起於我見如須弥山猶能發
于阿耨多羅三藐三菩提心生佛法矣是故
當知一切煩惱為如來種譬如不下巨海不
能得无價寶珠如是不入煩惱大海則不能
得生一切智寶
介時大迦葉歎言善哉善哉文殊師利快說
此語誠如所言塵勞之儔為如來種我等今
者不復堪任發阿耨多羅三藐三菩提心乃
至五无間罪猶能發意生於佛法而今我等
永不能發譬如根敗之士其於五欲不能復
利如是聲聞諸結斷者於佛法中无所復益

BD04145 號　維摩詰所說經卷中　（28–20）

此語誠如所言塵勞之儔為如來種我等今
者不復堪任發阿耨多羅三藐三菩提心乃
至五无間罪猶能發意生於佛法而今我等
永不能發譬如根敗之士其於五欲不能復
利如是聲聞諸結斷者於佛法中无所復益
永不志願是故文殊師利凡夫於佛法有反
復而聲聞无也所以者何凡夫聞佛法能起
无上道心不斷三寶正使聲聞終身聞佛法
力无畏等永不能發无上道意介時會中有
菩薩名普現色身問維摩詰言居士父母妻
子親戚眷屬吏民知識悉為是誰奴婢僮僕
象馬車乘皆何所在於是維摩詰以偈荅曰
智度菩薩母　方便以為父　一切衆導師　无不由是生
法喜以為妻　慈悲心為女　善心誠實男　畢竟空寂舍
弟子衆塵勞　隨意之所轉　道品善知識　由是成正覺
諸度法等侶　四攝為伎女　歌詠誦法言　以此為音樂
總持之園苑　无漏法林樹　覺意淨妙華　解脫智慧果
八解之浴池　定水湛然滿　布以七淨華　浴此无垢人
象馬五通馳　大乘以為車　調御以一心　遊於八正路
相具以嚴容　衆好飾其姿　慚愧之上服　深心為華鬘
富有七財寶　教授以滋息　如所說脩行　迴向為大利
四禪為床坐　從於淨命生　多聞增智慧　以為自覺音
甘露法之食　解脫味為漿　淨心以澡浴　戒品為塗香
摧滅煩惱賊　勇健无能踰　降伏四種魔　勝幡建道場
雖知无起滅　示彼故有生　悉現諸國土　如日无不見
供養於十方　无量億如來　諸佛及己身　无有分別想

BD04145 號　維摩詰所說經卷中　（28–21）

四禪為床座　從於淨命生　多聞增智慧　以為自覺音
甘露法之食　解脫味為漿　淨心以澡浴　戒品為塗香
摧滅煩惱賊　勇健无能踰　降伏四種魔　勝幡建道場
雖知无起滅　示彼故有生　悉現諸國土　如日无不見
供養於十方　无量億如來　諸佛及己身　无有分別想
雖知諸佛國　及與眾生空　而常脩淨土　教化於群生
諸有眾生類　形聲及威儀　无畏力菩薩　一時能盡現
覺知眾魔事　而示隨其行　以善方便力　隨意皆能現
或示老病死　成就諸群生　了知如幻化　通達无有閡
或現劫盡燒　天地皆洞然　眾人有常想　照令知无常
无數億眾生　俱來請菩薩　一時到其舍　化令向佛道
經書禁呪術　工巧諸伎樂　盡現行此事　饒益諸群生
世間眾道法　悉於中出家　因以解人惑　而不墮邪見
或作日月天　梵王世界主　或時作地水　或復作風火
劫中有疾疫　現作諸藥草　若有服之者　除病消眾毒
劫中有飢饉　現身作飲食　先救彼飢渴　却以法語人
劫中有刀兵　為之起慈悲　化彼諸眾生　令住无諍地
若有大戰陣　立之以等力　菩薩現威勢　降伏使和安
一切國土中　諸有地獄處　輒往到于彼　勉濟其苦惱
一切國土中　畜生相食噉　皆現生於彼　為之作益利
示受於五欲　亦復現行禪　令魔心憒亂　不能得其便
火中生蓮華　是可謂希有　在欲而行禪　希有亦如是
或現作婬女　引諸好色者　先以欲鉤牽　後令入佛智
或為邑中主　或作商人導　國師及大臣　以祐利眾生
諸有貧窮者　現作无盡藏　因以勸導之　令發菩提心
我心憍慢者　為現大力士　消伏諸貢高　令住佛上道
其有恐懼眾　居前而慰安　先施以无畏　後令發道心

BD04145號　維摩詰所說經卷中　（28–22）

或現作婬女　引諸好色者　先以欲鉤牽　後令入佛智
或為邑中主　或作商人導　國師及大臣　以祐利眾生
諸有貧窮者　現作无盡藏　因以勸導之　令發菩提心
我心憍慢者　為現大力士　消伏諸貢高　令住佛上道
其有恐懼眾　居前而慰安　先施以无畏　後令發道心
或現離婬女　為五通仙人　開導諸群生　令住戒忍慈
見須供事者　現為作僮僕　既悅可其意　乃發以道心
隨彼之所須　得入於佛道　以善方便力　皆能給足之
如是道无量　所行无有崖　智慧无邊際　度脫无數眾
假令一切佛　於无數億劫　讚嘆其功德　猶尚不能盡
誰聞如此法　不發菩提心　除彼不肖人　癡冥无智者

入不二法門品第九

尒時維摩詰謂眾菩薩言諸仁者云何菩薩
入不二法門各隨所樂說之會中有菩薩名
法自在說言諸仁者生滅為二法本不生今
則无滅得此无生法忍是為入不二法門
德首菩薩曰我我所為二因有我故便有我
所若无有我則无我所是為入不二法門
不眴菩薩曰受不受為二若法不受則不可
得以不可得故无取无捨无作无行是為入
不二法門
得須菩薩曰垢淨為二見垢實性則无淨相
順於滅相是為入不二法門
善宿菩薩曰是動是念為二不動則无念无
念即无分別通達此者是為入不二法門
善眼菩薩曰一相无相為二若知一相即是

BD04145號　維摩詰所說經卷中　（28–23）

得須菩薩曰垢淨為二見垢實性則无淨相
順於滅相是為入不二法門
善宿菩薩曰是動是念為二不動則无念无
念即无分別通達此者是為入不二法門
善眼菩薩曰一相无相為二若知一相即是
无相亦不取无相入於平等是為入不二法門
妙臂菩薩曰菩薩心聲聞心為二觀心相空
如幻化者无菩薩心无聲聞心是為入不二法門
弗沙菩薩曰善不善為二若不起善不善入
无相際而通達者是為入不二法門
師子菩薩曰罪福為二若達罪性則與福无
異以金剛慧決了此相无縛无解者是為入
不二法門
師子意菩薩曰有漏无漏為二若得諸法等
則不起漏不漏想不著於相亦不住无相是
為入不二法門
淨解菩薩曰有為无為為二若離一切數則
心如虛空以清淨慧无所閡者是為入不二
法門
那羅延菩薩曰世間出世間為二世間性空
即是出世間於其中不入不出不溢不散是
為入不二法門
善意菩薩曰生死涅槃為二若見生死性則
无生死无縛无解不然不滅如是解者是為
入不二法門
現見菩薩曰盡不盡為二法若究竟盡若不

為入不二法門
善意菩薩曰生死涅槃為二若見生死性則
无生死无縛无解不然不滅如是解者是為
入不二法門
現見菩薩曰盡不盡為二法若究竟盡若不
盡皆是无盡相无盡相即是空空則无有盡
不盡相如是入者是為入不二法門
普守菩薩曰我无我為二我尚不可得非我
何可得見我實性者不復起二是為入不二
法門
電天菩薩曰明无明為二无明實性即是明
明亦不可取離一切數於其中平等无二
是為入不二法門
善見菩薩曰色色空為二色即是
空色性自空如是受想行識識空
是空非識滅空識性自空於其
是為入不二法門
明相菩薩曰四種異空種異為
是空種性如前際後際空故中際
如是知諸種性者是為入不二
妙意菩薩曰眼色為二若知眼
不恚不癡是為寂滅如是耳聲
觸意法為二若知意性於法不貪
是名寂滅安住其中是為入不
无盡意菩薩曰布施迴向一切
性即是迴向一切智性如是持
禪定智慧迴向一切智為二

觸意法爲二若知意性於法不貪
是名寂滅安住其中是爲入不二
无盡意菩薩曰布施迴向一切
性即是迴向一切智性如是持
禪定智慧迴向一切智爲二智
向一切智性於其中入一相者是爲
深慧菩薩曰是空是无相是无作
无相无相即无作若空无相无
識於一解脫門即是三解脫門
二法門
寂根菩薩曰佛法衆爲二佛即
衆是三寶皆无爲相與虛空等
能隨此行者是爲入不二法門
心无閡菩薩曰身身滅爲二身
以者何見身實相者不起見身
與滅身无二无分別於其中不
爲入不二法門
上善菩薩曰身口意善爲二是
相身无作相即口无作相口无
作相是三業无作相即一切法
是隨无作慧者是爲入不二法
福田菩薩曰福行罪行不動行
性即是空空則无福行无罪行
此三行而不起者是爲入不二
華嚴菩薩曰從我起二爲二見
起二法亦不住二法則无有識
爲入不二法門

性即是空空則无福行无罪行
此三行而不起者是爲入不二
華嚴菩薩曰從我起二爲二見
起二法亦不住二法則无有識
爲入不二法門
德藏菩薩曰有所得相爲二若
取捨无取捨者是爲入不二法
月上菩薩曰闇與明爲二无闇
二所以者何如入滅受想定无
法相亦復如是於其中平等入
二法門
寶印手菩薩曰樂涅槃不樂世
樂涅槃不猒世間則无有二所
縛則有解若本无縛其誰求解
无樂猒是爲入不二法門
珠頂王菩薩曰正道耶道爲二
不分別是耶是正離此二者是
樂實菩薩曰實不實爲二實見
何況非實所以者何非肉眼所
而此慧眼无見无不見是爲入
如是諸菩薩各各說已問文殊
菩薩入不二法門
文殊師利曰如我意者於一切
无示无識離諸問答是爲入不
於是文殊師利問維摩詰我等
者當說何等是菩薩入不二法門時
默然无言文殊師利歎曰善哉

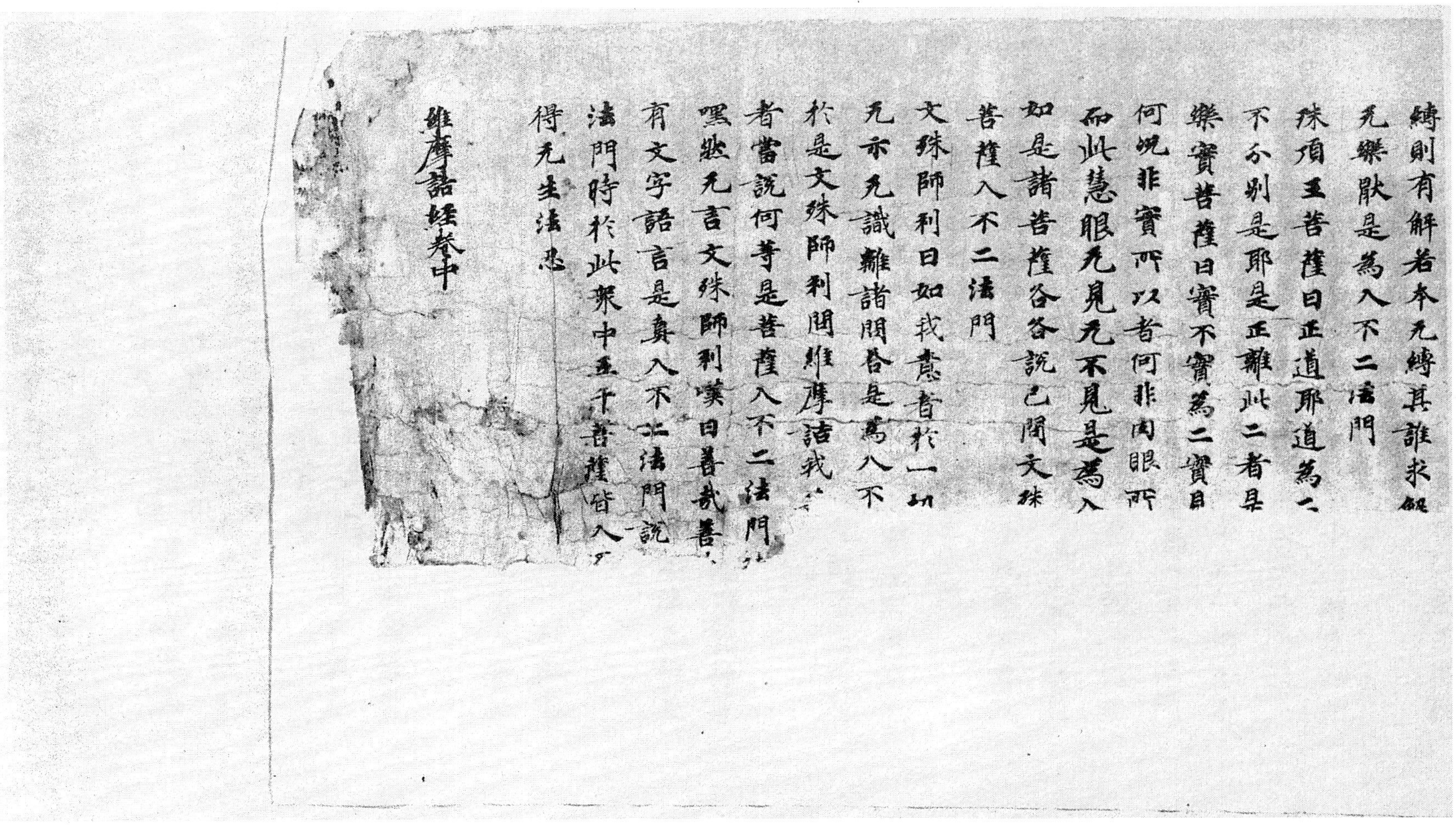

縛則有解若本无縛其誰求解
无樂猒是為入不二法門
珠頂王菩薩曰正道邪道為二
不分別是邪是正離此二者是
樂實菩薩曰實不實為二實見
何況非實所以者何非肉眼所
而此慧眼无見无不見是為入
如是諸菩薩各各說已問文殊
菩薩入不二法門
文殊師利曰如我意者於一切
无示无識離諸問答是為入不
於是文殊師利問維摩詰我等
者當說何等是菩薩入不二法門
嘿然无言文殊師利歎曰善哉善哉
有文字語言是真入不二法門說
法門時於此衆中五千菩薩皆入不
得无生法忍

維摩詰經卷中

BD04145 號　維摩詰所說經卷中　（28–28）

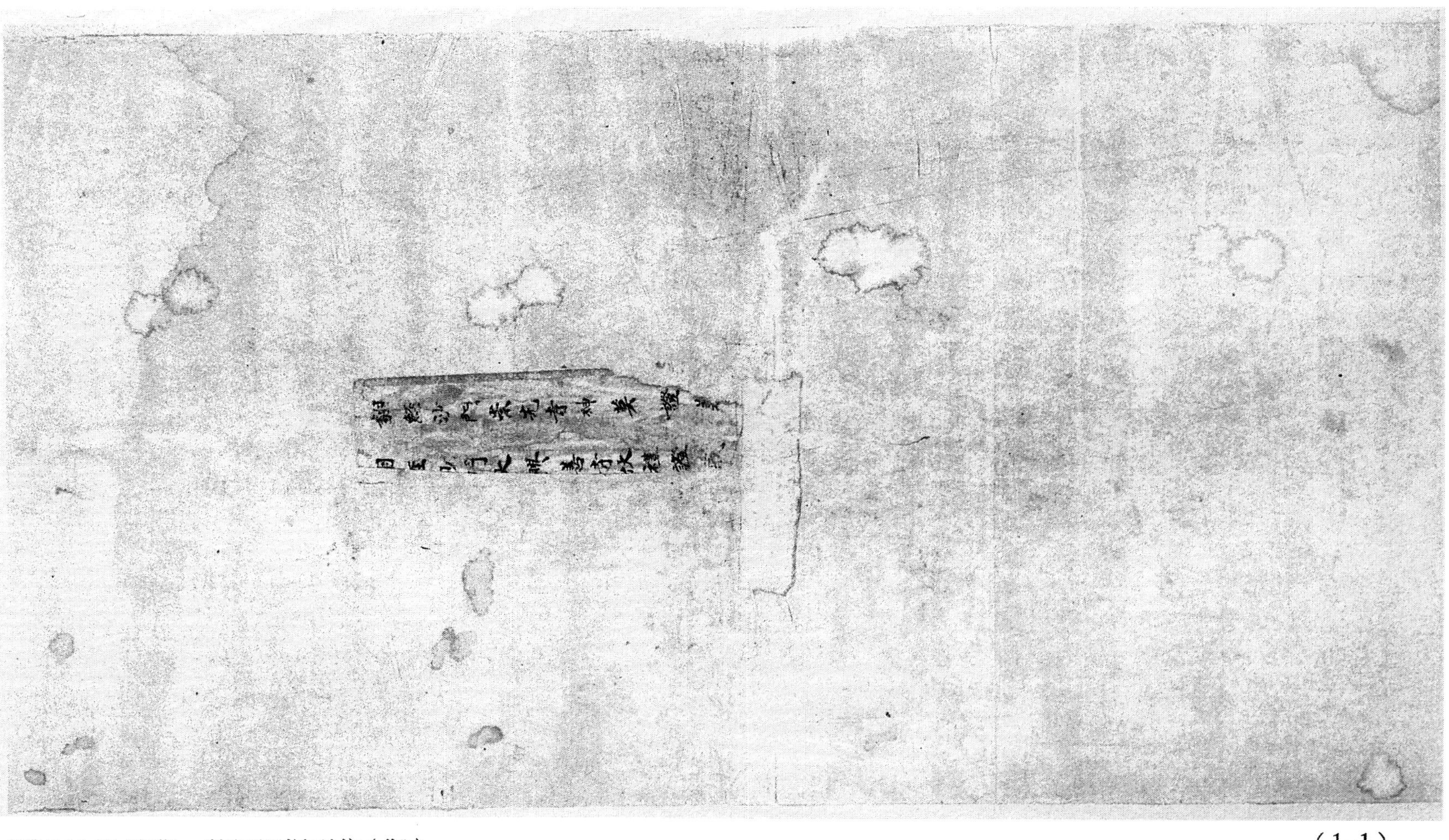

BD04145 號背　某經譯場列位（擬）　（1–1）

南无一切世間尊

南无過火佛　南无大將佛

南无衆生月佛　南无大莊嚴佛

南无日月光明佛　南无大勝嚴佛

南无斷諸有意香佛　南无寂靜佛

南无攝愛稱佛　南无梵天供養佛

南无大吼佛　南无无量无邊願佛

南无世間光明佛　南无可見佛

南无大華佛　南无脩行身佛

南无諸根清淨佛　南无婆藪達多佛

南无不怯弱聲佛　南无普見佛

南无月賢佛　南无火定色佛

南无方便脩佛　南无信勝功德佛

南无勝衆佛　南无賢莊嚴佛

南无慚愧賢佛　南无勘愛器聲佛

南无勝愛佛　南无普行佛

南无普智佛　南无大威力佛

南无月雞堯佛　南无堅固行佛

BD04146號　佛名經（十六卷本）卷一四　（4–1）

南无勝衆佛　南无賢莊嚴佛

南无慚愧賢佛　南无勘愛器聲佛

南无勝愛佛　南无普行佛

南无普智佛　南无大威力佛

南无月雞堯佛　南无堅固行佛

南无天供養佛　南无敬普佛

南无勝妙稱佛　南无成就一切德佛

南无堅固莎梨羅佛　南无甘露光佛

南无大貴佛　南无勝聲佛

南无大力佛　南无大步佛

南无信甘露佛　南无道步佛

南无勝聲心佛　南无勝意佛

南无婆樓那步佛　南无大脩行佛

從此以上一万七百佛十二部經一切賢聖

南无威德光佛　南无无淨智佛

南无師子聲佛　南无善德佛

南无善住佛　南无日光佛

南无菩提上首佛　南无降伏怨佛

南无无垢潤義佛　南无勝去佛

南无妙光明佛　南无普光明佛

南无大莊嚴佛　南无功德山佛

南无摩尼月佛　南无愛眼佛

南无月名佛　南无菩提智佛

南无寶功德佛　南无天光明佛

南无勝仙佛　南无寶智佛

BD04146號　佛名經（十六卷本）卷一四　（4–2）

南无大·莊嚴佛 南无功德山佛
南无摩尼月佛 南无愛眼佛
南无月名佛 南无菩提智佛
南无寶功德佛 南无天光明佛
南无勝仙佛 南无寶智佛
南无甘露威德佛 南无能思惟佛
南无龍步佛 南无信智佛
南无寶愛佛 南无蓮華香佛
南无勝相佛 南无大威德佛
南无種種日佛 南无廣地佛
南无甘露眼佛 南无慚愧智佛
南无山王自在積佛 南无怖勝佛
南无種種聞錯聲佛 南无信修行佛
南无捨憂惱佛 南无諸世間智佛
南无威德力佛 南无信勝佛
南无勢力稱佛 南无放光明佛
南无過諸疑佛 南无毗羅耶王佛
南无新華佛 南无勝華佛
南无捨諍佛 南无大長佛
南无大稱佛 南无愛去佛
南无甘露步佛 南无日衆佛
南无月聲佛 南无見天佛
南无清淨光明佛 南无秋日佛
南无解華佛 南无妙聲佛
南无雨甘露佛 南无善天佛

BD04146 號　佛名經（十六卷本）卷一四　（4–3）

南无過諸疑佛 南无毗羅耶王佛
南无新華佛 南无勝華佛
南无捨諍佛 南无大長佛
南无大稱佛 南无愛去佛
南无甘露步佛 南无日衆佛
南无月聲佛 南无見天佛
南无清淨光明佛 南无秋日佛
南无解華佛 南无妙聲佛
南无雨甘露佛 南无善天佛
南无勝聲佛 南无愛上首佛
南无愛甘露佛 南无甘露稱佛
南无法華佛 南无大莊嚴佛
南无世間尊重佛 南无高意佛
南无高山佛 南无甘露威德光明佛
南无菩提威德佛 南无清淨心佛
南无能作回降伏怨佛 南无甘露星宿佛
南无大稱佛 南无安隱思惟佛
南无菩提華佛 南无菴摩羅供養佛
南无度世間佛 南无成就佛
南无法星宿佛 南无大勝佛
南无隨意光明佛 南无火光明佛
南无見愛佛 南无光明愛佛

BD04146 號　佛名經（十六卷本）卷一四　（4–4）

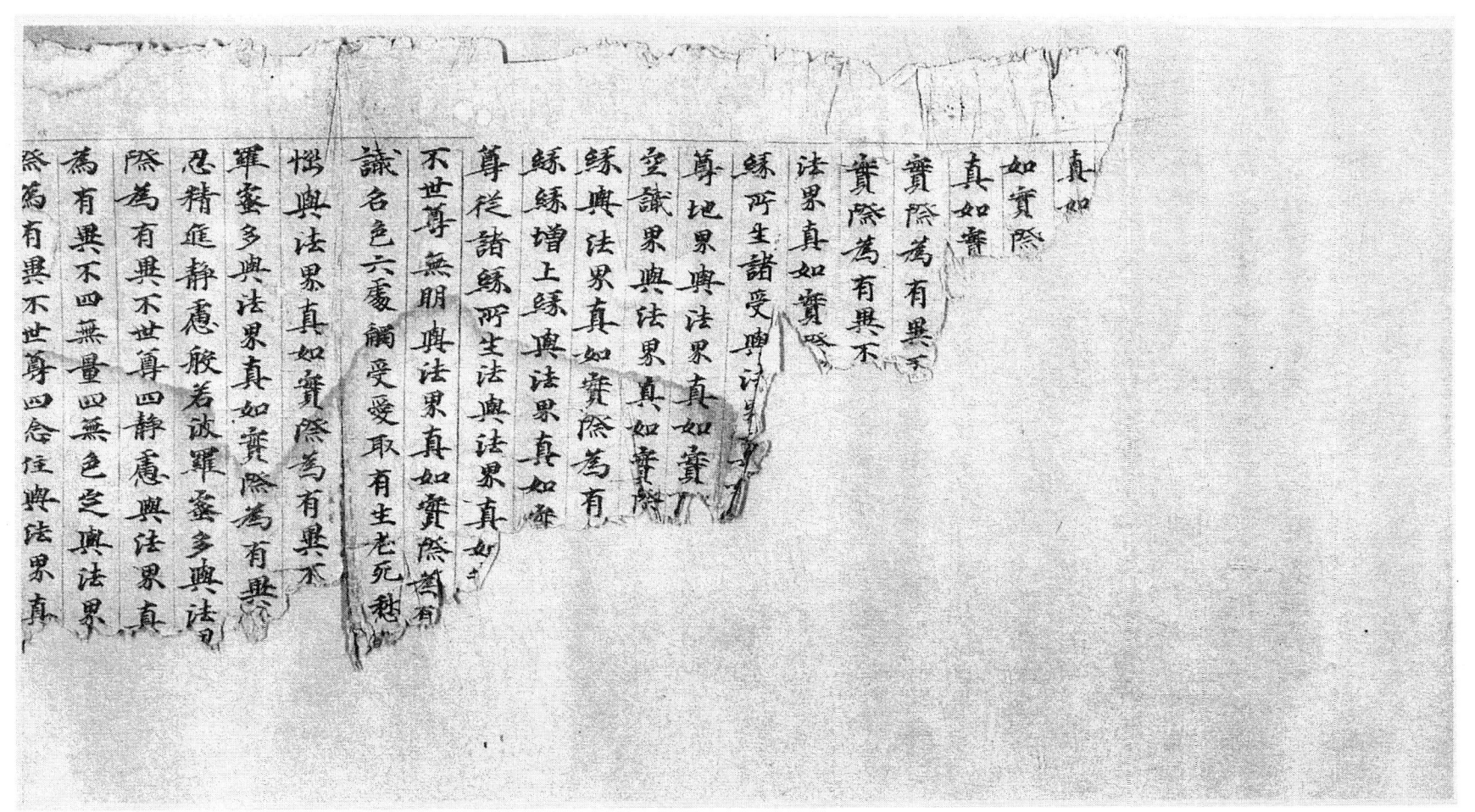

真如
如實際
真如實
實際為有異不
實際為有異不
法界真如實際
緣所生諸受與法界真
空識界與法界真如實
尊地界與法界真如實
緣與法界真如實際為有
緣緣增上緣與法界真如實
尊從諸緣所生法與法界真如
不世尊無明與法界真如實際為有
識名色六處觸受愛取有生老死愁
惱與法界真如實際為有異不
羅蜜多與法界真如實際為有異
忍精進靜慮般若波羅蜜多與法
際為有異不世尊四靜慮與法界真
為有異不四無量四無色定與法界
際為有異不世尊四念住與法界真

BD04147 號　大般若波羅蜜多經卷三八三　（11–1）

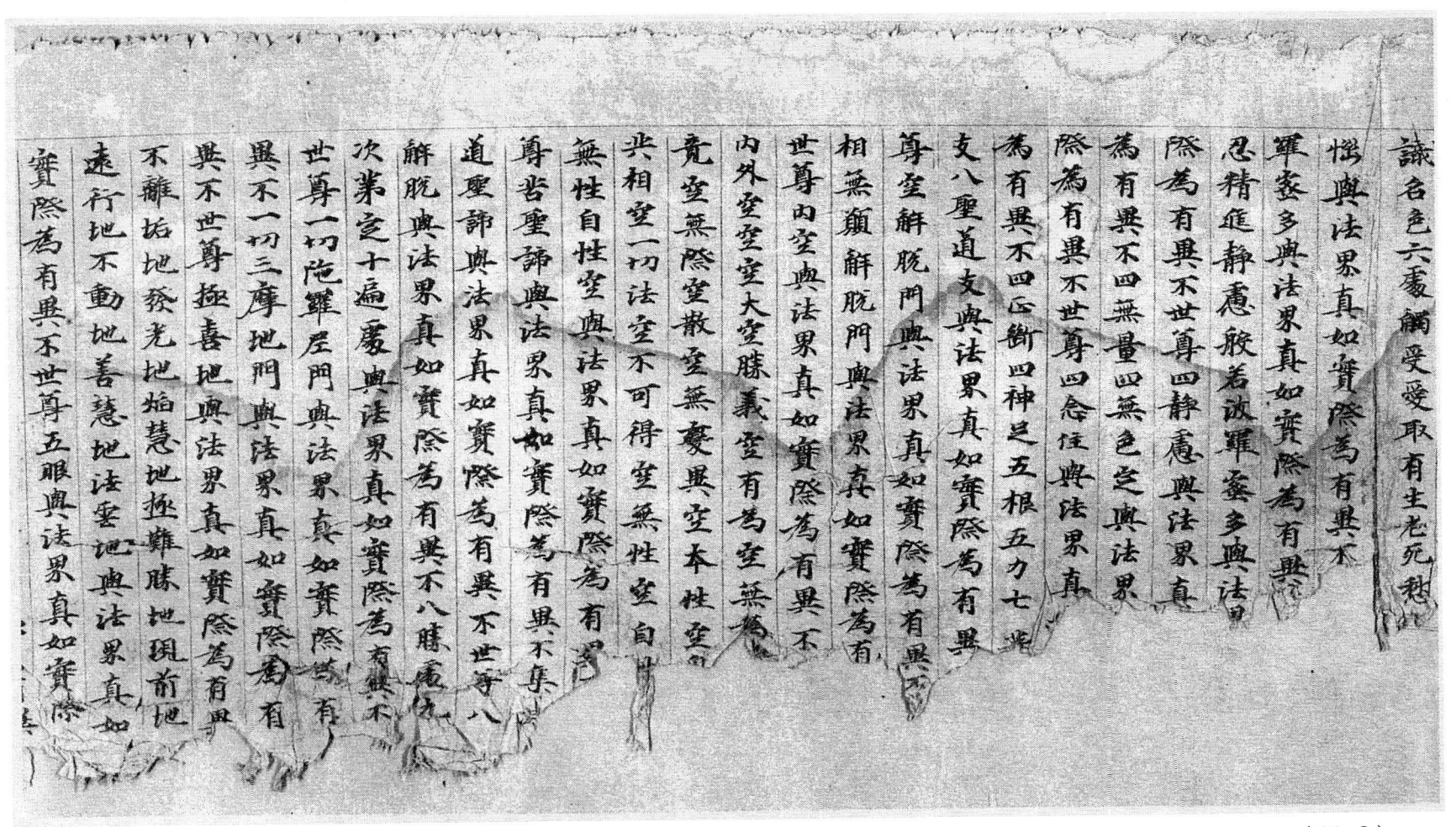

識名色六處觸受愛取有生老死愁
惱與法界真如實際為有異不
羅蜜多與法界真如實際為有異
忍精進靜慮般若波羅蜜多與法
際為有異不世尊四靜慮與法界真
為有異不四無量四無色定與法界
際為有異不世尊四念住與法界真
為有異不四正斷四神足五根五力七覺
支八聖道支與法界真如實際為有異
尊空解脫門與法界真如實際為有異不
相無願解脫門與法界真如實際為有
世尊內空與法界真如實際為有異不
內外空空空大空勝義空有為空無為
竟空無際空散空無變異空本性空自
共相空一切法空不可得空無性空自
無性自性空與法界真如實際為有
尊苦聖諦與法界真如實際為有異不集
道聖諦與法界真如實際為有異不世尊八
解脫與法界真如實際為有異不八勝處九
次第定十遍處與法界真如實際為有異不
世尊一切陀羅尼門與法界真如實際為有
異不一切三摩地門與法界真如實際為有
異不世尊極喜地與法界真如實際為有異
不離垢地發光地焰慧地極難勝地現前地
遠行地不動地善慧地法雲地與法界真如
實際為有異不世尊五眼與法界真如實際

BD04147 號　大般若波羅蜜多經卷三八三　（11–2）

異不世尊極喜地與法界真如實際爲有異
不離垢地發光地焰慧地極難勝地現前地
遠行地不動地善慧地法雲地與法界真如
實際爲有異不世尊五眼與法界真如實際
爲有異不六神通與法界真如實際爲有異
不世尊佛十力與法界真如實際爲有異不
四無所畏四無礙解十八佛不共法與法界
真如實際爲有異不世尊大慈與法界真
實際爲有異不大悲大喜大捨與法界
實際爲有異不世尊無忘失法與法界
實際爲有異不恒住捨性與法界真如實際
爲有異不世尊一切智與法界真如實際爲
有異不道相智一切相智與法界真如實際
爲有異不世尊三十二大士相與法界真如
實際爲有異不八十隨好與法界真如實際
爲有異不世尊預流果與法界真如實際爲
有異不一來不還阿羅漢果獨覺菩提與法
界真如實際爲有異不世尊一切菩薩摩訶
薩行與法界真如實際爲有異不諸佛無上
正等菩提與法界真如實際爲有異不世尊
世間法與法界真如實際爲有異不出世間
法與法界真如實際爲有異不世尊有漏法
與法界真如實際爲有異不無漏法與法界
真如實際爲有異不世尊有爲法與法界真
如實際爲有異不無爲法與法界真如實際
爲有異不

BD04147 號　大般若波羅蜜多經卷三八三　（11–3）

正等菩提與法界真如實際爲有異不世尊
世間法與法界真如實際爲有異不出世間
法與法界真如實際爲有異不世尊有漏法
與法界真如實際爲有異不無漏法與法界
真如實際爲有異不世尊有爲法與法界真
如實際爲有異不無爲法與法界真如實際
爲有異不
佛言不也善現色不異法界真如實際受想
行識亦不異法界真如實際善現眼處不異
法界真如實際耳鼻舌身意處亦不異法界
真如實際善現色處不異法界真如實際聲
香味觸法處亦不異法界真如實際善現眼
界不異法界真如實際耳鼻舌身意界亦不
異法界真如實際善現色界不異法界真如
實際聲香味觸法界亦不異法界真如實際
善現眼識界不異法界真如實際耳鼻舌身
意識界亦不異法界真如實際善現眼觸不
異法界真如實際耳鼻舌身意觸亦不異法
界真如實際善現眼觸爲緣所生諸受不異
法界真如實際耳鼻舌身意觸爲緣所生諸
受亦不異法界真如實際善現地界不異法、
界真如實際水火風空識界亦不異法界真
如實際善現因緣不異法界真如實際等無
間緣所緣緣增上緣亦不異法界真如實際
善現從諸緣所生法不異法界真如實際善
現無明不異法界真如實際行識名色六處

BD04147 號　大般若波羅蜜多經卷三八三　（11–4）

法界真如實際耳鼻舌身意觸為緣所生諸
受亦不異法界真如實際善現地界不異法
界真如實際水火風空識界亦不異法界真
如實際善現因緣不異法界真如實際等无
間緣所緣緣增上緣亦不異法界真如實際
善現從諸緣所生法不異法界真如實際善
現無明不異法界真如實際行識名色六處
觸受愛取有生老死愁歎苦憂惱亦不異法
界真如實際善現布施波羅蜜多不異法界
真如實際淨戒安忍精進靜慮般若波羅蜜
多亦不異法界真如實際善現四靜慮不異
法界真如實際四無量四无色定亦不異法
界真如實際善現四念住不異法界真如實
際四正斷四神足五根五力七等覺支八聖
道支亦不異法界真如實際善現空解脫門
不異法界真如實際無相無願解脫門亦不
異法界真如實際善現內空不異法界真如
實際外空內外空空空大空勝義空有為空
無為空畢竟空無際空散空無變異空本性
空自相空共相空一切法空不可得空無性
空自性空無性自性空亦不異法界真如實
際善現苦聖諦不異法界真如實際集滅道
聖諦亦不異法界真如實際善現八解脫不
異法界真如實際八勝處九次第定十遍處
亦不異法界真如實際善現一切陀羅尼門

BD04147號　大般若波羅蜜多經卷三八三　（11–5）

聖諦亦不異法界真如實際善現八解脫不
異法界真如實際八勝處九次第定十遍處
亦不異法界真如實際善現一切陀羅尼門
不異法界真如實際一切三摩地門亦不異
法界真如實際善現極喜地不異法界真如
實際離垢地發光地焰慧地極難勝地現前
地遠行地不動地善慧地法雲地亦不異法
界真如實際善現五眼不異法界真如實際
六神通亦不異法界真如實際善現佛十力
不異法界真如實際四無所畏四無礙解十
八佛不共法亦不異法界真如實際善現大
慈不異法界真如實際大悲大喜大捨亦不
異法界真如實際善現無忘失法不異法界
真如實際恒住捨性亦不異法界真如實際
善現一切智不異法界真如實際道相智一
切相智亦不異法界真如實際善現三十二
大士相不異法界真如實際八十隨好亦不
異法界真如實際善現預流果不異法界真
如實際一來不還阿羅漢果獨覺菩提亦不
異法界真如實際善現一切菩薩摩訶薩行
不異法界真如實際諸佛無上正等菩提亦
不異法界真如實際善現世間法不異法界
真如實際出世間法亦不異法界真如實際
善現有漏法不異法界真如實際無漏法亦
不異法界真如實際善現有為法不異法界

BD04147號　大般若波羅蜜多經卷三八三　（11–6）

不異法界真如實際善現世間法不異法界
真如實際出世間法亦不異法界真如實際
善現有漏法不異法界真如實際無漏法亦
不異法界真如實際善現有為法不異法界
真如實際無為法亦不異法界真如實際
時具壽善現復白佛言世尊若色不異法界
真如實際受想行識亦不異法界真如實際
世尊若眼處不異法界真如實際耳鼻舌身
意處亦不異法界真如實際世尊若色處不
異法界真如實際聲香味觸法處亦不異法
異真如實際世尊若眼界不異法界真如實
際耳鼻舌身意界亦不異法界真如實際世
世尊若色界不異法界真如實際聲香味觸法
界亦不異法界真如實際世尊若眼識界不異
法界真如實際耳鼻舌身意識界亦不異
法界真如實際世尊若眼觸不異法界真如
實際耳鼻舌身意觸亦不異法界真如實際
世尊若眼觸為緣所生諸受不異法界真如
實際耳鼻舌身意觸為緣所生諸受亦不異
法界真如實際世尊若地界不異法界真如
實際水火風空識界亦不異法界真如實際
世尊若因緣不異法界真如實際等無間緣
所緣緣增上緣亦不異法界真如實際世尊
若從諸緣所生法不異法界真如實際世尊
若無明不異法界真如實際行識名色六處
觸受愛取有生老死愁歎苦憂惱亦不異法

BD04147號　大般若波羅蜜多經卷三八三　（11–7）

世尊若因緣不異法界真如實際等無間緣
所緣緣增上緣亦不異法界真如實際世尊
若從諸緣所生法不異法界真如實際世尊
若無明不異法界真如實際行識名色六處
觸受愛取有生老死愁歎苦憂惱亦不異法
界真如實際世尊若布施波羅蜜多不異法
界真如實際淨戒安忍精進靜慮般若波羅
蜜多亦不異法界真如實際世尊若四靜慮
不異法界真如實際四無量四無色定亦不
異法界真如實際世尊若四念住不異法界
真如實際四正斷四神足五根五力七等覺
支八聖道支亦不異法界真如實際世尊若
空解脫門不異法界真如實際無相無願解
脫門亦不異法界真如實際世尊若內空不
異法界真如實際外空內外空空空大空勝
義空有為空無為空畢竟空無際空散空無
變異空本性空自相空共相空一切法空不
可得空無性空自性空無性自性空亦不
異法界真如實際世尊若苦聖諦不異法界
真如實際集滅道聖諦亦不異法界真如實
際世尊若八解脫不異法界真如實際八勝
處九次第定十遍處亦不異法界真如實際
世尊若一切陀羅尼門不異法界真如實際
一切三摩地門亦不異法界真如實際世尊
若極喜地不異法界真如實際離垢地發光
地焰慧地極難勝地現前地遠行地不動地

BD04147號　大般若波羅蜜多經卷三八三　（11–8）

處九次第定十遍處亦不異法界真如實際
世尊若一切陀羅尼門不異法界真如實際
一切三摩地門亦不異法界真如實際世尊
若極喜地不異法界真如實際離垢地發光
地焰慧地極難勝地現前地遠行地不動地
善慧地法雲地亦不異法界真如實際世尊
若五眼不異法界真如實際六神通亦不異
法界真如實際世尊若佛十力不異法界真
如實際四無所畏四無礙解十八佛不共法
亦不異法界真如實際世尊若大慈不異法
界真如實際大悲大喜大捨亦不異法界真
如實際世尊若無忘失法不異法界真如實
際恒住捨性亦不異法界真如實際世尊若
一切智不異法界真如實際道相智一切相
智亦不異法界真如實際世尊若三十二大
士相不異法界真如實際八十隨好亦不異法
界真如實際世尊若預流果不異法界真
如實際一來不還阿羅漢果獨覺菩提亦不
異法界真如實際世尊若一切菩薩摩訶薩
行不異法界真如實際諸佛無上正等菩提
亦不異法界真如實際世尊若世間法不異
法界真如實際出世間法亦不異法界真如
實際世尊若有漏法不異法界真如實際无
漏法亦不異法界真如實際世尊若有為法
不異法界真如實際無為法亦不異法界真

BD04147 號　大般若波羅蜜多經卷三八三　（11–9）

法界真如實際出世間法亦不異法界真如
實際世尊若有漏法不異法界真如實際无
漏法亦不異法界真如實際世尊若有為法
不異法界真如實際無為法亦不異法界真
如實際者云何世尊安立黑法感黑異熟所
謂地獄傍生鬼界安立白法感白異熟所謂
人天安立黑白法感黑白異熟所謂一分傍
生鬼界及一分人安立非黑非白法感非黑
非白異熟所謂預流果或一來果或不還果
或阿羅漢果或獨覺菩提或復無上正等
菩提
佛言善現依世俗諦安立如是因果差別不
依勝義勝義諦中不可說有因果差別所以
者何善現勝義諦中一切法性不可分別無
說無示云何當有因果差別善現勝義諦
中色無生無滅無染無淨受想行識亦無生
無滅無染無淨以畢竟空無際空故善現勝
義諦中眼處無生無滅無染無淨耳鼻舌身
意處亦無生無滅無染無淨以畢竟空無際空
故善現勝義諦中色處無生無滅無染無淨
聲香味觸法處亦無生無滅無染無淨以畢
竟空無際空故善現勝義諦中眼界無生無
滅無染無淨耳鼻舌身意界亦無生無滅無
染無淨以畢竟空無際空故善現勝義諦中
色界無生無滅無染無淨聲香味觸法界亦

BD04147 號　大般若波羅蜜多經卷三八三　（11–10）

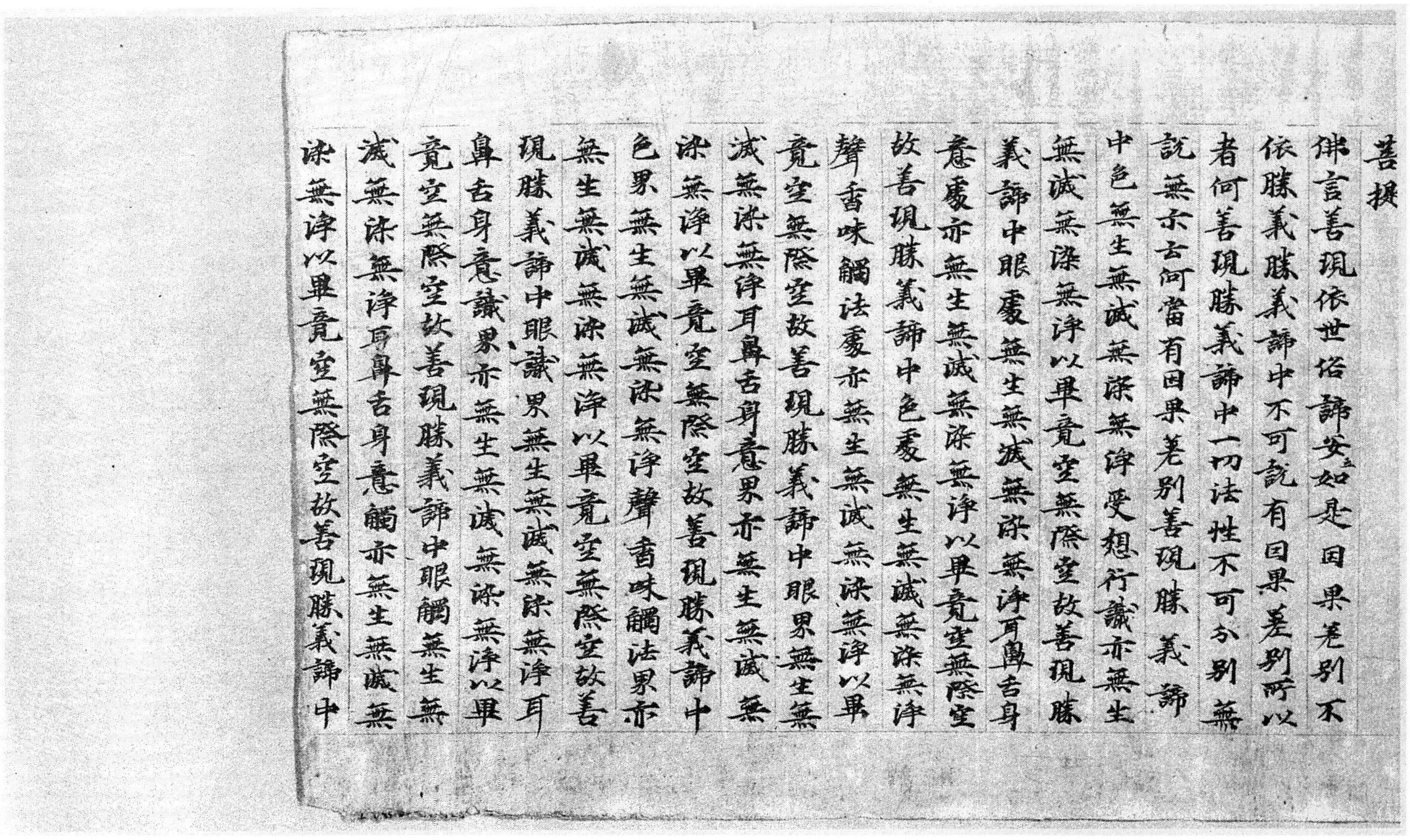

善提
佛言善現依世俗諦安立如是因果差別不
依勝義諦勝義諦中不可說有因果差別所以
者何善現勝義諦中一切法性不可分別無
說無示云何當有因果差別善現勝義諦
中色無生無滅無染無淨受想行識亦無生
無滅無染無淨以畢竟空無際空故善現勝
義諦中眼處無生無滅無染無淨耳鼻舌身
意處亦無生無滅無染無淨以畢竟空無際空
故善現勝義諦中色處無生無滅無染無淨
聲香味觸法處亦無生無滅無染無淨以畢
竟空無際空故善現勝義諦中眼界無生無
滅無染無淨耳鼻舌身意界亦無生無滅無
染無淨以畢竟空無際空故善現勝義諦中
色界無生無滅無染無淨聲香味觸法界亦
無生無滅無染無淨以畢竟空無際空故善
現勝義諦中眼識界無生無滅無染無淨耳
鼻舌身意識界亦無生無滅無染無淨以畢
竟空無際空故善現勝義諦中眼觸無生無
滅無染無淨耳鼻舌身意觸亦無生無滅無
染無淨以畢竟空無際空故善現勝義諦中

BD04147 號　大般若波羅蜜多經卷三八三　　（11–11）

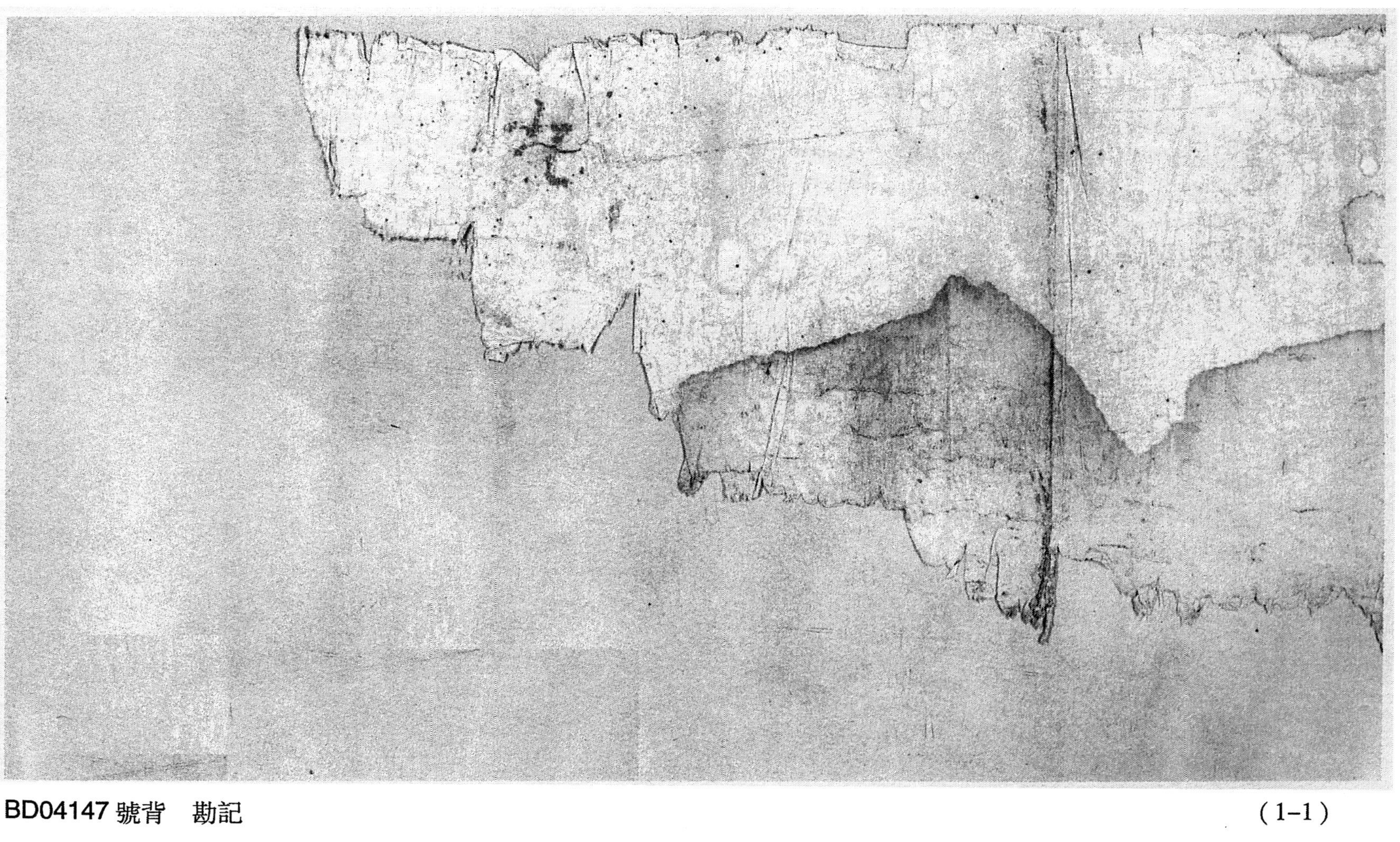

BD04147 號背　勘記　　（1–1）

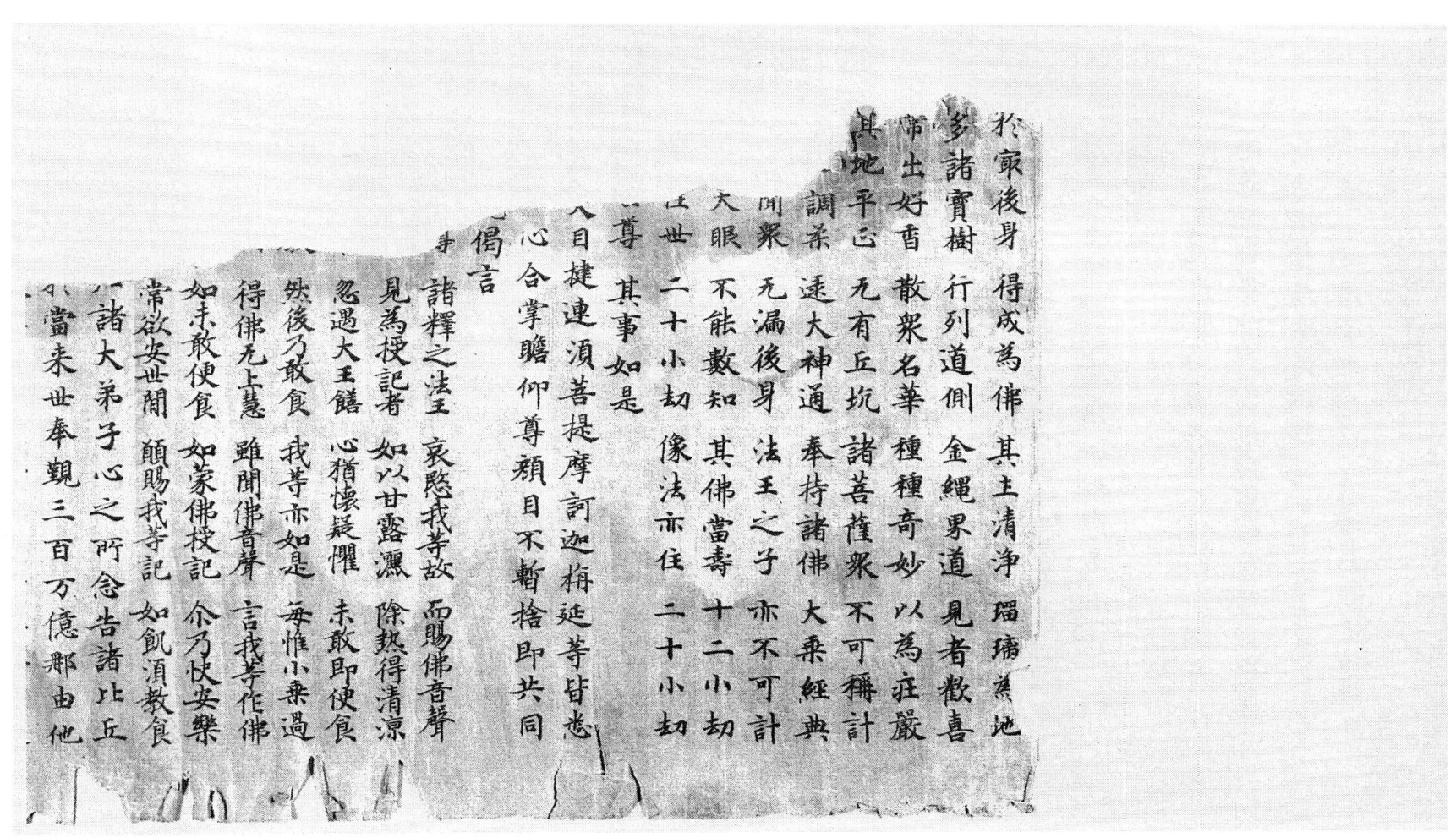

於家後身　得成為佛　其土清淨　瑠璃為地
多諸寶樹　行列道側　金繩界道　見者歡喜
常出好香　散衆名華　種種奇妙　以為莊嚴
其地平正　无有丘坑　諸菩薩衆　不可稱計
調柔　逮大神通　奉持諸佛　大乘經典
聞衆　无漏後身　法王之子　亦不可計
天眼　不能數知　其佛當壽　十二小劫
住世　二十小劫　像法亦住　二十小劫
尊　其事如是
目揵連須菩提摩訶迦栴延等皆悉
心合掌瞻仰尊顔目不暫捨即共同
偈言
尊　諸釋之法王　哀愍我等故　而賜佛音聲
見為授記者　如以甘露灑　除熱得清涼
忽遇大王饍　心猶懷疑懼　未敢即便食
然後乃敢食　我等亦如是　每惟小乘過
得佛无上慧　雖聞佛音聲　言我等作佛
如未敢便食　如蒙佛授記　尒乃快安樂
常欲安世間　願賜我等記　如飢須教食
諸大弟子心之所念告諸比丘
當来世奉覲三百万億那由他

BD04148號　妙法蓮華經卷三　（2–1）

其事如是
目揵連須菩提摩訶迦栴延等皆悉
心合掌瞻仰尊顔目不暫捨即共同
偈言
尊　諸釋之法王　哀愍我等故　而賜佛音聲
見為授記者　如以甘露灑　除熱得清涼
忽遇大王饍　心猶懷疑懼　未敢即便食
然後乃敢食　我等亦如是　每惟小乘過
得佛无上慧　雖聞佛音聲　言我等作佛
如未敢便食　如蒙佛授記　尒乃快安樂
常欲安世間　願賜我等記　如飢須教食
諸大弟子心之所念告諸比丘
於當来世奉覲三百万億那由他
敬尊重讚嘆常脩梵行具菩薩道
得成為佛号曰名相如来應供正
善逝世間解无上士調御丈夫
尊劫名有寶國名寶生其土平
地寶樹莊嚴无諸丘坑沙礫荊棘
寶華覆地周遍清淨其土人民皆
樓閣聲聞弟子无量无邊筭數
能知諸菩薩衆无數千万億那由
二小劫正法住世二十小劫像法
小劫其佛常處虛空為衆說法度

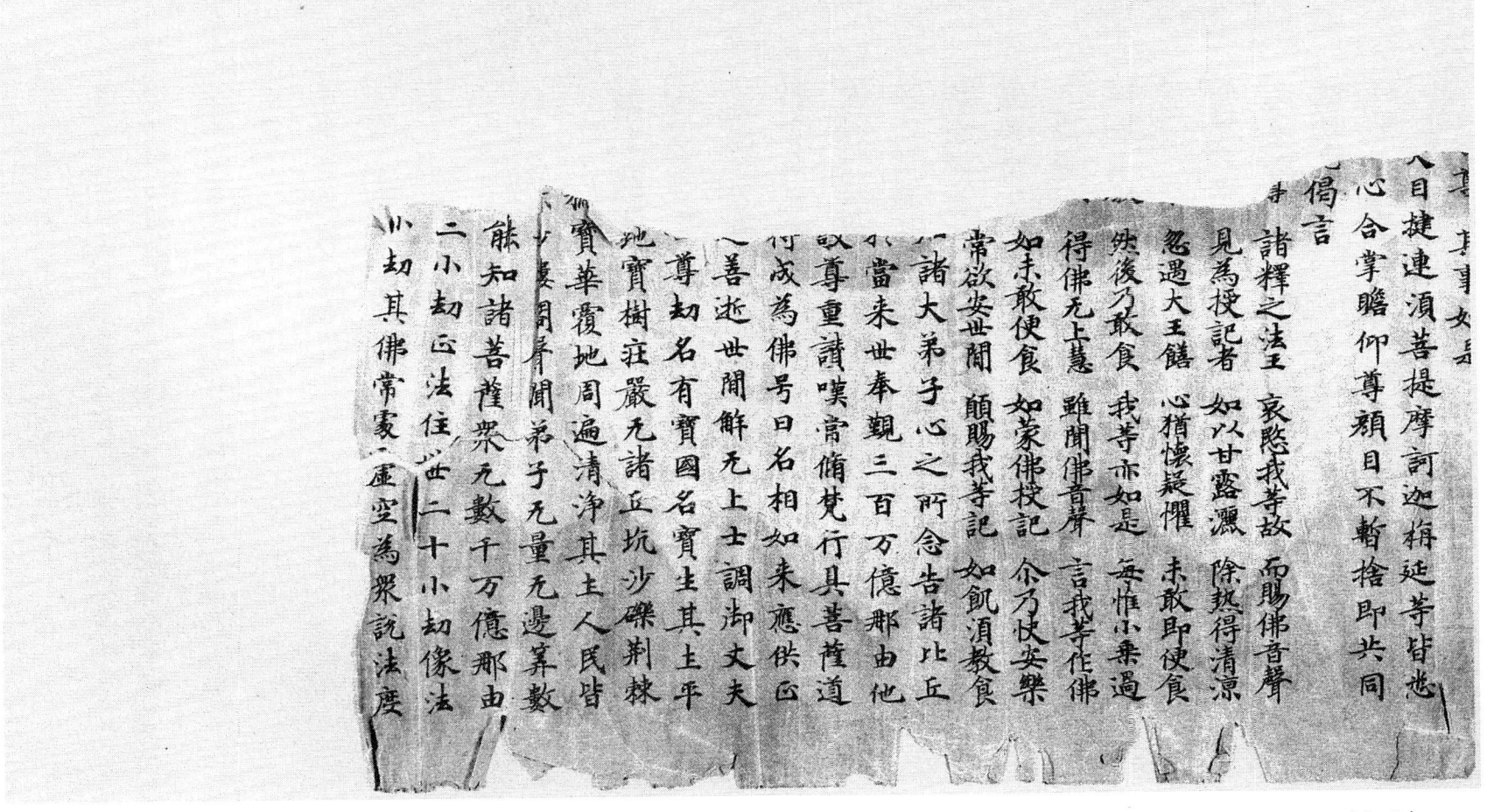

BD04148號　妙法蓮華經卷三　（2–2）

子
誦解義女
白佛言世尊我
守護之即說咒曰
安尒一 曼尒二 摩祢三 摩摩祢四 旨隸五 遮
梨第六 賖咩羊鳴音 賖履罔雉反 多瑋八 羶輸千反帝九
目帝十 目多履十一 娑履十二 阿瑋娑履十三 桑履十四 娑
履十五 叉裔十六 阿叉裔十七 阿耆膩十八 羶帝十九 賖履
廿 陀羅尼廿一 阿盧伽婆娑蘇柰反 簸蔗毗叉膩廿二
祢毗剃廿三 阿便哆都餓反 邏祢履剃廿四 阿亶哆波
隸輸地廿五 漚究隸廿六 牟究隸廿七 阿羅隸廿八 波羅隸
廿九 首迦差初机反卅 阿三磨三履卅一 佛馱毗吉利袠帝
卅二 達磨波利差猜離反 帝卅三 僧伽涅瞿沙祢卅四
婆舍婆舍輸地卅五 曼哆邏卅六 曼哆邏叉夜多
卅七 郵樓哆郵樓哆卅八 憍舍略盧簸反卅九 惡叉邏卌
惡叉冶多冶卌一 阿婆盧卌二 阿摩若荏蔗反 那
多夜卌三
世尊是陀羅尼神咒六十二億恒河沙等諸
佛所說若有侵毀此法師者則為侵毀是諸
佛已時釋迦牟尼佛讚藥王菩薩言善哉善
哉藥王汝愍念擁護此法師故說是陀羅尼
於諸衆生多所饒益

BD04149 號　妙法蓮華經卷七　（3-1）

卅二 達磨波利差猜離反 帝卅三 僧伽涅瞿沙祢卅四
婆舍婆舍輸地卅五 曼哆邏卅六 曼哆邏叉夜多
卅七 郵樓哆郵樓哆卅八 憍舍略盧簸反卅九 惡叉邏卌
惡叉冶多冶卌一 阿婆盧卌二 阿摩若荏蔗反 那
多夜卌三
世尊是陀羅尼神咒六十二億恒河沙等諸
佛所說若有侵毀此法師者則為侵毀是諸
佛已時釋迦牟尼佛讚藥王菩薩言善哉善
哉藥王汝愍念擁護此法師故說是陀羅尼
於諸衆生多所饒益
尒時勇施菩薩白佛言世尊我亦為擁護讀
誦受持法華經者說陀羅尼若此法師得是
陀羅尼若夜叉若羅剎若富單那若吉蔗若
鳩槃茶若餓鬼等伺求其短无能得便即於
佛前而說咒曰
痤楷臺反隸一 摩訶痤隸二 郁枳三 目枳四 阿
隸五 阿羅婆第六 涅隸第七 涅隸多婆第八 伊
緻猪履反柅九 韋緻柅十 旨緻柅十一 涅隸墀柅十二
涅犁墀婆底十三
世尊是陀羅尼神咒恒河沙等諸佛所說亦
皆隨喜若有侵毀此法師者則為侵毀是諸
佛已
尒時毗沙門天王護世者白佛言世尊我亦
為愍念衆生擁護此法師故說是陀羅尼即
說咒曰
阿梨一 那梨二 㝹那梨三 阿那盧四 那履五 拘
拘那履六

BD04149 號　妙法蓮華經卷七　（3-2）

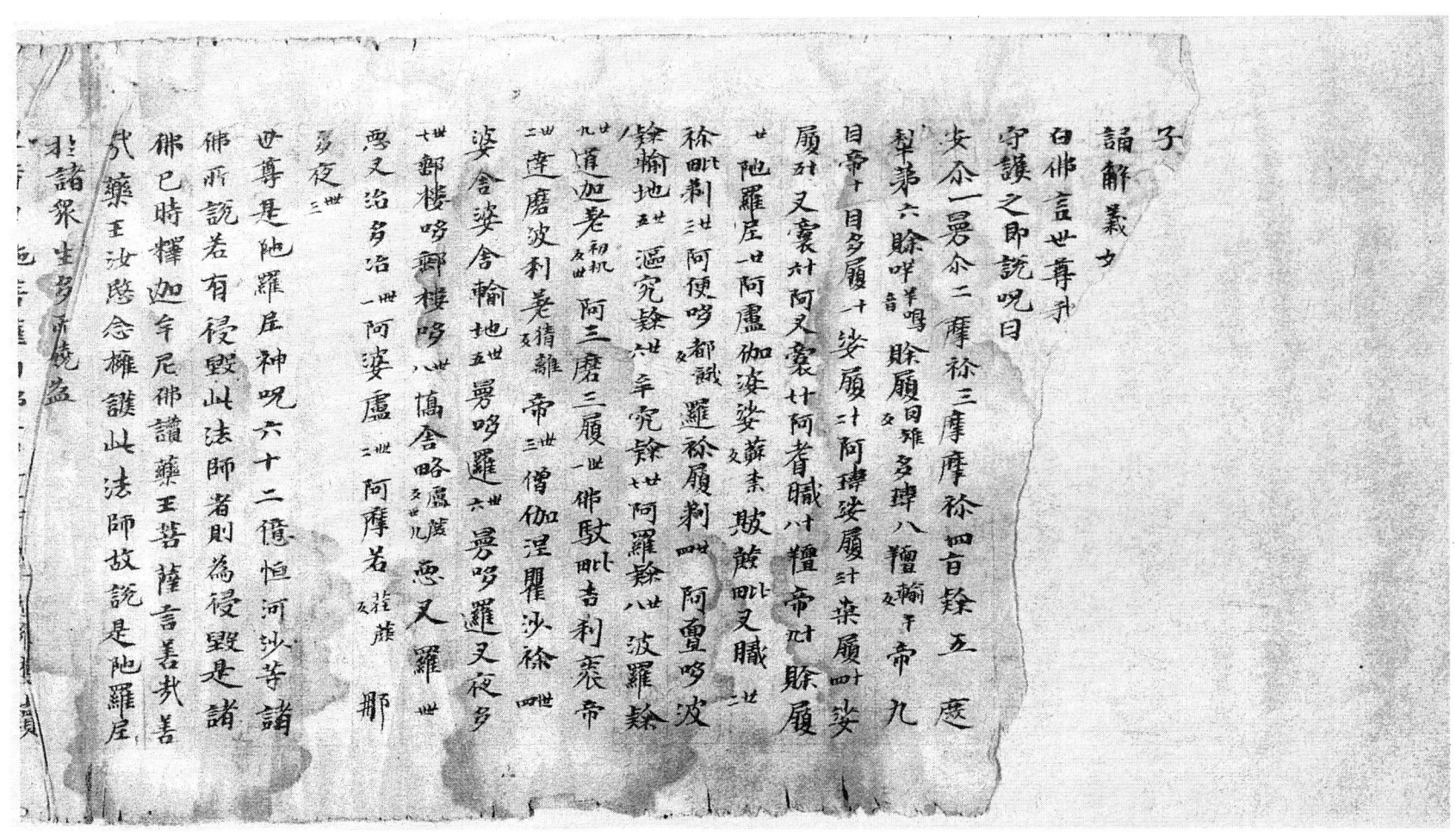

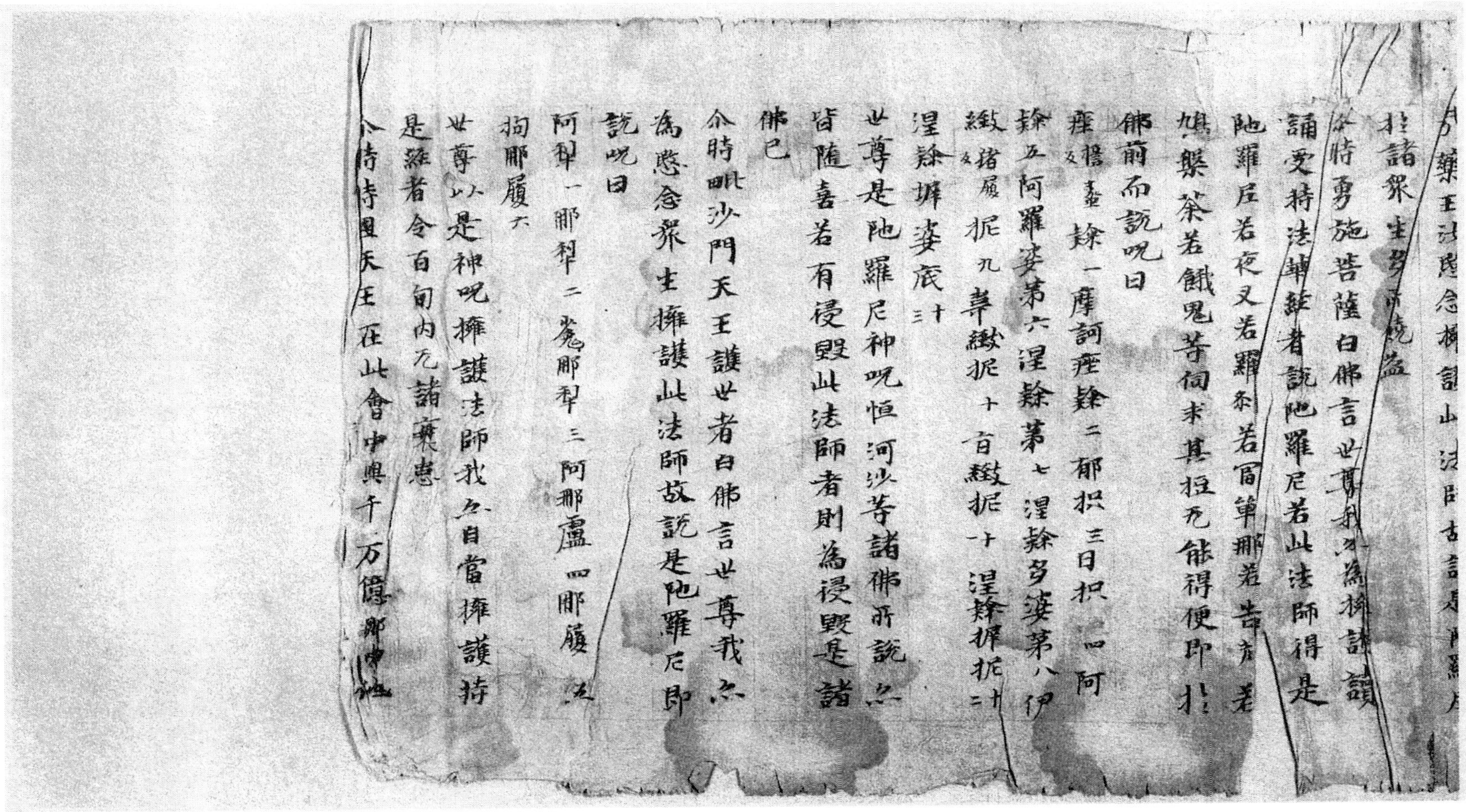

藥王汝愍念擁護此法師故說是陀羅尼
於諸衆生多所饒益
尒時勇施菩薩白佛言世尊我亦為擁護讀
誦受持法華經者說陀羅尼若此法師得是
陀羅尼若夜叉若羅剎若富單那若吉蔗若
鳩槃茶若餓鬼等伺求其短无能得便即於
佛前而說呪曰
痤ゞ隸一摩訶痤隸二郁枳三目枳四阿
隸五阿羅婆第六涅隸第七涅隸多婆第八伊
緻ゞ柅九韋緻柅十旨緻柅十一涅隸墀柅十二
涅隸墀婆底十三
世尊是陀羅尼神呪恒河沙等諸佛所說亦
皆隨喜若有侵毀此法師者則為侵毀是諸
佛已
尒時毗沙門天王護世者白佛言世尊我亦
為愍念衆生擁護此法師故說是陀羅尼即
說呪曰
阿梨一那梨二㝹那梨三阿那盧四那履五
拘那履六
世尊以是神呪擁護法師我亦自當擁護持
是經者令百旬內无諸衰患
尒時持國天王在此會中與千万億那由他

BD04149 號　妙法蓮華經卷七　（3–3）

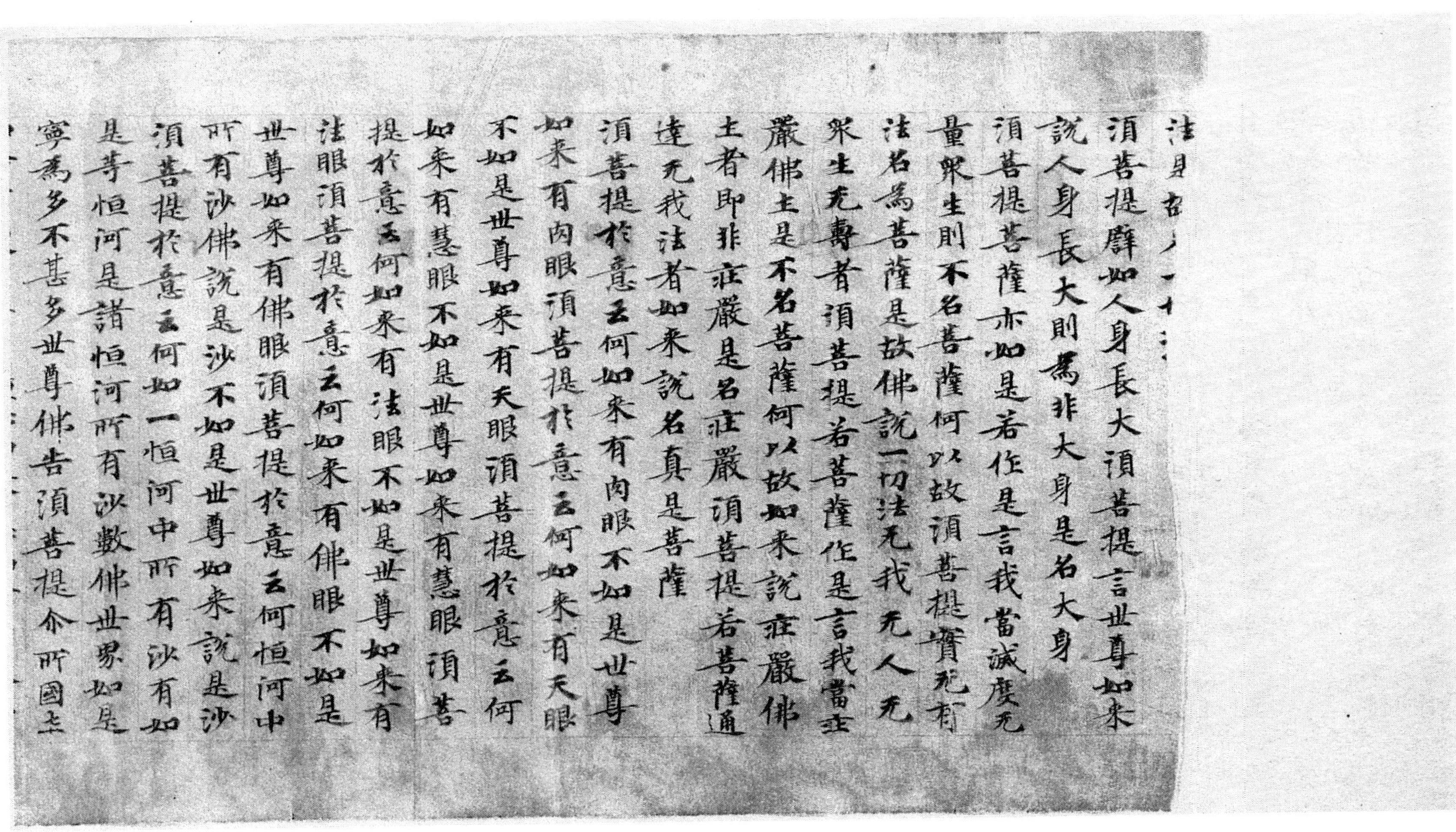

須菩提譬如人身長大須菩提言世尊如來
說人身長大則為非大身是名大身
須菩提菩薩亦如是若作是言我當滅度无
量衆生則不名菩薩何以故須菩提實无有
法名為菩薩是故佛說一切法无我无人无
衆生无壽者須菩提若菩薩作是言我當莊
嚴佛土是不名菩薩何以故如來說莊嚴佛
土者即非莊嚴是名莊嚴須菩提若菩薩通
達无我法者如來說名真是菩薩
須菩提於意云何如來有肉眼不如是世尊
如來有肉眼須菩提於意云何如來有天眼
不如是世尊如來有天眼須菩提於意云何
如來有慧眼不如是世尊如來有慧眼須菩
提於意云何如來有法眼不如是世尊如來有
法眼須菩提於意云何如來有佛眼不如是
世尊如來有佛眼須菩提於意云何恒河中
所有沙佛說是沙不如是世尊如來說是沙
須菩提於意云何如一恒河中所有沙有如
是等恒河是諸恒河所有沙數佛世界如是
寧為多不甚多世尊佛告須菩提尒所國土

BD04150 號　金剛般若波羅蜜經　（6–1）

法眼須菩提於意云何如來有佛眼不如是
世尊如來有佛眼須菩提於意云何恒河中
所有沙佛說是沙不如是世尊如來說是沙
須菩提於意云何如一恒河中所有沙有如
是等恒河是諸恒河所有沙數佛世界如是
寧為多不甚多世尊佛告須菩提尒所國土
中所有衆生若干種心如來悉知何以故如
來說諸心皆為非心是名為心所以者何須
菩提過去心不可得現在心不可得未來心
不可得須菩提於意云何若有人滿三千
大千世界七寶以用布施是人以是因緣得
福多不如是世尊此人以是因緣得福甚多
須菩提若福德有實如來不說得福德多以
福德无故如來說得福德多
須菩提於意云何佛可以具足色身見不不
也世尊如來不應以具足色身見何以故如來
說具足色身即非具足色身是名具足色身
須菩提於意云何如來可以具足諸相見不不
也世尊如來不應以具足諸相見何以故如
來說諸相具足即非具足是名諸相具足須
菩提汝勿謂如來作是念我當有所說法莫
作是念何以故若人言如來有所說法即
為謗佛不能解我所說故須菩提說法者无
法可說是名說法
須菩提白佛言世尊佛得阿耨多羅三藐三
菩提為无所得耶如是如是須菩提我於阿

BD04150號　金剛般若波羅蜜經　（6–2）

菩提汝勿謂如來作是念我當有所說法莫
作是念何以故若人言如來有所說法即
為謗佛不能解我所說故須菩提說法者无
法可說是名說法
須菩提白佛言世尊佛得阿耨多羅三藐三
菩提為无所得耶如是如是須菩提我於阿
耨多羅三藐三菩提乃至无有少法可得是
名阿耨多羅三藐三菩提復次須菩提是法
平等无有高下是名阿耨多羅三藐三菩提
以无我无人无衆生无壽者脩一切善法則
得阿耨多羅三藐三菩提須菩提所言善法
者如來說非善法是名善法
須菩提若三千大千世界中所有諸須弥山
王如是等七寶聚有人持用布施若人以此般
若波羅蜜經乃至四句偈等受持讀誦為
他人說於前福德百分不及一百千万億分
乃至筭數譬喻所不能及
須菩提於意云何汝等勿謂如來作是念我
當度衆生須菩提莫作是念何以故實无有
衆生如來度者若有衆生如來度者如來則
有我人衆生壽者須菩提如來說有我者則
非有我而凡夫之人以為有我須菩提凡夫
者如來說則非凡夫
須菩提於意云何可以卅二相觀如來不須
菩提言如是如是以卅二相觀如來佛言須

BD04150號　金剛般若波羅蜜經　（6–3）

有我人衆生壽者須菩提如來說有我者則
非有我而凡夫之人以為有我須菩提凡夫
者如來說則非凡夫
須菩提於意云何可以卅二相觀如來不須
菩提言如是如是以卅二相觀如來佛言須
菩提若以卅二相觀如來者轉輪聖王則是
如來須菩提白佛言世尊如我解佛所說義
不應以卅二相觀如來尒時世尊而說偈言
若以色見我 以音聲求我 是人行邪道 不能見如來
須菩提汝若作是念如來不以具足相故得
阿耨多羅三藐三菩提須菩提莫作是念如
來不以具足相故得阿耨多羅三藐三菩提
須菩提汝若作是念發阿耨多羅三藐三菩
提者說諸法斷滅莫作是念何以故發阿耨
多羅三藐三菩提者於法不說斷滅相須菩
提若菩薩以滿恒河沙等世界七寶布施若復
有人知一切法无我得成於忍此菩薩勝前
菩薩所得功德須菩提以諸菩薩不受福德
故須菩提白佛言世尊云何菩薩不受福德
須菩提菩薩所作福德不應貪著是故說
不受福德
須菩提若有人言如來若來若去若坐若卧
是人不解我所說義何以故如來者无所從
來亦无所去故名如來
須菩提若善男子善女人以三千大千世
界碎為微塵於意云何是微塵衆寧為多不

BD04150號　金剛般若波羅蜜經　（6–4）

不受福德
須菩提若有人言如來若來若去若坐若卧
是人不解我所說義何以故如來者无所從
來亦无所去故名如來
須菩提若善男子善女人以三千大千世
界碎為微塵於意云何是微塵衆寧為多不
甚多世尊何以故若是微塵衆實有者佛則
不說是微塵衆所以者何佛說微塵衆則非
微塵衆是名微塵衆世尊如來所說三千大千
世界則非世界是名世界何以故若世界實
有者則是一合相如來說一合相則非一合相
是名一合相須菩提一合相者則是不可說
但凡夫之人貪著其事須菩提若人言佛說
我見人見衆生見壽者見須菩提於意云何
是人解我所說義不世尊是人不解如來所
說義何以故世尊說我見人見衆生見壽者
見即非我見人見衆生見壽者見是名我見
人見衆生見壽者見須菩提發阿耨多羅三
藐三菩提心者於一切法應如是知如是見如
是信解不生法相須菩提所言法相者如
來說即非法相是名法相須菩提若有人以
滿无量阿僧祇世界七寶持用布施若有善
男子善女人發菩薩心者持於此經乃至四
句偈等受持讀誦為人演說其福勝彼云何
為人演說不取於相如如不動何以故
一切有為法 如夢幻泡影 如露亦如電 應作如是觀

BD04150號　金剛般若波羅蜜經　（6–5）

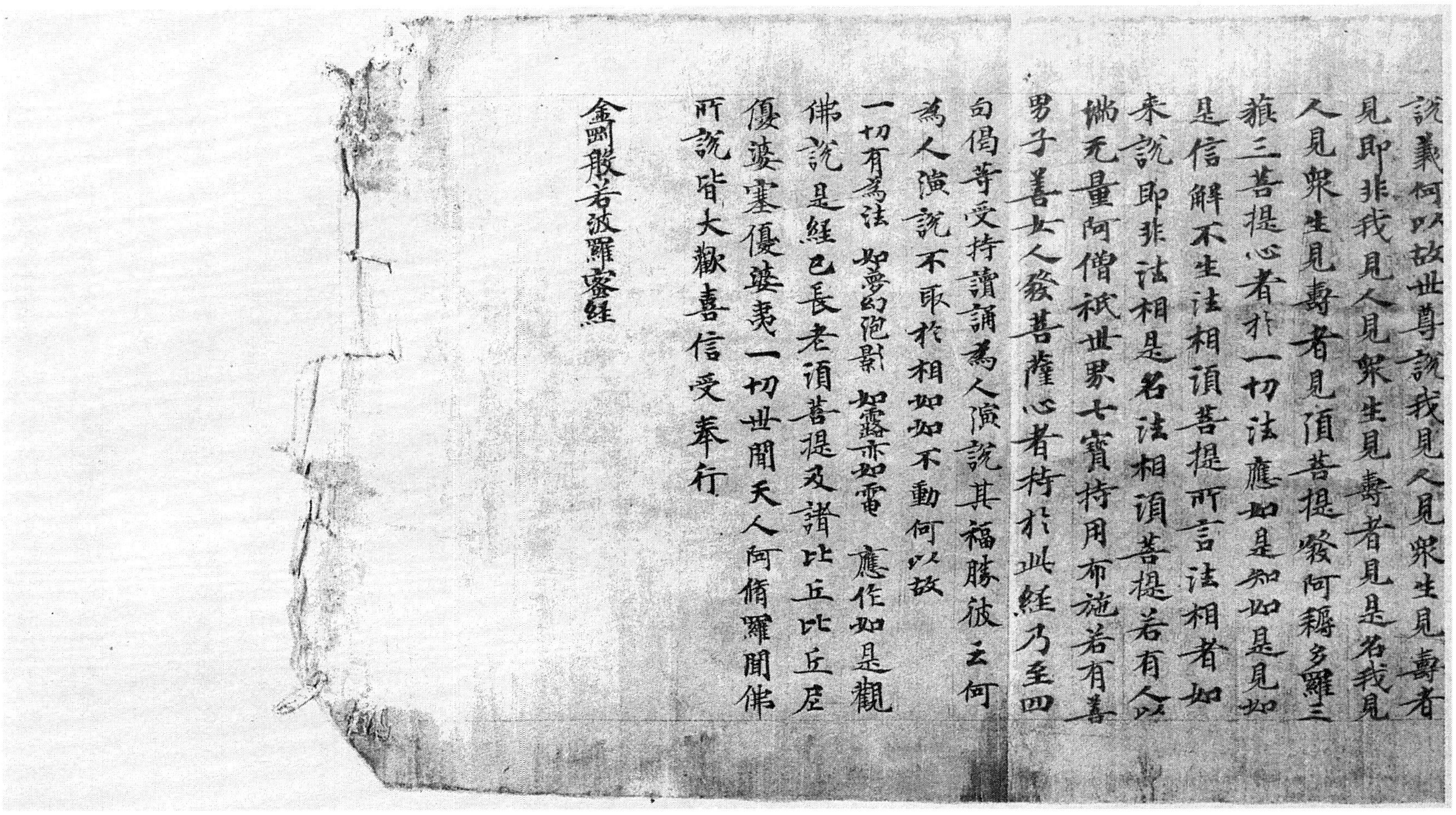

說義何以故世尊說我見人見衆生見壽者
見即非我見人見衆生見壽者見是名我見
人見衆生見壽者見須菩提發阿耨多羅三
藐三菩提心者於一切法應如是知如是見如
是信解不生法相須菩提所言法相者如
來說即非法相是名法相須菩提若有人以
滿无量阿僧祇世界七寶持用布施若有善
男子善女人發菩薩心者持於此經乃至四
句偈等受持讀誦為人演說其福勝彼云何
為人演說不取於相如如不動何以故
一切有為法　如夢幻泡影　如露亦如電　應作如是觀
佛說是經已長老須菩提及諸比丘比丘尼
優婆塞優婆夷一切世間天人阿脩羅聞佛
所說皆大歡喜信受奉行
金剛般若波羅蜜經

BD04150號　金剛般若波羅蜜經　（6–6）

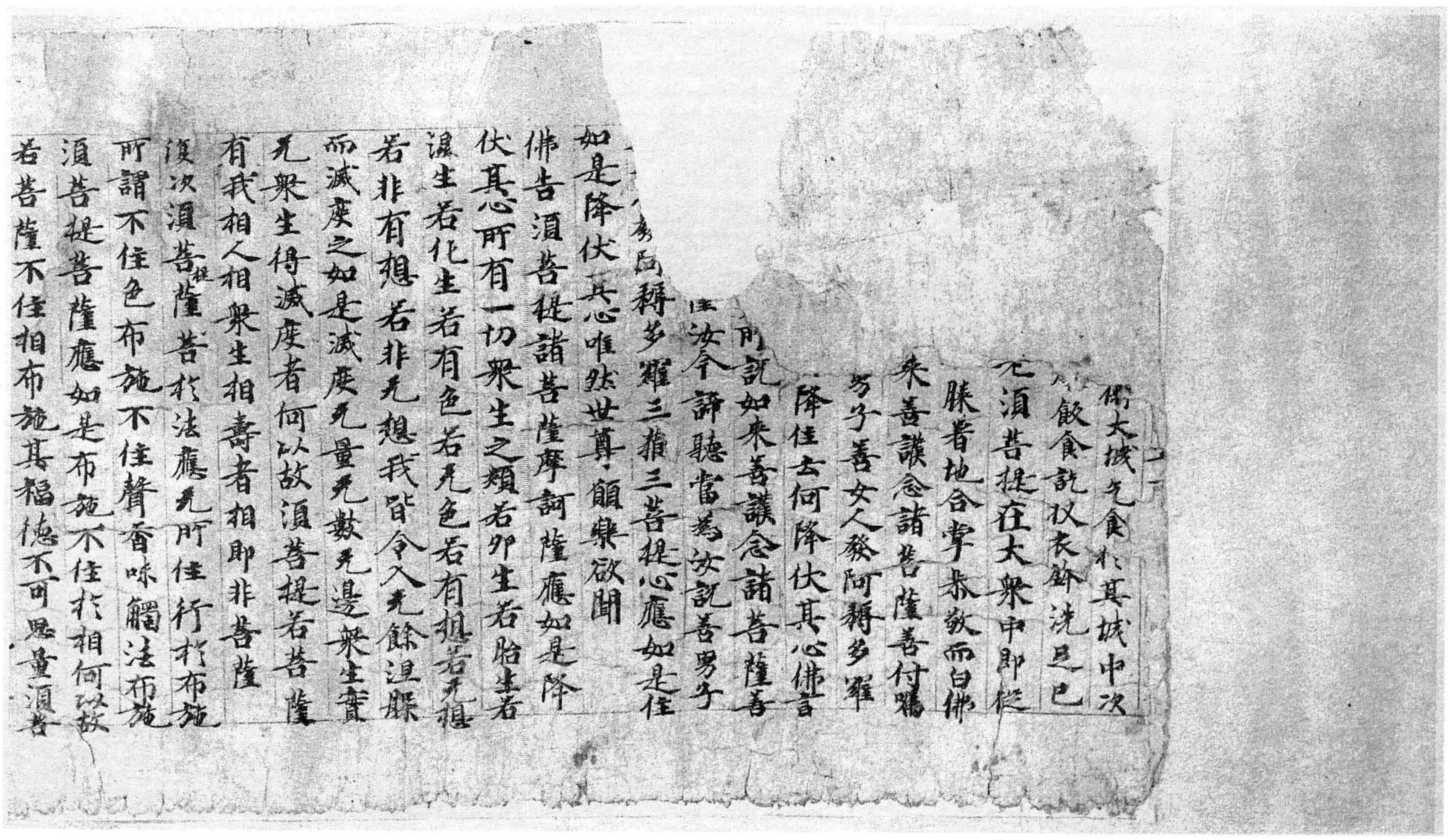

衛大城乞食於其城中次
…飯食訖收衣鉢洗足已
…須菩提在大衆中即從
膝著地合掌恭敬而白佛
來善護念諸菩薩善付囑
男子善女人發阿耨多羅
…降住云何降伏其心佛言
…所說如來善護念諸菩薩善
…住汝今諦聽當為汝說善男子
…發阿耨多羅三藐三菩提心應如是住
如是降伏其心唯然世尊願樂欲聞
佛告須菩提諸菩薩摩訶薩應如是降
伏其心所有一切衆生之類若卵生若胎生若
濕生若化生若有色若无色若有想若无想
若非有想若非无想我皆令入无餘涅槃
而滅度之如是滅度无量无數无邊衆生實
无衆生得滅度者何以故須菩提若菩薩
有我相人相衆生相壽者相即非菩薩
復次須菩提菩薩於法應无所住行於布施
所謂不住色布施不住聲香味觸法布施
須菩提菩薩應如是布施不住於相何以故
若菩薩不住相布施其福德不可思量須菩

BD04151號　金剛般若波羅蜜經　（15–1）

有我相人相衆生相壽者相即非菩薩
復次須菩提菩薩於法應无所住行於布施
所謂不住色布施不住聲香味觸法布施
須菩提菩薩應如是布施不住於相何以故
若菩薩不住相布施其福德不可思量須菩
提於意云何東方虛空可思量不不也世尊
須菩提南西北方四維上下虛空可思量不不
也世尊須菩提菩薩无住相布施福德亦復
如是不可思量須菩提菩薩但應如所教
住須菩提於意云何可以身相見如來不不
也世尊不可以身相得見如來何以故如來
所說身相即非身相佛告須菩提凡所有
相皆是虛妄若見諸相非相則見如來
須菩提白佛言世尊頗有衆生得聞如是言
說章句生實信不佛告須菩提莫作是說如
來滅後後五百歲有持戒脩福者於此章句
能生信心以此為實當知是人不於一佛二
佛三四五佛而種善根已於无量千万佛所
種諸善根聞是章句乃至一念生淨信者
須菩提如來悉知悉見是諸衆生得如是无
量福德何以故是諸衆生无復我相人相衆
生相壽者相无法相亦无非法相何以故是諸
衆生若心取相則為著我人衆生壽者若取
法相即著我人衆生壽者何以故若取非
法相即著我人衆生壽者是故不應取法
不應取非法以是義故如來常說汝等比丘
知我說法如栰者喻法尚應捨何況非法

BD04151號　金剛般若波羅蜜經　（15–2）

衆生若心取相則為著我人衆生壽者若取
法相即著我人衆生壽者何以故若取非
法相即著我人衆生壽者是故不應取法
不應取非法以是義故如來常說汝等比丘
知我說法如栰者喻法尚應捨何況非法
須菩提於意云何如來得阿耨多羅三藐
三菩提耶如來有所說法耶須菩提言如
我解佛所說義无有定法名阿耨多羅三
藐三菩提亦无有定法如來可說何以故如
來所說法皆不可取不可說非法非非法所以
者何一切賢聖皆以无為法而有差別
須菩提於意云何若人滿三千大千世界
七寶以用布施是人所得福德寧為多不須
菩提言甚多世尊何以故是福德即非福德性
是故如來說福德多若復有人於此經中受
持乃至四句偈等為他人說其福勝彼何以
故須菩提一切諸佛及諸佛阿耨多羅三
藐三菩提法皆從此經出須菩提所謂佛
法者即非佛法
須菩提於意云何須陀洹能作是念我得須
陀洹果不須菩提言不也世尊何以故須陀
洹名為入流而无所入不入色聲香味觸法
是名須陀洹須菩提於意云何斯陀含能作
是念我得斯陀含果不須菩提言不也世尊
何以故斯陀含名一往來而實无往來是名
斯陀含須菩提於意云何阿那含能作是念
我得阿那含果不須菩提言不也世尊何以

BD04151號　金剛般若波羅蜜經　（15–3）

是名須陁洹須菩提於意云何斯陁含能作
是念我得斯陁含果不須菩提言不也世尊
何以故斯陁含名一往來而實无往來是名
斯陁含須菩提於意云何阿那含能作是念
我得阿那含果不須菩提言不也世尊何以
故阿那含名不來而實无來是故名阿那
含須菩提於意云何阿羅漢能作是念
我得阿羅漢道不須菩提言不也世尊何以
故實无有法名阿羅漢世尊若阿羅漢作
是念我得阿羅漢道即爲著我人衆生壽者世
尊佛說我得无諍三昧人中最爲第一是第一
離欲阿羅漢我不作是念我是離欲阿羅漢
世尊我若作是念我得阿羅漢道世尊則不
說須菩提是樂阿蘭那行者以須菩提實无
所行而名須菩提是樂阿蘭那行
佛告須菩提於意云何如來昔在然燈佛所
於法有所得不世尊如來在然燈佛所於法
實无所得須菩提於意云何菩薩莊嚴佛
土不不也世尊何以故莊嚴佛土者則非莊嚴
是名莊嚴是故須菩提諸菩薩摩訶薩應
如是生清淨心不應住色生心不應住聲香味
觸法生心應无所住而生其心須菩提譬如
有人身如須弥山王於意云何是身爲大不
須菩提言甚大世尊何以故佛說非身是名
大身須菩提如恒河中所有沙數如是沙等
恒河於意云何是諸恒河沙寧爲多不須菩
提言甚多世尊但諸恒河尚多无數何况其

有人身如須弥山王於意云何是身爲大不
須菩提言甚大世尊何以故佛說非身是名
大身須菩提如恒河中所有沙數如是沙等
恒河於意云何是諸恒河沙寧爲多不須菩
提言甚多世尊但諸恒河尚多无數何况其
沙須菩提我今實言告汝若有善男子善
女人以七寶滿尔所恒河沙數三千大千世界以
用布施得福多不須菩提言甚多世尊佛
告須菩提若善男子善女人於此經中乃至
受持四句偈等爲他人說而此福德勝前福德
復次須菩提隨說是經乃至四句偈等當知
此處一切世間天人阿脩羅皆應供養如佛
塔廟何况有人盡能受持讀誦須菩提當
知是人成就最上第一希有之法若是經典
所在之處則爲有佛若尊重弟子
尔時須菩提白佛言世尊當何名此經我等
云何奉持佛告須菩提是經名爲金剛般若
波羅蜜以是名字汝當奉持所以者何須菩
提佛說般若波羅蜜則非般若波羅蜜須
菩提於意云何如來有所說法不須菩提白
佛言世尊如來无所說須菩提於意云何三
千大千世界所有微塵是爲多不須菩提
言甚多世尊須菩提諸微塵如來說非微塵是
名微塵如來說世界非世界是名世界須菩
提於意云何可以卅二相見如來不不也世尊
不可以卅二相得見如來何以故如來說卅二相
即是非相是名卅二相須菩提若有善男子

甚多世尊須菩提諸微塵如來說非微塵是
名微塵如來說世界非世界是名世界須菩
提於意云何可以卅二相見如來不不也世尊
不可以卅二相得見如來何以故如來說卅二相
即是非相是名卅二相須菩提若有善男子
善女人以恒河沙等身命布施若復有人於
此經中乃至受持四句偈等為他人說其福甚多
尒時須菩提聞是經深解義趣涕淚悲泣
而白佛言希有世尊佛說如是甚深經典
我從昔來所得慧眼未曾得聞如是之
經世尊若復有人得聞是經信心清淨則生
實相當知是人成就第一希有功德世尊是
實相者則是非相是故如來說名實相世尊
我今得聞如是經典信解受持不足為難若當
來世後五百歲其有眾生得聞是經信解受
持是人則為第一希有何以故此人无我相人
相眾生相壽者所以者何我相即是非相
人相眾生相壽者相即是非相何以故離
一切諸則名諸佛
佛告須菩提如是如是若復有人得聞是經
不驚不怖不畏當知是人甚為希有何以故
須菩提如來說第一波羅蜜非第一波羅蜜
是名第一波羅蜜須菩提忍辱波羅蜜如來
說非忍辱波羅蜜何以故須菩提如我昔為
歌利王割截身體我於尒時无我相无人相
无眾生相无壽者相何以故我於往昔節
節支解時若有我相人相眾生相壽者相

BD04151 號　金剛般若波羅蜜經　（15–6）

須菩提如來說第一波羅蜜非第一波羅蜜
是名第一波羅蜜須菩提忍辱波羅蜜如來
說非忍辱波羅蜜何以故須菩提如我昔為
歌利王割截身體我於尒時无我相无人相
无眾生相无壽者相何以故我於往昔節
節支解時若有我相人相眾生相壽者相
應生瞋恨須菩提又念過去於五百世作
忍辱仙人於尒所世无我相无人相无眾生相
无壽者相是故須菩提菩薩應離一切相
發阿耨多羅三藐三菩提心不應住色生心
不應住聲香味觸法生心應生无所住心
若心有住則為非住是故佛說菩薩心不應
住色布施須菩提菩薩為利益一切眾生
應如是布施如來說一切諸即是非相又說一
切眾生則非眾生須菩提如來是真語
者實者如語者不誑語者不異語者須菩
提如來所得法此法无實无虛須菩提若菩薩
心住於法而行布施如人入闇則无所見若菩
薩心不住法而行布施如人有目日光明照
見種種色須菩提當來之世若有善男子
善女人能於此經受持讀誦則為如來以佛
智慧悉知是人悉見是人皆得成就无量无邊
功德
須菩提若有善男子善女人初日分以恒河
沙等身命布施中日分復以恒河沙等身布
施後日分亦以恒河沙等身布施如是无量
百千万億劫以身布施若復有人聞此經典
信心不逆其福勝彼何況書寫受持讀誦為

BD04151 號　金剛般若波羅蜜經　（15–7）

功德
須菩提若有善男子善女人初日分以恒河
沙等身命布施中日分復以恒河沙等身布
施後日分亦以恒河沙等身布施如是无量
百千万億劫以身布施若復有人聞此經典
信心不逆其福勝彼何況書寫受持讀誦為
人解說須菩提以要言之是經有不可思議
不可稱量无邊功德如來為發大乘者說為
發最上乘者說若有人能受持讀誦廣為人
說如來悉知是人悉見是人皆成就不可量
不可稱无有邊不可思議功德如是人等則
為荷擔如來阿耨多羅三藐三菩提何以故
須菩提若樂小法者著我見人見衆生見壽
者見則於此經不能聽受讀誦為人解說須
菩提在在處處若有此經一切世間天人阿
修羅所應供養當知此處則為是塔皆應恭
敬作礼圍遶以諸華香而散其處
復次須菩提善男子善女人受持讀誦此經
若為人輕賤是人先世罪業應墮惡道以今
世人輕賤故先世罪業則為消滅當得阿耨
多羅三藐三菩提須菩提我念過去无量阿
僧祇劫於然燈佛前得值八百四千万億那
由他諸佛悉皆供養承事无空過者若復有
人於後末世能受持讀誦此經所得功德於
我所供養諸佛功德百分不及一千万億分
乃至筭數譬喻所不能及須菩提若善男子
善女人於後末世有受持讀誦此經所得功

BD04151號　金剛般若波羅蜜經　（15–8）

人於後末世能受持讀誦此經所得功德於
我所供養諸佛功德百分不及一千万億分
乃至筭數譬喻所不能及須菩提若善男子
善女人於後末世有受持讀誦此經所得功
德我若具說者或有人聞心則狂亂狐疑不
信須菩提當知是經義不可思議果報亦不
可思議
尒時須菩提白佛言世尊善男子善女人
發阿耨多羅三藐三菩提心云何應住云何降
伏其心佛告須菩提善男子善女人發阿耨
多羅三藐三菩提者當生如是心我應滅度
一切衆生滅度一切衆生已而无有一衆生
實滅度者何以故若菩薩有我相人相衆生
相壽者相則非菩薩所以者何須菩提實无
有法發阿耨多羅三藐三菩提者須菩提於
意云何如來於然燈佛所有法得阿耨多羅
三藐三菩提不不也世尊如我解佛所說義
佛於然燈佛所无有法得阿耨多羅三藐三
菩提佛言如是如是須菩提實无有法如來
得阿耨多羅三藐三菩提須菩提若有法如
來得阿耨多羅三藐三菩提者然燈佛則不
與我受記汝於來世當得作佛号釋迦牟尼
以實无有法得阿耨多羅三藐三菩提是故然
燈佛與我受記作是言汝於來世當得作佛
号釋迦牟尼何以故如來者即諸法如義若
有人言如來得阿耨多羅三藐三菩提須菩

BD04151號　金剛般若波羅蜜經　（15–9）

來得阿耨多羅三藐三菩提者然燈佛則不
與我受記汝於來世當得作佛号釋迦牟尼
以實无有法得阿耨多羅三藐三菩提是故然
燈佛與我受記作是言汝於來世當得作佛
号釋迦牟尼何以故如來者即諸法如義若
有人言如來得阿耨多羅三藐三菩提須菩
提實无有法佛得阿耨多羅三藐三菩提須
菩提如來所得阿耨多羅三藐三菩提於是中
无實无虛是故如來說一切法皆是佛法
須菩提所言一切法者即非一切法是故名
一切法須菩提譬如人身長大須菩提言世
尊如來說人身長大則為非大身是名大身
須菩提菩薩亦如是若作是言我當滅度
无量眾生則不名菩薩何以故須菩提无
有法名為菩薩是故佛說一切法无我无人
无眾生无壽者須菩提若菩薩作是言我當莊
嚴佛土是不名菩薩何以故如來說莊嚴佛土
者即非莊嚴是名莊嚴須菩提若菩薩通
達无我法者如來說名真是菩薩
須菩提於意云何如來有肉眼不如是世尊
如來有眼須菩提於意云何如來有天眼
不如是世尊如來有天眼須菩提於意云何
如來有慧眼不如是世尊如來有慧眼須菩
提於意云何如來有法眼不如是世尊如來
有法眼須菩提於意云何如來有佛眼不
如是世尊如來有佛眼
須菩提於意云何恒河中所有沙佛說是沙

BD04151號　金剛般若波羅蜜經　（15–10）

如來有慧眼不如是世尊如來有慧眼須菩
提於意云何如來有法眼不如是世尊如來
有法眼須菩提於意云何如來有佛眼不
如是世尊如來有佛眼
須菩提於意云何恒河中所有沙佛說是沙
不如是世尊如來說是沙須菩提於意云
何如一恒河中所有沙有如是等恒河是諸恒
河所有沙數佛世界如是寧為多不甚多
世尊佛告須菩提爾所國土中所有眾生
若干種心如來悉知何以故如來說諸心皆為
非心是名為心所以者何須菩提過去心不可
得現在心不可得未來心不可得
須菩提於意云何若有人滿三千大千世界
七寶以用布施是人以是因緣得福多不如
是世尊此人以是因緣得福甚多須菩提若
福德有實如來不說得福德多以福德无
故如來說得福德多
須菩提於意云何佛可以具足色身見不不
也世尊如來不應以色身見何以故如來說
具足色身即非具足色身是名具足色身
須菩提於意云何如來可以具足諸相見不
不也世尊如來不應以具足諸相見何以故
如來說諸相具足即非具足是名諸相具足
須菩提汝勿謂如來作是念我當有所說
法莫作是念何以故若人言如來有所說法即
為謗佛不能解我所說故須菩提說法者
无法可說是名說法

BD04151號　金剛般若波羅蜜經　（15–11）

如來說諸相具足即非具足是名諸相具足
須菩提汝勿謂如來作是念我當有所說
法莫作是念何以故若人言如來有所說法即
為謗佛不能解我所說故須菩提說法者
无法可說是名說法
須菩提白佛言世尊佛得阿耨多羅三藐
三菩提為无所得耶如是如是須菩提我於
阿耨多羅三藐三菩提乃至无有少法可
得是名阿耨多羅三藐三菩提
復次須菩提是法平等无有高下是名
阿耨多羅三藐三菩提以无我无人无衆生
无壽者脩一切善法則得阿耨多羅三藐三菩
提須菩提所言善法者如來說非善法是
名善法須菩提若三千大千世界中所有諸
須弥山王如是等七寶聚有人持用布施若人
以此般若波羅蜜經乃至四句偈等受持為他
人說於前福德百分不及一百千万億分乃至
筭數譬喻所不能及
須菩提於意云何汝等勿謂如來作是念
我當度衆生須菩提莫作是念何以故實无
有衆生如來度者若有衆生如來度者如
來則有我人衆生壽者須菩提如來說有我
者則非有我而凡夫之人以為有我須菩
提凡夫者如來說則非凡夫
須菩提於意云何可以卅二相觀如來不
須菩提言如是如是以卅二相觀如來佛言
須菩提若以卅二相觀如來者轉輪聖王

BD04151號　金剛般若波羅蜜經　（15–12）

者則非有我而凡夫之人以為有我須菩
提凡夫者如來說則非凡夫
須菩提於意云何可以卅二相觀如來不
須菩提言如是如是以卅二相觀如來佛言
須菩提若以卅二相觀如來者轉輪聖王
則是如來須菩提白佛言世尊如我解佛
所說義不應以卅二相觀如來尒時世尊而說偈言
若以色見我　以音聲求我　是人行耶道　不能見如來
須菩提汝若作是念如來不以具足相故得阿
耨多羅三藐三菩提須菩提莫作是念如
來不以具足相故得阿耨多羅三藐三菩
提須菩提汝若作是念發阿耨多羅三藐三菩
提者說諸法斷滅相莫作是念何以故發阿
耨多羅三藐三菩提者於法不說斷滅相
須菩提若菩薩以滿恒河沙等世界七寶布
施若復有人知一切法无我得成於忍此菩
薩勝前菩薩所得功德須菩提以諸菩薩
不受福德故須菩提白佛言世尊云何菩薩
不受福德須菩提菩薩所作福德不應貪著
是故說不受福德
須菩提若有人言如來若去若來若坐若卧
是人不解我所說義何以故如來者无所從
來亦无所去故名如來
須菩提若善男子善女人以三千大千世界
碎為微塵於意云何是微塵衆寧為多不
甚多世尊何以故若是微塵衆實有者佛
則不說是微塵衆所以者何佛說微塵衆則
非微塵衆是名微塵衆世尊如來所說三

BD04151號　金剛般若波羅蜜經　（15–13）

[illegible]
須菩提若善男子善女人以三千大千世界
碎為微塵於意云何是微塵衆寧為多不
甚多世尊何以故若是微塵衆實有者佛
則不說是微塵衆所以何佛說微塵衆則
非微塵衆是名微塵衆世尊如來所說三
千大千世界則非世界是名世界何以故若
世界實有者則是一合相如來說一合相則
非一合相是名一合相須菩提一合相者則是
不可說但凡夫之人貪著其事
須菩提若人言佛說我見人見衆生見壽
者見須菩提於意云何是人解我所說義不
世尊是人不解如來所說義何以故世尊說
我見人見衆生見壽者見即非我見人見
衆生見壽者見是名我見人見衆生見壽
者見須菩提發阿耨多羅三藐三菩提心
者於一切法應如是知如是見如是信解不
生法相須菩提所言法相者如來說即非
法相是名法相須菩提若有人以滿无量阿
僧祇世界七寶持用布施若有善男子善女
人發菩薩心者持於此經乃至四句偈等受持
讀誦為人演說其福勝彼云何為人演說不
取於相如如不動何以故
一切有為法　如夢幻泡影　如露亦如電　應作如是觀
佛說是經已長老須菩提及諸比丘比丘尼優
婆塞優婆夷一切世間天人阿脩羅聞佛所
說皆大歡喜信受奉持

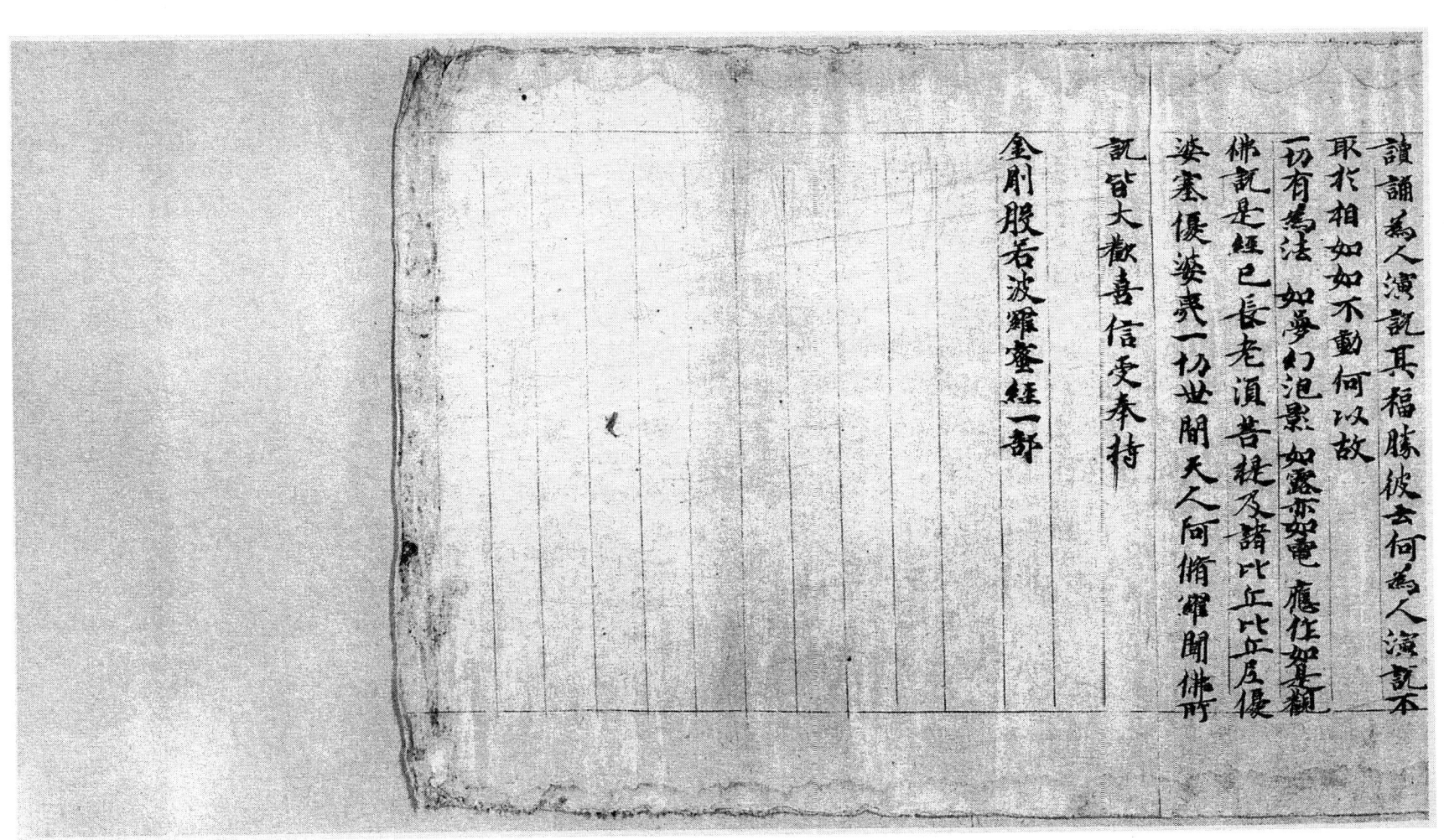

BD04151號　金剛般若波羅蜜經　（15-14）

讀誦為人演說其福勝彼云何為人演說不
取於相如如不動何以故
一切有為法　如夢幻泡影　如露亦如電　應作如是觀
佛說是經已長老須菩提及諸比丘比丘尼優
婆塞優婆夷一切世間天人阿脩羅聞佛所
說皆大歡喜信受奉持

金剛般若波羅蜜經一部

BD04151號　金剛般若波羅蜜經　（15-15）

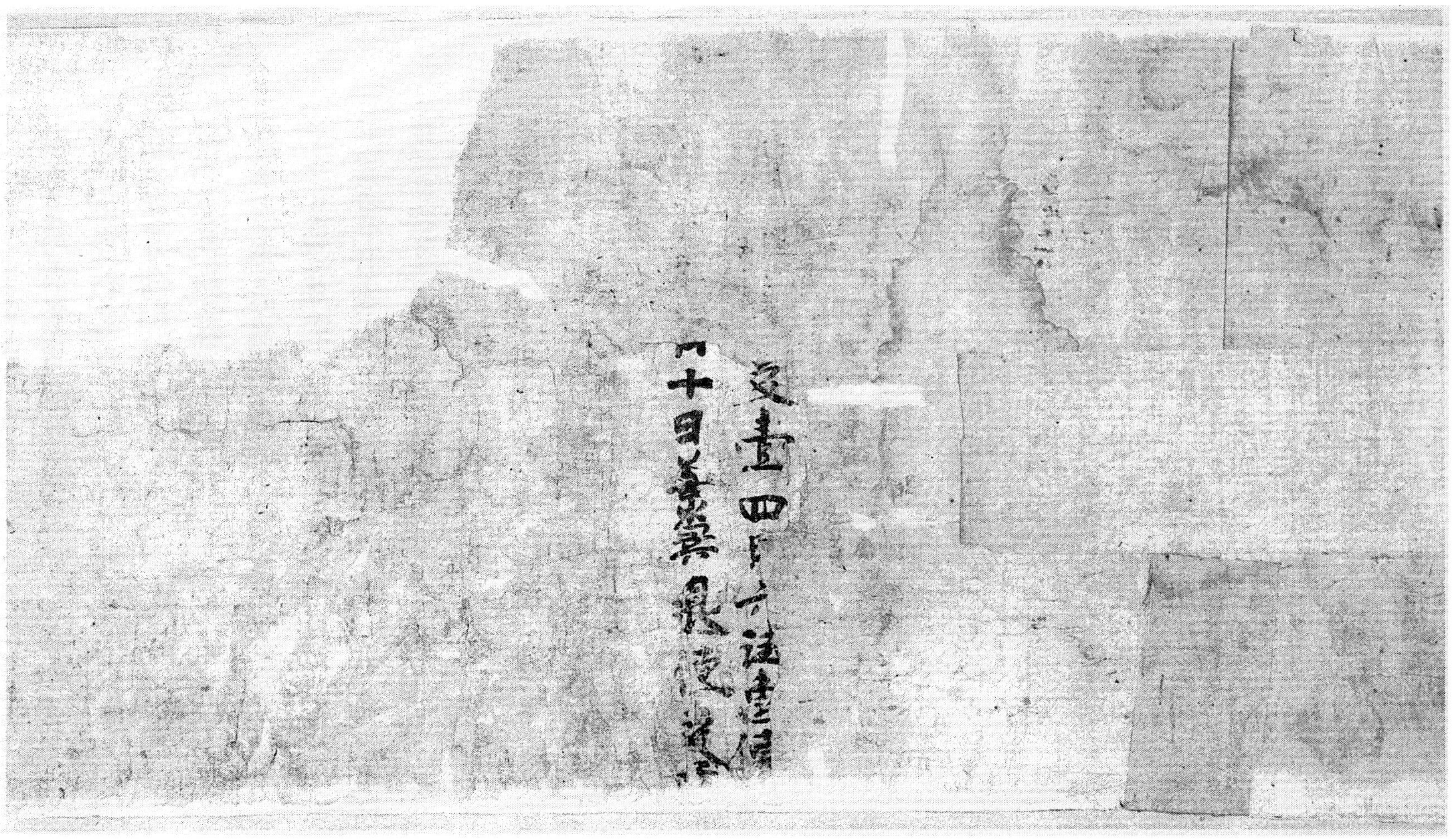

亥壹四□方法空□

□十日善□

BD04151 號背　殘歷(擬)　(1–1)

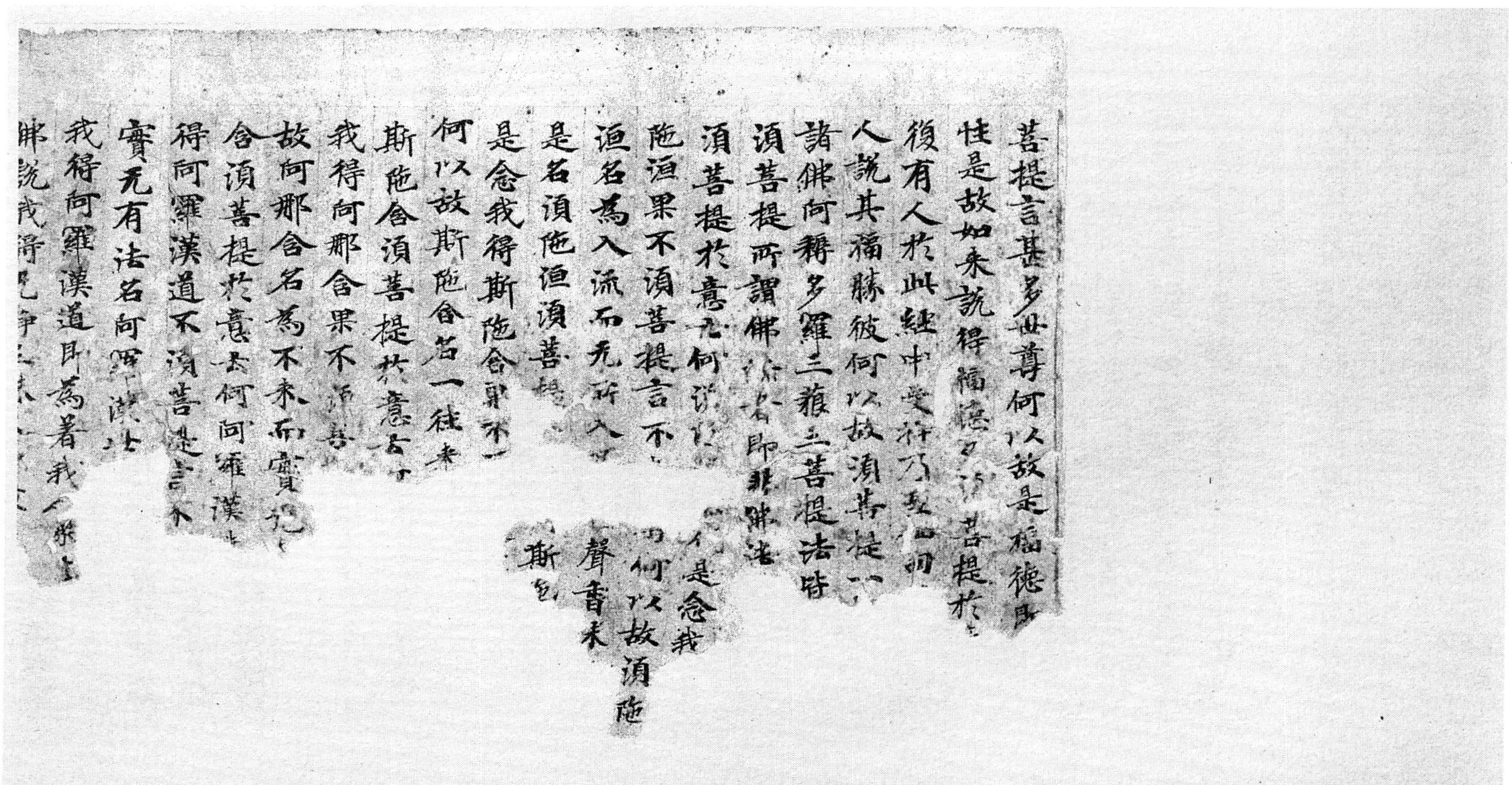

菩提言甚多世尊何以故是福德即
性是故如來說得福德多須菩提於
復有人於此經中受持乃至四句
人說其福勝彼何以故須菩提一
諸佛阿耨多羅三藐三菩提法皆
須菩提所謂佛法者即非佛法
須菩提於意云何須陁洹能作是念我
陁洹果不須菩提言不　何以故須陁
洹名為入流而无所入　聲香味
是名須陁洹須菩提　斯
是念我得斯陁含果不
何以故斯陁含名一往來
斯陁含須菩提於意云何
我得阿那含果不須菩
故阿那含名為不來而實无
含須菩提於意云何阿羅漢
得阿羅漢道不須菩提言不
實无有法名阿羅漢世
我得阿羅漢道即為著我人眾生
佛說我得无諍三昧

BD04152 號　金剛般若波羅蜜經　(3–1)

[illegible]
含須菩提於意云何阿羅漢能作是念我
得阿羅漢道不須菩提言不
實无有法名阿羅漢世
我得阿羅漢道即為著我人眾生
佛說我得无諍三昧人中最
離欲阿羅漢我不作是念
世尊我若作是念我
說須菩提是樂阿蘭那行者
所行而名須菩提是樂阿蘭
佛告須菩提於意云何如來
於法有所得不世尊
實无所得須菩
不不也世尊何以故莊嚴
是名莊嚴是故須菩提諸菩薩摩訶薩應如
是生清淨心不應住色生心不應住聲香味
觸法生心應无所住而生其心須菩提譬如
有人身如須弥山王於意云何是身為大不
須菩提言甚大世尊何以故佛說非身是名
大身須菩提如恒河中所有沙數如是沙等
恒河於意云何是諸恒河沙寧為多不須菩
提言甚多世尊但諸恒河尚多无數何況其
沙須菩提我今實言告汝若有善男子善女
人以七寶滿尒所恒河沙數三千大千世界
以用布施得福多不須菩提言甚多世尊佛
告須菩提若善男子善女人於此經中乃至
受持四句偈等為他人說而此福德勝前福
德復次須菩提隨說是經乃至四句偈等當

BD04152號　金剛般若波羅蜜經　（3–2）

提言甚多世尊但諸恒河尚多无數何況其
沙須菩提我今實言告汝若有善男子善女
人以七寶滿尒所恒河沙數三千大千世界
以用布施得福多不須菩提言甚多世尊佛
告須菩提若善男子善女人於此經中乃至
受持四句偈等為他人說而此福德勝前福
德復次須菩提隨說是經乃至四句偈等當
知此處一切世間天人阿脩羅皆應供養如
佛塔廟何況有人盡能受持讀誦須菩提當
知是人成就最上第一希有之法若是經典
所在之處則為有佛若尊重弟子
尒時須菩提白佛言世尊當何名此經我等
云何奉持佛告須菩提是經名為金剛般若
波羅蜜以是名字汝當奉持所以者何須菩
提佛說般若波羅蜜則非般若波羅蜜須菩
提於意云何如來有所說法不須菩提白佛
言世尊如來无所說須菩提於意云何三千
大千世界所有微塵是為多不須菩提言甚
多世尊須菩提諸微塵如來說非微塵是名
微塵如來說世界非世界是名世界須菩提
於意云何可以三十二相見如來不不也世

BD04152號　金剛般若波羅蜜經　（3–3）

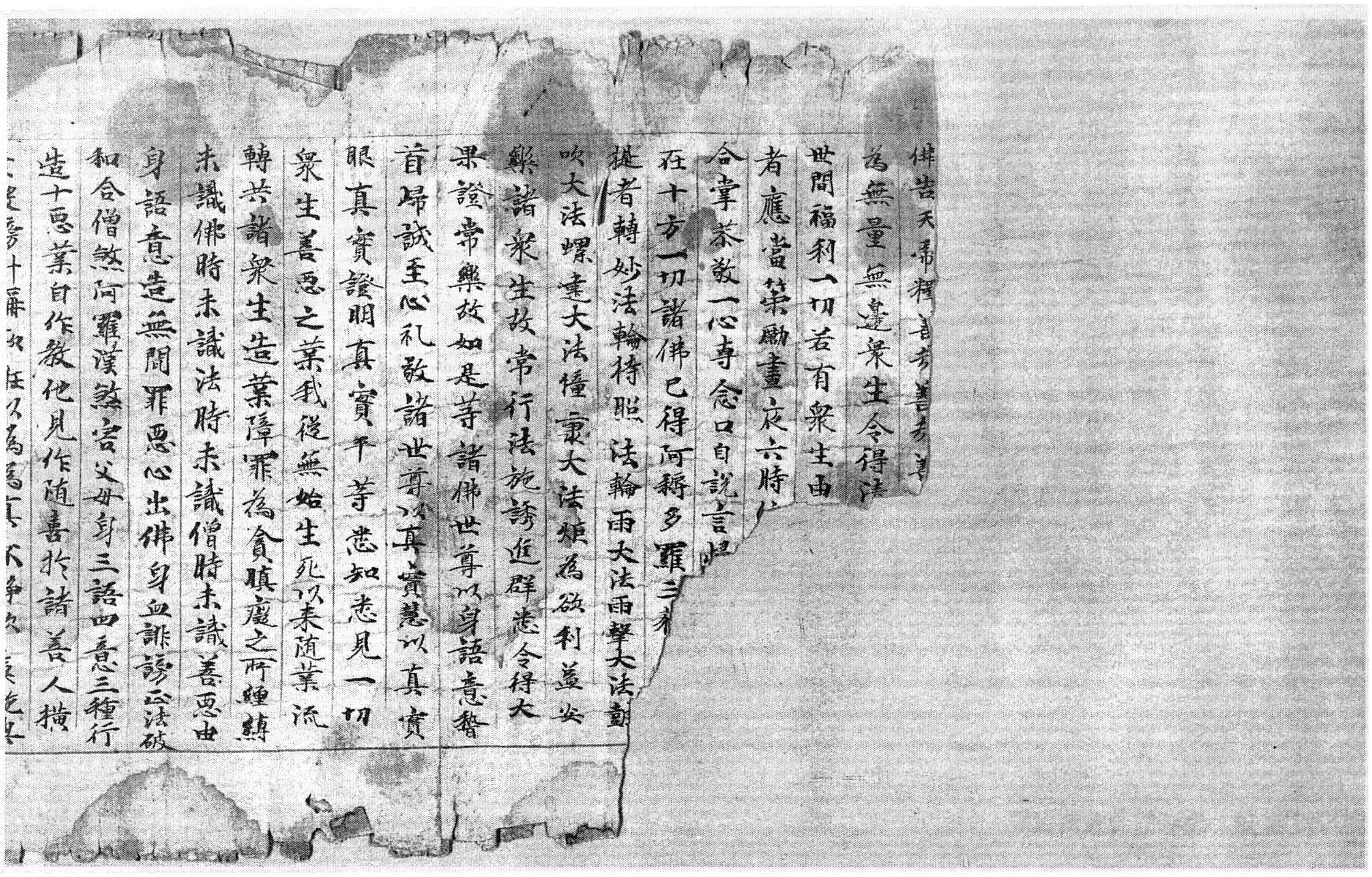
佛告天帝釋善男子善
為無量無邊衆生令得法
世間福利一切若有衆生由
者應當策勵晝夜六時
合掌恭敬一心專念口自說言
在十方一切諸佛已得阿耨多羅三
提者轉妙法輪持照法輪雨大法雨擊大法鼓
吹大法螺建大法幢秉大法炬為欲利益安
樂諸衆生故常行法施誘進群迷令得大
果證常樂故如是等諸佛世尊以身語意稽
首歸誠至心礼敬諸世尊以真實慧以真實
眼真實證明真實平等悉知悉見一切
衆生善惡之業我從無始生死以來隨業流
轉共諸衆生造業障罪為貪瞋癡之所纏縛
未識佛時未識法時未識僧時未識善惡由
身語意造無間罪惡心出佛身血誹謗正法破
和合僧煞阿羅漢煞害父母身三語四意三種行
造十惡業自作教他見作隨喜於諸善人橫
[illegible]

BD04153號　金光明最勝王經卷三　(15–1)

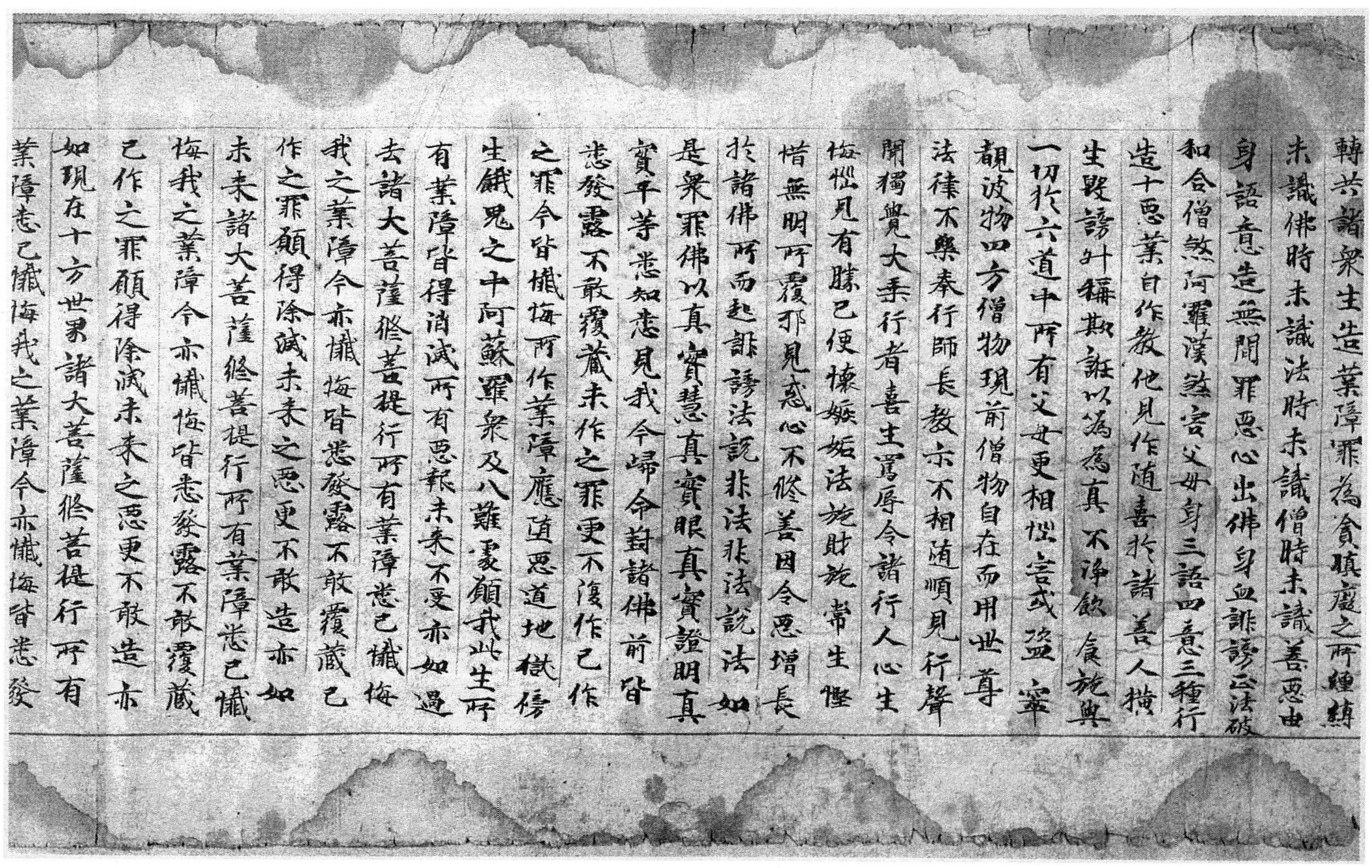
轉共諸衆生造業障罪為貪瞋癡之所纏縛
未識佛時未識法時未識僧時未識善惡由
身語意造無間罪惡心出佛身血誹謗正法破
和合僧煞阿羅漢煞害父母身三語四意三種行
造十惡業自作教他見作隨喜於諸善人橫
生毀謗斗秤欺誑以偽為真不淨飲食施與
一切於六道中所有父母更相惱害或盜窣
覩波物四方僧物現前僧物自在而用世尊
法律不樂奉行師長教示不相隨順見行聲
聞獨覺大乘行者喜生罵辱令諸行人心生
悔惱見有勝己便懷嫉妬法施財施常生慳
惜無明所覆邪見惑心不修善因令惡增長
於諸佛所而起誹謗法說非法非法說法如
是衆罪佛以真實慧真實眼真實證明真
實平等悉知悉見我今歸命對諸佛前皆
悉發露不敢覆藏未作之罪更不復作已作
之罪今皆懺悔所作業障應墮惡道地獄傍
生餓鬼之中阿蘇羅衆及八難處願我此生所
有業障皆得消滅所有惡報未來不受亦如過
去諸大菩薩修菩提行所有業障悉已懺悔
我之業障今亦懺悔皆悉發露不敢覆藏已
作之罪願得除滅未來之惡更不敢造亦如
未來諸大菩薩修菩提行所有業障悉已懺
悔我之業障今亦懺悔皆悉發露不敢覆藏
已作之罪願得除滅未來之惡更不敢造亦
如現在十方世界諸大菩薩修菩提行所有
業障悉已懺悔我之業障今亦懺悔皆悉發

BD04153號　金光明最勝王經卷三　(15–2)

求諸大菩薩修菩提行所有業障悉已懺
悔我之業障今亦懺悔皆悉發露不敢覆藏
已作之罪願得除滅未來之惡更不敢造亦
如現在十方世界諸大菩薩修菩提行所有
業障悉已懺悔我之業障今亦懺悔皆悉發
露不敢覆藏已作之罪願得除滅未來之惡
更不敢造
善男子以是因緣若有造罪一剎那中不得
覆藏何況一日一夜乃至多時若有犯罪欲
求清淨心懷慚愧恥信於未來必有惡報生大
恐怖應如是懺如人被火燒頭燒衣救令速
滅火若未滅心不得安若人犯罪亦復如是
即應懺悔令速除滅若有願生富樂之家多
饒財寶復欲發意修習大乘亦應懺悔滅除
業障欲生豪貴婆羅門種剎帝利家及轉輪
王七寶具足亦應懺悔滅除業障
善男子若有欲生四大王眾三十三天夜摩
天覩史多天樂變化天他化自在天亦應懺
悔滅除業障若欲生梵眾梵輔天大梵天少
光無量光極光淨天少淨無量淨天遍淨天無
雲福生廣果無煩無熱善現天善見色究竟
天亦應懺悔滅除業障若欲求預流果一來果
不還果阿羅漢果亦應懺悔滅除業障若欲
願求三明六通聲聞獨覺自在菩提至究竟
地求一切智智淨智不思議智不動智三藐
三菩提正遍知者亦應懺悔滅除業障何以
故善男子一切諸法從因緣生如來所說異相

BD04153號　金光明最勝王經卷三　（15–3）

天亦應懺悔滅除業障若欲求預流果一來果
不還果阿羅漢果亦應懺悔滅除業障若欲
願求三明六通聲聞獨覺自在菩提至究竟
地求一切智智淨智不思議智不動智三藐
三菩提正遍知者亦應懺悔滅除業障何以
故善男子一切諸法從因緣生如來所說異相
生異相滅因緣異故如是過去諸法皆已
滅盡所有業障無復遺餘是諸行法未得現
生而今得生未來業障更不復起何以故善
男子一切法空如來所說無有我人眾生壽
者亦無生滅亦無行法善男子一切諸法皆
依於本亦不可說何以故過一切相故若有
善男子善女人如是入於微妙真理生信敬
心是名無眾生而有於本以是義故說於懺
悔滅除業障
善男子若人成就四法能除業障永得清淨
云何為四一者不起邪心正念成就二者於甚
深理不生誹謗三者於初行菩薩起一切
智心四者於諸眾生起慈無量是謂為四爾
時世尊而說頌言
專心護三業　不誹謗深法　作一切智想　慈心淨業障
善男子有四業障難可滅除云何為四一者
於菩薩律儀犯極重惡二者於大乘經心生
誹謗三者於自善根不能增長四者貪著三
有無出離心復有四種對治業障云何為四
一者於十方世界一切如來至心親近說一

BD04153號　金光明最勝王經卷三　（15–4）

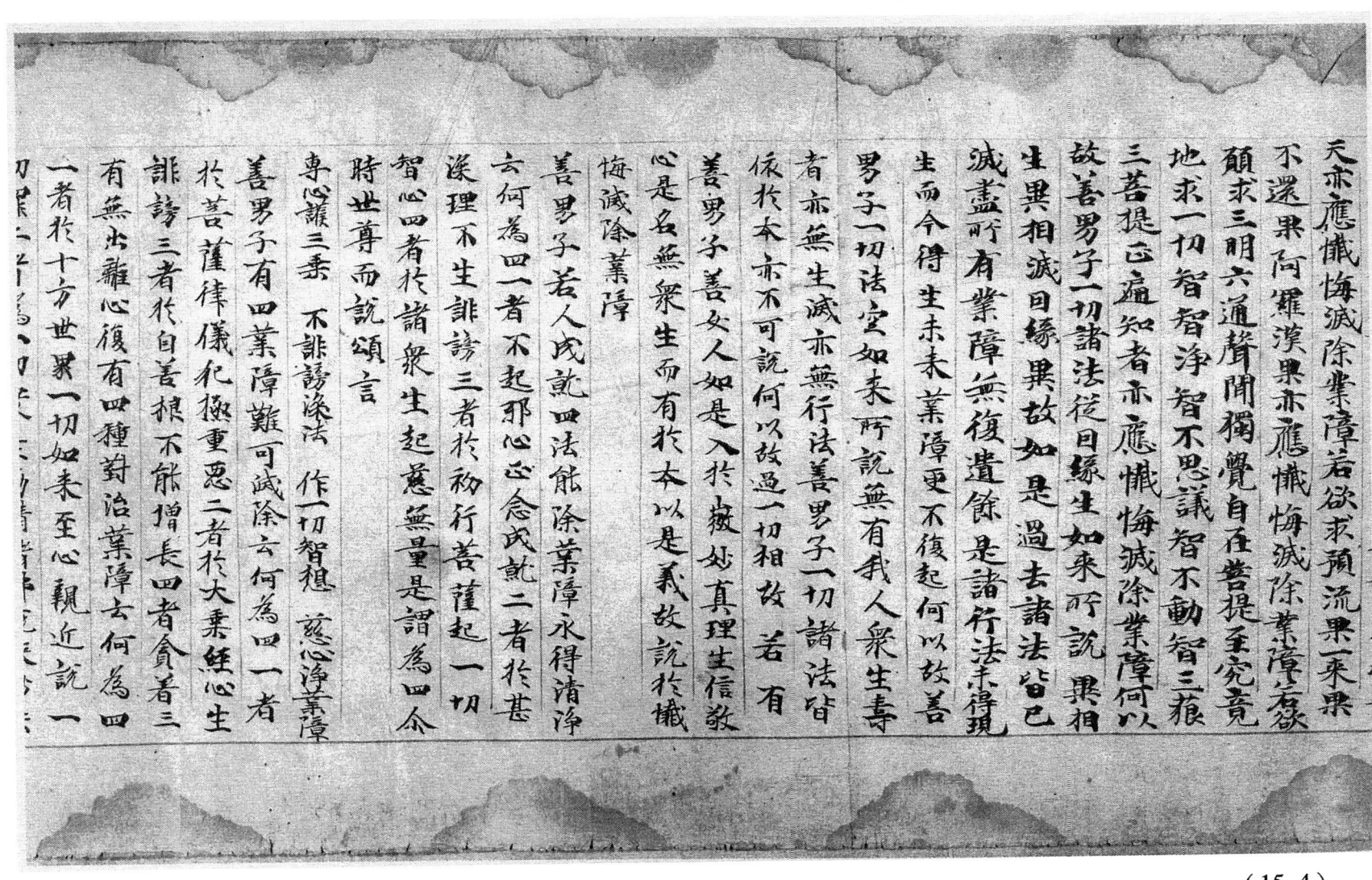

善男子有四業障難可滅除云何為四一者
於菩薩律儀犯極重惡二者於大乘經心生
誹謗三者於自善根不能增長四者貪著三
有無出離心復有四種對治業障云何為四
一者於十方世界一切如來至心親近說一
切罪二者為一切衆生勸請諸佛說深妙法
三者隨喜一切衆生所有功德四者所有一
切功德善根悉皆迴向阿耨多羅三藐三菩
提尒時天帝釋白佛言世尊世間所有男子
女人於大乘行有能行者有不行者云何能
得隨喜一切衆生功德善根佛言善男子若
有衆生雖於大乘未能修習然於晝夜六時
偏袒右肩右膝著地合掌恭敬一心專念作
隨喜時得福無量應作是言十方世界一切
衆生現在脩行施戒心慧我今皆悉深生隨
喜由作如是隨喜福故必當獲得尊重殊勝
無上無等最妙之果如是過去未來一切衆
生所有善根皆悉隨喜又於現在初行菩薩
發菩提心所有功德過百大劫行菩薩行有
大功德獲無生忍至不退轉一生補處如是
一切功德之蘊皆悉至心隨喜讚歎過去未
來一切菩薩所有功德隨喜讚歎亦復如是
復於現在十方世界一切諸佛應正遍知證
妙菩提為度無邊諸衆生故轉無上法輪行
無礙法施擊法鼓吹法螺建法幢雨法雨哀
愍勸化一切衆生咸令信受皆蒙法施悉得
充足無盡安樂又復所有菩薩聲聞獨覺

BD04153號　金光明最勝王經卷三　（15–5）

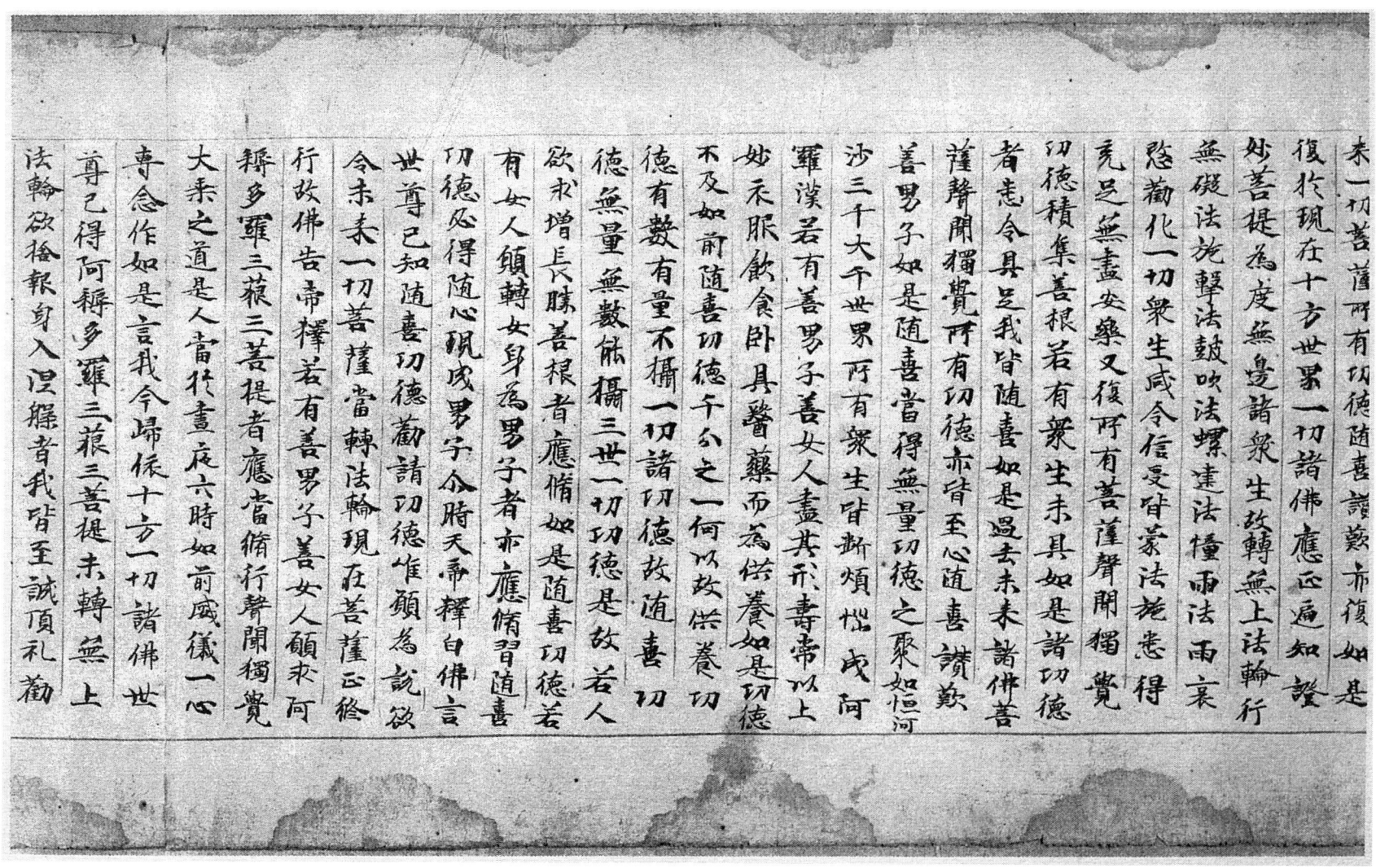

未一切菩薩所有功德隨喜讚歎亦復如是
復於現在十方世界一切諸佛應正遍知證
妙菩提為度無邊諸衆生故轉無上法輪行
無礙法施擊法鼓吹法螺建法幢雨法雨哀
愍勸化一切衆生咸令信受皆蒙法施悉得
充足無盡安樂又復所有菩薩聲聞獨覺
功德積集善根若有衆生未具如是諸功德
者悉令具足我皆隨喜如是過去未來諸佛菩
薩聲聞獨覺所有功德亦皆至心隨喜讚歎
善男子如是隨喜當得無量功德之聚如恒河
沙三千大千世界所有衆生皆斷煩惱成阿
羅漢若有善男子善女人盡其形壽常以上
妙衣服飲食臥具醫藥而為供養如是功德
不及如前隨喜功德千分之一何以故供養功
德有數有量不攝一切諸功德故隨喜功
德無量無數能攝三世一切功德是故若人
欲求增長勝善根者應脩如是隨喜功德若
有女人願轉女身為男子者亦應脩習隨喜
功德必得隨心現成男子尒時天帝釋白佛言
世尊已知隨喜功德勸請功德唯願為說欲
令未來一切菩薩當轉法輪現在菩薩正修
行故佛告帝釋若有善男子善女人願求阿
耨多羅三藐三菩提者應當脩行聲聞獨覺
大乘之道是人當於晝夜六時如前威儀一心
專念作如是言我今歸依十方一切諸佛世
尊已得阿耨多羅三藐三菩提未轉無上
法輪欲捨報身入涅槃者我皆至誠頂礼勸

BD04153號　金光明最勝王經卷三　（15–6）

耨多羅三藐三菩提者應當脩行聲聞獨覺
大乘之道是人當於晝夜六時如前威儀一心
專念作如是言我今歸依十方一切諸佛世
尊已得阿耨多羅三藐三菩提未轉無上
法輪欲捨報身入涅槃者我皆至誠頂禮勸
請轉大法輪雨大法雨然大法燈照明理趣
施無礙法莫般涅槃久住於世度脫安樂一
切衆生如前所說乃至無盡安樂我今以此
勸請功德迴向阿耨多羅三藐三菩提如過去
未來現在諸大菩薩勸請功德迴向菩提我
亦如是勸請功德迴向無上正等菩提善男
子假使有人以三千大千世界滿中七寶
供養如來若復有人勸請如來轉大法輪所
得功德其福勝彼何以故彼是財施此是法
施善男子且置三千大千世界七寶布施若
人以滿恒河沙數大千世界七寶供養一切
諸佛勸請功德亦勝於彼由其法施有五勝
利云何為五一者法施兼利自他財施不尒
二者法施能令衆生出於三界財施之福不
出欲界三者法施能淨法身財施但唯增長
於色四者法施無窮財施有盡五者法施能
斷無明財施唯伏貪愛是故善男子勸請功
德無量無邊難可譬喻如我昔行菩薩道
時勸請諸佛轉大法輪由彼善根是故今日一
切帝釋諸梵王等勸請於我轉大法輪善男
子請轉法輪為欲度脫安樂諸衆生故我於
往昔為菩提行勸請如來久住於世莫般涅

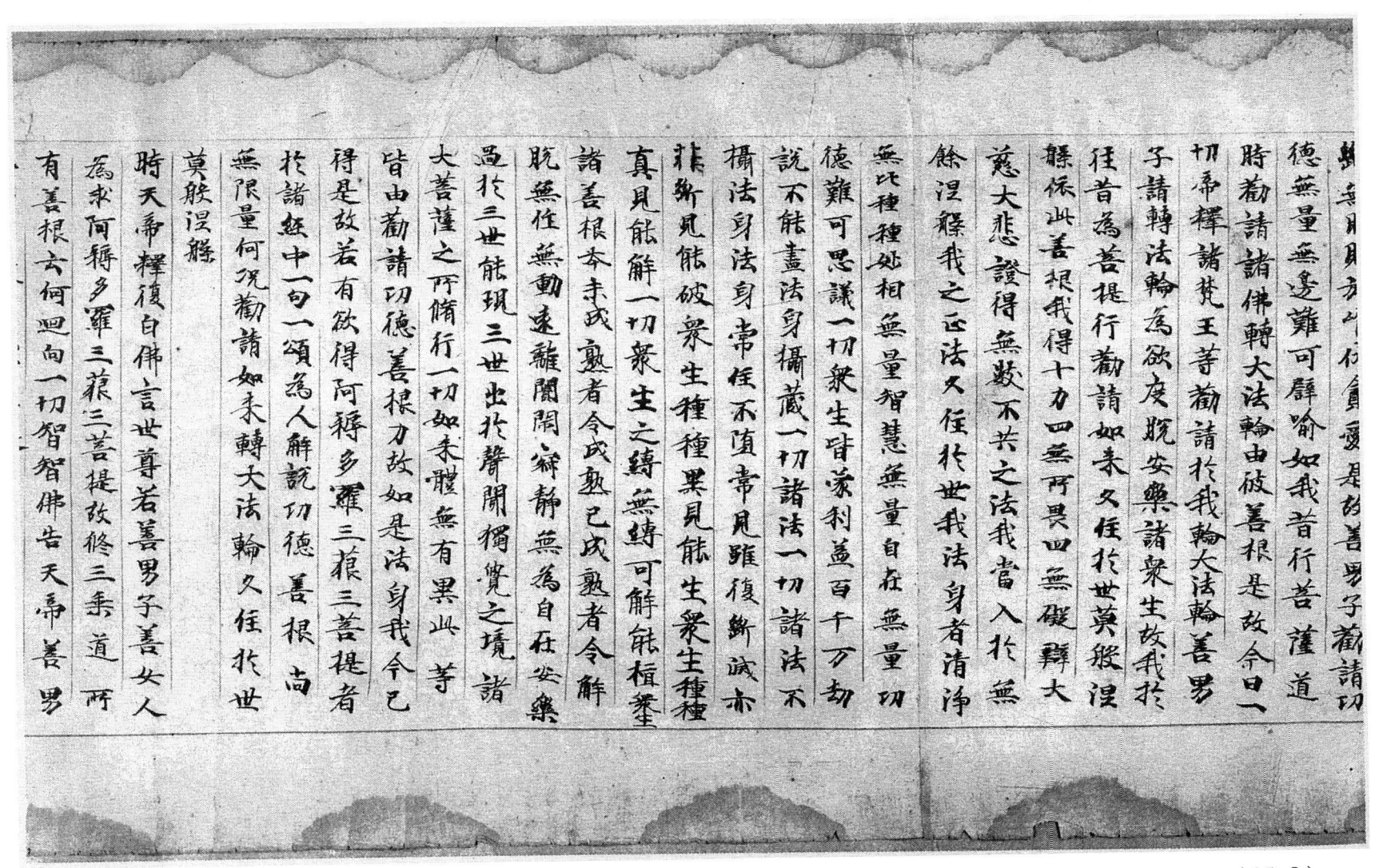

BD04153號　金光明最勝王經卷三　（15–7）

斷無明財施唯伏貪愛是故善男子勸請功
德無量無邊難可譬喻如我昔行菩薩道
時勸請諸佛轉大法輪由彼善根是故今日一
切帝釋諸梵王等勸請於我轉大法輪善男
子請轉法輪為欲度脫安樂諸衆生故我於
往昔為菩提行勸請如來久住於世莫般涅
槃依此善根我得十力四無所畏四無礙辯大
慈大悲證得無數不共之法我當入於無
餘涅槃我之正法久住於世我法身者清淨
無比種種妙相無量智慧無量自在無量功
德難可思議一切衆生皆蒙利益百千万劫
說不能盡法身攝藏一切諸法一切諸法不
攝法身法身常住不墮常見雖復斷滅亦
非斷見能破衆生種種異見能生衆生種種
真見能解一切衆生之縛無縛可解能植衆
諸善根未成熟者令成熟已成熟者令解
脫無作無動遠離諠鬧寂靜無為自在安樂
過於三世能現三世出於聲聞獨覺之境諸
大菩薩之所脩行一切如來體無有異此等
皆由勸請功德善根力故如是法身我今已
得是故若有欲得阿耨多羅三藐三菩提者
於諸經中一句一頌為人解說功德善根尚
無限量何況勸請如來轉大法輪久住於世
莫般涅槃
時天帝釋復白佛言世尊若善男子善女人
為求阿耨多羅三藐三菩提故修三乘道所
有善根云何迴向一切智智佛告天帝善男

BD04153號　金光明最勝王經卷三　（15–8）

無限量何況勸請如來轉大法輪久住於世
莫般涅槃
時天帝釋復白佛言世尊若善男子善女人
爲求阿耨多羅三藐三菩提故修三乘道所
有善根云何迴向一切智智佛告天帝善男
子若有衆生欲求菩提修三乘道所有善根
願迴向者當於晝夜六時殷重至心作如是
說我從無始生死以來於三寶所修行成就
所有善根乃至施與傍生一摶之食或以善
言和解諍訟或受三歸及諸學處或復懺悔
勸請隨喜所有善根我今作意悉皆攝取迴
施一切衆生無悔悋心是解脫分善根所攝
如佛世尊之所知見不可稱量無礙清淨如是
所有功德善根悉以迴施一切衆生不住相心
不捨相心我亦如是功德善根悉以迴施一
切衆生願皆獲得如意之手擬空出寶滿
衆生願富樂無盡智慧無窮妙法辯才悉
皆無滯共諸衆生同證阿耨多羅三藐三菩
提得一切智因此善根更復出生無量善法
亦皆迴向無上菩提又如過去諸大菩薩修
行之時功德善根悉皆迴向一切種智現在
未來亦復如是然我所有功德善根亦皆迴
向阿耨多羅三藐三菩提是諸善根願共一
切衆生俱成正覺如餘諸佛坐於道場菩提
樹下不可思議無礙清淨住於無盡法藏陀
羅尼首楞嚴定破魔波旬無量兵衆應見
覺知應可通達如是一切一剎那中悉皆照了

BD04153號　金光明最勝王經卷三　（15–9）

向阿耨多羅三藐三菩提是諸善根願共一
切衆生俱成正覺如餘諸佛坐於道場菩提
樹下不可思議無礙清淨住於無盡法藏陀
羅尼首楞嚴定破魔波旬無量兵衆應見
覺知應可通達如是一切一剎那中悉皆照了
於後夜中獲甘露法證甘露義我及衆生願
皆同證如是妙覺猶如
無量壽佛　勝光佛　妙光佛　阿閦佛
功德善光佛　師子光明佛　百光明佛　網光明佛
寶相佛　寶焰佛　焰明佛　焰盛光明佛
吉祥上王佛　微妙聲佛　妙莊嚴佛　法幢佛
上勝身佛　可愛色身佛　光明遍明佛　梵淨王佛
上性佛
如是等如來應正遍知過去未來及以現在
亦現應化得阿耨多羅三藐三菩提轉無上
法輪爲度衆生我亦如是廣說如上
善男子若有淨信男子女人於此金光明最經
勝王滅業障品受持讀誦憶念不忘爲他
廣說得無量無邊大功德聚譬如三千大千
世界所有衆生一時皆得成就人身得人身
已成獨覺道若有男子女人盡其形壽恭敬
尊重四事供養一一獨覺各施七寶如須彌
山此諸獨覺入涅槃後皆以珍寶起塔供養
其塔高廣十二踰繕那以諸花香寶幢幡蓋
常爲供養善男子於意云何是人所獲功德
寧爲多不天帝釋言甚多世尊善男子若復
有人於此金光明微妙經典衆經之王滅業

BD04153號　金光明最勝王經卷三　（15–10）

[illegible]七寶如須彌
山此諸獨覺入涅槃後皆以珍寶起塔供養
其塔高廣十二瑜繕那以諸花香寶幢幡蓋
常為供養善男子於意云何是人所獲功德
寧為多不天帝釋言甚多世尊善男子若復
有人於此金光明微妙經典衆經之王滅業
障品受持讀誦憶念不忘為他廣說所獲功
德於前所說供養功德百分不及一百千万
億分乃至校量譬喻所不能及何以故是善
男子善女人住正行中勸請十方一切諸佛
轉無上法輪皆為諸佛歡喜讚歎善男子如
我所說一切施中法施為勝是故善男子於
三寶所設諸供養不可為比勸受三歸持一
切戒無有毀犯三業不空不可為比一切世
界一切衆生隨力隨能隨所願樂於三乘中
勸發菩提心不可為比於三世中一切世界
所有衆生皆得無礙速令成就無量功德不
可為比三世刹土一切衆生令無障礙得三菩
提不可為比三世刹土一切衆生勸令速出
四惡道苦不可為比三世刹土一切衆生勸
令除滅極重惡業不可為比一切苦惱勸
令解脫不可為比一切怖畏苦惱逼切皆令
得解不可為比三世佛前一切衆生所有功
德勸令隨喜發菩提願不可為比勸除惡行
罵辱之業一切功德皆願成就所在生中勸
請供養尊重讚歎一切三寶勸請衆生淨修
福行成滿菩提不可為比是故當知勸請一

德勸令隨喜發菩提願不可為比勸除惡行
罵辱之業一切功德皆願成就所在生中勸
請供養尊重讚歎一切三寶勸請衆生淨修
福行成滿菩提不可為比是故當知勸請一
切世界三世三寶勸請滿足六波羅蜜勸請
轉於無上法輪勸請住世經無量劫演說無
量甚深妙法功德甚深無能比者
尒時天帝釋及恒河女神無量梵王四大天
衆從座而起偏袒右肩右膝著地合掌頂礼
白佛言世尊我等皆得聞是金光明最勝王
經令悉受持讀誦通利為他廣說依此法住
何以故世尊我等欲求阿耨多羅三藐三菩
提隨順此義種種勝相如法行故尒時梵王
及天帝釋等於說法處皆以種種曼陁羅花
而散佛上三千大千世界地皆大動一切天
鼓及諸音樂不鼓自鳴放金色光遍滿世界
出妙音聲時天帝釋白佛言世尊此等皆是
金光明經威神之力慈悲普救種種利益種
種增長菩薩善根滅除業障佛言如是如是
如汝所說何以故善男子我念往昔過無量
百千阿僧祇劫有佛名寶王大光照如來應
正遍知出現於世住世六百八十億劫尒時
寶王大光照如來為欲度脫人天釋梵沙門
婆羅門一切衆生令安樂故當出現時初會
說法度百千億億万衆皆得阿羅漢果諸漏
已盡三明六通自在無礙於第二會復度九
十千億億万衆皆得阿羅漢果諸漏已盡三

寶王大光照如來為欲度脫人天釋梵沙門
婆羅門一切眾生令安樂故當出現時初會
說法度百千億億万眾皆得阿羅漢果諸漏
已盡三明六通自在無礙於第二會復度九
十千億億万眾皆得阿羅漢果諸漏已盡三
明六通自在無礙於第三會復度九十八千億
億万眾皆得阿羅漢果圓滿如上
善男子我於尒時作女人身名福寶光明於
第三會親近世尊受持讀誦是金光明經為
他廣說求阿耨多羅三藐三菩提故時彼世
尊為我授記此福寶光明女於未來世當得
作佛号釋迦牟尼如來應正遍知明行足善
逝世間解無上士調御丈夫天人師佛世尊
捨女身後從是以來越四惡道生人天中受
上妙樂八十四百千生作轉輪王至于今日
得成正覺名稱普聞遍滿世界時會大眾
忽然皆見寶王大光照如來轉無上法輪說微
妙法善男子去此索訶世界東方過百千
恒河沙數佛土有世界名寶莊嚴其寶王
大光照如來現在彼未般涅槃說微妙法廣
化羣生汝等見者即是彼佛
善男子若有善男子善女人聞是寶王大光
照如來名号者於菩薩地得不退轉至大涅
槃若有女人聞是佛名者臨命終時得見彼
佛來至其所既見佛已究竟不復更受女身
善男子是金光明微妙經典種種利益種種增

照如來名号者於菩薩地得不退轉至大涅
槃若有女人聞是佛名者臨命終時得見彼
佛來至其所既見佛已究竟不復更受女身
善男子是金光明微妙經典種種利益種種增
長菩薩善根滅諸業障善男子若有苾芻
苾芻尼鄔波索迦鄔波斯迦隨在何處為人
講說是金光明微妙經典於其國土皆獲四種
福利善根云何為四一者國王無病離諸災
厄二者壽命長遠無有障礙三者無諸怨敵
兵眾勇健四者安隱豐樂正法流通何以故如
是人王常為釋梵四王藥叉之眾共守護故
尒時世尊告天眾曰善男子是事實不是
無量釋梵四王及藥叉眾俱時同聲答世尊
言如是如是若有國土講宣讀誦此妙經王
是諸國主我等四王常來擁護行住共俱其
王若有一切災障及諸怨敵我等四王皆使
消殄憂愁疾疫亦令除差增益壽命感應
禎祥所願遂心恒生歡喜我等亦能令其國中
所有軍兵悉皆勇健佛言善哉善哉善男子
如汝所說汝當修行何以故是諸國主如法
行時一切人民隨王修習如法行者汝等皆
蒙色力勝利宮殿光明眷屬強盛時釋梵
等白佛言如是如是世尊佛言若有講讀此妙
經典流通之處於其國中大臣輔相有四種益
云何為四一者更相親穆尊重愛念二者常為
人王心所愛重亦為沙門婆羅門大國小國

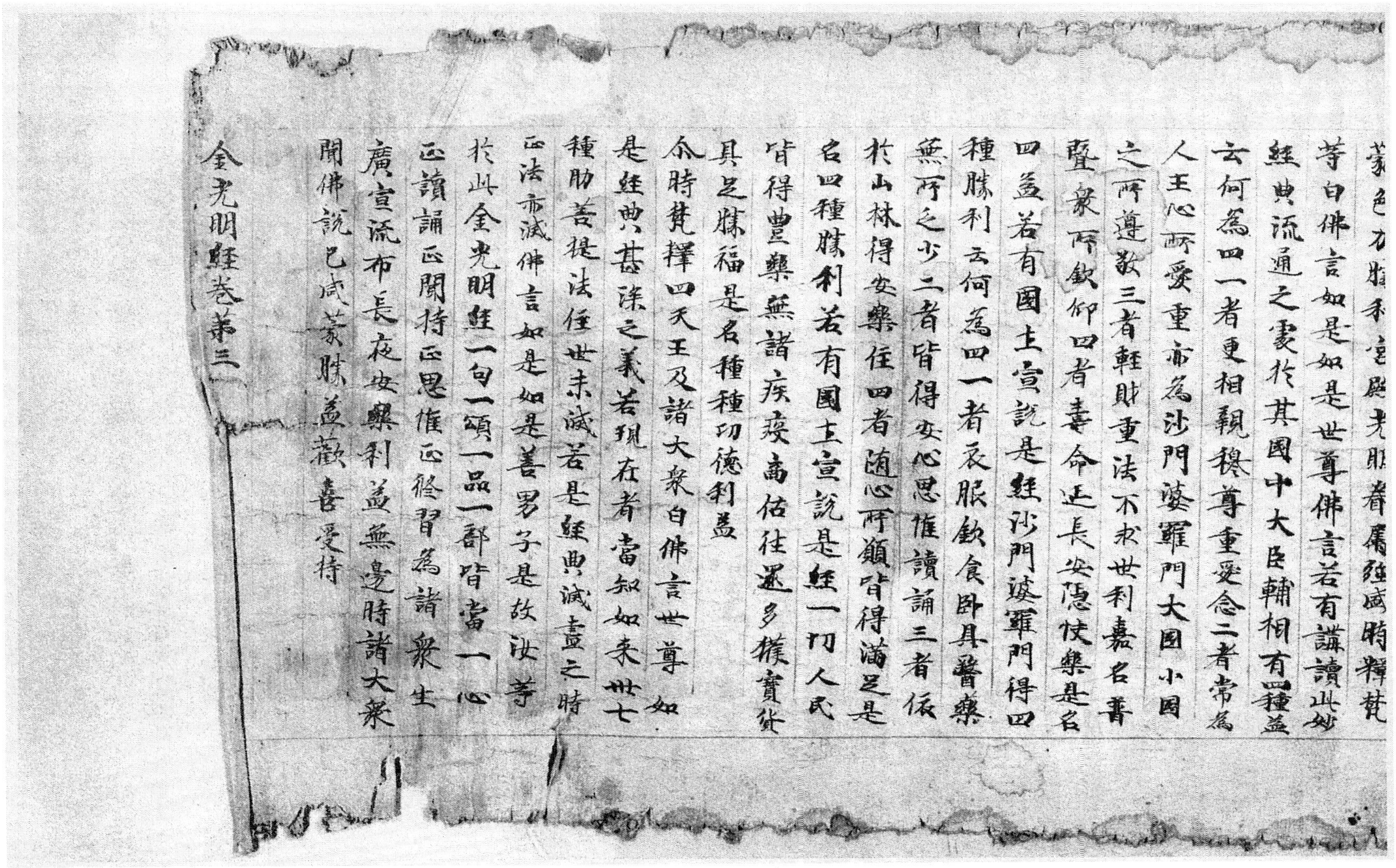
蒙色力勝利宮殿光明眷屬強盛時釋梵
等白佛言如是如是世尊佛言若有講讀此妙
經典流通之處於其國中大臣輔相有四種益
云何爲四一者更相親穆尊重愛念二者常爲
人王心所愛重亦爲沙門婆羅門大國小國
之所遵敬三者輕財重法不求世利嘉名普
臺衆所欽仰四者壽命延長安隱快樂是名
四益若有國土宣說是經沙門婆羅門得四
種勝利云何爲四一者衣服飲食卧具醫藥
無所乏少二者皆得安心思惟讀誦三者依
於山林得安樂住四者隨心所願皆得滿足是
名四種勝利若有國土宣說是經一切人民
皆得豐樂無諸疾疫商估往還多獲寶貨
具足勝福是名種種功德利益
尒時梵釋四天王及諸大衆白佛言世尊如
是經典甚深之義若現在者當知如來卌七
種助菩提法住世未滅若是經典滅盡之時
正法亦滅佛言如是如是善男子是故汝等
於此金光明經一句一頌一品一部皆當一心
正讀誦正聞持正思惟正修習爲諸衆生
廣宣流布長夜安樂利益無邊時諸大衆
聞佛說已咸蒙勝益歡喜受持
金光明經卷第三

BD04153 號　金光明最勝王經卷三　（15–15）

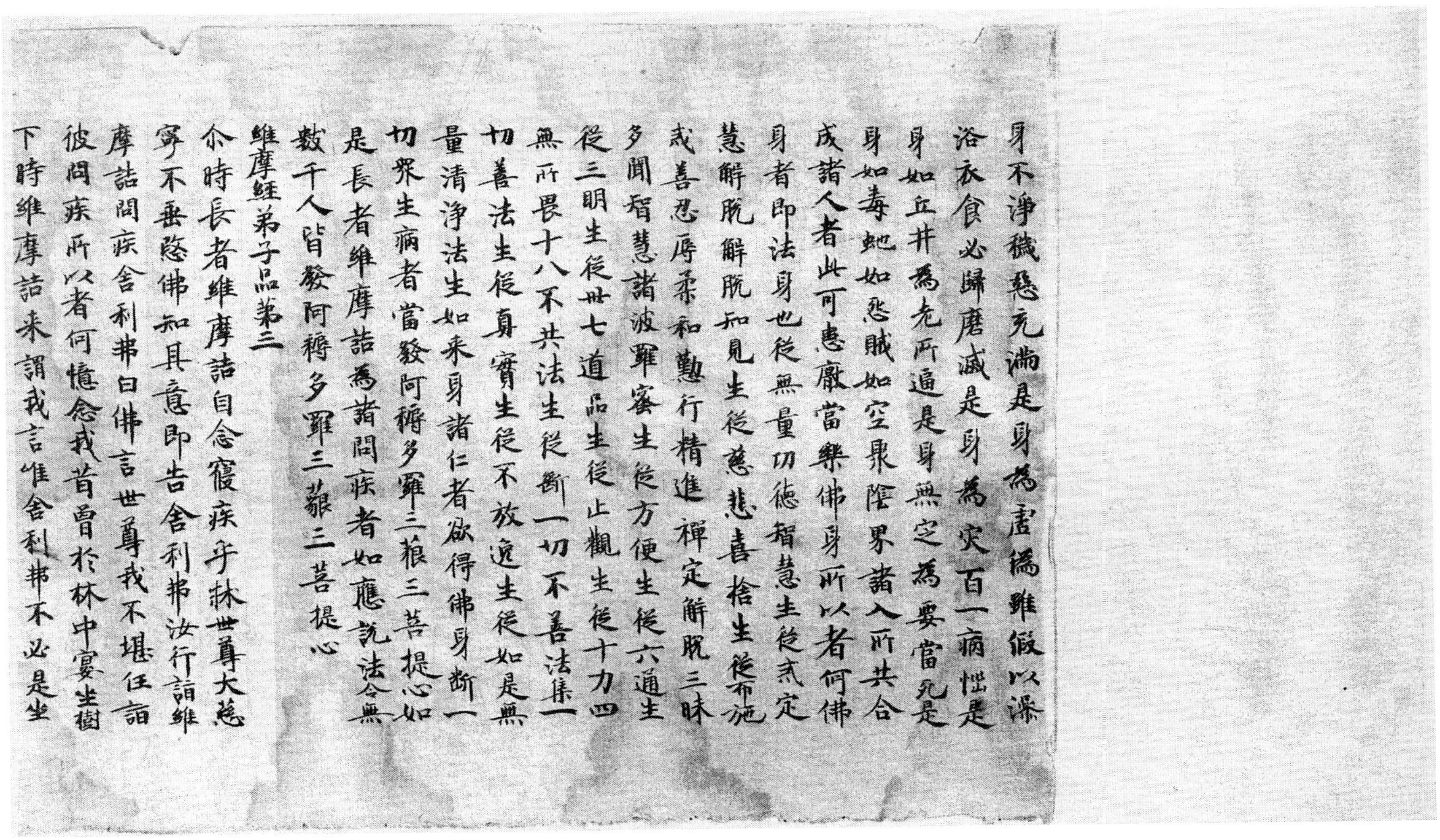
身不淨穢惡充滿是身爲虛僞雖假以澡
浴衣食必歸磨滅是身爲災百一病惱是
身如丘井爲老所逼是身無定爲要當死是
身如毒蛇如怨賊如空聚陰界諸入所共合
成諸仁者此可患厭當樂佛身所以者何佛
身者即法身也從無量功德智慧生從戒定
慧解脫解脫知見生從慈悲喜捨生從布施
戒善忍辱柔和懃行精進禪定解脫三昧
多聞智慧諸波羅蜜生從方便生從六通生
從三明生從卅七道品生從止觀生從十力四
無所畏十八不共法生從斷一切不善法集一
切善法生從真實生從不放逸生從如是無
量清淨法生如來身諸仁者欲得佛身斷一
切衆生病者當發阿耨多羅三藐三菩提心如
是長者維摩詰爲諸問疾者如應說法令無
數千人皆發阿耨多羅三藐三菩提心
維摩經弟子品第三
尒時長者維摩詰自念寢疾于牀世尊大慈
寧不垂愍佛知其意即告舍利弗汝行詣維
摩詰問疾舍利弗白佛言世尊我不堪任詣
彼問疾所以者何憶念我昔曾於林中宴坐樹
下時維摩詰來謂我言唯舍利弗不必是坐

BD04154 號　維摩詰所說經卷上　（16–1）

維摩經弟子品第三
尒時長者維摩詰自念寢疾于牀世尊大慈
寧不垂愍佛知其意即告舍利弗汝行詣維
摩詰問疾舍利弗白佛言世尊我不堪任詣
彼問疾所以者何憶念我昔曾於林中宴坐樹
下時維摩詰來謂我言唯舍利弗不必是坐
為宴坐也夫宴坐者不於三界現身意是為
宴坐不起滅定而現諸威儀是為宴坐不捨道
法而現凡夫事是為宴坐心不住內亦不住外是
為宴坐於諸見不動而修行三十七品是為宴
坐不斷煩惱而入涅槃是為宴坐若能如是坐者
佛所印可時我世尊聞是語嘿然止不能加報
故我不任詣彼問疾
佛告大目揵連汝行詣維摩詰問疾目連白佛
言世尊我不堪任詣彼問疾所以者何憶念我
昔入毗耶離大城於里巷中為諸居士說法時
維摩詰來謂我言唯大目連為白衣居士說法
不當如仁者所說夫說法者當如法說法無
眾生離眾生垢故法無有我離我垢故法無
壽命離生死故法無有人前後際斷故法常
寂然滅諸相故法離於相無所緣故法無名
字言語斷故法無有說離覺觀故法無形
相如虛空故法無戲論畢竟空故法無我所
離我所故法無分別離諸識故法無有比無
相待故法不屬因不在緣故法同法性入諸
法故法隨於如無所隨故法住實際諸邊不
動故法無動搖不依六塵故法無去來常不
住故法順空隨無相應無作法離好醜法無
增損法無生滅法無所歸法過眼耳鼻舌身
心法無高下法常住不動法離一切觀行唯大

BD04154 號　維摩詰所說經卷上　（16–2）

離我所故法無分別離諸識故法無有比無
相待故法不屬因不在緣故法同法性入諸
法故法隨於如無所隨故法住實際諸邊不
動故法無動搖不依六塵故法無去來常不
住故法順空隨無相應無作法離好醜法無
增損法無生滅法無所歸法過眼耳鼻舌身
心法無高下法常住不動法離一切觀行唯大
目連法相如是豈可說乎夫說法者無說無
示其聽法者無聞無得譬如幻士為幻人說法
當建是意而為說法當了眾生根有利鈍
善於知見無所罣閡以大悲心讚于大乘念報
佛恩不斷三寶然後說法維摩詰說是法時八
百居士發阿耨多羅三藐三菩提心我無此辯
是故不任詣彼問疾
佛告大迦葉汝行詣維摩詰問疾迦葉白佛言
世尊我不堪任詣彼問疾所以者何憶念我昔
於貧里而行乞時維摩詰來謂我言唯大迦
葉有慈悲心而不能普捨豪富從貧乞迦
葉住平等法應次行乞食為不食故應行乞
食為壞和合相故應取揣食為不受故應受彼
食以空聚想入於聚落所見色與盲等所聞
聲與響等所嗅香與風等所食味不分別
受諸觸如智證知諸法如幻相無自性無他
性本自不然今則無滅迦葉若能不捨八邪入
八解脫以邪相入正法以一食施一切供養諸佛及
眾賢聖然後可食如是食者非有煩惱非離
煩惱非入定意非起定意非住世間非住涅槃
其有施者無大福無小福不為益不為損是
為正入佛道不依聲聞迦葉若如是食為不
空食人之施也時我世尊聞說是語得未曾

BD04154 號　維摩詰所說經卷上　（16–3）

八解脱以耶相入正法以一食施一切供養諸佛及
衆賢聖然後可食如是食者非有煩惱非離
煩惱非入定意非起定意非住世間非住涅槃
其有施者無大福無小福不爲益不爲損是
爲正入佛道不依聲聞迦葉若如是食爲不
空食人之施也時我世尊聞説是語得未曾
有即於一切菩薩深起敬心復作是念斯有
家名辯才智慧乃能如是其誰不發阿耨
多羅三藐三菩提心我從是來不復勸人以
聲聞辟支佛行是故不任詣彼問疾
佛告須菩提汝行詣維摩詰問疾須菩提白
佛言世尊我不堪任詣彼問疾所以者何憶
念我昔入其舍從乞食時維摩詰取我鉢盛
滿飯謂我言唯須菩提若能於食等者諸法
亦等諸法等者於食亦等如是行乞乃可取
食若須菩提不斷婬怒癡亦不與俱不壞於
身而隨一相不滅癡愛起於明脱以五逆相
而得解脱亦不解不縛不見四諦非不見諦
非得果非凡夫非離凡夫法非聖人非不聖人
雖成就一切法而離諸法相乃可取食若須菩
提不見佛不聞法彼外道六師富蘭那迦葉
末迦梨拘賒梨子刪闍夜毗羅胝子阿耆多
翅舍欽婆羅迦羅鳩馱迦旃延尼揵陀若
提子等是汝之師因其出家彼師所墮汝
亦隨墮乃可取食若須菩提入諸邪見不
到彼岸住於八難不得無難同於煩惱離清
淨法汝得無諍三昧一切衆生亦得是定其
施汝者不名福田供養汝者墮三惡道爲與
衆魔共一手作諸勞侶汝與衆魔及諸塵
勞等無有異於一切衆生而有怨心謗諸佛

BD04154號　維摩詰所説經卷上　（16–4）

亦隨墮乃可取食若須菩提入諸邪見不
到彼岸住於八難不得無難同於煩惱離清
淨法汝得無諍三昧一切衆生亦得是定其
施汝者不名福田供養汝者墮三惡道爲與
衆魔共一手作諸勞侶汝與衆魔及諸塵
勞等無有異於一切衆生而有怨心謗諸佛
毀於法不入衆數終不得滅度汝若如是乃
可取食時我世尊聞此茫然不識是何言不
知以何荅便置鉢欲出其舍維摩詰言唯須
菩提取鉢勿懼於意云何如來所作化人若
以是事詰寧有懼不我言不也維摩詰言一
切諸法如幻化相汝今不應有所懼也所以者
何一切言説不離是相至於智者不著文字
故無所懼何以故文字性離無有文字是則
解脱解脱相者則諸法也維摩詰説是法時
二百天子得法眼淨故我不任詣彼問疾
佛告富樓那彌多羅尼子汝行詣維摩詰問
疾富樓那白佛言世尊我不堪任詣彼問疾
所以者何憶念我昔於大林中在一樹下爲諸新
學比丘説法時維摩詰來謂我言唯富樓那
先當入定觀此人心然後説法無以穢食置於
寶器當知是比丘心之所念無以琉璃同彼水
精汝不能知衆生根原無得發起以小乘法
彼自無創勿傷之也欲行大道莫示小徑無
以大海内於牛跡無以日光等彼螢火富樓那
此比丘久發大乘心中忘此意如何以小乘法
而教導之我觀小乘智慧微淺猶如盲人不
能分別一切衆生根之利鈍時維摩詰即入三
昧令此比丘自識宿命曾於五百佛所殖衆德
本迴向阿耨多羅三藐三菩提即時豁然還得

BD04154號　維摩詰所説經卷上　（16–5）

此比丘久發大乘心中忘此意如何以小乘法
而教導之我觀小乘智慧微淺猶如盲人不
能分別一切眾生根之利鈍時維摩詰即入三
昧令此比丘自識宿命曾於五百佛所殖眾德
本迴向阿耨多羅三藐三菩提即時豁然還得
本心於是諸比丘稽首礼維摩詰足時維摩
詰因為說法於阿耨多羅三藐三菩提不復
退轉我念聲聞不觀人根不應說法是故不
應詣彼問疾
佛告摩訶迦旃延汝行詣維摩詰問疾迦旃
延白佛言世尊我不堪任詣彼問疾所以者
何憶念昔者佛為諸比丘略說法要我即於
後敷演其義謂無常義苦義空義無我義
寂滅義時維摩詰來謂我言唯迦旃延無
以生滅心行說實相法迦旃延諸法畢竟不生
不滅是無常義五受陰通達空無所起是
苦義諸法究竟無所有是空義於我無我而
不二是無我義法本不然今則無滅是寂滅
義說是法時彼諸比丘心得解脫故我不任詣
彼問疾
佛告阿那律汝行詣維摩詰問疾阿那律白佛
言世尊我不堪任詣彼問疾所以者何憶念
我昔於一處時行時有梵王名曰嚴淨與
万梵俱放淨光明來詣我所稽首作礼問我
言幾何阿那律天眼所見我即荅言仁者吾
見此釋迦牟尼佛三千大千世界如觀掌中
阿摩勒果時維摩詰來謂我言唯阿那律
天眼所見為作相耶無作相耶假使作相則與外道
五通等若無作相即是無為不應有見世尊
我時嘿然彼諸梵聞其言得未曾有即為作

BD04154 號　維摩詰所說經卷上

（16–6）

見此釋迦牟尼佛三千大千世界如觀掌中
阿摩勒果時維摩詰來謂我言唯阿那律
天眼所見為作相耶無作相耶假使作相則與外道
五通等若無作相即是無為不應有見世尊
我時嘿然彼諸梵聞其言得未曾有即為作
礼而問曰世孰有真天眼者維摩詰言有佛
世尊得真天眼常在三昧悉見諸佛國不以
二相於是嚴淨梵王及其眷屬五百梵天皆發
阿耨多羅三藐三菩提心礼維摩詰足已忽
然不現故我不任詣彼問疾
佛告優波離汝行詣維摩詰問疾優波離白
佛言世尊我不堪任詣彼問疾所以者何憶念
昔者有二比丘犯律行已為耻不敢問佛來
問我言唯優波離我等犯律誠以為耻不敢
問佛願解疑悔得免斯咎我即為其如法解
說時維摩詰來謂我言唯優波離無重增此
二比丘罪當直除滅勿擾其心所以者何彼罪
性不在內不在外不在中間如佛所說心垢
故眾生垢心淨故眾生淨心亦不在內不在外
不在中間如其心然罪垢亦然諸法亦然不出
於如如優波離以心相得解脫時寧有垢不我
言不也維摩詰言一切眾生心相無垢亦復
如是唯優波離妄想是垢無妄想是淨顛
倒是垢無顛倒是淨取我是垢不取我是
淨優波離一切法生滅不住如幻如電諸法
不相待乃至一念不住諸法皆妄見如夢如
炎如水中月如鏡中像以妄想生其知此者
是名奉律其知此者是名善解於是二比丘
言上智哉是優波離所不及持律之上而不
能說我荅言自捨如來未有聲聞及菩薩能

BD04154 號　維摩詰所說經卷上

（16–7）

淨優波離一切法生滅不住如幻如電諸法
不相待乃至一念不住諸法皆妄見如夢如
炎如水中月如鏡中像以妄想生其知此者
是名奉律其知此者是名善解於是二比丘
言上智哉是優波離所不及持律之上而不
能說我荅言自捨如來未有聲聞及菩薩能
制其樂說之辯其智慧明達為若此也時二
比丘疑悔即除發阿耨多羅三藐三菩提心作
是願言令一切眾生皆得是辯故我不任詣
彼問疾
佛告羅睺羅汝行詣維摩詰問疾羅睺羅白
佛言世尊我不堪任詣彼問疾所以者何憶
念昔時毗耶離諸長者子來詣我所稽首
作禮問我言唯羅睺羅是佛之子捨轉輪王
位出家為道其出家者何有等利我即如法
為說出家功德之利時維摩詰來謂我言唯羅
睺羅不應說出家功德之利所以者何無利
無功德是為出家有為法者可說有利有功
德夫出家者為無為法無為法中無利無功
德羅睺羅出家者無彼無此亦無中間離六
十二見處於涅槃智者所受聖所行處降伏
眾魔度五道淨五眼得五力立五根不惱於彼
離眾雜惡摧諸外道超越假名出淤泥無繫
著無我所無所受無擾亂內懷喜護彼意禪
定離眾過若能如是是真出家於是維摩詰
語諸長者子汝等於正法中宜共出家所以
者何佛世難值諸長者子言居士我聞佛言
父母不聽不得出家維摩詰言然汝等便發
阿耨多羅三藐三菩提心是即出家是即具
足介時卅二長者子皆發阿耨多羅三藐三

BD04154號　維摩詰所說經卷上　（16–8）

定離眾過若能如是是真出家於是維摩詰
語諸長者子汝等於正法中宜共出家所以
者何佛世難值諸長者子言居士我聞佛言
父母不聽不得出家維摩詰言然汝等便發
阿耨多羅三藐三菩提心是即出家是即具
足介時卅二長者子皆發阿耨多羅三藐三
菩提心故我不任詣彼問疾
佛告阿難汝行詣維摩詰問疾阿難白佛言
世尊我不堪任詣彼問疾所以者何憶念昔
時世尊身小有疾當用牛乳我即持鉢詣大
婆羅門家門下立時維摩詰來謂我言唯阿
難何為晨朝持鉢住此我言居士世尊身小
有疾當用牛乳故來至此維摩詰言止止阿
難莫作是語如來身者金剛之體諸惡已斷
眾善普會當有何疾當有何惱嘿往阿難
勿謗如來莫使異人聞此麁言無令大威德諸
天及他方淨土諸來菩薩得聞斯語阿難轉輪
聖王以少福故尚得無病豈況如來無量福
會普勝者哉行矣阿難勿使我等受斯恥也
外道梵志若聞此語當作是念何名為師
自疾不能救而能救諸疾人可密速去勿使
人聞當知阿難諸如來身即是法身非思欲
身佛為世尊過於三界佛身無漏諸漏已盡
佛身無為不墮諸數如此之身當有何病時
我世尊實懷慚愧得無近佛而謬聽耶即聞
空中聲曰阿難如居士言但為佛出五濁惡
世現行斯法度脫眾生行矣阿難取乳勿慚
世尊維摩詰智慧辯才為若此也是故不任
詣彼問疾如是五百大弟子各各向佛說其
本緣稱述維摩詰所言皆曰不任詣彼問疾

BD04154號　維摩詰所說經卷上　（16–9）

我世尊實懷慚愧得無近佛而謬聽耶
空中聲曰阿難如居士言但為佛出五濁惡
世現行斯法度脫衆生行矣阿難取乳勿慙
世尊維摩詰智慧辯才為若此也是故不任
詣彼問疾如是五百大弟子各各向佛說其
本緣稱述維摩詰所言皆曰不任詣彼問疾

維摩經菩薩品第四

於是佛告彌勒菩薩汝行詣維摩詰問疾彌
勒白佛言世尊我不堪任詣彼問疾所以者
何憶念我昔為兜率天王及其眷屬說不
退轉地之行時維摩詰來謂我言彌勒世尊
授仁者記一生當得阿耨多羅三藐三菩提為
用何生得受記乎過去耶未來耶現在耶
若過去生過去生已滅若未來生未來未
至若現在生現在生無住如佛所說比丘汝
今即時亦生亦老亦滅若以無生得受記
者無生即是正位於正位中亦無受記亦無
得阿耨多羅三藐三菩提云何彌勒受一
生記乎為從如生得受記耶為從如滅得
受記耶若以如生得受記者如無有生若
以如滅得受記者如無有滅一切衆生皆如也
一切法亦如也衆聖賢亦如也至於彌勒亦如也
若彌勒得受記者一切衆生亦應受記所以者
何夫如者不二不異若彌勒得阿耨多羅三
藐三菩提者一切衆生皆亦應得所以者何
一切衆生即菩提相若彌勒滅度者一切衆
生亦當滅度所以者何諸佛知一切衆生畢竟
寂滅即涅槃相不復更滅是故彌勒無以此
法誘諸天子實無發阿耨多羅三藐三菩提
心者亦無退者彌勒當令此諸天子捨於分別

BD04154號　維摩詰所說經卷上　（16–10）

一切衆生即菩提相若彌勒滅度者一切衆
生亦當滅度所以者何諸佛知一切衆生畢竟
寂滅即涅槃相不復更滅是故彌勒無以此
法誘諸天子實無發阿耨多羅三藐三菩提
心者亦無退者彌勒當令此諸天子捨於分別
菩提之見所以者何菩提者不可以身得不可
以心得寂滅是菩提滅諸相故不觀是菩提離
諸緣故不行是菩提無憶念故斷是菩提捨
諸見故離是菩提離諸妄想故障是菩提
障諸願故不入是菩提無貪著故順是菩
提順於如故住是菩提住法性故至是菩提
至實際故不二是菩提離意法故等是菩
提等虛空故無為是菩提無生滅故知是
菩提了衆生心行故不會是菩提諸入
不會故不合是菩提離煩惱習故無處是
菩提無形色故假名是菩提名字空故如化
是菩提無取捨故無亂是菩提常自靜故
善寂是菩提性清淨故無取是菩提離攀
緣故無異是菩提諸法等故無比是菩提無
可喻故微妙是菩提諸法難知故世尊維摩
詰說是法時二百天子得無生法忍故我不
任詣彼問疾
佛告光嚴童子汝行詣維摩詰問疾光嚴
白佛言世尊我不堪任詣彼問疾所以者何
憶念我昔出毗耶離大城時維摩詰方入城
我即為作禮而問言居士從何所來荅我言
吾從道場來我問道場者何所是荅曰直
心是道場無虛假故發行是道場能辦事
故深心是道場增益功德故菩提心是道

BD04154號　維摩詰所說經卷上　（16–11）

我即為作禮而問言居士從何所來答我言
吾從道場來我問道場者何所是荅曰直
心是道場無虛假故發行是道場能辯事
故深心是道場增益功德故菩提心是道
場無錯謬故布施是道場不望報故持戒
是道場得願具故忍辱是道場於諸衆生
心無閡故精進是道場不懈退故禪定是
道場心調柔故智慧是道場現見諸法故慈
是道場等衆生故悲是道場忍疲苦故喜
是道場悅樂衆故捨是道場增愛斷故神通
是道場成就六通故解脫是道場能背捨
故方便是道場教化衆生故四攝是道
場攝衆生故多聞是道場如聞行故伏心
是道場正觀諸法故卅七品是道場不離世間
故緣起是道場無明乃至老死皆無盡故諸
煩惱是道場知如實故衆生是道場知無我
故一切法是道場知諸法空故降魔是道場不
傾動故三界是道場無所趣故師子吼是道
場無所畏故力無畏不共法是道場無諸過
故三明是道場無餘閡故一念知一切法是道場
成就一切智故如是善男子菩薩若應諸波
羅蜜教化衆生諸有所作舉足下足當知皆
從道場來住於佛法矣說是法時五百天人
皆發阿耨多羅三藐三菩提心故我不任詣
彼問疾
佛告持世菩薩汝行詣維摩詰問疾持世曰
佛言世尊我不堪任詣彼問疾所以者何憶
念我昔住於靜室時魔波旬從万二千天女
狀如帝釋鼓樂絃歌來詣我所與其眷屬稽
首我足合掌恭敬於一面立我意謂是帝釋

BD04154號　維摩詰所說經卷上　　（16–12）

佛告持世菩薩汝行詣維摩詰問疾持世白
佛言世尊我不堪任詣彼問疾所以者何憶
念我昔住於靜室時魔波旬從万二千天女
狀如帝釋鼓樂絃歌來詣我所與其眷屬稽
首我足合掌恭敬於一面立我意謂是帝釋
而請之言善來憍尸迦雖福應有而當自恣
當觀五欲無常以求善本於身命財而修堅
法即語我言正士受是万二千天女可備掃
灑我言憍尸迦無以此非法之物要我沙門釋
子此非我宜所言未訖時維摩詰來謂我言
非帝釋也是爲魔來嬈固汝耳即語魔言是
諸女等可以與我如我應受魔即驚懼念維
摩詰將無惱我欲隱形去而不能隱盡其神
力亦不得去即聞空中聲曰波旬以女與之
乃可得去魔以畏故俛仰而與尒時維摩詰
語諸女言魔以汝等與我今汝皆當發阿耨
多羅三藐三菩提心即隨所應而爲說法令
發道意復言汝等已發道意有法樂可以自
娛不應復樂五欲樂也天女即問何謂法樂
荅言樂常信佛樂欲聽法樂供養衆樂離五
欲樂觀五陰如怨賊樂觀四大如毒虵樂觀
內入如空聚樂隨護道意樂饒益衆生樂敬
養師樂廣行施樂堅持戒樂忍辱柔和樂勤
集善根樂禪定不亂樂離垢明慧樂廣菩
提心樂降伏衆魔樂斷諸煩惱樂淨佛國土
樂成就相好故修諸功德樂嚴道場樂聞
深法不畏樂三脫門不樂非時樂近同學樂於非
同學中心無恚閡樂將護惡知識樂近善知
識樂心喜清淨樂修無量道品之法是爲菩
薩法樂於是波旬告諸女言我欲與汝俱還

BD04154號　維摩詰所說經卷上　　（16–13）

提心樂降伏衆魔樂斷諸煩惱樂淨佛國土
樂成就相好故修諸功德樂嚴道場樂聞
深法不畏樂三脫門不樂非時樂近同學樂於非
同學中心無恚閡樂將護惡知識樂近善知
識樂心喜清淨樂修無量道品之法是為菩
薩法樂於是波旬告諸女言我欲與汝俱還
天宮諸女言以我等與此居士有法樂我等
甚樂不復樂五欲樂也魔言居士可捨此女
一切所有施於彼者是為菩薩維摩詰言我
已捨矣汝便將去令一切衆生得法願具足
於是諸女問維摩詰我等云何止於魔宮維
摩詰言諸姊有法門名無盡燈汝等當學無
盡燈者譬如一燈然百千燈冥者皆明明終不
盡如是諸姊夫一菩薩開導百千衆生令發
阿耨多羅三藐三菩提心於其道意亦不
滅盡隨所說法而自增益一切善法是名無
盡燈也汝等雖住魔宮以是無盡燈令無數
天子天女發阿耨多羅三藐三菩提心者為
報佛恩亦大饒益一切衆生尒時天女頭面
礼維摩詰足隨魔還宮忽然不現世尊維摩
詰有如是自在神力智慧辯才故我不任詣彼
問疾
佛告長者子善得汝行詣維摩詰問疾善得
白佛言世尊我不堪任詣彼問疾所以者何憶
念我昔自於父舍設大施會供養一切沙門
婆羅門及諸外道貧窮下賤孤獨乞人期
滿七日時維摩詰来入會中謂我言長者子
夫大施會不當如汝所設當為法施之會何
用是財施會為我言居士何謂法施之會法
施會者無前無後一時供養一切衆生是名
法施之會何謂也謂以菩提起於慈心以救

BD04154 號　維摩詰所說經卷上

（16–14）

白佛言世尊我不堪任詣彼問疾所以者何憶
念我昔自於父舍設大施會供養一切沙門
婆羅門及諸外道貧窮下賤孤獨乞人期
滿七日時維摩詰来入會中謂我言長者子
夫大施會不當如汝所設當為法施之會何
用是財施會為我言居士何謂法施之會法
施會者無前無後一時供養一切衆生是名
法施之會何謂也謂以菩提起於慈心以救
衆生起大悲心以持正法起於喜心以攝智
慧行於捨心以攝慳貪起檀波羅蜜以化犯
戒起尸波羅蜜以無我法起羼提波羅蜜以
離身心相起毗梨耶波羅蜜以菩提相起禪
波羅蜜以一切智起般若波羅蜜教化衆生
而起於空不捨有為法而起無相示現受生
而起無作護持正法起方便力以度衆生起
四攝法以敬事一切起除慢法於身命財起三
堅法於六念中起思念法於六和敬起質直
心正行善法起於淨命心淨歡喜起近賢聖
不增惡人起調伏心以出家法起於深心以如
說行起於多聞以無諍法起空閑處趣向佛
慧起於宴坐解衆生縛起修行地以具相好
及淨佛土起福德業知一切衆生心念如應
說法起於智業知一切法不取不捨入一相門
起於慧業斷一切煩惱一切鄣閡一切不善
業以得一切智慧一切助佛道法如是善男
子是為法施之會若菩薩住是法施會者為
大施主亦為一切世間福田世尊維摩詰說是
法時婆羅門衆中二百人皆發阿耨多羅三
藐三菩提心我時心得清淨歎未曾有稽首
礼維摩詰足即解瓔珞價直百千以上之不

BD04154 號　維摩詰所說經卷上

（16–15）

起於慧業斷一切煩惱一切不善
業以得一切智慧一切助佛道法如是善男
子是為法施之會若菩薩住是法施會者為
大施主亦為一切世間福田世尊維摩詰說是
法時婆羅門衆中二百人皆發阿耨多羅三
藐三菩提心我時心得清淨歎未曾有稽首
礼維摩詰足即解瓔珞價直百千以上之不
肯取我言居士願必納受隨意所與維摩詰
乃受瓔珞分作二分一分施此會中一最下
乞人持一分奉彼難勝如來一切會衆皆見
光明國土難勝如來又見珠瓔珞在彼佛上
變成四柱寶臺四面嚴飾不相鄣蔽時維
摩詰現神變已作是言若施主等心施一最
下乞人猶如如來福田之相無所分別等于大悲
不求果報是即名曰具足法施城中一最下
乞人見是神力聞其所說皆發阿耨多羅三
藐三菩提心故我不任詣彼問疾如是諸
菩薩各各向佛說其本緣稱述維摩詰所言
皆曰不任詣彼問疾

維摩詰經卷上

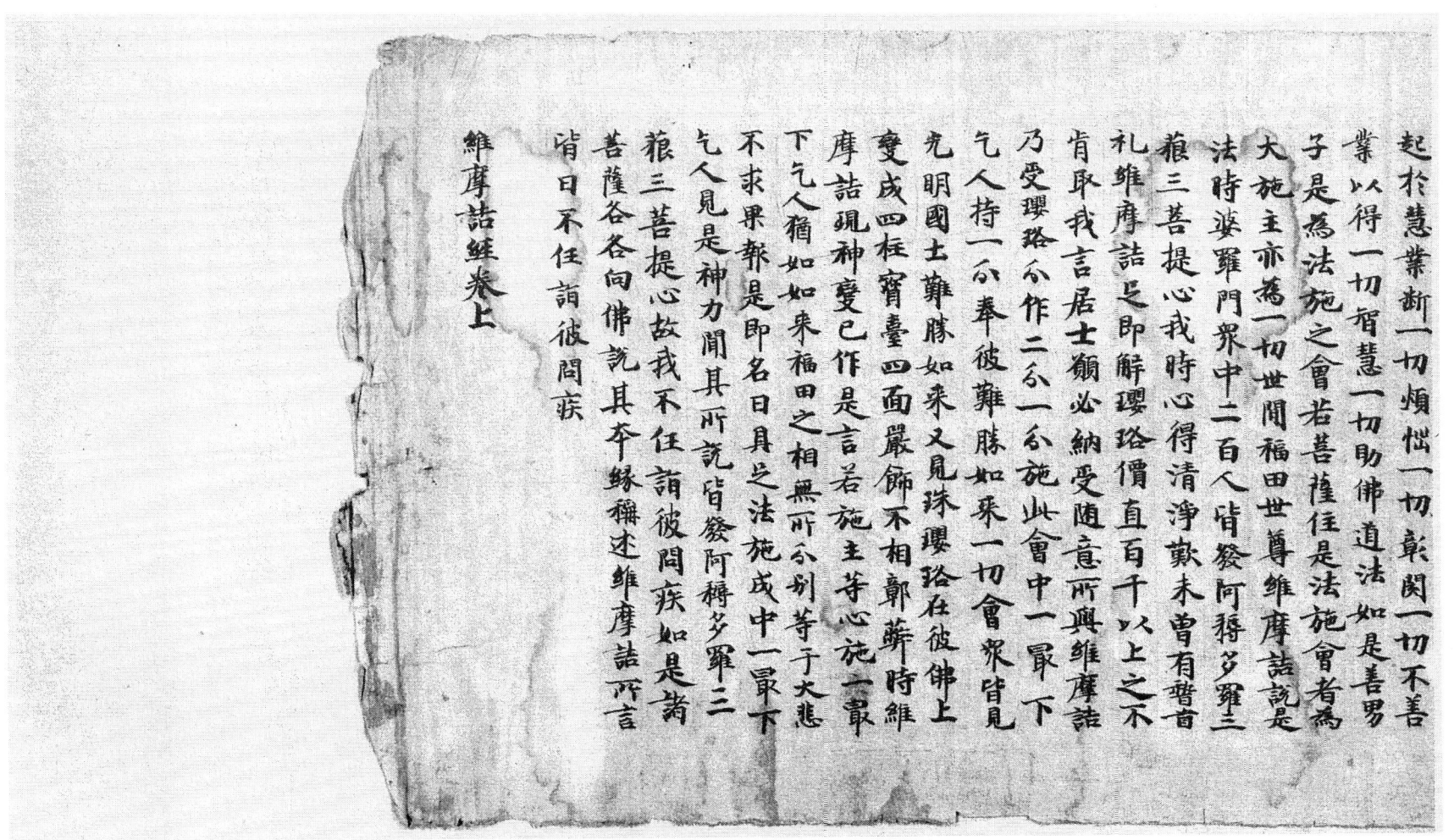

BD04154 號　維摩詰所說經卷上　（16–16）

大乘无量壽經
如是我聞一時薄伽梵在舍衛國祇樹給孤獨園與大苾芻僧千二百五十人大菩薩
摩訶薩衆俱同會坐尒時世尊告曼殊室利童子曼殊上方有世界名无量功
德衆彼土有佛号无量智決定王如來阿耨多羅三藐三菩提現為衆生開示說
曼殊諦聽南閻浮提人皆短壽大限百年於中殀在横死者衆曼殊如是无量壽
功德名稱法要若有衆生得聞名号若自書或使人書能為經卷受持讀誦
若於舍宅所住之處以種種花鬘瓔珞塗香末香而為供養如其命盡復得延年滿
足百歲如曼殊若有衆生得聞是无量壽智決定王如來一百八名号者益其長壽
若有衆生大命將盡憶念是如來名号便得增壽如是曼殊若有善男子善女人
欲求長壽於是无量壽如來一百八名号有得聞者或自書若使人書受持讀誦得如是等
福德具足陁羅尼曰　南謨薄伽勃底一 阿波唎蜜哆二 阿喻紇硯娜三 須毗你悉
指陁四 囉佐耶五 怛他羯他耶六 怛姪他唵七 薩婆桒悉迦囉八 鉢唎輸底九 達磨底十 伽
迦娜十一 莎訶某持迦底十二 莎婆婆毗輸底十三 摩訶娜耶十四 波唎婆唎莎訶十五
世尊復告曼殊室利如是如來一百八名号若有自書或使人書為經卷受持讀誦如壽
命盡復滿百年壽終此身後得往生无量福智聚无量壽淨土陁羅尼曰
南謨薄伽勃底一 阿波唎蜜哆二 阿喻紇硯娜三 須毗你悉指陁四 囉佐耶五 怛他羯他耶六 怛姪
他唵七 薩婆桒悉迦囉八 鉢唎輸底九 達磨底十 伽迦娜十一 莎訶某持迦底十二 莎婆婆毗
輸底十三 摩訶娜耶十四 波唎婆唎莎訶十五　尒時有九十九殑伽沙佛等一時同聲說
无量壽宗要經陁羅尼曰　南謨薄伽勃底一 阿波唎蜜哆二 阿喻紇硯娜三
須毗你悉指陁四 囉佐耶五 怛他羯他耶六 怛姪他唵七 薩婆桒悉迦囉八 鉢唎輸底九 達磨底
伽迦娜十一 莎訶某持迦底十二 莎婆婆毗輸底十三 摩訶娜耶十四 波唎婆唎莎訶

BD04155 號　無量壽宗要經　（6–1）

他唵七 薩婆桒悉迦囉八 鉢唎輸底 達磨底 伽迦娜 莎訶其持迦底 [illegible]
輸底十三 摩訶娜耶十四 波唎婆囉莎訶十五 尒時有九十九殑伽佛等一時同聲說
无量壽宗要經陁羅尼曰 南謨薄伽勃底一 阿波唎蜜哆二 阿喻紇硯娜三
須毗伱悉指陁四 囉佐耶五 怛他羯他耶六 怛姪他唵七 薩婆桒悉迦囉八 鉢唎輸底九 達磨底
伽迦娜十一 莎訶其持迦底十二 莎婆婆毗輸底十三 摩訶娜耶十四 波唎婆唎莎訶
尒時復有一百四殑伽佛一時同聲說是无量壽宗要經陁羅尼曰
南謨薄伽勃底一 阿波唎蜜哆二 阿喻紇硯娜三 毗須伱悉指陁四 囉佐耶五 怛他羯
他耶六 怛姪他唵七 薩婆桒悉迦囉八 波唎輸底九 達摩底十 伽迦娜十一 莎訶其持迦
底十二 薩婆婆毗輸底十三 摩訶娜耶十四 波唎婆囉莎訶十五
尒時復有七殑伽佛一時同聲說是无量壽宗要經陁羅尼曰
南謨薄伽勃底一 阿波唎蜜哆二 阿喻紇硯娜三 須毗伱悉指陁四 囉佐耶五 怛他羯他耶六
怛他姪他唵七 薩婆桒悉迦囉八 波唎輸底九 達磨底十 伽迦娜十一 莎訶其持迦底十二 薩婆
婆毗輸底十三 摩訶娜耶十四 波唎婆囉莎訶十五 尒時有復六十五殑伽佛一時
同聲說是无量壽宗要經陁羅尼曰 南謨薄伽勃底一 阿波唎蜜哆二
阿喻紇硯娜三 須毗伱悉指陁四 囉佐耶五 怛他羯他耶六 怛姪他唵七 薩婆桒悉迦囉
波唎輸底九 達磨底十 伽迦娜十一 莎訶其持迦底十二 莎婆婆毗輸底十三 摩訶娜耶十四
波唎婆囉莎訶十五 尒時復有五十五殑伽佛一時同聲說是无量壽宗要經陁羅
尼曰 南謨薄伽勃底一 阿波唎蜜哆二 阿喻紇硯娜三 須毗伱悉指陁四 囉佐
耶五 怛他羯他耶六 怛姪他唵七 薩婆桒悉迦囉八 波唎輸底九 達磨底十 伽迦
娜十一 莎訶其持迦底十二 薩婆婆毗輸底十三 摩訶娜耶十四 波唎婆囉莎訶
尒時復有四十五殑伽佛一時同聲說是无量壽宗要經陁羅尼曰
南謨薄伽勃底一 阿波唎蜜哆二 阿喻紇硯娜三 須毗伱悉指陁四 囉佐耶五
怛他羯他耶六 怛姪他唵七 薩婆桒悉迦囉八 波唎輸底九 達磨底十 伽迦娜十一
莎訶其持迦底十二 薩婆婆毗輸底十三 摩訶娜耶十四 波唎婆囉莎訶十五
尒時復有三十六殑伽佛一時同聲說是无量壽宗要經陁羅尼曰
南謨薄伽勃底一 阿波唎蜜哆二 阿喻紇硯娜三 須毗伱悉指陁四 囉佐耶五 怛他羯他
耶六 怛姪他唵七 薩婆桒悉迦囉八 波唎輸底九 達磨底十 伽迦娜十一 莎訶其持迦底十二
莎婆婆毗輸底十三 摩訶娜耶十四 波唎婆囉莎訶 尒時復有二十五殑伽佛一時
同聲說是无量壽宗要經陁羅尼曰 南謨薄伽勃底一 阿波唎蜜哆二 阿喻
紇硯娜三 須毗伱悉指陁四 囉佐耶五 怛他羯他耶六 怛姪他唵七 薩婆桒悉迦囉八

BD04155 號　無量壽宗要經　（6–2）

南謨薄伽勃底一 阿波唎蜜哆二 阿喻紇硯娜三 須毗伱悉指陁四 囉佐耶五 怛他羯他
耶六 怛姪他唵七 薩婆桒悉迦囉八 波唎輸底九 達磨底十 伽迦娜十一 莎訶其持迦底十二
莎婆婆毗輸底十三 摩訶娜耶十四 波唎婆囉莎訶 尒時復有二十五殑伽佛一時
同聲說是无量壽宗要經陁羅尼曰 南謨薄伽勃底一 阿波唎蜜哆二 阿喻
紇硯娜三 須毗伱悉指陁四 囉佐耶五 怛他羯他耶六 怛姪他唵七 薩婆桒悉迦囉八
波唎輸底九 達磨底十 伽迦娜十一 莎訶其持迦底十二 薩婆婆毗輸底十三 摩訶
娜耶十四 波唎婆囉莎訶十五 尒時復有恒河沙殑伽佛一時同聲說是无量
壽宗要經陁羅尼曰 南謨薄伽勃底一 阿波唎蜜哆二 阿喻紇硯娜三 須
毗伱悉指陁四 囉佐耶五 怛他羯他耶六 怛姪他唵七 薩婆桒悉迦囉八 波唎輸底九
達磨底十 伽迦娜十一 莎訶其持迦底十二 薩婆婆毗輸底十三 摩訶娜耶十四 波唎婆囉莎
訶十五 善男子若有自書寫教人書寫是无量壽宗要經如其命盡復得長
壽而滿年陁羅尼曰 南謨薄伽勃底一 阿波唎蜜哆二 阿喻紇硯娜三 須毗伱悉
指陁四 囉佐耶五 怛他羯他耶六 怛姪他唵七 薩婆桒悉迦囉八 波唎輸底九 達磨底
十 伽迦娜十一 莎訶其持迦底十二 薩婆婆毗輸底十三 摩訶娜耶十四 波唎婆囉莎訶
若有自書寫教人書寫是无量壽宗要經讀誦受持畢竟不墮地獄在在所生得宿命智
陁羅尼曰 南謨薄伽勃底一 阿波唎蜜哆二 阿喻紇硯娜三 須毗伱悉指陁四 囉佐
耶五 怛他羯他耶六 怛姪他唵七 薩婆桒悉迦囉八 波唎輸底九 達磨底十 伽迦娜十一 莎
訶其持迦底十二 薩婆婆毗輸底十三 摩訶娜耶十四 波唎婆囉莎訶
若有自書寫教人書寫是无量宗要經受持讀誦如同書寫八万四千一切經典陁羅尼曰
南謨薄伽勃底一 阿波唎蜜哆二 阿喻紇硯娜三 須毗伱悉指陁四 囉佐耶五 怛他羯他耶六
怛姪他唵七 薩婆桒悉迦囉八 波唎輸底九 達磨底十 伽迦娜十一 莎訶其持迦底十二
薩婆婆毗輸底十三 摩訶娜耶十四 波唎婆囉莎訶十五 若有自書寫教人書寫是
无量壽宗要經即是書寫八万四千部建立塔廟陁羅尼曰 南謨薄伽勃底一
阿波唎蜜哆二 阿喻紇硯娜三 須毗伱悉指陁四 囉佐耶五 怛他羯他耶六 怛姪他唵七
薩婆桒悉迦囉八 波唎輸底九 達磨底十 伽迦娜十一 莎訶其持迦底十二 薩婆
婆毗輸底十三 摩訶娜耶十四 波唎婆囉莎訶十五
若有自書寫教人書寫是无量壽宗要經能消五无間等一切重罪陁羅尼曰
南謨薄伽勃底一 阿波唎蜜哆二 阿喻紇硯娜三 須毗伱悉指陁四 囉佐耶五 怛他
羯他耶六 怛姪他唵七 薩婆桒悉迦囉八 波唎輸底九 達磨底十 伽迦娜十一 莎訶
其持迦底十二 [illegible]

BD04155 號　無量壽宗要經　（6–3）

婆毗輸底十三 摩訶娜耶十四 波唎婆囉莎訶十五
若有自書寫教人書寫是无量壽宗要経能消五无間等一切重罪陁羅尼曰
南謨薄伽勃底一 阿波唎蜜哆二 阿喻紇硯娜三 須毗你悉指陁四 囉佐耶五 怛他
羯他耶六 怛姪他唵七 薩婆桒悉迦囉八 波唎輸底九 達磨底十 伽迦娜十一 莎訶
其持迦底十二 莎婆婆毗輸底十三 摩訶娜耶十四 波唎婆囉莎訶 若有自書寫教人
書寫是无量壽宗要経受持讀誦設有罪猶如須弥盡能除滅陁羅尼曰
南謨薄伽勃底一 阿波唎蜜哆二 阿喻紇硯娜三 須毗你悉指陁四 囉佐耶五 怛他
羯他耶六 怛姪他唵七 薩婆桒悉迦囉八 波唎輸底九 達磨底十 伽迦娜十一 莎訶
其持迦底十二 薩婆婆毗輸底十三 摩訶娜耶十四 波唎婆囉莎訶 若有自書
寫教人書寫是无量壽宗要経受持讀誦若魔之眷屬夜叉羅剎不得其便
終无枉死陁羅尼曰 南謨薄伽勃底一 阿波唎蜜哆二 阿喻紇硯娜三 須毗你
悉指陁四 囉佐耶五 怛他羯他耶六 怛姪他唵七 薩婆桒悉迦囉八 波唎輸底九 達磨底
伽迦娜十一 莎訶 其持迦底十二 薩婆婆毗輸底十三 摩訶娜耶十四 波唎婆囉莎訶
若有自書寫教人書寫是无量壽宗要経受持讀誦當命終時有九十姟佛現
其人前來佛授手能遊一切佛剎莫於此経生於疑惑陁羅尼曰
南謨薄伽勃底一 阿波唎蜜哆二 阿喻紇硯娜三 須毗你悉指陁四 囉佐耶五 怛他
羯他耶六 怛姪他唵七 薩婆桒悉迦囉八 波唎輸底九 達磨底十 伽迦娜十一 莎訶
其持迦底十二 薩婆婆毗輸底十三 摩訶娜耶十四 波唎婆囉莎訶十五
若有自書寫教人書寫是无量壽宗要経受持讀誦常得四大天王隨其衛護
陁羅尼曰 南謨薄伽勃底一 阿波唎蜜哆二 阿喻紇硯娜三 須毗你悉指陁
囉佐耶五 怛他羯他耶六 怛姪他唵七 薩婆桒悉迦囉八 波唎輸底九 達磨底十 伽迦娜
十一 莎訶 其持迦底十二 薩婆婆毗輸底十三 摩訶娜耶十四 波唎婆囉莎訶
若有自書教人書寫是无量壽宗要経受持讀誦當得往生西方極樂世界阿弥淨土陁
羅尼曰 南謨薄伽勃底一 阿波唎蜜哆二 阿喻紇硯娜三 須毗你悉指陁四 囉佐耶
怛他羯他耶六 怛姪他唵七 薩婆桒悉迦囉八 波唎輸底九 達磨底十 伽迦娜十一 莎訶 其
持迦底十二 薩婆婆毗輸底十三 摩訶娜耶十四 波唎婆囉莎訶十五
若有方所自書寫使人書寫是无量壽経典之處則為是塔皆應恭敬作礼若是畜生
或為鳥獸得聞是経如是等類皆當不久得成一切種智陁羅尼曰
南謨薄伽勃底一 阿波唎蜜哆二 阿喻紇硯娜三 須毗你悉指陁四 囉佐耶五 怛他羯他耶六

BD04155 號 無量壽宗要經 （6–4）

怛他羯他耶六 怛姪他唵七 薩婆桒悉迦囉八 波唎輸底九 達磨底十 伽迦娜十一 莎訶 其
持迦底十二 薩婆婆毗輸底十三 摩訶娜耶十四 波唎婆囉莎訶十五
若有方所自書寫使人書寫是无量壽経典之處則為是塔皆應恭敬作礼若是畜生
或為鳥獸得聞是経如是等類皆當不久得成一切種智陁羅尼曰
南謨薄伽勃底一 阿波唎蜜哆二 阿喻紇硯娜三 須毗你悉指陁四 囉佐耶五 怛他羯他耶六
怛姪他唵七 薩婆桒悉迦囉八 波唎輸底九 達磨底十 伽迦娜十一 莎訶 其持迦底十二
薩婆婆毗輸底十三 摩訶娜耶十四 波唎婆囉莎訶 若有於是无量壽経自
書寫若使人書寫畢竟不受女人之身陁羅尼曰 南謨薄伽勃底一 阿波唎
蜜哆二 阿喻紇硯娜三 須毗你悉指陁四 囉佐耶五 怛他羯他耶六 怛姪他唵七 薩婆
桒悉迦囉八 波唎輸底九 達磨底十 伽迦娜十一 莎訶 其持迦底十二 薩婆婆毗輸底
摩訶他耶十四 波唎婆囉莎訶十五 若有能於是経少分能惠施者等於三千大千
世界滿中七寶布施陁羅尼曰 南謨薄伽勃底一 阿波唎蜜哆二 阿喻紇硯娜三
須毗你悉指陁四 囉佐耶五 怛他羯他耶六 怛姪他唵七 薩婆桒悉迦囉八 波唎輸底九
達磨底十 伽迦娜十一 莎訶 其持迦底十二 莎婆婆毗輸底十三 摩訶娜耶十四 波唎婆囉莎
訶十五 若有能供養是経者則是供養一切諸経等无有異陁羅尼曰
南謨薄伽勃底一 阿波唎蜜哆二 阿喻紇硯娜三 須毗你悉指陁四 囉佐耶五 怛他羯
他耶六 怛姪他唵七 薩婆桒悉迦囉八 波唎輸底九 達磨底十 伽迦娜十一 莎訶 其持迦底
薩婆婆毗輸底十三 摩訶娜耶十四 波唎婆囉莎訶十五
如是毗婆尸佛 尸弃佛 毗舍浮佛 俱留孫佛 俱那含牟尼佛 迦葉佛 釋迦牟尼佛
若有人以七寶供養如是七佛其福有限書寫受持是无量壽経典所有功德不可限量
陁羅尼曰 南謨薄伽勃底一 阿波唎蜜哆二 阿喻紇硯娜三 須毗你悉指陁四
囉佐耶五 怛他羯他耶六 怛姪他唵七 薩婆桒悉迦囉八 波唎輸底九 達磨底十
伽迦娜十一 莎訶 其持迦底十二 薩婆婆毗輸底十三 摩訶娜耶十四 波唎婆囉莎訶
若以七寶等於須弥以用布施其福上能知其限量是无量壽経典其福不可知數陁
羅尼曰 南謨薄伽勃底一 阿波唎蜜哆二 阿喻紇硯娜三 須毗你悉指陁四 囉
佐耶五 怛他羯他耶六 怛姪他唵七 薩婆桒悉迦囉八 波唎輸底九 達磨底十 伽迦娜十一
莎訶 其持迦底十二 薩婆婆毗輸底十三 摩訶娜耶十四 波唎婆囉莎訶十五
如是四大海水可知渧數是无量壽経典所生果報不可數量陁羅尼曰
南謨薄伽勃底一 阿波唎蜜哆二 阿喻紇硯娜三 須毗你悉指陁四 囉佐耶五 怛他羯
他耶六 怛姪他唵七 薩婆桒悉迦囉八 波唎輸底九 達磨底十 伽迦娜十一 莎訶 其持

BD04155 號 無量壽宗要經 （6–5）

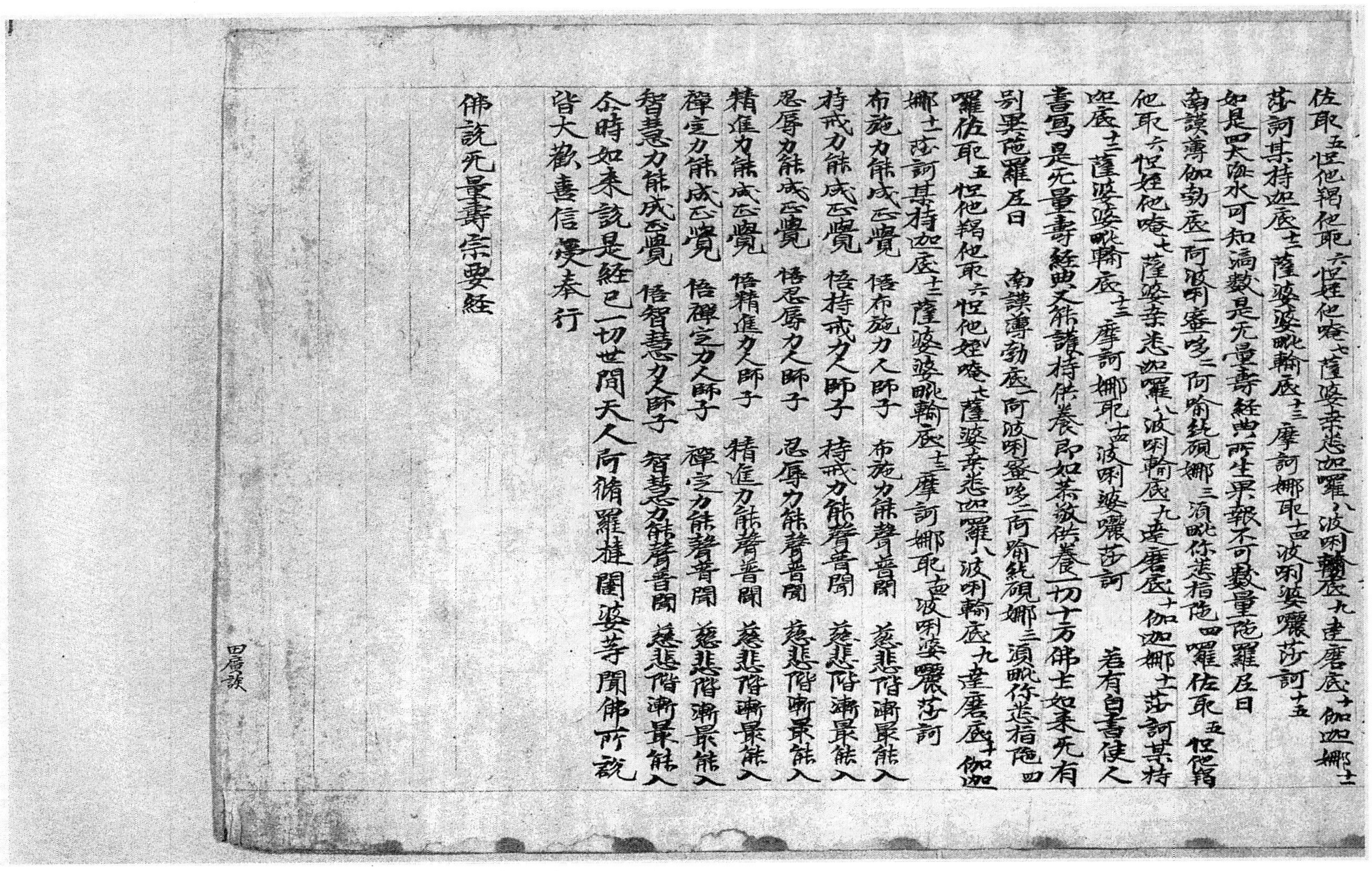

佐耶五怛他羯他耶六怛姪他唵七薩婆桑悉迦囉八波唎輸底九達磨底十伽迦娜十一
莎訶其持迦底十二薩婆婆毗輸底十三摩訶娜耶十四波唎婆囉莎訶十五
如是四天海水可知滴數是无量壽經典所生果報不可數量陁羅尼曰
南謨薄伽勃底一阿波唎蜜哆二阿喻紇硯娜三須毗你悉指陁四囉佐耶五怛他羯
他耶六怛姪他唵七薩婆桑悉迦囉八波唎輸底九達磨底十伽迦娜十一莎訶其持
迦底十二薩婆婆毗輸底十三摩訶娜耶十四波唎婆囉莎訶　若有自書使人
書寫是无量壽經典又能護持供養即如恭敬供養一切十方佛土如來无有
別異陁羅尼曰　南謨薄勃底一阿波唎蜜哆二阿喻紇硯娜三須毗你悉指陁四
囉佐耶五怛他羯他耶六怛他姪唵七薩婆桑悉迦囉八波唎輸底九達磨底十伽迦
娜十一莎訶其持迦底十二薩婆婆毗輸底十三摩訶娜耶十四波唎婆囉莎訶
布施力能成正覺　悟布施力人師子　布施力能聲普聞　慈悲階漸最能入
持戒力能成正覺　悟持戒力人師子　持戒力能聲普聞　慈悲階漸最能入
忍辱力能成正覺　悟忍辱力人師子　忍辱力能聲普聞　慈悲階漸最能入
精進力能成正覺　悟精進力人師子　精進力能聲普聞　慈悲階漸最能入
禪定力能成正覺　悟禪定力人師子　禪定力能聲普聞　慈悲階漸最能入
智慧力能成正覺　悟智慧力人師子　智慧力能聲普聞　慈悲階漸最能入
尒時如來說是經已一切世間天人阿脩羅揵闥婆等聞佛所說
皆大歡喜信受奉行

佛說无量壽宗要經

田廣談

BD04155 號　無量壽宗要經　（6–6）

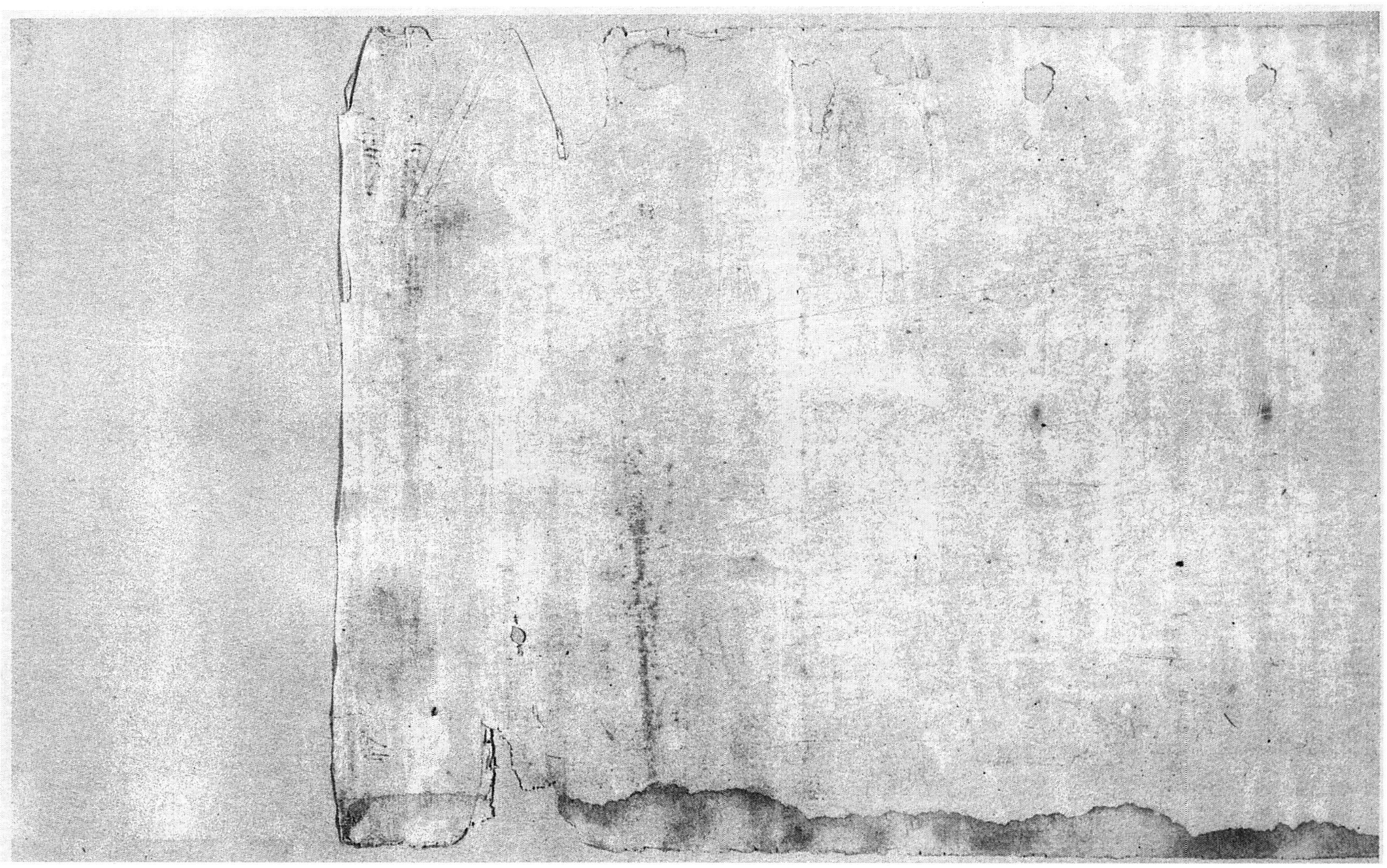

BD04155 號背　勘記　（1–1）

重病有隣國王聞其名聲興兵而來規
欲滅是時彼王无力勢故方乃恐怖改心
脩善而是隣王得无量福持法比丘亦復如
是驅遣呵嘖壞法之人令行善法得福无量
善男子辟如長者所居之處田澤屋舍生諸
毒樹長者知已即便斫伐永令滅盡又如疰
生白髮愧而揃拔不令生長持法比丘
亦如是見有破戒壞正法者即應驅遣呵
責舉處若善比丘見壞法者置不呵嘖驅遣
舉處當知是人佛法中怨若能驅遣呵嘖舉
處是我弟子真聲聞也迦葉菩薩復白佛言
世尊如佛所言則不等視一切眾生同於子
想如羅睺羅世尊若有一人以刀害佛復有
持栴檀塗佛佛於此二若生等心云何復
言當治毀禁若治毀禁是言則失佛告迦葉
善男子辟如國王大臣宰相產育諸子顏貌
端政聰明黠慧若二三四將付嚴師而作是
言君可為我教詔諸子威儀禮節伎藝書疏
校計算數悉令成就我今四子就君受學假
使三子病杖而死餘有一子必當苦治要令

BD04156號　大般涅槃經（北本）卷三　（7–1）

言當治毀禁若治毀禁是言則失佛告迦葉
善男子辟如國王大臣宰相產育諸子顏貌
端政聰明黠慧若二三四將付嚴師而作是
言君可為我教詔諸子威儀禮節伎藝書疏
校計算數悉令成就我今四子就君受學假
使三子病杖而死餘有一子必當苦治要令
成就雖喪三子我終不恨迦葉是父及師得
殺罪不不也世尊何以故以愛念故為欲成
就无有惡心如是教誨得福无量善男子如
來亦爾視壞法者等如一子如來今以无上
正法付囑諸王大臣宰相比丘比丘尼優婆
塞優婆夷是諸國王及四部眾應當勸厲諸
學人等令得增上戒定智慧若有不學是三
品法懈怠破戒毀正法者王者大臣四部之
眾應當苦治善男子是諸國王及四部眾當
有罪不不也世尊善男子是諸國王及四部
眾尚无有罪何況如來善男子如來善脩如
是平等於諸眾生同一子想如是脩者是名
菩薩脩平等心於諸眾生同一子想善男
菩薩如是脩集此業得壽命長亦能善知宿
世之事迦葉菩薩復白佛言世尊如佛所說
菩薩若有脩平等心視諸眾生同於子想得
壽命長如來不應作如是說何以故如知法
人能說種種孝順之法還至家中以諸瓦石
打擲父母而是父母是良福田多所利益難

BD04156號　大般涅槃經（北本）卷三　（7–2）

世之事迦葉菩薩復白佛言世尊如佛所說
菩薩若有脩平等心視諸衆生同於子想得
壽命長如來不應作如是說何以故如知法
人能說種種孝順之法還至家中以諸瓦石
打擲父母而是父母是良福田多所利益難
遭難遇應好供養反生惱害是知法人言行
相違如來所言亦復如是菩薩脩習等心衆
生同子想者應得長壽善知宿命常住於世
无有變易今者世尊以何因緣壽命極短同
人間耶如來將无於諸衆生生怨憎想世尊
昔日作何惡業斷幾命根得是短壽不滿百
年佛告迦葉善男子汝今何緣於如來前發
是麁言如來長壽於諸壽中最上最勝所得
常法於諸常中最為第一迦葉菩薩復白佛
言世尊云何如來得壽命長佛告迦葉善男
子如八大河一名恒河二名閻摩羅三名薩
羅四名阿梨拔提五名摩訶六名辛頭七名
叉八名悉陀是八大河及諸小河悉入大
海迦葉如是一切人中天上地及虛空壽命
大河悉入如來壽命海中是故如來壽命无
量復次迦葉譬如阿耨達池出四大河如來
亦尒出一切命迦葉譬如一切諸常法中虛
空第一如來亦尒於諸常中最為第一迦葉
譬如諸藥醍醐第一如來亦尒於衆生中壽
命第一迦葉菩薩復白佛言世尊如來壽命

BD04156號　大般涅槃經（北本）卷三　（7–3）

亦尒出一切命迦葉譬如一切諸常法中虛
空第一如來亦尒於諸常中最為第一迦葉
譬如諸藥醍醐第一如來亦尒於衆生中壽
命第一迦葉菩薩復白佛言世尊如來壽命
若如是者應住一劫若減一劫常宣妙法如
注大雨迦葉汝今不應於如來所生滅盡想
迦葉若有比丘比丘尼優婆塞優婆夷乃至
外道五通神仙得自在者若住一劫若減一
劫經行空中坐臥自在左脅出火右脅出水
身出烟炎猶如火聚若欲住壽能得如意於
壽命中脩短自在如是五通尚得如是隨意
神力豈況如來於一切法得自在力而當不
能住壽半劫若一劫若百劫若百千劫若无
量劫以是義故當知如來是常住法不變易
法如來此身是變化身非雜食身為度衆生
示同毒樹是故現捨入於涅槃迦葉當知佛
是常法不變易法汝等於是第一義中應精
勤進一心脩集既脩集已廣為人說
爾時迦葉菩薩白佛言世尊出世之法與世
間法有何差別如佛言曰佛是常法不變易
世間亦說梵天是常自在天常无有變易
我常性常微塵亦常若言如來是常法者如
來何故不常現耶若不常現有何差別何以
故梵天乃至微塵世性亦不現故佛告迦葉
譬如長者多有諸牛色雖種種同共一羣付

BD04156號　大般涅槃經（北本）卷三　（7–4）

法有何差別如佛言曰佛是常法不變易
世間亦說梵天是常自在天常无有變易
常性微塵亦常若言如來是常法者如
何故不常現耶若不常現有何差別何以
梵天乃至微塵世性亦不現故佛告迦葉
譬如長者多有諸牛色雖種種同共一羣付
放牧人令逐水草但為醍醐不求乳酪彼牧
牛者搆已自食長者命終所有諸牛悉為羣
賊抄掠賊得牛已无有婦女即自搆捋
而食尒時羣賊各相謂言彼大長者畜
養此牛不期乳酪但為醍醐我等今者當設
何方而得之耶夫醍醐者名為世間第一上
味我等无器設使得乳无安置處復共相謂
唯有皮囊可以盛之雖有盛處不知攢搖漿
猶難得況復生蘇尒時諸賊以醍醐故加之
以水以水多故乳酪醍醐一切俱失凡夫亦
爾雖有善法皆是如來正法之餘何以故如
來世尊入涅槃後盜竊如來遺餘善法若戒
若定若慧如彼諸賊劫掠羣牛諸凡夫人雖復得
戒定慧无有方便不能解說以是義故
不獲得常戒常定常慧解脫如彼羣賊不
便喪失醍醐亦如羣賊為醍醐故加之
以水凡夫亦尒為解脫故說我眾生壽命士
夫梵天自在天微塵世性戒定智慧及與解

BD04156號　大般涅槃經（北本）卷三　（7–5）

戒定智慧无有方便不能解說以是義故
不獲得常戒常定常慧解脫如彼羣賊不
便喪失醍醐亦如羣賊為醍醐故加之
以水凡夫亦尒為解脫故說我眾生壽命士
夫梵天自在天微塵世性戒定智慧及與解
脫非想非非想天即是涅槃實亦不得解脫
涅槃如彼羣賊不得醍醐是諸凡夫有少梵
行供養父母以是因緣得生天上受少安樂
如彼羣賊加水之乳而是凡夫實不知因脩
戒行供養父母得生天上又不能知戒定
慧歸依三寶以不知故說常樂我淨雖復
說之而實不知是故如來出世之後乃為演
說常樂我淨如轉輪王出現於世福德力故
羣賊退散牛无損命時轉輪王即以諸牛付
放牧人多巧便者是人方便即得醍醐以是
醍醐故一切眾生无有患苦法輪聖王出現
世時凡夫人不能演說戒定慧者即便退散
如賊退散尒時如來善說世法及出世法為
眾生故令諸菩薩隨而演說菩薩摩訶薩已
得醍醐復令无量无邊眾生獲得无上甘
露所謂如來常樂我淨以是義故善男子
如來是常不變易法非如世間凡夫
梵天等是常法也此常法稱要是如來非是
法迦葉應當如是知如來身迦葉諸善
女人常當繫心脩此二字佛是常住

BD04156號　大般涅槃經（北本）卷三　（7–6）

梵天等是常法也此常法稱要是如來非是
法迦葉應當如是知如來身迦葉諸善
女人常歸心脩此二字佛是常住迦
善男子善女人脩此二字當知人
我所行至我至處善男子若有脩習如是二
滅相者當知如來則於其人為般涅槃
男子涅槃義者即是諸佛之法性也迦葉
白佛言世尊佛法性者其義云何世尊
我欲知法性之義唯願如來哀愍廣說夫
法性者即是捨身捨身者名无所有若无所
有身云何存身若存者云何而言身有法
身有法性云何得存我今云何當知是義
迦葉菩薩善男子汝今不應作如是
說法性者无有滅也善男子
想天成就色陰而无色想不應問言是
云何而住歡娛受樂云何行想云何見
男子如來境界非諸聲聞緣覺所知
說言如來身者是滅法也善男
如來滅法是佛境界非諸聲聞緣覺
不應思量如來何處住何處
男子如是之義亦非汝等之所
方便不可思議復次善

BD04156號　大般涅槃經（北本）卷三　　（7–7）

心觀既成却及怨家善男子起慈心時
戒起有因施起若能觀怨作子想者是名脩
慈善男子慈唯能緣不能拔苦悲則不介二
緣二拔善男子若能觀怨一豪之善不見其
惡當知是人名為習慈若彼怨家遇諸病苦
能往問訊瞻療所患給其所須當知是人能
善脩慈善男子若能脩忍當知即是脩慈因
緣如是慈心即是一切安樂因緣若能脩
當是人人能破一切憍慢因緣能行施戒忍
辱精進禪定智慧如法脩行若人脩定當知
是人脩梵福德得梵身故名梵福德若人能
觀生死罪過涅槃功德是人之下所願盡土
應當頂戴是人難忍能忍難施能施難作能
作是人能脩四禪四空及八解脫復作是念
一切衆生身口意惡未來若受苦惱報者悲
令我受若我所有善果報者悲令衆生因我
受之如是慈悲緣廣故廣緣少故少慈悲二
種謂下中上一者緣觀二者緣慈三者緣中
復有三種一者緣愛念二者緣衆生三者緣
无緣如是緣者悲名三昧悲喜捨心亦復如
是善男子有禪非波羅蜜有波羅蜜非禪有
亦是禪亦波羅蜜有非禪非波羅蜜是禪非

BD04157號　優婆塞戒經（十一卷本）卷一一　　（5–1）

種謂下中上一者緣觀二者緣慈三者緣中
復有三種一者緣愛念二者緣衆生三者緣
无緣如是緣者悲名三昧悲喜捨心亦復如
是善男子有禪非波羅蜜有波羅蜜非禪有
亦是禪亦波羅蜜有非禪非波羅蜜是禪非
波羅蜜者謂世俗禪聲聞緣覺所有禪定
是波羅蜜非禪定者所謂施戒忍辱精進亦
禪亦波羅蜜者謂金剛三昧非禪非波羅蜜
者謂一切衆生聲聞緣覺從聞思惟所生善
法善男子菩薩有二種一者在家二者出家
出家菩薩脩於淨禪是為不難在家脩淨是
乃為難何以故在家之人多惡因緣所
纏遶故

優婆塞戒般若波羅蜜品第廿八

善生言世尊菩薩云何脩淨般若波羅蜜善
男子若有菩薩持戒精進多聞正命脩於忍
辱憐愍衆生心多慚愧遠離疾妬真實了知
諸善男子為衆生受苦不生悔退樂行慧施
能調衆生善知所犯輕重之想勤勸衆生施
作福業知字知義心无憍慢親近善友能自
利益及利益他恭敬三寶諸師和上長老有
德於身菩薩不生輕想能觀菩提深妙功德
知善惡想知世出世一切聲論知因知果知
方便及以根本當知是人能得智慧如是智
慧有三種一從聞生二從思生三從脩生從

德於身菩薩不生輕想能觀菩提深妙功德
知善惡想知世出世一切聲論知因知果知
方便及以根本當知是人能得智慧如是智
慧有三種一從聞生二從思生三從脩生從
字得義名從聞生思惟得義名從思生從脩
得義名從脩生能讀如來十二部經能除疑
网能讀一切世論世事能善分別耶正之道
是名智慧能善分別十二部經陰入界等因
果字義毗婆舍那舍摩他等上中下相善惡
无記及四顛倒見道脩道能善分別如是等
事是智慧善男子有智之人求於十力四无
所畏大悲三念處常親近佛及佛弟子世无
佛法樂在外道出家脩學雖處耶道樂求正
惡常脩慈悲喜捨之及五通道得五通已觀
不淨想及无常想能說有為多諸過罪為正
語故教諸衆生令學聲聞論能令衆生離身
心病樂以世事教於他人所作事業无能勝
者所謂呪方種種醫藥能善求財得已能護
用以道理以法慧施雖知一切不生憍慢得
大功德不生知足能教衆生信施持戒多聞
智慧知善不善无記方便善知學行因緣次
第知菩提道及道莊嚴知諸衆生上中下根
知外聲論心不存著知衆生時隨宜調伏知
衆生世及國土世知從具足六波羅蜜善男
子有是智慧非波羅蜜有波羅蜜非是智慧

苐知菩提道及道莊嚴知諸衆生上中下根
知外聲論心不着知衆生時隨冝調伏知
衆生世及國土世知從具足六波羅蜜善男
子有是智慧非波羅蜜有波羅蜜非是智慧
有是智慧是波羅蜜又非智慧非波羅蜜是
智慧非波羅蜜者所謂一切世間智慧聲聞
緣覺所謂智慧是波羅蜜非智慧者无有是
義是智慧是波羅蜜者所謂一切六波羅蜜
非智慧非波羅蜜者所有一切聲聞緣覺施
戒精進善男子若人有能懃脩如是六波羅
蜜是人名爲供養六方能增財命善男子菩
薩二種一者在家二者出家出家菩薩脩淨
智慧是不爲難在家脩淨是乃爲難何以故
在家之人多惡因緣所纏遶故
説是法時善生長者子并千優婆塞發阿耨
多羅三藐三菩提心既發心已即從坐起礼
佛而退辭還所止

優婆塞戒經卷苐十一

BD04157號　優婆塞戒經（十一卷本）卷一一　（5–4）

非智慧非波羅蜜者所有一切聲聞緣覺施
戒精進善男子若人有能懃脩如是六波羅
蜜是人名爲供養六方能增財命善男子菩
薩二種一者在家二者出家出家菩薩脩淨
智慧是不爲難在家脩淨是乃爲難何以故
在家之人多惡因緣所纏遶故
説是法時善生長者子并千優婆塞發阿耨
多羅三藐三菩提心既發心已即從坐起礼
佛而退辭還所止

優婆塞戒經卷苐十一

BD04157號　優婆塞戒經（十一卷本）卷一一　（5–5）

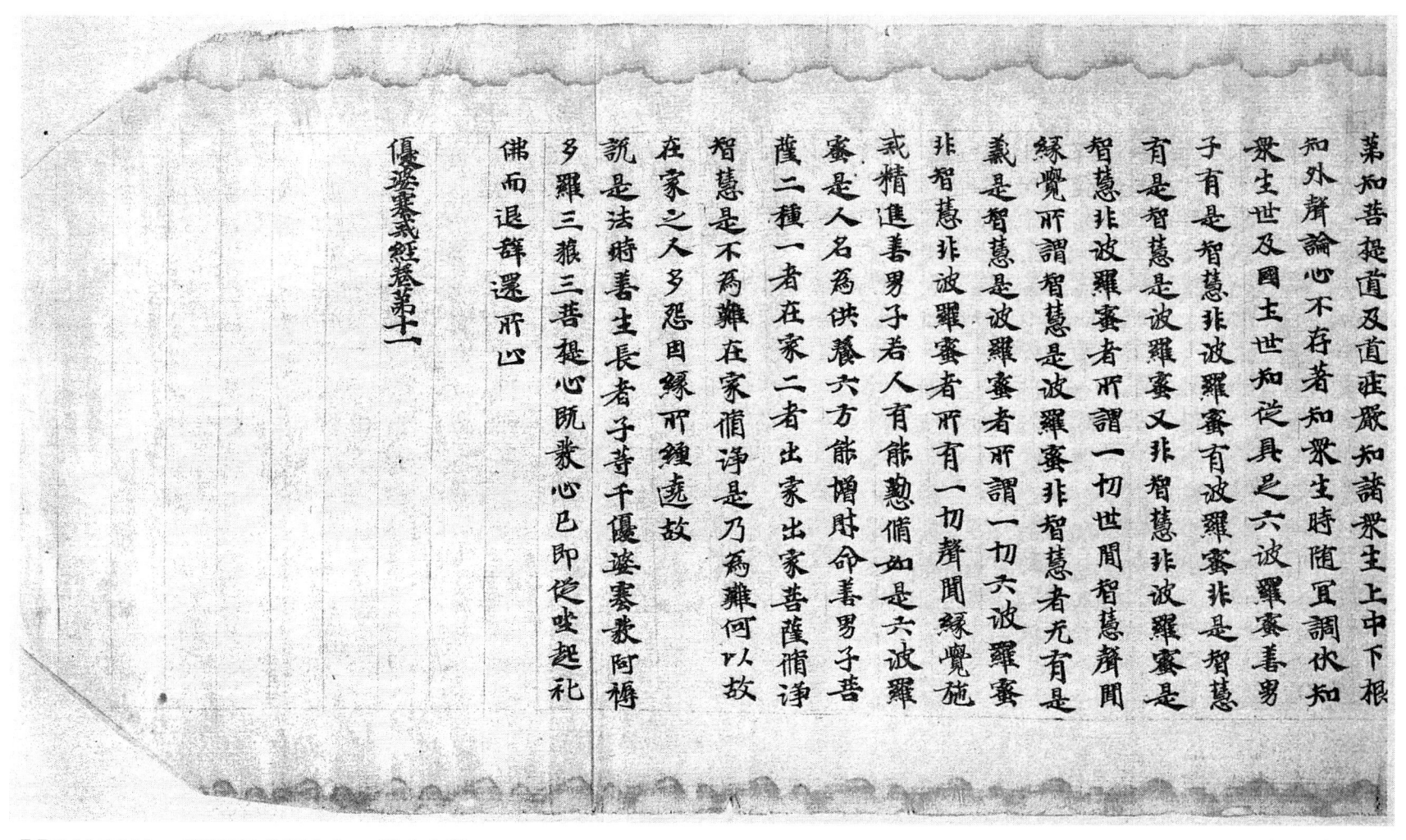

弟三百九十六　三藏法師玄奘奉　詔譯

五

也云何明鏡等中所現諸像

也業由所造業或墮地獄或

充界或生人中或生欲界四大

他化自在天或生色界梵衆天

天或生無色界空無邊處天乃

不善現荅言不也世尊

現諸像都無實事但

諸業由所造業或墮

現於汝意云何諸像

惡趣或生人天佛

頗有真實脩道依彼脩道有離雜染得清淨

不善現荅言不也世尊不也善逝何以故世

尊明鏡等像都無實事非能施設非所施設

脩道尚無況依脩道有離雜染及得清淨佛

告善現於汝意云何頗有諸法若世間若出

世間若有漏若無漏若有為若無為如鏡

等所現像不善現荅言不也世尊不也善逝

定無有法若世間若出世間若有漏若無漏

BD04158號　大般若波羅蜜多經卷三九六　　（4–1）

脩道尚無況依脩道有離雜染及得清淨佛

告善現於汝意云何頗有諸法若世間若出

世間若有漏若無漏若有為若無為如鏡

等所現像不善現荅言不也世尊不也善逝

定無有法若世間若出世間若有漏若無漏

若有為若無為非如鏡等所現像者佛告善

現於汝意云何深谷等中所發諸響為有實

事所依造業由所造業或墮地獄或墮傍生

或墮鬼界或生人中或生欲界四大王衆天

乃至他化自在天或生色界梵衆天乃至色

究竟天或生無色界空無邊處天乃至非想

非非想處天不善現荅言不也世尊不也善

逝深谷等中所發諸響都無實事但惑愚

夫云何可依造作諸業由所造業或墮惡趣

或生人天佛告善現於汝意云何諸響頗有

實脩道依彼脩道有離雜染得清淨不善現

荅言不也世尊不也善逝何以故世尊深谷

等響都無實事非能施設非所施設脩道尚

無況依脩道有離雜染及得清淨佛告善現

於汝意云何頗有諸法若世間若出世間若

有漏若無漏若有為若無為如谷等所發

響不善現荅言不也世尊不也善逝定無有

法若世間若出世間若有漏若無漏若有為

若無為非如谷等所發響者佛告善現於汝

意云何諸陽焰中現似水等為有實事可依

造業由所造業或墮地獄或墮傍生或墮鬼

界或生人中或生欲界四大王衆天乃至他化

BD04158號　大般若波羅蜜多經卷三九六　　（4–2）

有漏若無漏若有為若無為非如谷等所發
響不善現荅言不也世尊不也善逝定無有
法若世間若出世間若有漏若無漏若有為
若無為非如谷等所發響者佛告善現於汝
意云何諸陽焰中現似水等為有實事可依
造業由所造業或墮地獄或墮傍生或墮鬼
界或生人中或生欲界四大王衆天乃至他化
自在天或生色界梵衆天乃至色究竟天
或生無色界空無邊處天乃至非相非非想
處天不善現荅言不也世尊不也善逝諸陽
焰中所現水等都無實事但惑愚眼云何可
依造作諸業由所造業或墮惡趣或生人天
佛告善現於汝意云何諸陽焰中水等頗有
真實修道依彼修道有離雜染得清淨不善
現荅言不也世尊不也善逝何以故世尊陽
焰水等都無實事非能施設非所施設修道
尚無況依修道有離雜染及得清淨佛告善
現於汝意云何頗有諸法若世間若出世間
若有漏若無漏若有為若無為非如陽焰現
水等不善現荅言不也世尊不也善逝定無
有法若世間若出世間若有漏若無漏若有
為若無為非如陽焰現水等者佛告善現於
汝意云何諸光影中所現色相為有實事可
依造業由所造業或墮地獄或墮傍生或墮
鬼界或生人中或生欲界四大王衆天乃至他
化自在天或生色界梵衆天乃至色究竟
天或生無色界空無邊處天乃至非相非非

BD04158號　大般若波羅蜜多經卷三九六　（4–3）

佛告善現於汝意云何諸陽焰中水等頗有
真實修道依彼修道有離雜染得清淨不善
現荅言不也世尊不也善逝何以故世尊陽
焰水等都無實事非能施設非所施設修道
尚無況依修道有離雜染及得清淨佛告善
現於汝意云何頗有諸法若世間若出世間
若有漏若無漏若有為若無為非如陽焰現
水等不善現荅言不也世尊不也善逝定無
有法若世間若出世間若有漏若無漏若有
為若無為非如陽焰現水等者佛告善現於
汝意云何諸光影中所現色相為有實事可
依造業由所造業或墮地獄或墮傍生或墮
鬼界或生人中或生欲界四大王衆天乃至他
化自在天或生色界梵衆天乃至色究竟
天或生無色界空無邊處天乃至非相非非
想處天不善現荅言不也世尊不也善逝諸
光影中所現色相都無實事但惑愚眼云何
可依造作諸業由所造業或墮惡趣或生人
天佛告善現於汝意云何諸光影中色相頗

BD04158號　大般若波羅蜜多經卷三九六　（4–4）

三百九十六

三百九十六

BD04158 號背　勘記　　（1-1）

三所有業障皆得消滅所有惡報未來不受亦
如過去諸大菩薩修菩提行所有業障悉已懺
悔我之業障今亦懺悔皆悉發露不敢覆藏已
作之罪願得除滅未來之惡更不敢造亦如未來
諸大菩薩修菩提行所有業障悉已懺悔我
之業障今亦懺悔皆□發露不敢覆藏已作
之罪願得除滅未來之惡更不敢造亦如現
在十方世界諸大菩薩修菩提行所有業障悉已
懺悔我之業障今亦懺悔皆悉發露不敢覆藏
已作之罪願得除滅未來之惡更不敢造
善男子以是因緣若有造罪一剎那中不得
□□何況一日一夜乃至多時若有犯罪欲
求清淨心懷愧恥信於未來必有惡報生大
恐怖應如是懺如人被火燒頭燒衣救令速
滅火若未滅心不得安若人犯罪亦復如是
即應懺悔令速除滅若有願生富樂之家多
饒財寶復欲發意修習大乘亦應懺悔滅除
業障欲生豪貴婆羅門種剎帝利家及轉
輪王七寶具足亦應懺悔滅除業障

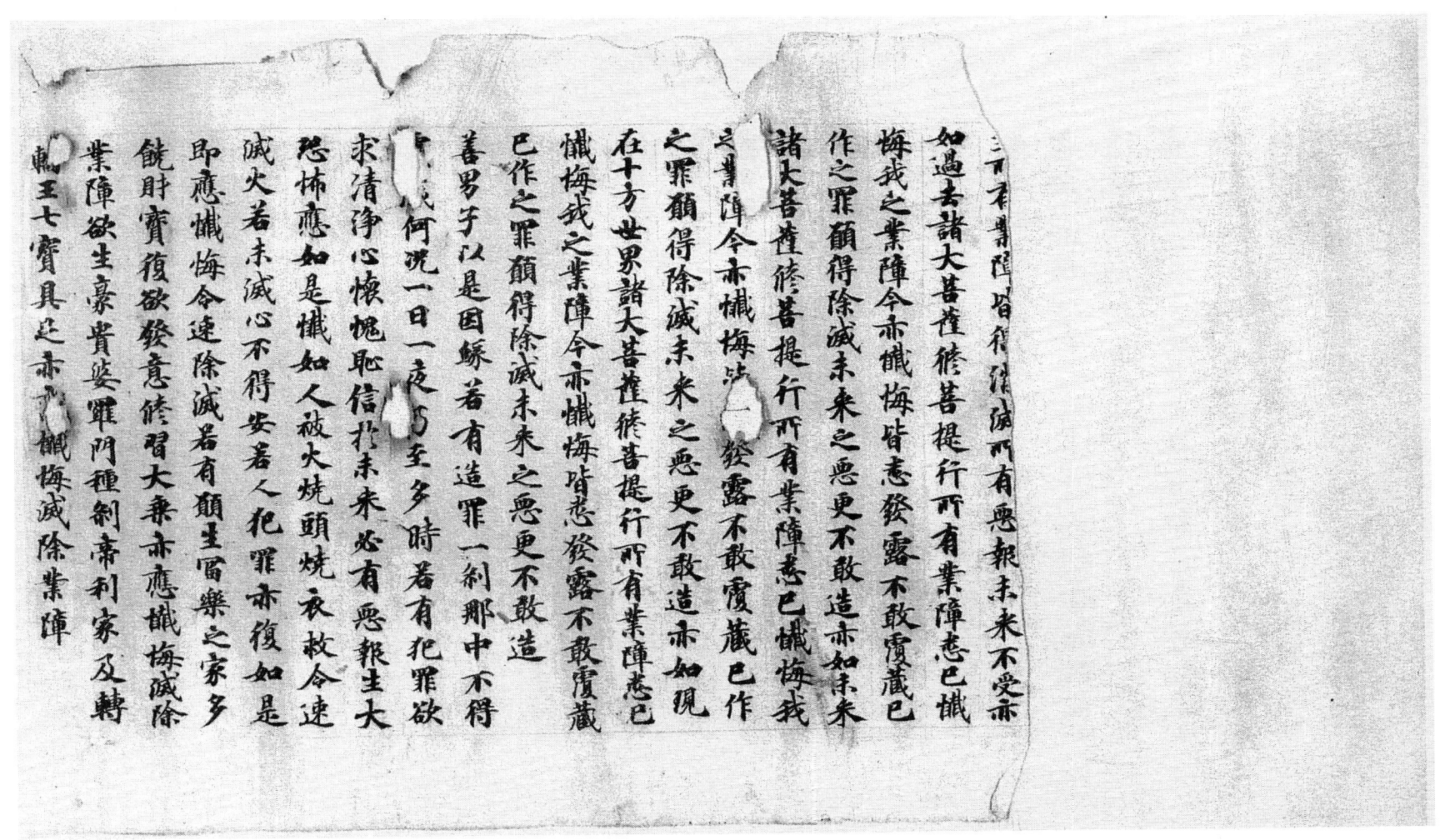

BD04159 號　金光明最勝王經卷三　　（5-1）

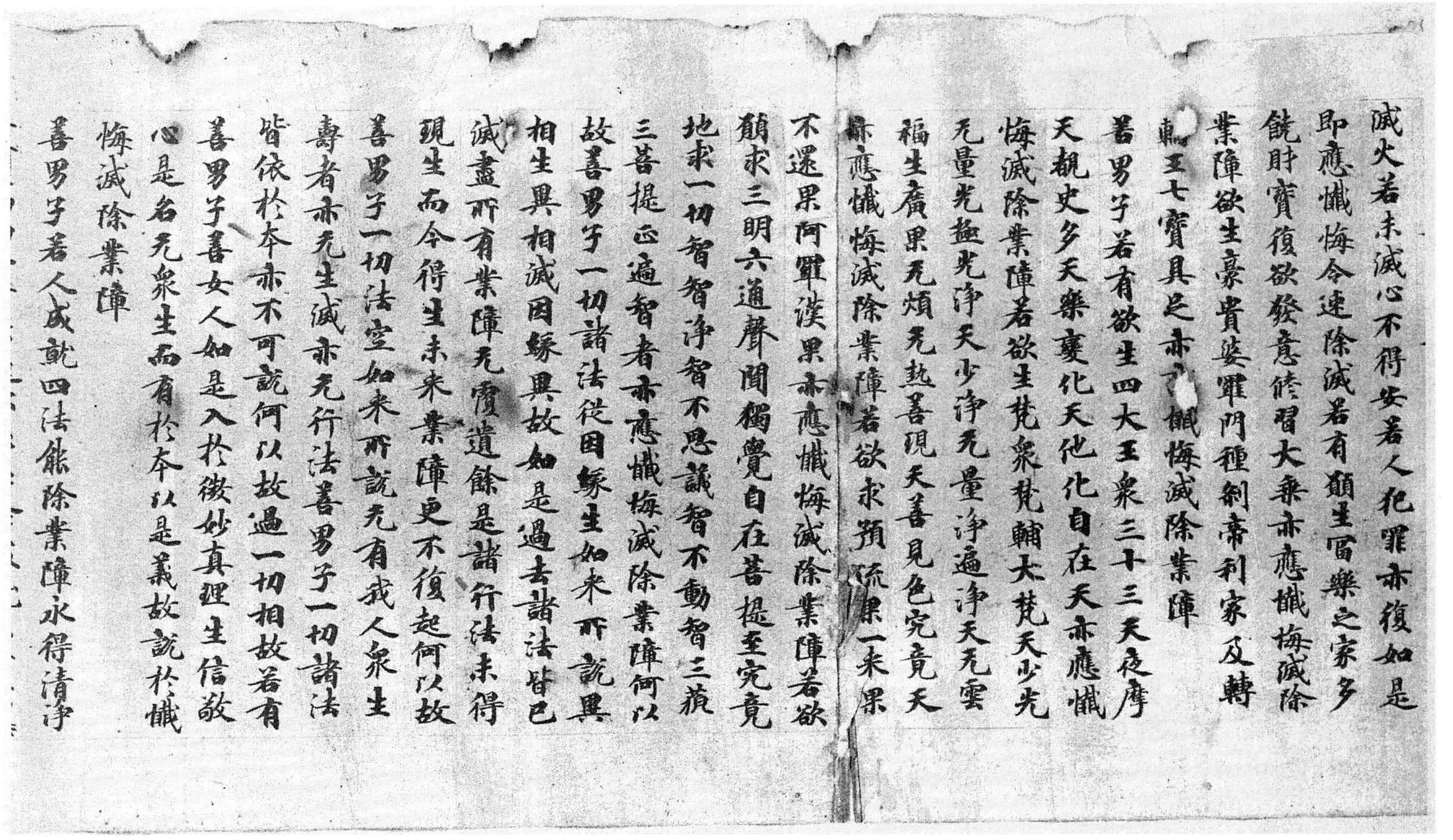

滅火若未滅心不得安若人犯罪亦復如是
即應懺悔令速除滅若有願生富樂之家多
饒財寶復欲發意修習大乘亦應懺悔滅除
業障欲生豪貴婆羅門種剎帝利家及轉
輪王七寶具足亦應懺悔滅除業障
善男子若有欲生四大王衆三十三天夜摩
天覩史多天樂變化天他化自在天亦應懺
悔滅除業障若欲生梵衆梵輔大梵天少光
无量光極光淨天少淨天无量淨天遍淨天无雲
福生廣果无煩无熱善現天善見色究竟天
亦應懺悔滅除業障若欲求預流果一來果
不還果阿羅漢果亦應懺悔滅除業障若欲
願求三明六通聲聞獨覺自在菩提至究竟
地求一切智智淨智不思議智不動智三藐
三菩提正遍智者亦應懺悔滅除業障何以
故善男子一切諸法從因緣生如來所說異
相生異相滅因緣異故如是過去諸法皆已
滅盡所有業障无復遺餘是諸行法未得
現生而今得生未來業障更不復起何以故
善男子一切法空如來所說无有我人衆生
壽者亦无生滅亦无行法善男子一切諸法
皆依於本亦不可說何以故過一切相故若有
善男子善女人如是入於微妙真理生信敬
心是名无衆生而有於本以是義故說於懺
悔滅除業障
善男子若人成就四法能除業障永得清淨

BD04159號　金光明最勝王經卷三　（5-2）

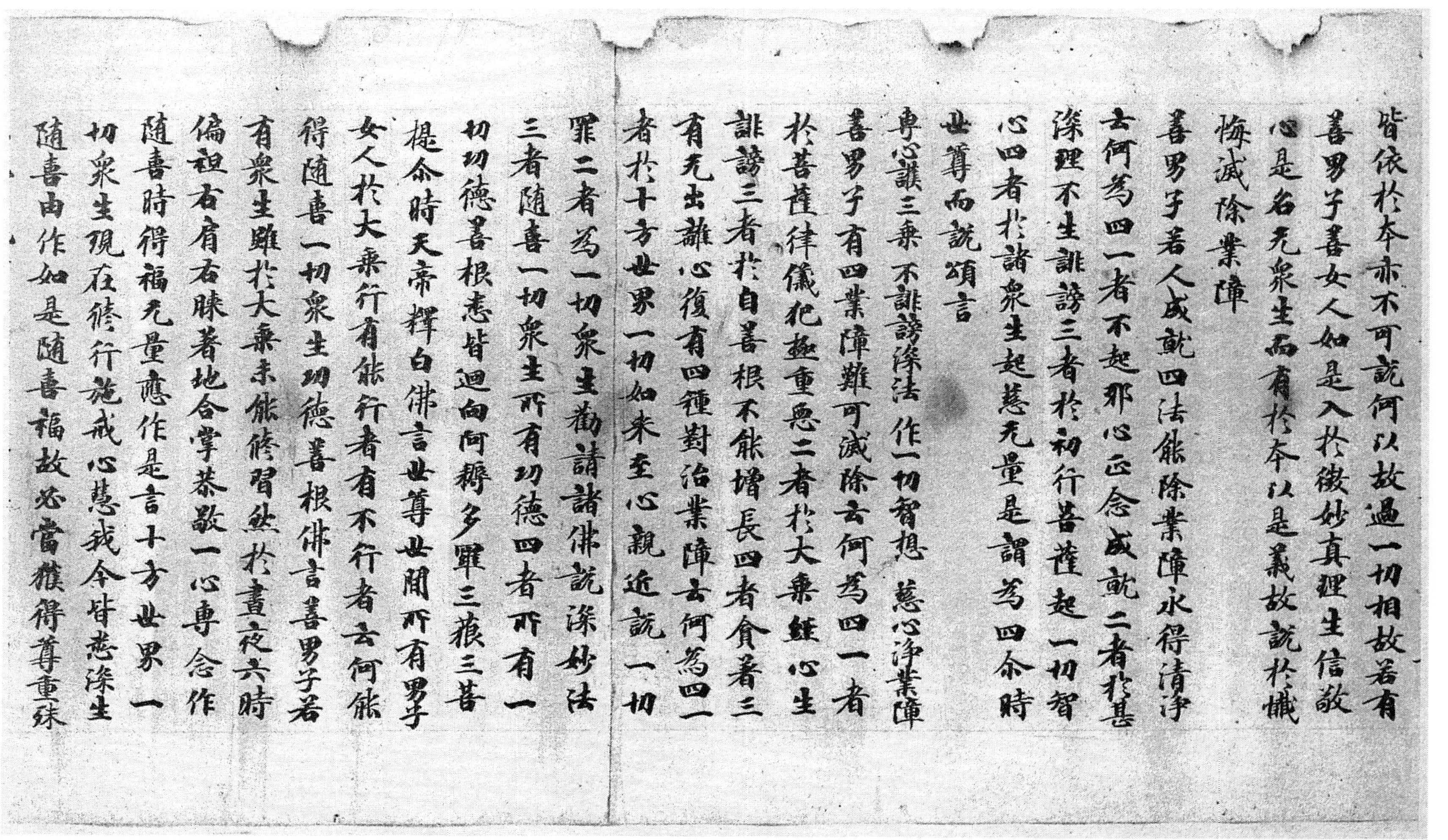

皆依於本亦不可說何以故過一切相故若有
善男子善女人如是入於微妙真理生信敬
心是名无衆生而有於本以是義故說於懺
悔滅除業障
善男子若人成就四法能除業障永得清淨
云何為四一者不起邪心正念成就二者於甚
深理不生誹謗三者於初行菩薩起一切智
心四者於諸衆生起慈无量是謂為四尒時
世尊而說頌言
專心護三業　不誹謗深法　作一切智想　慈心淨業障
善男子有四業障難可滅除云何為四一者
於菩薩律儀犯極重惡二者於大乘經心生
誹謗三者於自善根不能增長四者貪著三
有无出離心復有四種對治業障云何為四一
者於十方世界一切如來至心親近說一切
罪二者為一切衆生勸請諸佛說深妙法
三者隨喜一切衆生所有功德四者所有一
切功德善根悉皆迴向阿耨多羅三藐三菩
提尒時天帝釋白佛言世尊世間所有男子
女人於大乘行有能行者有不行者云何能
得隨喜一切衆生功德善根佛言善男子若
有衆生雖於大乘未能修習然於晝夜六時
偏袒右肩右膝著地合掌恭敬一心專念作
隨喜時得福无量應作是言十方世界一
切衆生現在修行施戒心慧我今皆悉深生
隨喜由作如是隨喜福故必當獲得尊重殊

BD04159號　金光明最勝王經卷三　（5-3）

有衆生雖於大乘未能修習然於晝夜六時
偏袒右肩右膝著地合掌恭敬一心專念作
隨喜時得福无量應作是言十方世界一
切衆生現在修行施戒心慧我今皆悉深生
隨喜由作如是隨喜福故必當獲得尊重殊
勝无上无等最妙之果如是過去未來一切衆
生所有善根皆悉隨喜又於現在初行菩薩
發菩提心所有功德過百大劫行菩薩行有
大功德獲无生忍至不退轉一生補處如是
一切功德之藴皆悉至心隨喜讚歎過去未
來一切菩薩所有功德隨喜讚歎亦復如是
復於現在十方世界一切諸佛應正遍知證
妙菩提為度无邊諸衆生故轉无上法輪行
无礙法施擊法鼓吹法螺建法幢雨法雨哀
愍勸化一切衆生咸令信受皆蒙法施悉得
充足无盡安樂又復所有菩薩聲聞獨覺功
德積集善根若有衆生未具如是諸功德者
悉令具足我皆隨喜如是過去未來諸佛菩
薩聲聞獨覺所有功德亦皆至心隨喜讚歎
善男子如是隨喜當得无量功德之聚如恒
河沙三千大千世界所有衆生皆斷煩惱成
阿羅漢若有善男子善女人盡其形壽常以
上妙衣服飲食卧具醫藥而為供養如是功
德不及如前隨喜功德千分之一何以故供
養功德有數有量不攝一切諸功德故隨喜
功德无量无數能攝三世一切功德是故若人
欲求增長勝善根者應修如是隨喜功德

BD04159號　金光明最勝王經卷三　（5–4）

上妙衣服飲食卧具醫藥而為供養如是功
德不及如前隨喜功德千分之一何以故供
養功德有數有量不攝一切諸功德故隨喜
功德无量无數能攝三世一切功德是故若人
欲求增長勝善根者應修如是隨喜功德
若有女人願轉女身為男子者亦應修習隨
喜功德必得隨心現成男子尒時天帝釋白
佛言世尊已知隨喜功德勸請功德唯願為
說欲令未來一切菩薩當轉法輪現在菩薩
正修行故佛告帝釋若有善男子善女人願
求阿耨多羅三藐三菩提者應當修行聲聞
獨覺大乘之道是人當於晝夜六時如前威
儀一心專念作如是言我今歸依十方一切諸
佛世尊已得阿耨多羅三藐三菩提未轉
无上法輪欲捨報身入涅槃者我皆至誠頂
礼勸請轉大法輪雨大法雨然大法燈照明
理趣施无礙法莫般涅槃久住於世度脫安
樂一切衆生如前所說乃至无盡安樂我今
以此勸請功德迴向阿耨多羅三藐三菩提
如過去未來現在諸大菩薩勸請功德迴向
菩提我亦如是勸請功德迴向无上正等菩
提善男子假使有人以三千大千世界滿中

BD04159號　金光明最勝王經卷三　（5–5）

如一味雨　隨衆生性　所
所稟各異　佛以此喻　方便開示
演說一法　於佛智慧　如海一渧
充潤世間　一味之法　隨力脩行
藥草諸樹　隨其大小　漸增茂好
佛之法　常以一味　令諸世間　普得具足
以脩行　皆得道果　聲聞緣覺　處於山林
後身　聞法得果　是名藥草　各得增長
若諸菩薩　智慧堅固　了達三界　求冣上乘
是名小樹　而得增長　復有住禪　得神通力
聞諸法空　心大歡喜　放无數光　度諸衆生
是名大樹　而得增長　如是迦葉　佛所說法
譬如大雲　以一味雨　潤於人華　各得成實
迦葉當知　以諸因緣　種種譬喻　開示佛道
是我方便　諸佛亦然　今為汝等　說冣實事
諸聲聞衆　皆非滅度　汝等所行　是菩薩道
漸漸脩學　悉當成佛

妙法蓮華經授記品第六

尒時世尊說是偈已告諸大衆唱如是言我
此弟子摩訶迦葉於未來世當得奉覲三百
万億諸佛世尊供養恭敬尊重讚嘆廣宣諸
佛无量大法於冣後身得成為佛名曰光明
如來應供正遍知明行足善逝世間解无上

BD04160號　妙法蓮華經卷三　（2–1）

迦葉當知　以諸因緣　種種譬喻　開示佛道
是我方便　諸佛亦然　今為汝等　說冣實事
諸聲聞衆　皆非滅度　汝等所行　是菩薩道
漸漸脩學　悉當成佛

妙法蓮華經授記品第六

尒時世尊說是偈已告諸大衆唱如是言我
此弟子摩訶迦葉於未來世當得奉覲三百
万億諸佛世尊供養恭敬尊重讚嘆廣宣諸
佛无量大法於冣後身得成為佛名曰光明
如來應供正遍知明行足善逝世間解无上
士調御丈夫天人師佛世尊國名光德劫名
大莊嚴佛壽十二小劫正法住世二十小劫
像法亦住二十小劫國界嚴飾无諸穢惡凡
礫荊棘便利不淨其土平正无有高下坑坎
垍阜瑠璃為地寶樹行列黃金為繩以界道
側散諸寶華周遍清淨其國菩薩无量千億
諸聲聞衆亦復无數无有魔事雖有魔及魔
民皆護佛法尒時世尊欲重宣此義而說偈
言
告諸比丘　我以佛眼　見是迦葉　於未來世
過无數劫　當得作佛　而於來世　供養奉覲
三百万億　諸佛世尊　為佛智慧　淨脩梵行
供養冣上　二足尊已　脩習一切　无上之慧

BD04160號　妙法蓮華經卷三　（2–2）

我於彼佛□
成供具如是諸
亦復如是時諸
五百万億寶
園七寶所成一
有五百億蓮華
行樹一一樹葉
有五百億寶色一一寶色有五百億閻浮檀
金光一一閻浮檀金光中出五百億諸天寶
女一一寶女住立樹下執百億寶无數瓔珞
出妙音樂時樂音中演說不退轉地法輪之
行其樹生菓如頗梨色一切衆色入頗梨色
中是諸光明右旋婉轉流出衆音衆音演說
大慈大悲法一一垣牆高六十二由旬厚十
四由旬五百億龍王圍遶此垣一一龍王雨
五百億七寶行樹莊嚴垣上自然有風吹動

BD04161 號　觀彌勒菩薩上生兜率天經　（9–1）

中是諸光明右旋婉轉流出衆音衆音演說
大慈大悲法一一垣牆高六十二由旬厚十
四由旬五百億龍王圍遶此垣一一龍王雨
五百億七寶行樹莊嚴垣上自然有風吹動
此樹樹相棠觸演說苦空无常无我諸波羅
蜜尒時此宮有一大神名牢度跋提即從座
起遍礼十方佛發弘誓願若我福德應爲彌
勒菩薩造法堂者令我頞上自然出珠既發
願已頞上自然出百億寶珠瑠璃頗梨一切
衆色无不具足如紫紺摩尼表裏映徹此摩
尼光迴旋空中化爲四十九重微妙寶宮一
一欄楯万億梵摩尼寶所共合成諸欄楯間
自然化生九億天子五百億天女一一天子
手中化生无量億万七寶蓮華一一蓮華上
有无量億光其光明中具諸樂器如是天樂
不鼓自鳴此聲出時諸女自然執衆樂器競
起歌儛所詠歌音演說十善四和誓願諸天
聞者皆發无上道心時諸園中有八色瑠璃
渠一一渠有五百億寶珠而用合成一一渠
中有八味水八色具足其水上涌遊梁棟間
於四門外化生四華水出華中如寶華流一
一華上有二十四天女身色微妙如諸菩薩
莊嚴身相手中自然化生五百億寶器一一
器中天諸甘露自然盈滿左肩荷珮无量瓔
珞右肩復負无量樂器如雲住空從水而出
讚嘆菩薩六波羅蜜若有往生兜率天上自
然得此天女侍御亦有七寶大師子座高四

BD04161 號　觀彌勒菩薩上生兜率天經　（9–2）

莊嚴身相手中自然化生五百億寶器一一
器中天諸甘露自然盈滿左肩荷珮无量瓔
珞右肩復負无量樂器如雲住空從水而出
讚嘆菩薩六波羅蜜若有往生兜率天上自
然得此天女侍御亦有七寶大師子座高四
由旬閻浮檀金无量衆寶以為莊嚴座四角
頭生四蓮華一一蓮華百寶所成一一寶出
百億光明其光微妙化為五百億衆寶雜華
莊嚴寶帳時十方面百千梵王各各持一梵
天妙寶以為寶鈴懸寶帳上時小梵王持天
衆寶以為羅網弥覆帳上尒時百千无數天
子天女眷屬各持寶華以布座上是諸蓮華
自然皆出五百億寶女手執白拂侍立帳内
持宮四角有四寶柱一一寶柱有百千樓閣
梵摩尼珠以為交絡時諸閣間有百千天女
色妙无比手執樂器其樂音中演說苦空无
常无我諸波羅蜜如是天宮有百億万无量
寶色一一諸女亦同寶色尒時十方无量諸
天命終皆願生兜率天宮時兜率宮有五大
神第一大神名曰寶幢身雨七寶散宮牆内
一一寶珠化成无量樂器懸處空中不鼓自
鳴有无量音適衆生意第二大神名曰華德
身雨衆華弥覆宮牆化成華蓋一一華蓋百
千幢幡以為導引
第三大神名曰香音身毛孔中雨出微妙海此
岸栴檀香其香如雲作百寶色遶宮七帀第
四大神名曰喜樂雨如意珠一一寶珠自然

BD04161 號　觀彌勒菩薩上生兜率天經　（9–3）

身雨衆華弥覆宮牆化成華蓋一一華蓋百
千幢幡以為導引
第三大神名曰香音身毛孔中雨出微妙海此
岸栴檀香其香如雲作百寶色遶宮七帀第
四大神名曰喜樂雨如意珠一一寶珠自然
住在幢幡之上顯說无量歸佛歸法歸比丘
僧及說五戒无量善法諸波羅蜜饒益衆生
勸助菩提心者第五大神名曰正音聲身諸
毛孔流出衆水一一水上有五百億華一一
華上有二十五玉女一一玉女身諸毛孔出
一切音聲勝天魔后所有音樂佛告優波離
此名兜率陁天十善報應勝妙福處若我住
世一小劫中廣說一生補處菩薩報應及十
善果者不能窮盡今為汝等略而解說佛告
優波離若有比丘及一切大衆不猒生死樂
生天者愛敬无上菩提心者欲為弥勒作弟
子者當作是觀作是觀者應持五戒八齋具
足身心精進不求斷結脩十善法一一思惟
兜率陁天上上妙快樂作是觀者名為正觀
若他觀者名為耶觀
尒時優波離即從座起整衣服頭面作礼白
佛言世尊兜率陁天上乃有如是極妙樂事
今此大士何時於閻浮提没生於彼天佛告
優波離劫十二年二月十五日於波羅㮈國
劫波利村波婆利大婆羅門家本所生處結
跏趺坐如入滅定身紫金色光明赫弈如百
千日上至兜率陁天其身金剛如鑄金像不

BD04161 號　觀彌勒菩薩上生兜率天經　（9–4）

優波離劫十二年二月十五日於波羅捺國
劫波利村波婆利大婆羅門家本所生處結
跏趺坐如入滅定身紫金色光明赫弈如百
千日上至兜率陁天其身金剛如鑄金像不
動不摇身圓光中有首楞嚴三昧般若波羅
蜜字義炳然時諸天人尋即為起衆寶妙塔
供養舍利時兜率陁天七寶臺内摩尼殿上
師子牀座忽然化生於蓮華上結跏趺坐身
如閻浮檀金色長十六由旬三十二相八十
種好皆悉具足頂上肉髻髮紺瑠璃色釋迦
毗楞伽摩尼寶百千万億甄𦬇迦寶以嚴天
冠其天寶冠有百万億色一一色中有无量
百千化佛諸化菩薩以為侍者復有他方諸
大菩薩作十八變隨意自在住天冠中弥勒
眉間有白豪相光流出衆光作百寶色三十
二相一一相中有五百億寶色一一好亦有
五百億寶色一一相好豔出八万四千光明
雲與諸天子各坐華座晝夜六時常說不退
轉地法輪之行逕一時中成就五百億天子
令不退於阿耨多羅三藐三菩提菩薩如是
處兜率天晝夜恒說此不退轉法輪度諸天
子閻浮提歲數五十六億万歲尒乃下生於
閻浮提如弥勒下生經說佛告優波離是名
弥勒菩薩於閻浮提沒生兜率陁天因緣佛
滅度後我諸弟子若有精勤脩諸功德威儀
不缺掃塔塗地以衆名香妙華供養行衆三

BD04161 號　觀彌勒菩薩上生兜率天經　（9–5）

弥勒菩薩於閻浮提沒生兜率陁天因緣佛
滅度後我諸弟子若有精勤脩諸功德威儀
不缺掃塔塗地以衆名香妙華供養行衆三
昧深入正受讀誦經典如是等人應當至心
雖不斷結如得六通應當繫念念佛形像稱
弥勒名如是等輩若一念頃受八戒齋脩諸
淨業發弘誓願命終之後譬如壯士屈申臂
須即得往生兜率陁天於蓮華上結跏趺坐
百千天子作天伎樂持天曼陁羅華摩訶曼
陁羅華以散其上讚言善哉善哉善男子汝
於閻浮提廣脩福業來生此處此處名兜率
陁天今此天主名曰弥勒汝當歸依應聲即
礼礼已諦觀眉間白豪相光即得超越九十
億劫生死之罪是時菩薩隨其宿緣為說妙
法令其堅固不退轉於无上道心如是等衆
生若淨諸業行六事法必定无疑當得生於
兜率天上值遇弥勒亦隨弥勒下閻浮提第
一聞法於未來世值遇賢劫一切諸佛於星
宿劫亦得值遇諸佛世尊於諸佛前受菩提
記佛告優波離佛滅度後比丘比丘尼優婆
塞優婆夷天龍夜叉乾闥婆阿脩羅迦樓羅
緊那羅摩睺羅伽等是諸大衆若有得聞弥
勒菩薩摩訶薩名者聞已歡喜恭敬礼拜此
人命終如彈指頃即得往生如前无異但得
聞是弥勒名者命終亦不墮黑闇處邊地邪
見諸惡律儀恒生正見眷屬成就不謗三寶

BD04161 號　觀彌勒菩薩上生兜率天經　（9–6）

人命終如彈指頃即得往生如前无異但得
聞是弥勒名者命終亦不墮黑闇處邊地耶
見諸惡律儀恒生正見眷屬成就不謗三寶
佛告優波離若善男子善女人犯諸禁戒造
衆惡業聞是菩薩大悲名字五體投地誠心
懺悔是諸惡業速得清淨未來世中諸衆生
等聞是大悲名稱造立形像香華衣服繒蓋
幢幡礼拜繫念此人命欲終時弥勒菩薩放
眉間白豪大人相光與諸天子雨曼陁羅華
来迎此人此人須臾即得往生值遇弥勒頭
面礼敬未舉頭頃便得聞法即於无上道得
不退轉於未來世得值恒河沙等諸佛如来
佛告優波離汝今諦聽是弥勒菩薩當為未
来世一切衆生作大歸依處若有歸依弥勒
菩薩當知是人於无上道得不退轉弥勒菩
薩成多陁阿伽度阿羅呵三藐三佛陁時如
此行人見佛光明即得受記佛告優波離佛
滅度後四部弟子天龍鬼神若有欲生兜率
天者當作是觀繫念思惟念兜率陁天持禁
戒一日至七日思念十善行十善道以此功
德迴向願生弥勒前者當作是觀作是觀者
若見一天人見一蓮華若一念頃稱弥勒名
此人除却千二百劫生死之罪但聞弥勒名
合掌恭敬此人除却五十劫生死之罪若有
敬礼弥勒者除却百億劫生死之罪設不生
天未來世中龍華菩提樹下亦得值遇發无

BD04161號　觀彌勒菩薩上生兜率天經　（9–7）

戒一日至七日思念十善行十善道以此功
德迴向願生弥勒前者當作是觀作是觀者
若見一天人見一蓮華若一念頃稱弥勒名
此人除却千二百劫生死之罪但聞弥勒名
合掌恭敬此人除却五十劫生死之罪若有
敬礼弥勒者除却百億劫生死之罪設不生
天未來世中龍華菩提樹下亦得值遇發无
上心說是語時无量大衆即從座起頂礼佛
足礼弥勒足遶佛及弥勒菩薩百千帀未得
道者各發誓願我等天人八部今於佛前發
誠實誓願於未來世值遇弥勒捨此身已皆
得上生兜率陁天世尊記曰汝等及未來世
脩福持戒皆當往生弥勒菩薩前為弥勒菩
薩之所攝受佛告優波離作是觀者名為正
觀若他觀者名為耶觀
尒時尊者阿難即從座起叉手長跪白佛言
世尊善哉世尊快說弥勒所有功德亦記未
來世脩福衆生所得果報我今隨喜唯然世
尊此法之要云何受持當何名此經佛告阿
難汝持佛語慎勿忘失為未來世開生天路
示菩提相莫斷佛種此經名弥勒菩薩般涅
槃經亦名觀弥勒菩薩生兜率陁天勸發菩
提心經如是受持佛說是經時他方來會十
万菩薩得首楞嚴三昧八万億諸天發菩提
心皆願隨從弥勒下生佛說是語時四部弟
子天龍八部聞佛所說皆大歡喜礼佛而退

BD04161號　觀彌勒菩薩上生兜率天經　（9–8）

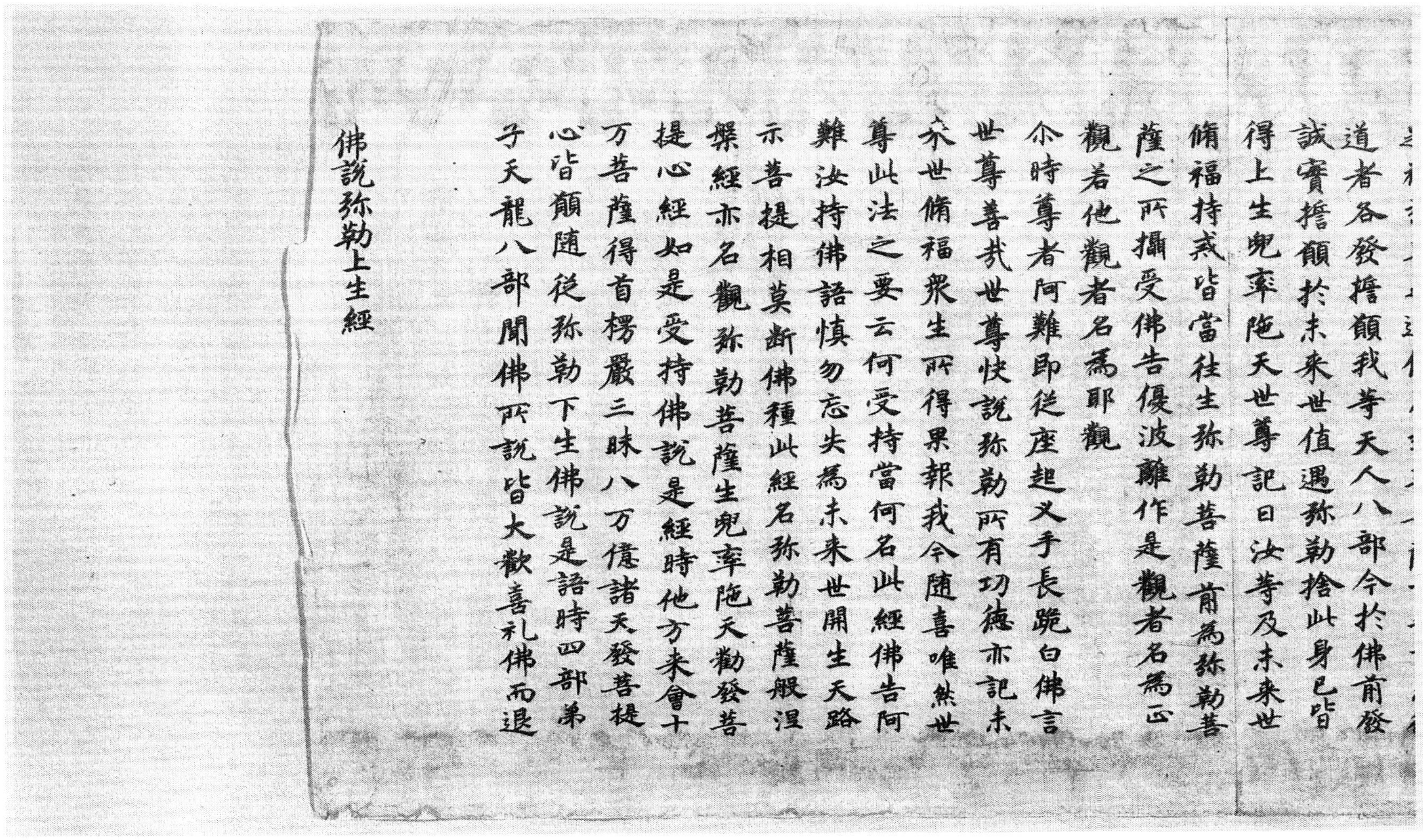

道者各發誓願我等天人八部今於佛前發
誠實誓願於未來世值遇弥勒捨此身已皆
得上生兜率陁天世尊記曰汝等及未來世
脩福持戒皆當往生弥勒菩薩前為弥勒菩
薩之所攝受佛告優波離作是觀者名為正
觀若他觀者名為耶觀
尒時尊者阿難即從座起叉手長跪白佛言
世尊善哉世尊快說弥勒所有功德亦記未
尒世脩福衆生所得果報我今隨喜唯然世
尊此法之要云何受持當何名此經佛告阿
難汝持佛語慎勿忘失為未來世開生天路
示菩提相莫斷佛種此經名弥勒菩薩般涅
槃經亦名觀弥勒菩薩生兜率陁天勸發菩
提心經如是受持佛說是經時他方来會十
万菩薩得首楞嚴三昧八万億諸天發菩提
心皆願隨從弥勒下生佛說是語時四部弟
子天龍八部聞佛所說皆大歡喜礼佛而退

佛說弥勒上生經

BD04161 號　觀彌勒菩薩上生兜率天經　（9–9）

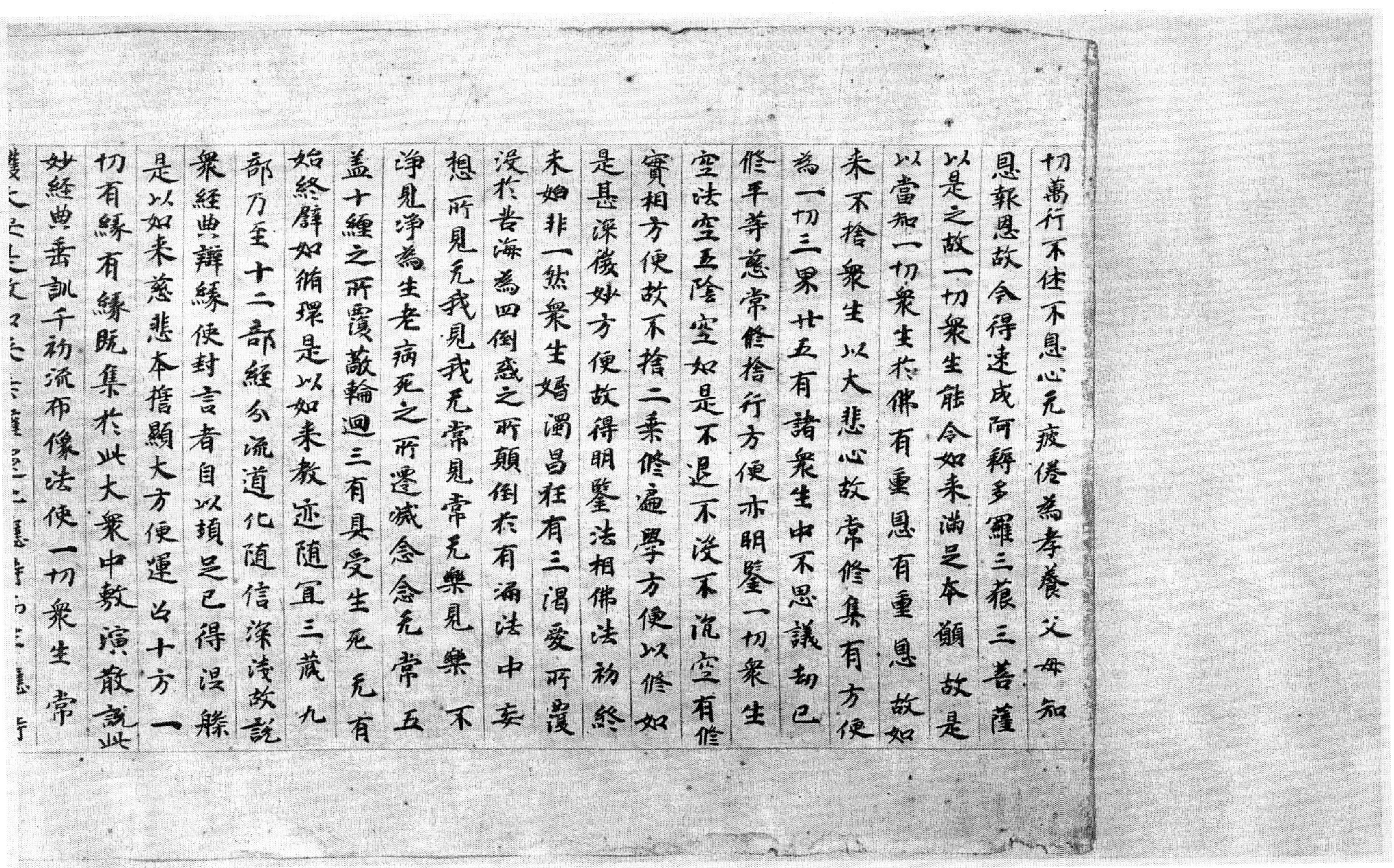

切萬行不倦不息心无疲倦為孝養父母知
恩報恩故今得速成阿耨多羅三藐三菩薩
以是之故一切衆生能令如来滿足本願故是
以當知一切衆生於佛有重恩有重恩故如
来不捨衆生以大悲心故常脩集有方便
為一切三界廿五有諸衆生中不思議劫已
脩平等慈常脩捨行方便亦明鑒一切衆生
空法空五陰空如是不退不沒不流空有脩
實相方便故不捨二乘脩遍學方便以脩如
是甚深微妙方便故得明鑒法相佛法初終
未始非一然衆生婬濁昌狂有三渴愛所覆
沒於苦海為四倒惑之所顛倒於有漏法中妄
想所見无我見我无常見常无樂見樂不
淨見淨為生老病死之所遷滅念念无常五
蓋十纏之所覆蔽輪迴三有具受生死无有
始終譬如循環是以如来教迹隨宜三藏九
部乃至十二部經分流道化隨信深淺故說
衆經典辯緣使封言者自以須足已得涅槃
是以如来慈悲本誓顯大方便運出十方一
切有緣有緣既集於此大衆中敷演散說此
妙經典垂訓千祀流布像法使一切衆生常

BD04162 號　大方便佛報恩經卷一　（9–1）

部乃至十二部經分流道化隨信深淺故說
衆經典辯緣使封言者自以頂足已得涅槃
是以如來慈悲本誓顯大方便運出十方一
切有緣有緣既集於此大衆中敷演說此
妙經典垂訓千初流布像法使一切衆生常
獲大安是故如來乘權運化應時而生應時
而滅或於異刹稱盧舍那如來應供正遍知
明行足善逝世間解无上士調御丈夫天人
師佛世尊或昇兜率他天為諸天師或從兜
率天下於閻浮提現八十年壽當知如來不
可思議世界不可思議業報不可思議衆生
不可思議禪定不可思議龍不可思議此是
佛不可思議佛欲令一切衆生知佛心者乃
至下流鈍根衆生皆欲令得知令一切衆生
能得見者即便得見欲令不得見者假令對
目而不能見致使聲聞緣覺有天眼通亦不
得見又佛放大光明下至阿鼻地獄上至有
頂所應度者皆令得見不應度者對目不見
有時如來或時許可或時嘿然當知諸佛世
尊不可思議不可測量難可得知汝今云何
能問如來如是甚深微妙難行苦行汝作是
問真是大悲愍傷衆生開三惡道通人天
路阿難吾當為汝略說孝養父母苦行因緣
尒時世尊告於阿難及諸大菩薩摩訶薩一
切大衆而作是言乃往過去无量无邊阿僧
祇劫尒時有國号波羅柰彼中有佛出世号
毗婆尸如來應供正遍知明行足善逝世間

BD04162號　大方便佛報恩經卷一　　（9–2）

問真是大悲愍傷衆生開三惡道通人天
路阿難吾當為汝略說孝養父母苦行因緣
尒時世尊告於阿難及諸大菩薩摩訶薩一
切大衆而作是言乃往過去无量无邊阿僧
祇劫尒時有國号波羅柰彼中有佛出世号
毗婆尸如來應供正遍知明行足善逝世間
解无上士調御丈夫天人師佛世尊其佛壽
命十二小劫正法住世廿小劫像法亦住廿小
劫於像法中有王出世号曰羅閣王波羅
柰國王有二萬夫人大惡有四千人有五百
健為王主六十小國八百聚落王有三太子
皆住邊小國王
尒時波羅柰大王聰叡仁賢常以正法治國
不枉人民唯王福德力故風雨時節五穀豐
熟人民優壤
尒時波羅柰大王有一所重大惡名曰羅睺
羅睺大惡心生惡逆起四種兵所謂象兵車
兵馬兵步兵代波羅柰國斷大王命已煞王
竟復遣四兵往詣邊國煞第一太子次復往
收第二太子其最小弟作邊小國王其小王
者所體姝大端政殊妙仁性調善語常含咲
發言利益不傷人意常以正法治國不耶枉
人民國土豐樂人民熾盛多饒財寶家計无
盈國土人民嘆美其王稱善无量靈空諸天
一切神祇亦皆敬愛尒時其王生一太子字
須闍提聰明慈人好喜布放須闍提太子者
身黄金色七處平滿人相具足年始七歲其

BD04162號　大方便佛報恩經卷一　　（9–3）

…言和善不傷人意常以正法治國不邪枉
人民國土豊樂人民熾盛多饒財寶家計充
盈國土人民嘆美其王稱善无量虛空諸天
一切神祇亦皆敬愛尒時其王生一太子字
須闍提聦明慈人好喜布施須闍提太子者
身黄金色七處平滿人相具足年始七歲其
父愛念心不蹔捨
尒時守宮殿神語大王言大王知不羅睺大惡
近生惡逆謀奪國位煞父王竟尋起四兵
伺捕二兄已斷命根軍馬不久當至大王今
者何不逃命去耶尒時大王聞是語已心驚毛
竪身體掉動不能自持憂恚懊惱音嗟煩
悶心肝惱熱婉轉躃地悶絶良久乃蘇後聲
報彼虛空中言卿是何人但聞其聲不見其形
向者所宣審實尒不即報王言我是守宮殿
神以王聦明福德不枉人民正法治國我以是
故先相告語大王今者宜時速出苦惱衰禍致
尒不久怨家来至
尒時大王即入宮中而自思念我今宜應歸投
他國復自思惟向於隣國而有兩道一道
行滿足七日乃至他國一道經由十四日即便
盛七日道粮徹脹尋出去到城外而便還
入宮中呼須闍提太子抱著膝上目不蹔捨
粗復驚起而復還坐
尒時夫人見其大王不安其所似恐怖狀即
前問言大王今者似恐怖狀何因緣故坐不
安所身坌塵土頭髮蓬乱視瞻不均氣息不
定如似失國恩愛别離怨家欲至如是非祥

粗復驚起而復還坐
尒時夫人見其大王不安其所似恐怖狀即
前問言大王今者似恐怖狀何因緣故坐不
安所身坌塵土頭髮蓬乱視瞻不均氣息不
定如似失國恩愛别離怨家欲至如是非祥
之相願見告語王言吾所有事非汝所知夫
人尋白王言我身與王二形一體如似鳥之
兩翅身之兩足頭之二目大王今者云何而
言不相關豫王告夫人汝不知耶羅睺大惡
近生惡逆煞父王竟伺捕二兄亦斷命根今
者兵馬次来收我今欲逃命即便抱須闍提
太子即出進路
尒時夫人亦隨後從去時荒錯心意迷乱悞
入十四日道其道險難无有水草前行數日
粮糗已盡本意盛一人分粮行七日道今者
三人共食誤入十四日道數日粮食已盡前
路猶遠是時大王及與夫人舉聲大哭恠哉
恠哉苦哉苦哉從生已来常未曾聞有如是
苦如何今日身自受之今日窮厄衰禍已至
舉手拍頭塵土自坌舉身投地自悔情言我
等宿世造何惡行為煞父母真人羅漢為誘
正法壞和合僧為田獵魚捕輕稱小升劫奪
衆生為用招提僧物云何今日受此禍對致
欲小停懼怨家至若為怨得必死不疑致欲
前進飢渴所逼命在呼噏
尒時大王及與夫人思是苦已失聲大哭王
悲悶絶舉身躃地良久醒悟復自思惟不設
方便三人并命不離此厄我今可不煞此夫

正法壞和合僧爲田獵魚捕輕秤小升劫奪
衆生爲用招提僧物云何今日受此禍對政欲
欲小停懼怨家至若爲怨得必死不疑政欲
前進飢渴所逼命在呼噏
尒時大王及與夫人思是語已失聲大哭王
悲悶絕舉身躄地良久醒悟復自思惟不設
方便三人并命不離此死我今何不煞於夫
人以活我身并續子命作是念已尋即拔刀
欲煞夫人其子須闍提見王異想右手捉刀
欲煞其母前捉王手語父王言欲作何
等
尒時父王悲淚滿目後聲語子欲煞汝母取
其肉血以續活我身并汝命若不煞者亦當自死
我身今者死活何在今爲子命欲煞汝母
尒時須闍提即白父言王若煞母俱亦不食
何處有子噉於母肉既不噉肉子俱當死父
王今者何不煞子濟父母命王聞子言即便
悶絕婉轉躄地後聲語子如吾目何處有人
能自挑目而還食也吾寧喪命終不煞子
噉其肉也
尒時須闍提諫父母言今者若斷子命
血肉臭爛未堪多日唯願父母莫煞子身欲
求一願若見違者非慈父母
尒時父王語太子言不逆汝意欲願何等便
速說之須闍提言父母今者爲慈子故可日
日持刀就子身上割三斤肉分作三分二分奉
上父母一分還自食之以續身命

BD04162號　大方便佛報恩經卷一　（9–6）

求一願若見違者非慈父母
尒時父王語太子言不逆汝意欲願何等便
速說之須闍提言父母今者爲慈子故可日
日持刀就子身上割三斤肉分作三分二分奉
上父母一分還自食之以續身命
尒時父母即隨子言割三斤肉分作三分二
分父母一分自食以支身命得至前路二日
未至身肉轉盡身體支節骨髓相連餘命未
斷尋便倒地
尒時父母尋前抱持舉聲大哭復發聲言我
等无狀橫噉汝肉使汝苦痛前路猶遠未達
所在而汝肉已盡今者并命聚尸一處
尒時須闍提微聲諫言已噉子肉進路至此
計前里數餘有一日子身今者不能移動捨
命於此父母今者莫如凡人并命一處仰白
一言爲憐愍故莫見拒逆可於身諸節間淨
割餘肉用濟父母可達所在尒時父母即隨
其言於身支節更取少肉分作三分一分與兒
二分自食食已父母別去須闍提起立住視
父母父母尒時舉聲大哭隨路而去父母去
遠不見須闍提太子戀慕父母目不暫捨良
久躄地身體新血肉香於十方面有蚊虻聞
血肉香來封身上遍體唼食楚毒苦痛不可
復言
尒時太子餘命未斷發聲立誓願宿世殃惡
從是除盡從今已往更不敢作今我此身以
供養父母濟其所重願我父母常得十一餘

BD04162號　大方便佛報恩經卷一　（9–7）

血肉香来封身上遍體嘍食楚毒苦痛不可
復言
尒時太子餘命未斷發聲立誓願宿世殃惡
從是除盡從今已往更不敢作令我此身以
供養父母濟其所重願我父母常得十一餘
福卧安覺安不見惡夢天護人愛縣官盜賊
陰謀消滅觸事吉祥餘身肉血施此諸蚊虻
等皆使飽滿令我来世得成佛佛得成佛時
願以法食除汝飢渴生死重病發是願時天
地六種震動日无精光驚諸禽獸四散馳走
大海波動須弥山王踊沒低昂乃至忉利諸
天亦皆大動時釋提桓因將欲界諸天下閻
浮提怯怖須閻提太子化作師子虎狼之
屬張目眦皆咆地大吼波涌騰躑来欲搏
噬
尒時須閻提見諸禽獸作大威勢發聲語言
汝欲噉我隨意取食何為見恐怖尒時天王
釋言我非師子虎狼也是天帝釋故来試卿
尒時太子見天王釋歡喜无量尒時天王釋
問太子言汝是難捨能捨身體骨肉供養父
母如是功德為願生天作魔王梵王天王人
王轉輪聖王須閻提報天王釋言我亦不願
生天魔王梵王天王人王轉輪聖王欲求无
上正真之道度脫一切衆生天王釋言汝大
愚也何耨多羅三藐三菩提久受勤苦然後
乃成汝云何能受是苦也須閻提報天王釋
言假使熱鐵輪在我頂上旋終不以此苦退

BD04162號　大方便佛報恩經卷一　（9–8）

大海波動須弥山王踊沒低昂乃至忉利諸
天亦皆大動時釋提桓因將欲界諸天下閻
浮提怯怖須閻提太子化作師子虎狼之
屬張目眦皆咆地大吼波涌騰躑来欲搏
噬
尒時須閻提見諸禽獸作大威勢發聲語言
汝欲噉我隨意取食何為見恐怖尒時天王
釋言我非師子虎狼也是天帝釋故来試卿
尒時太子見天王釋歡喜无量尒時天王釋
問太子言汝是難捨能捨身體骨肉供養父
母如是功德為願生天作魔王梵王天王人
王轉輪聖王須閻提報天王釋言我亦不願
生天魔王梵王天王人王轉輪聖王欲求无
上正真之道度脫一切衆生天王釋言汝大
愚也何耨多羅三藐三菩提久受勤苦然後
乃成汝云何能受是苦也須閻提報天王釋
言假使熱鐵輪在我頂上旋終不以此苦退
於无上道天王釋言汝唯空言誰當信汝須
閻提即立誓願若我欺誑天王釋者令我身

BD04162號　大方便佛報恩經卷一　（9–9）

彼香烟一剎那頃變成香蓋聞香芬馥觀色
光明遍至一切諸天神宮佛告四天王是香
光明非但至此宮殿變成香蓋放大光明由
彼人王手執香爐燒衆名香供養經時其香
烟氣於一念頃遍至三千大千世界百億日
月百億妙高山王百億四洲於此三千大千
世界一切天龍藥叉揵闥婆阿蘇羅揭路荼
緊那羅莫呼洛伽宮殿之所虛空中充滿
而住種種香烟變成雲蓋其蓋金色普照
天宮如是三千大千世界所有種種香雲香
蓋皆是金光明最勝王經威神之力是諸人
王手持香爐供養經時種種香氣非但遍此
三千大千世界於一念頃亦遍十方无量无
邊恒河沙等百千万億諸佛國土於諸佛上
虛空之中變成香蓋金色普照亦復如是時
彼諸佛聞此妙香觀斯雲蓋及以金色於十
方界恒河沙等諸佛世尊現神變已彼諸世尊
悉共觀察異口同音讚法師曰善哉善哉汝
大丈夫能廣流布如是甚深微妙經典則
為成就无量无邊不可思議福德之聚若有

BD04163號　金光明最勝王經卷六　（5－1）

彼諸佛聞此妙香觀其雲蓋及以金色於十
方界恒河沙等諸佛世尊現神變已彼諸世尊
悉共觀察異口同音讚法師曰善哉善哉汝
大丈夫能廣流布如是甚深微妙經典則
為成就无量无邊不可思議福德之聚若有
聽聞如是經者所獲功德其量甚多何況書
寫受持讀誦為他敷演如說修行何以故善
男子若有衆生聞此金光明最勝王經者即
於阿耨多羅三藐三菩提不復退轉
尒時十方有百千俱胝那庾多无量无數恒
河沙等諸佛剎土彼諸剎土一切如來異口
同音於法座上讚彼法師言善哉善哉善男
子汝於未來世以精勤力當修无量百千苦行
具足資糧超諸聖衆出過三界為最勝尊當
坐菩提樹王之下殊勝莊嚴能救三千大千
世界有緣衆生善能降伏可畏形儀諸魔軍
衆覺了諸法最勝清淨甚深无上正等菩提
善男子汝當坐於金剛之座轉於无上諸佛
所讚十二妙行甚深法輪能擊无上最大法
鼓能吹无上極妙法蠡能建无上殊勝法幢
能然无上極明法炬能降无上甘露法雨能
斷无量煩惱怨結能令无量百千万億那庾
多有情度於无涯可畏大海解脫生死无際
輪迴值遇无量百千万億那庾多佛
尒時四天王復白佛言世尊是金光明最勝
王經能於未來現在成就如是无量功德是
故人王若得聞是微妙經典即是已於百千

BD04163號　金光明最勝王經卷六　（5－2）

斷无量煩惱怨結能令无量百千万億那庾
多有情度於无涯可畏大海解脫生死无際
輪迴值遇无量百千万億那庾多佛
尒時四天王復白佛言世尊是金光明最勝
王經能於未來現在成就如是无量功德是
故人王若得聞是微妙經典即是已於百千
万億无量佛所種諸善根於彼人王我當護
念復見无量福德利故我等四王及餘眷屬
无量百千万億諸神於自宮殿見是種種香
烟雲蓋神變之時我當隱蔽不現其身為聽
法故當至是王清淨嚴飾所止宮殿講法之
處如是乃至梵宮帝釋大辯才天大吉祥天
堅牢地神正了知神大將二十八部諸藥叉神
大自在天金剛密主寶賢大將訶利底母五百
眷屬无熱惱池龍王大海龍王无量百千万
億那庾多諸天藥叉如是等眾為聽法故皆
不現身至彼人王殊勝宮殿莊嚴高座說法
之所世尊我等四王及餘眷屬藥叉諸神皆
當一心共彼人王為善知識因是无上大法
施主以甘露味充足於我是故我等當護是
王除其衰患令得安隱及其宮殿城邑國土
諸惡災變悉令消滅尒時四天王俱共合掌
白佛言世尊若有人王於其國土雖有此經
未嘗流布心生捨離不樂聽聞亦不供養
尊重讚歎見四部眾持經之人亦復不能
尊重供養遂令我等及餘眷屬无量諸天不
得聞此甚深妙法背甘露味失正法流无有

白佛言世尊若有人王於其國土雖有此經
未嘗流布心生捨離不樂聽聞亦不供養
尊重讚歎見四部眾持經之人亦復不能
尊重供養遂令我等及餘眷屬无量諸天不
得聞此甚深妙法背甘露味失正法流无有
威光及以勢力增長惡趣損減人天墜生死
河乖涅槃路世尊我等四王并諸眷屬及藥
叉等見如斯事捨其國土无擁護心非但我
等捨棄是王亦有无量守護國土諸大善神
悉皆捨去既捨離已其國當有種種災禍喪
失國位一切人眾皆无善心唯有繫縛殺害
瞋諍互相讒諂枉及无辜疾疫流行彗星數
出兩日並現薄蝕无恒黑白二虹表不祥相
星流地動井內發聲暴雨惡風不依時節常
遭飢饉苗實不成多有他方怨賊侵掠國內
人民受諸苦惱土地无有可樂之處世尊我
等四王及與无量百千天神并護國土諸舊
善神遠離去時生如是等无量百千災恠惡
事世尊若有人王欲護國土常受快樂欲令
眾生咸蒙安隱欲得摧伏一切外敵於自國
境永得昌盛欲令正教流布世間苦惱惡法
皆除滅者世尊是諸國主必當聽受是妙經
王亦應恭敬供養讀誦受持經者我等及餘
无量天眾以是聽法善根威力得服无上甘
露法味增益我等所有眷屬并餘天神皆得
勝利何以故以是人王至心聽受是經典故
世尊如大梵天於諸有情常為宣說世出世

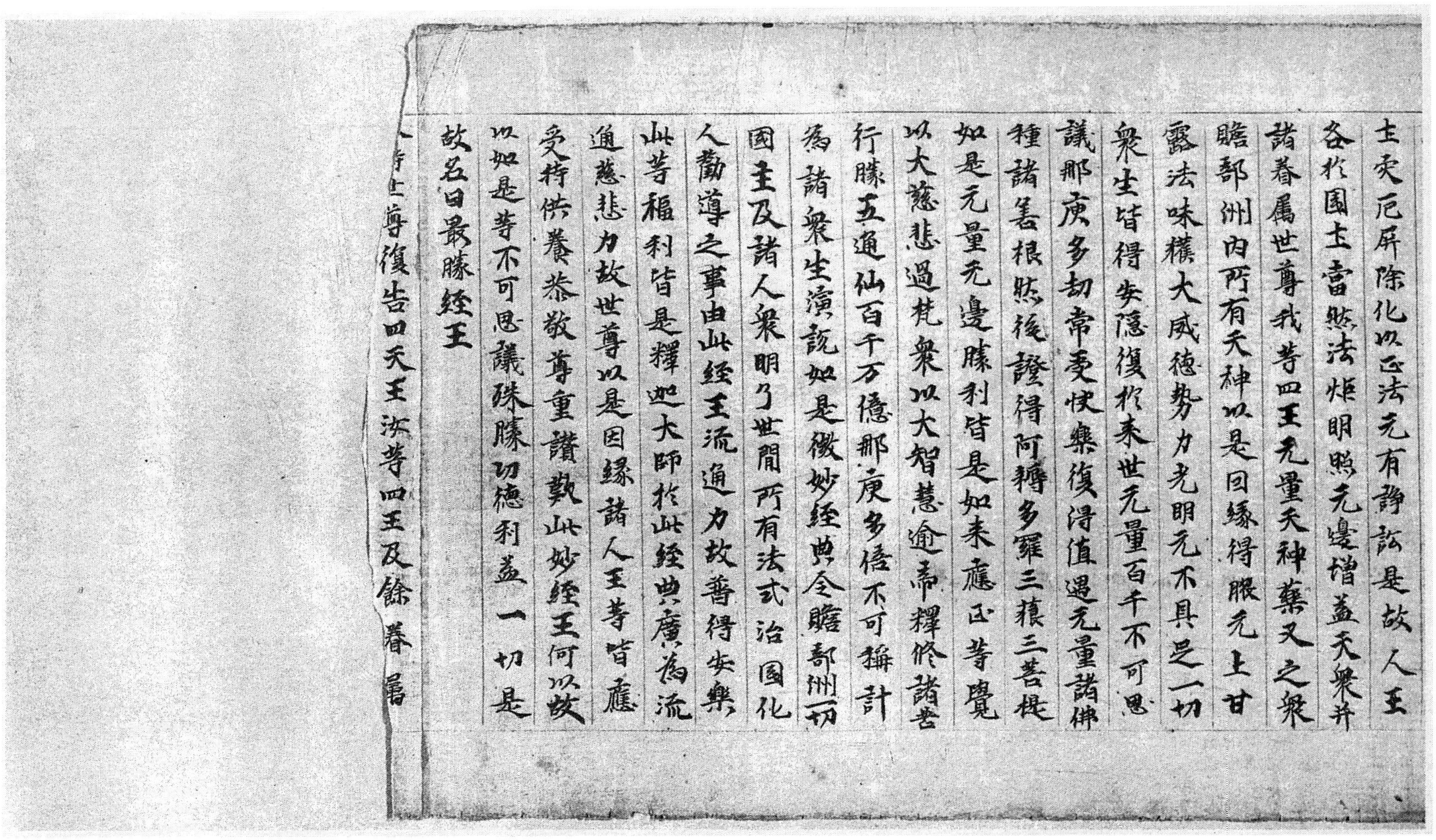
主灾厄屏除化以正法无有諍訟是故人王
各於國土當然法炬明照无邊增益天衆并
諸眷屬世尊我等四王无量天神藥叉之衆
贍部洲内所有天神以是因緣得服无上甘
露法味獲大威德勢力光明无不具足一切
衆生皆得安隱復於來世无量百千不可思
議那庾多劫常受快樂復得值遇无量諸佛
種諸善根然後證得阿耨多羅三藐三菩提
如是无量无邊勝利皆是如來應正等覺
以大慈悲過梵衆以大智慧逾帝釋修諸苦
行勝五通仙百千万億那庾多倍不可稱計
為諸衆生演說如是微妙經典令贍部洲一切
國主及諸人衆明了世間所有法式治國化
人勸導之事由此經王流通力故普得安樂
此等福利皆是釋迦大師於此經典廣為流
通慈悲力故世尊以是因緣諸人王等皆應
受持供養恭敬尊重讚歎此妙經王何以故
以如是等不可思議殊勝功德利益一切是
故名曰最勝經王
尒時世尊復告四天王汝等四王及餘眷屬

BD04163 號　金光明最勝王經卷六　（5–5）

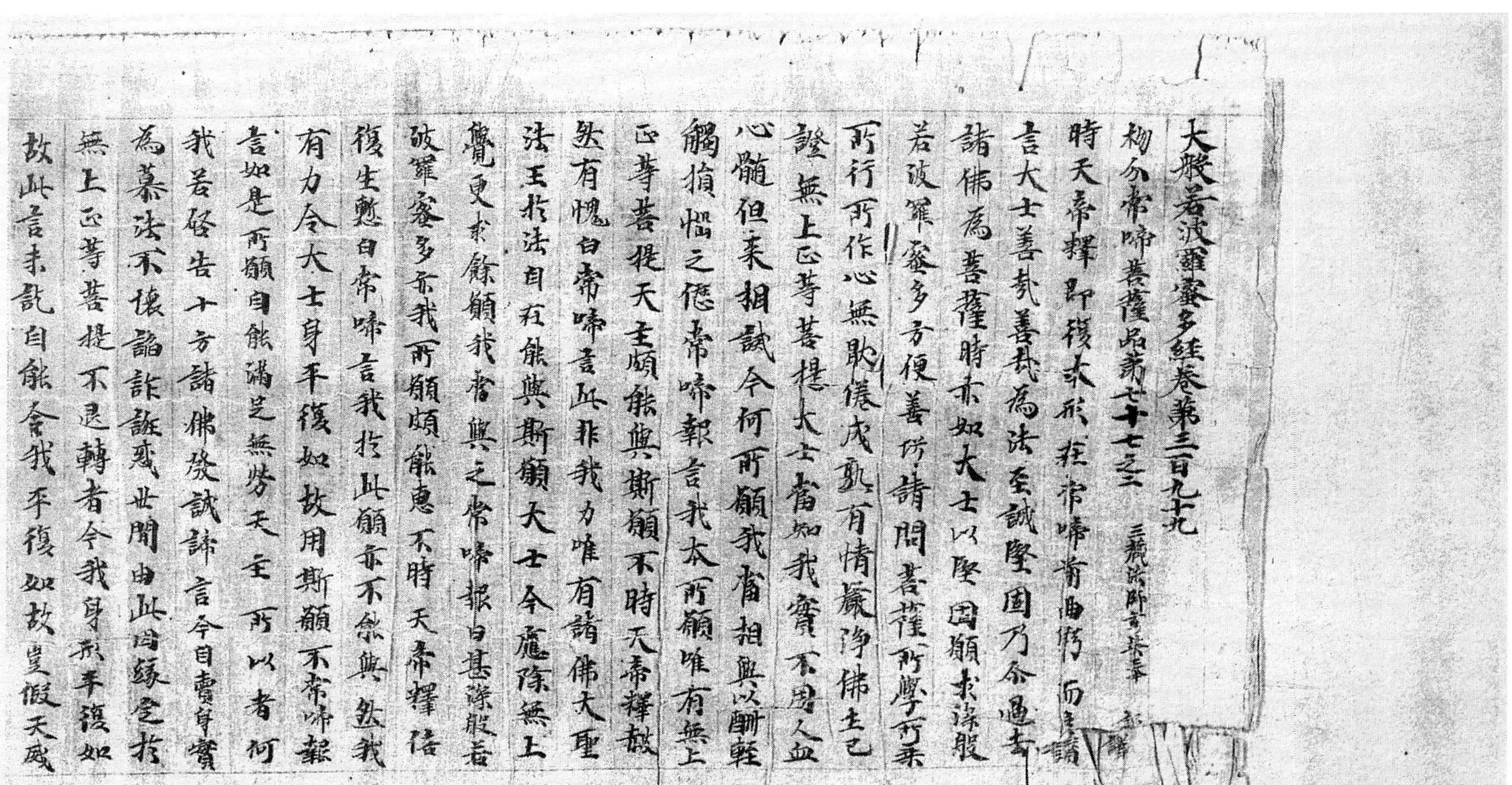
大般若波羅蜜多經卷第三百九十九　三藏法師玄奘奉　詔譯
初分常啼菩薩品第七十七之二
時天帝釋即復本形在常啼前曲躬而立請
言大士善哉善哉為法至誠堅固乃尒過去
諸佛為菩薩時亦如大士以堅固願求深般
若波羅蜜多方便善巧請問菩薩所學所乘
所行所作心無厭倦成熟有情嚴淨佛土已
證無上正等菩提大士當知我實不用人血
心髓但來相試今何所願我當相與以酬輕
觸損惱之愆常啼報言我本所願唯有無上
正等菩提天主頗能與斯願不時天帝釋赧
然有愧白常啼言此非我力唯有諸佛大聖
法王於法自在能與斯願大士今應除無上
覺更求餘願我當與之常啼報曰甚深般若
波羅蜜多亦我所願頗能惠不時天帝釋倍
復生愧白常啼言我於此願亦不能與然我
有力令大士身平復如故用斯願不常啼報
言如是所願自能滿足無勞天主所以者何
我若啓告十方諸佛發誠諦言今自賣身實
為慕法不懷諂詐誑惑世間由此因緣定於
無上正等菩提不退轉者令我身形平復如
故此言未訖自能令我平復如故豈假天威

BD04164 號　大般若波羅蜜多經卷三九九　（4–1）

復生慚白常啼言我於此願亦不能與然我
有力令大士身平復如故用斯願不常啼報
言如是所願自能滿足無勞天主所以者何
我若發告十方諸佛發誠諦言今自賣身實
為慕法不懷諂詐誑惑世間由此因緣定於
無上正等菩提不退轉者令我身形平復如
故此言未訖自然令我平復如故豈假天威
天帝釋言如是如是佛之神力不可思議菩
薩至誠何事不辦然由我故損大士身唯願
慈悲許辦斯事常啼菩薩便告彼言既爾殷
勤當隨汝意時天帝釋即施天威令常啼身
平復如故乃至不見少分瘡痕歘見端嚴過
於往日愧謝右遶忽然不現
爾時長者女見常啼菩薩希有之事轉增愛
重恭敬合掌白常啼言願降慈悲暫臨我宅
所須供養甚深般若波羅蜜多及說法師法
涌菩薩上妙供具為白父母一切當得隨我及
侍從亦辭父母隨大士往具妙香城為欲供
養甚深般若波羅蜜多及說法師法涌菩薩
摩訶薩故是時常啼隨彼所願俱到其舍在
門外止時長者女即入其舍白父母言願多
與我家中所有上妙花鬘塗散等香衣服瓔
珞寶幢幡蓋伎樂燈油末尼真珠吠瑠璃寶
頗胝迦寶珊瑚虎魄螺貝璧玉杵藏石藏帝
青大青并金銀等種種供具亦聽我身及先
事我五百侍女持諸供具皆當隨從常啼菩
薩往妙香城為欲供養甚深般若波羅蜜

門外止時長[illegible]
與我家中所有上妙花鬘塗散等香衣服瓔
珞寶幢幡蓋伎樂燈油末尼真珠吠瑠璃寶
頗胝迦寶珊瑚虎魄螺貝璧玉杵藏石藏帝
青大青并金銀等種種供具亦聽我身及先
事我五百侍女持諸供具皆當隨從常啼菩
薩往妙香城為欲供養甚深般若波羅蜜
及說法師法涌菩薩彼當為我宣說法要
得聞已如說脩行定獲無邊微妙佛法時彼
父母聞已驚駭即問女言常啼菩薩今在何
處是何等人女即白言今在門外彼是大士
為欲度脫一切有情生死苦故勤求無上正
等菩提又彼大士愛重正法不惜身命為欲
供養菩薩所學甚深般若波羅蜜多及說法
師法涌菩薩摩訶薩故入此城中處處巡環
高聲唱曰我今自賣誰欲買人我今自賣誰
欲買人經於久時賣身不售愁憂苦惱在一
處立涕淚而言我有何罪為欲供養甚深般
若波羅蜜多及說法師法涌菩薩摩訶薩故
雖自賣身而無買者時天帝釋為欲試驗即
自化作少婆羅門來至其前問言男子汝何
住此憂悲不樂時彼大士答言儒童我為供
養甚深般若波羅蜜多及說法師法涌菩薩
然我貧乏無諸財寶愛重法故欲自賣身遍
此城中無相問者自惟薄福住此憂悲時婆
羅門語大士曰我於今者正欲祠天不用人
身但須人血人髓人心頗能賣不大士聞已

然我貧之無諸財寶愛重法故欲自賣身通
此城中無相問者自惟薄福住此憂悲時婆
羅門語大士曰我於今者正欲祠天不用人
身但須人血人髓人心頗能賣不大士聞已
歡喜踴躍以柔濡語報婆羅門仁所買者我
悉能賣婆羅門言須幾價直大士報曰隨意
相酬大士今時作是語已即申右手執取利
刀刺己左臂令出其血復割右髀皮肉置地
破骨出髓與婆羅門復趣墻邊欲剖心出我
在高閣遥見是事作是念言此善男子何因
緣故困苦其身我當問之念已下閣到大士所作是
問言汝何因緣先唱自賣今出血髓復欲剖
心彼答我曰姊不知耶我為供養甚深般若
波羅蜜多及說法師法涌菩薩然我貧乏無
諸財寶愛重法故先自賣身無相買者今賣
三事與婆羅門我時問言汝今自賣身血心
髓欲持價直供養般若波羅蜜多及說法師
法涌菩薩當獲何等功德勝利彼答我言法
涌菩薩於甚深法已得自在當為我說甚深
般若波羅蜜多方便善巧菩薩所學菩薩所
乘菩薩所行菩薩所作我得聞已如說脩行
成熟有情嚴淨佛土速證無上正等菩提得
金色身具三十二大丈夫相八十隨好圓滿
威常光一尋餘光無量具佛十力四無所

BD04164號　大般若波羅蜜多經卷三九九　（4–4）

何
相眾生相壽者相
去於五百世作忍辱仙人於尒所世无我相无
人相无眾生相无壽者相是故須菩提菩薩
應離一切相發阿耨多羅三藐三菩提心不
應住色生心不應住聲香味觸法生心應生
无所住心若心有住則為非住是故佛說菩
薩心不應住色布施須菩提菩薩為利益一
切眾生應如是布施如來說一切諸相即是
非相又說一切眾生則非眾生
須菩提如來是真語者實語者如語者不誑
語者不異語者須菩提如來所得法此法无
實无虛
須菩提若菩薩心住於法而行布施如人入
闇則无所見若菩薩心不住法而行布施如人
有目日光明照見種種色
須菩提當來之世若善男子善女人能於此
經受持讀誦則為如來以佛智慧悉知是人
悉見是人皆得成就无量无邊功德
須菩提若有善男子善女人初日分以恒河
沙等身布施中日分復以恒河沙等身布施
後日分亦以恒河沙等身布施如是无量百

BD04165號　金剛般若波羅蜜經　（5–1）

闇則无所見若菩薩心不住法而行布施如人
有目日光明照見種種色
須菩提當来之世若善男子善女人能於此
經受持讀誦則爲如来以佛智慧悉知是人
悉見是人皆得成就无量无邊功德
須菩提若有善男子善女人初日分以恒河
沙等身布施中日分復以恒河沙等身布施
後日分亦以恒河沙等身布施如是无量百
千万億劫以身布施若復有人聞此經典信
心不逆其福勝彼何况書寫受持讀誦爲人
解説
須菩提以要言之是經有不可思議不可稱
量无邊功德如来爲發大乘者説爲發最上
乘者説若有人能受持讀誦廣爲人説如来
悉知是人悉見是人皆得成就不可量不可
稱无有邊不可思議功德如是人等則爲荷
檐如来阿耨多羅三藐三菩提何以故須菩
提若樂小法者著我見人見衆生見壽者
見則於此經不能聽受讀誦爲人解説須菩
提在在處處若有此經一切世間天人阿脩羅
所應供養當知此處則爲是塔皆應恭敬
作礼圍遶以諸華香而散其處
復次須菩提善男子善女人受持讀誦此經
若爲人輕賤是人先世罪業應墮惡道以今
世人輕賤故先世罪業則爲消滅當得阿耨多
羅三藐三菩提須菩提我念過去无量阿僧
祇劫於然燈佛前得值八百四千万億那由他
諸佛悉皆供養承事无空過者若復有人於

BD04165號　金剛般若波羅蜜經　（5–2）

復次須菩提善男子善女人受持讀誦此經
若爲人輕賤是人先世罪業應墮惡道以今
世人輕賤故先世罪業則爲消滅當得阿耨多
羅三藐三菩提須菩提我念過去无量阿僧
祇劫於然燈佛前得值八百四千万億那由他
諸佛悉皆供養承事无空過者若復有人於
後末世能受持讀誦此經所得功德於我所
供養諸佛功德百分不及一千万億分乃至
筭數譬喻所不能及須菩提若善男子善
女人於後末世有受持讀誦此經所得功德
我若具説者或有人聞心則狂亂狐疑不信
須菩提當知是經義不可思議果報亦不可
思議
尒時須菩提白佛言世尊善男子善女人發
阿耨多羅三藐三菩提心云何應住云何降
伏其心佛告須菩提善男子善女人發阿耨
多羅三藐三菩提者當生如是心我應滅度
一切衆生滅度一切衆生已而无有一衆生實
滅度者何以故若菩薩有我相人相衆生相
壽者相則非菩薩所以者何須菩提實无
有法發阿耨多羅三藐三菩提者
須菩提於意云何如来於然燈佛所有法得
阿耨多羅三藐三菩提不不也世尊如我解
佛所説義佛於然燈佛所无有法得阿耨多
羅三藐三菩提佛言如是如是須菩提實
无有法如来得阿耨多羅三藐三菩提須菩
提若有法如来得阿耨多羅三藐三菩提者然
燈佛則不與我受記汝於来世當得作佛号釋

BD04165號　金剛般若波羅蜜經　（5–3）

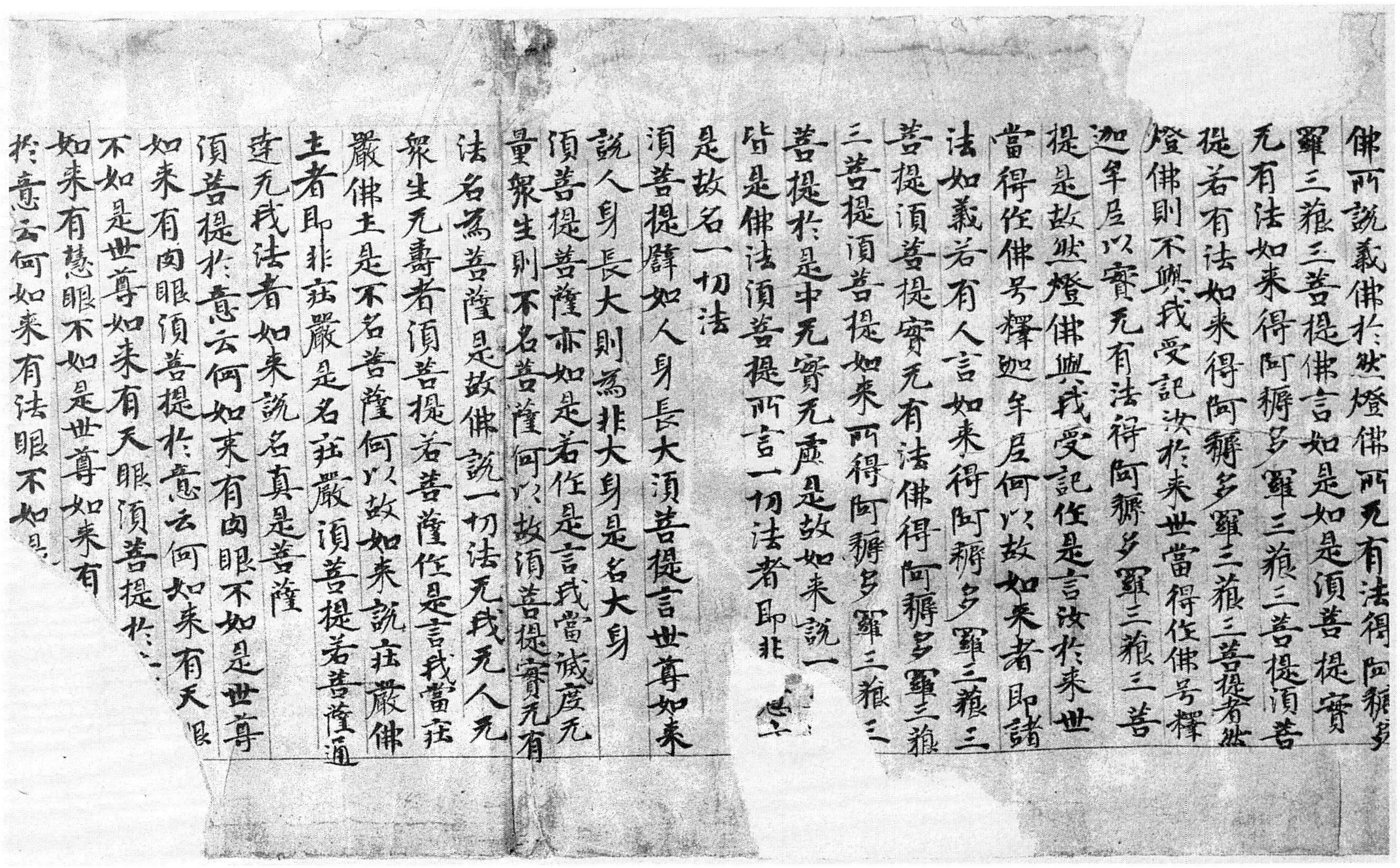

佛所說義佛於然燈佛所无有法得阿耨多
羅三藐三菩提佛言如是如是須菩提實
无有法如来得阿耨多羅三藐三菩提須菩
提若有法如来得阿耨多羅三藐三菩提者然
燈佛則不與我受記汝於来世當得作佛号釋
迦牟尼以實无有法得阿耨多羅三藐三菩
提是故然燈佛與我受記作是言汝於来世
當得作佛号釋迦牟尼何以故如来者即諸
法如義若有人言如来得阿耨多羅三藐三
菩提須菩提實无有法佛得阿耨多羅三藐
三菩提須菩提如来所得阿耨多羅三藐三
菩提於是中无實无虛是故如来說一
皆是佛法須菩提所言一切法者即非
是故名一切法
須菩提譬如人身長大須菩提言世尊如来
說人身長大則為非大身是名大身
須菩提菩薩亦如是若作是言我當滅度无
量衆生則不名菩薩何以故須菩提實无有
法名為菩薩是故佛說一切法无我无人无
衆生无壽者須菩提若菩薩作是言我當莊
嚴佛土是不名菩薩何以故如来說莊嚴佛
土者即非莊嚴是名莊嚴須菩提若菩薩通
達无我法者如来說名真是菩薩
須菩提於意云何如来有肉眼不如是世尊
如来有肉眼須菩提於意云何如来有天眼
不如是世尊如来有天眼須菩提於
如来有慧眼不如是世尊如来有
於意云何如来有法眼不如

BD04165號　金剛般若波羅蜜經　（5–4）

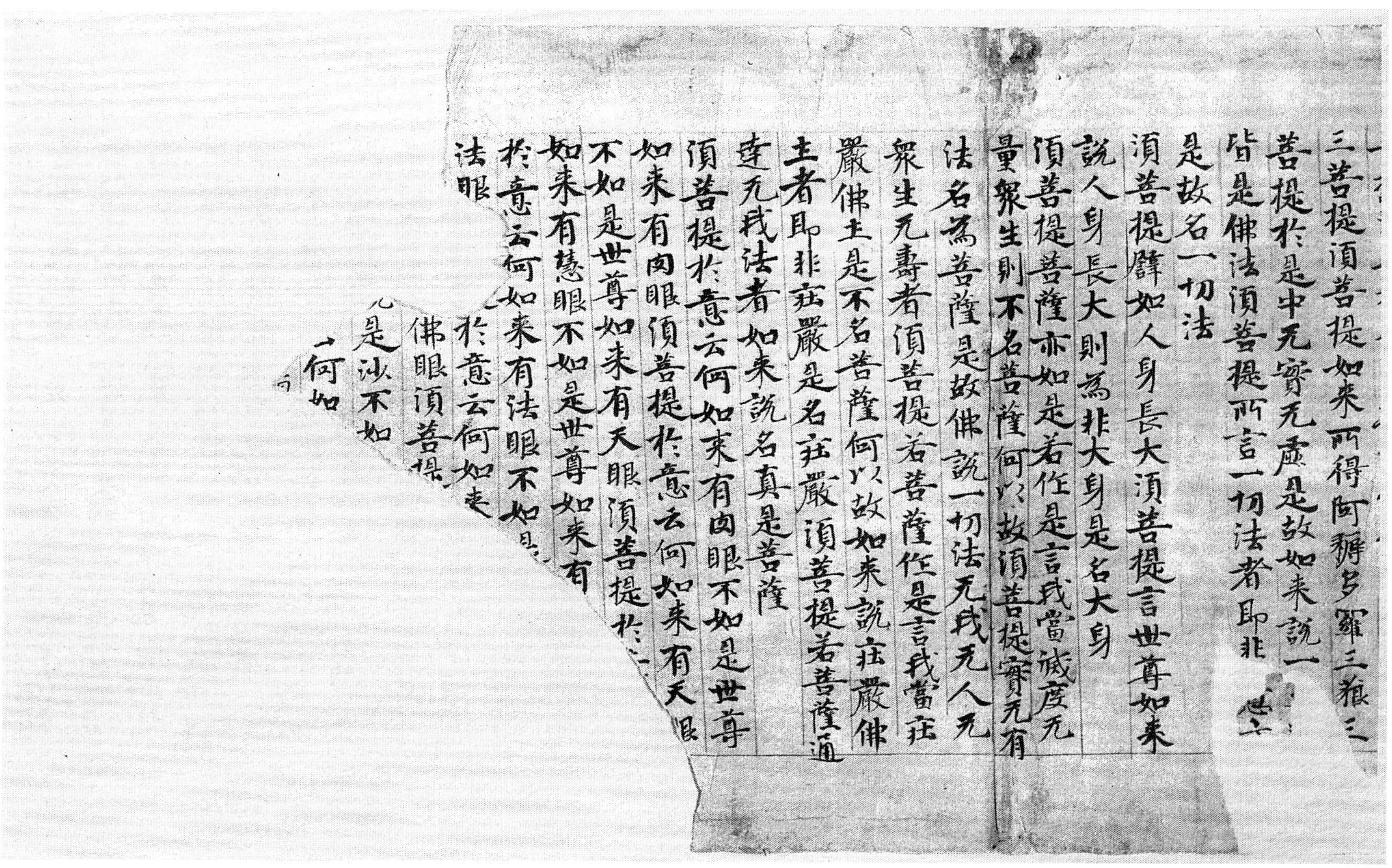

三菩提須菩提如来所得阿耨多羅三藐三
菩提於是中无實无虛是故如来說一
皆是佛法須菩提所言一切法者即非
是故名一切法
須菩提譬如人身長大須菩提言世尊如来
說人身長大則為非大身是名大身
須菩提菩薩亦如是若作是言我當滅度无
量衆生則不名菩薩何以故須菩提實无有
法名為菩薩是故佛說一切法无我无人无
衆生无壽者須菩提若菩薩作是言我當莊
嚴佛土是不名菩薩何以故如来說莊嚴佛
土者即非莊嚴是名莊嚴須菩提若菩薩通
達无我法者如来說名真是菩薩
須菩提於意云何如来有肉眼不如是世尊
如来有肉眼須菩提於意云何如来有天眼
不如是世尊如来有天眼須菩提於
如来有慧眼不如是世尊如来有
於意云何如来有法眼不如
法眼
於意云何如来
佛眼須菩提
是沙不如
何如

BD04165號　金剛般若波羅蜜經　（5–5）

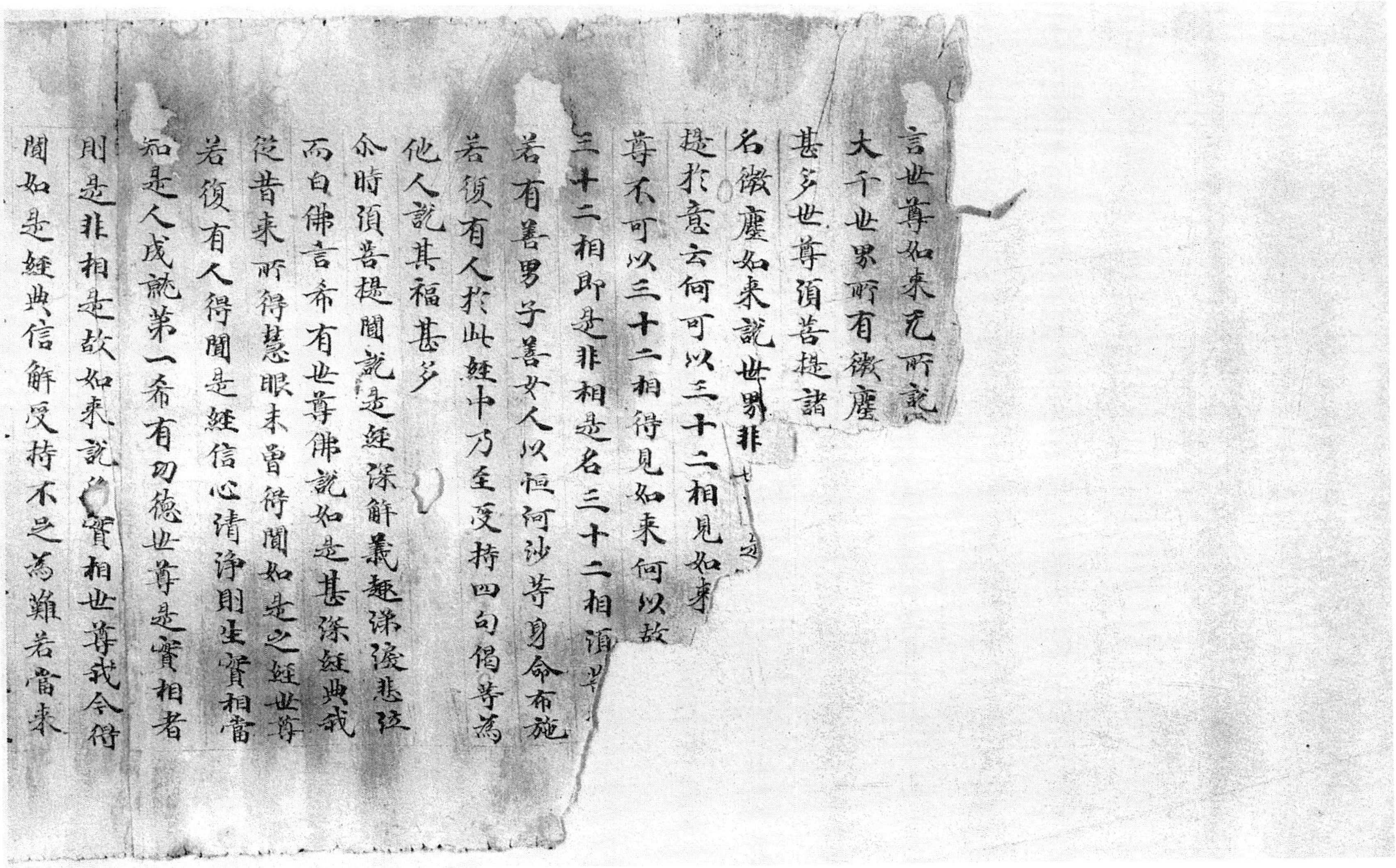
言世尊如来无所說
大千世界所有微塵
甚多世尊須菩提諸
名微塵如来說世界非
提於意云何可以三十二相見如来
尊不可以三十二相得見如来何以故
三十二相即是非相是名三十二相須菩
若有善男子善女人以恒河沙等身命布施
若復有人於此經中乃至受持四句偈等為
他人說其福甚多
尒時須菩提聞說是經深解義趣涕淚悲泣
而白佛言希有世尊佛說如是甚深經典我
從昔来所得慧眼未曾得聞如是之經世尊
若復有人得聞是經信心清淨則生實相當
知是人成就第一希有功德世尊是實相者
則是非相是故如来說名實相世尊我今得
聞如是經典信解受持不足為難若當来

BD04166 號　金剛般若波羅蜜經　（3–1）

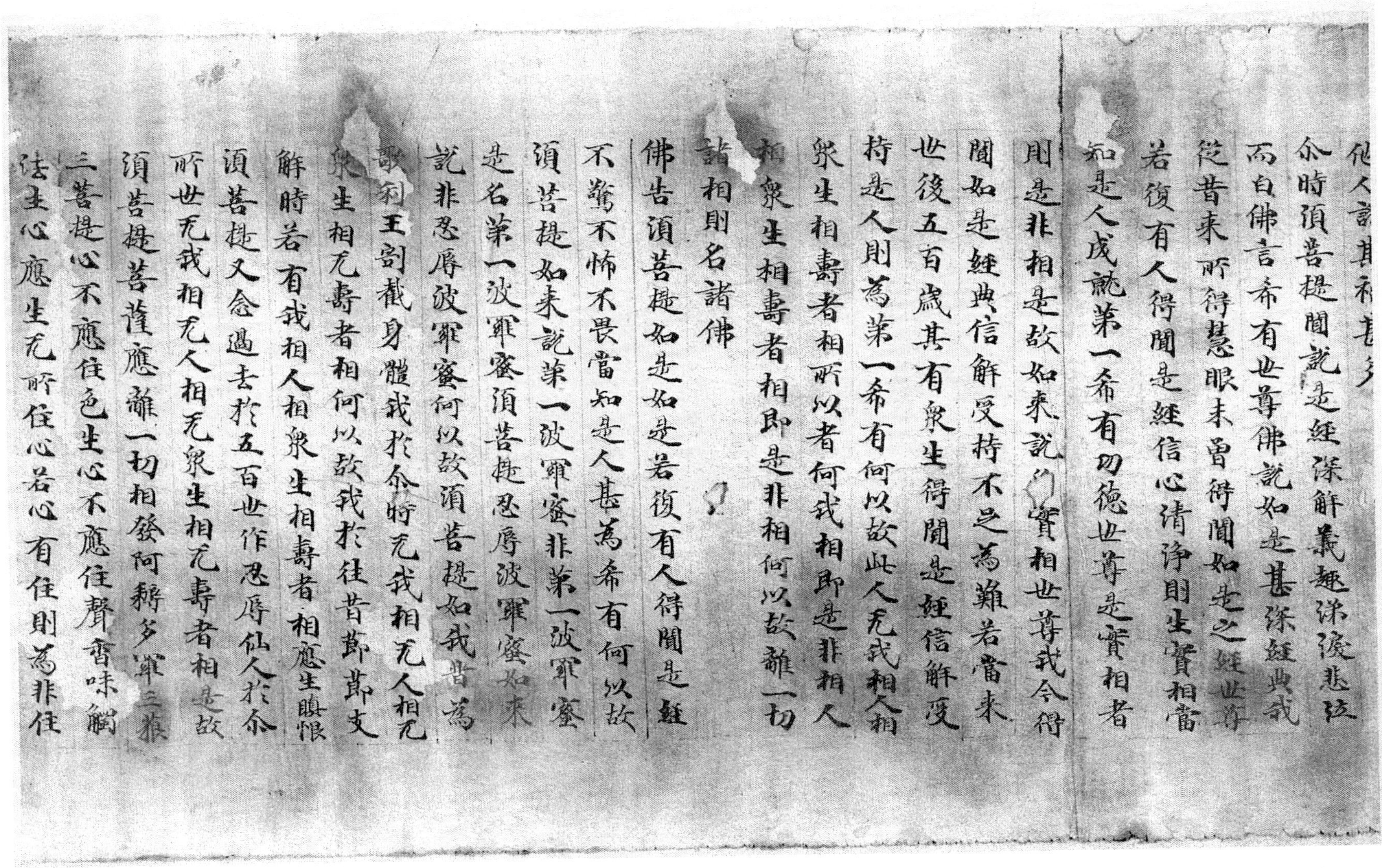
他人說其福甚多
尒時須菩提聞說是經深解義趣涕淚悲泣
而白佛言希有世尊佛說如是甚深經典我
從昔来所得慧眼未曾得聞如是之經世尊
若復有人得聞是經信心清淨則生實相當
知是人成就第一希有功德世尊是實相者
則是非相是故如来說名實相世尊我今得
聞如是經典信解受持不足為難若當来
世後五百歲其有衆生得聞是經信解受
持是人則為第一希有何以故此人无我相人相
衆生相壽者相所以者何我相即是非相人
相衆生相壽者相即是非相何以故離一切
諸相則名諸佛
佛告須菩提如是如是若復有人得聞是經
不驚不怖不畏當知是人甚為希有何以故
須菩提如来說第一波羅蜜非第一波羅蜜
是名第一波羅蜜須菩提忍辱波羅蜜如来
說非忍辱波羅蜜何以故須菩提如我昔為
歌利王割截身體我於尒時无我相无人相无
衆生相无壽者相何以故我於往昔節節支
解時若有我相人相衆生相壽者相應生瞋恨
須菩提又念過去於五百世作忍辱仙人於尒
所世无我相无人相无衆生相无壽者相是故
須菩提菩薩應離一切相發阿耨多羅三藐
三菩提心不應住色生心不應住聲香味觸
法生心應生无所住心若心有住則為非住

BD04166 號　金剛般若波羅蜜經　（3–2）

須菩提又念過去於五百世作忍辱仙人於尒
所世无我相无人相无衆生相无壽者相是故
須菩提菩薩應離一切相發阿耨多羅三藐
三菩提心不應住色生心不應住聲香味觸
法生心應生无所住心若心有住則為非住
是故佛說菩薩心不應住色布施須菩提菩
薩為利益一切衆生應如是布施如來說一
切諸相即是非相又說一切衆生則非衆生須
菩提如來是真語者實語者如語者不誑
語者不異語者須菩提如來所得法此法无
實无虛須菩提若菩薩心住於法而行布施
如人入闇則无所見若菩薩心不住於法而行
布施如人有目日光明照見種種色須菩提
當來之世若有善男子善女人能於此經受
持讀誦則為如來以佛智慧悉知是人悉見
是人皆得成就无量无邊功德
須菩提若有善男子善女人初日分以恒河
沙等身布施中日分復以恒河沙等身布
施後日分亦以恒河沙等身布施如是无量
百千萬億劫以身布施若復有人聞此經典
信心不逆其福勝彼何況書寫受持讀誦為
人解說須菩提以要言之是經有不可思議
不可稱量无邊功德如來為發大乘者說為
[illegible]

BD04166號　金剛般若波羅蜜經　（3–3）

世尊我[illegible]
須菩提是樂阿蘭那[illegible]
所行而名須菩提是樂阿蘭那[illegible]
佛告須菩提於意云何如來昔在然燈佛
法有所得不世尊如來在然燈佛所於法實无
須菩提於意云何菩薩莊嚴佛土不不也
世尊何以故莊嚴佛土者則非莊嚴是名莊嚴
是故須菩提諸菩薩摩訶薩應如是生清
淨心不應住色生心不應住聲香味觸法
生心應无所住而生其心須菩提譬如有人身
如須彌山王於意云何是身為大不須菩提
言甚大世尊何以故佛說非身是名大身
須菩提如恒河中所有沙數如是沙等恒河
於意云何是諸恒河沙寧為多不須菩提言
甚多世尊但諸恒河尚多无數何況其沙須
菩提我今實言告汝若有善男子善女人以
七寶滿尒所恒河沙數三千大千世界以用
布施得福多不須菩提言甚多世尊佛告須
菩提若善男子善女人於此經中乃至受持
四句偈等為他人說而此福德勝前福德

BD04167號　金剛般若波羅蜜經　（11–1）

菩提我今實言告汝若有善男子善女人以
滿尒所恒河沙數三千大千世界以用
布施得福多不須菩提言甚多世尊佛告須
菩提若善男子善女人於此經中乃至受持
四句偈等為他人說而此福德勝前福德
復次須菩提隨說是經乃至四句偈等當知
此處一切世間天人阿脩羅皆應供養如佛
塔廟何況有人盡能受持讀誦須菩提當知
是人成就最上第一希有之法若是經典所
在之處則為有佛若尊重弟子
尒時須菩提白佛言世尊當何名此經我等
云何奉持佛告須菩提是經名為金剛般若
波羅蜜以是名字汝當奉持所以者何須菩
提佛說般若波羅蜜則非般若波羅蜜須
菩提於意云何如來有所說法不須菩提白佛
言世尊如來无所說須菩提於意云何三千
大千世界所有微塵是為多不須菩提言甚
多世尊須菩提諸微塵如來說非微塵是
名微塵如來說世界非世界是名世界須菩提
於意云何可以三十二相見如來不不也世
尊不可以三十二相得見如來何以故如來
說三十二相即是非相是名三十二相
須菩提若有善男子善女人以恒河沙等身
命布施若復有人於此經中乃至受持四句
偈等為他人說其福甚多

BD04167號　金剛般若波羅蜜經　（11–2）

命布施若復有人於此經中乃至受持四句
偈等為他人說其福甚多
尒時須菩提聞說是經深解義趣涕淚悲泣
而白佛言希有世尊佛說如是甚深經典我
從昔來所得慧眼未曾得聞如是之經世尊
若復有人得聞是經信心清淨則生實相當
知是人成就第一希有功德世尊是實相者
則是非相是故如來說名實相世尊我今得
聞如是經典信解受持不足為難若當來世後
五百歲其有衆生得聞是經信解受持是人
則為第一希有何以故此人无我相人相衆生相
壽者相所以者何我相即是非相人相衆生相
壽者相即是非相何以故離一切諸相則名諸佛
佛告須菩提如是如是若復有人得聞是經
不驚不怖不畏當知是人甚為希有何以故
須菩提如來說第一波羅蜜非第一波羅蜜
是名第一波羅蜜須菩提忍辱波羅蜜如來
說非忍辱波羅蜜何以故須菩提如我昔為歌
利王割截身體我於尒時无我相无人相无衆生
相无壽者相何以故我於往昔節節支解時若
有我相人相衆生相壽者相應生瞋恨須菩提
又念過去於五百世作忍辱仙人於尒所世无我
相无人相无衆生相无壽者相是故須菩提
菩薩應離一切相發阿耨多羅三藐三菩提
心不應住色生心不應住聲香味觸法生心
應生无所住心若心有住則為非住是故佛

BD04167號　金剛般若波羅蜜經　（11–3）

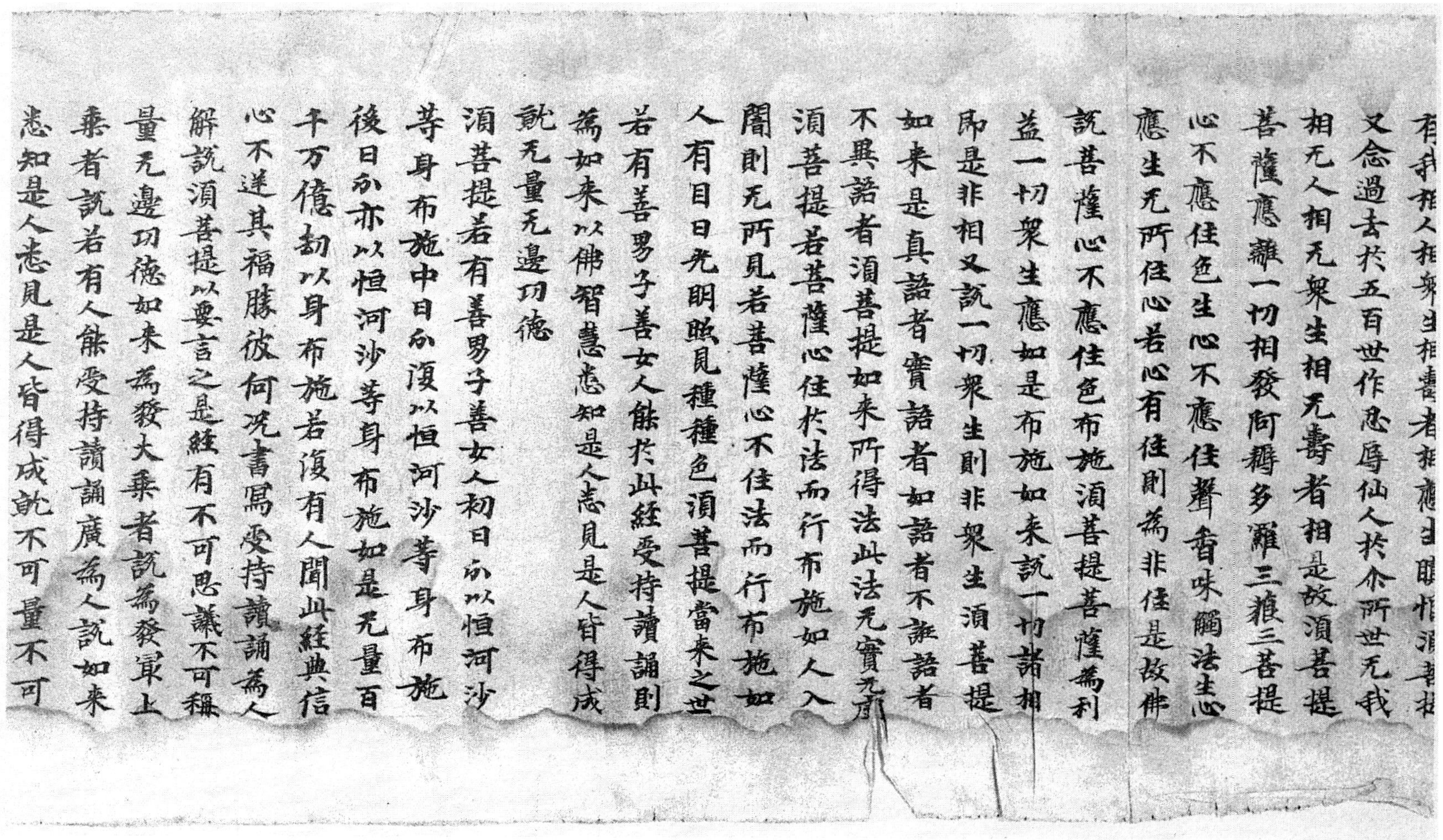
有我相人相衆生相壽者相應生瞋恨須菩提
又念過去於五百世作忍辱仙人於尒所世无我
相无人相无衆生相无壽者相是故須菩提
菩薩應離一切相發阿耨多羅三藐三菩提
心不應住色生心不應住聲香味觸法生心
應生无所住心若心有住則為非住是故佛
說菩薩心不應住色布施須菩提菩薩為利
益一切衆生應如是布施如來說一切諸相
即是非相又說一切衆生則非衆生須菩提
如來是真語者實語者如語者不誑語者
不異語者須菩提如來所得法此法无實无虛
須菩提若菩薩心住於法而行布施如人入
闇則无所見若菩薩心不住法而行布施如
人有目日光明照見種種色須菩提當來之世
若有善男子善女人能於此經受持讀誦則
為如來以佛智慧悉知是人悉見是人皆得成
就无量无邊功德
須菩提若有善男子善女人初日分以恒河沙
等身布施中日分復以恒河沙等身布施
後日分亦以恒河沙等身布施如是无量百
千万億劫以身布施若復有人聞此經典信
心不逆其福勝彼何況書寫受持讀誦為人
解說須菩提以要言之是經有不可思議不可稱
量无邊功德如來為發大乘者說為發最上
乘者說若有人能受持讀誦廣為人說如來
悉知是人悉見是人皆得成就不可量不可

BD04167 號　金剛般若波羅蜜經　（11–4）

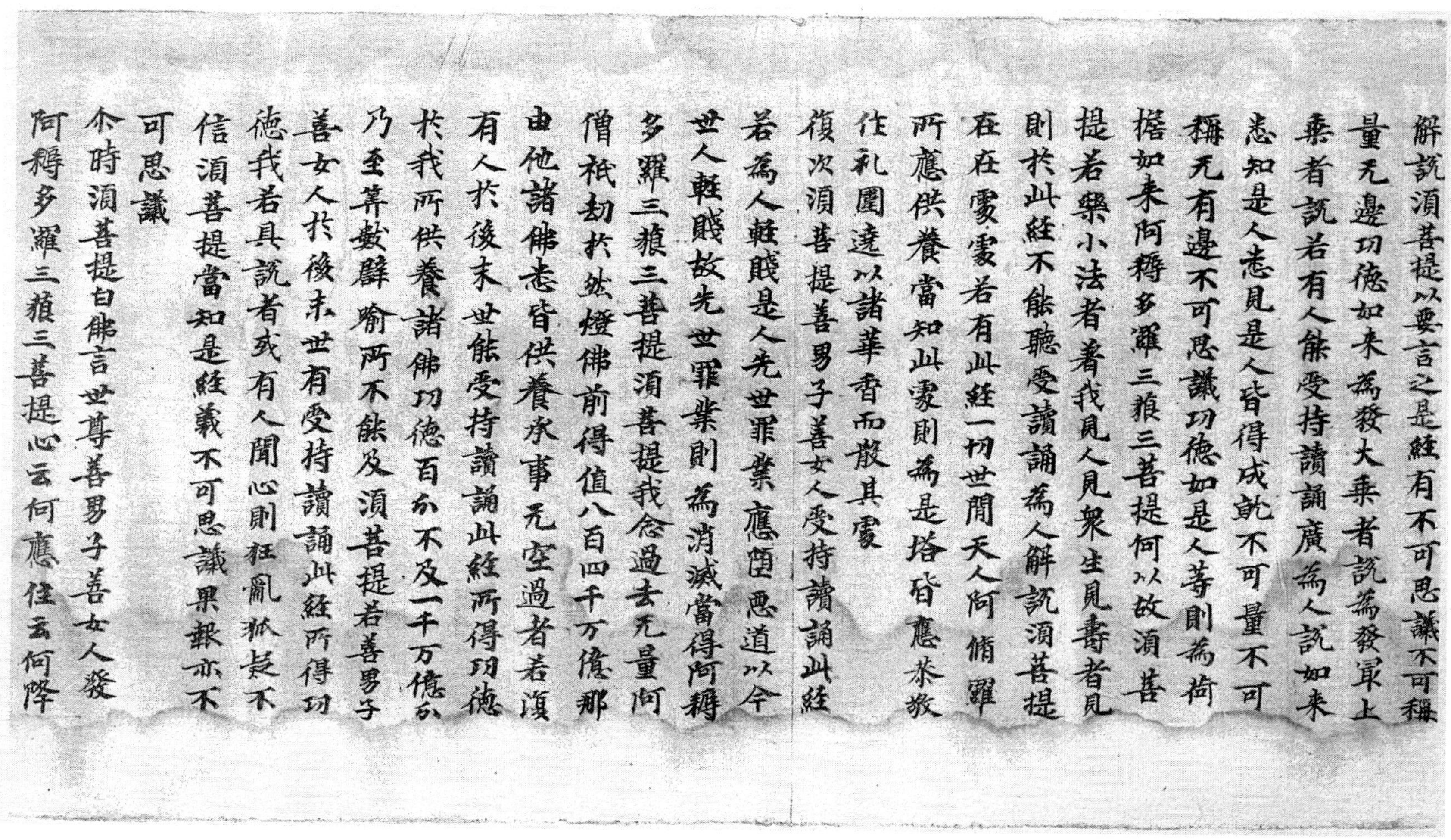
解說須菩提以要言之是經有不可思議不可稱
量无邊功德如來為發大乘者說為發最上
乘者說若有人能受持讀誦廣為人說如來
悉知是人悉見是人皆得成就不可量不可
稱无有邊不可思議功德如是人等則為荷
擔如來阿耨多羅三藐三菩提何以故須菩
提若樂小法者著我見人見衆生見壽者見
則於此經不能聽受讀誦為人解說須菩提
在在處處若有此經一切世間天人阿脩羅
所應供養當知此處則為是塔皆應恭敬
作禮圍遶以諸華香而散其處
復次須菩提善男子善女人受持讀誦此經
若為人輕賤是人先世罪業應墮惡道以今
世人輕賤故先世罪業則為消滅當得阿耨
多羅三藐三菩提須菩提我念過去无量阿
僧祇劫於然燈佛前得值八百四千万億那
由他諸佛悉皆供養承事无空過者若復
有人於後末世能受持讀誦此經所得功德
於我所供養諸佛功德百分不及一千万億分
乃至筭數譬喻所不能及須菩提若善男子
善女人於後末世有受持讀誦此經所得功
德我若具說者或有人聞心則狂亂狐疑不
信須菩提當知是經義不可思議果報亦不
可思議
尒時須菩提白佛言世尊善男子善女人發
阿耨多羅三藐三菩提心云何應住云何降

BD04167 號　金剛般若波羅蜜經　（11–5）

信須菩提當知是經義不可思議果報亦不
可思議
尒時須菩提白佛言世尊善男子善女人發
阿耨多羅三藐三菩提心云何應住云何降
伏其心佛告須菩提善男子善女人發阿耨
多羅三藐三菩提者當生如是心我應滅
度一切衆生滅度一切衆生已而无有一衆生
實滅度者何以故若菩薩有我相人相衆生
相壽者相則非菩薩所以者何須菩提實无
有法發阿耨多羅三藐三菩提者
須菩提於意云何如來於然燈佛所有法得
阿耨多羅三藐三菩提不不也世尊如我解
佛所說義佛於然燈佛所无有法得阿耨多
羅三藐三菩提佛言如是如是須菩提實无
有法如來得阿耨多羅三藐三菩提須菩提
若有法如來得阿耨多羅三藐三菩提者然
燈佛則不與我受記汝於來世當得作佛号釋
迦牟尼以實无有法得阿耨多羅三藐三菩
提是故然燈佛與我受記作是言汝於來世
當得作佛号釋迦牟尼何以故如來者即諸
法如義若有人言如來得阿耨多羅三藐
三菩提須菩提實无有法佛得阿耨多羅三
藐三菩提須菩提如來所得阿耨多羅三藐三
菩提於是中无實无虛是故如來說一切法
皆是佛法須菩提所言一切法者即非一切

BD04167號　金剛般若波羅蜜經　（11–6）

法如義若有人言如來得阿耨多羅三藐
三菩提須菩提實无有法佛得阿耨多羅三
藐三菩提須菩提如來所得阿耨多羅三藐三
菩提於是中无實无虛是故如來說一切法
皆是佛法須菩提所言一切法者即非一切
法是故名一切法須菩提譬如人身長大須菩
提言世尊如來說人身長大則為非大身是名大身
須菩提菩薩亦如是若作是言我當滅度无
量衆生則不名菩薩何以故須菩提實无有
法名為菩薩是故佛說一切法无我无人无
衆生无壽者須菩提若菩薩作是言我
當莊嚴佛土是不名菩薩何以故如來說莊
嚴佛土者即非莊嚴是名莊嚴須菩提若
菩薩通達无我法者如來說名真是菩薩
須菩提於意云何如來有肉眼不如是世尊
如來有肉眼須菩提於意云何如來有天眼
不如是世尊如來有天眼須菩提於意云何
如來有慧眼不如是世尊如來有慧眼須菩
提於意云何如來有法眼不如是世尊如來
有法眼須菩提於意云何如來有佛眼不如
是世尊如來有佛眼須菩提於意云何恒河
中所有沙佛說是沙不如是世尊如來說是
沙須菩提於意云何如一恒河中所有沙有
如是等恒河是諸恒河所有沙數佛世界如
是寧為多不甚多世尊佛告須菩提尒所
國土中所有衆生若干種心如來悉知何以

BD04167號　金剛般若波羅蜜經　（11–7）

中所有沙佛說是沙不如是世尊如来說是
沙須菩提於意云何如一恒河中所有沙有
如是等恒河是諸恒河所有沙數佛世界如
是寧為多不甚多世尊佛告須菩提尒所
國土中所有衆生若干種心如来悉知何以
故如来說諸心皆為非心是名為心所以者何
須菩提過去心不可得現在心不可得未来
心不可得須菩提於意云何若有人滿三千
大千世界七寶以用布施是人以是因緣得
福多不如是世尊此人以是因緣得福甚多
須菩提若福德有實如来不說得福德多
以福德无故如来說得福德多
須菩提於意云何佛可以具足色身見不不
也世尊如来不應以具足色身見何以故如
来說具足色身即非具足色身是名具足色
身須菩提於意云何如来可以具足諸相見
不不也世尊如来不應以具足諸相見何以
故如来說諸相具足即非具足是名諸相具足
須菩提汝勿謂如来作是念我當有所說法
莫作是念何以故若人言如来有所說法即
為謗佛不能解我所說故須菩提說法者无
法可說是名說法
須菩提白佛言世尊佛得阿耨多羅三藐三
菩提為无所得邪如是如是須菩提我於阿
耨多羅三藐三菩提乃至无有少法可得是
名阿耨多羅三藐三菩提復次須菩提是法

BD04167號　金剛般若波羅蜜經　（11–8）

法可說是名說法
須菩提白佛言世尊佛得阿耨多羅三藐三
菩提為无所得邪如是如是須菩提我於阿
耨多羅三藐三菩提乃至无有少法可得是
名阿耨多羅三藐三菩提復次須菩提是法
平等无有高下是名阿耨多羅三藐三菩
提以无我无人无衆生无壽者脩一切善法則
得阿耨多羅三藐三菩提須菩提所言善法
者如来說非善法是名善法
須菩提若三千大千世界中所有諸須弥山
王如是等七寶聚有人持用布施若人以此
般若波羅蜜經乃至四句偈等受持讀誦
為他人說於前福德百分不及一百千万億分
乃至筭數譬喻所不能及
須菩提於意云何汝等勿謂如来作是念我
當度衆生須菩提莫作是念何以故實无有
衆生如来度者若有衆生如来度者如来
則有我人衆生壽者須菩提如来說有我者
則非有我而凡夫之人以為有我須菩提凡夫
者如来說則非凡夫
須菩提於意云何可以卅二相觀如来不須
菩提言如是如是以卅二相觀如来佛言須
菩提若以卅二相觀如来者轉輪聖王則是
如来須菩提白佛言世尊如我解佛所說義
不應以卅二相觀如来尒時世尊而說偈言
若以色見我　以音聲求我　是人行邪道　不能見如来

BD04167號　金剛般若波羅蜜經　（11–9）

菩提言如是如是以卅二相觀如來

菩提若以卅二相觀如來者轉輪聖王則是
如來須菩提白佛言世尊如我解佛所說義
不應以卅二相觀如來尒時世尊而說偈言
若以色見我　以音聲求我　是人行邪道　不能見如來
須菩提汝若作是念如來不以具足相故得
阿耨多羅三藐三菩提須菩提莫作是念如
來不以具足相故得阿耨多羅三藐三菩提
須菩提汝若作是念發阿耨多羅三藐三菩
提者說諸法斷滅相莫作是念何以故發阿
耨多羅三藐三菩提者於法不說斷滅相須
菩提若菩薩以滿恒河沙等世界七寶布施
若復有人知一切法无我得成於忍此菩薩
勝前菩薩所得功德須菩提以諸菩薩不受
福德故須菩提白佛言世尊云何菩薩不受福
德須菩提菩薩所作福德不應貪着是故
說不受福德須菩提若有人言如來若來若
去若坐若卧是人不解我所說義何以故如來
者无所從來亦无所去故名如來
須菩提若善男子善女人以三千大千世界
碎為微塵於意云何是微塵衆寧為多不甚
多世尊何以故若是微塵衆實有者佛則不
說是微塵衆所以者何佛說微塵衆則非微
塵衆是名微塵衆世尊如來所說三千大千
世界則非世界是名世界何以故若世界實
有者則是一合相如來說一合相則非一合相

BD04167 號　金剛般若波羅蜜經　（11–10）

說是微塵衆所以者何佛說微塵衆則非微
塵衆是名微塵衆世尊如來所說三千大千
世界則非世界是名世界何以故若世界實
有者則是一合相如來說一合相則非一合相
是名一合相須菩提一合相者則是不可說但
凡夫之人貪着其事須菩提若人言佛說我
見人見衆生見壽者見須菩提於意云何
是人解我所說義不世尊是人不解如來所
說義何以故世尊說我見人見衆生見壽者
見即非我見人見衆生見壽者見是名我見
人見衆生見壽者見須菩提發阿耨多羅三
藐三菩提心者於一切法應如是知如是見
如是信解不生法相須菩提所言法相者如
來說即非法相是名法相須菩提若有人以
滿无量阿僧祇世界七寶持用布施若有善
男子善女人發菩薩心者持於此經乃至四
句偈等受持讀誦為人演說其福勝彼云
何為人演說不取於相如如不動何以故
一切有為法　如夢幻泡影　如露亦如電　應作如是觀
佛說是經已長老須菩提及諸比丘比丘尼
優婆塞優婆夷一切世間天人阿脩羅聞佛
所說皆大歡喜信受奉行

金剛般若波羅蜜經

BD04167 號　金剛般若波羅蜜經　（11–11）

佛須見好相者一七日二七日三七日乃至一年
要見好相好相者佛來摩頂見光見華
種種異相便得滅罪若无好相雖懺无益
是人現身亦不得戒而得增益受戒若犯四十
十八輕戒者對首懺悔罪便得滅不同七遮而
教戒師於是法中一一好解若不解大乘經
律若輕若重是非之相不解第一義諦習種
性長養性不可壞性道種性正法性其中多
少觀行出入十禪支一切行法一一不得此法中
意而菩薩為利養故為名聞故惡求多
求貪利弟子而詐現解一切經律為供養故
是自欺詐亦欺詐他人故與人受戒者犯
輕垢罪
若佛子不得為利養故於未受菩薩戒者
前外道惡人前說此千佛大戒邪見人前亦不
得說唯除國王餘一切人不得說是惡人輩
受佛戒名為畜生生生不見三寶如木石无心名
為外道邪見人輩木頭无異而菩薩於是惡
人前說七佛教戒者犯輕垢罪
若佛子信心出家受佛正戒故起心毀犯聖戒者
不得受一切檀越供養亦不得國王地上行不得

BD04168號　梵網經盧舍那佛說菩薩心地戒品第十卷下　（4–1）

受佛戒名為畜生生生不見三寶如木石无心名
為外道邪見人輩木頭无異而菩薩於是惡
人前說七佛教戒者犯輕垢罪
若佛子信心出家受佛正戒故起心毀犯聖戒者
不得受一切檀越供養亦不得國王地上行不得
飲國王水五千大鬼常遮其前鬼言大賊入房
舍城邑宅中鬼復常掃其腳跡一切世人罵
言佛法中賊一切眾生眼不欲見犯戒之人畜
生无異木頭无異若毀正戒者犯輕垢罪
若佛子常應一心受持讀誦大乘經律剝
皮為紙刺血為墨以髓為水折骨為筆書寫
佛戒木皮穀紙絹素竹帛亦悉書持常以七寶
无價香華一切雜寶為箱囊盛經律卷若不
如法供養者犯輕垢罪
若佛子常起大悲心若入一切城邑舍宅見
一切眾生唱言汝等眾生盡應受三歸十
戒若見牛馬豬羊一切畜生應心念口言汝是
畜生發菩提心而菩薩入一切處山川林野
皆使一切眾生發菩提心是菩薩若不教化
眾生者犯輕垢罪
若佛子常行教化起大悲心入檀越貴人家
一切眾生中不得立為白衣說法應白衣眾前
高座上坐法師比丘不得地立為四眾白衣說
法若說法時法師高座香華供養四眾聽
者下坐敬如師孝順父母敬順師教如事火婆
羅門其說法者若不如法說者犯輕垢罪

BD04168號　梵網經盧舍那佛說菩薩心地戒品第十卷下　（4–2）

若佛子常行教化起大悲心入檀越貴人家
一切衆生中不得立為白衣說法應白衣衆前
高座上坐法師比丘不得地立為四衆白衣說
法若說法時法師高座香華供養四衆聽
者下坐敬如師孝順父母敬順師教如事火婆
羅門其說法者若不如法說者犯輕垢罪
若佛子皆以信心受戒者若國王太子百官四
部弟子自恃高貴破滅佛法戒律明作制
法制我四部弟子不聽出家行道亦復不聽
造立形像佛塔經律破三寶之罪若故破
法者犯輕垢罪
若佛子以好心出家而為名聞利養於國王百
官前說七佛戒横與比丘比丘尼菩薩戒弟子
作繫縛事如獄囚之法如兵奴之法如師子
身中虫自食師子肉非餘外虫如是佛弟子
自破佛法非外道天魔能破若受佛戒者
應護佛戒如念一子如事父母不可毀破若
菩薩聞外道惡人以一惡言謗佛戒時如
三百鉾刺心千刀萬杖打拍其身等無有異
寧自入地獄經於百劫而不用聞一惡言破佛
戒之聲而况口自破佛戒教人破法因緣亦无
孝順之心若故作破法者犯輕垢罪
如是九戒應當學敬心奉持
告諸佛子是四十八輕戒汝等受持過去諸
佛菩薩已誦未來諸佛菩薩當誦現在
諸佛菩薩今誦諸佛子等聽誦十重四十八輕

BD04168號　梵網經盧舍那佛說菩薩心地戒品第十卷下　（4–3）

戒之聲而况口自破佛戒教人破法因緣亦无
孝順之心若故作破法者犯輕垢罪
如是九戒應當學敬心奉持
告諸佛子是四十八輕戒汝等受持過去諸
佛菩薩已誦未來諸佛菩薩當誦現在
諸佛菩薩今誦諸佛子等聽誦十重四十八輕
戒三世諸佛已誦當誦今誦我今亦如是誦汝
等一切大衆若國王王子百官比丘比丘尼信
男信女受持菩薩戒者應受持讀誦解說
書寫佛性常住戒卷流通三世一切衆生化

BD04168號　梵網經盧舍那佛說菩薩心地戒品第十卷下　（4–4）

經惡趣如不謹慎忽尒一朝親嬰斯事將不
悔惑如今被罪行詣公門已是小苦情地慞
惶眷屬恐懼求救百端地獄衆苦比於此者
百千万億不得為喻衆等相與歷劫以來
罪若須彌云何聞此晏然不畏不驚不恐今
此精神復嬰斯苦寧為可痛是故弟子等
運此單誠歸依佛
南无東方調御佛　南无南方金剛藏佛
南无西方登法界佛　南无北方无邊眼佛
南无東南方无憂德佛　南无西南方壞諸怖畏佛
南无西北方勇猛伏佛　南无東北方大力光明佛
南无下方歡喜路佛　南无上方香上王佛
弟子等從无始以來至於今日所有報障然
其重者第一唯有阿鼻地獄如經所明今當略
說其相此獄周帀有七重鐵城復有七重鐵網
羅覆其上下有七重刀林无量猛火縱廣八万
四千由旬罪人之身遍滿其中罪業因緣不相

BD04169號　佛名經（十六卷本）卷六　（6–1）

弟子等從无始以來至於今日所有報障然
其重者第一唯有阿鼻地獄如經所明今當略
說其相此獄周帀有七重鐵城復有七重鐵網
羅覆其上下有七重刀林无量猛火縱廣八万
四千由旬罪人之身遍滿其中罪業因緣不相
妨閡上火徹下下火徹上東西南北通徹交過
如魚在熬脂膏皆盡此中罪苦亦復如是其
城四門有四大銅狗其身縱廣四千由旬牙抓鋒
鉅眼如掣電復有无量鐵觜諸鳥奮翼飛騰
噉罪人肉牛頭獄卒形如羅剎而有九尾尾如
鐵叉復有八頭頭上有十八角有六十四眼二
眼中皆悉迸出諸鐵丸燒罪人肉然其一頭
一怒皆吼之時聲如霹靂復有无量自然
刀輪空中而下從罪人頂入從足而出於是
罪人痛徹骨髓苦切肝心如是經无量歲
求生不得求死不得如是等報今日皆悉稽
顙慚愧懺悔其餘地獄刀山劍樹身首脫落
罪報懺悔鑊湯爐炭地獄燒煮罪報懺悔鐵
牀銅柱地獄燋然罪報懺悔刀輪火車地獄摧
轢罪報懺悔鐵丸烊銅灌口地獄五內消爛罪
報懺悔鐵碓鐵磨地獄骨肉灰粉罪報懺悔黑
繩鐵網地獄支節分離罪報懺悔灰河沸屎
地獄惱悶罪報懺悔醎水寒冰地獄皮膚折
裂裸凍罪報懺悔虎狼鷹犬地獄更相殘害
罪報懺悔刀兵距地獄更相慱掠斫刺罪報

BD04169號　佛名經（十六卷本）卷六　（6–2）

䌇鑵鋸地獄支節分離罪報懺悔灰河沸屎
地獄惱悶罪報懺悔鹹水寒氷地獄皮膚析
裂裸凍罪報懺悔虎狼鷹犬地獄更相殘害
罪報懺悔刀兵距地獄更相搏掠斫刺罪報
懺悔大塊地獄炮炙罪報懺悔兩石相磕地
獄形骸破碎罪報懺悔衆合黑耳地獄解剔
罪報懺悔闇冥肉山地獄斬斮罪報懺悔鋸
解釘身地獄斷截罪報懺悔鐵棒倒懸地獄
屠割地獄懺悔燋熱叫喚地獄煩惋罪報懺
悔大小鐵圍山間長夜冥冥不識三光罪報
懺悔阿羅羅地獄如是八寒八熱一切諸地
獄一一獄中復有八万四千鬲子地獄以爲
眷屬此中罪苦炮煑剥皮擗肉削骨
打髓抽腸拔肺无量諸苦不可聞不可說南
无佛今日在此中者或是我等无始以来經生父
母一切眷屬我等相與命終之後或當復墮
如此獄中今日洗心單到叩頭稽顙向十方大
地菩薩求哀懺悔令此一切報障畢竟消滅
願弟子等承是懺悔地獄等報所生功德即
時破壞阿鼻鐵城悉與淨土无懸道名其餘
地獄一切具轉爲樂緣刀山劍樹變成寶林
鑊湯爐炭蓮花化生牛頭獄卒除捨暴虐
皆起慈悲无有惡念地獄衆生得離苦果更
不造因等受安樂如第三禪一時俱發无上道心 禮拜
南无安隱恩佛　南无道威德佛

皆起慈悲无有惡念地獄衆生得離苦果更
不造因等受安樂如第三禪一時俱發无上道心 禮拜
南无安隱恩佛　南无道威德佛
南无清淨心佛　南无天供養佛
南无度泥佛　南无離有佛
南无法華佛　南无大勝佛
南无可樂光明佛　南无大光佛
南无見愛佛　南无光明愛佛
南无喜聲佛　南无大施德佛
南无寶步佛　南无无滯導智佛
南无得威德佛　南无月藏佛
南无淨光明佛　南无大莊嚴佛
南无得樂自在佛　南无妙光明佛
南无寂光佛　南无離疑佛
南无无過智慧佛　南无成就行佛
南无清淨身佛　南无无畏愛佛
南无稱吼佛　南无大吼佛
南无善思佛　南无大思佛
南无清淨色佛　南无大奮迅佛
南无樂眼佛　南无命清淨佛
南无行清淨佛　南无離熱智佛
從此以上五千佛十二部尊經一切賢聖
南无應擒佛　南无善集智佛
南无普信佛　南无設尸威德佛
南无不死成佛　南无不讓聲佛

從此以上五千佛十二部尊經一切賢聖

南无應攜佛　南无善集智佛
南无普信佛　南无談尸威德佛
南无不死氏佛　南无不護聲佛
南无化日佛　南无善住思惟佛
南无高信佛　南无功德布佛
南无光明力佛　南无須摩那光明佛
南无法俱蘇摩佛　南无淨威德佛
南无淨行佛　南无天色心佛
南无力佛　南无普觀佛
南无梵供養佛　南无聖華佛
南无虛空佛　南无降伏醉弥佛
南无辟智佛　南无降伏剎佛
南无降伏城佛　南无應愛佛
南无式功德佛　南无平等勿思佛
南无不怯弱心佛　南无精進信佛
南无高光明佛　南无聞智佛
南无无㝵心聲佛　南无无畏光佛
南无甘露聲佛　南无種種日佛
南无勝點慧佛　南无可偹敬佛
南无德王佛　南无讃根佛
南无禪解脫佛　南无大威德佛
南无栴檀香佛　南无見信佛
南无妙攜梁佛　南无可觀佛
南无不可量智佛　南无千日威德佛

BD04169 號　佛名經（十六卷本）卷六　（6–5）

南无甘露聲佛　南无種種日佛
南无勝點慧佛　南无可偹敬佛
南无德王佛　南无讃根佛
南无禪解脫佛　南无大威德佛
南无栴檀香佛　南无見信佛
南无妙攜梁佛　南无可觀佛
南无不可量智佛　南无千日威德佛
南无捨重擔佛　南无稱信佛
南无諸方聞佛　南无自在佛
南无无邊智佛　南无无垢光佛
南无甘露信佛　南无妙眼佛
南无解脫行佛　南无可樂見佛
南无高光明佛　南无大聲佛
南无大威德聚佛　南无光明幢佛
南无應供養佛　南无福德威德積佛
南无信相佛　南无大炎佛
南无應信佛　南无善住思惟佛
南无須提他佛　南无智作佛

BD04169 號　佛名經（十六卷本）卷六　（6–6）

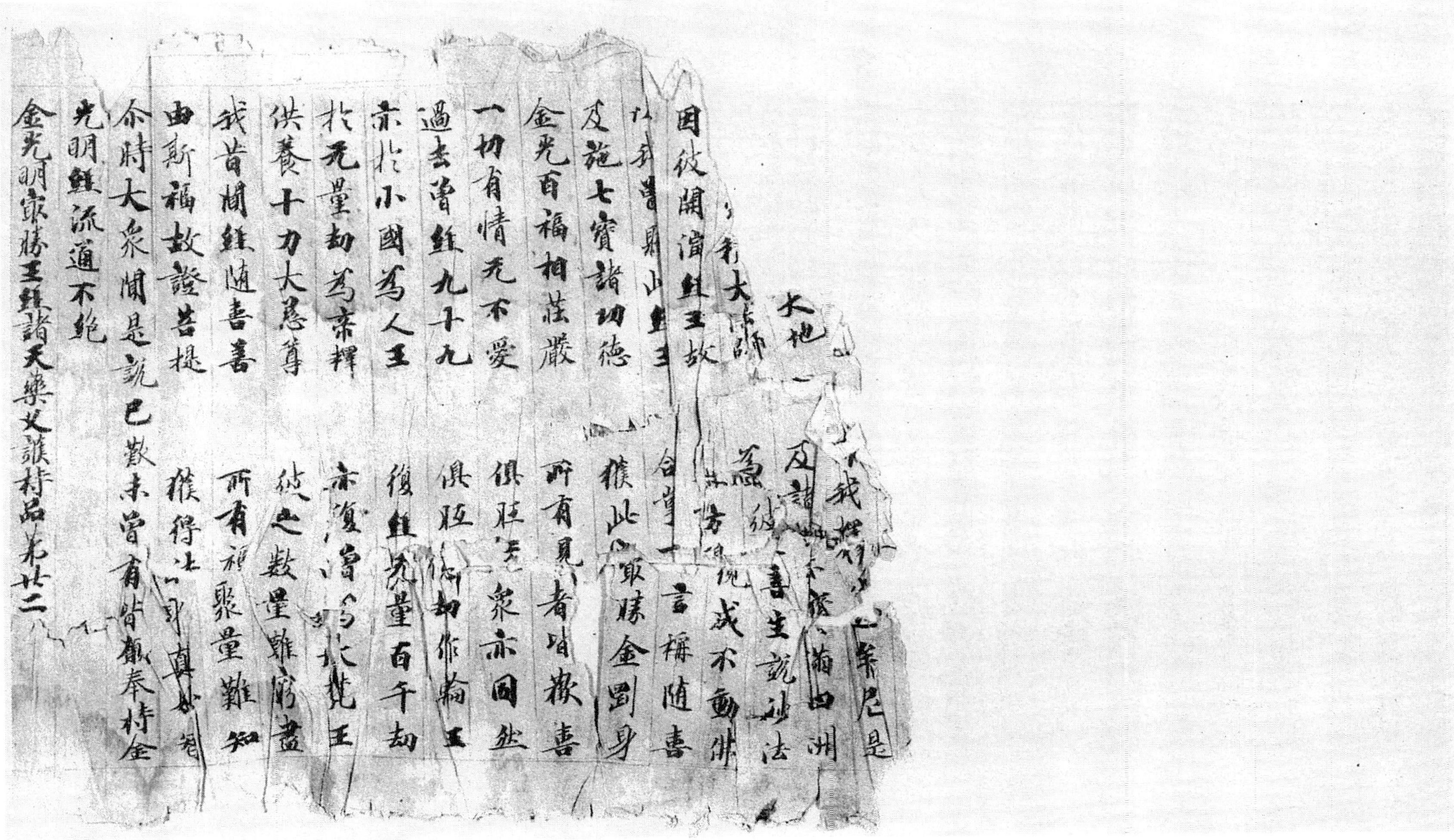
……　我……尼是
大地一……　及諸……四洲
……大法師　為彼善生說妙法
因彼聞說經王故　……戒不動佛
以我曾聞此經王　合掌一言稱隨喜
及施七寶諸功德　獲此最勝金剛身
金光百福相莊嚴　所有見者皆歡喜
一切有情无不愛　俱胝天眾亦同然
過去曾經九十九　俱胝[illegible]劫作輪王
亦於小國為人王　復經无量百千劫
於无量劫為帝釋　亦復曾為大梵王
供養十力大慈尊　彼之數量難窮盡
我昔聞經隨喜善　所有福聚量難知
由斯福故證菩提　獲得法身真妙智
尒時大眾聞是說已　歎未曾有皆願奉持金
光明經流通不絕
金光明最勝王經諸天藥叉護持品第廿二

BD04170號　金光明最勝王經卷九　(19–1)

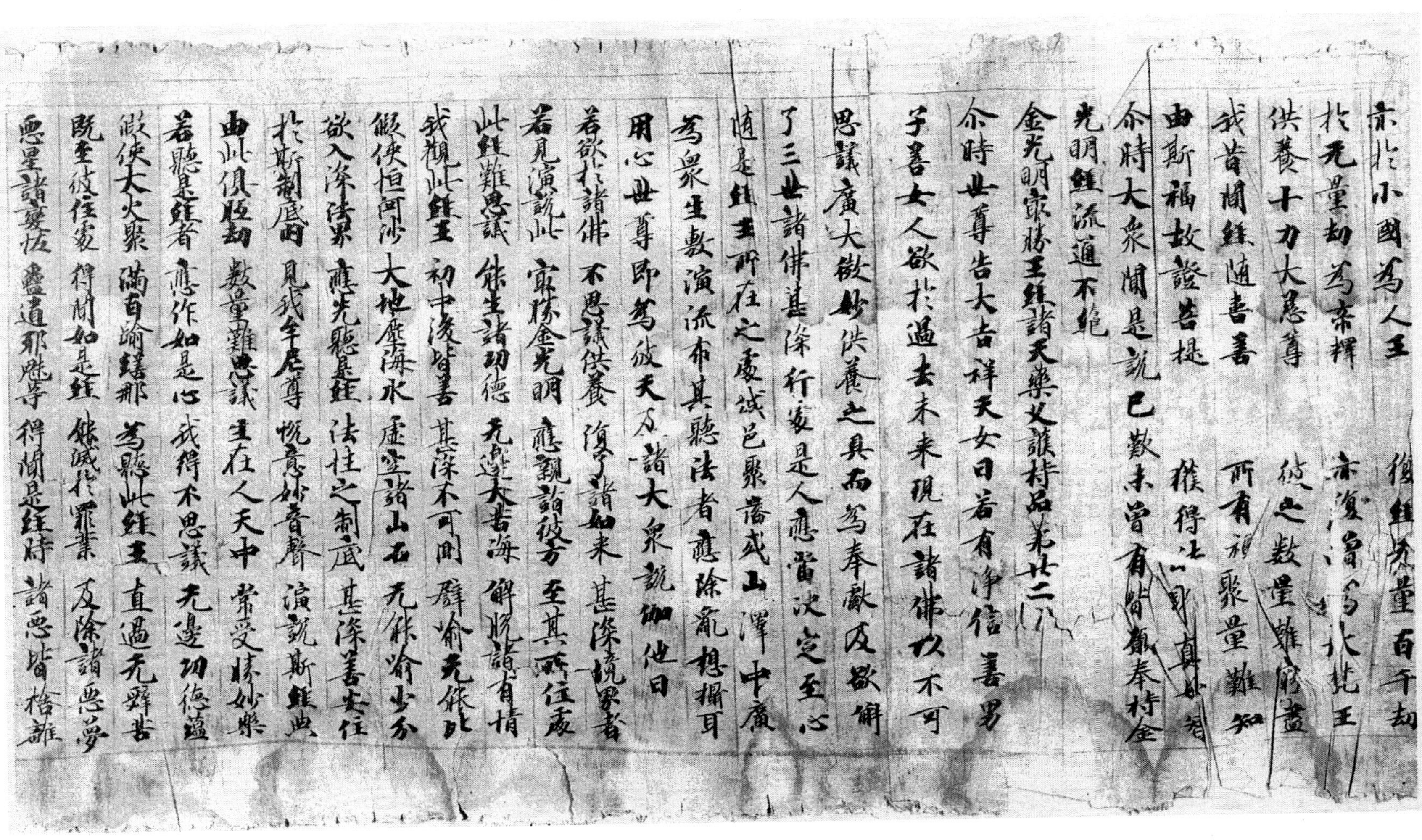
亦於小國為人王　復經无量百千劫
於无量劫為帝釋　亦復曾為大梵王
供養十力大慈尊　彼之數量難窮盡
我昔聞經隨喜善　所有福聚量難知
由斯福故證菩提　獲得法身真妙智
尒時大眾聞是說已　歎未曾有皆願奉持金
光明經流通不絕
金光明最勝王經諸天藥叉護持品第廿二
尒時世尊告大吉祥天女曰若有淨信善男
子善女人欲於過去未來現在諸佛以不可
思議廣大微妙供養之具而為奉獻及欲解
了三世諸佛甚深行處是人應當決定至心
隨是經王所在之處城邑聚落或山澤中廣
為眾生敷演流布其聽法者應除亂想攝耳
用心世尊即為彼天及諸大眾說伽他曰
若欲於諸佛　不思議供養　復了諸如來　甚深境界者
若見演說此　最勝金光明　應親詣彼方　至其所住處
此經難思議　能生諸功德　无邊大苦海　解脫諸有情
我觀此經王　初中後皆善　甚深不可測　譬喻无能比
假使恒河沙　大地塵海水　虛空諸山石　无能喻少分
欲入深法界　應先聽是經　法性之制底　甚深善安住
於斯制底內　見我牟尼尊　悅意妙音聲　演說斯經典
由此俱胝劫　數量難思議　生在人天中　常受勝妙樂
若聽是經者　應作如是心　我得不思議　无邊功德蘊
假使大火聚　滿百踰繕那　為聽此經王　直過无辭苦
既至彼住處　得聞如是經　能滅於罪業　及除諸惡夢
惡星諸變怪　蠱道邪魅等　得聞是經時　諸惡皆捨離

BD04170號　金光明最勝王經卷九　(19–2)

由此俱胝劫　數量難思議　生在人天中　常受勝妙樂
若聽是經者　應作如是心　我得不思議　无邊功德蘊
假使大火聚　滿百踰繕那　為聽此經王　直過无辭苦
既至彼住處　得聞如是經　能滅於罪業　及除諸惡夢
惡星諸變怪　蠱道邪魅等　得聞是經時　諸惡皆捨離
應嚴勝高座　淨妙若蓮花　法師處其上　猶如大龍坐
於斯安坐已　說此甚深經　書寫及讀誦　并為解其義
法師捨此座　往詣餘方所　於此高座中　神通非一相
或見法師像　猶在高座上　或時見世尊　及以諸菩薩
或作普賢像　或如妙吉祥　或見慈氏尊　身處於高座
或現諸吉祥　及以諸天像　暫得睹容儀　忽然還不現
或見希奇相　所作皆隨意　功德悉圓滿　世尊如是說
最勝有名稱　能滅諸煩惱　他國賊皆除　戰時常得勝
惡夢悉皆无　及消諸毒害　所作三業罪　經力能除滅
於此贍部洲　名稱咸充滿　所有諸怨結　悉皆相捨離
設有怨敵至　聞名便退散　不假動兵戈　兩陣生歡喜
梵王帝釋主　護世四天王　及金剛藥叉　正了知大將
无熱池龍王　及以娑竭羅　緊那羅樂神　蘇羅金翅王
大辯才天女　并大吉祥天　斯等上首天　各領諸天眾
常供養諸佛　法寶不思議　恒生歡喜心　於經起恭敬
斯等諸天眾　皆悉共思惟　遍觀修福者　共作如是說
應觀此有情　咸是大福德　善根精進力　當來生我天
為聽甚深經　敬心來至此　供養法制底　尊重正法故
憐愍於眾生　而作大饒益　於此深經典　能為法寶器
入此法門者　能入於法性　於此金光明　至心應聽受
是人曾供養　无量百千佛　由彼諸善根　得聞此經典
如是諸天主　天女大辯才　并彼吉祥天　及以四王眾

BD04170號　金光明最勝王經卷九　（19–3）

為聽甚深經　敬心來至此　供養法制底　尊重正法故
憐愍於眾生　而作大饒益　於此深經典　能為法寶器
入此法門者　能入於法性　於此金光明　至心應聽受
是人曾供養　无量百千佛　由彼諸善根　得聞此經典
如是諸天主　天女大辯才　并彼吉祥天　及以四王眾
无數藥叉眾　勇猛有神通　各於其四方　常來相擁護
日月天帝釋　風水火諸神　吠率怒大肩　闍羅辯才等
一切諸護世　勇猛具威神　擁護持經者　晝夜常不離
大力藥叉王　那羅延自在　正了知為首　二十八藥叉
餘藥叉百千　神通有大力　恒於恐怖處　常來護此人
金剛藥叉王　并五百眷屬　諸大菩薩眾　常來護此人
寶王藥叉王　及以滿賢王　曠野金毗羅　賓度羅黃色
此等藥叉王　各五百眷屬　見聽此經者　皆來共擁護
彩軍乾闥婆　華王常戰勝　珠頸及青頸　并勃里沙王
大最勝大黑　蘊獻婆雞舍　半支迦羊足　及以大婆伽
小渠并護法　及以獼猴王　針毛及日支　寶髮皆來護
大渠諸梅羅　旃檀欲中勝　舍羅及雪山　及以娑多山
皆有大神通　雄猛具大力　見持此經者　皆來相擁護
阿那婆答多　及以娑竭羅　目真醯羅葉　難陀小難陀
於百千龍中　神通具威德　共護持經人　晝夜常不離
婆稚羅睺羅　毗摩質多羅　母旨苦跋羅　大肩及歡喜
及餘蘇羅王　并无數天眾　大力有勇進　皆來護是人
訶利底母神　五百藥叉眾　於彼人睡覺　常來相擁護
旃荼旃茶利　藥叉旃稚女　昆富樹吒齒　吸眾生精氣
如是諸神眾　大力有神通　常護持經者　晝夜恒不離
上首辯才天　无量諸天女　吉祥天為首　并餘諸眷屬

BD04170號　金光明最勝王經卷九　（19–4）

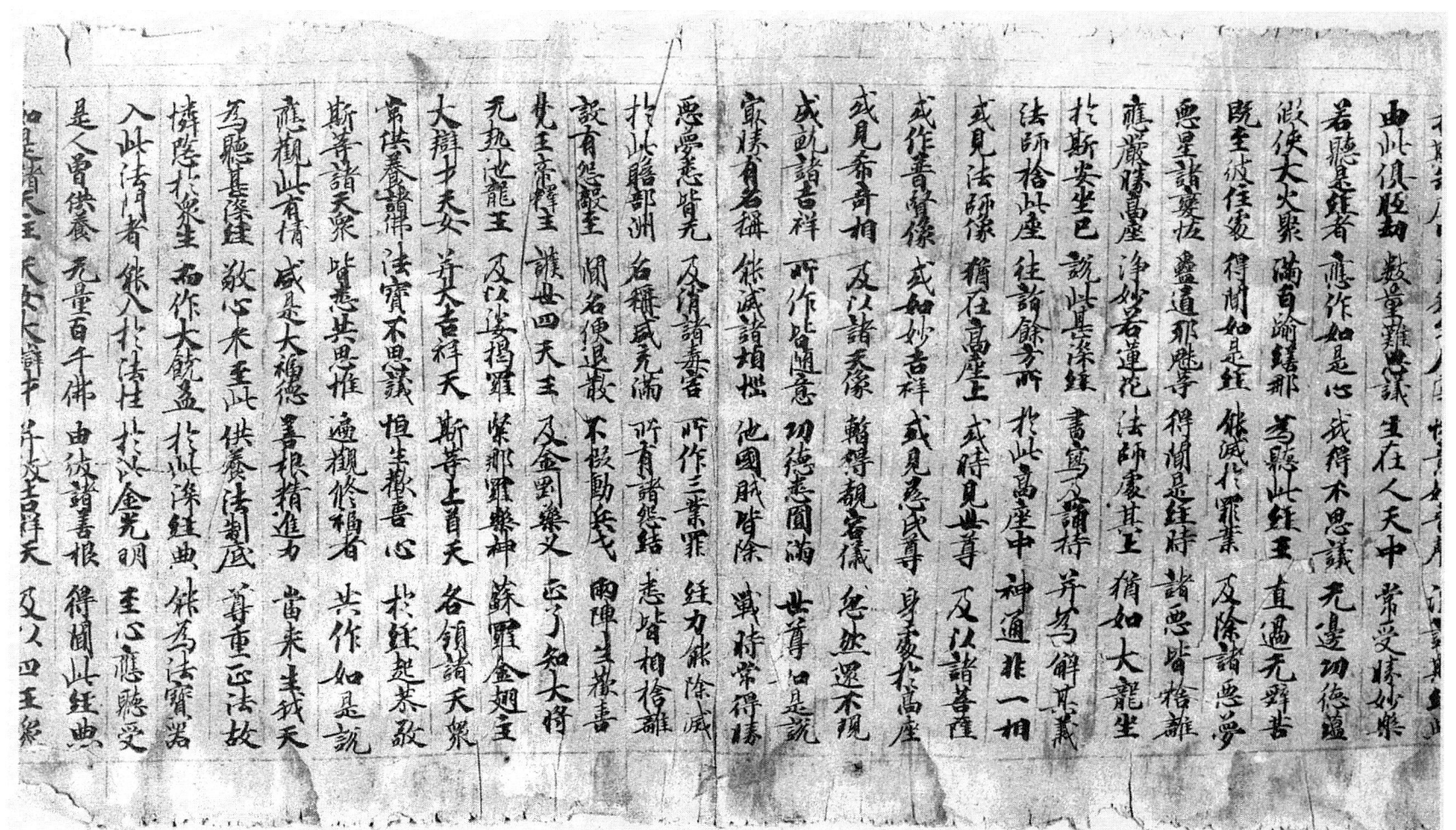

婆稚羅睺羅　毘摩質多羅　[illegible]
及餘蘇羅王　并無數天衆　大力有勇健　皆來護是人
訶利底女神　五百藥叉衆　於彼人睡覺　常來相擁護
旃荼旃荼利　藥叉旃荼女　昆崙鳩吒齒　吸衆生精氣
如是諸神衆　大力有神通　常護持經者　晝夜恒不離
上首辯才天　無量諸天女　吉祥天為首　并餘諸眷屬
此大地神女　果實園林神　樹神江河神　制底諸神等
如是諸天神　心生大歡喜　彼皆來擁護　讀誦此經人
見有持經者　增壽命色力　威光及福德　妙相以莊嚴
星宿現災變　困厄當此人　夢見惡徵祥　皆悉令除滅
此大地神女　堅固有威勢　由此經力故　法味常充足
地肥若流下　過百踰繕那　地神令味上　滋潤於大地
此地厚六十　八億踰繕那　乃至金剛際　地味皆令上
由聽此經王　獲大功德蘊　能使諸天衆　悉蒙其利益
復令諸天衆　威力有光明　歡喜常安樂　捨離於衰相
於此南洲內　林果苗稼神　由此經威力　心常得歡喜
苗稼皆成就　處處有妙花　果實並滋繁　充滿於大地
所有諸果樹　及以衆園林　悉皆生妙花　香氣常芬馥
衆草諸樹木　咸出微妙花　及生甘美果　隨處皆充遍
於此贍部洲　無量諸龍女　心生大歡喜　皆共入池中
種植鉢頭摩　及以分陀利　青白二蓮花　池中皆遍滿
由此經威力　虛空淨無翳　雲霧皆除遣　冥闇悉光明
日出放千光　無垢焰清淨　由此經王力　流暉遶四天
此經威德力　資助於天子　皆用贍部金　而作於宮殿
日天子初出　見此洲歡喜　常以大光明　周遍皆照耀
於斯大地內　所有蓮花池　日光照及時　無不盡開發
於此贍部洲　田疇諸果藥　悉皆令善熟　充滿於大地
[illegible]　風雨皆順時

BD04170號　金光明最勝王經卷九

（19–5）

日天子初出　見此洲歡喜　常以大光明　周遍皆照耀
於斯大地內　所有蓮花池　日光照及時　無不盡開發
於此贍部洲　田疇諸果藥　悉皆令善熟　充滿於大地
由此經威力　日月所照處　星辰不失度　風雨皆順時
遍此贍部洲　國土咸豐樂　隨有此經處　殊勝倍餘方
若此金光明　經典流布處　有能講誦者　悉得如上福
爾時大吉祥天女及諸天等聞佛所說皆大
歡喜於此經王及受持者一心擁護令無憂惱
常得安樂

金光明最勝王經授記品第廿三

爾時如來於大衆中廣說法已欲為妙幢菩
薩及其二子銀幢銀光授阿耨多羅三藐三
菩提記時有十千天子最勝光明而為上首
俱從三十三天來至佛所頂禮佛足却坐一
面聽佛說法爾時佛告妙幢菩薩言汝於來
世過無量無數百千萬億那庾多劫已於金
光明世界當成阿耨多羅三藐三菩提號金
寶山王如來應正遍知明行足善逝世間解
無上士調御丈夫天人師佛世尊出現於世
時此如來般涅槃後所有教法亦皆滅盡時
彼長子名曰銀幢即於此界次補佛處世界
爾時轉名淨幢當得作佛名曰金幢光如來應
正遍知明行足善逝世間解無上士調御丈
夫天人師佛世尊時此如來般涅槃後所有
教法亦皆滅盡次子銀光即補佛處還於此
界當得作佛號曰金光明如來應正遍知明
行足善逝世間解無上士調御丈夫天人師佛
[illegible]

BD04170號　金光明最勝王經卷九

（19–6）

教法亦皆滅盡次子銀光即補佛處還於此
界當得作佛号曰金光明如来應正遍知明
行足善逝世間解无上士調御丈夫天人師佛
世尊是時十千天子聞三大士得授記已
復聞如是最勝王經心生歡喜清淨无垢猶
如虛空尒時如来知是十千天子善根成熟
即便與授大菩提記汝等天子於當来世過
无量无數百千万億那庾多劫於最勝因陁
羅高幢世界得成阿耨多羅三藐三菩提同
一種姓又同一名号曰面目清淨優鉢羅香
山十号具足如是次第十千諸佛出現於世
尒時菩提樹神白佛言世尊是十千天子從
三十三天為聽法故来詣佛所云何如来便
與授記當得成佛世尊我未曾聞是諸天子
具足修習六波羅蜜多難行苦行捨於手足
頭目髓腦眷屬妻子象馬車乘奴婢僕使宮
殿園林金銀琉璃硨磲碼瑙珊瑚虎珀璧玉
珂貝飲食衣服卧具醫藥如餘无量百千菩
薩以諸供具供養過去无數百千万億那庾
多佛如是菩薩各經无量无邊劫數然後方
得受菩提記世尊是諸天子以何因緣修何
勝行種何善根從彼天来暫時聞法便得授
記唯願世尊為我解說斷除疑網佛告地神
善女天如汝所說皆從勝妙善根因緣勤苦
修已方得授記此諸天子於妙天宮捨五欲
樂故来聽是金光明經既聞法已於是經中
心生慇重如淨瑠璃无諸瑕穢復得聞此三

BD04170 號　金光明最勝王經卷九　（19–7）

修已方得授記此諸天子於妙天宮捨五欲
樂故来聽是金光明經既聞法已於是經中
心生慇重如淨瑠璃无諸瑕穢復得聞此三
大菩薩授記之事亦由過去久修正行誓願
因緣是故我今皆與授記於未来世當成阿
耨多羅三藐三菩提時彼樹神聞佛說已歡
喜信受

金光明最勝王經除病品第廿四

佛告菩提樹神善女天諦聽諦聽善思念之
是十千天子本願因緣今為汝說善女天過
去无量不可思議阿僧企耶劫尒時有佛出
現於世名曰寶髻如来應正遍知明行足善
逝世間解无上士調御丈夫天人師佛世尊
善女天時彼世尊般涅槃後正法滅已於像
法中有王名曰天自在光常以正法化於人
民猶如父母是王國中有一長者名曰持水
善解醫明妙通八術眾生病苦四大不調咸
能救療善女天尒時持水長者唯有一子名
曰流水顏容端正人所樂觀受性聰敏妙閑
諸論書畫筭印无不通達時王國內有无量
百千諸眾生類皆遇疫疾眾苦所逼乃至无
有歡樂之心善女天尒時長者子流水見是
无量百千眾生受諸病苦起大悲心作如是
念无量眾生為諸極苦之所逼迫我父長者
雖善醫方妙通八術能療眾病四大增損然
已衰邁老耄虛羸要假扶策方能進步不復
能往城邑聚落救諸病苦今有无量百千眾
[illegible]我今當至大醫父所

BD04170 號　金光明最勝王經卷九　（19–8）

雖善醫方妙通八術能療衆病四大增損然
已衰邁老耄虛羸要假扶策方能進步不復
能往城邑聚落救諸病苦今有无量百千衆
生皆遇重病无能救者我今當至大醫父所
諮問治病醫方秘法若得解已當往城邑聚
落之所救諸衆生種種疾病令於長夜得受
安樂時長者子作是念已即詣父所稽首礼
足合掌恭敬却住一面即以伽他請其父曰
慈父當哀愍　我欲救衆生　今請諸醫方　幸願爲我說
云何身衰壞　諸大有增損　復在何時中　能生諸疾病
云何噉飲食　得受於安樂　能使內身中　火勢不衰損
衆生有四病　風黃熱痰癊　及以摠集病　云何而療治
何時風病起　何時熱病發　何時動痰癊　何時摠集生
時彼長者聞子請已復以伽他而荅之曰
我今依古仙　所有療病法　次第爲汝說　善聽救衆生
三月是春時　三月名爲夏　三月名秋分　三月謂冬時
此據一年中　三三而別說　二二爲一節　便成歲六時
初二是花時　三四名熱際　五六名雨際　七八謂秋時
九十是寒時　後二名氷雪　既知如是別　授藥勿令差
當隨此時中　調息於飲食　入腹令消散　衆病則不生
節氣若變改　四大有推移　此時无藥資　必生於病苦
醫人解四時　復知其六節　明閑身七界　食藥使无差
謂味界血肉　膏骨及髓腦　病入此中時　知其可療不
病有四種別　謂風熱痰癊　及以摠集病　應知發動時
春中痰癊動　夏內風病生　秋時黃熱增　冬節三俱起
春食澀熱辛　夏膩熱醎醋　秋時冷甜膩　冬酸澀膩甜

BD04170號　金光明最勝王經卷九　（19–9）

謂味界血肉　膏骨及髓腦　病入此中時　知其可療不
病有四種別　謂風熱痰癊　及以摠集病　應知發動時
春中痰癊動　夏內風病生　秋時黃熱增　冬節三俱起
春食澀熱辛　夏膩熱醎醋　秋時冷甜膩　冬酸澀膩甜
於此四時中　服藥及飲食　若依如是味　衆病无由生
食後病由癊　食消時由熱　消後起由風　准時須識病
既識病源已　隨病而設藥　假令患狀殊　先須療其本
風病服油膩　患熱利爲良　癊病應變吐　摠集須三藥
風熱癊俱有　是名爲摠集　雖知病起時　應觀其本性
如是觀知已　順時而授藥　飲食藥无差　斯名善醫者
復應知八術　摠攝諸醫方　於此若明閑　可療衆生病
謂針刺傷破　身疾并鬼神　惡毒及孩童　延年增氣力
先觀彼形色　語言及性行　然後問其夢　知風熱癊殊
乾瘦少頭髮　其心无定住　多語夢飛行　斯人是風性
少年生白髮　多汗及多瞋　聡明夢見火　斯人是熱性
心定身平整　慮審頭津膩　夢見水白物　是癊性應知
摠集性俱有　或二或具三　隨有一偏增　應知是其性
既知本性已　准病而授藥　驗其无死相　方名可救人
諸根倒取境　尊醫人起慢　親友生瞋恚　是死相應知
左眼白色變　舌黑鼻梁攲　耳輪與舊殊　下脣垂向下
訶梨勒一種　具足有六味　能除一切病　无忌藥中王
又三果三辛　諸藥中易得　沙糖蜜蘇乳　此能療衆病
自餘諸藥物　隨病可增加　先起慈愍心　莫規於財利
我已爲汝說　療疾中要事　以此救衆生　當獲无邊果
善女天尒時長者子流水親問其父八術之
要四大增損時節不同餌藥方法既善了知
自忖堪能救療衆病即便遍至城邑聚落所

BD04170號　金光明最勝王經卷九　（19–10）

我已為汝說療疾中要事 以此救衆生 當獲无邊果
善女天尒時長者子流水親問其父八術之
要四大增損時節不同餌藥方法既善了知
自忖堪能救療衆病即便遍至城邑聚落所
在之處隨有百千万億病苦衆生皆至其所
善言慰喻作如是語我是醫人我是醫人善
知方藥今為汝等療治衆病悉令除愈善女
天尒時衆人聞長者子善言慰喻許為治病
時有无量百千衆生遇極重病聞是語已身
心踊躍得未曾有以此因緣所有病苦悉得
蠲除氣力充實平復如本善女天尒時復有
无量百千衆生病苦深重難療治者即共往
詣長者子所重請醫療時長者子即以妙藥
令服皆差善女天是長者子於此國內
百千万億衆生病苦悉得除差
金光明最勝王經長者子流水品第廿五
尒時佛告菩提樹神善女天尒時長者子流
水於往昔時在天自在光王國內療諸衆生
所有病苦令得平復受安隱樂時諸衆生以
病除故多修福業廣行惠施以自歡娛即共
往詣長者子所咸生尊敬作如是言善哉善
哉大長者子善能滋長福德之事增益我等
安隱壽命仁今實是大力醫王慈悲菩薩妙
閑醫藥善療衆生无量病苦如是稱歎周遍
城邑善女天時長者子妻名水肩藏有其二
子一名水滿二名水藏是時流水將其二子漸
次遊行城邑聚落過空澤中深險之處見諸

BD04170號　金光明最勝王經卷九　(19–11)

安隱壽命仁今實是大力醫王慈悲菩薩妙
閑醫藥善療衆生无量病苦如是稱歎周遍
城邑善女天時長者子妻名水肩藏有其二
子一名水滿二名水藏是時流水將其二子漸
次遊行城邑聚落過空澤中深險之處見諸
禽獸豺狼狐玃鵰鷲之屬食血肉者皆悉
奔飛一向而去時長者子作如是念此諸禽
獸何因緣故一向飛走我當隨後暫往觀之
即便隨去見有大池名曰野生其水將盡於
此池中多有衆魚流水見已生大悲心時有
樹神示現半身作如是語善哉善男子
汝有實義名流水者可愍此魚應與其水有
二因緣名為流水一能流水二能與水汝今應
當隨名而作是時流水問樹神言此魚頭數
為有幾何樹神答曰數滿十千善女天時長
者子聞是數已倍益悲心時此大池為日所
暴餘水无幾是十千魚將入死門旋身婉轉
見是長者心有所希隨逐瞻視目未曾捨時
長者子見是事已馳趣四方欲覓於水竟不
能得復望一邊見有大樹即便昇上折取枝
葉為作蔭涼復更推求是池中水從何處
來尋覓不已見一大河名曰水生時此河邊
有諸漁人為取魚故於河上流懸險之處決
棄其水不令下過於所決處卒難修補便作
是念此崖深峻設百千人時經三月亦未能
斷況我一身而堪濟辦時長者子速還本城
至大王所頭面禮足却住一面合掌恭敬作如

BD04170號　金光明最勝王經卷九　(19–12)

葉為作陰涼復更推求是池中水從何處
來尋覓不已見一大河名曰水生時此河邊
有諸漁人為取魚故於河上流懸險之處決
棄其水不令下過於所決處卒難修補便作
是念此崖深峻設百千人時經三月亦未能
斷況我一身而堪濟辦時長者子速還本城
至大王所頭面禮足却住一面合掌恭敬作如
是言我為大王國土人民治種種病悉令安
隱漸次遊行至其空澤見有一池名曰野生
其水欲涸有十千魚為日所暴將死不久唯
願大王慈悲愍念與二十大象暫往負水濟
彼魚命如我與諸病人壽命爾時大王即勅
大臣速疾與此醫王大象時彼大臣奉王勅
已白長者子善哉大士仁今自可至象廄中
隨意選取二十大象利益眾生令得安樂是
時流水及其二子將二十大象又從酒家多
借皮囊往決水處以囊盛水象負至池寫置
池中水即彌滿還復如故善女天時長者子
於池四邊周旋而視時彼眾魚亦復隨逐循
岸而行時長者子復作是念眾魚何故隨我
而行必為飢火之所惱逼復欲從我求索於
食我今當與爾時長者子告其子言
汝取一象最大力者速至家中啓父長者家
中所有可食之物乃至父母食噉之分及以
妻子奴婢之分悉皆收取即可持來爾時二
子受父教已乘最大象速往家中至祖父所
說如上事收取家中可食之物置於象上疾

BD04170號　金光明最勝王經卷九　（19–13）

子受父教已乘最大象速往家中至祖父所
說如上事收取家中可食之物置於象上疾
還父所至彼池邊是時流水見其子來身心
喜踊遂取餅食遍散池中魚得食已悉皆
飽足便作是念我今施食令魚得命願於來
世當施法食充濟无邊復更思惟我先曾於
空閑林處見一苾芻讀大乘經說十二緣生
甚深法要又經中說若有眾生臨命終時得
聞寶髻如來名者即生天上我今當為是十
千魚演說甚深十二緣起亦當稱說寶髻佛
名然贍部洲有二種人一者深信大乘二者
不信毀呰亦當為彼增長信心時長者子作
如是念我入池中可為眾魚說深妙法作是
念已即便入水唱言南謨過去寶髻如來應
正遍知明行足善逝世間解无上士調御丈
夫天人師佛世尊此佛往昔修菩薩行時作
是誓願於十方界所有眾生臨命終時聞我
名者命終之後得生三十三天爾時流水復
為池魚演說如是甚深妙法此有故彼有此
生故彼生所謂无明緣行行緣識識緣名色
名色緣六處六處緣觸觸緣受受緣愛愛緣
取取緣有有緣生生緣老死憂悲苦惱此滅
故彼滅所謂无明滅則行滅行滅則識滅識
滅則名色滅名色滅則六處滅六處滅則觸
滅觸滅則受滅受滅則愛滅愛滅則取滅取
滅則有滅有滅則生滅生滅則老死滅老死

BD04170號　金光明最勝王經卷九　（19–14）

取取緣有有緣生生緣老死憂悲苦惱此滅
故彼滅所謂无明滅則行滅行滅則識滅識
滅則名色滅名色滅則六處滅六處滅則觸
滅觸滅則受滅受滅則愛滅愛滅則取滅取
滅則有滅有滅則生滅生滅則老死滅老死
滅則憂悲苦惱滅如是純極苦蘊悉皆除滅
說是法已復爲宣說十二緣起相應陁羅尼
曰
怛姪他 毗折你毗折你 毗折你
僧塞枳你 僧塞枳你 僧塞枳你
毗尒你 毗尒你 毗尒你 尒你莎訶
怛姪他 那弭你那弭你 那弭你
殺雉你 殺雉你 殺雉你
颯鉢哩設你 颯鉢哩設你 颯鉢哩設你莎訶
怛姪他 薛達你薛達你 薛達你
室里瑟你你 室里瑟你你 室里瑟你你
鄔波地你 鄔波地你 鄔波地你莎訶
怛姪他 婆毗你婆毗你 婆毗你
闍底你 闍底你 闍底你
闍摩你你 闍摩你你 闍摩你你莎訶
尒時世尊爲諸大衆說長者子昔緣之時諸
人天衆歎未曾有時四大天王各於其處異
口同音作如是說
善哉釋迦尊 說妙法明呪 生福除衆惡 十二支相應
我等亦說呪 擁護如是法 若有生違逆 不善隨順者

BD04170號　金光明最勝王經卷九　（19–15）

尒時世尊爲諸大衆說長者子昔緣之時諸
人天衆歎未曾有時四大天王各於其處異
口同音作如是說
善哉釋迦尊 說妙法明呪 生福除衆惡 十二支相應
我等亦說呪 擁護如是法 若有生違逆 不善隨順者
頭破作七分 猶如蘭香梢 我等於佛前 共說其呪曰
怛姪他 四里 謎 揭睇 健 陁 哩
旃茶里 地 囇 鵝伐 囇 石四伐 囇
補攞布囇 矩矩末底 崎囉末底達地目羿
窶嚕婆毋嚕婆 具荼毋嚕健提
杜嚕杜嚕毗囇 騎泥悉泥沓徒洽下同娓
達沓娓鄔悉怛哩 烏率吒羅伐底
頞剌婆伐底 鉢杜摩伐底
俱蘊摩伐底 莎訶
佛告善女天尒時長者子流水及其二子
爲彼池魚施水施食并說法已俱共還家是
長者子流水復於後時因有衆會設衆伎樂
醉酒而臥時十千魚同時命過生三十三天起
如是念我等以何善業因緣生此天中便相謂
曰我等先於贍部洲內墮傍生中共受魚身
長者子流水施我等水及以餅食復爲我
等說甚深法十二緣起及陁羅尼復稱寶
髻如來名號以是因緣能令我等得生此天是故
我今咸應詣彼長者子所報恩供養尒時
十千天子即於天沒至贍部洲大醫王所時
長者子在高樓上安隱而睡時十千天子共

BD04170號　金光明最勝王經卷九　（19–16）

等說甚深法十二緣起及陁羅尼復稱寶
髻如來名号以是因緣依令我等得生此天是故
我今咸應詣彼長者子所報恩供養尒時
十千天子即於天沒至贍部洲大醫王所時
長者子在高樓上安隱而睡時十千天子共
以十千真珠瓔珞置其頭邊復以十千置其
足處復以十千置於右脅復以十千置左脅
邊雨曼陁羅花摩訶曼陁羅花積至于膝光
明普照種種天樂出妙音聲令贍部洲有睡眠
者皆悉覺悟長者子流水亦從睡寤是時十千
天子為供養已即於空中飛騰而去於天自
在光王國內處處皆雨天妙蓮花是諸天子
復至本處空澤池中雨眾天花便於此沒還
天宮殿隨意自在受五欲樂天自在光王至
天曉已問諸大臣昨夜何緣忽現如是希有
瑞相放大光明大臣答言大王當知有諸天
眾於長者子流水家中雨四十千真珠瓔珞
及天曼陁羅花積至于膝王告臣曰詣長者
家喚取其子大臣受勅即至其家奉宣王命
喚長者子時長者子即至王所王曰何緣昨
夜示現如是希有瑞相長者子言如我思忖
定應是彼池內眾魚如經所說命終之後得
生三十三天彼來報恩故現如是希奇之相
王曰何以得知流水答曰王可遣使并我二
子往彼池所驗其虛實彼十千魚為死為活
王聞是語即便遣使及子向彼池邊見其池
中多有曼陁羅花積成大聚諸魚並死見已

BD04170號　金光明最勝王經卷九　（19–17）

生三十三天彼來報恩故現如是希奇之相
王曰何以得知流水答曰王可遣使并我二
子往彼池所驗其虛實彼十千魚為死為活
王聞是語即便遣使及子向彼池邊見其池
中多有曼陁羅花積成大聚諸魚並死見已
馳還為王廣說王聞是已心生歡喜歎未曾
有尒時佛告菩提樹神善女天汝今當知昔
時長者子流水者即我身是持水長者即妙
幢是彼之二子長子水滿即銀幢是次子水
藏即銀光是彼天自在光王者即汝菩提樹
神是十千魚者即十千天子是因我往昔以
水濟魚與食令飽為說甚深十二緣起并此
相應陁羅尼呪又為稱彼寶髻佛名因此善
根得生天上今來我所歡喜聽法我皆當為
授於阿耨多羅三藐三菩提記說其名号善
女天如我往昔於生死中輪迴諸有廣為利益
令無量眾生悉令次第成無上覺與其授
記汝等皆應勤求出離勿為放逸尒時大眾
聞說是已悉皆悟解由大慈悲救護一切勤
修苦行方能證獲無上菩提咸發深心信受
歡喜

金光明最勝王經卷第九

耄毛報　庚徒甘　癃北禁　纓俱侍　枳居尔　翔休氏　娛音諳　睇啼計　稍所交

BD04170號　金光明最勝王經卷九　（19–18）

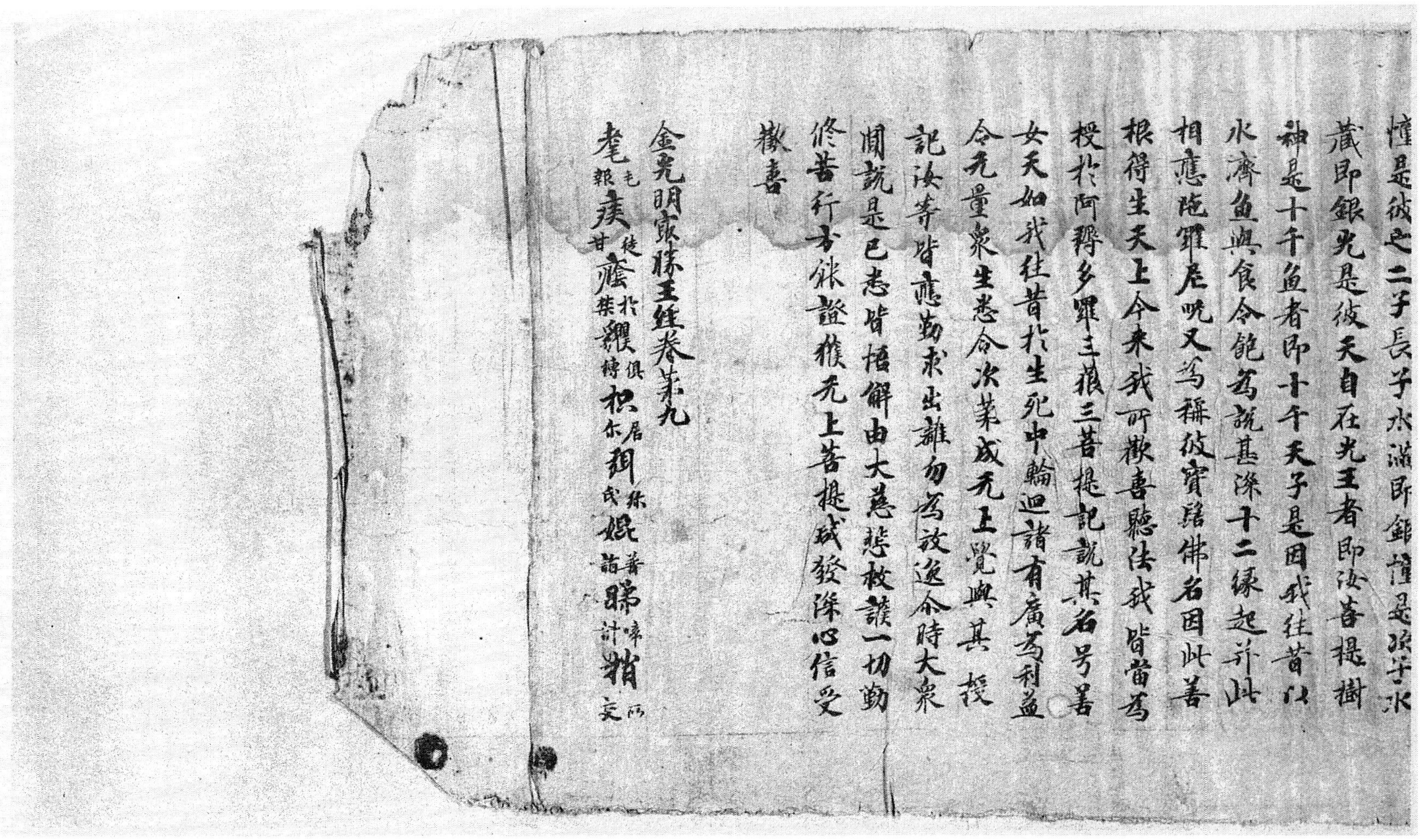

幢是彼之二子長子水滿即銀幢是次子水
藏即銀光是彼天自在光王者即汝菩提樹
神是十千魚者即十千天子是因我往昔以
水濟魚與食令飽爲說甚深十二緣起并此
相應陁羅尼呪又爲稱彼寶髻佛名因此善
根得生天上今來我所歡喜聽法我皆當爲
授於阿耨多羅三藐三菩提記說其名号善
女天如我往昔於生死中輪迴諸有廣爲利益
令无量衆生悉令次第成无上覺與其授
記汝等皆應勤求出離勿爲放逸爾時大衆
聞說是已悉皆悟解由大慈悲救護一切勤
修苦行方能證獲无上菩提咸發深心信受
歡喜

金光明最勝王經卷第九

氂毛報　痰徒甘　瘖於禁　纓俱縛　枳居尒　羯居係　娓普諾　睇啼計　䏲丙妄

BD04170 號　金光明最勝王經卷九　（19–19）

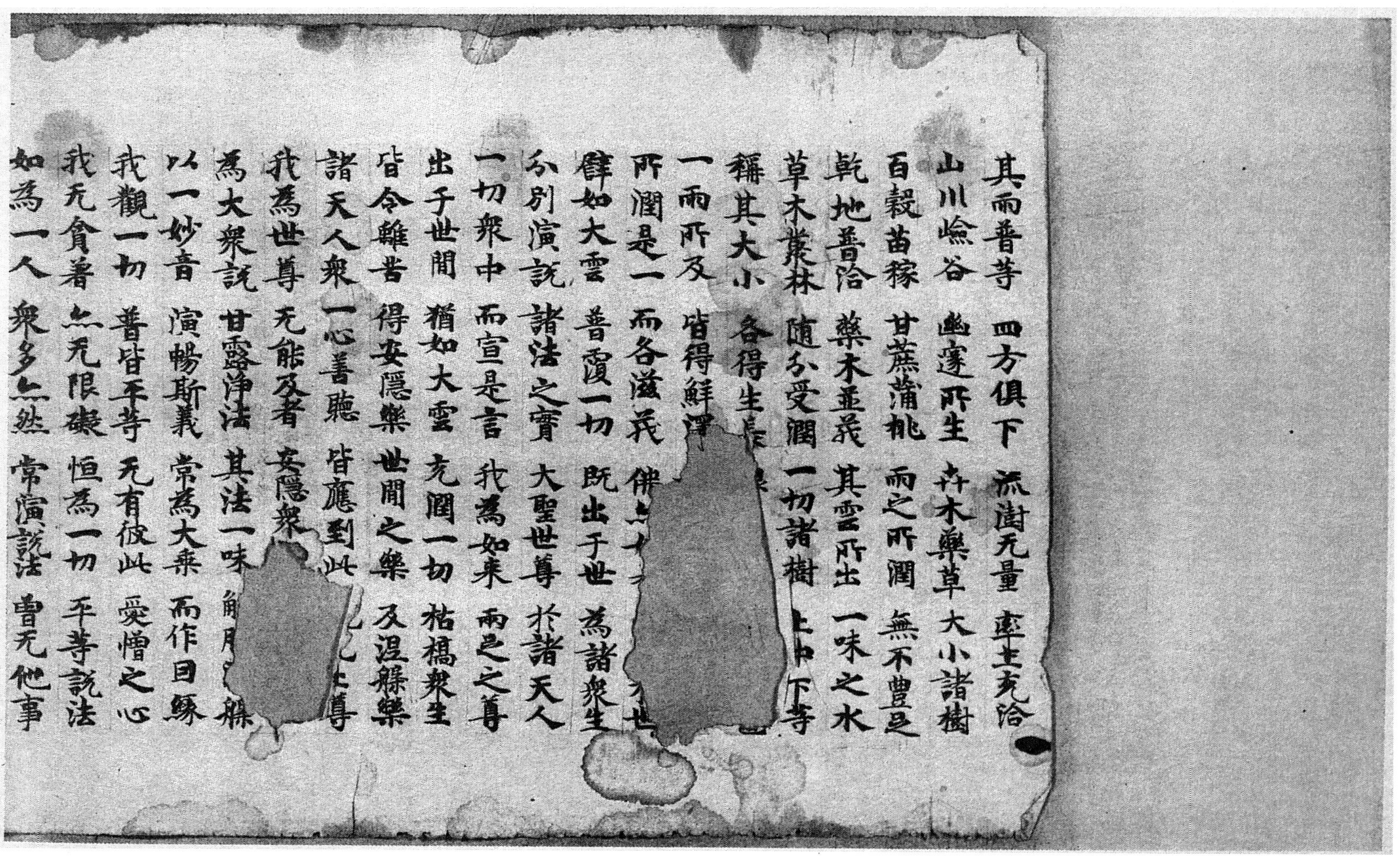

其雨普等　四方俱下　流澍无量　率土充洽
山川嶮谷　幽邃所生　卉木藥草　大小諸樹
百穀苗稼　甘蔗蒲桃　雨之所潤　無不豐足
乾地普洽　藥木並茂　其雲所出　一味之水
草木叢林　隨分受潤　一切諸樹　上中下等
稱其大小　各得生長　[illegible]
一雨所及　皆得鮮澤　[illegible]
所潤是一　而各滋茂　佛[illegible]世
譬如大雲　普覆一切　既出于世　爲諸衆生
分別演說　諸法之實　大聖世尊　於諸天人
一切衆中　而宣是言　我爲如來　兩足之尊
出于世間　猶如大雲　充潤一切　枯槁衆生
皆令離苦　得安隱樂　世間之樂　及涅槃樂
諸天人衆　一心善聽　皆應到此　[illegible]无上尊
我爲世尊　无能及者　安隱衆[illegible]
爲大衆說　甘露淨法　其法一味　解[illegible]槃
以一妙音　演暢斯義　常爲大乘　而作因緣
我觀一切　普皆平等　无有彼此　愛憎之心
我无貪著　亦无限礙　恒爲一切　平等說法
如爲一人　衆多亦然　常演說法　曾无他事

BD04171 號　妙法蓮華經卷三　（14–1）

為大衆說 甘露淨法 其法一味 解脫涅槃
以一妙音 演暢斯義 常為大乘 而作因緣
我觀一切 普皆平等 无有彼此 愛憎之心
我无貪著 亦无限礙 恒為一切 平等說法
如為一人 衆多亦然 常演說法 曾无他事
去來坐立 終不疲猒 充足世間 如雨普潤
貴賤上下 持戒毀戒 威儀具足 及不具足
正見耶見 利根鈍根 等雨法雨 而无懈惓
一切衆生 聞我法者 隨力所受 住於諸地
或處人天 轉輪聖王 釋梵諸王 是小藥草
知无漏法 能得涅槃 起六神通 及得三明
獨處山林 常行禪定 得緣覺證 是中藥草
求世尊處 我當作佛 行精進定 是上藥草
又諸佛子 專心佛道 常行慈悲 自知作佛
決定无疑 是名小樹 安住神通 轉不退輪
度无量億 百千衆生 如是菩薩 名為大樹
佛平等說 如一味雨 隨衆生性 所受不同
如彼草木 所稟各異 佛以此喻 方便開示
種種言辭 演說一法 於佛智慧 如海一渧
我雨法雨 充滿世間 一味之法 隨力修行
如彼叢林 藥草諸樹 隨其大小 漸增茂好
諸佛之法 常以一味 令諸世間 普得具足
漸次修行 皆得道果 聲聞緣覺 處於山林
住最後身 聞法得果 是名藥草 各得增長
若諸菩薩 智慧堅固 了達三界 求最上乘
是名小樹 而得增長 復有住禪 得神通力
聞諸法空 心大歡喜 放无數光 度諸衆生

BD04171號　妙法蓮華經卷三　（14–2）

漸次修行 皆得道果 聲聞緣覺 處於山林
住最後身 聞法得果 是名藥草 各得增長
若諸菩薩 智慧堅固 了達三界 求最上乘
是名小樹 而得增長 復有住禪 得神通力
聞諸法空 心大歡喜 放无數光 度諸衆生
是名大樹 而得增長 如是迦葉 佛所說法
譬如大雲 以一味雨 潤於人華 各得成實
迦葉當知 以諸因緣 種種譬喻 開示佛道
是我方便 諸佛亦然 今為汝等 說最實事
諸聲聞衆 皆非滅度 汝等所行 是菩薩道
漸漸修學 悉當成佛

妙法蓮華經授記品第六

尒時世尊說是偈已告諸大衆唱如是言我
此弟子摩訶迦葉於未來世當得奉覲三百
万億諸佛世尊供養恭敬尊重讚歎廣宣諸
佛无量大法於最後身得成為佛名曰光明
如來應供正遍知明行足善逝世間解无上
士調御丈夫天人師佛世尊國名光德劫名
大莊嚴佛壽十二小劫正法住世二十小劫
像法亦住二十小劫國界嚴飾无諸穢惡瓦
礫荊棘便利不淨其土平正无有高下坑
坎堆阜琉璃為地寶樹行列黃金為繩以界
道側散諸寶華周遍清淨其國菩薩无量千
億諸聲聞衆亦復无數无有魔事雖有魔及
魔民皆護佛法尒時世尊欲重宣此義而說
偈言
告諸比丘 我以佛眼 見是迦葉 於未來世

BD04171號　妙法蓮華經卷三　（14–3）

億諸聲聞衆亦復无數无有魔事雖有魔及
魔民皆護佛法尒時世尊欲重宣此義而說
偈言
告諸比丘　我以佛眼　見是迦葉　於未來世
過无數劫　當得作佛　而於來世　供養奉見
三百万億　諸佛世尊　為佛智慧　淨脩梵行
供養最上　二足尊已　脩集一切　无上之慧
於最後身　得成為佛　其土清淨　琉璃為地
多諸寶樹　行列道側　金繩界道　見者歡喜
常出好香　散衆名華　種種奇妙　以為莊嚴
其地平正　无有丘坑　諸菩薩衆　不可稱計
其心調柔　逮大神通　奉持諸佛　大乘經典
諸聲聞衆　无漏後身　法王之子　亦不可計
乃以天眼　不能數知　其佛當壽　十二小劫
正法住世　二十小劫　像法亦住　二十小劫
光明世尊　其事如是
尒時大目揵連須菩提摩訶迦旃延等皆悉
悚慄一心合掌瞻仰尊顏目不蹔捨即共同
聲而說偈言
大雄猛世尊　諸釋之法王　哀愍我等故　而賜佛音聲
若知我深心　見為授記者　如以甘露灑　除熱得清涼
如從飢國來　忽遇大王饍　心猶懷疑懼　未敢即便食
若復得王教　然後乃敢食　我等亦如是　每惟小乘過
不知當云何　得佛无上慧　雖聞佛音聲　言我等作佛
心尚懷憂懼　如未敢便食　若蒙佛授記　尒乃快安樂
大雄猛世尊　常欲安世間　願賜我等記　如飢須教食
尒時世尊知諸大弟子心之所念告諸比丘

BD04171號　妙法蓮華經卷三　（14–4）

不知當云何　得佛无上慧　雖聞佛音聲　言我等作佛
心尚懷憂懼　如未敢便食　若蒙佛授記　尒乃快安樂
大雄猛世尊　常欲安世間　願賜我等記　如飢須教食
尒時世尊知諸大弟子心之所念告諸比丘
是須菩提於當來世奉覲三百万億那由他
佛供養恭敬尊重讚嘆常脩梵行具菩薩道
於最後身得成為佛号曰名相如來應供正
遍知明行足善逝世間解无上士調御丈夫
天人師佛世尊劫名有寶國名寶生其土平
正頗梨為地寶樹莊嚴无諸丘坑沙礫荊棘
便利之穢寶華覆地周遍清淨其土人民皆
處寶臺珍妙樓閣聲聞弟子无量无邊筭數
譬喻所不能知諸菩薩衆无數千万億那由
他佛壽十二小劫正法住世二十小劫像法
亦住二十小劫其佛常處虛空為衆說法度
脫无量菩薩及聲聞衆尒時世尊欲重宣
此義而說偈言
諸比丘衆　今告汝等　皆當一心　聽我所說
我大弟子　須菩提者　當得作佛　号曰名相
當供无數　万億諸佛　隨佛所行　漸具大道
最後身得　三十二相　端正姝妙　猶如寶山
其佛國土　嚴淨第一　衆生見者　无不愛樂
佛於其中　度无量衆　其佛法中　多諸菩薩
皆悉利根　轉不退輪　彼國常以　菩薩莊嚴
諸聲聞衆　不可稱數　皆得三明　具六神通
住八解脫　有大威儀　其佛說法　現於无量
神通變化　不可思議　諸天人民　數如恒沙

BD04171號　妙法蓮華經卷三　（14–5）

皆悲利根　轉不退輪　彼國常以　菩薩莊嚴
諸聲聞衆　不可稱數　皆得三明　具六神通
住八解脫　有大威儀　其佛說法　現於无量
神通變化　不可思議　諸天人民　數如恒沙
皆共合掌　聽受佛語　其佛當壽　十二小劫
正法住世　二十小劫　像法亦住　二十小劫
尒時世尊復告諸比丘衆我今語汝是大迦
旃延於當来世以諸供具供養奉事八千億
佛恭敬尊重諸佛滅後各起塔廟高千由旬
縱廣正等五百由旬以金銀琉璃車𤦲馬瑙
真珠玫瑰七寶合成衆華瓔珞塗香抹香燒
香繒蓋幢幡供養塔廟過是已後當復供養
二万億佛亦復如是供養是諸佛已具菩薩
道當得作佛号曰閻浮那提金光如来應供
正遍知明行足善逝世間解无上士調御丈
夫天人師佛世尊其土平正頗梨為地寶樹
莊嚴黃金為繩以界道側妙華覆地周遍清
淨見者歡喜无四惡道地獄餓鬼畜生阿脩
羅道多有天人諸聲聞衆及諸菩薩无量
萬億莊嚴其國佛壽十二小劫正法住世二十
小劫像法亦住二十小劫尒時世尊欲重宣
此義而說偈言
諸比丘衆　皆一心聽　如我所說　真實无異
是迦旃延　當以種種　妙好供具　供養諸佛
諸佛滅後　起七寶塔　亦以華香　供養舍利
其最後身　得佛智慧　成等正覺　國土清淨

BD04171號　妙法蓮華經卷三　　（14–6）

是迦旃延　當以種種　妙好供具　供養諸佛
諸佛滅後　起七寶塔　亦以華香　供養舍利
其最後身　得佛智慧　成等正覺　國土清淨
度脫无量　万億衆生　皆為十方　之所供養
佛之光明　无能勝者　其佛号曰　閻浮金光
菩薩聲聞　斷一切有　无量无數　莊嚴其國
尒時世尊復告大衆我今語汝是大目揵連
當以種種供具供養八千諸佛恭敬尊重諸
佛滅後各起塔廟高千由旬縱廣正等五百
由旬以金銀琉璃車𤦲馬瑙真珠玫瑰七寶
合成衆華瓔珞塗香抹香燒香繒蓋幢幡以
用供養過是已後當復供養二百万億諸佛
亦復如是當得成佛号曰多摩羅跋栴檀香
如来應供正遍知明行足善逝世間解无上
士調御丈夫天人師佛世尊劫名喜滿國名
意樂其土平正頗梨為地寶樹莊嚴散真
珠華周遍清淨見者歡喜多諸天人菩薩聲
聞其數无量佛壽二十四小劫正法住世四十
小劫像法亦住四十小劫尒時世尊欲重宣
此義而說偈言
我此弟子　大目揵連　捨是身已　得見八千
二百万億　諸佛世尊　為佛道故　供養恭敬
於諸佛所　常脩梵行　於无量劫　奉持佛法
諸佛滅後　起七寶塔　長表金剎　華香伎樂
而以供養　諸佛塔廟　漸漸具足　菩薩道已
於意樂國　而得作佛　号多摩羅　栴檀之香

BD04171號　妙法蓮華經卷三　　（14–7）

於諸佛所 常脩梵行 於无量劫 奉持佛法
諸佛滅後 起七寶塔 長表金刹 華香伎樂
而以供養 諸佛塔廟 漸漸具足 菩薩道已
於意樂國 而得作佛 号多摩羅 栴檀之香
其佛壽命 二十四劫 常為天人 演說佛道
聲聞无量 如恒河沙 三明六通 有大威德
菩薩无數 志固精進 於佛智慧 皆不退轉
佛滅度後 正法當住 四十小劫 像法亦尒
我諸弟子 威德具足 其數五百 皆當授記
於未来世 咸得成佛
我及汝等 宿世因緣 吾今當說 汝等善聽

妙法蓮華經化城喻品第七

佛告諸比丘乃往過去无量无邊不可思議阿僧祇劫尒時有佛名大通智勝如来應供正遍知明行足善逝世間解无上士調御丈夫天人師佛世尊其國名好成劫名大相諸比丘彼佛滅度已来甚大久遠譬如三千大千世界所有地種假使有人磨以為墨過於東方千國土乃下一點大如微塵又過千國土復下一點如是展轉盡地種墨於汝等意云何是諸國土若筭師若筭師弟子能得邊際知其數不不也世尊諸比丘是人所經國土若點不點盡抹為塵一塵一劫彼佛滅度已来復過是數无量无邊百千万億阿僧祇劫我以如来知見力故觀彼久遠猶若今日
尒時世尊欲重宣此義而說偈言
我念過去世 无量无邊劫 有佛兩足尊 名大通智勝

BD04171號　妙法蓮華經卷三　　（14–8）

已来復過是數无量无邊百千万億阿僧祇劫我以如来知見力故觀彼久遠猶若今日
尒時世尊欲重宣此義而說偈言
我念過去世 无量无邊劫 有佛兩足尊 名大通智勝
如人以力磨 三千大千土 盡此諸地種 皆悉以為墨
過於千國土 乃下一塵點 如是展轉點 盡此諸塵墨
如是諸國土 點與不點等 復盡抹為塵 一塵為一劫
此諸微塵數 其劫復過是 彼佛滅度来 如是无量劫
如来无礙智 知彼佛滅度 及聲聞菩薩 如見今滅度
諸比丘當知 佛智淨微妙 无漏无所礙 通達无量劫
佛告諸比丘大通智勝佛壽五百四十万億那由他劫其佛本坐道場破魔軍已垂得阿耨多羅三藐三菩提而諸佛法不現在前如是一小劫乃至十小劫結加趺坐身心不動而諸佛法猶不在前尒時忉利諸天先為彼佛於菩提樹下敷師子座高一由旬佛於此坐當得阿耨多羅三藐三菩提適坐此座時諸梵天王雨衆天華面百由旬香風時来吹去萎華更雨新者如是不絕滿十小劫供養於佛乃至滅度常雨此華四王諸天為供養佛常擊天鼓其餘諸天作天伎樂滿十小劫至于滅度亦復如是諸比丘大通智勝佛過十小劫諸佛之法乃現在前成阿耨多羅三藐三菩提其佛未出家時有十六子其第一者名曰智積諸子各有種種珍異玩好之具聞父得成阿耨多羅三藐三菩提皆捨所珍往詣佛所諸母涕泣而隨送之其祖轉輪聖

BD04171號　妙法蓮華經卷三　　（14–9）

十小劫諸佛之法乃現在前成阿耨多羅三
藐三菩提其佛未出家時有十六子其第一
者名曰智積諸子各有種種珎異玩好之具
聞父得成阿耨多羅三藐三菩提皆捨所珎
往詣佛所諸母涕泣而隨送之其祖轉輪聖
王與一百大臣及餘百千万億人民皆共圍繞
隨至道場咸欲親近大通智勝如來供養恭
敬尊重讚嘆到已頭面礼足繞佛畢一心合
掌瞻仰世尊以偈頌曰
大威德世尊　為度衆生故　於无量億歲　尒乃得成佛
諸願已具足　善哉吉无上　世尊甚希有　一坐十小劫
身體及手足　靜然安不動　其心常憺怕　未曾有散亂
究竟永寂滅　安住无漏法　今者見世尊　安隱成佛道
我等得善利　稱慶大歡喜　衆生常苦惱　盲瞑无導師
不識苦盡道　不知求解脫　長夜增惡趣　減損諸天衆
從瞑入於瞑　永不聞佛名　今佛得最上　安隱无漏道
我等及天人　為得最大利　是故咸稽首　歸命无上尊
尒時十六王子偈讚佛已勸請世尊轉於法
輪咸作是言世尊說法多所安隱憐愍饒益
諸天人民重說偈言
世雄无等倫　百福自莊嚴　得无上智慧　願為世間說
度脫於我等　及諸衆生類　為分別顯示　令得是智慧
若我等得佛　衆生亦復然　世尊知衆生　深心之所念
知亦所行道　又知智慧力　欲樂及脩福　宿命所行業
世尊悉知已　當轉无上輪
佛告諸比丘大通智勝佛得阿耨多羅三藐
三菩提時十方各五百万億諸佛世界六種

BD04171號　妙法蓮華經卷三　（14–10）

若我等得佛　衆生亦復然　世尊知衆生　深心之所念
知亦所行道　又知智慧力　欲樂及脩福　宿命所行業
世尊悉知已　當轉无上輪
佛告諸比丘大通智勝佛得阿耨多羅三藐
三菩提時十方各五百万億諸佛世界六種
震動其國中間幽瞑之處日月威光所不能
照而皆大明其中衆生各得相見咸作是
言此中云何忽生衆生又其國界諸天宮殿
乃至梵宮六種震動大光普照遍滿世界勝
諸天光尒時東方五百万億諸國土中梵天宮
殿光明照曜倍於常明諸梵天王各作是念
今者宮殿光明昔所未有以何因緣而現此相
是時諸梵天王即各相詣共議此事時彼
衆中有一大梵天王名救一切為諸梵衆而
說偈言
我等諸宮殿　光明昔未有　此是何因緣　宜各共求之
為大德天生　為佛出世間　而此大光明　遍照於十方
尒時五百万億國土諸梵天王與宮殿俱各
以衣祴盛諸天華共詣西方推尋是相見大
通智勝如來處于道場菩提樹下坐師子座
諸天龍王乾闥婆緊那羅摩睺羅伽人非人
等恭敬圍繞及見十六王子請佛轉法輪即
時諸梵天王頭面礼佛繞百千帀即以天華
而散佛上其所散華如須弥山并以供養佛菩
提樹其菩提樹高十由旬華供養已各以宮
殿奉上彼佛而作是言唯見哀愍饒益我
等所獻宮殿願垂納處時諸梵天王即於佛前

BD04171號　妙法蓮華經卷三　（14–11）

而散佛上其所散華如須弥山并以供養佛菩
提樹其菩提樹高十由旬華供養已各以宮
殿奉上彼佛而作是言唯見哀愍饒益我
等所獻宮殿願垂納處時諸梵天王即於佛前
一心同聲以偈頌曰
世尊甚希有　難可得值遇　具无量功德　能救護一切
天人之大師　哀愍於世間　十方諸衆生　普皆蒙饒益
我等所從來　五百万億國　捨深禪定樂　為供養佛故
我等先世福　宮殿甚嚴飾　今以奉世尊　唯願哀納受
尒時諸梵天王偈讚佛已各作是言唯願世
尊轉於法輪度脫衆生開涅槃道時諸梵天
王一心同聲而說偈言
世雄兩足尊　唯願演說法　以大慈悲力　度苦惱衆生
尒時大通智勝如來黙然許之又諸比丘東
南方五百万億國土諸大梵王各自見宮殿
光明照曜昔所未有歡喜踊躍生希有心即
各相詣共議此事時彼衆中有一大梵天王
名曰大悲為諸梵衆而說偈言
是事何因緣　而現如此相　我等諸宮殿　光明昔未有
為大德天生　為佛出世間　未曾見此相　當共一心求
過千万億土　尋光共推之　多是佛出世　度脫苦衆生
尒時五百万億諸梵天王與宮殿俱各以衣
裓盛諸天華共詣西北方推尋是相見大通
智勝如來處于道場菩提樹下坐師子座諸
天龍王乾闥婆緊那羅摩睺羅伽人非人等
恭敬圍繞及見十六王子請佛轉法輪時諸
梵天王頭面礼佛繞百千帀即以天華而散

BD04171 號　妙法蓮華經卷三　（14–12）

裓盛諸天華共詣西北方推尋是相見大通
智勝如來處于道場菩提樹下坐師子座諸
天龍王乾闥婆緊那羅摩睺羅伽人非人等
恭敬圍繞及見十六王子請佛轉法輪時諸
梵天王頭面礼佛繞百千帀即以天華而散
佛上所散之華如須弥山并以供養佛菩提
樹華供養已各以宮殿奉上彼佛而作是言
唯見哀愍饒益我等所獻宮殿願垂納受尒
時諸梵天王即於佛前一心同聲以偈頌曰
聖主天中王　迦陵頻伽聲　哀愍衆生者　我等今敬礼
世尊甚希有　久遠乃一現　一百八十劫　空過无有佛
三惡道充滿　諸天衆減少　今佛出於世　為衆生作眼
世間所歸趣　救護於一切　為衆生之父　哀愍饒益者
我等宿福慶　今得值世尊
尒時諸梵天王偈讚佛已各作是言唯願世
尊哀愍一切轉於法輪度脫衆生時諸梵天
王一心同聲而說偈言
大聖轉法輪　顯示諸法相　度苦惱衆生　令得大歡喜
衆生聞此法　得道若生天　諸惡道減少　忍善者增益
尒時大通智勝如來黙然許之又諸比丘南
方五百万億國土諸大梵王各自見宮殿光
明照曜昔所未有歡喜踊躍生希有心即各
相詣共議此事以何因緣我等宮殿有此光
曜而彼衆中有一大梵天王名曰妙法為諸
梵衆而說偈言
我等諸宮殿　光明甚威曜　此非无因緣　是相宜求之
過於百千劫　未曾見是相　為大德天生　為佛出世間

BD04171 號　妙法蓮華經卷三　（14–13）

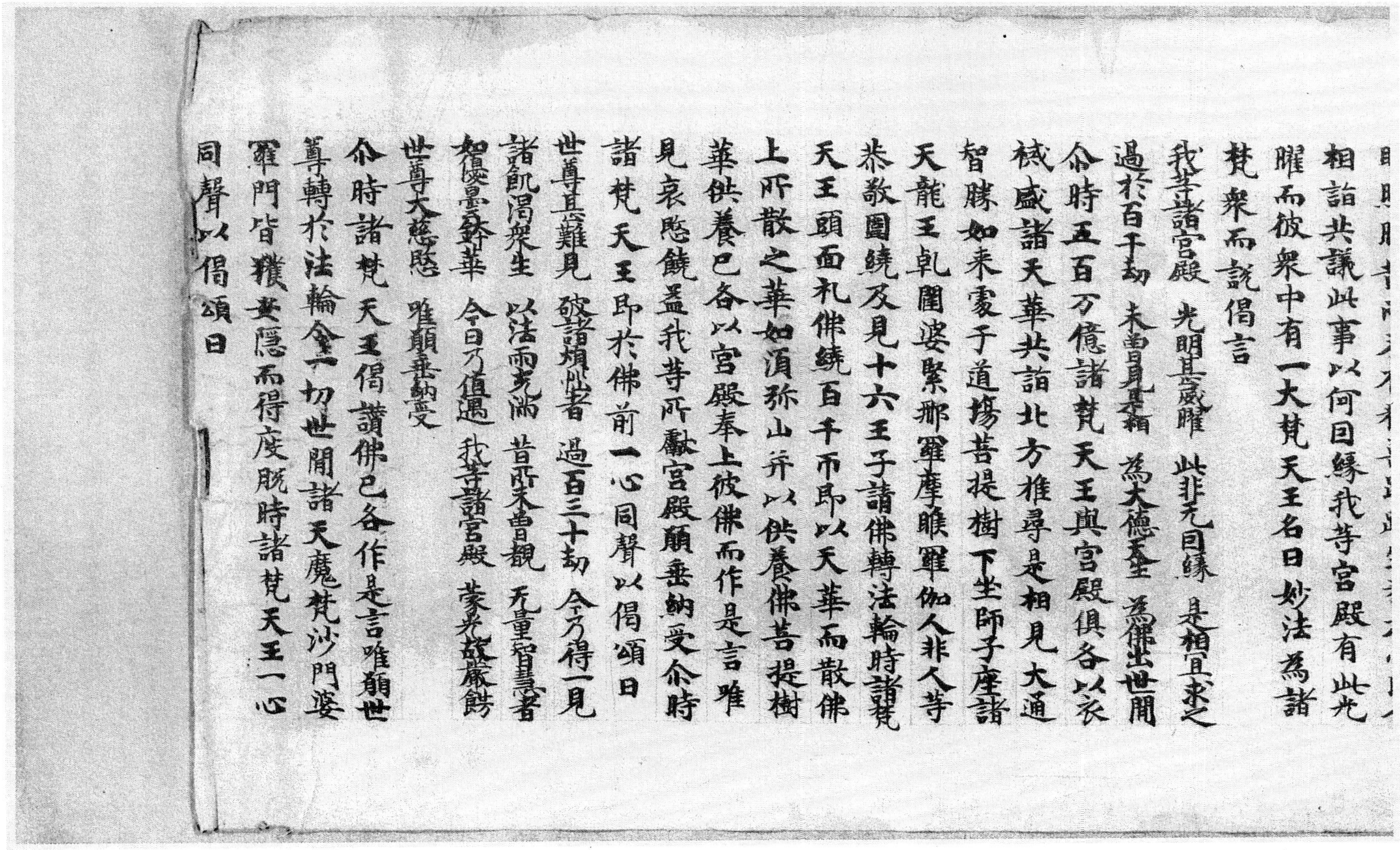
相詣共議此事以何因緣我等宮殿有此光
曜而彼衆中有一大梵天王名曰妙法為諸
梵衆而說偈言
我等諸宮殿　光明甚威曜　此非无因緣　是相宜求之
過於百千劫　未曾見是相　為大德天生　為佛出世間
尒時五百万億諸梵天王與宮殿俱各以衣
裓盛諸天華共詣北方推尋是相見大通
智勝如來處于道場菩提樹下坐師子座諸
天龍王乾闥婆緊那羅摩睺羅伽人非人等
恭敬圍繞及見十六王子請佛轉法輪時諸梵
天王頭面礼佛繞百千帀即以天華而散佛
上所散之華如須弥山并以供養佛菩提樹
華供養已各以宮殿奉上彼佛而作是言唯
見哀愍饒益我等所獻宮殿願垂納受尒時
諸梵天王即於佛前一心同聲以偈頌曰
世尊甚難見　破諸煩惱者　過百三十劫　今乃得一見
諸飢渴衆生　以法雨充滿　昔所未曾覩　无量智慧者
如優曇鉢華　今日乃值遇　我等諸宮殿　蒙光故嚴飾
世尊大慈愍　唯願垂納受
尒時諸梵天王偈讚佛已各作是言唯願世
尊轉於法輪令一切世間諸天魔梵沙門婆
羅門皆獲安隱而得度脫時諸梵天王一心
同聲以偈頌曰

BD04171 號　妙法蓮華經卷三　（14–14）

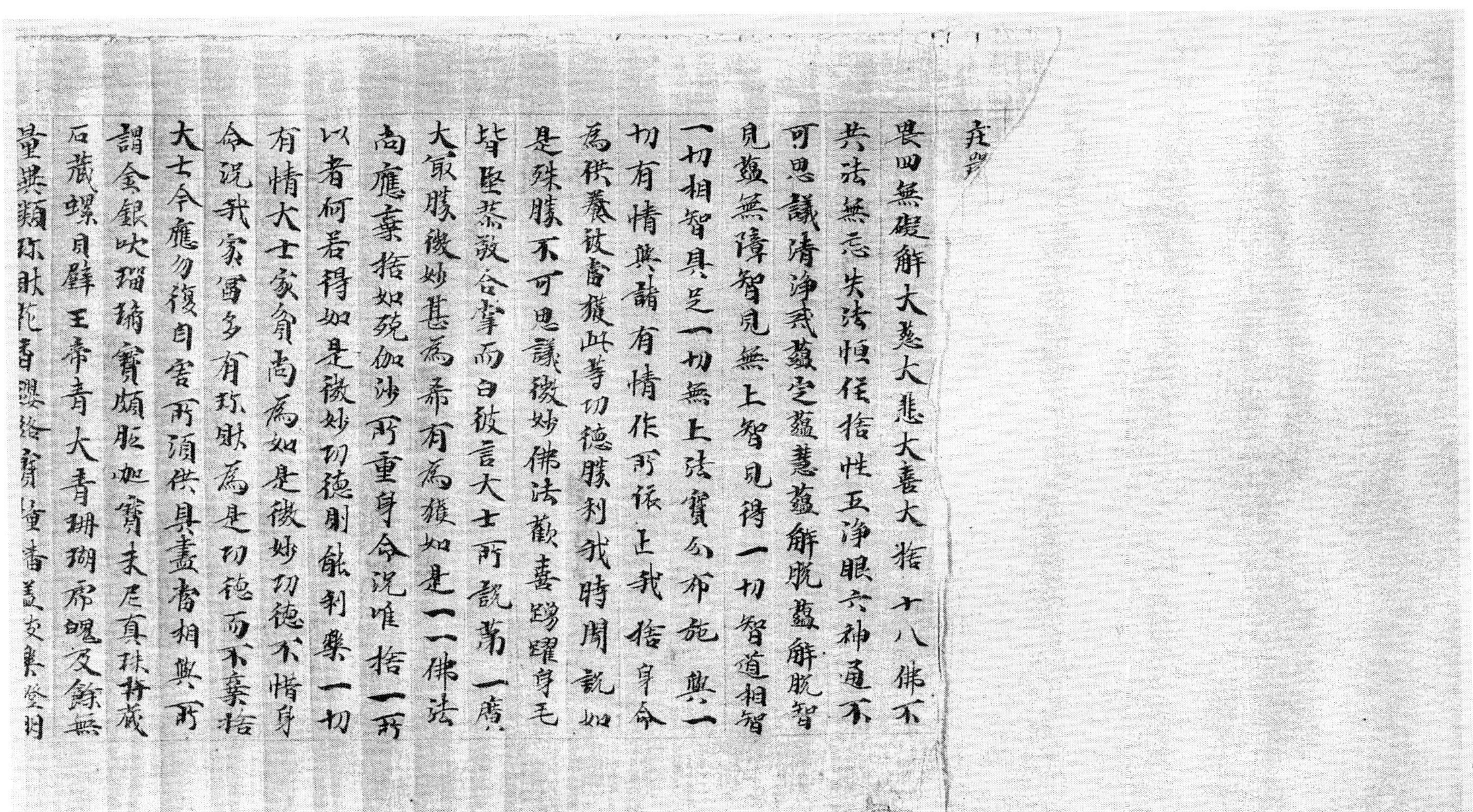
畏四無礙解大慈大悲大喜大捨十八佛不
共法無忘失法恒住捨性五淨眼六神通不
可思議清淨戒蘊定蘊慧蘊解脫蘊解脫智
見蘊無障智見無上智見得一切智道相智
一切相智具足一切無上法寶分布施與一
切有情與諸有情作所依止我捨身命
為供養彼當獲此等功德勝利我時聞說如
是殊勝不可思議微妙佛法歡喜踊躍身毛
皆竪恭敬合掌而白彼言大士所說第一廣
大最勝微妙甚為希有為獲如是一一佛法
尚應棄捨如殑伽沙所重身命況唯捨一所
以者何若得如是微妙功德則能利樂一切
有情大士家貧尚為如是微妙功德不惜身
命況我家富多有珍財為是功德而不棄捨
大士今應勿復自害所須供具盡當相與所
謂金銀吠瑠璃寶頗胝迦寶末尼真珠杵藏
石藏螺貝璧玉帝青大青珊瑚虎珀及餘無
量異類珍財花香瓔珞寶幢幡蓋衣服燈明

BD04172 號　大般若波羅蜜多經卷三九九　（2–1）

皆堅恭敬合掌而白彼言大士所說第一廣
大最勝微妙甚爲希有爲雖如是一一佛法
尚應棄捨如殑伽沙所重身命況唯捨一所
以者何若得如是微妙功德則能利樂一切
有情大士家貧尚爲如是微妙功德不惜身
命況我家富多有珍財爲是功德而不棄捨
大士今應勿復自言所須供具盡當相與所
謂金銀吠瑠璃寶頗胝迦寶末尼真珠杵藏
石藏螺貝璧玉帝青大青珊瑚虎珀及餘無
量異類珍財花香瓔珞寶幢幡蓋伎樂燈明
車乘衣服并餘種種上妙供具可持供養甚
深般若波羅蜜多及說法師法涌菩薩唯願
大士勿復自言我身亦願隨大士往法涌菩
薩摩訶薩所俱時瞻仰共植善根爲得所說
諸佛法故時天帝釋即復本形在彼前住曲
躬合掌讚言大士善哉善哉爲法至誠堅固
乃介過去諸佛爲菩薩時亦如大士以堅固
願求深般若波羅蜜多方便善巧請問菩薩
所學所乘所行所作心無猒倦成熟有情嚴
淨佛土已證無上正等菩提大士當知我實

BD04172 號　大般若波羅蜜多經卷三九九　（2–2）

三百五十九

BD04172 號背　勘記　（1–1）

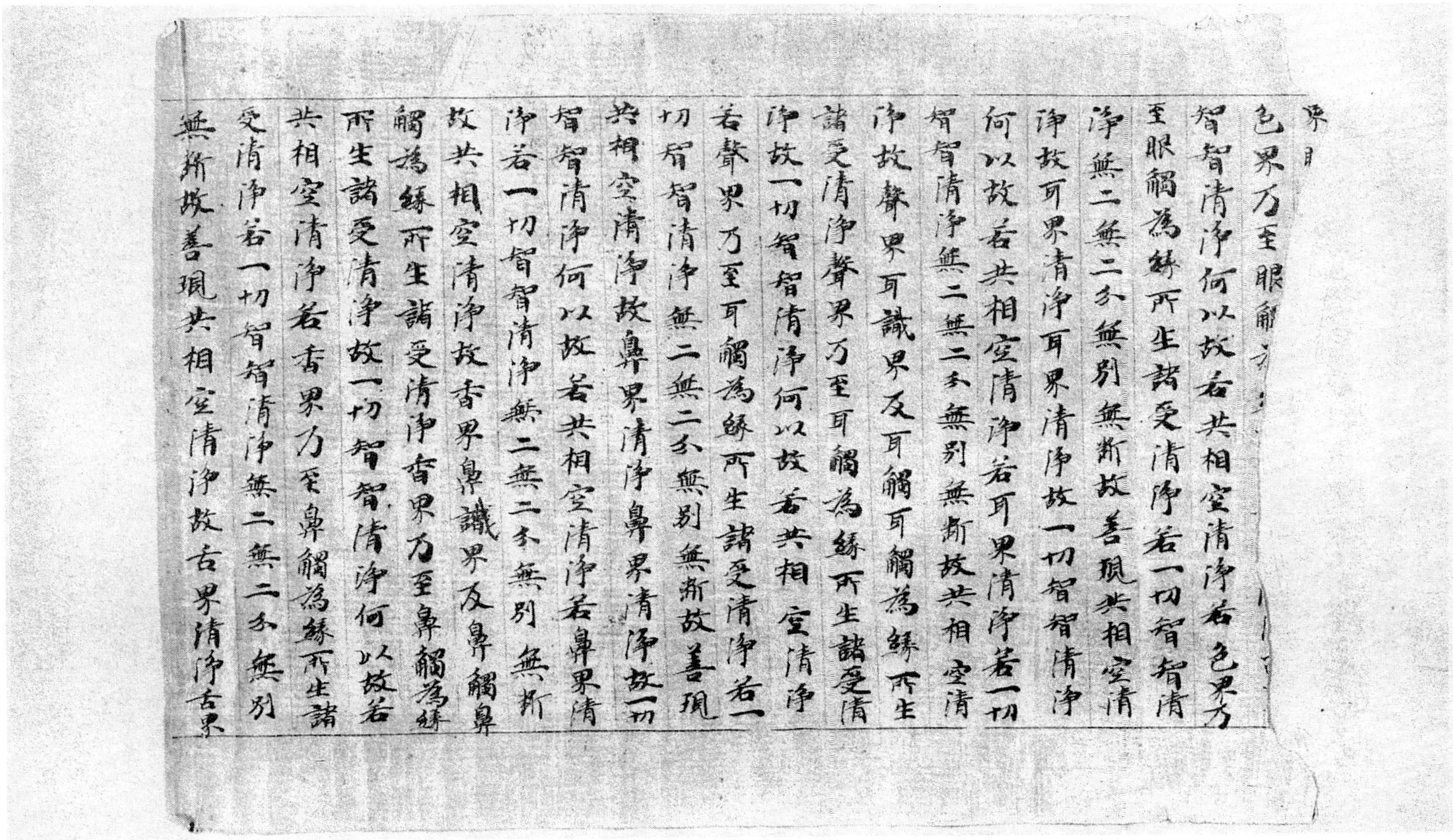
界目
色界乃至眼觸為
智智清淨何以故若共相空清淨若色界乃
至眼觸為緣所生諸受清淨若一切智智清
淨無二無二分無別無斷故善現共相空清
淨故耳界清淨耳界清淨故一切智智清淨
何以故若共相空清淨若耳界清淨若一切
智智清淨無二無二分無別無斷故共相空清
淨故聲界耳識界及耳觸耳觸為緣所生
諸受清淨聲界乃至耳觸為緣所生諸受清
淨故一切智智清淨何以故若共相空清淨
若聲界乃至耳觸為緣所生諸受清淨若一
切智智清淨無二無二分無別無斷故善現
共相空清淨故鼻界清淨鼻界清淨故一切
智智清淨何以故若共相空清淨若鼻界清
淨若一切智智清淨無二無二分無別無斷
故共相空清淨故香界鼻識界及鼻觸鼻
觸為緣所生諸受清淨香界乃至鼻觸為緣
所生諸受清淨故一切智智清淨何以故若
共相空清淨若香界乃至鼻觸為緣所生諸
受清淨若一切智智清淨無二無二分無別
無斷故善現共相空清淨故舌界清淨舌界

BD04173 號　大般若波羅蜜多經卷二一四　（1–1）

BD04173 號背　勘記　（1–1）

大般若波羅蜜多經卷第三百五十三

BD04174 號背　護首

(1–1)

大般若波羅蜜多經卷第三百五十三
初分多聞不二品第六十一之三　三藏法師玄奘奉　詔譯
佛言善現若菩薩摩訶薩思惟色思惟受
想行識則染著欲界色無色界若染著欲界
色無色界不能具足脩諸菩薩摩訶薩行證得
無上正等菩提若菩薩摩訶薩不思惟色不
思惟受想行識則不染著欲界色無色界若

BD04174 號　大般若波羅蜜多經卷三五三

(2–1)

作意若菩薩摩訶薩思惟色思惟受
想行識則深著欲界色無色界若深著欲界
色無色界不能具足修諸菩薩摩訶薩行證得
無上正等菩提若菩薩摩訶薩不思惟色不
思惟受想行識則不深著欲界色無色界若
不深著欲界色無色界則能具足修諸菩薩
摩訶薩行證得無上正等菩提是故善現若
菩薩摩訶薩欲修菩薩摩訶薩行欲證無上
正等菩提當勤修學甚深般若波羅蜜多不
應思惟深著諸法善現若菩薩摩訶薩思惟
眼處思惟耳鼻舌身意處則深著欲界色無
色界若深著欲界色無色界不能具足修諸
菩薩摩訶薩行證得無上正等菩提若菩薩
摩訶薩不思惟眼處不思惟耳鼻舌身意處
則不深著欲界色無色界若不深著欲界色
無色界則能具足修諸菩薩摩訶薩行證得
無上正等菩提是故善現若菩薩摩訶薩欲
修菩薩摩訶薩行欲證無上正等菩提當勤
修學甚深般若波羅蜜多不應思惟深著諸
法善現若菩薩摩訶薩思惟色處思惟聲香
味觸法處則深著欲界色無色界若深著欲
界色無色界不能具足修諸菩薩摩訶薩行
證得無上正等菩提若菩薩摩訶薩不思惟
色處不思惟聲香味觸法處則不深著欲界

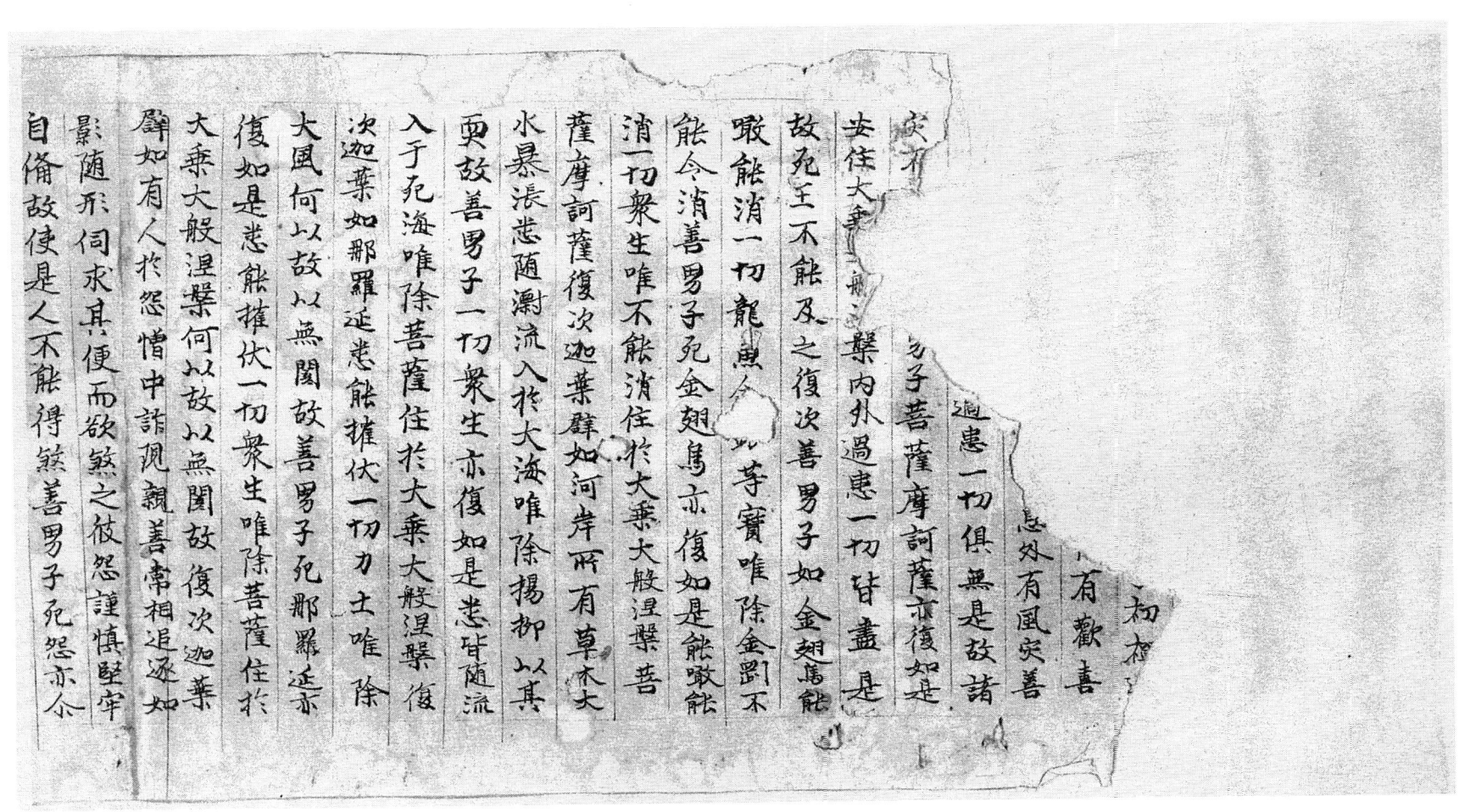

BD04174號　大般若波羅蜜多經卷三五三　（2–2）

初
有歡喜
患外有風灾善
過患一切俱無是故諸
灾有　男子菩薩摩訶薩亦復如是
安住大乘大般涅槃內外過患一切皆盡是
故死王不能及之復次善男子如金翅鳥能
噉能消一切龍魚金銀等寶唯除金剛不
能令消善男子死金翅鳥亦復如是能噉能
消一切眾生唯不能消住於大乘大般涅槃菩
薩摩訶薩復次迦葉譬如河岸所有草木大
水暴漲悉隨瀏流入於大海唯除楊柳以其
耎故善男子一切眾生亦復如是悉皆隨流
入于死海唯除菩薩住於大乘大般涅槃復
次迦葉如那羅延悉能摧伏一切力士唯除
大風何以故以無閡故善男子死那羅延亦
復如是悉能摧伏一切眾生唯除菩薩住於
大乘大般涅槃何以故以無閡故復次迦葉
譬如有人於怨憎中詐現親善常相追逐如
影隨形伺求其便而欲煞之彼怨謹慎堅牢
自備故使是人不能得煞善男子死怨亦尒

BD04175號　大般涅槃經（北本　思溪藏本）卷一二　（10–1）

大風何以故以無閡故善男子死那羅延亦
復如是悉能摧伏一切衆生唯除菩薩住於
大乘大般涅槃何以故以無閡故復次迦葉
譬如有人於怨憎中詐現親善常相追逐如
影隨形伺求其便而欲殺之彼怨謹慎堅牢
自備故使是人不能得殺善男子死怨亦尒
常伺衆生而欲殺之唯不能殺住於大乘大
般涅槃菩薩摩訶薩何以故以是菩薩不放
逸故復次迦葉譬如卒降金剛暴雨悉壞藥
木諸樹山林土沙瓦石金銀瑠璃一切之物
唯不能壞金剛真寶善男子金剛死雨亦復
如是悉能破壞一切衆生唯除金剛菩薩住
於大乘大般涅槃復次迦葉如金翅鳥能噉
諸龍唯不能噉受三歸者善男子死金翅鳥
亦復如是能噉一切無量衆生唯除菩薩住
三空者何謂三空空無相願復次迦葉如掌
羅耶毒蛇凡所蝎螫雖有良呪上妙好藥無如
之何唯阿竭多星呪能令除愈善男子死毒
所螫亦復如是一切醫方無如之何唯除菩
薩住於大乘大涅槃呪復次迦葉譬如有人
為王所瞋其人若能以耎善語貢上財寶便
可得脫善男子死王不尒雖以耎語錢財珍寶
而貢上之亦不得脫善男子夫死者於險難
處無有資粮去處懸遠而無伴侶晝夜常行
不知邊際深邃幽闇無有燈明入無門戶而

薩住於大乘大涅槃呪復次迦葉譬如有人
為王所瞋其人若能以耎善語貢上財寶便
可得脫善男子死王不尒雖以耎語錢財珍寶
而貢上之亦不得脫善男子夫死者於險難
處無有資粮去處懸遠而無伴侶晝夜常行
不知邊際深邃幽闇無有燈明入無門戶而
有處所雖無痛處不可療治往無遮止到不
得脫無所破壞見者愁毒非是惡色而令人
怖畏在身邊不可覺知迦葉以是等喻及餘
無量無邊譬喻當知是死真為大苦迦葉是
名菩薩摩訶薩脩行大乘大涅槃經觀於死
苦迦葉云何菩薩摩訶薩住於大乘大涅槃
經觀愛別離苦愛別離苦能為一切衆苦根
本如說偈言
因愛生憂　因愛生怖　若離於愛　何憂何怖
愛因緣故則生憂苦以憂苦故則令衆生
於衰老愛別離苦所謂命終善男子以別離
故能生種種微細諸苦今當為汝分別顯
示善男子過去之世人壽無量時世有王名
曰善住其王尒時為童子身太子治事及登
王位各八萬四千歲時王頂上生一肉皰其
皰柔耎如兜羅綿細耎劫貝漸漸增長不以
為患足滿十月皰即開剖生一童子其形端
正奇異少雙色像分明人中第一父王歡喜
字曰頂生時善住王即以國事委付頂生棄
捨宮殿妻子眷屬入山學道滿八萬四千歲

皰柔耎如兜羅綿細軟劫貝漸漸增長不以
為患足滿十月皰即開剖生一童子其形端
正奇異少雙色像分明人中第一父王歡喜
字曰頂生時善住王即以國事委付頂生棄
捨宮殿妻子眷屬入山學道滿八萬四千歲
尒時頂生於十五日處在高樓沐浴受齋即
於東方有金輪寶其輪千輻轂輞具足非工
匠造自然成就而來應之頂生大王即作是
念我昔曾聞五通仙說若剎利王於十五日
處在高樓沐浴受齋若有金輪千輻不減轂
輞具足非工匠造自然成就而來應者當知
是王即當得作轉輪聖帝復作是念我今當
試即以左手擎此輪寶右執香爐右膝著地
而發誓言是金輪寶若實不虛應如過去轉
輪聖王所行道去作是誓已是金輪寶飛昇
虛空遍十方已還來住在頂生左手尒時頂生
心生歡喜踊躍無量復作是言我今定當作
轉輪王其後不久復有象寶狀貌端嚴如白
蓮華七支拄地頂生見已復作是念我昔曾
聞五通仙說若轉輪王於十五日處在高樓
沐浴受齋若有象寶狀貌端嚴如白蓮華七
支拄地而來應者當知是王即是聖王復作
是念我今當試即擎香爐右膝著地而發誓
言是白象寶若實不虛應如過去轉輪聖王
所行道去作是誓已是白象寶從旦至夕周
遍八方盡大海際還住本處尒時頂生心大

BD04175號　大般涅槃經（北本　思溪藏本）卷一二　（10–4）

沐浴受齋若有象寶狀貌端嚴如白蓮華七
支拄地而來應者當知是王即是聖王復作
是念我今當試即擎香爐右膝著地而發誓
言是白象寶若實不虛應如過去轉輪聖王
所行道去作是誓已是白象寶從旦至夕周
遍八方盡大海際還住本處尒時頂生心大
歡喜踊躍無量復作是言我今定是轉輪聖
王其後不久次有馬寶其色艷鬉尾金色
頂生見已復作是念我昔曾聞五通仙說若
轉輪王於十五日處在高樓沐浴受齋若有
馬寶其色紺艷鬉尾金色而來應者當知是
王即是聖王復作是念我今當試即執香爐
右膝著地而發誓言是紺馬寶若實不虛應
如過去轉輪聖王所行道去作是誓已是紺
馬寶從旦至夕周遍八方盡大海際還住本
處尒時頂生心大歡喜踊躍無量復作是言
我今定是轉輪聖王其後不久復有女寶形
容端正微妙第一不長不短不白不黑身諸
毛孔出旃檀香口氣香潔如青蓮華其目遠
視見一由旬耳聞鼻嗅亦復如是其舌廣大
出能覆面形色細薄如赤銅葉心聰叡哲有
大智慧於諸眾生常有軟語是女以手觸王
衣時即知王身安樂病患亦知王心所緣之
處尒時頂生復作是言若有女人能知王心
即是女寶其後不久於王宮內自然而有寶
[illegible]

BD04175號　大般涅槃經（北本　思溪藏本）卷一二　（10–5）

大智慧於諸衆生常有耎語是女以手觸王
衣時即知王身安樂病患亦知王心所緣之
處爾時頂生復作是言若有女人能知王心
即是女寶其後不久於王宮内自然而有實
摩尼珠純青瑠璃大如人髀能於闇中照一
由旬若天降雨渧如車軸是珠勢力能作大
蓋覆一由旬遮此大雨不令下過爾時頂生
復作是念若轉輪王得是寶珠必是聖王其
後不久有主藏臣自然而出多饒財寶巨富
無量庫藏盈溢無所乏少報得眼根力能徹
見一切地中所有伏藏隨王所念皆能辦之
爾時頂生復欲試之即共乘船入於大海告
藏臣言我今欲得珎異之寶藏臣聞已於以
兩手扥大海水時十指頭出十寶藏以奉聖
王而白王言大王所須隨意用之其餘在者
當投大海爾時頂生心大歡喜踊躍無量復
作念言我今定是轉輪聖王其後不久有
主兵臣自然而出勇健猛略策謀第一善知四
兵若任鬪者則現聖王若不任者退不令現
未摧伏者能令摧伏已摧伏者力能守護爾
時頂生復作是念若轉輪王得是兵寶當
知定是轉輪聖王爾時頂生轉輪聖帝告諸大
臣汝等當知此閻浮提安隱豐樂然我今已
七寶成就千子具足更何所為諸臣答言唯
然大王東弗婆提猶未歸德王應往討爾時
聖王即與七寶一切營從飛空而往東弗婆

BD04175號　大般涅槃經（北本　思溪藏本）卷一二　（10–6）

知定是轉輪聖王爾時頂生轉輪聖帝告諸大
臣汝等當知此閻浮提安隱豐樂然我今已
七寶成就千子具足更何所為諸臣答言唯
然大王東弗婆提猶未歸德王應往討爾時
聖王即與七寶一切營從飛空而往東弗婆
提彼土人民歡喜歸化復告大臣我閻浮提
及弗婆提安隱豐樂人民熾盛悉來歸化七
寶成就千子具足復何所為諸臣答言唯然
大王西瞿耶尼猶未歸德爾時聖王復與七
寶一切營從飛空而往西瞿耶尼王既至彼
彼土人民亦復歸伏復告大臣我閻浮提及
弗婆提此瞿耶尼安隱豐樂人民熾盛咸已
歸化七寶成就千子具足復何所為諸臣答
言唯然大王北欝單越猶未歸化爾時聖王
復與七寶一切營從飛空而往北欝單越
王既至彼彼土人民歡喜歸德復告大臣我四
天下安隱豐樂人民熾盛咸已歸德七寶成
就千子具足更何所為諸臣答言唯然聖王
三十三天壽命極長安隱快樂彼天身形端
嚴無比所居宮殿牀榻卧具悉是七寶自恃
天福未來歸化今可往討令其摧伏爾時聖
王復與七寶一切營從飛騰虛空上忉利天
見有一樹其色青綠聖王見已即問大臣此
是何色大臣答言此是波利質多羅樹忉利
諸天夏三月日常於其下娛樂受樂又見白
色猶如白雲復問大臣彼是何色大臣答言

BD04175號　大般涅槃經（北本　思溪藏本）卷一二　（10–7）

見有一樹其色青綠聖王見已即問大臣此
是何色大臣答言此是波利質多羅樹忉利
諸天夏三月日常於其下娛樂受樂又見白
色猶如白雲復問大臣彼是何色大臣答言
是善法堂忉利諸天常集其中論人天事於
是天主釋提桓因知頂生王已來在外即出
迎逆見已執手昇善法堂分座而坐彼時二
王形容相貌等無差別唯有視瞬為別異耳
是時聖王即生念言我今寧可退彼王位即
住其中為天王不善男子尒時帝釋受持讀
誦大乘經典開示分別為他演說唯於深義
未盡通達以是讀誦受持分別為他廣說因
緣力故有大威德善男子而是頂生於此帝
釋生惡心已即便墮落還閻浮提與所愛念
人天離別生大苦惱復遇惡病即便命終尒
時帝釋迦葉佛是轉輪聖王則我身是善男
子當知如是愛別離者能為大苦善男子菩
薩摩訶薩尚憶過去如是等輩愛別離苦何
況菩薩住於大乘大涅槃經而當不觀現在
之世愛別離苦
善男子云何菩薩摩訶薩修行大乘大涅槃
經觀怨憎會苦善男子是菩薩摩訶薩觀於
地獄畜生餓鬼人中天上皆有如是怨憎會
苦譬如人觀牢獄繫閉枷鎖杻械以為大苦
菩薩摩訶薩亦復如是觀於五道一切受生

BD04175號　大般涅槃經（北本　思溪藏本）卷一二　（10-8）

善男子云何菩薩摩訶薩修行大乘大涅槃
經觀怨憎會苦善男子是菩薩摩訶薩觀於
地獄畜生餓鬼人中天上皆有如是怨憎會
苦譬如人觀牢獄繫閉枷鎖杻械以為大苦
菩薩摩訶薩亦復如是觀於五道一切受生
皆是怨憎合會大苦復次善男子譬如有人
常畏怨家枷鎖杻械捨離父母妻子眷屬珍
寶產業而遠逃避善男子菩薩摩訶薩亦復
如是畏怖生死具足修行六波羅蜜入於涅
槃迦葉是名菩薩摩訶薩修行大乘大般涅
槃觀怨憎會苦善男子云何菩薩修行大乘
大般涅槃觀求不得苦求者一切盡求盡求
者有二種一求善法二求不善法善法未得
苦惡法未離苦是則略說五盛陰苦迦葉是
名苦諦
尒時迦葉菩薩摩訶薩白佛言世尊如佛所
說五盛陰苦是義不然何以故如佛往昔告
釋摩男若色苦者一切眾生不應求色若有
求者則不名苦如佛告諸比丘有三種受苦
受樂受不苦不樂受如佛先為諸比丘說若
有人能修行善法則得受樂又如佛說於善
道中六觸受樂眼見好色是則為樂耳鼻舌
身意思好法亦復如是如佛說偈
持戒則為樂　身不受眾苦　睡眠得安隱　寤則心歡喜
若受衣食時　誦習而經行　獨處於山林　如是為最樂

BD04175號　大般涅槃經（北本　思溪藏本）卷一二　（10-9）

有人能脩行善法則得受樂又如佛說於善
道中六觸受樂眼見好色是則爲樂耳鼻舌
身意思好法亦復如是如佛說偈
持戒則爲樂　身不受衆苦　睡眠得安隱　寤則歡喜
若受衣食時　誦習而經行　獨處於山林　如是爲寂樂
若能於衆生　晝夜常脩慈　因是得常樂　以不惱他故
少欲知足樂　多聞分別樂　無著阿羅漢　亦名爲寂樂
菩薩摩訶薩　畢竟到彼岸　所作衆事辦　是名爲寂樂
世尊如諸經中所說樂相其義如是如佛
今說云何當與此義相應

大般涅槃經卷第十二

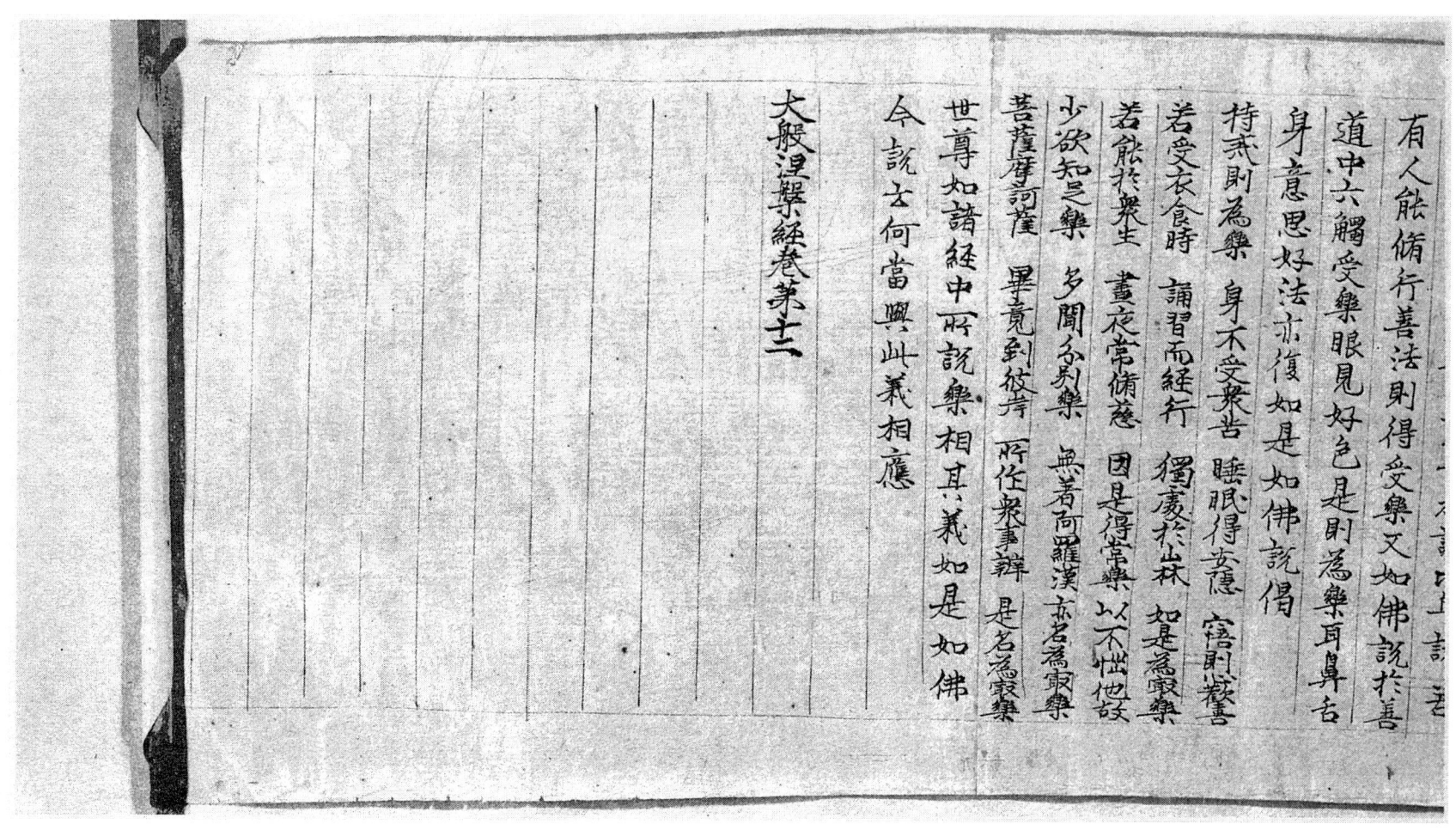

BD04175 號　大般涅槃經（北本　思溪藏本）卷一二　（10–10）

三菩提心應云何
善哉須菩提如汝所說如來
薩善付囑諸菩薩汝今諦
男子善女人發阿耨多羅三
如是住如是降伏其心唯然世
佛告須菩提諸菩薩摩訶
其心所有一切衆生之類若卵
生若化生若有色若无色
若非有想若非无想
滅度之如是滅度无量无數
衆生得滅度者何以故須菩
相人相衆生相壽者相即非
復次須菩提菩薩於法應
所謂不住色布施不住聲香
菩提菩薩應如是布施不住
菩薩不住相布施其福德不
於意云何東方虛空可思量
菩提南西北方四維上下虛
也世尊須菩提菩薩无住相
如是不可思量須菩提菩薩但應如所教住
須菩提於意云何可以身相見如來不不也
世尊不可以身相得見如來何以故如來所

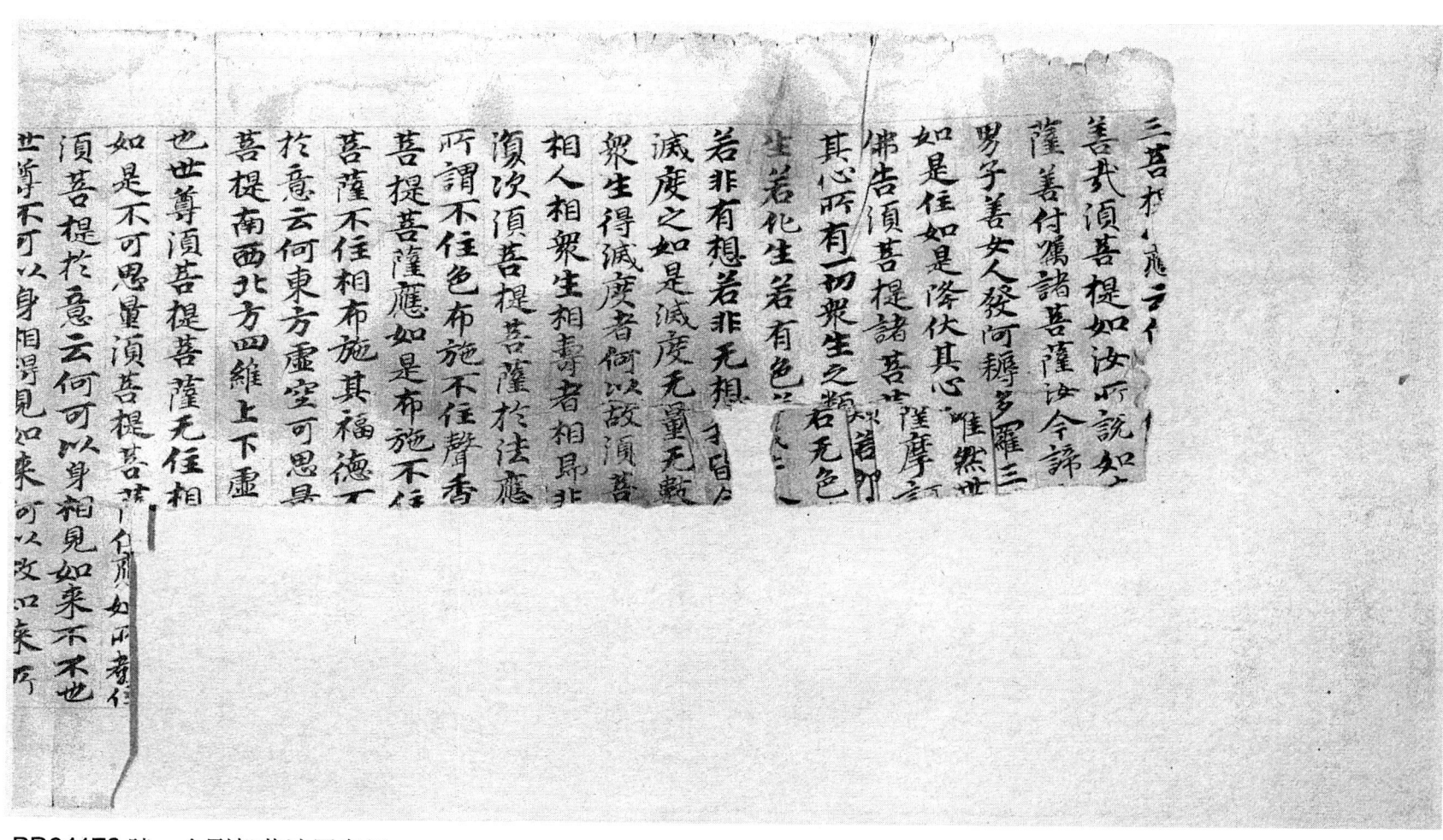

BD04176 號　金剛般若波羅蜜經　（15–1）

所謂不住色布施不住聲香
菩提菩薩應如是布施不住
菩薩不住相布施其福德不
於意云何東方虛空可思量
菩提南西北方四維上下虛
也世尊須菩提菩薩无住相
如是不可思量須菩提菩薩但應如所教住
須菩提於意云何可以身相見如來不不也
世尊不可以身相得見如來何以故如來所
說身相即非身相佛告須菩提凡所有相皆
是虛妄若見諸相非相則見如來
須菩提白佛言世尊頗有衆生得聞如是
言說章句生實信不佛告須菩提莫作是
說如來滅後後五百歲有持戒脩福者於此
章句能生信心以此爲實當知是人不於一佛二
佛三四五佛而種善根已於无量千万佛所種
諸善根聞是章句乃至一念生淨信者須
菩提如來悉知悉見是諸衆生得如是无量
福德何以故是諸衆生无復我相人相衆生
相壽者相无法相亦无非法相何以故是諸
衆生若心取相則爲著我人衆生壽者若
取法相即著我人衆生壽者何以故若取非法
相即著我人衆生壽者是故不應取法不應
取非法以是義故如來常說汝等比丘知我
說法如筏喩者法尚應捨何況非法
須菩提於意云何如來得阿耨多羅三藐三

取法相即著我人衆生壽者何以故若取非法
相即著我人衆生壽者是故不應取法不應
取非法以是義故如來常說汝等比丘知我
說法如筏喩者法尚應捨何況非法
須菩提於意云何如來得阿耨多羅三藐三
菩提耶如來有所說法耶須菩提言如我解
佛所說義无有定法名阿耨多羅三藐三菩
提亦无有定法如來可說何以故如來所說
法皆不可取不可說非法非非法所以者何
一切賢聖皆以无爲法而有差別
須菩提於意云何若人滿三千大千世界七
寶以用布施是人所得福德寧爲多不須菩
提言甚多世尊何以故是福德即非福德性
是故如來說福德多若復有人於此經中
受持乃至四句偈等爲他人說其福勝彼何
以故須菩提一切諸佛及諸佛阿耨多羅三藐
三菩提法皆從此經出須菩提所謂佛法者
即非佛法
須菩提於意云何須陁洹能作是念我得
須陁洹果不須菩提言不也世尊何以故須
陁洹名爲入流而无所入不入色聲香味觸法
是名須陁洹須菩提於意云何斯陁含能作
是念我得斯陁含果不須菩提言不也世尊
何以故斯陁含名一往來而實无往來是名斯
陁含須菩提於意云何阿那含能作是念我

陁洹名為入流而无所入不入色聲香味觸法
是名須陁洹須菩提於意云何斯陁含能作
是念我得斯陁含果不須菩提言不也世尊
何以故斯陁含名一往来而實无往来是名斯
陁含須菩提於意云何阿那含能作是念我
得阿那含果不須菩提言不也世尊何以故阿
那含名為不来而實无来是故名阿那含須
菩提於意云何阿羅漢能作是念我得阿
羅漢道不須菩提言不也世尊何以故實无
有法名阿羅漢世尊若阿羅漢作是念我
得阿羅漢道即為著我人衆生壽者世尊佛
說我得无諍三昧人中最為第一是第一離
欲阿羅漢我不作是念我是離欲阿羅漢世
尊我若作是念我得阿羅漢道世尊則不
說須菩提是樂阿蘭那行者以須菩提實
无所行而名須菩提是樂阿蘭那行
佛告須菩提於意云何如来昔在然燃佛所
於法有所得不世尊如来在燃燈佛所於法
實无所得須菩提於意云何菩薩莊嚴佛
土不不也世尊何以故莊嚴佛土者則非莊嚴
是名莊嚴是故須菩提諸菩薩摩訶薩應
如是生清淨心不應住色生心不應住聲香味
觸法生心應无所住而生其心須菩提譬如有
人身如須弥山王於意云何是身為大不須
菩提言甚大世尊何以故佛說非身是名大身
須菩提如恒河中所有沙數如是沙等恒河

BD04176 號　金剛般若波羅蜜經　（15–4）

如是生清淨心不應住色生心不應住聲香味
觸法生心應无所住而生其心須菩提譬如有
人身如須弥山王於意云何是身為大不須
菩提言甚大世尊何以故佛說非身是名大身
須菩提如恒河中所有沙數如是沙等恒河
於意云何是諸恒河沙寧為多不須菩提言
甚多世尊但諸恒河尚多无數何況其沙
須菩提我今實言告汝若有善男子善女人
以七寶滿尒所恒河沙數三千大千世界以用布
施得福多不須菩提言甚多世尊佛告須
菩提若善男子善女人於此經中乃至受持
四句偈等為他人說而此福德勝前福德復次
須菩提隨說是經乃至四句偈等當知此處
一切世間天人阿脩羅皆應供養如佛塔廟
何況有人盡能受持讀誦須菩提當知是人
成就最上第一希有之法若是經典所在
之處則為有佛若尊重弟子
尒時須菩提白佛言世尊當何名此經我等
云何奉持佛告須菩提是經名為金剛般
若波羅蜜以是名字汝當奉持所以者何須
提佛說般若波羅蜜則非般若波羅蜜須
菩提於意云何如来有所說法不須菩提
白佛言世尊如来无所說須菩提於意云何
三千大千世界有微塵是為多不須菩提言
甚多世尊須菩提諸微塵如来說非微塵是名
微塵如来說世界非世界是名世界須菩提於

BD04176 號　金剛般若波羅蜜經　（15–5）

菩提於意云何如來有所說法不須菩提
白佛言世尊如來无所說須菩提於意云何
三千大千世界有微塵是為多不須菩提言
甚多世尊須菩提諸微塵如來說非微塵是名
微塵如來說世界非世界是名世界須菩提於
意云何可以卅二相見如來不不也世尊不可
以卅二相得見如來何以故如來說卅二相即是
非相是名卅二相須菩提若有善男子善
女人以恒河沙等身命布施若復有人於此經
中乃至受持四句偈等為他人說其福甚多
尒時須菩提聞說是經深解義趣涕淚悲
泣而白佛言希有世尊佛說如是甚深經典
我從昔來所得慧眼未曾得聞如是之經
世尊若復有人得聞是經信心清淨則生
實相當知是人成就第一希有功德世
尊是實相者則是非相是故如來說名實
相世尊我今得聞如是經典信解受持不足為
難若當來世後五百歲其有衆生得聞是
經信解受持是人則為第一希有何以故此人
无我相人相衆生相壽者相所以者何我相即
是非相人相衆生相壽者相即是非相何以故
離一切諸相則名諸佛
佛告須菩提如是如是若復有人得聞是經
不驚不怖不畏當知是人甚為希有何以故須
菩提如來說第一波羅蜜非第一波羅蜜
是名第一波羅蜜須菩提忍辱波羅蜜如

BD04176 號　金剛般若波羅蜜經

（15–6）

菩

是非相人相衆生相壽者相即是非相何以故
離一切諸相則名諸佛
佛告須菩提如是如是若復有人得聞是經
不驚不怖不畏當知是人甚為希有何以故須
菩提如來說第一波羅蜜非第一波羅蜜
是名第一波羅蜜須菩提忍辱波羅蜜如
來說非忍辱波羅蜜何以故須菩提如我昔
為歌利王割截身體我於尒時无我相无人
相无衆生相无壽者相何以故我於往昔節
節支解時若有我相人相衆生相壽者相應
生瞋恨須菩提又念過去於五百世作忍辱仙
人於尒所世无我相无人相无衆生相无壽者
相是故須菩提菩薩應離一切相發阿耨多
羅三藐三菩提心不應住色生心不應住
聲香味觸法生心應生无所住心若心有住
則為非住是故佛說菩薩心不應住色布施
須菩提菩薩為利益一切衆生應如是布施
如來說一切諸相即是非相又說一切衆生則
非衆生須菩提如來是真語者實語者如
語者不誑語者不異語者須菩提如來所得
法此法无實无虛須菩提若菩薩心住
於法而行布施如人入闇則无所見若菩薩心
不住法而行布施如人有目日光明照見種
種色須菩提當來之世若有善男子善
女人能於此經受持讀誦則為如來以佛智慧
悉知是人悉見是人皆得成就无量无邊

BD04176 號　金剛般若波羅蜜經

（15–7）

不住法而行布施如人有目日光明照見種
種色須菩提當來之世若有善男子善
女人能於此經受持讀誦則為如來以佛智慧
悉知是人悉見是人皆得成就无量无邊
功德須菩提若有善男子善女人初日分以
恒河沙等身布施中日分復以恒河沙等
身布施後日分亦以恒河沙等身布施如是
无量百千万億劫以身布施若復有人聞
此經典信心不逆其福勝彼何況書寫受
持讀誦為人解說須菩提以要言之是經
有不可思議不可稱量无邊功德如來為發大
乘者說為發最上乘者說若有人能受持
讀誦廣為人說如來悉知是人悉見是人皆
得成就不可量不可稱无有邊不可思議功
德如是人等則為荷擔如來阿耨多羅三藐
三菩提何以故須菩提若樂小法者著我
見人見衆生見壽者見則於此經不能聽受
讀誦為人解說須菩提在在處處若有
此經一切世間天人阿脩羅所應供養當知
此處則為是塔皆應恭敬作禮圍遶以華
香而散其處
復次須菩提善男子善女人受持讀誦此
經若為人輕賤是人先世罪業應墮惡道
以今世人輕賤故先世罪業則為消滅當得
阿耨多羅三藐三菩提須菩提我念過去
无量阿僧祇劫於然燈佛前得值八百四千

經若為人輕賤是人先世罪業應墮惡道
以今世人輕賤故先世罪業則為消滅當得
阿耨多羅三藐三菩提須菩提我念過去
无量阿僧祇劫於然燈佛前得值八百四千
万億那由他諸佛悉皆供養承事无空過
者若復有人於後末世能受持讀誦此經
所得功德於我所供養諸佛功德百分不及
一千万億分乃至筭數譬喻所不能及須
菩提若善男子善女人於後末世有受持
讀誦此經所得功德我若具說者或有人
聞心則狂亂狐疑不信須菩提當知是經
義不可思議果報亦不可思議
尒時須菩提白佛言世尊善男子善女人
發阿耨多羅三藐三菩提心云何應住云
何降伏其心佛告須菩提善男子善女人
發阿耨多羅三藐三菩提當生如是心我
應滅度一切衆生滅度一切衆生已而无有
一衆生實滅度者何以故若菩薩有我相
人相衆生相壽者相則非菩薩所以者何須
菩提實无有法發阿耨多羅三藐三菩提
者須菩提於意云何如來於然燈佛所有
法得阿耨多羅三藐三菩提不不也世尊如
我解所說義佛於然燈佛所无有法得阿
耨多羅三藐三菩提佛言如是如是須菩
提實无有法如來得阿耨多羅三藐三
菩提若有法如來得阿耨多羅三藐三菩

法得阿耨多羅三藐三菩提不不也世尊如
我解所說義佛於然燈佛所无有法得阿
耨多羅三藐三菩提佛言如是如是須菩
提實无有法如來得阿耨多羅三藐三
菩提若有法如來得阿耨多羅三藐三菩
提者然燈佛則不與我受記汝於來世當得作
佛号釋迦牟尼以實无有法得阿耨多羅三
藐三菩提是故然燈佛與我受記作是言汝
於來世當得作佛号釋迦牟尼何以故如來者
即諸法如義若有人言如來得阿耨多羅三
藐三菩提須菩提實无法佛得阿耨多羅三藐
三菩提須菩提如來所得阿耨多羅三藐三菩
提於是中无實无虛是故如來說一切法皆是
佛法須菩提所言一切法者即非一切法是故
名一切法須菩提譬如人身長大須菩提言世
尊如來說人身長大則為非大身是名大身
須菩提菩薩亦如是若作是言我當滅度无
量衆生則不名菩薩何以故須菩提无有法
名為菩薩是故佛說一切法无我无人无衆
生无壽者須菩提若菩薩作是言我當莊
嚴佛土是不名菩薩何以故如來說莊嚴佛
土者即非莊嚴是名莊嚴須菩提若菩薩
通達无我法者如來說名真是菩薩
須菩提於意云何如來有肉眼不如是世尊
如來有肉眼須菩提於意云何如來有天眼
不如是世尊如來有天眼須菩提於意云何
如來有慧眼不如是世尊如來有慧眼須
菩提於意云何如來有法眼不如是世尊如

BD04176號　金剛般若波羅蜜經　（15–10）

須菩提於意云何如來有肉眼不如是世尊
如來有肉眼須菩提於意云何如來有天眼
不如是世尊如來有天眼須菩提於意云何
如來有慧眼不如是世尊如來有慧眼須
菩提於意云何如來有法眼不如是世尊如
有法眼須菩提於意云何如來有佛眼不如
是世尊如來有佛眼
須菩提於意云何恒河中所有沙佛說是沙
不如是世尊如來說是沙須菩提於意云何
如一恒河中所有沙有如是等恒河是諸恒
河所有沙數佛世界如是寧為多不甚多
世尊佛告須菩提介所國土中所有衆生若
干種心如來悉知何以故如來說諸心皆為非
心是名為心所以者何須菩提過去心不可得
現在心不可得未來心不可得
須菩提於意云何若有人滿三千大千世界
七寶以用布施是人以是因緣得福多不
如是世尊此人以是因緣得福甚多須菩提
若福德有實如來不說得福德多以福德
无故如來說得福德多
須菩提於意云何佛可以具足色身見不
不也世尊如來不應以具足色身見何以故如
來說具足色身即非具足色身是名具足
色身須菩提於意云何如來可以具足諸相
見不不也世尊如來不應以具足諸相見何以故
如來說諸相具足即非具足是名諸相具
足須菩提汝勿謂如來作是念我當有所說
法莫作是念何以故[illegible]

BD04176號　金剛般若波羅蜜經　（15–11）

色身須菩提於意云何如来可以具足諸相
見不不也世尊如来應以具足諸相見何以故
如来說諸相具足即非具足是名諸相具
足須菩提汝勿謂如来作是念我當有所說
法莫作是念何以故若人言如来有所說法即
為謗佛不能解我所說故須菩提說法者
无法可說是名說法
須菩提白佛言世尊佛得阿耨多羅三藐
三菩提為无所得耶如是如是須菩提我於
阿耨多羅三藐三菩提乃至无有少法可得是
名阿耨多羅三藐三菩提復次須菩提是法
平等无有高下是名阿耨多羅三藐三菩提
以无我无人无衆生无壽者修一切善法則得阿
耨多羅三藐三菩提須菩提所言善法者如
来說非善法是名善法須菩提若三千大千
世界中所有諸須弥山王如是等七寶聚有人
持用布施若人以此般若波羅蜜經乃至四
句偈等受持為他人說於前福德百分不及一
百千万億分乃至筭數譬喻所不能及
須菩提於意云何汝等勿謂如来作是念我
當度衆生須菩提莫作是念何以故實无有
衆生如来度者若有衆生如来度者如来則
有我人衆生壽者須菩提如来說有我者則
非有我而凡夫之人以為有我須菩提凡夫
者如来說則非凡夫
須菩提於意云何可以卅二相觀如来不須菩
提言如是如是以卅二相觀如来佛言須菩
提若以卅二相觀如来者轉輪聖王則是如

BD04176號　金剛般若波羅蜜經　（15–12）

有我人衆生壽者須菩提如来說有我者則
非有我而凡夫之人以為有我須菩提凡夫
者如来說則非凡夫
須菩提於意云何可以卅二相觀如来不須菩
提言如是如是以卅二相觀如来佛言須菩
提若以卅二相觀如来者轉輪聖王則是如
来須菩提白佛言世尊如我解佛所說義
不應以卅二相觀如来尒時世尊而說偈言
若以色見我　以音聲求我　是人行邪道　不能見如来
須菩提汝若作是念如来不以具足相故得
阿耨多羅三藐三菩提須菩提莫作是念如
来不以具足相故得阿耨多羅三藐三菩提
須菩提汝若作是念發阿耨多羅三藐三菩
提者說諸法斷滅相莫作是念何以故發阿
耨多羅三藐三菩提者於法不說斷滅相
須菩提若菩薩以滿恒河沙等世界七寶布
施若復有人知一切法无我得成於忍此菩薩
勝前菩薩所得功德須菩提以諸菩薩不受
福德故須菩提白佛言世尊云何菩薩不受
福德須菩提菩薩所作福德不應貪著是
故說不受福德
須菩提若有人言如来若来若去若坐若
卧是人不解我所說義何以故如来者无所從
来亦无所去故名如来須菩提若善男子善
女人以三千大千世界碎為微塵於意云何是
微塵衆寧為多不甚多世尊何以故若是微塵
衆實有者佛則不說是微塵衆所以者何佛說
微塵衆則非微塵衆是名微塵衆世尊如来

BD04176號　金剛般若波羅蜜經　（15–13）

臥是人不解我所說義何以故如來者无所從
來亦无所去故名如來須菩提若善男子善
女人以三千大千世界碎為微塵於意云何是
微塵衆寧為多不甚多世尊何以故若是微塵
衆實有者佛則不說是微塵衆所以者何佛說
微塵衆則非微塵衆是名微塵衆世尊如來
所說三千大千世界則非世界是名世界何以故若
界實有者則是一合相如來說一合相則非一合
相是名一合相須菩提一合相者則是不可說
但凡夫之人貪著其事
須菩提若人言佛說我見人見衆生見壽者
見須菩提於意云何是人解我所說義不世
尊是人不解如來所說義何以故世尊說我見
人見衆生見壽者見即非我見人見衆生見
壽者見是名我見人見衆生見壽者見須
菩提發阿耨多羅三藐三菩提心者於一切法
應如是知如是見如是信解不生法相須菩
提所言法相者如來說即非法相是名法相
須菩提若有人以滿无量阿僧祇世界七寶
持用布施若有善男子善女人發菩薩心者持
於此經乃至四句偈等受持讀誦為人演說
其福勝彼云何為人演說不取於相如如不動
何以故
一切有為法　如夢幻泡影　如露亦如電　應作如是觀
佛說是經已長老須菩提及諸比丘比丘尼
優婆塞優婆夷一切世間天人阿脩羅聞佛
所說皆大歡喜信受奉行
金剛般若波羅蜜經

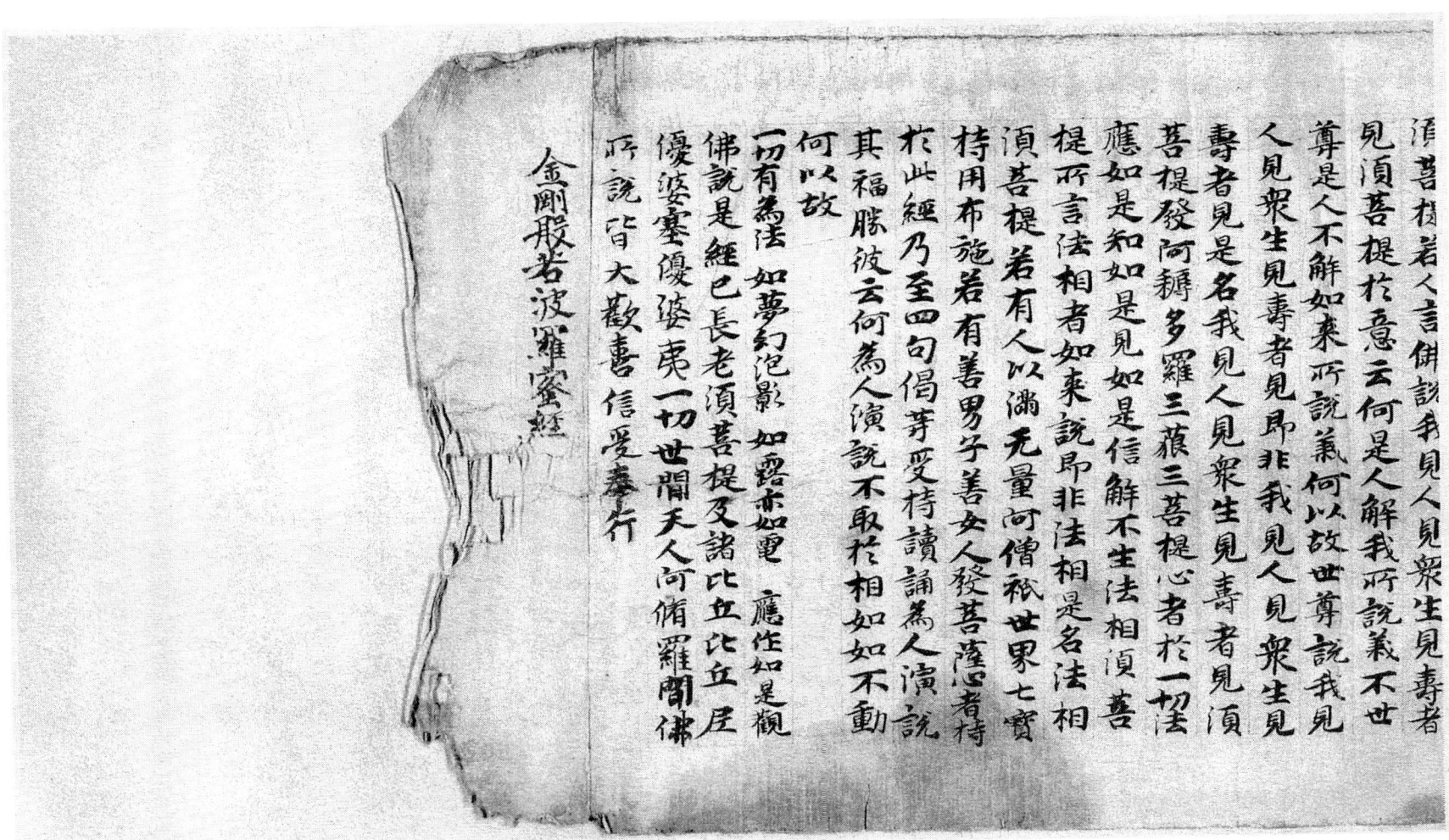

BD04176號　金剛般若波羅蜜經　（15–14）

須菩提若人言佛說我見人見衆生見壽者
見須菩提於意云何是人解我所說義不世
尊是人不解如來所說義何以故世尊說我見
人見衆生見壽者見即非我見人見衆生見
壽者見是名我見人見衆生見壽者見須
菩提發阿耨多羅三藐三菩提心者於一切法
應如是知如是見如是信解不生法相須菩
提所言法相者如來說即非法相是名法相
須菩提若有人以滿无量阿僧祇世界七寶
持用布施若有善男子善女人發菩薩心者持
於此經乃至四句偈等受持讀誦為人演說
其福勝彼云何為人演說不取於相如如不動
何以故
一切有為法　如夢幻泡影　如露亦如電　應作如是觀
佛說是經已長老須菩提及諸比丘比丘尼
優婆塞優婆夷一切世間天人阿脩羅聞佛
所說皆大歡喜信受奉行
金剛般若波羅蜜經

BD04176號　金剛般若波羅蜜經　（15–15）

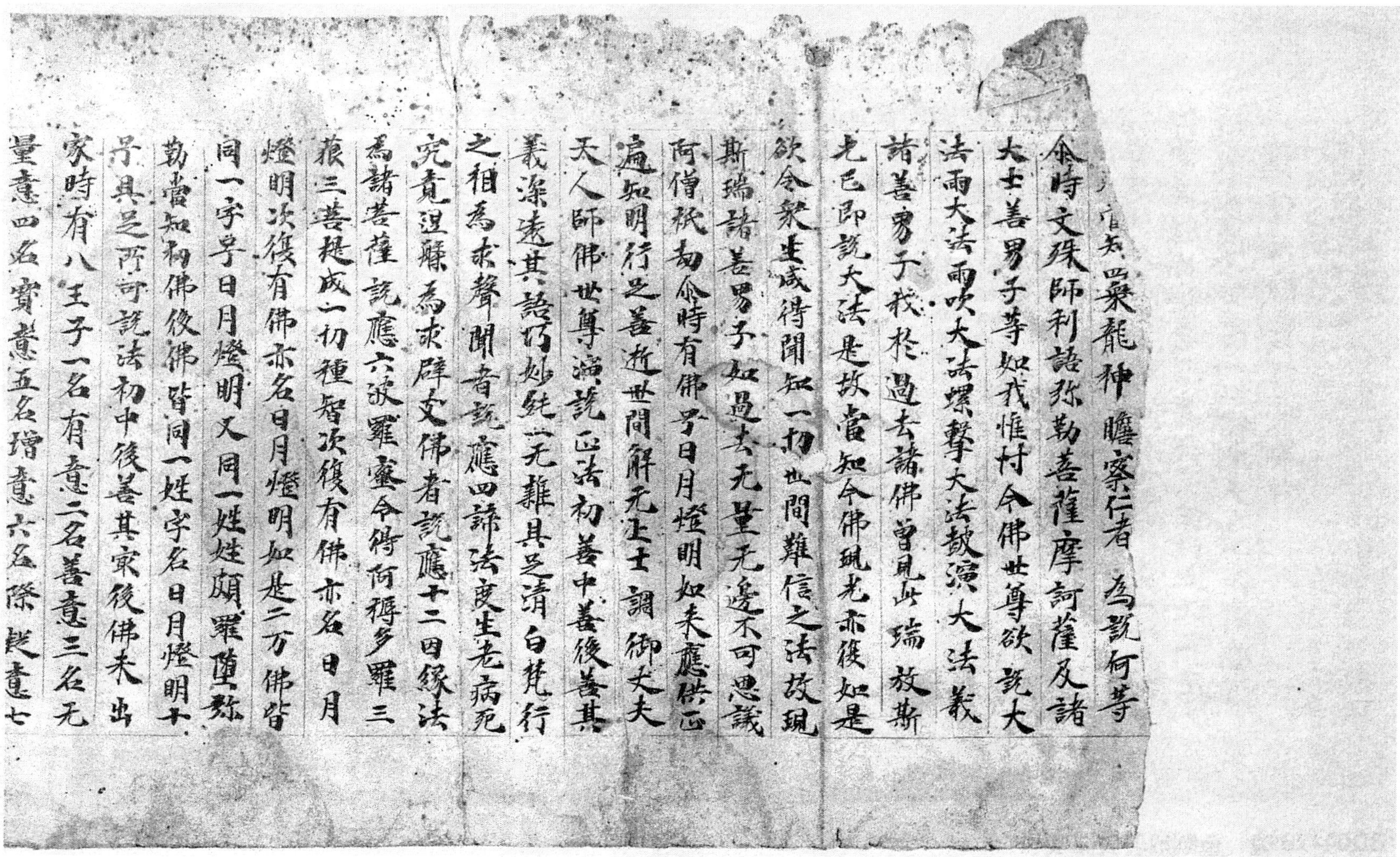
[illegible]四衆龍神瞻察仁者為說何等
尒時文殊師利語彌勒菩薩摩訶薩及諸
大士善男子等如我惟忖今佛世尊欲說大
法雨大法雨吹大法螺擊大法鼓演大法義
諸善男子我於過去諸佛曾見此瑞放斯
光已即說大法是故當知今佛現光亦復如是
欲令衆生咸得聞知一切世間難信之法故現
斯瑞諸善男子如過去无量无邊不可思議
阿僧祇劫尒時有佛号日月燈明如來應供正
遍知明行足善逝世間解无上士調御丈夫
天人師佛世尊演說正法初善中善後善其
義深遠其語巧妙純一无雜具足清白梵行
之相為求聲聞者說應四諦法度生老病死
究竟涅槃為求辟支佛者說應十二因緣法
為諸菩薩說應六波羅蜜令得阿耨多羅三
藐三菩提成一切種智次復有佛亦名日月
燈明次復有佛亦名日月燈明如是二万佛皆
同一字号日月燈明又同一姓姓頗羅墮彌
勒當知初佛後佛皆同一字名日月燈明十
号具足所可說法初中後善其最後佛未出
家時有八王子一名有意二名善意三名无
量意四名寶意五名增意六名除疑意七

BD04177號　妙法蓮華經卷一

（12–1）

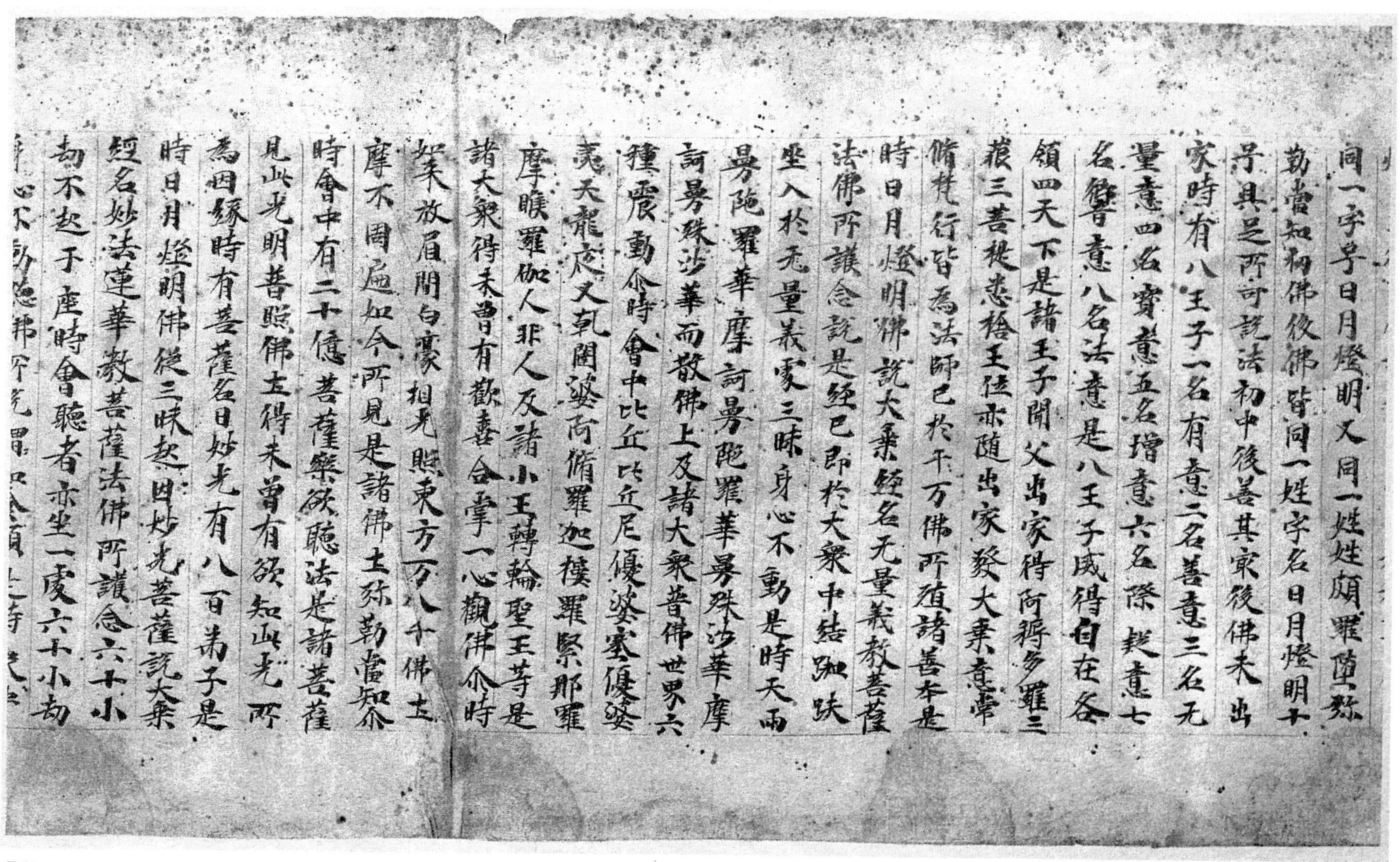
同一字号日月燈明又同一姓姓頗羅墮彌
勒當知初佛後佛皆同一字名日月燈明十
号具足所可說法初中後善其最後佛未出
家時有八王子一名有意二名善意三名无
量意四名寶意五名增意六名除疑意七
名響意八名法意是八王子威德自在各
領四天下是諸王子聞父出家得阿耨多羅三
藐三菩提悉捨王位亦隨出家發大乘意常
脩梵行皆為法師已於千万佛所殖諸善本是
時日月燈明佛說大乘經名无量義教菩薩
法佛所護念說是經已即於大衆中結加趺
坐入於无量義處三昧身心不動是時天雨
曼陁羅華摩訶曼陁羅華曼殊沙華摩
訶曼殊沙華而散佛上及諸大衆普佛世界六
種震動尒時會中比丘比丘尼優婆塞優婆
夷天龍夜叉乾闥婆阿脩羅迦樓羅緊那羅
摩睺羅伽人非人及諸小王轉輪聖王等是
諸大衆得未曾有歡喜合掌一心觀佛尒時
如來放眉間白毫相光照東方万八千佛土
靡不周遍如今所見是諸佛土彌勒當知尒
時會中有二十億菩薩樂欲聽法是諸菩薩
見此光明普照佛土得未曾有欲知此光所
為因緣時有菩薩名曰妙光有八百弟子是
時日月燈明佛從三昧起因妙光菩薩說大乘
經名妙法蓮華教菩薩法佛所護念六十小
劫不起于座時會聽者亦坐一處六十小劫

BD04177號　妙法蓮華經卷一

（12–2）

為因緣時有菩薩名曰妙光有八百弟子是
時日月燈明佛從三昧起因妙光菩薩說大乘
經名妙法蓮華教菩薩法佛所護念六十小
劫不起于座時會聽者亦坐一處六十小劫
身心不動聽佛所說謂如食頃是時衆中
无有一人若身若心而生懈惓日月燈明佛
於六十小劫說是經已即於梵魔沙門婆羅門
及天人阿脩羅衆中而宣此言如來於今日
中夜當入无餘涅槃時有菩薩名曰德藏日
月燈明佛即授其記告諸比丘是德藏菩薩
次當作佛号曰淨身多陁阿伽度阿羅訶三
藐三佛陁佛授記已便於中夜入无餘涅槃
佛滅度後妙光菩薩持妙法蓮華經滿八十
小劫為人演說日月燈明佛八子皆師妙光
妙光教化令其堅固阿耨多羅三藐三菩
提是諸王子供養无量百千万億佛已皆成
佛道其最後成佛者名曰燃燈八百弟子中有
一人号曰求名貪著利養雖復讀誦衆經而
不通利多所忘失故号求名是人亦以種諸
善根因緣故得值无量百千万億諸佛供
養恭敬尊重讚歎弥勒當知尒時妙光菩
薩豈異人乎我身是也求名菩薩汝身是
也今見此瑞與本无異是故惟忖今日如來
當說大乘經名妙法蓮華教菩薩法佛所
護念尒時文殊師利於大衆欲重宣此義而
說偈言

BD04177號　妙法蓮華經卷一　（12–3）

養恭敬尊重讚歎弥勒當知尒時妙光菩
薩豈異人乎我身是也求名菩薩汝身是
也今見此瑞與本无異是故惟忖今日如來
當說大乘經名妙法蓮華教菩薩法佛所
護念尒時文殊師利於大衆欲重宣此義而
說偈言

我念過去世　无量无數劫　有佛人中尊　号日月燈明
世尊演說法　度无量衆生　无數億菩薩　令入佛智慧
佛未出家時　所生八王子　見大聖出家　亦隨脩梵行
時佛說大乘　經名无量義　於諸大衆中　而為廣分別
佛說此經已　即於法座上　加趺坐三昧　名无量義處
天雨曼陁華　天鼓自然鳴　諸天龍鬼神　供養人中尊
一切諸佛土　即時大震動　佛放眉間光　現諸希有事
此光照東方　万八千佛土　示一切衆生　生死業報處
又見諸佛土　以衆寶莊嚴　琉璃頗梨色　斯由佛光照
及見諸天人　龍神夜叉衆　乾闥緊那羅　各供養其佛
又見諸如來　自然成佛道　身色如金山　端嚴甚微妙
如淨瑠璃中　內現真金像　世尊在大衆　敷演深法義
一一諸佛土　聲聞衆无數　因佛光所照　悉見彼大衆
或有諸比丘　在於山林中　精進持淨戒　猶如護明珠
又見諸菩薩　行施忍辱等　其數如恒沙　斯由佛光照
又見諸菩薩　深入諸禪定　身心寂不動　以求无上道
又見諸菩薩　知法寂滅相　各於其國土　說法求佛道
尒時四部衆　見日月燈佛　現大神通力　其心皆歡喜
各各自相問　是事何因緣　天人所奉尊　適從三昧起
讚妙光菩薩　汝為世間眼　一切所歸信　能奉持法藏

BD04177號　妙法蓮華經卷一　（12–4）

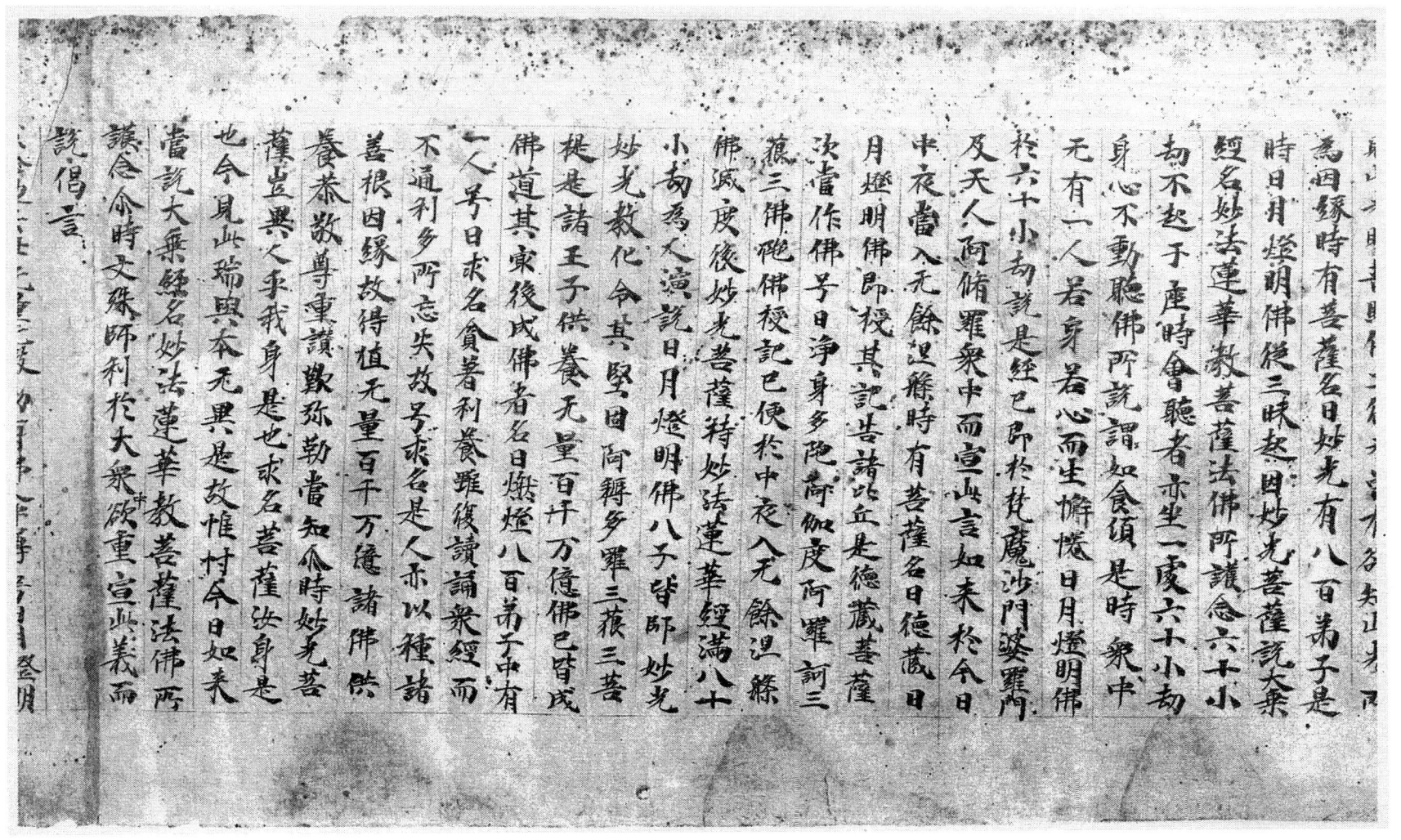

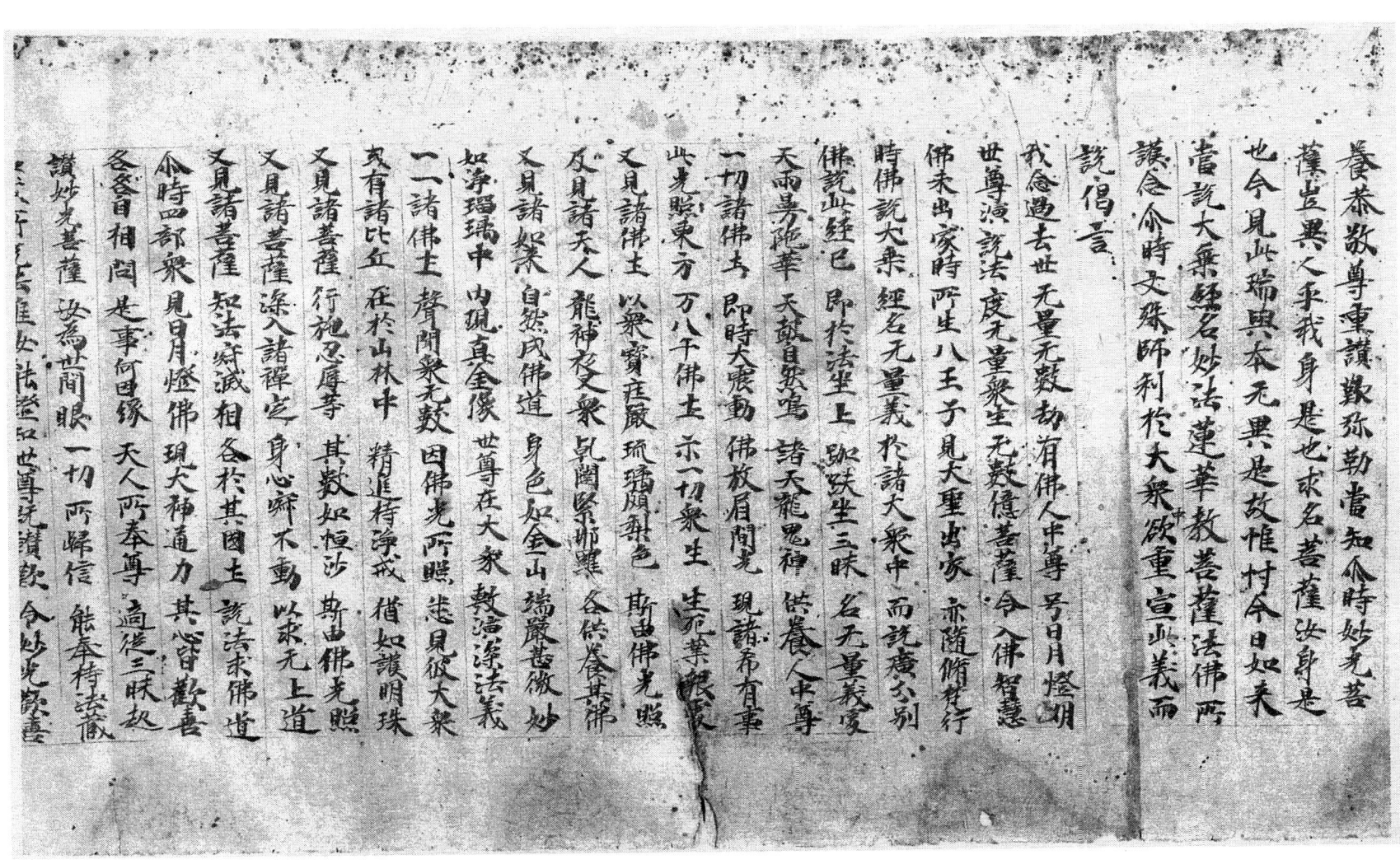

又見諸菩薩 知法寂滅相 各於其國土 說法求佛道
尒時四部衆 見日月燈佛 現大神通力 其心皆歡喜
各各自相問 是事何因緣 天人所奉尊 適從三昧起
讚妙光菩薩 汝為世間眼 一切所歸信 能奉持法藏
如我所說法 唯汝能證知 世尊既讚歎 令妙光歡喜
說是法華經 滿六十小劫 不起於此座 所說上妙法
是妙光法師 悉皆能受持 佛說是法華 令衆歡喜已
尋即於是日 告於天人衆 諸法實相義 已為汝等說
我今於中夜 當入於涅槃 汝一心精進 當離於放逸
諸佛甚難值 億劫時一遇 世尊諸子等 聞佛入涅槃
各各懷悲惱 佛滅一何速 聖主法之王 安慰无量衆
我若滅度時 汝等勿憂怖 是德藏菩薩 於无漏實相
心已得通達 其次當作佛 號曰為淨身 亦度无量衆
佛此夜滅度 如薪盡火滅 分布諸舍利 而起无量塔
比丘比丘尼 其數如恒沙 倍復加精進 以求无上道
是妙光法師 奉持佛法藏 八十小劫中 廣宣法華經
是諸八王子 妙光所開化 堅固无上道 當見无數佛
供養諸佛已 隨順行大道 相繼得成佛 轉次而授記
最後天中天 號曰燃燈佛 諸仙之導師 度脫无量衆
是妙光法師 時有一弟子 心常懷懈怠 貪著於名利
求名利无厭 多遊族姓家 棄捨所習誦 廢忘不通利
以是因緣故 號之為求名 亦行衆善業 得見无數佛
供養於諸佛 隨順行大道 具六波羅蜜 今見釋師子
其後當作佛 號名曰彌勒 廣度諸衆生 其數无有量
彼佛滅度後 懈怠者汝是 妙光法師者 今則我身是
我見燈明佛 本光瑞如此 以是知今佛 欲說法華經

BD04177號 妙法蓮華經卷一 (12-5)

以是因緣故 號之為求名 亦行衆善業 得見无數佛
供養於諸佛 隨順行大道 具六波羅蜜 今見釋師子
其後當作佛 號名曰彌勒 廣度諸衆生 其數无有量
彼佛滅度後 懈怠者汝是 妙光法師者 今則我身是
我見燈明佛 本光瑞如此 以是知今佛 欲說法華經
今相如本瑞 是諸佛方便 今佛放光明 助發實相義
諸人今當知 合掌一心待 佛當雨法雨 充足求道者
諸求三乘人 若有疑悔者 佛當為除斷 令盡无有餘

妙法蓮華經方便品第二

尒時世尊從三昧安詳而起告舍利弗諸佛
智慧甚深无量其智慧門難解難入一切聲
聞辟支佛所不能知所以者何佛曾親近百
千万億无數諸佛盡行諸佛无量道法勇猛
精進名稱普聞成就甚深未曾有法隨宜所
說意趣難解舍利弗吾從成佛已来種種因
緣種種譬喻廣演言教无數方便引導衆
生令離諸著所以者何如来方便知見波羅蜜皆
已具足舍利弗如来知見廣大深遠无量无礙力
无所畏禪定解脫三昧深入无際成就一切
未曾有法舍利弗如来能種種分別巧
說諸法言辭柔軟悅可衆心舍利弗取要
言之无量无邊未曾有法佛悉成就止舍利
弗不須復說所以者何佛所成就第一希有
難解之法唯佛與佛乃能究盡諸法實相所
謂諸法如是相如是性如是體如是力如是作如
是因如是緣如是果如是報如是本末究竟
等尒時世尊欲重宣此義而說偈言

BD04177號 妙法蓮華經卷一 (12-6)

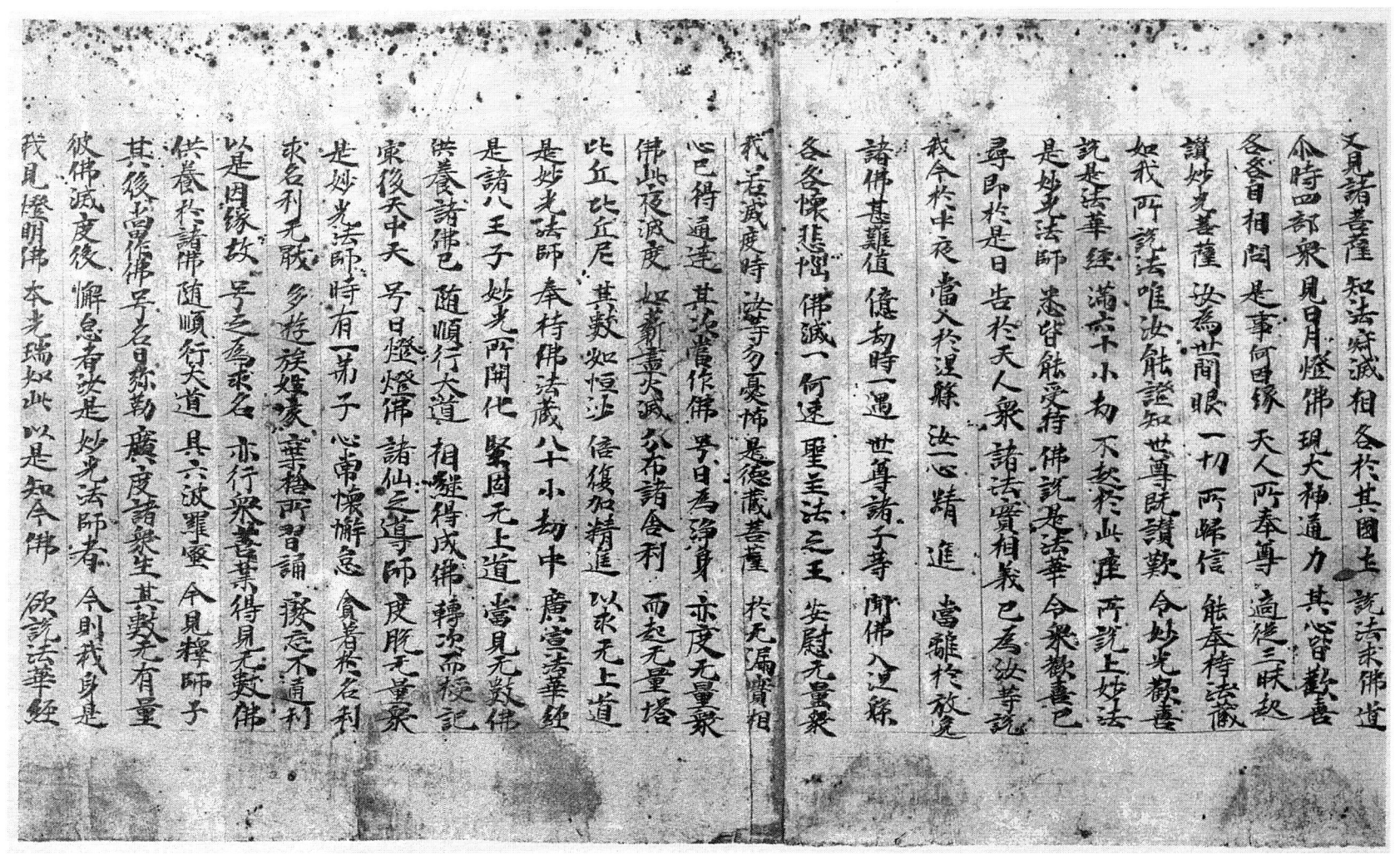

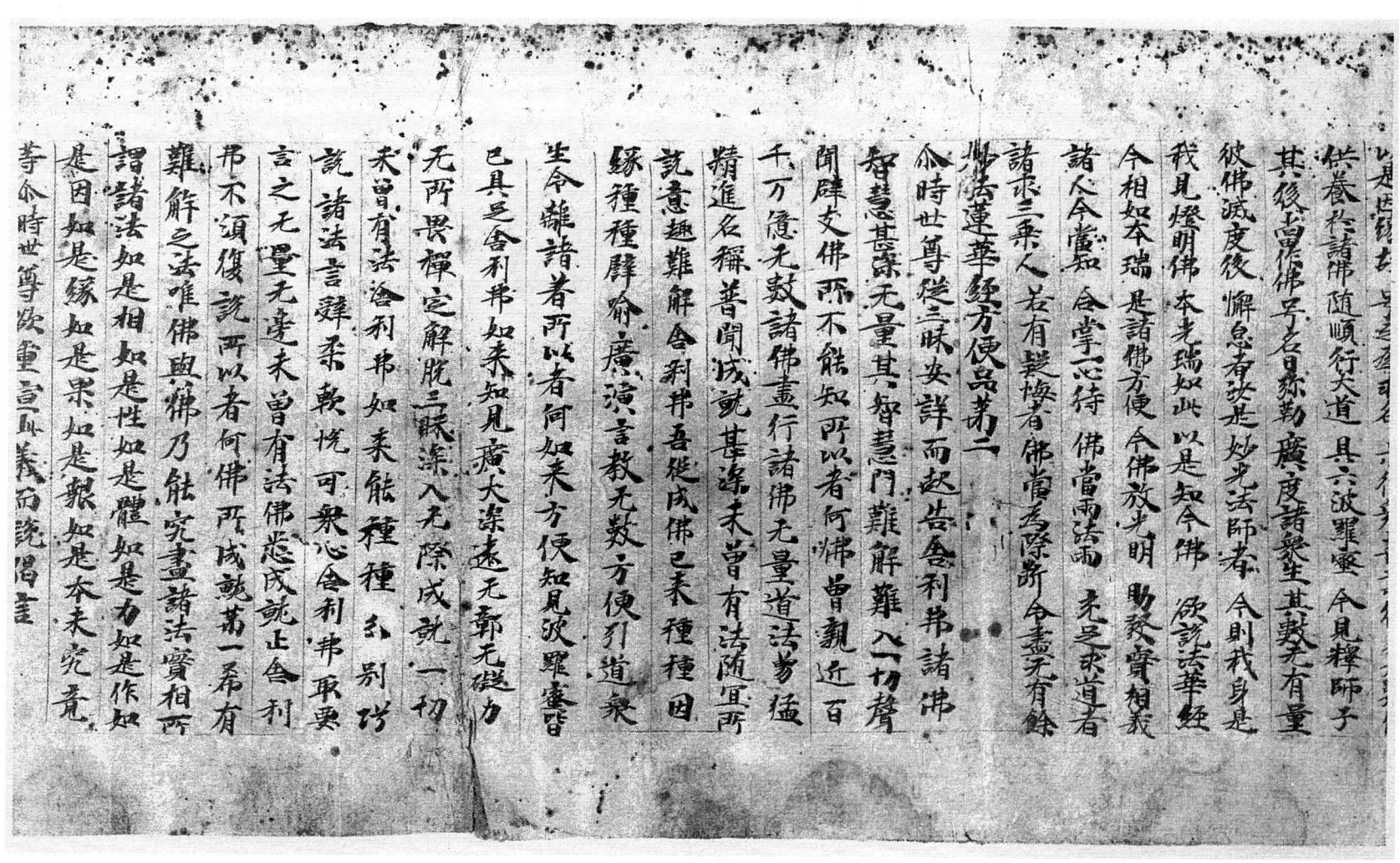

弗不須復說所以者何佛所成就第一希有難解之法唯佛與佛乃能究盡諸法實相所謂諸法如是相如是性如是體如是力如是作如是因如是緣如是果如是報如是本末究竟等尒時世尊欲重宣此義而說偈言

世雄不可量　諸天及世人　一切衆生類　无能知佛者
佛力无所畏　解脫諸三昧　及佛諸餘法　无能測量者
本從无數佛　具足行諸道　甚深微妙法　難見難可了
於无量億劫　行此諸道已　道場得成果　我已悉知見
如是大果報　種種性相義　我及十方佛　乃能知是事
是法不可示　言辭相寂滅　諸餘衆生類　无有能得解
除諸菩薩衆　信力堅固者　諸佛弟子衆　曾供養諸佛
一切漏已盡　住是最後身　如是諸人等　其力所不堪
假使滿世間　皆如舍利弗　盡思共度量　不能測佛智
正使滿十方　皆如舍利弗　及餘諸弟子　亦滿十方刹
盡思共度量　亦復不能知　辟支佛利智　无漏最後身
亦滿十方界　其數如竹林　斯等共一心　於億无量劫
欲思佛實智　莫能知少分　新發意菩薩　供養无數佛
了達諸義趣　又能善說法　如稻麻竹葦　充滿十方刹
一心以妙智　於恒河沙劫　咸皆共思量　不能知佛智
不退諸菩薩　其數如恒沙　一心共思求　亦復不能知
又告舍利弗　无漏不思議　甚深微妙法　我今已具得
唯我知是相　十方佛亦然　舍利弗當知　諸佛語无異
於佛所說法　當生大信力　世尊法久後　要當說真實
告諸聲聞衆　及求緣覺乘　我令脫苦縛　逮得涅槃者
佛以方便力　示以三乘教　衆生處處著　引之令得出

尒時大衆中有諸聲聞漏盡阿羅漢阿若

BD04177號　妙法蓮華經卷一

（12–7）

於佛所說法　當生大信力　世尊法久後　要當說真實
告諸聲聞衆　及求緣覺乘　我令脫苦縛　逮得涅槃者
佛以方便力　示以三乘教　衆生處處著　引之令得出

尒時大衆中有諸聲聞漏盡阿羅漢阿若憍陳如等千二百人及發聲聞辟支佛心比丘比丘尼優婆塞優婆夷各作是念今者世尊何故慇懃稱歎方便而作是言佛所得法甚深難解有所言說意趣難知一切聲聞辟支佛所不能及佛說一解脫義我等亦得此法到於涅槃而今不知是義所趣尒時舍利弗知四衆心疑自亦未了而白佛言世尊何因何緣慇懃稱歎諸佛第一方便甚深微妙難解之法我自昔來未曾從佛聞如是說今者四衆咸皆有疑唯願世尊敷演斯事世尊何慇懃稱歎甚深微妙難解之法尒時舍利弗欲重宣此義而說偈言

慧日大聖尊　久乃說是法　自說得如是　力无畏三昧
禪定解脫等　不可思議法　道場所得法　无能發問者
我意難可測　亦无能問者　无問而自說　稱歎所行道
智慧甚微妙　諸佛之所得　无漏諸羅漢　及求涅槃者
今皆墮疑網　佛何故說是　其求緣覺者　比丘比丘尼
諸天龍鬼神　及乾闥婆等　相視懷猶豫　瞻仰兩足尊
是事為云何　願佛為解說　於諸聲聞衆　佛說我第一
我今自於智　疑惑不能了　為是究竟法　為是所行道
佛口所生子　合掌瞻仰待　願出微妙音　時為如實說
諸天龍神等　其數如恒沙　求佛諸菩薩　大數有八万
又諸万億國　轉輪聖王至　合掌以敬心　欲聞具足道

[illegible]

BD04177號　妙法蓮華經卷一

（12–8）

[illegible]尊是事為云何 願佛為解說[illegible]
我今自於知 疑惑不能了 為是究竟法 為是所行道
佛口所生子 合掌瞻仰待 願出微妙音 時為如實說
諸天龍神等 其數如恒沙 求佛諸菩薩 大數有八万
又諸万億國 轉輪聖王至 合掌以敬心 欲聞具足道
尒時佛告舍利弗止止不須復說若說是事一
切世間諸天及人皆當驚疑舍利弗重白佛
言世尊唯願說之唯願說之所以者何是會
无數百千万億阿僧祇眾生曾見諸佛諸根
猛利智慧明了聞佛所說則能敬信尒時
舍利弗欲重宣此義而說偈言
法王无上尊 唯說願勿慮 是會无量眾 有能敬信者
佛復止舍利弗若說是事一切世間天人阿脩
羅皆當驚疑增上慢比丘將墜於大坑尒時
世尊重說偈言
止止不須說 我法妙難思 諸增上慢者 聞必不敬信
尒時舍利弗重白佛言世尊唯願說之唯願說
之今此會中如我等比百千万億世世已曾從
佛受化如此人等必能敬信長夜安隱多所饒
益尒時舍利弗欲重宣此義而說偈言
无上兩足尊 願說第一法 我為佛長子 唯垂分別說
是會无量眾 能敬信此法 佛已曾世世 教化如是等
皆一心合掌 欲聽受佛語 我等千二百 及餘求佛者
願為此眾故 唯垂分別說 是等聞此法 則生大歡喜
尒時世尊告舍利弗汝已慇懃三請豈得不
說汝今諦聽善思念之吾當為汝分別解說
說此語時會中有比丘比丘尼優婆塞優婆
夷五千人等即從座起禮佛而退所以者[illegible]

BD04177 號　妙法蓮華經卷一　（12–9）

願為此眾故 唯垂分別說 是等[illegible]
尒時世尊告舍利弗汝已慇懃三請豈得不
說汝今諦聽善思念之吾當為汝分別解說
說此語時會中有比丘比丘尼優婆塞優婆
夷五千人等即從座起禮佛而退所以者
何此輩罪根深重及增上慢未得謂得未
證謂證有如此失是以不住世尊默然而不制止
尒時佛告舍利弗我今此眾无復枝葉純有
貞實舍利弗如是增上慢人退亦佳矣汝今善
聽當為汝說舍利弗如是妙法諸佛[illegible]
乃說之如優曇鉢華時一現耳舍利弗[illegible]
當信佛之所說言不虛妄舍利弗[illegible]
說法意趣難解所以者何我以无[illegible]
因緣譬喻言辭演說諸法是法非思量分別
之所能解唯有諸佛乃能知之所以者何諸佛
世尊唯以一大事因緣故出現於世舍利弗云
何名諸佛世尊唯以一大事因緣故出現於
世諸佛世尊欲令眾生開佛知見使得清
淨故出現於世欲示眾生佛之知見故出現於世
欲令眾生悟佛知見故出現於世欲令眾生入
佛知見道故出現於世舍利弗是為諸佛以
一大事因緣故出現於世佛告舍利弗諸佛
如來但教化菩薩諸有所作常為一事唯以
佛之知見示悟眾生舍利弗如來但以一佛
乘故為眾生說法无有餘乘若二若三舍
利弗一切十方諸佛法亦如是舍利弗過去
諸佛以无量无數方便種種因緣譬喻言辭
[illegible]

BD04177 號　妙法蓮華經卷一　（12–10）

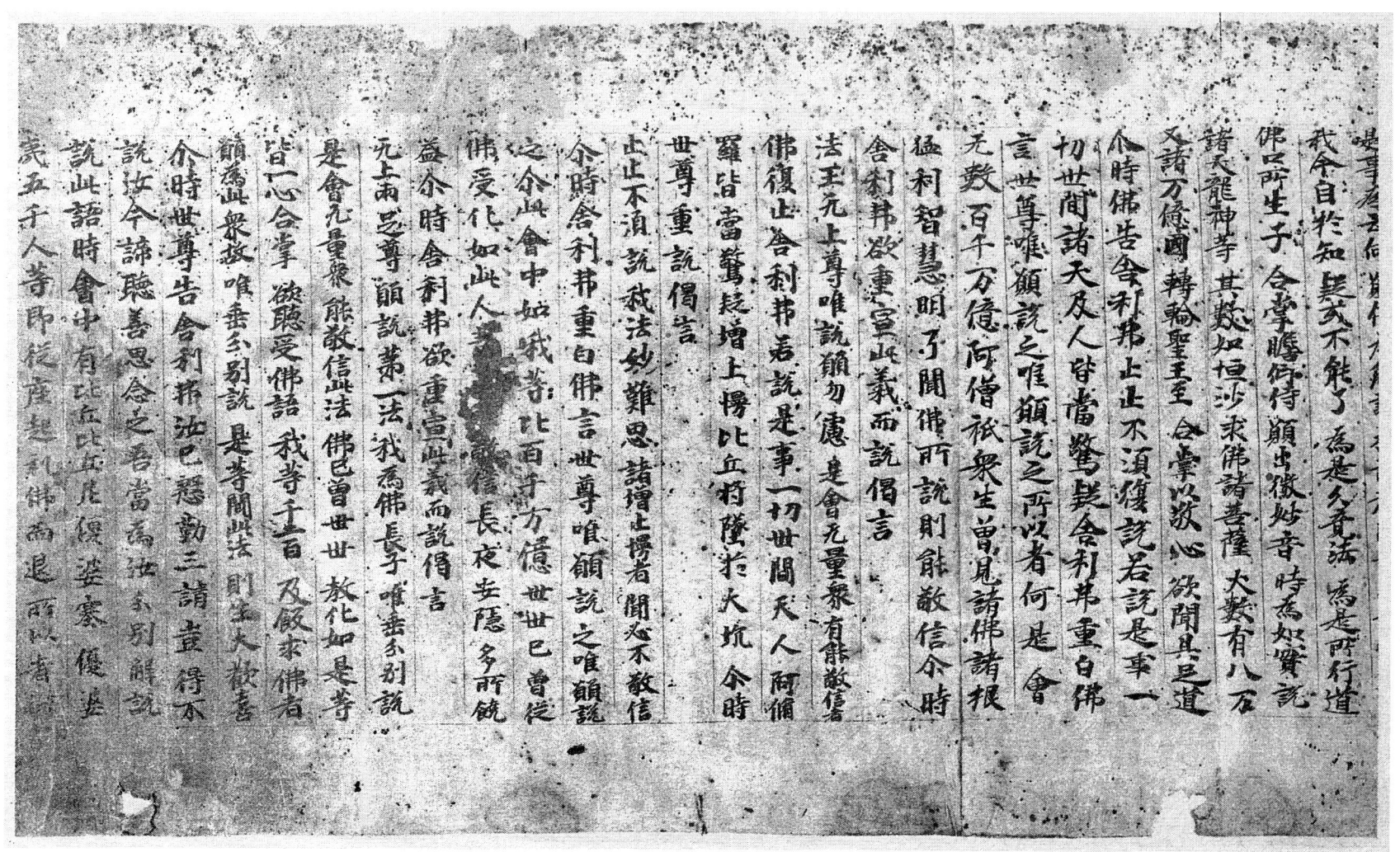

一大事因緣故出現於世[illegible]
如來但教化菩薩諸有所作常為一事唯以
佛之知見示悟眾生舍利弗如來但以一佛
乘故為眾生說法无有餘乘若二若三舍
利弗一切十方諸佛法亦如是舍利弗過去
諸佛以无量无數方便種種因緣譬喻言辭
而為眾生演說諸法是法皆為一佛乘故是
諸眾生從諸佛聞法究竟皆得一切種智舍
利弗未來諸佛當出於世亦以无量无數方
便種種因緣譬喻言辭而為眾生演說諸
法是法皆為一佛乘故是諸眾生從佛聞法
究竟皆得一切種智舍利弗現在十方无量
百千万億佛土中諸佛世尊多所饒益安樂
眾生是諸佛亦以无量无數方便種種因緣譬
喻言辭而為眾生演說諸法是法皆為一佛
乘故是諸眾生從佛聞法究竟皆得一切種
智舍利弗是諸佛但教化菩薩欲以佛之知
見示眾生故欲以佛之知見悟眾生故欲令
眾生入佛之知見故舍利弗我今亦復如是
知諸眾生有種種欲深心所著隨其本性以
種種因緣譬喻言辭方便力故而為說法舍
利弗如此皆為得一佛乘一切種智故舍利弗
十方世界中尚无二乘何況有三舍利弗
諸佛出於五濁惡世所謂劫濁煩惱濁眾生
濁見濁命濁如是舍利弗劫濁亂時眾生垢重
慳貪嫉妬成就諸不善根故諸佛以方便力
於一佛乘分別說三舍利弗若我弟子自
謂阿羅漢辟支佛者不聞不知諸佛如來但

BD04177 號　妙法蓮華經卷一　（12–11）

知諸眾生有種種欲深心所著隨其本性以
種種因緣譬喻言辭方便力故而為說法舍
利弗如此皆為得一佛乘一切種智故舍利弗
十方世界中尚无二乘何況有三舍利弗
諸佛出於五濁惡世所謂劫濁煩惱濁眾生
濁見濁命濁如是舍利弗劫濁亂時眾生垢重
慳貪嫉妬成就諸不善根故諸佛以方便力
於一佛乘分別說三舍利弗若我弟子自
謂阿羅漢辟支佛者不聞不知諸佛如來但
教化菩薩事此非佛弟子非阿羅漢非辟
支佛又舍利弗是諸比丘比丘尼自謂已得阿
羅漢是最後身究竟涅槃便不復志求阿
耨多羅三藐三菩提當知此輩皆是增上慢
人所以者何若有比丘實得阿羅漢若不信
此法无有是處除佛滅度後現前无佛所以
者何佛滅度後如是等經受持讀誦解義者
是人難得若遇餘佛於此法中便得決了舍
利弗汝等當一心信解受持佛語諸佛如來
言无虛妄无有餘乘唯一佛乘尒時世尊
欲重宣此義而說偈言
比丘比丘尼　有懷增上慢　優婆塞我慢　優婆夷不信
如是四眾等　其數有五千　不自見其過　於戒有缺漏
[illegible]

BD04177 號　妙法蓮華經卷一　（12–12）

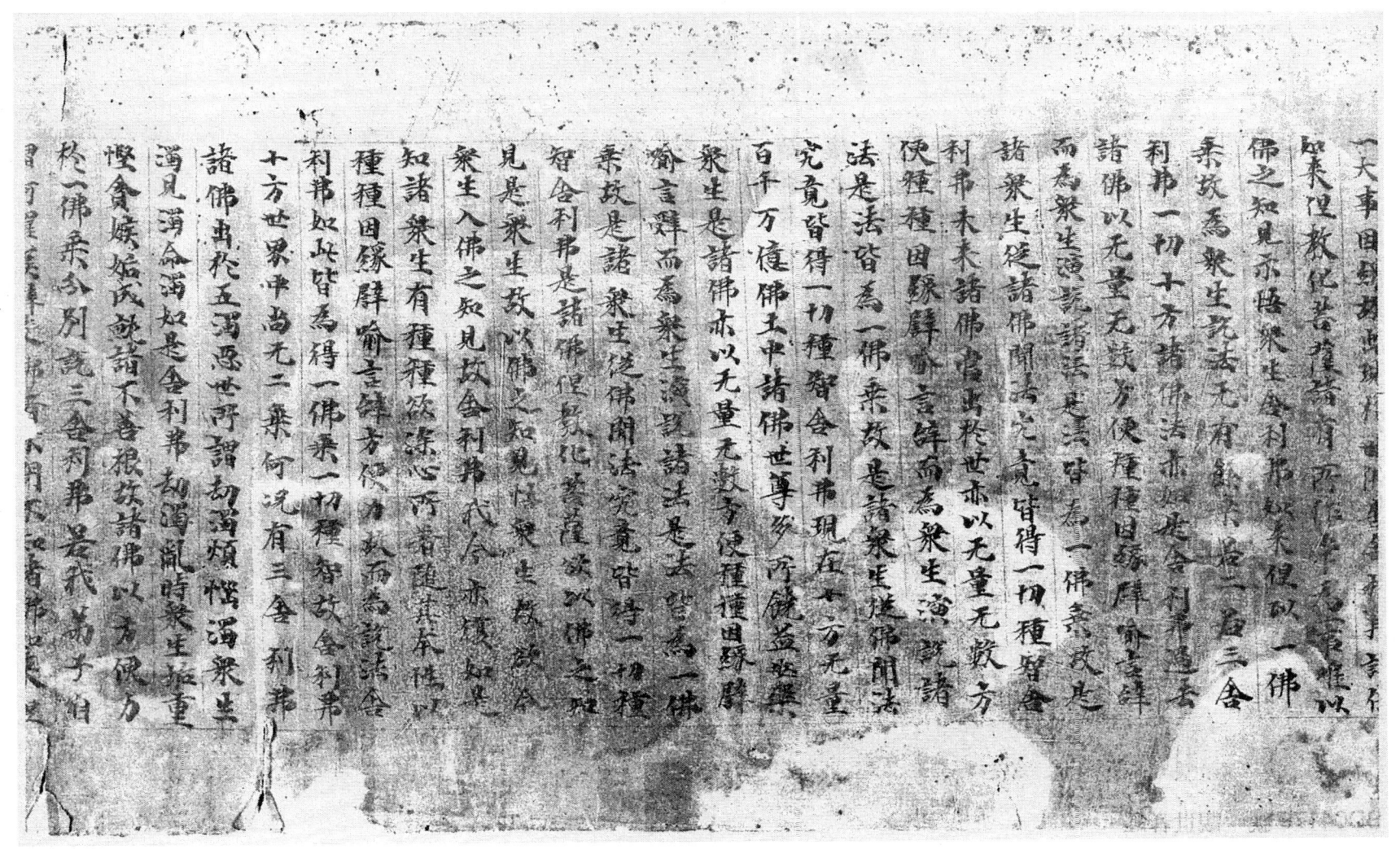

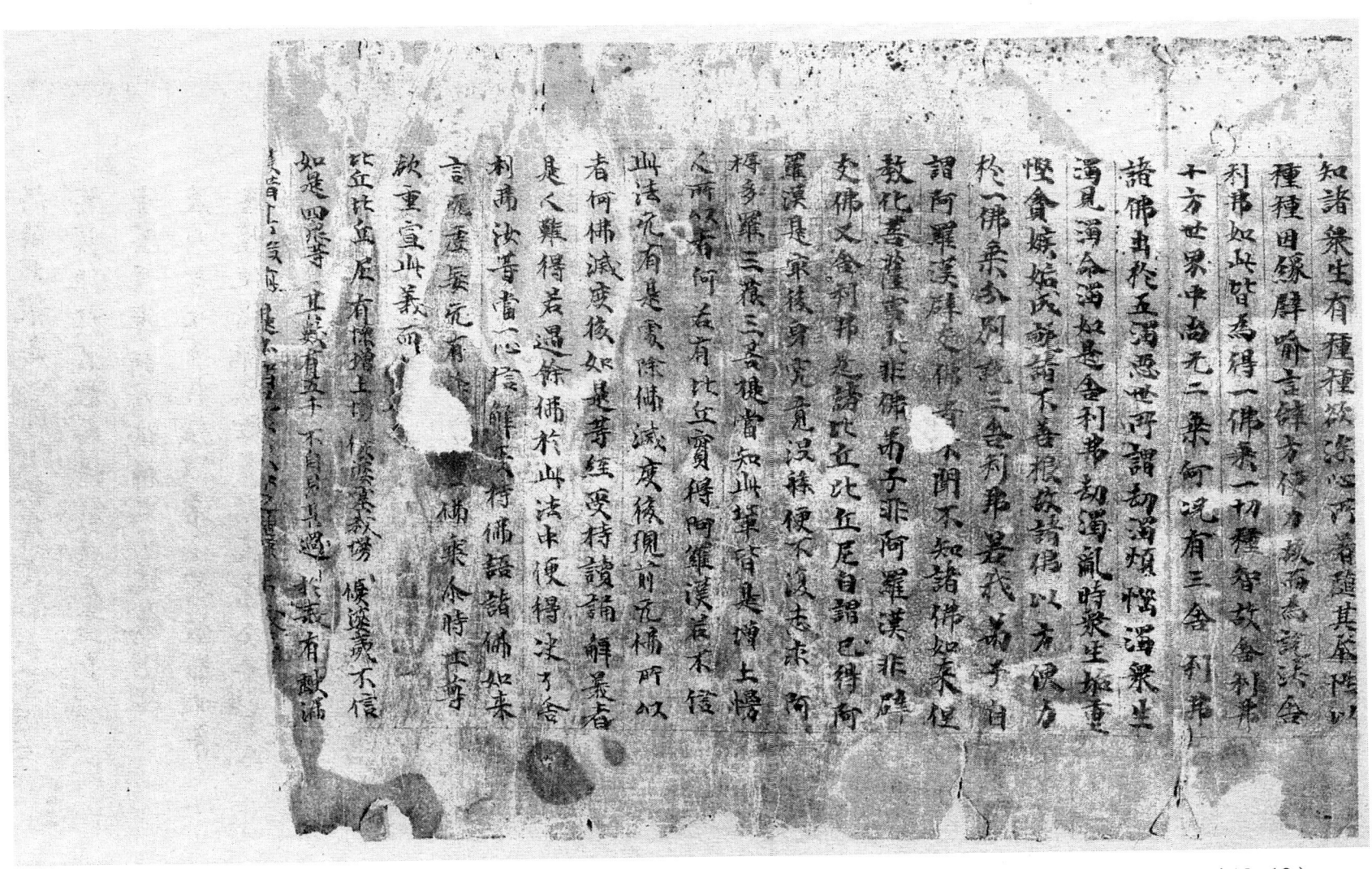

者是諸人
難以是因緣名觀世音若
被害稱觀世音菩薩名者彼
以段壞而得解脫若三千大千
夜叉羅剎欲來惱人聞其稱
薩名者是諸惡鬼尚不能以
復加害設復有人若有罪若
鏁檢繫其身稱觀世音菩薩名者皆悉斷
壞即得解脫若三千大千國土滿中怨賊有一
商主將諸商人齎持重寶經過險路其中一
人作是唱言諸善男子勿得恐怖汝等應
當一心稱觀世音菩薩名号是菩薩能以无
畏施於衆生汝等若稱名者於此怨賊當
得解脫衆商人聞俱發聲言南无觀世音
菩薩稱其名故即得解脫无盡意菩薩觀世
音菩薩摩訶薩威神之力巍巍如是
若有衆生多於婬欲常念恭敬觀世音
菩薩便得離欲若多瞋恚常念恭敬觀世
音菩薩便得離瞋若多愚癡常念恭敬

BD04178號　觀世音經

（6–1）

得解脫衆商人聞俱發聲言南无觀世音
菩薩稱其名故即得解脫无盡意菩薩觀世
音菩薩摩訶薩威神之力巍巍如是
若有衆生多於婬欲常念恭敬觀世音
菩薩便得離欲若多瞋恚常念恭敬觀世
音菩薩便得離瞋若多愚癡常念恭敬
觀世音菩薩便得離癡无盡意觀世音
菩薩有如是等大威神力多所饒益是
故衆生常應心念若有女人設欲求男礼拜
供養觀世音菩薩便生福德智慧之男設
設欲求女便生端正有相之女宿殖德本衆
人愛敬无盡意觀世音菩薩有如是力若
有衆生恭敬礼拜觀世音菩薩福不唐
捐是故衆生皆應受持觀世音菩薩名号
无盡意若有人受持六十二億恒河沙菩
薩名字復盡形供養飲食衣服臥具醫
藥於汝意云何是善男子善女人功德多
不无盡意言甚多世尊佛言若復有人
受持觀世音菩薩名号乃至一時礼拜
供養是二人福正等无異於百千万億劫
不可窮盡无盡意受持觀世音菩薩
名号得如是无量无邊福德之利无盡意
菩薩白佛言世尊觀世音菩薩云何遊此
娑婆世界云何而為衆生說法方便之力
其事云何佛告无盡意菩薩善男子若
有國土衆生應以佛身得度者觀世音

BD04178號　觀世音經

（6–2）

名号得如是无量无邊福德之利无盡意
菩薩白佛言世尊觀世音菩薩云何遊此
娑婆世界云何而為衆生說法方便之力
其事云何佛告无盡意菩薩善男子若
有國土衆生應以佛身得度者觀世音
菩薩即現佛身而為說法應以辟支佛
身得度者即現辟支佛身而為說法應
以聲聞身得度者即現聲聞身而為說
法應以梵王身得度者即現梵王身而
為說法應以帝釋身得度者即現帝釋
身而為說法應以自在天身得度者即現自
在天身而為說法應以大自在天身得度
者即現大自在天身而為說法應以天大將
軍身得度者即現天將軍身而為說法應
以毗沙門身得度者即現毗沙門身而為
說法應以小王身得度者即現小王身而為
說法應以長者身得度者即現長者身
而為說法應以居士身得度者即現居
士身而為說法應以宰官身得度者即
現宰官身而為說法應以婆羅門身得
度者即現婆羅門身而為說法應以比丘
比丘尼優婆塞優婆夷身得度者即現
比丘比丘尼優婆塞優婆夷身而為說法應
以長者居士宰官婆羅門婦身得度者
即現婦女身而為法說應以童男童女身

BD04178號　觀世音經　（6–3）

度者即現婆羅門身而為說法應以比丘
比丘尼優婆塞優婆夷身得度者即現
比丘比丘尼優婆塞優婆夷身而為說法應
以長者居士宰官婆羅門婦身得度者
即現婦女身而為法說應以童男童女身
得度者即現童男童女身而為說法應
以天龍夜叉乾闥婆阿脩羅迦樓羅緊那
羅摩睺羅伽人非人等身得度者即皆現
之而為說法應以執金剛神得度者即現執
金剛神而為說法无盡意是觀世音菩
薩成就如是功德以種種形遊諸國土度
脫衆生是故汝等應當一心供養觀世音
菩薩是觀世音菩薩摩訶薩於怖畏急
難之中能施无畏是故此娑婆世界皆号
之為施无畏者无盡意菩薩白佛言世尊
我今當供養觀世音菩薩即解頸衆寶
珠瓔珞價直百千兩金而以與之作是言
仁者受此法施珎寶瓔珞時觀世音菩薩
不肯受之无盡意菩薩復白觀世音菩薩
言仁者愍我等故受此瓔珞尒時佛告觀
世音菩薩當愍此无盡意菩薩及四衆天
龍夜叉乾闥婆阿脩羅迦樓羅緊那羅摩
睺羅伽人非人等故受是瓔珞即時觀世音
菩薩愍諸四衆及於天龍人非人等受其
瓔珞分作二分一奉釋迦牟尼佛一分奉
多寶佛塔无盡觀世音菩薩有如是自

BD04178號　觀世音經　（6–4）

龍夜叉乾闥婆阿脩羅迦樓羅緊那羅摩
睺羅伽人非人等故受是瓔珞即時觀世音
菩薩愍諸四衆及於天龍人非人等受其
瓔珞分作二分一分奉釋迦牟尼佛一分奉
多寶佛塔无盡意觀世音菩薩有如是自
在神力遊於娑婆世界尒時无盡意菩
薩以偈問曰
世尊妙相具 我今重問彼 佛子何因緣 名為觀世音
具足妙相尊 偈答无盡意 汝聽觀音行 善應諸方所
弘誓深如海 歷劫不思議 侍多千億佛 發大清淨願
我為汝略說 聞名及見身 心念不空過 能滅諸有苦
假使興害意 推落大火坑 念彼觀音力 火坑變成池
或漂流巨海 龍魚諸鬼難 念彼觀音力 波浪不能沒
或在須弥峯 為人所推墮 念彼觀音力 如日虛空住
或被惡人逐 墮落金剛山 念彼觀音力 不能損一毛
或值怨賊遶 各執刀加害 念彼觀音力 咸即起慈心
或遭王難苦 臨刑欲壽終 念彼觀音力 刀尋段段壞
或囚禁枷鎖 手足被杻械 念彼觀音力 釋然得解脫
呪咀諸毒藥 所欲害身者 念彼觀音力 還著於本人
或遇惡羅剎 毒龍諸鬼等 念彼觀音力 時悉不敢害
若惡獸圍遶 利牙爪可怖 念彼觀音力 疾走无邊方
蚖蛇及蝮蝎 氣毒烟火然 念彼觀音力 尋聲自迴去
雲雷鼓掣電 降雹澍大雨 念彼觀音力 應時得消散
衆生被困厄 无量苦逼身 觀音妙智力 能救世間苦
具足神通力 廣脩智方便 十方諸國土 无剎不現身

BD04178 號　觀世音經　（6–5）

蚖蛇及蝮蝎 氣毒烟火然 念彼觀音力 尋聲自迴去
雲雷鼓掣電 降雹澍大雨 念彼觀音力 應時得消散
衆生被困厄 无量苦逼身 觀音妙智力 能救世間苦
具足神通力 廣脩智方便 十方諸國土 无剎不現身
種種諸惡趣 地獄鬼畜生 生老病死苦 以漸悉令滅
真觀清淨觀 廣大智慧觀 悲觀及慈觀 常願常瞻仰
无垢清淨光 慧日破諸闇 能伏災風火 普明照世間
悲體戒雷震 慈意妙大雲 澍甘露法雨 滅除煩惱炎
諍訟經官處 怖畏軍陣中 念彼觀音力 衆怨悉退散
妙音觀世音 梵音海潮音 勝彼世間音 是故須常念
念念勿生疑 觀世音淨聖 於苦惱死厄 能為作依怙
具一切功德 慈眼視衆生 福聚海无量 是故應頂礼
尒時持地菩薩即從座起前白佛言世尊若
有衆生聞是觀世音菩薩品自在之業普
門示現神通力者當知是人功德不少佛說
是普門品時衆中八万四千衆生皆發无等等阿
耨多羅三藐三菩提心

觀世音經一卷

BD04178 號　觀世音經　（6–6）

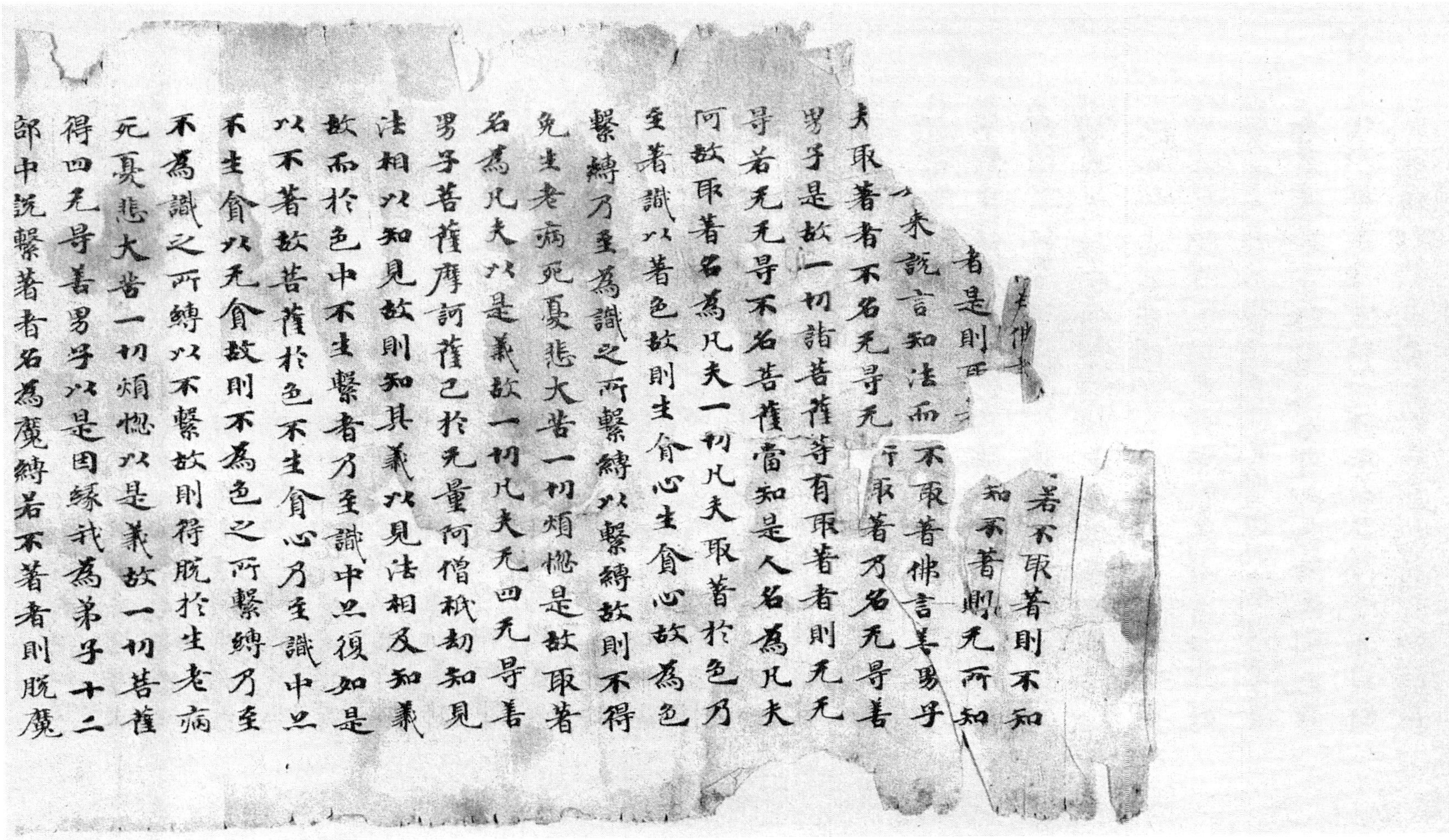

夫佛……著不取著則不知
者是則所……知不著則无所知
……來說言知法而不取著佛言善男子
夫取著者不名无导无……取著乃名无导善
男子是故一切諸菩薩等有取著者則无无
导若无无导不名菩薩當知是人名為凡夫
何故取著名為凡夫一切凡夫取著於色乃
至著識以著色故則生貪心生貪心故為色
繫縛乃至為識之所繫縛以繫縛故則不得
免生老病死憂悲大苦一切煩惱是故取著
名為凡夫以是義故一切凡夫无四无导善
男子菩薩摩訶薩已於无量阿僧祇劫知見
法相以知見故則知其義以見法相及知義
故而於色中不生繫著乃至識中亦復如是
以不著故菩薩於色不生貪心乃至識中亦
不生貪以无貪故則不為色之所繫縛乃至
不為識之所縛以不繫故則得脫於生老病
死憂悲大苦一切煩惱以是義故一切菩薩
得四无导善男子以是因緣我為弟子十二
部中說繫著者名為魔縛若不著者則脫魔

BD04179號　大般涅槃經（北本）卷一七　（5-1）

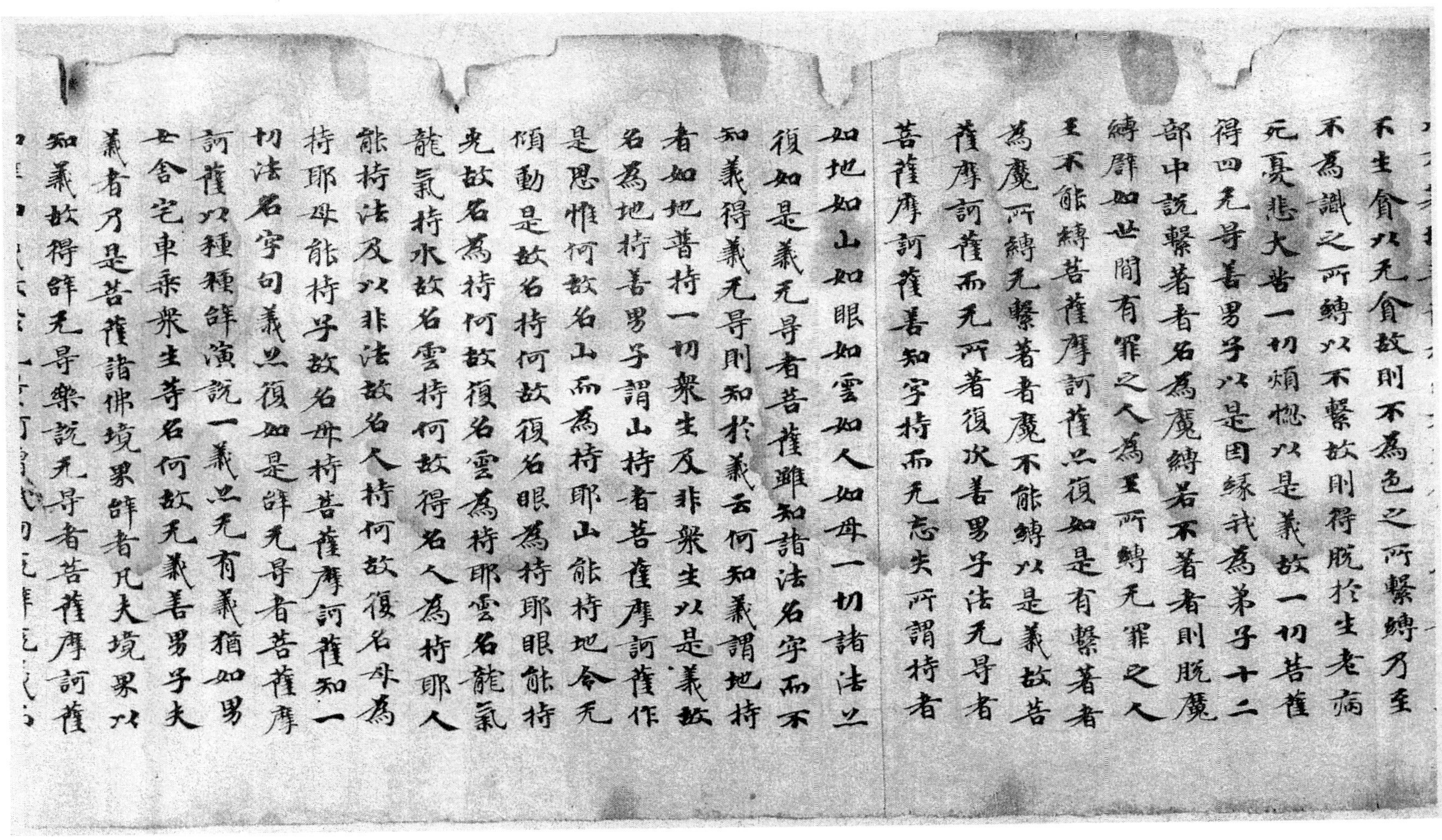

不生貪以无貪故則不為色之所繫縛乃至
不為識之所縛以不繫故則得脫於生老病
死憂悲大苦一切煩惱以是義故一切菩薩
得四无导善男子以是因緣我為弟子十二
部中說繫著者名為魔縛若不著者則脫魔
縛譬如世間有罪之人為王所縛无罪之人
王不能縛菩薩摩訶薩亦復如是有繫著者
為魔所縛无繫著者魔不能縛以是義故菩
薩摩訶薩而无所著復次善男子法无导者
菩薩摩訶薩善知字持而无忘失所謂持者
如地如山如眼如雲如人如母一切諸法亦
復如是義无导者菩薩雖知諸法名字而不
知義得義无导則知於義云何知義謂地持
者如地普持一切衆生及非衆生以是義故
名為地持善男子謂山持者菩薩摩訶薩作
是思惟何故名山而為持耶山能持地令无
傾動是故名持何故復名眼為持耶眼能持
光故名為持何故復名雲為持耶雲名龍氣
龍氣持水故名雲持何故得名人為持耶人
能持法及以非法故名人持何故復名母為
持耶母能持子故名母持菩薩摩訶薩知一
切法名字句義亦復如是辭无导者菩薩摩
訶薩以種種辭演說一義亦无有義猶如男
女舍宅車乘衆生等名何故无義善男子夫
義者乃是菩薩諸佛境界辭者凡夫境界以
知義故得辭无导樂說无导者菩薩摩訶薩

BD04179號　大般涅槃經（北本）卷一七　（5-2）

訶薩以種種辭演說一義此无有義猶如男
女舍宅車乘衆生等名何故无義善男子夫
義者乃是菩薩諸佛境界辭者凡夫境界以
知義故得辭无㝵樂說无㝵者菩薩摩訶薩
知辭知義故於无量阿僧祇劫說辭說義而
不可盡是名樂說无㝵善男子菩薩摩訶薩
於无量无邊阿僧祇劫脩行世諦以脩行故
知法无㝵復於无量阿僧祇劫脩第一義諦
故得義无㝵亦於无量阿僧祇劫習毗伽羅
論故得辭无㝵亦於无量阿僧祇劫脩習世
論故得樂說无㝵善男子聲聞緣覺若有得
是四无㝵者无有是處善男子九部經中我
說聲聞緣覺之人有四无㝵聲聞緣覺真實
无有何以故菩薩摩訶薩為度衆生故脩如
是四无㝵智緣覺之人脩寂滅法志樂獨處
若化衆生但現神通終日嘿然无所宣說云
何當有四无㝵智何故嘿然而无所說緣覺
不能說法度人令得煖法頂法世第一法須
陁洹斯陁含阿那含阿羅漢辟支佛菩薩摩
訶薩不能令人發阿耨多羅三藐三菩提心
何以故善男子緣覺出世世間无有九部經
典是故緣覺无辭无㝵樂說无㝵善男子緣
覺之人雖知諸法无法无㝵何以故法无㝵
者名為知字緣覺之人雖知文字无字无㝵
何以故不知常住二字故是故緣覺不得辭
无㝵雖知於義无義无㝵真知義者知諸衆

覺之人雖知諸法无法无㝵何以故法无㝵
者名為知字緣覺之人雖知文字无字无㝵
何以故不知常住二字故是故緣覺不得辭
无㝵雖知於義无義无㝵真知義者知諸衆
生悉有佛性佛性義者名為阿耨多羅三藐
三菩提以是義故緣覺之人不得義无㝵是
故緣覺一切无有四无㝵智云何聲聞无四
无㝵聲聞之人无有三種善巧方便何等為
三一者必須軟語然後受法二者必須麤語
然後受化三者不軟不麤然後受化聲聞之
人无此三故无四无㝵復次聲聞緣覺不能
畢竟知辭知義无自在智知於境界无有十
力四无所畏不能畢竟度於十二因緣大河
不能善知衆生諸根利鈍差別未能永斷二
諦疑心不知衆生種種諸心所緣境界不能
善說第一義空是故二乘无四无㝵迦葉菩
薩白佛言世尊若諸聲聞緣覺之人一切无
有四无㝵者云何世尊說舍利弗智慧第一
大目乾連神足第一摩訶拘絺羅四无㝵第
一如其无者何故如來作如是說
尒時世尊讚迦葉言善哉善哉善男子譬如
恒河有无量水辛頭大河水亦无量愽叉大
河水亦无量悉陁大河水亦无量阿耨達池
水亦无量大海之中水亦无量如是諸水雖
同无量然其少多其實不等聲聞緣覺及諸
菩薩四无㝵智亦復如是善男子若說等者
无有是處善男子我為凡夫說摩訶拘絺羅

同无量然其少多其實不等聲聞緣覺及諸
菩薩四无导智亦復如是善男子若說等者
无有是處善男子我為凡夫說摩訶拘絺羅
四无导智為最第一汝所問者其義如是善
男子聲聞之人或有得一或有得二若具足
四无有是處迦葉菩薩白佛言世尊如佛先
說梵行品中菩薩知見得四无导者菩薩知
見則无所得亦无有心言无所得世尊是菩
薩摩訶薩實无所得若使菩薩心有得者則
非菩薩名為凡夫云何如來說言菩薩而有
所得佛言善男子善哉善哉我將欲說而汝
復問善男子菩薩摩訶薩實无所得无所得
者名四无导善男子以何義故无所得者名
為无导若有得者則名為导有导者名四
顛倒善男子菩薩摩訶薩无四倒故故得无
导是故菩薩名无所得復次善男子无所得
者則名為慧菩薩摩訶薩得是慧故名无所
得有所得者名為无明菩薩永斷无明闇故
故无所得是故菩薩名无所得復次善男子
无所得者名大涅槃菩薩摩訶薩安住如是
大涅槃中不見一切諸法性相是故菩薩名
无所得有所得者名二十五有菩薩永斷二
十五有得大涅槃是故菩薩名无所得復次
善男子无所得者名為大乘菩薩摩訶薩不
住諸法故得大乘是故菩薩名无所得有所
得者名為聲聞辟支佛道菩薩永斷二乘道

BD04179 號　大般涅槃經（北本）卷一七　（5–5）

汁……故如来
……言一切法者目
名一切法須菩提譬如人身長大須菩提言
世尊如来說人身長大則為非大身是名大
身須菩提菩薩亦如是若作是言我當滅度
无量衆生則不名菩薩何以故須菩提實无
有法名為菩薩是故佛說一切法无我无人
无衆生无壽者須菩提若菩薩作是言我當
莊嚴佛土是不名菩薩何以故如来說莊嚴
佛土者即非莊嚴是名莊嚴須菩提若菩薩
通達无我法者如来說名真是菩薩
須菩提於意云何如来有肉眼不如是世尊
如来有肉眼須菩提於意云何如来有天眼
不如是世尊如来有天眼須菩提於意云何
如来有慧眼不如是世尊如来有慧眼須菩
提於意云何如来有法眼不如是世尊如来
有法眼須菩提於意云何如来有佛眼不如
是世尊如来有佛眼須菩提於意云何恒河
中所有沙佛說是沙不如是世尊如来說是
沙須菩提於意云何如一恒河中所有沙有
如是等恒河是諸恒河所有沙數佛世界如
是寧為多不甚多世尊佛告須菩提尒所國

BD04180 號　金剛般若波羅蜜經　（2–1）

如来有慧眼不如是世尊如来有慧眼須菩
提於意云何如来有法眼不如是世尊如来
有法眼須菩提於意云何如来有佛眼不如
是世尊如来有佛眼須菩提於意云何恒河
中所有沙佛說是沙不如是世尊如来說是
沙須菩提於意云何如一恒河中所有沙有
如是等恒河是諸恒河所有沙數佛世界如
是寧為多不甚多世尊佛告須菩提尒所国
土中所有衆生若干種心如来悉知何以故
如来說諸心皆為非心是名為心所以者何
須菩提過去心不可得現在心不可得未来
心不可得須菩提於意云何若有人滿三千
大千世界七寶以用布施是人以是因緣得
福多不如是世尊此人以是因緣得福甚多
須菩提若福德有實如来不說得福德多以
福德无故如来說得福德多
須菩提於意云何佛可以具足色身見不不
也世尊如来不應以具足色身見何以故如来
說具足色身即非具足色身是名具足色身
菩提於意云何如来可以具足諸相見不不
也世尊如来不應以具足諸相見何以故如
来說諸相具足即非具足是名諸相具足須
菩提於意云何如来可以具足諸相見不不
也世尊如来不應以具足諸相見何以故如

BD04180 號　金剛般若波羅蜜經　（2–2）

薩柰囉薩柰囉勃陀婀卅
折羅揭鞞卅八　扸扸蘆婆代都卅九
郎毗林提卅　薩婆揭底鉢利𪬫提卅一勃陀
三湯多鉢利𪬫提卅四　薩婆怛他揭多地瑟
娑婆訶
佛告帝釋言此呪名淨除一切惡道
除一切罪業等鄣能破一切穢惡道
十八殑伽沙俱胝百千諸佛同共宣說隨喜受
帝帝之為破一切衆生穢惡道苦故為一切地獄畜生閻羅
界衆生得解脫故臨急苦難墮生死海中衆生得解脫故短
命薄福无救護衆生樂造雜染惡業[illegible]故說又此陀羅
尼於贍部洲住持力故能令地獄惡[illegible]生種種流轉生
死薄福衆生不信善惡業失正道衆生等得解脫義
佛告天帝我說此陀羅尼付囑於汝汝當授與善住天子
復當受持讀誦思惟受樂憶念供養於贍部洲一切衆生
廣為宣說此陀羅尼印付囑於汝天帝汝當善持守護勿
令忘失天帝若人須臾得聞此陀羅尼千劫已来積造罪
惡業重障應受種種流轉生死地獄餓鬼畜生閻羅王界阿
脩羅身夜叉羅刹鬼神布單那羯吒布單那阿波娑摩羅
蚊蝱龜狗蟒蛇一切諸鳥及諸猛獸一切含靈蠢動乃至蟻
子之身更不重受即得轉生諸佛如來一生補處菩薩同
會處生或得大姓婆羅門家生
或得豪貴最勝家生天帝此人得如上貴家生者
皆由聞此陀羅尼故轉所生之處皆得清淨天帝
乃至得到菩提道場最勝之處皆由讚美此

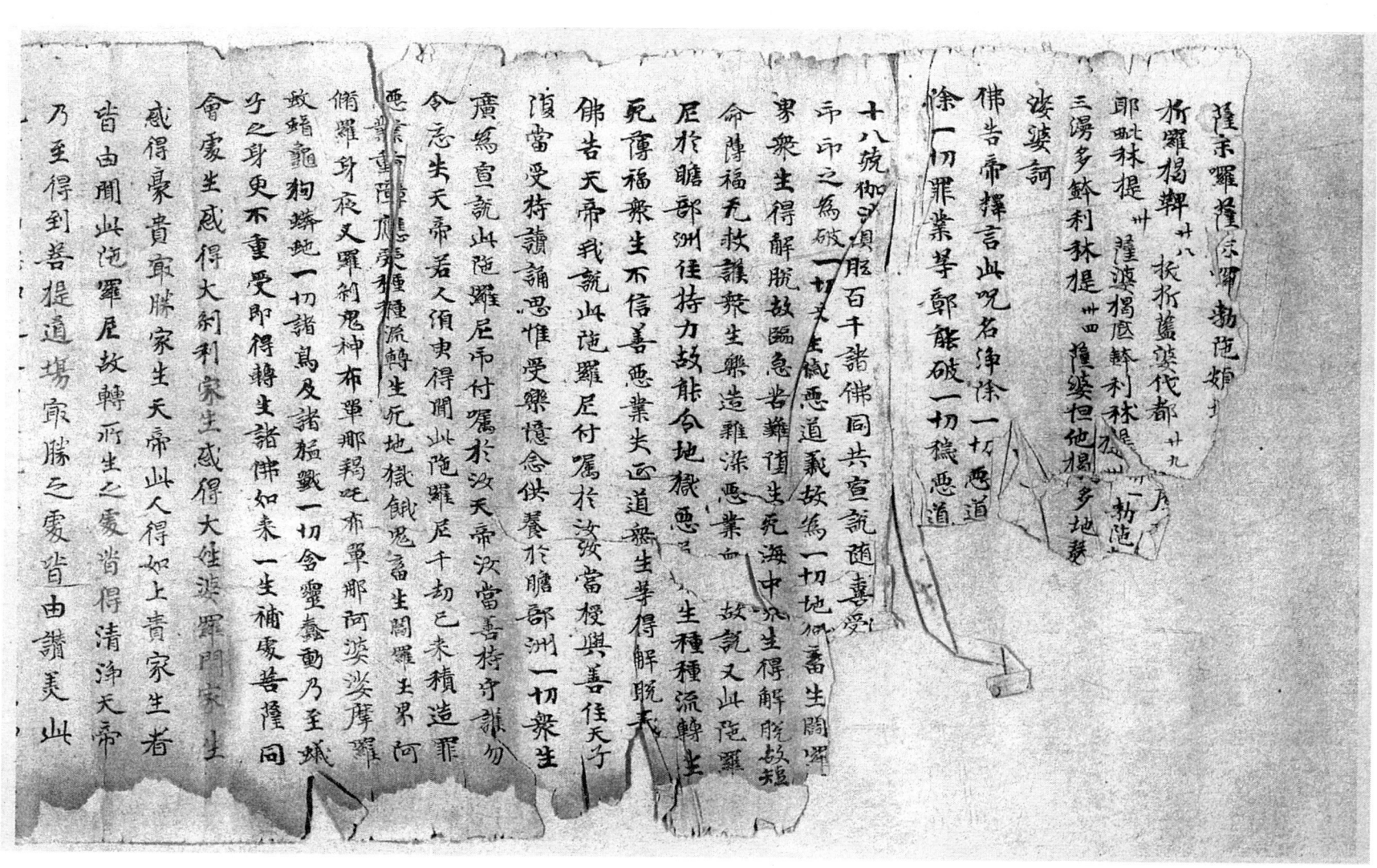

BD04181 號　佛頂尊勝陀羅尼經（佛陀波利本）　（5–1）

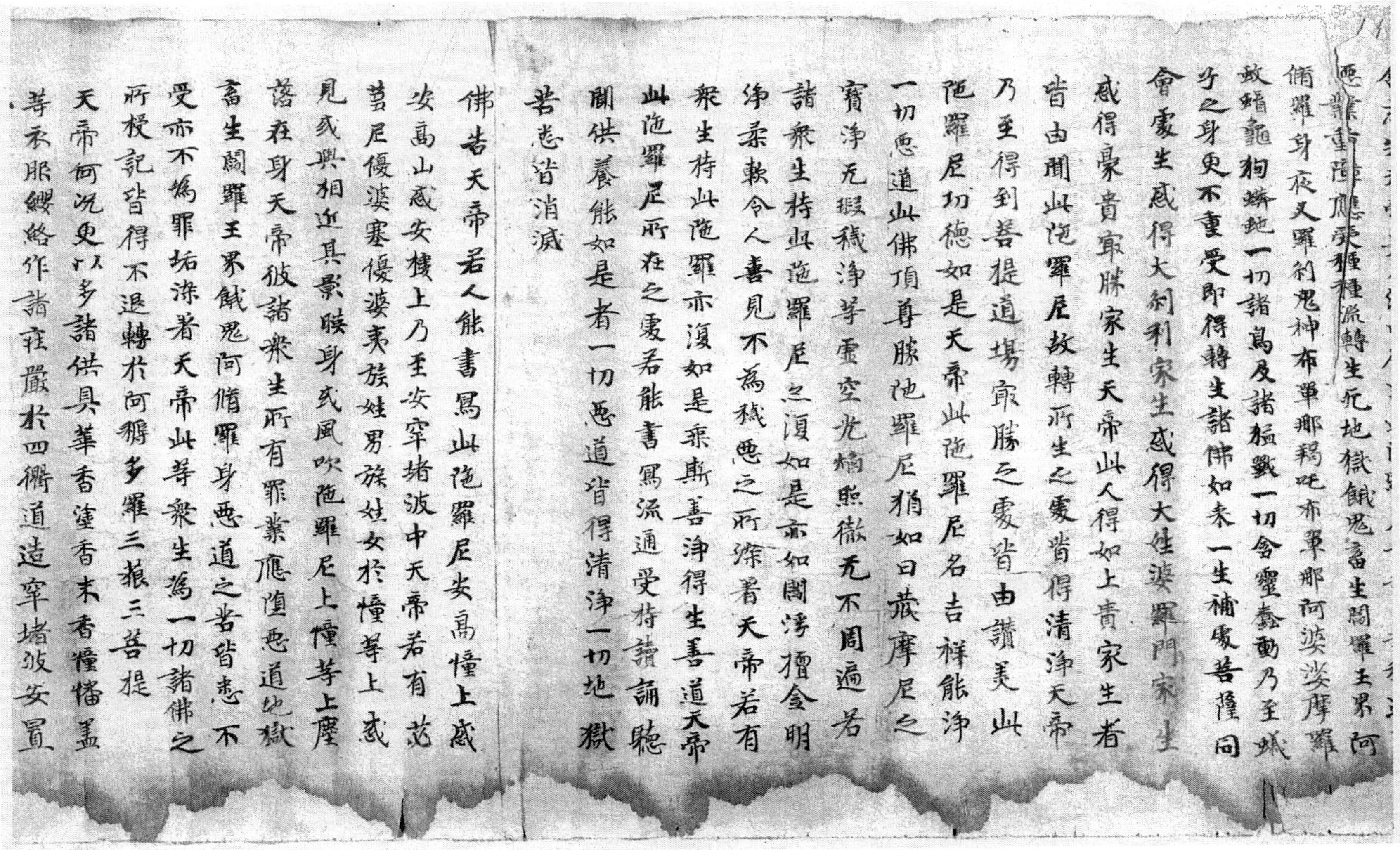

惡業墮應受種種流轉生死地獄餓鬼畜生閻羅王界阿
脩羅身夜叉羅刹鬼神布單那羯吒布單那阿婆娑摩羅
蚊蝱龜狗蟒蛇一切諸鳥及諸猛獸一切含靈蠢動乃至蟻
子之身更不重受即得轉生諸佛如來一生補處菩薩同
會處生或得大刹利家生或得大姓婆羅門家生
或得豪貴最勝家生天帝此人得如上貴家生者
皆由聞此陀羅尼故轉所生之處皆得清淨天帝
乃至得到菩提道場最勝之處皆由讚美此
陀羅尼功德如是天帝此陀羅尼名吉祥能淨
一切惡道此佛頂尊勝陀羅尼猶如日藏摩尼之
寶淨无瑕穢淨等虛空光焰照徹无不周遍若
諸衆生持此陀羅尼亦復如是亦如閻浮檀金明
淨柔軟令人喜見不為穢惡之所染著天帝若有
衆生持此陀羅尼亦復如是乘斯善淨得生善道天帝
此陀羅尼所在之處若能書寫流通受持讀誦聽
聞供養能如是者一切惡道皆得清淨一切地獄
苦惱皆消滅
佛告天帝若人能書寫此陀羅尼安高幢上或
安高山或安樓上乃至安窣堵波中天帝若有苾
芻尼優婆塞優婆夷族姓男族姓女於幢等上或
見或與相近其影映身或風吹陀羅尼上幢等上塵
落在身天帝彼諸衆生所有罪業應墮惡道地獄
畜生閻羅王界餓鬼阿脩羅身惡道之苦皆悉不
受亦不為罪垢染著天帝此等衆生為一切諸佛之
所授記皆得不退轉於阿耨多羅三藐三菩提
天帝何況更以多諸供具華香塗香末香幢幡蓋
等衣服瓔珞作諸莊嚴於四衢道造窣堵波安置

BD04181 號　佛頂尊勝陀羅尼經（佛陀波利本）　（5–2）

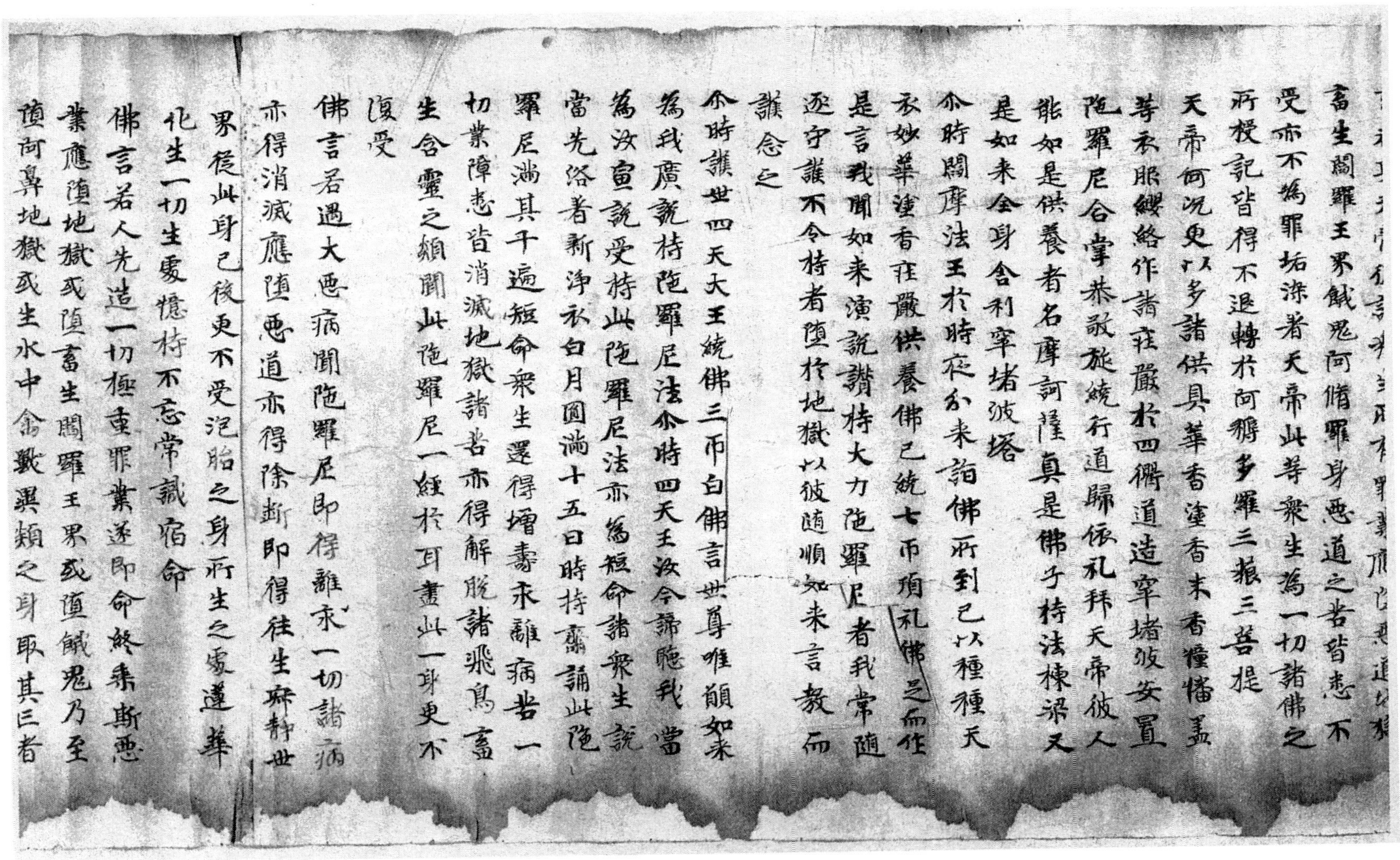

畜生閻羅王界餓鬼阿脩羅身惡道之苦皆悉不
受亦不為罪垢染著天帝此等衆生為一切諸佛之
所授記皆得不退轉於阿耨多羅三藐三菩提
天帝何況更以多諸供具華香塗香末香幢幡蓋
等衣服瓔珞作諸莊嚴於四衢道造窣堵波安置
陀羅尼合掌恭敬旋繞行道歸依禮拜天帝彼人
能如是供養者名摩訶薩真是佛子持法棟梁又
是如來全身舍利窣堵波塔
尒時閻摩法王於時夜分來詣佛所到已以種種天
衣妙華塗香莊嚴供養佛已繞七帀頂禮佛足而作
是言我聞如來演說讚持大力陀羅尼者我常隨
逐守護不令持者墮於地獄以彼隨順如來言教而
護念之
尒時護世四天大王繞佛三帀白佛言世尊唯願如來
為我廣說持陀羅尼法尒時四天王汝今諦聽我當
為汝宣說受持此陀羅尼法亦為短命諸衆生說
當先洗浴著新淨衣白月圓滿十五日時持齋誦此陀
羅尼滿其千遍短命衆生還得增壽永離病苦一
切業障悉皆消滅地獄諸苦亦得解脫諸飛鳥畜
生含靈之類聞此陀羅尼一經於耳盡此一身更不
復受
佛言若遇大惡病聞陀羅尼即得離永一切諸病
亦得消滅應墮惡道亦得除斷即得往生寂靜世
界從此身已後更不受胞胎之身所生之處蓮華
化生一切生處憶持不忘常識宿命
佛言若人先造一切極重罪業遂即命終乘斯惡
業應墮地獄或墮畜生閻羅王界或墮餓鬼乃至
墮阿鼻地獄或生水中或禽獸異類之身取其亡者

BD04181 號　佛頂尊勝陀羅尼經（佛陀波利本）　（5–3）

佛言若遇大惡病聞陁羅尼即得離永一切諸病
亦得消滅應墮惡道亦得除斷即得往生寂靜世
界從此身已後更不受胞胎之身所生之處蓮華
化生一切生處憶持不忘常識宿命
佛言若人先造一切極重罪業遂即命終乘斯惡
業應墮地獄或墮畜生閻羅王界或墮餓鬼乃至
墮阿鼻地獄或生水中禽獸異類之身取其亡者
隨身分骨以土一把誦此陁羅尼二十一遍散亡者骨
上即得生天佛言若人能日日誦此陁羅尼二十一遍應
消一切世間廣大供養捨身往生極樂世界若常
誦念得大涅槃復增壽命受勝快樂捨此身已即得
往生種種微妙諸佛剎土常與諸佛俱會一處一切
如来恒為演說微妙之義一切世尊即授其記身光
照曜一切佛剎佛言若誦此陁羅尼法於其佛前
先取淨土作壇隨其大小方四角作以種種草華
散於壇上燒衆名香右膝着地胡跪心常念佛作
慕陁羅尼印屈其頭指以大母指押合掌當心誦
此陁羅尼一百八遍訖於其壇中如雲王雨華能遍供
養八十八俱胝殑伽沙那庾多百千諸佛世尊咸共
讚言善哉希有真是佛子即得無障礙三昧得
大菩薩心莊嚴三昧持此陁羅尼法應如是佛言
天帝我以此方便一切衆生應墮地獄道令得解脫
一切惡道亦得清淨復令持者增益壽命天帝汝
去將我陁羅尼授與善住天子滿其七日汝與善住
俱來見我
尒時天帝於世尊所受此陁羅尼法奉持還於本天
授與善住天子尒時善住天子受此陁羅尼已滿六日
六夜依法受持一切願滿應受一切惡道苦即得解脫

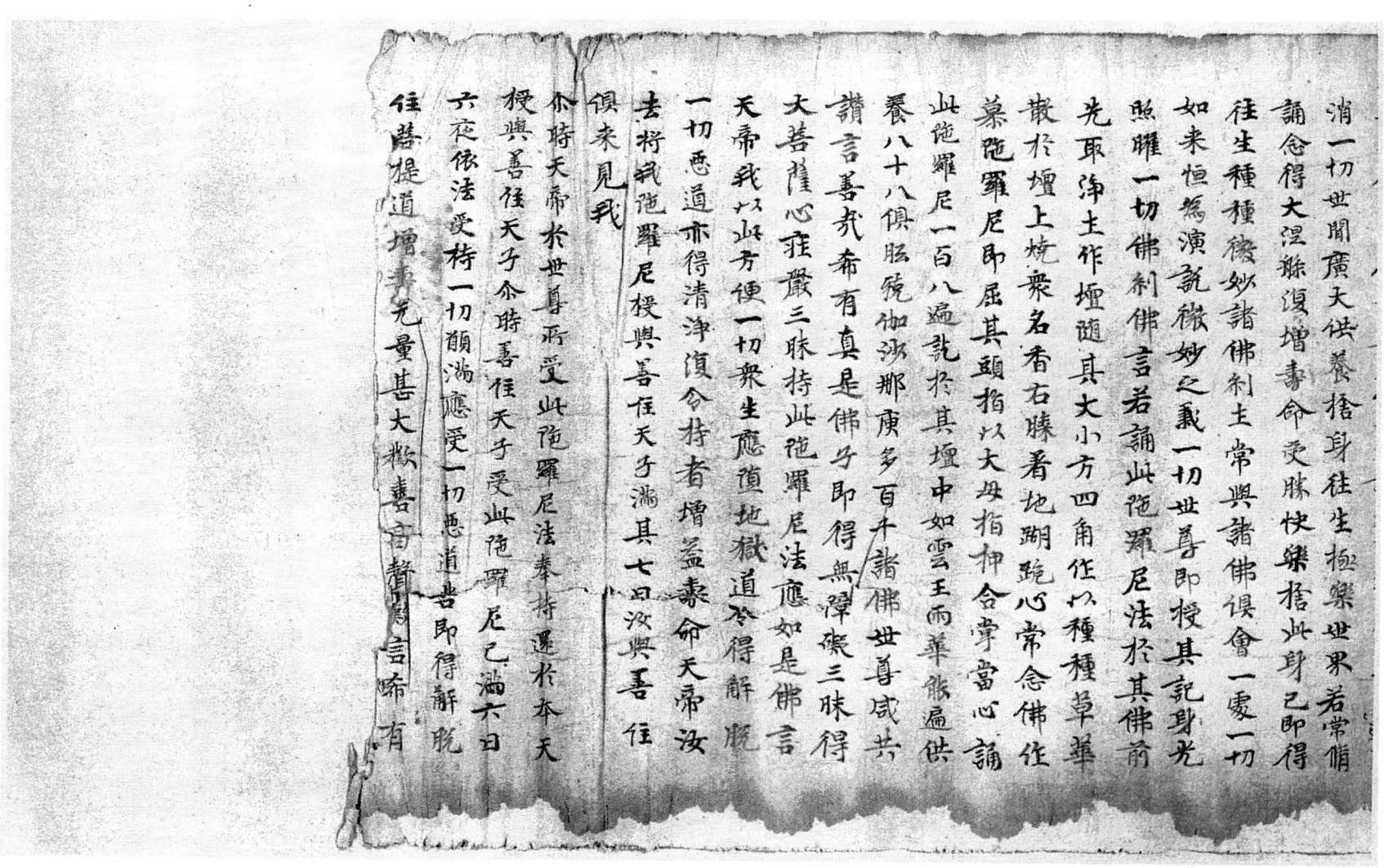

BD04181號　佛頂尊勝陀羅尼經（佛陀波利本）　（5–4）

消一切世間廣大供養捨身往生極樂世界若常
誦念得大涅槃復增壽命受勝快樂捨此身已即得
往生種種微妙諸佛剎土常與諸佛俱會一處一切
如来恒為演說微妙之義一切世尊即授其記身光
照曜一切佛剎佛言若誦此陁羅尼法於其佛前
先取淨土作壇隨其大小方四角作以種種草華
散於壇上燒衆名香右膝着地胡跪心常念佛作
慕陁羅尼印屈其頭指以大母指押合掌當心誦
此陁羅尼一百八遍訖於其壇中如雲王雨華能遍供
養八十八俱胝殑伽沙那庾多百千諸佛世尊咸共
讚言善哉希有真是佛子即得無障礙三昧得
大菩薩心莊嚴三昧持此陁羅尼法應如是佛言
天帝我以此方便一切衆生應墮地獄道令得解脫
一切惡道亦得清淨復令持者增益壽命天帝汝
去將我陁羅尼授與善住天子滿其七日汝與善住
俱來見我
尒時天帝於世尊所受此陁羅尼法奉持還於本天
授與善住天子尒時善住天子受此陁羅尼已滿六日
六夜依法受持一切願滿應受一切惡道苦即得解脫
住菩提道增壽无量甚大歡喜高聲[illegible]言希有

BD04181號　佛頂尊勝陀羅尼經（佛陀波利本）　（5–5）

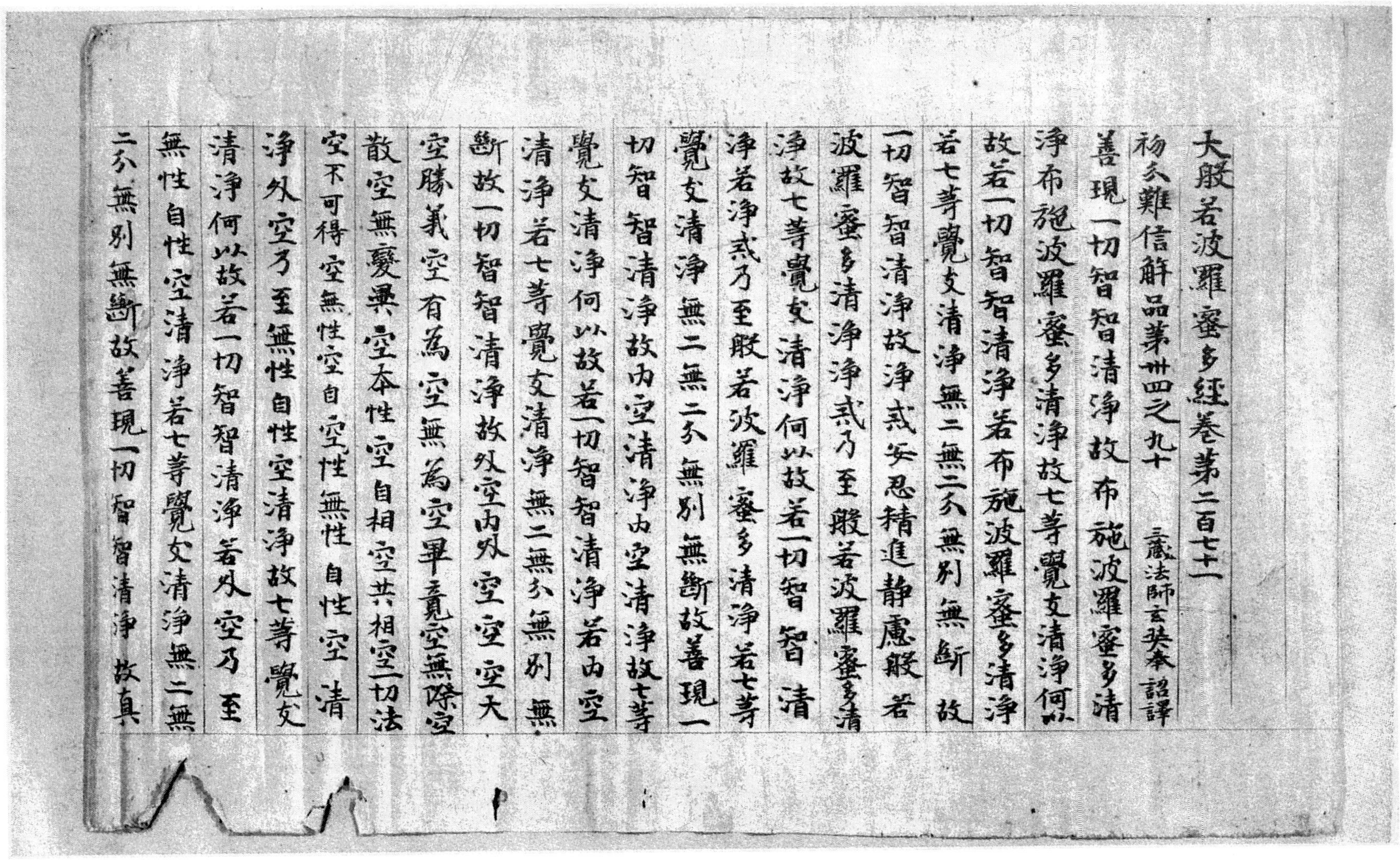
大般若波羅蜜多經卷第二百七十一
三藏法師玄奘奉　詔譯
初分難信解品第卅四之九十
善現一切智智清淨故布施波羅蜜多清
淨布施波羅蜜多清淨故七等覺支清淨何以
故若一切智智清淨若布施波羅蜜多清淨
若七等覺支清淨無二無二分無別無斷故
一切智智清淨故淨戒安忍精進靜慮般若
波羅蜜多清淨淨戒乃至般若波羅蜜多清
淨故七等覺支清淨何以故若一切智智清
淨若淨戒乃至般若波羅蜜多清淨若七等
覺支清淨無二無二分無別無斷故善現一
切智智清淨故內空清淨內空清淨故七等
覺支清淨何以故若一切智智清淨若內空
清淨若七等覺支清淨無二無二分無別無
斷故一切智智清淨故外空內外空空空大
空勝義空有為空無為空畢竟空無際空
散空無變異空本性空自相空共相空一切法
空不可得空無性空自性空無性自性空清
淨外空乃至無性自性空清淨故七等覺支
清淨何以故若一切智智清淨若外空乃至
無性自性空清淨若七等覺支清淨無二無
二分無別無斷故善現一切智智清淨故真

BD04182號　大般若波羅蜜多經卷二七一　（1–1）

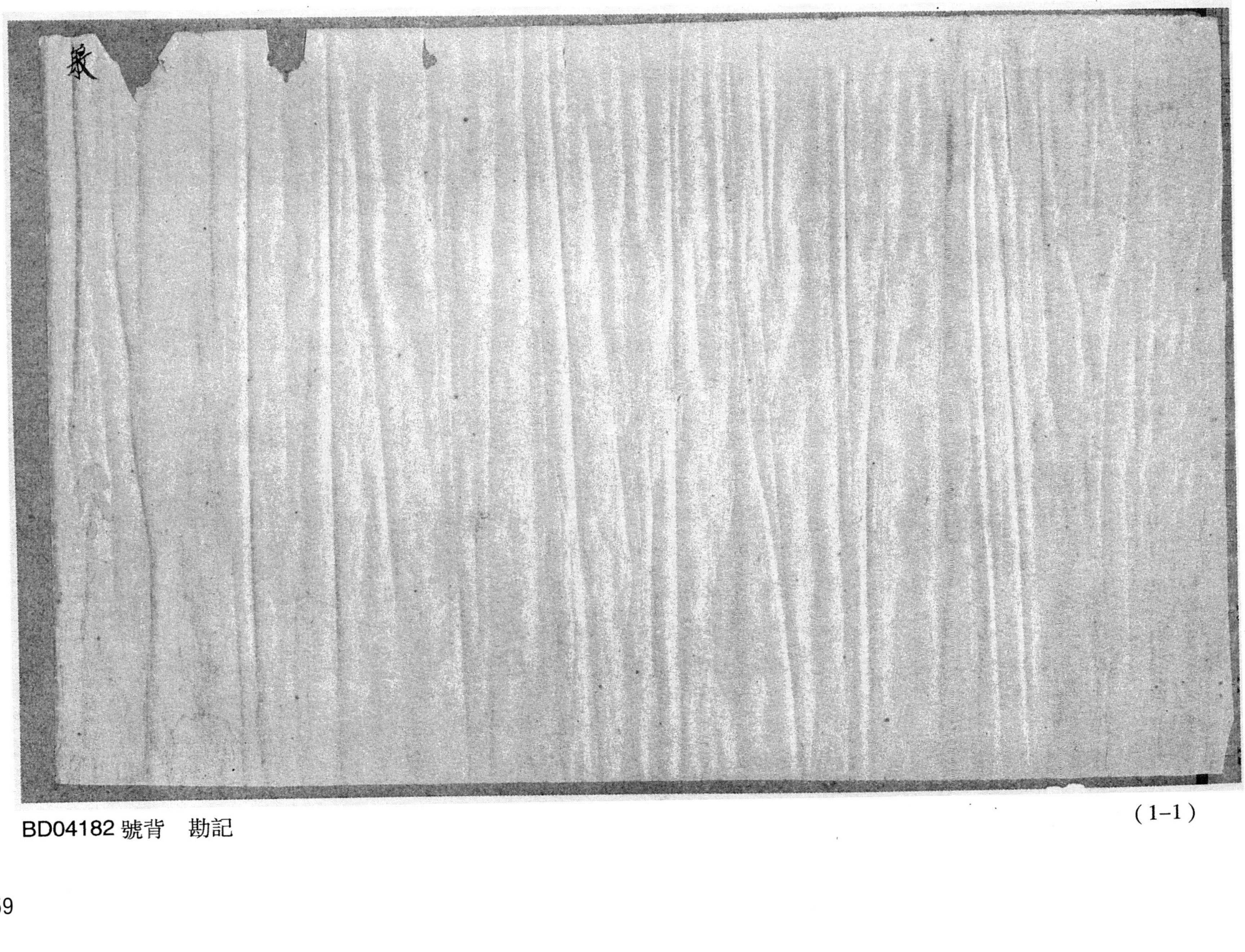
般

BD04182號背　勘記　（1–1）

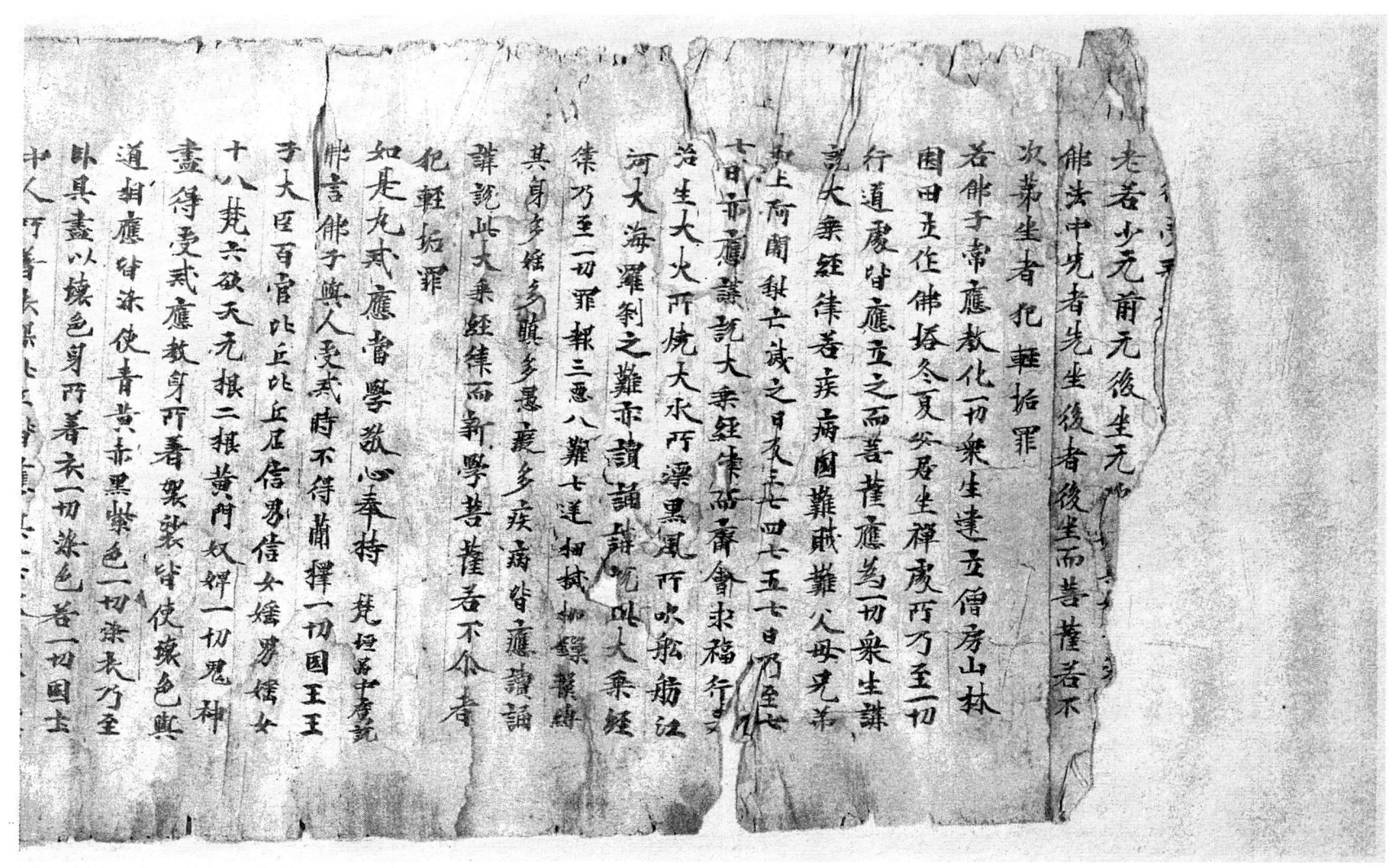

老若少无前无後坐无
佛法中先者先坐後者後坐而菩薩若不
次第坐者犯輕垢罪
若佛子常應教化一切衆生建立僧房山林
園田立作佛塔冬夏安居坐禪處所乃至一切
行道處皆應立之而菩薩應為一切衆生講
說大乘經律若疾病國難賊難父母兄弟
和上阿闍梨亡滅之日及三七四七五七七日乃至七
七日亦應講說大乘經律而齋會求福行来
治生大火所燒大水所漂黑風所吹船舫江
河大海羅剎之難亦讀誦講說此大乘經
律乃至一切罪報三惡八難七逆杻械枷鎖繫縛
其身多婬多瞋多愚癡多疾病皆應讀誦
講說此大乘經律而新學菩薩若不介者
犯輕垢罪
如是九戒應當學敬心奉持 梵壇品中廣說
佛言佛子與人受戒時不得簡擇一切國王王
子大臣百官比丘比丘尼信男信女婬男婬女
十八梵六欲天无根二根黄門奴婢一切鬼神
盡得受戒應教身所著袈裟皆使壞色與
道相應皆染使青黄赤黑紫色一切染衣乃至
卧具盡以壞色身所著衣一切染色若一切國土
中人所著衣服比丘皆……

BD04183號　梵網經盧舍那佛說菩薩心地戒品第十卷下　（2–1）

犯輕垢罪
如是九戒應當學敬心奉持 梵壇品中廣說
佛言佛子與人受戒時不得簡擇一切國王王
子大臣百官比丘比丘尼信男信女婬男婬女
十八梵六欲天无根二根黄門奴婢一切鬼神
盡得受戒應教身所著袈裟皆使壞色與
道相應皆染使青黄赤黑紫色一切染衣乃至
卧具盡以壞色身所著衣一切染色若一切國土
中人所著衣服比丘皆應與其俗服有異
若欲受戒時師應問言汝現身不作七逆罪
耶菩薩法師不得與七逆人現身受戒七逆
者出佛身血殺父殺母殺和上殺阿闍梨破羯
磨轉法輪僧殺聖人若具七遮即現身不
得戒餘一切人得受戒出家人法不向國王
礼拜不向父母礼拜六親不敬鬼神不礼但
解法師語有百里千里来求法者而菩薩
法師以惡心瞋心不即與授一切衆生戒者
犯輕垢罪
若佛子教化人起信心時菩薩與他人作教
戒法師見欲受戒人應教請二師和上阿闍
梨二師應問言汝有七遮罪不若現身有七
遮罪者師不應與受戒若无七遮者得與受
戒若有犯十戒者應教懺悔在佛菩薩形像
前日夜六時誦十重四十八輕戒若到……

BD04183號　梵網經盧舍那佛說菩薩心地戒品第十卷下　（2–2）

无大无
我等長夜 於佛智慧 无貪无著 无復
而自於法 謂是究竟 我等長夜
我等脩習 脩習空法 得脫三界 苦惱之患
住最後身 有餘涅槃 佛所教化 得道不虛
則為已得 報佛之恩
我等雖為 諸佛子等 說菩薩法 以求佛道
而於是法 永无願樂
導師見捨 觀我心故 初不勸進 說有實利
如富長者 知子志劣 以方便力 柔伏其心
然後乃付 一切財物
佛亦如是 現希有事 知樂小者
調伏其心 乃教大智
我等今日 得未曾有 非先所望 而今自得
如彼窮子 得无量寶
世尊我今 得道得果 於无漏法 得清淨眼
我等長夜 持佛淨戒 始於今日 得其果報
法王法中 久脩梵行 今得无漏 无上大果
我等今日 真是聲聞 以佛道聲 令一切聞
我等今者 真阿羅漢 於諸世間 天人魔梵
普於其中 應受供養
世尊大恩 以希有事 憐愍教化 利益我等

BD04184號　妙法蓮華經（十卷本）卷三　（9–1）

我等長夜 持佛淨戒 始於今日 得其果報
法王法中 久脩梵行 今得无漏 无上大果
我等今日 真是聲聞 以佛道聲 令一切聞
我等今者 真阿羅漢 於諸世間 天人魔梵
普於其中 應受供養
世尊大恩 以希有事 憐愍教化 利益我等
无量億劫 誰能報者
手足供給 頭頂礼敬 一切供養 皆不能報
若以頂戴 兩肩荷負 於恒沙劫 盡心恭敬
又以美饍 无量寶衣 及諸卧具 種種湯藥
牛頭栴檀 及諸珍寶 以起塔廟 寶
如斯等事 以用供養 於恒沙劫
諸佛希有 无量无邊 不可思議
无漏无為 諸法之王 能為下劣
取相凡夫 隨宜為說 諸佛於法 得最自在
知諸眾生 種種欲樂 及其志力 隨所堪任
以无量喻 而為說法
隨諸眾生 宿世善根 又知成熟 未成熟者
種種籌量 分別知已 於一乘道 隨宜說三

妙法蓮華經藥草品第五

尒時世尊告摩訶迦葉及諸大弟子善
哉迦葉善說如來真實功德誠如所言
復有无量无邊阿僧祇功德汝等
億劫說不能盡迦葉當知如來　之王
若有所說皆不虛也於一切法以　復而
演說之其所說法皆悉到於一切智地如來
觀知一切諸法之所歸趣亦知一切眾生深
心所行通達无导又於諸法究盡明了示諸

BD04184號　妙法蓮華經（十卷本）卷三　（9–2）

復有无量无邊阿僧祇功德汝等
億劫說不能盡迦葉當知如來　之王
若有所說皆不虛也於一切法以　便而
演說之其所說法皆悉到於一切智地如來
觀知一切諸法之所歸趣亦知一切衆生深
心所行通達无导又於諸法究盡明了示諸
衆生一切智慧迦葉譬如三千大千世界山
川谿谷土地所生卉木藂林及諸藥草種類
若干名色各異密雲弥布遍覆三千大千世
界一時等澍其澤普洽卉木藂林及諸藥
小根小莖小枝小葉中根中莖中
根大莖大枝大葉諸樹大小隨上
所受一雲所雨稱其種性而得生長華
實雖一地所生一雨所潤而諸草木各有差
別迦葉當知之復如是出現於世如大雲
起以大音聲普遍世界天人阿脩羅如彼
大雲普覆三千大千世界於大衆中而唱是
言我是如來應供正遍知明行足
解无上士調御丈夫天人師佛世
令度未解者令解未安者令安
得涅槃今世後世如實知之我是一切知者
一切見者知道者開道者說道者汝等天人阿
脩羅衆應到此為聽法故尒時无數千万億
種衆生來至佛所而聽法如來于時觀是衆
生諸根利鈍精進懈怠隨其所堪而為說法
種種无量皆令歡喜快得善利是諸衆生
聞是法已現世安隱後生善處以道受樂亦
得聞法既聞法已離諸鄣导於諸法中

BD04184 號　妙法蓮華經（十卷本）卷三　（9–3）

種衆生來至佛所而聽法如來于時觀是衆
生諸根利鈍精進懈怠隨其所堪而為說法
種種无量皆令歡喜快得善利是諸衆生
聞是法已現世安隱後生善處以道受樂亦
得聞法既聞法已離諸鄣导於諸法中
所能漸得入道如彼大雲雨於一切卉木
林及諸藥草如其種性具足蒙潤各得生長
如來說法一相一味所謂解脫相離相滅相
究竟至於一切種智其有衆生聞如來法若
持讀誦如說脩行所得功德不自覺知所以
者何唯有如來知此衆生種相體性念何事
思何事脩何事云何念云何思云何脩以何
法念以何法思以何法脩以何法得何法衆
生住於種種之地唯有如來如實見之明了
无导如彼卉木藂林諸藥草等而不自知上
中下性如來知是一相一味之法所謂解脫
相離相滅相究竟涅槃常寂滅相終歸於空
佛知是已觀衆生心欲而將護之是故不即
為說一切種智汝等迦葉甚為希有
來隨宜說法能信能受所以者何諸佛世尊
隨宜說法難解難知尒時世尊欲重宣此義
而說偈言
破有法王　出現於世　隨衆生欲　種種說法
如來尊重　智慧深遠　久嘿斯要　不務速說
有智若聞　則能信解　无智疑悔　則為永失
是故迦葉　隨力為說　以種種緣　令得正見
迦葉當知　譬如大雲　起於世間　遍覆一切
慧雲含潤　電光晃曜　雷聲遠震　令衆悅豫
日光掩蔽　地上清涼　靉靆垂布　如可承攬
其雨普等　四方俱下　流澍无量　率土充洽

BD04184 號　妙法蓮華經（十卷本）卷三　（9–4）

[illegible]

是故迦葉 隨力為說 以種種緣 令得正見

迦葉當知 譬如大雲 起於世間 遍覆一切

慧雲含潤 電光晃曜 雷聲遠震 令衆悅豫

日光掩蔽 地上清涼 靉靆垂布 如可承攬

其雨普等 四方俱下 流澍无量 率土充洽

山川嶮谷 幽邃所生 卉木藥草 大小諸樹

百穀苗稼 甘蔗蒲桃 雨之所潤 无不豐足

乾地普洽 藥木並茂

其雲所出 一味之水 草木叢林 隨分受潤

一切諸樹 上中下等 稱其大小 各得生長

根莖枝葉 華菓光色 一雨所及 皆得鮮澤

如其體相 性分大小 所潤是一 而各滋茂

佛亦如是 出現於世 譬如大雲 普覆一切

既出于世 為諸衆生 分別演說 諸法之實

大聖世尊 於諸天人 一切衆中 而宣是言

我為如来 兩足之尊 出于世間 猶如大雲

充潤一切 枯槁衆生 皆令離苦 得安隱樂

世間之樂 及涅槃樂

諸天人衆 一心善聽 皆應到此 覲无上尊

我為世尊 无能及者 安隱衆生 故現於世

為大衆說 甘露淨法 其法一味 解脫涅槃

以一妙音 演暢斯義 常為大乘 而作因緣

我觀一切 普皆平等 无有彼此 愛憎之心

我无貪著 亦无限导 恒為一切 平等說法

如為一人 衆多亦然

常演說法 曾无他事 去来坐立 終不疲厭

充足世間 如雨普潤 貴賤上下 持戒毀戒

威儀具足 及不具足 正見耶見 利根鈍根

BD04184號　妙法蓮華經（十卷本）卷三　（9–5）

[illegible]

如為一人 衆多亦然

常演說法 曾无他事 去来坐立 終不疲厭

充足世間 如雨普潤 貴賤上下 持戒毀戒

威儀具足 及不具足 正見耶見 利根鈍根

等雨法雨 而无懈惓

一切衆生 聞我法者 隨力所受 住於諸地

或處人天 轉輪聖王 釋梵諸王 是小藥草

知无漏法 能得涅槃 起六神通 及得三明

獨處山林 常行禪定 得緣覺證 是中藥草

求世尊處 我當作佛 行精進定 是上藥草

又諸佛子 專心佛道 常行慈悲 自知作佛

決定无疑 是名小樹 安住神通 轉不退輪

度无量億 百千衆生 如是菩薩 名為大樹

佛平等說 如一味雨 隨衆生性 所受不同

如彼草木 所稟各異

佛以此喻 方便開示 種種言辭 演說一法

於佛智慧 如海一渧 我雨法雨 充滿世間

一味之法 隨力脩行 如彼叢林 藥草諸樹

隨其大小 漸增茂好 諸佛之法 常以一味

令諸世間 普得具足 漸次脩行 皆得道果

聲聞緣覺 處於山林 住最後身 聞法得果

是名藥草 各得增長 若諸菩薩 智慧堅固

了達三界 求最上乘 是名小樹 而得增長

復有住禪 得神通力 聞諸法空 心大歡喜

放无數光 度諸衆生 是名大樹 而得增長

如是迦葉 佛所說法 譬如大雲 以一味雨

潤於人華 各得成實

迦葉當知 以諸因緣 種種譬喻 示開佛道

BD04184號　妙法蓮華經（十卷本）卷三　（9–6）

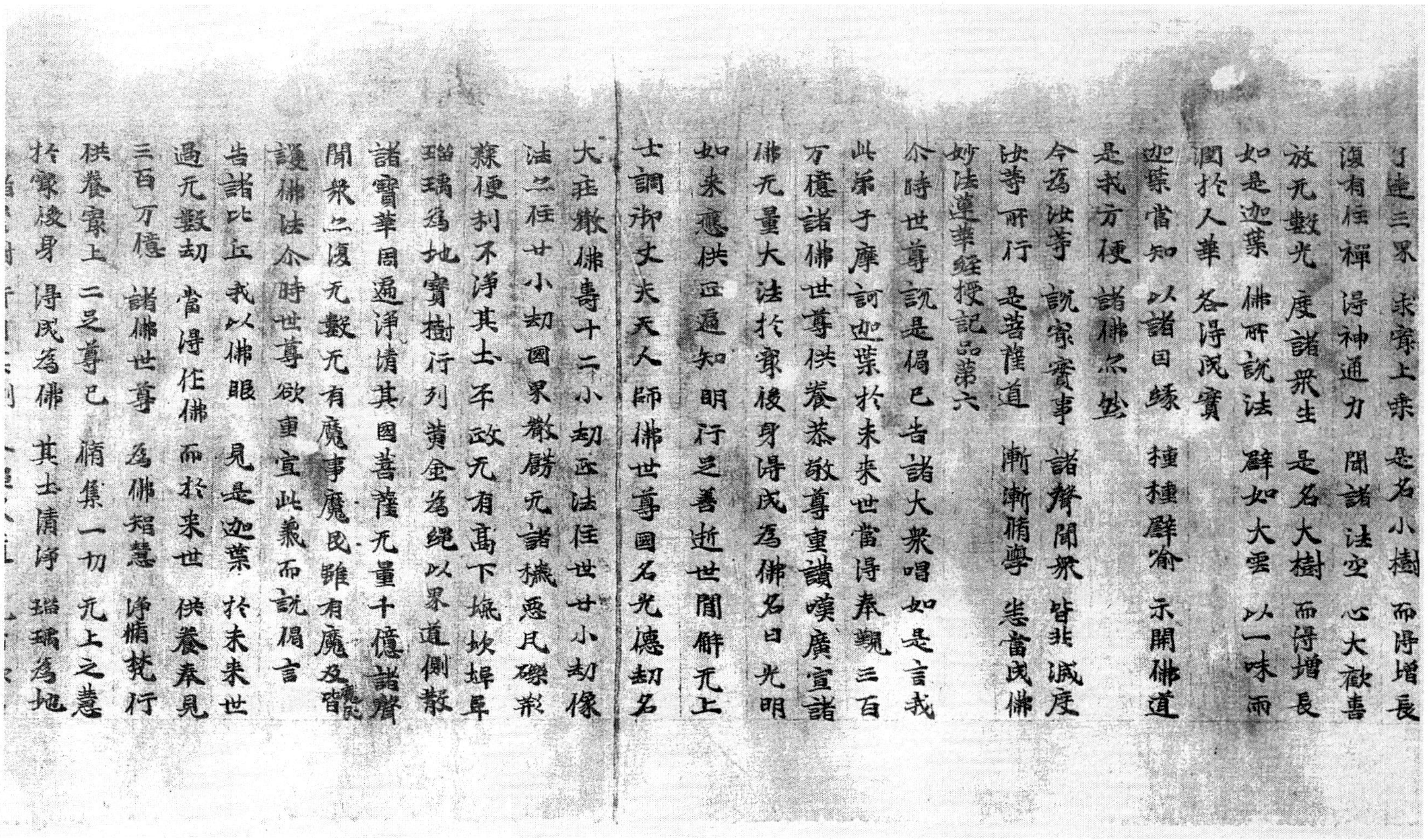
了達三界 求最上乘 是名小樹 而得增長
復有住禪 得神通力 聞諸法空 心大歡喜
放无數光 度諸衆生 是名大樹 而得增長
如是迦葉 佛所說法 譬如大雲 以一味雨
潤於人華 各得成實
迦葉當知 以諸因緣 種種譬喻 示開佛道
是我方便 諸佛亦然
今為汝等 說最實事 諸聲聞衆 皆非滅度
汝等所行 是菩薩道 漸漸脩學 悉當成佛
妙法蓮華經授記品第六
尒時世尊說是偈已告諸大衆唱如是言我
此弟子摩訶迦葉於未來世當得奉覲三百
万億諸佛世尊供養恭敬尊重讚嘆廣宣諸
佛无量大法於最後身得成為佛名曰光明
如來應供正遍知明行足善逝世間解无上
士調御丈夫天人師佛世尊國名光德劫名
大莊嚴佛壽十二小劫正法住世廿小劫像
法亦住廿小劫國界嚴飾无諸穢惡瓦礫荊
蕀便利不淨其土平政无有高下坑坎堆阜
瑠璃為地寶樹行列黃金為繩以界道側散
諸寶華周遍清淨其國菩薩无量千億諸聲
聞衆亦復无數无有魔事魔民雖有魔及皆
護佛法尒時世尊欲重宣此義而說偈言
告諸比丘 我以佛眼 見是迦葉 於未來世
過无數劫 當得作佛 而於來世 供養奉見
三百万億 諸佛世尊 為佛智慧 淨脩梵行
供養最上 二足尊已 脩集一切 无上之慧
於最後身 得成為佛 其土清淨 瑠璃為地

BD04184號　妙法蓮華經（十卷本）卷三　（9–7）

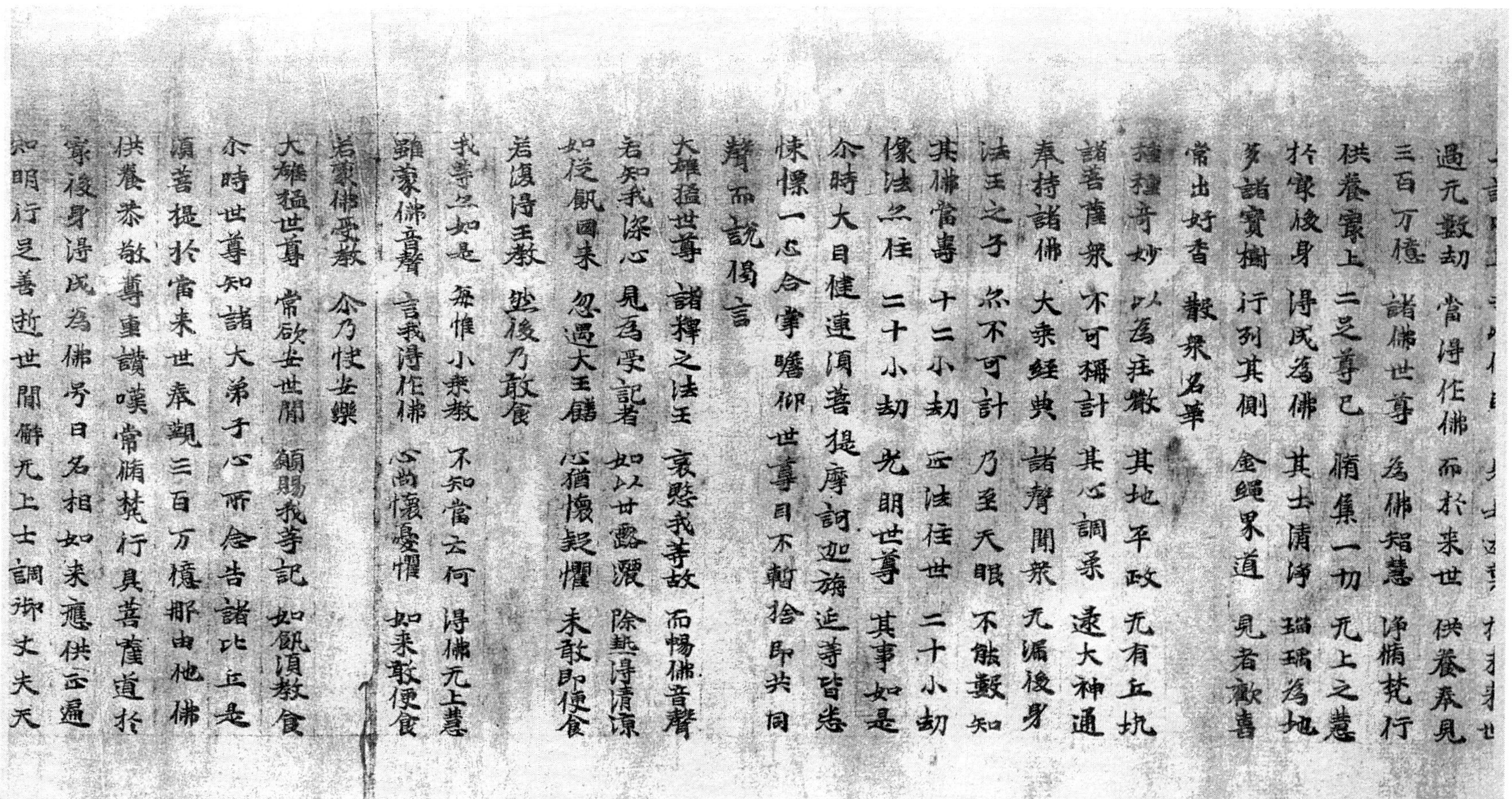
過无數劫 當得作佛 而於來世 供養奉見
三百万億 諸佛世尊 為佛智慧 淨脩梵行
供養最上 二足尊已 脩集一切 无上之慧
於最後身 得成為佛 其土清淨 瑠璃為地
多諸寶樹 行列其側 金繩界道 見者歡喜
常出好香 散衆名華
種種奇妙 以為莊嚴 其地平政 无有丘坑
諸菩薩衆 不可稱計 其心調柔 逮大神通
奉持諸佛 大乘經典 諸聲聞衆 无漏後身
法王之子 亦不可計 乃至天眼 不能數知
其佛當壽 十二小劫 正法住世 二十小劫
像法亦住 二十小劫 光明世尊 其事如是
尒時大目揵連須菩提摩訶迦旃延等皆悉
悚慄一心合掌瞻仰世尊目不暫捨即共同
聲而說偈言
大雄猛世尊 諸釋之法王 哀愍我等故 而賜佛音聲
若知我深心 見為受記者 如以甘露灑 除熱得清涼
如從飢國來 忽遇大王饍 心猶懷疑懼 未敢即便食
若復得王教 然後乃敢食
我等亦如是 每惟小乘教 不知當云何 得佛无上慧
雖聞佛音聲 言我得作佛 心尚懷憂懼 如未敢便食
若蒙佛受教 尒乃快安樂
大雄猛世尊 常欲安世間 願賜我等記 如飢須教食
尒時世尊知諸大弟子心所念告諸比丘是
須菩提於當來世奉覲三百万億那由他佛
供養恭敬尊重讚嘆常脩梵行具菩薩道於
最後身得成為佛号曰名相如來應供正遍
知明行足善逝世間解无上士調御丈夫天

BD04184號　妙法蓮華經（十卷本）卷三　（9–8）

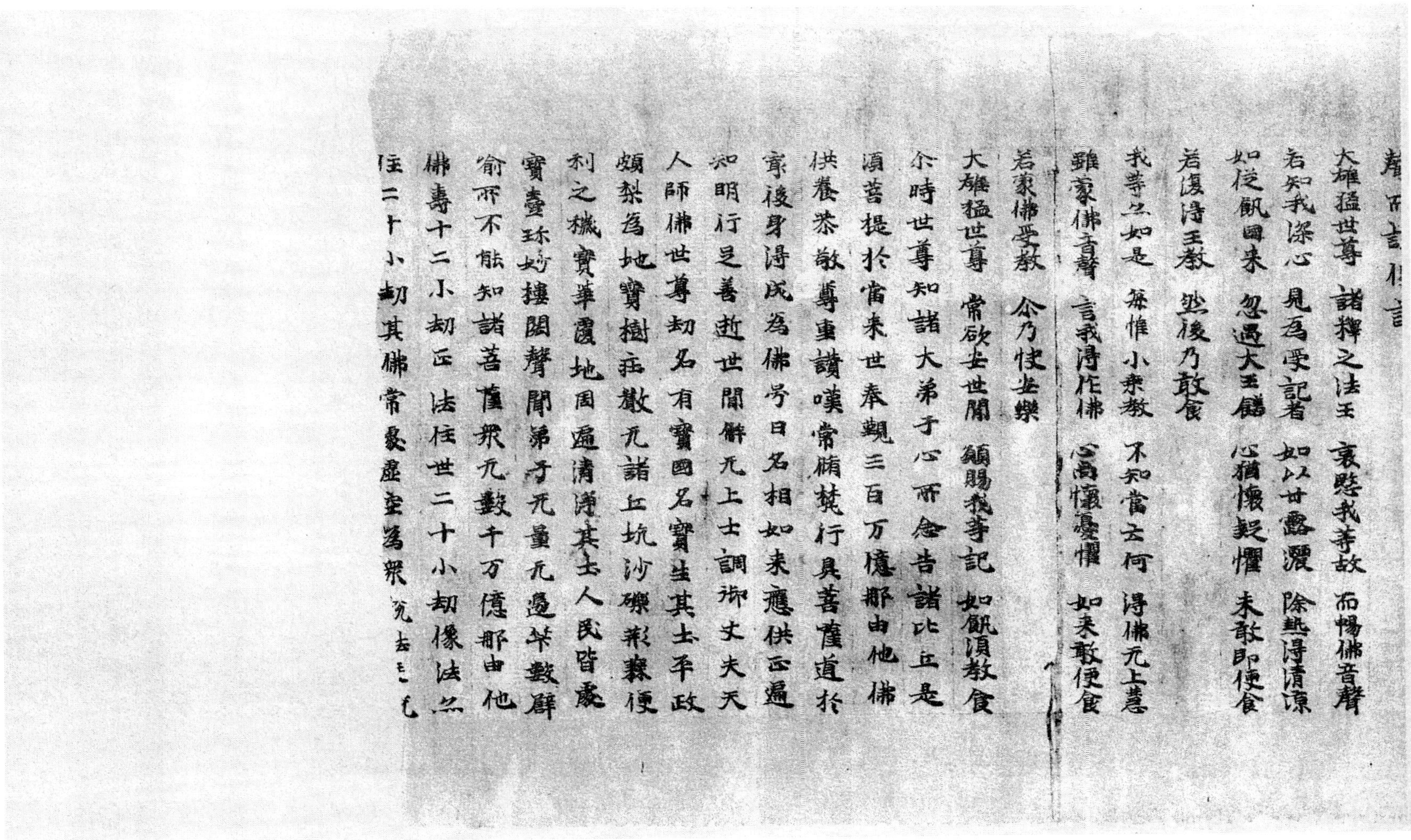

聲而說偈言
大雄猛世尊　諸釋之法王　哀愍我等故　而賜佛音聲
若知我深心　見為授記者　如以甘露灑　除熱得清涼
如從飢國來　忽遇大王饍　心猶懷疑懼　未敢即便食
若復得王教　然後乃敢食
我等亦如是　每惟小乘教　不知當云何　得佛无上慧
雖聞佛音聲　言我得作佛　心尚懷憂懼　如未敢便食
若蒙佛授教　尒乃快安樂
大雄猛世尊　常欲安世間　願賜我等記　如飢須教食
尒時世尊知諸大弟子心之所念告諸比丘是
須菩提於當來世奉覲三百万億那由他佛
供養恭敬尊重讚嘆常脩梵行具菩薩道於
最後身得成為佛号曰名相如來應供正遍
知明行足善逝世間解无上士調御丈夫天
人師佛世尊劫名有寶國名寶生其土平正
頗梨為地寶樹莊嚴无諸丘坑沙礫荊棘便
利之穢寶華覆地周遍清淨其土人民皆處
寶臺珎妙樓閣聲聞弟子无量无邊筭數譬
喻所不能知諸菩薩衆无數千万億那由他
佛壽十二小劫正法住世二十小劫像法亦
住二十小劫其佛常處虛空為衆說法度脫

BD04184 號　妙法蓮華經（十卷本）卷三　（9–9）

BD04185 號背　護首　（1–1）

金剛般若波羅蜜經
如是我聞一時佛在舍衛國祇樹給孤獨園
與大比丘衆千二百五十人俱尒時世尊食
時著衣持鉢入舍衛大城乞食於其城中次
苐乞已還至本處飯食訖收衣鉢洗足已敷
座而坐時長老須菩提在大衆中即從座起
偏袒右肩右膝著地合掌恭敬而白佛言希
有世尊如來善護念諸菩薩善付囑諸菩薩

BD04185 號　金剛般若波羅蜜經　（5–1）

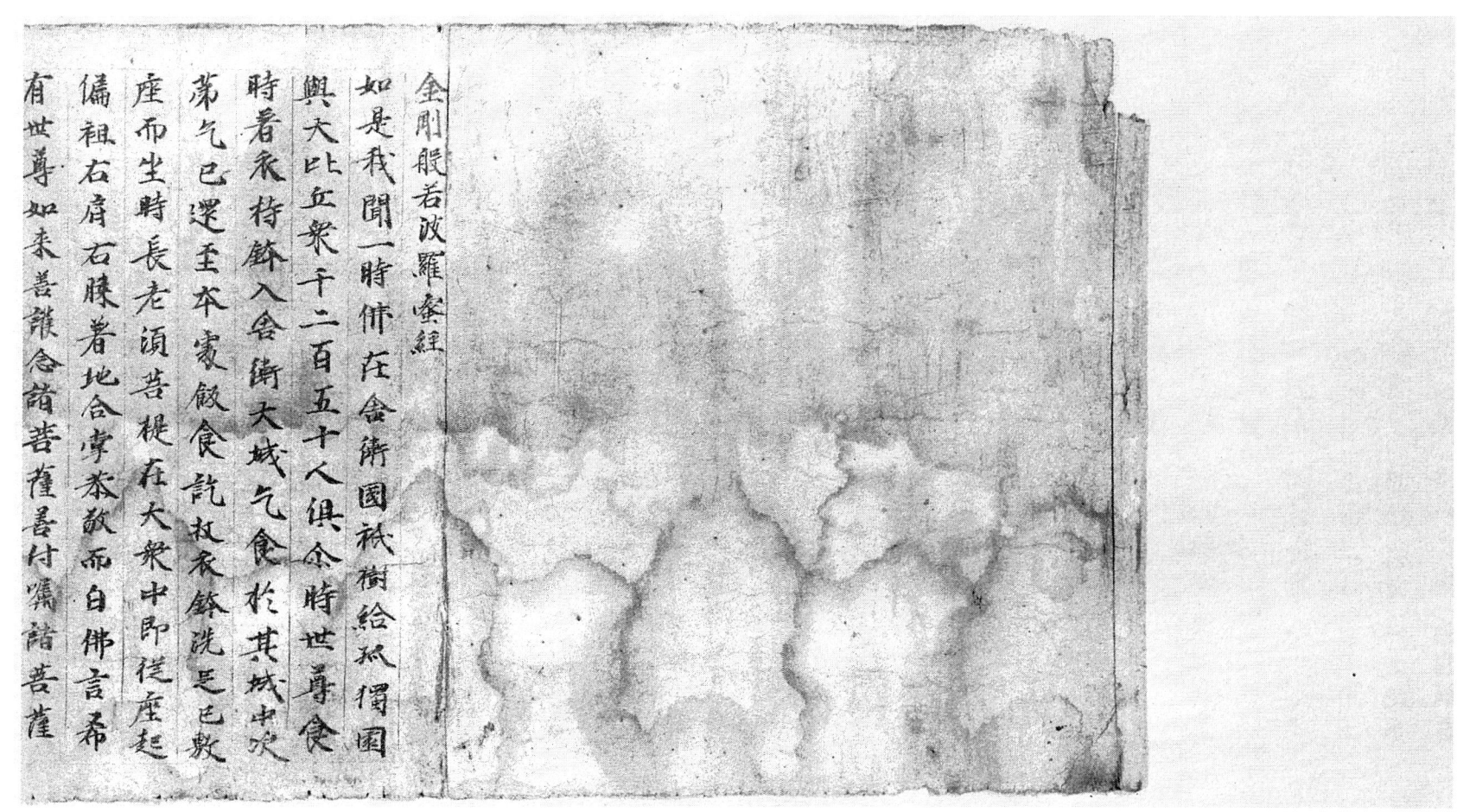

與大比丘衆千二百五十人俱尒時世尊食
時著衣持鉢入舍衛大城乞食於其城中次
苐乞已還至本處飯食訖收衣鉢洗足已敷
座而坐時長老須菩提在大衆中即從座起
偏袒右肩右膝著地合掌恭敬而白佛言希
有世尊如來善護念諸菩薩善付囑諸菩薩
世尊善男子善女人發阿耨多羅三藐三菩
提心應云何住云何降伏其心佛言善哉善
哉須菩提如汝所說如來善護念諸菩薩善
付囑諸菩薩汝今諦聽當為汝說善男子善
女人發阿耨多羅三藐三菩提心應如是住
如是降伏其心唯然世尊願樂欲聞
佛告須菩提諸菩薩摩訶薩應如是降伏其
心所有一切衆生之類若卵生若胎生若濕生
若化生若有色若无色若有想若无想若
非有想若非无想我皆令入无餘涅槃而滅
度之如是滅度无量无數无邊衆生實无衆
生得滅度者何以故須菩提若菩薩有我相
人相衆生相壽者相即非菩薩
復次須菩提菩薩於法應无所住行於布施
所謂不住色布施不住聲香味觸法布施須
菩提菩薩應如是布施不住於相何以故若
菩薩不住相布施其福德不可思量須菩提
於意云何東方虛空可思量不不也世尊須
菩提南西北方四維上下虛空可思量不不
也世尊須菩提菩薩无住相布施福德亦復

BD04185 號　金剛般若波羅蜜經　（5–2）

所謂不住色布施不住聲香味觸法布施須
菩提菩薩應如是布施不住於相何以故若
菩薩不住相布施其福德不可思量須菩提
於意云何東方虛空可思量不不也世尊須
菩提南西北方四維上下虛空可思量不不
也世尊須菩提菩薩无住相布施福德亦復
如是不可思量須菩提菩薩但應如所教住
須菩提於意云何可以身相見如來不不也
世尊不可以身相得見如來何以故如來所
說身相即非身相佛告須菩提凡所有相皆
是虛妄若見諸相非相則見如來
須菩提白佛言世尊頗有衆生得聞如是言
說章句生實信不佛告須菩提莫作是說如
來滅後後五百歲有持戒脩福者於此章句
能生信心以此為實當知是人不於一佛二佛
三四五佛而種善根已於无量千萬佛所
種諸善根聞是章句乃至一念生淨信者須
菩提如來悉知悉見是諸衆生得如是无量
福德何以故是諸衆生无復我相人相衆生
相壽者相无法相亦无非法相何以故是諸
衆生若心取相則為著我人衆生壽者若取
法相即著我人衆生壽者何以故若取非法
相即著我人衆生壽者是故不應取法不應
取非法以是義故如來常說汝等比丘知我
說法如筏喻者法尚應捨何況非法
須菩提於意云何如來得阿耨多羅三藐三

BD04185號　金剛般若波羅蜜經　（5–3）

衆生若心取相則為著我人衆生壽者若取
法相即著我人衆生壽者何以故若取非法
相即著我人衆生壽者是故不應取法不應
取非法以是義故如來常說汝等比丘知我
說法如筏喻者法尚應捨何況非法
須菩提於意云何如來得阿耨多羅三藐三
菩提耶如來有所說法耶須菩提言如我解
佛所說義无有定法名阿耨多羅三藐三菩
提亦无有定法如來可說何以故如來所說
法皆不可取不可說非法非非法所以者何一
切賢聖皆以无為法而有差別
須菩提於意云何若人滿三千大千世界七
寶以用布施是人所得福德寧為多不須菩
提言甚多世尊何以故是福德即非福德性
是故如來說福德多若復有人於此經中受
持乃至四句偈等為他人說其福勝彼何以
故須菩提一切諸佛及諸佛阿耨多羅三藐
三菩提法皆從此經出須菩提所謂佛法者
即非佛法
須菩提於意云何須陀洹能作是念我得須
陀洹果不須菩提言不也世尊何以故須陀
洹名為入流而无所入不入色聲香味觸法
是名須陀洹須菩提於意云何斯陀含能作
是念我得斯陀含果不須菩提言不也世尊
何以故斯陀含名一往來而實无往來是名
斯陀含須菩提於意云何阿那含能作是念

BD04185號　金剛般若波羅蜜經　（5–4）

是故如来說福德多若復有人於此經中受
持乃至四句偈等為他人說其福勝彼何以
故須菩提一切諸佛及諸佛阿耨多羅三藐
三菩提法皆從此經出須菩提所謂佛法者
即非佛法
須菩提於意云何須陁洹能作是念我得須
陁洹果不須菩提言不也世尊何以故須陁
洹名為入流而无所入不入色聲香味觸法
是名須陁洹須菩提於意云何斯陁含能作
是念我得斯陁含果不須菩提言不也世尊
何以故斯陁含名一往来而實无往来是名
斯陁含須菩提於意云何阿那含能作是念
我得阿那含果不須菩提言不也世尊何以
故阿那含名為不来而實无来是故名阿那
含須菩提於意云何阿羅漢能作是念我得
阿羅漢道不須菩提言不也世尊何以故實
无有法名阿羅漢世尊若阿羅漢作是念我
得阿羅漢道即為著我人衆生壽者世尊佛
說我得无諍三昧人中最為第一是第一離
欲阿羅漢我不作是念我是離欲阿羅漢世
尊我若作是念我得阿羅漢道世尊則不說
須菩提是樂阿蘭那行者以須菩提實无所

BD04185號　金剛般若波羅蜜經　（5–5）

大般若波羅蜜多經卷第卌六
三藏法師玄奘奉　詔譯
初分善薩品第十二之二
善現如幻士布施波羅蜜多句義无所有不
可得菩薩摩訶薩脩行般若波羅蜜多時觀
菩薩句義无所有不可得亦如是善現如幻
士淨戒安忍精進靜慮般若波羅蜜多句義
无所有不可得菩薩摩訶薩脩行般若波羅
蜜多時觀菩薩句義无所有不可得亦如是
善現如幻士五眼句義无所有不可得菩薩
摩訶薩脩行般若波羅蜜多時觀菩薩句義
无所有不可得亦如是善現如幻士六神通
句義无所有不可得菩薩摩訶薩脩行般若
波羅蜜多時觀菩薩句義无所有不可得亦
如是善現如幻士佛十力句義无所有不可
得菩薩摩訶薩脩行般若波羅蜜多時觀菩
薩句義无所有不可得亦如是善現如幻士
四无所畏四无礙解大慈大悲大喜大捨十
八佛不共法一切智道相智一切相智句義
无所有不可得菩薩摩訶薩脩行般若波羅
蜜多時觀菩薩句義无所有不可得亦如是
復次善現如幻士行内空句義无所有不可
得菩薩摩訶薩脩行般若波羅蜜多時觀菩

BD04186號　大般若波羅蜜多經卷四六　（3–1）

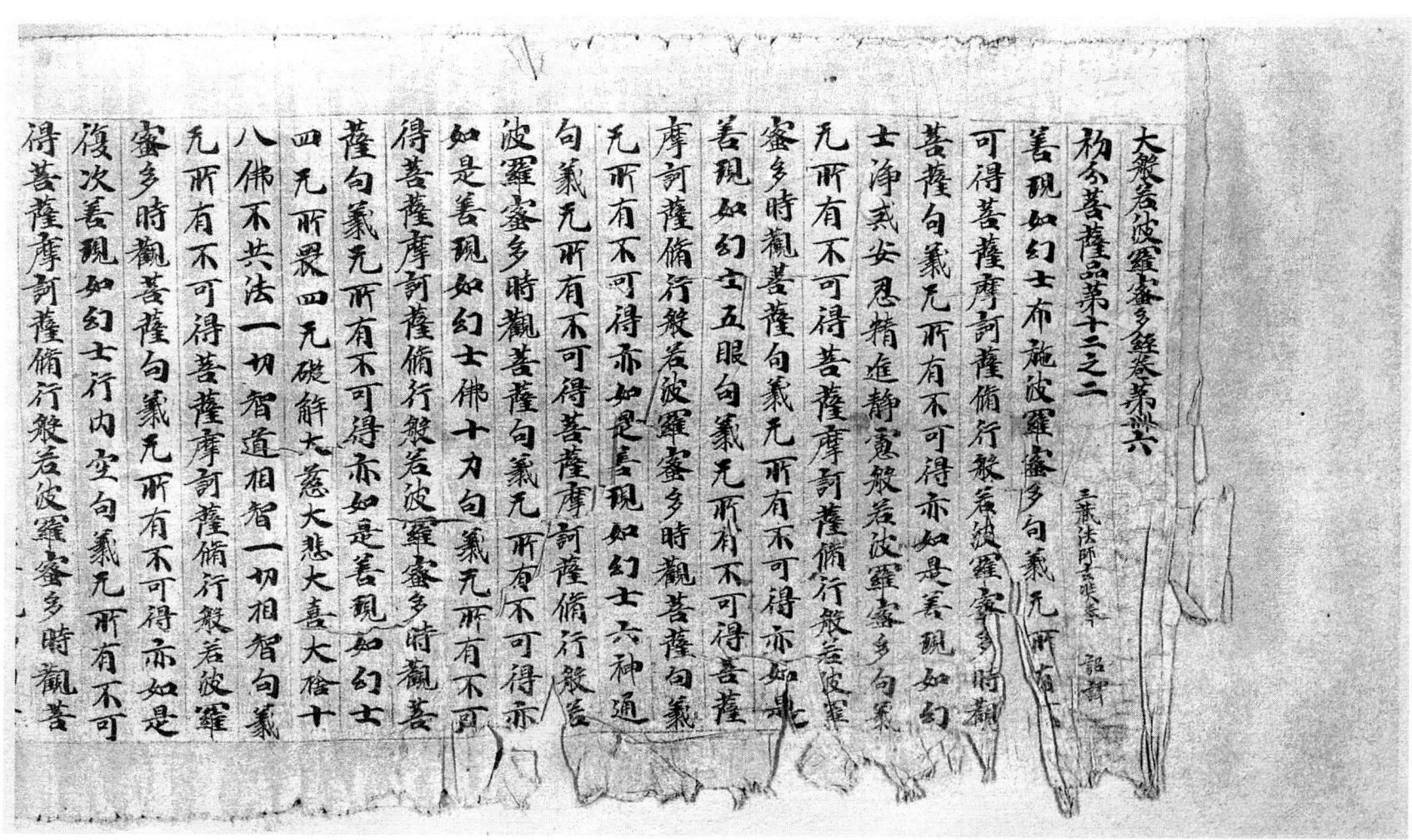

薩句義无所有不可得亦如是善現如幻士
四无所畏四无礙觧大慈大悲大喜大捨十
八佛不共法一切智道相智一切相智句義
无所有不可得菩薩摩訶薩脩行般若波羅
蜜多時觀菩薩句義无所有不可得亦如是
復次善現如幻士行内空句義无所有不可
得菩薩摩訶薩脩行般若波羅蜜多時觀菩
薩句義无所有不可得亦如是善現如幻士
行外空内外空空空大空勝義空有為空无
為空畢竟空无際空散空无變異空本性空
自相空共相空一切法空不可得空无性空
自性空无性自性空句義无所有不可得菩
薩摩訶薩脩行般若波羅蜜多時觀菩薩句
義无所有不可得亦如是善現如幻士行四
靜慮句義无所有不可得菩薩摩訶薩脩行
般若波羅蜜多時觀菩薩句義无所有不可
得亦如是善現如幻士行四无量四无色定
句義无所有不可得菩薩摩訶薩脩行般若
波羅蜜多時觀菩薩句義无所有不可得亦
如是善現如幻士行四念住句義无所有不
可得菩薩摩訶薩脩行般若波羅蜜多時觀
菩薩句義无所有不可得亦如是善現如幻
士行四正斷四神足五根五力七等覺支八
聖道支句義无所有不可得菩薩摩訶薩脩
行般若波羅蜜多時觀菩薩句義无所有不
可得亦如是善現如幻士行空觧脫門句義

BD04186號　大般若波羅蜜多經卷四六　　（3–2）

般若波羅蜜多時觀菩薩句義无所有不可
得亦如是善現如幻士行四无量四无色定
句義无所有不可得菩薩摩訶薩脩行般若
波羅蜜多時觀菩薩句義无所有不可得亦
如是善現如幻士行四念住句義无所有不
可得菩薩摩訶薩脩行般若波羅蜜多時觀
菩薩句義无所有不可得亦如是善現如幻
士行四正斷四神足五根五力七等覺支八
聖道支句義无所有不可得菩薩摩訶薩脩
行般若波羅蜜多時觀菩薩句義无所有不
可得亦如是善現如幻士行空觧脫門句義
无所有不可得菩薩摩訶薩脩行般若波羅
蜜多時觀菩薩句義无所有不可得亦如是
善現如幻士行无相无願觧脫門句義无所
有不可得菩薩摩訶薩脩行般若波羅蜜多
時觀菩薩句義无所有不可得亦如是善現
如幻士行布施波羅蜜多句義无所有不可
得菩薩摩訶薩脩行般若波羅蜜多時觀菩
薩句義无所有不可得亦如是善現如幻士
行淨戒安忍精進靜慮般若波羅蜜多句義
无所有不可得菩薩摩訶薩脩行般若波羅
蜜多時觀菩薩句義无所有不可得亦如是
善現如幻士行五眼句義无所有不可得菩
薩摩訶薩脩行般若波羅蜜多時觀菩薩自

BD04186號　大般若波羅蜜多經卷四六　　（3–3）

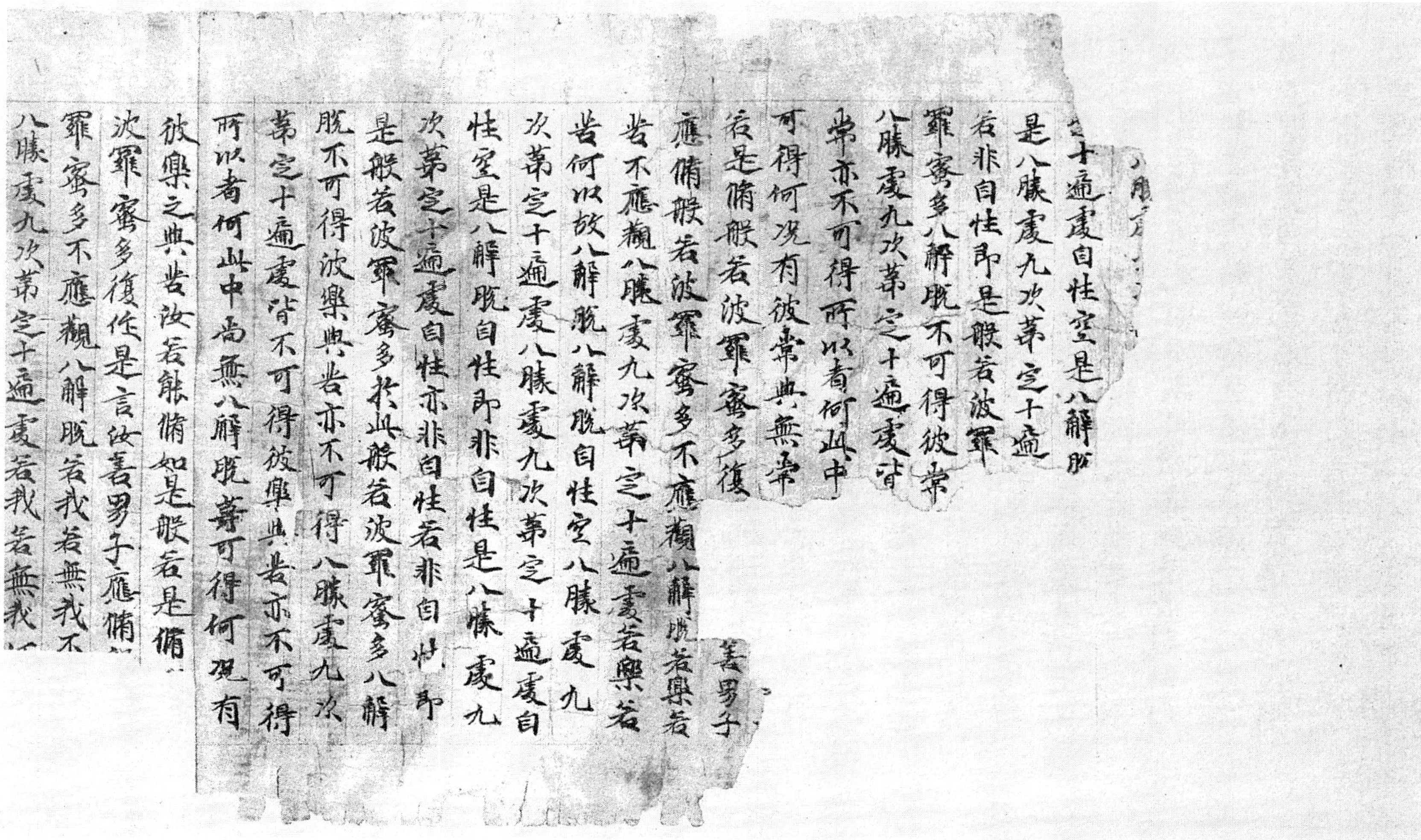

定十遍處自性空是八解脫
是八勝處九次第定十遍
若非自性即是般若波羅
羅蜜多八解脫不可得彼常
八勝處九次第定十遍處皆
常亦不可得所以者何此中
可得何況有彼常與無常
若是修般若波羅蜜多復　善男子
應修般若波羅蜜多不應觀八解脫若樂若
苦不應觀八勝處九次第定十遍處若樂若
苦何以故八解脫八解脫自性空八勝處九
次第定十遍處八勝處九次第定十遍處自
性空是八解脫自性即非自性是八勝處九
次第定十遍處自性亦非自性若非自性即
是般若波羅蜜多於此般若波羅蜜多八解
脫不可得彼樂與苦亦不可得八勝處九次
第定十遍處皆不可得彼樂與苦亦不可得
所以者何此中尚無八解脫等可得何況有
彼樂之與苦汝若能修如是般若是修
波羅蜜多復作是言汝善男子應修
羅蜜多不應觀八解脫若我若無我不
八勝處九次第定十遍處若我若無我

BD04187 號　大般若波羅蜜多經卷一四八　（21–1）

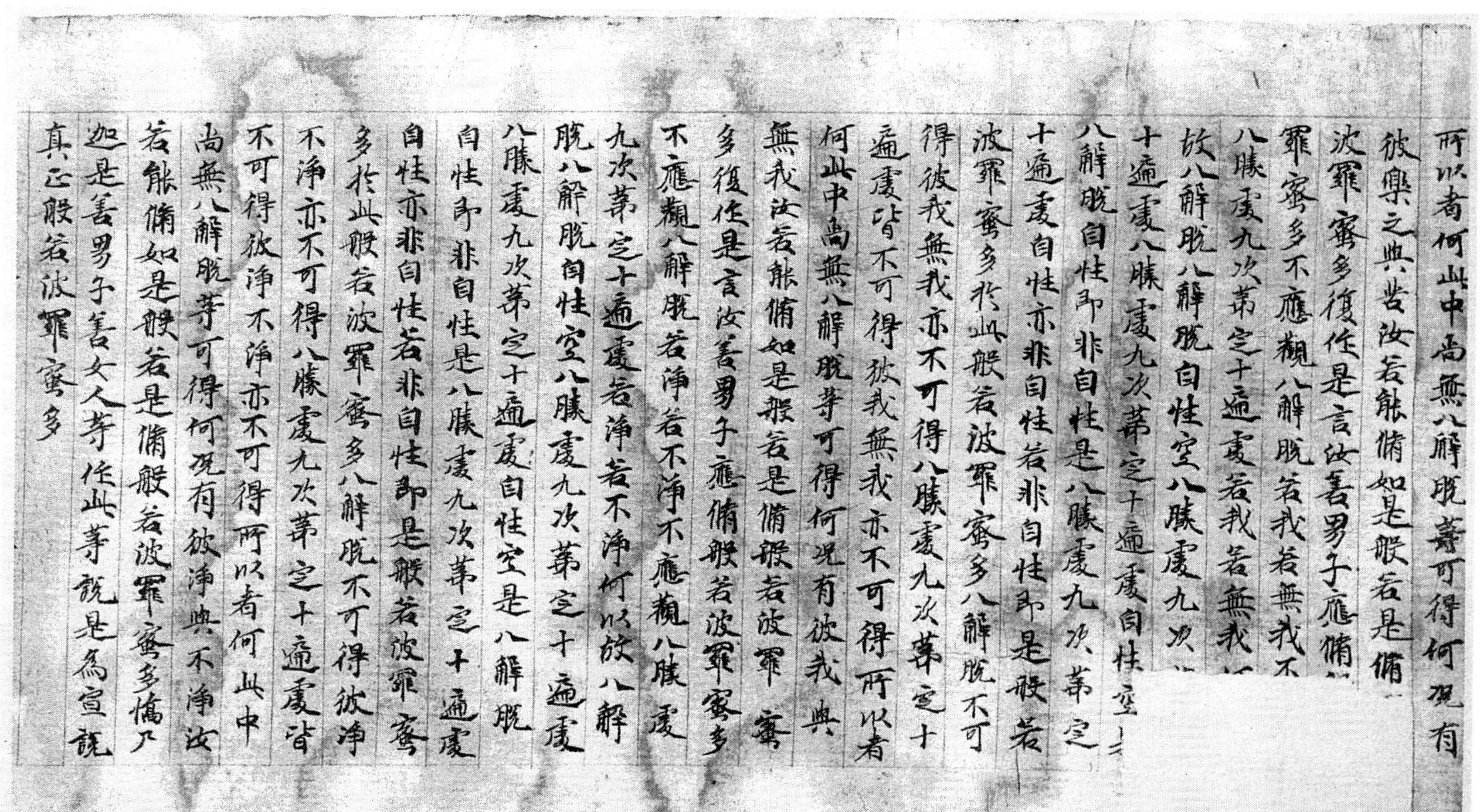

所以者何此中尚無八解脫等可得何況有
彼樂之與苦汝若能修如是般若是修
波羅蜜多復作是言汝善男子應修
羅蜜多不應觀八解脫若我若無我不
八勝處九次第定十遍處若我若無我
故八解脫八解脫自性空八勝處九次
十遍處八勝處九次第定十遍處自性空
八解脫自性即非自性是八勝處九次第定
十遍處自性亦非自性若非自性即是般若
波羅蜜多於此般若波羅蜜多八解脫不可
得彼我無我亦不可得八勝處九次第定十
遍處皆不可得彼我無我亦不可得所以者
何此中尚無八解脫等可得何況有彼我與
無我汝若能修如是般若是修般若波羅蜜
多復作是言汝善男子應修般若波羅蜜多
不應觀八解脫若淨若不淨不應觀八勝處
九次第定十遍處若淨若不淨何以故八解
脫八解脫自性空八勝處九次第定十遍處
八勝處九次第定十遍處自性空是八解脫
自性即非自性是八勝處九次第定十遍處
自性亦非自性若非自性即是般若波羅蜜
多於此般若波羅蜜多八解脫不可得彼淨
不淨亦不可得八勝處九次第定十遍處皆
不可得彼淨不淨亦不可得所以者何此中
尚無八解脫等可得何況有彼淨與不淨汝
若能修如是般若是修般若波羅蜜多脩乃
迦是善男子善女人等作此等說是為宣說
真正般若波羅蜜多

BD04187 號　大般若波羅蜜多經卷一四八　（21–2）

不可得彼淨不淨亦不可得所以者何此中
尚無八解脫等可得何況有彼淨與不淨汝
若能脩如是般若是脩般若波羅蜜多憍尸
迦是善男子善女人等作此等說是為宣說
真正般若波羅蜜多
復次憍尸迦若善男子善女人等為發無上
菩提心者宣說般若波羅蜜多作如是言汝
善男子應脩般若波羅蜜多不應觀四念住
若常若無常不應觀四正斷四神足五根五
力七等覺支八聖道支若常若無常何以故
四念住四念住自性空四正斷四神足五根五
力七等覺支八聖道支四正斷乃至八聖
道支自性空是四念住自性即非自性是四
正斷乃至八聖道支自性亦非自性若非自
性即是般若波羅蜜多於此般若波羅蜜多
四念住不可得彼常無常亦不可得四正斷
乃至八聖道支皆不可得彼常無常亦不可
得所以者何此中尚無四念住等可得何況有
彼常與無常汝若能脩如是般若是脩般
若波羅蜜多復作是言汝善男子應脩般若
波羅蜜多不應觀四念住若樂若苦不應觀
四正斷四神足五根五力七等覺支八聖道
支若樂若苦何以故四念住四念住自性空
四正斷四神足五根五力七等覺支八聖道
支四正斷乃至八聖道支自性空是四念住
自性即非自性是四正斷乃至八聖道支自
性亦非自性若非自性即是般若波羅蜜多
於此般若波羅蜜多四念住不可得彼樂與

BD04187號　大般若波羅蜜多經卷一四八　（21–3）

四正斷四神足五根五力七等覺支八聖道
支四正斷乃至八聖道支自性空是四念住
自性即非自性是四正斷乃至八聖道支自
性亦非自性若非自性即是般若波羅蜜多
於此般若波羅蜜多四念住不可得彼樂與
苦亦不可得四正斷乃至八聖道支皆不可
得彼樂與苦亦不可得所以者何此中尚無
四念住等可得何況有彼樂之與苦汝若能
脩如是般若是脩般若波羅蜜多復作是言
汝善男子應脩般若波羅蜜多不應觀四念
住若我若無我不應觀四正斷四神足五根
五力七等覺支八聖道支若我若無我何以
故四念住四念住自性空四正斷四神足五
根五力七等覺支八聖道支四正斷乃至八
聖道支自性空是四念住自性即非自性是
四正斷乃至八聖道支自性亦非自性若非
自性即是般若波羅蜜多於此般若波羅蜜
多四念住不可得彼我無我亦不可得四正
斷乃至八聖道支皆不可得彼我無我亦不
可得所以者何此中尚無四念住等可得何
況有彼我與無我汝若能脩如是般若是脩
般若波羅蜜多復作是言汝善男子應脩般
若波羅蜜多不應觀四念住若淨若不淨不
應觀四正斷四神足五根五力七等覺支八聖
道支若淨若不淨何以故四念住四念住自
性空四正斷四神足五根五力七等覺支八
聖道支四正斷乃至八聖道支自性空是
四念住自性即非自性是四正斷乃至八聖

BD04187號　大般若波羅蜜多經卷一四八　（21–4）

應觀四正斷四神足五根五力七等覺支八聖
道支若淨若不淨何以故四念住四念住自
性空四正斷四神足五根五力七等覺支八
聖道支四正斷乃至八聖道支自性空是
四念住自性即非自性是四正斷乃至八聖
道支自性亦非自性若非自性即是般若波
羅蜜多於此般若波羅蜜多四念住不可得
彼淨不淨亦不可得四正斷乃至八聖道支
皆不可得彼淨不淨亦不可得所以者何此
中尚無四念住等可得何況有彼淨與不淨
汝若能修如是般若波羅蜜多憍
尸迦是善男子善女人等作此等說是為宣
說真正般若波羅蜜多
復次憍尸迦若善男子善女人等為發無上
菩提心者宣說般若波羅蜜多作如是言汝
善男子應修般若波羅蜜多不應觀空解脫
門若常若無常不應觀無相無願解脫門若
常若無常何以故空解脫門空解脫門自性
空無相無願解脫門無相無願解脫門自性
空是空解脫門自性即非自性是無相無願
解脫門自性亦非自性若非自性即是般若
波羅蜜多於此般若波羅蜜多空解脫門不
可得彼常無常亦不可得無相無願解脫門
皆不可得彼常無常亦不可得所以者何此
中尚無空解脫門等可得何況有彼常與無
常汝若能修如是般若波羅蜜多
復作是言汝善男子應修般若波羅蜜多不
應觀空解脫門若樂若苦不應觀無相無願

BD04187 號　大般若波羅蜜多經卷一四八　　（21–5）

皆不可得彼常無常亦不可得所以者何此
中尚無空解脫門等可得何況有彼常與無
常汝若能修如是般若波羅蜜多
復作是言汝善男子應修般若波羅蜜多不
應觀空解脫門若樂若苦不應觀無相無願
解脫門若樂若苦何以故空解脫門空解脫
門自性空無相無願解脫門無相無願解脫
門自性空是空解脫門自性即非自性是無
相無願解脫門自性亦非自性若非自性即
是般若波羅蜜多於此般若波羅蜜多空解
脫門不可得彼樂與苦亦不可得無相無願
解脫門皆不可得彼樂與苦亦不可得所以
者何此中尚無空解脫門等可得何況有彼
樂之與苦汝若能修如是般若波
羅蜜多復作是言汝善男子應修般若波羅
蜜多不應觀空解脫門若我若無我不應觀
無相無願解脫門若我若無我何以故空解
脫門空解脫門自性空無相無願解脫門無
相無願解脫門自性空是空解脫門自性即
非自性是無相無願解脫門自性亦非自性
若非自性即是般若波羅蜜多於此般若波
羅蜜多空解脫門不可得彼我無我亦不可
得無相無願解脫門皆不可得彼我無我亦
不可得所以者何此中尚無空解脫門等可
得何況有彼我與無我汝若能修如是般
若是修般若波羅蜜多復作是言汝善男子應
修般若波羅蜜多不應觀空解脫門若淨若
不淨不應觀無相無願解脫門若淨若不淨

BD04187 號　大般若波羅蜜多經卷一四八　　（21–6）

不可得所以者何此中尚無空解脫門等可
得何況有彼我與無我汝若能修如是般
若是修般若波羅蜜多復作是言汝善男子應
修般若波羅蜜多不應觀空解脫門若淨若
不淨不應觀無相無願解脫門若淨若不淨
何以故空解脫門空解脫門自性空無相無
願解脫門無相無願解脫門自性空是空解
脫門自性即非自性是無相無願解脫門自
性亦非自性若非自性即是般若波羅蜜多
於此般若波羅蜜多空解脫門不可得彼淨
不淨亦不可得無相無願解脫門皆不可得
彼淨不淨亦不可得所以者何此中尚無空
解脫門等可得何況有彼淨與不淨汝若能
修如是般若是修般若波羅蜜多憍尸迦是
善男子善女人等作此等說是為宣說真正
般若波羅蜜多
復次憍尸迦若善男子善女人等為發無上
菩提心者宣說般若波羅蜜多作如是言汝
善男子應修般若波羅蜜多不應觀五眼若
常若無常不應觀六神通若常若無常何以
故五眼五眼自性空六神通六神通自性空
是五眼自性即非自性是六神通自性亦非
自性若非自性即是般若波羅蜜多於此般
若波羅蜜多五眼不可得彼常無常亦不可
得六神通不可得彼常無常亦不可得所以
者何此中尚無五眼等可得何況有彼常與
無常汝若能修如是般若是修般若波羅蜜
多復作是言汝善男子應修般若波羅蜜多
不應觀五眼若樂若苦不應觀六神通若樂

若波羅蜜多五眼不可得彼常無常亦不可
得六神通不可得彼常無常亦不可得所以
者何此中尚無五眼等可得何況有彼常與
無常汝若能修如是般若是修般若波羅蜜
多復作是言汝善男子應修般若波羅蜜多
不應觀五眼若樂若苦不應觀六神通若樂
若苦何以故五眼五眼自性空六神通六神
通自性空是五眼自性即非自性是六神通
自性亦非自性若非自性即是般若波羅蜜
多於此般若波羅蜜多五眼不可得彼樂與
苦亦不可得六神通不可得彼樂與苦亦不
可得所以者何此中尚無五眼等可得何況
有彼樂之與苦汝若能修如是般若是修般
若波羅蜜多復作是言汝善男子應修般若
波羅蜜多不應觀五眼若我若無我不應觀
六神通若我若無我何以故五眼五眼自性
空六神通六神通自性空是五眼自性即非
自性是六神通自性亦非自性若非自性即
是般若波羅蜜多於此般若波羅蜜多五眼
不可得彼我無我亦不可得六神通不可得
彼我無我亦不可得所以者何此中尚無五
眼等可得何況有彼我與無我汝若能修如
是般若是修般若波羅蜜多復作是言汝善
男子應修般若波羅蜜多不應觀五眼若淨
若不淨不應觀六神通若淨若不淨何以故
五眼五眼自性空六神通六神通自性空是
五眼自性即非自性是六神通自性亦非自
性若非自性即是般若波羅蜜多於此般若

是般若是脩般若波羅蜜多復作是言汝善
男子應脩般若波羅蜜多不應觀五眼若淨
若不淨不應觀六神通若淨若不淨何以故
五眼五眼自性空六神通六神通自性空是
五眼自性即非自性是六神通自性亦非自
性若非自性即是般若波羅蜜多於此般若
波羅蜜多五眼不可得彼淨不淨亦不可得
六神通不可得彼淨不淨亦不可得所以者
何此中尚無五眼等可得何況有彼淨與
不淨汝若能脩如是般若是脩般若波羅
蜜多
憍尸迦是善男子善女人等作此等說是為
宣說真正般若波羅蜜多
復次憍尸迦若善男子善女人等為發無上
菩提心者宣說般若波羅蜜多作如是言汝
善男子應脩般若波羅蜜多不應觀佛十力
若常若無常不應觀四無所畏四無礙解大
慈大悲大喜大捨十八佛不共法若常若無
常何以故佛十力佛十力自性空四無所畏四無
礙解大慈大悲大喜大捨十八佛不共法四無
所畏乃至十八佛不共法自性空是佛十力
自性即非自性是四無所畏乃至十八佛不
共法自性亦非自性若非自性即是般若波
羅蜜多於此般若波羅蜜多佛十力不可得
彼常無常亦不可得四無所畏乃至十八佛
不共法皆不可得彼常無常亦不可得所以
者何此中尚無佛十力等可得何況有彼常
與無常汝若能脩如是般若是脩般若波

BD04187號　大般若波羅蜜多經卷一四八　（21–9）

共法自性亦非自性若非自性即是般若波
羅蜜多於此般若波羅蜜多佛十力不可得
彼常無常亦不可得四無所畏乃至十八佛
不共法皆不可得彼常無常亦不可得所以
者何此中尚無佛十力等可得何況有彼常
與無常汝若能脩如是般若是脩般若波
羅蜜多復作是言汝善男子應脩般若波
羅蜜多不應觀佛十力若樂若苦不應觀
四無所畏四無礙解大慈大悲大喜大捨十八
佛不共法若樂若苦何以故佛十力佛十力
自性空四無所畏四無礙解大慈大悲大喜
大捨十八佛不共法四無所畏乃至十八佛
不共法自性空是佛十力自性即非自性是
四無所畏乃至十八佛不共法自性亦非自
性若非自性即是般若波羅蜜多於此般若
波羅蜜多佛十力不可得彼樂與苦亦不可
得四無所畏乃至十八佛不共法皆不可得
彼樂與苦亦不可得所以者何此中尚無佛
十力等可得何況有彼樂之與苦汝若能脩
如是般若是脩般若波羅蜜多復作是言汝
善男子應脩般若波羅蜜多不應觀佛十力
若我若無我不應觀四無所畏四無礙解大
慈大悲大喜大捨十八佛不共法若我若無
我何以故佛十力佛十力自性空四無所畏
四無礙解大慈大悲大喜大捨十八佛不共
法四無所畏乃至十八佛不共法自性空是
佛十力自性即非自性是四無所畏乃至十
八佛不共法自性亦非自性若非自性即是

BD04187號　大般若波羅蜜多經卷一四八　（21–10）

若何以故佛十力自性空四無所畏
四無礙解大慈大悲大喜大捨十八佛不共
法四無所畏乃至十八佛不共法自性空是
佛十力自性即非自性是四無所畏乃至十
八佛不共法自性亦非自性若非自性即是
般若波羅蜜多於此般若波羅蜜多佛十力
不可得彼我無我亦不可得四無所畏乃至
十八佛不共法皆不可得彼我無我亦不可
得所以者何此中尚無佛十力等可得何況
有彼我與無我汝若能脩如是般若是脩般
若波羅蜜多復作是言汝善男子應脩般若
波羅蜜多不應觀佛十力若淨若不淨不應
觀四無所畏四無礙解大慈大悲大喜大捨
十八佛不共法若淨若不淨何以故佛十力
佛十力自性空四無所畏四無礙解大慈大
悲大喜大捨十八佛不共法四無所畏乃至
十八佛不共法自性空是佛十力自性即非
自性是四無所畏乃至十八佛不共法自性
亦非自性若非自性即是般若波羅蜜多於
此般若波羅蜜多佛十力不可得彼淨不
淨亦不可得四無所畏乃至十八佛不共法
皆不可得彼淨不淨亦不可得所以者何此
中尚無佛十力等可得何況有彼淨與不淨
汝若能脩如是般若是脩般若波羅
蜜多
憍尸迦是善男子善女人等作此等說是為
宣說真正般若波羅蜜多
復次憍尸迦若善男子善女人等為發無上

BD04187號　大般若波羅蜜多經卷一四八　（21–11）

汝若能脩如是般若是脩般若波羅
蜜多
憍尸迦是善男子善女人等作此等說是為
宣說真正般若波羅蜜多
復次憍尸迦若善男子善女人等為發無上
菩提心者宣說般若波羅蜜多作如是言汝
善男子應脩般若波羅蜜多不應觀無忘失
法若常若無常不應觀恒住捨性若常若無
常何以故無忘失法無忘失法自性空恒住
捨性恒住捨性自性空是無忘失法自性即
非自性是恒住捨性自性亦非自性若非自
性即是般若波羅蜜多於此般若波羅蜜多
無忘失法不可得彼常無常亦不可得恒住
捨性不可得彼常無常亦不可得所以者何
此中尚無無忘失法等可得何況有彼常與
無常汝若能脩如是般若是脩般若波羅蜜
多復作是言汝善男子應脩般若波羅蜜多
不應觀無忘失法若樂若苦不應觀恒住捨
性若樂若苦何以故無忘失法無忘失法自
性空恒住捨性恒住捨性自性空是無忘失
法自性即非自性是恒住捨性自性亦非自
性若非自性即是般若波羅蜜多於此般若
波羅蜜多無忘失法不可得彼樂與苦亦不
可得恒住捨性不可得彼樂與苦亦不可得
所以者何此中尚無無忘失法等可得何況
有彼樂之與苦汝若能脩如是般若是脩般
若波羅蜜多復作是言汝善男子應脩般
若波羅蜜多不應觀無忘失法若我若無我不

BD04187號　大般若波羅蜜多經卷一四八　（21–12）

波羅蜜多無忘失法不可得彼樂與苦亦不
可得恒住捨性不可得彼樂與苦亦不可得
所以者何此中尚無無忘失法等可得何況
有彼樂之與苦汝若能脩如是般若是脩般
若波羅蜜多復作是言汝善男子應脩般
若波羅蜜多不應觀無忘失法若我若無我不
應觀恒住捨性若我若無我何以故無忘失
法無忘失法自性空恒住捨性恒住捨性自
性空是無忘失法自性即非自性是恒住捨
性自性亦非自性若非自性即是般若波羅
蜜多於此般若波羅蜜多無忘失法不可得
彼我無我亦不可得恒住捨性不可得彼我
無我亦不可得所以者何此中尚無無忘失
法等可得何況有彼我與無我汝若能脩如
是般若是脩般若波羅蜜多復作是言汝善
男子應脩般若波羅蜜多不應觀無忘失法
若淨若不淨不應觀恒住捨性若淨若不
淨何以故無忘失法無忘失法自性空恒住
捨性恒住捨性自性空是無忘失法自性即
非自性是恒住捨性自性亦非自性若非自
性即是般若波羅蜜多於此般若波羅蜜多
無忘失法不可得彼淨不淨亦不可得恒住捨
性不可得彼淨不淨亦不可得所以者何此
中尚無無忘失法等可得何況有彼淨與不
淨汝若能脩如是般若是脩般若波羅蜜多
憍尸迦是善男子善女人等作此等說是為
宣說真正般若波羅蜜多
復次憍尸迦若善男子善女人等為發無上

BD04187號　大般若波羅蜜多經卷一四八　（21–13）

中尚無無忘失法等可得何況有彼淨與不
淨汝若能脩如是般若是脩般若波羅蜜多
憍尸迦是善男子善女人等作此等說是為
宣說真正般若波羅蜜多
復次憍尸迦若善男子善女人等為發無上
菩提心者宣說般若波羅蜜多作如是言汝
善男子應脩般若波羅蜜多不應觀一切智
若常若無常不應觀道相智一切相智若常
若無常何以故一切智一切智自性空道相智
一切相智道相智一切相智自性空是一
切智自性即非自性是道相智一切相智自
性亦非自性若非自性即是般若波羅蜜多
於此般若波羅蜜多一切智不可得彼常無
常亦不可得道相智一切相智皆不可得彼
常無常亦不可得所以者何此中尚無一切
智等可得何況有彼常與無常汝若能脩如
是般若是脩般若波羅蜜多復作是言汝善
男子應脩般若波羅蜜多不應觀一切智若
樂若苦不應觀道相智一切相智若樂若苦
何以故一切智一切智自性空道相智一切
相智道相智一切相智自性空是一切智自
性即非自性是道相智一切相智自性亦非
自性若非自性即是般若波羅蜜多於此般若
波羅蜜多一切智不可得彼樂與苦亦不可
得道相智一切相智皆不可得彼樂與苦亦
不可得所以者何此中尚無一切智等可得
何況有彼樂之與苦汝若能脩如是般若是

BD04187號　大般若波羅蜜多經卷一四八　（21–14）

自性若非自性即是般若波羅蜜多於此般若
波羅蜜多一切智不可得彼樂與苦亦不可
得道相智一切相智皆不可得彼樂與苦亦
不可得所以者何此中尚無一切智等可得
何況有彼樂之與苦汝若能脩如是般若是
脩般若波羅蜜多復作是言汝善男子應脩
般若波羅蜜多不應觀一切智若我若無我
不應觀道相智一切相智若我若無我何以
故一切智一切智自性空道相智一切相智
道相智一切相智自性空是一切智自性即
非自性是道相智一切相智自性亦非自性
若非自性即是般若波羅蜜多於此般若波
羅蜜多一切智不可得彼我無我亦不可得
道相智一切相智皆不可得彼我無我亦不
可得所以者何此中尚無一切智等可得何
況有彼我與無我汝若能脩如是般若是脩
般若波羅蜜多復作是言汝善男子應脩般
若波羅蜜多不應觀一切智若淨若不淨不
應觀道相智一切相智若淨若不淨何以故
一切智一切智自性空道相智一切相智道
相智一切相智自性空是一切智自性即非
自性是道相智一切相智自性亦非自性若
非自性即是般若波羅蜜多於此般若波羅
蜜多一切智不可得彼淨不淨亦不可得道
相智一切相智皆不可得彼淨不淨亦不可
得所以者何此中尚無一切智等可得何況
有彼淨與不淨汝若能脩如是般若是
脩般若波羅蜜多憍尸迦是善男子善

BD04187號　大般若波羅蜜多經卷一四八　（21–15）

自性是道相智一切相智自性亦非自性若
非自性即是般若波羅蜜多於此般若波羅
蜜多一切智不可得彼淨不淨亦不可得道
相智一切相智皆不可得彼淨不淨亦不可
得所以者何此中尚無一切智等可得何況
有彼淨與不淨汝若能脩如是般若是
脩般若波羅蜜多憍尸迦是善男子善
女人等作此等說是為宣說真正般若波
羅蜜多
復次憍尸迦若善男子善女人等為發無上
菩提心者宣說般若波羅蜜多作如是言汝
善男子應脩般若波羅蜜多不應觀一切陀羅
尼門若常若無常不應觀一切三摩地門若常
若無常何以故一切陀羅尼門一切陀羅尼
門自性空一切三摩地門一切三摩地門自
性空是一切陀羅尼門自性即非自性是一
切三摩地門自性亦非自性若非自性即是
般若波羅蜜多於此般若波羅蜜多一切陀
羅尼門不可得彼常無常亦不可得一切三
摩地門不可得彼常無常亦不可得所以者
何此中尚無一切陀羅尼門等可得何況有
彼常與無常汝若能脩如是般若是脩般若
波羅蜜多復作是言汝善男子應脩般若波
羅蜜多不應觀一切陀羅尼門若樂若苦不
應觀一切三摩地門若樂若苦何以故一切
陀羅尼門一切陀羅尼門自性空一切三摩
地門一切三摩地門自性空是一切陀羅尼
門自性即非自性是一切三摩地門自性亦

BD04187號　大般若波羅蜜多經卷一四八　（21–16）

羅蜜多復作是言汝善男子應修般若波
羅蜜多不應觀一切陁羅尼門若樂若苦不
應觀一切三摩地門若樂若苦何以故一切
陁羅尼門一切陁羅尼門自性空一切三摩
地門一切三摩地門自性空是一切陁羅尼
門自性即非自性是一切三摩地門自性亦
非自性若非自性即是般若波羅蜜多於
此般若波羅蜜多一切陁羅尼門不可得彼
樂與苦亦不可得一切三摩地門不可得彼
樂與苦亦不可得所以者何此中尚無一切
陁羅尼門等可得何况有彼樂之與苦汝若
能修如是般若是修般若波羅蜜多復作是
言汝善男子應修般若波羅蜜多不應觀一
切陁羅尼門若我若無我不應觀一切三摩
地門若我若無我何以故一切陁羅尼門一
切陁羅尼門自性空一切三摩地門一切三
摩地門自性空是一切陁羅尼門自性即非
自性是一切三摩地門自性亦非自性若非
自性即是般若波羅蜜多於此般若波羅蜜
多一切陁羅尼門不可得彼我無我亦不可
得一切三摩地門不可得彼我無我亦不可
得所以者何此中尚無一切陁羅尼門等可
得何况有彼我與無我汝若能修如是般若
是修般若波羅蜜多復作是言汝善男子應
修般若波羅蜜多不應觀一切陁羅尼門若
淨若不淨不應觀一切三摩地門若淨若不
淨何以故一切陁羅尼門一切陁羅尼門自
性空一切三摩地門一切三摩地門自性空

BD04187號　大般若波羅蜜多經卷一四八　（21–17）

是修般若波羅蜜多復作是言汝善男子應
修般若波羅蜜多不應觀一切陁羅尼門若
淨若不淨不應觀一切三摩地門若淨若不
淨何以故一切陁羅尼門一切陁羅尼門自
性空一切三摩地門一切三摩地門自性空
是一切陁羅尼門自性即非自性是一切三
摩地門自性亦非自性若非自性即是般若
波羅蜜多於此般若波羅蜜多一切陁羅尼
門不可得彼淨不淨亦不可得一切三摩地
門不可得彼淨不淨亦不可得所以者何此
中尚無一切陁羅尼門等可得何况有彼淨
與不淨汝若能修如是般若是修般若波羅
蜜多
憍尸迦是善男子善女人等作此等說是為
宣說真正般若波羅蜜多
復次憍尸迦若善男子善女人等為發無上
菩提心者宣說般若波羅蜜多作如是言汝
善男子應修般若波羅蜜多不應觀預流向
預流果若常若無常不應觀一來向一來果
不還向不還果阿羅漢向阿羅漢果若常若
無常何以故預流向預流果預流向預流果
自性空一來向一來果不還向不還果阿羅
漢向阿羅漢果一來向乃至阿羅漢果自性
空是預流向預流果自性即非自性是一來
向乃至阿羅漢果自性亦非自性若非自性
即是般若波羅蜜多於此般若波羅蜜多預
流向預流果不可得彼常無常亦不可得一
來向乃至阿羅漢果皆不可得彼常無常亦

BD04187號　大般若波羅蜜多經卷一四八　（21–18）

空是預流向預流果自性即非自性是一來
向乃至阿羅漢果自性亦非自性若非自性
即是般若波羅蜜多於此般若波羅蜜多預
流向預流果不可得彼常無常亦不可得一
來向乃至阿羅漢果皆不可得彼常無常亦
不可得所以者何此中尚無預流向等可得
何況有彼常與無常汝若能修如是般若是
修般若波羅蜜多復作是言汝善男子應修
般若波羅蜜多不應觀預流向預流果若樂
若苦不應觀一來向一來果不還向不還果
阿羅漢向阿羅漢果若樂若苦何以故預流
向預流果預流向預流果自性空一來向一
來果不還向不還果阿羅漢向阿羅漢果一
來向乃至阿羅漢果自性空是預流向預流
果自性即非自性是一來向乃至阿羅漢果
自性亦非自性若非自性即是般若波羅蜜
多於此般若波羅蜜多預流向預流果不可
得彼樂與苦亦不可得一來向乃至阿羅漢
果皆不可得彼樂與苦亦不可得所以者何
此中尚無預流向等可得何況有彼樂之與
苦汝若能修如是般若是修般若波羅蜜多
復作是言汝善男子應修般若波羅蜜多不
應觀預流向預流果若我若無我不應觀一
來向一來果不還向不還果阿羅漢向阿羅
漢果若我若無我何以故預流向預流果預流
向預流果自性空一來向一來果不還向不
還果阿羅漢向阿羅漢果一來向乃至阿羅
漢果自性空是預流向預流果自性即非自

BD04187號　大般若波羅蜜多經卷一四八

（21–19）

來向一來果不還向不還果阿羅漢向阿羅
漢果若我若無我何以故預流向預流果預流
向預流果自性空一來向一來果不還向不
還果阿羅漢向阿羅漢果一來向乃至阿羅
漢果自性空是預流向預流果自性即非自
性是一來向乃至阿羅漢果自性亦非自性
若非自性即是般若波羅蜜多於此般若波
羅蜜多預流向預流果不可得彼我無我亦
不可得一來向乃至阿羅漢果皆不可得彼
我無我亦不可得所以者何此中尚無預流
向等可得何況有彼我與無我汝若能修如
是般若是修般若波羅蜜多復作是言汝善
男子應修般若波羅蜜多不應觀預流向預
流果若淨若不淨不應觀一來向一來果不還
向不還果阿羅漢向阿羅漢果若淨若不淨
何以故預流向預流果預流向預流果自性
空一來向一來果不還向不還果阿羅漢向
阿羅漢果一來向乃至阿羅漢果自性空是
預流向預流果自性即非自性是一來向乃
至阿羅漢果自性亦非自性若非自性即是
般若波羅蜜多於此般若波羅蜜多預流向
預流果不可得彼淨不淨亦不可得一來向
乃至阿羅漢果皆不可得彼淨不淨亦不可
得所以者何此中尚無預流向等可得何況
有彼淨與不淨汝若能修如是般若是修般
若波羅蜜多憍尸迦是善男子善女人等作
此等說是為宣說真正般若波羅蜜多

BD04187號　大般若波羅蜜多經卷一四八

（21–20）

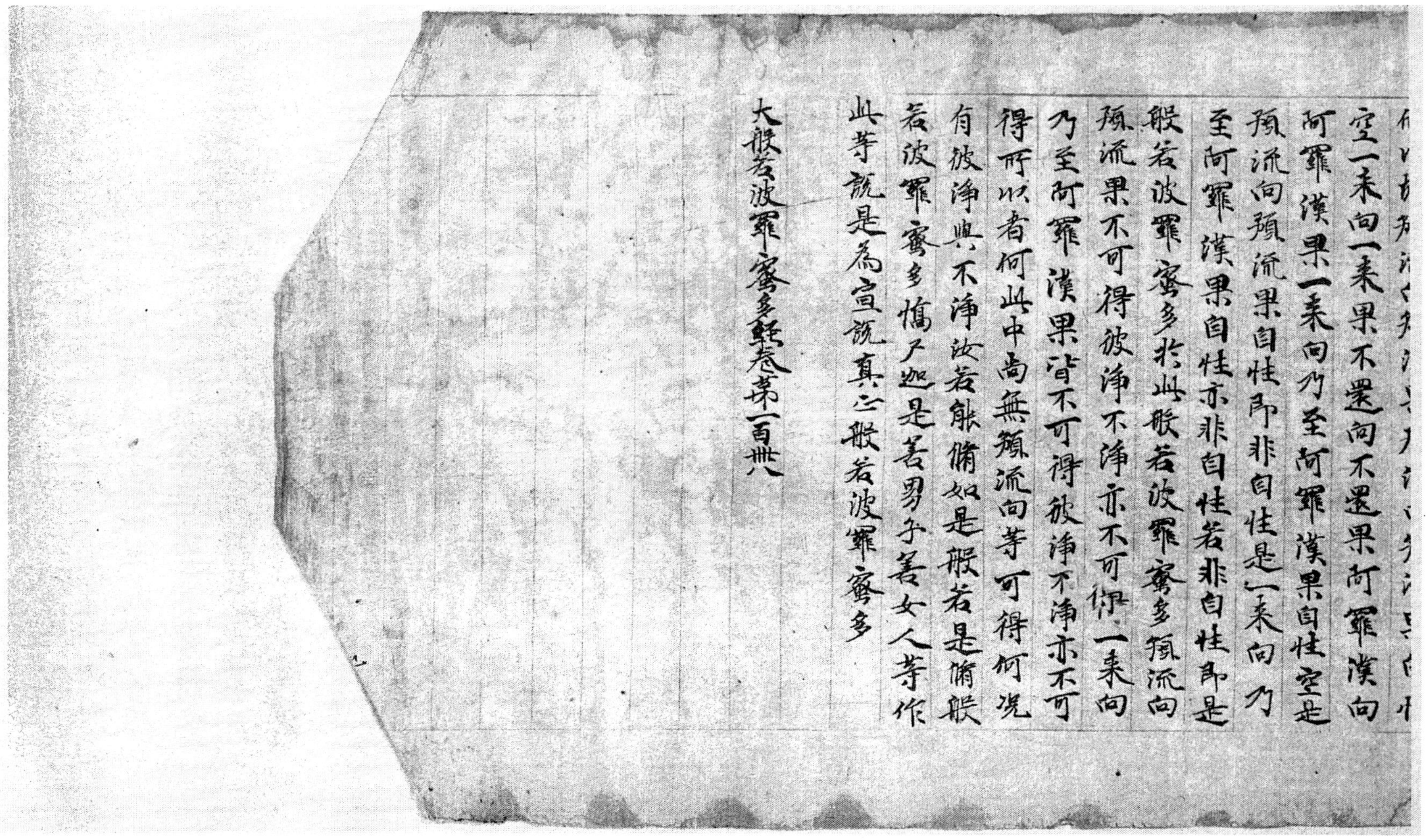
空一來向一來果不還向不還果阿羅漢向
阿羅漢果一來向乃至阿羅漢果自性空是
預流向預流果自性即非自性是一來向乃
至阿羅漢果自性亦非自性若非自性即是
般若波羅蜜多於此般若波羅蜜多預流向
預流果不可得彼淨不淨亦不可得一來向
乃至阿羅漢果皆不可得彼淨不淨亦不可
得所以者何此中尚無預流向等可得何況
有彼淨與不淨汝若能脩如是般若是脩般
若波羅蜜多憍尸迦是善男子善女人等作
此等說是為宣說真正般若波羅蜜多

大般若波羅蜜多經卷第一百卌八

BD04187號　大般若波羅蜜多經卷一四八　（21–21）

南无上首
南无說味
南无日南
南无師子步
南无生
從此以上四千五百
南无福德藏佛
南无天愛佛
南无愛佛
南无威德光佛
南无切德聚佛
南无安樂佛
无月德佛
南无无邊光

BD04188號　佛名經（十六卷本）卷六　（6–1）

南无福德藏佛
南无天愛佛
南无愛佛
南无威德光佛 南无月德佛
南无一切德聚佛 南无无遍光佛
南无安樂佛 南无稱幢佛
南无光明吼佛 南无普一切德佛
南无上幢佛 南无那羅延佛
南无寶信佛 南无普思惟佛
南无善思惟佛 南无善智佛
南无不可量威德佛 南无師子辟佛
南无光明意佛 南无王天佛
南无寶幢佛 南无善住意佛
南无无量天佛 南无聖化佛
南无大一切德佛 南无大幢佛
南无大光日佛 南无真法佛
南无日月佛 南无真報佛
南无勝天佛 南无觀解勝佛
南无寶光明佛 南无孔雀聲佛
南无普行佛 南无成就光佛
南无无量眼佛 南无稱愛佛
南无善讓佛 南无信天佛
南无不可量步佛 南无大成佛
南无心智佛 南无仙步佛
南无月形佛 南无火聚佛
[illegible]

BD04188號　佛名經（十六卷本）卷六　（6–2）

南无善讓佛 南无信天佛
南无不可量步佛 南无大成佛
南无心智佛 南无仙步佛
南无月形佛 南无火聚佛
南无大脩佛 南无大步佛
南无勝天佛 南无成就義脩佛
南无月愛佛 南无師子聲佛
南无信説佛 南无智光佛
南无華威德佛 南无光明聚佛
南无神通光佛 南无无量威德佛
南无无量光佛 南无勝藏佛
南无普照稱佛 南无寶幢佛
南无勝威德佛 南无日幢佛
南无大弥留佛 南无供養莊嚴佛
南无世間聞名佛 南无勝德佛
南无勝稱佛 南无成就步佛
南无大供養佛 南无寶佛
南无不可降伏稱佛 南无應光明佛
南无大然佛 南无行威儀畏佛
南无奮迅佛 南无无障閡見佛
南无離疑佛 南无大行佛
南无不失步佛 南无天國土佛
南无喜喜佛 南无華光佛
南无能與光明佛 南无天愛佛
南无解脱光明佛 南无放光明佛

BD04188號　佛名經（十六卷本）卷六　（6–3）

南无奮迅佛　南无无障閡見佛
南无離疑佛　南无大行佛
南无不失步佛　南无天國主佛
南无喜喜佛　南无華光佛
南无能與光明佛　南无天愛佛
南无解脱光明佛　南无放光明佛
南无作一切德佛　南无成智佛
南无道光佛　南无海佛
南无喜菩提佛　南无法光佛
南无大天佛　南无深智佛
從此以上四千六百佛十二部尊經一切賢聖
南无法自在佛　南无大信佛
南无心意佛　南无智光佛
南无不謬思佛　南无起福德佛
南无漏稱佛　南无大莊嚴佛
南无月光佛　南无天光佛
南无清淨行佛　南无一切德愛佛
南无師子意佛　南无地清淨佛
南无寶光明佛　南无使光明佛
南无種種日佛　南无月愛佛
南无月蓋佛　南无普觀佛
南无无深佛　南无稱勝佛
南无月面佛　南无龍天佛
南无一切德聚佛　南无一切德智佛
南无華勝佛　南无世愛佛
南无甘露威德佛　南无寶幢佛

BD04188號　佛名經（十六卷本）卷六　　（6–4）

南无无深佛　南无稱勝佛
南无月面佛　南无龍天佛
南无一切德聚佛　南无一切德智佛
南无華勝佛　南无世愛佛
南无甘露威德佛　南无寶幢佛
南无日光明佛　南无甘露光佛
南无說法愛佛　南无應愛佛
南无地光佛　南无一切德作佛
南无華勝佛　南无一切德辟佛
南无法燈佛　南无普光佛
南无梵聲佛　南无大莊嚴佛
南无解脱日佛　南无堅精進佛
南无佛光明佛　南无一切德稱佛
南无善智慧佛　南无不可量莊嚴佛
南无師子愛佛　南无一切德步佛
南无上天佛　南无觀行佛
南无日天佛　南无電光佛
南无勝愛佛　南无彌留幢佛
南无華光佛　南无上意佛
南无香山佛　南无一切德奮迅佛
南无勝意佛　南无信聖佛
南无寶洲佛　南无上威德佛
南无宿後見佛　南无歡喜莊嚴佛
南无一切德藏勝佛　南无无垢鏡佛
南无威德力佛　南无清淨眼佛
[illegible]力佛　[illegible]佛

BD04188號　佛名經（十六卷本）卷六　　（6–5）

南无師子愛佛　南无功德步佛
南无上天佛　南无觀行佛
南无日天佛　南无電光佛
南无勝愛佛　南无弥留幢佛
南无華光佛　南无上意佛
南无香山佛　南无功德奮迅佛
南无勝意佛　南无信聖佛
南无寶洲佛　南无上威德佛
南无最後見佛　南无歡喜莊嚴佛
南无功德藏勝佛　南无无垢鏡佛
南无威德力佛　南无清淨眼佛
南无智行佛　南无不謗足佛
南无聖眼佛　南无樂解脫佛
南无大聲佛　南无上國王佛
南无脩行光明佛　南无念業佛
南无信功德佛　南无盧舍彌佛
南无照闇佛　南无愛自在佛
南无月光佛　南无上聲佛
南无功德勝佛　南无攝受擇佛
南无相王佛　南无離病智佛
南无能與聖佛　南无法洲佛

BD04188 號　佛名經（十六卷本）卷六　（6–6）

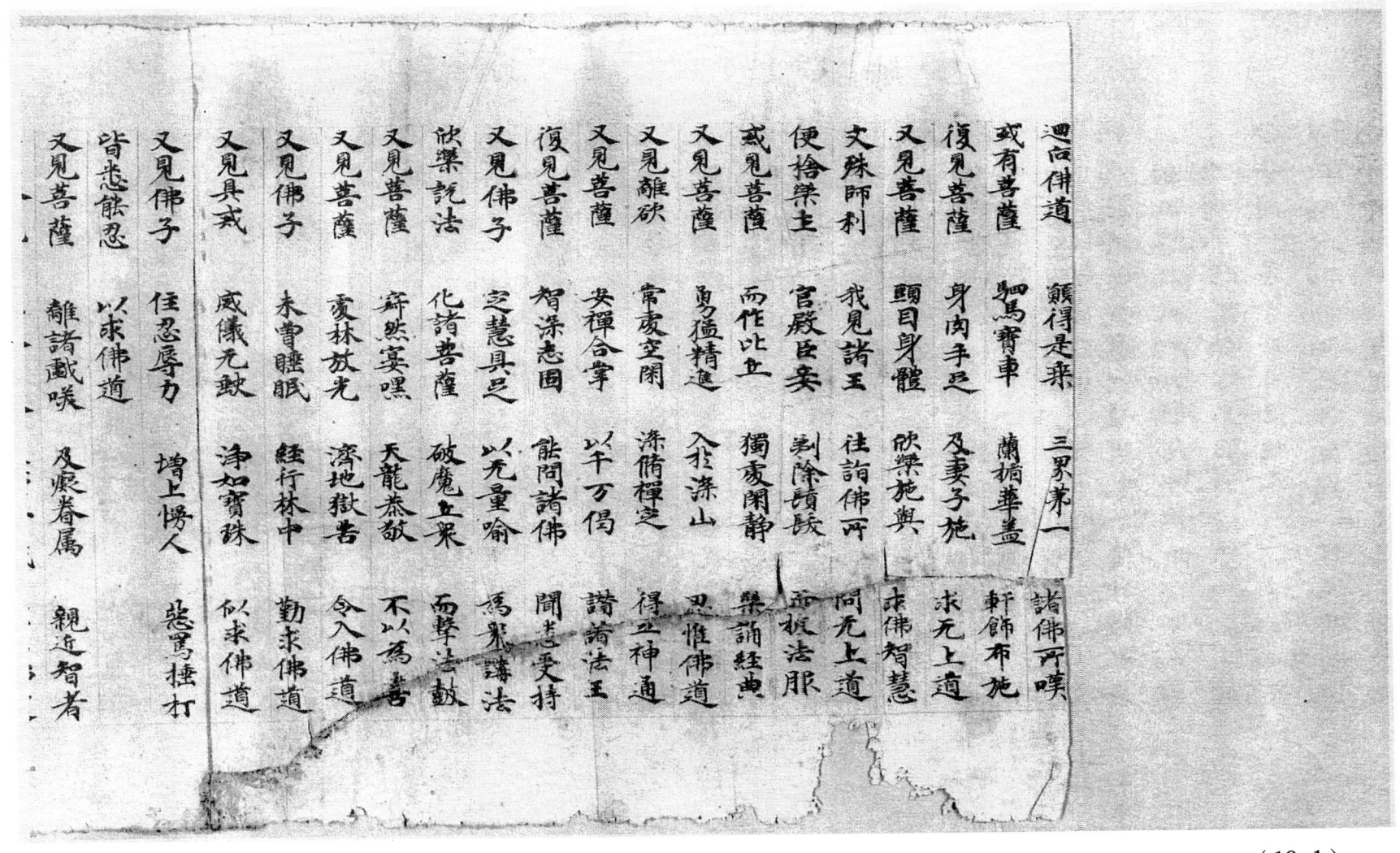

迴向佛道　願得是乘　三界第一　諸佛所嘆
或有菩薩　駟馬寶車　欄楯華蓋　軒飾布施
復見菩薩　身肉手足　及妻子施　求无上道
又見菩薩　頭目身體　欣樂施與　求佛智慧
文殊師利　我見諸王　往詣佛所　問无上道
便捨樂土　宮殿臣妾　剃除鬚髮　而被法服
或見菩薩　而作比丘　獨處閑靜　樂誦經典
又見菩薩　勇猛精進　入於深山　思惟佛道
又見離欲　常處空閑　深脩禪定　得五神通
又見菩薩　安禪合掌　以千万偈　讚諸法王
復見菩薩　智深志固　能問諸佛　聞悉受持
又見佛子　定慧具足　以无量喻　為衆講法
欣樂說法　化諸菩薩　破魔兵衆　而擊法鼓
又見菩薩　寂然宴嘿　天龍恭敬　不以為喜
又見菩薩　處林放光　濟地獄苦　令入佛道
又見佛子　未嘗睡眠　經行林中　勤求佛道
又見具戒　威儀无缺　淨如寶珠　以求佛道
又見佛子　住忍辱力　增上慢人　惡罵捶打
皆悉能忍　以求佛道
又見菩薩　離諸戲咲　及癡眷屬　親近智者

BD04189 號　妙法蓮華經卷一　（19–1）

又見具戒　威儀无缺　淨如寶珠　以求佛道
又見佛子　住忍辱力　增上慢人　惡罵捶打
皆悉能忍　以求佛道
又見菩薩　離諸戲咲　及癡眷屬　親近智者
一心除亂　攝念山林　億千万歲　以求佛道
或見菩薩　餚饍飲食　百種湯藥　施佛及僧
名衣上服　價直千万　或无價衣　施佛及僧
千万億種　栴檀寶舍　衆妙卧具　施佛及僧
清淨園林　華菓茂盛　流泉浴池　施佛及僧
如是等施　種種微妙　歡喜无厭　求无上道
或有菩薩　說寂滅法　種種教詔　无數衆生
或見菩薩　觀諸法性　无有二相　猶如虛空
又見佛子　心无所著　以此妙慧　求无上道
文殊師利　又有菩薩　佛滅度後　供養舍利
又見佛子　造諸塔廟　无數恒沙　嚴飾國界
寶塔高妙　五千由旬　縱廣正等　二千由旬
一一塔廟　各千幢幡　珠交露幔　寶鈴和鳴
諸天龍神　人及非人　香華伎樂　常以供養
文殊師利　諸佛子等　為供舍利　嚴飾塔廟
國界自然　殊特妙好　如天樹王　其華開敷
佛放一光　我及衆會　見此國界　種種殊妙
諸佛神力　智慧希有　放一淨光　照无量國
我等見此　得未曾有　佛子文殊　願決衆疑
四衆欣仰　瞻仁及我　世尊何故　放斯光明
佛子時荅　決疑令喜　何所饒益　演斯光明
佛坐道場　所得妙法　為欲說此　為當授記

BD04189號　妙法蓮華經卷一　（19–2）

諸佛神力　智慧希有　放一淨光　照无量國
我等見此　得未曾有　佛子文殊　願決衆疑
四衆欣仰　瞻仁及我　世尊何故　放斯光明
佛子時荅　決疑令喜　何所饒益　演斯光明
佛坐道場　所得妙法　為欲說此　為當授記
示諸佛土　衆寶嚴淨　及見諸佛　此非小緣
文殊當知　四衆龍神　瞻察仁者　為說何等
尒時文殊師利語弥勒菩薩摩訶薩及諸大
士善男子等如我惟忖今佛世尊欲說大法
雨大法雨吹大法螺擊大法鼓演大法義諸
善男子我於過去諸佛曾見此瑞放斯光已
即說大法是故當知今佛現光亦復如是欲
令衆生咸得聞知一切世間難信之法故現
斯瑞諸善男子如過去无量无邊不可思議
阿僧祇劫尒時有佛号日月燈明如來應供
正遍知明行足善逝世間解无上士調御丈
夫天人師佛世尊演說正法初善中善後善
其義深遠其語巧妙純一无雜具足清白梵
行之相為求聲聞者說應四諦法度生老病
死究竟涅槃為求辟支佛者說應十二因緣
法為諸菩薩說應六波羅蜜令得阿耨多羅
三藐三菩提成一切種智次復有佛亦名日
月燈明次復有佛亦名日月燈明如是二万
佛皆同一字号日月燈明又同一姓姓頗羅
墮弥勒當知初佛後佛皆同一字名日月燈
明十号具足所可說法初中後善其最後佛

BD04189號　妙法蓮華經卷一　（19–3）

三藐三菩提成一切種智次復有佛亦名日
月燈明次復有佛亦名日月燈明如是二万
佛皆同一字号日月燈明又同一姓姓頗羅
墮弥勒當知初佛後佛皆同一字名日月燈
明十号具足所可說法初中後善其最後佛
未出家時有八子一名有意二名善意三名
无量意四名寶意五名增意六名除疑意七
名響意八名法意是八王子威德自在各領
四天下是諸王子聞父出家得阿耨多羅三
藐三菩提悉捨王位亦隨出家發大乘意常
脩梵行皆為法師已於千万佛所植諸善本
是時日月燈明佛說大乘經名无量義教菩
薩法佛所護念說是經已即於大衆中結加
趺坐入於无量義處三昧身心不動是時天
雨曼陁羅華摩訶曼陁羅華曼殊沙華摩訶
曼殊沙華而散佛上及諸大衆普佛世界六
種震動尒時會中比丘比丘尼優婆塞優婆
夷天龍夜叉乾闥婆阿脩羅迦樓羅緊那羅
摩睺羅伽人非人及諸小王轉輪聖王等是
諸大衆得未曾有歡喜合掌一心觀佛尒時
如來放眉間白豪相光照東方万八千佛土
靡不周遍如今所見是諸佛土弥勒當知尒
時會中有二十億菩薩樂欲聽法是諸菩薩
見此光明普照佛土得未曾有欲知此光所
為因緣時有菩薩名曰妙光有八百弟子是
時日月燈明佛從三昧起因妙光菩薩說大
乘經名妙法蓮華教菩薩法佛所護念六十

BD04189號　妙法蓮華經卷一　（19–4）

靡不周遍如今所見是諸佛土弥勒當知尒
時會中有二十億菩薩樂欲聽法是諸菩薩
見此光明普照佛土得未曾有欲知此光所
為因緣時有菩薩名曰妙光有八百弟子是
時日月燈明佛從三昧起因妙光菩薩說大
乘經名妙法蓮華教菩薩法佛所護念六十
小劫不起于座時會聽者亦坐一處六十小
劫身心不動聽佛所說謂如食頃是時衆中
无有一人若身若心而生懈惓日月燈明佛
於六十小劫說是經已即於梵魔沙門婆羅
門及天人阿脩羅衆中而宣此言如來於今
日中夜當入无餘涅槃時有菩薩名曰德藏
日月燈明佛即授其記告諸比丘是德藏菩
薩次當作佛号曰淨身多陁阿伽度阿羅訶
三藐三佛陁佛授記已便於中夜入无餘涅
槃佛滅度後妙光菩薩持妙法蓮華經滿八
十小劫為人演說日月燈明佛八子皆師妙
光妙光教化令其堅固阿耨多羅三藐三菩
提是諸王子供養无量百千万億佛已皆成
佛道其最後成佛者名曰燃燈八百弟子中
有一人号曰求名貪著利養雖復讀誦衆經
而不通利多所忘失故号求名是人亦以種
諸善根因緣故得值无量百千万億諸佛供
養恭敬尊重讚歎弥勒當知尒時妙光菩薩
豈異人乎我身是也求名菩薩汝身是也今

BD04189號　妙法蓮華經卷一　（19–5）

有一人号曰求名貪著利養雖復讀誦衆經
而不通利多所忘失故号求名是人亦以種
諸善根因緣故得值无量百千万億諸佛供
養恭敬尊重讚歎弥勒當知尒時妙光菩薩
豈異人乎我身是也求名菩薩汝身是也今
見此瑞與本无異是故惟忖今日如來當說
大乘經名妙法蓮華教菩薩法佛所護念尒
時文殊師利於大衆中欲重宣此義而說偈
言

我念過去世　无量无數劫　有佛人中尊　号日月燈明
世尊演說法　度无量衆生　无數億菩薩　令入佛智慧
佛未出家時　所生八王子　見大聖出家　亦隨脩梵行
時佛說大乘　經名无量義　於諸大衆中　而為廣分別
佛說此經已　即於法座上　跏趺坐三昧　名无量義處
天雨曼陁華　天鼓自然鳴　諸天龍鬼神　供養人中尊
一切諸佛土　即時大震動　佛放眉間光　現諸希有事
此光照東方　万八千佛土　示一切衆生　生死業報處
有見諸佛土　以衆寶莊嚴　琉璃頗梨色　斯由佛光照
及見諸天人　龍神夜叉衆　乾闥婆緊那羅　各供養其佛
又見諸如來　自然成佛道　身色如金山　端嚴甚微妙
如淨琉璃中　内現真金像　世尊在大衆　敷演深法義
一一諸佛土　聲聞衆无數　因佛光所照　悉見彼大衆
或有諸比丘　在於山林中　精進持淨戒　猶如護明珠
又見諸菩薩　行施忍辱等　其數如恒沙　斯由佛光照
又見諸菩薩　深入諸禪定　身心寂不動　以求无上道
又見諸菩薩　知法寂滅相　各於其國土　說法求佛道

一一諸佛土　聲聞衆无數　因佛光所照　悉見彼大衆
或有諸比丘　在於山林中　精進持淨戒　猶如護明珠
又見諸菩薩　行施忍辱等　其數如恒沙　斯由佛光照
又見諸菩薩　深入諸禪定　身心寂不動　以求无上道
又見諸菩薩　知法寂滅相　各於其國土　說法求佛道
尒時四部衆　見日月燈佛　現大神通力　其心皆歡喜
各各自相問　是事何因緣　天人所奉尊　適從三昧起
讚妙光菩薩　汝為世間眼　一切所歸信　能奉持法藏
如我所說法　唯汝能證知　世尊既讚歎　令妙光歡喜
說是法華經　滿六十小劫　不起於此座　所說上妙法
是妙光法師　悉皆能受持　佛說是法華　令衆歡喜已
尋即於是日　告於天人衆　諸法實相義　已為汝等說
我今於中夜　當入於涅槃　汝一心精進　當離於放逸
諸佛甚難值　億劫時一遇　世尊諸子等　聞佛入涅槃
各各懷悲惱　佛滅一何速　聖主法之王　安慰无量衆
我若滅度時　汝等勿憂怖　是德藏菩薩　於无漏實相
心已得通達　其次當作佛　号曰為淨身　亦度无量衆
佛此夜滅度　如薪盡火滅　分布諸舍利　而起无量塔
比丘比丘尼　其數如恒沙　倍復加精進　以求无上道
是妙光法師　奉持佛法藏　八十小劫中　廣宣法華經
是諸八王子　妙光所開化　堅固无上道　當見无數佛
供養諸佛已　隨順行大道　相繼得成佛　轉次而授記
最後天中天　号曰燃燈佛　諸仙之導師　度脫无量衆
是妙光法師　時有一弟子　心常懷懈怠　貪著於名利
求名利无猒　多遊族姓家　棄捨所習誦　廢忘不通利
以是因緣故　号之為求名　亦行衆善業　得見无數佛

供養諸佛已　隨順行大道　相繼得成佛　轉次而授記
最後天中天　号曰燃燈佛　諸仙之導師　度脫无量衆
是妙光法師　時有一弟子　心常懷懈怠　貪着於名利
求名利无猒　多遊族姓家　弃捨所習誦　廢忘不通利
以是因緣故　号之為求名　亦行衆善業　得見无數佛
供養於諸佛　隨順行大道　具六波羅蜜　今見釋師子
其後當作佛　号名曰弥勒　廣度諸衆生　其數无有量
彼佛滅度後　懈怠者汝是　妙光法師者　今則我身是
我見燈明佛　本光瑞如此　以是知今佛　欲說法華經
今相如本瑞　是諸佛方便　今佛放光明　助發實相義
諸人今當知　合掌一心待　佛當雨法雨　充足求道者
諸求三乘人　若有疑悔者　佛當為除斷　令盡无有餘

妙法蓮華經方便品第二

尒時世尊從三昧安詳而起告舍利弗諸佛
智慧甚深无量其智慧門難解難入一切聲
聞辟支佛所不能知所以者何佛曾親近百
千万億无數諸佛盡行諸佛无量道法勇猛
精進名稱普聞成就甚深未曾有法隨宜所
說意趣難解舍利弗吾從成佛已來種種因
緣種種譬喻廣演言教无數方便引導衆生
令離諸着所以者何如來方便知見波羅蜜
皆已具足舍利弗如來知見廣大深遠无量
无礙力无所畏禪定解脫三昧深入无際成
就一切未曾有法舍利弗如來能種種分別
巧說諸法言辭柔軟悅可衆心舍利弗取要

BD04189號　妙法蓮華經卷一　(19–8)

皆已具足舍利弗如來知見廣大深遠无量
无礙力无所畏禪定解脫三昧深入无際成
就一切未曾有法舍利弗如來能種種分別
巧說諸法言辭柔軟悅可衆心舍利弗取要
言之无量无邊未曾有法佛悉成就止舍利
弗不須復說所以者何佛所成就第一希有
難解之法唯佛與佛乃能究盡諸法實相所
謂諸法如是相如是性如是體如是力如是
作如是因如是緣如是果如是報如是本末
究竟等尒時世尊欲重宣此義而說偈言

世雄不可量　諸天及世人　一切衆生類　无能知佛者
佛力无所畏　解脫諸三昧　及佛諸餘法　无能測量者
本從无數佛　具足行諸道　甚深微妙法　難見難可了
於无量億劫　行此諸道已　道場得成果　我已悉知見
如是大果報　種種性相義　我及十方佛　乃能知是事
是法不可示　言辭相寂滅　諸餘衆生類　无有能得解
除諸菩薩衆　信力堅固者　諸佛弟子衆　曾供養諸佛
一切漏已盡　住是最後身　如是諸人等　其力所不堪
假使滿世間　皆如舍利弗　盡思共度量　不能測佛智
正使滿十方　皆如舍利弗　及餘諸弟子　亦滿十方剎
盡思共度量　亦復不能知　辟支佛利智　无漏最後身
亦滿十方界　其數如竹林　斯等共一心　於億无量劫
欲思佛實智　莫能知少分　新發意菩薩　供養无數佛
了達諸義趣　又能善說法　如稻麻竹葦　充滿十方剎
一心以妙智　於恒河沙劫　咸皆共思量　不能知佛智

BD04189號　妙法蓮華經卷一　(19–9)

亦滿十方界　其數如竹林　斯等共一心　於億无量劫
欲思佛實智　莫能知少分　新發意菩薩　供養无數佛
了達諸義趣　又能善說法　如稻麻竹葦　充滿十方剎
一心以妙智　於恒河沙劫　咸皆共思量　不能知佛智
不退諸菩薩　其數如恒沙　一心共思求　亦復不能知
又告舍利弗　无漏不思議　甚深微妙法　我今已具得
唯我知是相　十方佛亦然　舍利弗當知　諸佛語无異
於佛所說法　當生大信力　世尊法久後　要當說真實
告諸聲聞衆　及求緣覺乘　我令脫苦縛　逮得涅槃者
佛以方便力　示以三乘教　衆生處處著　引之令得出
尒時大衆中有諸聲聞漏盡阿羅漢阿若憍
陳如等千二百人及發聲聞辟支佛心比丘
比丘尼優婆塞優婆夷各作是念今者世尊
何故慇懃稱歎方便而作是言佛所得法甚
深難解有所言說意趣難知一切聲聞辟支
佛所不能及佛說一解脫義我等亦得此法
到於涅槃而今不知是義所趣尒時舍利弗
知四衆心疑自亦未了而白佛言世尊何因
何緣慇懃稱歎諸佛第一方便甚深微妙難
解之法我自昔來未曾從佛聞如是說今者
四衆咸皆有疑唯願世尊敷演斯事世尊何
故慇懃稱歎甚深微妙難解之法尒時舍利
弗欲重宣此義而說偈言
慧日大聖尊　久乃說是法　自說得如是　力无畏三昧
禪定解脫等　不可思議法　道場所得法　无能發問者
我意難可測　[illegible]

故慇懃稱歎甚深微妙難解之法尒時舍利
弗欲重宣此義而說偈言
慧日大聖尊　久乃說是法　自說得如是　力无畏三昧
禪定解脫等　不可思議法　道場所得法　无能發問者
我意難可測　亦无能問者　无問而自說　稱歎所行道
智慧甚微妙　諸佛之所得　无漏諸羅漢　及求涅槃者
今皆墮疑網　佛何故說是　其求緣覺者　比丘比丘尼
諸天龍鬼神　及乾闥婆等　相視懷猶豫　瞻仰兩足尊
是事為云何　願佛為解說　於諸聲聞衆　佛說我第一
我今自於智　疑惑不能了　為是究竟法　為是所行道
佛口所生子　合掌瞻仰待　願出微妙音　時為如實說
諸天龍神等　其數如恒沙　求佛諸菩薩　大數有八万
又諸万億國　轉輪聖王至　合掌以敬心　欲聞具足道
尒時佛告舍利弗止止不須復說若說是事
一切世間諸天及人皆當驚疑舍利弗重白
佛言世尊唯願說之唯願說之所以者何是
會无數百千万億阿僧祇衆生曾見諸佛諸
根猛利智慧明了聞佛所說則能敬信尒時
舍利弗欲重宣此義而說偈言
法王无上尊　唯說願勿慮　是會无量衆　有能敬信者
佛復止舍利弗若說是事一切世間天人阿
脩羅皆當驚疑增上慢比丘將墜於大坑尒
時世尊重說偈言
止止不須說　我法妙難思　諸增上慢者　聞必不敬信
尒時舍利弗重白佛言世尊唯願說之唯願
說之今此會中如我等比百千万億世世已

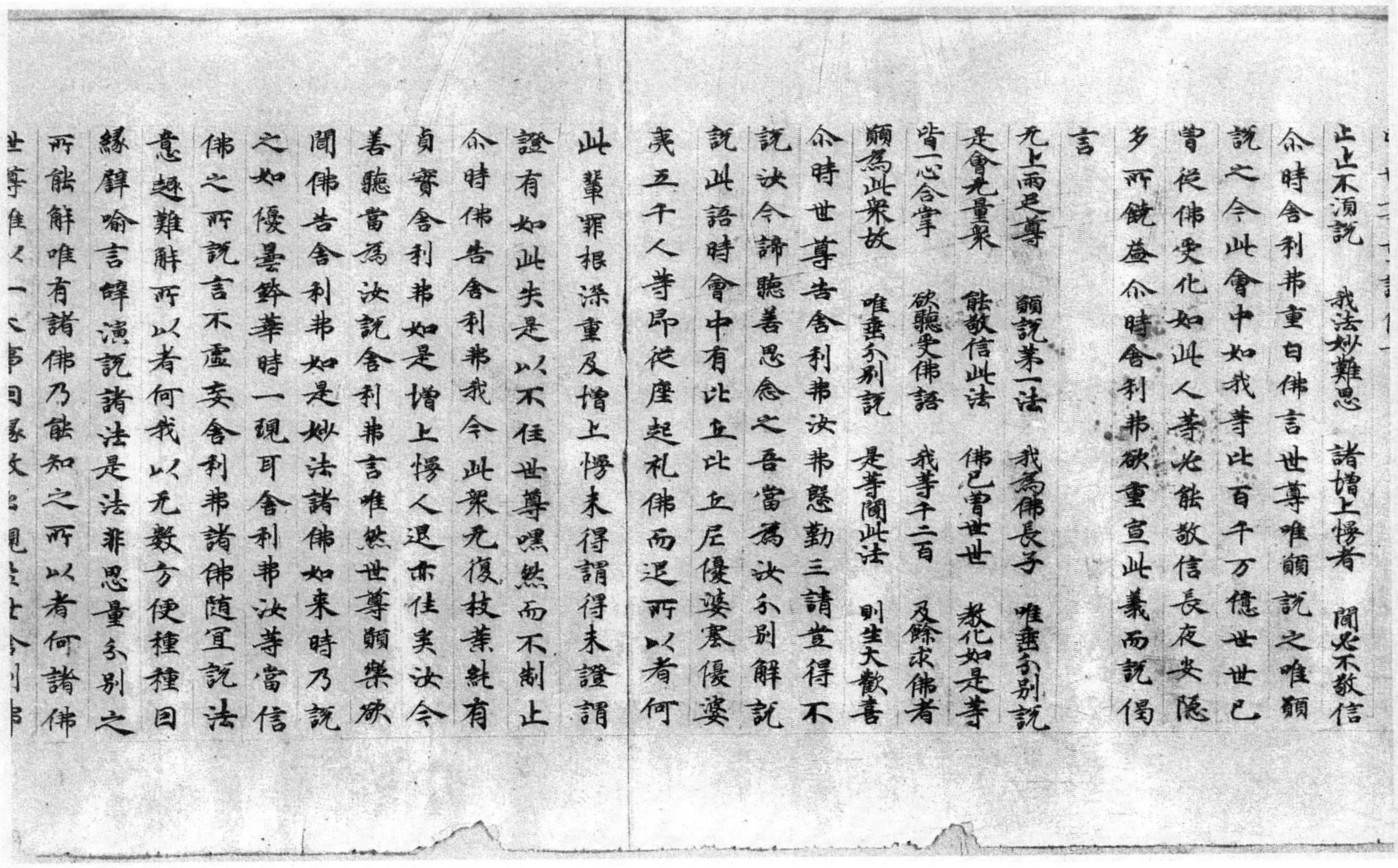

止止不須說　我法妙難思　諸增上慢者　聞必不敬信
尒時舍利弗重白佛言世尊唯願說之唯願
說之今此會中如我等比百千万億世世已
曾從佛受化如此人等必能敬信長夜安隱
多所饒益尒時舍利弗欲重宣此義而說偈
言
无上兩足尊　願說第一法　我為佛長子　唯垂分別說
是會无量衆　能敬信此法　佛已曾世世　教化如是等
皆一心合掌　欲聽受佛語　我等千二百　及餘求佛者
願為此衆故　唯垂分別說　是等聞此法　則生大歡喜
尒時世尊告舍利弗汝弗慇勤三請豈得不
說汝今諦聽善思念之吾當為汝分別解說
說此語時會中有比丘比丘尼優婆塞優婆
夷五千人等即從座起礼佛而退所以者何
此輩罪根深重及增上慢未得謂得未證謂
證有如此失是以不住世尊嘿然而不制止
尒時佛告舍利弗我今此衆无復枝葉純有
貞實舍利弗如是增上慢人退亦佳矣汝今
善聽當為汝說舍利弗言唯然世尊願樂欲
聞佛告舍利弗如是妙法諸佛如來時乃說
之如優曇鉢華時一現耳舍利弗汝等當信
佛之所說言不虛妄舍利弗諸佛隨宜說法
意趣難解所以者何我以无數方便種種因
緣譬喻言辭演說諸法是法非思量分別之
所能解唯有諸佛乃能知之所以者何諸佛

BD04189號　妙法蓮華經卷一　（19–12）

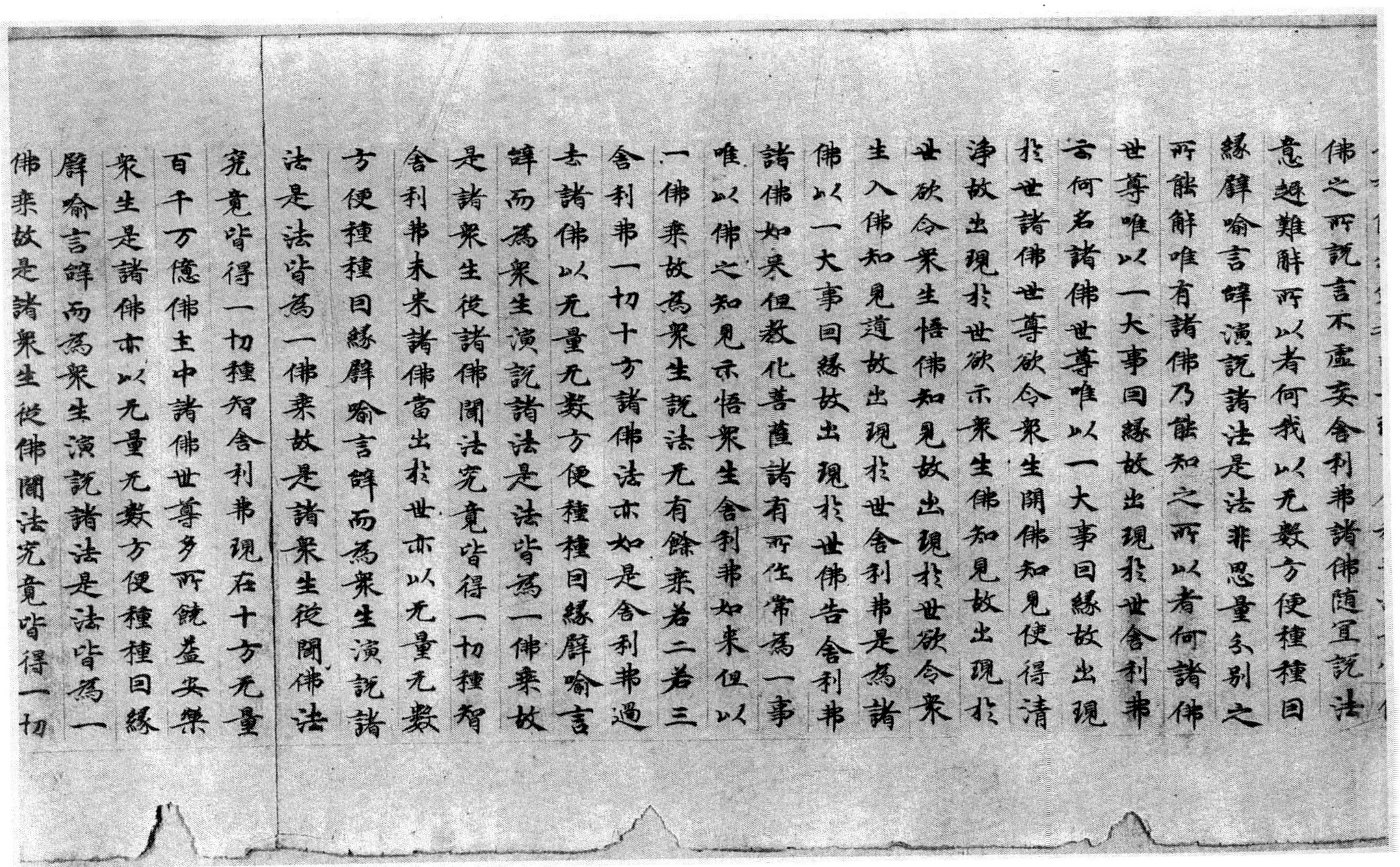

佛之所說言不虛妄舍利弗諸佛隨宜說法
意趣難解所以者何我以无數方便種種因
緣譬喻言辭演說諸法是法非思量分別之
所能解唯有諸佛乃能知之所以者何諸佛
世尊唯以一大事因緣故出現於世舍利弗
云何名諸佛世尊唯以一大事因緣故出現
於世諸佛世尊欲令衆生開佛知見使得清
淨故出現於世欲示衆生佛知見故出現於
世欲令衆生悟佛知見故出現於世欲令衆
生入佛知見道故出現於世舍利弗是為諸
佛以一大事因緣故出現於世佛告舍利弗
諸佛如來但教化菩薩諸有所作常為一事
唯以佛之知見示悟衆生舍利弗如來但以
一佛乘故為衆生說法无有餘乘若二若三
舍利弗一切十方諸佛法亦如是舍利弗過
去諸佛以无量无數方便種種因緣譬喻言
辭而為衆生演說諸法是法皆為一佛乘故
是諸衆生從諸佛聞法究竟皆得一切種智
舍利弗未來諸佛當出於世亦以无量无數
方便種種因緣譬喻言辭而為衆生演說諸
法是法皆為一佛乘故是諸衆生從聞佛法
究竟皆得一切種智舍利弗現在十方无量
百千万億佛土中諸佛世尊多所饒益安樂
衆生是諸佛亦以无量无數方便種種因緣
譬喻言辭而為衆生演說諸法是法皆為一
佛乘故是諸衆生從佛聞法究竟皆得一切

BD04189號　妙法蓮華經卷一　（19–13）

究竟皆得一切種智舍利弗現在十方无量
百千万億佛土中諸佛世尊多所饒益安樂
衆生是諸佛亦以无量无數方便種種因緣
譬喻言辞而為衆生演說諸法是法皆為一
佛乘故是諸衆生從佛聞法究竟皆得一切
種智舍利弗是諸佛但教化菩薩欲以佛之
知見示衆生故欲以佛之知見悟衆生故欲
令衆生入佛之知見故舍利弗我今亦復如
是知諸衆生有種種欲深心所着隨其本性
以種種因緣譬喻言辞方便力故而為說法
舍利弗如此皆為得一佛乘一切種智故舍
利弗十方世界中尚无二乘何况有三舍利
弗諸佛出於五濁惡世所謂劫濁煩惱濁衆
生濁見濁命濁如是舍利弗劫濁亂時衆生
垢重慳貪嫉妬成就諸不善根故諸佛以方
便力於一佛乘分別說三舍利弗若我弟子
自謂阿羅漢辟支佛者不聞不知諸佛如来
但教化菩薩事此非佛弟子非阿羅漢非辟
支佛又舍利弗是諸比丘比丘尼自謂已得
阿羅漢是寂後身究竟涅槃便不復志求阿
耨多羅三藐三菩提當知此輩皆是增上慢
人所以者何若有比丘實得阿羅漢若不信
此法无有是處除佛滅度後現前无佛所以
者何佛滅度後如是等經受持讀誦解義者
是人難得若遇餘佛於此法中便得決了舍
利弗汝等當一心信解受持佛語諸佛如来
言无虛妄无有餘乘唯一佛乘尒時世尊欲

BD04189號　妙法蓮華經卷一　（19–14）

人所以者何若有比丘實得阿羅漢若不信
此法无有是處除佛滅度後現前无佛所以
者何佛滅度後如是等經受持讀誦解義者
是人難得若遇餘佛於此法中便得決了舍
利弗汝等當一心信解受持佛語諸佛如来
言无虛妄无有餘乘唯一佛乘尒時世尊欲
重宣此義而說偈言

比丘比丘尼　有懷增上慢　優婆塞我慢　優婆夷不信
如是四衆等　其數有五千　不自見其過　於戒有缺漏
護惜其瑕疵　是小智已出　衆中之糟糠　佛威德故去
斯人尠福德　不堪受是法　此衆无枝葉　唯有諸貞實
舍利弗善聽　諸佛所得法　无量方便力　而為衆生說
衆生心所念　種種所行道　若干諸欲性　先世善惡業
佛悉知是已　以諸緣譬喻　言辞方便力　令一切歡喜
或說修多羅　伽陀及本事　本生未曾有　亦說於因緣
譬喻并祇夜　優波提舍經　鈍根樂小法　貪着於生死
於諸无量佛　不行深妙道　衆苦所惱亂　為是說涅槃
我設是方便　令得入佛慧　未曾說汝等　當得成佛道
所以未曾說　說時未至故　今正是其時　決定說大乘
我此九部法　隨順衆生說　入大乘為本　以故說是經
有佛子心淨　柔軟亦利根　无量諸佛所　而行深妙道
為此諸佛子　說是大乘經　我記如是人　来世成佛道
以深心念佛　修持淨戒故　此等聞得佛　大喜充遍身
佛知彼心行　故為說大乘　聲聞若菩薩　聞我所說法
乃至於一偈　皆成佛无疑　十方佛土中　唯有一乘法
无二亦无三　除佛方便說　但以假名字　引道於衆生

BD04189號　妙法蓮華經卷一　（19–15）

佛知彼心行　故為說大乘　聲聞若菩薩　聞我所說法
乃至於一偈　皆成佛无疑　十方佛土中　唯有一乘法
无二亦无三　除佛方便說　但以假名字　引導於衆生
說佛智慧故　諸佛出於世　唯此一事實　餘二則非真
終不以小乘　濟度於衆生　佛自住大乘　如其所得法
定慧力莊嚴　以此度衆生　自證无上道　大乘平等法
若以小乘化　乃至於一人　我則墮慳貪　此事為不可
若人信歸佛　如來不欺誑　亦无貪嫉意　斷諸法中惡
故佛於十方　而獨无所畏　我以相嚴身　光明照世間
无量衆所尊　為說實相印　舍利弗當知　我本立誓願
欲令一切衆　如我等无異　如我昔所願　今者已滿足
化一切衆生　皆令入佛道　若我遇衆生　盡教以佛道
无智者錯亂　迷惑不受教　我知此衆生　未曾脩善本
堅著於五欲　癡愛故生惱　以諸欲因緣　墜墮三惡道
輪迴六趣中　備受諸苦毒　受胎之微形　世世常增長
薄德少福人　衆苦所逼迫　入邪見稠林　若有若无等
依止此諸見　具足六十二　深著虛妄法　堅受不可捨
我慢自矜高　諂曲心不實　於千万億劫　不聞佛名字
亦不聞正法　如是人難度　是故舍利弗　我為設方便
說諸盡苦道　示之以涅槃　我雖說涅槃　是亦非真滅
諸法從本來　常自寂滅相　佛子行道已　來世得作佛
我有方便力　開示三乘法　一切諸世尊　皆說一乘道
令此諸大衆　皆應除疑惑　諸佛語无異　唯一无二乘
過去无數劫　无量滅度佛　百千万億種　其數不可量
如是諸世尊　種種緣譬喻　无數方便力　演說諸法相

BD04189號　妙法蓮華經卷一　（19–16）

諸法從本來　常自寂滅相　佛子行道已　來世得作佛
我有方便力　開示三乘法　一切諸世尊　皆說一乘道
令此諸大衆　皆應除疑惑　諸佛語无異　唯一无二乘
過去无數劫　无量滅度佛　百千万億種　其數不可量
如是諸世尊　種種緣譬喻　无數方便力　演說諸法相
是諸世尊等　皆說一乘法　化无量衆生　令入於佛道
又諸大聖主　知一切世間　天人群生類　深心之所欲
更以異方便　助顯第一義　若有衆生類　值諸過去佛
若聞法布施　或持戒忍辱　精進禪智等　種種脩福德
如是諸人等　皆已成佛道　諸佛滅度已　若人善軟心
如是諸衆生　皆已成佛道　諸佛滅度已　供養舍利者
起万億種塔　金銀及頗梨　車璖與馬瑙　玫瑰瑠璃珠
清淨廣嚴飾　莊校於諸塔　或有起石廟　栴檀及沉水
木櫁并餘材　甎瓦泥土等　若於曠野中　積土成佛廟
乃至童子戲　聚沙為佛塔　如是諸人等　皆已成佛道
若人為佛故　建立諸形像　刻彫成衆相　皆已成佛道
或以七寶成　鍮石赤□□　□蠟及鉛錫　鐵木及與泥
或以膠漆布　嚴飾作佛像　如是諸人等　皆已成佛道
綵畫作佛像　百福莊嚴相　自作若使人　皆已成佛道
乃至童子戲　若草木及筆　或以指爪甲　而畫作佛像
如是諸人等　漸漸積功德　具足大悲心　皆已成佛道
但化諸菩薩　度脫无量衆　若人於塔廟　寶像及畫像
以華香幡蓋　敬心而供養　若使人作樂　擊鼓吹角貝
簫笛琴箜篌　琵琶鐃銅鈸　如是衆妙音　盡持以供養
或以歡喜心　歌唄頌佛德　乃至一小音　皆已成佛道
若人散亂心　乃至以一□　供養於畫像　漸見无數佛

BD04189號　妙法蓮華經卷一　（19–17）

但化諸菩薩　度脫无量衆　若人於塔廟　寶像及畫像
以華香幡蓋　敬心而供養　若使人作樂　擊鼓吹角貝
簫笛琴箜篌　琵琶鐃銅鈸　如是衆妙音　盡持以供養
或以歡喜心　歌唄頌佛德　乃至一小音　皆已成佛道
若人散亂心　乃至以一華　供養於畫像　漸見无數佛
或有人礼拜　或復但合掌　乃至舉一手　或復小低頭
以此供養像　漸見无量佛　自成无上道　廣度无數衆
入无餘涅槃　如薪盡火滅　若人散亂心　入於塔廟中
一稱南无佛　皆已成佛道　於諸過去佛　在世或滅後
若有聞是法　皆已成佛道　未來諸世尊　其數无有量
是諸如來等　亦方便說法　一切諸如來　以无量方便
度脫諸衆生　入佛无漏智　若有聞法者　无一不成佛
諸佛本誓願　我所行佛道　普欲令衆生　亦同得此道
未來世諸佛　雖說百千億　无數諸法門　其實為一乘
諸佛兩足尊　知法常无性　佛種從緣起　是故說一乘
是法住法位　世間相　場知已　導師方便說
天人所供養　現在十方佛　其數如恒沙　出現於世間
安隱衆生故　亦說如是法　知第一寂滅　以方便力故
雖示種種道　其實為佛乘　知衆生諸行　深心之所念
過去所習業　欲性精進力　及諸根利鈍　以種種因緣
譬喻亦言辭　隨應方便說　今我亦如是　安隱衆生故
以種種法門　宣示於佛道　我以智慧力　知衆生性欲
方便說諸法　皆令得歡喜　舍利弗當知　我以佛眼觀
見六道衆生　貧窮无福慧　入生死險道　相續苦不斷
深著於五欲　如犛牛愛尾　以貪愛自蔽　盲瞑无所見
不求大勢佛　及與斷苦　入諸邪見　以苦欲捨苦
為是衆生故　而起大悲心　坐道場　觀樹亦經行

BD04189號　妙法蓮華經卷一　　（19–18）

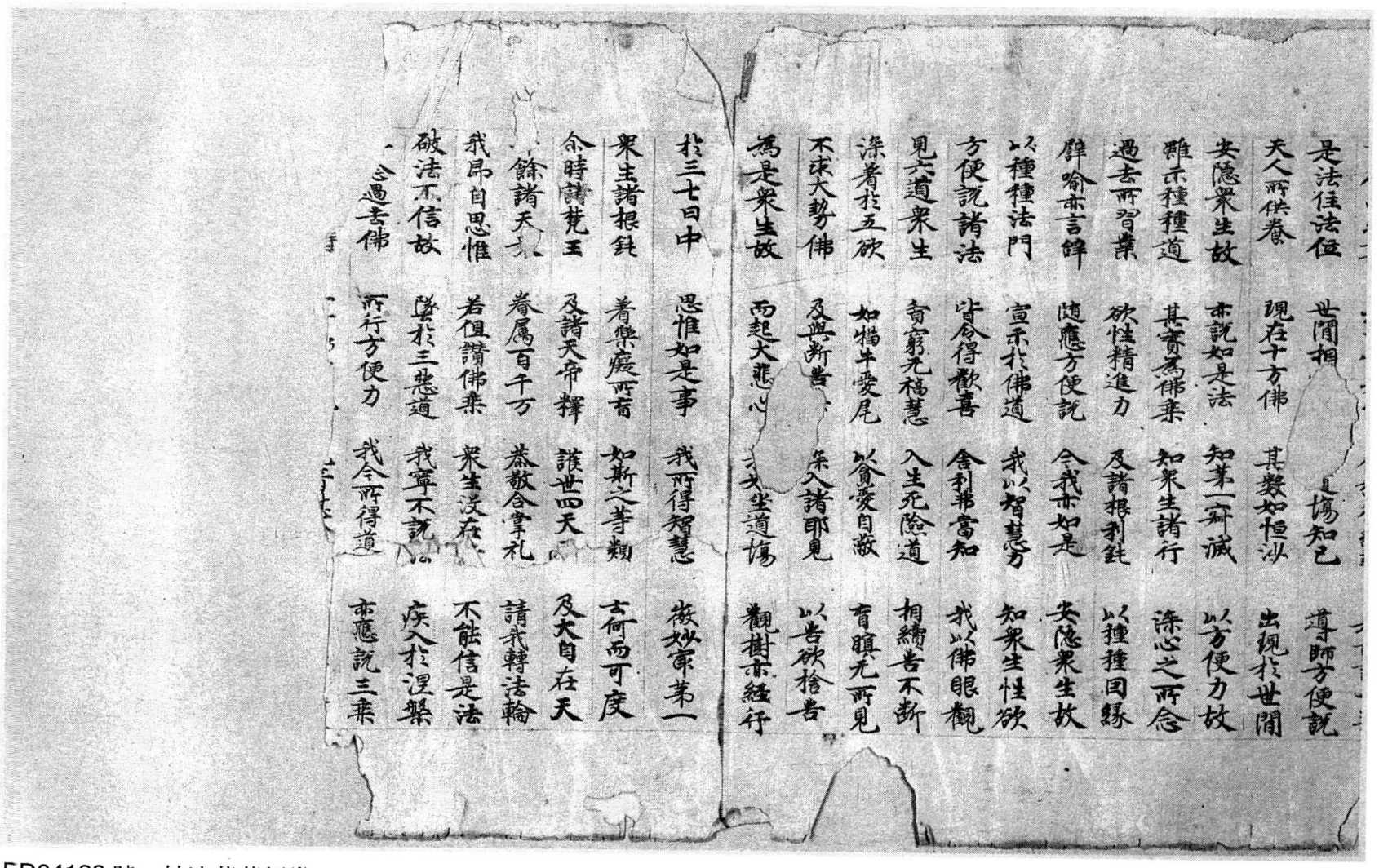

是法住法位　世間相　場知已　導師方便說
天人所供養　現在十方佛　其數如恒沙　出現於世間
安隱衆生故　亦說如是法　知第一寂滅　以方便力故
雖示種種道　其實為佛乘　知衆生諸行　深心之所念
過去所習業　欲性精進力　及諸根利鈍　以種種因緣
譬喻亦言辭　隨應方便說　今我亦如是　安隱衆生故
以種種法門　宣示於佛道　我以智慧力　知衆生性欲
方便說諸法　皆令得歡喜　舍利弗當知　我以佛眼觀
見六道衆生　貧窮无福慧　入生死險道　相續苦不斷
深著於五欲　如犛牛愛尾　以貪愛自蔽　盲瞑无所見
不求大勢佛　及與斷苦　入諸邪見　以苦欲捨苦
為是衆生故　而起大悲心　坐道場　觀樹亦經行
於三七日中　思惟如是事　我所得智慧　微妙最第一
衆生諸根鈍　著樂癡所盲　如斯之等類　云何而可度
尒時諸梵王　及諸天帝釋　護世四天王　及大自在天
餘諸天衆　眷屬百千万　恭敬合掌礼　請我轉法輪
我即自思惟　若但讚佛乘　衆生沒在苦　不能信是法
破法不信故　墜於三惡道　我寧不說法　疾入於涅槃
念過去佛　所行方便力　我今所得道　亦應說三乘

BD04189號　妙法蓮華經卷一　　（19–19）

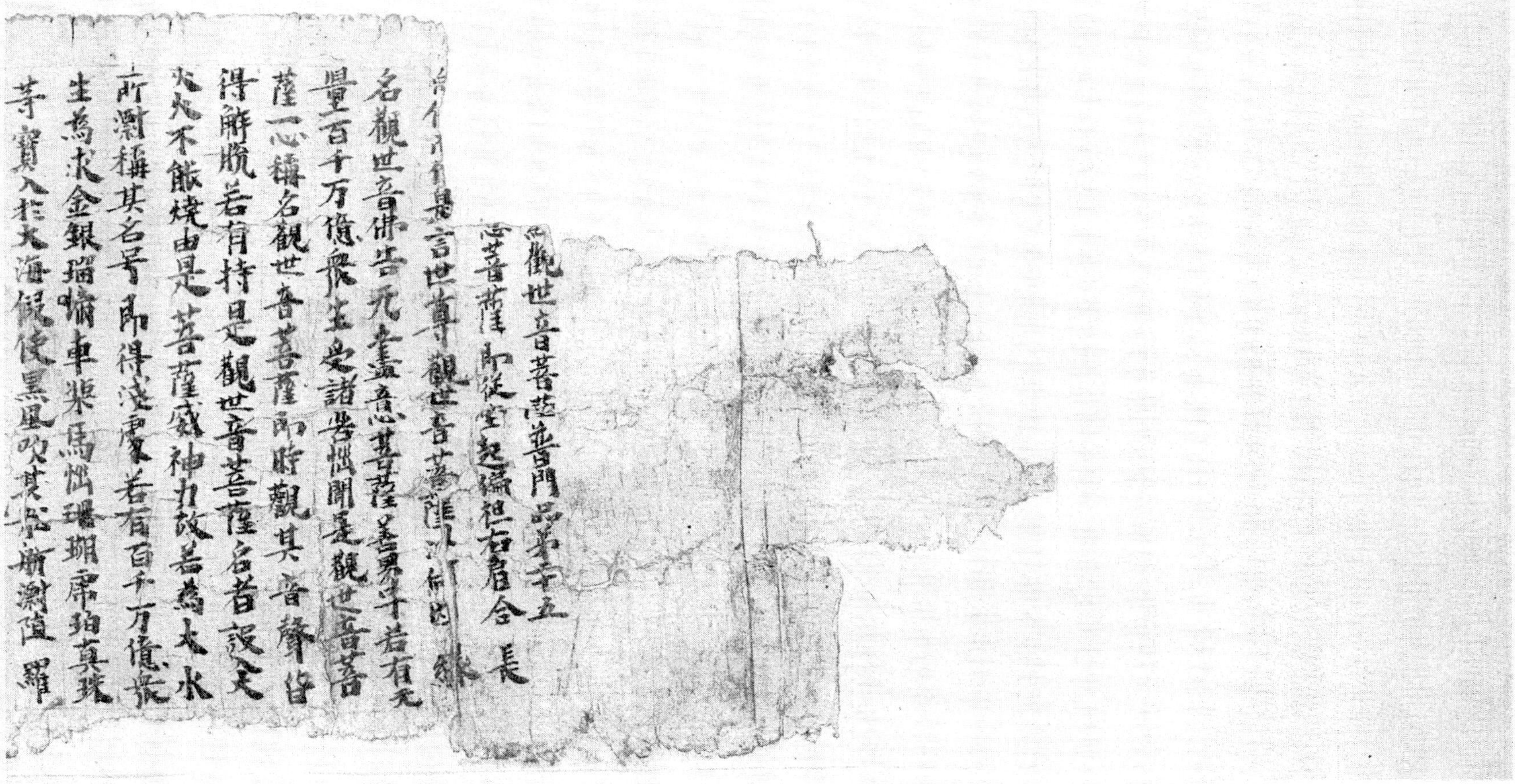
觀世音菩薩普門品第二十五
无盡意菩薩即從座起偏袒右肩合掌
言世尊觀世音菩薩以何因緣
名觀世音佛告无盡意菩薩善男子若有无
量百千万億衆生受諸苦惱聞是觀世音菩
薩一心稱名觀世音菩薩即時觀其音聲皆
得解脫若有持是觀世音菩薩名者設入大
火火不能燒由是菩薩威神力故若為大水
所漂稱其名号即得淺處若有百千万億衆
生為求金銀瑠璃車璖馬瑙珊瑚虎珀真珠
等寶入於大海假使黑風吹其船舫漂墮羅

BD04190 號　觀世音經　（7–1）

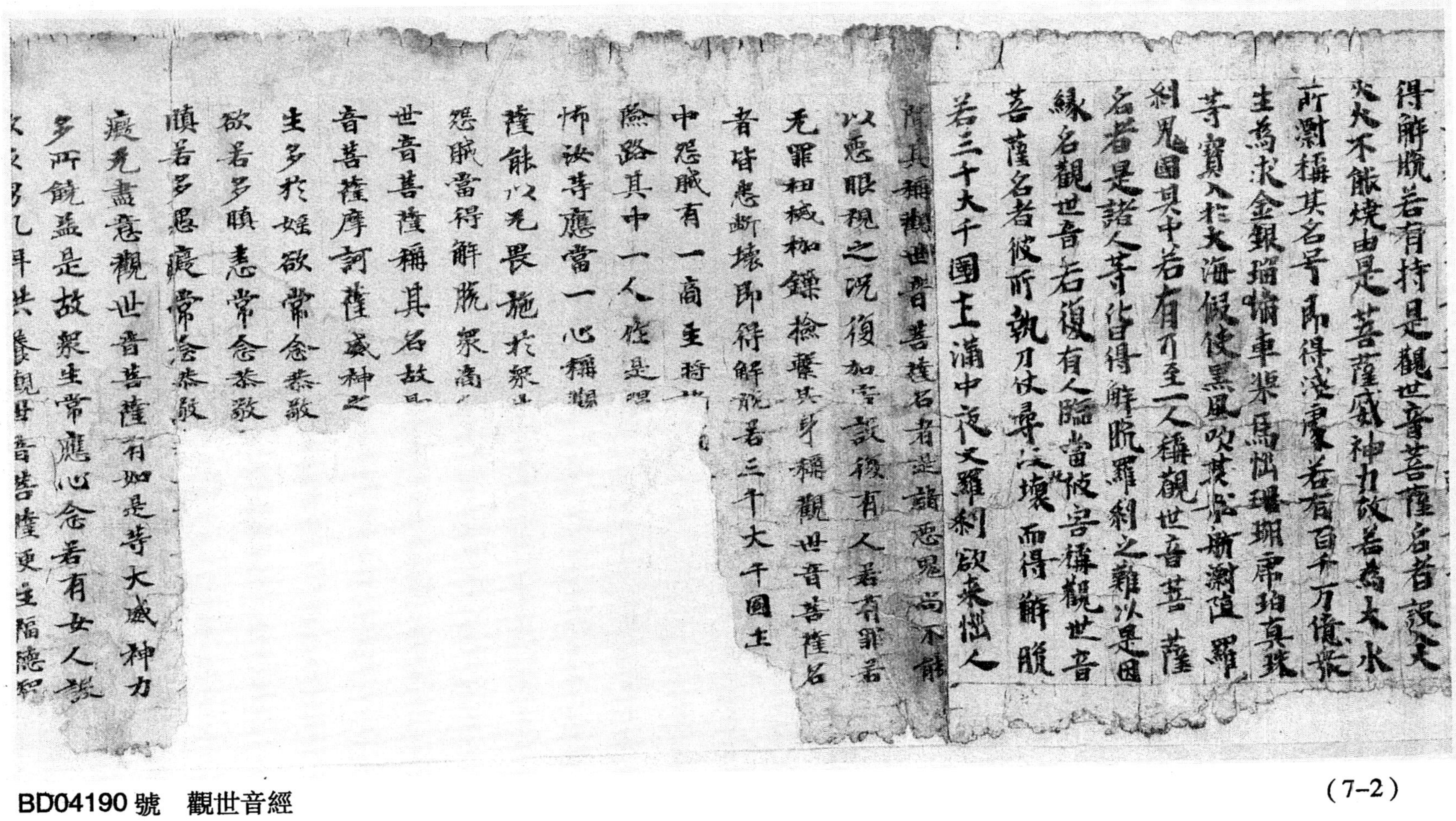
得解脫若有持是觀世音菩薩名者設入大
火火不能燒由是菩薩威神力故若為大水
所漂稱其名号即得淺處若有百千万億衆
生為求金銀瑠璃車璖馬瑙珊瑚虎珀真珠
等寶入於大海假使黑風吹其船舫漂墮羅
剎鬼國其中若有乃至一人稱觀世音菩薩
名者是諸人等皆得解脫羅剎之難以是因
緣名觀世音若復有人臨當被害稱觀世音
菩薩名者彼所執刀杖尋段段壞而得解脫
若三千大千國土滿中夜叉羅剎欲來惱人
聞其稱觀世音菩薩名者是諸惡鬼尚不能
以惡眼視之況復加害設復有人若有罪若
无罪杻械枷鎖檢繫其身稱觀世音菩薩名
者皆悉斷壞即得解脫若三千大千國土
中怨賊有一商主將諸
嶮路其中一人作是唱
怖汝等應當一心稱觀
薩能以无畏施於衆生
怨賊當得解脫衆商
世音菩薩稱其名故即
音菩薩摩訶薩威神之
生多於婬欲常念恭敬
欲若多瞋恚常念恭敬
瞋若多愚癡常念恭敬
癡无盡意觀世音菩薩有如是等大威神力
多所饒益是故衆生常應心念若有女人設
欲求男禮拜供養觀世音菩薩便生福德智

BD04190 號　觀世音經　（7–2）

生多於婬欲常念恭敬
欲若多瞋恚常念恭敬
瞋若多愚癡常念恭敬
癡无盡意觀世音菩薩有如是等大威神力
多所饒益是故衆生常應心念若有女人設
欲求男礼拜供養觀世音菩薩便生福德智
慧之男設欲求女便生端正有相之女宿殖
德本衆人愛敬无盡意觀世音菩薩有如是
力若有衆生恭敬礼拜觀世音菩薩福不唐
捐是故衆生皆應受持觀世音菩薩名号无
盡意若有人受持六十二億恒河沙菩薩名
字復盡形供養飲食衣服卧具醫藥於汝意
云何是善男子善女人功德多不无盡意言
甚多世尊佛言若復有人受持觀世音菩薩
名号乃至一時礼拜供養是二人福正等无
異於百千万億劫不可窮盡无盡意受持觀
世音菩薩名号得如是无量无邊福德之利
无盡意菩薩白佛言世尊觀世音菩薩云何
遊此娑婆世界云何而爲衆生說法方便之
力其事云何佛告无盡意菩薩善男子若
有國土衆生應以佛身得度者觀世音菩薩
即現佛身而爲說法應以辟支佛身得度者
即現辟支佛身而爲說法應以聲聞身得度者
即現聲聞身而爲說法應以梵王身得度者
即現梵王身而爲說法應以帝釋身得度者

BD04190號　觀世音經　（7–3）

有國土衆生應以佛身得度者觀世音菩薩
即現佛身而爲說法應以辟支佛身得度者
即現辟支佛身而爲說法應以聲聞身得度者
即現聲聞身而爲說法應以梵王身得度者
即現梵王身而爲說法應以帝釋身得度者
即現帝釋身而爲說法應以自在天身得度
者即現自在天身而爲說法應以大自在天
身得度者即現大自在天身而爲說法應以
天大將軍身得度者即現天大將軍身而爲說
法應以毗沙門身得度者即現毗沙門身而爲
說法應以小王身得度者即現小王身而爲說法
應以長者身得度者即現長者身而爲說法應
以居士身得度者即現居士身而爲說法應以宰
官身得度者即現宰官身而爲說法應以
婆羅門身得度者即婆羅門身而爲說法應
以比丘比丘尼優婆塞優婆夷身得度者即現
比丘比丘尼優婆塞優婆夷身而爲說法應以
長者居士宰官婆羅門婦女身得度者即
現婦女而爲說法應以童男童女身得度者
即現童男童女身而爲說法應以天龍夜
叉乾闥婆阿脩羅迦樓羅緊那羅摩睺羅
伽人非人等身得度者即皆現之而爲說法應
以執金剛神得度者即現執金剛神而爲說
无盡意是觀世音菩薩成就如是功德以種
種形遊諸國土度脫衆生是故汝等應當一
心供養觀世音菩薩是觀世音菩薩摩訶

BD04190號　觀世音經　（7–4）

伽人非人等身得度者即皆現之而為說法應
以執金剛神得度者即現執金剛神而為說法
无盡意是觀世音菩薩成就如是功德以種
種形遊諸國土度脫衆生是故汝等應當一
心供養觀世音菩薩是觀世音菩薩摩訶
薩於怖畏急難之中能施无畏是故此娑婆
世界皆号之為施无畏者无盡意菩薩白佛
言世尊我今當供養觀世音菩薩即解頸
衆寶珠瓔珞價直百千兩金而以與之作是
言仁者受此法施珎寶瓔珞時觀世音菩
薩不肯受之无盡意復白觀世音菩薩言
仁者愍我等故受此瓔珞尒時佛告觀世
音菩薩當愍此无盡意菩薩及四衆天龍夜
叉乾闥婆阿脩羅迦樓羅緊那羅摩睺
羅伽人非人等故受是瓔珞即時觀世音菩
薩愍諸四衆及於天龍人非人等受其瓔珞分
作二分一分奉釋迦牟尼佛一分奉多寶佛塔
无盡意觀世音菩薩有如是自在神力遊
於娑婆世界尒時无盡意菩薩以偈問曰
世尊妙相具　我今重問彼　佛子何因緣　名為觀世音
具足妙相尊　偈荅无盡意　汝聽觀音行　善應諸方所
弘誓深如海　歷劫不思議　侍多千億佛　發大清淨願
我為汝略說　聞名及見身　心念不空過　能滅諸有苦
假使興害意　推落大火坑　念彼觀音力　火坑變成池
或漂流巨海　龍魚諸鬼難　念彼觀音力　波浪不能沒
或在須彌峯　為人所推墮　念彼觀音力　如日虛空住

弘誓深如海　歷劫不思議　侍多千億佛　發大清淨願
我為汝略說　聞名及見身　心念不空過　能滅諸有苦
假使興害意　推落大火坑　念彼觀音力　火坑變成池
或漂流巨海　龍魚諸鬼難　念彼觀音力　波浪不能沒
或在須彌峯　為人所推墮　念彼觀音力　如日虛空住
或被惡人逐　墮落金剛山　念彼觀音力　不能損一毛
或值怨賊遶　各執刀加害　念彼觀音力　咸即起慈心
或遭王難苦　臨刑欲受終　念彼觀音力　刀尋段段壞
或囚禁枷鎖　手足被杻械　念彼觀音力　釋然得解脫
呪咀諸毒藥　所欲害身者　念彼觀音力　還著於本人
或遇惡羅剎　毒龍諸鬼難　念彼觀音力　時悉不敢害
若惡獸圍遶　利牙爪可怖　念彼觀音力　疾走无邊方
蚖虵及蝮蝎　氣毒煙火燃　念彼觀音力　尋聲自迴去
雲雷鼓掣電　降雹澍大雨　念彼觀音力　應時得消散
衆生被困厄　无量苦逼身　觀音妙智力　能救世間苦
具足神通力　廣脩智方便　十方諸國土　无剎不現身
種種諸惡趣　地獄鬼畜生　生老病死苦　以漸悉令滅
真觀清淨觀　廣大智慧觀　悲觀及慈觀　常願常瞻仰
无垢清淨光　慧日破諸闇　能伏災風火　普明照世間
悲體戒雷震　慈意妙大雲　澍甘露法雨　滅除煩惱炎
諍訟經官處　怖畏軍陣中　念彼觀音力　衆怨悉退散
妙音觀世音　梵音海潮音　勝彼世間音　是故須常念
念念勿生疑　觀世音淨聖　於苦惱死厄　能為作依怙
具一切功德　慈眼視衆生　福聚海无量　是故應頂礼
尒時持地菩薩即從座起前白佛言世尊
若有衆生聞是觀世音菩薩品自在之業

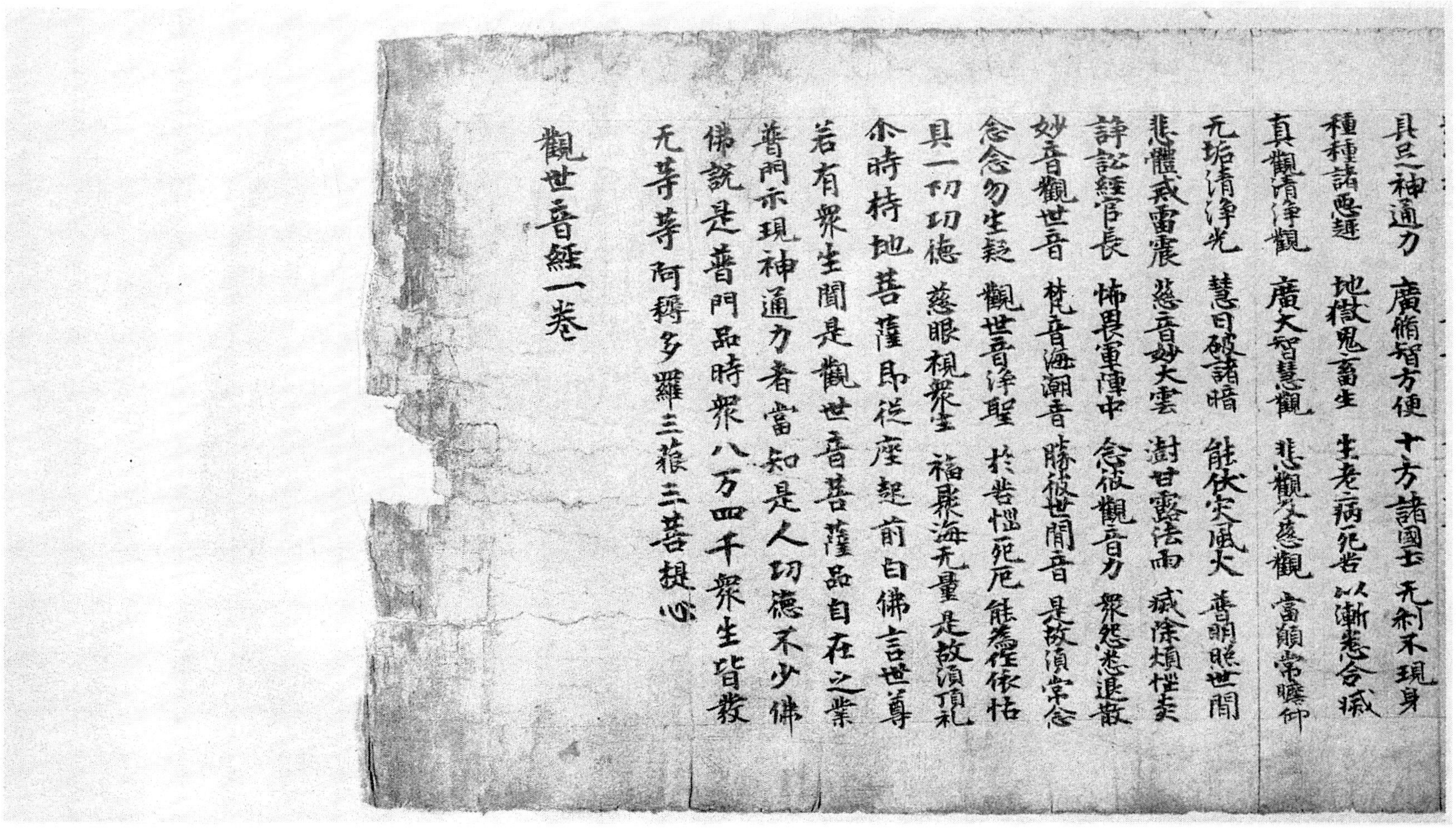

具足神通力　廣脩智方便　十方諸國土　无刹不現身
種種諸惡趣　地獄鬼畜生　生老病死苦　以漸悉令滅
真觀清淨觀　廣大智慧觀　悲觀及慈觀　當願常瞻仰
无垢清淨光　慧日破諸闇　能伏災風火　普明照世間
悲體戒雷震　慈音妙大雲　澍甘露法雨　滅除煩惱炎
諍訟經官長　怖畏軍陣中　念彼觀音力　衆怨悉退散
妙音觀世音　梵音海潮音　勝彼世間音　是故須常念
念念勿生疑　觀世音淨聖　於苦惱死厄　能為作依怙
具一切功德　慈眼視衆生　福聚海无量　是故須頂禮
尒時持地菩薩即從座起前白佛言世尊
若有衆生聞是觀世音菩薩品自在之業
普門示現神通力者當知是人功德不少佛
佛說是普門品時衆八万四千衆生皆發
无等等阿耨多羅三藐三菩提心

觀世音經一卷

BD04190 號　觀世音經　　（7–7）

BD04190 號背　雜寫　　（1–1）

妙法蓮華經觀世音菩薩普門品
尒時无盡意菩薩即從座起偏袒右
佛而作是言　觀世音菩薩以
名觀世音佛告无盡意菩薩善男　若有
无量百千万億衆生受諸苦惱聞是觀世
音菩薩一心稱名觀世音菩薩即時觀其
音聲皆得解脫若有持是觀世音菩薩名
者設入大火火不能燒由是菩薩威神力故若
為大水所漂稱其名号即得淺處若有百千
万億衆生為求金銀琉璃車𤦲馬瑙珊瑚琥
珀真珠等寶入於大海假使黑風吹其船舫
墮羅刹鬼國其中若有乃至一人稱觀世音
菩薩名者是諸人等皆得解脫羅刹之難以
是因緣名觀世音若復有人臨當被害稱觀
世音菩薩名者彼所執刀杖尋段段壞而得解
脫若三千大千国土滿中夜叉羅刹欲來惱

BD04191 號　妙法蓮華經卷七　　(5–1)

墮羅刹鬼國其中若有乃至一人稱觀世音
菩薩名者是諸人等皆得解脫羅刹之難以
是因緣名觀世音若復有人臨當被害稱觀
世音菩薩名者彼所執刀杖尋段段壞而得解
脫若三千大千国土滿中夜叉羅刹欲來惱
人聞其稱觀世音菩薩名者是諸惡鬼尚
不能以惡眼視之況復加害設復有人若有
罪若无罪杻械枷鎖檢繫其身稱觀世
音菩薩名者皆悉斷壞即得解脫若三千
大千国土滿中怨賊有一商主將諸商人賷
持重寶經過險路其中一人作是唱言諸善
男子勿得恐怖汝等應當一心稱觀世音菩
薩名号是菩薩能以无畏施於衆生汝等若
稱名者於此怨賊當得解脫衆商人聞俱發
聲言南无觀世音菩薩稱其名故即得解
脫无盡意觀世音菩薩摩訶薩威神之力
巍巍如是若有衆生多於婬欲常念恭敬
觀世音菩薩便得離欲若多瞋恚常念
恭敬觀世音菩薩便得離瞋若多愚癡常
念恭敬觀世音菩薩便得離癡无盡意
觀世音菩薩有如是等大威神力多所饒
益是故衆生常應心念若有女人設欲求
男禮拜供養觀世音菩薩便生福德智慧
之男設欲求女便生端正有相之女宿殖德
本衆人愛敬无盡意觀世音菩薩有如是

BD04191 號　妙法蓮華經卷七　　(5–2)

益是故衆生常應心念若有女人設欲求
男礼拜供養觀世音菩薩便生福德智慧
之男設欲求女便生端正有相之女宿殖德
本衆人愛敬无盡意觀世音菩薩有如是
力若有衆生恭敬礼拜觀世音菩薩福不
唐捐是故衆生皆應受持觀世音菩薩名
号无盡意若有人受持六十二億恒河沙菩
薩名字復盡形供養飲食衣服臥具醫藥
於汝意云何是善男子善女人功德多不无
盡意言甚多世尊佛言若復有人受持觀
世音菩薩名号乃至一時礼拜供養是二人
福正等无異於百千万億劫不可窮盡无盡
意受持觀世音菩薩名号得如是无量无邊
福德之利无盡意菩薩白佛言世尊觀世音
菩薩云何遊此娑婆世界云何而為衆生說
法方便之力其事云何佛告无盡意菩薩善
男子若有國土衆生應以佛身得度者觀世
音菩薩即現佛身而為說法應以辟支佛身
得度者即現辟支佛身而為說法應以聲聞
身得度者即現聲聞身而為說法應以梵王
身得度者即現梵王身而為說法應以帝釋
身得度者即現帝釋身而為說法應以自在
天身得度者即現自在天身而為說法應以
大自在天身得度者即現大自在天身而為說
法應以天大將軍身得度者即現天大將軍身
而為說法應以毗沙門身得度者即現毗沙門

BD04191 號　妙法蓮華經卷七　（5–3）

天身得度者即現自在天身而為說法應以
大自在天身得度者即現大自在天身而為說
法應以天大將軍身得度者即現天大將軍身
而為說法應以毗沙門身得度者即現毗沙門
身而為說法應以小王身得度者即現小王
身而為說法應以長者身得度者即現長者
身而為說法應以居士身得度者即現居士
身而為說法應以宰官身得度者即現宰官
身而為說法應以婆羅門身得度者即現婆
羅門身而為說法應以比丘比丘尼優婆塞
優婆夷身得度者即現比丘比丘尼優婆
塞優婆夷身而為說法應以長者居士宰
官婆羅門婦女身得度者即現婦女身而為
說法應以童男童女身得度者即現童男
童女身而為說法應以天龍夜叉乾闥婆阿
脩羅迦樓羅緊那羅摩睺羅伽人非人等身
得度者即皆現之而為說法應以執金剛神
得度者即現執金剛神而為說法无盡意觀
世音菩薩成就如是功德以種種形遊諸國土
度脫衆生是故汝等應當一心供養觀世音
菩薩是觀世音菩薩摩訶薩於怖畏急難
之中能施无畏是故此娑婆世界皆号之為
施无畏者无盡意菩薩白佛言世尊我今當
供養觀世音菩薩即解頸衆寶珠瓔珞價直
百千兩金而以與之作是言仁者受此法施珎寶

BD04191 號　妙法蓮華經卷七　（5–4）

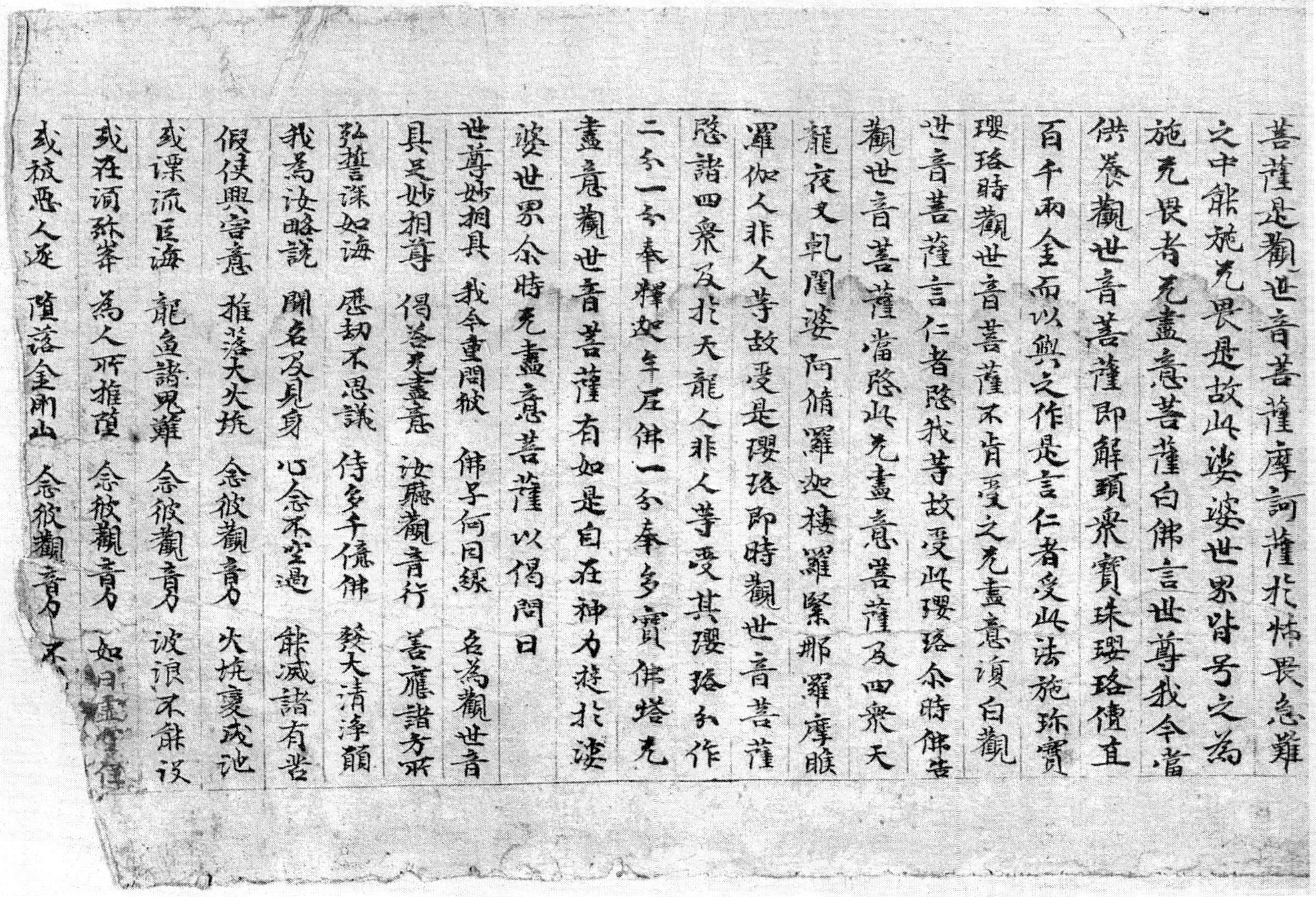
菩薩是觀世音菩薩摩訶薩於怖畏急難
之中能施无畏是故此娑婆世界皆号之為
施无畏者无盡意菩薩白佛言世尊我今當
供養觀世音菩薩即解頸衆寶珠瓔珞價直
百千兩金而以與之作是言仁者受此法施珎寶
瓔珞時觀世音菩薩不肯受之无盡意復白觀
世音菩薩言仁者愍我等故受此瓔珞尒時佛告
觀世音菩薩當愍此无盡意菩薩及四衆天
龍夜叉乾闥婆阿脩羅迦樓羅緊那羅摩睺
羅伽人非人等故受是瓔珞即時觀世音菩薩
愍諸四衆及於天龍人非人等受其瓔珞分作
二分一分奉釋迦牟尼佛一分奉多寶佛塔无
盡意觀世音菩薩有如是自在神力遊於娑
婆世界尒時无盡意菩薩以偈問曰
世尊妙相具　我今重問彼　佛子何因緣　名為觀世音
具足妙相尊　偈荅无盡意　汝聽觀音行　善應諸方所
弘誓深如海　歷劫不思議　侍多千億佛　發大清淨願
我為汝略說　聞名及見身　心念不空過　能滅諸有苦
假使興害意　推落大火坑　念彼觀音力　火坑變成池
或漂流巨海　龍魚諸鬼難　念彼觀音力　波浪不能沒
或在須彌峯　為人所推墮　念彼觀音力　如日虛空住
或被惡人逐　墮落金剛山　念彼觀音力　不…

BD04191 號　妙法蓮華經卷七　　(5–5)

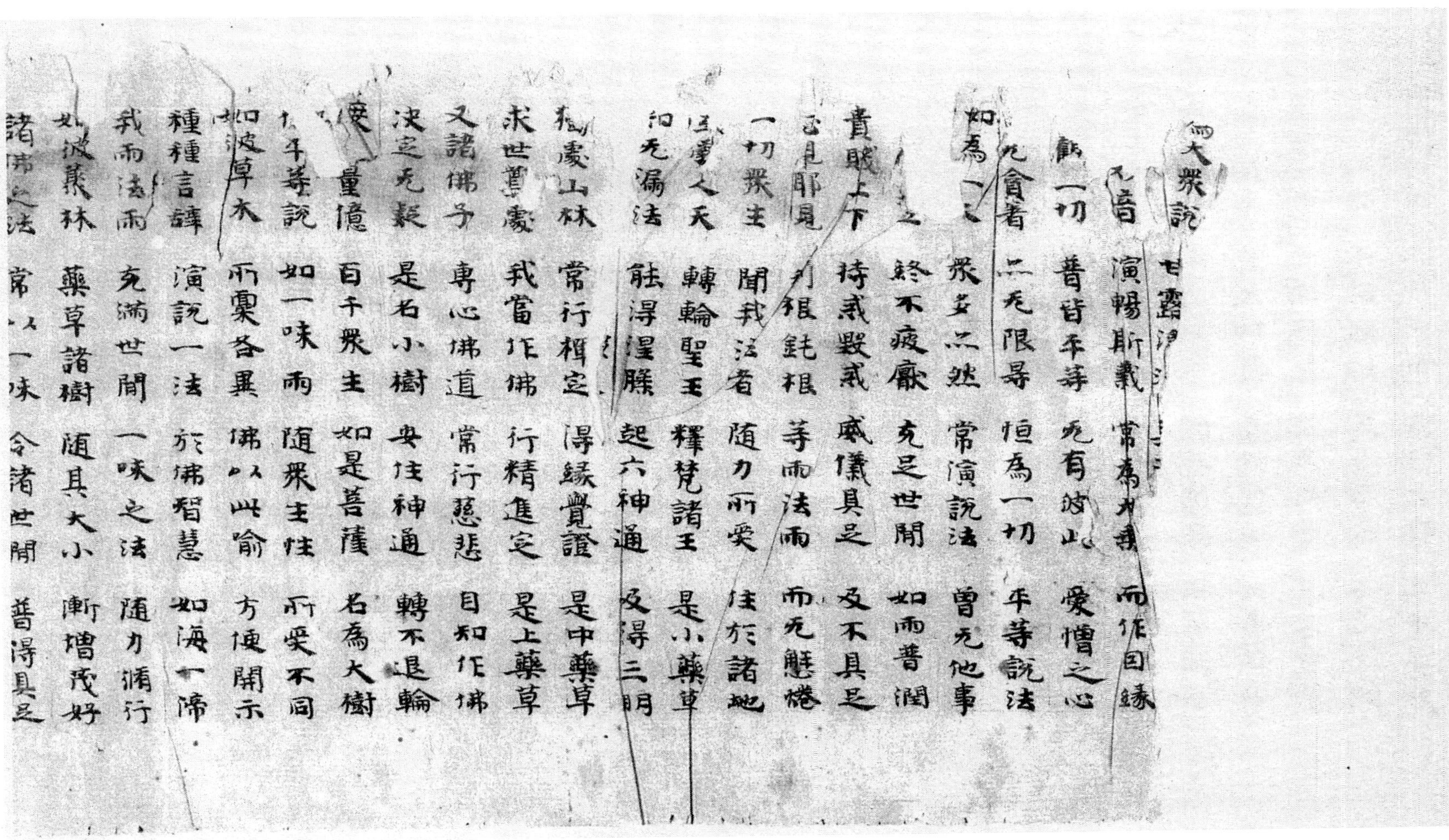
而大衆說　甘露淨[illegible]
无音　演暢斯義　常為大乘　而作因緣
飽一切　普皆平等　无有彼此　愛憎之心
无貪着　亦无限㝵　恒為一切　平等說法
如為一人　衆多亦然　常演說法　曾无他事
之　終不疲猒　充足世間　如雨普潤
貴賤上下　持戒毀戒　威儀具足　及不具足
正見耶見　利根鈍根　等雨法雨　而无懈惓
一切衆生　聞我法者　隨力所受　住於諸地
或處人天　轉輪聖王　釋梵諸王　是小藥草
知无漏法　能得涅槃　起六神通　及得三明
獨處山林　常行禪定　得緣覺證　是中藥草
求世尊處　我當作佛　行精進定　是上藥草
又諸佛子　專心佛道　常行慈悲　自知作佛
決定无疑　是名小樹　安住神通　轉不退輪
度无量億　百千衆生　如是菩薩　名為大樹
佛平等說　如一味雨　隨衆生性　所受不同
如彼草木　所稟各異　佛以此喻　方便開示
種種言辭　演說一法　於佛智慧　如海一渧
我雨法雨　充滿世間　一味之法　隨力脩行
如彼叢林　藥草諸樹　隨其大小　漸增茂好
諸佛之法　常以一味　令諸世閒　普得具足

BD04192 號　妙法蓮華經(十卷本)卷三　　(8–1)

又諸佛子　專心佛道　常行慈悲　自知作佛
決定無疑　是名小樹　安住神通　轉不退輪
度無量億　百千眾生　如是菩薩　名為大樹
佛平等說　如一味雨　隨眾生性　所受不同
如彼草木　所稟各異　佛以此喻　方便開示
種種言辭　演說一法　於佛智慧　如海一渧
我雨法雨　充滿世間　一味之法　隨力脩行
如彼叢林　藥草諸樹　隨其大小　漸增茂好
諸佛之法　常以一味　令諸世間　普得具足
漸次脩行　皆得道果　聲聞緣覺　處於山林
住最後身　聞法得果　是名藥草　各得增長
若諸菩薩　智慧堅固　了達三界　求最上乘
是名小樹　而得增長　復有住禪　得神通力
聞諸法空　心大歡喜　放無數光　度諸眾生
是名大樹　而得增長　如是迦葉　佛所說法
譬如大雲　以一味雨　潤於人華　各得成實
迦葉當知　以諸因緣　種種譬喻　開示佛道
是我方便　諸佛亦然　今為汝等　說最實事
諸聲聞眾　皆非滅度　汝等所行　是菩薩道
漸漸脩行　悉當成佛

妙法蓮華經授記品第六

尒時世尊說此偈已告諸大眾唱如是言我
此弟子摩訶迦葉於未來世當得奉覲三百
万億諸佛世尊供養恭敬尊重讚歎廣宣諸
佛無量大法於最後身得成為佛名曰光明
如來應供正遍知明行足善逝世間解無上

BD04192 號　妙法蓮華經（十卷本）卷三　（8–2）

尒時世尊說此偈已告諸大眾唱如是言我
此弟子摩訶迦葉於未來世當得奉覲三百
万億諸佛世尊供養恭敬尊重讚歎廣宣諸
佛無量大法於最後身得成為佛名曰光明
如來應供正遍知明行足善逝世間解無上
士調御丈夫天人師佛世尊國名光德劫名
大莊嚴佛壽十二小劫正法住世二十小劫
像法亦住二十小劫國界嚴飾無諸穢惡瓦
礫荊棘便利不淨其土平正無有高下坑坎
堆阜瑠璃為地寶樹行列黃金為繩以界道
側散諸寶華周遍清淨其國菩薩無量千億
諸聲聞眾亦復無數無有魔事雖有魔及魔
民皆護佛法尒時世尊欲重宣此義而說偈
言
告諸比丘　我以佛眼　見是迦葉　於未來世
過無數劫　當得作佛　而於來世　供養奉覲
三百万億　諸佛世尊　為佛智慧　淨脩梵行
供養最上　二足尊已　脩集一切　無上之慧
於最後身　得成為佛　其土清淨　琉璃為地
多諸寶樹　行列道側　金繩界道　見者歡喜
常出好香　散眾名華　種種奇妙　以為莊嚴
其地平正　無有丘坑　諸菩薩眾　不可稱計
其心調柔　逮大神通　奉持諸佛　大乘經典
諸聲聞眾　無漏後身　法王之子　亦不可計
乃以天眼　不能數知　其佛當壽　十二小劫
正法住世　二十小劫　像法亦住　二十小劫

BD04192 號　妙法蓮華經（十卷本）卷三　（8–3）

其地平正　无有丘坑　諸菩薩眾　不可稱計
其心調柔　逮大神通　奉持諸佛　大乘經典
諸聲聞眾　无漏後身　法王之子　亦不可計
乃以天眼　不能數知　其佛當壽　十二小劫
正法住世　二十小劫　像法亦住　二十小劫
光明世尊　其事如是
尒時大目揵連須菩提摩訶迦栴延等皆悉
悚慄一心合掌瞻仰世尊目不暫捨即共同
聲而說偈言
大雄猛世尊　諸釋之法王　哀愍我等故　而賜佛音聲
若知我深心　見為授記者　如以甘露灑　除熱得清涼
如從飢國來　忽遇大王饍　心猶懷疑懼　未敢即便食
若復得王教　然後乃敢食　我等亦如是　每惟小乘過
不知當云何　得佛无上慧　雖聞佛音聲　言我等作佛
心常懷憂懼　如未敢便食　若蒙佛授記　尒乃快安樂
大雄猛世尊　常欲安世間　願賜我等記　如飢須教食
尒時世尊知諸大弟子心所念告諸比丘是
須菩提於當來世奉覲三百万億那由他佛
供養恭敬尊重讚嘆常脩梵行具菩薩道於
最後身得成為佛号曰名相如來應供正遍
知明行足善逝世間解无上士調御丈夫天
人師佛世尊劫名有寶國名寶生其土平正
頗梨為地寶樹莊嚴无諸丘坑沙礫荊蕀便
利之穢寶華覆地周遍清淨其土人民皆處
寶臺珎妙樓閣聲聞弟子无量无邊筭數譬
喻所不能知諸菩薩眾无數千万億那由他

BD04192號　妙法蓮華經（十卷本）卷三　（8–4）

人師佛世尊劫名有寶國名寶生其土平正
頗梨為地寶樹莊嚴无諸丘坑沙礫荊蕀便
利之穢寶華覆地周遍清淨其土人民皆處
寶臺珎妙樓閣聲聞弟子无量无邊筭數譬
喻所不能知諸菩薩眾无數千万億那由他
佛壽十二小劫正法住世二十小劫像法亦
住二十小劫其佛常處虛空為眾說法度脫
无量菩薩及聲聞眾尒時世尊欲重宣此義
而說偈言
諸比丘眾　告今汝等　皆當一心　聽我所說
我大弟子　須菩提者　當得作佛　号曰名相
當供无數　万億諸佛　隨佛所行　漸具大道
最後身得　三十二相　端政殊妙　猶如寶山
其佛國土　嚴淨第一　眾生見者　无不愛樂
佛於其中　度无量眾　其佛法中　多諸菩薩
皆悉利根　轉不退輪　彼國常以　菩薩莊嚴
諸聲聞眾　不可稱數　皆得三明　具六神通
住八解脫　有大威德　其佛說法　現於无量
神通變化　不可思議　諸天人民　數如恒沙
皆共合掌　聽受佛語　其佛當壽　十二小劫
正法住世　二十小劫　像法亦住　二十小劫
尒時世尊復告諸比丘眾我今語汝是大迦
旃延於當來世以諸供具供養奉事八千億
佛恭敬尊重諸佛滅後各起塔廟高千由旬
縱廣正等五百由旬以金銀瑠璃車𤦲馬瑙

BD04192號　妙法蓮華經（十卷本）卷三　（8–5）

正法住世二十小劫　像法亦住二十小劫
尒時世尊復告諸比丘衆我今語汝是大迦
栴延於當來世以諸供具供養奉事八千億
佛恭敬尊重諸佛滅後各起塔廟高千由旬
縱廣正等五百由旬以金銀琉璃車𤦲馬瑙
真珠玫瑰七寶合成衆華瓔珞塗香末香燒
香繒蓋幢幡供養塔廟過是已後當復供養
二万億佛亦復如是供養是諸佛已具菩薩
道當得作佛号曰閻浮那提金光如來應供
正遍知明行足善逝世間解无上士調御丈
夫天人師佛世尊其土平正頗梨為地寶樹
莊嚴黃金為繩以界道側妙華覆地周遍清
淨見者歡喜无四惡道地獄餓鬼畜生阿脩
羅道多有天人諸聲聞衆及諸菩薩无量万
億莊嚴其國佛壽十二小劫正法住世二十
小劫像法亦住二十小劫尒時世尊欲重宣
此義而說偈言
諸比丘衆　皆一心聽　如我所說　真實无異
是迦栴延　當以種種　妙好供具　供養諸佛
諸佛滅後　起七寶塔　亦以華香　供養舍利
其最後身　得佛智慧　成等正覺　國土清淨
度脫无量　万億衆生　皆為十方　之所供養
佛之光明　无能勝者　其佛号曰　閻浮金光
菩薩聲聞　斷一切有　无量无數　莊嚴其國
尒時世尊復告大衆我今語汝是大目揵連
當以種種供具供養八千諸佛恭敬尊重諸

BD04192號　妙法蓮華經（十卷本）卷三　（8–6）

具最後身　得佛智慧　成等正覺　國土清淨
度脫无量　万億衆生　皆為十方　之所供養
佛之光明　无能勝者　具佛号曰　閻浮金光
菩薩聲聞　斷一切有　无量无數　莊嚴具國
尒時世尊復告大衆我今語汝是大目揵連
當以種種供具供養八千諸佛恭敬尊重諸
佛滅後各起塔廟高千由旬縱廣正等五百
由旬以金銀琉璃車𤦲馬瑙真珠玫瑰七寶
合成衆華瓔珞塗香末香燒香繒蓋幢幡以
用供養過是已後當復供養二百万億諸佛
亦復如是當得成佛号曰多摩羅跋栴檀香
如來應供正遍知明行足善逝世間解无上
士調御丈夫天人師佛世尊劫名喜滿國名
意樂其土平正頗梨為地寶樹莊嚴散真珠
華周遍清淨見者歡喜多諸天人菩薩聲聞
其數无量佛壽二十四小劫正法住世四十
小劫像法亦住四十小劫尒時世尊欲重宣
此義而說偈言
我此弟子　大目揵連　捨是身已　得見八千
二百万億　諸佛世尊　為佛道故　供養恭敬
於諸佛所　常脩梵行　於无量劫　奉持佛法
諸佛滅後　起七寶塔　長表金刹　華香伎樂
而以供養　諸佛塔廟　漸漸具足　菩薩道已
於意樂國　而得作佛　号多摩羅　栴檀之香
其佛壽命　二十四劫　常為天人　演說佛道

BD04192號　妙法蓮華經（十卷本）卷三　（8–7）

華周遍清淨見者歡喜多諸天人菩薩聲聞
具數无量佛壽二十四小劫正法住世四十
小劫像法亦住四十小劫尒時世尊欲重宣
此義而說偈言
我此弟子　大目揵連　捨是身已　得見八千
二百万億　諸佛世尊　為佛道故　供養恭敬
於諸佛所　常脩梵行　於无量劫　奉持佛法
諸佛滅後　起七寶塔　長表金刹　華香伎樂
而以供養　諸佛塔廟　漸漸具足　菩薩道已
於意樂國　而得作佛　号多摩羅　栴檀之香
其佛壽命　二十四劫　常為天人　演說佛道
聲聞无量　如恒河沙　三明六通　有大威德
菩薩无數　志念精進　於佛智慧　皆不退轉
佛滅度後　正法當住　四十小劫　像法亦尒
我諸弟子　威德具足　其數五百　皆當授記
於未來世　咸得成佛　我及汝等　宿世因緣
吾今當說　汝等善聽

…蓮華經卷第三

BD04192 號　妙法蓮華經（十卷本）卷三　（8–8）

羅三藐三菩提心即隨[illegible]而為說法令發
道意復言汝等已發道意有法樂可以自娛
不應復樂五欲樂也天女即問何謂法樂答
言樂常信佛樂欲聽法樂供養眾樂離五欲
樂觀五陰如怨賊樂觀四大如毒蛇樂觀內入
如空聚樂隨護道意樂饒益眾生樂敬養師
樂廣行施樂堅持戒樂忍辱柔和樂懃集
善根樂禪定不亂樂離垢明慧樂廣菩提心
樂降伏眾魔樂斷諸煩惱樂淨佛國土樂成
就相好故脩諸功德樂嚴道場樂聞深法不
畏樂三脫門不樂非時樂近同學樂於非同學
中心无恚导樂將護惡知識樂近善知識樂心喜
清淨樂脩无量道品之法是為菩薩法樂於
是波旬告諸女言我欲與汝俱還天宮諸女
言以我等與此居士有法樂我等甚樂不復
樂五欲樂也魔言居士可捨此女一切所有
施於彼者為菩薩維摩詰言我已捨矣汝
便將去令一切眾生得法願具足於是諸女
問維摩詰我等云何止於魔宮維摩詰言
諸姊有法門名无盡燈汝等當學无盡燈
者譬如一燈燃百千燈冥者皆明明終不盡
如是諸姊夫一菩薩開導百千眾生令發阿
耨多羅三藐三菩提心於其道意亦不滅盡
隨所說法而自增益一切善法是名无盡燈也
汝等雖住魔宮以是无盡燈令无…

BD04193 號　維摩詰所說經卷上　（4–1）

使將去令一切衆生得法願具足於是諸女
問維摩詰我等云何止於魔宮維摩詰言
諸姊有法門名无盡燈汝等當學无盡燈
者譬如一燈燃百千燈冥者皆明明終不盡
如是諸姊夫一菩薩開導百千衆生令發阿
耨多羅三藐三菩提心於其道意亦不滅盡
隨所說法而自增益一切善法是名无盡燈也
汝等雖住魔宮以是无盡燈令无數天子天
女發阿耨多羅三藐三菩提心者為報佛恩
亦大饒益一切衆生尒時天女頭面礼維摩
詰足隨魔還宮忽然不現世尊維摩詰有
如是自在神力智慧辯才故我不任詣彼
問疾
佛告長者子善得汝行詣維摩詰問疾善
得白佛言世尊我不堪任詣彼問疾所以者何
憶念我昔自於父舍設大施會供養一切沙
門婆羅門及諸外道貧窮下賤孤獨乞人期
滿七日時維摩詰來入會中謂我言長者子
夫大施會不當如汝所設當為法施之會何
用是財施會為我言居士何謂法施之會法
施會者无前无後一時供養一切衆生是名
法施之會何謂也謂以菩提起於慈心以救
衆生起大悲心以持正法起於喜心以攝智
慧行於捨心以攝慳貪起檀波羅蜜以化犯
戒起尸波羅蜜以无我法起羼提波羅蜜
以離身心相起毗梨耶波羅蜜以菩提相起
禪波羅蜜以一切智起般若波羅蜜教化衆
生而起於空不捨有為法而起无相示現受生
而起无作護持正法起方便力以度衆生起

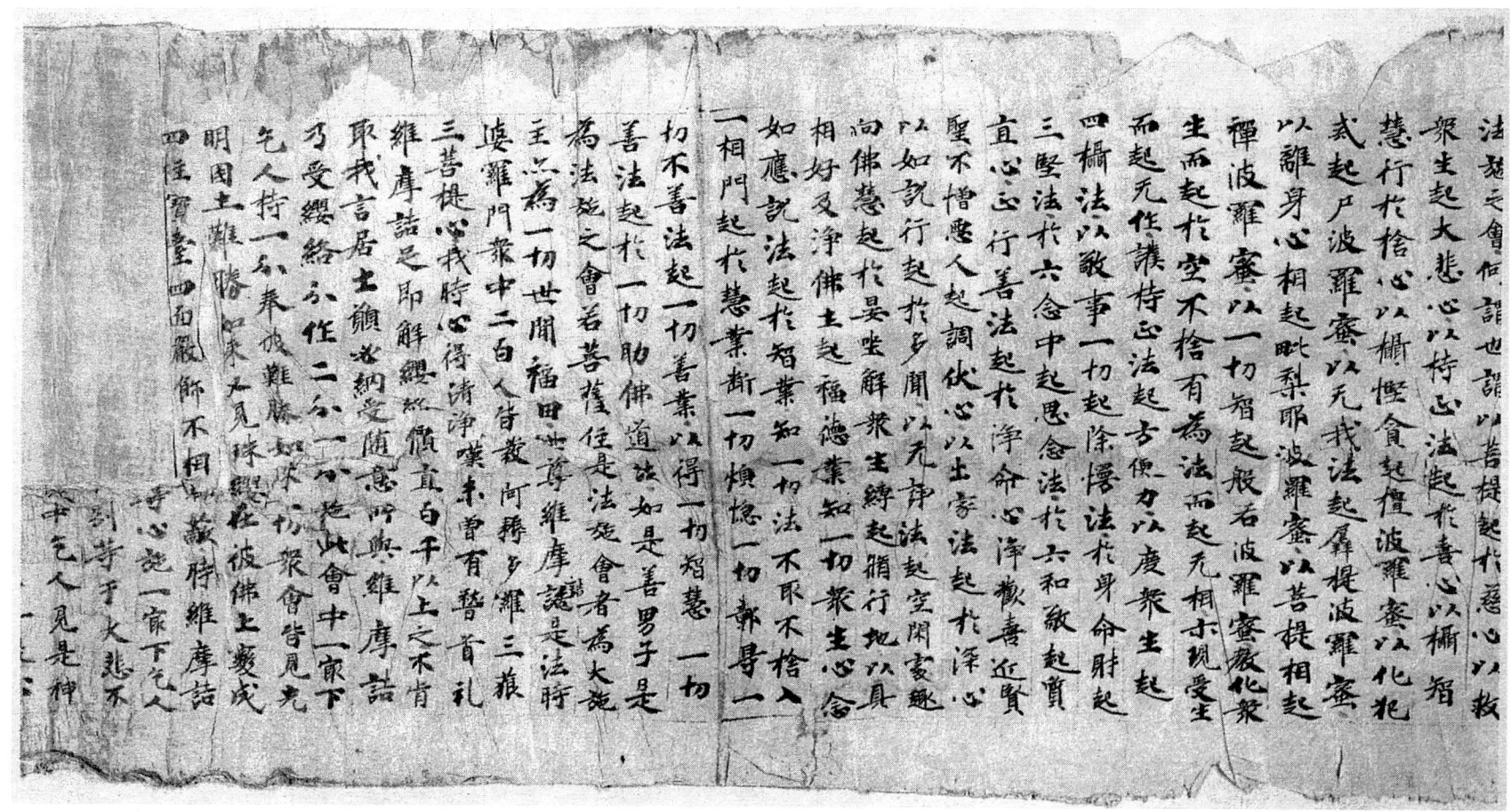

BD04193 號　維摩詰所說經卷上　（4–2）

法施之會何謂也謂以菩提起於慈心以救
衆生起大悲心以持正法起於喜心以攝智
慧行於捨心以攝慳貪起檀波羅蜜以化犯
戒起尸波羅蜜以无我法起羼提波羅蜜
以離身心相起毗梨耶波羅蜜以菩提相起
禪波羅蜜以一切智起般若波羅蜜教化衆
生而起於空不捨有為法而起无相示現受生
而起无作護持正法起方便力以度衆生起
四攝法以敬事一切起除慢法於身命財起
三堅法於六念中起思念法於六和敬起質
直心正行善法起於淨命心淨歡喜起近賢
聖不憎惡人起調伏心以出家法起於深心
以如說行起於多聞以无諍法起空閑處趣
向佛慧起於晏坐解衆生縛起脩行地以具
相好及淨佛土起福德業知一切衆生心念
如應說法起於智業知一切法不取不捨入
一相門起於慧業斷一切煩惱一切鄣㝵一
切不善法起一切善業以得一切智慧一切
善法起於一切助佛道法如是善男子是
為法施之會若菩薩住是法施會者為大施
主亦為一切世間福田世尊維摩詰說是法時
婆羅門衆中二百人皆發阿耨多羅三藐
三菩提心我時心得清淨歎未曾有稽首礼
維摩詰足即解瓔珞價直百千以上之不肯
取我言居士願必納受隨意所與維摩詰
乃受瓔珞分作二分持一分施此會中一㝡下
乞人持一分奉彼難勝如來一切衆會皆見光
明國土難勝如來又見珠瓔在彼佛上變成
四柱寶臺四面嚴飾不相妨礙時維摩詰
等心施一㝡下乞人
別等于大悲不
中乞人見是神

BD04193 號　維摩詰所說經卷上　（4–3）

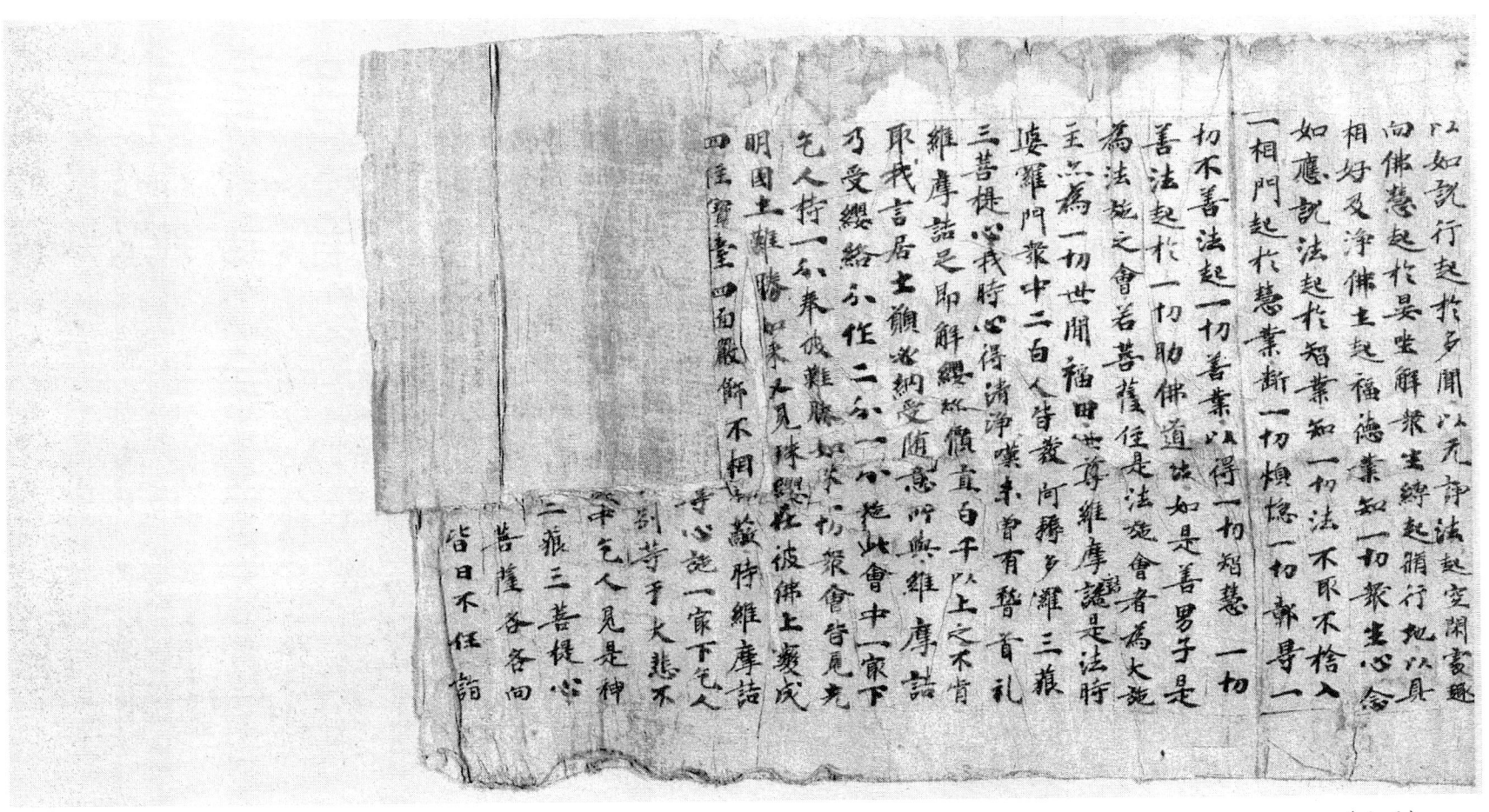

以如說行起於多聞以无諍法起空閑處遯
向佛慧起於晏坐解衆生縛起循行地以具
相好及淨佛土起福德業知一切衆生心念
如應說法起於智業知一切法不取不捨入
一相門起於慧業斷一切煩惱一切鄣㝵一
切不善法起一切善業以得一切智慧一切
善法起於一切助佛道法如是善男子是
爲法施之會若菩薩住是法施會者爲大施
主亦爲一切世間福田世尊維摩詰說是法時
婆羅門衆中二百人皆發阿耨多羅三藐
三菩提心我時心得清淨歎未曾有稽首礼
維摩詰足即解瓔珞價直百千以上之不肯
取我言居士願必納受隨意所與維摩詰
乃受瓔珞分作二分一分施此會中一最下
乞人持一分奉彼難勝如來一切衆會皆見光
明國土難勝如來又見珠瓔在彼佛上變成
四柱寶臺四面嚴飾不相障蔽時維摩詰
等心施一最下乞人
別等于大悲不
中乞人見是神
三藐三菩提心
菩薩各各向
皆曰不任詣

BD04193 號　維摩詰所說經卷上　（4–4）

到於佛前一心合掌瞻仰世尊如阿難羅睺
羅所願住立一面尒時佛告阿難汝於來世
當得作佛号山海慧自在通王如來應供正
遍知明行足善逝世間解无上士調御丈夫
天人師佛世尊當供養六十二億諸佛護持
法藏然後得阿耨多羅三藐三菩提教化二
十千万億恒河沙諸菩薩等令成阿耨多羅
三藐三菩提國名常立勝幡其土清淨瑠璃
爲地劫名妙音遍滿其佛壽命无量千万億
阿僧祇劫若人於千万億无量阿僧祇劫中
筭數校計不能得知正法住世倍於壽命像
法住世復倍正法阿難是山海慧自在通王
佛爲十方无量千万億恒河沙等諸佛如來
所共讚歎稱其功德尒時世尊欲重宣此義
而說偈言
我今僧中說　阿難持法者　當供養諸佛　然後成正覺
号曰山海慧　自在通王佛　其國土清淨　名常立勝幡
教化諸菩薩　其數如恒沙　佛有大威德　名聞滿十方
壽命无有量　以愍衆生故　正法倍壽命　像法復倍是
如恒河沙等　无數諸衆生　於此佛法中　種佛道因緣
尒時會中新發意菩薩八千人咸作是念我

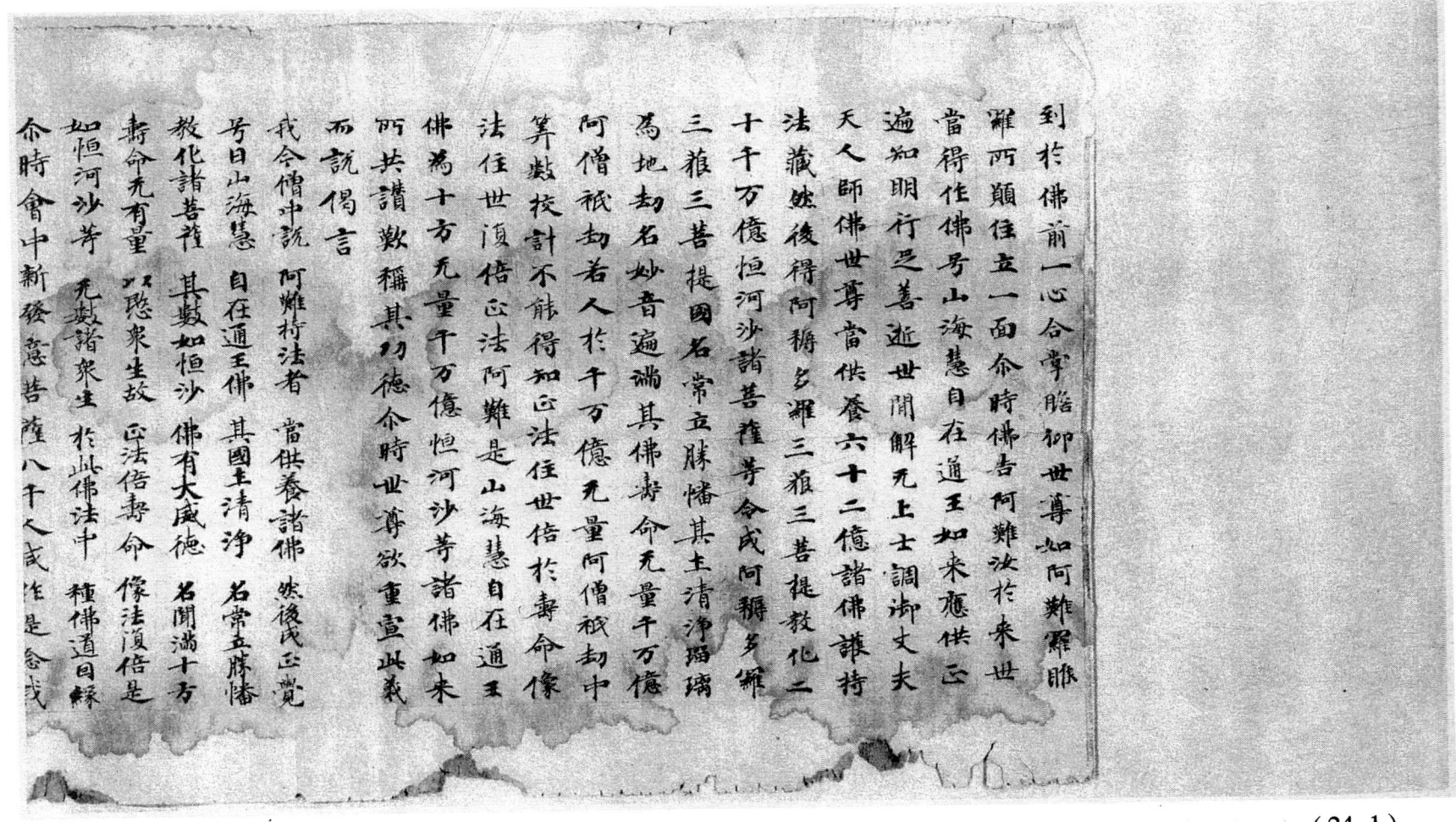

BD04194 號　妙法蓮華經卷四　（24–1）

而說偈言
我今僧中說　阿難持法者　當供養諸佛　然後成正覺
号曰山海慧　自在通王佛　其國土清淨　名常立勝幡
教化諸菩薩　其數如恒沙　佛有大威德　名聞滿十方
壽命无有量　以愍衆生故　正法倍壽命　像法復倍是
如恒河沙等　无數諸衆生　於此佛法中　種佛道因緣
尒時會中新發意菩薩八千人咸作是念我
等尚不聞諸大菩薩得如是記有何因緣而
諸聲聞得如是決尒時世尊知諸菩薩心之
所念而告之曰諸善男子我與阿難等於空
王佛所同時發阿耨多羅三藐三菩提心阿
難常樂多聞我常勤精進是故我已得成阿
耨多羅三藐三菩提而阿難護持我法亦護
將來諸佛法藏教化成就諸菩薩衆其本願
如是故獲斯記阿難面於佛前自聞授記及
國土莊嚴所願具足心大歡喜得未曾有即
時憶念過去无量千万億諸佛法藏通達无
礙如今所聞亦識本願尒時阿難而說偈言
世尊甚希有　令我念過去　无量諸佛法　如今日所聞
我今无復疑　安住於佛道　方便為侍者　護持諸佛法
尒時佛告羅睺羅汝於來世當得作佛号蹈
七寶華如來應供正遍知明行足善逝世間
解无上士調御丈夫天人師佛世尊當供養
十世界微塵等數諸佛如來常為諸佛而作
長子猶如今也是蹈七寶華佛國土莊嚴壽
命劫數所化弟子正法像法亦如山海慧自
在通王如來无異亦為此佛而作長子過是

十世界微塵等數諸佛如來常為諸佛而作
長子猶如今也是蹈七寶華佛國土莊嚴壽
命劫數所化弟子正法像法亦如山海慧自
在通王如來无異亦為此佛而作長子過是
已後當得阿耨多羅三藐三菩提尒時世尊
欲重宣此義而說偈言
我為太子時　羅睺為長子　我今成佛道　受法為法子
於未來世中　見无量億佛　皆為其長子　一心求佛道
羅睺羅密行　唯我能知之　現為我長子　以示諸衆生
无量億千万　功德不可數　安住於佛法　以求无上道
尒時世尊見學无學二千人其意柔軟寂然
清淨一心觀佛佛告阿難汝見是學无學二
千人不唯然已見阿難是諸人等當供養五
十世界微塵數諸佛如來恭敬尊重護持法
藏末後同時於十方國各得成佛皆同一号
名曰寶相如來應供正遍知明行足善逝世
間解无上士調御丈夫天人師佛世尊壽命
一劫國土莊嚴聲聞菩薩正法像法皆悉同
等尒時世尊欲重宣此義而說偈言
是二千聲聞　今於我前住　悉皆與授記　未來當成佛
所供養諸佛　如上說塵數　護持其法藏　後當成正覺
各於十方國　悉同一名号　俱時坐道場　以證无上慧
皆名為寶相　國土及弟子　正法與像法　悉等无有異
咸以諸神通　度十方衆生　名聞普周遍　漸入於涅槃
尒時學无學二千人聞佛授記歡喜踊躍而
說偈言
世尊慧燈明　我聞授記音　心歡喜充滿　如甘露見灌

皆名為寶相　國土及弟子　正法與像法　悉等无有異
咸以諸神通　度十方衆生　名聞普周遍　漸入於涅槃
尒時學无學二千人聞佛授記歡喜踊躍而
說偈言
世尊慧燈明　我聞授記音　心歡喜充滿　如甘露見灌
妙法蓮華經法師品第十
尒時世尊因藥王菩薩告八万大士藥王汝
見是大衆中无量諸天龍王夜叉乾闥婆阿
脩羅迦樓羅緊那羅摩睺羅伽人與非人及
比丘比丘尼優婆塞優婆夷求聲聞者求辟
支佛者求佛道者如是等類咸於佛前聞妙
法華經一偈一句乃至一念隨喜者我皆與
受記當得阿耨多羅三藐三菩提佛告藥王
又如來滅度之後若有人聞妙法華經乃至
一偈一句一念隨喜者我亦與受阿耨多羅
三藐三菩提記若復有人受持讀誦解說書
寫妙法華經乃至一偈於此經卷敬視如佛
種種供養華香瓔珞末香塗香燒香繒蓋幢
幡衣服伎樂乃至合掌恭敬藥王當知是諸
人等已曾供養十万億佛於諸佛所成就大
願愍衆生故生此人間藥王若有人問何等
衆生於未來世當得作佛應示是諸人等於
未來世必得作佛何以故若善男子善女人
於法華經乃至一句受持讀誦解說書寫種
種供養經卷華香瓔珞末香塗香燒香繒蓋
幢幡衣服伎樂合掌恭敬是人一切世間所
應瞻奉應以如來供養而供養之當知此人

BD04194 號　妙法蓮華經卷四　（24–4）

於法華經乃至一句受持讀誦解說書寫種
種供養經卷華香瓔珞末香塗香燒香繒蓋
幢幡衣服伎樂合掌恭敬是人一切世間所
應瞻奉應以如來供養而供養之當知此人
是大菩薩成就阿耨多羅三藐三菩提哀愍
衆生願生此間廣演分別妙法華經何況盡
能受持種種供養者藥王當知是人自捨清
淨業報於我滅度後愍衆生故生於惡世廣
演此經若是善男子善女人我滅度後能竊
為一人說法華經乃至一句當知是人則如
來使如來所遣行如來事何況於大衆中廣
為人說藥王若有惡人以不善心於一劫中
現於佛前常毀罵佛其罪尚輕若人以一惡
言毀呰在家出家讀誦法華經者其罪甚重
藥王其有讀誦法華經者當知是人以佛莊
嚴而自莊嚴則為如來肩所荷擔其所至方
應隨向礼一心合掌恭敬供養尊重讚歎華
香瓔珞末香塗香燒香繒蓋幢幡衣服餚饍
作諸伎樂人中上供而供養之應持天寶而
以散之天上寶聚應以奉獻所以者何是人
歡喜說法須臾聞之即得究竟阿耨多羅三
藐三菩提故尒時世尊欲重宣此義而說偈
言
若欲住佛道　成就自然智　常當勤供養　受持法華者
其有欲疾得　一切種智慧　當受持是經　并供養持者
若有能受持　妙法華經者　當知佛所使　愍念諸衆生
諸有能受持　妙法華經者　捨於清淨土　愍衆故生此

BD04194 號　妙法蓮華經卷四　（24–5）

若欲住佛道　成就自然智　常當勤供養　受持法華者
其有欲疾得　一切種智慧　當受持是經　并供養持者
若有能受持　妙法華經者　當知佛所使　愍念諸衆生
諸有能受持　妙法華經者　捨於清淨土　愍衆故生此
當知如是人　自在所欲生　能於此惡世　廣說无上法
應以天華香　及天寶衣服　天上妙寶聚　供養說法者
吾滅後惡世　能持是經者　當合掌礼敬　如供養世尊
上饌衆甘美　及種種衣服　供養是佛子　兾得須臾聞
若能於後世　受持是經者　我遣在人中　行於如來事
若於一劫中　常懷不善心　作色而罵佛　獲无量重罪
其有誦讀持　是法華經者　須臾加惡言　其罪復過彼
有人求佛道　而於一劫中　合掌在我前　以无數偈讚
由是讚佛故　得无量功德　歎美持經者　其福復過彼
於十八億劫　以最妙色聲　及與香味觸　供養持經者
如是供養已　若得須臾聞　則應自欣慶　我今獲大利
藥王今告汝　我所說諸經　而於此經中　法華經第一
尒時佛復告藥王菩薩摩訶薩我所說經典
无量千億已說今說當說而於其中此法華
經最為難信難解藥王此經是諸佛秘要之
藏不可分布妄授與人諸佛世尊之所守護
從昔已來未曾顯說而此經者如來現在猶
多怨嫉況滅度後藥王當知如來滅後其能
書持讀誦供養為他人說者如來則為以衣
覆之又為他方現在諸佛之所護念是人有
大信力及志願力諸善根力當知是人與如
來共宿則為如來手摩其頭藥王在在處處
若說若讀若誦若書若經卷所住處皆應起

BD04194 號　妙法蓮華經卷四

（24–6）

覆之又為他方現在諸佛之所護念是人有
大信力及志願力諸善根力當知是人與如
來共宿則為如來手摩其頭藥王在在處處
若說若讀若誦若書若經卷所住處皆應起
七寶塔極令高廣嚴飾不須復安舍利所以
者何此中已有如來全身此塔應以一切華
香瓔珞繒蓋幢幡伎樂歌頌供養恭敬尊重
讚歎若有人得見此塔礼拜供養當知是等
皆近阿耨多羅三藐三菩提藥王多有人在
家出家行菩薩道若不能得見聞讀誦書持
供養是法華經者當知是人未善行菩薩道
若有得聞是經典者乃能善行菩薩之道其
有衆生求佛道者若見若聞是法華經聞已
信解受持者當知是人得近阿耨多羅三藐
三菩提藥王譬如有人渴乏須水於彼高原
穿鑿求之猶見乾土知水尚遠施功不已轉
見濕土遂漸至泥其心決定知水必近菩薩
亦復如是若未聞未解未能修習是法華經
當知是人去阿耨多羅三藐三菩提尚遠若
得聞解思惟修習必知得近阿耨多羅三藐
三菩提所以者何一切菩薩阿耨多羅三藐
三菩提皆屬此經此經開方便門示真實相
是法華經藏深固幽遠无人能到今佛教化
成就菩薩而為開示藥王若有菩薩聞是法
華經驚疑怖畏當知是為新發意菩薩若聲
聞人聞是經驚疑怖畏當知是為增上慢者
藥王若有善男子善女人如來滅後欲為四

BD04194 號　妙法蓮華經卷四

（24–7）

是法華經藏深固幽遠无人能到今佛教化
成就菩薩而為開示藥王若有菩薩聞是法
華經驚疑怖畏當知是為新發意菩薩若聲
聞人聞是經驚疑怖畏當知是為增上慢者
藥王若有善男子善女人如來滅後欲為四
衆說是法華經者云何應說是善男子善女
人入如來室著如來衣坐如來座尒乃應為
四衆廣說斯經如來室者一切衆生中大慈
悲心是如來衣者柔和忍辱心是如來座者
一切法空是安住是中然後以不懈怠心為
諸菩薩及四衆廣說是法華經藥王我於餘
國遣化人為其集聽法衆亦遣化比丘比丘
尼優婆塞優婆夷聽其說法是諸化人聞法
信受隨順不逆若說法者在空閑處我時廣
遣天龍鬼神乾闥婆阿脩羅等聽其說法我
雖在異國時時令說法者得見我身若於此
經忘失句逗我還為說令得具足尒時世尊
欲重宣此義而說偈言
欲捨諸懈怠　應當聽此經　是經難得聞　信受者亦難
如人渴須水　穿鑿於高原　猶見乾燥土　知去水尚遠
漸見濕土泥　決定知近水　藥王汝當知　如是諸人等
不聞法華經　去佛智甚遠　若聞是深經　決了聲聞法
是諸經之王　聞已諦思惟　當知此人等　近於佛智慧
若人說此經　應入如來室　著於如來衣　而坐如來座
處衆无所畏　廣為分別說　大慈悲為室　柔和忍辱衣
諸法空為座　處此為說法　若說此經時　有人惡口罵
加刀杖瓦石　念佛故應忍　我千万億土　現淨堅固身
於无量億劫　為衆生說法　若我滅度後　能說此經者

BD04194號　妙法蓮華經卷四　（24–8）

是諸經之王　聞已諦思惟　當知此人等　近於佛智慧
若人說此經　應入如來室　著於如來衣　而坐如來座
處衆无所畏　廣為分別說　大慈悲為室　柔和忍辱衣
諸法空為座　處此為說法　若說此經時　有人惡口罵
加刀杖瓦石　念佛故應忍　我千万億土　現淨堅固身
於无量億劫　為衆生說法　若我滅度後　能說此經者
我遣化四衆　比丘比丘尼　及清信士女　供養於法師
引導諸衆生　集之令聽法　若人欲加惡　刀杖及瓦石
則遣變化人　為之作衛護　若說法之人　獨在空閑處
寂寞无人聲　誦讀此經典　我尒時為現　清淨光明身
若忘失章句　為說令通利　若人具是德　或為四衆說
空處誦讀經　皆得見我身　若人在空閑　我遣天龍王
夜叉鬼神等　為作聽法衆　是人樂說法　分別无罣礙
諸佛護念故　能令大衆喜　若親近法師　速得菩薩道
隨順是師學　得見恒沙佛
妙法蓮華經見寶塔品第十一
尒時佛前有七寶塔高五百由旬縱廣二百
五十由旬從地踊出住在空中種種寶物而
莊校之五千欄楯龕室千万无數幢幡以為
嚴飾垂寶瓔珞寶鈴万億而懸其上四面皆
出多摩羅跋栴檀之香充遍世界其諸幡蓋
以金銀瑠璃車璖馬瑙真珠玫瑰七寶合成
高至四天王宮三十三天雨天曼陁羅華供
養寶塔餘諸天龍夜叉乾闥婆阿脩羅迦樓
羅緊那羅摩睺羅伽人非人等千万億衆以
一切華香瓔珞幡蓋伎樂供養寶塔恭敬尊
重讚歎尒時寶塔中出大音聲歎言善哉善

BD04194號　妙法蓮華經卷四　（24–9）

三十三天雨天曼陀羅華供
養寶塔餘諸天龍夜叉乾闥婆阿脩羅迦樓
羅緊那羅摩睺羅伽人非人等千万億衆以
一切華香瓔珞幡蓋伎樂供養寶塔恭敬尊
重讃歎尒時寶塔中出大音聲歎言善哉善
哉釋迦牟尼世尊能以平等大慧教菩薩法
佛所護念妙法華經為大衆說如是如是釋
迦牟尼世尊如所說者皆是真實尒時四衆
見大寶塔住在空中又聞塔中所出音聲皆
得法喜怪未曾有從座而起恭敬合掌却住
一面尒時有菩薩摩訶薩名大樂說知一切
世間天人阿脩羅等心之所疑而白佛言世
尊以何因緣有此寶塔從地踊出又於其中
發是音聲尒時佛告大樂說菩薩此寶塔中
有如來全身乃往過去東方无量千万億阿
僧祇世界國名寶淨彼中有佛号曰多寶其
佛行菩薩道時作大誓願若我成佛滅度之
後於十方國土有說法華經處我之塔廟為
聽是經故踊現其前為作證明讃言善哉彼
佛成道已臨滅度時於天人大衆中告諸比
丘我滅度後欲供養我全身者應起一大塔
其佛神通願力十方世界在在處處若有說
法華經者彼之寶塔皆踊出其前全身在於
塔中讃言善哉善哉大樂說今多寶如來塔
聞說法華經故從地踊出讃言善哉善哉是時
大樂說菩薩以如來神力故白佛言世尊
我等願欲見此佛身佛告大樂說菩薩摩訶
薩是

BD04194號　妙法蓮華經卷四　（24–10）

塔中讃言善哉善哉大樂說今多寶如來塔
聞說法華經故從地踊出讃言善哉善哉是時
大樂說菩薩以如來神力故白佛言世尊
我等願欲見此佛身佛告大樂說菩薩摩訶
薩是多寶佛有深重願若我寶塔為聽法華
經故出於諸佛前時其有欲以我身示四衆
者彼佛分身諸佛在於十方世界說法盡還
集一處然後我身乃出現耳大樂說我分身
諸佛在於十方世界說法者今應當集大樂
說白佛言世尊我等亦願欲見世尊分身諸
佛礼拜供養尒時佛放白毫一光即見東方
五百万億那由他恒河沙等國土諸佛彼諸
國土皆以頗梨為地寶樹寶衣以為莊嚴无
數千万億菩薩充滿其中遍張寶幔寶網羅
上彼國諸佛以大妙音而說諸法及見无量
万億菩薩遍滿諸國為衆說法南西北方四
維上下白毫相光所照之處亦復如是尒時
十方諸佛各告衆菩薩言善男子我今應往
娑婆世界釋迦牟尼佛所并供養多寶如來
寶塔時娑婆世界即變清淨琉璃為地寶樹
莊嚴黃金為繩以界八道无諸聚落村營城
邑大海江河山川林藪燒大寶香曼陀羅華
遍布其地以寶網幔羅覆其上懸諸寶鈴唯
留此會衆移諸天人置於他土是時諸佛各
將一大菩薩以為侍者至娑婆世界各到寶
樹下一一寶樹高五百由旬枝葉華菓次第
莊嚴諸寶樹下皆有師子之座高五由旬亦

BD04194號　妙法蓮華經卷四　（24–11）

将一大菩薩以為侍者至娑婆世界各到寶
樹下一一寶樹高五百由旬枝葉華果次第
荘嚴諸寶樹下皆有師子之座高五由旬亦
以大寶而校飾之尒時諸佛各於此座結加
趺坐如是展轉遍滿三千大千世界而於釋
迦牟尼佛一方所分之身猶故未盡時釋迦
牟尼佛欲容受所分身諸佛故八方各更變
二百万億那由他國皆令清淨无有地獄餓
鬼畜生及阿脩羅又移諸天人置於他土所
化之國亦以瑠璃為地寶樹荘嚴樹高五百
由旬枝葉華果次第嚴飾樹下皆有寶師子
座高五由旬種種諸寶以為荘校亦无大海
江河及目真隣陁山摩訶目真隣陁山鐵圍
山大鐵圍山須弥山等諸山王通為一佛國
土寶地平正寶交露幔遍覆其上懸諸幡蓋
燒大寶香諸天寶華遍布其地釋迦牟尼佛
為諸佛當来坐故復於八方各變二百万億
那由他國皆令清淨无有地獄餓鬼畜生及
阿脩羅又移諸天人置於他土所化之國亦
以琉璃為地寶樹荘嚴樹高五百由旬枝葉
華果次第荘嚴樹下皆有寶師子座高五由
旬亦以大寶而校飾之亦无大海江河及目
真隣陁山摩訶目真隣陁山鐵圍山大鐵圍
山須弥山等諸山王通為一佛國土寶地平
正寶交露幔遍覆其上懸諸幡蓋燒大寶香
諸天寶華遍布其地尒時東方釋迦牟尼所

BD04194號　妙法蓮華經卷四　（24–12）

真隣陁山摩訶目真隣陁山鐵圍山大鐵圍
山須弥山等諸山王通為一佛國土寶地平
正寶交露幔遍覆其上懸諸幡蓋燒大寶香
諸天寶華遍布其地尒時東方釋迦牟尼所
分之身百千万億那由他恒河沙等國土中
諸佛各各說法来集於此如是次第十方諸
佛皆悉来集坐於八方尒時一一方四百万
億那由他國土諸佛如来遍滿其中是時諸
佛各在寶樹下坐師子座皆遣侍者問訊釋
迦牟尼佛各賷寶華滿掬而告之言善男子
汝往詣耆闍崛山釋迦牟尼佛所如我辭曰
少病少惱氣力安樂及菩薩聲聞衆悉安隱
不以此寶華散佛供養而作是言彼某甲佛
與欲開此寶塔諸佛遣使亦復如是尒時釋
迦牟尼佛見所分身佛悉已来集各各坐於
師子之座皆聞諸佛與欲同開寶塔即從座
起住虚空中一切四衆起立合掌一心觀佛
於是釋迦牟尼佛以右指開七寶塔戶出大
音聲如却關鑰開大城門即時一切衆會皆
見多寶如来於寶塔中坐師子座全身不散
如入禪定又聞其言善哉善哉釋迦牟尼佛
快說是法華經我為聽是經故而來至此尒
時四衆等見過去无量千万億劫滅度佛說
如是言歎未曾有以天寶華聚散多寶佛及
釋迦牟尼佛上尒時多寶佛於寶塔中分半
座與釋迦牟尼佛而作是言釋迦牟尼佛可
就此座即時釋迦牟尼佛入其塔中坐其半

BD04194號　妙法蓮華經卷四　（24–13）

快說是法華經我為聽是經故而來至此尒
時四衆等見過去无量千万億劫滅度佛說
如是言歎未曾有以天寶華聚散多寶佛及
釋迦牟尼佛上尒時多寶佛於寶塔中分半
座與釋迦牟尼佛而作是言釋迦牟尼佛可
就此座即時釋迦牟尼佛入其塔中坐其半
座結加趺坐尒時大衆見二如來在七寶塔
中師子座上結加趺坐各作是念佛座高遠
唯願如來以神通力令我等輩俱處虛空即
時釋迦牟尼佛以神通力接諸大衆皆在虛
空以大音聲普告四衆誰能於此娑婆國土
廣說妙法華經今正是時如來不久當入涅
槃佛欲以此妙法華經付囑有在尒時世尊
欲重宣此義而說偈言
聖主世尊　雖久滅度　在寶塔中　尚為法來
諸人云何　不勤為法　此佛滅度　无央數劫
處處聽法　以難遇故　彼佛本願　我滅度後
在在所往　常為聽法　又我分身　无量諸佛
如恒沙等　來欲聽法　及見滅度　多寶如來
各捨妙土　及弟子衆　天人龍神　諸供養事
令法久住　故來至此　為坐諸佛　以神通力
移无量衆　令國清淨　諸佛各各　詣寶樹下
如清淨池　蓮華莊嚴　其寶樹下　諸師子座
佛坐其上　光明嚴飾　如夜暗中　然大炬火
身出妙香　遍十方國　衆生蒙熏　喜不自勝
譬如大風　吹小樹枝　以是方便　令法久住
告諸大衆　我滅度後　誰能護持　讀說斯經

BD04194號　妙法蓮華經卷四　（24–14）

佛坐其上　光明嚴飾　如夜暗中　然大炬火
身出妙香　遍十方國　衆生蒙熏　喜不自勝
譬如大風　吹小樹枝　以是方便　令法久住
告諸大衆　我滅度後　誰能護持　讀說斯經
今於佛前　自說誓言　其多寶佛　雖久滅度
以大誓願　而師子吼　多寶如來　及與我身
所集化佛　當知此意　諸佛子等　誰能護法
當發大願　令得久住　其有能護　此經法者
則為供養　我及多寶　此多寶佛　處於寶塔
常遊十方　為是經故　亦復供養　諸來化佛
莊嚴光飾　諸世界者　若說此經　則為見我
多寶如來　及諸化佛　諸善男子　各諦思惟
此為難事　宜發大願　諸餘經典　數如恒沙
雖說此等　未足為難　若接須彌　擲置他方
无數佛土　亦未為難　若以足指　動大千界
遠擲他國　亦未為難　若立有頂　為衆演說
无量餘經　亦未為難　若佛滅後　於惡世中
能說此經　是則為難　假使有人　手把虛空
而以遊行　亦未為難　於我滅後　若自書持
若使人書　是則為難　若以大地　置足甲上
昇於梵天　亦未為難　佛滅度後　於惡世中
暫讀此經　是則為難　假使劫燒　擔負乾草
入中不燒　亦未為難　我滅度後　若持此經
為一人說　是則為難　若持八万　四千法藏
十二部經　為人演說　令諸聽者　得六神通
雖能如是　亦未為難　於我滅後　聽受此經
問其義趣　是則為難　若人說法　令千万億

BD04194號　妙法蓮華經卷四　（24–15）

為一人說 是則為難 若持八万 四千法藏
十二部經 為人演說 令諸聽者 得六神通
雖能如是 亦未為難 於我滅後 聽受此經
問其義趣 是則為難 若人說法 令千万億
无量无數 恒沙衆生 得阿羅漢 具六神通
雖有是益 亦未為難 於我滅後 若能奉持
如斯經典 是則為難 我為佛道 於无量土
從始至今 廣說諸經 而於其中 此經第一
若有能持 則持佛身 諸善男子 於我滅後
誰能護持 讀誦此經 今於佛前 自說誓言
此經難持 若暫持者 我則歡喜 諸佛亦然
如是之人 諸佛所歎 是則勇猛 是則精進
是名持戒 行頭陁者 則為疾得 无上佛道
能於來世 讀持此經 是真佛子 住淳善地
佛滅度後 能解其義 是諸天人 世間之眼
於恐畏世 能須臾說 一切天人 皆應供養
妙法蓮華經提婆達多品第十二
尒時佛告諸菩薩及天人四衆吾於過去无
量劫中求法華經无有懈惓於多劫中常作
國王發願求於无上菩提心不退轉為欲滿
足六波羅蜜勤行布施心无悋惜象馬七珎
國城妻子奴婢僕從頭目髓腦身肉手足不
惜軀命時世人民壽命无量為於法故損捨
國位委政太子擊皷宣令四方求法誰能為
我說大乘者吾當終身供給走使時有仙人
來白王言我有大乘名妙法華若不違我當

BD04194 號　妙法蓮華經卷四

（24–16）

惜軀命時世人民壽命无量為於法故損捨
國位委政太子擊皷宣令四方求法誰能為
我說大乘者吾當終身供給走使時有仙人
來白王言我有大乘名妙法華若不違我當
為宣說王聞仙言歡喜踊躍即隨仙人供給
所須採果汲水拾薪設食乃至以身而為床
座身心无惓于時奉事經於千歲為於法故
精勤給侍令无所乏尒時世尊欲重宣此義
而說偈言
我念過去劫 為求大法故 雖作世國王 不貪五欲樂
椎鍾告四方 誰有大法者 若為我解說 身當為奴僕
時有阿私仙 來白於大王 我有微妙法 世間所希有
若能脩行者 吾當為汝說 時王聞仙言 心生大喜悅
即便隨仙人 供給於所須 採薪及果蓏 隨時恭敬與
情存妙法故 身心无懈惓 普為諸衆生 勤求於大法
亦不為己身 及以五欲樂 故為大國王 勤求獲此法
遂致得成佛 今故為汝說
佛告諸比丘尒時王者則我身是時仙人者
今提婆達多是由提婆達多善知識故令我
具足六波羅蜜慈悲喜捨三十二相八十種
好紫磨金色十力四无所畏四攝法十八不
共神通道力成等正覺廣度衆生皆因提婆
達多善知識故告諸四衆提婆達多却後過
无量劫當得成佛号曰天王如來應供正遍
知明行足善逝世間解无上士調御丈夫天
人師佛世尊世界名天道時天王佛住世二
十中劫廣為衆生說於妙法恒河沙衆生得

BD04194 號　妙法蓮華經卷四

（24–17）

達多善知識故告諸四衆提婆達多却後過
无量劫當得成佛号曰天王如來應供正遍
知明行足善逝世間解无上士調御丈夫天
人師佛世尊世界名天道時天王佛住世二
十中劫廣為衆生說於妙法恒河沙衆生得
阿羅漢果无量衆生發緣覺心恒河沙衆生
發无上道心得无生忍至不退轉時天王佛
般涅槃後正法住世二十中劫全身舍利起
七寶塔高六十由旬縱廣四十由旬諸天人
民悉以雜華末香燒香塗香衣服瓔珞幢幡
寶蓋伎樂歌頌禮拜供養七寶妙塔无量衆
生得阿羅漢果无量衆生悟辟支佛不可思議
衆生發菩提心至不退轉佛告諸比丘未來
世中若有善男子善女人聞妙法華經提婆
達多品淨心信敬不生疑惑者不墮地獄餓
鬼畜生生十方佛前所生之處常聞此經若
生人天中受勝妙樂若在佛前蓮華化生於
時下方多寶世尊所從菩薩名曰智積白多
寶佛當還本土釋迦牟尼佛告智積曰善男
子且待須臾此有菩薩名文殊師利可與相
見論說妙法可還本土尒時文殊師利坐千
葉蓮華大如車輪俱來菩薩亦坐寶華從於
大海娑竭龍宮自然踊出住虛空中詣靈鷲
山從蓮華下至於佛所頭面敬禮二世尊足
脩敬已畢往智積所共相慰問却坐一面智
積菩薩問文殊師利仁往龍宮所化衆生其
數幾何文殊師利言其數无量不可稱計非

BD04194號　妙法蓮華經卷四　（24–18）

大海娑竭龍宮自然踊出住虛空中詣靈鷲
山從蓮華下至於佛所頭面敬禮二世尊足
脩敬已畢往智積所共相慰問却坐一面智
積菩薩問文殊師利仁往龍宮所化衆生其
數幾何文殊師利言其數无量不可稱計非
口所宣非心所測且待須臾自當有證所言
未竟无數菩薩坐寶蓮華從海踊出詣靈鷲
山住在虛空此諸菩薩皆是文殊師利之所
化度具菩薩行皆共論說六波羅蜜本聲聞
人在虛空中說聲聞行今皆脩行大乘空義
文殊師利謂智積曰於海教化其事如是尒
時智積菩薩以偈讚曰
大智德勇猛　化度无量衆　今此諸大會　及我皆已見
演暢實相義　開闡一乘法　廣度諸羣生　令速成菩提
文殊師利言我於海中唯常宣說妙法華經
智積問文殊師利言此經甚深微妙諸經中
寶世所希有頗有衆生勤加精進脩行此經
速得佛不文殊師利言有娑竭羅龍王女年
始八歲智慧利根善知衆生諸根行業得陁
羅尼諸佛所說甚深秘藏悉能受持深入禪
定了達諸法於剎那頃發菩提心得不退轉
辯才无礙慈念衆生猶如赤子功德具足心
念口演微妙廣大慈悲仁讓志意和雅能
至菩提智積菩薩言我見釋迦如來於无量劫
難行苦行積功累德求菩提道未曾止息觀
三千大千世界乃至无有如芥子許非是菩
薩捨身命處為衆生故然後乃得成菩提道

BD04194號　妙法蓮華經卷四　（24–19）

定了達諸法於刹那頃發菩提心得不退轉
辯才无礙慈念衆生猶如赤子功德具足心
念口演微妙廣大慈悲仁讓志意和雅能
至菩提智積菩薩言我見釋迦如來於无量劫
難行苦行積功累德求菩薩道未曾止息觀
三千大千世界乃至无有如芥子許非是菩
薩捨身命處為衆生故然後乃得成菩提道
不信此女於須臾頃便成正覺言論未訖時
龍王女忽現於前頭面礼敬却住一面以偈
讚曰
深達罪福相　遍照於十方　微妙淨法身　具相三十二
以八十種好　用莊嚴法身　天人所戴仰　龍神咸恭敬
一切衆生類　无不宗奉者　又聞成菩提　唯佛當證知
我闡大乘教　度脫苦衆生
時舍利弗語龍女言汝謂不久得无上道是
事難信所以者何女身垢穢非是法器云何
能得无上菩提佛道懸曠經无量劫勤苦積
行具脩諸度然後乃成又女人身猶有五障
一者不得作梵天王二者帝釋三者魔王四
者轉輪聖王五者佛身云何女身速得成佛
尒時龍女有一寶珠價直三千大千世界持
以上佛佛即受之龍女謂智積菩薩尊者舍
利弗言我獻寶珠世尊納受是事疾不荅言
甚疾女言以汝神力觀我成佛復速於此當
時衆會皆見龍女忽然之間變成男子具菩
薩行即往南方无垢世界坐寶蓮華成等正
覺三十二相八十種好普為十方一切衆生

甚疾女言以汝神力觀我成佛復速於此當
時衆會皆見龍女忽然之間變成男子具菩
薩行即往南方无垢世界坐寶蓮華成等正
覺三十二相八十種好普為十方一切衆生
演說妙法尒時娑婆世界菩薩聲聞天龍八
部人與非人皆遙見彼龍女成佛普為時會
人天說法心大歡喜悉遙敬礼无量衆生聞
法解悟得不退轉无量衆生得受道記无垢
世界六反震動娑婆世界三千衆生住不退
地三千衆生發菩提心而得受記智積菩薩
及舍利弗一切衆會嘿然信受
妙法蓮華經勸持品第十三
尒時藥王菩薩摩訶薩及大樂說菩薩摩訶
薩與二万菩薩眷屬俱皆於佛前作是誓言
唯願世尊不以為慮我等於佛滅後當奉持
讀誦說此經典後惡世衆生善根轉少多增
上慢貪利供養增不善根遠離解脫雖難可
教化我等當起大忍力讀誦此經持說書寫
種種供養不惜身命尒時衆中五百阿羅漢
得受記者白佛言世尊我等亦自誓願於異
國土廣說此經復有學无學八千人得受記
者從座而起合掌向佛作是誓言世尊我等
亦當於他國土廣說此經所以者何是娑婆
國中人多弊惡懷增上慢功德淺薄瞋濁諂
曲心不實故尒時佛姨母摩訶波闍波提比
丘尼與學无學比丘尼六千人俱從座而起
一心合掌瞻仰尊顏目不暫捨於時世尊告

者從座而起合掌向佛作是誓言世尊我等
亦當於他國土廣說此經所以者何是娑婆
國中人多弊惡懷增上慢功德淺薄瞋濁諂
曲心不實故尒時佛姨母摩訶波闍波提比
丘尼與學无學比丘尼六千人俱從座而起
一心合掌瞻仰尊顏目不暫捨於時世尊告
憍曇弥何故憂色而視如來汝心將无謂我
不說汝名授阿耨多羅三藐三菩提記耶憍
曇弥我先總說一切聲聞皆已授記今汝欲
知記者將來之世當於六万八千億諸佛法
中為大法師及六千學无學比丘尼俱為法
師汝如是漸漸具菩薩道當得作佛號一切
眾生喜見如來應供正遍知明行足善逝世
間解无上士調御丈夫天人師佛世尊憍曇
弥是一切眾生喜見佛及六千菩薩轉次授
記得阿耨多羅三藐三菩提尒時羅睺羅母
耶輸陀羅比丘尼作是念世尊於授記中獨
不說我名佛告耶輸陀羅汝於來世百万億
諸佛法中脩菩薩行為大法師漸具佛道於
善國中當得作佛號具足千万光相如來應
供正遍知明行足善逝世間解无上士調御
丈夫天人師佛世尊佛壽无量阿僧祇劫尒
時摩訶波闍波提比丘尼及耶輸陀羅比丘
尼并其眷屬皆大歡喜得未曾有即於佛前
而說偈言
世尊導師　安隱天人　我等聞記　心安具足
諸比丘尼說是偈已白佛言世尊我等亦能

尼并其眷屬皆大歡喜得未曾有即於佛前
而說偈言
世尊導師　安隱天人　我等聞記　心安具足
諸比丘尼說是偈已白佛言世尊我等亦能
於他方國土廣宣此經尒時世尊視八十万
億那由他諸菩薩摩訶薩是諸菩薩皆是阿
惟越致轉不退法輪得諸陀羅尼即從座起
至於佛前一心合掌而作是念若世尊告勅
我等持說此經者當如佛教廣宣斯法復作
是念佛今嘿然不見告勅我當云何時諸菩
薩敬順佛意并欲自滿本願便於佛前作師
子吼而發誓言世尊我等於如來滅後周旋
往反十方世界能令眾生書寫此經受持讀
誦解說其義如法脩行正憶念皆是佛之威
力唯願世尊在於他方遙見守護即時諸菩
薩俱同發聲而說偈言
唯願不為慮　於佛滅度後　恐怖惡世中　我等當廣說
有諸无智人　惡口罵詈等　及加刀杖者　我等皆當忍
惡世中比丘　邪智心諂曲　未得謂為得　我慢心充滿
或有阿練若　納衣在空閑　自謂行真道　輕賤人間者
貪著利養故　與白衣說法　為世所恭敬　如六通羅漢
是人懷惡心　常念世俗事　假名阿練若　好出我等過
而作如是言　此諸比丘等　為貪利養故　說外道論議
自作此經典　誑惑世間人　為求名聞故　分別於是經
常在大眾中　欲毀我等故　向國王大臣　婆羅門居士
及餘比丘眾　誹謗說我惡　謂是邪見人　說外道論議
我等敬佛故　悉忍是諸惡　為斯所輕言　汝等皆是佛

或有阿練若　納衣在空閑　自謂行真道　輕賤人間者
貪着利養故　與白衣說法　為世所恭敬　如六通羅漢
是人懷惡心　常念世俗事　假名阿練若　好出我等過
而作如是言　此諸比丘等　為貪利養故　說外道論議
自作此經典　誑惑世間人　為求名聞故　分別於是經
常在大眾中　欲毀我等故　向國王大臣　婆羅門居士
及餘比丘眾　誹謗說我惡　謂是邪見人　說外道論議
我等敬佛故　悉忍是諸惡　為斯所輕言　汝等皆是佛
如此輕慢言　皆當忍受之　濁劫惡世中　多有諸恐怖
惡鬼入其身　詈罵毀辱我　我等敬信佛　當著忍辱鎧
為說是經故　忍此諸難事　我不愛身命　但惜无上道
我等於來世　護持佛所囑　世尊自當知　濁世惡比丘
不知佛方便　隨宜所說法　惡口而顰蹙　數數見擯出
遠離於塔寺　如是等眾惡　念佛告勅故　皆當忍是事
諸聚落城邑　其有求法者　我皆到其所　說佛所囑法
我是世尊使　處眾无所畏　我當善說法　願佛安隱住
我於世尊前　諸來十方佛　發如是誓言　佛自知我心

妙法蓮華經卷第四

BD04194 號　妙法蓮華經卷四　（24–24）

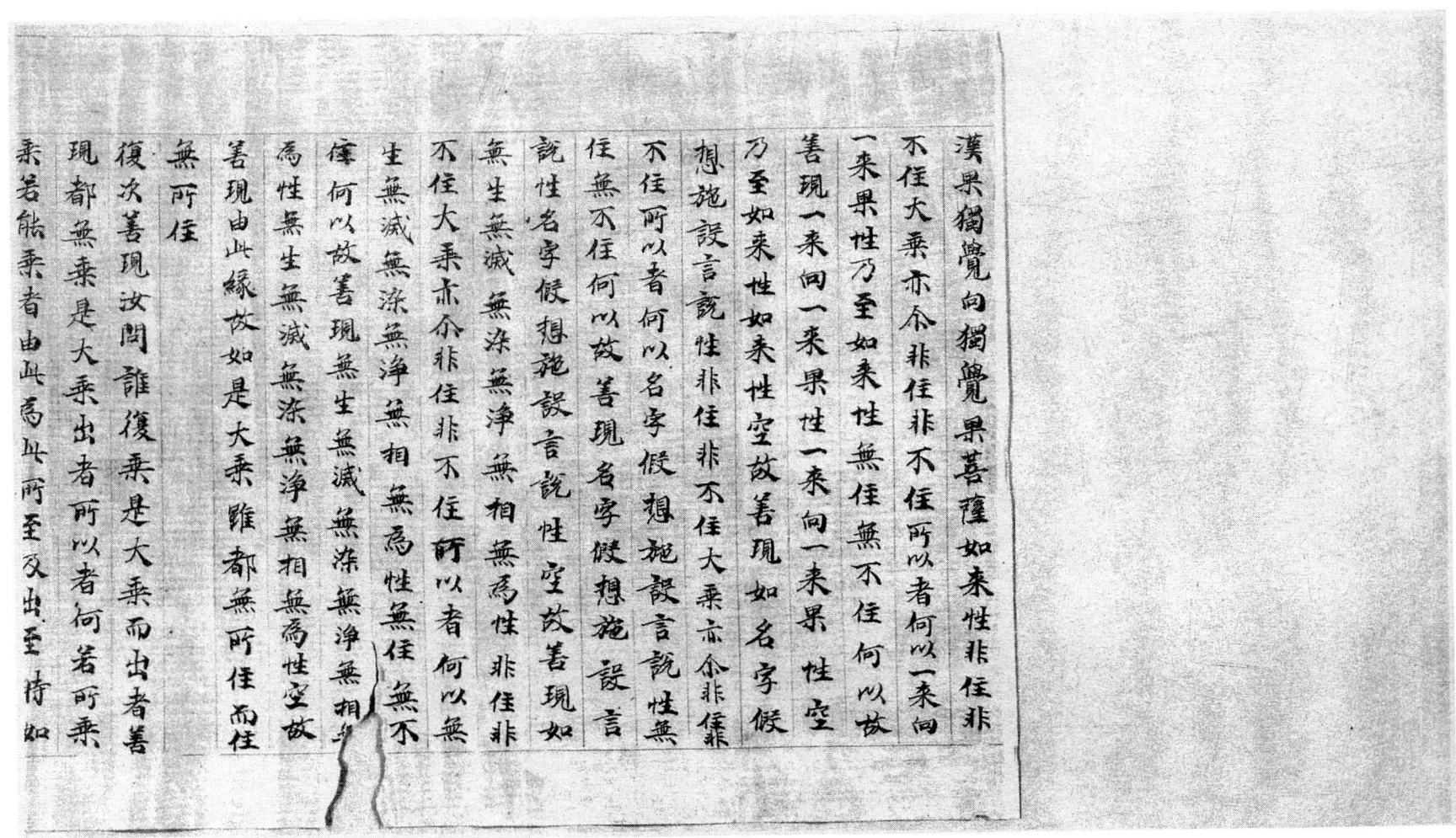

漢果獨覺向獨覺果菩薩如來性非住非
不住大乘亦尒非住非不住所以者何以一來向
一來果性乃至如來性無住無不住何以故
善現一來向一來果性一來向一來果性空
乃至如來性如來性空故善現如名字假
想施設言說性非住非不住大乘亦尒非住非
不住所以者何以名字假想施設言說性無
住無不住何以故善現名字假想施設言
說性名字假想施設言說性空故善現如
無生無滅無染無淨無相無為性非住非
不住大乘亦尒非住非不住所以者何以無
生無滅無染無淨無相無為性無住無不
住何以故善現無生無滅無染無淨無相無
為性無生無滅無染無淨無相無為性空故
善現由此緣故如是大乘雖都無所住而住
無所住
復次善現汝問誰復乘是大乘而出者善
現都無乘是大乘出者所以者何若所乘
乘若能乘者由此為此所至及出至時如

BD04195 號　大般若波羅蜜多經卷五五　（2–1）

說性名字假想施設言說性空故善現如
無生無滅無染無淨無相無為性非住非
不住大乘亦介非住非不住所以者何以無
生無滅無染無淨無相無為性無住無不
住何以故善現無生無滅無染無淨無相無
為性無生無滅無染無淨無相無為性空故
善現由此緣故如是大乘雖都無所住而住
無所住
復次善現汝問誰復乘是大乘而出者善
現都無乘是大乘出者所以者何若所乘
乘若能乘者由此為此所至及出至時如
是一切皆無所有都不可得何以故善現以一
切法皆無所有都不可得畢竟淨故如何可
言有乘乘者由為出至及出至時善現當
知我無所有不可得故乘大乘者亦不可得
所以者何畢竟淨故如是有情命者生者養
者士夫補特伽羅意生儒童作者使作者起者
使起者受者使受者知者見者無所有不可
得故乘大乘者亦不可得所以者何畢竟淨
故善現當知真如無所有不可得故乘大乘

BD04195號　大般若波羅蜜多經卷五五　（2–2）

流
流

BD04195號背　雜寫　（1–1）

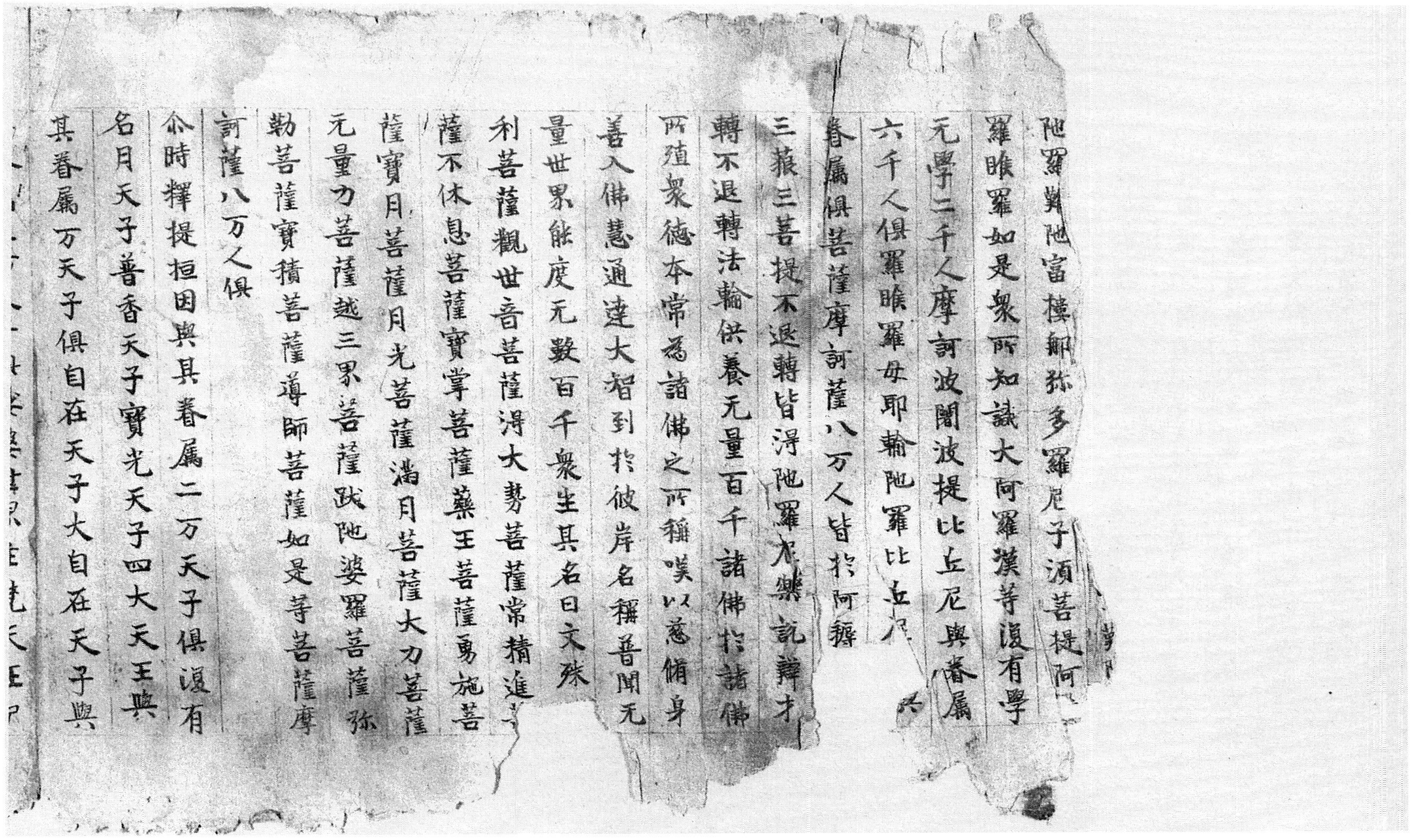

陁羅難陁富樓那弥多羅尼子須菩提阿
羅睺羅如是衆所知識大阿羅漢等復有學
无學二千人摩訶波闍波提比丘尼與眷屬
六千人俱羅睺羅母耶輸陁羅比丘尼
眷屬俱菩薩摩訶薩八万人皆於阿耨
三藐三菩提不退轉皆得陁羅尼樂説辯才
轉不退轉法輪供養无量百千諸佛於諸佛
所殖衆德本常為諸佛之所稱嘆以慈脩身
善入佛慧通達大智到於彼岸名稱普聞无
量世界能度无數百千衆生其名曰文殊
利菩薩觀世音菩薩得大勢菩薩常精進
薩不休息菩薩寶掌菩薩藥王菩薩勇施菩
薩寶月菩薩月光菩薩滿月菩薩大力菩薩
无量力菩薩越三界菩薩跋陁婆羅菩薩弥
勒菩薩寶積菩薩導師菩薩如是等菩薩摩
訶薩八万人俱
尒時釋提桓因與其眷屬二万天子俱復有
名月天子普香天子寶光天子四大天王與
其眷屬万天子俱自在天子大自在天子與

BD04196號　妙法蓮華經卷一　（7–1）

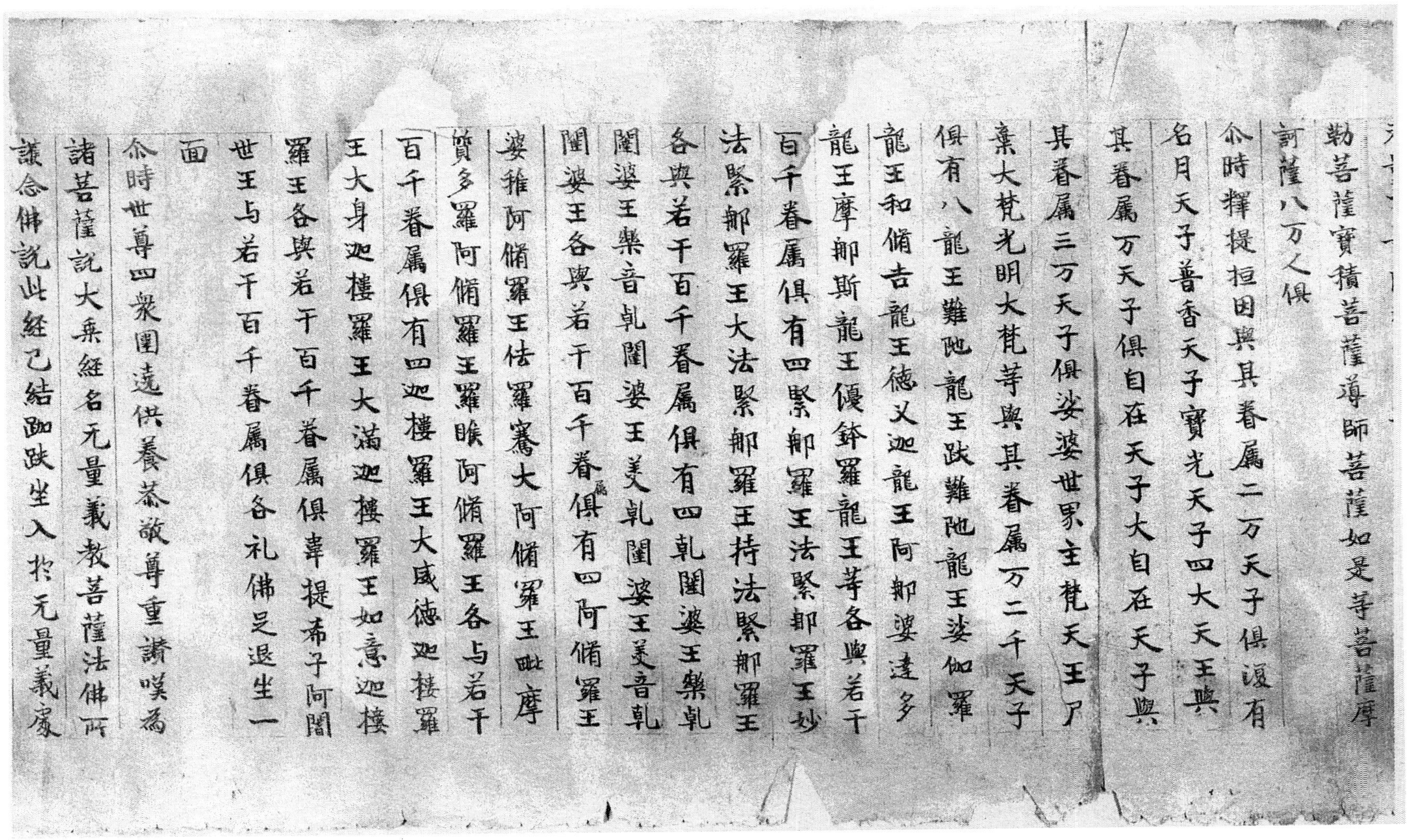

勒菩薩寶積菩薩導師菩薩如是等菩薩摩
訶薩八万人俱
尒時釋提桓因與其眷屬二万天子俱復有
名月天子普香天子寶光天子四大天王與
其眷屬万天子俱自在天子大自在天子與
其眷屬三万天子俱娑婆世界主梵天王尸
棄大梵光明大梵等與其眷屬万二千天子
俱有八龍王難陁龍王跋難陁龍王娑伽羅
龍王和脩吉龍王德叉迦龍王阿那婆達多
龍王摩那斯龍王優鉢羅龍王等各與若干
百千眷屬俱有四緊那羅王法緊那羅王妙
法緊那羅王大法緊那羅王持法緊那羅王
各與若干百千眷屬俱有四乾闥婆王樂乾
闥婆王樂音乾闥婆王美乾闥婆王美音乾
闥婆王各與若干百千眷屬俱有四阿脩羅王
婆稚阿脩羅王佉羅騫䭾阿脩羅王毗摩
質多羅阿脩羅王羅睺阿脩羅王各与若干
百千眷屬俱有四迦樓羅王大威德迦樓羅
王大身迦樓羅王大滿迦樓羅王如意迦樓
羅王各與若干百千眷屬俱韋提希子阿闍
世王与若干百千眷屬俱各礼佛足退坐一
面
尒時世尊四衆圍遶供養恭敬尊重讚嘆為
諸菩薩説大乘經名无量義教菩薩法佛所
護念佛説此經已結跏趺坐入於无量義處

BD04196號　妙法蓮華經卷一　（7–2）

面
尒時世尊四衆圍遶供養恭敬尊重讚嘆為
諸菩薩說大乘經名无量義教菩薩法佛所
護念佛說此經已結加趺坐入於无量義處
三昧身心不動是時天雨曼陀羅華摩訶曼
陀羅華曼殊沙華摩訶曼殊沙華而散佛上
及諸大衆普佛世界六種震動尒時會中比
丘比丘尼優婆塞優婆夷天龍夜叉乾闥婆
阿脩羅迦樓羅緊那羅摩睺羅伽人非人及
諸小王轉輪聖王是諸大衆得未曾有歡喜
合掌一心觀佛尒時佛放眉間白毫相光照
東方万八千世界靡不周遍下至阿鼻地獄
上至阿迦尼吒天於此世界盡見彼土六趣
衆生又見彼土現在諸佛及聞諸佛所說經
法并見彼諸比丘比丘尼優婆塞優婆夷諸
脩行得道者復見諸菩薩摩訶薩種種因
緣種種信解種種相貌行菩薩道復見諸佛
般涅槃者復見諸佛般涅槃後以佛舍利起
七寶塔
尒時弥勒菩薩作是念今者世尊現神變相
以何因緣而有此瑞今佛世尊入于三昧是
不可思議現希有事當以問誰誰能荅者復
作此念是文殊師利法王之子已曾親近供
養過去无量諸佛必應見此希有之相我今
當問尒時比丘比丘尼優婆塞優婆夷及諸

以何因緣而有此瑞今佛世尊入于三昧是
不可思議現希有事當以問誰誰能荅者復
作此念是文殊師利法王之子已曾親近供
養過去无量諸佛必應見此希有之相我今
當問尒時比丘比丘尼優婆塞優婆夷及諸
天龍鬼神等咸作此念是佛光明神通之相
今當問誰尒時弥勒菩薩欲自決疑又觀四
衆比丘比丘尼優婆塞優婆夷及諸天龍鬼
神等衆會之心而問文殊師利言以何因緣
而有此瑞神通之相放大光明照于東方万
八千土悉見彼佛國界莊嚴於是弥勒菩薩
欲重宣此義以偈問曰
文殊師利　導師何故　眉間白毫　大光普照
雨曼陀羅　曼殊沙華　栴檀香風　悅可衆心
以是因緣　地皆嚴淨　而此世界　六種震動
時四部衆　咸皆歡喜　身意快然　得未曾有
眉間光明　照于東方　万八千土　皆如金色
從阿鼻獄　上至有頂　諸世界中　六道衆生
生死所趣　善惡業緣　受報好醜　於此悉見
又覩諸佛　聖主師子　演說經典　微妙第一
其聲清淨　出柔軟音　教諸菩薩　无數億万
梵音深妙　令人樂聞　各於世界　講說正法
種種因緣　以无量喻　照明佛法　開悟衆生
若人遭苦　厭老病死　為說涅槃　盡諸苦際
若人有福　曾供養佛　志求勝法　為說緣覺

具聲清淨　出柔軟音　教諸菩薩　无數億万
梵音深妙　令人樂聞　各於世界　講說正法
種種因緣　以无量喻　照明佛法　開悟衆生
若人遭苦　厭老病死　為說涅槃　盡諸苦際
若人有福　曾供養佛　志求勝法　為說緣覺
若有佛子　脩種種行　求无上慧　為說淨道
文殊師利　我住於此　見聞若斯　及千億事
如是衆多　今當略說
我見彼土　恒沙菩薩　種種因緣　而求佛道
或有行施　金銀珊瑚　真珠摩尼　車𤦲馬瑙
金剛諸珎　奴婢車乘　寶飾輦輿　歡喜布施
迴向佛道　願得是乘　三界第一　諸佛所嘆
或有菩薩　駟馬寶車　欄楯華蓋　軒飾布施
復見菩薩　身肉手足　及妻子施　求无上道
又見菩薩　頭目身體　欣樂施與　求佛智慧
文殊師利　我見諸王　往詣佛所　問无上道
便捨樂土　宮殿臣妾　剃除鬚髮　而被法服
或見菩薩　而作比丘　獨處閑靜　樂誦經典
又見菩薩　勇猛精進　入於深山　思惟佛道
又見離欲　常處空閑　深脩禪定　得五神通
又見菩薩　安禪合掌　以千万偈　讚諸法王
復見菩薩　智深志固　能問諸佛　聞悉受持
又見佛子　定慧具足　以无量喻　為衆講法
欣樂說法　化諸菩薩　破魔兵衆　而擊法鼓
又見菩薩　寂然宴默　天龍恭敬　不以為喜
又見菩薩　處林放光　濟地獄苦　令入佛道

BD04196號　妙法蓮華經卷一　（7–5）

又見佛子　定慧具足　以无量喻　為衆講法
欣樂說法　化諸菩薩　破魔兵衆　而擊法鼓
又見菩薩　寂然宴默　天龍恭敬　不以為喜
又見菩薩　處林放光　濟地獄苦　令入佛道
又見佛子　未嘗睡眠　經行林中　懃求佛道
又見具戒　威儀无缺　淨如寶珠　以求佛道
又見佛子　住忍辱力　增上慢人　惡罵捶打
皆悉能忍　以求佛道
又見菩薩　離諸戲咲　及癡眷屬　親近智者
一心除亂　攝念山林　億千万歲　以求佛道
或見菩薩　餚饍飲食　百種湯藥　施佛及僧
名衣上服　價直千万　或无價衣　施佛及僧
千万億種　栴檀寶舍　衆妙臥具　施佛及僧
清淨園林　華菓茂盛　流泉浴池　施佛及僧
如是等施　種種微妙　歡喜无猒　求无上道
或有菩薩　說寂滅法　種種教詔　无數衆生
或見菩薩　觀諸法性　无有二相　猶如虛空
又見佛子　心无所著　以此妙慧　求无上道
文殊師利　又有菩薩　佛滅度後　供養舍利
又見佛子　造諸塔廟　无數恒沙　嚴飾國界
寶塔高妙　五千由旬　縱廣正等　二千由旬
一一塔廟　各千幢幡　珠交露幔　寶鈴和鳴
諸天龍神　人及非人　香華妓樂　常以供養
文殊師利　諸佛子等　為供舍利　嚴飾塔廟
國界自然　殊特妙好　如天樹王　其華開敷

BD04196號　妙法蓮華經卷一　（7–6）

文殊師利　又有菩薩　佛滅度後　供養舍利
又見佛子　造諸塔廟　无數恒沙　嚴飾國界
寶塔高妙　五千由旬　縱廣正等　二千由旬
一一塔廟　各千幢幡　珠交露幔　寶鈴和鳴
諸天龍神　人及非人　香華妓樂　常以供養
文殊師利　諸佛子等　為供舍利　嚴飾塔廟
國界自然　殊特妙好　如天樹王　其華開敷
佛放一光　我及衆會　見此國界　種種殊妙
諸佛神力　智慧希有　放一淨光　照无量國
我等見此　得未曾有　佛子文殊　願決衆疑
四衆欣仰　瞻仁及我　世尊何故　放斯光明
佛子時荅　決疑令喜　何所饒益　演斯光明
佛坐道場　所得妙法　為欲說此　為當授記
示諸佛土　衆寶嚴淨　及見諸佛　此非小緣
文殊當知　四衆龍神　瞻察仁者　為說何等
尒時文殊師利語彌勒菩薩摩訶薩及諸大
□我惟忖今佛世尊欲說大法
□□大法義諸

BD04196號　妙法蓮華經卷一　（7–7）

非非想處天亦有布施波羅蜜多廣說
一切相智亦有預流一來不還阿羅漢
覺菩提一切菩薩摩訶薩行諸佛無
菩提亦有預流乃至獨覺佛施設可
尸迦置贍部洲諸有情　□□　善男
人等教四大洲諸有情類
於意云何餘如上說復次憍
諸有情類若善男子善女人等教
有情類皆令安住十善業道於意云
上說復次憍尸迦置小千界諸有情類
住十善業道於意云何餘如上說復次憍尸
男子善女人等教中千界諸有情類皆令安
迦置中千界諸有情類若善男子善女人等
教大千界諸有情類皆令安住十善業道於
意云何餘如上說復次憍尸迦置大千界諸
有情類若善男子善女人等教化十方各如
殑伽沙等世界諸有情類皆令安住十善業
道於意云何餘如上說復次憍尸迦置此十
方各如殑伽沙等世界諸有情類若善男子
善女人等教化十方一切世界諸有情類皆
令安住十善業道於意云何餘如上說

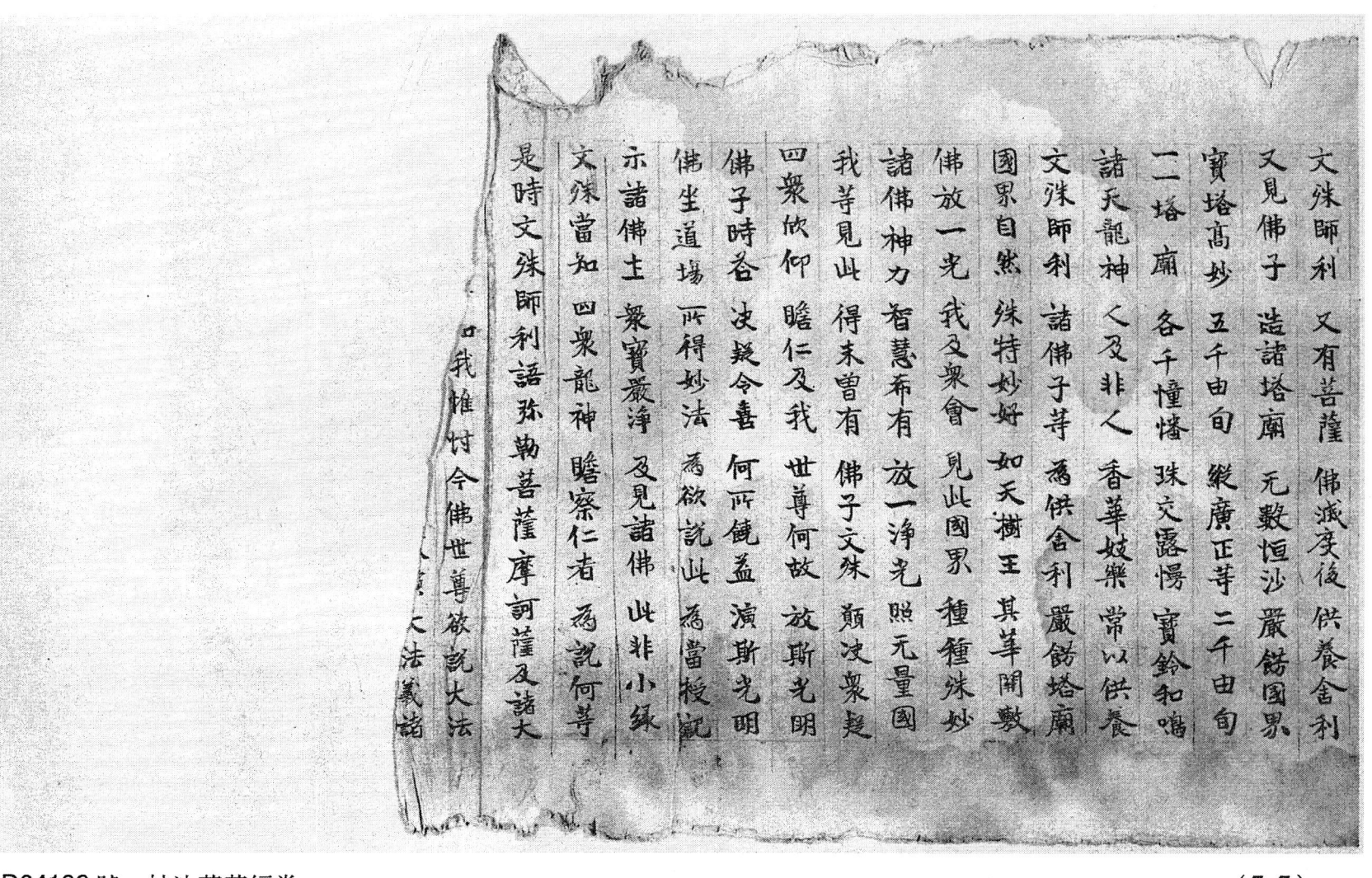

BD04197號　大般若波羅蜜多經（兌廢稿）卷五〇四　（3–1）

有情類若善男子善女人等教化十方各如
殑伽沙等世界諸有情類皆令安住十善業
道於意云何餘如上說復次憍尸迦置此十
方各如殑伽沙等世界諸有情類若善男子
善女人等教化十方一切世界諸有情類皆
令安住十善業道於意云何餘如上說
復次憍尸迦若善男子善女人等教贍部洲
諸有情類皆令安住四靜慮四無量四無色
定五神通於意云何是善男子善女人等由
此因緣得福多不天帝釋言甚多世尊甚多
善逝佛告憍尸迦若善男子善女人等書寫
般若波羅蜜多甚深經典施他讀誦若轉書
寫廣令流布是善男子善女人等所獲福聚
甚多於前何以故憍尸迦甚深般若波羅蜜多
秘密藏中廣說一切無漏之法諸善男子
善女人等於中已學今學當學或有已入
今入當入聲聞種姓正性離生漸次乃至已
正當得阿羅漢果或有已入今入當入獨覺
種姓正性離生漸次乃至已正當得獨覺菩
提或有已入今入當入菩薩種姓正性離生漸
次修行諸菩薩行已得今得當得無上正等
菩提憍尸迦甚深般若波羅蜜多秘密藏中
所說一切無漏法者所謂布施波羅蜜多廣
說乃至一切相智若餘無量無邊佛法皆是
此中所說一切無漏之法復次憍尸迦 善
男子善女人等教一有情住預流果所獲福
聚尚勝教化一贍部洲諸有情類皆令安住

BD04197 號　大般若波羅蜜多經（兌廢稿）卷五〇四　（3–2）

次修行諸菩薩行已得今得當得無上正等
菩提憍尸迦甚深般若波羅蜜多秘密藏中
所說一切無漏法者所謂布施波羅蜜多廣
說乃至一切相智若餘無量無邊佛法皆是
此中所說一切無漏之法復次憍尸迦 善
男子善女人等教一有情住預流果所獲福
聚尚勝教化一贍部洲諸有情類皆令安住
四靜慮四無量四無色定五神通所以者何
諸有安住四靜慮四無量四無色定五神通
者不免地獄傍生鬼界若諸有情住預流果
便得永脫諸險惡趣況教令住一來不還阿
羅漢果所獲福聚而不勝彼憍尸迦若善男子
善女人等教贍部洲諸有情類皆住預流
一來不還阿羅漢果所獲福聚不如有人教
一有情令其安住獨覺菩提所以者何獨覺
菩提所有功德勝預流等多百千倍憍尸迦
若善男子善女人等教贍部洲諸有情類皆
令安住獨覺菩提所獲福聚不如有人教一
有情令趣無上正等菩提所以者何若教有
情令趣無上正等菩提則令世間佛眼不斷
何以故憍尸迦由有菩薩摩訶薩故便有預

BD04197 號　大般若波羅蜜多經（兌廢稿）卷五〇四　（3–3）

BD04197 號背　勘記　　　　（1–1）

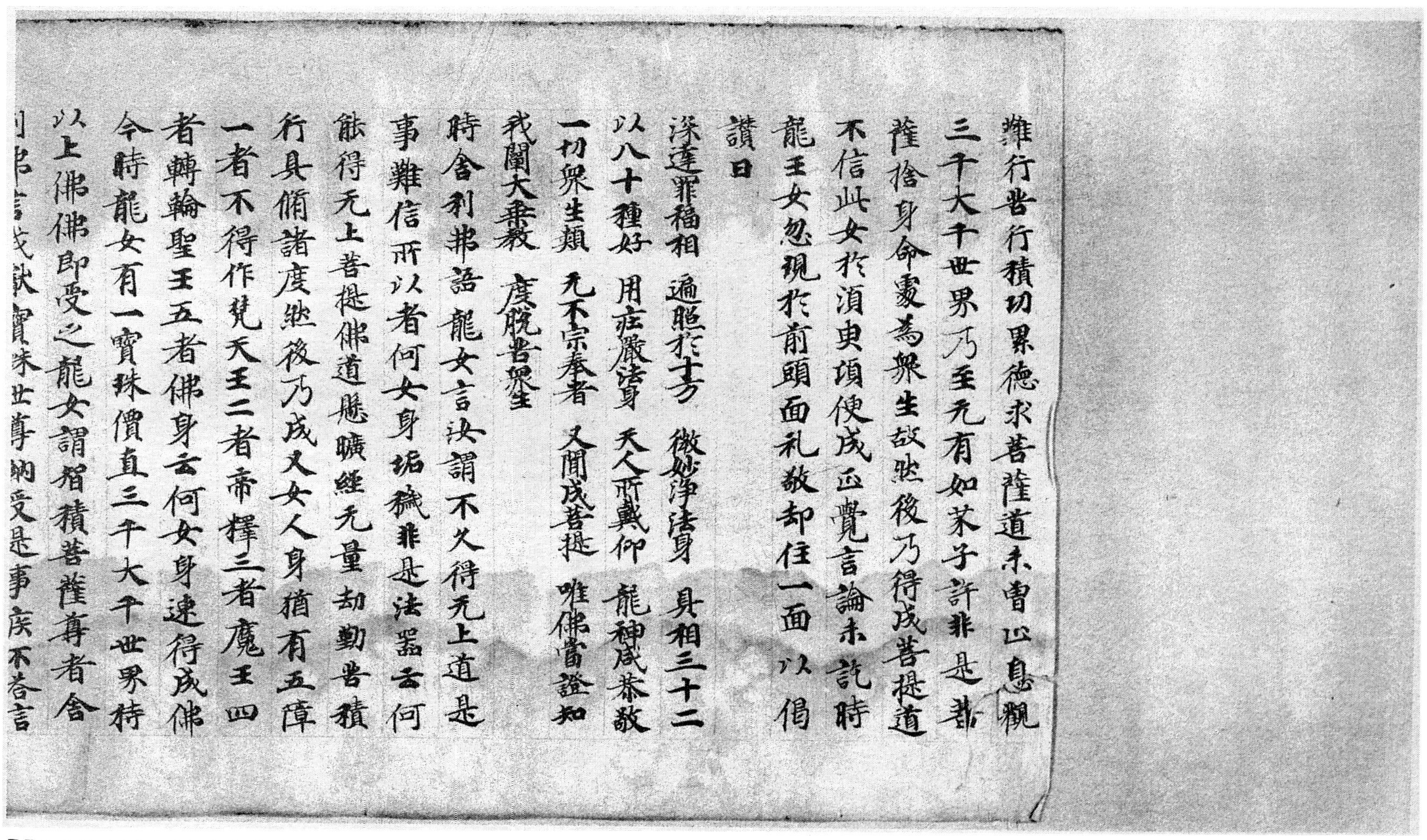
難行苦行積功累德求菩薩道未曾止息觀
三千大千世界乃至无有如芥子許非是菩
薩捨身命處為衆生故然後乃得成菩提道
不信此女於須臾頃便成正覺言論未訖時
龍王女忽現於前頭面礼敬却住一面以偈
讚曰
深達罪福相　遍照於十方　微妙淨法身　具相三十二
以八十種好　用莊嚴法身　天人所戴仰　龍神咸恭敬
一切衆生類　无不宗奉者　又聞成菩提　唯佛當證知
我闡大乘教　度脫苦衆生
時舍利弗語龍女言汝謂不久得无上道是
事難信所以者何女身垢穢非是法器云何
能得无上菩提佛道懸曠經无量劫勤苦積
行具修諸度然後乃成又女人身猶有五障
一者不得作梵天王二者帝釋三者魔王四
者轉輪聖王五者佛身云何女身速得成佛
尒時龍女有一寶珠價直三千大千世界持
以上佛佛即受之龍女謂智積菩薩尊者舍
利弗言我獻寶珠世尊納受是事疾不答言

BD04198 號　妙法蓮華經卷四　　　　（2–1）

以八十種好　用莊嚴法身　天人所戴仰　龍神咸恭敬
一切衆生類　无不宗奉者　又聞成菩提　唯佛當證知
我闡大乘教　度脫苦衆生
時舍利弗語龍女言汝謂不久得无上道是
事難信所以者何女身垢穢非是法器云何
能得无上菩提佛道懸曠經无量劫勤苦積
行具脩諸度然後乃成又女人身猶有五障
一者不得作梵天王二者帝釋三者魔王四
者轉輪聖王五者佛身云何女身速得成佛
尒時龍女有一寶珠價直三千大千世界持
以上佛佛即受之龍女謂智積菩薩尊者舍
利弗言我獻寶珠世尊納受是事疾不荅言
甚疾女言以汝神力觀我成佛復速於此當
時衆會皆見龍女忽然之間變成男子具菩
薩行即往南方无垢世界坐寶蓮華成等正
覺三十二相八十種好普為十方一切衆生
演說妙法尒時娑婆世界菩薩聲聞天龍八
部人與非人皆遥見彼龍女成佛普為時會
人天說法心大歡喜悉遥敬礼无量衆生聞
法解悟得不退轉无量衆生得受道記无垢
世界六反震動娑婆世界三千衆生住不退

BD04198號　妙法蓮華經卷四

（2–2）

[illegible]哀　號天而哭　尋復讚嘆　其美功德　是時大王
以離愛子　其心迷悶　氣息微然　並復思惟　是我小子
我所愛重　無常大鬼　奄便吞食　今雖存在　而為憂火
之所焚燒　或能為是　衰失命根　全彼林中　迎載諸子
急還宮殿　其母在後　憂苦逼切　心肝分裂　或能失命　若見二子
慰喻其心　可使終保　餘年壽命　尒時大王　駕乘名象　與諸侍從
欲至彼林　即於中路　見其二子　號天和地　稱弟名字　時王即前
抱侍二子　悲號涕泣　隨路還宮　速命二子　覲見其母　佛告樹神
汝今當知　尒時王子　摩訶薩埵　捨身餧虎　今我身是　尒時大王
摩訶羅陀　於今父王　輸頭檀是　尒時王妃　今摩耶是　第一王子
今弥勒是　第二王子　今調達是　尒時虎者　今瞿夷是　時虎七子
今五比丘　及舍利弗　目揵連是
尒時大王摩訶羅陀及其妃后悲號涕泣悉皆脫身御服瓔珞與諸大衆往至
竹林中收其舍利即於此處起七寶塔是時王子摩訶薩埵臨捨命時作是誓
願願我舍利於未來世過筭數劫常為衆生而作佛事說是經時無量阿僧
祇天及人發阿耨多羅三藐三菩提心樹神是名礼塔往昔因緣尒時佛神力故是
七寶塔即沒不現　　金光明經讚佛品第十八
尒時无量百千万億諸菩薩衆從此世界至金寶蓋山王如来國土到彼土
已五體投地為佛作礼却一面立向佛合掌異口同音而讚嘆曰
如来之身　金色微妙　其明照曜　如金山王　身淨柔軟　如金蓮華　无量妙相
以自莊嚴　隨形之好　光餝其體　淨潔无比　如紫金色　圓足无垢　如淨滿月
其音清徹　妙如梵聲　師子吼聲　大雷震聲　六種清淨　微妙音聲　迦陵頻伽

BD04199號　金光明經卷四

（4–1）

七寶塔即沒不現

金光明經讚佛品第十八

尒時无量百千万億諸菩薩衆從此世界至金寶蓋山王如來國土到彼土
已五體投地為佛作礼却一面立向佛合掌異口同音而讚嘆曰
如來之身 金色微妙 其明照曜 如金山王 身淨柔軟 如金蓮華 无量妙相
以自莊嚴 隨形之好 光餝其體 淨潔无比 如紫金色 圓足无垢 如淨滿月
其音清徹 妙如梵聲 師子吼聲 大雷震聲 六種清淨 微妙音聲 迦陵頻伽
孔雀之聲 清淨无垢 威德具足 百福相好 莊嚴其身 光明遠照 无有齊限
智慧寂滅 无諸愛習 世尊成就 无量功德 譬如大海 須弥寶山 為諸衆生
生憐愍心 於未來世 能與快樂 如來所說 第一深義 能令衆生 寂滅安樂
能與衆生 无量快樂 能演无上 甘露妙法 能開无上 甘露法門 能入一切
无患寂宅 能令衆生 悉得解脫 度於三有 无量苦海 安住正道 无諸憂苦
如來世尊 功德智慧 大力慈悲 精進方便 如是无量 不可稱計 我等今者
不能說喻 諸天世人 於无量劫 盡思度量 不能得知 如來所有 功德智慧
无量大海 一渧少分 我今略讚 如來功德 百千億分 不能宣一 若我功德
得聚集者 迴與衆生 證无上道 尒時信相菩薩即於此會從坐而起偏袒右肩
右膝著地合掌向佛而說讚言 世尊百福 相好微妙 功德千數 莊嚴其身
色淨遠照 視之无猒 如日千光 弥滿虛空 光明熾盛 无量无邊 猶如无數
珎寶大聚 其明五色 青紅赤白 琉璃頗梨 如融真金 光明赫弈 通徹諸山
悉能遠照 无量佛土 能滅衆生 无量苦惱 又與衆生 上妙快樂 諸根清淨
微妙第一 衆生見者 无有猒足 髮紺柔軟 猶孔雀項 如諸蜂王 集在蓮華
清淨大悲 功德莊嚴 无量三昧 及以大慈 如是功德 悉已聚集 相好妙色
嚴餝其身 種種功德 助成菩提 如來悉能 調伏衆生 令心柔軟
受諸快樂 種種深妙 功德莊嚴 亦為十方 諸佛所讚 其光遠照 遍於諸方
猶如日明 充滿虛空 功德成就 如須弥山 在在示現 於諸世界 齒白齊整
猶如珂雪 其德如日 處空明顯 眉間毫相 右旋婉轉 光明流出 如琉璃珠
其色微妙 如日處空 尒時道場菩提樹神復說讚曰
南无清淨 无上正覺 甚深妙法 隨順覺了 遠離一切 非法非道 獨拔而出
成佛正覺 智有非本 本性清淨 希有希有 如來功德 希有希有

BD04199 號　金光明經卷四　（4–2）

猶如日明 充滿虛空 功德成就 如須弥山 在在示現 於諸世界 齒白齊整
猶如珂雪 其德如日 處空明顯 眉間毫相 右旋婉轉 光明流出 如琉璃珠
其色微妙 如日處空 尒時道場菩提樹神復說讚曰
南无清淨 无上正覺 甚深妙法 隨順覺了 遠離一切 非法非道 獨拔而出
成佛正覺 智有非本 本性清淨 希有希有 如來功德 希有希有
如來大海 希有希有 如須弥山 希有希有 佛无邊行 希有希有 佛出於世
如優曇華 時一現耳 希有如來 无量大悲 釋迦牟尼 為人中日 為欲利益
諸衆生故 宣說如是 妙寶經典 善哉如來 諸根寂滅 而復遊入 善寂大海
无垢清淨 甚深三昧 入於諸佛 所行之處 一切聲聞 身皆空寂 兩足世尊
行處亦空 如是一切 无量諸法 推本性相 亦皆空寂 一切衆生 性相亦空
任愚心故 不能覺知 我常念佛 樂見世尊 常作誓願 不離佛日 我常於地
長跪合掌 其心戀慕 欲見於佛 我常脩行 求上大悲 哀泣雨淚 欲見於佛
我常渴仰 欲見於佛 為是事故 憂火熾然 惟願世尊 賜我慈悲 清冷法水
以滅是火 世尊慈愍 悲心无量 願使我身 常得見佛 世尊常護 一切人天
是故我今 渴仰欲見 聲聞之身 猶如虛空 炎幻響化 如水中月 衆生之性
如夢所見 如來行處 淨如琉璃 入於无上 甘露法處 能與衆生 无量快樂
如來行處 微妙甚深 一切衆生 无能知者 五通神仙 及諸聲聞 一切緣覺
亦不能知 我今不疑 佛所行處 惟願慈悲 為我現身 尒時世尊 從三昧起
以微妙音 而讚嘆言 善哉善哉 樹神善女 汝於今日 快說是言

金光明經囑累品第十九 尒時釋迦牟尼佛從三昧起現大神力以右手摩
諸大菩薩摩訶薩頂與諸天王及龍王二十八部散脂鬼神大將軍等而作是言我於
无量百千万億恒河沙劫脩集是金光明微妙經典汝等當受持讀誦廣宣此法復此
閻浮提內无令斷絕若有善男子善女人於未來世中有受持讀誦此經典者汝等諸
天常當擁護當知是人於未來世无量百千人天之中常受快樂於未來世值遇諸
佛疾得證成阿耨多羅三藐三菩提 尒時諸大菩薩及天龍王二十八部散脂
大將等即從座起到於佛前五體投地俱發聲言如世尊勅當具奉行如是三白
如世尊勅當具奉行於是散脂大將軍而白佛言如世尊若復未來世中有受持
是經若自書若使人寫我當與此二十八部諸鬼神等常當隨侍擁隱蔽其身是說

BD04199 號　金光明經卷四　（4–3）

金光明經囑累品第十九

尒時釋迦牟尼佛從三昧起現大神力以右手摩
諸大菩薩摩訶薩頂與諸天王及龍王二十八部散脂鬼神大將軍等而作是言我於
无量百千万億恒河沙劫脩集是金光明微妙經典汝等當受持讀誦廣宣此法復此
閻浮提内无令斷絶若有善男子善女人於未來世中有受持讀誦此經典者汝等諸
天常當擁護當知是人於未來世无量百千人天之中常受快樂於未來世值遇諸
佛疾得證成阿耨多羅三藐三菩提　尒時諸大菩薩及天龍王二十八部散脂
大將等即從座起到於佛前五體投地俱發聲言如世尊勅當具奉行如是三白
如世尊勅當具奉行於是散脂大將軍而白佛言如世尊若後未來世中有受持
是經若自寫若使人寫我當與此二十八部諸鬼神等常當隨侍擁護敬其身是說
法者皆悉消滅諸惡令得安隱顧不有處

尒時釋迦牟尼佛現大神力十方无量世界皆六種震動是時諸佛皆大歡喜囑
累是經故讚美持法者現无量神力於是无量无邊阿僧祇菩薩大衆及信相菩
薩金光金藏常悲法上等及四天大王十千天子與道場菩提樹神堅牢等及一
切世間天人阿脩羅等聞佛所說皆發无上菩提之道踊躍歡喜作禮而去

金光明經卷第四

BD04199號　金光明經卷四

（4–4）

五百優婆塞皆於阿
耨多羅三藐三菩提不退轉者是得大勢當
知是法華經大饒益諸菩薩摩訶薩能令至
於阿耨多羅三藐三菩提是故諸菩薩摩訶
薩於如來滅後常應受持讀誦解說書寫是
經尒時世尊欲重宣此義而說偈言

過去有佛　号威音王　神智无量　將導一切
天人龍神　所共供養　是佛滅後　法欲盡時
有一菩薩　名常不輕　時諸四衆　計著於法
不輕菩薩　往到其所　而語之言　我不輕汝
汝等行道　皆當作佛　諸人聞已　輕毀罵詈
不輕菩薩　能忍受之　其罪畢已　臨命終時
得聞此經　六根清淨　神通力故　增益壽命
復為諸人　廣說是經　諸著法衆　皆蒙菩薩
教化成就　令住佛道　不輕命終　值无數佛
說是經故　得无量福　漸具功德　疾成佛道
彼時不輕　則我身是　時四部衆　著法之者
聞不輕言　汝當作佛　以是因緣　值无數佛

BD04200號　妙法蓮華經卷六

（14–1）

得聞此經　六根清淨　神通力故　增益壽命
復為諸人　廣說是經　諸著法衆　皆蒙菩薩
教化成就　令住佛道　不輕命終　值无數佛
說是經故　得无量福　漸具功德　疾成佛道
彼時不輕　則我身是　時四部衆　著法之者
聞不輕言　汝當作佛　以是因緣　值无數佛
此會菩薩　五百之衆　并及四部　清信士女
今於我前　聽法者是　我於前世　勸是諸人
聽受斯經　第一之法　開示教人　令住涅槃
世世受持　如是經典　億億万劫　至不可議
時乃得聞　是法華經　億億万劫　至不可議
諸佛世尊　時說是經　是故行者　於佛滅後
聞如是經　勿生疑惑　應當一心　廣說此經
世世值佛　疾成佛道
妙法蓮華經如來神力品第二十一
尒時千世界微塵等菩薩摩訶薩從地踊出
者皆於佛前一心合掌瞻仰尊顏而白佛言
世尊我等於佛滅後世尊分身所在國土滅
度之處當廣說此經所以者何我等亦自欲
得是真淨大法受持讀誦解說書寫而供養
之尒時世尊於文殊師利等无量百千万億
舊住娑婆世界菩薩摩訶薩及諸比丘比丘
尼優婆塞優婆夷天龍夜叉乾闥婆阿脩羅
迦樓羅緊那羅摩睺羅伽人非人等一切衆
前現大神力出廣長舌上至梵世一切毛孔
放於无量无數色光皆悉遍照十方世界衆

BD04200號　妙法蓮華經卷六　（14–2）

舊住娑婆世界菩薩摩訶薩及諸比丘比丘
尼優婆塞優婆夷天龍夜叉乾闥婆阿脩羅
迦樓羅緊那羅摩睺羅伽人非人等一切衆
前現大神力出廣長舌上至梵世一切毛孔
放於无量无數色光皆悉遍照十方世界衆
寶樹下師子座上諸佛亦復如是出廣長舌
放无量光釋迦牟尼佛及寶樹下諸佛現神
力時滿百千歲然後還攝舌相一時謦欬俱
共彈指是二音聲遍至十方諸佛世界地皆
六種震動其中衆生天龍夜叉乾闥婆阿脩
羅迦樓羅緊那羅摩睺羅伽人非人等以佛
神力故皆見此娑婆世界无量无邊百千万
億衆寶樹下師子座上諸佛及見釋迦牟尼
佛共多寶如來在寶塔中坐師子座又見无
量无邊百千万億菩薩摩訶薩及諸四衆恭
敬圍繞釋迦牟尼佛既見是已皆大歡喜得
未曾有即時諸天於虛空中高聲唱言過此
无量无邊百千万億阿僧祇世界有國名娑
婆是中有佛名釋迦牟尼今為諸菩薩摩訶
薩說大乘經名妙法蓮華教菩薩法佛所護
念汝等當深心隨喜亦當礼拜供養釋迦牟
尼佛彼諸衆生聞虛空中聲已合掌向娑婆
世界作如是言南无釋迦牟尼佛南无釋迦
牟尼佛以種種華香瓔珞幡蓋及諸嚴身之
具珎寶妙物皆共遙散娑婆世界所散諸物
從十方來譬如雲集變成寶帳遍覆此間諸

BD04200號　妙法蓮華經卷六　（14–3）

尼佛彼諸衆生聞虛空中聲已合掌向娑婆
世界作如是言南无釋迦牟尼佛南无釋迦
牟尼佛以種種華香瓔珞幡蓋及諸嚴身之
具珎寶妙物皆共遥散娑婆世界所散諸物
從十方来譬如雲集變成寶帳遍覆此間諸
佛之上于時十方世界通達无礙如一佛土
尒時佛告上行等菩薩大衆諸佛神力如是
无量无邊不可思議若我以是神力於无量
无邊百千万億阿僧祇劫為屬累故說此經
功德猶不能盡以要言之如来一切所有之
法如来一切自在神力如来一切秘要之藏
如来一切甚深之事皆於此經宣示顯說是
故汝等於如来滅後應一心受持讀誦解說
書寫如說脩行所在國土若有受持讀誦解
說書寫如說脩行若經卷所住之處若於園
中若於林中若於樹下若於僧坊若白衣舍
若在殿堂若山谷曠野是中皆應起塔供養
所以者何當知是處即是道場諸佛於此得
阿耨多羅三藐三菩提諸佛於此轉于法輪
諸佛於此而般涅槃尒時世尊欲重宣此義
而說偈言
諸佛救世者　住於大神通　為悅衆生故　現无量神力
舌相至梵天　身放无數光　為求佛道者　現此希有事
諸佛謦欬聲　及彈指之聲　周聞十方國　地皆六種動
以佛滅度後　能持是經故　諸佛皆歡喜　現无量神力
屬累是經故　讃美受持者　於无量劫中　猶故不能盡

諸佛救世者　住於大神通　為悅衆生故　現无量神力
舌相至梵天　身放无數光　為求佛道者　現此希有事
諸佛謦欬聲　及彈指之聲　周聞十方國　地皆六種動
以佛滅度後　能持是經故　諸佛皆歡喜　現无量神力
屬累是經故　讃美受持者　於无量劫中　猶故不能盡
是人之功德　无邊无有窮　如十方虛空　不可得邊際
能持是經者　則為已見我　亦見多寶佛　及諸分身者
又見我今日　教化諸菩薩　能持是經者　令我及分身
滅度多寶佛　一切皆歡喜　十方現在佛　并過去未来
亦見亦供養　亦令得歡喜　諸佛坐道場　所得秘要法
能持是經者　不久亦當得　能持是經者　於諸法之義
名字及言辭　樂說无窮盡　如風於空中　一切无障礙
於如来滅後　知佛所說經　因緣及次第　隨義如實說
如日月光明　能除諸幽冥　斯人行世間　能滅衆生闇
教无量菩薩　畢竟住一乘　是故有智者　聞此功德利
於我滅度後　應受持斯經　是人於佛道　決定无有疑
妙法蓮華經囑累品第二十二
尒時釋迦牟尼佛從法座起現大神力以右
手摩无量菩薩摩訶薩頂而作是言我於无
量百千万億阿僧祇劫脩習是難得阿耨多
羅三藐三菩提法今以付囑汝等汝等應當
一心流布此法廣令增益如是三摩諸菩薩
摩訶薩頂而作是言我於无量百千万億阿
僧祇劫脩習是難得阿耨多羅三藐三菩提
法今以付囑汝等汝等當受持讀誦廣宣此
[illegible]

一心流布此法廣令增益如是三摩諸菩薩
摩訶薩頂而作是言我於无量百千万億阿
僧祇劫修習是難得阿耨多羅三藐三菩提
法今以付囑汝等汝等當受持讀誦廣宣此
法令一切衆生普得聞知所以者何如来有
大慈悲无諸慳悋亦无所畏能與衆生佛之
智慧如来智慧自然智慧如来是一切衆生
之大施主汝等亦應隨學如来之法勿生慳
悋於未来世若有善男子善女人信如来智
慧者當為演說此法華經使得聞知為令其
人得佛慧故若有衆生不信受者當於如来
餘深法中示教利喜汝等若能如是則為已
報諸佛之恩時諸菩薩摩訶薩聞佛作是說
已皆大歡喜遍滿其身益加恭敬曲躬低頭
合掌向佛俱發聲言如世尊勅當具奉行唯
然世尊願不有慮諸菩薩摩訶薩衆如是三
反俱發聲言如世尊勅當具奉行唯然世尊
願不有慮尒時釋迦牟尼佛令十方来諸分
身佛各還本土而作是言諸佛各隨所安多
寶佛塔還可如故說是語時十方无量分身
諸佛坐寶樹下師子座上者及多寶佛并上
行等无邊阿僧祇菩薩大衆舍利弗等聲聞
四衆及一切世間天人阿脩羅等聞佛所說
皆大歡喜

妙法蓮華經藥王菩薩本事品第二十三

尒時宿王華菩薩白佛言世尊藥王菩薩云

諸佛坐寶樹下師子座上者及多寶佛并上
行等无邊阿僧祇菩薩大衆舍利弗等聲聞
四衆及一切世間天人阿脩羅等聞佛所說
皆大歡喜

妙法蓮華經藥王菩薩本事品第二十三

尒時宿王華菩薩白佛言世尊藥王菩薩云
何遊於娑婆世界世尊是藥王菩薩有若干
百千万億那由他難行苦行善哉世尊願少
解說諸天龍神夜叉乾闥婆阿脩羅迦樓羅
緊那羅摩睺羅伽人非人等又他國土諸来
菩薩及此聲聞衆聞皆歡喜尒時佛告宿王
華菩薩乃往過去无量恒河沙劫有佛号日
月淨明德如来應供正遍知明行足善逝世
間解无上士調御丈夫天人師佛世尊其佛
有八十億大菩薩摩訶薩七十二恒河沙大
聲聞衆佛壽四万二千劫菩薩壽命亦等彼
國无有女人地獄餓鬼畜生阿脩羅等及以
諸難地平如掌琉璃所成寶樹莊嚴寶帳覆
上垂寶華幡寶瓶香爐周遍國界七寶為臺
一樹一臺其樹去臺盡一箭道此諸寶樹皆
有菩薩聲聞而坐其下諸寶臺上各有百億
諸天作天伎樂歌嘆於佛以為供養尒時彼
佛為一切衆生喜見菩薩及衆菩薩諸聲聞
衆說法華經是一切衆生惠見菩薩樂習苦
行於日月淨明德佛法中精進經行一心求
佛滿万二千歲已得現一切色身三昧得此

諸天作天伎樂歌嘆於佛以為供養尒時彼
佛為一切衆生喜見菩薩及衆菩薩諸聲聞
衆說法華經是一切衆生憙見菩薩樂習苦
行於日月淨明德佛法中精進經行一心求
佛滿万二千歲已得現一切色身三昧得此
三昧已心大歡喜即作念言我得現一切色
身三昧皆是得聞法華經力我今當供養日
月淨明德佛及法華經即時入是三昧於虛
空中雨曼陁羅華摩訶曼陁羅華細末堅黑
栴檀滿虛空中如雲而下又雨海此岸栴檀
之香此香六銖價直娑婆世界以供養佛作
是供養已從三昧起而自念言我雖以神力
供養於佛不如以身供養即服諸香栴檀薰
陸兜樓婆畢力迦沉水膠香又飲瞻蔔諸華
香油滿千二百歲已香油塗身於日月淨明
德佛前以天寶衣而自纏身灌諸香油以神
通力願而自然身光明遍照八十億恒河沙
世界其中諸佛同時讚言善哉善哉善男子
是真精進是名真法供養如來若以華香瓔
珞燒香末香塗香天繒幡蓋及海此岸栴檀
之香如是等種種諸物供養所不能及假使
國城妻子布施亦所不及善男子是名第一
之施於諸施中最尊最上以法供養諸如來
故作是語已而各嘿然其身火燃千二百歲
過是已後其身乃盡一切衆生憙見菩薩作
如是法供養已命終之後復生日月淨明德

BD04200號　妙法蓮華經卷六　（14–8）

之施於諸施中最尊最上以法供養諸如來
故作是語已而各嘿然其身火燃千二百歲
過是已後其身乃盡一切衆生憙見菩薩作
如是法供養已命終之後復生日月淨明德
佛國中於淨德王家結跏趺坐忽然化生即
為其父而說偈言
大王今當知　我經行彼處　即時得一切　現諸身三昧
勤行大精進　捨所愛之身
說是偈已而白父言日月淨明德佛今故現
在我先供養佛已得解一切衆生語言陁羅
尼復聞是法華經八百千万億那由他甄迦
羅頻婆羅阿閦婆等偈大王我今當還供養
此佛白已即坐七寶之臺上昇虛空高七多
羅樹往到佛所頭面礼足合十指爪以偈讚
佛
容顏甚奇妙　光明照十方　我適曾供養　今復還親近
尒時一切衆生憙見菩薩說是偈已而白佛
言世尊世尊猶故在世尒時日月淨明德佛
告一切衆生憙見菩薩善男子我涅槃時到
滅盡時至汝可安施床座我於今夜當般涅
槃又勑一切衆生憙見菩薩善男子我以佛
法囑累於汝及諸菩薩大弟子并阿耨多羅
三藐三菩提法亦以三千大千七寶世界諸
寶樹寶臺及給侍諸天悉付於汝我滅度後
所有舍利亦付囑汝當令流布廣設供養應

BD04200號　妙法蓮華經卷六　（14–9）

法囑累於汝及諸菩薩大弟子并阿耨多羅
三藐三菩提法亦以三千大千七寶世界諸
寶樹寶臺及給侍諸天悉付於汝我滅度後
所有舍利亦付囑汝當令流布廣設供養應
起若干千塔如是日月淨明德佛勅一切衆
生喜見菩薩已於夜後分入於涅槃尒時一
切衆生喜見菩薩見佛滅度悲感懊惱戀慕
於佛即以海此岸栴檀為𧂐供養佛身而以
燒之火滅已後收取舍利作八万四千寶缾
以起八万四千塔高三世界表刹莊嚴垂諸
幡蓋懸衆寶鈴尒時一切衆生喜見菩薩復
自念言我雖作是供養心猶未足我今當更
供養舍利便語諸菩薩大弟子及天龍夜叉
等一切大衆汝等當一心念我今供養日月
淨明德佛舍利作是語已即於八万四千塔
前然百福莊嚴臂七万二千歲而以供養令
无數求聲聞衆无量阿僧祇人發阿耨多羅
三藐三菩提心皆使得住現一切色身三昧
尒時諸菩薩天人阿脩羅等見其无臂憂惱
悲哀而作是言此一切衆生喜見菩薩是我
等師教化我者而今燒臂身不具足于時一
切衆生喜見菩薩於大衆中立此誓言我捨
兩臂必當得佛金色之身若實不虛令我兩
臂還復如故作是誓已自然還復由斯菩薩
福德智慧淳厚所致當尒之時三千大千世
界六種震動天雨寶華一切人天得未曾有

切衆生憙見菩薩於大衆中立此誓言我捨
兩臂必當得佛金色之身若實不虛令我兩
臂還復如故作是誓已自然還復由斯菩薩
福德智慧淳厚所致當尒之時三千大千世
界六種震動天雨寶華一切人天得未曾有
佛告宿王華菩薩於汝意云何一切衆生憙
見菩薩豈異人乎今藥王菩薩是也其所捨
身布施如是无量百千万億那由他數宿王
華若有發心欲得阿耨多羅三藐三菩提者
能然手指乃至足一指供養佛塔勝以國城
妻子及三千大千國土山林河池諸珎寶物
而供養者若復有人以七寶滿三千大千世
界供養於佛及大菩薩辟支佛阿羅漢是人
所得功德不如受持此法華經乃至一四句
偈其福最多宿王華譬如一切川流江河諸
水之中海為第一此法華經亦復如是於諸
如來所說經中最為深大又如土山黑山小
鐵圍山大鐵圍山及十寶山衆山之中須弥
山為第一此法華經亦復如是於諸經中最
為其上又如衆星之中月天子最為第一此
法華經亦復如是於千万億種諸經法中最
為照明又如日天子能除諸闇此經亦復如
是能破一切不善之闇又如諸小王中轉輪
聖王最為第一此經亦復如是於衆經中最
為其尊又如帝釋於三十三天中王此經亦

為照明又如日天子能除諸闇此經亦復如
是能破一切不善之闇又如諸小王中轉輪
聖王最為第一此經亦復如是於衆經中最
為其尊又如帝釋於三十三天中王此經亦
復如是諸經中王又如大梵天王一切衆生
之父此經亦復如是一切賢聖學无學及發
菩薩心者之父又如一切凡夫人中須陁洹
斯陁含阿那含阿羅漢辟支佛為第一此經
亦復如是一切如來所說若菩薩所說若聲
聞所說諸經法中最為第一有能受持是經
典者亦復如是於一切衆生中亦為第一一
切聲聞辟支佛中菩薩為第一此經亦復如
是於一切諸經法中最為第一如佛為諸法
王此經亦復如是諸經中王宿王華此經能
救一切衆生者此經能令一切衆生離諸苦
惱此經能大饒益一切衆生充滿其願如清
涼池能滿一切諸渴乏者如寒者得火如裸
者得衣如商人得主如子得母如渡得船如
病得醫如闇得燈如貧得寶如民得王如賈
客得海如炬除闇此法華經亦復如是能令
衆生離一切苦一切病痛能解一切生死之
縛若人得聞此法華經若自書若使人書所
得功德以佛智慧籌量多少不得其邊若書
是經卷華香瓔珞燒香末香塗香幡蓋衣服
種種之燈蘇燈油燈諸香油燈瞻蔔油燈須

BD04200號　妙法蓮華經卷六

(14-12)

縛若人得聞此法華經若自書若使人書所
得功德以佛智慧籌量多少不得其邊若書
是經卷華香瓔珞燒香末香塗香幡蓋衣服
種種之燈蘇燈油燈諸香油燈瞻蔔油燈須
曼油燈波羅羅油燈婆利師迦油燈那婆摩
利油燈供養所得功德亦復无量宿王華若
有人聞是藥王菩薩本事品者亦得无量无
邊功德若有女人聞是藥王菩薩本事品能
受持者盡是女身後不復受若如來滅後後
五百歲中若有女人聞是經典如說脩行於
此命終即往安樂世界阿弥陁佛大菩薩衆
圍繞住處生蓮華中寶座之上不復為貪欲
所惱亦復不為瞋恚愚癡所惱亦復不為憍
慢嫉妬諸垢所惱得菩薩神通无生法忍得
是忍已眼根清淨以是清淨眼根見七百万
二千億那由他恒河沙等諸佛如來是時諸
佛遥共讚言善哉善哉善男子汝能於釋迦
牟尼佛法中受持讀誦思惟是經為他人說
所得福德无量无邊火不能燒水不能漂汝
之功德千佛共說不能令盡汝今已能破諸
魔賊壞生死軍諸餘怨敵皆悉摧滅善男子
百千諸佛以神通力共守護汝於一切世間
天人之中无如汝者唯除如來其諸聲聞辟
支佛乃至菩薩智慧禪定无有與汝等者宿
王華此菩薩成就如是功德智慧之力若有
人聞是藥王菩薩本事品能隨喜讚善者是

BD04200號　妙法蓮華經卷六

(14-13)

支佛乃至菩薩智慧禪定无有與汝等者宿
王華此菩薩成就如是功德智慧之力若有
人聞是藥王菩薩本事品能隨喜讚善者是
人現世口中常出青蓮華香身毛孔中常出
牛頭栴檀香所得功德如上所說是故宿王
華以此藥王菩薩本事品囑累於汝我滅度
後後五百歲中廣宣流布於閻浮提无令斷
絕惡魔魔民諸天龍夜叉鳩槃荼等得其便
也宿王華汝當以神通之力守護是經所以
者何此經則為閻浮提人病之良藥若人有
病得聞是經病即消滅不老不死宿王華汝
若見有受持是經者應以青蓮華盛滿末香
供散其上散已作是念言此人不久必當取
草坐於道場破諸魔軍當吹法螺擊大法鼓
度脫一切眾生老病死海是故求佛道者見
有受持是經典人應當如是生恭敬心說是
藥王菩薩本事品時八万四千菩薩得解一
切眾生語言陁羅尼多寶如來於寶塔中讚
宿王華菩薩言善哉善哉宿王華汝成就不
可思議功德乃能問釋迦牟尼佛如此之事
利益无量一切眾生

妙法蓮華經卷第六

BD04200號　妙法蓮華經卷六　　（14–14）

著　錄　凡　例

本目錄採用條目式著錄法。諸條目意義如下：

1.1　著錄編號。用漢語拼音首字“BD”表示，意為“北京圖書館藏敦煌遺書”，簡稱“北敦號”。文獻寫在背面者，標註為“背”。一件遺書上抄有多個文獻者，用數字1、2、3等標示小號。一號中包括幾件遺書，且遺書形態各自獨立者，用字母A、B、C等區別。

1.2　著錄分類號。本條記目錄暫不分類，該項空缺。

1.3　著錄文獻的名稱、卷本、卷次。

1.4　著錄千字文編號。

1.5　著錄縮微膠卷號。

2.1　著錄遺書的總體數據。包括長度、寬度、紙數、正面抄寫總行數與每行字數、背面抄寫總行數與每行字數。如該遺書首尾有殘破，則對殘破部分單獨度量，用加號加在總長度上。凡屬這種情況，長度用括弧標註。

2.2　著錄每紙數據。包括每紙長度及抄寫行數或界欄數。

2.3　著錄遺書的外觀。包括：(1) 裝幀形式。(2) 首尾存況。(3) 護首、軸、軸頭、天竿、縹帶，經名是書寫還是貼簽，有無經名號，扉頁、扉畫。(4) 卷面殘破情況及其位置。(5) 尾部情況。(6) 有無附加物（蟲繭、油污、線繩及其他）。(7) 有無裱補及其年代。(8) 界欄。(9) 修整。(10) 其他需要交待的問題。

2.4　著錄一件遺書抄寫多個文獻的情況。

3.1　著錄文獻首部文字與對照本核對的結果。

3.2　著錄文獻尾部文字與對照本核對的結果。

3.3　著錄錄文。

3.4　著錄對文獻的說明。

4.1　著錄文獻首題。

4.2　著錄文獻尾題。

5　著錄本文獻與對照本的不同之處。

6.1　著錄本遺書首部可與另一遺書綴接的編號。

6.2　著錄本遺書尾部可與另一遺書綴接的編號。

7.1　著錄題記、題名、勘記等。

7.2　著錄印章。

7.3　著錄雜寫。

7.4　著錄護首及扉頁的內容。

8　著錄年代。

9.1　著錄字體。如有武周新字、合體字、避諱字等，予以說明。

9.2　著錄卷面二次加工的情況。包括句讀、點標、科分、間隔號、行間加行、行間加字、硃筆、墨塗、倒乙、刪除、兑廢等。

10　著錄敦煌遺書發現後，近現代人所加內容，裝裱、題記、印章等。

11　備註。著錄揭裱互見、圖版本出處及其他需要說明的問題。

上述諸條，有則著錄，無則空缺。

為避文繁，上述著錄中出現的各種參考、對照文獻，暫且不列版本說明。全目結束時，將統一編制本條記目錄出現的各種參考書目。

本條記目錄為農曆年份標註其公曆紀年時，未進行歲頭年末之換算，請讀者使用時注意自行換算。

著　錄　凡　例

本目錄採用條目式著錄法。諸條目意義如下：

1.1　著錄編號。用漢語拼音首字“BD”表示，意為“北京圖書館藏敦煌遺書”，簡稱“北敦號”。文獻寫在背面者，標註為“背”。一件遺書上抄有多個文獻者，用數字 1、2、3 等標示小號。一號中包括幾件遺書，且遺書形態各自獨立者，用字母 A、B、C 等區別。

1.2　著錄分類號。本條記目錄暫不分類，該項空缺。

1.3　著錄文獻的名稱、卷本、卷次。

1.4　著錄千字文編號。

1.5　著錄縮微膠卷號。

2.1　著錄遺書的總體數據。包括長度、寬度、紙數、正面抄寫總行數與每行字數、背面抄寫總行數與每行字數。如該遺書首尾有殘破，則對殘破部分單獨度量，用加號加在總長度上。凡屬這種情況，長度用括弧標註。

2.2　著錄每紙數據。包括每紙長度及抄寫行數或界欄數。

2.3　著錄遺書的外觀。包括：（1）裝幀形式。（2）首尾存況。（3）護首、軸、軸頭、天竿、縹帶，經名是書寫還是貼簽，有無經名號，扉頁、扉畫。（4）卷面殘破情況及其位置。（5）尾部情況。（6）有無附加物（蟲繭、油污、線繩及其他）。（7）有無裱補及其年代。（8）界欄。（9）修整。（10）其他需要交待的問題。

2.4　著錄一件遺書抄寫多個文獻的情況。

3.1　著錄文獻首部文字與對照本核對的結果。

3.2　著錄文獻尾部文字與對照本核對的結果。

3.3　著錄錄文。

3.4　著錄對文獻的說明。

4.1　著錄文獻首題。

4.2　著錄文獻尾題。

5　著錄本文獻與對照本的不同之處。

6.1　著錄本遺書首部可與另一遺書綴接的編號。

6.2　著錄本遺書尾部可與另一遺書綴接的編號。

7.1　著錄題記、題名、勘記等。

7.2　著錄印章。

7.3　著錄雜寫。

7.4　著錄護首及扉頁的內容。

8　著錄年代。

9.1　著錄字體。如有武周新字、合體字、避諱字等，予以說明。

9.2　著錄卷面二次加工的情況。包括句讀、點標、科分、間隔號、行間加行、行間加字、硃筆、墨塗、倒乙、刪除、兑廢等。

10　著錄敦煌遺書發現後，近現代人所加內容，裝裱、題記、印章等。

11　備註。著錄揭裱互見、圖版本出處及其他需要說明的問題。

上述諸條，有則著錄，無則空缺。

為避文繁，上述著錄中出現的各種參考、對照文獻，暫且不列版本說明。全目結束時，將統一編制本條記目錄出現的各種參考書目。

本條記目錄為農曆年份標註其公曆紀年時，未進行歲頭年末之換算，請讀者使用時注意自行換算。

條 記 目 錄

BD04101—BD04200

1.1 BD04101 號
1.3 大般涅槃經（北本）卷一二
1.4 水 001
1.5 115:6352
2.1 （1.4+149.5）×25.8 厘米；4 紙；88 行，行 17 字。
2.2 01：01.4，01； 02：50.0，29； 03：50.0，29；
04：49.5，29。
2.3 卷軸裝。首尾均殘。有烏絲欄。
3.1 首行上殘→大正 374，12/434C24。
3.2 尾殘→12/435C27。
6.1 首→BD03851 號。
8 6 世紀。隋寫本。
9.1 楷書。
9.2 偶有硃筆斷句，有刮改。
11 圖版：《敦煌寶藏》，98/361A～363A。

1.1 BD04102 號
1.3 摩訶般若波羅蜜經卷三一
1.4 水 002
1.5 088:3451
2.1 481.8×25.6 厘米；10 紙；正面 275 行，行 17 字。背面 254 行，行字不等
2.2 01：48.6，27； 02：48.1，28； 03：48.2，28；
04：48.1，28； 05：48.2，28； 06：48.2，26；
07：47.9，28； 08：48.3，28； 09：48.2，28；
10：48.0，26。
2.3 卷軸裝。首全尾脫。第 6 紙尾部有 2 行空行。尾部經文未抄完，尚有餘空。有烏絲欄。
2.4 本遺書包括 4 個文獻：（一）《摩訶般若波羅蜜經》卷三一，275 行，抄寫在正面，今編為 BD04102 號。（二）《諸經法數鈔》（擬），106 行，抄寫在背面，今編為 BD04102 號背 1。（三）《上生禮》（參見伯 3840），45 行，抄寫在背面，今編為 BD04102 號背 2。（四）《瑜伽佛》，103 行，抄寫在背面，今編為 BD04102 號背 3。
3.1 首全→大正 223，8/373A9。
3.2 尾缺→8/376B7。
4.1 摩訶般若波羅蜜經三慧品第六十九，卅一（首）。
5 與《大正藏》本對照，品次不同，本件有缺文，參見 8/375A6～10。又，與《大正藏》本對照，文字略有參差。
8 9～10 世紀。歸義軍時期寫本。
9.1 楷書。
11 圖版：《敦煌寶藏》，78/49A～61B。

1.1 BD04102 號背 1
1.3 諸經法數鈔（擬）
1.4 水 002
1.5 088:3451
2.4 本遺書由 4 個文獻組成，本號為第 2 個，抄寫在背面，106 行。餘參見 BD04102 號之第 2 項、第 11 項。
3.4 說明：
本文獻抄寫《大寶積經》等三種經典的四條法數，故擬此名。詳情如下：
（1）《大寶積經》卷七六中“七寶義”，參見：
首→大正 310，11/429C15。
尾→11/430A2。
（2）《大薩遮尼乾子經》卷五中“十自在義”，參見：
首→大正 272，9/348A26。
尾→9/348B18。
（3）《大薩遮尼乾子經》卷五中“三十七菩提分法中四念處義”，參見：
首→大正 272，9/348C16。
尾→9/349C24。
（4）《十住毗婆沙》卷一中“十地義”，參見：
首→大正 1521，26/23A4；
尾→26/23A21。
5 與《大正藏》本相比，所抄經文行文有撮略、異文。如

《十住毗婆沙》"十地義"中之大正 26/23A5～8 未抄。又，"三十七菩提分法中四念處義"，於《大正藏》本《大薩遮尼乾子經》為卷七。
8　9～10 世紀。歸義軍時期寫本。
9.1　行楷。
9.2　有刪除、倒乙、重文符號。

1.1　BD04102 號背 2
1.3　上生禮
1.4　水 002
1.5　088:3451
2.4　本遺書由 4 個文獻組成，本號為第 3 個，抄寫在背面，45 行。餘參見 BD04102 號之第 2 項、第 11 項。
3.4　說明：
　　參見伯 3840 號第 1～59 行。
4.1　上生禮（首）。
8　9～10 世紀。歸義軍時期寫本。
9.1　行楷。
9.2　有行間校加字。

1.1　BD04102 號背 3
1.3　瑜伽佛
1.4　水 002
1.5　088:3451
2.4　本遺書由 4 個文獻組成，本號為第 4 個，抄寫在背面，103 行。餘參見 BD04102 號之第 2 項、第 11 項。
3.4　說明：
　　本文獻為歸義軍時代敦煌地區流傳的佛教儀軌，首尾完整，有重要研究價值。
7.1　尾部空白處有題記："了也。更不欠斷者。"尾有題記："此處了也。"
8　9～10 世紀。歸義軍時期寫本。
9.1　行楷。有合體字"菩薩"。
9.2　有行間校加字。有塗抹、倒乙、間隔、重文符號。有行間加行。

1.1　BD04103 號
1.3　大乘入楞伽經卷六
1.4　水 003
1.5　038:0356
2.1　（7＋790.1）×28.5 厘米；17 紙；442 行，行 17 字。
2.2　01：07.0，10；　02：48.5，28；　03：49.5，28；
　　04：49.5，28；　05：49.5，28；　06：49.5，28；
　　07：49.5，28；　08：49.5，28；　09：49.5，28；
　　10：49.5，28；　11：49.5，28；　12：49.5，28；
　　13：49.3，28；　14：49.5，28；　15：49.3，28；
　　16：49.3，28；　17：49.2，12。
2.3　卷軸裝。首殘尾全。卷首上下殘缺。脫落殘片一塊，已綴接。有烏絲欄。已修整。
3.1　首 10 行下殘→大正 672，16/622B24～C6。
3.2　尾全→16/630C27。
4.2　大乘入楞伽經卷第六（尾）。
7.3　第 8 紙上邊有雜寫"此行"。
8　9～10 世紀。歸義軍時期寫本。
9.1　楷書。
11　圖版：《敦煌寶藏》，58/325A～336A。

1.1　BD04104 號
1.3　妙法蓮華經卷四
1.4　水 004
1.5　105:5372
2.1　168×25.5 厘米；4 紙；95 行，行 17 字。
2.2　01：19.5，11；　02：49.5，28；　03：49.5，28；
　　04：49.5，28。
2.3　卷軸裝。首殘尾脫。經黃紙。卷面有水漬。第 3、4 紙接縫處上開裂。有烏絲欄。
3.1　首殘→大正 262，9/34A24。
3.2　尾殘→9/35B22。
8　7～8 世紀。唐寫本。
9.1　楷書。
11　圖版：《敦煌寶藏》，91/232A～234B。

1.1　BD04105 號
1.3　十地經論卷九
1.4　水 005
1.5　216:7265
2.1　（1＋67.5＋1.5）×26.5 厘米；3 紙；40 行，行 17 字。
2.2　01：1＋9，6；　02：37.5，21；　03：21＋1.5，13。
2.3　卷軸裝。首尾均殘。第 2、3 紙接縫中下部開裂，卷中有殘洞。通卷上下方殘破。有烏絲欄。
3.1　首 1 行中殘→大正 1522，26/178B15。
3.2　尾 1 行上殘→26/178C26。
8　5～6 世紀。南北朝寫本。
9.1　隸楷。
11　圖版：《敦煌寶藏》，105/188B～189A。

1.1　BD04106 號
1.3　大乘百法明門論開宗義記
1.4　水 006
1.5　205:7231
2.1　（17.5＋375.5）×27 厘米；9 紙；241 行，行 20 餘字。
2.2　01：17.6＋20，26；　02：46.0，32；　03：46.0，32；
　　04：46.0，32；　05：43.5，28；　06：43.5，28；
　　07：43.5，28；　08：43.5，28；　09：43.5，07。

2.3　卷軸裝。首殘尾全。前 4 紙中下部有等距離殘缺。尾有蟲繭。有烏絲欄。
3.1　首 12 行上下殘→大正 2810，85/1060B21 ~ 14。
3.2　尾全→85/1065B14。
4.2　大乘百法明門論開宗義記一卷（尾）。
8　8 ~ 9 世紀。吐蕃統治時期寫本。
9.1　行楷。
9.2　有行間校加字。有重文、倒乙、刪除符號。
11　圖版：《敦煌寶藏》，104/644B ~ 649A。

1.1　BD04107 號
1.3　維摩詰所說經卷下
1.4　水 007
1.5　070:1266
2.1　(6 + 567.5) × 25.5 厘米；15 紙；正面 327 行，行 17 字。背面 3 行，行字不等。
2.2　01：6 + 11，10；　02：41.0，24；　03：41.5，24；
04：41.0，24；　05：41.0，24；　06：41.5，24；
07：41.5，24；　08：41.5，24；　09：41.5，24；
10：41.5，24；　11：41.5，24；　12：41.5，24；
13：41.5，24；　14：41.5，24；　15：18.5，05。
2.3　卷軸裝。首殘尾全。卷首殘破，有等距離紅色污痕。接縫處有開裂。上邊有黴斑，上下邊殘破。有燕尾。背有古代裱補。有烏絲欄。
2.4　本遺書包括 2 個文獻：（一）《維摩詰所說經卷》下，327 行，抄寫在正面，今編為 BD04107 號。（二）《尚書·夏書·禹貢》，3 行，抄寫在背面裱補紙上，今編為 BD04107 號背。
3.1　首 4 行上下殘→大正 475，14/553B26 ~ C1。
3.2　尾全→14/557B26。
4.2　維摩詰經卷下（尾）。
8　7 ~ 8 世紀。唐寫本。
9.1　楷書。
11　圖版：《敦煌寶藏》，64/445A ~ 452B。
本號縮微膠卷與 BD03730 號（霜 030 號，縮微膠卷 070:1041 號）倒錯，故《敦煌寶藏》亦錯。《寶藏》66/364A ~ 366A 標示為霜 30 號，實為水 7 號。

1.1　BD04107 號背
1.3　尚書·夏書·禹貢
1.4　水 007
1.5　070:1266
2.4　本遺書由 2 個文獻組成，本號為第 2 個，抄寫在背面裱補紙上，3 行。餘參見 BD04107 號之第 2 項、第 11 項。
3.3　錄文：
□…□木□□□之出隨/
□…□川四瀆定其□…□/
□…□禮所視/
（尾殘）
8　7 ~ 8 世紀。唐寫本。
9.1　楷書。

1.1　BD04108 號 1
1.3　祭亡夫人文稿（擬）
1.4　水 008
1.5　461:8719
2.1　(132 + 4) × 30 厘米；4 紙；正面 84 行，行字不等。背面 76 行，行字不等。
2.2　01：42.0，23；　02：39.0，26；　03：42.5，27；
04：8.5 + 4，07。
2.3　卷軸裝。首全尾殘。卷面多塗抹。
2.4　本遺書包括 5 個文獻：（一）《祭亡夫人文稿》（擬），19 行，抄寫在正面，今編為 BD04108 號 1。（二）《禮懺文》（擬），4 行，抄寫在正面，文字與前倒寫。今編為 BD04108 號 2。（三）《目連救母變文》（擬），61 行，抄寫在正面，今編為 BD04108 號 3。（四）《藥師道場文》（擬），25 行，抄寫在背面，今編為 BD04108 號背 1。（五）《七階禮懺文》（擬），51 行，抄寫在背面，今編為 BD04108 號背 2。
3.4　說明：
本文獻為唐天福四年（939）某人祭亡夫人文，文多塗抹，可知為實用文稿。
8　939 年。歸義軍時期寫本。
9.1　行楷。
9.2　有墨筆勾畫塗改。
11　圖版：《敦煌寶藏》，111/287B ~ 291A。

1.1　BD04108 號 2
1.3　禮懺文（擬）
1.4　水 008
1.5　461:8719
2.4　本遺書由 5 個文獻組成，本號為第 2 個，抄寫在正面，4 行。餘參見 BD04108 號 1 之第 2 項、第 11 項。
3.4　說明：
本文獻首殘，與《祭亡夫人文稿》倒寫，僅存 4 行。從寫卷形態看，應為利用抄寫《祭亡夫人文稿》後的空餘白紙，抄寫《禮懺文》。後《禮懺文》首部殘破，並與《目連救母變文》殘卷粘接，抄寫《藥師道場文》等。
本文獻第三行末尾雙行小字註："以下尋常。"似《禮懺文》本身並未抄完，但因缺少繼續抄寫的空間，故予以省略。省略部分的禮懺方法，按照一般常規進行。
7.3　有雜寫"寅"。
8　9 ~ 10 世紀。歸義軍時期寫本。
9.1　行楷。

1.1　BD04108 號 3

1.3　目連救母變文（擬）
1.4　水 008
1.5　461:8719
2.4　本遺書由 5 個文獻組成，本號為第 3 個，抄寫在正面，61 行。餘參見 BD04108 號 1 之第 2 項、第 11 項。
3.4　說明：
本文獻首尾均殘，內容為《目連救母變文》。敦煌遺書中已經發現與目連救母故事相關文獻四種：《目連緣起》、《目連變文》、《大目乾連冥間救母變文》、《盂蘭盆經講經文》。本文獻與上述四種均有不同，應為尚未被研究者注意的第五種。
8　9～10 世紀。歸義軍時期寫本。
9.1　行楷。
9.2　有墨筆塗抹。

1.1　BD04108 號背 1
1.3　藥師道場文（擬）
1.4　水 008
1.5　461:8719
2.4　本遺書由 5 個文獻組成，本號為第 4 個，抄寫在背面，25 行。餘參見 BD04108 號 1 之第 2 項、第 11 項。
3.4　說明：
本文獻為敦煌地區舉行藥師道場禮拜的儀軌。文中有不少省略用法，對研究敦煌地區的藥師崇拜、儀軌性佛教，以及敦煌遺書中實用儀軌的抄寫法有較大研究價值。
4.1　藥師道場（首）。
8　9～10 世紀。歸義軍時期寫本。
9.1　行書。
9.2　有墨筆塗抹。

1.1　BD04108 號背 2
1.3　七階禮懺文（擬）
1.4　水 008
1.5　461:8719
2.4　本遺書由 5 個文獻組成，本號為第 2 個，抄寫在背面，51 行。餘參見 BD04108 號 1 之第 2 項、第 11 項。
3.4　說明：
本文獻屬於敦煌地區流傳甚廣的《七階禮懺文》系統。《七階禮懺文》形態歧雜，有待進一步研究。
8　9～10 世紀。歸義軍時期寫本。
9.1　行書。

1.1　BD04109 號
1.3　無量壽宗要經
1.4　水 009
1.5　275:7806
2.1　(3＋177)×31.5 厘米；4 紙；117 行，行 30 餘字。
2.2　01：3＋43.5，31；　02：46.0，32；　03：46.0，32；
04：41.5，22。
2.3　卷軸裝。首尾均全。卷首右下略殘。卷面上下邊多有破裂。有烏絲欄。
3.1　首全→大正 936，19/82A3。
3.2　尾全→19/84C29。
4.1　大乘無量壽經（首）。
4.2　佛說無量壽宗要經（尾）。
7.1　第 4 紙末有題名“田廣談”。
8　8～9 世紀。吐蕃統治時期寫本。
9.1　行楷。
11　圖版：《敦煌寶藏》，107/660B～662B。

1.1　BD04110 號
1.3　金光明最勝王經卷三
1.4　水 010
1.5　083:1609
2.1　(16＋526.8)×25.3 厘米；11 紙；301 行，行 17 字。
2.2　01：16＋20，22；　02：74.1，43；　03：48.0，28；
04：48.0，28；　05：48.0，28；　06：48.0，28；
07：48.0，28；　08：48.0，27；　09：48.5，28；
10：48.0，28；　11：48.2，13。
2.3　卷軸裝。首殘尾全。卷面油污變脆。卷面多處破裂，卷後部接縫處下有開裂。卷首背有古代裱補。尾有蟲繭。有烏絲欄。
3.1　首 10 行中下殘→大正 665，16/414A18～29。
3.2　尾全→16/417C16。
4.2　金光明經卷第三（尾）。
7.3　卷尾有“最勝王經”雜寫 1 行，背有“金光明最勝王經”雜寫 1 行。
8　8～9 世紀。吐蕃統治時期寫本。
9.1　楷書。
11　圖版：《敦煌寶藏》，68/610B～617B。

1.1　BD04111 號
1.3　大般若波羅蜜多經卷一六二
1.4　水 011
1.5　084:2418
2.1　(9.8＋629)×26 厘米；14 紙；369 行，行 17 字。
2.2　01：9.8＋25，21；　02：47.0，28；　03：47.2，28；
04：47.2，28；　05：47.0，28；　06：47.2，28；
07：46.9，28；　08：47.0，28；　09：47.0，28；
10：47.0，28；　11：47.0，28；　12：47.0，28；
13：47.0，28；　14：39.5，12。
2.3　卷軸裝。首殘尾全。卷首殘破嚴重。尾有原軸，鑲亞腰形軸頭，下軸頭脫落。有烏絲欄。
3.1　首 6 行上下殘→大正 220，5/871C14～19。
3.2　尾全→5/876A5。
4.2　大般若波羅蜜多經卷第一百六十二（尾）。

7.1　第1紙背面有勘記"一百六十二"。
8　8～9世紀。吐蕃統治時期寫本。
9.1　楷書。
11　圖版:《敦煌寶藏》,73/226B～234B。

1.1　BD04112號
1.3　大般若波羅蜜多經卷五六九
1.4　水012
1.5　084:3361
2.1　(3.6+768.1)×26.1厘米;18紙;466行,行17字。
2.2　01:3.6+4.2,4;　02:45.7,28;　03:45.6,28;
04:45.6,28;　05:45.4,28;　06:45.6,28;
07:45.5,28;　08:45.7,28;　09:45.5,28;
10:45.6,28;　11:45.5,28;　12:45.8,28;
13:45.5,28;　14:45.4,28;　15:45.5,28;
16:45.6,28;　17:45.2,28;　18:35.2,14。
2.3　卷軸裝。首殘尾全。尾紙有殘洞。第17紙背面有古代裱補。有燕尾。有烏絲欄。
3.1　首2行上下殘→大正220,7/936C27～28。
3.2　尾全→7/942A29。
4.2　大般若波羅蜜多經卷第五百六十九(尾)。
7.1　卷端背面有勘記"五十七",為本文獻所屬袟次;硃筆"九",為袟內卷次;墨筆"乾"字,為敦煌乾元寺簡稱。
8　8～9世紀。吐蕃統治時期寫本。
9.1　楷書。
9.2　有刮改。
11　圖版:《敦煌寶藏》,77/373B～383B。

1.1　BD04113號
1.3　大般若波羅蜜多經卷二〇六
1.4　水013
1.5　084:2521
2.1　(1.1+51.1)×27厘米;2紙;33行,行17字。
2.2　01:1.1+6.8,5;　02:44.3,28。
2.3　卷軸裝。首殘尾脫。第1紙橫向撕裂,第1、2紙天頭殘缺。有烏絲欄。已修整。
3.1　首1行上殘→大正220,6/26C25。
3.2　尾殘→6/27A28。
8　8～9世紀。吐蕃統治時期寫本。
9.1　楷書。
11　圖版:《敦煌寶藏》,73/620。

1.1　BD04114號
1.3　大般若波羅蜜多經卷三五二
1.4　水014
1.5　084:2954
2.1　(5+39.5+1.7)×25.3厘米;1紙;26行,行17字。
2.3　卷軸裝。首全尾脫。卷下部有破裂,天頭地腳殘破。有烏絲欄。已修整。
3.1　首全→大正220,6/808B8。
3.2　尾殘→6/808C8。
4.1　大般若波羅蜜多經卷第三百五十二,/初分多問不二品第六十一之二,三藏法□…□(首)。
6.2　尾→BD03202號。
8　8～9世紀。吐蕃統治時期寫本。
9.1　楷書。
11　圖版:《敦煌寶藏》,75/607A。

1.1　BD04115號
1.3　妙法蓮華經卷一
1.4　水015
1.5　105:4694
2.1　111.4×25.1厘米;3紙;62行,行20字(偈)。
2.2　01:46.7,28;　02:46.5,28;　03:18.2,06。
2.3　卷軸裝。首脫尾全。經黃打紙。卷尾有等距離蟲蛀殘洞,有蟲繭。有烏絲欄。
3.1　首殘→大正262,9/9A17。
3.2　尾全→9/10B21。
4.2　妙法蓮華經卷第一(尾)。
8　7～8世紀。唐寫本。
9.1　楷書。
11　圖版:《敦煌寶藏》,85/295A～296A。

1.1　BD04116號
1.3　金光明最勝王經卷四
1.4　水016
1.5　083:1649
2.1　(4.7+124.3+2.5)×25.8厘米;4紙;79行,行17字。
2.2　01:4.7+31.3,22;　02:46.5,28;　03:46.5,28;
04:02.5,01。
2.3　卷軸裝。首尾均殘。有烏絲欄。已修整。
3.1　首3行中殘→大正665,16/417C26～29。
3.2　尾行上殘→16/418C21～22。
8　8～9世紀。吐蕃統治時期寫本。
9.1　楷書。
9.2　有行間校加字。
11　圖版:《敦煌寶藏》,69/90A～91B。

1.1　BD04117號
1.3　妙法蓮華經卷三
1.4　水017
1.5　105:5080
2.1　774.7×25.6厘米;17紙;445行,行17字。
2.2　01:47.8,28;　02:47.6,28;　03:47.8,28;

04：47.2，28；　05：47.7，28；　06：47.8，28；
07：47.8，28；　08：47.5，28；　09：47.6，28；
10：47.7，28；　11：47.6，28；　12：47.7，28；
13：47.8，28；　14：47.7，28；　15：47.6，28；
16：47.7，25；　17：12.1，拖尾。
2.3　卷軸裝。首脱尾全。經黄打紙。卷首下部有破裂。尾有原軸，鑲蓮蓬形軸頭，上軸頭丢失。背有鳥糞。有烏絲欄。
3.1　首殘→大正 262，9/20C4。
3.2　尾全→9/27B9。
4.2　妙法蓮華經卷第三（尾）。
8　7～8 世紀。唐寫本。
9.1　楷書。
11　圖版：《敦煌寶藏》，88/499A～510A。

1.1　BD04118 號
1.3　大般若波羅蜜多經卷三五六
1.4　水 018
1.5　084:2968
2.1　（19＋44.1）×25.8 厘米；2 紙；26 行，行 17 字。
2.2　01：19.0，護首；　02：44.1，26。
2.3　卷軸裝。首全尾脱。有護首，下邊殘缺。護首有經名，已殘缺。第 2 紙地腳殘破。有烏絲欄。
3.1　首全→大正 220，6/830C21。
3.2　尾殘→6/831A20。
4.1　大般若波羅蜜多經卷第三百五十六，/初分多問不二品第六十一之六，三藏法師玄奘奉詔譯（首）。
7.4　有護首經名“大般若波□…□”。
8　8～9 世紀。吐蕃統治時期寫本。
9.1　楷書。
11　圖版：《敦煌寶藏》，75/655A～B。

1.1　BD04119 號 A
1.3　大般若波羅蜜多經（兑廢稿）卷二四三
1.4　水 019
1.5　084:2637
2.1　（3.8＋41.7）×26.4 厘米；1 紙；25 行，行 17 字。
2.3　卷軸裝。首殘尾缺。天頭地腳殘缺。尾有餘空。卷面粘有 BD04119 號 B 的殘字，均為反字，其中有一“兑”字。有烏絲欄。
3.1　首 2 行上下殘→大正 220，6/228B4～5。
3.2　尾殘→6/228B28。
7.1　背面有勘記：“卅三至卅四袟，兑經。”
8　7～8 世紀。唐寫本。
9.1　楷書。
11　圖版：《敦煌寶藏》，74/311。

1.1　BD04119 號 B
1.3　大般若波羅蜜多經（兑廢稿）卷四七八
1.4　水 019
1.5　084:3193
2.1　45.1×25.6 厘米；1 紙；26 行，行 17 字。
2.3　卷軸裝。首尾均脱。卷上下有殘破。卷面原與 BD04119 號 A 粘貼，揭開後，卷面字有粘損。有烏絲欄。
3.1　首殘→大正 220，7/423C7。
3.2　尾殘→7/424A3。
7.1　卷背面有勘記“第廿九袟”。
8　7～8 世紀。唐寫本。
9.1　楷書。卷端天頭處有 1“兑”字。
11　圖版：《敦煌寶藏》，76/602B。

1.1　BD04120 號
1.3　金剛般若波羅蜜經
1.4　水 020
1.5　094:4016
2.1　181.8×25 厘米；5 紙；109 行，行 17 字。
2.2　01：10.3，06；　02：56.4，33；　03：23.0，14；
04：46.0，28；　05：46.1，28。
2.3　卷軸裝。首斷尾脱。經黄打紙。第 2 紙為現代紙，已焦脆。已托裱。有烏絲欄。
3.1　首殘→大正 235，8/750A19。
3.2　尾殘→8/751B22。
3.4　説明：
本遺書第二紙乃現代被人割截偷换，從字體看，偷换者與假造 BD04024 號者為同一人。
8　7～8 世紀。唐寫本。第二紙為僞卷。
9.1　楷書。
11　圖版：《敦煌寶藏》，81/514A～515B。

1.1　BD04121 號
1.3　大般若波羅蜜多經卷二四〇
1.4　水 021
1.5　084:2624
2.1　（15.5＋131.3）×25.8 厘米；4 紙；92 行，行 17 字。
2.2　01：13.5，08；　02：2＋42.3，28；　03：44.5，28；
04：44.5，28。
2.3　卷軸裝。首殘尾脱。卷首下部殘缺，有油污。有烏絲欄。
3.1　首 9 行上下殘→大正 220，6/211A24～B4。
3.2　尾殘→6/212A29。
8　8～9 世紀。吐蕃統治時期寫本。
9.1　楷書。
11　圖版：《敦煌寶藏》，74/270B～272A。

1.1　BD04122 號
1.3　金剛般若波羅蜜經

1.4　水 022
1.5　094:3812
2.1　(136.3 +2) ×25 厘米；4 紙；79 行，行 17 字。
2.2　01：17.0，10；　02：49.5，28；　03：49.2，28；
04：20.6 +2，13。
2.3　卷軸裝。首斷尾殘。經黄打紙。第 1 紙下方有殘缺。通卷上邊破損。有烏絲欄。
3.1　首殘→大正 235，8/749B8。
3.2　尾 1 行上殘→8/750B3 ~4。
8　7 ~8 世紀。唐寫本。
9.1　楷書。
11　圖版：《敦煌寶藏》，80/429A ~430B。

1.1　BD04123 號
1.3　妙法蓮華經卷六
1.4　水 023
1.5　105:5742
2.1　365 ×25.5 厘米；8 紙；224 行，行 17 字。
2.2　01：45.5，28；　02：45.5，28；　03：45.7，28；
04：45.7，28；　05：45.6，28；　06：45.7，28；
07：45.7，28；　08：45.6，28。
2.3　卷軸裝。首尾均脱。經黄紙。卷面上下邊多有破裂。接縫處多有開裂。有烏絲欄。
3.1　首殘→大正 262，9/48C1。
3.2　尾殘→9/52A5。
8　7 ~8 世紀。唐寫本。
9.1　楷書。
11　圖版：《敦煌寶藏》，94/571B ~576B。

1.1　BD04124 號
1.3　妙法蓮華經卷四
1.4　水 024
1.5　105:5350
2.1　137.2 ×26.8 厘米；3 紙；82 行，行 17 字。
2.2　01：46.5，28；　02：43.7，26；　03：47.0，28。
2.3　卷軸裝。首尾均脱。有烏絲欄。
3.1　首殘→大正 262，9/30C17。
3.2　尾殘→9/32A2。
8　7 ~8 世紀。唐寫本。
9.1　楷書。
11　圖版：《敦煌寶藏》，91/114A ~115B。

1.1　BD04125 號
1.3　大般若波羅蜜多經卷三五五
1.4　水 025
1.5　084:2965
2.1　28.7 ×27.4 厘米；1 紙；16 行，行 17 字。
2.3　卷軸裝。首脱尾斷。上下邊殘破。有烏絲欄。
3.1　首殘→大正 220，6/826A9。
3.2　尾殘→6/826A25。
8　8 ~9 世紀。吐蕃統治時期寫本。
9.1　楷書。
9.2　有刮改。
11　圖版：《敦煌寶藏》，75/652A。

1.1　BD04126 號
1.3　金光明最勝王經卷四
1.4　水 026
1.5　083:1693
2.1　(137.9 +2.5) ×26.2 厘米；3 紙；84 行，行 17 字。
2.2　01：47.2，28；　02：46.7，28；　03：44 +2.5，28。
2.3　卷軸裝。首脱尾殘。有烏絲欄。
3.1　首殘→大正 665，16/419C24。
3.2　尾殘→16/420C21。
8　8 ~9 世紀。吐蕃統治時期寫本。
9.1　楷書。硬筆書寫。
11　圖版：《敦煌寶藏》，69/301A ~302B。

1.1　BD04127 號
1.3　大般若波羅蜜多經卷一五四
1.4　水 027
1.5　084:2405
2.1　48.1 ×28 厘米；1 紙；29 行，行 17 字。
2.3　卷軸裝。首斷尾脱。卷面有水漬，有殘洞。有烏絲欄。
3.1　首殘→大正 220，5/834B20。
3.2　尾殘→5/834C19。
8　9 ~10 世紀。歸義軍時期寫本。
9.1　楷書。
11　圖版：《敦煌寶藏》，73/180。

1.1　BD04128 號
1.3　大般若波羅蜜多經卷三五一
1.4　水 028
1.5　084:2950
2.1　(18.1 +42) ×25.3 厘米；2 紙；26 行，行 17 字。
2.2　01：15.5，護首；　02：2.6 +42，26。
2.3　卷軸裝。首殘尾脱。有護首，下邊殘缺。第 2 紙有殘破。背面有古代裱補，紙上有字，並有硃筆，但向内粘貼，文字難以辨認。有烏絲欄。
3.1　首全→大正 220，6/803A2。
3.2　尾殘→6/803B2。
4.1　大般若波羅蜜多經卷第三百五十一，/初分多問不二品第六十一之一，三藏法師玄奘奉詔譯（首）。
8　8 ~9 世紀。吐蕃統治時期寫本。

9.1　楷書。
11　圖版：《敦煌寶藏》，75/594B～595A。

1.1　BD04129 號
1.3　大般若波羅蜜多經卷一一四
1.4　水 029
1.5　084：2311
2.1　49.9×26.4 厘米；1 紙；28 行，行 17 字。
2.3　卷軸裝。首尾均脫。卷上邊粘一紙條，2×3.5 釐米。有烏絲欄。
3.1　首殘→大正 220，5/627A5。
3.2　尾殘→5/627B3。
7.3　卷上有雜寫一字。
8　8～9 世紀。吐蕃統治時期寫本。
9.1　楷書。
9.2　有塗抹。
11　圖版：《敦煌寶藏》，72/609B～610A。

1.1　BD04130 號
1.3　金剛般若波羅蜜經
1.4　水 030
1.5　094：4350
2.1　121.3×26.3 厘米；4 紙；66 行，行 17～20 字。
2.2　01：17.3，10；　02：46.5，28；　03：46.5，28；
04：11.0，拖尾。
2.3　卷軸裝。首殘尾全。經黄紙。有烏絲欄。
3.1　首殘→大正 235，8/751C14。
3.2　尾全→8/752C3。
4.2　金剛般若波羅蜜經（尾）。
5　與《大正藏》本對照，本卷經文無冥司偈，參見《大正藏》，8/751C16～19。
8　7～8 世紀。唐寫本。
9.1　楷書。
11　圖版：《敦煌寶藏》，83/36A～37B。

1.1　BD04131 號
1.3　妙法蓮華經（八卷本）卷七
1.4　水 031
1.5　105：5845
2.1　260.8×25.7 厘米；6 紙；143 行，行 17 字。
2.2　01：49.5，28；　02：48.8，28；　03：49.0，28；
04：49.0，28；　05：48.5，28；　06：16.0，03。
2.3　卷軸裝。首脫尾全。有烏絲欄。
3.1　首殘→大正 262，9/54C18。
3.2　尾全→9/56C1。
4.2　妙法蓮華經卷第七（尾）。
5　與《大正藏》本對照，分卷不同，相當於《妙法蓮華經》卷第六藥王菩薩本事品第二十三起至卷第七妙音菩薩品第二十四。
8　8 世紀。唐寫本。
9.1　楷書。
11　圖版：《敦煌寶藏》，95/355B～359A。

1.1　BD04132 號
1.3　思益梵天所問經卷二
1.4　水 032
1.5　043：0415
2.1　（18.5＋612.5）×26.5 厘米；14 紙；363 行，行 17 字。
2.2　01：18.5＋4.5，13；　02：48.5，28；　03：49.0，28；
04：49.2，28；　05：49.4，28；　06：49.0，28；
07：49.3，28；　08：49.2，28；　09：49.2，28；
10：49.2，28；　11：48.8，28；　12：48.7，28；
13：45.6，28；　14：22.9，14。
2.3　卷軸裝。首殘尾斷。卷首殘缺嚴重，卷面有水漬、油污。第 9 紙粘縫處開裂，尾紙之質地字體與全卷不同。有烏絲欄。已修整。
3.1　首 10 行上中殘→大正 586，15/41A13～24。
3.2　尾斷→15/45B16。
5　與《大正藏》對照，該件不分品，分段及文字均有不同。
8　8～9 世紀。吐蕃統治時期寫本。
9.1　楷書。
9.2　有硃筆行間校加字。有刪除符號。
11　圖版：《敦煌寶藏》，58/662A～670B。

1.1　BD04133 號
1.3　佛名經（十六卷本　兑廢稿）卷一三
1.4　水 033
1.5　063：0744
2.1　49×28 厘米；1 紙；28 行，行 13 字。
2.3　卷軸裝。首尾均脫。有烏絲欄。
3.1　首殘→《七寺古逸經典研究叢書》，3/675 頁第 485 行。
3.2　尾殘→《七寺古逸經典研究叢書》，3/677 頁第 513 行。
5　與《七寺古逸經典研究叢書》本對照，部分佛名略有出入。
8　9～10 世紀。歸義軍時期寫本。
9.1　楷書。上邊有“兑”字。
9.2　有行間加行。
11　圖版：《敦煌寶藏》，62/48B～49A。

1.1　BD04134 號
1.3　金光明最勝王經卷四
1.4　水 034
1.5　083：1683
2.1　（2.5＋136.3）×26 厘米；3 紙；84 行，行 17 字。
2.2　01：2.5＋43.1，28；　02：46.7，28；　03：46.5，28。

2.3 卷軸裝。首殘尾脫。有烏絲欄。
3.1 首2行下殘→大正665，16/418C21～23。
3.2 尾殘→16/419C23。
8 8～9世紀。吐蕃統治時期寫本。
9.1 楷書。硬筆書寫。
9.2 有刪除符號。
11 圖版：《敦煌寶藏》，69/262A～263B。

1.1 BD04135號
1.3 維摩詰所說經卷下
1.4 水035
1.5 070:1219
2.1 825.5×26厘米；17紙；456行，行17字。
2.2 01：47.0，26； 02：49.0，28； 03：49.0，28；
04：49.0，28； 05：49.0，28； 06：49.0，28；
07：49.0，28； 08：48.5，28； 09：48.5，28；
10：48.5，28； 11：48.5，28； 12：48.5，28；
13：48.5，28； 14：48.5，28； 15：48.5，28；
16：48.5，28； 17：48.0，10。
2.3 卷軸裝。首尾均全。卷首有等距離黴爛殘洞。卷中有鼠嚙殘缺及等距離殘洞。有烏絲欄。
3.1 首全→大正475，14/552A5。
3.2 尾全→14/557B26。
4.1 香積佛品第十（首）。
4.2 維摩詰經卷下（尾）。
8 8～9世紀。吐蕃統治時期寫本。
9.1 楷書。
11 圖版：《敦煌寶藏》，66/65A～75B。

1.1 BD04136號
1.3 梵網經盧舍那佛說菩薩心地戒品第十卷下
1.4 水036
1.5 143:6742
2.1 （166+1.5）×25.4厘米；4紙；正面104行，行17字。背面3行，行字不等。
2.2 01：45.5，28； 02：45.5，28； 03：39.0，25；
04：36+1.5，23。
2.3 卷軸裝。首斷尾殘。通卷殘破嚴重，斷為兩截。背有多塊古代裱補，上面有白書，朝裹粘貼。有烏絲欄。
2.4 本遺書包括2個文獻：（一）《梵網經盧舍那佛說菩薩心地戒品第十》卷下，104行，抄寫在正面，今編為BD04136號。（二）《殘文書》（擬），3行，抄寫在背面的兩塊古代裱補紙上，今編為BD04136號背。
3.1 首殘→大正1484，24/1006C9。
3.2 尾殘→24/1008A14。
8 8～9世紀。吐蕃統治時期寫本。
9.1 楷書。

11 圖版：《敦煌寶藏》，101/443B～445B。

1.1 BD04136號背
1.3 殘文書（擬）
1.4 水036
1.5 143:6742
2.4 本遺書由2個文獻組成，本號為第2個，抄寫在背面的兩塊古代裱補紙上，共3行。餘參見BD04136號之第2項、第11項。
3.3 錄文：
（前殘）
□…□請閉不許甘州/
□…□我斯在邊城/
……
□…□輒令西過仍/
（後殘）
上述兩紙，是否可以綴接，可以研究。本文書應屬反映歸義軍時期軍事活動的重要文書，有待研究。
8 9～10世紀。歸義軍時期寫本。
9.1 楷書。

1.1 BD04137號
1.3 大般若波羅蜜多經卷四三二
1.4 水037
1.5 084:3120
2.1 （1.7+238.4）×26.1厘米；5紙；140行，行17字。
2.2 01：1.7+46.4，28； 02：48.2，28； 03：47.6，28；
04：48.0，28； 05：48.2，28。
2.3 卷軸裝。首殘尾脫。有烏絲欄。
3.1 首行中殘→大正220，7/173C27。
3.2 尾行下殘→7/175B22。
6.1 首→BD04054號。
6.2 尾→BD04051號。
8 8～9世紀。吐蕃統治時期寫本。
9.1 楷書。
11 圖版：《敦煌寶藏》，76/427B～430B。

1.1 BD04138號
1.3 大乘密嚴經（地婆訶羅本）卷下
1.4 水038
1.5 040:0395
2.1 （3.5+215.4）×27厘米；6紙；118行，行17字。
2.2 01：03.5，02； 02：43.0，24； 03：43.0，24；
04：43.2，24； 05：43.2，24； 06：43.0，20。
2.3 卷軸裝。首殘尾全。經黃紙。卷尾上下有蟲繭。卷背畫上下邊欄。
3.1 首2行下殘→大正681，16/745B4～7。

3.2 尾全→16/747B15。
4.2 大乘密嚴經卷下（尾）。
5 與《大正藏》本對照，分段略有不同。
6.1 首→BD04210號。
8 8世紀。唐寫本。
9.1 楷書。
11 圖版：《敦煌寶藏》，58/507B～510B。

1.1 BD04139號
1.3 金光明經卷一
1.4 水039
1.5 081:1368
2.1 185×25.5厘米；4紙；112紙；行17字。
2.2 01：46.2，28； 02：46.5，28； 03：46.0，28；
04：46.3，28。
2.3 卷軸裝。首尾均脱。通卷上邊有水漬及黴爛。有烏絲欄。
3.1 首全→大正663，16/335B2。
3.2 尾脱→16/336C18。
4.1 金光明經序品第一（首）。
6.2 尾→BD03883號。
8 8世紀。唐寫本。
9.1 楷書。
11 圖版：《敦煌寶藏》，67/220B～222B。

1.1 BD04140號
1.3 大般涅槃經（北本）卷一七
1.4 水040
1.5 115:6395
2.1 （231+1）×25.5厘米；5紙；140行，行17字。
2.2 01：46.5，28； 02：46.5，28； 03：46.5，28；
04：46.5，28； 05：45+1，28。
2.3 卷軸裝。首脱尾殘。經黄紙。尾紙下殘。有烏絲欄。
3.1 首殘→大正374，12/464B9。
3.2 尾1行下殘→12/466A8。
8 7～8世紀。唐寫本。
9.1 楷書。
11 圖版：《敦煌寶藏》，98/553B～556B。

1.1 BD04141號
1.3 妙法蓮華經卷一
1.4 水041
1.5 105:4644
2.1 （2.9+139.8）×25.2厘米；4紙；85行，行16～18字。
2.2 01：02.9，01； 02：46.7，28； 03：46.5，28；
04：46.6，28。
2.3 卷軸裝。首殘尾脱。經黄紙。卷面有黴點。有烏絲欄。
3.1 首行上殘→大正262，9/3C16。
3.2 尾殘→9/5A14。
8 7～8世紀。唐寫本。
9.1 楷書。
11 圖版：《敦煌寶藏》，85/151B～153A。

1.1 BD04142號
1.3 金剛般若波羅蜜經
1.4 水042
1.5 094:3506
2.1 550.3×25厘米；12紙；308行，行17字。
2.2 01：36.5，22； 02：48.3，28； 03：48.8，28；
04：48.8，28； 05：48.7，28； 06：48.7，28；
07：48.8，28； 08：49.0，28； 09：49.0，28；
10：49.0，28； 11：48.7，28； 12：26.0，06。
2.3 卷軸裝。首尾均全。第1紙下殘。卷面有水漬。接縫處下有開裂。尾有蟲繭。背有古代裱補。有烏絲欄。已修整。
3.1 首全→大正235，8/748C17。
3.2 尾全→8/752C3。
4.1 □…□羅蜜經（首）。
4.2 金剛般若波羅蜜經（尾）。
5 與《大正藏》本對照，本卷經文無冥司偈，參見《大正藏》，8/751C16～19。
8 8世紀。唐寫本。
9.1 楷書。
9.2 有行間加行。
11 圖版：《敦煌寶藏》，78/352A～359A。

1.1 BD04143號
1.3 大般涅槃經（北本）卷二七
1.4 水043
1.5 117:6586
2.1 148.5×25.8厘米；4紙；82行，行17字。
2.2 01：37.5，21； 02：37.0，20； 03：37.0，21；
04：37.0，20。
2.3 卷軸裝。首尾均脱。第2紙有劃界欄針孔。有烏絲欄。
3.1 首殘→大正374，12/525A22。
3.2 尾殘→12/526A21。
6.2 尾→BD04060號。
8 6世紀。南北朝寫本。
9.1 楷書。
11 圖版：《敦煌寶藏》，100/416A～417B。

1.1 BD04144號
1.3 大般若波羅蜜多經卷四一七
1.4 水044
1.5 084:3090
2.1 （3.1+446.7）×27.2厘米；10紙；276行，行17字。

2.2 01：3.1+36.6，24； 02：45.4，28； 03：45.7，28；
04：45.6，28； 05：45.6，28； 06：45.6，28；
07：45.6，28； 08：45.6，28； 09：45.6，28；
10：45.4，28。
2.3 卷軸裝。首殘尾脫。卷首油污變脆，有殘洞。有烏絲欄。已修整。
3.1 首2行上下殘→大正220，7/90C18～19。
3.2 尾殘→7/94A5。
8 8～9世紀。吐蕃統治時期寫本。
9.1 楷書。
11 圖版：《敦煌寶藏》，76/367B～373A。

1.1 BD04145號
1.3 維摩詰所說經卷中
1.4 水045
1.5 070：1079
2.1 （43.5+841+117）×24.5厘米；21紙；正面580行，行17字。背面2行，行字不等。
2.2 01：40.0，23； 02：3.5+46，28； 03：48.0，28；
04：48.0，28； 05：48.0，28； 06：48.0，28；
07：48.0，28； 08：48.0，28； 09：48.0，28；
10：48.0，28； 11：48.0，28； 12：48.0，28；
13：48.0，28； 14：48.0，28； 15：48.0，28；
16：48.0，28； 17：48.0，28； 18：48.0，28；
19：27+21，28； 20：48.0，28； 21：48.0，25。
2.3 卷軸裝。首尾均殘。經黃打紙。首紙下半殘缺，第3紙下邊撕裂，第4、5紙和第6、7紙中間有横撕裂，第6紙下邊開裂，第9紙有豎撕裂，尾3紙下部殘缺，第20、21紙斷爲2截。背有古代裱補。有烏絲欄。已修整。
2.4 本遺書包括2個文獻：（一）《維摩詰所說經》卷中，580行，抄寫在正面，今編為BD04145號。（二）《某經譯場列位》（擬），2行，抄寫在背面古代裱補紙上，今編為BD04145號背。
3.1 首24行下殘→大正475，14/544A27～B26。
3.2 尾64行下殘→14/551A17～C27。
4.2 維摩詰經卷中（尾）。
8 7～8世紀。唐寫本。
9.1 楷書。
11 圖版：《敦煌寶藏》，65/130B～144A。

1.1 BD04145號背
1.3 某經譯場列位（擬）
1.4 水045
1.5 070：1079
2.4 本遺書由2個文獻組成，本號為第2個，抄寫在背面古代裱補紙上，2行。餘參見BD04145號之第2項、第11項。
3.3 錄文：
（前殘）
翻經沙門崇光寺神英證義。/
翻經沙門大興善寺伏禮證義。/
（後殘）
3.4 説明：
"伏禮"，即"復禮"。從人名看，應爲義淨譯場列位。
8 8世紀。唐寫本。
9.1 楷書。

1.1 BD04146號
1.3 佛名經（十六卷本）卷一四
1.4 水046
1.5 063：0786
2.1 （3.5+121+1.5）×27.1厘米；3紙；71行，行12字。
2.2 01：3.5+39，24； 02：43.0，24； 03：39+1.5，23。
2.3 卷軸裝。首尾均殘。首紙中部横裂，下部殘破嚴重，脱落1塊殘片，已綴接。第2、3紙下部殘損。已修整。
3.1 首2行中下殘→《七寺古逸經典研究叢書》，3/693頁第96～97行。
3.2 尾1行上中殘→《七寺古逸經典研究叢書》，3/698頁第166行。
8 9～10世紀。歸義軍時期寫本。
9.1 楷書。
11 圖版：《敦煌寶藏》，62/305A～306B。

1.1 BD04147號
1.3 大般若波羅蜜多經卷三八三
1.4 水047
1.5 084：3042
2.1 （51.8+309.8）×25.8厘米；8紙；210行，行17字。
2.2 01：24.5，14； 02：27.3+20.6，28； 03：48.3，28；
04：48.3，28； 05：48.1，28； 06：48.3，28；
07：48.1，28； 08：48.1，28。
2.3 卷軸裝。首殘尾脫。卷面刷潢。卷首下部殘缺嚴重；卷面有水漬、皺褶；第3、4紙接縫處下開裂；第3紙脱落1塊殘片，可以綴接。有烏絲欄。
3.1 首30行下殘→大正220，6/977C17～978A17。
3.2 尾殘→6/980A22。
7.1 卷首背面有一淡墨勘記"九"。
8 8～9世紀。吐蕃統治時期寫本。
9.1 楷書。
11 圖版：《敦煌寶藏》，76/180B～185A。

1.1 BD04148號
1.3 妙法蓮華經卷三
1.4 水048
1.5 105：6163
2.1 46.5×23厘米；1紙；31行，行17字。

2.3　卷軸裝。首尾均脱。經黄打紙，砑光上蠟。通卷上部油污殘缺，下邊破損。尾部有横撕裂。有烏絲欄。
3.1　首殘→大正 262，9/20C16。
3.2　尾殘→9/21A28。
8　7～8 世紀。唐寫本。
9.1　楷書。
11　圖版：《敦煌寶藏》，97/162B～163A。

1.1　BD04149 號
1.3　妙法蓮華經卷七
1.4　水 049
1.5　105:6109
2.1　（7+61.5）×25 厘米；2 紙；42 行，行 17 字。
2.2　01：7+28，21；　02：33.5，21。
2.3　卷軸裝。首殘尾斷。經黄紙。通卷殘破。有烏絲欄。
3.1　首 4 行下殘→大正 262，9/58B15～18。
3.2　尾殘→9/59A14。
8　7～8 世紀。唐寫本。
9.1　楷書。
11　圖版：《敦煌寶藏》，97/27A～B。

1.1　BD04150 號
1.3　金剛般若波羅蜜經
1.4　水 050
1.5　094:4275
2.1　（1.8+192.1）×25.1 厘米；5 紙；105 行，行 17 字。
2.2　01：1.8+22.7，14；　02：49.1，28；　03：49.1，28；　04：49.0，28；　05：22.2，07。
2.3　卷軸裝。首殘尾全。經黄打紙，砑光上蠟。卷尾上下有蟲繭。有烏絲欄。
3.1　首行下殘→大正 235，8/751B3。
3.2　尾全→8/752C3。
4.2　金剛般若波羅蜜經（尾）。
5　與《大正藏》本對照，本卷經文無冥司偈，參見《大正藏》，8/751C16～19。
8　7～8 世紀。唐寫本。
9.1　楷書。
11　圖版：《敦煌寶藏》，82/562A～564B。

1.1　BD04151 號
1.3　金剛般若波羅蜜經
1.4　水 051
1.5　094:3593
2.1　（16.5+496.8）×25.5 厘米；12 紙；正面 307 行，行 17 字。背面 2 行，行字不等。
2.2　01：16.5+24.8，25；　02：45.7，28；　03：46.0，28；　04：46.0，28；　05：45.5，28；　06：46.5，28；　07：46.0，28；　08：46.0，28；　09：45.7，28；　10：45.8，28；　11：45.7，28；　12：13.1，02。
2.3　卷軸裝。首殘尾全。卷首右上殘缺，第 2、3 紙接縫開裂，卷自第 5、6 紙接縫處脱開爲兩截，卷尾上下有蟲繭。第 1 紙背有裱補，上有文字已模糊不清。有烏絲欄。已修整。
2.4　本遺書包括 2 個文獻：（一）《金剛般若波羅蜜經》，307 行，抄寫在正面，今編為 BD04151 號。（二）《殘歷》（擬），2 行，抄寫在背面裱補紙上，今編為 BD04151 號背。
3.1　首 10 行上殘→大正 235，8/748C22～749A3。
3.2　尾全→8/752C3。
4.2　金剛般若波羅蜜經一部（尾）。
5　與《大正藏》本對照，本卷經文無冥司偈，參見《大正藏》，8/751C16～19。
8　9～10 世紀。歸義軍時期寫本。
9.1　楷書。
11　圖版：《敦煌寶藏》，79/38A～44B。

1.1　BD04151 號背
1.3　殘歷（擬）
1.4　水 051
1.5　094:3593
2.4　本遺書由 2 個文獻組成，本號為第 2 個，抄寫在背面裱補紙上，2 行。餘參見 BD04151 號之第 2 項、第 11 項。
3.4　説明：
本文獻共兩行，首殘，上下均殘。可辨有“四日”、“十日”等語。或為歸義軍羊籍。待研究。
8　9～10 世紀。歸義軍時期寫本。
9.1　楷書。

1.1　BD04152 號
1.3　金剛般若波羅蜜經
1.4　水 052
1.5　094:4423
2.1　90×25.6 厘米；2 紙；56 行，行 17 字。
2.2　01：46.0，28；　02：44.0，28。
2.3　卷軸裝。首尾均脱。通卷碎損嚴重。有烏絲欄。已修整。
3.1　首殘→大正 235，8/749B20。
3.2　尾殘→8/750A21。
8　7～8 世紀。唐寫本。
9.1　楷書。
11　圖版：《敦煌寶藏》，83/152B～153B。

1.1　BD04153 號
1.3　金光明最勝王經卷三
1.4　水 053
1.5　083:1596
2.1　（9.5+522.3）×28.2 厘米；12 紙；317 行，行 17 字。

2.2　01：9.5+7，10；　02：47.0，28；　03：46.9，28；
04：46.8，28；　05：47.0，28；　06：47.0，28；
07：46.7，28；　08：47.0，28；　09：46.8，28；
10：46.8，28；　11：46.8，28；　12：46.5，27。
2.3　卷軸裝。首殘尾全。卷首右下殘缺。有烏絲欄。
3.1　首6行下殘→大正665，16/413C29～414A6。
3.2　尾全→16/417C16。
4.2　金光明經卷第三（尾）。
8　8～9世紀。吐蕃統治時期寫本。
9.1　楷書。
11　圖版：《敦煌寶藏》，68/521B～528A。

1.1　BD04154號
1.3　維摩詰所說經卷上
1.4　水054
1.5　070:0953
2.1　571×26厘米；14紙；374行，行17字。
2.2　01：41.0，27；　02：41.0，27；　03：40.5，27；
04：41.0，27；　05：41.0，27；　06：41.0，27；
07：40.5，27；　08：41.0，27；　09：40.5，27；
10：41.0，27；　11：41.0，27；　12：41.0，27；
13：41.0，27；　14：39.5，23。
2.3　卷軸裝。首脫尾全。經黄打紙。第4紙下邊有殘缺。背有近代裱補。有烏絲欄。
3.1　首殘→大正475，14/539B25。
3.2　尾全→14/544A19。
4.2　維摩詰經卷上（尾）。
6.1　首→BD03893號。
8　7～8世紀。唐寫本。
9.1　楷書。
9.2　有刮改。
11　圖版：《敦煌寶藏》，64/128A～135B。

1.1　BD04155號
1.3　無量壽宗要經
1.4　水055
1.5　275:7807
2.1　210×31.5厘米；5紙；135行，行30餘字。
2.2　01：42.0，28；　02：42.0，28；　03：42.0，28；
04：42.0，28；　05：42.0，23。
2.3　卷軸裝。首尾均全。第1紙上下邊殘缺，天頭有等距殘洞。有烏絲欄。
3.1　首全→大正936，19/82A3。
3.2　尾全→19/84C29。
4.1　大乘無量壽經（首）。
4.2　佛說無量壽宗要經（尾）。
7.1　第5紙末有題名“田廣談”。第1紙背面有勘記“永安”，即本文獻為敦煌永安寺所有或所抄。
8　8～9世紀。吐蕃統治時期寫本。
9.1　楷書。
9.2　有倒乙。
11　圖版：《敦煌寶藏》，108/1A～3B。

1.1　BD04156號
1.3　大般涅槃經（北本）卷三
1.4　水056
1.5　119:6611
2.1　244+26厘米；5紙；137行，行17字。
2.2　01：52.0，29；　02：52.0，29；　03：52.0，29；
04：52.0，29；　05：36.0，21。
2.3　卷軸裝。首尾均殘。通卷殘破嚴重，第1、2紙接縫處脫開爲2截。有烏絲欄。已修整。
3.1　首殘→大正374，12/381A4。
3.2　尾殘→12/382C2。
8　6世紀。南北朝寫本。
9.1　楷書。
11　圖版：《敦煌寶藏》，100/562A～565A。

1.1　BD04157號
1.3　優婆塞戒經（十一卷本）卷一一
1.4　水057
1.5　146:6782
2.1　（4.5+149）×26厘米；4紙；77行，行17字。
2.2　01：4.5+25，16；　02：51.0，29；　03：51.0，29；
04：22.0，03。
2.3　卷軸裝。首殘尾全。卷首殘破嚴重。卷背有鳥糞。有燕尾。有烏絲欄。
3.1　首2行下殘→大正1488，24/1074C11～13。
3.2　尾全→24/1075C2。
4.2　優婆塞戒經卷第十一（尾）。
5　《大正藏》與本件對照，分卷不同，《大正藏》本尾題“卷七”。
8　6世紀。南北朝或隋寫本。
9.1　楷書。
11　圖版：《敦煌寶藏》，101/583B～585B。

1.1　BD04158號
1.3　大般若波羅蜜多經卷三九六
1.4　水058
1.5　084:3057
2.1　（19+90）×25.5厘米；3紙；65行，行17字。
2.2　01：19+24.5，26；　02：47.0，28；　03：18.5，11。
2.3　卷軸裝。首全尾殘。卷首右上殘缺，第2紙下有横向破裂及縱向撕裂，第3紙天頭殘破，通卷地腳殘破。背面有古代裱

補。有烏絲欄。已修整。
3.1 首11行上中殘→大正220，6/1047C2～15。
3.2 尾殘→6/1048B12。
4.1 □…□第三百九十六，/□…□二，三藏法師玄奘奉詔譯/(首)。
7.1 第1、2紙背面有2行勘記："三百九十六。"
8 8～9世紀。吐蕃統治時期寫本。
9.1 楷書。有武周新字"人"、"天"，使用不周遍。
11 圖版：《敦煌寶藏》，76/252A～253A。

1.1 BD04159號
1.3 金光明最勝王經卷三
1.4 水059
1.5 083:1611
2.1 (1+167.9)×26.3厘米；4紙；100行，行17字。
2.2 01：1+41，25； 02：42.2，25； 03：42.5，25；
04：42.2，25。
2.3 卷軸裝。首殘尾脫。第1紙有2排燒炙殘洞，通卷上邊有等距離火燒殘缺，第4紙下部撕裂。有烏絲欄。
3.1 首殘→大正665，16/414B4。
3.2 尾殘→16/415B23。
8 7～8世紀。唐寫本。
9.1 楷書。
11 圖版：《敦煌寶藏》，68/625B～627B。

1.1 BD04160號
1.3 妙法蓮華經卷三
1.4 水060
1.5 105:5054
2.1 (13.4+42.2)×25.6厘米；2紙；36行，行17字。
2.2 01：08.7，05； 02：4.7+42.2，31。
2.3 卷軸裝。首殘尾脫。經黃打紙，砑光上蠟。通卷殘破嚴重。有烏絲欄。
3.1 首8行上下殘→大正262，9/20B3～13。
3.2 尾殘→9/20C16。
8 7～8世紀。唐寫本。
9.1 楷書。
11 圖版：《敦煌寶藏》，88/400B～401A。

1.1 BD04161號
1.3 觀彌勒菩薩上生兜率天經
1.4 水061
1.5 031:0313
2.1 (15+273.5)×25.8厘米；7紙；171行，行17字。
2.2 01：15+11，16； 02：46.7，28； 03：47.0，28；
04：46.8，28； 05：46.5，28； 06：46.5，28；
07：29.0，15。
2.3 卷軸裝。首殘尾全。第4～6紙間的接縫下方開裂，脫落1殘片，已綴接。有烏絲欄。已修整。
3.1 首9行上下殘→大正452，14/418C19～27。
3.2 尾全→14/420C23。
4.2 佛說彌勒上生經(尾)。
8 7～8世紀。唐寫本。
9.1 楷書。
11 圖版：《敦煌寶藏》，58/23B～27B。

1.1 BD04162號
1.3 大方便佛報恩經卷一
1.4 水062
1.5 052:0449
2.1 285.9×27.7厘米；7紙；174行，行17字。
2.2 01：46.3，28； 02：45.8，28； 03：45.5，28；
04：45.8，28； 05：45.8，27； 06：45.7，28；
07：11.0，07。
2.3 卷軸裝。首脫尾殘。有烏絲欄。
3.1 首脫→大正156，3/127C17。
3.2 尾斷→3/129C25。
8 9世紀。歸義軍時期寫本。
9.1 楷書。有武周新字"國"，使用周遍。
11 圖版：《敦煌寶藏》，59/207A～210B。

1.1 BD04163號
1.3 金光明最勝王經卷六
1.4 水063
1.5 083:1787
2.1 (186.3+1.5)×25.5厘米；5紙；113行，行17字。
2.2 01：46.5，28； 02：46.7，28； 03：46.6，28；
04：46.5，28。 05：01.5，01。
2.3 卷軸裝。首脫尾殘。有烏絲欄。
3.1 首殘→大正665，16/429A21。
3.2 尾行上下殘→16/430B24。
6.1 首→BD03868號。
6.2 尾→BD03792號。
8 8～9世紀。吐蕃統治時期寫本。
9.1 楷書。
11 圖版：《敦煌寶藏》，70/86A～88A。

1.1 BD04164號
1.3 大般若波羅蜜多經卷三九九
1.4 水064
1.5 084:3060
2.1 135.6×25.5厘米；3紙；82行，行17字。
2.2 01：44.7，26； 02：46.4，28； 03：44.5+2.1，28。
2.3 卷軸裝。首全尾殘。卷首殘破，卷尾略殘。第1紙背面有

古代裱補。有烏絲欄。
3.1　首全→大正 220，6/1063C8。
3.2　尾行上殘→6/1064C5～6。
4.1　大般若波羅蜜多經卷第三百九十九，/初分常啼菩薩品第七十七之二，三藏法師玄奘奉詔譯（首）。
6.2　尾→BD04172 號。
8　8～9 世紀。吐蕃統治時期寫本。
9.1　楷書。
11　圖版：《敦煌寶藏》，76/269B～271A。

1.1　BD04165 號
1.3　金剛般若波羅蜜經
1.4　水 065
1.5　094:4092
2.1　（3+131+13）×27.5 厘米；4 紙；81 行，行 17 字。
2.2　01：3+33.5，13；　02：43.5，27；　03：44.5，27；
04：9.5+13，14。
2.3　卷軸裝。首殘尾全。第 1 紙有豎裂及殘損，第 3 紙有横豎裂及殘損。背有古代裱補。有烏絲欄。已修整。
3.1　首 2 行下殘→大正 235，8/750B16～18。
3.2　尾 8 行上下殘→8/751B15～22。
8　7～8 世紀。唐寫本。
9.1　楷書。
11　圖版：《敦煌寶藏》，82/100B～102A。

1.1　BD04166 號
1.3　金剛般若波羅蜜經
1.4　水 066
1.5　094:4037
2.1　（12.7+79.3+1）×28 厘米；3 紙；63 行，行 17 字。
2.2　01：12.7+14.5，15；　02：37.5，22；
03：27.3+1，26。
2.3　卷軸裝。首尾均殘。卷面多水漬。第 1、2 紙有等距離殘洞，第 2、3 紙接縫處開裂，第 3 紙有殘洞。有烏絲欄。
3.1　首 7 行下殘→大正 235，8/750A16～23。
3.2　尾殘→8/750C13～14。
8　7～8 世紀。唐寫本。
9.1　楷書。
11　圖版：《敦煌寶藏》，81/576B～577B。

1.1　BD04167 號
1.3　金剛般若波羅蜜經
1.4　水 067
1.5　094:3914
2.1　（7.5+389.3+2.2）×26 厘米；10 紙；230 行，行 17 字。
2.2　01：7.5+6.5，8；　02：47.8，28；　03：48.0，28；
04：48.0，28；　05：48.0，28；　06：48.0，28；
07：48.5，28；　08：48.0，28；　09：46.5，26；
10：02.2，拖尾。
2.3　卷軸裝。首殘尾全。經黄打紙。卷前部有破裂，首 2 紙上部有等距離殘缺，拖尾下殘，卷中間有 2 張裱補紙脱落，卷尾上下有蟲繭多個。背有古代裱補。有烏絲欄。
3.1　首 4 行下殘→大正 235，8/749C12～17。
3.2　尾全→8/752C3。
4.2　金剛般若波羅蜜經（尾）。
5　與《大正藏》本對照，本卷經文無冥司偈，參見《大正藏》，8/751C16～19。
8　7～8 世紀。唐寫本。
9.1　楷書。
11　圖版：《敦煌寶藏》，81/177A～182A。

1.1　BD04168 號
1.3　梵網經盧舍那佛説菩薩心地戒品第十卷下
1.4　水 068
1.5　143:6767
2.1　130×26.5 厘米；3 紙；66 行，行 17 字。
2.2　01：41，24；　02：50.5，30；　03：38.5，12。
2.3　卷軸裝。首殘尾缺。第 3 紙中部有殘洞。尾有餘空。有烏絲欄。
3.1　首殘→大正 1484，24/1008C15。
3.2　尾缺→24/1009C2。
8　9～10 世紀。歸義軍時期寫本。
9.1　楷書。
11　圖版：《敦煌寶藏》，101/523B～525A。

1.1　BD04169 號
1.3　佛名經（十六卷本）卷六
1.4　水 069
1.5　063:0664
2.1　198×25.9 厘米；4 紙；112 行，行 17 字。
2.2　01：49.8，28；　02：49.5，28；　03：49.2，28；
04：49.5，28。
2.3　卷軸裝。首尾均脱。經黄打紙，上蠟。第 4 紙上方撕裂。第 1 紙背有古代裱補。有烏絲欄。
3.1　首殘→《七寺古逸經典研究叢書》，3/291 頁第 279 行。
3.2　尾殘→《七寺古逸經典研究叢書》，3/300 頁第 395 行。
6.1　首→BD04038 號。
8　9～10 世紀。歸義軍時期寫本。
9.1　楷書。
11　圖版：《敦煌寶藏》，61/80A～82B。

1.1　BD04170 號
1.3　金光明最勝王經卷九
1.4　水 070

1.5　083:1911
2.1　(6.5+645.4)×26 厘米；17 紙；386 行，行 17 字。
2.2　01：6.5+25.2，19；　02：41.0，25；　03：41.0，25；
04：41.0，25；　05：41.0，25；　06：41.8，25；
07：41.8，25；　08：41.0，25；　09：40.5，25；
10：40.5，25；　11：40.5，25；　12：40.8，26；
13：43.1，25；　14：43.8，25；　15：42.0，25；
16：33.4，18；　17：07.0，拖尾。
2.3　卷軸裝。首殘尾全。通卷破碎嚴重。背有多處古代及現代裱補，部分為《妙法蓮華經》卷七殘文，紙面朝裹，難以辨認。有燕尾。有烏絲欄。
3.1　首 4 行上殘→大正 665，16/444C11～14。
3.2　尾全→16/450C15。
4.2　金光明最勝王經卷第九（尾）。
5　尾附音義。
8　8 世紀。唐寫本。
9.1　楷書。
11　圖版：《敦煌寶藏》，70/627A～635A。

1.1　BD04171 號
1.3　妙法蓮華經卷三
1.4　水 071
1.5　105:5022
2.1　513.9×26.7 厘米；11 紙；308 行，行 17 字。
2.2　01：46.9，28；　02：46.7，28；　03：46.7，28；
04：46.7，28；　05：46.8，28；　06：46.7，28；
07：46.6，28；　08：46.8，28；　09：46.3，28；
10：46.9，28；　11：46.8，28。
2.3　卷軸裝。首尾均脱。麻紙，未入潢。首紙有 2 個大殘洞。有烏絲欄。
3.1　首殘→大正 262，9/19C19；
3.2　尾殘→9/24B4。
8　7～8 世紀。唐寫本。
9.1　楷書。
11　圖版：《敦煌寶藏》，88/212A～219B。

1.1　BD04172 號
1.3　大般若波羅蜜多經卷三九九
1.4　水 072
1.5　084:3061
2.1　(4+46.2)×25.5 厘米；2 紙；29 行，行 17 字。
2.2　01：04.0，01；　02：46.2，28。
2.3　卷軸裝。首殘尾脱。卷中脱落 2 塊殘片。有烏絲欄。
3.1　首行下殘→大正 220，6/1064C7～8。
3.2　尾殘→6/1065A5。
6.1　首→BD04164 號。
7.1　背面有勘記“三百九十九”。
8　8～9 世紀。吐蕃統治時期寫本。
9.1　楷書。
11　圖版：《敦煌寶藏》，76/271B～272A。

1.1　BD04173 號
1.3　大般若波羅蜜多經卷二一四
1.4　水 073
1.5　084:2550
2.1　(2.7+33.7)×25.7 厘米；1 紙；22 行，行 17 字。
2.3　卷軸裝。首殘尾脱。有烏絲欄。
3.1　首 2 行下殘→大正 220，6/72B7～8。
3.2　尾殘→6/72B28。
7.1　背端有勘記“第二百一十四”。
8　8～9 世紀。吐蕃統治時期寫本。
9.1　楷書。
11　圖版：《敦煌寶藏》，74/53B。

1.1　BD04174 號
1.3　大般若波羅蜜多經卷三五三
1.4　水 074
1.5　084:2959
2.1　65.8×25.5 厘米；2 紙；26 行，行 17 字。
2.2　01：21.0，護首；　02：44.8，26。
2.3　卷軸裝。首全尾脱。有護首，有竹質天竿。下有縱向撕裂，第 2 紙下邊殘破。有烏絲欄。已修整。
3.1　首全→大正 220，6/814B2。
3.2　尾殘→6/814C2。
4.1　大般若波羅蜜多經卷第三百五十三，/初分多問不二品第六十一之三，三藏法師玄奘奉詔譯（首）。
7.4　護首有經名“大般若波羅蜜多經卷第三百五十三，卅六”，其中“卅六”為本文獻所屬袟次。經名上有經名號。
8　8～9 世紀。吐蕃統治時期寫本。
9.1　楷書。
11　圖版：《敦煌寶藏》，75/630A～B。

1.1　BD04175 號
1.3　大般涅槃經（北本　思溪藏本）卷一二
1.4　水 075
1.5　116:6547
2.1　(10+344)×24.2 厘米；8 紙；190 行，行 17 字。
2.2　01：10+22，19；　02：49.0，28；　03：49.0，28；
04：49.0，28；　05：49.5，28；　06：49.5，28；
07：49.5，28；　08：26.5，03。
2.3　卷軸裝。首殘尾全。卷首上部殘缺，有殘洞。第 3 紙上邊有污物。尾有原軸，兩端塗頁紅色漆。卷背有污漬。有烏絲欄。
3.1　首 6 行上殘→大正 374，12/437B02。
3.2　尾全→12/439B24。

4.2 大般涅槃經卷第十二（尾）。
5 與《大正藏》本對照分卷不同。本文獻分卷與《思溪藏》、《普寧藏》、《嘉興藏》相同。
8 9～10世紀。歸義軍時期寫本。
9.1 楷書。木筆書寫。
11 圖版：《敦煌寶藏》，100/276A～280B。

1.1 BD04176號
1.3 金剛般若波羅蜜經
1.4 水076
1.5 094:3692
2.1 （33＋473.7）×25.5厘米；12紙；299行，行17字。
2.2 01：30.0，18； 02：3＋45.6，28； 03：48.5，28；
04：48.7，28； 05：48.5，28； 06：48.6，28；
07：48.5，28； 08：44.5，28； 09：44.8，28；
10：45.0，28； 11：44.5，28； 12：06.5，01。
2.3 卷軸裝。首殘尾全。經黄紙。卷面有火燒殘洞，第2紙有破裂，接縫處多有開裂。背有古代裱補。有烏絲欄。
3.1 首20行下殘→大正235，8/748C28～749A20。
3.2 尾全→8/752C3。
4.2 金剛般若波羅蜜經（尾）。
5 與《大正藏》本對照，本卷經文無冥司偈，參見《大正藏》，8/751C16～19。
7.3 上邊有雜寫。
8 7～8世紀。唐寫本。
9.1 楷書。
9.2 有刮改。
11 圖版：《敦煌寶藏》，79/544B～550B。

1.1 BD04177號
1.3 妙法蓮華經卷一
1.4 水077
1.5 105:4563
2.1 （1.9＋423.6＋0.8）×27.3厘米；10紙；255行，行17～18字。
2.2 01：1.9＋8.8，06； 02：48.3，29； 03：48.4，29；
04：48.5，28； 05：48.3，28； 06：48.2，29；
07：48.2，29； 08：47.8，29； 09：47.6，29；
10：29.5＋0.8，19。
2.3 卷軸裝。首尾均殘。卷面多黴斑。第4、5紙有破裂，接縫處多有開裂。卷後部油污變脆。有烏絲欄。
3.1 首殘→大正262，9/3C9。
3.2 尾殘→9/7C15～16。
8 9～10世紀。歸義軍時期寫本。
9.1 楷書。
11 圖版：《敦煌寶藏》，84/483B～490A。

1.1 BD04178號
1.3 觀世音經
1.4 水078
1.5 111:6221
2.1 （12.3＋199.7）×26.3厘米；5紙；114行，行16字。
2.2 01：12.3＋14，15； 02：50.0，28； 03：50.0，28；
04：50.0，28； 05：35.7，15。
2.3 卷軸裝。首殘尾全。第3、5紙有破裂，第4、5紙接縫處有開裂。第1紙背有古代及現代裱補。有烏絲欄。
3.1 首7行下殘→大正262，9/56C14～21。
3.2 尾殘→9/58B7。
4.2 觀世音經一卷（尾）。
8 9～10世紀。歸義軍時期寫本。
9.1 楷書。
11 圖版：《敦煌寶藏》，97/393B～396A。

1.1 BD04179號
1.3 大般涅槃經（北本）卷一七
1.4 水079
1.5 115:6393
2.1 （9＋175.5）×25.5厘米；4紙；109行，行17字。
2.2 01：9＋36.5，25； 02：46.5，28； 03：46.5，28；
04：46.0，28。
2.3 卷軸裝。首殘尾脱。經黄紙。首紙殘破，第2、3紙上方有等距離殘缺。有烏絲欄。
3.1 首3行上殘→大正374，12/463A15～17。
3.2 尾殘→12/464B9。
8 7～8世紀。唐寫本。
9.1 楷書。
11 圖版：《敦煌寶藏》，98/541B～543B。

1.1 BD04180號
1.3 金剛般若波羅蜜經
1.4 水080
1.5 094:4274
2.1 （4.1＋58.4）×27.6厘米；2紙；38行，行17字。
2.2 01：4.1＋15.9，12； 02：42.5，26。
2.3 卷軸裝。首尾均殘。卷面有鳥糞。有烏絲欄。
3.1 首前3行上下殘→大正235，8/751B1～4。
3.2 尾殘→8/751C10。
8 7～8世紀。唐寫本。
9.1 楷書。
11 圖版：《敦煌寶藏》，82/561A～B。

1.1 BD04181號
1.3 佛頂尊勝陀羅尼經（佛陀波利本）
1.4 水081

1.5　229:7358
2.1　(15+125.9+1.5)×27.1 厘米；4 紙；89 行，行 22 字。
2.2　01：12.0，07；　02：3+40.5，27；　03：44.1，28；
04：41.3+1.5，27。
2.3　卷軸裝。首尾均殘。卷首殘破嚴重。卷面及上下邊多水漬及多有破損，第 4 紙有殘洞。
3.1　首 9 行下殘→大正 967，19/352B16～351A6。
3.2　尾行中殘→19/352A16。
3.4　說明：
本文獻首 5 行咒語與《大正藏》本所附《思溪藏》本同，參見《大正藏》19/352B16～23。經文則相當於大正 967，19/351A1～352A16。
8　7～8 世紀。唐寫本。
9.1　楷書。
11　圖版：《敦煌寶藏》，105/593A～594B。

1.1　BD04182 號
1.3　大般若波羅蜜多經卷二七一
1.4　水 082
1.5　084:2727
2.1　40.5×26.8 厘米；1 紙；22 行，行 17 字。
2.3　卷軸裝。首全尾脫。下邊殘缺。有烏絲欄。
3.1　首全→大正 220，6/371B17。
3.2　尾殘→6/371C12。
4.1　大般若波羅蜜多經卷第二百七十一，/初分難信解品第卌四之九十，三藏法師玄奘奉詔譯（首）。
7.1　卷背右下有勘記“般”字。
8　9～10 世紀。歸義軍時期寫本。
9.1　楷書。
11　圖版：《敦煌寶藏》，74/546B。

1.1　BD04183 號
1.3　梵網經盧舍那佛說菩薩心地戒品第十卷下
1.4　水 083
1.5　143:6763
2.1　(1.5+61)×27 厘米；3 紙；39 行，行 17 字。
2.2　01：1.5+2，3；　02：50.0，30；　03：09.0，06。
2.3　卷軸裝。首尾均殘。卷面殘破嚴重。有烏絲欄。
3.1　首 1 行中下殘→大正 1484，24/1008B5；
3.2　尾 1 行中下殘→24/1008C15。
8　9～10 世紀。歸義軍時期寫本。
9.1　楷書。
11　圖版：《敦煌寶藏》，101/517B～518A。

1.1　BD04184 號
1.3　妙法蓮華經（十卷本）卷三
1.4　水 084
1.5　105:5043
2.1　(4.1+291.4+1.5)×26 厘米；8 紙；190 行，行 17 字。
2.2　01：02.4，01；　02：1.7+43.8，29；　03：45.7，29；
04：45.7，30；　05：45.8，29；　06：45.0，29；
07：45.0，29；　08：20.4+1.5，14。
2.3　卷軸裝。首尾均殘。前 5 紙下部殘缺、破損嚴重，上邊亦有殘損。有烏絲欄。有劃界欄針孔。已修整。
3.1　首 2 行下殘→大正 262，9/18B29～C2。
3.2　尾行下殘→9/21A28。
5　與《大正藏》本對照，分卷不同。相當於《妙法蓮華經》卷二信解品第四至卷三的授記品第六的前部分。屬於十卷本。
8　5～6 世紀。南北朝寫本。
9.1　楷書。
11　圖版：《敦煌寶藏》，88/370A～374B。

1.1　BD04185 號
1.3　金剛般若波羅蜜經
1.4　水 085
1.5　094:3530
2.1　157×24.7 厘米；4 紙；78 行，行 17 字。
2.2　01：21.5，護首；　02：45.0，26；　03：45.5，26；
04：45.0，26。
2.3　卷軸裝。首全尾脫。有護首，有竹質天竿。通卷上邊有水漬。有烏絲欄。已修整。
3.1　首全→大正 235，8/748C17。
3.2　尾殘→8/749C14。
4.1　金剛般若波羅蜜經（首）。
7.4　護首有經名“金剛般若波羅蜜經”，上有經名號。
8　9～10 世紀。歸義軍時期寫本。
9.1　楷書。
11　圖版：《敦煌寶藏》，78/440B～442B。

1.1　BD04186 號
1.3　大般若波羅蜜多經卷四六
1.4　水 086
1.5　084:2123
2.1　91.5×25.5 厘米；2 紙；54 行，行 17 字。
2.2　01：44.5，26；　02：47.0，28。
2.3　卷軸裝。首全尾脫。第 1 紙有殘洞，上下有破裂殘損。有烏絲欄。
3.1　首全→大正 220，5/257A10。
3.2　尾殘→5/257C8。
4.1　大般若波羅蜜經卷第卌六，/初分菩薩品第十二之二，三藏法師玄奘奉詔譯（首）。
8　8～9 世紀。吐蕃統治時期寫本。
9.1　楷書。
9.2　有刮改。

11　圖版：《敦煌寶藏》，72/35B～36B。

1.1　BD04187 號
1.3　大般若波羅蜜多經卷一四八
1.4　水 087
1.5　084:2391
2.1　（8＋716.8）×26 厘米；17 紙；452 行，行 17 字。
2.2　01：8＋15.8，18；　02：44.3，28；　03：44.3，28；
04：44.2，28；　05：44.2，28；　06：44.2，28；
07：44.1，28；　08：44.2，28；　09：44.2，28；
10：44.2，28；　11：44.4，28；　12：44.1，28；
13：44.1，28；　14：44.2，28；　15：44.2，28；
16：44.1，28；　17：38.0，14。
2.3　卷軸裝。首殘尾全。第 1 紙有殘洞、破裂，上下邊有殘缺，第 2 紙下邊有殘缺。有燕尾。有烏絲欄。已修整。
3.1　首 8 行下殘→大正 220，5/798C13～20。
3.2　尾全→5/803C28。
4.2　大般若波羅蜜多經卷第一百卌八（尾）。
8　8 世紀。唐寫本。
9.1　楷書。
11　圖版：《敦煌寶藏》，73/140A～149B。

1.1　BD04188 號
1.3　佛名經（十六卷本）卷六
1.4　水 088
1.5　063:0658
2.1　（22.5＋170）×25.8 厘米；4 紙；102 行，行字不等。
2.2　01：9＋22.5，18；　02：49.0，28；　03：49.5，28；
04：49.0，28。
2.3　卷軸裝。首殘尾脱。經黄打紙。背有古代裱補。有烏絲欄。已修整。
3.1　首 9 行中下殘→《七寺古逸經典研究叢書》，3/270 頁第 9 行～271 頁第 17 行。
3.2　尾殘→《七寺古逸經典研究叢書》，3/278 頁第 110 行。
8　9～10 世紀。歸義軍時期寫本。
9.1　楷書。
11　圖版：《敦煌寶藏》，61/44B～46B。
從該號上揭下殘片 1 塊，今編為 BD16029 號。

1.1　BD04189 號
1.3　妙法蓮華經卷一
1.4　水 089
1.5　105:4550
2.1　（656.1＋9）×27.3 厘米；15 紙；388 行，行 17 字。
2.2　01：28.2，17；　02：47.9，28；　03：47.9，28；
04：47.9，28；　05：47.9，28；　06：48.0，28；
07：47.9，28；　08：47.8，28；　09：48.0，28；
10：48.0，28；　11：48.1，28；　12：48.1，28；
13：48.1，28；　14：48.0，28；　15：4.3＋9，07。
2.3　卷軸裝。首斷尾殘。第 10 至 14 紙下邊有等距殘損，13、14 紙中部有殘洞。背有古代裱補。有烏絲欄。
3.1　首殘→大正 262，9/3A10。
3.2　尾 5 行殘→9/9C9～18。
8　7～8 世紀。唐寫本。
9.1　楷書。
11　圖版：《敦煌寶藏》，84/354A～364A。

1.1　BD04190 號
1.3　觀世音經
1.4　水 090
1.5　111:6230
2.1　215.2×25.5 厘米；7 紙；119 行，行 17 字。
2.2　01：07.0，護首；　02：30.0，16；　03：50.0，28；
04：12.2，07；　05：49.0，28；　06：49.0，28；
07：28.0，12。
2.3　卷軸裝。首殘尾全。經黄紙。卷首殘碎嚴重，第 3 紙下半部碎脱。卷背有古代裱補。有烏絲欄。已修整。
3.1　首殘→大正 262，9/56C2。
3.2　尾全→9/58B7。
4.2　觀世音經一卷（尾）。
7.3　卷背有雜寫 3 處。
8　7～8 世紀。唐寫本。
9.1　楷書。
11　圖版：《敦煌寶藏》，97/417B～421B。
從卷背揭下裱補紙 5 塊，今編爲 BD16500 號（3 塊）、BD16501 號（2 塊）。

1.1　BD04191 號
1.3　妙法蓮華經卷七
1.4　水 091
1.5　105:5986
2.1　（12＋153＋2）×27 厘米；4 紙；96 行，行 17 字。
2.2　01：12＋28.5，23；　02：42.0，25；　03：42.0，24；
4：40.5＋2，24。
2.3　卷軸裝。首尾均殘。各紙均有破裂。有烏絲欄。已修整。
3.1　首 7 行中下殘→大正 262，9/56C2～9。
3.2　尾行下殘→9/57C24。
4.1　妙法蓮華經觀世音菩薩□…□（首）。
8　9～10 世紀。歸義軍時期寫本。
9.1　楷書。
11　圖版：《敦煌寶藏》，96/264A～266A。
從卷背揭下裱補紙 14 塊，今編爲 BD16169 號。

1.1　BD04192 號

1.3　妙法蓮華經（十卷本）卷三
1.4　水 092
1.5　105:5048
2.1　（8.9 +251）×27 厘米；5 紙；148 行，行 17 字。
2.2　01：8.9 +41.8，30；　02：52.4，30；　03：52.4，30；
　　04：52.6，30；　05：51.8，28。
2.3　卷軸裝。首殘尾全。首紙上殘嚴重，第 2、3 紙天頭殘損。卷上部有水漬。有烏絲欄。
3.1　首 6 行殘→大正 262，9/20A10 ~18。
3.2　尾全→9/22A17。
4.2　妙法蓮華經卷第三（尾）。
5　與《大正藏》本對照，分卷不同。此卷相當於《妙法蓮華經》卷第三藥草喻品第五的後部分及授記品第六的全文。屬於十卷本。
8　5 ~6 世紀。南北朝寫本。
9.1　楷書。
11　圖版：《敦煌寶藏》，88/386A ~389B。

1.1　BD04193 號
1.3　維摩詰所説經卷上
1.4　水 093
1.5　070:1043
2.1　（1.5 +96 +10）×24 厘米；3 紙；73 行，行 17 字。
2.2　01：1.5 +39，27；　02：41.0，28；　03：16 +10，18。
2.3　卷軸裝。首尾均殘。通卷殘破。背有古代裱補，紙上有殘墨痕。有烏絲欄。
3.1　首行中殘→大正 475，14/543A26 ~27。
3.2　尾 5 行上殘→14/544A11 ~18。
8　7 ~8 世紀。唐寫本。
9.1　楷書。
11　圖版：《敦煌寶藏》，64/456B ~458A。

1.1　BD04194 號
1.3　妙法蓮華經卷四
1.4　水 094
1.5　105:5310
2.1　863.1 ×25.2 厘米；19 紙；520 行，行 17 字。
2.2　01：46.3，28；　02：46.0，28；　03：46.0，28；
　　04：46.0，28；　05：46.0，28；　06：46.1，28；
　　07：46.2，28；　08：46.3，28；　09：46.2，28；
　　10：46.4，28；　11：46.2，28；　12：46.2，28；
　　13：46.2，28；　14：46.3，28；　15：46.3，28；
　　16：46.1，28；　17：46.2，28；　18：46.1，28；
　　19：32.0，16。
2.3　卷軸裝。首脱尾全。經黄紙。背有古代裱補。有烏絲欄。
3.1　首殘→大正 262，9/29C2。
3.2　尾全→9/37A2。
4.2　妙法蓮華經卷第四（尾）。
7.1　上邊有“已下未”三字。
8　7 ~8 世紀。唐寫本。
9.1　楷書。
11　圖版：《敦煌寶藏》，90/540B ~552B。

1.1　BD04195 號
1.3　大般若波羅蜜多經卷五五
1.4　水 095
1.5　084:2156
2.1　46.4 ×25.5 厘米；1 紙；28 行，行 17 字。
2.3　卷軸裝。首尾均脱。下邊有 1 處殘缺。有烏絲欄。
3.1　首殘→大正 220，5/314B17；
3.2　尾殘→5/314C17。
7.3　卷背有雜寫兩字。
8　8 ~9 世紀。吐蕃統治時期寫本。
9.1　楷書。
11　圖版：《敦煌寶藏》，72/139。

1.1　BD04196 號
1.3　妙法蓮華經卷一
1.4　水 096
1.5　105:4613
2.1　（2.6 +228.7 +3）×26.6 厘米；6 紙；133 行，行 17 字。
2.2　01：2.6 +31.6，19；　02：49.4，28；　03：49.3，28；
　　04：49.4，28；　05：49.0，28；　06：03.0，02。
2.3　卷軸裝。首尾均殘。卷首下部殘缺，卷面有破裂。有烏絲欄。
3.1　首殘→大正 262，9/1C26。
3.2　尾 2 行上中殘→9/3C12 ~14。
8　9 ~10 世紀。歸義軍時期寫本。
9.1　楷書。
11　圖版：《敦煌寶藏》，85/93A ~96B。

1.1　BD04197 號
1.3　大般若波羅蜜多經（兑廢稿）卷五〇四
1.4　水 097
1.5　084:3258
2.1　（16.8 +76.6）×25.2 厘米；2 紙；56 行，行 17 字。
2.2　01：16.8 +30，28；　02：46.6，28。
2.3　卷軸裝。首尾均脱。卷首右下殘缺，尾紙下有破裂。有烏絲欄。有燕尾。
3.1　首 10 行下殘→大正 220，7/566B6 ~15；
3.2　尾殘→7/567A4。
7.1　首紙背面有勘記“五百四，不中用”。
8　8 ~9 世紀。吐蕃統治時期寫本。
9.1　楷書。

11　圖版:《敦煌寶藏》, 77/60B ~ 61B。

1.1　BD04198 號
1.3　妙法蓮華經卷四
1.4　水 098
1.5　105:5426
2.1　49.5 ×25.5 厘米; 1 紙; 28 行, 行 17 字。
2.3　卷軸裝。首尾均脱。經黄打紙。卷面有破裂。有烏絲欄。
3.1　首殘→大正 262, 9/35B22。
3.2　尾殘→9/35C24。
8　7 ~ 8 世紀。唐寫本。
9.1　楷書。
11　圖版:《敦煌寶藏》, 91/447A ~ B。

1.1　BD04199 號
1.3　金光明經卷四
1.4　水 099
1.5　081:1418
2.1　(1 +124) ×31.8 厘米; 3 紙; 73 行, 行字不等。
2.2　01: 1 +31.2, 21;　02: 46.8, 29;　03: 46.0, 23。
2.3　卷軸裝。首殘尾全。有烏絲欄。
3.1　首行上下殘→大正 663, 16/356B18 ~ 19。
3.2　尾全→16/358A29。
4.2　金光明經卷第四 (尾)。
8　8 ~ 9 世紀。吐蕃統治時期寫本。
9.1　楷書。
11　圖版:《敦煌寶藏》, 67/447A ~ 448A。

1.1　BD04200 號
1.3　妙法蓮華經卷六
1.4　水 100
1.5　105:5795
2.1　(4 +503.4) ×25.5 厘米; 11 紙; 288 行, 行 17 字。
2.2　01: 4 +36.5, 23;　02: 49.7, 28;　03: 49.0, 28;
04: 49.0, 28;　05: 49.0, 28;　06: 49.0, 28;
07: 48.7, 28;　08: 49.0, 28;　09: 48.7, 28;
10: 48.8, 28;　11: 26.0, 13。
2.3　卷軸裝。首殘尾全。第 1、7 紙上邊有破裂, 卷尾有污漬。第 1 紙背有古代裱補。有烏絲欄。
3.1　首 2 行上殘→大正 262, 9/51B4 ~ 5。
3.2　尾全→9/55A9。
4.2　妙法蓮華經卷第六 (尾)。
8　7 ~ 8 世紀。唐寫本。
9.1　楷書。
11　圖版:《敦煌寶藏》, 95/154A ~ 160B。

新舊編號對照表

一、千字文號與北敦號、縮微膠卷號對照表

千字文號	北敦號	縮微膠卷號
水 001	BD04101 號	115：6352
水 002	BD04102 號	088：3451
水 002	BD04102 號背 1	088：3451
水 002	BD04102 號背 2	088：3451
水 002	BD04102 號背 3	088：3451
水 003	BD04103 號	038：0356
水 004	BD04104 號	105：5372
水 005	BD04105 號	216：7265
水 006	BD04106 號	205：7231
水 007	BD04107 號	070：1266
水 007	BD04107 號背	070：1266
水 008	BD04108 號 1	461：8719
水 008	BD04108 號 2	461：8719
水 008	BD04108 號 3	461：8719
水 008	BD04108 號背 1	461：8719
水 008	BD04108 號背 2	461：8719
水 009	BD04109 號	275：7806
水 010	BD04110 號	083：1609
水 011	BD04111 號	084：2418
水 012	BD04112 號	084：3361
水 013	BD04113 號	084：2521
水 014	BD04114 號	084：2954
水 015	BD04115 號	105：4694
水 016	BD04116 號	083：1649
水 017	BD04117 號	105：5080
水 018	BD04118 號	084：2968
水 019	BD04119 號 A	084：2637
水 019	BD04119 號 B	084：3193
水 020	BD04120 號	094：4016
水 021	BD04121 號	084：2624
水 022	BD04122 號	094：3812
水 023	BD04123 號	105：5742
水 024	BD04124 號	105：5350
水 025	BD04125 號	084：2965
水 026	BD04126 號	083：1693
水 027	BD04127 號	084：2405
水 028	BD04128 號	084：2950
水 029	BD04129 號	084：2311
水 030	BD04130 號	094：4350
水 031	BD04131 號	105：5845
水 032	BD04132 號	043：0415
水 033	BD04133 號	063：0744
水 034	BD04134 號	083：1683
水 035	BD04135 號	070：1219
水 036	BD04136 號	143：6742
水 036	BD04136 號背	143：6742
水 037	BD04137 號	084：3120
水 038	BD04138 號	040：0395
水 039	BD04139 號	081：1368
水 040	BD04140 號	115：6395
水 041	BD04141 號	105：4644
水 042	BD04142 號	094：3506
水 043	BD04143 號	117：6586
水 044	BD04144 號	084：3090
水 045	BD04145 號	070：1079
水 045	BD04145 號背	070：1079
水 046	BD04146 號	063：0786
水 047	BD04147 號	084：3042
水 048	BD04148 號	105：6163
水 049	BD04149 號	105：6109
水 050	BD04150 號	094：4275
水 051	BD04151 號	094：3593
水 051	BD04151 號背	094：3593
水 052	BD04152 號	094：4423
水 053	BD04153 號	083：1596
水 054	BD04154 號	070：0953
水 055	BD04155 號	275：7807
水 056	BD04156 號	119：6611

水 057	BD04157 號	146：6782	水 079	BD04179 號	115：6393
水 058	BD04158 號	084：3057	水 080	BD04180 號	094：4274
水 059	BD04159 號	083：1611	水 081	BD04181 號	229：7358
水 060	BD04160 號	105：5054	水 082	BD04182 號	084：2727
水 061	BD04161 號	031：0313	水 083	BD04183 號	143：6763
水 062	BD04162 號	052：0449	水 084	BD04184 號	105：5043
水 063	BD04163 號	083：1787	水 085	BD04185 號	094：3530
水 064	BD04164 號	084：3060	水 086	BD04186 號	084：2123
水 065	BD04165 號	094：4092	水 087	BD04187 號	084：2391
水 066	BD04166 號	094：4037	水 088	BD04188 號	063：0658
水 067	BD04167 號	094：3914	水 089	BD04189 號	105：4550
水 068	BD04168 號	143：6767	水 090	BD04190 號	111：6230
水 069	BD04169 號	063：0664	水 091	BD04191 號	105：5986
水 070	BD04170 號	083：1911	水 092	BD04192 號	105：5048
水 071	BD04171 號	105：5022	水 093	BD04193 號	070：1043
水 072	BD04172 號	084：3061	水 094	BD04194 號	105：5310
水 073	BD04173 號	084：2550	水 095	BD04195 號	084：2156
水 074	BD04174 號	084：2959	水 096	BD04196 號	105：4613
水 075	BD04175 號	116：6547	水 097	BD04197 號	084：3258
水 076	BD04176 號	094：3692	水 098	BD04198 號	105：5426
水 077	BD04177 號	105：4563	水 099	BD04199 號	081：1418
水 078	BD04178 號	111：6221	水 100	BD04200 號	105：5795

二、縮微膠卷號與北敦號、千字文號對照表

縮微膠卷號	北敦號	千字文號	縮微膠卷號	北敦號	千字文號
031：0313	BD04161 號	水 061	083：1609	BD04110 號	水 010
038：0356	BD04103 號	水 003	083：1611	BD04159 號	水 059
040：0395	BD04138 號	水 038	083：1649	BD04116 號	水 016
043：0415	BD04132 號	水 032	083：1683	BD04134 號	水 034
052：0449	BD04162 號	水 062	083：1693	BD04126 號	水 026
063：0658	BD04188 號	水 088	083：1787	BD04163 號	水 063
063：0664	BD04169 號	水 069	083：1911	BD04170 號	水 070
063：0744	BD04133 號	水 033	084：2123	BD04186 號	水 086
063：0786	BD04146 號	水 046	084：2156	BD04195 號	水 095
070：0953	BD04154 號	水 054	084：2311	BD04129 號	水 029
070：1043	BD04193 號	水 093	084：2391	BD04187 號	水 087
070：1079	BD04145 號	水 045	084：2405	BD04127 號	水 027
070：1079	BD04145 號背	水 045	084：2418	BD04111 號	水 011
070：1219	BD04135 號	水 035	084：2521	BD04113 號	水 013
070：1266	BD04107 號	水 007	084：2550	BD04173 號	水 073
070：1266	BD04107 號背	水 007	084：2624	BD04121 號	水 021
081：1368	BD04139 號	水 039	084 2637	BD04119 號 A	水 019
081：1418	BD04199 號	水 099	084：2727	BD04182 號	水 082
083：1596	BD04153 號	水 053	084：2950	BD04128 號	水 028

084：2954	BD04114 號	水 014
084：2959	BD04174 號	水 074
084：2965	BD04125 號	水 025
084：2968	BD04118 號	水 018
084：3042	BD04147 號	水 047
084：3057	BD04158 號	水 058
084：3060	BD04164 號	水 064
084：3061	BD04172 號	水 072
084：3090	BD04144 號	水 044
084：3120	BD04137 號	水 037
084：3193	BD04119 號 B	水 019
084：3258	BD04197 號	水 097
084：3361	BD04112 號	水 012
088：3451	BD04102 號	水 002
088：3451	BD04102 號背 1	水 002
088：3451	BD04102 號背 2	水 002
088：3451	BD04102 號背 3	水 002
094：3506	BD04142 號	水 042
094：3530	BD04185 號	水 085
094：3593	BD04151 號	水 051
094：3593	BD04151 號背	水 051
094：3692	BD04176 號	水 076
094：3812	BD04122 號	水 022
094：3914	BD04167 號	水 067
094：4016	BD04120 號	水 020
094：4037	BD04166 號	水 066
094：4092	BD04165 號	水 065
094：4274	BD04180 號	水 080
094：4275	BD04150 號	水 050
094：4350	BD04130 號	水 030
094：4423	BD04152 號	水 052
105：4550	BD04189 號	水 089
105：4563	BD04177 號	水 077
105：4613	BD04196 號	水 096
105：4644	BD04141 號	水 041
105：4694	BD04115 號	水 015
105：5022	BD04171 號	水 071
105：5043	BD04184 號	水 084
105：5048	BD04192 號	水 092
105：5054	BD04160 號	水 060
105：5080	BD04117 號	水 017
105：5310	BD04194 號	水 094
105：5350	BD04124 號	水 024
105：5372	BD04104 號	水 004
105：5426	BD04198 號	水 098
105：5742	BD04123 號	水 023
105：5795	BD04200 號	水 100
105：5845	BD04131 號	水 031
105：5986	BD04191 號	水 091
105：6109	BD04149 號	水 049
105：6163	BD04148 號	水 048
111：6221	BD04178 號	水 078
111：6230	BD04190 號	水 090
115：6352	BD04101 號	水 001
115：6393	BD04179 號	水 079
115：6395	BD04140 號	水 040
116：6547	BD04175 號	水 075
117：6586	BD04143 號	水 043
119：6611	BD04156 號	水 056
143：6742	BD04136 號	水 036
143：6742	BD04136 號背	水 036
143：6763	BD04183 號	水 083
143：6767	BD04168 號	水 068
146：6782	BD04157 號	水 057
205：7231	BD04106 號	水 006
216：7265	BD04105 號	水 005
229：7358	BD04181 號	水 081
275：7806	BD04109 號	水 009
275：7807	BD04155 號	水 055
461：8719	BD04108 號 1	水 008
461：8719	BD04108 號 2	水 008
461：8719	BD04108 號 3	水 008
461：8719	BD04108 號背 1	水 008
461：8719	BD04108 號背 2	水 008